Vahlens Handbücher
der Wirtschafts- und Sozialwissenschaften

# Management

## Eine verhaltenswissenschaftliche Einführung

von

**Dr. Wolfgang H. Staehle**

Professor für Betriebswirtschaftslehre
an der Freien Universität Berlin

2., neubearbeitete und erweiterte Auflage

Verlag Franz Vahlen München

CIP-Kurztitelaufnahme der Deutschen Bibliothek

*Staehle, Wolfgang H.:*
Management : e. verhaltenswiss. Einf. / von
Wolfgang H. Staehle. – 2., neuberab. u. erw. Aufl. –
München : Vahlen, 1985.
(Vahlens Handbücher der Wirtschafts- und Sozialwissenschaften)
ISBN 3 8006 1102 3

ISBN 3 8006 1102 3


Satz und Druck: C. H. Beck'sche Buchdruckerei, Nördlingen

## Vorwort zur 2. Auflage

Das vorliegende Lehrbuch stellt eine Einführung in die Managementlehre dar, wie sie im angelsächsischen Raum zur Zeit an Hochschulen und Weiterbildungsinstitutionen vermittelt wird. Es handelt sich also keineswegs um eine Einführung in die Allgemeine Betriebswirtschaftslehre, wie sie etwa von *Wöhe* (1984) vorliegt. Die Deckungsungleichheit zwischen den Stoffgebieten von Betriebswirtschaftslehre und Managementlehre zeigt sich schon rein quantitativ daran, daß *Wöhe* von insgesamt 1336 Textseiten seines Lehrbuchs lediglich 92 (das sind etwa 6,8%) über den Bereich (er nennt ihn ‚Die Betriebsführung') schreibt, dem ich dieses ganze Lehrbuch widme.

Die vorliegende Einführung wendet sich an alle Studenten, Manager und sonstigen Organisationsmitglieder, die ein Interesse daran haben zu erfahren, aus welchen Gründen sich Organisationen gegenüber ihrer Umwelt in einer bestimmten Art und Weise verhalten, und wie Individual- und Gruppenverhalten im Rahmen von Organisationen durch Führung und Strukturierung stabilisiert und verändert werden.

Mit der Gestaltung der Interaktionen zwischen Organisation und Umwelt sowie mit der Stabilisierung und gegebenenfalls Veränderung des Verhaltens in Organisationen sind die grundlegenden Aufgabenbereiche des Managements benannt. Das Erfordernis von Management resultiert aus der gesellschaftlichen und betrieblichen Arbeitsteilung. Ohne Arbeitsteilung keine Notwendigkeit für Management! Management hat also primär eine Koordinations- und Ausgleichsfunktion zwischen arbeitsteiligen Organisationseinheiten, zwischen divergierenden Interessengruppen und unterschiedlichen Ressourcenanforderungen.

Daraus leiten sich die **Hauptaufgaben des Managements** ab, nämlich die **Beeinflussung von Verhalten und die Stabilisierung von Verhalten durch Führung und Strukturierung, beides im Hinblick auf vorgegebene Organisationszwecke und/oder gemeinsam entwickelte Organisationsziele.**

Forschung und Lehre auf dem Gebiet des Managements in Deutschland waren bis in die jüngste Vergangenheit von einer sehr einseitigen Orientierung an US-amerikanischen Arbeiten geprägt. Das Übergewicht angelsächsischer Forschung auf dem Gebiet der Managementlehre zeigte sich u. a. daran, daß ca. sechzig Prozent der in der ersten Auflage (1980) zitierten Quellen englischsprachig waren. Hier hat in den letzten fünf Jahren ein beachtlicher Wandel stattgefunden. Die deutschsprachige Literatur über Management – vor allem über dessen verhaltenswissenschaftliche Grundlagen – ist in dieser Zeit sprunghaft angewachsen. Dies spiegelt sich auch darin wider, daß von den ca. 500 für diese Auflage neu aufgenommenen Literaturstellen nur noch 25% englischsprachig sind.

Die deutsche Managementlehre forscht heute verstärkt nach den historischen Wurzeln im eigenen Land und nach relevanten Entwicklungssträngen in der Betriebswirtschaftslehre, der Soziologie und Psychologie sowie den Ingenieurwissenschaften. Trotz dieser Neuorientierung habe ich den Grundaufbau der Arbeit beibehalten. Eine gesamtgesellschaftliche Analyse des Managementphänomens, die zum Verständnis des Managements von und in Organisationen unerläßlich ist, habe ich inzwischen an anderer Stelle (*Staehle* 1983) vorgelegt.

Aufgrund vielfältiger Hinweise habe ich in der zweiten Auflage dem Charakter des Buches als einem umfassenden Nachschlagewerk über den neuesten Stand des Managementwissens durch eine neue Gliederung Rechnung getragen.

In einem **Grundlagenteil** werden behandelt:

1. *Management* als Objekt von Forschung und Lehre
2. *Organisation* als Institution: Der Rahmen des Managements
3. *Verhalten* von Individuen und Gruppen: Der Gegenstand des Managements

In einem **Anwendungsteil** werden behandelt:

4. *Planung* und *Kontrolle* als Managementfunktionen: Die Strategien der Organisation
5. *Organisation* als Managementfunktion: Die Gestaltung von Strukturen und Prozessen
6. *Führung* als Managementfunktion: Die Steuerung von Verhalten
7. *Organisationsentwicklung:* Der geplante organisatorische Wandel

Im einzelnen ergeben sich folgende Änderungen gegenüber der 1. Auflage. Im *Teil 1* sind die geschichtliche Entwicklung des Managements im europäischen Raum neu aufgenommen und die Folgen von Taylorismus und Human Relations für Manager und Arbeiter in Deutschland nachgezeichnet worden. Die Kritik an klassisch situativen Ansätzen der Managementlehre wird konstruktiv zur Weiterentwicklung von verhaltenswissenschaftlichen situativen Ansätzen genutzt.

*Teil 2* ist auf den neuesten Stand der Forschung gebracht worden, in der Struktur aber unverändert geblieben.

Im *Teil 3* sind die Abschnitte über die sozialwissenschaftlichen Grundlagen menschlichen Verhaltens völlig neu geschrieben worden und zwar unter Berücksichtigung neuer sozialpsychologischer Erkenntnisse (kognitive Verhaltenstheorien, Interaktionstheorien). Dies trifft vor allem für die Kapitel über Motive, Werte, Qualifikationen und Persönlichkeit zu.

*Teil 4* ist neu aufgenommen worden. Damit wird dem Trend der letzten Jahre Rechnung getragen, wonach die Wirtschaftspraxis in der strategischen Planung und dem Controlling zentrale Managementfunktionen erblickt.

*Teil 5* ist weitgehend unverändert geblieben. Lediglich die Kapitel D. ‚Situative Arbeits- und Organisationsstrukturierung' und E. ‚Organisationsklima' sind neu geschrieben worden.

Im *Teil 6* ist die jüngste Entwicklung der Führungsforschung nachgezeichnet worden. Diese sehe ich vor allem in neuen Führungskonzepten (Führungsdyaden-Modell, interaktionistische Führungstheorie, Attributionstheorie der Führung) und Führungsmodellen (Theorie Z, 7-S Modell). Im zusätzlich aufgenommenen Abschnitt D. ‚Führung im organisationalen Kontext' wird das bislang stark vernachlässigte Problem des Verhältnisses von Führung zu Organisation behandelt.

*Teil 7* ist insgesamt aktualisiert worden, wobei die Entwicklung in Europa stärker berücksichtigt wurde. So wurden als weitere OE-Ansätze das NPI-Modell und das *Tavistock*-Modell aufgenommen.

Anregungen und wertvolle Hinweise zur Neubearbeitung der 1. Auflage sind mir in den letzten Jahren von vielen Kollegen, Mitarbeitern und Studenten zuteil geworden. Ihnen allen sei an dieser Stelle sehr herzlich dafür gedankt. Besonders hilfreich waren die Kommentare von *Peter Conrad, Jürgen Deters, Pit Karg, Karl-Friedrich Niemeyer, Margit Osterloh* und *Edgar Stoll.* Weit über das Maß einer kritischen Kommentierung gingen jedoch die Beiträge von *Peter Kmieciak* und *Jörg Sydow.* Aufgrund ihrer Exposés habe ich eine Fülle von neuem Material und neuen Ideen zur Überarbeitung erhalten. Ihnen sei hierfür besonders gedankt.

Berlin, im Januar 1985 *Wolfgang H. Staehle*

# Inhaltsverzeichnis

## Teil 3
## Verhalten von Individuen und Gruppen: Der Gegenstand des Managements

## Teil 4
## Planung und Kontrolle als Managementfunktionen: Die Strategien der Organisation

**Teil 5**

**Organisation als Managementfunktion: Die Gestaltung von Strukturen und Prozessen**

## Teil 7
## Organisationsentwicklung: Der geplante organisatorische Wandel

# Teil 1

# Management als Objekt von Forschung und Lehre

# A. Geschichtliche Entwicklung des Managements

## I. Ökonomisch-gesellschaftlicher Hintergrund

Die anglo-amerikanischen Managementhistoriker[1] sind sich einig, daß die Ausübung von Managementaufgaben im heutigen Sinn erstmals im Zuge der Industrialisiserung (also etwa ab 1750) nachzuweisen ist. Andererseits machen sie deutlich, daß auch in der Antike und im Mittelalter (also in der vorindustriellen Zeit) Funktionen erkennbar waren, die man als Management bezeichnen könnte, wenngleich die spezifisch **ökonomische** Orientierung noch fehlte (speziell hierzu *Lofthouse/Vint* 1976). Organisations- und Führungsprobleme traten hier vor allem bei der Verfolgung religiöser, politischer und militärischer Ziele auf. So wird darauf hingewiesen, daß schon mit der Entstehung der ersten Großorganisationen mit formaler Struktur Ägypter (Bewässerungsprojekte, Pyramidenbau), Hebräer (Gesetze Moses), Chinesen (Beratung durch Stäbe), Babylonier und Inder (Aufzeichnungen zum Zweck der Steuereintreibung), Griechen (Plato: Arbeitsteilung im Handwerk) und Römer (Infrastruktur des Reiches) Managementprinzipien und -techniken angewandt hatten.

Die allseitige Geringschätzung des ökonomischen und leistungsorientierten Denkens vor allem durch Religion und Philosophie sowie feudale Gesellschaftsverhältnisse verhinderten bis hin zur Reformation eine verstärkte Beschäftigung mit Fragen des Managements mit ökonomischer Ausrichtung. Zwar wurden im Verlauf der Kreuzzüge neben religiösen und machtpolitischen auch ökonomische Interessen verfolgt – ausgehend von Oberitalien (vor allem Venedig) hatten sich Handel und Bankwesen entwickelt –, aber selbst bei der großzahligen Fertigung von Waffen, Schiffen und Tonprodukten verließ man sich nach wie vor auf handwerkliche Produktionsweisen.

Erst die sozialen, politischen, technologischen und ökonomischen Veränderungen im 18. Jahrhundert, die zur Industrialisierung führten, schafften auch die Voraussetzung für die Entwicklung des Managements in ökonomischen Organisationen (vgl. zum Folgenden *Michel* 1953, *Bendix* 1960).

---

[1] Vgl. vor allem den hervorragenden Überblick bei *George* (1972) und *Wren* (1972) sowie für die deutsche Entwicklung *Kocka* (1969 a). Eine Darstellung der Entwicklung des Managements aus sozialistischer Sicht findet sich bei *Braun* et al. (1973) sowie *Gvisiani* (1974).

## 1. Die industrielle Revolution als Geburtsstunde des industriellen Managements

### *a. Industrialisierung in England*

Die industrielle Revolution nahm Mitte des 18. Jh. in England ihren Ausgang. Dies erklärt sich u. a. aus dem Umstand, daß dort die technologischen, ökonomischen und gesellschaftlichen Voraussetzungen dafür am ehesten gegeben waren:

- Existenz eines großen, freien (Welt-)Marktes
  *A. Smith* (1776) erkennt die zentrale Bedeutung der gesellschaftlichen und produktionstechnischen Vorteile der Arbeitsteilung für den Wohlstand einer Nation.
- Existenz eines liberalen Staates
  Der ‚Nachtwächterstaat' garantiert die freie Betätigung aller am Wirtschafts- und Gesellschaftsleben Beteiligten und beschränkt seine Eingriffe auf das Notwendigste (Manchesterliberalismus). Der Individualismus und der wirtschaftliche Liberalismus sind Voraussetzungen für die Entfaltung einer kapitalistischen Marktwirtschaft.
- Rechtliche Verankerung der Freiheit und Sicherheit der Person und des Eigentums
- Glaube an den Segen dieser Ordnung (freier Wettbewerb, Gewinnstreben, Selbstverantwortung) und eine puritanische bzw. protestantische Ethik
  Der Christ soll arbeiten, um anderen nicht zur Last zu fallen und um Bedürftigen zu helfen. *M. Weber* (1920) sieht in dieser religiösen Überzeugung (Askese, harte Arbeit, strenge Pflichtauffassung) eine wesentliche Triebfeder des Kapitalismus.
- Technologische Innovationen
  1735 erste Spinnmaschine von *J. Wyatt*
  1769 erste Dampfmaschine von *J. Watt*
  1814 erste Dampfmaschine auf Rädern (Dampfwagen) von *G. Stephenson*

Historisch gesehen wurden Managementfunktionen zunächst im Produktionsbereich notwendig, als der **gesellschaftlichen Arbeitsteilung** im Merkantilismus und später im Zuge der industriellen Revolution eine **produktionstechnische Arbeitsteilung** folgte. Diese Entwicklung spiegelt sich auch in den Schriften der englischen Management-Pioniere wider.

*Charles Babbage* (1792–1871) hat die Vorteile der Arbeitsteilung genauestens analysiert und sich – lange vor *Taylor* – für eine Verwissenschaftlichung des Managements eingesetzt. Der Erfinder des ersten Computers gilt heute als der Vorläufer von Operations Research und Management Science.

*Robert Owen* (1771–1858) hingegen sah in der Arbeitskraft einen wichtigeren Faktor als in Maschinen und hat sich konsequenterweise für eine drastische Verbesserung der Arbeitsbedingungen eingesetzt. Nicht zuletzt deshalb wird er als ein Vorläufer der Human Relations Bewegung angesehen.

Im Mittelpunkt der Bemühungen von *Andrew Ure* (1778–1857) stand die Erziehung und Ausbildung von Managern und Arbeitern für das neue Fabriksystem in England. Seiner Auffassung nach lagen die Hauptprobleme zu Beginn der Industrialisierung nicht im Erfinden von Maschinen, sondern in der Anpassung der aus landwirtschaftlichen Berufen kommenden Arbeitskräfte an die Regeln der Fabrikarbeit und -disziplin.

*Charles Dupin* (1784–1873) hat dessen Ideen nach Frankreich getragen und damit deren Verbreitung auf dem Kontinent initiiert. Der große Vorsprung der Engländer im technisch-handwerklichen Bereich führte dazu, daß die deutschen Unternehmer Ingenieure und hochqualifizierte Handwerker aus England anwerben mußten, um die technologische Lücke allmählich zu schließen.

### *b. Industrialisierung in Deutschland*

Ende des 18. Jh., als England schon zu weiten Teilen industrialisiert war, präsentierte sich Deutschland noch als Agrarland; 85% der Bevölkerung lebten auf dem Lande (*Michel* 1953, *Kocka* 1983). Die vorherrschende Produktionsform war das Handwerk. Der Beginn der Industrialisierung wird für Deutschland mit den Jahren 1835–1845 angegeben. Verschiedene Entwicklungen haben diesen gesellschaftlichen und sozialen Prozeß ermöglicht bzw. gefördert.

- Billige Arbeitskräfte und hohe Nachfrage durch Bevölkerungswachstum
  Durch die Verbesserung der hygienischen Verhältnisse, der Gesundheitsfürsorge sowie der Ernährung fiel die Sterblichkeitsrate, und die Geburtenrate stieg. Auf dem Territorium des Deutschen Reiches lebten um 1800 23 Mio. Einwohner und um 1900 56 Mio. (*Kocka* 1983, S. 56f).
- Vereinheitlichung der Währung und Wirtschaftspolitik sowie Schaffung eines wirtschaftlichen Großraumes
  Noch zu Beginn des 19. Jh. war Deutschland in eine Vielzahl von Einzelstaaten zersplittert. *Friedrich List* (1789–1846) klagte in einer Eingabe an den Deutschen Bund: „Um von Hamburg nach Österreich, von Berlin in die Schweiz zu handeln, hat man zehn Staaten zu durchreisen, zehn Zoll- und Mauthordnungen zu studieren, zehnmal Durchgangszoll zu bezahlen.“ 1834 trat der Zusammenschluß der deutschen Bundesstaaten zum Deutschen Zollverein in Kraft; 1866 wurde der Norddeutsche Bund geschlossen und 1871 das Deutsche Reich gegründet.
- Laissez Faire-Liberalismus des Staates
  Durch flankierende staatliche Maßnahmen, wie Abschaffung der behördlichen Konzessionierung des Fabrikbetriebs, d. h. Einführung der Gewerbefreiheit (ab 1866), Erleichterung der Kapitalbeschaffung durch die Rechts-

form der Aktiengesellschaft sowie Maßnahmen staatlicher Sozialpolitik zur Milderung sozialer Risiken, wie Krankheit, Unfall, Arbeitslosigkeit, wird die Industrialisierung gezielt vorangetrieben.

- Ausbau der Verkehrswege vergrößert die Absatzmärkte und erleichtert den überregionalen Handel
  1835 fährt die erste deutsche Eisenbahn von Nürnberg nach Fürth. Der Ausbau des Eisenbahnnetzes zum Rückgrat des Transportsystems liefert den Grundstock für eine der wichtigsten Wachstumsbranchen, den Maschinenbau.

Im Zuge bahnbrechender Erfindungen haben sich im 19. Jh. folgende Industriezweige herausgebildet:

Dampfmaschine (ab 1835) → Maschinenbau
Farbenherstellung (ab 1850) → Chemische Industrie
Glühbirne, Elektrizität (ab 1880) → Elektrotechnische Industrie
Verbrennungsmotor (ab 1883) → Automobilindustrie

### c. *Industrialisierung in Nordamerika*

Anfang des 19. Jh. war in Nordamerika, das bisweilen fälschlicherweise als das Ursprungsland des Managments angesehen wird, noch keine mit England vergleichbare Beschäftigung mit Fragen des Managements festzustellen. Bis etwa 1840 überwogen kleine Produktionsstätten mit hohem Anteil an Kinderarbeit (Mangel an Arbeitskräften). Um 1900 trugen die Einwanderer mit 40% zum Bevölkerungswachstum und mit über 70% zum Wachstum der Industriearbeiter bei. Die Vielzahl alternativer Beschäftigungsmöglichkeiten in einer stark expandierenden Wirtschaft förderte eine hohe geographische Mobilität der Arbeiter, was allerdings gleichzeitig die Entwicklung eines solidarischen Arbeiterbewußtseins und einen organisierten Widerstand gegen die negativen Folgen der Industrialisierung behinderte (*Aldrich/Mueller* 1982). Erst als Arbeiter aus europäischen Ländern mit einer gewissen gewerkschaftlichen Tradition und Erfahrung im Widerstand gegen Unternehmerwillkür einwanderten, nahmen auch Streiks und sonstige gewerkschaftliche Aktivitäten ein für die Arbeitgeber bedrohliches Ausmaß an. Taylorismus (Scientific Management), Fordismus und Welfare Capitalism (Sozialpolitik) sind zum großen Teil auch als Antworten auf diese Unruhen zu interpretieren und stellten über mehrere Dekaden erfolgreiche Strategien der Arbeiterbefriedung dar (vgl. hierzu den Abschnitt II 1. e.).

Bezeichnet man ein Land dann als weitgehend industrialisiert, wenn weniger als 50% seiner Bevölkerung im primären Sektor (Landwirtschaft, Forstwirtschaft, Fischerei) beschäftigt sind, dann sind die USA als spät industrialisiert anzusehen. Während England die 50%-Marke im Jahre 1841, Frankreich 1866 und Deutschland 1870 erreichten, gelang dies den USA erst 1880 (*Bendix* 1960, S. 342).

Ab 1850 ist ein stetes, z. T. stürmisches Wachstum der Industrie festzustellen. Breite Einwandererströme und hoher Kapitalzufluß ermöglichten diese Entwicklung, in deren Mittelpunkt zunächst der Bau von Eisenbahnen, Straßen und Kanälen stand. Der Sezessionskrieg (1861–1865) brachte weitere Wachstumsanreize. Die oben angesprochenen Arbeitsmarktprobleme und der Wegfall der Sklavenarbeit veranlaßten die amerikanischen Unternehmer, schon sehr frühzeitig nach effizienten Formen der Mechanisierung und Rationalisierung zu suchen, wobei der Produktions- bzw. Werkstattbereich im Mittelpunkt stand. Somit wurden die USA schon ab 1870 in Fragen der Arbeitsorganisation und Werkstattaustattung zum Vorbild für Europa (vgl. *Kocka* 1969a).

Die wichtigsten Wachstumsbranchen waren Bergbau, Stahl, Textilien, Leder, Fleischkonservierung und vor allem Erdöl; diese bescherten den USA das ‚Big Business' und die ersten ‚Robber Barons' (*Vanderbilt, Rockefeller* u. a.), die unterstützt von einem laissez faire-Kapitalismus und fehlender Sozialgesetzgebung lange Zeit das Land beherrschten. Mit *Sherman's* Antitrust Act 1890 versuchte man die wildesten Auswüchse des Kapitalismus (vor allem Monopolsituationen) zu verhindern. Eine neue Generation von kreativen, innovativen Unternehmern (*Edison, Morse, Bell, Carnegie, Ford, Chrysler, Sears, Du Pont* u. a.) initiierte dann die wissenschaftliche Analyse von Arbeit, Produktion und Management (vgl. *Chandler* 1977). Solche sog. **wissenschaftlichen Analysen der Arbeit** in der Produktionswirtschaft gehen primär von einer ökonomischen Fragestellung aus und richten ihr Hauptaugenmerk weniger auf die Beziehungen **Mensch und Arbeit** als primär auf diejenigen zwischen **Arbeit und Leistung.** Arbeit wird instrumentell als quantifizierbarer Input für technische Produktionsprozesse konzeptualisiert, wobei eine ökonomisch optimale Abstimmung von Arbeitsteilung, Arbeitszerlegung und Arbeitsverbindung mit Hilfe organisatorischer Hilfsmittel wie Arbeits-, Zeit- und Bewegungsstudien angestrebt wird. Eine solche mechanistische, an technischen Abläufen orientierte Organisationsauffassung ermöglichte es den Ingenieuren (wie etwa *Taylor*), die Organisation und Führung von Fabriken als ihr ureigenes Betätigungsfeld anzusehen.

## 2. Der Wandel der Produktionsformen

Die vorherrschende Produktionsform des 18. Jh. ist das **Handwerk.** Der Handwerksbetrieb umfaßt neben dem Meister eine kleine Zahl von Gesellen und Lehrlingen, die ohne Maschinen und ohne große Arbeitsteilung produzieren. Der Handwerker fertigt und kontrolliert sein Produkt von Anfang bis zum Ende selbst und verkauft es an den Abnehmer seiner Wahl.

Die nächste Stufe gewerblicher Organisation stellt der **Verlag** dar. Hier verbleibt zwar die Fertigung räumlich dezentral, der Heimarbeiter arbeitet mit seinen eigenen Produktionsmitteln zu Hause im Familienverband, die Rohstoffbeschaffung und der Vertrieb werden aber zentralisiert. Der Handwerker befindet sich in großer Abhängigkeit von einem Kaufmann, dem Verleger, der ihm die Roh- oder Zwischenprodukte beschafft und das Endprodukt verkauft.

In der **Manufaktur** wird die bislang nur auf ganze Funktionsbereiche (Beschaffung, Produktion, Absatz) beschränkte Arbeitsteilung vor allem im Produktionsbereich konsequent weitergetrieben. Zur arbeitsteiligen Aufgabenerfüllung werden in einer zentralen Fertigungsstätte zwar Werkzeuge, aber noch keine Maschinen eingesetzt. Die Handarbeit dominiert. Dagegen erfolgt eine Trennung von Leitungs- und Ausführungsaufgaben sowie von Wohn- und Arbeitsplatz (vgl. zum folgenden *Ruppert* 1983).

Der wesentliche Unterschied der Manufaktur zur **Fabrik** besteht in der Verwendung mechanischer Kraft zum Betrieb von Werkzeugen und Maschinen. Als *zentrale* Energiequellen zum Antrieb der Aggregate stehen zunächst Wind, Wasser und Tiere, später Dampf und Gas zur Verfügung. Mit dem Aufkommen der Energieart ‚Elektrizität' (um 1880) wird ein *dezentraler* Antrieb über Elektromotoren möglich, was die örtliche Konzentration der Produktion auf ein Fabrikgebäude technologisch überflüssig macht. Die Spezialisierung des Arbeiters auf einen einzigen, leicht zu erlernenden Arbeitsgang, nimmt zu; die Aufgaben- und Rollenteilung zwischen Arbeiter und Management (kaufmännische und technische Direktoren) wird weiter ausdifferenziert. Eine gewisse Mittlerfunktion zwischen Arbeiter und Management nimmt lange Zeit der **Meister** ein, dessen Position allerdings im Laufe der Zeit (spätestens im Zuge der Taylorisierung des Universalmeisters in acht Funktionsmeister) immer schwächer wird (vgl. z. B. *Wiedemann* 1967). In der Funktion des Zwischenmeisters (um 1800) konnte er sich noch als Kleinunternehmer fühlen, da er selbständig und in eigener Verantwortung für bestimmte Produktionsprozesse Arbeiter einstellen, entlassen, entlohnen und bestrafen konnte. Insgesamt ist das Fabriksystem durch hohe Mechanisierung, hohe Arbeitsteilung und Massenfertigung in großen zentralisierten Werkstätten gekennzeichnet; es ermöglicht durch die hohe Arbeitszerlegung den Einsatz ungelernter oder angelernter Arbeiter, erfordert aber auch als Folge der hohen Mechanisierung einen erheblichen Kapitaleinsatz. Dies wiederum verlangt nach möglichst exakten ökonomischen Daten (Prognosen, Planung, Rechnungslegung) verbunden mit der Schriftlichkeit betrieblicher Vorgänge und einer reibungslos funktionierenden, disziplinierten Arbeiterschaft, was die Formalisierung von organisatorischen Strukturen und Abläufen erforderlich machte. Hierzu waren **Managementfunktionen,** wie Planung (Prognose, Arbeitsvorbereitung), Organisation (Abteilungsbildung) und Kontrolle (Aufsicht, Rechnungslegung) notwendig. Während sich im Fertigungsbereich vor allem ‚overlooker' (Aufseher, Kontrolleure) als Vertreter einer neuen **Managementebene** herausbildeten, wurden auf der obersten Ebene unter dem Eigentümerunternehmer, dem Fabrikherrn, Spezialisten des

Rechnungswesens benötigt. ‚Accounting' und ‚Engineering' bildeten dementsprechend die Managementschwerpunkte im 19. Jahrhundert (*Brech* 1963).

Die Umstrukturierung der gewerblichen Organisation der Arbeit im Deutschland des 19. Jh. vom Handwerk hin zur Fabrik läßt sich eindrucksvoll an der Veränderung der **Zahl der Beschäftigten** in den jeweiligen Produktionsformen ablesen (vgl. *Kocka* 1983, S. 63 und 66). Um 1800 verteilten sich die insgesamt 2,2 Mio. im gewerblichen Sektor Beschäftigten (Gebiet des Deutschen Reiches) wie folgt:

51% Handwerk
44% Verlag
5% Manufaktur, erste Fabriken.

Um 1900 verteilten sich die nunmehr 9,5 Mio. im gewerblichen Sektor Beschäftigten wie folgt:

35% Handwerk
5% Verlag
60% Manufaktur, Fabrik.

Aus diesen Zahlen wird deutlich, daß das Verlagssystem lediglich eine Übergangsphase zum Fabriksystem darstellt, u. a. deshalb, weil es nicht annähernd die ökonomischen Vorteile der Arbeitsteilung und des Maschineneinsatzes wie im Fabrikbetrieb bieten kann.

## 3. Konsequenzen der Industrialisierung für das Management

Mit dem industriellen Wachstum und im Zuge der weiter oben beschriebenen Reorganisation von Produktionstätigkeiten wuchsen auch die Managementaufgaben. Der Managementbedarf im Sinne von planmäßiger Arbeitsvorbereitung, -einteilung und -überwachung, zunächst allein im Produktionsbereich erkannt, wurde nun auch nach und nach in allen anderen Funktionsbereichen der Unternehmung bedeutsam: Einkauf, Personalverwaltung, Forschung und Entwicklung, Finanzierung und Rechnungswesen sowie im Absatz.

Kennzeichnend für diese Entwicklungsstufe des Managements ist die aufkommende **Trennung von Eigentum und Unternehmungsführung** vor allem als Folge der laufend zunehmenden Unternehmensgröße. Die ständige örtliche und funktionale Ausdehnung der Unternehmungsaktivitäten und die damit verbundene höhere Komplexität der Führungsaufgaben zwangen die Unternehmer als Inhaber oder Hauptkapitalgeber dazu, besonders qualifizierte leitende Angestellte heranzuziehen. Es setzte damals schon ein Prozeß der allmählichen Loslösung der Leitung vom Kapitaleigentum und der ihm innewohnenden Entscheidungsgewalt ein (vgl. *Berle/Means* 1932). Die Trennung von Management und Eigentum, die heute in fast allen mittleren und großen

Unternehmungen anzutreffen ist, hat den Manager als Vertreter einer neuen Berufsgruppe, eines neuen sozialen Standes, hervorgebracht. Diese Tendenz – das **Aufkommen der Manager** – hat sich zwar bis heute immer stärker fortgesetzt, es ist jedoch keineswegs zu einer ‚Managerial Revolution' gekommen, wie sie *Burnham* (1941) prophezeit hat, wenn er die Vision von einer Übernahme der politischen und sozialen Macht durch die Klasse der Manager heraufbeschwört, die die beiden anderen Klassen, Kapitaleigentümer und Arbeiter, zur Bedeutungslosigkeit verdammen würde (vgl. hierzu ausführlicher *Staehle* 1983, S. 56ff.).

In deutschen Unternehmungen war auf der obersten Managementebene schon Mitte des 19. Jh. eine Zweiteilung in eine kaufmännische und eine technische Direktion anzutreffen, wobei zunächst keine eigene Stelle für General Management (Generaldirektion) vorgesehen war. Erst mit Beginn des 20. Jh. finden sich vereinzelt Abteilungen für ‚Allgemeine Verwaltung' (und somit ein dreigeteiltes System) und/oder ein Generaldirektor.

Ein besonderes Managementproblem, vor allem in den großen, örtlich dezentralisierten und hoch arbeitsteilig produzierten Unternehmungen, bestand in der Koordination der unternehmerischen Entscheidungen auf den einzelnen Managementebenen. Mit *Kocka* (1975, S. 85ff.) lassen sich zwei **Strategien der Koordination** unterscheiden: die familienbezogene und die bürokratische.

Bei der *familienbezogenen* Strategie zur Sicherung der Einheit der Führung rekrutiert der Unternehmungsgründer seine Führungskräfte aus dem Kreis von nahen und fernen Verwandten (Nepotismus). Der Familienloyalität wird eine hohe integrierende Kraft zugeschrieben, die auch bei großer räumlicher Distanz der Produktionsstätten eine einheitliche Unternehmungspolitik gewährleistet. Beispielhaft für diese Strategie ist die Koordination des Elektrokonzerns *Siemens & Halske* durch die drei Siemens-Brüder *Werner* (Berlin), *Carl* (St. Petersburg) und *William* (London) (vgl. *Kocka* 1969b).

Bei der *bürokratischen* Strategie verläßt sich der Fabrikherr mehr auf die fachliche Kompetenz der angestellten Manager denn auf Familienbande. Zur Sicherung einer einheitlichen Unternehmungspolitik ist dann jedoch ein Mindestmaß an formalisierten Regeln und Anweisungen hinsichtlich der Informations-, Autoritäts- und Verantwortungsstrukturen erforderlich. Bürokratische Koordination vertraut eher auf systematisches professionelles Management denn auf loyale Familienangehörige.

Insofern ist die Verwissenschaftlichung des Managements eine Folge des Übergangs von familienbezogenen zu bürokratischen Koordinationsformen (zum Bürokratiemodell vgl. S. 19f. sowie 134ff.).

Neben der Entwicklung des Managements in industriellen Großunternehmungen gewannen Managementtechniken auch in einem anderen klassischen Organisationstyp, der militärischen Organisation, immer mehr an Bedeutung. Vor allem der preußische General *Carl von Clausewitz* (1780–1831) hat sich mit dem Management (vor allem Analyse- und Planungstechniken) von großen Armeen und der Verwissenschaftlichung der Entscheidungsfindung beschäftigt. Die großen militärischen Erfolge in der zweiten Hälfte des 19. Jh. führten zu einer weiteren Aufwertung militärischer Vorbilder und zu einer verstärkten Übernahme militärischer Organisations- und Führungsprinzipien durch Wirtschaftsorganisationen (vgl. auch den Strategiebegriff von *Clausewitz*, S. 340).

Im Zuge der Taylorrezeption (vgl. Kapitel II 1. e.) wurden vor allem in Deutschland immer wieder Parallelen zwischen der Anwendung von Organisationsprinzipien im Heer und in der Industrie gezogen. So werden die Vorgänge des Ladens und des Präsentierens eines Gewehrs sowie der Schießvorgang in kleinste Teilbewegungen aufgelöst, damit sie auch der unbedarfteste Rekrut möglichst schnell und fehlerfrei erlernen kann (vgl. *Hinrichs* 1981, S. 62 und 300).

## 4. Konsequenzen der Industrialisierung für die Arbeiter

Die industrielle Revolution hatte einen tiefgreifenden Wandel der Arbeit, der Arbeiter (Produktivkräfte) und damit der gesamten Gesellschaft (Produktionsverhältnisse) zur Folge. Aus Handwerkern und Bauern rekrutierte sich ein Heer von Industriearbeitern, das sich ohne Vorbereitung mit ungewohnten (un-natürlichen) Arbeitsinhalten (extreme horizontale und vertikale Arbeitsteilung, maschinenbestimmte Arbeitsabläufe), Arbeitsbedingungen (Arbeitszeit, Arbeitsumwelt) und Lebensbedingungen (Wohnung, Nahrung, Hygiene) abfinden mußte.

Es entstand somit eine neue Klasse zwar nicht rechtlich, aber sozial und materiell Unfreier – von *Karl Marx* (1818–1883) als Arbeiterklasse bezeichnet – d. h. eine gesellschaftliche Schicht, die nicht über Produktionsmittel verfügte und ihre Arbeitskraft als einzigen marktgängigen Besitz an die Unternehmer verkaufen mußte (*Kocka* 1983). „Die Arbeit erscheint nicht als die gesellschaftliche Macht, die sie ist, sondern verteilt sich auf viele Individuen, die unter dem Privateigentum dem Schein nach selbständig agieren“ (*Jonas* 1974, S. 181).

Der Umstand, daß der Arbeiter nicht selbst über Produktionsmittel verfügt und somit fremder Herrschaft (Willkür) unterworfen ist, sowie die Tatsache, daß der Arbeiter zur Zeit der Frühindustrialisierung unter zum Teil menschenunwürdigen Arbeitsbedingungen in einer ihm fremden Arbeitsumgebung arbeiten mußte, ist von *Karl Marx* (1844) mit dem Begriff der **Entfremdung** belegt worden. Dabei unterschied er folgende Aspekte der Entfremdung (nach *Ludz* 1975):

- Entfremdung des Arbeiters vom Produkt seiner Arbeit.

  Der Arbeiter verfügt weder über die Produktionsmittel noch über das Produkt seiner Arbeit und folglich steht das Ergebnis seiner Tätigkeit ihm fremd gegenüber. Indem der Gegenstand der Arbeit dem Arbeiter verlorengeht, tritt er ihm als fremde Macht gegenüber. Die vom Menschen geschaffene Technik und von ihm veränderte Natur werden vom Menschen nicht mehr beherrscht, sie gewinnen vielmehr Gewalt über ihn.

- Entfremdung des Arbeiters vom Akt des Produzierens.
  Da der Arbeiter seine Tätigkeit nur als Mittel zur Bedürfnisbefriedigung versteht und seine unmittelbaren Bedürfnisse nur außerhalb der Arbeit befriedigen kann, ist auch die Tätigkeit selbst entfremdet. Die Selbstentfremdung tritt ein, da die Arbeit nicht länger als ‚Lebenstätigkeit' aufgefaßt wird.
- Entfremdung des Arbeiters von seinen Arbeitskollegen.
  Durch Arbeitsteilung, Konkurrenzkampf und kommunikationshinderliche Arbeitsorganisation werden die zwischenmenschlichen Beziehungen unterbrochen, die zu einer Befriedigung sozialer Bedürfnisse notwendig sind.
- Entfremdung vom Gattungswesen Mensch.
  Durch Entfremdung vom Resultat der Arbeit wie von der Arbeitstätigkeit verliert der Arbeiter die Beziehung zu sich selbst. „Der Arbeiter fühlt sich erst außer der Arbeit bei sich und in der Arbeit außer sich" (*Karl Marx*).

*Marx* sieht die historisch vorfindbaren Produktionsweisen (den Stand gesellschaftlicher Organisation der Arbeit) als Produkt jeweils herrschender Gesellschaftsverhältnisse an.

Durch die ausschließlich instrumentelle Ausrichtung der Arbeit (Mittel zur Existenzsicherung) im ausgehenden 19. und zu Beginn des 20. Jahrhunderts konnten Fragen nach dem **Sinn von Arbeit** verständlicherweise kaum praktische Relevanz gewinnen. In jüngerer Zeit hat vor allem *Habermas* anknüpfend an die *Marx*'sche Terminologie von Produktivkräften und Produktionsverhältnissen mit dem analogen, aber abstrakteren Wortpaar Arbeit (zweckrationales Handeln) und Interaktion (institutioneller Rahmen) die Diskussion über legitimationsvermittelnde Sinnproduktion von Arbeit neu belebt (*Habermas* 1968, ähnlich auch *Marcuse* 1968). Versteht man Arbeit auch als kommunikatives Handeln zur Bestimmung vom Sinn dessen, was man tut, werden Entscheidungen über Art, Form und Verteilung von zu produzierenden Gütern sowie die Verteilung der Produktionsergebnisse problematisiert und Wünsche nach Entscheidungsteilhabe (Mitbestimmung) als legitime Forderungen auf dem Weg zu einer notwendigen Identifikation mit der Arbeit verstehbar.

Neben diesen gesellschaftstheoretischen Ansätzen erfuhr der Begriff der Entfremdung (*Israel* 1972, *Ludz* 1975, *Wenko* 1975, *Brenner/Strasser* 1977) sozial-psychologische Operationalisierungen mit dem Ziel, **Arbeitsverhalten** aus der Produktionsstruktur und den Arbeitsbedingungen zu erklären (*Blauner* 1964, *Seeman* 1967) und produktionswirtschaftlichen Entscheidungen zugänglich machen zu können (*Gaitanides* 1975).

Das Phänomen der Entfremdung hat im Zuge fortschreitender Industrialisierung vor allem durch ständige Rationalisierungsmaßnahmen nichts an Aktualität verloren.

Die Jahre nach der Reichsgründung (vor allem zwischen 1871 und 1914) sind durch eine kontinuierliche **Steigerung der Arbeitsproduktivität** gekennzeichnet, und zwar einerseits als Folge der weiteren Mechanisierung der Fertigung und andererseits aber auch als Folge einer systematischen Steigerung der Arbeitsintensität. Vor allem der französische Arbeitssoziologe *Georges Friedmann* (1952) hat sich mit den Folgen hochgradiger Arbeitsteilung in der mechanisierten Massenproduktion beschäftigt. Der Mensch wird seiner Einschätzung nach zum Anhängsel von Automaten und übt lediglich die Funktion eines Lückenbüßers in vom technischen Fortschritt noch ausgesparten Tätigkeitsbereichen aus. *Friedmann* gilt heute als einer der Vorläufer der Bewegung ‚Humanisierung der Arbeit'. Nachdem die Wirksamkeit der Maschinen weitgehend wissenschaftlich erforscht und praktisch erprobt war, rückte nun die Wirksamkeit des Menschen in den Mittelpunkt des Forschungsinteresses und, sobald umsetzbare Ergebnisse vorlagen (dargestellt in den nächsten Abschnitten II 1. und 2.), in den Mittelpunkt von Rationalisierungsmaßnahmen. Die einschlägige Literatur spricht dann auch in Analogie zu sachlichen Produktionsfaktoren vom ‚Fertigmachen und Fähigmachen des Menschenmaterials' (*Hinrichs* 1981, S. 25).

Diese Entwicklung wurde jedoch von den Betroffenen nicht ohne Widerstand hingenommen. Die immer stärker werdende Feindseligkeit der Arbeiter gegenüber den Fabrikherren äußerte sich in sozialen und politischen Protesten, wie Streiks, Aufruhr, Demonstrationen. Im Abschnitt II. 1. e. wird genauer zu untersuchen sein, welche Antworten Wissenschaft, Arbeitgeber und Gewerkschaften zur Lösung der sozialen Frage parat hatten.

## II. Entwicklungstendenzen des Managements

Die neuere Management-Geschichtsschreibung[2] setzt mit den Arbeiten von *Frederick W. Taylor* (1856–1915) ein. Die gängigen Einteilungen der weiteren Entwicklung des Managements sehen in aller Regel eine Dreiteilung vor in:

1. Die Zeit des ‚Scientific Management' (formale Strukturen),
2. Die Zeit des ‚Social Man' (soziale Prozesse),
3. Die Zeit der Integration.

[2] Vgl. z.B. *Häusler* 1966, *Stiefel* 1969, *Pugh/Hickson/Hinings* 1973, *Rühli* 1973, *Fulmer* 1974, *Kast/Rosenzweig* 1974, *Hicks/Gullett* 1975, *Mouzelis* 1975, *Petit* 1975, *Rogers* 1975, *Baugut/Krüger* 1976, *Dessler* 1976, *Filley/House/Kerr* 1976, *Hoffmann* 1976, *Koontz/O'Donnell* 1976, *Tosi/Carroll* 1976, *Carlisle* 1976, *Gannon* 1977, *Kieser/Kubicek* 1978.

Typisch für solche Darstellungen sind die Klassifikationen von *Scott* (1961) für **Organisationstheorien** in

1. Klassische Organisationtheorie
2. Neo-klassische Organisationstheorie
3. Moderne Organisationstheorie

und die von *Massie* (1965) für **Managementtheorien** in

1. Traditioneller klassischer Ansatz
2. Neo-klassischer Ansatz
3. Moderner interdisziplinärer Ansatz.

Es wäre verfehlt, aus diesen Einteilungen auf eine geschichtliche Entwicklung von in sich geschlossenen Stufen oder Phasen von Organisations- bzw. Managementtheorien zu schließen, obwohl dies von verschiedenen Autoren suggeriert wird. Die Abgrenzung, die hier vorgenommen wird, ist allein im Hinblick auf eine unterschiedliche Schwerpunktbildung in Forschung und Lehre gerechtfertigt.

Andere Autoren bevorzugen eine Klassifikation nach den wichtigsten Disziplinen, in denen Lösungen für Managementprobleme entwickelt werden, so z. B. *Haynes/Massie/Wallace* (1975) (ähnlich auch *Ulrich* 1971 b):

- Managerial Accounting (Finanz- und Kostenrechnung für Managementzwecke)
- Managerial Economics (Volkswirtschaftliche Entscheidungslehre)
- Organization Theory (Management- und Organisationslehre)
- Human Behavior (menschliches Verhalten in Organisationen)
- Management Science (Operations Research, mathematische und statistische Entscheidungstheorie)
- Industrial Engineering (Ingenieurwissenschaftliche und arbeitswissenschaftliche Organisationsgestaltung)

Abb. 1.1 gibt einen Überblick über die in den folgenden Abschnitten besprochenen Ansätze des Managements.

Auf der linken Seite der Abb. 1.1 sind die formalwissenschaftlich-sachbezogenen und auf der rechten Seite die verhaltenswissenschaftlich-menschbezogenen Ansätze mit den jeweiligen Bezugswissenschaften dargestellt; auf der oberen Hälfte sind englischsprachige und auf der unteren Hälfte deutschsprachige Ansätze zu finden; dabei sind die historisch jüngeren Ansätze am nächsten zur Bildmitte angeordnet.

Die in den nächsten beiden Abschnitten zu besprechenden Management-Ansätze weisen mehr oder weniger wissenschaftlich fundierte Wege zur Intensivierung menschlicher Arbeit im Produktionsprozeß (vgl. *Friedmann* 1952).

*Abb. 1.1:* Überblick über Ansätze und Bezugswissenschaften des Managements

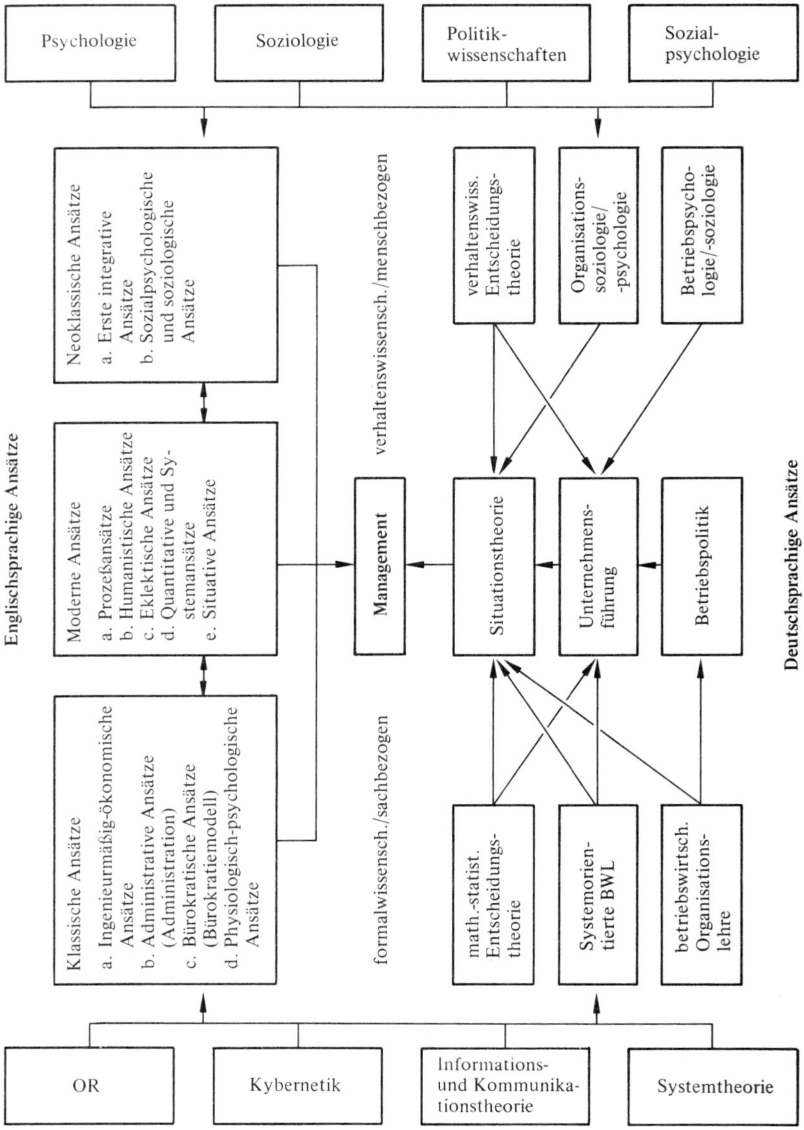

## 1. Klassische Ansätze

### a. *Ingenieurmäßig-ökonomische Ansätze (Scientific Management)*

Als Ausgangspunkt wissenschaftlicher Analysen von Arbeit und Management gelten die Studien von *F. W. Taylor*.[3] Was *K. Marx* als gesellschaftliche Arbeitsteilung beschrieben und *A. Smith* im berühmten Beispiel der Nadelherstellung[4] an betrieblichen Produktionsprozessen gezeigt hat, wendet *Taylor* mit der Entwicklung von Methoden der Analyse von Arbeitsprozessen und deren Zerlegung in möglichst kleine Aufgabenelemente, die von verschiedenen Arbeitern erledigt werden, konsequent an. *Taylor*'s ‚Principles of Scientific Management' (1911) lieferten die Bezeichnung für eine neue Denkweise des Managements, die geprägt ist von dem rationellsten Einsatz von Menschen und Maschinen im Produktionsprozeß, einer am Best-Arbeiter[5]

---

[3] Die neuere *Taylor*-Forschung hat ergeben, daß das zentrale Werk *Taylor*'s ‚The Principles of Scientific Management' (1911) nur zum geringen Teil von ihm selbst geschrieben wurde; als Vorlage diente ihm das Manuskript seines Mitarbeiters *Morris L. Cooke* (Industrial Management), das dieser in den Jahren 1907–1910 anfertigte, aber nie veröffentlichte. *Taylor* scheint überhaupt ein ‚Wissenschaftler' gewesen zu sein, der andere für sich schreiben ließ (ghost writer) und/oder fremdes Material unter seinem Namen veröffentlichte (vgl. *Wrege/Stotka* 1978).

[4] *Adam Smith* beschreibt 1776 den Arbeitsprozeß in einer Stecknadelmanufaktur (*Smith* 1905, S. 8):

„So ist das wichtigste Geschäft der Stecknadelfabrikation in ungefähr 18 verschiedene Verrichtungen geteilt, die in manchen Fabriken alle von verschiedenen Händen vollbracht werden, während in anderen ein einziger Mensch zwei oder drei derselben auf sich nimmt. Ich habe eine kleine Fabrik dieser Art gesehen, in der nur zehn Menschen beschäftigt waren und manche daher zwei oder drei Verrichtungen zu erfüllen hatten. Jene zehn Personen konnten mithin zusammen täglich über acht und vierzig Tausend Nadeln machen, als Verfertiger von vier Tausend acht Hundert Nadeln an einem Tage angesehen werden. Hätten sie jedoch alle einzeln und unabhängig voneinander gearbeitet und wär keiner für sein besonderes Geschäft angelernt worden, so hätte gewiß keiner zwanzig, vielleicht nicht eine Nadel täglich machen können, d. h. vielleicht nicht den viertausend achthundertsten Teil von dem, was sie jetzt infolge einer geeigneten Teilung und Verbindung ihrer verschiedenen Verrichtungen zu leisten imstande sind. In jeder anderen Kunst und jedem anderen Gewerbe sind die Wirkungen der Arbeitsteilung denen, welche dieses so wenig belangreiche Gewerbe darbietet, ähnlich, obgleich in vielen derselben die Arbeit weder in so viele Unterabteilungen zerlegt noch auf eine so große Einfachheit in der Verrichtung zurückgeführt werden kann. Doch bringt die Arbeitsteilung, soweit sie sich einführen läßt, in jedem Gewerbe eine verhältnismäßige Vermehrung der Produktivkräfte der Arbeit zuwege. Die Trennung der verschiedenen Gewerbe und Beschäftigungen scheint infolge dieses Vorteils entstanden zu sein."

[5] Die in fast jedem Managementbuch ausführlich wiedergegebene Geschichte des Arbeiters *Schmidt* von der Bethlehem Iron Comp. aus dem Jahre 1899 (zitiert bei *Taylor* 1911, wiedergegeben z. B. bei *Rosenstiel* et al. 1972, S. 38f. oder *Wächter* 1979, S. 59f.) ist weitgehend Fiktion, wie die neuere Managementgeschichtsforschung ergeben hat (vgl. *Wrege/Perroni* 1974). *Taylor* hat die Story, wie der Arbeiter *Schmidt* dazu

orientierten Maximalleistung, entsprechenden Personalselektions- und -anreizsystemen und der konsequenten Trennung von ausführender und planender Tätigkeit (Funktionsmeistersystem). Insofern bedeutet Scientific Management nicht nur systematisches Methoden- und Zeitstudium (Industrial Engineering), sondern darüber hinaus den Ausdruck eines **neuen Leistungs- und Effizienzdenkens.**

Im einzelnen unterscheidet *Taylor* folgende **Managementprinzipien:**

- Systematische Zeitstudien als Voraussetzung für eine
- Differenzierung der Akkordsätze
- Trennung der Planung von der Ausführung
- Wissenschaftliche Arbeitsmethode
- Kontrolle durch das Management
- Funktionale Organisation.

*F. B. Gilbreth* (1868–1924), der prominenteste Schüler *Taylor's*, ergänzte dessen Zeitstudien konsequenterweise durch Bewegungsstudien der Arbeitsabläufe, und zwar aus der Überzeugung heraus, daß jede Bewegung, die nicht unmittelbar dem Produktionsprozeß dient, vergeudete oder vertane Arbeit darstellt. Menschliche Arbeit soll durch diese Organisation der Arbeit von allem Irrationalen, Zufälligen und unnötigen Qualifikationen befreit werden.

Diese Prinzipien haben nicht nur eine **quantitative** Dimension (was zu extrem kleinen Arbeitsinhalten mit minimalen Anlernzeiten und den bekannten Monotonieerscheinungen führt), sondern auch – was für die Qualifizierungs- und Professionalisierungsprozesse des Arbeiters viel entscheidender wurde – eine **qualitative** Komponente. So führte die von *Taylor* betriebene Trennung von körperlicher und geistiger Arbeit (Trennung von Planung und Ausführung) zu einer relativen Reduzierung der in einer bestimmten Produktionsstufe körperlich Arbeitenden, da die zeitraubenden geistig-kreativen Aufgaben funktional konzentriert werden konnten. Spätestens hier werden neue Aufgabenbereiche erkennbar, die als **Management** im funktionalen Sinn bezeichnet werden. Die exakte Zuweisung determinierter Aufgaben zusammen mit der Angabe von restriktiven Vorschriften hinsichtlich Mindestmengen und -zeiten sowie einer detaillierten Arbeitsordnung führten dazu, daß jeder Schritt des Arbeitsprozesses und der Arbeitsausführung einer Kontrolle unterworfen wurde. **Kontrolle** im Sinne von Disziplinierung und Überwachung wurde neben der **Planung** (als Arbeitsvorbereitung) zur wichtigsten Managementaufgabe. Folge dieser Entwicklung war, daß jedes Arbeitselement von allen Spezialkenntnissen, die eine etwas anspruchsvollere Ausbildung erfordert hätten, befreit und auf möglichst einfache manuelle Verrich-

---

gebracht wurde, anstatt täglich 12,5 Tonnen Erz bis zu 47 Tonnen auf einen Eisenbahnwagen zu laden, in verschiedenen Versionen erzählt. Zwar existierte *Schmidt* (als *Henry Noll*), aber von einer wissenschaftlichen Auswahl von Männern, die physisch in der Lage waren, 47 Tonnen täglich zu laden, kann keine Rede sein. Auch das zitierte Gespräch zwischen *Schmidt* und dem Arbeitsstudienmann hat in dieser Form nie stattgefunden.

tungselemente reduziert werden konnte. Neben dem damit verbundenen Produktivitätszuwachs ergab sich als weiterer ökonomischer Vorteil dieser Art von Arbeitsteilung, daß das für einen derartig organisierten Produktionsprozeß erforderliche Paket an Wissen, Können und Fertigkeiten bedeutend billiger in Form getrennter Elemente (viele unqualifizierte Arbeiter, wenige qualifizierte Manager) als in Form traditionell integrierter Arbeitsangebote gekauft werden konnte. Vor allem *Charles Babbage* (1792–1871) hat ganz deutlich auf diesen ökonomischen Vorteil der Arbeitsteilung verwiesen (**Babbage-Prinzip**): „Daß nämlich der industrielle Unternehmer durch Aufspaltung der auszuführenden Arbeit in verschiedene Arbeitsgänge, von denen jeder einen anderen Grad an Geschicklichkeit oder Kraft erfordert, gerade genau jene Menge von beidem kaufen kann, die für jeden dieser Arbeitsgänge notwendig ist; wogegen aber, wenn die ganze Arbeit von einem einzigen Arbeiter verrichtet wird, dieser genügend Geschicklichkeit besitzen muß, um die schwierigste, und genügend Kraft, um die anstrengenste dieser Einzeltätigkeiten, in welche die Arbeit zerlegt worden ist, ausführen zu können" (*Babbage* 1832, zitiert in *Braverman* 1977, S. 70).

Das Babbage-Prinzip wurde später von der Handarbeit auch auf die Kopfarbeit übertragen und dient heute als ein Erklärungsansatz für die neue internationale Arbeitsteilung. Das internationale Gefälle an Lohn-, Kapital- und Infrastrukturkosten bietet für Unternehmungen in hochentwickelten Industrieländern Anreize, die Herstellung bestimmter Teile des Produktes in Länder mit günstiger Kostenstruktur zu verlagern (vgl. *Fröbel/Heinrichs/Kreye* 1977).

Eine Weiterentwicklung des Babbage-Prinzips sowie tayloristischer Vorstellungen von Arbeitsteilung stellt die **Fließfertigung** dar. In der US-amerikanischen industriellen Produktion wurde das Conveyorband erstmals in der Fleischkonservierungsbranche (Zerlegeabteilung der Chicagoer Schlachthöfe ab 1905) und auf breiter Ebene dann in der Automobilindustrie eingesetzt (bei *Ford* ab 1913, Eröffnung des Highland Park Werkes, *Edwards* 1981, S. 129ff.).

Während sich *Taylor* noch primär mit der Rationalisierung handwerklicher Arbeit befaßte, konzentrierte sich *Henry Ford* (1863–1947) auf die Rationalisierung des industriellen Fertigungsprozesses bei Massenproduktion (Autos). Als **Fordismus** bezeichnet man die Managementstrategie *Ford*'s, die neben der arbeitsorganisatorisch optimalen Anordnung von Menschen und Maschinen bei der Montage uniformer Massenprodukte, eine drastische Lohnerhöhung (von 2,30 auf 5 Dollar pro Tag), eine Arbeitszeitverkürzung auf 48 Stunden pro Woche und eine erhebliche Senkung der Verkaufspreise zur Steigerung der Absatzmengen vorsah (*Ford* 1923). *Ford* verfolgte hierbei folgende Prinzipien:

- hohe Typisierung der Produkte
- hohe Mechanisierung der Produktion, Fließfertigung nach dem Conveyorsystem

- Eignungsuntersuchungen zur Selektion der besten Arbeiter
- hohe Löhne und niedrige Preise zur Schaffung einer kaufkräftigen Nachfrage nach seinen Produkten
- Verbot von Gewerkschaften in seinen Betrieben.

Die Verwendung der Fließfertigung hat nicht nur zu einer erheblichen Produktivitätssteigerung geführt, sondern auch den hohen personellen Kontrollaufwand, der im Taylorsystem erforderlich ist, reduziert. Das unpersönliche Kontrollinstrument ‚Montageband' übernimmt jetzt die Arbeit der Aufseher tayloristischer Prägung (vgl. hierzu S. 458).

Die Tatsache, daß zehn Jahre nach Ford Opel 1923 als erste deutsche Automobilfabrik auf Fließfertigung umstellte, macht den beträchtlichen technologischen Abstand zwischen den USA und Deutschland deutlich. Dabei fällt auf, daß von den deutschen Unternehmern primär technologische und arbeitsorganisatorische Innovationen aus den USA übernommen wurden, während im Bereich der Personalpolitik eine andere Managementstrategie gewählt wurde. Die Reallöhne wurden nicht gesteigert, eher das Gegenteil; dafür aber sollte die Arbeitsfreude angehoben werden (vgl. hierzu Abschnitt II 1. e.). *Kocka* (1969 a) weist darauf hin, daß in der deutschen Managementliteratur um die Jahrhundertwende eine mit amerikanischen Verhältnissen vergleichbare Wertschätzung finanzieller Anreize und autoritärer Führung nicht festzustellen sei. Hingegen konnte er aus historischen Quellen entnehmen, daß den Managern z. B. schon um 1911 psychologisch orientierte, indirekte Leitungstechniken, Anerkennung und Beachtung sowie Förderung der Zufriedenheit anempfohlen wurden (vgl. Abschnitt 2b).

### *b. Administrative Ansätze (Administration)*

Während die Vertreter des Scientific Management sich in erster Linie mit arbeitstechnischen Problemen auf der untersten Managementebene beschäftigten, und zwar nicht nur im Bereich der Fertigung, sondern auch im **Verwaltungsbereich** (*Leffingwell* 1917), zielen administrative Ansätze mehr auf die Analyse der Organisation insgesamt. *Fayol* (1841–1925) meinte, Management als Bündel universell nachweisbarer Funktionen (Planung, Organisation, Leitung, Koordination, Kontrolle) in allen Organisationen erkennen zu können (Administration industrielle et générale – 1916) (s. a. S. 42 ff.).

Mit dem Wort ‚*générale*' bringt er zum Ausdruck, daß die Probleme des Managements nicht allein in industriellen Unternehmungen von Bedeutung sind, sondern in allen Organisationen, ganz gleich welcher Art. Im Gegensatz zu *Taylor*'s funktionaler Gliederung der Organisation fordert *Fayol* ein Liniensystem. *Fayol* war ebenso wie *Taylor* Ingenieur, nur interessierte sich *Fayol* als Generaldirektor einer französischen Bergwerksgesellschaft mehr für die Leitungsorganisation auf den oberen Managementebenen. Auf ihn geht der **Grundsatz der Einheit der Auftragserteilung** zurück, d. h. eine in der

Hierarchie nachgeordnete Instanz kann nur von einer vorgeordneten Instanz Weisungen erhalten und nicht wie bei *Taylor* von mehreren. Die Befehlslinien erstrecken sich dann entlang dem Instanzenweg von oben nach unten (umgekehrt: Dienstweg).

Neben dem Prinzip der Einheit der Auftragserteilung formulierte *Fayol* (1916) noch weitere 13 Managementprinzipien, die er als flexible Richtlinen zur Führung von Unternehmungen jeglicher Art verstanden wissen wollte, wie z. B. Entsprechung von Autorität und Verantwortung, gerechte Entlohnung, hierarchische Organisation.

*Mooney/Reiley* (1931, 1939), *Gulick/Urwick* (1937) und *Urwick* (1943) erweitern und modifiziern die *Fayol*'schen Prinzipien und entwickeln aus ihnen **Managementregeln** der effizienten Strukturierung von Organisationen. Effiziente Organisationen sind formale Organisationen, und folglich stehen Probleme der horizontalen Differenzierung (Spezialisierung) und der vertikalen Differenzierung (Hierarchisierung) im Mittelpunkt des Interesses.

Den *Fayol*'schen Prinzipien werden im Laufe der Jahre immer neue hinzugefügt, ohne daß eine Relativierung im Hinblick auf den Anwendungsbereich erfolgt (vgl. zur Kritik *Massie* 1965 sowie S. 612 f. d. Arbeit). Dies sind vor allem:

- Prinzip der optimalen Kontrollspanne (*Graicunas* 1937)
- Prinzip der Führung in Ausnahmefällen (Management by Exception, vgl. S. 374 f.)
- Prinzip der Stab-Linien-Organisation (vgl. S. 444 ff.)

Während in den USA Probleme der **Werkstattorganisation** (technische Produktionsabläufe) eindeutig im Vordergrund von Managementtätigkeiten standen, gewann in Deutschland um die Jahrhundertwende der Kaufmann mit seinem Arbeitsgebiet gegenüber dem Ingenieur immer mehr an Gewicht (Gründung der ersten Handelshochschulen ab 1898). Die Gesamtorganisation des Betriebes, die kaufmännische Verwaltung und speziell die **‚Bureauorganisation'** waren die Domäne des Kaufmanns, nicht des Ingenieurs.

### c. Bürokratische Ansätze (Bürokratiemodell)

Nach *M. Weber* (1864–1920) stellt bürokratische Herrschaft die reinste Form legaler Herrschaft dar. Sie stützt sich dabei auf bürokratische Organisationen, die durch einen kontinuierlichen regelgebundenen Betrieb von Amtsgeschäften durch Beamte gekennzeichnet sind, welche über genau abgegrenzte Leistungspflichten, Befehlsgewalten und Sanktionsmittel verfügen.

„Ein derart geordneter Betrieb soll ‚*Behörde*' heißen. ‚Behörden' in diesem Sinn gibt es in großen Privatbetrieben, Parteien, Armeen natürlich genau wie in ‚Staat' und ‚Kirche'" (*Weber* 1972, S. 126).

Weitere **Merkmale rationaler Herrschaft** durch eine moderne bürokratische Verwaltung sind:

- streng hierarchischer Aufbau (Amtshierarchie)
- Amtsführung durch Beamte nach technischen Regeln und Normen
- Aktenmäßigkeit der Verwaltung.

„Akten und kontinuierlicher Betrieb durch Beamte zusammen ergeben: das Bureau, als den Kernpunkt jedes modernen Verbandshandelns" (*Weber* 1972, S. 127).

Der **Beamte** in der bürokratischen Verwaltung erlangt ein Amt, das nicht sein persönliches Eigentum wird, aufgrund eines fachlichen Ausleseprozesses (Prüfung), erhält eine feste Besoldung (meist mit Pensionsberechtigung) und wird nach Dienstalter und/oder Leistung befördert.

*K. Marx* (1818–1883) sah in bürokratischen Organisationen ein Kontroll-Instrument der herrschenden Klasse (Machtelite) sowohl gegenüber den direkten Organisationsmitgliedern als auch anderen sozialen Klassen.

*R. Michels* (1925) formuliert das **eherne Gesetz der Oligarchie,** wonach moderne bürokratische Großorganisationen zwangsläufig oligarchisch in ihrer Führungsstruktur ausgerichtet sind, und zwar als Folge der Notwendigkeit einer Vielzahl hauptamtlicher Funktionäre bei zunehmender Organisationsgröße und als Folge der Apathie der Masse der Organisationsmitglieder (vgl. hierzu ausführlich *Grunwald* 1980).

*Merton* (1968) analysiert als schwerwiegende **Dysfunktionen der Bürokratie** die unzureichende Flexibilität in der Anwendung von Fähigkeiten, die Entpersönlichung von Beziehungen sowie vor allem die Verschiebung der Aufmerksamkeit von den Zielen der Organisation auf die Mittel, die häufig zum Selbstzweck werden.

*Merton* faßt diese Erscheinungen der Bürokratie wie folgt zusammen (S. 269):

„1. Eine effektive Bürokratie erfordert Verläßlichkeit in der Reaktion und strikte Befolgung des Reglements.
2. Solche Treue den Regeln gegenüber führt zu ihrer Umformung in absolute Werte; sie werden nicht mehr bezogen auf vorgegebene Zielsetzungen.
3. Dies stört eine rasche Anpassung unter besonderen Bedingungen, die zur Zeit der Formulierung der allgemeinen Regeln nicht klar vorausgesehen wurden.
4. So erzeugen gerade jene Elemente, die im allgemeinen zur Effektivität führen, in spezifischen Fällen Ineffektivität."

Das blinde Befolgen formeller Regeln und Vorschriften sowie die Überbetonung von Disziplin führen somit zu Starrheit und mangelnder Anpassungsfähigkeit der Organisation.

Trotz dieser offensichtlichen Mängel, unter denen vor allem die fehlende Flexibilität und Anpassungsfähigkeit an Situationsänderungen zu nennen sind, beherrscht bürokratisches Denken das Handeln der meisten Menschen in großen Organisationen. Es ist jedoch in der Praxis unverkennbar, daß diejenigen Elemente des Systems, die die bürokratische Organisation besonders leistungsfähig machen sollen, in vielen Fällen die Ursache für die Ineffizienz des Gesamtsystems oder einzelner Subsysteme sind (unverhältnismäßige und unwirtschaftliche Ausweitung bürokratischer Regeln und Verwaltung).

**Modifikationen und Weiterentwicklungen** erfuhr der Bürokratieansatz *Webers* vor allem durch amerikanische Organisationssoziologen wie *Merton, Selznick, Gouldner, Blau, Mouzelis* (*Mayntz* 1968, *Rogers* 1975), die sich mit den dysfunktionalen Auswirkungen bürokratischer Organisationsformen auseinandersetzen, sowie durch eine englische Forschergruppe um *Pugh* und *Hickson,* die aufgrund empirischer Analysen ein stark verfeinertes Instrumentarium zur Beschreibung von Organisationen entwickeln konnte. Nicht zuletzt stellen diese Arbeiten eine Wurzel situativer Ansätze in der Organisationsforschung dar, denn es ergibt sich zwangsläufig die Frage, ob strukturelle Unterschiede in Organisationen nicht aus unterschiedlichen situativen Gegebenheiten zu erklären sind (vgl. hierzu ausführlich S. 134ff.).

### *d. Physiologisch-psychologische Ansätze (Psychotechnik)*

Die Erkenntnis, daß eine Maximalleistung nicht permanent möglich und der Mensch nicht nur ein *homo oeconomicus* ist, sondern daß auch physiologische, psychologische und ergonomische Faktoren die Leistung beeinflussen, führte zur Entwicklung der **Betriebsphysiologie** und **Industriepsychologie.** So untersucht der Psychiater *Emil Kraepelin* (1896) das Ermüdungsproblem bei Industriearbeiten und macht Vorschläge zu dessen Überwindung (*Kraepelin*'sche Arbeitscurve). Mit körpergerechten Arbeitsbedingungen beschäftigte sich zunächst die **Ergonomie** und später verschiedene Richtungen der **Arbeitswissenschaft.** Erste Ansätze einer Industriepsychologie wurden in *Wilhelm Wundt*'s Laboratorium für experimentelle Psychologie an der Universität Leipzig erarbeitet (*Wundt* 1874). Dabei baute *Wundt* auf den Arbeiten von *Gustav Th. Fechner* (1801–1887) auf, der als der Begründer der Psychophysik, einer experimentell ausgerichteten Psychologie, gilt. Der Begriff **Psychotechnik** stammt dagegen von *William Stern* (1900), der von 1906 bis 1916 das Berliner ‚Institut für angewandte Psychologie und psychologische Sammelforschung' leitete. Der *Wundt*-Schüler *Hugo Münsterberg* (1863–1916) hat sich vor allem um die industrielle Nutzung und Verwertung der Berliner und Leipziger Forschungsergebnisse bemüht. 1912 folgte er einem Ruf an die Harvard University und entwickelte dort die Grundzüge einer industriellen Psychotechnik (*Münsterberg* 1912, 1914).

Grundannahme der Psychotechnik ist, daß durch eine planmäßige, systematische Berücksichtigung psychologischer Faktoren des Arbeitenden eine schnelle und kostengünstige Befriedigung seiner Bedürfnisse zu erreichen ist. Im Mittelpunkt der Technik stehen Eignungs- und Auslesetests, Techniken des Einübens und Anpassens neuer Mitarbeiter und Verfahren der psychologischen Arbeitsgestaltung.

Die Arbeiten *Münsterberg*'s stehen letzlich in der Tradition *Taylor*'s, denn auch ihm geht es darum, **den richtigen Mann an den richtigen Arbeitsplatz** zu stellen, um eine optimale Leistungsabgabe zu erreichen. Nur stehen hier nicht physische, sondern psychische Faktoren im Vordergrund. Kennt man erst die individuellen Eigenschaften und Eigenheiten eines Bewerbers bzw. Beschäftigten, seine Belastbarkeit, Lernfähigkeit, Geschicklichkeit, Ermüdungskurve etc., so kann man ihn auch optimal einsetzen. Die Art von angewandter Psychologie, die *Münsterberg* mit großem Erfolg für seine Auftraggeber betrieb, hat der Industrie- und Betriebspsychologie als Wissenschaft den Vorwurf der Parteilichkeit eingetragen.

Die oben beschriebenen Arbeiten wurden von einem weiteren *Wundt*-Schüler *Walter Dill Scott* weitergeführt und vor allem auf das Gebiet der Werbepsychologie ausgedehnt. Positive Aufnahme fand die von *Münsterberg* entwickelte **Testpsychologie** nicht nur in wirtschaftlichen, sondern auch in militärischen Organisationen. Sie erfuhr letzlich durch die Eignungsauslese in Gruppenprüfverfahren durch die US-Armee seit 1917 auch in Europa Verbreitung. Dabei ging es zunächst vor allem um die Erfassung der intellektuellen Fähigkeiten.

Ab 1918 widmet sich das Institut für Psychotechnik in Berlin der psychotechnischen Grundausbildung von Praktikern. Neben dem Taylorsystem werden Methoden der Eignungs- und Berufsauslese vermittelt, denn eine systematische Selektion vermindert kostspielige Anlern- und Einarbeitungszeiten. Einschlägige Texte aus jener Zeit belegen, daß die Eignungsauslese durchaus in Analogie zur Materialeingangsprüfung gesehen wurde (vgl. die Fundstellen bei *Hinrichs* 1981).

**Psychotechnik** und **Taylorismus** gleichen sich weitgehend in ihren Gestaltungsempfehlungen für das Management: Der richtige Arbeiter auf den richtigen Arbeitsplatz. Beide gehen davon aus, daß Arbeiter unterschiedlich begabt und leistungsfähig sind, und daß es Arbeiten gibt, die nur von einem bestimmten Typ Arbeiter optimal, d. h. rasch und genau, ausgeführt werden können. Diese Vorstellungen finden sich z. T. auch in den jüngsten Ansätzen einer individualisierten Arbeitsorganisation wieder (vgl. S. 500).

### e. *Taylorrezeption und Strategien der Arbeiterbefriedung im Deutschen Reich*

Anfang der 20er Jahre setzte die **Internationalisiserung der Scientific Management Bewegung** auf breiter Ebene ein. (Zur Taylorrezeption in der Sowjetunion, in Frankreich, Deutschland und Großbritannien vgl. *Merkle* 1980; in Deutschland und Rußland vgl. *Ebbinghaus* 1984.) In Deutschland wird über das ‚System Taylor' seit 1904 publiziert (*Möller* 1904). 1909 erschien die deutsche Übersetzung von *Taylor*'s „Shop Management" und 1913 die von „The Principles of Scientific Management". Im gleichen Jahr (1913) behandelte der Verein Deutscher Ingenieure (VDI) auf seiner Hauptversammlung

Fragen der ‚Wissenschaftlichen Betriebsführung', und zwar unter Mitwirkung amerikanischer ‚Scientific Management'-Experten (*Kocka* 1969a).

Wie im Abschnitt I. 4 über die Konsequenzen der Industrialisierung und Rationalisierung für die Arbeiter angedeutet wurde, sind die damit verbundenen **Verschärfungen der Arbeitsbedingungen** in Deutschland nicht widerspruchslos hingenommen worden.

„In den Vereinigten Staaten nun hatte der Taylorismus gewisse geistige und soziale Voraussetzungen, die seine Härten und Unmenschlichkeiten milderten: Aufstiegchancen, die stark nachwirkende puritanische Arbeitsethik, die demokratische Betriebsatmosphäre, die Kameradschaftlichkeit zwischen oben und unten; dazu der starke Mangel an qualifizierten Arbeitern, der wirtschaftlich gewissermaßen diesen Ausweg erzwang. In Deutschland fehlten diese mildernden Momente. Hier erst wurde das Taylorsystem in Verbindung mit der Psychotechnik ‚rein wissenschaftlich' durchgeführt – als ‚wissenschaftliche Betriebsführung' – und prägte demgemäß seine negativen Wirkungen in verstärktem Maße aus: vor allem in der Richtung, daß diese Verfahren zu einem Prozeß der *Veröffentlichung und Versachlichung des noch restlichen individuellen und verhüllten leib-seelischen Lebens* des Arbeiters führten. In Deutschland kam es denn auch – in den Jahren vor 1933 – zur Auflehnung des einzelnen Arbeiters, der spürte, daß es um den Rest seines individuellen Lebens in der Arbeit ging, das in Betrieb und Kollektiv ohnehin genug aufgezehrt wurde" (*Michel* 1953, S. 221).

Neben der Aufgabe einer permanenten Erhöhung der Leistungsbereitschaft der Arbeiter stellte sich dem Management und später dem liberalen Staat das Problem der Sicherung des sozialen Friedens zwischen Kapital und Arbeit. Die Lösung der sog. **Arbeiterfrage** suchten Wissenschaftler wie Praktiker in der Re-Individualisierung sozialer Beziehungen und Strukturen, um dem Problem der Vermassung der Arbeiterschaft in Fabrikhallen, Mietskasernen und politischen Versammlungen, die als Nährböden für soziale Unruhen angesehen wurden, zu begegnen. Neben organisatorischen Vorkehrungen, wie Status- und Positionsdifferenzierungen innerhalb der Hierarchie und Lohndifferenzierungen nach Anforderungen und Leistung oder betrieblichen Sozialleistungen, wie Werksfürsorge und Werkswohnungen, die zu einer Vereinzelung und Entsolidarisierung der Arbeiter führen sollten, standen personale Ansätze der Sensibilisierung der Vorgesetzten gegenüber den Bedürfnissen der Arbeitnehmer in Aus- und Weiterbildungsprogrammen.

Im folgenden werden Lösungsansätze von seiten der

- Wissenschaft
- Arbeitgeber
- Gewerkschaften

diskutiert.

Von seiten der **Wissenschaft** haben sich zunächst die Ingenieurwissenschaftler, denen ja primär die Ausbildung zukünftiger Manager im Produktionsbereich oblag, mit Fragen der Arbeitsorganisation beschäftigt. Ab 1904 (TH Berlin) wurden an deutschen Technischen Hochschulen (Aachen 1906, Hannover 1907) Lehrstühle für ‚**Betriebswissenschaft**' eingerichtet. *Georg Schlesinger,* ehemals Chefkonstrukteur bei der Ludwig Loewe AG, wurde Inhaber des ersten Lehrstuhls für Betriebswissenschaft an der TH Charlottenburg und entwickelte sich zu einem der Hauptpropagandisten des Taylorsystems in Deutschland („der deutsche Taylor"). Neben Vorlesungen über das Taylorsystem (vor allem Zeitstudien nach dem Stoppuhrverfahren als Voraussetzung für die Akkordberechnung) standen solche über Eignungsprüfung und Berufsausleseverfahren. Die zukünftigen Ingenieure sollten eben etwas über den ‚Menschen' mitbekommen (vgl. *Hinrichs* 1981 sowie *Ebbinghaus* 1984).

Etwa zur gleichen Zeit (1905–1914) führte der 1872 gegründete ‚**Verein für Socialpolitik**' breit angelegte Vereinserhebungen unter dem Thema „Auslese und Anpassung (Berufswahl und Berufsschicksal) der Arbeiterschaft der geschlossenen Großindustrie" durch. Die Gründer dieses Vereins waren sog. Kathedersozialisten, eine Gruppe von Universitätsprofessoren (u. a. *Lujo Brentano, Gustav Schmoller, Adolph Wagner*), die für Sozialreformen und eine verstärkte Sozialgesetzgebung des Staates eintraten.

In den 20er Jahren bemühten sich neben den Nationalökonomen verstärkt **Soziologen** um ein besseres Verständnis der Arbeiter. Gerade im Bereich der Betriebssoziologie gab es Wissenschaftler, die die Grenzen des Taylorismus, vor allem die damit verbundenen Entfremdungserscheinungen für den arbeitenden Menschen, deutlich erkannten und auf Abhilfe sannen.

1921 übernimmt *Willy Hellpach* das neugegründete Institut für Sozialpsychologie an der TH Karlsruhe und 1928 wird an der TH Berlin das Institut für Betriebssoziologie und soziale Betriebslehre gegründet (*Götz Briefs* 1934). Erste Ansätze einer Soziologie der Arbeit werden erkennbar, die sich der Untersuchung industriellen Arbeitsverhaltens, von Arbeitseinstellungen, Belastungen und Beanspruchungen widmen (*Briefs* 1934, *Vilmar/Kißler* 1982).

Die **Arbeitgeber** haben auf verschiedenen Ebenen einerseits die Taylorrezeption systematisch vorangetrieben, zum anderen immer neue Ansätze der Befriedung unzufriedener Arbeiter entwickelt.

Auf der **überbetrieblichen Ebene** wurde 1921 das **Reichskuratorium für Wirtschaftlichkeit** (**RKW**)[6] gegründet, und zwar mit der Aufgabe, alle Entwicklungen auf dem Gebiet der Rationalisierung systeamtisch zu verfolgen, einen Erfahrungsaustausch zwischen den Unternehmungen sicherzustellen und Anregungen für Verbesserungen zu liefern. 1924 wurde vom Gesamtverband Deutscher Metallindustrieller und von der Arbeitsgemeinschaft deutscher Betriebsingenieure der **Reichsausschuß für Arbeitszeitermittlung**

---

[6] Heute: Rationalisierungskuratorium der Deutschen Wirtschaft e. V.

**(REFA)**[7] ins Leben gerufen. Er hatte die Aufgabe, alle Entwicklungen auf dem Gebiet der Arbeitsstudien (Zeit- und Bewegungsstudien, Arbeitsbewertung, Arbeitsablaufstudien, Fertigungsplanung) zu verfolgen und für die Aus- und Weiterbildung von Zeitnehmern und Lohnkalkulatoren aufzubereiten (*Pechhold* 1974).

Eine von den Arbeitgebern zunächst sehr geschätzte Nebenwirkung von Taylorsystem und Fordismus bestand in der prinzipiellen Austauschbarkeit der Arbeiter. Das Arbeitskräfteüberangebot an ungelernten Arbeitern diente als notwendiges Mittel zur Disziplinierung. Zwei negative Folgen zeichneten sich jedoch für das Management ab. Zum einen führte die immer weiter vorangetriebene Arbeitsteilung und der verstärkte Einsatz von Fließbandarbeit zu einer Homogenisierung der Arbeiterschaft, was deren Solidarisierung und gewerkschaftliche Organisation erleichterte; zum anderen machte sich allmählich ein Mangel an ‚werkstreuen' Facharbeitern bemerkbar. Hier setzt die Arbeit des 1925 in Düsseldorf gegründeten **Deutschen Instituts für technische Arbeitsschulung (Dinta)** an.[8] Es hatte die Aufgabe der Erziehung des arbeitenden Menschen für die Wirtschaft, wobei neben der fachlichen Qualifizierung das Ziel der Pazifizierung stand, d. h. den Abbau bzw. die Verhinderung einer feindseligen Haltung der Arbeiter gegenüber den Unternehmern (sittliche Wirtschaftsdienstpflicht). Die Ausbildung richtete sich primär an Betriebsingenieure, die entsprechend indoktriniert (dintisiert), zukünftige Arbeitergenerationen in den Lehrwerkstätten schulen sollten. *Hinrichs* (1981, S. 280f.) charakterisiert die Arbeit des Dinta zutreffend als antigewerkschaftliche, deutschnational inspirierte Menschenschulung.

Auf der **betrieblichen Ebene** sind verschiedene Bemühungen der Befriedung der Arbeitnehmer durch Gewährung **betrieblicher Sozialleistungen** zu nennen. Zusätzliche Leistungen über das eigentliche Arbeitsentgelt hinaus finden sich schon in der vorindustriellen Zeit bei einzelnen patriarchalisch bzw. paternalistisch eingestellten Unternehmern, die als Gegenleistung für ihre Fürsorge gegenüber dem Arbeiter und seiner Familie besondere Treue und Gehorsam, Dankbarkeit und Loyalität erwarteten (vgl. *Kocka* 1975). Weitsichtige Unternehmer begannen Mitte des 19. Jh., sei es aus ethisch-religiösen und sozialreformerischen Motiven oder ganz einfach aus Angst vor sozialen Unruhen, Aufständen und kommunistischen Revolutionsideen, betriebliche Wohlfahrtseinrichtungen und Unterstützungskassen zu bilden, die Hilfe in den ärgsten Notfällen bieten sollten. Diesen eher karitativen Initiativen fehlte jedoch die notwendige Breitenwirkung, so daß eine merkliche Entspannung der sozialen Lage nicht eintrat. Letzlich sah sich der Staat Ende des 19. Jh. gezwungen, zur Aufrechterhaltung der bestehenden Herrschaftsverhältnisse in Wirtschaft und Gesellschaft verstärkt mit staatlicher Sozialpo-

---

[7] Heute: Verband für Arbeitsstudien – REFA e. V.

[8] Mit ähnlicher Zielsetzung wurde in Saarbrücken die Anstalt für Arbeitskunde (Afa) gegründet.

litik einzugreifen (*Bismarck*'sche Sozialgesetzgebung). Der Schutz gegen die vier Hauptrisiken (Krankheit, Unfall, Arbeitslosigkeit, Alter) wurde in der Folge gesetzlich verbindlich gemacht; eine Teilung der Lasten zwischen Arbeitgeber und Arbeitnehmer vereinbart.

Neben den Sozialleistungen sind einige **betriebliche Experimente** erwähnenswert, in denen versucht wird, zur Idylle ganzheitlicher handwerklicher Arbeit in Werkstätten zurückzukehren; dies vor allem, um den weiter oben angesprochenen Gefahren der Vermassung entgegenzuwirken. Parallelen zum Organisationsprinzip der teilautonomen Gruppen, das im Zuge der Humanisierungsdebatte neue Aktualität gewonnen hat, sind unverkennbar (vgl. S. 470ff., 675f.).

*Willy Hellpach* (Institut für Sozialpsychologie, TH Karlsruhe) veröffentlicht Anfang der 20er Jahre die von dem Ingenieur *Richard Lang* bei Daimler Benz, Untertürkheim, verwirklichte Idee einer **Gruppenfabrikation** (*Hellpach/Lang* 1922). Nach dem Vorbild der Kleinwerkstatt werden anstelle der Reihenfertigung im großen Fabriksaal kleine Fabrikationsgruppen gebildet, denen wie bei den teilautonomen Arbeitsgruppen ganzheitliche Aufgaben (Lenkung, Getriebe, Motor) übertragen werden.[9]

*Eugen Rosenstock* (1922) schildert in seinem Buch ‚**Werkstattaussiedlung**' die Geschichte des Drehers *May*, den seine Firma aufgrund seiner besonderen Fähigkeiten und Qualifikation trotz häufiger Erkrankung nicht verlieren wollte. Sie stellte ihm eine Drehmaschine in eine von ihm gemietete Werkstatt in unmittelbarer Nachbarschaft zu seiner Wohnung. *May* arbeitete nun weniger entfremdet, länger und besser als zuvor und profitierte aufgrund des vereinbarten Stücklohns ebenso von dem neuen System wie der Unternehmer. *Rosenstock* entwickelte auf diesen Erfahrungen aufbauend seine Idee der dezentralen Produktion, wonach Gruppen bis zu 12 Arbeitern sich in Werkstätten aus dem Mutterbetrieb aussiedeln und auf eigene Rechnung Aufträge für den Mutterbetrieb ausführen. Gedankliche Anleihen beim Verlagssystem des frühen 19. Jh. sind unverkennbar.[10]

Wie Maßnahmen der Arbeitserleichterung in einem Stiftungsunternehmen mit Wohlfahrtscharakter letztlich immer auch mit dem Interesse des Managements an einer ständigen Leistungssteigerung in Einklang zu bringen sind, zeigt die **Einführung des 8-Stunden-Tags** im Jahre 1900 in den Carl Zeiss-Werken, Jena, die damit als eine der ersten deutschen Unternehmungen diese Reform vorweisen konnten.[11] Der Physiker *Ernst Abbe* (1840–1905) hatte 1889 die Carl Zeiss-Stiftung errichtet und in sie das Unternehmungsvermö-

---

[9] In den 20er Jahren haben ähnliche Ideen einer Fertigung in teilautonomen Werkstätten des tschechischen Schuhfabrikanten *Thomas Bata* ebenfalls Bedeutung erlangt (*Dubreuil* 1935, *Friedmann* 1952, S. 331ff.).

[10] Zur Kritik der ‚Sozialromantik' in den Vorschlägen von *Hellpach* und *Rosenstock* vgl. *Stollberg* 1981, S. 127ff.

[11] *Michel* (1953, S. 165) berichtet von dem Berliner Jalousiefabrikanten *Heinrich Freese*, der schon 1892 den 8-Stunden-Tag eingeführt habe.

gen eingebracht. In eigenen Experimenten zur Ermüdung von Industriearbeitern und gestützt auf die *Kraepelin*'sche Arbeitscurve (*Kraepelin* 1896) wurde ein ständiges Sinken der Arbeitsleistung im Laufe des Arbeitstages als Folge der Ermüdung festgestellt. Die Arbeitszeitverkürzung führte zu einer Arbeitsintensivierung und damit zu erheblichen Produktivitätssteigerungen in der verbleibenden Arbeitszeit.

Die **Gewerkschaften** haben sich im Laufe ihrer Geschichte recht ambivalent gegenüber dem Taylorsystem und anderen Formen der Arbeitsintensivierung verhalten (vgl. hierzu vor allem *Stollberg* 1981).

Abgesehen von einigen Ausnahmen vor allem in der revolutionären Nachkriegszeit ist das Verhalten der deutschen Gewerkschaften nicht auf Konfrontation und Konflikt ausgerichtet, sondern auf Interessenausgleich und Konfliktregelung. Die Realisierung des Taylorsystems wurde, wie heute auch die aktuellen Rationalisierungsmaßnahmen, als notwendige Strategie des Managements angesehen, um auf dem Weltmarkt konkurrenzfähig zu bleiben. Die Arbeiter selbst waren zwar nicht begeistert, begrüßten aber – sofern sie Arbeit hatten – die erhöhten Verdienste (bei Akkord), den erhöhten Lebensstandard und die Verkürzung der Arbeitszeit (vgl. *Wiedemann* 1967). Die Gewerkschaften befaßten sich vor allem mit den **Nachteilen der Rationalisierung** (*Stollberg* 1981, S. 91 ff.; für die Situation nach 1965 vgl. *Spannhake* 1982):

- Dequalifikation
- Entleerung der Arbeit
- Intensivierung der Arbeit
- Arbeitslosigkeit.

Eine wesentliche Schwäche der deutschen Gewerkschaftsbewegung vor dem zweiten Weltkrieg ist u. a. in deren konfessioneller und weltanschaulicher **Uneinheitlichkeit** zu sehen. So konnte es den Arbeitgebern und ihren Verbänden immer wieder gelingen, Zwiespalt zwischen der Basis und den Arbeitnehmervertretern unterschiedlicher Orientierung zu säen. Ein Beispiel hierfür ist das Aufkommen antigewerkschaftlich orientierter ‚**gelber Werksvereine**', die sich des besonderen Wohlwollens der Arbeitgeber erfreuten, da sie von einer Interessenidentität von Kapital und Arbeit ausgingen und konsequenterweise Klassenkampf und Streiks ablehnten.

Auch die permanente Pflege des Betriebs- und Werksgemeinschaftsgedankens von seiten der Unternehmer verbunden mit einer Vielzahl freiwilliger betrieblicher Sozialleistungen machten es den Gewerkschaften schwer, in den Betrieben auf breiter Basis Fuß zu fassen. Daß auch gewerkschaftsnahe Wissenschaftler nicht frei von solchen Harmoniebestrebungen waren, belegt die Arbeit des belgischen Reformsozialisten *Hendrik de Man* (1927), der durch die Pflege der zwischenmenschlichen Beziehungen die Arbeitsfreude steigern wollte.

Neben den Bemühungen der Arbeitgeber um eine Entschärfung des Klassenkampfes sind vor allem noch die Anstrengungen der **Kirchen** (Sonntagsschule) und des **Staates** (Schulpflicht, Militärdienst, Sozialgesetzgebung) um eine soziale Integration der Arbeiterschaft in die bürgerliche Gesellschaft von Bedeutung.

## 2. Neoklassische Ansätze

### *a. Brückenschlag zwischen Klassik und Neoklassik*

*Mary P. Follett* (1868–1933) lebte zwar in der Scientific Management Ära, dachte aber schon in sozialpsychologischen Kategorien (Soziologie der Gruppe, Gestaltpsychologie).

Sie überwindet den bislang vorherrschenden Individualismus im Managementdenken und betont demgegenüber, daß der arbeitende Mensch sich nur in der Gruppe entfalten und entwickeln könne (*Follett* 1918). Für die Entwicklung der Führungslehre (speziell Situationstheorie) ist das von ihr formulierte, **‚law of the situation'** von besonderer Bedeutung. Damit sprach sie sich gegen personale Abhängigkeiten zwischen Vorgesetzten und Untergebenen (Entpersönlichung der Führung) und für eine sachbezogene situationsorientierte Aufgabenerfüllung (take orders from the situation) aus. Aufgabe des Managements ist es nach *Follett* zu untersuchen, wie sich in Organisationen **soziale Gruppen** bilden und wie sie sich am besten zu einer produktiven Gemeinschaft entwickeln können. Das geschieht ihrer Ansicht nach am ehesten, wenn der Gruppenprozeß nachstehenden Prinzipien folgt:

- Koordination zu einem möglichst frühen Zeitpunkt (Motivation).
- Koordination durch laufenden direkten persönlichen Kontakt.
- Koordination als kontinuierlicher Prozeß der Abstimmung bei gemeinsamer Verantwortungsübernahme.

*Chester I. Barnard* (1886–1961) hat mit seinem bekanntesten Werk ‚The Function of the Executive' (1938) endgültig die Voraussetzungen für einen Brückenschlag zwischen Klassik und Neoklassik geleistet. **Organisatorisches Gleichgewicht** als Voraussetzung für das Überleben von Organisationen erfordert neben der formalen Organisation die Berücksichtigung informaler (vor allem Gruppen-) Beziehungen. Die Funktionen des Managers bestehen dann darin, auf allen organisatorischen Ebenen für dieses Gleichgewicht Sorge zu tragen und zwar durch

- Aufbau eines Kommunikationssystems
- Selektion, Training und Motivation von Mitarbeitern (Aufbau von Kooperation)
- Formulierung von Zielen, Entscheidungsfindung und Delegation.

Alle diese Maßnahmen dienen nicht nur dazu, organisatorische Ziele zu erreichen (Effectiveness), sondern erstmals wird von *Follett* und *Barnard* deutlich gemacht, daß sich das Management auch um die Erfüllung individueller und sozialer Ziele der Mitarbeiter (Efficiency) bemühen muß.

### *b. Sozialpsychologische und soziologische Ansätze*

Üblicherweise werden die langjährigen empirischen Forschungsarbeiten (1927–1932) im Hawthorne Werk der Western Electric Comp. (ein Unternehmen der ATT Comp.) als Ausgangspunkt neoklassischer Management-Ansätze angesehen (**Hawthorne Experimente**). Diese Festlegung erscheint willkürlich, um so mehr, als der Forschungsansatz von *George E. Mayo* (1880–1949) sowie *Roethlisberger, Pennock, Dickson, Whitehead* u. a. m. zunächst ganz in der Tradition des Scientific Management stand, d. h. eine kontrollierte Variation objektiver physikalischer Arbeitsplatzbedingungen vorgesehen war (*Roethlisberger/Dickson* 1939, vgl. auch *Ross* 1975). Ungewöhnlich war nicht der Ansatz, sondern das Ergebnis, daß nämlich effiziente Organisation und Führung ohne Beachtung der sog. sozialen Dimension bzw. informaler Phänomene nicht zu erzielen sind. Gegenstand der Untersuchungen war der Einfluß von Arbeitsbedingungen (Pausenregelung, Arbeitsräume, Licht- und Luftverhältnisse, Farbengestaltung etc.) auf die Arbeitsleistung von Arbeiterinnen. Die entscheidenden Erkenntnisse brachte das ‚Bank-Wiring-Room' Experiment, bei dem zwei Gruppen von Arbeiterinnen über einen Zeitraum von sechs Monaten beobachtet wurden. Während bei der ersten Gruppe die Arbeitsbedingungen konstant gehalten wurden, hat man sie bei der zweiten partiell verändert. Im Laufe der Untersuchung stiegen die Leistungen laufend, und zwar in beiden Gruppen. Dieses überraschende Ergebnis lenkte die Aufmerksamkeit der Managementforscher auf das **Phänomen der informellen Gruppe** und deren Auswirkung auf die Organisation der Unternehmung. Arbeitsleistung (output) ist eben nicht (nur) eine Funktion ‚objektiver' physikalischer Arbeitsbedingungen, sondern davon abhängig, wie Arbeiter behandelt werden, wie sie ihre Arbeit, Mitarbeiter und Vorgesetzte wahrnehmen. Sie finden ihre Identität in der Gruppe; Gruppennormen und Kollegenmeinungen sind wichtiger als die von Managern und Kontrolleuren. Der Manager muß weniger über technische als vielmehr über soziale Fertigkeiten verfügen (**Human Relations-Techniken**).

Solche Techniken umfassen etwa die Schulung der Vorgesetzten im höflichen und herzlichen Umgang mit den Untergebenen (Mitarbeitergespräche), Hilfe bei betrieblichen und familiären Problemen im Rahmen eines Personalberatungsdienstes (**Personnel Counseling Program**)[11a] sowie Anerkennung guter Leistung. Sie dienen primär dazu, der Entpersönlichung der menschlichen Beziehungen in den großen Fabriken entgegenzuwirken sowie den zunehmenden Einfluß der Gewerkschaften in den Betrieben zurückzudrängen.

Die Ergebnisse der Hawthorne Untersuchungen führten die Forschung von der einseitigen Lohnorientierung der ‚Wissenschaftlichen Betriebsfüh-

---

[11a] 1950 waren im Beratungsdienst der Hawthorne Werke 30 hauptamtliche Interviewer tätig, deren Aufgabe darin bestand, Mitarbeiter von leistungsmindernden ‚gefühlsbedingten Störungen' zu befreien (vgl. *Bendix* 1960, S. 416ff.).

rung' weg und öffneten den Weg zur Entwicklung neuer sozialpsychologischer Theorien. Diese leiden jedoch bis heute unter einer **Psychologisierung der Arbeitswelt,** insofern als sie gesellschaftliche Bedingungen, Herrschafts- und Konfliktbeziehungen weitgehend aus der Analyse ausklammern (*Herkommer/Bierbaum* 1979, *Vilmar/Kißler* 1982).

Sozialwissenschaftliche Forschung beschäftigt sich in der Folge mit dem Aufbau, Verhalten und Zerfall von sozialen Gruppen, formeller und informeller Art, sowie mit Problemen der Leistungsverweigerung, der informellen Führerschaft und der Autorität. *Homans* (1950) greift die Hawthorne Experimente auf und unterscheidet bei sozialen Systemen entsprechend zwischen einem externen (Umweltfaktoren, wie Aufgabendefinition, Arbeitsfluß, Anweisungen) und einem internen System (selbst entwickelte Verhaltensweisen von Individuen und Gruppen).

Die **Kleingruppenforschung** (Gruppendynamik, Soziometrie) erlebt einen großen Aufschwung (*K. Lewin, J. Moreno, M. Sherif*). *R. Likert* gründet 1946 das **Institute for Social Research** an der Michigan University. Der klinische Psychologe *Maslow* veröffentlichte 1943 ein motivationspsychologisches Konzept der ,Hierarchie der Bedürfnisse' (vgl. ausführlich S. 176f.) und *Scanlon,* ein ehemaliger Stahlarbeiter und Gewerkschaftsfunktionär, entwickelte zu jener Zeit das nach ihm benannte Anreizsystem. Der **Scanlon-Plan** sieht die Einführung von Produktionskomitees vor (ähnlich den heutigen Quality Circles), die auf Abteilungsebene Verbesserungsvorschläge entwikkeln. Die daraus resultierenden Rationalisierungs- und Produktivitätsgewinne werden nach einem zwischen Management und Gewerkschaften auszuhandelnden Schlüssel zwischen Unternehmung und Arbeitern (Lohn-Prämie) verteilt. Auch für den Nobelpreisträger *Simon* (1945) ist Management und speziell Entscheidungsfindung eine Gruppenaktivität. Entscheidungen in Organisationen sind das Ergebnis der gemeinsamen Bemühungen von Gruppen (composite decision). *Coch* und *French* (1948) untersuchen – aufbauend auf den Arbeiten von *Lewin* – erstmals die Bedingungen organisatorischen Wandels und mit der Studie von *Walker* und *Guest* (1952) über Arbeitsbedingungen bei Fließbandarbeit wird die heute aktuelle Diskussion über neue Formen der Arbeitsorganisation (job enlargement, job rotation etc.) eingeleitet. In der Führungsforschung wird der Ruf nach partizipativer Führung und sog. ,Power Equalization' und ,Bottom up Management' Ansätzen laut (*Given, McCormick*). Die Arbeiten von *Lewin, Lippitt* und *White* (1939) zur Unterscheidung von Führungsstilen (authoritarian, democratic, laissez faire) bilden den Ausgangspunkt für eine Fülle von empirischen Forschungsansätzen zur Erfassung und Analyse von Führungsverhalten (ab 1945: Ohio State Studien, *Stogdill*; ab 1947: Michigan Studien, *Likert*) (ausführlich dargestellt in Teil 6).

In dieser Zeit (1951) wird am Londoner **Tavistock Institute of Human Relations** der für die zukünftige Sozialforschung äußerst einflußreiche **soziotechnische Systemansatz** entwickelt *(Miller, Rice, Trist).* Dieser Ansatz analysiert Organisationen als offene, zielgerichtete sozio-technische Systeme, betont gleichermaßen die Bedeutung sachlicher und menschlicher Aspekte und liefert mit Überlegungen zum organisatorischen Gestaltungsspielraum, zur Arbeitsmotivation durch Aufgabenorientierung und zur teilautonomen Gruppenarbeit Konzepte, deren Bedeutung weit über die anderer neoklassischer Ansätze hinausreicht. Die Bedeutung dieser sozio-technischen Konzepte für die Theorie und Praxis des Managements resultiert aus ihrer Anwendungsorientierung, aus ihrer Multidisziplinarität und aus normativen Vorstellungen zur Humanisierung und Demokratisierung von Arbeit in Organisationen, die in den 60er und 70er Jahren von der Wissenschaft und Praxis vor dem Hintergrund eines gesellschaftlichen Wertwandels, wirtschaftlicher Prosperität und technologischer Entwicklung bereitwillig aufgegriffen wurden (vgl. ausführlich S. 188ff. der Arbeit sowie *Sydow* 1985).

Als **Ziele der neoklassischen Bemühungen** lassen sich festhalten:

- größere Betonung des Menschen (vor allem als Gruppenmitglied) gegenüber der Produktion/Leistung
- größere Betonung der Befriedigung menschlicher (sozialer) Bedürfnisse gegenüber Organisationszielen und materiellen Anreizen
- Anerkennung irrationalen, emotionalen Handelns und Verhaltens sowie informeller Beziehungen
- Bemühung um Machtausgleich, intern durch partizipative Führung, extern durch Stärkung der Gewerkschaft.

### *c. Neoklassische Ansätze in Deutschland*

In Deutschland ruhte zwischen 1933 und dem Ende des 2. Weltkrieges (Gründung der Sozialforschungsstelle Dortmund 1946) zwangsläufig die gesamte sozialwissenschaftliche Forschung. Der Nationalsozialismus glaubte ohne deren Unterstützung die Probleme Deutschlands lösen zu können.

In einem historischen Dokument aus der damaligen Zeit, es handelt sich um die Festschrift zur 400-Jahr-Feier der Metallwarenfabrik *Wagner* GmbH in Eßlingen am 6. Juni 1936, liest sich das wie folgt: „Die vergangenen Jahrzehnte brachten mit der wirtschaftlichen Entwicklung den Kampf zwischen Kapitalismus und Proletariat. Unser Volk wurde in Klassen und Parteien gespalten, die sich aufs äußerste bekämpften. Die Folgen dieser geistigen und seelischen Verirrung haben sich auch in unseren Betrieben bemerkbar gemacht, wenngleich durch die gute persönliche Zusammenarbeit wesentlich gemildert. Die wirkliche Freude am täglichen Werk und das Vertrauen auf die Zukunft waren aber verlorengegangen. Unser Führer *Adolf Hitler* hat uns beides wiedergeschenkt" (S. 2).

Die Gleichschaltung der industriellen Arbeitsbeziehungen erfolgte seit Mai 1933 in der **Deutschen Arbeitsfront** (**DAF**). An die Stelle des kollektiven Arbeitsrechts (Tarifvertragsordnung von 1918, Betriebsrätegesetz von 1920) trat 1934 das ‚Gesetz zur Ordnung der nationalen Arbeit'. Gewerkschaften wurden aufgelöst, das bisherige Betriebsverfassungsrecht wurde abgeschafft, sozialwissenschaftliche Forschungsinstitute wurden bei fehlender eindeutig nationalsozialistischer Orientierung geschlossen. So mußte z. B. im Gegensatz zum **Dinta** das für die damalige betriebssoziologische Forschung bedeutsame Berliner Institut für Betriebssoziologie (vgl. S. 24) 1934 seine Arbeit einstellen. Anders als Sozialwissenschaftler standen Ingenieure, Arbeitswissenschaftler und Betriebswirte in hohem Ansehen. Der Taylorismus konnte sich ungehindert entfalten. Die **‚Betriebsgemeinschaft'** als sozialer Ordnungsrahmen war vom **Führerprinzip** beherrscht, d. h. der Unternehmer war Führer, die Mitarbeiter seine Gefolgschaft. § 1 des Gesetzes zur Ordnung der nationalen Arbeit (1934) lautet: „Im Betriebe arbeiten der Unternehmer als Führer des Betriebes, die Angestellten und Arbeiter als Gefolgschaft gemeinsam zur Förderung der Betriebszwecke und zum gemeinen Nutzen von Volk und Staat."

Nationalistisch geprägte neoklassische Ideen offenbarten sich auch im 3. Reich, wenn damals von Schönheit der Arbeit und Kraft durch Freude (KdF) gesprochen wurde; Ideale, die vor allem in sog. NS-Musterbetrieben verwirklicht werden sollten.

Nach dem Zusammenbruch spielte die **Sozialforschungsstelle Dortmund** eine zentrale Rolle bei der Neuorientierung der wissenschaftlichen Sozialforschung. Nach Einschätzung von *O. Neuloh,* eines seiner Gründungsmitglieder, diente sie ab 1946 als eine Art Fluchtburg für Intellektuelle (*Neuloh* et al. 1983, S. 30). Jetzt wurden auch verstärkt Ergebnisse der empirischen Sozialforschung aus den USA sowie sog. Human Relations-Techniken in Deutschland rezipiert. „Die Sehnsucht, aus der eigenen Geschichte auszusteigen, und Modernitätsbereitschaft ließen die Amerikaner zum Vorbild werden" (*Neuloh* et al. 1983, S. 74). In jener Zeit erscheinen in Deutschland aber auch wieder eigenständige sozialwissenschaftliche Arbeiten, die den Industriebetrieb vor allem als soziales Gebilde analysieren (*Mayer* 1951, *Mayntz* 1958, *Dahrendorf* 1959).

In der damaligen **betrieblichen Praxis** wurde ein gutes **Betriebsklima** als eine Voraussetzung für Zufriedenheit und Leistungssteigerung angesehen (vgl. hierzu ausführlich Abschnitt 5 E). Soziale Maßnahmen (Betriebsauflug, Bücherei, Kantine, Wohnheime etc.) wurden in Abhängigkeit von der wirtschaftlichen Situation der Unternehmung gefördert oder vernachlässigt. Die Einrichtung von ‚Abteilungen für menschliche Beziehungen' und Maßnahmen einer ‚sozialen Betriebsgestaltung' zeigen, daß das deutsche Nachkriegsmanagement schnell die Lektion der Human Relations-Bewegung gelernt und die leistungssteigernde und konfliktreduzierende Bedeutung einer ‚humanen' Arbeitsorganisation erkannt haben (vgl. hierzu ausführlich *Kaste* 1981). Jedoch erscheint es kurzschlüssig, in den Bestrebungen zu einer sozialen Betriebsgestaltung lediglich eine deutsche Kopie der amerikanischen Human Relations-Ansätze zu sehen. *Kaste* (1981, S. 40ff.) führt überzeugend aus, daß in der Bundesrepublik zu jener Zeit bei den Arbeitgebern weniger das Motiv der Produktivitätssteigerung als das der ideologischen und sozialtechnologischen Abwehr von gewerkschaftlichen Forderungen (vor allem Mitbestimmung auf Betriebs- und Unternehmensebene) im Mittelpunkt von Maßnahmen, wie ‚soziale Betriebsgestaltung', ‚kooperativer Führungsstil' und ‚Mitbestimmung am Arbeitsplatz' stand.

Wirft man einen Blick auf die Entwicklung der Arbeitsbeziehungen nach 1945 in den beiden deutschen Staaten, so fallen auf den ersten Blick gravierende Unterschiede auf. Im Gegensatz zur Bundesrepublik Deutschland hatte die **DDR** zunächst die Chance, durch eine radikale Änderung des Wirtschaftssystems zu einer ebensolchen der Arbeitsbeziehungen zu kommen (vgl. hierzu ausführlich *Bust-Bartels* 1980). In der Tat hatten die Arbeiter und ihre Betriebsräte in den Jahren 1945–1948 eine weitgehende Kontrolle über die Arbeit in den Betrieben der sowjetischen Besatzungszone; dies obwohl die sowjetische Militärverwaltung auf einer Beibehaltung kapitalistischer Leistungsanreize und tayloristischer Arbeitsorganisation bestand. In dem Maße, in dem die Macht der Zentralinstanzen zunahm, wurde die Macht der Basis und der Betriebsräte geschwächt. Zentral gesteuerte Gewerkschaftssekretäre traten an die Stelle der Betriebsräte. Der Aufstand der Arbeiter am 17. Juni 1953, u.a. aus Anlaß einer 10%igen Erhöhung der Arbeitsnormen, zeugte jedoch noch von einem erheblichen Widerstandspotential. Die Zentralinstanzen waren gezwungen, zu humaneren und subtileren Formen der Willensdurchsetzung im Betrieb überzugehen. Hier standen auch für die DDR-Funktionäre die in kapitalistischen Staaten erfolgreich angewandten neoklassischen Ansätze der Motivation und Führung Pate (vgl. hierzu *Hentze* 1984):

- Übergang von Akkordlohn zu Prämienlohn
- ‚wissenschaftliche' Begründung der Arbeitswertermittlung
- Entwicklung einer ‚Wissenschaftlichen Arbeitsorganisation' (WAO)
- Einführung innerbetrieblicher Demokratie
- Humanisierung der Arbeitswelt
- Einführung des sozialistischen Wettbewerbs.

**Zusammenfassend** läßt sich der erste Eindruck einer grundsätzlich anderen Arbeitswelt dahingehend korrigieren, daß abgesehen von Unterschieden in der Terminologie und Ideologie in den DDR-Betrieben die gleichen sozialen Kontrollmechanismen, Herrschaftsverhältnisse und Bedingungen entfremdeter Arbeit anzutreffen sind wie bei kapitalistischer Produktionsweise.

Was die heutige betriebliche Praxis in beiden deutschen Staaten anbetrifft, so muß man sich im klaren sein, daß die wissenschaftlichen Arbeiten, die sich im Anschluß an *Taylor* mit Fragen der Arbeit im Betrieb beschäftigen (vor allem die Human Relations Bewegung und nachfolgende Ansätze der Betriebspsychologie, -physiologie und -soziologie) keineswegs – wie häufig in der Literatur behauptet – den Taylorismus abgelöst haben. Wissenschaftler wie *H. Münsterberg* (Psychotechnik) oder *E. Mayo* (Human Relations) schenkten ihre Aufmerksamkeit nicht mehr wie *Taylor* der Organisation der

Arbeitsprozesse selbst, sondern eher dem Problem der Anpassung der Arbeiter an die von Ingenieuren geplanten Fertigungsprozesse. Die Vorstellungen *Taylor's* leben auch heute noch in den verschiedenen Systemen vorbestimmter Arbeitszeit (z. B. Methods-Time-Measurement) und in den frühen Arbeiten des **Verbands für Arbeitsstudien (Refa e. V.)** fort. Menschliche Arbeit wird dabei in Analogie zu Maschinenelementen gemessen und bewertet und formal den Faktoren ‚Kapital' und ‚Material' als gleichgewichtiger Produktionsfaktor hinzugefügt, der vom Management als dem subjektiven Faktor geplant und kontrolliert wird.

## 3. Moderne Ansätze

### *a. Prozeßansätze*

Anfang der 50er Jahre hatte sich das Managementwissen soweit konsolidiert und die Verbreitung wissenschaftlicher Erkenntnisse über die Praxis des Managements war soweit fortgeschritten, daß sich erste Autoren an die Gesamtdarstellung des Stoffes in Form von Lehrbüchern (textbooks) wagten. Diesen Darstellungen liegt die Betrachtung des **Management als Prozeß** zugrunde, dessen **Phasen** (z. B. Planung, Organisation, Kontrolle) aus einer Modifikation der *Fayol'*schen Funktionen gewonnen wurden. Zu den einzelnen Prozeßphasen werden **Managementprinzipien** entwickelt, die in Form theoretischer Grundannahmen formuliert als Handlungsanweisungen dienen sollen. Typisch für solche Veröffentlichungen sind die ‚Principles of Management' von *Terry* (1953) und *Koontz/O'Donnell* (1955). Stärker auf die Managementpraxis ist das grundlegende Werk von *Drucker* (1954) ausgerichtet, der drei Managementfunktionen unterscheidet:

- eine Unternehmung managen (Unternehmerfunktion)
- Manager managen (durch Management by Objectives)
- Arbeiter und Arbeit managen (Anpassung der Arbeit an den Arbeiter).

In späteren prozeßorientierten Ansätzen spiegelt sich das Vordringen **entscheidungstheoretischer** Arbeiten deutlich wider (*Newman/Summer* 1961, *Haynes/Massie* 1961, *Richards/Greenlaw* 1966, *Filley/House* 1969).

### *b. Humanistische Ansätze*

Als eine Folge unzureichender empirischer Forschungsergebnisse und damit fehlender bewährter Theorien einerseits sowie offensichtlicher Mängel der Human Relations Techniken andererseits gewannen in den Jahren 1957–1960 normative, auf humanistischen Philosophien beruhende Managementmodelle an Bedeutung. Was zunächst lediglich als Renaissance der Human Relations Bewegung erschien (*Davis* 1957), gewinnt durch die hohe wissenschaftliche Qualifikation und ethisch-moralische Integrität der Autoren den Rang einer neuen Denkrichtung. In Anlehnung an *Miles* (1965) werden diese neuen Ansätze auch unter der Bezeichnung **'Human Resources' Modell** zusammengefaßt. Mitarbeiter werden hier als Reservoir einer Vielzahl potentieller (managementdienlicher) Fähigkeiten und Fertigkeiten angesehen, und es ist Aufgabe und Verantwortung des Managers herauszufinden, wie diese Anlagen am besten zu aktualisieren, zu fördern und weiterzuentwickeln sind (Entwicklung von Motivationstheorien).

Das **Individuum** rückt gegenüber der Gruppe wieder in den Mittelpunkt der Forschung. *Maslow* schreibt über ,Motivation and Personality' (1954) und ,Eupsychian Management' (1965); *Argyris* (1957) thematisiert den Konflikt zwischen Individuum und Organisation. Seiner Meinung nach sind die Anforderungen formaler Organisationen unvereinbar mit einer ,gesunden' Persönlichkeitsentwicklung. *McGregor* (1960) macht deutlich, daß Führung das Ergebnis von ,self-fulfilling prophecy' Annahmen (Theory X und Y) über die arbeitenden Menschen ist. *Herzberg/Mausner/Snyderman* (1959) entwickeln die Zwei-Faktoren-Theorie der Arbeitszufriedenheit, die im Rahmen der Bemühungen um eine Humanisierung der Arbeit besondere Beachtung findet.

### c. *Quantitative und System-Ansätze*

Die Suche nach Ordnung, Formalisierung und Systematisierung durch Operations Research, Management Science und Systemtheorie wird häufig unzulässigerweise lediglich als moderne Fortsetzung der Scientific Management Ansätze unter Zugrundelegung eines mechanistischen Menschenbildes beurteilt. Das Anliegen dieser Formalwissenschaftler ist es dagegen, den Aussagen über Management den Status einer exakten Wissenschaft zu geben, die es ermöglicht, aus vorgegebenen Prämissen optimale oder zumindest zufriedenstellende Handlungsentscheidungen zu deduzieren. Somit plädieren sie (mit einem Seitenhieb auf die Sozialwissenschaftler) für mehr ,science' im Management. Entsprechend ist der Terminus **'Management Science'** zu verstehen, der meist synonym mit **Operations Research** gebraucht wird (vgl. *Meyer* 1979). Die Entwicklung der ersten OR-Verfahren erfolgte im militärischen Bereich während des 2. Weltkrieges. 1952 wird die **OR Society of America** und 1953 das **Institute of Management Science** (TIMS) gegründet. 1957 erscheint dann das Standardwerk über OR von *Churchman/Ackoff/Arnoff* (vgl. hierzu *Loomba* 1978).

Der Biologe *Ludwig v. Bertalanffy* entwickelt erstmals 1937 im Rahmen einer Vorlesung in Chicago das Konzept einer **'General Systems Theory'**, aber erst 1951 veröffentlicht er die Idee von der ,Unity of Science' durch systemtheoretische Ansätze (*Bertalanffy* 1951). Zusammen mit den Arbeiten von *Wiener* (Cybernetics – 1948) und *Shannon/Weaver* (The Mathematical Theory of Communication – 1949) sind die Grundlagen für eine Fülle origineller kybernetischer, system- und informationstheoretischer Beiträge zum Management gelegt (vgl. vor allem das Standardwerk von *Johnson/Kast/Rosenzweig*, The Theory and Management of Systems, 1963, sowie *Seiler* 1967, *Kast/Rosenzweig* 1970).

### *d. Eklektische Ansätze*[11b]

Ende der 50er Jahre sieht sich der Managementtheoretiker und Praktiker in den USA einer kaum noch zu überschauenden Fülle von Managementansätzen gegenüber.

Neue Ideen aus den Sozial- und Verhaltenswissenschaften führen zu einer heftigen Kritik an den formalen Organisations- und Managementansätzen. Andererseits wird mit Erkenntnissen der **Entscheidungs- und Systemtheorie** eine weitere Formalisierung, und mit **Mathematik** und **Computerwissenschaft** eine weitere Quantifizierung der Aussagensysteme angestrebt. In den Werken von *March/Simon* (1958) und *Haire* (1959) wird die Wende zu den modernen Ansätzen ganz deutlich.

Ein bedeutendes Ereignis in der Entwicklung zu einer Wissenschaft vom Management in den USA war 1962 ein **Symposium an der University of California,** Los Angeles (UCLA), zum Stand der Managementforschung. Auf Einladung von *Koontz,* der als Diskussionsgrundlage seinen inzwischen berühmten Artikel ‚The Management Theory Jungle‘ (1961) vorlegte, kamen alle bedeutenden Managementwissenschaftler in Los Angeles zusammen. *Koontz* unterscheidet in diesem Beitrag sechs Schulen (vgl. die deutsche Darstellung bei *Beyer* 1970, 1972):

1. **Management Process School**

Diese Schule (begründet von *Fayol*) versteht unter Management den Inbegriff spezifischer Managementfunktionen, deren Erfüllung die Management-Mitglieder vor Nicht-Management-Mitgliedern auszeichnet.

Die Erfüllung dieser fundamentalen Managementfunktionen vollzieht sich innerhalb eines Prozesses, dessen Analyse Aufgabe dieser Schule ist. Der Managementprozeß wird als unabhängig von der Art der Unternehmung und der Höhe der Führungsebene betrachtet (Universalisten), und zwar als ein Prozeß der Aufgabenerreichung durch in Gruppen kooperierende Mitarbeiter.

2. **Empirical School**

Die Vertreter dieser Schule (z. B. *Dale*) werten die Erfahrungen erfolgreicher Manager und die Fehler, die im Management vorkommen, aus nach dem

---

[11b] Eklektizismus = wenig originelles Nebeneinanderstellen von Gedanken aus unterschiedlichen Theorieansätzen (s. a. S. 93).

Motto ‚Erfahrung ist der beste Lehrmeister'. Dieses rein empiristische, induktivistische Vorgehen (Verallgemeinerungen der in der Wirklichkeit gefundenen Erscheinungen) richtet zukünftige Entscheidungen lediglich an Erfahrungen der Vergangenheit aus. Als Vehikel zur Vermittlung dieser Erfahrungen dienen Fallstudien und vergleichende Analysen.

3. **Human Behaviour School**

Diese Schule (begründet von *Mayo*) ist der Überzeugung, daß im Mittelpunkt aller Handlungen des Managements Menschen innerhalb ihres sozialen Kontextes stehen. Gegenstand ihrer Untersuchungen sind die zwischenmenschlichen Beziehungen, die Motivation und die soziale Kommunikation. Diese Schule macht sich hierbei weitgehend die Erkenntnisse der Psychologie und der Sozialpsychologie zunutze und ist der Meinung, daß die besten Arbeitsergebnisse dann erzielt werden, wenn dabei die psychologischen Bedürfnisse der Arbeitnehmer befriedigt werden.

4. **Social System School**

Die Vertreter dieser Schule (z. B. *Barnard, March, Simon*) sehen das Management als ein soziales System, das sich aus einer Vielzahl formeller und informeller Untersysteme (= Gruppen) zusammensetzt. Ihr Ziel ist es, diese z. T. sehr verschiedenen Gruppen zu einem arbeitsfähigen Sozialsystem zu integrieren. Diese Schule verarbeitet überwiegend soziologische Erkenntnisse, die systemtheoretisch aufbereitet werden.

5. **Decision Theory School**

Nach dieser Schule bestehen die Hauptaufgaben des Managers im Treffen von Entscheidungen und der Delegation ihrer Ausführung auf kompetente Mitarbeiter. Ausgehend von der Entscheidungssituation werden Entscheidungsobjekte (Manager), Entscheidungsmethoden und der gesamte Entscheidungsprozeß analysiert.

6. **Mathematical School**

Diese Schule sieht das Management als einen logischen Prozeß, der sich weitgehend mit mathematischen Symbolen, Formeln und Gleichungen ausdrücken läßt. Sie arbeitet mit mathematischen Modellen, die stark von der Wirklichkeit abstrahieren. Beiträge zu dieser Schule stammen von Operations Researchern, Systemforschern und Management Scientists.

Diese Klassifikation von *Koontz* blieb auf dem Symposium nicht unwidersprochen. Vor allem *Simon* lehnte die Einteilung ab und sah die Einheit der Managementlehre durch die Klammer der Systemtheorie gewährleistet. Dennoch war zu jener Zeit die überwiegende Meinung der Managementtheoretiker, daß bei dieser Vielzahl von Richtungen ein Eklektizismus im Management angebracht sei. Das war die Geburtsstunde des bis zur heutigen Zeit so beliebten ‚Reader'. Da kein einzelner Autor die Vielfalt der Ansätze angemessen wiedergeben konnte, mußte man Einzelbeiträge von Vertretern der einzelnen Schulen zusammenstellen, wollte man einen Überblick über das gesamte Gebiet des Managements geben.

Fast 20 Jahre später hat *Koontz* (1980) den Stand der Managementtheorie erneut beschrieben und kommt dabei zu 11 Ansätzen:

Management Theory Jungle

| 1961 | 1980 |
|---|---|
| 1. Management Process School | 1. Operational Approach |
| 2. Empirical School | 2. Empirical or Case Approach |
| 3. Human Behavior School | 3. Interpersonal Behavior Approach |
| | 4. Group Behavior Approach |
| 4. Social System School | 5. Cooperative Social System Approach |
| 5. Decision Theory School | 6. Decision Theory Approach |
| 6. Mathematical School | 7. Mathematical or ‚Management Science' Approach |
| | 8. Systems Approach |
| | 9. Sociotechnical Systems Approach |
| | 10. Managerial Roles Approach |
| | 11. Contingency or Situational Approach |

Diese annähernde Verdoppelung der Schulen erklärt sich einmal aus einer Spaltung der Schule 3 in einen mehr psychologisch (3) und einen mehr soziologisch (4) ausgerichteten Forschungsansatz und zum andern aus der zwischenzeitlichen Entwicklung von vier neuen Ansätzen (8–11). Nahezu unverändert blieben die Schulen 1, 2, 4, 5 und 6. Trotz der größeren Zahl von Forschungsansätzen sieht *Koontz* 1980 einen deutlichen Trend zu mehr **Konvergenz** zwischen den einzelnen Managementschulen.

Für den eingeschränkteren Bereich organisatorischen Verhaltens wurden 1980 auf einer **Konferenz an der University of Pennsylvania** die folgenden sieben Forschungsprogramme als die wichtigsten und einflußreichsten diskutiert (vgl. *Van de Ven/Joyce* 1981):

- Soziotechnischer Ansatz *(Trist)*
- Qualität des Arbeitslebens-Ansatz *(Seashore)*
- Aston-Ansatz *(Pugh)*
- Entscheidungstheoretischer Ansatz *(March)*
- Organization Assessment-Ansatz *(Van de Ven)*
- Organisation/Umwelt-Ansatz *(Lawrence)*
- Markt/Hierarchie-Ansatz *(Williamson/Ouchi)*

Die in Klammern genannten Professoren haben den Ansatz auf der Konferenz vorgestellt und gelten als deren Hauptrepräsentanten.

### *e. Situative Ansätze*

Wegen der großen Bedeutung situativer Ansätze für die zeitgenössische Managementlehre – nach *Khandwalla* (1977, S. 251) ist die Kontigenztheorie „the most powerful orientation in organization theory today" – wird diesen besonderer Raum gewidmet (vgl. Abschnitt C IV und V). *Miner* (1984) berichtet, daß in einer Befragung von 100 amerikanischen Sozialwissenschaftlern nach den wichtigsten Theorien innerhalb der Organisationswissenschaft die Kontingenztheorie von *Lawrence* und *Lorsch* (1969) neben der Erwartungstheorie (vgl. Abschnitt 3 B II 3bb) die meisten Nennungen auf sich vereinigen konnte.

Auch in Arbeiten, die sich nicht ausführlich mit der Geschichte des Managements befassen, werden jedoch stets eine Reihe von ‚Management Schools' oder ‚Management Approaches' diskutiert (vgl. z.B. *Duncan* 1975, *Filley/House/Kerr* 1976, *Carlisle* 1976, *Hill/Fehlbaum/Ulrich* 1976, *Terry* 1977). Typische **Klassifikationen von Managementansätzen** sind etwa:

| *Luthans* 1976: | *Dessler* 1976: | *Tosi/Carroll* 1976: |
|---|---|---|
| Process Approach<br>Quantitative Approach<br>Behavioral Approach<br>Systems Approach<br>Contingency Approach | Scientific Management<br>Administration<br>Human-Relations Management<br>Behavioral-Systems Integration<br>Situational Approach | Scientific Management<br>Administrative Theory<br>Behavioral Approach<br>Management Science<br>Contingency Approach |

# B. Definition des Objektbereichs von Management

Etymologische Deutungen des englischen Verbs *‚to manage'* sind kontrovers und reflektieren das jeweilige Gesellschaftsbild des Autors. Während die Annahme, *‚to manage'* sei auf das lateinische *‚manu agere'* (mit der Hand arbeiten) zurückzuführen, wenig plausibel erscheint, gewinnt die Interpretation von *Bravermann* (1977), *‚manus agere'* bedeute ‚an der Hand führen', oder genauer, ‚ein Pferd in allen Gangarten üben', im Lichte der weiter vorn geschilderten Kontroll- und Disziplinierungsfunktion des Managements schon eher an Plausibilität. *Boetticher* (1963) ist dagegen der Meinung, ‚Manager' sei derjenige, der das Haus für einen (Eigentümer) bestelle, denn es stamme von *‚mansionem agere'* ab.

Wie dem auch sei, Management ist heute ein feststehender Begriff der englischen Sprache, der auch in der deutschen – vor allem nach dem 2. Weltkrieg – weite Verbreitung gefunden hat.

## I. Management im englischen Sprachraum

In der zeitgenössischen anglo-amerikanischen Literatur wird Management in zwei Bedeutungsvarianten verwendet:

- **Management im funktionalen Sinn,** d. h. Beschreibung spezieller Prozesse und Aufgaben, die in und zwischen Organisationen ablaufen.
- **Management im institutionalen Sinn,** d. h. Beschreibung der Personen (-gruppen), die Managementaufgaben wahrnehmen.

### 1. Management als Funktion

Beispiele für Definition von Management im funktionalen Sinn sind etwa:

| | |
|---|---|
| Funktionen | • Managementfunktionen sind Planung, Organisation, Personalausstattung, Leitung, Führung und Kontrolle (*Koontz/O'Donnell* 1976)<br>• Management sind Funktionen, die Manager ausüben, wie Entscheiden, Organisieren, Planen, Kontrollieren, Führen (*Haynes/Massie/Wallace* 1975)<br>• Management ist verantwortungsvolle Kombination von vier wesentlichen Elementen: Planung, Motivation, Koordination, Kontrolle (*Brech* 1963). |
| Ziele | • Management heißt Planung, Organisation, Leitung und Kontrolle der Aktivitäten einer Unternehmung im Hinblick auf eine effiziente und ökonomische Zielerreichung (*Rogers* 1975)<br>• Management ist ein eindeutig identifizierbarer Prozeß, bestehend aus den Phasen Planung, Organisation, Durchführung, Kontrolle, der über den Einsatz von Menschen zur Formulierung und Erreichung von Zielen führt (*Terry* 1977 sowie Abb. 1.2) |
| Ressourcen | • Management ist ein Prozeß, bei dem Menschen in Organisationen versuchen, durch effiziente Nutzung von Ressourcen bestimmte Ziele zu erreichen (*Tosi/Carroll* 1976).<br>• Management ist eine Aktivität, die bestimmte Funktionen der effizienten Beschaffung, Allokation und Nutzung menschlicher Leistungen und physikalischer Ressourcen zur Erreichung von Zielen beinhaltet (*Wren* 1972). |
| Systeme | • Management ist ein Prozeß, innerhalb dessen die Elemente eines Systems integriert, koordiniert und genutzt werden mit dem Zweck, die Ziele der Organisation möglichst effektiv und effizient zu erreichen. Grundlegende Elemente des Managementprozesses sind: Planung, Organisation, Personalausstattung, Leitung und Kontrolle (*Carlisle* 1976).<br>• Management ist ein Prozeß, mit dessen Hilfe bislang ungeordnete Ressourcen (Menschen, Maschinen, Material, Kapital, Zeit, Raum) zur Zielerreichung in ein System integriert werden. Es ist die wichtigste Kraft in Organisationen, um die Aktivitäten der Subsysteme zu koordinieren und mit der Umwelt in Beziehung zu bringen (*Kast/Rosenzweig* 1974). |

*Abb. 1.2:* Management als Prozeß

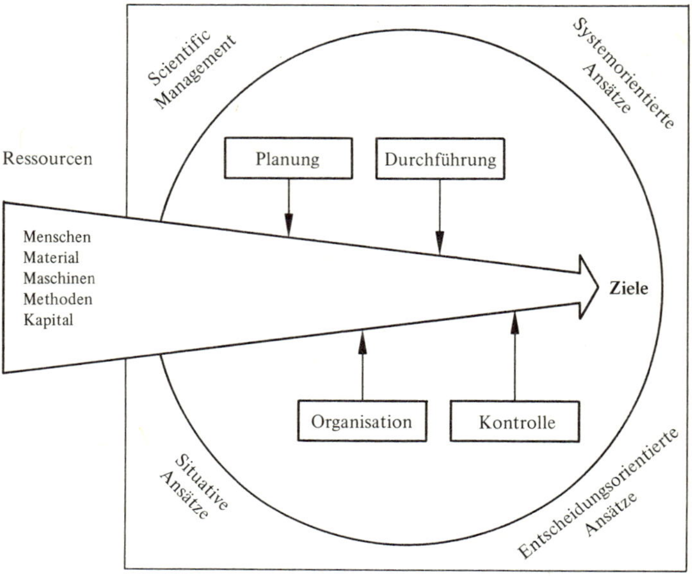


*Quelle: Terry* 1977, S. 39

In diesen Definitionsversuchen lassen sich deutlich Entwicklungslinien erkennen.

Eine erste Gruppe von Definitionen versteht unter Management lediglich eine Ansammlung einzelner **Funktionen** oder Tätigkeiten. Diese und ähnliche funktionale Einteilungen des Managements gehen letztlich alle auf die funktionale Gliederung der Unternehmung durch *Fayol* (1916, S. 1ff.) zurück.

„Toutes les opérations auxquelles donnent lieu les entreprises peuvent se répartir entre les six groupes suivants:
(1) opérations techniques
(2) opérations commerciales
(3) opérations financières
(4) opérations de sécurité
(5) opérations de comptabilité
(6) opérations administratives."

Die letzte Funktionsgruppe, die Managementfunktionen, umfaßt die Teilbereiche
(a) Vorschau und Planung (prévoir)
(b) Organisation (organiser)
(c) Leitung (commander)
(d) Koordination (coordonner) und
(e) Kontrolle (contrôler).

*L. Gulick* hat diese klassische Einteilung modifiziert und erweitert (Planning, Organizing, Staffing, Directing, Coordination, Reporting, Budgeting = POSDCORB) und damit die weitere Inhaltsbestimmung von Management in den USA beeinflußt (*Gulick/Urwick* 1937).

Eine zweite Gruppe von Definitionsversuchen erweitert den funktionalen Ansatz insofern, als **Ziel und Zweck** des Tätigwerdens von Management angegeben und die Managementfunktionen als Phasen eines zielgerichteten Prozesses verstanden werden.

Eine weitere Gruppe von Definitionsansätzen verzichtet ganz auf die Angabe spezieller Managementfunktionen und -phasen und stellt auf die generelle Notwendigkeit aller Organisationen ab, menschliche und materielle **Ressourcen** zu beschaffen und zielentsprechend einzusetzen.

Letztlich versucht eine vierte Gruppe von Autoren, Management-Aktivitäten **systemtheoretisch** zu interpretieren, wobei der Notwendigkeit der Koordination von Systemen und Subsystemen mit ihren entsprechenden Umwelten besondere Aufmerksamkeit geschenkt wird.

Aus der Fülle der in der Literatur angebotenen Definitionsversuche lassen sich zusammenfassen die folgenden, in fast allen Ansätzen implizit angedeuteten Merkmale herausschälen:

(1) Die Tatsache, daß bestimmte Aufgaben von einem einzelnen Menschen nicht allein bewältigt werden können, führt zu einem Zusammenschluß von mehreren und einer planmäßigen, geordneten Arbeitsteilung zwischen ihnen. Das Ergebnis ist ein sozio-technisches System, das bestimmte individuelle, soziale und gesellschaftliche Ziele verfolgt.

(2) Zur Erreichung der Ziele werden Ressourcen herangezogen, die sinnvoll beschafft, kombiniert, koordiniert und genutzt werden müssen.

(3) Diese Aktivitäten werden als **Management** bezeichnet. Einmal muß die Struktur des Systems planvoll entwickelt werden, zum anderen muß der Ablauf der Arbeits-, Kommunikations- und Entscheidungsprozesse sowohl innerhalb des Systems als auch über die Systemgrenzen hinaus organisatorisch gestaltet werden.

(4) Damit wird auch das Verhältnis von Organisation zu Management deutlich. Die Organisation als sozio-technisches System bietet den Rahmen, innerhalb dessen das Management (als Institution) seine Aufgaben (Management als Funktion) durchführen kann.

Eine besondere Problematik ergibt sich noch im angloamerikanischen Sprachraum aus der kontroversen Verwendung der Begriffe ‚*Management*' und ‚*Administration*'. Ursprung der Begriffsverwirrung ist die unterschiedliche Übersetzung der *Fayol*'schen ‚opérations administratives' – speziell des Verbs ‚*administrer*' – durch *Coubrough* (1930) und *Storrs* (1949) (nach *Wren* 1972).

*Coubrough* (1930): „To *administrate* is to plan, organize, command, coordinate and control".

*Storrs* (1949): „To *manage* is to forecast and plan, to organize, to command, to co-ordinate and to control".

*Fayol* unterschied zwischen dem übergeordneten ‚*gouverner*' (Management der gesamten Unternehmung auf ein Ziel hin) und ‚*administrer*' als einem der sechs Funktionsbereiche des Gesamtmanagements. Insofern war *Coubrough*'s Übersetzung exakter; aber *Storr*'s Version hat sich nachhaltig in der Literatur durchgesetzt.[11e]

Heute finden die Begriffe ‚Management' und ‚Administration' neben der synonymen Verwendung noch in zwei ganz unterschiedlichen Zusammenhängen Anwendung:

- *Administration* ist eine Subfunktion des *Managements*, die sich mit der Durchführung beschlossener Maßnahmen und der Ausführung vorentschiedener Pläne befaßt (z. B. *Brech* 1963).
- Von *Management* spricht man bei privatwirtschaftlichen Unternehmungen, von *Administration* bei öffentlichen Betrieben und nonprofit Organisationen.

## 2. Management als Institution

Beispiele für Definitionen von Management im institutionalen Sinn sind etwa:

- Manager sind diejenigen Personen, die die Aufgaben und Funktionen des Managements auf allen Ebenen und in jeder Art von Betrieb wahrnehmen (*Koontz/O'Donnell* 1976).
- Das Management ist eine bestimmte Gruppe von Mitarbeitern, die die Aktivitäten anderer in Richtung auf gemeinsame Ziele leiten (*Haynes/Massie/Wallace* 1975).
- Das Management ist eine Gruppe von Angestellten in einer Organisation, die Entscheidungen hinsichtlich der Allokation von Ressourcen treffen und implementieren (*Tosi/Carroll* 1976).

An diesen Definitionen von Management im institutionalen Sinne wird deutlich, daß sie nicht ohne eine vorhergehende Festlegung des Managements im funktionalen Sinne auskommen, wenn sie sich nicht in bloßen Tautologien erschöpfen wollen, wie etwa ‚Manager sind diejenigen, die managen'.

Der Titel ‚*Manager*' sagt in den angelsächsischen Ländern auch noch nichts über die hierarchische Stellung in einer Organisation oder den Aufgabeninhalt aus. So werden nach Aussagen von *Braverman* (1977) im Zensus von 1970 etwa 6½ Millionen Beschäftigte in den USA als Manager und Admini-

[11e] Die neuere *Fayol*-Forschung hat ergeben, daß *Fayol* in späteren Schriften zugunsten eines einheitlichen Administration-Konzepts auf die explizite Unterscheidung zwischen ‚*gouverner*' und ‚*administrer*' verzichtet hat (vgl. *Breeze/Miner* 1980).

strator klassifiziert (im gleichen Jahr werden in der Bundesrepublik Deutschland rund 700000 Manager – vom Meister bis zum Unternehmer – gezählt). Zu dieser Gruppe gehören in den USA „Käufer und Einkäufer, Beamte und Verwaltungsangestellte der verschiedenen Ebenen der Regierung, der Schulverwaltung, von Krankenhäusern und anderen derartigen Institutionen, Postmeister und Postinspektoren, Schiffsoffiziere, Lotsen und Zahlmeister, Gebäudeverwalter und -inspektoren, Zugführer, Gewerkschaftsangestellte und Direktoren von Bestattungsinstituten" (*Braverman* 1977, S. 198f.).

Vor allem *Mintzberg* (1973) kritisiert die analytisch gebildeten funktionalen Managementdefinitionen und die aufgrund von Selbsteinschätzungen gewonnenen institutionalen Managementabgrenzungen. Er stellt sich die konkrete Frage, ‚*Was tun Manager eigentlich?*', und hofft aufgrund empirischer Erhebungen von Managertätigkeiten zu einer Funktionsbeschreibung des Managements zu kommen. Im Rahmen dieses Forschungsansatzes (**Work Activity School**) werden vor allem folgende drei Erhebungsmethoden angewandt:

1. **Tagebuchmethode** (*Carlson* 1951, *Stewart* 1967)
   Manager tragen alle Aktivitäten (Inhalt, Ort, Dauer, Teilnahme) über einen längeren Zeitraum in standardisierte Formulare (Tagebücher) ein.
2. **Activity Sampling** (*Wirdenius* 1958, *Kelly* 1964)
   Manager werden zu zufallsgenerierten Zeitpunkten bei der Arbeit beobachtet und anschließend kurz über die eben beobachteten Aktivitäten befragt.
3. **Beobachtung** (*Sayles* 1964, *Dalton* 1959)
   Der Forscher hält sich über einen längeren Zeitraum in der Organisation auf (als Mitarbeiter oder Beobachter) und zeichnet alle Aktivitäten (strukturiert oder unstrukturiert) auf, die er wahrnimmt.

*Mintzberg* (1973) selbst kommt aufgrund seiner empirischen Erhebungen (nach Methode 3) zu dem Ergebnis, daß die Arbeit des Managers anhand **zehn beobachtbarer Rollen** beschrieben werden kann:

| | |
|---|---|
| • Vorbild<br>• Integrator<br>• Führer | Interpersonelle Beziehungen |
| • Sender und Empfänger<br>• Verteiler<br>• Sprecher und Repräsentant | Information |
| • Unternehmer<br>• Problembewältiger<br>• Ressourcenzuteiler<br>• Verhandlungsführer | Entscheidung |

Ein Vergleich mit den analytisch gewonnenen Funktionsbeschreibungen des Managements macht deutlich, daß in der Realität stärker kommunikative, interpersonale Aktivitäten feststellbar sind als die mehr sachbezogenen Funktionsbeschreibungen des Managements in der Literatur vermuten lassen.

Eine wichtige Erkenntnis der *Mintzberg*-Studie ist die Feststellung, daß Managementaktivitäten kurz, abwechslungsreich und stark fragmentiert sind. Etwa die Hälfte der Aktivitäten dauerte weniger als neun Minuten; nur 10% dauerten länger als eine Stunde. Manager bevorzugen eindeutig die mündliche direkte Kommunikation.

*Mintzbergs* Untersuchung ist zehn Jahre später von *Kurke/Aldrich* (1983) repliziert worden. Während *Mintzberg* fünf Top Manager in fünf großen Organisationen 25 Tage lang beobachtete, wurden von *Kurke/Aldrich* vier Top Manager in vier mittelgroßen Organisationen 20 Tage lang studiert. Trotz unterschiedlicher Größe, Branche und Region bestätigten die Analysen von *Kurke/Aldrich* (1983, S. 979) die Befunde von *Mintzberg:*

| Kategorie | *Mintzberg*-Studie | *Kurke/Aldrich*-Studie |
|---|---|---|
| Schreibtischarbeit | | |
| Ø Dauer | 15 Min. | 12 Min. |
| Zeitanteil | 22% | 26% |
| Telefonate | | |
| Ø Dauer | 6 Min. | 4 Min. |
| Zeitanteil | 6% | 8% |
| geplante Besprechungen | | |
| Ø Dauer | 68 Min. | 65 Min. |
| Zeitanteil | 59% | 50% |
| ungeplante Besprechungen | | |
| Ø Dauer | 12 Min. | 8 Min. |
| Zeitanteil | 10% | 12% |
| Besuche | | |
| Ø Dauer | 11 Min. | 11 Min. |
| Zeitanteil | 3% | 3% |
| Arbeitszeit pro Woche | 40 h (100%) | 44 h (100%) |

*Morse/Wagner* (1978) haben ausgehend von *Mintzbergs* Management-Rollen ein Befragungsinstrument mit zunächst 106 Statements über Managementtätigkeiten 115 Managern zur Beurteilung auf einer 9-stufigen Skala (+4: Statement trifft voll und ganz auf Managementverhalten zu; −4: Statement hat nichts mit Managementverhalten zu tun) in einem Pretest vorgelegt. 96 Items wurden schließlich an einer Stichprobe von 406 Managern validiert. Faktoranalytische Auswertungen ergaben, daß folgende sechs Faktoren 56% der Varianz erklären:

1. Management der Umwelt und der Ressourcen der Organisation
2. Organisation und Koordination
3. Information
4. Gewährleisten von Wachstum und Entwicklung (für sich selbst und Mitarbeiter)
5. Motivation und Konflikthandhabung
6. Strategisches Problemlösen.

Auch *Morse/Wagner* vertreten einen **situativen Ansatz,** wonach Manager ihr Verhalten an der spezifischen Konstellation von situativen Einflußfaktoren ausrichten sollen. Nur wie dies konkret erfolgen kann, bleibt hier ungeklärt.

*Stewart* (1982) entwickelt in ihrer jüngsten Studie einen Bezugsrahmen zum besseren Verständnis der Tätigkeiten und des Verhaltens von Managern in der Praxis. Dabei unterscheidet sie drei Variablen:

**Anforderungen** (demands): Was der Manager in seiner Position tun muß.

**Nebenbedingungen** (constraints): Organisationsexterne und -interne Bedingungen, die seinen Handlungsspielraum einengen.

**Handlungsmöglichkeiten** (choices): Wie der Manager seinen Handlungsspielraum konkret ausfüllt.

Dabei gilt das Hauptaugenmerk von *Stewart* dem letzten Aspekt. Unter Verwendung aller drei genannten Erhebungsmethoden und von qualitativen Interviews erhebt sie, wie Manager in der Realität ihren Handlungsspielraum nutzen. Geht man davon aus, daß Anforderungen und Nebenbedingungen vom Manager weitgehend unbeeinflußbar sind, ergibt sich der Handlungsspielraum als Chance der individuellen Entfaltung für den Manager. Diese ist, wie die Studie belegt, weniger von Kontextfaktoren, wie Größe, Branche oder Technologie, beeinflußt als von der Managementphilosophie.

*Kotter* (1982) hat unter Verwendung von Methoden 2 und 3 sowie intensiver Interviews 15 General Manager aus neun US-amerikanischen Unternehmungen bei ihrer Arbeit kennengelernt. Sein Ansatz steht deutlich unter dem Einfluß der **Kontingenztheorie** seiner Kollegen von der Harvard Business School (vgl. *Lawrence/Lorsch* 1967 sowie S. 479 der Arbeit). So werden Unterschiede im Verhalten der Manager u. a. auf mangelnde Übereinstimmung *(misfit)* zwischen den beiden von ihm analysierten Variablengruppen zurückgeführt.

**Aufgabenanforderungen** (als Folge bestimmter Kontextfaktoren):

- Vorgabe von Zielen, Politiken und Strategien unter Bedingungen großer Unsicherheit
- Allokation knapper Ressourcen
- Überblick bewahren und frühzeitig Probleme erkennen
- Gewinnung von Informationen, Kooperation und Unterstützung
- Gewinnung von Mitarbeitern sowie von wichtigen internen und externen Gruppen (z. B. Stabsabteilungen, Gewerkschaften, Kunden)
- Motivation, Kontrolle, Konfliktlösung

**Merkmale der Person:**

- Familienhintergrund
- Persönlichkeitszüge
- Erziehung und Ausbildung
- Karriereweg
- Erfahrung in der jetzigen Unternehmung

Eine Voraussetzung für eine erfolgreiche Managerkarriere sieht *Kotter* in der weitgehenden Deckung *(fit)* von Anforderungen des konkreten Jobs mit den persönlichen Stärken des Managers. Dabei zeigen erfolgreiche Manager keineswegs immer die gleichen Stärken; im Gegenteil, sie pflegen z.T. sehr unterschiedliche Managementstile. Daraus schließt *Kotter* (1982, S. 120), daß erfolgreiches Managementverhalten (bewertet auf der Grundlage von Ergebnisgrößen, wie Umsatz und Gewinn, und von Einschätzungen der Kollegen, Untergebenen und Vorgesetzten) situationsabhängig ist.

In diesem Zusammenhang warnt *Kotter* vor dem von ihm beobachteten ‚I can do anything'-Syndrom mancher General Manager und fordert im Sinne des situativen Ansatzes eine Personalpolitik, die es unterschiedlichen Managern erlaubt bzw. die sie ermuntert, sich in unterschiedlichen Situationen auch unterschiedlich zu verhalten (vgl. hierzu auch das Kapitel über situative Führungskonzepte, S. 577ff.).

## II. Management im deutschen Sprachraum

### 1. Management und Unternehmensführung

In der deutschsprachigen Managementliteratur wird – sofern man nicht, wie auch ich, ebenfalls von Management spricht – eine Vielzahl von Übersetzungen angeboten, die alle darunter leiden, daß diese deutschen Begriffe (wie Unternehmensführung, Betriebspolitik, Führung, Leitung, dispositiver Faktor) aus eigenständigen Theorieansätzen stammen und eine historische Entwicklung reflektieren, die mit der des Management-Begriffs kaum vergleichbar ist. Bei dieser Sachlage kann es kaum überraschen, daß keine Einheitlichkeit in der deutschen **Management-Terminologie** entstehen kann, das um so mehr als mit den Übertragungsbemühungen u. a. die alte betriebswirtschaftliche Kontroverse um die Abgrenzung von Betrieb und Unternehmung neu aktualisiert wurde (heißt es Betriebs- oder Unternehmensführung?). Da der Begriff Management niemanden auf einen spezifischen Organisationstyp festlegt, neigen viele Autoren dazu, ihn generell mit *‚Führung'* zu übersetzen, ein Begriff, der so unverbunden in der Betriebswirtschaftslehre keine Tradition hat, dagegen aber in der Psychologie und Sozialpsychologie; dort allerdings keineswegs in der Bedeutung von Management. So fand *Leitherer* (1962) bereits 1962 in einem keineswegs progressiven amerikanischen Standardwerk über Management psychologische, soziologische und anthropologische Erkenntnisse verarbeitet, also zu einer Zeit, als in der Betriebswirtschaftslehre davon noch nicht die Rede sein konnte.

Diese Entwicklung spiegelt sich auch in den deutschsprachigen Managementdefinitionen wider. Zunächst wurde Management mit Unternehmens-

und Betriebsführung (-leitung) identifiziert und damit an auch in der Betriebswirtschaftslehre bekannte **sachbezogene** Führungs-, Leitungs- und Verwaltungsaufgaben angeknüpft; erst in jüngerer Zeit wird eine **personenbezogene,** verhaltenswissenschaftliche Komponente des Managements erkannt, die meist mit dem Begriff ‚*Menschenführung*' belegt wird.

Die für die angloamerikanische Management-Literatur typische Aufteilung in **funktionale** und **institutionale** Definitionen findet sich auch bei uns, wobei lange Zeit unter Management als Institution im deutschsprachigen Raum lediglich das Top-Management verstanden wurde, während man damit in den USA alle anordnungsberechtigten Stellen in einer Organisation meint.[12]

Zwar kommt *Bessai* (1974) in einer umfänglichen Literaturauswertung zu vier **Dimensionen des Managements:**

1. Management-Aufgaben, -Funktionen
2. Management-Techniken
3. Management-Stellen
4. Management-Personen,

jedoch lassen sich die Dimensionen 1 und 2 zum Management im funktionalen Sinne und die Dimensionen 3 und 4 zum Management im institutionalen Sinne zusammenfassen.

Die Überbetonung sog. **Management-Techniken** (management by ...) in der deutschsprachigen populärwissenschaftlichen Literatur findet im angloamerikanischen Sprachraum keine Entsprechung (*Demmer* et al. 1967, *Fuchs-Wegner* 1973). Typisch für diese Fehleinschätzung ist folgendes Zitat: „Managementlehren sind durch Begriffe wie Management by Exceptions, Management by Objectives, Management by Systems, Management by Changes charakterisiert" (*Blohm* 1972, S. 44).

Bei diesen sog. neuen Techniken handelt es sich zum großen Teil entweder um altbekannte betriebswirtschaftliche Kalküle oder um stark verkürzte (häufig aus dem Gesamtkonzept gerissene) Darstellungen von Führungsmodellen (vgl. S. 610ff.).

In der Nachkriegszeit fehlte es in Deutschland keineswegs an Bemühungen, die amerikanischen Management-Ansätze besser zu verstehen und in die Betriebswirtschaftslehre zu integrieren (z. B. *Reber* 1969a, *Stiefel* 1969, *Beyer* 1970). Wenn man sich dabei nicht dem z. T. mühevollen Studium der sehr umfangreichen Originalliteratur aussetzen wollte, war man auf Erfahrungsberichte und Lehrbücher von deutschsprachigen Wissenschaftlern aus den USA[13] oder die Erfahrungen deutscher Betriebswirte aus Studienaufenthalten in den USA angewiesen.

---

[12] *Fischer* 1961, *Gutenberg* 1962, *Mellerowicz* 1963, *Perridon* 1967, *Illetschko* 1969, *Beyer* 1970, *Schwantag* 1971, *Rühli* 1973, *Withauer* 1973/1974, *Ulrich/Fluri* 1975, *Korndörfer* 1976, *Bleicher/Meyer* 1976, *Baugut/Krüger* 1976, *Häusler* 1977, *Buth* 1977, *Timmermann* 1977, *Staehle* 1983.

[13] Z. B. *Junckerstorff* (1960), der zehn Jahre in den USA gelehrt hat, bevor er 1959 wieder nach Europa zurückkehrte, oder *Drucker* (1956), der eine Vielzahl von Vorträgen in Europa gehalten hat.

So schlägt *Reber* (1969), der in Nordamerika studiert hat, vor, das Gesamtgebiet Management (zu dessen Übersetzung er Betriebsführung, Betriebswirtschaftspolitik oder Dispositiver Faktor vorschlägt) in drei **Hauptgruppen** zu untergliedern:

1. Allgemeine Management-Theorien (als Teildisziplin der Sozialwissenschaften, genauer: als Organisationstheorie)
2. Spezielle Management-Theorien (z. B. Financial Management, Production Management)
3. Mathematische Methoden (z. B. OR, Data Processing).

Abgesehen davon, daß es aufgrund unterschiedlicher **Erkenntnisobjekte** (Betriebswirtschaftslehre: Betrieb/Unternehmung; Managementlehre: Unternehmensführung) und **Erkenntnisinteressen** (Betriebswirtschaftslehre: Betonung auf Theoriebildung; Managementlehre: Betonung auf Handlungsanleitung) unzulässig ist, die Managementlehre als eine nordamerikanische Betriebswirtschaftslehre[14] zu bezeichnen, stellt die Dreiteilung *Reber*'s eine zur damaligen Zeit adäquate Wiedergabe typischer Curricula amerikanischer Business Schools dar. Dabei fällt die zu jener Zeit starke Betonung quantitativer Entscheidungshilfen (Punkt 3: Mathematische Methoden) auf, die heute durch eine entsprechend starke Berücksichtigung verhaltenswissenschaftlicher Ansätze abgelöst worden ist.

*Pack* (1976), ebenfalls ein guter Kenner der amerikanischen Verhältnisse, versucht in seinem Beitrag zum Handwörterbuch der Betriebswirtschaft der Komplexität des Managements durch eine dreidimensionale Darstellung mit insgesamt 63 Bausteinen (**Management-Box**) gerecht zu werden, was allerdings zwangsläufig in einem Begriffspuzzle enden muß. Im Mittelpunkt seiner Box steht ein Katalog von sieben **Führungstätigkeiten:**

1. Lohnende Ziele erkennen und durchsetzen
2. Entscheidungen treffen
3. Informieren
4. Delegieren und Koordinieren
5. Motivieren
6. Kontrollieren
7. Repräsentieren

Er reduziert diesen Katalog schließlich auf drei klassische Grundfunktionen: Führung (1, 2, 4, 5), Planung (3, 4) und Organisation (3, 4, 5, 6).

---

[14] *Stiefel*'s Vorschlag, Managementlehre mit Lehre von der Unternehmensführung zu übersetzen, ist besser, deckt aber auch nicht die gesamte Breite des Managements ab (*Stiefel* 1969). Die Auffassung von *Ulrich* (1968), die Betriebswirtschaftslehre als Lehre der Unternehmensführung anzusehen, ist höchstens programmatisch zu verstehen, denn Betriebswirtschaftslehre und Managementlehre sind heute keineswegs identische Disziplinen. Umgekehrt ist die Meinung von *Rühli* (1977), Unternehmensführung sei eine Teilfunktion neben anderen Funktionen, wie Finanzierung und Beschaffung, zu eng.

Damit ist letztlich wieder ein Standpunkt erreicht, den die älteren betriebswirtschaftlichen Fachvertreter schon vor 20 Jahren zum Problem des Managements eingenommen hatten, etwa als *Mellerowicz* (1963) seine **Grundfunktionen der Unternehmensführung**

- Unternehmenspolitik (Entscheidungen grundsätzlicher Art) = Kernaufgabe
- Planung
- Organisation
- Koordinierung
- Kontrolle
- Information

(Planung bis Information: Mittel der Unternehmenspolitik)

und *Gutenberg* (1962, 1969) zur Kennzeichnung des Aufgabenbereichs des dispositiven Faktors (Management) seinen **Katalog echter Führungsentscheidungen**

- Festlegung der Unternehmenspolitik auf weite Sicht
- Koordinierung der großen betrieblichen Teilbereiche
- Beseitigung von Störungen im laufenden Betriebsprozeß
- Geschäftliche Maßnahmen von außergewöhnlicher betrieblicher Bedeutsamkeit
- Besetzung der Führungsstellen im Unternehmen

formulierten.

*Beyer*'s (1970, 1972) großes Verdienst besteht darin, daß er die angloamerikanische und deutschsprachige Management- bzw. Führungsliteratur erstmals nach wissenschaftstheoretischen, aber auch fachlich-inhaltlichen Kriterien umfassend ausgewertet und damit eine wertvolle Bestandsaufnahme von historischen Entwicklungen und zukünftigen Trends geliefert hat. Auch er trennt deutlich zwischen Management (= Unternehmensführung) als

- **Funktion** (. . ." die von der formalen Entscheidungsfunktion überlagerte bzw. durchdrungene Gesamtheit der integrierten personen- und sachbezogenen Entscheidungsprozesse . . ." S. 51) und als
- **Institution** (. . . „alle Personen oder -gruppen, die als Entscheidungszentren bzw. Zentren der Willensbildung ständig personen- und sachbezogene Führungsaufgaben wahrnehmen . . ." S. 53).

## 2. Management als Funktion

Bei Definitionen des Managements als Funktion wird der **duale Charakter von Unternehmensführung** als

- **sachbezogene** Entscheidungsfunktion (wie Planung, Organisation, Kontrolle) und
- **personenbezogene** Entscheidungsfunktion (wie Menschenführung)

deutlich.[15] Diese für die spätere Managementliteratur in Deutschland konstitutive Zweiteilung in eine sachlogische und eine humane, personale Komponente ist m. E. entwicklungsgeschichtlich aus der schrittweisen Rezeption der Managementlehre im deutschen Sprachraum zu erklären.

In einer **ersten Phase** der Rezeption (nach dem 2. Weltkrieg) wurden den Betriebswirten bekannte und vertraute Aspekte und Theoriebestandteile der Managementlehre (wie Entscheidungsfindung, Planung, Organisation) herausgegriffen und in das traditionelle Lehrgebäude der Betriebswirtschaftslehre integriert. Hierbei handelt es sich um **sachbezogene Aspekte,** die unter den Bezeichnungen Unternehmens- bzw. Betriebsführung, Betriebspolitik, Leitung schon seit langem Bestandteile betriebswirtschaftlicher Untersuchungen waren. Erst in einer **zweiten Phase** (etwa ab Mitte der 60er Jahre) werden die verhaltenswissenschaftlichen Aspekte des Managements stärker berücksichtigt (**personenbezogene Aspekte**). Dazu waren ungleich höhere Integrationsbemühungen notwendig, da sich die Betriebswirtschaftslehre – im Gegensatz zur amerikanischen Managementlehre – nur sehr zögernd verhaltenswissenschaftlichen Forschungsansätzen und -ergebnissen öffnete.

Beispiele für diese **duale Sicht von Managementaufgaben** finden sich außer bei *Beyer* (1970) noch bei *Rühli* (1973), *Withauer* (1973/1974), *Bleicher/Meyer* (1976), *Korndörfer* (1976), *Baugut/Krüger* (1976) und *Häusler* (1977).

Dabei verstehen diese Autoren unter der **sachbezogenen Komponente** des Managements die uns aus den amerikanischen Definitionen bekannten Managementfunktionen mit unterschiedlicher Detaillierung und Phaseneinteilung. Als Folge der starken **Entscheidungsorientierung** der deutschen Betriebswirt-

*Abb. 1.3:* Führungsfunktionen

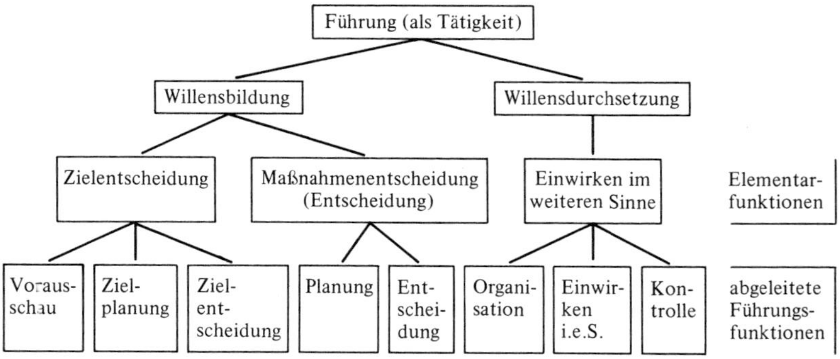


*Quelle: Baugut/Krüger* 1976, S. 37.

[15] Ähnlich schon bei *Fischer* (1961), der die Aufgaben des Managements (Betriebsführung) in Betriebspolitik und Menschenführung sieht, und bei *Mellerowicz,* der entsprechend den zwei Sphären des Betriebes – technisch-ökonomische und soziale – von kaufmännischer und sozialer Betriebspolitik redet (1963, S. 85).

schaftslehre lag es nahe, diese Managementfunktionen auf die idealtypischen Phasen-Schemata zur Strukturierung von Handlungs- bzw. Entscheidungsprozessen aufzuteilen, wie dies etwa *Hahn* (1971), *Rühli* (1973), *Baugut/Krüger* (1976) und *Bleicher/Meyer* (1976) tun.

Unter der **personenbezogenen Komponente** des Managements wird Menschenführung, d. h. im weitesten Sinne die zielorientierte personale Beeinflussung menschlichen Verhaltens und alle damit zusammenhängenden Probleme, wie Motivation, Gruppenführung, Machtausübung, Konfliktlösung, soziale Kontrolle verstanden.

Von den genannten Autoren betonen vor allem *Bleicher/Meyer* (1976) ebenso *Ulrich* (1970) und *Irle* (1971), daß die Trennung in sach- und personenbezogene Komponenten nur analytischen Charakter haben kann, denn in der Realität ist stets eine enge Verwobenheit von Sach- und Personenorientierung festzustellen; sie plädieren folglich für deren simultane Berücksichtigung.

Im Gegensatz zur betriebswirtschaftlichen Literatur über Management hat die soziologische, vor allem wenn sie sich der Tradition von *K. Marx* verpflichtet fühlt, stets die **Doppelnatur des Managements** betont (vgl. z. B. *Herkommer/Bierbaum* 1979).

Damit wird auf die zweifache Funktion von Management verwiesen, nämlich einmal die **Koordination** arbeitsteiliger Stellen, Abteilungen und Arbeitsprozesse und zum andern die **Herrschaftssicherung,** die Absicherung und Stabilisierung der Machtposition der Produktionsmittel-Eigentümer gegenüber dem Faktor *Arbeit.*

In der Folge hat sich die deutsche industriesoziologische Forschung verstärkt mit der Funktion der Herrschaftssicherung auseinandergesetzt und die Koordinationsfunktion vernachlässigt, während die betriebswirtschaftliche Organisations- und Führungslehre umgekehrt das Schwergewicht ihrer Arbeiten auf die Koordination (einschließlich Planung, Organisation, Führung, Kontrolle) gelegt und die Funktion der Herrschaftssicherung weitgehend ausgeklammert hat.

## 3. Management als Institution

Unter Management als Institution wird – wie in den USA – der Personenkreis verstanden, dem die Ausübung der oben genannten Managementaufgaben (Management als Funktion) obliegt. *Gutenberg* (1962) und *Bessai* (1974) verstehen z. B. unter Management als Institution die Träger dispositiver Aufgaben (Betriebs- und Geschäftsleitung), d. h. die **Gruppe von Personen, die das Recht besitzt, anderen Weisungen zu geben.** Auch *Mellerowicz* (1963) betont, daß Management als Institution nicht nur das Top Management, sondern alle Mitarbeiter umfasse, die vorwiegend dispositive Tätigkeiten ausüben und über gewisse Entscheidungsmacht verfügen. (Ähnlich auch *Korndörfer* 1976, *Schwantag* 1971, *Perridon* 1967.)

Eine andere Gruppe von Autoren abstrahiert von den Personen (Manager), die Managementfunktionen wahrnehmen, und stellt mehr auf die **Stellen mit Weisungsbefugnis** in Organisationen ab. Besonders deutlich wird das bei *Illetschko* (1969), der unter Management die anordnungsberechtigten Stellen innerhalb wirtschaftlicher Unternehmungen versteht, oder *Buth* (1977), der mit Unternehmensleitung die organisatorisch vermittelte Seite der Unternehmensführung, das Leitungssystem, meint (ähnlich auch *Ulrich/Fluri* 1975, *Baugut/Krüger* 1976). Die Beschränkung auf Stellen mit Weisungsbefugnis ist jedoch m. E. zu eng, denn in der Praxis werden heute auch z. B. Stellen mit Beratungsfunktion (Stäbe) zum Management als Institution gerechnet (vgl. auch *Bürgin* 1972, S. 16).

Wenn in Deutschland vom Management als Institution geredet wird, denkt man abgesehen vom Top Management als den obersten Führungsorganen vor allem an den **leitenden Angestellten** (*Alewell/Hahn* 1972, *Witte/Bronner* 1974/1975, *Gaul* 1975, *Tenckhoff* 1983, vgl. auch S. 202f. sowie 45ff. der Arbeit).[16]

Der leitende Angestellte bildet in der hierarchischen Struktur der Unternehmung das Bindeglied zwischen dem obersten Führungsorgan (Vorstand, Geschäftsführung) und den sonstigen Mitarbeitern (Arbeitern, Angestellten). Er steht somit zwischen zwei Fronten, den Kapitaleignern bzw. deren Repräsentanten auf der einen und der Belegschaft auf der anderen Seite. Besondere Relevanz erhält diese Zwitterstellung durch den Umstand, daß der Gesetzgeber nur eine Zweiteilung in Arbeitgeber- und Arbeitnehmerseite vornimmt. Der leitende Angestellte muß folglich in kritischen Fällen – insbesondere bei der Ausübung des aktiven und passiven Wahlrechts zum Betriebsrat (Bereich des Betriebsverfassungsgesetzes) und bei der Wahl in den Aufsichtsrat (Bereich des Mitbestimmungsgesetzes) – einer dieser Seiten zugeordnet werden. Die **Abgrenzung der leitenden Angestellten** wird auch dadurch erschwert, daß die in Analogie zur US-amerikanischen Managementliteratur lange Zeit übliche skalare Differenzierung von Führungskräften in Top-, Middle- und Lower-Management heute immer mehr durch eine funktionale Differenzierung ersetzt wird.

Führungsaufgaben wie Planen, Organisieren, Entscheiden und Kontrollieren werden von sehr vielen Mitarbeitern wahrgenommen – nur in unterschiedlichem Ausmaß. Das deutsche **Betriebsverfassungsgesetz von 1972** verbindet in der Abgrenzung des leitenden Angestellten von sonstigen Arbeitnehmern Elemente beider Kriterien. § 5 Abs. 3 dieses Gesetzes lautet:

---

[16] Zum Sozialprofil der deutschen Manager vgl. z. B. *Pross/Boetticher* 1971, für die USA *Maccoby* 1976.

„Dieses Gesetz findet, soweit in ihm nicht ausdrücklich etwas anderes bestimmt ist, *keine* Anwendung auf leitende Angestellte, wenn sie nach Dienststellung und Dienstvertrag

1. zur selbständigen Einstellung und Entlassung von im Betrieb oder in der Betriebsabteilung beschäftigten Arbeitnehmern berechtigt sind oder
2. Generalvollmacht oder Prokura haben oder
3. im wesentlichen eigenverantwortlich Aufgaben wahrnehmen, die ihnen regelmäßig wegen deren Bedeutung für den Bestand und die Entwicklung des Betriebes im Hinblick auf besondere Erfahrungen und Kenntnisse übertragen werden."

In einer Entscheidung des Bundesarbeitsgerichts vom 5. 3. 1974 wird insbesondere die unternehmerische Funktion des leitenden Angestellten sowie dessen eigener erheblicher Entscheidungsspielraum betont.

Managementfunktionen werden auf allen Ebenen der Unternehmung ausgeübt. Die allseits übliche **hierarchische Einteilung** in

- Top Management
- Mittleres Management
- Unteres Management

verstellt den Blick für alternative Koordinationsformen.

Eine skalare Gliederung von Managementpositionen geht von einem zwangsläufig hierarchischen Aufbau der Unternehmung aus, der zwangsläufig eine bestimmte Machtverteilung festschreibt. Die zentrale Annahme hierarchischer Koordination, einer hohen Position in der Hierarchie mit umfassender formeller Autorität entspräche auch ein hohes Maß an entscheidungsrelevantem Wissen und an Führungsqualität, ist heute nicht mehr aufrechtzuerhalten. Neuere Ansätze der Arbeitsmotivation und der Humanisierung der Arbeit empfehlen folgerichtig, die klassische Trennung von Planung und Ausführung sowie von Manager und Nicht-Manager aufzugeben und hoch arbeitsteilige Aufgaben zu reintegrieren und mit Managementtätigkeiten anzureichern. Besonders prononciert hat dies *Myers* (1970) mit dem Schlagwort ‚Every employee a manager' gefordert. Er möchte den Handlungszyklus

Planung → Ausführung →Kontrolle

nicht arbeitsteilig erledigt wissen, sondern die einzelnen Tätigkeiten sollen Bestandteil eines jeden Arbeitsplatzes (jobs) sein.

Die Zuordnung von Weisungsbefugnis und Verantwortung kann auch aufgrund der Bedeutsamkeit der Aufgabe für das Überleben der Organisation vorgenommen werden und nicht nur als Folge der stufenweisen Delegation von Macht und Autorität von einem wie auch immer sich legitimierenden Entscheidungszentrum an der Spitze der Herrschaftspyramide.

# C. Wissenschaftliche Aussagen über Management

## I. Managementlehre – Kunst oder Wissenschaft?

Nicht nur in Deutschland wird die Frage, ob Unternehmensführung eine Kunst oder eine Wissenschaft (was immer das sein mag) sei, kontrovers diskutiert. Auch in den USA, dem Geburtsland der Managementlehre, sind sich die Fachvertreter bis heute nicht einig, ob Management „science" darstellt oder nicht. *Drucker* (1956), einer der einflußreichsten Management-Autoren, ist stets der Meinung gewesen, daß Management niemals eine ‚exakte Wissenschaft' werden könne, sondern vornehmlich eine Kunst sei und auf Intuition beruhe, der die Manager bei der Erfüllung ihrer Aufgaben folgen. Entsprechend zurückhaltend – im Gegensatz zu den nachfolgend zu behandelnden Universalisten – ist seine Auffassung vom Geltungsbereich des **Managements als einer spezifischen Erscheinungsform in Unternehmungen** (und nicht in sozialen Systemen jeglicher Art).

*Gulick* (1956), der Altmeister der funktionalen Managementansätze, bescheinigt dagegen dem bislang kumulierten Managementwissen den Status einer Wissenschaft. Mit dieser Auffassung geht häufig der Anspruch einher, **Aussagen über Management seien universell,** d. h. **in allen Typen von Organisationen und allen Ländern gültig.**

Um solche Urteile über den Wissenschaftscharakter von Aussagesystemen richtig würdigen zu können, muß man sich zunächst fragen, was die amerikanischen Fachvertreter unter einer Wissenschaft verstehen. Es mag u. a. auf die pragmatisch-empirische, anwendungsorientierte Grundposition der meisten Management-Autoren zurückzuführen sein, daß sich wissenschaftstheoretische Aussagen so gut wie überhaupt nicht in der Managementliteratur finden. „Über die Frage, wie (diese) technologischen Einsichten gewonnen werden können, ob sie auf explikativen – praktisch schon bewährten oder noch ungeprüften – Einsichten, auf unvollständigen Erklärungen bzw. Erklärungsskizzen oder theoretisch bisher nicht fundiertem, praktisch jedoch schon lange bewährtem Erfahrungswissen beruhen, macht die Managementlehre sich allerdings nicht allzuviele Gedanken" (*Beyer* 1972, S. 336). Eine der wenigen für das Wissenschaftsverständnis der Managementvertreter aufschlußreichen Arbeiten stellt der Artikel von *Wortman* (1961) dar. Er zählt Management zu den Realwissenschaften (factual science) mit den Aufgaben der Beschreibung, Erklärung und Prognose. An **wissenschaftliche Aussagesysteme** müssen bestimmte Anforderungen gestellt werden, von denen er die folgenden fünf für besonders wichtig hält:

1. Intersubjektive Überprüfbarkeit (zur Abgrenzung wissenschaftlicher Aussagen über Management von Trivialaussagen, populärwissenschaftlichen Managementratschlägen und sonstiger Scharlatanerie)
2. Reliabilität (mit dem Grad der Bestätigung können Theorien und Hypothesen von ungeprüften ‚Prinzipien' und Vermutungen abgegrenzt werden)
3. Eindeutigkeit und Präzision
4. Strukturiertheit (z. B. Klassifikationen und Modelle zur Beschreibung realer Phänomene)
5. Reichweite.

Wissenschaftliche Aussagensysteme genügen diesen Anforderungen in unterschiedlichem Ausmaß. *Wortman* (1961) unterscheidet (in Anlehnung an *H. Feigl*) vier **Entwicklungsstufen einer wissenschaftlichen Disziplin:**

1. Beschreibung (aufgrund der Beobachtung singulärer Ereignisse)
2. Empirische Gesetze (Formulierung funktionaler Beziehungen zwischen beobachtbaren und meßbaren Größen; Verallgemeinerung von Beobachtungen)
3. Theorien 1. Art (Systematische Sammlung von Hypothesen über einen Teilbereich des Managements, aus denen empirisch überprüfbare Aussagen deduziert werden)
4. Theorien 2. Art (Entwicklung allgemeiner Theorien über den gesamten Managementbereich).

*Wortman* (1961) stellt für die damalige Zeit (1960) fest, daß die allerwenigsten Beiträge zum Erkenntnisbereich ‚Management', zu dem er auch angewandte Teile der Soziologie, Psychologie, Anthropologie und Volkswirtschaftslehre zählt, den obigen Anforderungen an wissenschaftliche Aussagen gerecht werden, und siedelt die Managementlehre – ihrem defizitären Entwicklungsstand entsprechend – zwischen den Stufen 1. (Beschreibung) und 2. (empirische Gesetze) an.

Hat sich nun in den letzten 20 Jahren an dieser Einschätzung etwas geändert? An der Wissenschaftsauffassung der Managementtheoretiker hat sich – nach *Gribbins/Hunt* (1978) – nichts geändert. Wissenschaft dient der Entwicklung von empirisch überprüfbaren Gesetzen und Theorien zur Erklärung und Prognose realer Phänomene. Wenn eine Disziplin (wie die Managementlehre) als Wissenschaft bezeichnet werden soll, muß sie nach deren Auffassung vor allem drei **Anforderungen** genügen:

1. eindeutig abgrenzbares Erkenntnisobjekt (im Falle der Managementlehre: Koordination in und zwischen Organisationen auf bestimmte Ziele hin)
2. Bemühen um die Entwicklung allgemeiner Gesetze (vielversprechende Ansätze sehen die Autoren hier in den Bereichen: Führung, Motivation, Organisationsstrukturierung)
3. Methodisches Vorgehen (vor allem empirische Überprüfung).

Das Bemühen der Managementforscher, diesen Ansprüchen zu genügen, ist unverkennbar, und insofern sehen *Gribbins/Hunt* es als legitim an, die Managementlehre als Wissenschaft zu bezeichnen. Zwischen diesem Bemühen und dem Ergebnis der Bemühungen klafft jedoch noch eine große Kluft. So stellt neben anderen *Carlisle* (1976) fest, daß der Managementlehre noch eine gemeinsame, allgemein akzeptierte Wissensbasis fehle.

Während in Deutschland eine Lehre über die Führung von Betrieben bzw. Unternehmungen überwiegend als Derivat einer Betriebswirtschaftstheorie entwickelt wurde, zeigen die angloamerikanischen Bemühungen den umgekehrten Weg der Begründung einer Wissenschaft vom Management oder „Business Administration" aus den Erkenntnissen der Managementpraxis heraus.

Die Situation der so entstandenen neuen Disziplin war lange Zeit dadurch gekennzeichnet, daß eine Reihe überwiegend funktional aufgebauter Organisations- und Verwaltungslehren zur Verfügung stand, die häufig auch noch den wissenschaftstheoretisch nicht zu vertretenden Anspruch erhoben, eine auf Organisationen jeglicher Art in gleicher Weise anwendbare Managementlehre zu sein (Universalismusthese).

Ende der fünfziger Jahre hat sich eine Reihe amerikanischer Forscher dem axiomatisch-deduktiven Ansatz zugewandt und versucht, entweder aus der Logik des Entscheidungsprozesses und/oder aus der funktionalen Analyse sozialer Systeme Hypothesen zum Aufbau einer umfassenden Managementtheorie zu deduzieren (behavioral theory of management).

## II. Managementlehre gleich Betriebswirtschaftslehre?

### 1. Phase der Abgrenzung

Wissenschaftliche Aussagen über Management im funktionalen Sinn lassen sich im deutschsprachigen Raum erst bedeutend später feststellen als im angelsächsischen. In der Frühzeit der Betriebswirtschaftslehre standen nicht ökonomische und organisatorische Probleme der industriellen Massenfertigung im Vordergrund wie etwa in den USA (Scientific Management), sondern Probleme des Handels (**Handelswissenschaft**). *D. Schneider* (1981) kommt zu einer anderen Einschätzung der Bedeutung der Handelswissenschaften für die Entwicklung der Betriebswirtschaftslehre. Er hat nachzuweisen versucht, daß nicht so sehr die Handelswissenschaften als vielmehr die ‚landwirtschaftliche Betriebslehre', deren Quellen bis ins Altertum zurückreichen, als Vorläufer der Betriebswirtschaftslehre als einer praktisch-normativen Unternehmensführungslehre anzusehen sei. Diese Sichtweise täuscht eine Kontinuität in der Entwicklung dieser Disziplin vor, die von der realgeschichtlichen abstrahiert. Die Betriebswirtschaftslehre hat sich nicht unabhängig von der Praxis entwickelt, sondern ist auch ein Ausdruck veränderter Bedingungen des Wirtschaftens. Produktionswirtschaftliche Veränderungen, die – wie wir gesehen haben – in England und den USA den Ausgangspunkt des Managements bildeten, wurden bei uns zunächst nicht als betriebswirtschaftliche sondern als technische Probleme definiert und den Ingenieurwissenschaften (später auch Arbeitswissenschaften, Refa) zugewiesen. Die Dualität Kaufmann-Techniker (Ingenieur) zieht sich durch die gesamte Geschichte der Betriebswirtschaftslehre und die Führungshierarchien von Unternehmungen (kaufmännischer Direktor-technischer Direktor). Der **Produktionsstätte** als technischer Einheit (Werkstatt, Fabrik → Produktivität) wird die **Unternehmung** als Kapital-Einheit (Firma → Rentabilität) gegenübergestellt. Zwischen beide schiebt sich der **Betrieb,** die dem Wirtschaftlichkeitsprinzip unterworfene, leistungserstellende Einheit *(Schmalenbach).* Erst *Gutenberg* (1951) nimmt einen konsequent produktionstheoretischen Standpunkt ein, aus dem alle anderen betrieblichen Funktionsbereiche erklärt werden.

Im *Gutenberg*'schen **System der produktiven Faktoren** werden diese so miteinander kombiniert, daß ein optimales Verhältnis von Faktoreinsatz zu Faktorertrag (Produktivitätsbeziehung) erzielt wird. Zu den produktiven Faktoren zählen menschliche Arbeitsleistung, Betriebsmittel und Werkstoffe.

Da der oben beschriebene Kombinationsprozeß jedoch nicht von selbst abläuft, unterteilt *Gutenberg* den Elementarfaktor menschliche Arbeitsleistung in die **objektbezogene,** nicht anordnende Arbeit und in die **dispositive Arbeitsleistung,** die als **Geschäfts- und Betriebsleitung** den vierten Faktor im System bildet. „Unter objektbezogener Arbeitsleistung werden alle diejenigen Tätigkeiten verstanden, die unmittelbar mit der Leistungserstellung, der Leistungsverwertung und mit finanziellen Aufgaben im Zusammenhang stehen, ohne dispositiv-anordnender Natur zu sein ... Dispositive Arbeitsleistungen liegen dagegen vor, wenn es sich um Arbeiten handelt, die mit der Leitung und Lenkung der betrieblichen Vorgänge im Zusammenhang stehen." (*Gutenberg* 1975, S. 3). Der arbeitende Mensch wird also einmal als Manager zum **Subjekt,** d. h. zum Träger des dispositiven Faktors, und zum anderen als Arbeiter zu einem im Hinblick auf eine optimale Ergiebigkeit manipulierbaren **Objekt** des vom dispositiven Faktor beherrschten Kombinationsprozesses (vgl. auch *Kilger* 1961 und *Reichwald* 1977).

Der dispositive Faktor steuert den Prozeß der Kombination der produktiven Faktoren nach dem Wirtschaftlichkeitsprinzip. Da sich der dispositive Faktor nach Ansicht *Gutenbergs* in kein rationales Schema einfangen läßt und damit quantifizierenden Methoden nur begrenzt zugänglich ist, wird er aus der produktionstheoretischen Analyse ausgeschlossen. Mit der Ausklammerung des dispositiven Faktors aus den produktionstheoretischen Überlegungen rücken Fragen der **Geschäfts- und Betriebsleitung** mehr und mehr in den Vordergrund eigenständiger wissenschaftlicher Untersuchungen. Dabei ist zu beachten, daß die in diesem Zusammenhang häufig zitierte deutsche Entwicklung einer Lehre von der **Betriebspolitik** als angewandte Betriebswirtschaftslehre völlig unabhängig und unbeeinflußt von der amerikanischen Managementlehre erfolgte, was von solchen Autoren offensichtlich verkannt wird, die in der Betriebspolitik den Vorläufer einer deutschen Managementlehre erblicken wollen. Wenn *Ludovici* (1768) zwischen Handlungswissenschaft und Handlungspolitik und später *Seyffert* (1925) zwischen Betriebswirtschaftstheorie und Betriebswirtschaftspolitik unterschieden, so waren diese ersten Ansätze zur Begründung einer Lehre von der Führung bzw. Leitung von Unternehmungen eher als Derivat einer zuvor entwickelten wirtschaftswissenschaftlichen Theorie zu verstehen. Ganz anders gestalten sich die angloamerikanischen Bemühungen zur Begründung einer Theorie der Unternehmung aus den systematisierten Erkenntnissen einer handlungsorientierten Managementlehre.

So sind sich heute auch die meisten Autoren darüber einig, daß die **Managementlehre keineswegs mit der Betriebswirtschaftslehre identisch** sei.[17] Dabei wird die Auffassung vertreten, daß die Managementlehre einerseits bedeutend *weiter* greife,[18] vor allem was die verhaltenswissenschaftlichen Aspekte anbetrifft, und andererseits bedeutend *enger* im Erfahrungsobjekt sei, insofern als die Betriebswirtschaftslehre bedeutend stärkere Beziehungen zur Volkswirtschaftlehre (System produktiver Faktoren) pflege und institutionelle und rechtliche Aspekte miteinbeziehe.

Die Forderung nach einer intensiven Auseinandersetzung der Betriebswirtschaftslehre mit der amerikanischen Managementlehre wurde lange Zeit vor allem mit Hilfe folgender beider Argumente zurückgewiesen.

a. **Die Betriebswirtschaftslehre decke den wirtschaftlich-sachlichen Inhaltsbereich der Managementlehre ohnehin schon ab.**

In der Tat hatten sich etwa ab 1950 einige Fachvertreter im Rahmen der „**Betriebspolitik**" verstärkt mit den Managementfunktionen Planung, Organisation und Kontrolle beschäftigt und Politik als unternehmerische Funktion der Zielbestimmung und -erreichung untersucht (vor allem *Sandig* 1953). *Mellerowicz* (1963) sieht in der Betriebspolitik (= Unternehmenspolitik) einen der drei großen Teilbereiche der Betriebswirtschaftslehre (neben Theorie

---

[17] Vgl. *Mellerowicz* 1952, *Illetschko* 1955, 1969, *Gutenberg* 1962, *Häusler* 1966, *Rühli* 1973, *Withauer* 1974, *Baugut/Krüger* 1976, *Pack* 1976, *Kassem* 1977, *Stelmaszyk* 1981. Folgt man *Kirsch*'s (1977) Unterscheidung einer Lehre *für* die Führung und einer Lehre *von* der Führung, so ist m. E. *Kirsch* (1984, S. 375ff.) zuzustimmen, daß sich beide in ihrem Charakter als Lehre *für* die Führung stark angenähert haben. Richtet man das Augenmerk mehr auf die Managementlehre als Lehre *von* der Führung, so bleiben die konstatierten Differenzen zwischen Management- und Betriebswirtschaftslehre bestehen.

[18] Die Gleichsetzung von Managementlehre und betriebswirtschaftlicher Organisationslehre durch *Kieser/Kubicek* (1976) ist unhaltbar, da die Managementlehre nicht nur Organisationsprobleme und diese nicht nur in Betriebswirtschaften untersucht.

und Technik), der sich mit dem Treffen von Entscheidungen grundsätzlicher Art beschäftigt und damit als Kernaufgabe einer Unternehmensführung (= Management) anzusprechen sei. Während *Mellerowicz* (1963) die betriebswirtschaftliche Theorie als Grundlage für die Gestaltungsbemühungen der Betriebspolitik ansieht, betont *Sandig* schon 1953 die Eigenständigkeit der Betriebswirtschaftspolitik als Lehre vom Führungshandeln neben der Betriebswirtschaftstheorie als der Lehre vom Sein im Betrieb. Als erste haben sich wohl *Bender* (1957) und *Häusler* (1966) um eine integrative Verbindung zwischen explikativer und pragmatischer Wissenschaftsauffassung in einer Lehre von der Unternehmensführung bemüht.

**b. Der personale, verhaltenswissenschaftliche Teil der Managementlehre sei eine nicht lehr- und lernbare Kunst.**

Am pointiertesten wird diese Auffassung von *Gutenberg* (1962) vertreten, wenn er schreibt, daß es ,,keine wissenschaftliche Lehre von der Unternehmensführung geben kann ... diese Kunst ist im Grunde weder lehr- noch lernbar" (S. 3). Dabei geht *Gutenberg* davon aus, daß sich dispositive Arbeit, die sich übrigens vollinhaltlich mit Management im institutionellen Sinne decke (S. 20), im Gegensatz zur objektbezogenen Arbeit einer quantitativen Erfassung nicht zugänglich zeige. Führung wird als Ergebnis von Individualeigenschaften der hierfür zuständigen Personen (vgl. Eigenschaftstheorie der Führung), als etwas **Irrationales** qualifiziert, das nicht analog zur objektbezogenen Arbeit technologisierbar ist (vgl. auch *Stöber/Bindig/Derschka* 1974).

Dabei hatten schon deutsche Management-Autoren um 1900 die Auffassung vertreten, Organisations- und Verwaltungsfähigkeiten seien lehr- und lernbar und keine angeborene oder durch Erfahrung erworbene Kunst (*Kocka* 1969a). Einer Durchsetzung dieser Ideen stand aber schon zu jener Zeit eine Ideologie im Wege, die die unternehmerische, schöpferische Führungspersönlichkeit verherrlichte. ,,Solch ein Selbstverständnis, das kaum und immer weniger die unternehmerische Wirklichkeit des sich immer stärker organisierenden Hochkapitalismus des Wilhelminischen Reiches beschrieb, sondern als Ideologie der Rechtfertigung und Stabilisierung ökonomischer und sozialer Machtpositionen der Unternehmer diente, mußte sich letztlich gegen Versuche wehren, durch systematische Organisation ,Persönlichkeit' zwar nicht überflüssig zu machen, jedoch in ihrer relativen Bedeutung für den Unternehmenserfolg zu reduzieren, sowie durch Erarbeitung und Verbreitung genereller Leitungsregeln die Willkür des Herrschers zu beschneiden und seine angeblich ganz persönliche Führerfähigkeit bis zu einem gewissen Grade als durch andere ersetzbar, wiederholbar, ja verbesserbar zu enthüllen" (S. 355).

Mit leichten Modifikationen wird die *Gutenberg*'sche Auffassung noch von *Rühli* (1973) geteilt, der Unternehmensführung als *Ganze* nicht für lehr- und lernbar hält. ,,Sie (die Unternehmensführung) ist immer teilweise Kunst und demzufolge wenigstens teilweise eine Frage der Intuition und der individuellen Begabung" (S. 37). Neuerdings liest man aber: ,,Die Möglichkeiten der Aufhellung der irrationalen Komponente des dispositiven Handelns durch die Sozialwissenschaften wird wohl unterschätzt." (*Rühli* 1978, S. 267). Den lehrbaren Teil der Führung möchte er in einer integrierten Lehre von der Unternehmensführung zusammenfassen, der folgender Führungsbegriff zugrunde liegt: ,,Unter Führung verstehen wir die Gesamtheit der Institutionen, Prozesse und Instrumente, welche im Rahmen der Problemlösung durch eine Personengemeinschaft (mit komplexen zwischenmenschlichen Beziehungen) der Willensbildung (Planung und Entscheidung) und der Willensdurchsetzung (Anordnung und Kontrolle) dient" (*Rühli* 1973, S. 27).

Teilt man die Auffassung, daß dispositive Arbeitsleistung sich einer quantitativen, sachlogischen Erfassung und Erklärung verschließt, stellt sich mit aller Deutlichkeit die Konsequenz, entweder diesen ,irrationalen', mehr intuitiv deutbaren Bereich völlig aus der Betriebswirtschaftslehre zu verbannen oder ihn aber als unwissenschaftliche Erfahrungssammlung und -systematisierung mit untergeordneter Bedeutung nebenbei zu behandeln. *Köhler*'s (1966) Analyse des *Gutenberg*'schen Systemkonzeptes macht das Dilemma noch deutlicher, wenn er mit Recht feststellt, daß die klare analytische Trennung zwischen objektbezogener und dispositiver Arbeitsleistung in der betrieblichen Realität nicht nachvollziehbar ist. In *jeder* Form von Arbeit finden sich mit mehr oder weniger großem Anteil auch dispositive Elemente. Heißt dies, daß zum Verständnis (als Voraussetzung für Einsatz und Anleitung) jeglicher Art von Arbeit verhaltenswissenschaftliche Einsichten vonnöten sind? Damit wäre die viel diskutierte Öffnung der Betriebswirtschaftslehre gegenüber den Verhaltenswissenschaften nicht nur eine intellektuell anregende Exkursion in wissenschaftlich interessante, aber praktisch irrelevante Grenzbereiche, sondern eine dringend notwendige, unverzichtbare forschungsstrategische Erweiterung des Erfahrungs- und Erkenntnisbereiches der Betriebswirtschaftslehre.

## 2. Phase der Öffnung

Ende der 60er Jahre ist jedoch ein Umdenken einzelner Fachvertreter der Betriebswirtschaftslehre im Hinblick auf eine verstärkte Öffnung hin zur Managementlehre und den dort integrierten verhaltenswissenschaftlichen Erkenntnissen festzustellen. Bis zu jener Zeit vollzog sich nach Auffassung von *Kirsch* (1974) die Entwicklung der deutschsprachigen Betriebswirtschaftslehre ,,weitgehend losgelöst und geradezu in strikter Abgrenzung zu den Verhaltenswissenschaften bzw. ihren klassischen Mutterdisziplinen" (S. 460). Die einseitige Ausrichtung der deutschsprachigen Betriebswirtschaftslehre auf ,wirtschaftliche' Fragestellungen hat sowohl realökonomische als auch wissenschaftstheoretische Gründe. Während sich die amerikanische Managementlehre weitgehend unter Verzicht auf methodologische Vorüberlegungen als Antwort auf die Probleme der betrieblichen Praxis entwickeln konnte, legte sich die Betriebswirtschaftslehre aus Gründen der ‚Wissenschaftlichkeit' Fesseln in Form methodologischer Regeln an. Methodologische Vorüberlegungen können zwar für einen geordneten Erkenntnisprozeß hilfreich sein, machen aber eine Integration solcher sozialwissenschaftlicher Erkenntnisse, die anderen Forschungstraditionen entsprungen sind, unmöglich; solche Integrationsversuche konnten dann mit dem Argument der ‚Unwissenschaftlichkeit' abgelehnt werden.

Die Hochkonjunktur der Nachkriegszeit, das sog. Wirtschaftswunder, führte im Laufe der 60er Jahre in großen Teilen der Bevölkerung zu einer Änderung der Bedürfnisstrukturen. Nachdem zunächst rein materielle Bedürfnisse im Vordergrund gestanden hatten, wurden jetzt weitergehende Bedürfnisse, wie etwa nach Selbstverwirklichung in der Arbeit und humanen Arbeitsbedingungen bis hin zu mehr Mitbestimmungsrechten aktualisiert. Diese konnten jedoch bei den bestehenden Produktions- und Machtverhältnissen nicht befriedigt werden, was zu einer Verstärkung der betrieblichen und gesellschaftlichen Konflikte zwischen Kapital und Arbeit führte. Der zunehmende Problemdruck ließ in der Praxis verstärkt den Ruf nach sozialwissenschaftlich ausgebildeten Kaufleuten aufkommen. Diesem Erfordernis der Praxis kamen zunächst nur privatwirtschaftlich organisierte Weiterbildungsinstitute nach; die Universitäten zeigten noch keine Reaktion.

1969 schreibt *Stiefel*, daß „in der jüngeren Betriebswirtschaftslehre eine Entwicklungstendenz in Richtung einer Lehre von der Unternehmens- und Organisationsführung unverkennbar" sei (S. 626); und *Beyer* (1970) glaubt, eine Entwicklung der Betriebswirtschaftslehre zur Führungslehre zu erkennen. Als eine wesentliche Ursache für diese Tendenzwende kann das **Vordringen der deskriptiven Entscheidungstheorie** in den Wirtschaftswissenschaften, speziell in der Betriebswirtschaftslehre (*Heinen* 1969, 1971, 1978), angesehen werden (*Stiefel* 1969, *Pack* 1976). Vor allem *Heinen* hat versucht, mit seiner auf praktisch-normativer Basis beruhenden entscheidungsorientierten Betriebswirtschaftslehre dem neuen Trend gerecht zu werden, indem er gemäß der Gestaltungsaufgabe der Wissenschaft der betrieblichen Praxis (dem Management) Handlungsanweisungen über die bestmögliche Erreichung vorgegebener Ziele lieferte. Eine zielwirksame Gestaltung von betrieblichen Anreizen durch die Unternehmungsführung setzt aber eine Beschreibung und Erklärung menschlichen Verhaltens im Betrieb voraus, womit eine **Integration sozialwissenschaftlicher Erkenntnisse** in die Betriebswirtschaftslehre zu einer zwingenden Notwendigkeit wurde. Problem- und Entscheidungsorientierung führen von der primär institutionell-statischen zu einer mehr prozeßhaft-dynamischen Betrachtungsweise in der Betriebswirtschaftslehre, ein Ansatz, der die Managementlehre immer schon geprägt hat.

In der neueren deutschsprachigen Literatur wird der unternehmerischen Entscheidung große Aufmerksamkeit geschenkt. Die verstärkte Beschäftigung mit Entscheidungen und die Formulierung von Entscheidungstheorien führte bei manchen Autoren zweifellos zu einer Überbewertung dieser an sich keineswegs neuen Denkrichtung. So stellt die Suche nach einer optimalen Entscheidung keineswegs Neuland dar, sondern gehört zu den ältesten Problemen der Wirtschaftswissenschaften. „Neu und für die Zukunft richtungsweisend ist nicht die Tatsache, *daß* sich die Betriebswirtschaftslehre mit Entscheidungen befaßt, sondern die Art und Weise, die Methodik, *wie* sie die Entscheidungen untersucht. Neu sind die Instrumente, die zur systematischen Erforschung und optimalen Gestaltung der Entscheidungsprozesse verwendet werden" (*Heinen* 1966b, S. 4). Die Entwicklung einer Entscheidungstheorie führt vor allem zu einer neuen Sicht traditioneller Probleme und einer neuen Systematisierung großer Gebiete der Wirtschaftstheorie (vgl. *Gäfgen* 1968).

Unter **‚Entscheidungstheorie'** wird klassischerweise eine formale, interdisziplinäre Theorie über die rationale Entscheidung eines Individuums oder einer sozialen Institution verstanden; ein Aussagesystem über die Wahl einer Alternative, wenn mehrere Alternativen möglich sind (vgl. *Heinen* 1962).

Neben dieser auch als Entscheidungslogik bezeichneten normativen Entscheidungstheorie hat sich in der jüngeren Zeit eine mehr verhaltenswissenschaftliche, deskriptive Entscheidungstheorie herausgebildet (vgl. z. B. *Kirsch* 1971). Abb. 1.4 gibt einen vergleichenden Überblick über die beiden entscheidungstheoretischen Richtungen (zur Kritik siehe *Liebau* 1979).

*Abb. 1.4:* Normative und deskriptive Entscheidungstheorie

| Merkmale \ Ansätze | Normative (präskriptive) Entscheidungstheorie | Deskriptive Entscheidungstheorie (Verhaltenswissenschaftlicher Ansatz) |
|---|---|---|
| 1. Ziel des Ansatzes | Optimale Gestaltung der Entscheidungsfindung in Organisationen, Generierung formal richtiger Lösungen | Beschreibung, Erklärung und Prognose des tatsächlichen Entscheidungsverhaltens in Organisationen, Generierung praktikabler Lösungen |
| 2. Entstehung des Entscheidungsproblems | Keine Erklärung, warum bzw. wie das Entscheidungsproblem entsteht | Die Entstehungsphase des Entscheidungsproblems wird in die Betrachtung miteinbezogen |
| 3. Annahmen über die konstitutiven Elemente des Entscheides (Umwelt, Alternativen, Konsequenzen, Ziele) | Keine Erklärung, wie der jeweilige Informationsstand erreicht wird. Umweltsituationen, Alternativen, Konsequenzen und Ziele sind gegeben (geschlossene Entscheidungsmodelle) | Die Erkennungs-, Wahrnehmungs-, Such-, Denk- und Lernprozesse (kognitive Prozesse) zur Gewinnung und Verarbeitung der Informationen über die konstitutiven Elemente (Genetik der Prämissen) werden ebenfalls untersucht |

| | | |
|---|---|---|
| 4. Annahmen über den Ablauf des Entscheidungsprozesses | Ablauf des Prozesses, wie er sich aufgrund der Entscheidungslogik bei rationalem Verhalten ergibt. Zumeist Simultanentscheide | Berücksichtigung empirischer Erkenntnisse über das Entscheidungsverhalten; Berücksichtigung von Einflüssen der Umwelt auf den Entscheidungsträger während der Entscheidungsfindung; Verwendung von Sukzessivmodellen |
| 5. Annahmen über den Entscheidungsträger | Die Entscheidungsträger sind vorbestimmt; oft wird von Individualentscheidungen ausgegangen | Die Entscheidungsträger (sowie die Art ihrer Einflußnahme auf den Entschluß) können bestimmt werden; die multipersonale Entscheidung steht im Vordergrund |
| 6. Annahmen über die Entscheidungsregeln und das Rationalverhalten | Der Entscheidungsträger handelt dann rational, wenn er den Nutzen maximiert, d. h. von mehreren Alternativen im Falle der Sicherheit jene wählt, die den höchsten Nutzen aufweist. Er basiert dabei auf objektiv feststellbaren Informationen und von außen gegebenen Zielen (homo oeconomicus) | Der Entscheidungsträger handelt immer dann rational, wenn der Entschluß das Resultat eines systematischen Entscheidungsfindungsprozesses ist. Rationales Handeln ist auch dann gegeben, wenn befriedigende Lösungen aufgrund subjektiv wahrgenommener Informationen und unter Berücksichtigung individueller Ziele und kollektiver Normen gewählt werden |
| 7. Generelle Ausrichtung | Idealtheoretisch; hoher Abstraktionsgrad bzw. geringer Komplexitätsgrad der Entscheidungssituation | Realtheoretisch; geringerer Abstraktionsgrad; höherer Komplexitätsgrad der Entscheidungssituation |

*Quelle: Rühli* 1978, S. 209–210

Der **Entscheidungsprozeß** wird als formaler Überbau zur Funktionalbetrachtung (Planung, Organisation, Kontrolle etc.) herangezogen. Gleichzeitig wird aber erkannt, daß Management als Funktion und Prozeß nicht getrennt gesehen werden kann von den Strukturen (Organisation), in denen es abläuft. Gerade auf diese integrative Sichtweise hat vor allem *Beyer* (1970) aufmerksam gemacht.

Neben der Entscheidungsorientierung hat auch die **Systemorientierung** (*Ulrich* 1970, 1971 a, *Ulrich/Krieg* 1972, *Hentsch/Malik* 1973) mit ihrer ganzheitlichen, interdisziplinären Ausrichtung zu einer stärkeren Managementorientierung der Betriebswirtschaftslehre beigetragen. Führung wird bei einer solchen Sichtweise als rückgekoppelter kybernetischer Lenkungs- und Lernprozeß aufgefaßt, der sich institutionell gesehen in bzw. zwischen betrieblichen Teilsystemen abspielt. In der betriebswirtschaftlichen Gesamtkonzeption *Ulrich's* (1970) stellt die **Lehre von der Gesamtführung der Unternehmung** (Unternehmenspolitik, Führung der Mitarbeiter, Leitungsorganisation, Planungs- und Kontrollsysteme) einen der vier Bereiche der allgemeinen Unternehmungslehre dar (neben 1. deskriptive Analysen der Unternehmung als Ganzes, 2. Funktionsbereichslehren, 3. Methodenlehren) (vgl. hierzu auch die Einteilung von *Reber* 1969a). *Ulrich* versteht seine Unternehmungslehre als Lieferant von Wissen für die Führungskräfte in Unternehmungen, einen Personenkreis, den er allerdings recht weit verstanden wissen will. Adressat wissenschaftlich fundierter Entscheidungshilfen sind die Eigentümer und Manager, während er der Belegschaft als drittem ‚Zentrum der Willensbildung' keine Hilfen zum Durchsetzen ihrer Ziele zur Verfügung stellen will.

Was die Beziehung der Betriebswirtschaftslehre zur Managementlehre anbetrifft, so sieht *Ulrich* (1971b) die Betriebswirtschaftslehre als eine von vier (Scientific Management, Management-Philosophien, Social Sciences) Entwicklungslinien der Managementlehre an, die es jetzt (nach 1970) zu einer ‚wirklichen' Managementlehre zu integrieren gelte (S. 103). (Zu einer Darstellung der Ansätze von *Gutenberg, Heinen* und *Ulrich* vgl. *Raffée* 1974 und *Werhahn* 1980.)

In jüngerer Zeit plädiert vor allem *Kirsch* (1974, 1977, 1981, 1983, 1984) für eine **Betriebswirtschaftslehre als angewandte Führungslehre.** Davor vertrat er die Meinung, die Betriebswirtschaftslehre solle als eine spezifische Organisationstheorie aufgefaßt werden (*Kirsch/Meffert* 1970). Mit der Verbreitung des entscheidungs- und systemorientierten Ansatzes (um 1970) sieht *Kirsch* die endgültige Öffnung der Betriebswirtschaftslehre zu den Sozial- bzw. Verhaltenswissenschaften vollzogen. Damit hole die Betriebswirtschaftslehre eine Entwicklung nach, die in der Managementlehre schon lange abgeschlossen sei. Die Betriebswirtschaftslehre entwickelt sich von einer rein ökonomischen Disziplin zu einer **Sozioökonomie** (*Kirsch* 1974) und nähert sich damit immer mehr der angelsächsischen Managementlehre; die Betriebswirtschaftslehre soll selbst als Führungslehre (Managementlehre) konzipiert werden. Dies darf jedoch nicht dazu führen, daß wirtschaftliche Aspekte vernachlässigt werden; **wirtschaftliches Verhalten** in Unternehmungen kann nur dann richtig erklärt werden, wenn ‚wirtschaftliche' und ‚Verhaltensaspekte' in gleicher Weise in die Betrachtung einfließen.

*Kirsch* (1977) möchte seine Führungslehre nicht als interdisziplinäre Superwissenschaft verstanden wissen, sondern einen multidisziplinären Erkenntnispluralismus zum Programm erheben.[19] „Erfahrungsobjekt der Betriebswirtschaftslehre als Führungslehre ist alles, worüber Wissen vorhanden sein sollte, wenn man die Führung von Betriebswirtschaften ‚verbessern' möchte" (*Kirsch* 1977, S. 29). Dieses Forschungsziel läßt eine Vielzahl von Forschungstraditionen und Paradigmen in den Nachbardisziplinen der Be-

---

[19] Zur Kritik des Ansatzes von *Kirsch* vgl. z.B. *Elschen* (1983), *Stoll* (1983) und dessen Replik in *Kirsch* (1984).

triebswirtschaftslehre relevant erscheinen. Dabei gilt es stets zu beachten, daß wegen der Inkommensurabilität der Traditionen die Sprache, die Methode und die spezifische Sichtweise der jeweiligen Wissenschaft beibehalten werden.

Wenn die nachbarwissenschaftlichen Erkenntnisse ohne explizite sprachliche Aufbereitung, ohne Angabe von Übernahmekriterien und ohne jede methodenkritische Hinterfragung in die Betriebswirtschaftslehre als Führungslehre ‚integriert' werden, kann dies nicht nur zu einer Sprachverwirrung führen, sondern erschwert auch dem einzelnen Anwender verhaltenswissenschaftlicher Erkenntnisse, die Problemrelevanz konkreter Ergebnisse in der ‚fremden' Disziplin für die eigene zu erkennen (vgl. *Elschen* 1981). Eine Explikation und Deutung der Erkenntnisse, die führungsrelevant sein sollen, leistet *Kirsch* kaum, sondern überläßt dies eher dem Anwender.

Eine Durchsicht der wirtschaftswissenschaftlichen Fachzeitschriften der letzten Jahre sowohl im angelsächsischen als auch im deutschsprachigen Raum verleitet *Kirsch* zu dem Schluß, daß die reale Identität der Betriebswirtschaftslehre weitgehend jener der Managementlehre entspricht, denn „nahezu alle Forschungsansätze und -traditionen der Managementlehre besitzen inzwischen ein Pendant in den Forschungsbemühungen deutschsprachiger Autoren" (*Kirsch* 1983, S. 221). Daraus aber eine weitgehende **Identität** der Betriebswirtschaftslehre und der Managementlehre abzuleiten, erscheint etwas gewagt, was *Kirsch* z. T. selbst einräumt, wenn er zugibt, daß die Anhänger einer solchen Führungslehre dazu neigen, gerade jene Entwicklungen in der Betriebswirtschaftslehre wahrzunehmen, die die Prognose bestätigen (vgl. hierzu S. 60, vor allem Fußnote 17).

Offen bleibt schließlich die Frage, warum die **‚Führungslehre'**, die nach *Kirsch* solch unterschiedliche Forschungsbereiche wie Marketingwissenschaft, Politikwissenschaft, Planungswissenschaft, Erziehungswissenschaft, Operations Research etc. berücksichtigt, ausgerechnet als angewandte Betriebswirtschaftslehre konzipiert werden soll und nicht als angewandte Soziologie, Psychologie oder Politologie. *Kirsch* (1984, S. 383ff.) hat sich hierzu inzwischen wie folgt geäußert: Die genannten Forschungsbereiche sind nur insofern relevant, als sie Ansätze zur Erklärung und Bewältigung von ‚betriebswirtschaftlichen' Problemen bereitstellen. Benützt ein Vertreter der Führungslehre z. B. soziologische Forschungsergebnisse, so betreibt er zwar angewandte Soziologie, aber nicht alles, was angewandte Soziologie ist, ist per se auch Bestandteil der Lehre für die Führung.

## 3. Unterschiede in den Bildungssystemen zwischen den USA und der Bundesrepublik Deutschland

Eine Folge der langjährigen Abstinenz betriebswirtschaftlicher Fachvertreter von der Beschäftigung mit Fragen der Unternehmensführung im Sinne einer angloamerikanischen Managementlehre war, daß eine Vielzahl von stark Marketing-orientierten, nichtstaatlichen Beratungs- und Weiterbildungsinstituten sog. Führungsmodelle anboten, die aufgrund des Mangels an wissenschaftlich fundierten Führungslehren von der Praxis begierig aufgegriffen wurden (vgl. z. B. *Rühli* 1973, *Pack* 1976).

Die **Weiterbildung von Führungskräften** hat in Europa im Vergleich zu den USA, wo schon zu Beginn dieses Jahrhunderts Weiterbildung überwiegend von **Universitäten** angeboten wurde, eine relativ kurze Tradition. Erst um 1950 entstand – primär auf Initiative der Wirtschaft – mit der Gründung einzelner Weiterbildungsinstitutionen ein bescheidenes Weiterbildungsangebot. Dabei ist wichtig zu wissen, daß bei den ersten Nachkriegsgründungen in der Bundesrepublik Deutschland nicht die Weiterbildung im Vordergrund stand, sondern der Versuch einer Kompensation der kriegsbedingten Verkürzung von Ausbildung und Berufserfahrung der Manager (*Fiedler-Winter* 1973, *Staehle* 1977d). *Baethge* (1970, S. 77) betont darüber hinaus, daß es den privatwirtschaftlich initiierten Bildungsbemühungen nach seinen Erkenntnissen weniger auf die Vermittlung technischer Fertigkeiten und von Sachwissen ankam als auf die „Vermittlung wirtschaftsdienlicher Einstellungen und Verhaltensweisen". Die Weiterbildung von Führungskräften an amerikanischen Universitäten hat dagegen eine lange Tradition. 1928 veranstaltete die **Harvard Business School** zum ersten Mal einen 6-Wochen-Kurs für Führungskräfte aus der Wirtschaft. 1931 trafen sechs bedeutende Industrielle (unter ihnen *Lammot du Pont* und *Alfred P. Sloan*) eine informelle Abmachung, nach der jeder von ihnen einen jungen, vielversprechenden Nachwuchsmanager für ein Jahr zur Weiterbildung auf das renommierte **Massachusetts Institute of Technology** (**MIT**) schicken wollte. Das war die Geburtsstunde des Typs der langfristigen Weiterbildungsprogramme, wie wir sie auch z. T. in Europa im **INSEAD**[20] (Fontainebleau), **IMEDE**[21] (Lausanne) und **CEI**[22] (Genf) finden. Heute unterstützt die Alfred P. Sloan Foundation zwei der bedeutendsten langfristigen Programme in den USA, das Sloan Fellowship Program am MIT (seit 1938) und das Stanford-Sloan Program der Stanford University (seit 1958).

Die Hauptgründerzeit der meisten ‚University Executive Programs' liegt Anfang der 50er Jahre. Fast jede, auch die unbedeutendste Business School startete ein spezielles Management-Weiterbildungs-Programm. Eine allgemeine Weiterbildungseuphorie war ausgebrochen, getragen von einer günstigen konjunkturellen Entwicklung und der Überzeugung, Investitionen in Weiterbildung würden unmittelbar greifbare Erfolge bringen. Diese Entwicklung führte dazu, daß erstmals im Jahre 1958 die offenen Plätze in Weiterbildungs-Seminaren beträchtlich die Nachfrage überstiegen. Dieses Miß-

---

[20] Institut Européen d'Administration des Affaires.
[21] Institut pour l'Étude des Méthodes de Direction de l'Entreprise.
[22] Centre d'Études Industrielle.

verhältnis von Angebot und Nachfrage war nicht nur eine Folge des ständig expandierenden Weiterbildungsangebots, sondern gleichzeitig einer zurückgehenden Nachfrage. Der erste Weiterbildungshunger war gestillt; die Euphorie der Gründerzeit machte eine allgemeine Enttäuschung unter den entsendenden Unternehmungen Platz. Eine nüchterne Kosten/Nutzen-Analyse ließ zwar eine ziemlich exakte Kalkulation der Kosten zu (Kursgebühr inkl. Unterkunft und Verpflegung plus Kosten der Vertretung des Teilnehmers während der Abwesenheit), der Nutzen war, wenn überhaupt, so doch keineswegs kurzfristig erkennbar. Die meisten Unternehmungen waren jedoch nach wie vor von der Notwendigkeit einer turnusmäßigen (alle 3–5 Jahre) Auffrischung des Wissens und des Könnens ihrer Manager überzeugt, gingen jedoch bei der Auswahl der Programme bedeutend gewissenhafter vor und/oder bauten eigene unternehmensinterne Weiterbildungsprogramme auf (wie General Electric, American Telephone and Telegraph Company, IBM). Das so entstandene Auseinanderfallen von Angebot und Nachfrage führte zu einem scharfen Ausleseprozeß, den nur die besten Business Schools überstanden. Dennoch werden heute in den USA etwas über 50 unterschiedliche Executive Development Programs (von mind. zwei Wochen Dauer und im Internatsstil) angeboten. Bei der Auswahl der für die individuellen Bedürfnisse des Teilnehmers und der entsendenden Institutionen geeigneten Programme kann man jedoch in den USA die Hilfe eines Unternehmensberaters in Anspruch nehmen (eine Dienstleistung, die in Europa stark vermißt wird), der ein möglichst maßgeschneidertes Programm auswählt.

Heute lassen sich folgende **Trends** bei den ‚University Executive Programs' erkennen:

1. Verstärkte Integration der ‚Continuing Education' in die Universitäten. Gegenseitige Befruchtung von wissenschaftlicher Forschung und Erfahrung der Praktiker.
2. Mittlere und kleine Unternehmungen gewinnen immer größere Bedeutung als Kunden. Diese können ihre Manager jedoch nicht für die langfristigen Kurse freistellen. Deshalb gewinnt der Typ der geteilten Kurse (intermitted residency type), bei dem die Teilnehmer zwischen einzelnen Kursteilen zur Unternehmung zurückkehren, an Bedeutung.
3. Die Konzeption des ‚Continuing Education' ist Realität. Teilnehmer, die vor einigen Jahren an Middle Management Programmen teilgenommen haben, finden sich heute im Top Management Programm wieder.
4. Der Kontakt mit den Ehemaligen (Alumni) wird durch häufige Wochenendseminare intensiviert.

Vergleicht man diese Situation mit derjenigen in Europa, speziell mit der deutschen, so ist hier ein deutlicher Entwicklungsrückstand festzustellen.

Erst ab 1965 engagierten sich in **Europa** Universitäten im Bereich der Weiterbildung. In London und Manchester wurden nach US-amerikanischem Vorbild Business Schools gegründet, die neben Management Education auch Management Training und Development anboten. In der Bundesrepublik

Deutschland hat dagegen die Weiterbildung an Hochschulen, mit Ausnahme der **Universität Augsburg** und einiger Kontaktstellen für Weiterbildung und Erwachsenenbildung an anderen Universitäten, keine Aufnahme in universitäre Zielsysteme und entsprechende Institutionalisierungen gefunden.[23] Obwohl der Wissenschaftsrat 1966 allen deutschen Universitäten die Einführung eines universitären Kontaktstudiums empfohlen hat, sind nur wenige Universitäten diesem Aufruf gefolgt.

Lediglich aufgrund der Initiative einzelner besonders aktiver Promotoren der Weiterbildung (z. B. *Albach, Bleicher, Grochla, Pack*) entstanden einige **universitätsbezogene Programme,** wie z. B. das Betriebswirtschaftliche Institut für Organisation und Automation (BIFOA) der Universität zu Köln (ab 1964); die Unternehmer-Seminare an den Universitäten Münster und Mannheim (ab 1966); das Universitätsseminar der Wirtschaft (ab 1969) und das Institut für Management-Ausbildung (ab 1970).

Fazit dieser Analyse ist, daß die Universitäten in der Bundesrepublik Deutschland im Vergleich zu den USA bislang nur eine untergeordnete Rolle bei der Weiterbildung von Managern spielen. Der Markt wird hier von einer Vielzahl überwiegend privatwirtschaftlich organisierter **Weiterbildungsinstituten** beherrscht, die sich in ihrem Angebot i. d. R. auf kurzfristige Tages- oder 1-Wochen-Seminare konzentrieren. Der Nachteil dieser Institutionen im Vergleich zu den universitären Weiterbildnern ist vor allem darin zu sehen, daß sie nicht über einen wissenschaftlich hochqualifizierten permanenten Dozentenstab verfügen, aufgrund der Heterogenität und mangelnden Abstimmung der Dozenten keine einheitliche Management-Philosophie entwickeln können und letztlich der ständige Kontakt mit einer wissenschaftlichen Forschungsstätte fehlt.

## III. Universalität der Aussagen

Wenn im überwiegenden Teil der angloamerikanischen Managementlehre lange Zeit die Universalität des Managements betont wurde, so ist das nicht eine wissenschaftliche Erkenntnis der Managementlehre (im Sinne obiger Definition), sondern eine normative Setzung gewesen. Die Behauptung von der Universalität des Managementphänomens kann dabei umso leichter aufgestellt werden, je höher der Abstraktionsgrad der dabei zugrunde gelegten Definition ist. Bisweilen kann man sich auch nicht des Eindrucks erwehren, daß manche Autoren von umfangreichen Managementlehrbüchern ihre Ab-

---

[23] Vgl. auch das ZfB-Diskussions-Forum über ‚Institutionelle Probleme der Weiterbildung in der Betriebswirtschaftslehre', ZfB 1979, S. 627–644. Eine Inhaltsanalyse von Programmen zur Schulung des Managementpersonals findet sich bei *Griepenkerl* 1983.

satzchancen durch umfängliche Erweiterung der Zielgruppe vergrößern wollen. Die Erkenntnisse und Beispiele über Management, die im Organisationstyp ,Unternehmung' gewonnen wurden, werden dann als leicht übertragbar auf alle anderen Formen menschlichen Zusammenseins bezeichnet.

**Universalität von Managementaussagen** wird von den Universalisten unter den Managementtheoretikern beansprucht für
a) alle Typen von Organisationen (Institutionen)
b) alle Managementebenen (Hierarchieebenen)
c) alle Länder (Kulturkreise).

zu a)

Hier wird behauptet, daß sich Managementinhalte bei jeglichem koordinierten organisatorischen Bemühen feststellen ließen. Als Beispiele für solche Organisationen werden neben privaten und öffentlichen Unternehmungen, Kirchen, Schulen, Gefängnisse, Theater, politische Vereinigungen etc. angeführt.[24] Diese weite Begriffsfassung von Management findet sich schon bei *Fayol* (1916), nach dessen Überzeugung die Probleme der ,Administration' nicht nur in industriellen Organisationen von Bedeutung sind, sondern **in allen sozialen Organisationen;** dies bringt er schon im Titel seines Buches (Administration industrielle et générale) durch das Wort *,générale'* zum Ausdruck. Auch *M. Weber* (1921) vertrat einen Universalitätsanspruch im Hinblick auf die generelle Anwendbarkeit bürokratischer Strukturen über die Staatsverwaltung hinaus in allen Arten von Großorganisationen (Kirche, Militär, Parteien).

Einen besonderen Aufschwung hat die universalistische Richtung in der Managementlehre verständlicherweise durch das Vordringen des systemtheoretischen Denkens erhalten. *Pack* (1976) hat diese universalistische Fassung der Managementlehre als **,Führungslehre im weitesten Sinne'** bezeichnet, die „jeden Zusammenschluß von zwei oder mehr Personen erfaßt, welche unter Einsatz der für sie verfügbaren personellen und sachlichen Ressourcen gemeinsame Ziele erreichen wollen" (Sp. 4079). Die Lehre von der Unternehmensführung wäre dann eine spezielle Führungslehre. Diese m. E. sehr angebrachte und nützliche Klarstellung der Unterschiede zwischen einer universalistischen Managementlehre (= allg. Führungslehre) und der in Deutschland vorherrschenden Lehre von der Unternehmensführung wird leider von den wenigsten deutschsprachigen Autoren vorgenommen. Im Gegenteil! Überwiegend wird die generelle Anwendbarkeit der Erkenntnisse in allen organisierten sozialen Systemen, wie Schule, Krankenhäuser, Streitkräfte, Kirche etc. konstatiert.[25]

---

[24] *Wren* 1972, *Cleland/King* 1972, *Kast/Rosenzweig* 1974, *Terry* 1977, *Koontz/O'Donnell* 1976, *Filley/House/Kerr* 1976.

[25] *Ulrich* 1971b, *Rühli* 1973, *Withauer* 1973/1974, *Hill/Fehlbaum/Ulrich* 1974, *Ulrich/Fluri* 1975, *Baugut/Krüger* 1976, *Stelmaszyk* 1981.

Vor allem *Perridon* (1967) sprach sich für eine deutsche Managementlehre als umfassende Interdisziplinlehre aus, die sich schwerpunktartig „mit der Führung von Organisationen bzw. sozialen Systemen aller Art" befaßt (S. 2021). Diese Idee wird zehn Jahre später von *Kirsch* (1977) mit seiner allgemeinen Führungslehre mit ‚Führung von Organisationen' als Erkenntnisperspektive neu belebt. Ich vertrete hier die Auffassung, daß unabhängig vom Organisationstyp generelle Aussagen über Management auf einer relativ hohen Abstraktionsebene gemacht werden können, daß aber konkrete Gestaltungsempfehlungen den besonderen Bedingungen der jeweiligen Institution Rechnung tragen müssen (situativer Ansatz).

zu b)

Obwohl die gängige Einteilung des Managements als Institution in Top, Middle und Lower Management eine differenzierte Analyse des Managements auf einzelnen Hierarchieebenen erwarten läßt, überrascht, daß auch in diesem Bereich häufig nur universelle Aussagen anzutreffen sind. Typisch hierfür ist die Meinung von *Koontz/O'Donnell* (1976), die Funktionen des Managers seien im wesentlichen die gleichen, unabhängig davon, ob er nun Präsident oder Gruppenleiter auf der untersten Ebene einer Unternehmung sei. Diese Auffassung wird auch in der neueren deutschsprachigen Managementliteratur vertreten (*Rühli* 1973, *Withauer* 1974), während die ältere betriebswirtschaftliche Führungsliteratur hier deutlich zwischen dem dispositiven Faktor (echte Führungsentscheidungen) und Leitungsaufgaben auf nachgeordneten Stufen unterscheidet. Am deutlichsten und überzeugendsten hat sich *Petit* (1975) gegen die **These von der Gleichheit der Managementaufgaben auf allen Ebenen** einer Organisation gewandt. Er hält diese weitverbreitete Aussage schlicht für falsch. Dennoch ist auch *Petit* der Auffassung, daß es generelle Grundfunktionen der Koordination (= Management) gäbe (Entscheidungsfindung, Planung, Organisation, Führung, Kontrolle), die aber auf jeder Hierarchieebene eine andere Ausprägung (mix) aufwiesen. Genauere Aussagen über ebenen-spezifische Managementaufgaben macht er für ‚supervisors', ‚middle managers' und ‚executives'.

zu c)

Durch die stärkere internationale Verflechtung der Wirtschaft nach dem 2. Weltkrieg, das Entstehen internationaler Unternehmungen und multinationaler Konzerne tauchten auch neue Managementprobleme auf (vgl. *Staehle* 1983b sowie die Literaturangaben in Fußnote 26 auf S. 74). Während die bis Mitte der 60er Jahre übliche internationale Betätigung von Unternehmungen – internationaler Handel (Export-Import), internationale Finanzierung, Beteiligung – lediglich einzelne hierfür spezialisierte Abteilungen betraf, führte die immer stärker zunehmende Internationalisierung der Weltwirtschaft und der Unternehmungen zu grundsätzlich neuen strategischen Problemen und neuartigen Managementproblemen. Universalität und Übertragbarkeit des nationalen Managementwissens werden zum Problem, das zunächst (ab 1960) an amerikanischen Hochschulen und inzwischen weltweit an zahlreichen wirtschaftswissenschaftlichen Fakultäten bearbeitet wird und damit zu ganz neuen Lehr- und Forschungsgebieten geführt hat (International Business mit International/Comparative Management). Während die Universalisten auch hier behaupten, es gäbe kaum nennenswerte Unterschiede in den Managementprinzipien, die das Handeln der Manager in den einzelnen Ländern leiten (*Koontz/O'Donnell* 1976, *Koontz* 1980), betonen die Vergleichsforscher – gestützt auf eine Fülle empirischer Untersuchungen – die Bedeutung unterschiedlicher Umwelten bei der Erklärung unterschiedlichen Managementverhaltens. Dabei muß sich **Comparative Management** nicht nur auf das Identifizieren, Messen und Interpretieren von Ähnlichkeiten und Unterschieden des Managements in verschiedenen Ländern beschränken (wie z. B. bei *Terry* 1977), sondern kann in seiner weitesten Fassung auch Vergleiche zwischen einzelnen Organisationen ein und desselben Landes oder sogar einzelner Abteilungen ein und derselben Organisation umfassen (wie z. B. bei *Kast/Rosenzweig* 1974).

*Abb. 1.5:* Objektbereich des Comparative Management

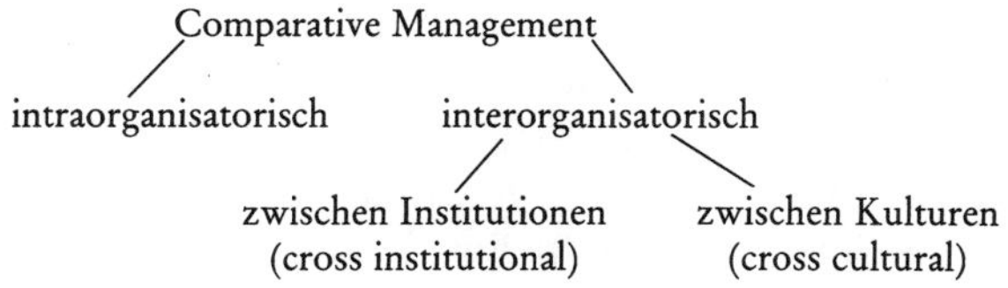


In aller Regel wird aber heute mit Comparative Management der interkulturelle Vergleich (cross-cultural management research) gemeint. Dieser relativ junge Forschungsbereich (etwa ab 1960) hat eine beachtliche Entwicklung hinter sich, was u. a. *Greenwood* (1974) auf einer Tagung der Academy of Management 1972 zu der Prognose veranlaßte, die Vergleichende Managementforschung (und zwar nicht nur international und interkulturell angelegt, sondern auch interorganisatorisch und interdisziplinär) werde der dominierende Managementansatz der 70er Jahre, eine Prognose, die sich übrigens nicht bewahrheiten sollte. Dabei waren die ersten Forschungsergebnisse dieser neuen Forschungsrichtung, die als Gegenbewegung zu den universalistischen ‚principles of management' und ‚one best way' – Ansätzen zu verstehen ist, vielversprechend. So konnte *Schöllhammer* (1969) schon nach zehn Jahren Forschungsarbeit – in Analogie zur Situationsbeschreibung von *Koontz* (1961) hinsichtlich des Standes der Managementlehre (Management Theory Jungle) – von einem ‚Comparative Management Theory Jungle' sprechen.

Gerade die kaum noch zu überschauende Anzahl von zum Teil äußerst widersprüchlichen Forschungsergebnissen, deren mangelnde theoretische

Fundierung und unübersehbaren methodischen Schwächen mögen dafür verantwortlich sein, daß Comparative Management die ursprünglich sehr hoch gesteckten Erwartungen nicht erfüllen konnte.[26] (*Schöllhammer* 1975).

Auch *Negandhi* (1974/1975),[27] ehemals Kent State University, der vor allem in den 70er Jahren auf diesem Gebiet forschte und publizierte (das Comparative Administration Research Institute wurde inzwischen aufgelöst), beklagt den Mangel an umfassenden konzeptionellen (theoretischen) Erklärungsansätzen. Vor allem kritisiert *Negandhi* die unklare und mißverständliche Verwendung des Konstrukts ‚*Kultur*' als unabhängige Variable, die in vielen empirischen Untersuchungen aber nicht ex ante als solche konzeptualisiert, sondern ex post als Sammelbegriff (Residualgröße) für die unerklärte Varianz der Managementunterschiede herangezogen wird. Er selbst schlägt ein umfassendes Variablenmodell vor, das ‚Kultur' nur als einen von vielen Einflußfaktoren beinhaltet. Da weder Vorschläge zur Operationalisierung und empirischen Erhebung der Variablen noch testbare Hypothesen formuliert werden, bleibt auch dieser Vorschlag ein zwar plausibler, aber forschungspraktisch konsequenzloser Diskussionsbeitrag (vgl. hierzu das weitergehende Modell von *Torre/Toyne* 1978 sowie die Kritik von *Schreyögg* 1976).

Eine **Neuorientierung Vergleichender Organisationsforschung** zeichnet sich in der von *Lammers* und *Hickson* (1979) herausgegebenen Sammlung und Kommentierung von Aufsätzen zur Vergleichenden Organisationssoziologie ab. Die Herausgeber plädieren dafür, den Begriff ‚*comparative*' nur für solche Forschungsarbeiten zu verwenden, die inter-institutionelle und interkulturelle Unterschiede in der Entwicklung, Struktur und Arbeitsweise von Organisationen aufzudecken versuchen, und die speziell die Wechselwirkungen zwischen institutionellen und gesellschaftlichen Gegebenheiten einerseits und Struktur und Verhalten von Organisationen andererseits zu analysieren beabsichtigen (S. 5, 429). Dabei werden von den Autoren vor allem solche empirische Studien favorisiert, die Organisationen zu mehreren Zeitpunkten, in verschiedenen Gesellschaften (Kulturen) und mit verschiedenen gesellschaftlichen Aufgabenstellungen (wie Sozialisation, Produktion, Distribution, Krankenpflege etc.) zum Gegenstand haben. Es ist heute noch zu früh, um abschätzen zu können, ob die hier kurz umrissene ‚Europäische Initiative' zu einer fruchtbaren Neubelebung Vergleichender Organisationsforschung führen wird. Einen wichtigen Beitrag zur international vergleichen-

---

[26] Diese Aussage trifft allerdings nicht zu für das inzwischen allgemein anerkannte **International Business,** das sich vor allem mit der Analyse von internationalen und multinationalen Unternehmungen und deren Umwelten beschäftigt (vgl. z. B. *Vernon* 1972, *Stopford/Wells* 1972, *Fayerweather* 1975, *Hederer* 1975, *Brook/Remmers* 1978, *Fröbel/Heinrichs/Kreye* 1977, *Soldner* 1981, *Pausenberger* 1981, *Robock/Simmonds* 1983).

[27] Vgl. das von *Negandhi* herausgegebene Sonderheft des Journal of International Business Studies über ‚Cross-Cultural Management' (Herbst 1983).

den Organisationsforschung stellt die 1981 veröffentlichte Studie über ‚Industrial Democracy in Europe' (*IDE* 1981) dar. Ein internationales Forscherteam untersucht hier in 12 westlichen Industrieländern die de jure und de facto Partizipation in ihren Auswirkungen auf Zufriedenheit, Motivation, Konflikt- und Problemlösungsverhalten, Organisationsklima u. ä.

Ich habe mich mit der Universalität von Managementaussagen hinsichtlich deren räumlicher Unbegrenztheit und dem Comparative Management-Ansatz deshalb so ausführlich auseinandergesetzt, weil hiermit erstmals ein methodisch und theoretisch anspruchsvoller Versuch unternommen wurde, die bislang in de Managementlehre dominierende Universalitätsthese zu erschüttern. Gleichzeitig wurde damit der Übergang zu dem heute vorherrschenden situativen Management-Ansatz eingeleitet. *Kast/Rosenzweig* (1974) sehen diese Entwicklung deutlich, in dem sie betonen, daß die vergleichende Analyse unter Verwendung des Systemansatzes zwangsläufig zum **situativen Denken** führt.

In der Bundesrepublik Deutschland hat *Beyer* (1970/1972) diese Entwicklung als einer der ersten erkannt. Er bestreitet aufgrund wissenschaftstheoretischer Überlegungen und empirischer Belege die universelle Geltung von Hypothesen der Managementlehre für alle Betriebstypen und alle Kulturbereiche und bezweifelt ganz entschieden Sinn und Zweck einer umfassenden, generellen Führungstheorie (ähnlich schon *Fürstenberg* 1964). Vielmehr hält er es für bedeutend sinnvoller, für bestimmte Teilbereiche (Situationen) explikative, prognostische und technologische Erkenntnisse zu gewinnen, d. h. eben nicht die Universalität der Wenn-Komponente zu erweitern, sondern diese im Gegenteil stärker raum-zeitlich zu konkretisieren. Dazu erscheint ihm der Ansatz des Comparative Management als nützliches Vehikel.

Dem Ansatz des Comparative Management entspricht im deutschen Sprachraum in etwa derjenige der **Vergleichenden Betriebswirtschaftslehre** (*Perridon* 1967a, *Endres* 1980, *Lachnit* 1975, *Graurock* 1975). Ansatz und Methodik der Vergleichenden Betriebswirtschaftslehre unterscheiden sich jedoch in zweifacher Weise vom Comparative Management. Einmal ist der Objektbereich der Vergleichenden Betriebswirtschaftslehre umfassender. Gegenstand des Vergleichs werden sämtliche betriebswirtschaftliche Phänomene und nicht nur managementrelevante. Darüber hinaus gehört nach *Perridon* (1967a) neben dem horizontalen Vergleich (verschiedene geographische Räume) auch der vertikale Vergleich (verschiedene Zeiträume) zur betriebswirtschaftlichen Vergleichsforschung. Zum anderen ist die Vorgehensweise der Vergleichenden Betriebswirtschaftslehre (im Gegensatz zu der starken Empirieorientierung des Comparative Managements) überwiegend begriffsbildend – deskriptiv ohne empirische Fundierung. Auf dem Gebiet des internationalen betriebswirtschaftlichen Vergleichs – mit der internationalen Unternehmung im Mittelpunkt der Analyse – zeichnet sich jedoch eine Hinwendung zu einer stärkeren empirischen Forschung ab.

Während historische Arbeiten (vertikale Vergleiche) in der Betriebswirtschaftslehre nur noch Seltenheitswert haben (z. B. *Hundt* 1977, *D. Schneider* 1981 b), gewinnt gerade die international vergleichende Forschung (u. a. aufgrund der außergewöhnlich starken Exportabhängigkeit bzw. internationalen Verflechtung der deutschen Wirtschaft) immer mehr an Bedeutung. Diese Entwicklung führte konsequenterweise dazu, daß als weitere wissenschaftliche Kommission im Rahmen des Verbandes der Hochschullehrer für Betriebswirtschaft 1975 eine Kommission „Internationale Beziehungen der Unternehmungen" (heute: „Internationales Management") gegründet wurde.

Das wachsende Interesse, das in der Fachwelt dieser Forschungsrichtung beigemessen wird, zeigt sich auch daran, daß 1982 die Jahrestagung des Verbandes der Hochschullehrer für Betriebswirtschaft in Berlin unter dem Thema ‚Internationalisierung der Unternehmung' stand (vgl. *Lück/Trommsdorf* 1982 sowie *Albach* 1981).

## IV. Relativität der Aussagen

### 1. Zur Methodologie situativer Ansätze[28]

Der Anspruch, generell gültige Gesetze feststellen zu wollen, muß bei all den Aussagensystemen problematisch erscheinen, die menschliches Verhalten zum Gegenstand haben, und dies ist bei der Managementlehre im besonderen der Fall. Hier eindeutige Kausalrelationen zu unterstellen, mag als Modellbetrachtung heuristischen Wert besitzen, sie als Gesetzmäßigkeiten zu qualifizieren bedeutet, die Komplexität realen Handelns hinsichtlich des Kausal-, aber auch des Wertkontextes zu verkennen. Gelingt es, bestimmte Verhaltensweisen ex post näherungsweise zu erklären, erhält die daraus transformierte Prognose allenfalls den Status einer Vermutung, über deren Eintreffen höchstens stochastische Angaben gemacht werden können. Zu universellen Gesetzen erhobene Vermutungen, deren Objektivität allenfalls im intersubjektiven Diskurs hergestellt werden kann, werden jedoch stets potentiell empirisch zu falsifizieren sein.

Somit kann man mit *Weinberg* (1972) folgern: „Da keine Theorie der sozialen Phänomene existiert, durch die die wesentlichsten Determinanten wirtschaftlicher Prozesse mittels Gesetzesaussagen allgemeingültig erklärt werden können, wird der Wahrheitsbegriff notwendigerweise in eine Anzahl situationsgebundener ‚Teilwahrheiten' zergliedert" (S. 25). Es ergibt sich also schon aus forschungspraktischer Einsicht die Notwendigkeit, generelle kausale Erklärungssysteme durch **situationsbezogene Hypothesen** zu relativieren bzw. zu ersetzen. Ganz in diesem Sinne wird auch in der Betriebswirtschafts-

[28] In Anlehnung an *Staehle* 1973 b, 1976 b, 1977 a, 1977 b.

lehre ein Wissenschaftsziel befürwortet, das anstrebt, empirisch-kognitive Aussagesysteme als quasinomologische Theorien zu formulieren, die lediglich raum-zeitliche Gültigkeit beanspruchen können, um auf dem Wege der Transformation dieser Quasi-Gesetzesaussagen der Gestaltungsaufgabe der Betriebswirtschaftslehre besser gerecht werden zu können.

Noch einen Schritt weiter geht die **Verstehende Methode** (*Wright* 1974), die davon ausgeht, daß Handeln und Verhalten von Menschen sich nur aus der Analyse von Handlungssituationen verstehen und erklären lassen. „Das Verstehen richtet sich nicht auf die Entdeckung von Gesetzmäßigkeiten, sondern auf die Rekonstruktion von Handlungssituationen. Dabei geht man von der Annahme aus, daß die in bestimmten Situations-Motivations-Konstellationen ergriffenen Handlungsweisen eine gewisse Zwangsläufigkeit haben ..." (*Heinen/Dietel* 1976, S. 5f.).

Man versteht also eine Handlungs- oder Verhaltensweise, wenn man die Situation rekonstruiert hat, in der der Handelnde Problem und Kontext wahrgenommen hat. Verstehen und Deuten setzt also voraus, daß man zunächst in der Lage ist, Handlungssituationen anhand bestimmter Dimensionen zu beschreiben. Unter **Situation** wird dabei die Gesamtheit der objektiv herrschenden und der von den handelnden Individuen wahrgenommenen und erlebten Handlungsbedingungen verstanden. Die subjektive Situation (und damit vor allem verhaltensrelevante Aspekte) wird somit neben der ‚objektiven' zur gleichgewichtigen Erhebungseinheit, um Handeln und Verhalten zu analysieren (*Karg/Staehle* 1982). Das Subjekt bildet sich durch selektive Informationswahrnehmung und -verarbeitung ein internes Modell seiner Umwelt, eine ‚subjektive Theorie', und lediglich die wahrgenommenen und akzeptierten Handlungsprämissen werden zu Gegebenheiten der subjektiven Situation. **Handeln und Verhalten stellen also orientierte Reaktionen auf wahrgenommene Reize in bestimmten Situationen dar.** Die Nähe dieses situativen Handlungsansatzes zu deskriptiven entscheidungstheoretischen Ansätzen ist unmittelbar einsichtig, wenn dort etwa unter dem zentralen Begriff der „Definition der Situation" die Summe der in bezug auf die Lösung eines Problems wahrgenommenen und subjektiv akzeptierten Beschränkungen (Entscheidungsprämissen) verstanden wird (vgl. *Kirsch* 1971 und *Langenheder* 1975). *W. I. Thomas* (1965) hat die Bedeutung der **‚Situationsdefinition'** als erster erkannt und daran allgemeine soziologische und sozialpsychologische Überlegungen geknüpft. 1937 (zit. n. *Thomas* 1965, S. 147) stellt er fest: „... so kann die Strukturierung der Kultur, ihre Mannigfaltigkeit und die Richtung ihres Fortschritts, ihre Gesamtgestaltung und die Reaktion der Persönlichkeiten auf die Kultursituation am besten mit Hilfe des Begriffs der Situationsdefinition verstanden werden. Jedem Anpassungsstreben geht eine Entscheidung darüber voran, ob nach bestimmten Normen gehandelt oder nicht gehandelt werden soll, d.h. eine Interpretation oder Betrachtungsweise und schließlich eine Richtlinie für das Handeln und ein Verhaltensmuster."

In jüngster Zeit kommt man in der Psychologie unter Zurückdrängung des behavioristischen Paradigmas, nach dem der Mensch seiner Umwelt wesentlich rezeptiv und passiv in weitgehend einseitiger Abhängigkeit von externen Bekräftigungen gegenübersteht, auf derartige Ansätze zurück. Explizit vertritt man heute im Zuge der ,kognitiven Wende' der Psychologie die Auffassung vom Menschen als einem Wesen, das sich die Umwelt aktiv (hypothesengenerierend und -testend) erschließt. Bei diesem ,epistemologischen' Paradigma liegt der Begriff der ,subjektiven Theorie' und die Analyse ihrer Struktur und Dynamik in bezug auf situative Kontexte nahe, sowie u. a. die Frage nach der Rationalität des ,epistemischen Subjekts' im Verhältnis zur wissenschaftlichen Rationalität (vgl. *Knebel* 1973, *Kmieciak* 1974, *Lauken* 1974, *Groeben/Scheele* 1977, *Epstein* 1979).

Grundlage für das Verstehen ist also die Beschreibung, d. h. die Interpretation von Verhaltensdaten und Handlungsbedingungen an Hand von Begriffssystemen, Normen und Regelungen, derer sich Handelnde in realen Situationen bedienen. Dies erfordert, daß die zur Interpretation verwandte Sprache an das Sprachsystem des in der sozialen Situation Handelnden anknüpft.

Geht man davon aus, daß möglichen Handlungserklärungen Akte intentionalen Verstehens vorausgehen, die Verhaltensdaten und Gegebenheiten auf ihre Bedeutung hin untersuchen, so liegt diesem Erkenntnisinteresse die Frage zugrunde, wie bestimmte Sachverhalte (Verhaltensweisen) möglich sind. Diesem *„wie möglich?"* Fragetyp steht die Frage *„warum notwendig?"* gegenüber, die im Fall der kausalen (deduktiven) Erklärung gestellt wird. Während also bei ersterer die Entdeckung notwendiger Bedingungen als „Erklärung" von Handeln und Verhalten ansteht, wird bei kausalen Erklärungen nach hinreichenden Bedingungen gesucht.

Will man demzufolge Handeln und Verhalten erklären, so setzt das die Kenntnis der (notwendigen) Bedingungskonstellation voraus, die dieses möglich werden ließ. Vorbedingung dazu aber ist die Interpretation von Motiven der Handelnden und von Gegebenheiten der Handlungssituation.

Bei der **kausalen Analyse** von Handlungen ist eine spezifische Situation gegeben und es wird versucht, in ihr Bedingungsrelationen zu entdecken. Demgegenüber ist bei der **kausalen Erklärung** ein singuläres Ereignis gegeben, und es werden Situationen gesucht, innerhalb derer dem Handlungsergebnis Bedingungsrelationen zugeordnet werden können.

Beide Ansätze treffen sich also in der empirischen Erhebung situativer Singuläraussagen (Randbedingung). Während die einen von singulären empirischen Aussagen ausgehen und diese anschließend deutend interpretieren, benötigen die anderen die Singuläraussagen, um aus generellen nomologischen Aussagesystemen spezielle Sätze zur Überprüfung abzuleiten.

Voraussetzung für eine theoriegeleitete Anwendung von Methoden der empirischen Organisationsforschung ist zumindest ein **konzeptioneller Bezugsrahmen** (*Kubicek* 1975a, 1977, *Wollnik* 1977). Der konzeptionelle Bezugsrahmen sollte aber der Realität nicht übergestülpt, sondern im Sinne einer „iterativen Heuristik" (*Kubicek* 1977) im ständigen Austausch mit dem erhobenen Material präzisiert, modifiziert oder revidiert werden. Weil Organisationsforschung wie jede Sozialwissenschaft immer nur mit interpretierter Realität zu tun hat (vgl. *Cicourel* 1970), muß sichergestellt werden, daß dabei die quasi-theoretischen oder alltagsweltlichen Deutungen der betroffenen Organisationsmitglieder angemessene Berücksichtigung finden. Qualitative Erhebungs- und Auswertungsverfahren, Einzelfallstudien oder Untersuchungen im Rahmen der Aktionsforschung sind Beispiele für ein solches offenes, aber dennoch theoriegeleitetes Herangehen an die Realität (vgl. hierzu *Osterloh* 1982, sowie S. 139f.).

## 2. Zur Praxeologie situativer Ansätze

Gemeinsam ist all diesen Ansätzen, daß sie von einer Analyse konkreter Problemsituationen ausgehen, diese mit Hilfe von Dimensionen und Kategorien (Variablen) beschreiben und Handeln situational unter Berücksichtigung von institutionalen und individuellen Zielen (Werten) interpretieren.

Die zentrale These situativer Ansätze lautet: **Es gibt nicht eine generell gültige, optimale Handlungsalternative, sondern mehrere, situationsbezogen angemessene.** Welche Handlungsalternative als angemessen beurteilt wird, ist eine normative Frage. Die praxeologische Aufgabenstellung situativer Ansätze, d. h. die Formulierung von „Aussagen, die dem Praktiker unmittelbare Hilfestellung für seine Problemlösung zu bieten vermögen" (*Grochla* 1976, S. 633), besteht folglich darin, alternative Handlungen und Strukturen zu entwerfen, in ein Entscheidungsmodell einzubringen und aus der Menge der logisch denkbaren Alternativen diejenigen auszuwählen, die unter genau zu spezifizierenden Bedingungen (Situationen) erfolgversprechend und faktisch realisierbar sind. Praxeologische Aufgabe eines situativen Entscheidungsmodells ist es, zur Problemorientierung von Entscheidungsprozessen hinsichtlich der Wahl alternativer Handlungen, Handlungsketten und Handlungssystemen beizutragen. Denkanstöße in dieser Richtung liefern einschlägige Hypothesen der „Vergleichenden Betriebswirtschaftslehre" sowie des „Comparative Management".

Diese situativen Forschungsansätze wollen u. a. vergleichbare Problemsituationen, deren Einflußfaktoren, mögliche Handlungsalternativen sowie Effizienzindikatoren in Unternehmungen des In- und Auslands empirisch erfassen. Die Vergleichsforschung sucht darauf aufbauend nach regelhaften Zusammenhängen zwischen bestimmten Situationsvariablen (unabhängige Variablen) und Ausprägungen von Systemstrukturen und Entscheidungshandeln (abhängige Variablen). Die Benennung bestimmter Inhalte als abhängige und andere als unabhängige Variablen ist bei den einzelnen Autoren häufig nicht einsichtig und in aller Regel auch nicht begründbar, sondern im Bereich der **Forschung** abhängig vom Erkenntnisziel und im Bereich der **Anwendung** von praktischen Gestaltungsmöglichkeiten und -interessen. Die unabhängigen Variablen werden auch als „*Wenn*" – oder Bedingungsvariablen, die abhängigen Variablen als „*Dann*" – oder Folgevariablen bezeichnet. Da in aller Regel zwischen den unabhängigen und abhängigen Variablen keine direkten (kausalen) Beziehungen nachzuweisen sind, erweist es sich als notwendig, intervenierende Variablen zu isolieren. Solche intervenierenden Variablen üben eine modifizierende, d. h. negativ/positiv verstärkende Wirkung auf die „*Dann*"-Variablen aus.

Die weitere Vorgehensweise läßt sich logisch-analytisch wie folgt darstellen:

In einem **ersten Schritt** wird versucht, die für unterschiedliche Entscheidungssituationen relevanten Einflußfaktoren zu ergründen und zu systematisieren. Die Suche nach einer Klassifikation in vergleichbare Problemsituationen ist einmal ein praktisches Erfordernis der Vergleichsforschung und zum anderen eine logische Konsequenz der Ablehnung bzw. Relativierung von generalisierenden, allgemeingültigen Gestaltungsaussagen. Die Klassifikation von Organisationen und deren Differenzierung in verschiedene Klassen und Subsysteme hat eine lange Tradition (*Parsons* 1960, *Etzioni* 1961, 1975, *Blau/Scott* 1962, *Katz/Kahn* 1966; vgl. auch den Abschnitt über ‚Klassifikation von Organisationen' auf S. 94ff.).

In diesem Punkt hat auch die typologische bzw. morphologische Methode in der Betriebswirtschaftslehre schon beachtliche Vorarbeit geleistet, so daß es zu prüfen gilt, ob deren Ergebnisse in situative Ansätze einbezogen werden können (*Tietz* 1960, *Castan* 1963, *Leitherer* 1965, *Grosse-Oetringhaus* 1974).

In einem **zweiten Schritt** wird erforscht, ob und gegebenenfalls welche Beziehungen unter Berücksichtigung der intervenierenden zwischen den unabhängigen Variablen (Situationsgrößen, -faktoren, Kontextvariablen) und den abhängigen Variablen (Dimensionen von Struktur und Verhalten) bestehen, damit mögliche Konsequenzen von Entscheidungen, die einzelne Variablen betreffen, prognostiziert werden können. Hierzu werden im Rahmen ergänzender Forschungsstrategien meist **zwei Gruppen von Hypothesen** gebildet (*Witte* 1968, *Dlugos* 1970). Die **erste** Gruppe liefert Aussagen über vermutete (kausale) Zusammenhänge zwischen bestimmten Handlungsstrukturen und Prozessen und die sie verursachenden Bedingungen und Situationen (Makrobetrachtung). In der Wenn-Komponente solcher Sätze steht eine möglichst umfassende Beschreibung der Situation und der verursachenden Bedingungen und in der Dann-Komponente die bewirkte Struktur und/oder das bewirkte Verhalten. In einer **zweiten** Gruppe von Hypothesen beschreibt die Wenn-Komponente eine bestimmte Struktur bzw. ein bestimmtes Verhalten, und die Dann-Komponente enthält Aussagen über die Effizienz (Handlungsfolgen) der in der Wenn-Komponente erfaßten Handlungen und Maßnahmen (Mikrobetrachtung). Die Variablenklasse „Struktur und Verhalten" wird also zunächst als abhängige Variable und im zweiten Schritt als

Wenn-Komponente (unabhängige Variable) einer Effizienz-Hypothese betrachtet. Aus der abhängigen Variablen wird eine Instrumentalvariable (vgl. Abb. 1.6).

*Abb. 1.6:* Beeinflussungsbeziehungen im situativen Modell

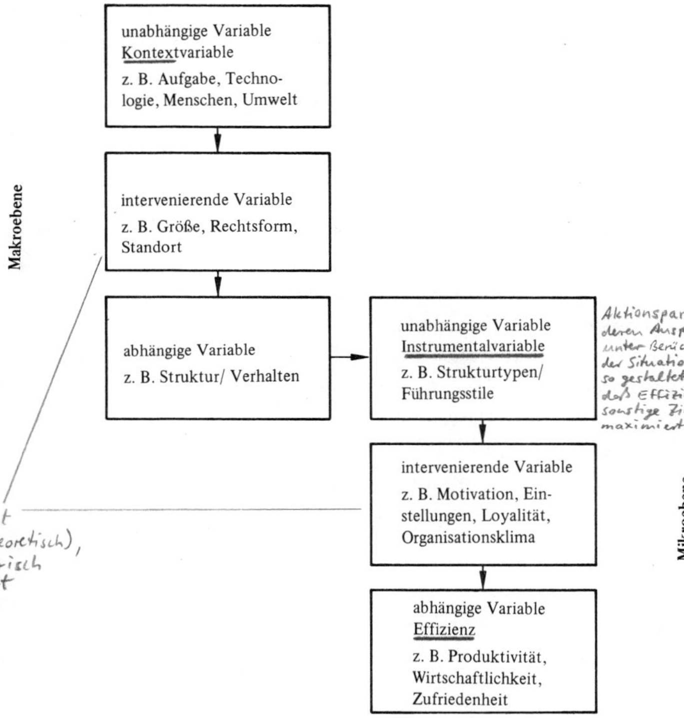


*Quelle: Staehle* 1979b, S. 219

Nun bestehen in der Realität zwischen den unabhängigen Variablen vielfältige Interdependenzen, und es ist äußerst fragwürdig, den Einfluß eines Faktors auf Struktur und Verhalten von Organisationen zu isolieren. In den situativen Forschungsansätzen herrschte bislang eine solche isolierte Analyse von Zusammenhängen einer Situationsgröße (z. B. Technologie) und einer oder mehrerer Struktur- oder Verhaltensdimensionen (z. B. Organisationsstruktur), deren Varianz erklärt werden soll, vor (*Child* 1970, *Kubicek* 1975a). Die zwischen den einzelnen Faktoren bestehenden engen Verbindungen lassen sich zwar zum Zwecke einer stark von der Realität abstrahierenden Modellbetrachtung zerschneiden; dies ist aber nur dann vertretbar, wenn man den damit verbundenen Verlust an Informationsgehalt in Kauf nehmen will.

Solche multikausalen Zusammenhänge erfordern entsprechende multivariate Analyseverfahren, wie multiple Korrelations- und Regressionsanalysen. So mißt z. B. die multiple Korrelation die gemeinsame Variation von zwei Variablen $x_0$ (z. B. Organisationsstruktur) und $x_{1,2,3}$, von denen die unabhängige Situationsvariable aus mehreren anderen zusammengesetzt ist (z. B. $x_1$ = Technologie, $x_2$ = Aufgabe, $x_3$ = Umwelt).

Ein weiteres Problem des situativen Ansatzes besteht in der Bestimmung des partiellen bzw. relativen Einflusses einer Situationsvariablen im Verhältnis zu anderen. Das erfordert wiederum die Isolierung eines Einflußfaktors, während die anderen kontrolliert werden müssen. Ziel all dieser Bemühungen muß es sein, möglichst viele Variablen zu operationalisieren und einer empirischen Überprüfung zu unterwerfen.

**Zusammenfassend** läßt sich festhalten: Hauptanliegen situativer Ansätze ist es, das vom wissenschaftstheoretischen wie praxeologischen Standpunkt unbefriedigende Allgemeingültigkeitspostulat von Aussagen über Management zugunsten situations-adäquater Bezüge aufzugeben. Ausgangspunkt situativer Forschung ist die empirische Analyse von Beziehungen zwischen Umwelt-, Organisationsstruktur- und Verhaltenselementen und deren deutende Interpretation im Lichte eines Bezugsproblems. Gleiche Situationen lassen sich zu Situationsklassen zusammenfassen, über deren Einflußfaktoren generalisierende Aussagen angestrebt werden. Normen (Werte) dienen als Selektionskriterien für situationsadäquate Handlungsalternativen.

## V. Zur Entwicklung situativer Ansätze in der Managementlehre

### 1. Entstehungsgeschichte

Die längste Tradition und weiteste Verbreitung erreichen situative Ansätze in der **Organisations- und Führungsforschung.** Der heutige Stand der Organisationsforschung basiert auf den frühen organisationswissenschaftlichen Ansätzen von *F. W. Taylor* und *F. B. Gilbreth* (Scientific Management), *H. Fayol* und *L. Urwick* (Administration), *M. Weber* (Bürokratiemodell) und *E. Mayo* (Human Relations). Obgleich *M. P. Follett* (*Metcalf/Urwick* 1942) schon 1925 auf die Abhängigkeit aller Organisations- und Führungsmaßnahmen von der jeweiligen Situation (Law of the Situation) hinwies, und *Sherman* (1966) in Ablehnung der Organisationsprinzipen feststellte, *It all depends,* stand die Formulierung sogenannter Organisationsprinzipien und -grundsätze als generelle Verfahrensregeln nach wie vor im Mittelpunkt des Forschungsinteresses. Die weitere Entwicklung der Organisationswissenschaft (vgl. Abb. 1.7) war gekennzeichnet durch die immer stärkere Arbeitsteilung und Spezialisierung der klassischen, sowie das Aufkommen von neuen Wissenschaften, die sich mit dem Erkenntnisobjekt „Management in Organisationen" beschäftigten. Die Fülle der Ansätze läßt sich in zwei große Richtungen einteilen (*Kast/Rosenzweig* 1973, S. 6ff., 1974, S. 97, s. auch Abb. 1.1 auf S. 14):

- **formalwissenschaftliche Ansätze** (Management/Quantitative Sciences),
- **verhaltenswissenschaftliche Ansätze** (Behavioral Sciences).

*Abb. 1.7:* Entwicklung zum situativen Ansatz

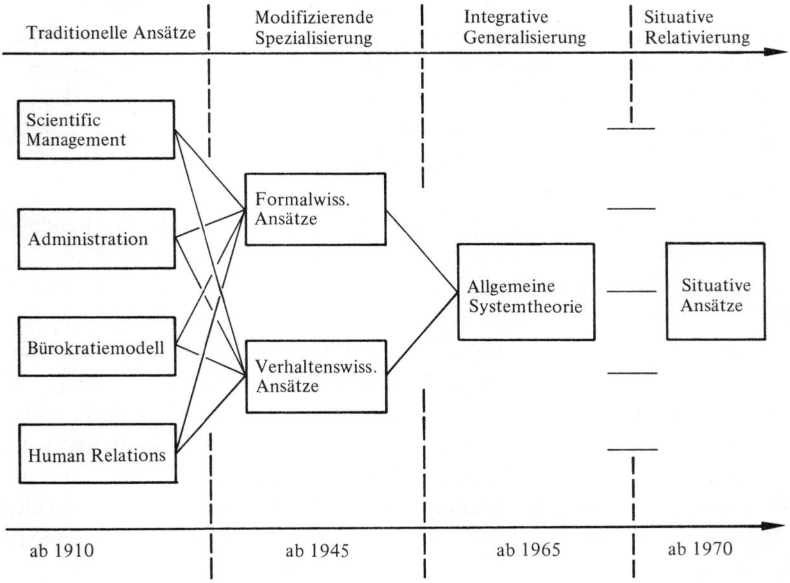


*Quelle: Staehle* 1976b, S. 40

Zu den **formalwissenschaftlichen** Ansätzen zähle ich die management-relevante Forschung der Systemtheorie, der Informations- und Kommunikationstheorie, der Kybernetik und des Operations Research. Unter **verhaltenswissenschaftlichen Ansätzen** verstehe ich hier primär die organisations- und führungsrelevante Forschung in der Psychologie, Sozialpsychologie und Soziologie. Der Begriff „Situation" hat in allen drei genannten Disziplinen – im Gegensatz zur Betriebswirtschaftslehre – eine lange Tradition (vgl. *Markowitz* 1979, *Arnold* 1981).

In der **Psychologie** hat vor allem *Lewin* (1963, 1969) in seiner Feldtheorie[29]

[29] Im Mittelpunkt der **Feldtheorie** steht das Konzept des Lebensraums (psychological field) einer Person, das sowohl das Individuum selbst mit seinen Zielen und Motiven als auch seine physikalische Umwelt umfaßt. In Analogie zum physikalischen

– die praktisch eine Situationstheorie darstellt, was schon aus der teilweise synonymen Verwendung der Begriffe ,,Feld" und ,,Situation" hervorgeht –, die Situation als Lebensraum bzw. Lebenssituation, welche die Person (Ich) und die Umwelt umfaßt, in den Mittelpunkt seiner topologischen Untersuchungen gestellt. Bis heute herrscht in der Psychologie eine interaktionistische Auffassung vor, wonach ,,Situationen so sehr eine Funktion der Person sind wie das Verhalten einer Person eine Funktion der Situation ist" (*Bowers* 1973, S. 327). Der interaktionistische Situationsbegriff scheint in der jüngsten Organisationsforschung verstärkt an Bedeutung zu gewinnen.

In der **Sozialpsychologie** hat *Hofstätter* (1973) auf den Ideologiegehalt einer individualistischen Psychologie hingewiesen, die u. a. an begnadete Führer oder geborene Verbrecher mit entsprechenden Eigenschaften glaubt; er favorisiert konsequenterweise eine situative Sicht des Führungsphänomens, wie sie heute in einer Situationstheorie der Führung ihren Niederschlag gefunden hat. ,,Führungsfunktionen sind immer situationsbedingt, und Situationen sind immer historische und gesellschaftliche Situationen" (*Stöber/Bindig/Derschka* 1974, S. 27).

In der **Soziologie** war *Homans* (1950) einer der ersten, der die Bedingungen analysierte, unter denen Führer einflußreich und erfolgreich handeln können. Er legte damit die Grundlagen zu einem situativen Ansatz der Führung in Gruppen. Die weiteste Verbreitung des Begriffs ,,soziale Situation" erfolgte jedoch im Zuge der Arbeiten von *Thomas* (1965) (s. hierzu S. 77). Die bei ihm vorherrschende Sicht (Analyse und Definition) der Situation vom Individuum (Akteur) aus wird heute mehr und mehr durch eine solche aus der sozialen Struktur der Umwelt heraus abgelöst (*Friedrichs* 1974). Gleichzeitig wird der phänomenologischen Perspektive, der Situationsstrukturierung vom Individuum aus bei Berücksichtigung der sozialen Vermitteltheit individueller Wahrnehmung und Interaktion, vermehrt Beachtung geschenkt (*Markowitz* 1979, *Burrell/Morgan* 1979).

In der psychologischen Führungsforschung, die der betriebswirtschaftlichen die meisten Impulse gegeben hat, herrschte – wie oben angedeutet – zunächst eine stark individualistisch orientierte Sicht des Führungsphänomens vor (**Eigenschaftstheorie der Führung** – trait approach). Diese geht davon aus, daß bestimmte Persönlichkeitsmerkmale den Führer vor den Geführten auszeichnen. Die Verherrlichung individueller Anstrengung (vgl. das Vorbild des Selfmademan) und die Verehrung erfolgreicher Manager, wie sie vor allem in den USA anzutreffen ist, geht einmal auf die puritanische Ethik und zum andern auf sozialdarwinistische Ideen zurück, wonach nur die Fähigsten und Besten im Wettbewerb überleben (vgl. S. 534). Mangelnde empi-

---

Kräftefeld werden Vektoren und Valenzen als Determinanten des Verhaltens analysiert. *Lewin* überwindet insofern den damals dominierenden Behaviorismus, als er Verhalten nicht nur als bloße Reaktion auf Umwelt-Reize erklärt, sondern die Bedeutung der Wahrnehmung und Verarbeitung von Reizen durch die jeweilige Person in der erlebten Umwelt betont (s. a. S. 164 f.).

rische Evidenz eigenschaftstheoretischer Hypothesen sowie die Einbeziehung sozial-psychologischer Forschungsergebnisse führten zur Entwicklung einer **Situationstheorie der Führung** (situational approach), wonach Führerwahl und Führungserfolg nicht eine Funktion bestimmter Führungseigenschaften sind, sondern nur in Abhängigkeit eines situativen Kontextes, in dem Führer und Geführte interagieren, zu sehen sind. „Der Gedanke, es gäbe einen idealen, in allen Situationen erfolgreichen Führungsstil, ist insbesondere nach den Mißerfolgen der wissenschaftlichen Betriebsführung und der Human-Relations-Programme aufgegeben worden ... Die Auswirkung eines spezifischen Führungsverhaltens variiert von Situation zu Situation; es gibt keine idealen, immer und zu jeder Zeit erfolgreichen Führungspraktiken" (*Kunczik* 1972, S. 279).

Neben der weiten Verbreitung der situativen Ansätze in der Organisations- und Führungsforschung finden sich heute auch in vielen anderen Funktionsbereichen des Managements situative Forschungsansätze. „Der situative Ansatz ist nicht auf irgendeinen Bereich der Managementtheorie beschränkt. Er bedeutet vielmehr eine grundlegende, logische Denkweise, die in allen Bereichen der Managementtheorie (einschließlich Systementwicklung) angewandt wird, um eine systematischere und wissenschaftlichere Basis zum Umgang mit Fragen der Problemlösung, der Entscheidungsfindung und des Handelns in allen Managementbereichen zu bieten" (*Mockler* 1971, S. 150).

Im Zuge des Vordringens formalwissenschaftlicher Ansätze in der Managementlehre (OR, Informations- und Kommunikationstheorie, Systemtheorie, Kybernetik) und der starken Verbreitung systemtheoretischer Terminologie wurde der Ruf nach einer traditionelle und moderne formal- und verhaltenswissenschaftliche Ansätze integrierenden Superwissenschaft laut. Viele Fachvertreter glauben, diese in der **Allgemeinen Systemtheorie** gefunden zu haben. Der Anspruch dieser „General Theory", aus unterschiedlichen wissenschaftlichen Disziplinen stammende und von unterschiedlichen Wertvorstellungen getragene Forschungsansätze unter einem Dach (d. h. einer einheitlichen Terminologie und einer Methodologie folgend) integrieren zu wollen, führte zwangsläufig zu einer hohen Abstraktion von der Realität, Reduktion von Komplexität auf universell nachweisbare Kategorien und Formulierung wenig operationaler Aussagen mit geringem Informationsgehalt für alle Arten von Systemen (*Gaitanides/Oechsler/Remer/Staehle* 1975, *Mayntz/Ziegler* 1977). Diese in Abb. 1.7 angedeutete integrative Generalisierung durch die Allgemeine Systemtheorie kann mißverstanden werden. Die formalwissenschaftlichen und verhaltenswissenschaftlichen Ansätze sind durch die Systemtheorie keineswegs integriert worden, sondern sie haben sich weitgehend unabhängig voneinander weiterentwickelt und lediglich die Allgemeine Systemtheorie als formalen Bezugsrahmen aufgegriffen. (Ich verdanke diesen Hinweis *Kirsch* 1984, S. 390.) Die oben skizzierten Mängel der Systemtheorie als Ausgangspunkt und Bezugsrahmen organisationswissenschaftlicher Forschung und Lehre ließen verstärkt den Ruf nach differenzierten, konkreten

Gestaltungsempfehlungen in operationaler Form laut werden. Vor allem die Praxis konnte mit den generellen, abstrakten Aussagen der Systemtheorie wenig anfangen und arbeitete nach wie vor mit den traditionellen Organisations- und Führungsgrundsätzen. Diese unbefriedigende Situation wurde noch dadurch verstärkt, daß viele Wissenschaftler dem Ruf der Praxis nach Regeln, Prinzipien und Rezepten (z. B. Managementtechniken) allzu willfährig nachkamen, anstatt dem komplexen mehrdimensionalen Problembereich der Organisation von Unternehmungen mit einer differenzierten Analyse zu begegnen.

## 2. Entwicklung in den USA

### *a. Von der Generalisierung (Systemtheorie) zur Relativierung*

Zu jener Zeit (Mitte der 60er Jahre) entwickelte sich vor allem in den USA ein neuer situativer Forschungsansatz (Contingency Approach, Situational Approach), der die hohen Ansprüche der Allgemeinen Systemtheorie aufgab und versuchte, auf einem mittleren Abstraktionsniveau möglichst operationale Aussagen über die Beziehungsmuster zwischen organisatorischen und managerialen Einflußgrößen bezogen auf bestimmte Situationen zu formulieren.[30]

**Forschungsziel** ist die Relativierung der generellen traditionellen und systemtheoretischen Aussagen sowie die situationsadäquate Berücksichtigung formal- und verhaltenswissenschaftlicher Gestaltungsempfehlungen. Der Absolutheitsanspruch sogenannter Organisationstheorien wird auf seine empirische Fundierung und wissenschaftliche Tragfähigkeit hin überprüft. Bewährte Theoriebestandteile werden hinsichtlich der Prämissen zu ihrer Realisierung und hinsichtlich der Bedingungen der Gültigkeit in bestimmten Situationen relativiert und in Situationsmodelle bzw. **Quasi-Theorien mittlerer Reichweite** eingebracht (vgl. *Merton* 1968, *Pinder/Moore* 1980). Ein Situationsmodell erfaßt die allen Situationen gleichen Aspekte und gibt unter Berücksichtigung der Erkenntnisse aller einschlägigen Wissenschaften für unterschiedliche Ausprägungen der Situationsvariablen unterschiedliche Gestaltungsempfehlungen. In diesem Sinn ist ein solches Modell nicht nur pluralistisch, indem es möglichst alle relevanten Dimensionen (Variablen) zur Definition der Situation erfaßt, sondern es ist auch interdisziplinär, indem es die einschlägigen Forschungsergebnisse mehrerer traditionell getrennter Disziplinen integrativ verarbeitet.

---

[30] Vgl. den Überblick bei *Staehle* 1973b sowie die Buchveröffentlichungen *Burns/Stalker* 1961, *Chandler* 1962, *Woodward* 1965, *Sherman* 1966, *Fiedler* 1967, *Thompson* 1967, *Lawrence/Lorsch* 1969, *Perrow* 1970, *Hall* 1972, *Khandwalla* 1977, und die Artikel von *Carlisle* 1968, 1974, *Pugh/Hickson/Hinings/Turner* 1969, *Mockler* 1971,

Dieser Ansatz soll es ermöglichen, die „*richtigen*" Erkenntnisse der klassischen Organisationstheorien für konkrete Gestaltungsempfehlungen nutzbar zu machen.

Dabei ist die Nähe der situativen zu den historisch älteren **systemtheoretischen Ansätzen** in der Organisations- und Managementlehre nach wie vor unverkennbar. Dies wird vor allem in der Definition von *Kast/Rosenzweig* (1973, 1974)[31] deutlich: „Die situative Analyse von Organisationen und ihrem Management betrachtet eine Organisation als ein aus Subsystemen zusammengesetzes System, das durch identifizierbare Grenzen von seinem Umsystem (Umwelt) getrennt ist. Der situative Ansatz bemüht sich um ein Verständnis der Beziehungen sowohl innerhalb und zwischen Subsystemen als auch zwischen der Organisation und ihrer Umwelt; dabei strebt er nach einer Formulierung von Beziehungsmustern oder Variablensystemen. Er betont die multivariate Natur von Organisationen und versucht zu verstehen, wie Organisationen in bestimmten Situationen und bei sich ändernden Bedingungen handeln. Situative Ansätze laufen letztlich darauf hinaus, Empfehlungen für Organisationen und Management auszusprechen, die der jeweiligen Situation angemessen sind" (S. 21 und 505).

Aufgrund der Dynamik von Organisationen und Umwelt bestreiten sie die Möglichkeit, in den oben genannten Beeinflussungsbeziehungen Gesetzmäßigkeiten erkennen zu können; vielmehr kann man ihrer Meinung nach hier nur mit vermuteten Beziehungsmustern zwischen den Variablen arbeiten, die durch empirische Forschung korrigiert werden müssen. Das konzeptionelle Modell, das sie selbst zur Situationsanalyse anbieten (in Anlehnung an die Dichotomisierung von *Burns/Stalker* 1961, also ein dualistischer Ansatz) ist jedoch höchstens von klassifikatorischem Wert.

Die Nähe zum systemtheoretischen Denken wird auch von anderen Situationstheoretikern betont (z. B. *Luthans* 1976, *Carlisle* 1973, 1976), von denen die Leistung des *Systemansatzes* primär in der Analyse von Subsystemen, Systemen und Umsystemen und den Beziehungen zwischen ihnen auf hohem Abstraktionsniveau gesehen wird und die des *situativen Ansatzes* in der Synthese unterschiedlicher Konzepte und Modelle (mit der Gefahr des Eklektizismus) und deren pragmatischer Anwendung in konkreten Situationen. Dabei werden beide Ansätze komplementär und keineswegs als sich gegenseitig ausschließend behandelt; dennoch gewinnt man beim Literaturstudium den Eindruck, daß in jüngster Zeit die situativen Ansätze dominieren. Dies gilt nicht nur für die Funktionsbereiche Organisation und Führung, in denen die situativen Ansätze entwickelt wurden, sondern auch für die Planung, wo inzwischen auch von einer Kontingenztheorie gesprochen wird (vgl. Abschnitt 4 C).

---

*Shetty/Carlisle* 1972, *Luthans* 1973, *Hellriegel/Slocum* 1973, 1974, 1975, *Shetty* 1974, *Neilsen* 1974, *Hofer* 1975, *Luthans/Stewart* 1977, *Miller* 1981, *Schoonhoven* 1981.

[31] Der Untertitel der 3. Auflage lautet bezeichnenderweise ‚A Systems and Contingency Approach' (*Kast/Rosenzweig* 1979).

### *b. Situatives Denken im Spiegel der neueren Literatur*

Heute erscheint in den USA kaum ein Lehrbuch über Management, das nicht zumindest den Anspruch erhebt, situativ vorzugehen.[32] Auch die beiden Klassiker unter den **Textbüchern über Management** konnten und wollten sich dieser Entwicklung nicht verschließen. So lautete der Titel des Standardwerks von *Koontz/O'Donnell* in allen Auflagen von 1955 bis 1972: *Principles of Management: An Analysis of Mangerial Functions,* und ab 1976: *Management: A Systems and Contingency Analysis of Managerial Functions. Terry,* dessen ,Principles of Management' seit 1953 erscheinen, betont in der 7. Auflage 1977 ausdrücklich: „Attention is given to contingency management" (S. VI). In diesen und anderen (z. B. *Hicks/Gullett* 1975, *Dessler* 1976, *Thierauf/Klekamp/Geeding* 1977) Managementbüchern werden die Begriffe *,contingency'* und *,situational'* synonym benutzt, wobei *,contingent'* mit dem Bedeutungsgehalt ,abhängig von, bedingt durch' verwandt wird. Weniger gebräuchlich, aber treffend sind andere Bezeichnungen für situatives Management, wie ,it depends management', ,if–then approach', ,all depends approach'. Lediglich *Luthans* (1976 sowie *Luthans/Stewart* 1977) sehen einen deutlichen Unterschied zwischen Contingency Management und Situational Management.[33]

Ihrer Meinung nach stellt **Situational Management** (all depends approach) lediglich auf das Erkennen, Diagnostizieren und Analysieren von Situationen ab, an die sich Mangement und Organisation anpassen sollen, ohne dabei den Anspruch zu erheben, funktionale Beziehungen zwischen den relevanten Variablen identifizieren zu wollen. In der Tat entspricht die Masse der neueren Managementliteratur lediglich dieser Charakterisierung von Situational Management. So behaupten *Koontz/O'Donnell* (1976), effizientes Management sei schon immer situatives Management gewesen, und der praktizierende Manager müsse eben sein Handeln an die jeweilige Situation anpassen (ähnlich auch *Carlisle* 1973, *Hicks/Gullett* 1975, *Tosi/Carroll* 1976, *Terry* 1977).

**Contingency Management** (if-then approach) ist dagegen bedeutend anspruchsvoller, indem es sich nach *Luthans* (1976) um die Analyse funktionaler Beziehungen in Form von Wenn-dann Sätzen zwischen Umwelt-Variablen und bestimmten Managementkonzepten und -techniken unter Beachtung von Zielen bemüht (vgl. Abb. 1.8).

Umwelt-Variablen werden dabei in

- externe-generelle (z. B. ökonomische, politische),
- externe-spezielle (z. B. Kunden, Lieferanten) und
- interne (z. B. Organisationsstruktur, Technologie)

---

[32] Vgl. auch die Reader von *Kast/Rosenzweig* (1973), *Tosi/Hammer* (1974), *Hunt/Larson* (1974), *Newstrom/Reif/Monczka* (1975).

[33] Wenn ich bisher von einem situativen Ansatz der Managementlehre gesprochen habe, so entspricht dieser dem Contingency Management ,Luthans'. Die Begriffe ,situativer Ansatz' und ,Kontingenz-Ansatz' gebrauche ich synonym.

*Abb. 1.8:* Der Kontingenzansatz von *Luthans*

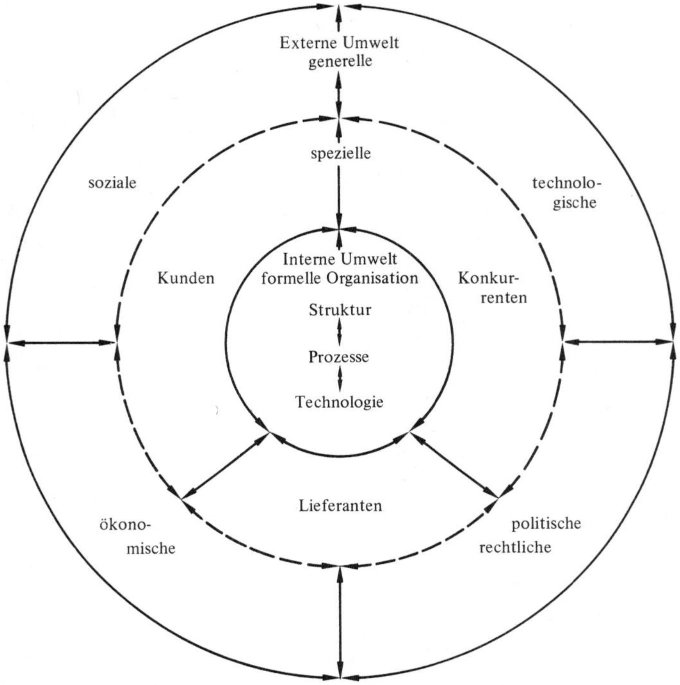


*Quelle: Luthans* 1976, S. 50

eingeteilt. Externe Variablen werden in dem konzeptionellen Bezugsrahmen von *Luthans* (S. 50) als unabhängige, interne als teils unabhängige teils abhängige Variablen und Managementkonzepte und -techniken als abhängige Variablen angesehen.

Dabei wird jeweils *eine* Umweltvariable mit *einer* abhängigen Variablen korreliert, dies, obwohl sich *Luthans* bewußt ist, daß in der Realität mehrdimensionale Beziehungen vorherrschen. *Luthans* entschuldigt dies mit erhebungstechnischen Problemen und bedauert insgesamt die geringe empirische Fundierung solcher ‚wenn – dann' Aussagen. Beachtenswert ist, daß er als einer der wenigen amerikanischen Situationstheoretiker (ebenso *Khandwalla* 1977, S. 277) nicht einem **situativen Determinismus** das Wort redet (wie etwa *Harlow/Hanke* 1975, *Terry* 1977), sondern ausdrücklich betont, daß die Umwelt nicht für die Wahl bestimmter Managementtechniken ursächlich verantwortlich ist (keine Kausalitäten), sondern daß das Management hier eine aktive (und nicht passiv-adaptive) Rolle spielt.[34]

---

[34] Vgl. auch die Kontroverse zwischen *Luthans/Stewart* 1977, 1978 und *Longenecker/Pringle* 1978 über die Chancen einer ‚General Contingency Theory' (GCT) of Management.

Auch *Carlisle* (1976) hat sich verstärkt dem Contingency Management (im Sinne *Luthans'*) zugewandt. Er geht von der klassischen funktionalen Einteilung des Managementprozesses aus, modifiziert aber die daran anknüpfenden Aussagen durch situative Analysen. Im Sinne einer Wenn-Dann-Analyse fragt er sich, unter welchen Bedingungen welche Managementkonzepte und -techniken angemessen anzuwenden sind. Der konzeptionelle Bezugsrahmen von *Carlisle* (vgl. Abb. 1.9) umfaßt vier Gruppen von externen Variablen (politische, technologische, soziokulturelle, ökonomische) und fünf interne Variablen (Technologie, Aufgabe, Menschen, Struktur, Zweck). Problematisch im Kontingenzansatz ist seiner Meinung nach die Tatsache, daß sich von Situation zu Situation

- die Valenz einzelner Variablen,
- die Interdependenz zwischen Variablen und
- die Einteilung in abhängige und unabhängige Variablen verändert.

*Abb. 1.9:* Der Kontingenzansatz von *Carlisle*

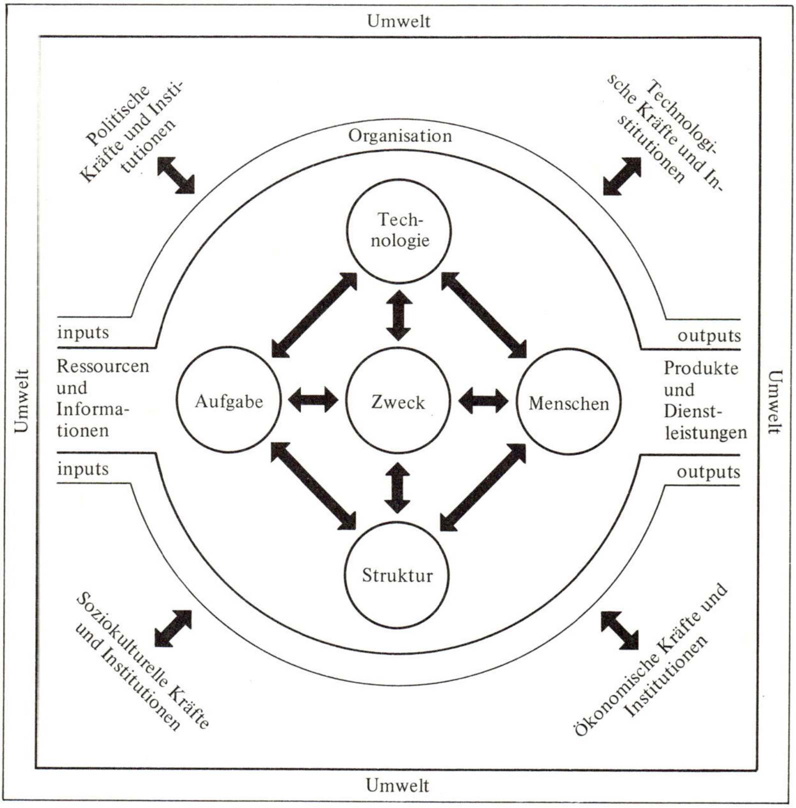


*Quelle: Carlisle* 1976, S. 61

Etwas mißverständlich spricht *Carlisle,* der stark von der Notwendigkeit des ‚*fit*‘[35] überzeugt ist, von den ‚needs of particular situations‘ (S. 19), als ob Situationen Bedürfnisse artikulieren könnten, denen das Management nachzukommen habe. Diese **Personifizierung von situativen Faktoren** die sich auch bei vielen anderen Autoren findet, ist für die weitere Entwicklung situativer Ansätze problematisch, insofern als sie Sachzwänge suggeriert, denen das Management keineswegs hilflos ausgesetzt ist. In letzter Konsequenz würde ein solch deterministischer Situationsansatz Managemententscheidungen völlig überflüssig machen, da ja die Situation entscheidet. Entsprechend werden von diesen Situationstheoretikern auch die Aufgaben des Managers umformuliert. Im Mittelpunkt steht jetzt die Aufgabe des Diagnostizierens, des Entzifferns (decipher) und Analysierens von Situationen und des situationsadäquaten Zuordnens von Managementkonzepten und -techniken (siehe auch *Michael* 1976).

Auch *Kast/Rosenzweig* (1974) argumentieren in dieser Richtung, wenn sie den Manager als Situations-Diagnostiker beschreiben (S. 515ff.). Richtig an diesen Vorstellungen ist, daß es für den Manager als Entscheider heute unerläßlich ist, seine konzeptionellen Fähigkeiten zu verbessern, um die Entscheidungssituation, in der er und seine Organisation sich befinden, besser verstehen zu können. Die Situationsanalyse kann ihn jedoch nicht von der Notwendigkeit und der Verantwortung eigener Entscheidungen entlasten.

*Mintzberg* (1979), ein weiterer Anhänger des Kontingenz-Ansatzes, hat die Literatur nach empirischen Belegen zur Effizienz situationsgerechter Strukturierung durchgesehen und unterscheidet daraufhin zwei unterschiedliche Hypothesen-Typen (S. 219ff.).

- **Kongruenz-Hypothese:** Die Strukturierung ist effektiv, wenn sich Kontingenzfaktoren und Gestaltungsparameter genau entsprechen (close fit).
- **Konfigurations-Hypothese:** Die Strukturierung ist effektiv, wenn eine interne logische Konsistenz zwischen den Gestaltungsparametern besteht.

*Mintzberg* integriert beide Aussagen-Typen zu der Hypothese: Effektive Strukturierung erfordert Konsistenz zwischen den Gestaltungsparametern und den Kontingenzfaktoren.

Obwohl die Art der Hypothesenformulierung auf einen situativen Determinismus bei *Mintzberg* schließen läßt, sieht er dennoch die intervenierende Wirkung der Managemententscheidung. Nicht die Kontingenzfaktoren selbst determinieren seiner Meinung nach Strukturen, sondern deren Wahrnehmung und Interpretation durch das Management.

*Mealiea/Lee* (1979) plädieren für eine Integration von Makro- (Größe, Technologie, Umwelt ↔ Struktur) und Mikrobetrachtung (Struktur ↔ Verhalten).

---

[35] ‚Fit‘ (passend) bzw. ‚misfit‘ (nicht passend) stellen zentrale Begriffe des situativen Ansatzes dar. Sie geben an, ob zwei Variablengruppen (z.B. Umwelt und Organisationsstruktur) sich in ihren Merkmalen entsprechen, ob sie übereinstimmen, oder nicht.

Dabei gehen sie von der Kongruenzhypothese aus und nehmen an, daß erfolgreiche Organisationen sowohl auf der **Makroebene** (Umwelt ↔ Struktur) als auch auf der **Mikroebene** (Struktur ↔ Verhalten) einen *‚fit'* aufweisen (vgl. auch Abb. 1.6). Der Beeinflussungsprozeß verläuft primär von der Umwelt über die Struktur auf das Verhalten; allerdings räumen *Mealiea/Lee* ein, daß auch eine umgekehrte Wirkungsrichtung möglich ist. Die Anpassung der Organisationsstruktur an die Umwelterfordernisse kann bei der letztgenannten Vorgehensweise nur sehr eingeschränkt erfolgen, da sie durch die individuellen Bedürfnisse der Organisationsmitglieder weitgehend vorbestimmt ist. Dieses grundlegende Problem der Organisationsstrukturierung, das *Schreyögg* (1981) deutlich herausgearbeitet hat, tritt prinzipiell bei den Bemühungen um eine Humanisierung der Arbeit auf, die mit dem Zwang zur Umweltanpassung in Zielkonflikt treten (vgl. Abschnitt 5 D II 2). Kongruenz auf der Mikroebene kann erzielt werden durch

- Mitarbeiterselektion,
- Mitarbeiterschulung und -entwicklung,
- Anpassung der Organisationsstruktur;

Kongruenz auf der Makroebene durch eine umweltadäquate Organisationsstrukturierung.

## 3. Entwicklung in Deutschland

In der deutschsprachigen Literatur wurde schon frühzeitig von *Ulrich* (1971 b) für die Managementlehre die Forderung erhoben, sie solle eine Verbindung zwischen typischen Problemsituationen, wie sie sich in der Praxis stellen, und den bekannten Methoden der Problemlösung und Entscheidungsfindung herstellen. Das gesamte Managementwissen müsse problem- und situationsadäquat aufbereitet werden, damit der Manager in der jeweiligen Führungssituation zu den dafür geeigneten Lösungsansätzen greifen und sich entsprechend situationsgerecht verhalten könne. Zur gleichen Zeit berichtete ich (*Staehle* 1971 a und später ausführlicher 1973 b) über die Entwicklung zum situativen Denken im anglo-amerikanischen Raum. Damals hatte ich die vorliegenden Managementansätze, speziell die erkennbaren Theorien der Organisation und Führung, in monistische, dualistische und pluralistische Ansätze eingeteilt, eine **Klassifikation,** die mir auch heute noch sinnvoll erscheint.

a. **Monistische Theorien** nenne ich solche Aussagensysteme, die z. T. Anspruch auf empirisch-kognitiven Gehalt erheben und entsprechend ihrem selbstgestellten praxeologischen Auftrag allgemeingültige Gestaltungsregeln in der Organisation und Führung anbieten. Solche Theorien heißen monistisch, weil sie lediglich einen Teilaspekt des Untersuchungsgegenstandes idealtypisch[36] isolieren. In diesem abgegrenzten Erkenntnisbereich gelingt es bei meist impliziter Verwendung geeigneter Ceteris-paribus-Bedingungen, empirisch zu bestätigende Aussagen zu finden, was bei der Beschränktheit des Ansatzes kein Wunder ist. Gefährlich wird es, wenn diese Theorien in ihrem normativen Bereich die wegen der z.T. realitätsfernen Prämissen oder den zuvor erwähnten realitätsentfremdenden Ceteris-paribus-Bedingungen nur partiell gültigen Handlungsweisen für allgemeingültig erklären, d.h. übergeneralisieren (z.B. Managementprinzipien, Organisationsgrundsätze).

b. **Dualistische Theorien** nenne ich solche Aussagensysteme, die dichotom zwei idealtypische[36] Modelle der Organisation und Führung gegenüberstellen. Die Autoren solcher Theorien entwickeln zwei gegensätzliche Idealtypen zur Beschreibung des Verhaltens von sozio-technischen Systemen sowie der Menschen in ihnen und um sie herum. Autoren dualistischer Ansätze sehen die polaren Modelle als Extrema eines Kontinuums und empfehlen entweder bei unterschiedlichen Entscheidungssituationen Entscheidungsmodelle, die mehr zum einen oder anderen Extremtyp tendieren, oder sie empfehlen eines der beiden kontrastierten Modelle zur allgemeinen Anwendung in allen Situationen.

c. **Pluralistische Theorien** nenne ich solche Aussagensysteme, die von einem mehrdimensionalen, interdisziplinären, situativen Ansatz ausgehen und dabei bewährte Theoriebestandteile aus monistischen und dualistischen Ansätzen situativ relativiert aufnehmen. Insofern ist die Vorgehensweise eklektisch. Aussagen über funktionale oder kausale Zusammenhänge zwischen den Variablen des Modells nehmen die Form von Hypothesen an, die ihre erste empirische Bewährung schon bestanden haben. Sofern empirische Belege vorliegen, werden auch Hypothesen über die Effizienz alternativer Gestaltungsmaßnahmen aufgestellt.

1974 erscheint dann die Organisationslehre von *Hill/Fehlbaum/Ulrich*, die die Notwendigkeit eines situativen Ansatzes für eine kaum noch strittige Tatsache halten. Problematisch erscheinen ihnen indessen vor allem noch die Abgrenzung und Bestimmung der relativen Bedeutung von Situationskomponenten sowie deren Operationalisierung und empirische Erfassung; dies stellen auch heute noch zentrale Probleme in situativen Ansätzen dar.

Das Organisationsproblem besteht ihrer Auffassung nach darin, daß bestimmte **Ziele** unter Berücksichtigung situativer **Bedingungen** mittels einer Kombination organisatorischer **Instrumente** erreicht werden können. Entsprechend konzeptualisieren sie drei große Variablengruppen: **Ziele, Instrumente** und **Bedingungen,** zwischen denen vielfältige Beziehungen bestehen.

Jeweils zwei Variablen werden in einem *je ... desto* Satz in Beziehung gebracht; auf diese Weise bilden sie insgesamt 45 nicht-constraintspezifi-

---

[36] Hierbei ist zu beachten, daß idealtypische Modelle per definitionem nicht direkt für konkrete Entscheidungen anwendbar sind.

*Abb. 1.10:* Organisatorische Idealtypen

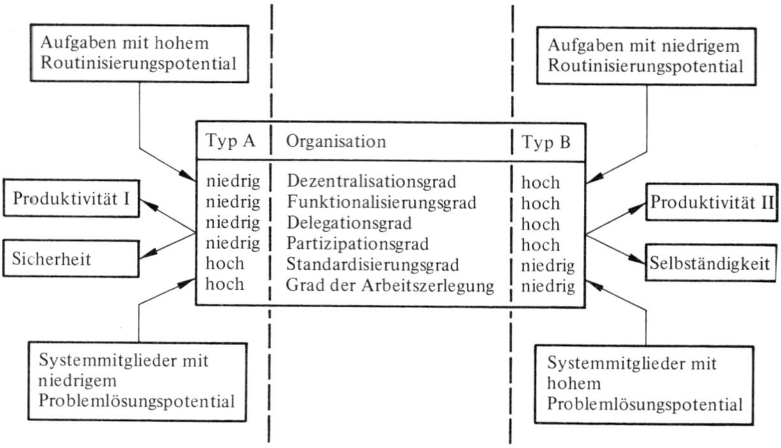


*Quelle: Hill/Fehlbaum/Ulrich* 1976, S. 397

sche[37] Sätze, z.B. je höher die angestrebte Selbständigkeit (= Ziel), desto höher der erforderliche Partizipationsgrad (= Instrument), und 40 constraintspezifische[37] Sätze, z.B. bei einer Typ A-Constraintkonstellation (= Bedingungen) gilt: Je höher die angestrebte Sicherheit, desto höher die angestrebte sozio-emotionale Rationalität.

Die Autoren unterscheiden zwischen

- *instrumenteller Rationalität* mit den Komponenten (vgl. Abb. 1.10)
  - Produktivität I (hohe Sicherheit durch routinisiert ablaufende Systemprozesse)
  - Produktivität II (hohe Flexibilität und Anpassungsfähigkeit) und
- *sozio-emotionaler Rationalität* mit den Komponenten
  - Sicherheit für die Organisationsmitglieder durch exakte und klare Aufgaben- und Rollendefinitionen
  - Selbständigkeit für die Organisationsmitglieder durch Schaffung großer Handlungsspielräume.

Die Fülle möglicher Bedingungskonstellationen, als Ausprägungen der Situationskomponenten Größe, Umwelt, Technologie, Berufscharakteristika und sozio-kultureller Hintergrund der Organisationsmitglieder, wird von *Hill/Fehlbaum/Ulrich* (1976) – in der Tradition dualistischer Ansätze – auf zwei idealtypisch konstruierte Constraintkonstellationen reduziert, einen **Situationstyp A** (entspricht dem mechanistischen System nach *Burns/Stalker*) und

[37] Constraints ≙ Bedingungen; wesentliche Einflußfaktoren, welche die organisatorischen Lösungsmöglichkeiten einschränken und im Rahmen des Organisierens nicht verändert werden können.

einem **Situationstyp B** (entspricht dem organischen System; vgl. Abb. 1.10). (Zum mechanistischen und organischen System vgl. Abb. 5.32 auf S. 476.)

Bei dem Ansatz von *Hill/Fehlbaum/Ulrich* handelt es sich um ein **axiomatisches Modell** mit sehr beschränktem Erklärungswert. Aus vorgegebenen Je-Desto-Sätzen (Postulate) werden axiomatisch neue Beziehungen abgeleitet, die Hinweise für eine rationale Gestaltung von Organisationen unter angenommenen Bedingungen geben sollen. Die Autoren verzichten auf eigene deskriptive Studien und empirische Erhebungen und beschränken sich auf eine logisch-analytische Systematisierung von Beziehungen zwischen organisatorischen Variablen, wobei auch Ergebnisse fremder empirischer Studien an geeigneten Stellen einfließen. Problematisch erscheinen im Lichte des heutigen Erkenntnisstandes die statische Definition der Organisationssituation als der Summe der herrschenden Bedingungen (Daten) (S. 320) und die Annahme, daß die Situationskomponenten Aufgaben- und Personenconstraints *determinieren,* wobei jedoch unbekannte Restgrößen (sog. ,,andere" Faktoren) noch eine möglicherweise entscheidende Rolle spielen.

*Ulrich/Fluri* (1975) übertragen den situativen Ansatz, wie er von *Hill/Fehlbaum/Ulrich* für die Organisationslehre angewandt wurde, auf die gesamte **Managementlehre,** versteigen sich dabei allerdings zu einem neuen Absolutheitsanspruch. ,,Das einzige absolut gültige Prinzip eines solchen (Management-)Konzepts lautet: Richtiges Denken = situatives Denken" (S. 19).

Differenzierter urteilt *Rühli* (1978), indem er die Verallgemeinerungsfähigkeit von Führungsmaßnahmen lediglich dann ausschließt, wenn die Bestimmungsfaktoren des Führungsprozesses voneinander abweichen. Damit deutet

*Abb. 1.11:* Einflußgrößen des Führungsprozesses

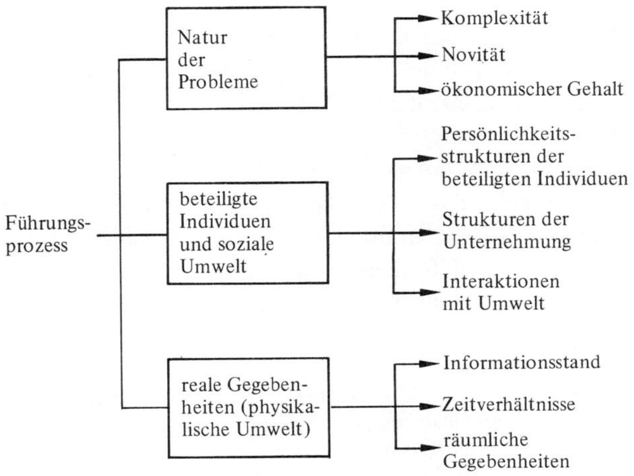


*Quelle: Rühli* 1978, S. 28

er implizit die Möglichkeit der Bildung homogener Situationsklassen an. Als die wichtigsten Einflußgrößen des Führungsprozesses nennt er die in Abb. 1.11 (S. 95) dargestellten Determinanten.

Auch *Bleicher/Meyer* (1976) plädieren für eine situationsspezifische Gestaltung der Unternehmensführung im allgemeinen und eine kontext- und situationsadäquate Auswahl von Führungsformen, -modellen und Strukturalternativen im besonderen. Als kontext- und situationsadäquat qualifizieren sie dabei eine Entscheidung, die den Bedingungen der Handlungssituationen am besten entspricht und gleichzeitig zur Gesamtzielerfüllung (wirtschaftliche und sozio-emotionale Rationalität) beiträgt. Die Erkenntnisse der Kontexttheorie der Organisation und Führung sollen für diesen Selektionsprozeß die Wissensbasis liefern. **Kontexttheorien** sind nach Ansicht der Autoren solche Aussagensysteme, welche die Kontextvariablen, die den Bedingungsrahmen bilden (= Definition der Handlungssituation), explizit berücksichtigen. **Kontingenztheorien** beschäftigen sich dann nach Ansicht der Autoren mit einem Teilgebiet der Kontexttheorien, nämlich mit der Ungewißheit von Kontextvariablen (S. 80).[38] Diese etwas eigenwilligen Abgrenzungsversuche werden noch ergänzt durch die in der Literatur[39] ungebräuchliche Differenzierung zwischen Kontextfaktoren (der extrasystemischen Umwelt) und situativen Faktoren (der intrasystemischen Umwelt).

Ähnlich wie *Hill/Fehlbaum/Ulrich* stehen *Bleicher/Meyer* vor dem Dilemma, daß für eine sinnvolle Auswahlentscheidung über Führungsformen und -modelle empirisch gehaltvolle, gesicherte Aussagen über die Wirkung solcher Gestaltungsalternativen vorliegen müßten, heute aber nur vereinzelt nicht generalisierbare Hypothesen auf relativ niedrigem Bestätigungsniveau zur Verfügung stehen. Daraus ziehen die Autoren die Konsequenz, sich bei Situationsmodellen auf wenig bestätigte Annahmen aus umfassenden verhaltenswissenschaftlichen Theorieansätzen und auf induktiv gewonnene Plausibilitätsannahmen zu stützen.

*Kieser/Kubicek* (1976) kommen zu einem anderen Schluß. Zum einen formulieren sie den Anspruch des situativen Ansatzes enger, indem sie von der Annahme ausgehen, „daß Unterschiede zwischen den Strukturen verschiedener Organisationen zumindest *zum Teil* darauf zurückzuführen sind, daß sich die Organisationen in unterschiedlichen Situationen befinden ..." (S. V), und zum anderen plädieren sie dezidiert für eine empirische Orientierung. Zusammenhänge zwischen den drei Gruppen von Variablen **Situation** (oder Kontext) der Organisation, formale **Organisationsstruktur** und **Verhalten** der Organisationsmitglieder sollten auf der Basis empirischer Forschung ent-

[38] *Kubicek* (1975 a) übersetzt ‚Contingency Theory' mit Bedingtheitstheorie und trifft damit den Bedeutungsgehalt von ‚contingency' als Bedingtheit, Abhängigkeit von bestimmten Faktoren oder Dimensionen der Situation.

[39] In der deutschsprachigen Literatur werden die Konstrukte ‚*Situation*' und ‚*Kontext*' weitgehend synomym verwandt.

deckt werden. Zur Konzeptualisierung und Operationalisierung der Variablen **,Situation'** schlagen sie einen Katalog von 13 Dimensionen (Hauptkomponenten) der Situationen vor (S. 191):

**Dimensionen der internen Situation**

- *Gegenwartsbezogene Faktoren*
  Leistungsprogramm
  Größe
  Fertigungstechnologie
  Informationstechnologie
  Rechtsform und Eigentumsverhältnisse
- *Vergangenheitsbezogene Faktoren*
  Alter der Organisation
  Art der Gründung
  Entwicklungsstadium der Organisation

**Dimensionen der externen Situation**

- *Aufgabenspezifische Umwelt*
  Konkurrenzverhältnisse
  Kundenstruktur
  Technologische Dynamik
- *Globale Umwelt*
  Gesellschaftliche Bedingungen
  Kulturelle Bedingungen

Dabei betonen sie (S. 184), daß sie unter dem Situationsansatz ein offenes Konzept verstehen, d. h. daß im Grunde alle Faktoren, die zum Verständnis der Unterschiede von Organisationsstrukturen beitragen, zu Dimensionen der Situation werden.[40] Zur Beschreibung der Variablen **,formale Organisationsstruktur'** arbeiten sie – in Anlehnung an das Aston-Konzept (*Pugh/Hickson* 1976) – mit einem Katalog von fünf Hauptdimensionen (S. 49):

- Spezialisierung
- Koordination
- Konfiguration
- Entscheidungsdelegation (Kompetenzverteilung)
- Formalisierung

Zur Erfassung der Variablen **,Verhalten der Organisationsmitglieder'** (= Reaktionen auf offizielle Verhaltensvorschriften) unterscheiden sie – gestützt auf soziologische Rollenkonzepte – acht Verhaltensdimensionen (S. 335):

---

[40] Ähnlich reden *Bleicher/Meyer* (1976, S. 29) von der unendlichen Vielfalt von Einflußfaktoren der Situation. Um diese unbegrenzte Variabilität von Handlungssituationen auf ein praktikables Maß zu reduzieren, muß m. E. eine der wichtigsten zukünftigen Aufgaben situativer Forschungsbemühungen in der Bildung von Problemklassen und Situationstypologien bestehen.

- tatsächliches Verhalten
  wahrgenommene Konformität
  wahrgenommene Innovationsfreudigkeit
  Konfliktintensität
- kognitives Verhalten (Einstellungen und Meinungen)
  Nonkonformitätsneigung
  Innovationsneigung
  Empfundene Befähigung zur Aufgabenerfüllung
  Empfundene Arbeitszufriedenheit
  Präferenz für eine abwechslungsreiche Tätigkeit

Bei der Suche nach empirisch bewährten Hypothesen über die Beeinflussungsbeziehungen zwischen Situation, Organisationsstruktur und Verhalten stoßen die Autoren auf eine Reihe z. T. äußerst widersprüchlicher empirischer Ergebnisse; sie konnten bis dato keine Studie finden, die auch nur annähernd die in ihrem Bezugsrahmen enthaltenen Variablen adäquat abbildet. Das Ausmaß an reduzierter Varianz ist völlig unzureichend. Die Arbeit von *Kieser/Kubicek* macht darüber hinaus deutlich, wie schwierig und problematisch es ist, einen neuen Ansatz – eben den situativen – bei erklärtermaßen wenig eindeutigen empirischen Belegen einem Lehrbuch der Organisation zugrundezulegen.

Einen ähnlichen, ebenfalls am Aston-Konzept angelehnten Bezugsrahmen wie *Kieser/Kubicek* verwenden *Hoffmann* und seine Mitarbeiter (1980) im Rahmen einer empirischen Untersuchung in deutschen und US-amerikanischen Organisationen, deren Ergebnisse inzwischen (1984) publiziert sind. In einem ersten Band (*Hoffmann* 1980) wird eine Darstellung des Standes und der Entwicklung situativer Organisationsforschung im allgemeinen und eines theoretischen Bezugsrahmens im besonderen gegeben. Dieser zeichnet sich zum einen dadurch aus, daß der **Unternehmungsstrategie,** die zwischen externen und internen Kontextfaktoren und den Unternehmungszielen einerseits und der Organisationsstruktur andererseits vermittelt, besondere Bedeutung zuerkannt wird (vgl. auch *Child* 1972); zum andern werden neben den Strukturformen zwar auch das Führungs-, Entscheidungs- und Informationsverhalten, die Motivation und das Konfliktverhalten (Verhaltensformen) als abhängige Variablen in den Bezugsrahmen aufgenommen, ihre Operationalisierung und Messung bleiben jedoch weitgehend unklar. Da auch die Unternehmungsstrategie in Anlehnung an *Rumelt* (1974) sehr eng (als Diversifikationsstrategie) gefaßt wird, erweckt auch der Bezugsrahmen *Hoffmanns* den Anschein, daß hier eine deterministische, quasi-mechanistische Variante des stiuativen Ansatzes gewählt wurde.

## 4. Kritik an klassischen situativen Ansätzen

Zusammenfassend läßt sich festhalten, daß sich situative Ansätze in der Managementlehre in den letzten Jahren international[41] auf breiter Ebene durchgesetzt haben. Dabei sind jedoch kritische Stimmen nicht ausgeblieben.[42] Sie befassen sich vor allem mit folgenden **Schwächen des Ansatzes,** so wie sie sich bislang in der Wissenschaftspraxis gezeigt haben:

- Die von verschiedenen Autoren vorgeschlagenen konzeptionellen Bezugsrahmen divergieren noch zu stark; sie weisen noch zu wenig Gemeinsamkeiten auf.
- Die Entwicklung konzeptioneller Bezugsrahmen wird dadurch erschwert, daß eine Vielfalt unterschiedlicher Begriffe zur Beschreibung empirischer Phänomene benutzt wird (wie z. B. im Falle der Variablen ‚Technologie' oder ‚Umwelt') und daß diese Beschreibungsaspekte von Autor zu Autor immer wieder geändert werden. Dies gilt auch für die verwendeten Effizienzmaße. Je disaggregierter diese sind, desto weniger entsprechen die empirischen Ergebnisse den im situativen Bezugsrahmen formulierten Annahmen.
- Bei der Beschreibung und Erfassung der Randbedingungen (Kontextfaktoren) ergibt sich das Problem, daß diese statistisch nicht unabhängig voneinander sind, und keine bedingten Wahrscheinlichkeiten berechnet werden können.
- Eindimensionale Kausaltitätsannahmen spiegeln nicht die Komplexität der Beeinflussungsbeziehungen wider und können zu falschen Schlußfolgerungen führen.
- Situative Ansätze sind bislang auf querschnitthafte Organisationsvergleiche beschränkt. Es fehlen noch Längsschnittuntersuchungen.
- Situative Ansätze sind strukturell-statisch, ahistorisch und damit wenig geeignet zur Erklärung dynamischer Phänomene der Organisationsentwicklung. So besteht z. B. zwischen Situationsänderungen und Strukturänderungen ein z. T. erheblicher time lag. Grundsätzlich werden nur die in der Realität vorfindbaren Organisationsstrukturen untersucht; diese werden aber nicht in ihrer historischen Relativität begriffen, und damit bleiben Ansätze zu ihrer konstruktiven Überwindung ausgeklammert.

---

[41] Vgl. auch die deutschsprachigen Beiträge zum situativen Ansatz: *Staehle* 1971, 1973, 1976a, b, 1977a, b; *Müller* 1973; *Kieser* 1974a, b; *Kieser/Kubicek* 1976, 1978; *Bruns* 1977; *Müller/Hill* 1977; *Mayntz* 1977; *Menzl* 1977; *Schreyögg* 1978, *Kubicek* 1980, *Kieser* 1981.

[42] Vgl. *Child* 1970; *Korman* 1973; *Gvisiani* 1974; *Korman/Tanofsky* 1975; *Moberg/Koch* 1975; *Pennings* 1975; *Kubicek* 1975a; *Kieser/Kubicek* 1976, 1983; *Wooton* 1977; *Menzl* 1977; *Klages* 1977; *Schreyögg* 1978; *Gasparini* 1978; *Longenecker/Pringle* 1978; *Millar* 1978; *Hrebiniak* 1978; *Kubicek* 1980; *Azura/Mansfield* 1981; *Schoonhoven* 1981; *Miller* 1981.

- Situative Ansätze überwinden zwar den theoretischen Universalismus, es gelingt ihnen aber aufgrund ihres eklektischen Charakters nicht, die grundsätzlichen Defizite der klassischen, neoklassischen aber auch modernen Ansätze zu überwinden.[43] Situative Ansätze führen darüber hinaus zu einem situativ relativierten strukturellen Determinismus.
- Situative Ansätze können somit zur Rechtfertigung von status quo Strukturen herangezogen werden (Zementierung bestehender Verhältnisse), denn bestimmte Situationen erfordern bestimmte Strukturen ‚zwangsläufig'.
- Das Erkenntnisinteresse situativer Ansätze ist die Gestaltung wirtschaftlich effizienter Organisationsstrukturen. Menschliche Bedürfnisse werden nur insoweit berücksichtigt, wie sich ihre Beachtung positiv auf die Erreichung wirtschaftlicher Ziele auswirkt. Sozialreformerische Absichten lassen diese Konzeptionen des situativen Ansatzes nicht erkennen.

Gerade der Vorwurf des situativen **Determinismus** und damit zusammenhängend dessen Instrumentalisierung zur Rechtfertigung bestehender (z. T. inhumaner) Verhältnisse erscheint mir besonders schwerwiegend, da hiermit *alle* situativen Ansätze Gefahr laufen, ungerechtfertigt diskreditiert zu werden. In der Tat haben vor allem solche Ansätze, die der Idee des ‚*fit*' (goodness of fit, matching, consistency), des nahtlosen Passens von Kontextvariablen, Strukturvariablen und Personenvariablen, anhängen (z. B. *Woodward* 1958, *Lawrence/Lorsch* 1969, *Lorsch/Morse* 1974, *Morse* 1975) zu dem Positivismus- und Determinismusvorwurf Anlaß gegeben. Sie werden aufgrund der als deterministisch angenommenen Wirkung der Umwelt auf die Organisationsstruktur von *Kubicek* (1980) zutreffend als quasi-mechanistisch bezeichnet. Die Einbeziehung von Effizienzüberlegungen unterscheidet die mehr betriebswirtschaftlich orientierten situativen Ansätze von den organisationssoziologischen. Erst durch das technologische Interesse, ausgehend von empirisch gefundenen Übereinstimmungen zwischen Kontext und Struktur durch entsprechende Organisationsgestaltung die Effizienz zu steigern (Kongruenz-Effizienz-Hypothese), entstand das Dilemma des situativen Determinismus mit den bekannten Gefahren naturalistischer Fehlschlüsse.

In der primitivsten Form behaupten situative Ansätze in ihrem Erklärungsbereich kausale Abhängigkeiten zwischen unabhängigen und abhängigen Variablen (= situativer Determinismus). Versuche, die ‚black box' aufzuhellen, lassen die realitätsferne Hypothese zweckrationalen Verhaltens von Entscheidern fallen und gehen vom kommunikativen, absichtsgeleiteten Handeln aus. **Nicht die Situation oder der Kontext entscheidet, sondern die hierfür legitimierten Manager einer Organisation.**

An diese Überlegungen knüpfen neuere situative Ansätze an.

---

[43] Dies wird in der Abb. 1.7 auf S. 83 deutlich, die die situativen Ansätze als vorläufigen Endpunkt der Entwicklung der Organisationstheorien ausweist.

Die kritisierte Vorgehensweise entspricht folgendem behavioristisch orientierten ‚black box'-Modell:

*Abb. 1.12:* Situativer Ansatz als ‚black box'-Modell

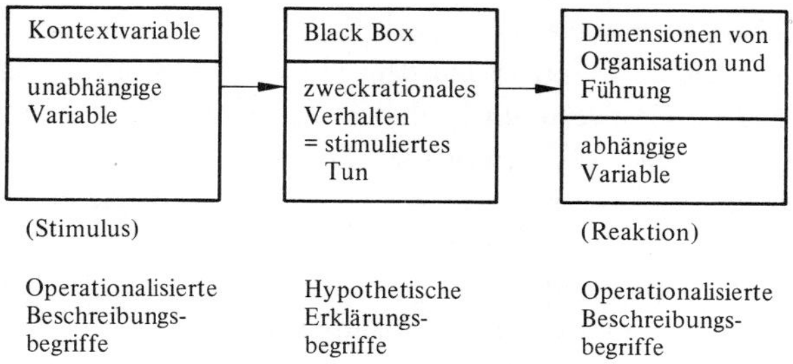


*Quelle: Staehle* 1979b, S. 221

## 5. Verhaltenswissenschaftliche situative Ansätze

Schon *Chandler* hatte 1962 auf die entscheidende Bedeutung der strategischen Entscheidungen des Managements für strukturelle Maßnahmen überzeugend hingewiesen (ebenso *Miles/Snow* 1978). Demnach gilt: ‚structure follows strategy' und nicht ‚structure follows context/situation'. Zwischen der Wenn-Komponente (Kontext, Dimensionen der Situation) und der Dann-Komponente (Struktur, Dimensionen der Organisation und Führung) steht in der Realität das absichtsgeleitete, kommunikative (und nicht behavioristisch reaktive) Handeln von Managern. Dieser entscheidende Einflußfaktor wird in der neueren situationsorientierten Literatur als ‚strategische Wahl' (*Child* 1972), ‚Managementtheorie' (*Miles* 1975, *Miles/Snow* 1978) ‚Management-Macht' (*Gasparini* 1978), ‚strategic variables' (*Khandwalla* 1977), ‚Organisationsphilosophie' (*Kubicek* 1976), ‚Managerial Discretion' (*Montanari* 1978) oder ‚Decision-Maker Choice' (*Bobbit/Ford* 1980) abgehandelt (vgl. auch *Mayntz* 1977). Kennzeichnend für diese Ansätze ist, daß sie mehr oder weniger versuchen, die Entscheidungsspielräume der Organisatoren explizit einzubeziehen und verhaltenswissenschaftlich zu fundieren. Da sich gleichzeitig das Forschungsinteresse von der Umwelt-Struktur-Beziehung auf die **Struktur-Verhalten-Beziehung** verlagert[44], sollen diese situativen Ansätze als *verhaltenswissenschaftlich* bezeichnet werden.

Diese verhaltenswissenschaftliche Neuorientierung situativer Ansätze hat **forschungsstrategische Konsequenzen.** Die Bedeutung großzahliger Quer-

[44] Dies belegt z. B. die zunehmende Beachtung, die das verhaltenswissenschaftliche Konzept des Organisationsklimas in jüngster Zeit erfährt (vgl. Abschnitt 5 E).

schnittsanalysen, gestützt auf breit erheb- und meßbare Daten und deren statistische Bearbeitung, die Konzentration auf Hypothesenprüfung und das Starren auf statistische Signifikanz werden zugunsten der schwerer zugänglichen, aber verhaltensbestimmenden sozialpsychologischen Faktoren in Handlungssituationen sowie deren Verfolgung und verstehende Analyse im Zeitablauf (Längsschnittanalyse) zurücktreten.

Dem Positivismusvorwurf ist mit dem Hinweis entgegenzutreten, daß situationsbezogene Gestaltungsmaßnahmen nicht zur Bewältigung vergangener, sondern zur Beherrschung gegenwärtiger und – mehr noch – zukünftiger Situationen entwickelt werden. Das verbietet eine einfache Hochrechnung vergangener bzw. gegenwärtiger Situationsvariablen in die Zukunft und deren Hinnahme als unveränderbare Daten, was einem den status quo lediglich fortschreibenden Theorie-Praxis Verständnis entsprechen würde. Situative Ansätze sollten zu einer Problematisierung der Situationsvariablen selbst führen und den Versuch einer Beeinflussung der Entwicklung (u. a. mit Hilfe von Konzepten der Organisationsentwicklung) in Richtung auf eine erwünschte zukünftige Situation beinhalten. In diesem Fall wird der normative Gehalt situativer Gestaltungsempfehlungen explizit und sollte als solcher auch deutlich ausgewiesen werden. Die vermehrt verhaltenswissenschaftliche Fundierung situativer Ansätze sollte jedoch keinesfalls zu einer Reduktion von Erklärung auf individuelles Verhalten und somit analog etwa zur Human Relations-Bewegung zu einer Abstraktion von realen gesellschaftlichen und organisationalen Verhältnissen führen (vgl. S. 30). Einen in diesem Sinne geeigneten, wenn auch noch sehr allgemeinen Bezugsrahmen zur Verknüpfung gesellschaftlich-ökonomischer und verhaltenswissenschaftlicher Einflußfaktoren hat *Kubicek* (1980) vorgelegt (s. a. *Kieser/Kubicek* 1983, S. 369ff.).

*Kubicek* (1980) kritisiert, daß die betriebswirtschaftliche Organisationslehre mit dem Versuch der Erklärung von Strukturunterschieden den ersten Schritt vor dem zweiten tut. Für eine Beantwortung der Frage nach den relevanten Situationsfaktoren und der ihnen adäquaten Organisationsstrukturen müssen zunächst „in einem ersten Schritt aufgrund einer gesellschaftlich-historischen Analyse die Gemeinsamkeiten bestehender Organisationsstrukturen erklärt werden" (S. 43). Personalistische und strategieorientierte situative Ansätze können demnach das „Gestaltungssystem", dem sie eine zentrale Rolle zubilligen, nicht losgelöst von den gesellschaftlichen Verhältnissen untersuchen. „Organisationen werden vom Menschen unter den jeweils bestehenden gesellschaftlichen Bedingungen geschaffen und dienen in unterschiedlichem Ausmaß der Aufrechterhaltung dieser Bedingungen. Auf jedweden Fall spiegeln sie diese Bedingungen und die Auseinandersetzung um sie in ihrem Innenverhältnis wider" (S. 43). Da von einer grundsätzlichen Existenz von **Organisationsspielräumen** ausgegangen werden kann, muß das Gestaltungssystem in jedem Fall in ein Modell der Organisation einbezogen werden. Der vorhandene Organisationsspielraum wird vor allem durch in der Vergangenheit getroffene, strukturbezogene Entscheidungen begrenzt. An diese Grundidee knüpft *Kubicek* zwei Stufenmodelle der begrenzten Wahl von Begrenzungen strukturbezogener Wahlmöglichkeiten durch die dominierende Koalition an.

In einer *ersten Stufe* werden die für eine Organisation konstitutiven Entscheidungen getroffen, die nur sporadisch anfallen (*Staehle* 1983). *Kubicek* hebt die folgenden vier Entscheidungsbereiche besonders hervor:

- Das Sachziel oder die Domäne der Organisation.
- Das Formalziel, das für Organisationen in kapitalistisch-marktwirtschaftlichen Systemen zumeist die Form der langfristigen Gewinnmaximierung annimmt.
- Die Organisationsverfassung als legale innere Herrschaftsordnung.
- Die Sozialstruktur der Organisation, die insbesondere die Verteilung von Qualifikationen, Werten und Normen widerspiegelt.

Diese Entscheidungen können nicht unabhängig voneinander getroffen werden. Von besonderer Bedeutung ist für *Kubicek* die Entscheidung über die Organisationsverfassung, von der die Wahl der Sach- und Formalziele abhängt und die durch die formale Organisationsstruktur konkretisiert wird. Für die Organisationsverfassung wie für die anderen konstitutiven Entscheidungen besteht eine Wahlmöglichkeit, die jedoch aufgrund gesellschaftlich-ökonomischer Bedingungen begrenzt ist. *Kubicek* spricht daher von einer **begrenzten Wahl** hinsichtlich der eine Organisation konstituierenden Entscheidungen.

Auf einer *zweiten Stufe* implizieren diese konstitutiven Entscheidungen Begrenzungen für nachfolgende Entscheidungen, die Vorgabe von Leistungsstandards, die Entwicklung einer Strategie, die Schaffung einer Organisationsstruktur und den Einsatz des Personals betreffend. In der Abb. 1.13 kommen die Begrenzungen auf dreierlei Weise zum Ausdruck (*Kubicek* 1980, S. 46f.):

1. Grundsatzentscheidungen über die vier konstitutiven Elemente (Formalziel, Verfassung, Sozialstruktur, Domäne) eröffnen vier Korridore als Felder zulässiger Entscheidungen.
2. Diese Korridore überschneiden sich und begrenzen somit ein Feld überschneidungsfreier Wahlmöglichkeiten (gestricheltes Achteck).
3. Innerhalb dieses Achtecks werden dann unter Beachtung von Interdependenzen zwischen den Entscheidungsgegenständen und von bestimmten Effizienzgesichtspunkten Wahlen hinsichtlich der Strategie, Leistungsstandards, Organisations- und Personalstruktur getroffen.

„Die Aufgabe der Organisationsforschung kann dann allerdings kaum noch darin bestehen, eindeutige Gesetzmäßigkeiten zu ermitteln. Ein realistisches Ziel ist vielmehr in der Identifizierung typischer Entscheidungssequenzen und der dabei geschaffenen Restriktionen für die jeweiligen Folgeentscheidungen zu sehen. Entsprechende Untersuchungen ermöglichen dann auch die Rückverfolgung solcher Sequenzen und das Aufzeigen von Spielräumen ... Damit tragen sie der sozialen Konstruktion von Grenzen und Spiel-

*Abb. 1.13:* Die begrenzte Wahl von Begrenzungen strukturbezogener Wahlmöglichkeiten

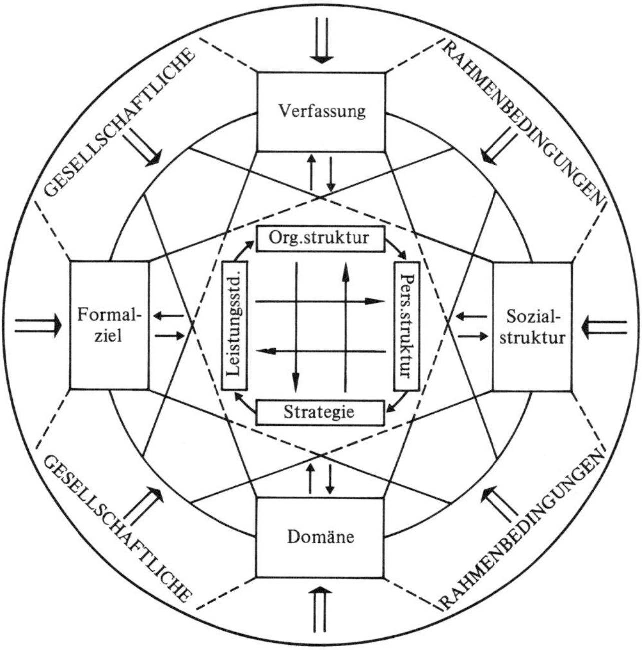


*Quelle: Kubicek* 1980, S. 45

räumen auf der Organisationsebene innerhalb gesellschaftlicher Rahmenbedingungen Rechnung“ (S. 55). Deren Aufdeckung ist eine wesentliche Voraussetzung für eine Organisationsreform innerhalb der gegebenen gesellschaftlichen Verhältnisse.

Eine ebenfalls von reformerischer Absicht geleitete Neuorientierung situativer Ansätze versucht *Schreyögg* (1978, S. 301 ff.). Auf der Grundlage der konstruktivistischen Philosophie stellt er Fragen nach den Zwecken organisatorischen Gestaltungshandelns, das es deutend zu verstehen gilt. Auch *Schreyögg* verweist auf die Grenzen eines individualistisch-statischen Zugangs zum Problem der Organisationsstrukturierung, wenn er die Bedeutung von Institutionalisierungen im Sinne sozialer Zwänge für das Gestaltungshandeln betont. Soziale Strukturen können nur historisch-genetisch verstanden werden. „Handeln stellt sich uns somit als Ergebnis des Spannungsverhältnisses zwischen gesellschaftlichen Zwängen und selbstbestimmter (beratener) Interaktion dar“ (S. 322).

Eine konkrete Zugriffsmöglichkeit auf das Problem organisatorischen Gestaltungshandelns sieht *Schreyögg* in der **Entscheidungsprozeßanalyse.** „Es wäre genetisch zu untersuchen, *wer* im Rahmen der gegebenen Zwänge die

Strukturentscheidungen bestimmt und welche *Absichten* und Zwecke (Interessen) in diesen Entscheidungsprozeß einfließen bzw. eingeflossen sind" (S. 331). Organisationen werden dann als ,Verbund potentiell widerstreitender Interessen' gefaßt. Geht man von der Existenz von Spielräumen im Gestaltungsprozeß aus, so ist dessen notwendigerweise interessenbezogene Nutzung begründungspflichtig. Für die Begründung bzw. Rechtfertigung bestimmter Handlungsalternativen stellt die konstruktivistische Philosophie ein methodisches Instrumentarium in Form der idealen Sprechsituation (Diskurs) zur Verfügung (vgl. z. B. *Braun* 1976).

Aufgabe zukünftiger Organisationsforschung wird es sein, diese noch recht allgemeinen Überlegungen zum Verhältnis von organisatorischer Gestaltung, gesellschaftlich-ökonomischem Kontext und den Lebens- und Arbeitsbedingungen in Organisationen zu konkretisieren und für die praktische (reformerische) Gestaltung der organisatorischen Realität nutzbar zu machen.

# Teil 2
# Organisation als Institution: Der Rahmen des Managements

# A. Arten von Organisationen

## I. Definitionsmerkmale

Management als Funktion vollzieht sich in und zwischen Organisationen. Der Begriff Organisation wird im deutschen Sprachraum äußerst vieldeutig verwandt. Üblicherweise wird (ähnlich wie bei dem Begriff ‚Management') zwischen einem

- **funktionalen** (Tätigkeit des Organisierens) und einem
- **institutionalen** (Ergebnis der Tätigkeit, das Organisat)

**Organisationsbegriff** unterschieden.[1] Im Anschluß daran wird in der Literatur meistens behauptet, der institutionale Begriff (Organisation als soziales Gebilde) sei der Organisationsbegriff der Soziologie, speziell der Organisationssoziologie, und der funktionale (Gestaltungsmaßnahmen) sei der Organisationsbegriff der Betriebswirtschaftslehre, speziell der Organisationslehre. Darüber hinaus werden Unterschiede methodologischer Natur konstatiert. Die Organisationslehre sei im Gegensatz zur Organisationssoziologie nicht an der Erklärung der Realität, sondern nur an ihrer Gestaltung (Veränderung) interessiert. Diese Zuordnung mag für die Vergangenheit Gültigkeit gehabt haben, ist heute aber nicht zuletzt unter dem Einfluß der jüngeren Managementlehre nicht mehr aufrecht zu halten. Betriebswirte analysieren heutzutage Organisationen auch als soziale Gebilde und Soziologen befassen sich mit geplanten, zielorientierten Gestaltungsmaßnahmen in Organisationen.

Während **Organisationen als soziale Gebilde,** neben privatwirtschaftlichen (Unternehmungen) auch staatliche, kirchliche, militärische, sportliche oder wissenschaftliche Organisationsformen, in erster Linie Gegenstand der Organisationstheorie sind, stellt die **Tätigkeit des Organisierens** eine der wichtigsten Funktionen dar, die innerhalb der Managementtheorie untersucht werden. Eine klare Trennung der Forschungsbereiche von Organisationstheorie und Managementtheorie läßt sich jedoch in der einschlägigen Literatur nicht feststellen. Deutlich wird das Verhältnis von Organisation (framework) zu Management (process) in dem Titel von *Brech's* Buch „*Organisation: The Framework of Management*" (*Brech* 1965). **Die Organisation als soziales Gebilde bietet den Rahmen, innerhalb dessen das Management (Management als Institution) seine Aufgaben (Management als Funktion) durchführt.**

---

[1] Vgl. z. B. *Mayntz* 1963, *Grochla* 1972, *Bleicher/Meyer* 1976, *Hill/Fehlbaum/Ulrich* 1976, *Kieser/Kubicek* 1976, *Neuberger* 1977, *Türk* 1978.

Diese Auffassung vom Verhältnis von Organisation zu Management hat sich heute – vor allem unter dem Einfluß der Systemtheorie – weitgehend durchgesetzt. Während früher ‚Organisation' lediglich im Rahmen der Managementfunktion ‚Organisieren' abgehandelt wurde, analysiert man heute Management als ein Subsystem des sozio-technischen Systems ‚Organisation'.[2]

Organisation als Management-*Funktion* stellt einen Entscheidungs- und Durchführungsprozeß dar, dessen Ergebnis, ein mehr oder weniger formalisiertes Ordnungsmuster (Struktur) als Mittel (*Instrument*) zur möglichst dauerhaften Lösung der Systemprobleme (*Institution*) dient.

Die Analyse der drei Aspekte von ‚Organisation' (Funktion, Instrument, Institution) erfolgt interdisziplinär; sie ist nicht einer einzelnen Disziplin vorbehalten, wenngleich nicht zu verkennen ist, daß disziplinspezifische Fragestellungen und Forschungsschwerpunkte den einen Aspekt stärker betonen als den anderen.

In modernen Industriegesellschaften haben sich im Zuge gesellschaftlicher Arbeitsteilung Organisationen gebildet, die gesellschaftliche, soziale und individuelle Bedürfnisse befriedigen und daraus zugleich ihre Existenzberechtigung ableiten. Eine Vielzahl von Leistungen können nicht von einzelnen Menschen allein erstellt werden, was zum Zusammenschluß mehrerer in Organisationen und zur Substitution von menschlicher Arbeit durch Maschinen führt.

Organisationen sind zielorientierte soziale Gebilde mit einem angebbaren Mitgliederkreis (vgl. z. B. *Mayntz* 1963, *Schein* 1970, *Mayntz/Ziegler* 1977, *Türk* 1978, *Gebert* 1978, *Endruweit* 1981, *Büschges* 1983). Der Anspruch der beteiligten Organisationsmitglieder, die gestellten Ziele möglichst rational zu erreichen und entsprechend effizient zusammenzuarbeiten, führt zur zielorientierten Institutionalisierung einer Reihe von Regeln (**formelle Organisation:** formalisierte generelle Verhaltenserwartungen, Systemstruktur, organisierte Arbeits- und Funktionsteilung). Das Handeln in Organisationen ist bewußt geplant, geordnet und auf die Realisierung spezifischer Ziele gerichtet, wozu eine rational gestaltete Struktur funktional sein soll. Unter Institutionalisierung versteht man einen Prozeß, im Verlauf dessen Handlungen sowie die Handelnden selbst (in ihrem Verhalten) typisiert, normiert und damit auf längere Zeit festgeschrieben werden. Das Ergebnis einer solchen Typisierung und Normierung nennt man eine **Institution.**

Im Mittelpunkt unserer Überlegungen steht die Institution *Unternehmung* und hierbei die Analyse der Teilhandlungen *Management* einer bestimmten Gruppe von Handelnden, den Managern.

*Porter/Lawler/Hackman* (1975) kommen aufgrund einer Literaturanalyse zu folgenden **Charakteristika von Organisationen:**

---

[2] Vgl. z. B. *Cleland/King* 1972, *Kast/Rosenzweig* 1974, *Hellriegel/Slocum* 1974, *Haynes/Massie/Wallace* 1975, *Hicks/Gullett* 1975, *Tosi/Carroll* 1976, *Dessler* 1976, *Luthans* 1976.

- Organisationen sind aus Individuen und Gruppen zusammengesetzt,
- streben nach der Erreichung bestimmter Ziele oder Zwecke,
- und zwar mittels funktionaler Differenzierung und rationaler Koordination und Führung, und
- sind auf Dauer angelegt.

Diese formellen Aspekte von Struktur und Handeln sind jedoch nur eine Seite des Lebens in Organisationen. Eine Vielzahl ungeplanter, unvorhergesehener Ereignisse und Verhaltensweisen (= **informelle Aspekte**) modifizieren die von der Intention her logisch und rational geplanten und gestalteten Handlungsprogramme. Im Vordergrund des Interesses bei der Analyse von Organisationen stehen:

- Mitglieder der Organisation
- Ziele der Organisation
- Struktur der Organisation
- Effizienz der Organisation.

## II. Klassifikation von Organisationen

Eine situationsspezifische Entwicklung von organisatorischen Gestaltungsempfehlungen und Effizienzmaßstäben erfordert die Klassifikation von Organisationen nach bestimmten Typen.

Mit der Bildung von **Organisationstypologien** werden folgende Absichten verbunden (*Büschges* 1983, S. 78f.):

- ,,Organisationen zusammenfassen zu können, die einander hinsichtlich der Organisationsprogramme, der Organisationsvorschriften und der Personalstruktur ähnlich sind,
- Organisationen nach Unterschieden in den Organisationszwecken oder -zielen voneinander abheben zu können,
- Organisationen im Hinblick auf Unterschiede in den Rollen- und Autoritätsstrukturen miteinander vergleichen zu können."

Bei der Klassifikation von Organisationen ist es naheliegend, von **Definitionsmerkmalen der Organisation** als Institution auszugehen, wie Input, Transformationsprozeß (z.B. Produktion), Output, Ziele (Aufgaben/Funktionen), Mitglieder, Umweltkonstellation.[3] Erste Klassifikationsversuche bildeten organisationale Taxonomien[4] lediglich nach *einem* Kriterium, verban-

[3] Vgl. hierzu *Mayntz* 1963, S. 55ff.; *Schein* 1970, *Hall* 1972, S. 39ff.; *Kast/Rosenzweig* 1974, S. 501ff.; *Khandwalla* 1977, S. 305ff., *Endruweit* 1981, S. 26ff., *Scott* 1981, S. 27ff.

[4] Taxonomie: systematisches Ordnungsmuster als Ergebnis einer Klassifikation von Objekten auf Grund gemeinsamer Merkmale der zu ordnenden Gegenstände (nach dem Vorbild der Klassenbildung in der Biologie).

den damit aber die Hoffnung, daß Organisationen, die dieses Merkmal aufwiesen, auch viele weitere Merkmale gemeinsam hätten. Beispielhaft für solche Ansätze ist (vgl. Abb. 2.1) u. a. der von *Parsons* (1960), der danach klassifiziert, was Organisationen zur Erreichung gesellschaftlicher Aufgaben beitragen. Er geht hierbei von seinem AGIL-Schema aus, wonach jedes soziale System folgende vier Grundfunktionen erfüllen muß, wenn es überleben will (vgl. auch S. 148 der Arbeit):

*Adaptation:* Umweltanpassung zur Sicherstellung des Ressourcenzugangs
*Goal attainment:* Zielsetzung und -verwirklichung
*Integration:* Integration und Kontrolle von Handlungen in den Subsystemen
*Latency:* Aufbau und Erhaltung der Sozialstruktur (Normen, Werte) und der Mitgliedermotivation.

*Katz/Kahn* (1966) gliedern in Analogie zu ihrem Vorschlag der Subsystembildung (vgl. S. 144 der Arbeit) nach Organisationszielen. *Etzioni* (1961) stellt sich zunächst die Frage, welchen Kontrollformen abhängige Organisationsmitglieder unterworfen sind und wie sie auf Autoritätsausübung reagieren (entfremdet, berechnend oder moralisch). Eine Kombination der drei Machtformen mit den drei Reaktionsformen (compliance) ergibt neun Felder, von denen er drei als ‚kongruent' bezeichnet und zum Ausgangspunkt seiner drei Organisationstypen macht:

Zwang → entfremdetes Verhalten (Zwangsorganisation)
Belohnung → berechnendes Verhalten (utilitaristische Organisation)
Normen → moralisches Verhalten (kulturelle Organisation).

Alle anderen sind ‚inkongruent', in der Praxis auch kaum besetzt, und tendieren zu Kongruenz-Situationen.

*Blau/Scott* (1962) schließlich gliedern Organisationen nach dem primären Nutznießer (prime beneficiary) einer Organisation. All diesen Ansätzen ist gemeinsam, daß sie heuristisch-deduktiv eine logische Einteilung von Organisationen vornehmen und dabei lediglich *ein* Unterscheidungskriterium zugrundelegen. Die Folgen sind eine Fülle von Überschneidungen, mangelnde Prognosekraft und Realitätsferne. Aufgrund dieser Mängel und des im Zuge der Bürokratieforschung wachsenden Interesses an den Determinanten von Organisationsstrukturen wendet sich die neuere Forschung von eindimensionalen Klassifizierungsansätzen ab und der Entwicklung empirischer Taxonomien von Organisationen zu (vgl. z. B. *McKelvey* 1975). Dabei interessieren vor allem die strukturellen Aspekte von Organisationen und deren Beziehung zu situativen Faktoren, wie Technologie, Umwelt, Aufgabe (vgl. z. B. *Pugh/Hickson/Hinings* 1969 und die Literaturhinweise bei *Hall* 1972).

*Abb. 2.1:* Ansätze zur Klassifikation von Organisationen

| (1) *Parsons* (1960) Leistung für die Gesellschaft | Organisationstyp | Beispiele |
|---|---|---|
| Erstellung und Bereitstellung von Gütern und Leistungen | wirtschaftliche Organisationen | Betriebe |
| Begründung und Verteilung von Macht | politische Organisationen | Regierungs- und Verwaltungsstellen |
| Konfliktlösung, Motivation und (Re-)Integration | sozial integrative Organisationen | Gerichte, Gesundheitsfürsorge |
| Vermittlung von gesellschaftlicher Stabilität und Entwicklung (Sozialisation) | kulturelle Organisationen | Kirchen, Schulen, Kunst- und Kulturbetriebe |

| (2) *Katz/Kahn* (1966) Organisationsziele | Organisationstyp | Beispiele |
|---|---|---|
| Leistungserstellung und -verwertung | produktive, ökonomische Organisationen | Betriebe |
| Sozialisierung und Stabilisierung von Verhalten | bildende und bewahrende Organisationen | Kirchen, Schulen |
| Entwicklung und Anpassung | innovative Organisationen | Universitäten, Forschungsinstitutionen |
| Konfliktlösung und Koordination | politische Organisationen | staatliche Stellen |

| (3) *Etzioni* (1961) Autoritätsausübung, Art der Macht | Organisationstyp | Beispiele |
|---|---|---|
| Zwang | Zwangsorganisationen | Gefängnis, KZ |
| Belohnung | utilitaristische Organisationen | Industriebetriebe |
| Normen | kulturelle Organisationen | Kirche, Partei |

| (4) *Blau/Scott* (1962) Primärer Nutznießer der Organisation | Organisationstyp | Beispiele |
|---|---|---|
| Organisationsmitglieder | Interessenvereinigung | Gewerkschaft, IHK, Club, Partei |
| Eigentümer | kapitalistische Unternehmung | Industriebetrieb, Bank |
| Klienten, Benutzer | Dienstleistungsbetrieb | Krankenhaus, Schule, Museum |
| allgemeine Öffentlichkeit, Gesellschaft | Organisationen im Dienste des Gemeinwohls | öff. Verwaltung, Gefängnis, Feuerwehr |

Hier wird dann nicht mehr nur ein Kriterium zur Teilmengendefinition herangezogen, sondern möglichst alle Eigenschaften (Elemente) des zu klassifizierenden Objekts werden z. T. unterschiedlich gewichtet bei der Klassenbildung berücksichtigt. Bei der großen Elementevielfalt bietet sich eine rechnergestützte Clusteranalyse an, die dann u. U. Typen hervorbringt, die in dieser Gestalt in der Realität überhaupt nicht anzutreffen sind. Bei diesem Dilemma gewinnen induktive a priori Klassifikationen, etwa mit Hilfe der aus der Biologie stammenden phyletischen Methode, die Organisationen entwicklungsgeschichtlich einteilen (etwa vom Sammler und Jäger bis zum Fabrikbetrieb) wieder mehr an Bedeutung (vgl. *McKelvey* 1978, *Aldrich/Mueller* 1982).

# B. Mitglieder der Organisation

## I. Probleme der Grenzziehung ,Organisation – Umwelt'

In fast allen gängigen Definitionen von Organisation als Institution wird von einem offenen, sozio-technischen System mit angebbarem Mitgliederkreis gesprochen. Die Rede von System und Umwelt unterstellt dabei, daß man eine Grenze zwischen Organisation und Nicht-Organisation (= Umwelt) ziehen kann, was Voraussetzung ist für eine substantielle Konkretisierung der Konstrukte ,System' und ,Umwelt' und damit einer inhaltlichen Präzisierung des Begriffs ,Organisationsmitglied'. Eine weitere Schwäche dieser Fomaldefinition von Organisation als System ist, daß die Beschreibung eines bestimmten Gebildes als System die Existenz eines Instrumentariums (Methodologie) der Systembeschreibung voraussetzt. Eine Methodologie der Systembeschreibung (und damit Abgrenzung) kann aber nur entwickelt werden, wenn man ein Gebilde als System bezeichnet.

Ein wichtiger Grund für die Abgrenzungsprobleme ist auch in der Tatsache zu sehen, daß letztlich Verhalten abgegrenzt werden muß und nicht Menschen oder Sachen (*Weick* 1969). In der Folge hat es jedoch nicht an Versuchen gefehlt, diese Grenzziehung operational zu fassen. *Chin* (1969, S. 300) bietet als operationales Kriterium für die Abgrenzung das Ausmaß der Interaktionen zwischen Innen und Außen an „die Linie, die um ausgesuchte Variablen einen Kreis bildet, wobei über diese Grenze hinaus weniger Austausch an Energie (oder Kommunikation, etc.) festzustellen ist als zwischen den Elementen innerhalb des Kreises." Folgt man diesem Vorschlag, wird man zunächst eine hypothetische Grenze ziehen und die Interaktionen zwischen Innen und Außen messen. Mit Hilfe der trial and error-Methode lassen sich dann schrittweise alternative Grenzziehungen durchspielen, bis eine befriedigende Lösung erreicht ist.

*March/Simon* (1958) haben schon frühzeitig dieses Problem erkannt und auf eine Definition von Organisation wegen der ungelösten Abgrenzungsprobleme verzichtet. Dieser formale Verzicht hat sie jedoch nicht daran gehindert, später von **Organisationsteilnehmern** (organizational participants) zu reden (S. 89), zu denen sie beim Organisationstyp ,Unternehmung' Arbeitnehmer (einschließlich Management), Investoren, Lieferanten, Händler und Abnehmer zählen.

*Cyert/March* (1963) haben diese Liste beträchtlich erweitert, betonen aber erneut, daß eine exakte Grenzziehung unmöglich sei. Die Grenze zwischen

Organisation und Umwelt sei im Zeitablauf Änderungen unterworfen und zeige auch in unterschiedlichen Entscheidungssituationen unterschiedliche Verläufe (ebenso *Hicks/Gullett* 1975). Aufbauend auf diesen Überlegungen wurde das Konzept des Organisationsteilnehmers immer mehr von seiner Beschränkung auf interne Teilnehmer (Eigentümer, Manager, Arbeiter), die in der deutschsprachigen Literatur auch als Organisationsmitglieder bezeichnet werden (vgl. etwa *Hill/Fehlbaum/Ulrich* 1976, S. 146), befreit und auf externe Teilnehmer und deren Ansprüche an die Organisation erweitert (vgl. z. B. *Pickle/Friedlander* 1967, *Cleland/King* 1972, *Hicks/Gullett* 1975, *Tosi/Carroll* 1976, *Pfeffer/Salancik* 1978). Die angloamerikanische Literatur spricht hier auch vom *Stakeholder* oder *Claimant,* d. h. solchen Individuen oder Gruppen, die ein legitimes Interesse an der Organisation haben.

Jede Organisation hat mit vielen anderen Organisationen gemeinsame Grenzen und muß **Probleme der Grenzüberschreitung** (boundary spanning problems) regeln. Moderne Organisationen zeichnen sich darüber hinaus dadurch aus, daß sie im Zuge der internen Spezialisierung als Antwort auf hohe Umweltkomplexität und -unsicherheit unterschiedliche organisationale Rollen herausgebildet haben; diejenigen mit der Aufgabe, die Interaktionen zwischen Organisationen zu regeln, werden als ‚organizational boundary roles' oder ‚boundary spanning roles' bezeichnet (vgl. *Adams* 1976, *Aldrich/Herker* 1977, *Leifer/Delbecq* 1978, *Scott* 1981). Personen, die solche Rollen in einer Organisation übernehmen, zeichnen sich u. a. dadurch aus,

- daß sie relativ große Distanz zu den anderen Organisationsmitgliedern aufweisen, dagegen aber enge externe Beziehungen pflegen,
- daß sie die Organisation nach außen vertreten und in dieser Position auch die relevante Umwelt beeinflussen,
- daß sie Ansprüche von Interessengruppen identifizieren, und an die Stellen der Organisation weiterleiten, die damit umgehen können.

Die Begegnung der Ansprüche von internen und externen Organisationsteilnehmern an das Management erfordert Strategien der organisatorischen Aktion und Reaktion. So unterscheidet z. B. *J. D. Thompson* (1967), dessen Konzept stark von produktionswirtschaftlichen Problemstellungen geprägt ist, die drei Strategien: Puffern, Schutz des Produktionssystems vor Umwelteinflüssen durch Subsysteme und Angleichen (Eingriffe in die Umwelt zur Minimierung von Schwankungen) (s. hierzu auch S. 144 der Arbeit).

*Hellriegel/Slocum* (1974 a) (ähnlich *Thompson/McEwen* 1958 und *Scott* 1981) entwickeln eine weitere unternehmenspolitische Perspektive der Gestaltung von Interaktionen zwischen Organisation und Umwelt (vgl. Abb. 2.2) und unterscheiden sechs **Strategien der Begegnung von Umweltanforderungen** (S. 29ff.):

1. **Kooptation**

Aufnahme von neuen Organisationsmitgliedern aus Umweltbereichen, die für die Existenz der Organisation bedrohlich sind.

*Abb. 2.2:* Die Unternehmung und externe Interessengruppen

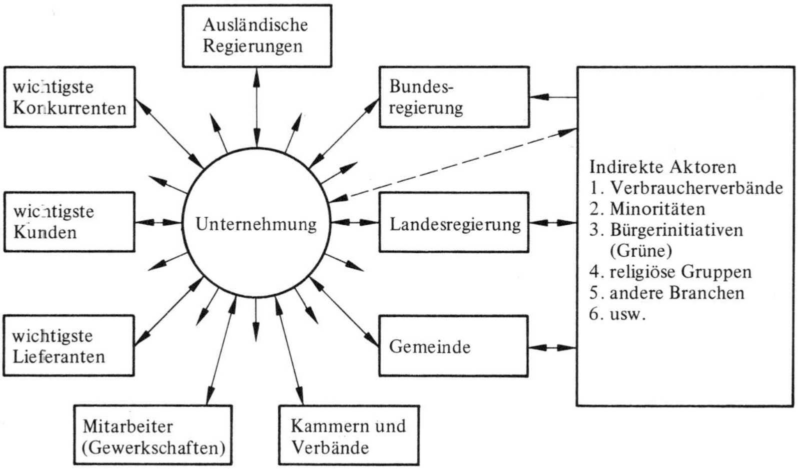


*Quelle: Hellriegel/Slocum* 1974a, S. 29

Zwei Formen sind denkbar:

- Beteiligung an der Verantwortung für Machtausübung, z. B. Mitgliedschaft in Beratungsgremien
- Beteiligung an der Machtausübung, z. B. Übernahme von Führungspositionen

2. **Bargaining**

Verhandlungen zwischen zwei oder mehr Individuen, Gruppen oder Organisationen mit dem Ziel, eine Vereinbarung hinsichtlich des Austausches von Leistungen zu erzielen. Die Verhandlungspartner verfügen i. d. R. über Machtmittel (Belohnung und Bestrafung), mit denen sie das Verhalten der anderen Partei beeinflussen können. Das häufigste Auftreten dieser Strategie findet sich bei Konfliktsituationen zwischen Arbeitgebern und Gewerkschaften.

3. **Lobbyismus**

Kontaktaufnahme mit Parlament und Regierung mit dem Ziel der Beeinflussung der Gesetzgebung im Sinne der Organisationsziele.

4. **Koalition**

Zusammenschluß von zwei oder mehr Individuen oder Organisationen, um gemeinsame Ziele besser als allein zu erreichen.

5. **Repräsentation**

Organisationsmitglieder streben die Mitgliedschaft in anderen einflußreichen Organisationen an, um dort die Interessen der eigenen zu vertreten.

6. **Öffentlichkeitsarbeit**

Vermittlung und Verbreitung von Meinungen, Wertungen und Normen (z. B. über Privateigentum, freie Marktwirtschaft, Kernenergie), die im Einklang mit den Interessen einer Organisation sind, damit diese in der Umwelt eine positive Aufnahme finden.

Auch in der deutschsprachigen Literatur nimmt das Problem der Grenzziehung zwischen Organisation und Umwelt eine zentrale Stellung ein, vor allem auch deshalb, weil im Zuge situativer Ansätze die Strukturierung von Organisationen (Innendifferenzierung) primär als Folge von unterschiedlichen Umweltcharakteristika bzw. -zuständen gesehen wird. Wenn man, wie *Luhmann* (1968, S. 120), Systeme ganz allgemein als Identitäten begreift, „die sich in einer komplexen und veränderlichen Umwelt durch Stabilisierung einer Innen/Außen-Differenz erhalten", so wird als primäre Gestaltungsaufgabe die Grenzziehung zwischen System und Umwelt bzw. Innen und Außen deutlich. Durch diese Grenzziehung gewinnt das sozio-technische System seine Identität, und mit der Entscheidung über den Verlauf der Grenze werden zugleich wichtige Vorentscheidungen über die innere Strukturierung des Systems getroffen. Mit der Trennung von Innen und Außen wird jedoch nicht nur eine eigene Identität des Systems angestrebt, sondern vor allem eine Reduktion von Umweltkomplexität auf ein für das System beherrschbares Niveau beabsichtigt. *Luhmann* unterscheidet in diesem Zusammenhang fünf verschiedene **Reduktionsstrategien** (S. 125 ff.):

1. **Subjektivierung** (Substitution der objektiven Situation durch eine subjektive)
2. **Institutionalisierung** (Reduktion der Vielzahl möglicher Verhaltensweisen auf bestimmte Formen der Erlebnisverarbeitung)
3. **Umweltdifferenzierung** (Bildung von Subumwelten als Voraussetzung der Spezialisierung und Stabilisierung des Systems)
4. **Innendifferenzierung** (Bildung von Subsystemen zur Spezialisierung sowie zur Steigerung der Lern- und Anpassungsfähigkeit)
5. **Flexibilisierung der Systemstruktur** (Flexibilität der Struktur als Voraussetzung der möglichst starken Absorption von Umweltkomplexität und -veränderlichkeit).

So einfach und überzeugend dieses Konzept erscheint, so schwierig ist dessen empirische Prüfung und praktische Umsetzung. Die Grenzziehung ist eben nicht eine Entscheidung zu einem Zeitpunkt, sondern ein permanenter Prozeß der Adaption der Organisation an veränderte innere und äußere Situationen, was zu einer laufenden Redefinition führt. Folglich ist die Frage, wer die Mitglieder einer Organisation sind, nicht verbindlich und ein für alle Mal zu beantworten. *Gebert* (1978, S. 13, ebenso *Kubicek/Thom* 1976) trägt diesen Überlegungen Rechnung, wenn er sagt

- Mitgliedschaft ist graduell bestimmbar, die Grenzen sind fließend
- Mitgliedschaft konstituiert sich aus mehreren Kriterien.

*Mayntz* (1962, S. 46) nennt eine ganze Reihe von Kriterien, die zur **Abgrenzung von Mitglied- und Nichtmitgliedschaft** herangezogen werden können:

- formelle Mitgliedschaft
- subjektives Zugehörigkeitsgefühl

- Selbstidentifizierung als Mitglied
- Häufigkeit der Interaktionen mit anderen Mitgliedern
- Grad der Abhängigkeit von der Organisation
- Maß der persönlichen Bindung an die Organisation
- Umfang der Tätigkeit für die Organisation.

Auch *Kieser/Kubicek* (1976) sind der Auffassung, man könne lediglich die Intensität der Mitgliedschaft benennen, die vor allem abhängig sei vom Umfang der von den Regeln der Organisation betroffenen Aktivitäten des Mitglieds sowie der Dauer seiner Verpflichtung. So ist beispielsweise der Mitarbeiter ein intensiveres Mitglied als der Lieferant.

## II. Organisation als Koalition (Beitritts- und Beitragsentscheidungen)

Eng verbunden mit der Definition der Organisation als Gesamtheit der an ihr teilnehmenden Personen oder Gruppen ist das weitergehende Konzept der **Koalitionstheorie.** *Barnard* (1938) hat erstmals die Vorstellung von der Organisation (= soziales System) als einer Koalition aller an ihr partizipierender Gruppen vertreten und mit seinen Überlegungen über die Beitritts- und Beitragsentscheidungen von Organisationsteilnehmern aufgrund der vom System angebotenen Anreize den Ausgangspunkt der **Anreiz-Beitrags-Theorie** geschaffen. Diese betrachtet Organisationen als extrem offene Systeme, in die jederzeit neue Teilnehmer eintreten und aus denen alte ausscheiden können. Dies trifft in der Realität aber nicht auf alle soziale Systeme zu, wie am Beispiel von Zwangsorganisationen (Gefängnisse, Konzentrationslager) deutlich wird.

*Cyert/March* (1963) greifen den Koalitions-Gedanken auf und machen ihn zum Ausgangspunkt ihrer Überlegungen: ,,Laßt uns die Organisation als Koalition betrachten" (S. 27). Während *Barnard* in erster Linie die Teilnahmeentscheidung der Organisationsmitglieder (decision to participate) und die Gleichgewichtsbedingungen zwischen Anreizen und Beiträgen (inducement-contribution-balance) analysierte, stellen *March* und *Simon* (1958) die Entscheidung zur produktiven Beitragsleistung (decision to produce) in den Mittelpunkt einer erweiterten Anreiz-Beitrags-Theorie. Insgesamt werden drei **Entscheidungstypen von Organisationsteilnehmern** analysiert:

- Entscheidung zur Teilnahme an der Organisation,
- Entscheidung zur Leistung eines Beitrags zum Erreichen der Organisationsziele,
- Entscheidung zum Verlassen der Organisation.

Zwischen den Anreizen zur Beitritts- und Beitragsentscheidung und den Beiträgen der Teilnehmer soll nun nach Vorstellungen der Anreiz-Beitrags-Theorie ein **Gleichgewichtszustand** hergestellt und aufrechterhalten werden.

Ein individueller (partieller) Gleichgewichtszustand ist dann erreicht, wenn die dem Organisationsteilnehmer gebotenen Anreize (materieller und immaterieller Art) größer oder mindestens gleich den von ihm dafür geleisteten Beiträgen zur Aufgabenerfüllung des Systems sind. Hierbei werden die gebotenen Anreize in Größen gemessen, die den Ausdruck für den diesen vom Individuum zuerkannten subjektiven Nutzen darstellen, und die Beiträge in Größen, die den Ausdruck für das von ihm empfundene Opfer darstellen, gemessen an dem subjektiven Wert, den ein Individuum den Alternativen beimißt, auf die es verzichtet, wenn es seine Leistung der Organisation A und nicht B zur Verfügung stellt.

Der Organisationsteilnehmer folgt hier dem Opportunitätskostenprinzip, indem er die Beteiligungsentscheidung (für A) einer anderen (für B) dann vorzieht, wenn der Verlust, der ihm aus der Nichtbeteiligung bei B entsteht, überkompensiert wird durch den Nutzen, den er bei A zu erreichen glaubt.

**Zusammenfassend** läßt sich sagen, daß sich beim Organisationsteilnehmer dann das Gefühl der Zufriedenheit einstellt, wenn der Nutzen der Anreize für ihn höher oder mindestens gleich dem Opfer der Beiträge ist. Sinkt seine Zufriedenheit unter einen kritischen Punkt (zero point on the satisfaction scale), dann nämlich, wenn die Opfer den Nutzen zu übersteigen beginnen, wird der Teilnehmer seine Beitrags- und Teilnahmeentscheidung in Frage stellen.

Die Tatsache, daß die Anreiz- und Beitragsleistungen in subjektiven Nutzengrößen und nicht an einem objektiven Maßstab gemessen werden, zeigt, wie abhängig die Zufriedenheitsskala von dem Anspruchsniveau des einzelnen Organisationsteilnehmers ist (vgl. hierzu S. 196f. der Arbeit). Unter **Anspruchsniveau** (level of aspiration) versteht man die Gesamtheit der Erwartungen eines Menschen bezüglich seiner zukünftigen Leistungs- (hier: Beitrags-)fähigkeit und der Zielsetzungen bezüglich seiner zukünftig zu realisierenden Leistung (hier: effektiver Beitrag). Aus der Tatsache, daß das individuelle Anspruchsniveau die Eigenschaft hat – wie empirische Untersuchungen bestätigen (*Hoppe* 1965) –, sich mit fast jeder erbrachten Leistung des Handelnden zu verändern (i. d. R. wird der Handelnde nach Erfolgen sein Anspruchsniveau erhöhen, nach Mißerfolgen es senken), wird deutlich, wie schwierig es ist, zu einem totalen Systemgleichgewicht zu kommen. Das erscheint auch deshalb schwer realisierbar, weil sich das Anspruchsniveau sowie die Anreizerwartungen im sozialen Vergleichsprozeß insbesondere bei Mangel an objektiven Leistungsmaßstäben kognitiv stabilisieren. Das organisatorische Gesamtgleichgewicht ergibt sich dann aus der Summe aller individuellen Anreiz-Beitrags-Gleichgewichte.

*Barnard* (1938, S. 83) unterscheidet zwischen einem internen und einem externen Gesamtgleichgewicht. Internes Gleichgewicht besteht dann, wenn die Organisationsteilnehmer, ihre Beziehungen untereinander und zu ihren organisatorischen Hilfsmitteln sich im oben definierten Zufriedenheitsbereich befinden. Externes Gleichgewicht herrscht, wenn die Ziele und Leistungen der Organisation mit den Bedürfnissen und Forderungen ihrer Umwelt in Einklang stehen. Der Erfolg einer Organisation zeigt sich dann in dem Ausmaß, in dem es ihr gelungen ist, das kollektiv bestimmte Anspruchsniveau zu erreichen.

Wer bestimmt nach den Vorstellungen der Anreiz-Beitrags-Theorie die Organisationsziele und wer das Management? Folgt man den Gedanken der Koalitionstheorie, so müßten die subjektiven Vorstellungen der einzelnen Teilnehmer gleichermaßen bei der Zielsetzung und der laufenden Entscheidungsfindung Berücksichtigung finden. In der Literatur wird diese demokratische Form der Betrachtung von Organisationsteilnehmern als *symmetrische* bezeichnet. Ihr kommt jedoch keine deskriptive, sondern allein präskriptive Bedeutung zu. Bei *asymmetrischer* Betrachtungsweise wird gesehen, daß in der Realität einzelnen Teilnehmern oder Teilnehmergruppen Privilegien bei der Entscheidungsfindung eingeräumt werden; in kapitalistischen Wirtschaftsordnungen sind dies in erster Linie die Kapitalgeber; aber auch andere Gruppen können bei Vorherrschen bestimmter für sie günstiger Marktformen oder -situationen (z. B. Angebots- bzw. Nachfragemonopol, Vollbeschäftigung) eine dominierende Stellung gegenüber den restlichen Organisationsteilnehmern erringen. Vor allem die Gruppe der Mitarbeiter kämpft seit Menschengedenken mit wechselndem Erfolg um einen ihrem Beitrag zur Erreichung der Organisationsziele entsprechenden Anteil an der Entscheidungsfindung.

Nun erscheint es aber aufgrund der z. Z. herrschenden Machtverhältnisse nicht nur utopisch und unrealistisch, sondern auch unbillig, allen Organisationsteilnehmern das gleiche Mitentscheidungsrecht einzuräumen, wenn deren Beiträge und deren Bindungen an die Organisation sehr unterschiedlich sind. Folgende Kriterien können als Indikatoren für das Ausmaß der **Verbundenheit mit der Organisation** und damit auch für das Ausmaß der Beteiligung an der Entscheidungsfindung herangezogen werden (vgl. hierzu auch *March/Simon* 1958):

a) aus der Sicht des Organisationsteilnehmers:
- die Anzahl der alternativen Koalierungsmöglichkeiten, die dem Einzelnen offenstehen
- die Streuung des Engagements des Einzelnen auf mehrere Organisationen (Risikostreuung)

b) aus der Sicht der Organisation:
- die Höhe (quantitativ und qualitativ) der vom Organisationsteilnehmer geleisteten Beiträge

c) aus der Sicht beider:
- die Fristigkeit der Kontrakte zwischen Teilnehmer und Organisation sowie die Bedingungen ihrer Auflösung.

Es ist leicht einzusehen, daß die Integration des einzelnen in das System mit der **Fristigkeit der** mit ihm geschlossenen **Verträge** und der zunehmenden Schwierigkeit, diese zu lösen, steigt. Den festen Mitarbeitern muß folglich ein höheres Maß an Mitentscheidungsrecht zugebilligt werden als solchen Organisationsteilnehmern, die lediglich einfache, formlose Kaufverträge etwa mit einer Unternehmung oder deren Vertriebsorganisation schließen (z. B. Kunde kauft einmal im Monat ein geringwertiges Produkt). Bestehen jedoch zwischen einem Kunden, um bei dieser Gruppe von Teilnehmern zu bleiben, und der Organisation langfristige Abnahmeverpflichtungen, dann existieren auch eine enge Verbindung mit ihr und ein hohes Interesse an ihrem Schicksal, was eine verstärkte Mitentscheidung rechtfertigt.

Die Freiheit des Einzelnen, beliebig vielen Organisationen anzugehören und diese auf eigenen Wunsch verlassen zu können, mindert offensichtlich dessen Verbundenheit mit nur einer Organisation. Umgekehrt steigt die Abhängigkeit, wenn keine oder nur wenige Alternativen bestehen, z. B. bei hoher Arbeitslosigkeit. In dieser Lage befindet sich z. B. ein Mitarbeiter, der eine Organisation verlassen möchte, sich aber einer Situation gegenüber sieht, in der die Beiträge, die zu leisten er in der Lage ist, von anderen nicht nachgefragt werden (also für ihn keine Alternative zu dieser Organisation besteht).

Die Anzahl der Wahlmöglichkeiten (**Koalierungsmöglichkeiten**) eines Menschen werden u. a. von folgenden, von ihm nicht beeinflußbaren Umständen determiniert: Rechts- und Wirtschaftsordnungen (z. B. freie Marktwirtschaft, freie Wahl des Berufes und des Arbeitsplatzes), Marktform (z. B. Monopol, Oligopol), Marktsituation (z. B. Arbeitslosigkeit, Kapitalmangel, Rohstoffknappheit).

Die Verbundenheit des Einzelnen mit einer Organisation und damit seine Abhängigkeit von dieser steigen mit der Höhe desjenigen Anteils seines gesamten verfügbaren Leistungspotentials (Arbeitskraft, Finanzkraft usw.), den er auf eine Organisation konzentriert (**Ausmaß an Risikostreuung**). Der Kapitalgeber, der sein gesamtes Kapital lediglich in eine Unternehmung investiert hat, ist mit deren Schicksal aufs engste verbunden; derjenige, der sein Vermögen auf mehrere verteilt und somit sein Risiko gestreut hat, kann im Gegensatz zum ersteren auch nur mit einem geringeren Mitspracherecht rechnen. Parallelen zu dieser Gruppe von Organisationsteilnehmern lassen sich gut bei den Kunden und Lieferanten zeigen. Dem Kunden, der seinen Lieferantenkreis möglichst groß zu halten trachtet, steht derjenige gegenüber, der sich durch Abnahmeverpflichtungen nur an einen oder wenige gebunden hat.

Neben all diesen Faktoren wird in der Realität die unterschiedliche **Höhe der Beiträge,** die die einzelnen Organisationsteilnehmer zur Zielerreichung leisten, eine entsprechende Berücksichtigung bei der Verteilung von Entscheidungsbefugnissen finden. Dabei ist zu beachten, daß das Zurechnungsproblem (individueller Beitrag → Grad an Zielerreichung) weitgehend ungelöst ist und daß Näherungsverfahren, wie etwa analytische Arbeitsbewertung oder produktivitätsorientierte Lohnfindung, lediglich grobe Orientierungsmittel sein können.

Wendet man die hier ausgearbeiteten Kriterien auf die Gruppe der Mitarbeiter an, so wird deutlich, daß es sich um zumeist diejenigen Teilnehmer handelt, die in jedem Fall die engste Verbindung mit der jeweiligen Organisation eingehen und sich folglich auch in größter Abhängigkeit befinden, ohne jedoch ein dementsprechendes Mitentscheidungsrecht über die Organisation und deren Ziele zu besitzen.

Als **Kritik** läßt sich gegen die Anreiz-Beitrags-Theorie folgendes vorbringen (vgl. z. B. *Ortmann* 1976, *Dorow* 1982):

- Die Bestimmung des Organisationsgleichgewichts ist nicht möglich, da über den Inhalt von Anreizen und Beiträgen keine konkreten Angaben gemacht werden.
- Zentrale Begriffe, wie subjektiver Nutzen und individuelle Arbeitszufriedenheit, werden nicht operationalisiert.
- Das Teilnehmerverhalten wird rein adaptiv gegenüber den Anreizen der Organisation betrachtet.
- Die asymmetrische Verteilung von Anreizen und Beiträgen auf die Organisationsteilnehmer wird nicht problematisiert.
- Die Teilnehmergruppen werden formal gleich behandelt, d. h. es werden z. B. keine prinzipiellen Unterschiede zwischen Anbietern von Kapital und von Arbeit gesehen.

# C. Ziele der Organisation

## I. Funktion von Zielen in Organisationen

Organisationen werden gegründet, um bestimmte Zwecke und Ziele zu erreichen. Da Ziele Struktur und Verhalten von Organisationen weitgehend beeinflussen (vgl. z. B. *Mayntz* 1963, *Perrow* 1970, *Mayntz/Ziegler* 1977, *Hrebiniak* 1978), kommt ihnen in dieser Arbeit besondere Bedeutung zu.

So weisen nach *Mayntz* (1963) **Organisationen mit geselligen Zielen** (z. B. Freizeitvereine, Klubs) eine demokratische Struktur (Wahl) und freiwillige Zugehörigkeit der Mitglieder auf; **Organisationen mit Einwirkungszielen** (z. B. Gefängnis, Schule, Krankenhaus) verfügen über zwei Mitgliedergruppen, wobei die einwirkende Gruppe stark bürokratische Merkmale zeigt, während die Gruppe, auf die eingewirkt wird (Häftlinge, Schüler, Kranke), wenn überhaupt, dann eher demokratisch organisiert ist; **Organisationen mit Leistungszielen** (z. B. Unternehmungen, Betriebe, Verwaltung) tendieren zu hierarchischen Autoritätsstrukturen. Organisatorische Regelungen dienen also dazu, die Mitglieder so zu konditionieren, daß die Organisationsziele effizient erreicht werden.

Neben der Bedeutung von Zielen als Einflußfaktor der Organisationsstruktur sehen *Porter/Lawler/Hackman* (1975, S. 78f.) noch folgende wichtige Funktionen von Zielen:

- Handlungsanleitung, Motivation
- Rechtfertigung von Handlungen gegenüber Dritten
- Maßstab der Leistungsbeurteilung
- Information von Organisationsmitgliedern und Nichtmitgliedern über den Zweck der Organisation.

Zunächst gilt es zu klären, was unter Zweck und was unter Zielen einer Organisation zu verstehen ist. Während z. B. *Mayntz* (1963, S. 58) für eine synonyme Verwendung beider Begriffe plädiert, nehmen viele betriebswirtschaftliche Autoren dahingehend eine Differenzierung vor, daß sie unter **Zweck** die Leistung der Organisation für die Umwelt (Gesellschaft) verstehen, aus deren Erfüllung die Organisation ihre gesellschaftliche Existenzberechtigung ableitet, und unter **Zielen** die von der Organisation bzw. ihren Teilnehmern selbst formulierten Vorstellungen über erwünschte organisatorische Zustände oder Verhaltensweisen, wie z. B. Stabilität, Wachstum, Effizienz (vgl. z. B. *Ulrich* 1970, S. 114, *Hill/Fehlbaum/Ulrich* 1976, S. 24).

Mit den Zwecken (oder auch Funktionen) von Organisationen in der Gesellschaft beschäftigen sich vor allem Soziologen (z. B. *Parsons* 1960), während Betriebswirte sich mehr auf Ziele und Zielsysteme von Organisationen, speziell Unternehmungen, konzentrieren.[5]

Ziele beschreiben ganz allgemein einen erwünschten zukünftigen Zustand, den die Organisation zu erreichen versucht, oder genauer, Ziele sind „Aussagen mit normativen Charakter, die einen von einem Entscheidungsträger gewünschten, von ihm oder anderen anzustrebenden, auf jeden Fall zukünftigen Zustand der Realität beschreiben" (*Hauschildt* 1977, S. 9). Damit sind zur Legitimation von Zielen **Wertorientierungen** vorausgesetzt, die ggf. zu explizieren sind, indem deutlich gemacht wird, auf welche ‚Auffassungen des Wünschenswerten' (Werte nach *Kluckhohn* 1951) ein konkret ‚Gewünschtes' (Ziel) zurückgeht. Aus dieser und anderen Definitionen lassen sich folgende **Merkmale von Zielen** ableiten:

- **Zielobjekt oder Zielinhalt** (Teilbereich der Realität, wie Gesamtorganisation oder Kapazität einer Anlage, über den normative Aussagen gemacht werden; sachliches Zielelement)
- **Zieleigenschaften** (Kriterien, wie nützlich, wirtschaftlich, technisch geeignet, zur Bewertung alternativer Realitätszustände; formales Zielelement)
- **Zielmaßstäbe** (Meßvorschriften, wie nominal, ordinal, kardinal, zur Quantifizierung der Zieleigenschaften)
- **Zielniveau oder Zielausmaß** (Angestrebtes Ausmaß an Zielerfüllung, wie Optimallösung oder Anspruchsniveauerreichung)
- **Zeitlicher Bezug** (Zeitraum, innerhalb dessen das angestrebte Zielniveau erreicht werden soll)
- **Teilnehmer am Zielbildungsprozeß** (alle Personen, die einen Beitrag zum Zielbildungsprozeß leisten).

In der Literatur wird an wohl-formulierte und -strukturierte Ziele bzw. Zielsysteme eine ganze Reihe von Forderungen gestellt, die aber – wie wir später sehen werden – in aller Regel in der Realität nicht erfüllt werden (können).

Dazu gehören u. a.

**Quantifizierung**

- setzt in numerische Werte faßbare Imperative voraus, eine Maßeinheit, eine Meßvorschrift und eine Meßmethode.

**Operationalität**

- setzt Meßbarkeit der Zielerfüllung, also Quantifizierung, und
- eine an den Handelnden angepaßte Zielformulierung voraus, d. h. das Ziel muß für den jeweils Entscheidenden oder Ausführenden verständlich sein, was durch Anpassen an deren jeweilige Stellung in der Organisation erreicht werden kann.

---

[5] Vgl. z. B. *Heinen* 1962, 1966, *Bidlingmaier* 1964, 1968; *Strasser* 1966, *Schmidt-Sudhoff* 1967, *Wächter* 1969, *Kirsch* 1969, 1971, 1977; *Berthel* 1973, *Scheibler* 1974.

**Konsistenz und Kompatibilität**

- setzt voraus, daß alle artikulierten und autorisierten Ziele berücksichtigt sind, in vertikaler Ausdehnung in Mittel-Zweck-Beziehung zueinander stehen und in horizontaler Ausdehnung in Komplementaritätsbeziehung, d. h. untereinander harmonieren.

**Autorisierung,** schriftliche **Formulierung** und organisationsweite **Bekanntmachung**

Als besonders wichtig wird vor allem die Formulierung operationaler Handlungsziele (guides for action) angesehen, denn mit der zunehmenden Verständlichkeit und Plausibilität der Ziele steigen, so die Annahme, auch bei den Organisationsteilnehmern die Fähigkeit und der Wille zu deren Erfüllung.

Auch in der angloamerikanischen Managementliteratur werden ähnliche Anforderungen an Ziele und Zielsysteme gestellt, wobei die Hypothese zugrundegelegt wird, daß klar formulierte und operational vorgegebene Ziele die individuelle und Gruppenleistung positiv beeinflussen. Dabei fällt auf, daß Manager von ‚*objectives*' reden und Soziologen i. d. R. von ‚*goals*' (vgl. z. B. *Filley/House/Kerr* 1976, *Terry* 1977). So spricht auch *Drucker* (1954) und die Literatur nach ihm nicht von ‚Management by Goals' sondern von ‚Management by Objectives'. ‚Goals' entspricht mehr unserem Begriff ‚Zweck', im Sinne der gesellschaftlichen Funktion einer Organisation, während ‚objectives' die organisationsintern entwickelten Ziele bezeichnet. Auch die bei uns weitverbreitete ideale Vorstellung, daß Ziele in einer **Mittel-Zweck-Hierarchie** angeordnet werden können, die die Ableitung ebenenspezifischer Zielvorgaben erlaubt, findet sich in der amerikanischen Literatur (vgl. *Staehle* 1969a, *Porter/Lawler/Hackman* 1975, *Kast/Rosenzweig* 1974, *Terry* 1977).

In diesem Zusammenhang ist der Hinweis wichtig, daß in der betriebswirtschaftlichen Organisationslehre der Aufspaltung von Primärzielen in eine Reihe von Sekundärzielen die Auflösung der Gesamtaufgabe einer Unternehmung in eine Vielzahl von Teilaufgaben entspricht. Hier kann analog zwischen primären und sekundären Aufgaben unterschieden werden. „Das gesamte Bündel der primären Einzelaufgaben steht in einer fortlaufenden Mittel-Zweck-Beziehung vor- und nachgelagerter Ziele und bildet einen Kettenzusammenhang von Teilaufgaben, die gewissermaßen durch einen Induktionsprozeß auseinander und letztlich aus der marktbedingten Endaufgabe (Leistungsaufgabe) als Zweck der Unternehmung hervorgehen" (*Kosiol* 1962, S. 58). In der Realität von Organisationen lassen sich solche Ordnungsmuster jedoch nur selten ausmachen. So konnte *Hauschildt* (1977, S. 171) aufgrund einer empirischen Untersuchung feststellen, daß Handlungsziele nicht konsequent aus einem übergeordneten Zielsystem der Unternehmung abgeleitet werden. „Charakteristisch ist vielmehr, daß die Entscheidungsträger die Zielsetzung in ständiger Dialektik mit der Alternativensuche und der Situationsbeurteilung entwickeln."

Spätestens seit der empirischen Erhebung von *Witte* (1969) wissen wir, daß Entscheidungsprozesse in Organisationen, wenn überhaupt, dann nur begrenzt durch a priori gesetzte Ziele gesteuert werden. Zielsysteme sind i. d. R. unvollständig und durch Ambiguität und Inkonsistenz der Ziele gekennzeichnet. *Kirsch* (1977, S. 161) hält es sogar für gerechtfertigt, „das Zielsystem einer Organisation als eine höchst unscharf abgegrenzte, vage definierte und kaum geordnete Menge unvollständig formulierter Ziele zu charakterisieren", wobei diese Unbestimmtheit häufig sogar intendiert ist, um überhaupt konsensfähige Ziele aushandeln zu können. Darüber hinaus können konfligierende Ziele durchaus funktional sein, wenn es darum geht, organisatorische Flexibilität, Innovation und Wandel sicherzustellen bzw. einzuleiten.

Neben

- **komplementären** (Ziele harmonieren) und
- **indifferenten** (Ziele sind unabhängig voneinander erreichbar) besteht eine Vielzahl von
- **konfligierenden** Zielen (Ziele konkurrieren untereinander).

**Zielkonflikte** sind in der Organisationspraxis üblich. Diesem Problem wird in aller Regel durch sequentielle Problemlösung begegnet, d. h. der Zielkonflikt zu einem Zeitpunkt wird durch zeitliche Dekomposition scheinbar aufgelöst und durch ‚sequential attention' bewältigt. Darüber hinaus fehlen i. d. R. eindeutig formulierte und öffentlich gemachte Ziele; die Grenzziehung zwischen autorisierten und nicht autorisierten, aber tatsächlich verfolgten Zielen ist nur schwer zu ziehen. *Perrow* (1961) trifft aufbauend auf diesen Erkenntnissen die Unterscheidung in offizielle (official organizational goals) und operative Ziele (operative organizational goals) (vgl. auch *Litterer* 1965, *Kast/Rosenzweig* 1974, *Porter/Lawler/Hackman* 1975).

**Offizielle Ziele** sind die nach außen bekannt gemachten und in offiziellen Dokumenten (Statuten, Charta, Unternehmungsleitlinien) festgehaltenen Ziele. In der Regel sind sie abstrakt und unpräzise.

**Operative Ziele** sind dagegen die von den Organisationsmitgliedern zu einem bestimmten Zeitpunkt tatsächlich verfolgten und damit handlungsrelevanten Leitlinien des Handelns.

Leider werden in der klassischen empirischen Zielforschung lediglich die offiziellen Ziele erhoben, deren Erklärungskraft für organisatorisches Handeln aber als nur sehr beschränkt einzuschätzen ist (vgl. z. B. *Heinen* 1966 und *England* 1967 sowie demgegenüber den neueren Ansatz einer Inhaltsanalyse von Zielartikulationen bei *Hauschildt* 1977). Operative und offizielle Ziele entfernen sich in der Realität mehr oder weniger weit voneinander. Operative Ziele werden leichter und schneller an veränderte Situationen innerhalb und außerhalb von Organisationen angepaßt, während offizielle diesen Veränderungen – wenn überhaupt – mit einem größeren time lag folgen.

Die Formulierung von Zielen ist nicht nur eine einmalige Aufgabe im Leben einer Organisation sondern ein permanenter Prozeß. In dem Maße, in dem sich die externe und interne Situation der Organisation verändern, werden u. U. auch Zielveränderungen notwendig. Diese lassen sich in Zielkonkretisierung und Zielwandel einteilen (vgl. *Blau/Scott* 1962, *Etzioni* 1964, *Endruweit* 1981, S. 70ff.):

**Zielkonkretisierung** wird erforderlich, wenn unklare und unpräzise Zielformulierungen vorliegen. Sie tritt auf als

- Zieldifferenzierung (Ableitung von Unterzielen in einer Zielhierarchie)
- Zielerweiterung (Aufnahme neuer Ziele zur Zielpräzisierung)
- Zielbegrenzung (Einschränkung der Ziele etwa in Engpaßsituationen).

**Zielwandel** liegt vor, wenn die jetzigen Ziele zwar keiner weiteren Konkretisierungen bedürfen, aber insgesamt in ihrer Orientierung verändert werden. Er tritt auf als

- Zielvermehrung (z. B. Diversifikation)
- Zielverschiebung (bisherige Mittel werden zum neuen Zweck)
- Zielnachfolge (Orientierung an völlig neuen Zielen nach Erreichung der alten).

## II. Zielbildung als Prozeß

Im Mittelpunkt der Zieldiskussion steht heute weniger die Frage einer angemessenen formalen und inhaltlichen Präzisierung von Zielen und deren Ordnung in Zielsysteme als die Frage nach der Entstehung von Zielen in Organisationen, dem **Zielbildungsprozeß** (vgl. *Szyperski* 1971 sowie *Bütow/Dorow* 1977, *Dorow* 1982). Hier stellt sich das heftig umstrittene Problem, ob Organisationen (in Analogie zu Individuen) überhaupt Ziele haben können oder nur Organisationsmitglieder (Reduktionismusproblem).

Diesem Problem wird zunächst durch Dekomposition zu begegnen versucht. So unterscheidet *Kirsch* (1969) (ähnlich *Kieser/Kubicek* 1976 und *Türk* 1978):

- Individualziele der Organisationsteilnehmer
- Ziele der Organisationsteilnehmer für die Organisation
- Ziele der Organisation.

*Simon* (1957) schlägt zur Vermeidung von Unklarheiten zwischen ‚individual' und ‚organizational goals' vor, erstere als Motive zu bezeichnen.

Die Individualziele oder Motive eines Organisationsmitglieds werden, wenn sie als Forderungen an die Organisationsleitung (Kerngruppe) gerichtet sind, zu Zielen *für* die Organisation. Ziele für die Organisation werden zu Zielen *der* Organisation, wenn sie von der Kerngruppe (Management) verbindlich festgelegt worden sind. Handelt es sich bei der untersuchten Organisation um eine Unternehmung in einem kapitalistischen Wirtschaftssystem, so ist die Annahme einer Unternehmungszielbildung aus den Individualzielen von Organisationsteilnehmern völlig realitätsfremd. Das **Formalziel ‚Ge-**

**winnerzielung**' steht überhaupt nicht zur Disposition. Die Unternehmung ist gezwungen, nachhaltig Gewinne zu erzielen. Nur innerhalb des institutionellen Rahmens (Marktwirtschaft, Privateigentum an den Produktionsmitteln, Mitbestimmung) eröffnet sich ein Spielraum für die Wahl von **Sachzielen** (vgl. das Konzept der begrenzten Wahlmöglichkeiten von *Kubicek,* S. 103 der Arbeit).

*Kast/Rosenzweig* (1974, S. 154ff. ähnlich *Tosi/Carroll* 1976) differenzieren

- gesellschaftliche Ziele (social goals, Zwecke, die die Organisation gegenüber Umweltgruppen erfüllen muß)
- Systemziele (system goals, selbstgesetzte Ziele der Organisation, wie Wachstum Stabilität, Zufriedenheit der Mitarbeiter)
- individuelle Ziele (individual participant goals).

Noch tiefer gliedert *Perrow* (1970, S. 135):

| Zielart | Zielobjekt |
|---|---|
| • gesellschaftliche Ziele | Gesellschaft im Allgemeinen |
| • Outputziele | Abnehmergruppen von Leistungen der Organisation, z. B. Konsumgüter, Erziehung, Gesundheitspflege (Sachziele) |
| • Systemziele | Struktur und Verhalten der Organisation, z. B. Wachstum, Stabilität, Gewinn (Formalziele) |
| • Produktziele | Charakteristika der Produkte oder Dienstleistungen der Organisation, z. B. Quantität, Qualität, Design |
| • abgeleitete Ziele | Bereiche außerhalb des primären Organisationszwecks, z. B. politische Aktivitäten, Regionalentwicklung |

Anhand von Zielkonflikten läßt sich jedoch der nur begrenzte Wert derartiger Ordnungssysteme demonstrieren. Hierzu ist es notwendig, von der idealtypisch-formalen Klassifikation weg zu einer inhaltlichen Diskussion zu kommen. Drei **Konfliktebenen** zeichnen sich ab (vgl. *Kubicek* 1981, S. 462ff.):

- Konflikte auf der Ebene Organisation – Umwelt
  Gemeint ist hier die Kollision gesellschaftlich vorgegebener Zwecke mit Systemzielen, z. B. Gesundheitsgefährdung durch bestimmte Pharmaka vs. Gewinnstreben der Pharmaindustrie.
- Konflikte auf Organisationsebene
  Hier sind die Interessengegensätze zwischen den verschiedenen Organisationsmitgliedern angesprochen, z. B. Arbeitgeber vs. Arbeitnehmer.
- Organisationsinterne Konflikte
  Auf dieser Ebene geht es um Konflikte bei der Ableitung von Unterzielen aus Oberzielen, bei der Festlegung von Mitteln und Wegen zur Erreichung von strategischen Zielen, z. B. Rationalisierung vs. Humanisierung der Arbeit.

Die analytische, ebenenspezifische Auflösung von Konflikten macht allerdings leicht blind für die Tatsache, daß es sich bei derartigen Zielkonflikten zumeist um multiple Zielkonflikte handelt, da Systemziele notwendigerweise auch in der gesellschaftlichen Zielmatrix einer Volkswirtschaft von großer Bedeutung sind (z. B. Wachstum, Beschäftigung, Wertschöpfung) und vice versa.

Untersuchen wir zunächst die klassische Annahme von der autonomen Formulierung von Zielen für die gesamte Organisation durch einen Organisationsteilnehmer. Die unzulässige Generalisierung der Beobachtung, daß in bestimmten Organisationstypen und bestimmten historischen Situationen die Ziele *eines* Organisationsteilnehmers (z. B. Eigentümer, Investor) so dominieren, daß er allein die Ziele der Organisation bestimmen kann, mag überhaupt erst zu dem theoretischen Konstrukt von den „Zielen der Organisation" geführt haben. In diesem Extremfall sind die Ziele eines Organisationsteilnehmers identisch mit den Zielen der Organisation. In der Regel wird aber ein Bargaining-Prozeß ablaufen, in dessen Verlauf Organisationsteilnehmer persönlich oder vertreten durch Repräsentanten (z. B. Betriebsräte, Gewerkschaften, Verbraucherverbände) Ansprüche formulieren (Ziele *für die* Organisation), die keineswegs mit ihren eigenen Zielen identisch sein müssen. Erst durch die formale Absegnung des im Verhandlungsprozeß erreichten Kompromisses durch die dazu autorisierte Kerngruppe entstehen offizielle Ziele *der* Organisation.

Diese Auffassung liegt dem **Modell eines politischen Systems** (*Easton* 1965) zugrunde, in dem der Prozeß der Zielbildung als politischer Prozeß analysiert wird (vgl. hierzu *Kirsch* 1971, *Dlugos* 1974, *Dorow* 1982). Mitglieder des Systems sind alle Aktoren, die am Zielsetzungsprozeß beteiligt sind. Diese haben jedoch i. d. R. aufgrund unterschiedlicher Interessen auch unterschiedliche Zielerwartungen, d. h. sie stellen unterschiedliche Forderungen an die Organisation, was zwangsläufig zu Konflikten führt. Im Modell werden zwei Arten von Aktoren unterschieden:

**Kerngruppe:** Gruppe, die durch Gesetz oder Vertrag legitimiert ist, die Ziele der Organisation verbindlich festzulegen (z. B. Vorstand einer AG)

**Satellitengruppe:** Gruppen, die auf den politischen Prozeß der Zielsetzung Einfluß nehmen (z. B. Betriebsrat).

**Ziele der Organisation** werden von den zur Zielformulierung autorisierten Individuen und Gruppen aufgestellt und von dem hierzu legitimierten Kernorgan beschlossen. Sie sind idealtypisch das Ergebnis von Interaktionen zwischen allen am Zielbildungsprozeß partizipierenden Organisationsteilnehmern. *Witte* (1968) hat diese Vorstellungen an *einem* Entscheidungstyp empirisch überpüfen können. Danach laufen Zielbildungsprozesse multipersonal ab, d. h. arbeitsteilig und interaktiv. Darüber hinaus sind Problemlösungen und Zielbildung als untrennbare, interdependente Aktivitäten aufzufassen (*Hauschildt* 1977).

Heute dominiert die Auffassung, daß die Ziele einer Organisation in **Verhandlungs-Prozessen (Bargaining)** zwischen den Organisationsteilnehmern bzw. -mitgliedern entwickelt werden. Dem Bargaining-Prozeß folgt ein Control-Prozeß zur Herausarbeitung der spezifischen Ziele und ein Lernprozeß, im Zuge dessen Ziele aufgrund von Umweltveränderungen angepaßt werden (*Cyert/March* 1963). In diesen Prozessen besteht keine symmetrische Berücksichtigung aller Teilnehmer (-gruppen), sondern bestimmte Gruppen (i. d. R. nur eine) sind zur Zielbildung formell legitimiert (Kerngruppe). Deren Entscheidungen können aber in Abhängigkeit von den bestehenden Machtverhältnissen von anderen Anspruchsgruppen beeinflußt werden. Um überhaupt zu einem Konsens über Ziele zu kommen, werden den benachteiligten Koalitionsteilnehmern ‚side payments' angeboten, deren Höhe und Ausgestaltung einen Großteil des Bargaining-Prozesses in Anspruch nehmen.

Eine gewisse Erweiterung erfährt dieses Konzept durch die Interpretation von Zielen als Beschränkungen (constraints), die organisatorische Handlungsspielräume abstecken (vgl. z. B. *Buck* 1966). In der Tat haben viele Ziele den Charakter von Restriktionen; an dem Prozeß der Bildung von Zielen bzw. Beschränkungen ändert sich jedoch nichts.

Während die Zielbildungsprozesse nach der Koalitionstheorie oder dem Kerngruppenkonzept von einem rational ablaufenden Zielsetzungsprozeß in bürokratisch strukturierten Organisationen ausgehen, haben *Cohen/March/Olsen* (1972) und *March/Olsen* (1979) anhand empirischer Erhebungen in amerikanischen und norwegischen Hochschulen ein **Entscheidungsmodell der organisierten Anarchie** entwickelt. Das dort beschriebene Entscheidungsverhalten erscheint ihnen typisch für Organisationen mit

- inkonsistenten und schlecht-definierten Zielen
- unklaren Problemursachen, Umweltbedingungen und Handlungskonsequenzen
- unzureichender Interpretation der Vergangenheitsentwicklung
- unklaren Kompetenzen und fehlender Kontinuität von Entscheidern, wechselnden Interessen der Organisationsmitglieder an anstehenden Entscheidungen.

Organisierte Anarchien, wie sie überwiegend im Organisationstyp Universität oder Schule festzustellen sind, weisen keinen wohlstrukturierten Entscheidungsprozeß auf, sondern handeln nach dem **Mülleimermodell** (garbage can model). Folgende Ströme fließen in den Mülleimer:

- Probleme: Interessen, Forderungen oder Ansprüche organisationsexterner und -interner Gruppen
- Lösungen: Ein Potential an Lösungsmöglichkeiten (Ideen, Technologien, Produkten), die z. T. unabhängig von den realen Problemen entwickelt werden
- Entscheidungsgelegenheiten: Situationen, in denen etwa entschieden werden muß
- Teilnehmer: Aktoren, die Problemdefinitionen und -lösungen zu den Entscheidungsgelegenheiten beitragen.

*Enderup* (1980) sieht den Entscheidungsprozeß im Mülleimermodell in folgenden Phasen ablaufen:

1. *Problem-Phase:* Identifizierung der vier Mülleimerströme
2. *Verhandlungs-Phase:* Suche nach Koalitionen und Aushandeln vom Kompromißlösungen
3. *Überzeugungs-Phase:* ‚Verkaufen' der Kompromißlösung an die weniger aktiven Teilnehmer
4. *Bürokratie-Phase:* Konkretisierung der Beschlüsse (Operationalisierung) und Ergänzung um Durchführungsanweisungen

Entscheidungen kommen nach *Cohen/March/Olsen* auf dreierlei Weise zustande:

- **Übersehen** der Probleme, die mit der Entscheidung verbunden sind, und sofortige Entscheidungsfindung
- **Flucht** vor den Problemen und Aufschieben der Entscheidung bis sich das Problem ‚von selbst' löst, oder bis sich eine bessere Entscheidungsgelegenheit bietet
- **Lösung** des Problems durch intensive Problembearbeitung mit anschließender Entscheidung.

Das Mülleimermodell stellt eine wesentliche Relativierung der Allgemeingültigkeit rationaler Zielsetzungsprozesse in Organisationen dar und trägt zum besseren Veständnis komplexer Mehrpersonenzielsetzungsprozesse in organisierten Anarchien bei.

Um Ziele *der* Organisation zu handlungsrelevanten operativen Zielen werden zu lassen, müssen sie als solche von den Handlungsträgern akzeptiert werden, denn diese bringen eigene persönliche Zielvorstellungen (**Individualziele**) ein, die sie über die Teilnahme an der Organisation erreichen wollen. Insofern müssen die Ziele der Organisation instrumental zur Erreichung der eigenen Ziele sein. Da dies nicht als selbstverständlich vorausgesetzt werden kann, werden Synchronisationsmechanismen eingesetzt. Damit wird ein Problem angesprochen, das in der amerikanischen Literatur unter dem Stichwort ‚internalization of organizational goals by participants' seit langem Gegenstand intensiver, stark psychologisch und soziologisch ausgerichteter Untersuchungen ist. Unter *‚internalization'* ist ein Entwicklungsprozeß zu verstehen, in dessen Verlauf die Organisationsteilnehmer sich in zunehmendem Maße mit den Zielen der Organisation identifizieren, bis sie als Individuen selbständig und ‚frei' Entscheidungen treffen, die ganz im Sinne der Organisation liegen. „Indem sich der Organisationsteilnehmer organisational bestimmten Zielen unterwirft und sich diese Ziele allmählich mit seinen eigenen Einstellungen vermengen, erwirbt er eine Organisations-Persönlichkeit, die sich deutlich von seiner Persönlichkeit als Individuum unterscheidet" (*Simon* 1957, S. 198). Sozialpsychologisch betrachtet kann hier also von einem Einstellungs- bzw. Wertorientierungswandel gesprochen werden, der etwa im Sinne der **Drei-Prozesse-Theorie** von *Kelman* (1961) über *Compliance* (Nachgeben), *Identifikation* und *Internalisation* verlaufen kann (vgl. auch *H.-D. Schmidt* et al. 1975, S. 193ff.).

Dieser Vorgang der organisatorischen **Sozialisation** wird aus der Sicht der

Organisation dadurch erleichtert, daß diese Belohnungen in Form materieller und immaterieller Anreize (z. B. Gehalt, Karriere) bieten kann. Je höher ein Organisationsmitglied in der Hierarchie gestiegen ist, desto erfolgreicher ist der Identifikationsprozeß gelungen und umgekehrt. Letztlich werden Handeln und Verhalten von Organisationsmitgliedern aber immer das Ergebnis eines Kompromisses zwischen individuellen und organisatorischen Zielen sein (vgl. hierzu ausführlicher S. 235ff.).

*Ulrich* (1978, S. 42f.) hält den hier skizzierten Zielbildungsprozeß aus den Zielen von Teilnehmern (Koalitionsansatz) heraus für fragwürdig und glaubt, Ziele logisch nur aus dem Zweck von Unternehmungen, ihrem Beitrag für die Gesellschaft, ableiten zu können. Damit argumentiert er in der Tradition von *Parsons* (1960), der fordert, daß Organisationsziele funktional zum Überleben der Gesellschaft sein müssen, da Organisationen ihre Daseinsberechtigung primär aus der Erfüllung gesellschaftlicher Funktionen herleiten. In der Literatur werden die hier angesprochenen gegensätzlichen Ansätze als ‚prescribed' und ‚derived goal approach' diskutiert (*Yuchtman/Seashore* 1967). Unter *‚prescribed goal approach'* versteht man einen Ansatz, der an Äußerungen der Organisation bzw. ihrer Repräsentanten anknüpft, und unter *‚derived goal approach'* eine Vorgehensweise, die organisatorische Ziele aus einer externen funktionalen Analyse des Zwecks der Organisation ableitet. Logisch mag die Betrachtungsweise, Organisationsziele aus gesellschaftlichen Zwecken zu deduzieren (derived goal approach), durchaus plausibel sein, allein sie trägt nichts zum Verständnis von Zielbildungsprozessen in der Realität bei. Ziele werden von Individuen/Gruppen, ausgestattet mit bestimmten Interessen und mit unterschiedlichen Machtmitteln, formuliert und durchgesetzt. Diese Individuen bzw. Gruppen nehmen aktuelle gesellschaftliche Ziel- und Wertprioritäten unterschiedlich wahr, zumal diese ja offensichtlich seit neuerer Zeit einem beschleunigtem Wandlungsprozeß folgen, der als solcher uneindeutig ist.

*Hauschildt* (1977) hält die konflikttheoretische Erklärung von Zielbildungsprozessen für zu einseitig und betont die sog. kognitive Komponente bei der Zielbildung, die sich im Sondieren, Entdecken und Entwickeln immer neuer, realistischer Ziele niederschlägt.

Die ganze Mühe bei der Suche, Analyse und Formulierung von Zielen und Zielsystemen wäre unbefriedigend, wenn nicht in einem weiteren Schritt das Erreichen der Ziele in irgendeiner Form festgestellt würde.

Damit ist das Konzept der organisatorischen Effizienz angeschnitten, das klassischerweise an organisatorischen Zielen anknüpft (vgl. Kapitel E).

## D. Struktur der Organisation

Organisationsstrukturen dienen der Zweck- und Zielerreichung von Organisationen; genauer, sie sollen das Verhalten der Organisationsmitglieder primär auf die Zielerreichung der Organisation ausrichten, dabei aber auch die Befriedigung persönlicher Ziele ermöglichen. **Organisationsstrukturen** stehen heute im Mittelpunkt der (empirischen) Organisationsforschung, und man gewinnt bisweilen den Eindruck, als ob formale Organisationsstrukturen mit den Organisationen selbst identisch seien.[6]

So bezeichnen z. B. *Kieser/Kubicek* (1976) ihr Lehrbuch ‚Organisation' als Einführung in die *gesamte* Organisationstheorie, obwohl sie sich bewußt sind, daß sie lediglich ein Teilgebiet, die formalen Strukturen von Organisationen, abhandeln (S. 18). Das Verhalten von und in Organisationen bleibt weitgehend ausgeklammert.[7] *Türk* (1978) bezeichnet diese Vorgehensweise als ‚strukturalistisch', die aber weniger umfassend sei als etwa systemtheoretische Konzeptionen (S. 31). *Türk* macht dabei deutlich, daß in der Organisationssoziologie der strukturalistische Ansatz eben nur *einer unter mehreren* ist. In der Tradition der betriebswirtschaftlichen Organisationslehre hat jedoch die Organisationsstruktur stets eine dominierende Rolle gespielt, und zwar in der Zweiteilung von Zustands- bzw. Beziehungsstrukturen (Aufbauorganisation) und Prozeßstrukturen (Ablauforganisation) (vgl. *Kosiol* 1962, *Arnold* 1967, *Ulrich* 1970). Eine Kritik dieser traditionellen – und heute in der Praxis immer noch vorherrschenden – Trennung von Aufbau- und Ablauforganisation findet sich schon bei *Luhmann* (1968, S. 43). „Unvermeidlich kommt es zu Widersprüchen, wenn man nach wie vor Aufbau- und Ablaufgestaltung je für sich aus dem Betriebszweck ableitet und erst nachträglich einen Kompromiß erstrebt. Das Dominieren des Aufgabenbegriffs führt zusammen mit der Trennung von Aufbau und Ablauf notwendig in dieses Dilemma. Deshalb gewinnt in Theorie und Praxis und nicht zuletzt unter dem Einfluß der zunehmenden Automation ein Organisationsdenken an Raum, das nicht von einem durch Zweckzerlegung gewonnenen Abteilungsschema ausgeht, sondern vom Arbeitsfluß, und das die Systemstruktur

---

[6] Dies erklärt sich u. a. daraus, daß viele Wissenschaftler und vor allem Buchautoren *das* Wissensgebiet für am wichtigsten (unwichtigsten) halten, von dem sie am meisten (wenigsten) verstehen und über das sie die meisten (wenigsten) Forschungsergebnisse vorliegen haben. Selbst wenn sie mit der Absicht größerer Flächendeckung und wissenschaftlicher Objektivität einen Reader herausgeben, ist er mit obigem persönlichen Einschätzungsfehler belastet.

[7] Vgl. ebenso S. 26 der 2. Aufl. von 1983.

nur noch als einen Komplex von ‚Entscheidungsprämissen' behandelt, die den Arbeitsfluß ‚programmieren.' (Vgl. hierzu neuerdings *Gaitanides* 1983).

In jüngeren organisationstheoretischen Arbeiten (*Burrell/Morgan* 1979, *Astley/Van de Ven* (1983) ist es üblich geworden, Organisationstheorien nach ihren Annahmen über das Ausmaß der Determiniertheit von Managementhandeln in Organisationen einzuteilen, und zwar in solche mit einer eher

- **deterministischen Orientierung;** hierzu zählen
  strukturalistische Ansätze (s. Abschnitt 2 D I)
  systemtheoretische Ansätze (s. Abschnitt 2 D II)
  situative Ansätze (s. Abschnitt 1 C V)

und solche mit einer eher

- **voluntaristischen Orientierung;** hierzu zählen
  Handlungstheorie (s. Abschnitt 3 B I 5 b)
  Entscheidungstheorie (s. Abschnitt 1 C II)
  Strategisches Management (s. Teil 4)

## I. Strukturalistische Ansätze

Von Strukturanalysen verschiedener Organisationen verspricht sich der empirisch orientierte Organisationsforscher ein besseres Verständnis organisatorischen Handelns, das als primär durch bestimmte Merkmale der Organisationsstruktur beeinflußt angesehen wird. Ausprägungen der Organisationsstruktur werden wiederum in Abhängigkeit von organisatorischen Kontextfaktoren analysiert (vgl. Abschnitt 4 D). Letztlich sollen aufgrund solcher vergleichender empirischer Organisationsforschung Strukturveränderungen prognostiziert werden, und zwar als erwartete Folgen vorausgegangener Veränderungen im Kontext der Organisationen (*Lukatis* 1972, *Six* 1974, *Kieser/Kubicek* 1976/1978).

Ihren Ausgangspunkt nahm diese Art von Forschung in dem **Bürokratieansatz** *M. Webers* (vgl. S. 19). *Weber* (1921) sieht in der bürokratischen Organisationsform, die eine idealtypische Beschreibung und keine empirische darstellt, die reinste und zugleich effizienteste Form legaler Herrschaft. Legitime Organisationsherren bedienen sich eines bürokratischen Verwaltungsstabes (formale Organisationsstruktur), um eine geordnete, rationale Zielerreichung zu gewährleisten.

Die Bürokratieforschung im Anschluß an *Weber* versuchte zunächst, die idealtypischen Merkmale des Bürokratiemodelles in operationale Variablen zu transformieren und empirisch zu überprüfen (*Udy* 1959, *Hall* 1963). Hierfür stand noch ein wenig ausgearbeitetes Meßinstrumentarium zur Verfügung; jedoch zeigte sich, daß auch die wenigen operational gefaßten Dimensionen ähnliches leisten wie die umfangreichen verbalen Bürokratiebeschreibungen der Arbeitsteilung, Amtshierarchie, Aktenmäßigkeit und Amtsführung. Daneben wurde erkannt, daß die *Weber*'schen Strukturmerkmale in verschiedenen Organisationen unterschiedlich stark ausgeprägt vorhanden sind, was dazu führte, in der Folge vom **Bürokratisierungsgrad einer Organisation** zu reden. Die Frage mußte jetzt so lauten: In welchem Umfang/ Ausmaß ist das Merkmal vorhanden, und nicht mehr nur, ist es vorhanden oder nicht vorhanden? Dies implizierte abstufbare Merkmalsausprägungen entlang eines Kontinuums und die Entwicklung entsprechender Skalen. Weiterhin interessierte, ob alle Merkmale einer Organisation einheitlich stark/ schwach ausgeprägt sind, oder manche stark und manche schwach, und ob dies auf unterschiedliche kontextuelle Faktoren zurückzuführen sei. Diese Fragestellungen beflügelte die damals aufkommende Vergleichende Organisationsforschung und befruchtete die heutigen situativen Ansätze, die konsequenterweise vermuten, daß sich strukturelle Unterschiede auf Unterschiede in der jeweiligen Situation zurückführen lassen.

Beispiele für einfache dimensionale Organisationsbeschreibungen finden sich etwa bei *Carlisle* (1973, S. 86; 1976, S. 353; siehe auch den Überblick bei *Menzl* 1977):

| Dimension | Ausprägung | |
|---|---|---|
| Organisationszugang (Mitgliedschaft) | wenige Barrieren | viele Barrieren |
| Größe | wenige Mitarbeiter (1) | viele (25 000) |
| Hierarchie | wenige Ebenen (2) | viele (15) |
| Entscheidungsfindung | zentralisiert | dezentralisiert |
| Kontrollspanne | gering (1) | hoch (40) |
| Standort | einer (1) | viele (20) |
| Aufgabenbeschreibung | generell | detailliert |
| Formalisierung | wenig Regeln/ Anweisungen | viele Regeln/ Anweisungen |

Besonders einflußreiche für die Weiterentwicklung der Bürokratieforschung im obigen Sinn sind die Arbeiten einer englischen Forschergruppe an der Aston Universität in Birmingham (die sog. **Aston-Gruppe**). Diese hat 1963 ein Programm zur empirischen Erfassung von Organisationsstrukturen vorgelegt und in anschließenden empirischen Erhebungen in 52 Betrieben mit über 250 Beschäftigten (in den Midlands) aus Interviews mit Führungskräften und allen zugänglichen Dokumenten Strukturdaten erhoben (*Pugh* et al. 1963, 1968, 1969). Dazu wurde ein sehr detailliertes, ausgefeiltes Meßinstrumentarium entwickelt und die so gewonnenen quantitativen Daten einer Korrelations- und Faktorenanalyse unterworfen. Abweichend von den fünf in Anlehnung an *Weber* (1921) hypothetisch aufgestellten Dimensionen (Spezialisierung, Standardisierung, Formalisierung, Entscheidungs-Zentralisation, Konfiguration) fanden die Aston-Forscher aufgrund der Faktorenalyse folgende vier empirisch nachweisbare **Strukturdimensionen** (*Pugh* et al. 1968, 1969):

*Faktor 1:* Strukturierung der Tätigkeiten (z. B. Standardisierung, Formalisierung); erklärt 33% der Varianz

*Faktor 2:* Konzentration der Autorität (z. B. Zentralisation); erklärt 18% der Varianz

*Faktor 3:* Linienkontrolle des Fertigungsprozesses (z. B. Anzahl an Untergebenen); erklärt 13% der Varianz

*Faktor 4:* Relative Bedeutung der Hilfsfunktionen (z. B. Anzahl der Angestellten, die nicht direkt im Produktionsprozeß stehen); erklärt 8% der Varianz.

Daneben wurden **Kontextvariablen,** wie z. B. Eigentumsverhältnisse, Größe, Technologie, analysiert, von denen man auf Grund der empirischen Befunde annehmen konnte, daß sie die Ausprägungen der Strukturdimensionen beeinflussen würden.

Eine Zusammenfassung der Forschungsergebnisse der Aston-Gruppe findet sich bei *Pugh/Hickson* 1976, *Pugh/Hinings* 1976 und *Pugh/Payne* 1977. Einen kurzen Überblick über das Konzept sowie die wichtigsten Variablen geben *Kubicek/Wollnik* 1975 (vgl. Abb. 2.3).

*Abb. 2.3:* Graphische Darstellung des Aston-Konzepts

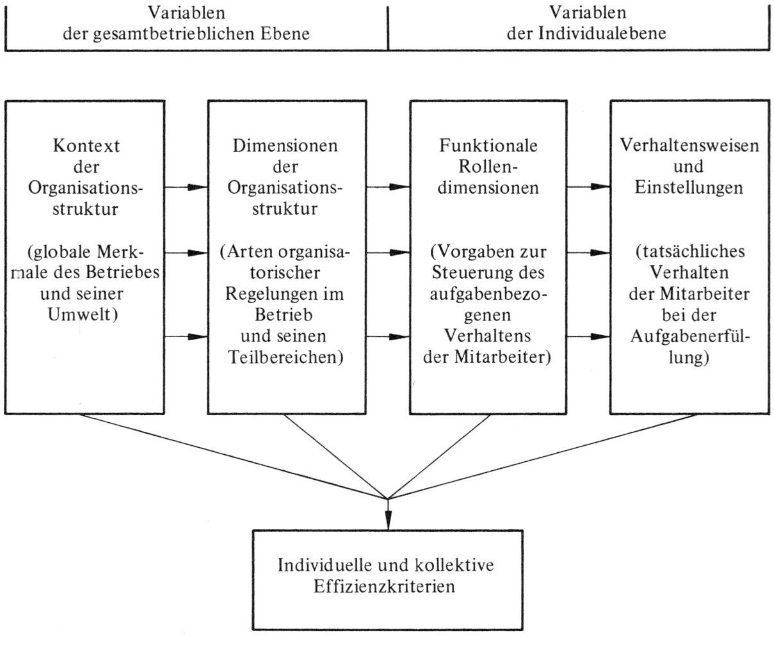


*Quelle: Kubicek/Wollnik* 1975, S. 310–11

Heute findet sich das Aston-Konzept mit der einen oder anderen Modifikation in fast jedem neueren Organisations-Lehrbuch (vgl. z. B. *Bleicher/Meyer* 1976, *Hill/Fehlbaum/Ulrich* 1983, *Kieser/Kubicek* 1983, *Neuberger* 1977), wobei der Bezug auf *Weber's* Bürokratienmodell unverkennbar ist.

| *Max Weber's* Merkmale der Bürokratie | | Dimensionen formaler Organisation | |
|---|---|---|---|
| | | | horizontal: Spezialisierung |
| Arbeitsteilung | → | Differenzierung | |
| | | | vertikal: Konfiguration |
| Amtshierarchie | → | | Stratifikation |
| | | | Zentralisation |
| Aktenmäßigkeit | → | Standardisierung<br>Formalisierung | |
| Amtsführung | → | Führungsverhalten<br>Delegation | |

Die genannten Dimensionen lassen sich wie folgt operationalisieren:

*Spezialisierung* bezeichnet den Grad, zu dem Tätigkeiten in der Organisation in unterschiedlichen Stellen ausdifferenziert sind, z. B. Zahl der spezialisierten Stellen, Anzahl unterschiedlicher Stellenbezeichnungen.

*Konfiguration* bezeichnet den Grad, zu dem Organisationen hierarchisiert sind, z. B. Anzahl der Hierarchieebenen, Anzahl der einem Vorgesetzten unterstellten Mitarbeiter.

*Standardisierung* bezeichnet den Grad, zu dem Tätigkeiten von Routineverfahren bestimmt werden, z. B. Anzahl standardisierter und programmierter Verfahren.

*Formalisierung* bezeichnet den Grad, zu dem organisatorische Regeln schriftlich fixiert und Vorgänge schriftlich festgehalten werden, z. B. Anzahl an Schriftstücken pro Stelle, Umfang von Handbüchern, Ablagen, Karteien.

*Delegation* bezeichnet den Grad, zu dem Entscheidungsbefugnisse auf untere Hierarchieebenen verlagert sind, z. B. Anzahl und Bedeutsamkeit von Entscheidungen auf unteren Ebenen.

Das *Weber*'sche Bürokratiekonzept ist auch in den USA als **Bureaucratic Modell** vor allem in der Literatur über Organisation und Management stark rezipiert worden (vgl. z. B. *Luthans* 1973, *Hicks/Gullett* 1975, *Duncan* 1975, *Dessler* 1976, *Hellriegel/Slocum* 1976).

In der mehr empirsch orientierten amerikanischen Organisationsforschung haben sich Wissenschaftler an der Universität Chicago (*Blau/Schoenherr* 1971, *Heydebrand* 1973) maßgeblich um die hypothetische Entwicklung und empirische Prüfung von Einflußfaktoren der Organisationsstruktur bemüht, wobei die Variable ‚*Organisationsgröße*' im Mittelpunkt des Interesses steht (vgl. auch *Reimann* 1975). Auch die vergleichenden Organisationsuntersuchungen an der Kent State Universität zielten auf eine Konzeptualisierung und Validierung von organisatorischen Einflußgrößen, vor allem unter Berücksichtigung der Variablen ‚*Kultur*' (vgl. S. 74 der Arbeit).

Die Bürokratieforschung ist, vor allem in ihrer stark empirisch orientierten Konzentration auf erhebbare Dimensionen der Organisationsstruktur, nicht ohne **Kritik** geblieben. Diese setzt einmal an formalmethodologischen Unzulänglichkeiten und zum anderen an praktisch-inhaltlichen Problemen an.

So stellen die sog. Merkmal der Bürokratie – auch im Sinne *Weber*'s – lediglich Bedingungen dar, die eine starke Ausprägung der Strukturdimensionen zulassen, die aber keineswegs in allen Organisationen vorhanden sind. Aus der Fülle möglicher Beschreibungsmerkmale einer Organisation wird aber – in enger Anlehnung an *Weber* – immer wieder eine betimmte Anzahl ausgewählt, ohne daß diese Selektion theoretisch begründet wird. Auch *Gebert* (1978, S. 29) beklagt, daß die Wahl der strukturellen Merkmale einer Organisation i. d. R. nicht theoriegeleitet erfolge und immer noch an *Weber*'s Bürokratie-Konzept orientiert sei, das aber von ihm entwickelt wurde, um Bedingungen der Herrschaftsstabilisierung – und nicht etwa der Innovationsförderung – zu identifizieren. Ein anderes Erkenntnisziel oder Erklärungsinteresse würde sicherlich auch andere Beschreibungsmerkmale hervorbringen.

Weitere Ansatzpunkte für Kritik bot die starke Betonung von statistischen und Verfahrensproblemen gegenüber inhaltlichen und erkenntnistheoretischen (vgl. z. B. *Aldrich* 1972, *Schanz* 1977). *Argyris* (1972, S. 78f.) nennt zwei Indikatoren für die Beurteilung einer organisationstheoretischen Richtung als zu stark verfahrensorientiert, nämlich Black-Boxismus und Theorielosigkeit. „Es ist immer schwer zu sagen, wann ein Forschungsbereich zu stark meßorientiert wird, aber vielleicht sind die beiden Charakteristika ‚Black-Boxismus' und ‚Theorielosigkeit' operationale Kriterien". In dieser gegenüber dem Aston-Konzept geäußerten Kritik beklagt er das Fehlen einer erkennbaren Theorie oder eines gedanklichen Bezugsrahmens als Richtschnur empirischer Erhebungen sowie das Ausklammern von Faktoren, wie Persönlichkeitsstruktur, Führungsverhalten, zwischenmenschliche Beziehungen, gruppendynamische Prozesse, die den Einfluß von unabhängigen auf abhängige Variablen moderieren (Moderator- bzw. intervenierende Variablen). Dieses Unterschätzen der primär verhaltensbestimmenden sozialpsychologischen Einflußfaktoren, m. E. eine Folge der Wahl unzureichender, da realitätsferner Organisationstheorien bzw. Bezugsrahmen, geht einher mit einem Überschätzen objektiv meßbarer, aber nicht unbedingt verhaltensrelevanter Einflußfaktoren. Diese Einschätzung der Situation veranlaßt zu der Kritik, daß in der neueren empirischen Organisationsstrukturforschung mit in vielerlei Hinsicht unzureichendem empirischen Material und ungeeigneten Erhebungs- und Auswertungsmethoden unverhältnismäßig aufwendig gerechnet wird.

Diese Kritik drängt sich unmittelbar angesichts des korrelationsstatistischen Ansatzes der Aston-Gruppe auf. Zwar ist mit der Interkorrelation und Faktorenanalyse vieler Variablen eine Datenreduktion im Sinne der Herausarbeitung weniger homogener Variablen-Klassen zu erreichen, womit diesem Verfahren hypothesengenerierende Funktion zukommen kann. Andererseits führen Korrelationsstudien über Klassifikationen und Deskriptionen hinaus i. d. R. nicht zu gesetzmäßigen Wenn-Dann-Aussagen, also zu Erklärungen.

Auch in den Sozialwissenschaften generell stellt die Flut korrelationsstatistischer Befunde einen Indikator für einen unkritischen induktivistischen Ad hoc-Forschungsstil dar, der sich als theoretisch unfruchtbar erweist.

Als **Nachteile der korrelationsstatischen Vorgehensweise** wurden zunächst übersehen:

- Gefahr von Zufallskorrelationen
- Gefahr von Scheinkorrelationen und -faktoren
- Beliebige Austauschbarkeit von abhängigen und unabhängigen Variablen (Fehlen von Ursache-Wirkungs-Relationen).

Kritiker der Faktorenanalyse weisen immer wieder darauf hin, daß diese Datenreduktionsmethode fehlende Theorien nicht zu ersetzen vermag. Die Faktorenanalyse setzt immer auch Linearität und Additivität der Variablen voraus.

Fragen der Datensammlung, -aufbereitung und -auswertung nehmen gegenüber solchen der Entwicklung eines geeigneten theoretischen Bezugsrahmens eine dominierende Stellung ein. Dabei sind die in der empirischen Organisationsforschung verwandten Verfahren grundsätzlich mit den **Methoden der empirischen Sozialforschung** identisch. Diese Methoden beruhen auf statistischen Analyseinstrumenten, die eine Reihe von Modellannahmen erfordern. Bei der Anwendung der Methoden wird streng auf Methodenreinheit geachtet. Dies kann zu einer Dominanz der Methoden über das Untersuchungskonzept führen, für das die Methoden lediglich instrumentalen Charakter haben sollten. Bereits bei der Gestaltung des Bedingungsrahmens wird dann auf die Berücksichtigung potentiell forschungsrelevanter Informationen verzichtet, weil die gewählte Methode der Auswertung dies nicht zuläßt. Der Leser, meist auch der Forscher, ist nicht in der Lage zu beurteilen, wie stark die unzureichenden Testvoraussetzungen das Ergebnis verzerren. Gültige, d. h. hier wissenschaftlich akzeptable Aussagen, können dieser Auffassung zufolge aber nur dann gemacht werden, wenn die Kriterien oder Merkmale der Erhebung sich nach den Bedürfnissen der analytischen Statistik richten.

Grundsätzlich wird eingewendet, daß soziale Sachverhalte nicht im Rahmen der mechanistischen und statischen **Annahme eines naturwissenschaftlichen Modells** erfaßt werden können. Dieses gehe am Wesen sozialen Lebens völlig vorbei (vgl. *Arbeitsgruppe Bielefelder Soziologen* 1973). Die **Kritik** stützt sich auf drei Hauptargumente:

- Im sozialen Bereich finden sich keine Gesetzmäßigkeiten, sondern nur kontextabhängige Regelmäßigkeiten. Unterschiedliche kontextabhängige Deutungszusammenhänge werden aber durch vorgängige Operationalisierungen des Forschers zugedeckt (vgl. *Krepper* 1975); sie können besser durch Methoden des „interpretativen Fremdverstehens" ermittelt werden.

- Der im Zuge des Forschungsprozesses Befragte hat keine – wie bei standardisierten Verfahren vorausgesetzt – passiv-rezeptive Rolle inne, vielmehr kann auch eine noch so entwickelte Fehlermethodologie nicht den grundsätzlich kommunikativen Charakter der Erhebungssituation negieren (vgl. *Hoffmann-Riem* 1980). Sieht man jedoch den Befragten in der Rolle eines gleichberechtigten Dialogpartners, so eröffnet sich die Möglichkeit, daß dieser seine Deutungssysteme in einem Prozeß sozialer Interaktion darstellt und dem Forscher den erforderlichen Auswertungskontext mitliefert.
- Der korrelationsstatistische Ansatz kann soziale Sachverhalte in ihrer ganzheitlichen Komplexität nur unzureichend erfassen. Die Ergebnisse mathematisch-statistischer Methoden sind nämlich immer abhängig vom theoretischen Bezugsrahmen oder vom Abstraktionsmodell des Fachwissenschaftlers, das meist nicht aufgedeckt wird. Ihre Plausibilität zur Erklärung sozialer Sachverhalte ist alltagsweltlichen Deutungen prinzipiell nicht überlegen. Deshalb müssen sie mit den Deutungsmustern der Befragten konfrontiert werden (vgl. *Köckeis-Stangl* 1980).

Obwohl die Methodologie qualitativer Erhebungs- und Auswertungsverfahren noch viele Fragen offen läßt, stellt sie heute schon eine wichtige Ergänzung der bislang dominierenden quantitativ-statistischen Verfahren dar.

Eng mit dieser Problematik ist das Problem der **Operationalisierung** der zu erfassenden Variablen und Merkmale verbunden. Die empirische Erhebbarkeit der Elemente des Bedingungsrahmens wird durch operationale Definitionen bzw. Korrespondenzregeln geleistet.

Zwischen zugrundeliegenden Begriff und operationaler Definition treten meist Differenzen auf:

- die operationale Definition ist enger als der Begriff. Einzelne Merkmale eines Begriffes bleiben unberücksichtigt.
- Begriff und operationale Definitionen überschneiden sich nur teilweise; Merkmale messen mehrere Begriffe.

Sollen Felduntersuchungen durchgeführt werden, treten immer Probleme bei Auswahl und Erhebung der Stichprobe auf. Eine repräsentativ angelegte Stichprobe läßt sich, sofern privatwirtschaftliche Unternehmungen beteiligt sind, fast nie realisieren, da viele Unternehmungen keine Bereitschaft zeigen, an empirischen Untersuchungen mitzuwirken. Die niedrigen Rücklaufquoten bei postalischen Erhebungen führen bereits zu einer Selektion, die keine Repräsentativität mehr gewährleistet.

Neben diesen erhebungs- und meßtechnischen Problemen, mit denen aber jegliche Art empirischer Forschung zu kämpfen hat, werden dem Bürokratiekonzept mangelnde Eignung zur Bewältigung gegenwärtiger Organisationsprobleme angelastet. *Weber*'s bürokratische Organisation ist ein Idealtyp, für dessen praktische Realisierung nach *Blau* (1956, S. 36ff.) vor allem eine bestimmte **historische Situation** Voraussetzung war, gekennzeichnet durch:

- Geldwirtschaft
- Kapitalismus

- protestantische Ethik[8]
- Großorganisationen,

die heute aber in dieser Form nicht mehr gegeben ist. Darüber hinaus haben sich in der Realität neben den mit bürokratischer Strukturierung intendierten Funktionen eine ganze Reihe **dysfunktionaler Konsequenzen** gezeigt, die tendenziell zur Ineffizienz der gesamten Organisation führen (vgl. Abb. 2.4).

Starke **Kritik** wird vor allem aus unternehmensstrategischen und humanistischen Positionen heraus formuliert (*V. A. Thompson* 1961, *Bennis* 1969).

Bürokratien sind inflexibel und kaum anpassungsfähig gegenüber Veränderungen in der Umwelt von Organisationen und geben dem Organisationsmitglied kaum Gelegenheit zu Persönlichkeitsentfaltung und -entwicklung.

Dies ist nicht zuletzt darauf zurückzuführen, daß das Organisationsmitglied nach klassischen Vorstellungen in seinen Handlungen ausschließlich von rationalen, wirtschaftlichen Überlegungen geleitet wird, und folglich das ganze Lob-Tadel-System auf monetäre Anreize aufgebaut ist.

*Abb. 2.4:* Funktionale und dysfunktionale Folgen bürokratischer Strukturen

| Merkmale der Bürokratie | funktional | dysfunktional |
|---|---|---|
| Arbeitsteilung | Spezialisierung | Entfremdung, Monotonie |
| Hierarchie | Kanalisierung von Informationen, Struktur, Koordination, Vermeidung von Machtkämpfen, Sicherheit und Stabilität | Konservierung des Bestehenden, Rigidität, mangelnde Flexibilität, Kommunikationsstörungen, ‚Empire Building' |
| Regeln, Handlungsprogramme | Rationalität, Objektivität, versachlichte Arbeitsbeziehungen | Verkehrung von Mitteln in Ziele, hoher Kontrollaufwand |
| Technisch-formale Kompetenz | Demokratisierung (Abbau persönlicher Willkür) | Unpersönlichkeit, Angst, Frustration |
| | ↓ Effizienz | ↓ Ineffizienz |

Das Organisationsmitglied wird als ‚economic man' nur in seinen formellen Beziehungen innerhalb der Hierarchie berücksichtigt; es wird als ebenso logisch und rational organisierbar angesehen wie technische Arbeitsabläufe. Die zum Verständnis der Realität in Organisationen so wichtigen Phänomene, wie informelle Gruppenbeziehungen, nichtmonetäre Anreize, Konfliktsituationen, Entscheidungsprozesse, werden vernachlässigt oder in ihrer Bedeutung unterschätzt.

Eine Analyse der gegenwärtigen Organisations- und Führungsformen großer Organisationen zeigt, daß die Vorherrschaft klassischer, bürokratischer Modelle keineswegs gebrochen ist. Versteht man unter Bürokratisierung „die

[8] Vgl. S. 3 der Arbeit.

Einengung des menschlichen Gemeinschaftslebens durch rationale, organisationsbedingte Sachentscheidungen, das Streben der Bürokratie nach Autonomie, nach einer Machtstellung, die ihr die Möglichkeit der Herrschaft über Menschen und Organisationen verschafft" (*Stammer* 1969, S. 149), so wird deutlich, daß bestimmte Aspekte der Bürokratisierung der von *Weber* selbst geforderten Demokratisierung entgegengesetzt sind (vgl. zur Bürokratiekritik die Beiträge von *Luhmann, Bardt, Thompson, Merton* und *Crozier* in *Mayntz* 1968).

## II. Systemtheoretische Ansätze

Wie zu Beginn dieses Abschnitts angedeutet, dienen in der Organisations- und Managementlehre neben ‚strukturalistischen' und ‚situativen' vor allem ‚systemtheoretische' Ansätze als konzeptioneller Rahmen zur Beschreibung und Interpretation unterschiedlicher Organisationsstrukturen.

Während es bei den *strukturalistischen* Ansätzen primär um die Frage geht, welche Strukturen sind am effizientesten, interessieren sich *systemtheoretische* Ansätze mehr für die Frage, welche Funktionen sind zur Erhaltung eines Systems bzw. Subsystems erforderlich.

Organisationen werden systemtheoretisch als offene Systeme beschrieben, die entsprechend der jeweiligen Umweltstruktur Subsysteme gebildet haben, die u. a. Inputs aus der Umwelt beziehen, die sie in Outputs transformieren, die ihrerseits funktional für andere Subsysteme oder Umweltsysteme sind und damit zu deren Zielerreichung beitragen.

Die Anwendung dieses Ansatzes auf industrielle Organisationen hat sich vor allem das **Tavistock Institute of Human Relations** (London) zur Aufgabe gemacht. Im Mittelpunkt des Tavistock-Konzeptes einer **soziotechnischen Systemanalyse** steht die primäre Aufgabe, der primäre Organisationszweck (primary task), d. h. die Aufgabe(n), die für das Überleben des Systems ausschlaggebend ist (sind) (*Rice* 1963, *Miller/Rice* 1967, *Pasmore/Sherwood* 1978). Diese *‚primäre Aufgabe'* legt den für das Überleben der Organisation dominanten und damit kritischen Transformationsprozeß (Input-Umwandlung-Output) fest. Die materielle Durchführung der primären Aufgabe obliegt den operativen Systemen (operating systems), von denen in der Regel eines für *‚import'* (Input aus der Umwelt), eines für *‚conversion'* (throughput im Produktionsprozeß) und eines für *‚export'* (Output an die Umwelt) zuständig ist. Diese Differenzierung in Subsysteme (operating systems) sowie die Interaktion zwischen System und Umwelt erfordern ein ‚managing system'. Das *‚managing system'* hat einmal die Aufgabe der Koordination, Kontrolle und Unterstützung (servicing) der ‚operating systems' und zum anderen der Steuerung der Systemgrenzen überschreitenden Transaktionen.

Von zentraler Bedeutung im Tavistock-Modell sind die Interaktionen des sozio-technischen Systems mit seinen Umweltsystemen. Hier wird richtig erkannt, daß letztes Ziel einer Organisation (als Institution) die Aufrechterhaltung systemerhaltender Transaktionen mit der unmittelbaren Systemumwelt und dem Supersystem Gesellschaft sein muß. Aufgabe des **Management-Systems** ist es, das sozio-technische System als Ganzes soweit wie möglich von voraussehbaren Fluktuationen im Input- und Output-Bereich zu schützen, um so einen reibungslosen internen Umwandlungsprozeß (conversion) aufrechterhalten zu können. Diesem Ziel einer möglichst reibungslosen Erfüllung der primären Aufgabe (primary task) legt die Umwelt generelle (social, political, economic, legal) und spezielle (human, financial, scientific, physical und technological) Beschränkungen auf. Nach dem Tavistock-Modell läßt sich diesen Beschränkungen am besten durch eine aufgaben- und umweltgerechte interne Strukturierung begegnen.

Mit zunehmender **Differenzierung** steigt jedoch in der Regel auch der Koordinationsaufwand (**Integration**). Intra- und Intersystemsteuerung wird *dann* den geringsten Führungsaufwand erfordern, wenn die Grenzziehung an solchen Stellen vorgenommen wird, an denen eine beträchtliche Diskontinuität im Transformationsprozeß (input-throughput-output) auftritt, oder, mit anderen Worten, wo möglichst wenig Material- und Informationsströme unterbrochen werden. Muß aus gewissen Sachzwängen heraus eine Grenzziehung, d. h. Abteilungsbildung, dort vorgenommen werden, wo kontinuierliche Prozesse unterbrochen werden, steigen die Anforderungen an Quantität und Qualität der Führungsmaßnahmen beträchtlich, denn einmal muß die ‚künstliche' Differenzierung aufrechterhalten und zum andern die Koordination mit benachbarten Subsystemen gewährleistet werden.

Auch *James Thompson* (1967) sieht das Hauptproblem komplexer Organisationen in der **Bewältigung von Unsicherheit,** die ihren Ursprung vor allem in den Variablen ‚Umwelt' und ‚Technologie' findet. Soziotechnische Systeme begegnen nach seiner Auffassung dieser Unsicherheit, indem sie bestimmte Subsysteme schaffen, die primär mit diesen Problembereichen zu tun haben. Abgeschirmt durch die Unsicherheit absorbierenden peripheren Subsysteme sind dann andere Subsysteme in der Lage, unter Bedingungen der Sicherheit oder unter solchen geringen Risikos zu arbeiten.

Ausgangspunkt für eine sinnvolle Systemstrukturierung ist nach *Thompson* der primäre Systemzweck (major mission; im Tavistock-Modell: primary task), oder der Haupttätigkeitsbereich (organizational domain), mit dessen Wahl festgelegt wird (S. 40):

- die benutzte Technologie
- der Kunden- bzw. Abnehmerkreis
- das Leistungsangebot.

Entsprechend der *‚major mission'* und der *‚organizational domain'* müssen die drei Hauptaktivitäten eines sozio-technischen Systems strukturiert werden, nämlich die

- Input Aktivitäten
- Technologische Aktivitäten
- Output Aktivitäten.

Diese Dreiteilung entspricht derjenigen des Tavistock-Modells in Import-, Transformations- und Export-Systeme. Die Input- und Output-Systeme haben nach *Thompson* eine wichtige Pufferfunktion, um das technologische Zentralsystem vor dysfunktionalen Umwelteinflüssen abzuschirmen: Die **Pufferfunktion** besteht im einzelnen darin (S. 20ff.):

- Schwankungen im Input und Output durch interne Maßnahmen aufzufangen (z. B. durch Lagerhaltung)
- Schwankungen im Input und Output durch Beeinflussung der entsprechenden Umweltsysteme zu vermindern (z. B. Preisdifferenzierung bei Strom, Telefon)
- Unvermeidliche Umweltveränderungen zu antizipieren und die Organisation in Teilen oder insgesamt den geänderten Bedingungen entsprechend anzupassen (z. B. Anpassung des Produktionsprogramms an veränderte Verbrauchergewohnheiten)
- Übernachfrage durch Rationierung zu beschränken (z. B. Warteliste in Krankenhäusern, Numerus clausus an Universitäten).

Ähnlich wie die Tavistock-Forscher untersuchen *Katz/Kahn* (1966, 1978) Organisationen mit dem Begriffsinstrumentarium der Allgemeinen Systemtheorie als offene Systeme. Die im Zusammenhang mit der Strukturierung von Unternehmungen interessierenden **Merkmale offener Systeme** sind:

| | |
|---|---|
| *Input:* | Aufnahme von Energie aus der Umwelt |
| *Throughput:* | Transformation des Inputs durch innerorganisatorische Aktivitäten |
| *Output:* | Abgabe des Transformationsergebnisses (Produkt oder Dienstleistung) an die Umwelt |
| *Differenzierung:* | Abteilungsbildung und Rollendifferenzierung zur arbeitsteiligen Erledigung der Systemprobleme |
| *Integration und Koordination:* | Überwindung der Desintegration durch gemeinsame Normen und Werte sowie durch formale Koordinationsmechanismen. |

Im Bereich der Differenzierung unterscheiden *Katz/Kahn* folgende fünf **Subsysteme:**

1. production subsystem (Produktion)
2. supportive subsystem (Versorgung)
3. maintenance subsystem (Erhaltung)
4. adaptive subsystem (Anpassung)
5. managerial subsystem (Management).

Das **Produktionssystem** hat die Aufgabe der Transformation von Input in Output (Leistungserstellung). Das **Versorgungssystem** stellt die Verbindung der Organisation mit seiner Umwelt her (vor allem Beschaffung und Absatz). Das **Erhaltungssystem** kümmert sich um die Rekrutierung und Sozialisierung von Organisationsmitgliedern. Das **Anpassungssystem** ist mit der Wahrnehmung von Umweltveränderungen und der rechtzeitigen organisatorischen Anpassung betraut. Das **Managementsystem** schließlich koordiniert und steuert die Subsysteme und bringt die Umweltanforderungen mit den Stärken und Schwächen der Organisation in Einklang.

Das Tavistock-Modell (mit der Erweiterung von *Thompson*) sowie das Systemmodell von *Katz/Kahn* sind in der internationalen Organisationsliteratur stark rezipiert worden und gelten dort als logisch-analytischer Ansatz zur Organisationstrukturierung.

# E. Effizienz der Organisation

Organisationen existieren, um bestimmte Zwecke und Ziele zu erreichen. Die Organisationsmitglieder und -teilnehmer sind verständlicherweise daran interessiert, daß diese auch erreicht werden, da damit indirekt ihre Ansprüche an die Organisation befriedigt werden. Daneben fragt der Manager und Organisator nach solchen Gestaltungsmaßnahmen, welche die Effizienz der Zielerreichung in und von Organisationen besonders fördern. Dabei hilft ihm nicht nur die Kenntnis solcher Gestaltungsempfehlungen, sondern er wünscht auch eine Auskunft über die Effizienz alternativer Maßnahmen. Auf welche Ansätze zur Messung der Effizienz könnte er zurückgreifen, und welche Entwicklungstendenzen zeichnen sich ab?

Die heute geläufigen Forschungsdesigns können im wesentlichen auf zwei Ansätze, den Ziel- und den Systemansatz, zurückgeführt werden. Daneben werden in der Literatur noch ein stärker anwendungsorientierter Ansatz, das Management Audit, und neuerdings ein sog. Interaktions-Ansatz diskutiert (vgl. hierzu vor allem *Staehle/Grabatin* 1979 sowie *Grabatin* 1981).

## I. Ziel-Ansatz

Notwendige Voraussetzung zur Bestimmung der Effizienz im Zielansatz ist die Existenz von explizit genannten, weitgehend operational formulierten Organisationszielen. Effizienz kann dann als **Grad der Zielerreichung** (goal attainment; degree of goal achievement) definiert werden (vgl. *Budäus/Dobler* 1977; *Reimann* 1975; *Price* 1972).

Als Vorteile dieser Vorgehensweise gelten

- Betonung der Zweckrationalität von Organisationen
- Einfachheit in der Anwendung
- Wertfreiheit.

Diesen vermeintlichen Vorteilen stehen jedoch schwerwiegende forschungsmethodische Probleme gegenüber (vgl. z. B. *Etzioni* 1960, S. 258).

Zunächst muß, wie schon früher erwähnt (S. 107ff.), die Schwierigkeit einer exakten, operationalen *Zielidentifikation* hervorgehoben werden. Diesem Problem versucht man in der Literatur durch eine Klassifikation der Ziele zu begegnen.

Selbst wenn man zeitliche Zielkonstanz und die Möglichkeit der Operationalisierung solcher Ziele unterstellt, so scheitert der Ansatz doch an der fehlenden interorganisationalen Vergleichbarkeit, da operative Ziele von Organisation zu Organisation unterschiedlich definiert werden (vgl. *Reimann* 1975; *Osborn* 1971).

Ein zweites schwerwiegendes Problem für den Ziel-Ansatz brachte die Erkenntnis, daß *nicht ein Ziel*, sondern ein ganzes *Zielbündel* innerhalb von Organisationen existiert.

Aber nicht nur die Zielartikulation und -identifikation einzelner sowie die hierarchische Ordnung mehrerer Ziele, sondern auch die Änderungen von Zielen im Zeitablauf erschweren die Bestimmung von Zielrealisationsgraden. Die klassische Entscheidungstheorie unterstellt bekanntlich einen zu Prozeßbeginn punktuellen Akt der Zielsetzung, dem verschiedene Stufen des Problemlösungsprozesses folgen. Die empirischen Befunde von *Hamel* und *Hausschildt* lassen jedoch organisationsinterne, parallel zu Entscheidungsprozessen verlaufende Zielbildungsprozesse erkennen, die eine statische Zielanalyse zum Zweck der Effizienzmessung mehr als zweifelhaft erscheinen lassen (vgl. *Hamel* 1974; *Hauschildt* 1977; *Hall* 1972).

Aus der Kritik des Zielansatzes leitet *Price* (1972) als Schwerpunkte weiterer Forschungstätigkeit ab, die Konzentration auf

- die wichtigsten Entscheidungsträger in Organisationen
- die Ziele der Organisation, und hier vor allem
- die tatsächlich angestrebten Ziele
- die individuell wahrgenommenen Organisationsziele und die realisierten Handlungen der Organisationsmitglieder.

## II. System-Ansatz

Während der Zielansatz allein durch den Bezug auf eindeutig festzustellende, operational zu definierende Ziele das Problem der Effizienzmessung anzugehen versucht, öffnet der System-Ansatz dazu eine erweiterte Betrachtungsweise, indem er zusätzliche Beziehungen zwischen der Organisation als System und der Umwelt berücksichtigt. Abb. 2.5 zeigt, daß daneben auch intern ablaufende Prozesse und Organisationsziele in die Betrachtung einbezogen werden, so daß sich drei mögliche **Untersuchungsbereiche innerhalb des System-Ansatzes** ergeben:

1. System-Umwelt-Beziehungen
2. Strukturen und Prozesse
3. Ziele.

Effizienz wird nicht mehr auf einen der drei Bereiche beschränkt, sie umfaßt alle. Damit entzieht sich der Effizienzbegriff einer direkten Meßbarkeit. Er wird zu einem abstrakten mehrdimensionalen Konstrukt und kann allen-

*Abb. 2.5:* Elemente des Systemansatzes in der Effizienzmessung

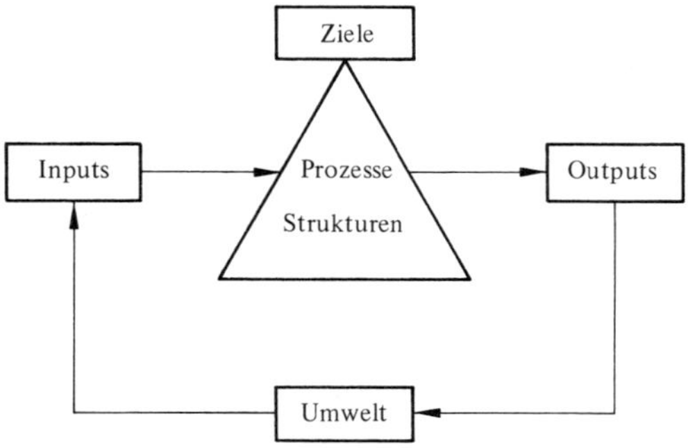


*Quelle:* In Anlehnung an *Gibson* et al. 1976, S. 62

falls mittelbar über ein System operational zu definierender Indikatoren gemessen werden.

Innerhalb der System-Ansätze hat der **„system resource approach"** von *Yuchtman/Seashore* (1967) in der Literatur besondere Beachtung gefunden, obwohl er sich nur auf die System-Umwelt-Beziehungen beschränkt. Die Autoren definieren Effizienz auf der Grundlage der Verhandlungsposition einer Organisation. Diese zeigt sich in der Fähigkeit der Organisation, ihre relevante Umwelt bei der Beschaffung knapper und lebensnotwendiger Ressourcen zu dominieren (S. 898).

Effizienz bezieht sich also auf die Stärke/Schwäche der Verhandlungsposition, die ein System gegenüber seiner Umwelt bzw. einem Umweltsegment erreicht.

Geeignete Strategien sollen es ermöglichen, die Verhandlungsposition zugunsten des Systems so zu verlagern, daß auch z. B. persönliche Ziele der Systemmitglieder am besten realisiert werden können. Zwar wird dieses schon von *Katz* und *Kahn* (1966, S. 170) aufgestellte Maximierungspostulat, das eine Ausbeutung der Umwelt durch das System implizierte, als für eine Organisation destruktiv abgelehnt und in eine kontextabhängige Optimierungsforderung gewandelt, doch kann auch dieses Konzept nur unter realitätsfernen Prämissen eines gemeinwirtschaftlich und sozial verantwortlich handelnden Managements Gültigkeit beanspruchen.

Daneben führt die einseitige Ausrichtung des Konzepts auf System-Umwelt-Beziehungen zu der Forderung nach einer Integration innerorganisationaler Prozesse (vgl. *Budäus/Dobler* 1977) und Strukturen (vgl. *Bühner* 1977; *Pennings* 1975).

Den wohl allgemeinsten System-Ansatz liefert zweifellos *Parsons* (1960, S. 164), der im Sinne der Kritik vier zur Erreichung von Effizienz funktionale **Universalaufgaben** organisatorischer Prozesse bzw. Aktivitäten analysiert (vgl. das AGIL-Schema auf S. 111):

- Anpassung an die Umwelt (adaptation).
- Zielerreichung (goal-attainment)
- Integration und Koordination von Handlungen (integration)
- Erhaltung der Sozialstruktur (latency bzw. pattern-maintenance)

Dieser schon sehr umfassende Systemansatz wurde von *Gibson/Ivancevich/Donelly Jr.* (1976) noch erweitert, indem sie die Bedeutung der Zeitstruktur in die gesamtorganisatorische Bewertung eingebracht haben. Ihre Dreiteilung der Zeitstruktur und der Effizienzkriterien entspricht der zeitlichen und sachlichen Differenzierung in mehrstufigen Planungssystemen (vgl. z. B. *Wild* 1974, S. 166ff.) und deren Zuordnung zu oberen, mittleren und unteren Führungsebenen (siehe Abb. 2.6).

*Abb. 2.6:* Effizienzkriterien als Funktion der Zeit und der Hierarchieebenen

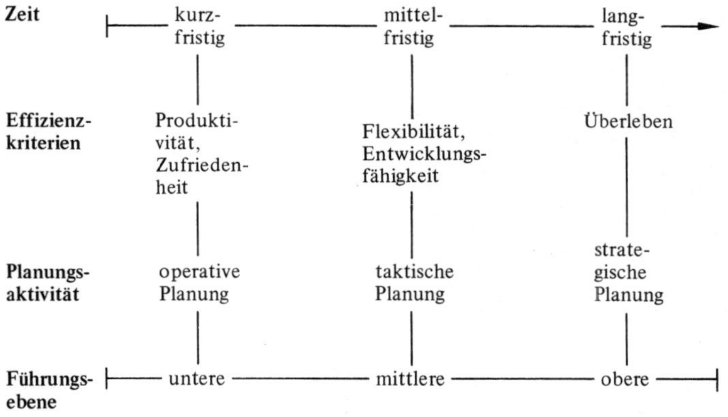


*Quelle: Staehle/Grabatin* 1979, S. 91

Die Leistungsfähigkeit dieser integrativen System-Konzepte beschränkt sich gegenwärtig auf die Leistungsfähigkeit einzelner Teilkonzepte (vgl. Abb. 2.5). Diese dürfte durch die zunehmende modifizierende Integration nicht beeinträchtigt werden, was bei einer reinen Addition sicherlich der Fall wäre. Dennoch bleibt offen, ob diese Ansätze jemals zu einer Lösung des Effizienzproblems auf Systemebene führen können, zumal sie wesentliche soziale Phänomene, wie Interessen, Macht, Konflikt, weitgehend ausklammern.

## III. Management Audit-Ansatz

Gegenüber den bisher diskutierten Ansätzen zur Messung organisationaler Effizienz nimmt das Management Audit eine stärker anwendungsorientierte Position ein. Allgemein kann **Management Audit** definiert werden als „die periodische Überprüfung der Planungs-, Organisations-, Durchführungs- und Controlling-Maßnahmen einer Unternehmung in Bezug auf ein bestimmtes Anspruchsniveau ... Dies im Hinblick auf die Vergangenheit, Gegenwart und Zukunft des Unternehmens"(*Terry* 1977, S. 521). Im Rahmen von innerbetrieblichen Zeitvergleichen (ex-post und ex-ante Betrachtung) werden mittels geeigneter Fragen Aktivitäten bzw. Funktionsbereiche einer Unternehmung analysiert, wie z. B. (vgl. *Burton* 1971, *Terry* 1977, *Thierauf/Klekamp/Geeding* 1977):

- Unternehmungsziele und -politik
  Unternehmungsziele
  Unternehmungsstrategien und -politik
  Public Relations
  Unternehmungsphilosophie
- Organisation und Management
- Langfristige Analyse der Wettbewerbsfähigkeit
- Wirtschaftliche Entwicklung
  Markt
  Kapital
  Arbeit
- Vorherrschende Branchen-Charakteristiken
- Politische Einflüsse und Trends (Bund, Land, Gemeinden).

Diese Vorgehensweise entspricht den auch bei uns weitverbreiteten **betriebswirtschaftlichen Vergleichsrechnungen** mit Hilfe von Kennzahlensystemen (*Staehle* 1969a, S. 60ff.).

Vergleiche können durchgeführt werden als

- Zeitvergleiche
  (Gegenüberstellung von Kennzahlen zu verschiedenen Zeitpunkten)
  oder als
- Soll-Ist-Vergleiche
  (Gegenüberstellung von Soll- und Istzahlen zu einem Zeitpunkt).

Der *intraorganisatorische* Zeit- und der Soll-Ist-Vergleich von Kennzahlen stellen für die Unternehmung beliebte Kontrollinstrumente der Betriebsgebarung dar. Sie geben einen konzentrierten Überblick über die wirtschaftliche Lage der Unternehmung und weisen zugleich auf gefährliche Fehlentwicklungen hin.[9]

---

[9] Vgl. hierzu die Ausführungen über Früherkennungssysteme (S. 346ff.).

Der *interorganisatorische* Vergleich von Kennzahlen erlaubt es der Unternehmung, ihre Stellung im Verhältnis zu anderen gleichartigen Betrieben derselben Branche zu erkennen. Als Vergleichsmaßstab dienen hier häufig Richtzahlen (industry standards), die als Branchendurchschnittszahlen von Wirtschaftsverbänden aufgestellt werden. Die Tatsache, daß sich solche Analysen nur auf objektiv meßbare, überwiegend ökonomische Faktoren konzentrieren und z. B. nur die Beziehung Management-Investor betreffen, macht die beschränkte Gültigkeit dieses Effizienz-Ansatzes deutlich. Deshalb kann auf die Erhebung umfassender subjektiver und qualitativer Daten nicht verzichtet werden.

Ein weiteres Problem des Management Audit liegt in der Methode der Bewertung. Ein „Enterprise-Self-Audit" hat nur für eine einzelne Organisation Bedeutung. Bemühungen, die Eigen-Bewertung zu objektivieren, vor allem reliabel zu gestalten, führten zu der Einrichtung möglichst **unabhängiger Auditors** und der Aufstellung „allgemeingültiger" Bewertungslisten (mit bis zu 300 Fragen mit vorgegebenen Gewichtungsfaktoren; vgl. *Koontz/O'Donnell* 1976, S. 726).

*Burton* spricht sogar von der Möglichkeit, Management Audit gesetzlich zu verankern; vgl. *Burton* 1971, S. 121).

Das American Institute of Management (AIM) hat versucht, mit dieser Methode dem potentiellen Investor eine Managementbewertung zu liefern (vgl. *Koontz/O'Donnell* 1976, S. 726ff.). Trotz großer Bemühungen, das Verfahren transparent und objektiv zu gestalten, hat das Management Audit nicht die anfangs vermutete Bedeutung erreichen können.

Während sich die Mehrzahl der bislang besprochenen Ansätze auf die Bewertung von Organisationen bzw. ihrer Managementsysteme als Ganze beziehen, spezialisieren sich die jüngeren deutschsprachigen Ansätze (*Gzuk* 1975, *Thom* 1976, *Knopf* et al. 1976) vor allem auf die Bewertung von innerorganisatorisch ablaufenden Prozessen, wie Entscheidungsprozesse, Innovationsprozesse und Reorganisationsprozesse im Rahmen von Situations- oder Effizienzanalysen.

Die bislang entwickelten Konzepte der Effizienzmessung befinden sich noch überwiegend in der **Phase der Definition und Deskription.** Eine umfassende theoretische und konzeptionelle Einbindung von Effizienzuntersuchungen, Situationsanalysen und Generierung von Gestaltungsempfehlungen steht noch aus. Die ermittelten Effizienzdimensionen entsprechen mehr oder weniger der dichotomisch angelegten *Barnard*'schen Stereotype, d. h. es wird zwischen ‚*Effectiveness*' (Erfüllung des Organisationszwecks) und ‚*Efficiency*' (Erfüllung der Ziele der Organisationsmitglieder) unterschieden (*Barnard* 1938, S. 19f.).

Ursachen für diesen Forschungsstand liegen m. E. einmal in der neuerdings verstärkten Berücksichtigung sozial-psychologischer Faktoren neben den klassisch ökonomischen (analytisch gewonnene Dualität von Effizienzdimensionen) sowie zum anderen in der empirischen Ermittlung von Effizienzindikatoren, die diese nun auch in der Empirie vorfindbare Philosophie reproduzieren (empirisch gewonnene Dualität von Effizienzdimensionen). Sind wir also so klug wie *Barnard* 1938, nach über 40 Jahren Effizienzforschung? Erste Ansätze zu einer Überwindung dieser Forschungsstagnation zeigen sich in den verstärkt vorgetragenen Forderungen nach situationsabhängigen Effizienzdefinitionen (*Mahoney* 1968, *Shetty* 1973, *Budäus/Dobler* 1977, *Bühner* 1977, *Derlien* 1977, *Reinermann* 1977).

## IV. Interaktions-Ansatz

Die Festlegung von Effizienzkriterien erfolgt nach den Vorstellungen des interaktionsorientierten Effizienzansatzes nicht monologisch sondern dialogisch, d.h. sie ist das **Ergebnis eines Interaktionsprozesses** zwischen dem Management einer Organisation und externen Gruppen, die ein nachweisliches Interesse an der Organisation haben.

*Abb. 2.7:* Interaktionsorientierter Effizienzansatz

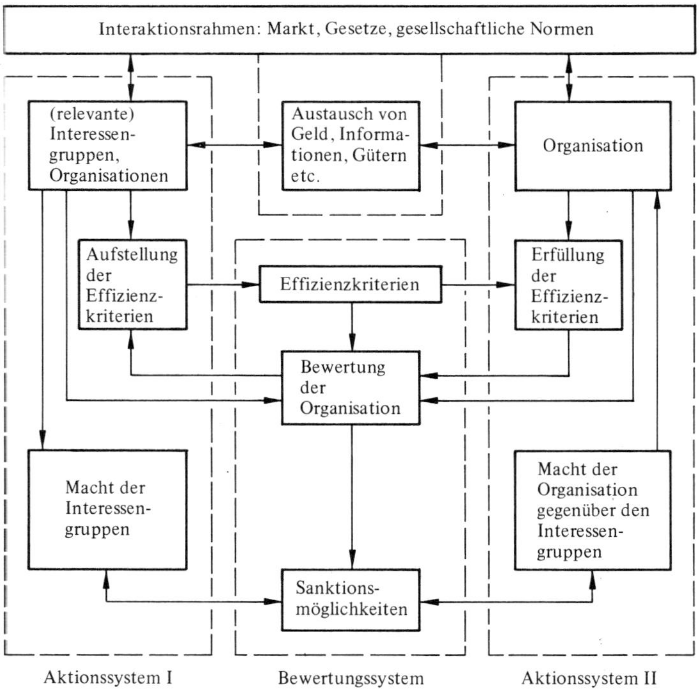


*Quelle: Staehle/Grabatin* 1979, S. 97

Ausgangspunkt zur Spezifikation von Effizienzkriterien sind Interessengruppen, die als entscheidende und als positiv oder negativ sanktionierende Handlungsträger die Macht besitzen, auf den Fortbestand der Organisation einzuwirken, die also aufgrund von Austauschbeziehungen mit der betrachteten Organisation in Interaktion stehen.

Dieser Ansatz verlagert die unergiebige Diskussion über die Prioritätsverteilung zwischen ökonomischer und sozialer Effizienz aus der Organisation heraus auf das Feld der **Interaktionsprozesse zwischen der Organisation und den relevanten Interessengruppen** (= Analyse politischer Prozesse). ‚*Relevante Gruppen*' meint in diesem Zusammenhang solche Gruppen, die über die Macht verfügen, Handlungen und Verhalten der Organisation in ihrem Sinne zu beeinflussen. Die Indentifikation der (relevanten) Interessengruppen kann in Anlehnung an koalitionstheoretische und interessenpluralistische Ansätze (vgl. *Cyert/March* 1963, *Weitzig* 1979) oder mittels systemorientierter Ansätze erfolgen (vgl. *Dill* 1958, *Gross* 1968, *Becker/Neuhauer* 1975, *Meffert* 1975, *Hill/Fehlbaum/Ulrich* 1976).

Effizienzkriterien werden von den verschiedenen Interessengruppen, der Art und Höhe (= Anspruchsniveaus) nach, ausgehandelt und mehr oder weniger offen gegenüber der Organisation formuliert. Als Maßstab zur Beurteilung der Organisation angelegt, liefern sie schließlich den Grund dafür, die Organisation positiv oder negativ zu sanktionieren (vgl. Abb. 2.8 auf S. 157).

Die Organisation kann spätestens bei der Registrierung von negativen Sanktionen die Verletzung von Effizienzkriterien sowie die dahinterstehenden Interessengruppen lokalisieren.

Die Aufgabe des Managements einer Organisation liegt nun darin, Art und Höhe der Effizienzkriterien zu ermitteln, die ihrer Bewertung zugrunde gelegt werden. **Eine Organisation wird solange als effizient definiert, wie sie, aus welchen Gründen auch immer, von den Interessengruppen akzeptiert wird.**

Diese Betrachungsweise liegt auch dem ‚Human Concept' von *Dawson* (1969) zugrunde (vgl. *Raffée* 1974, S. 112f.).

Zusammenfassend läßt sich feststellen, daß in diesem Sinne eine Organisation dann effizient ist, wenn sie die Interessen solcher Gruppen zufriedenstellt, die Macht über die Organisation besitzen (*Hicks/Gullett* 1975). Dies ist eine Voraussetzung, um die für das Überleben der Organisation notwendigen Ressourcen zu beschaffen (*Pfeffer/Salancik* 1978).

Effizientes Verhalten der Organisation impliziert im weiteren die Forderung, Sanktionen, die den Fortbestand der Organisation bedrohen könnten, zu vermeiden. Dies erfordert erstens, die gestaltungsfähigen (= veränderbaren) Organisationsmerkmale (z. B. Produktionsverfahren, Technologie, Organisationsstruktur, Kapitalstruktur etc.) so anzupassen, daß sie die Effizienzkriterien erfüllen, und/oder zweitens, durch Interaktion eine Änderung der Effizienzkriterien zu bewirken, die es dann zulassen, die Organisation als effizient zu bewerten.

Das **interaktionsorientierte Effizienzkonzept** umfaßt mehrere Betrachungsebenen (vgl. Abb. 2.7). Abbildung 2.7 ist einmal in der horizontalen und zum anderen in der vertikalen Achse zu interpretieren. In der *Horizontalen* werden ganz oben die Austauschprozesse einer beliebigen Organisation (z. B. einer Unternehmung) mit Ressourcengebern, als relevante Interessengruppen bezeichnet, dargestellt. Diese spielen sich unter gesellschaftlichen Rahmenbedingungen ab, die von Land zu Land sehr unterschiedlich sein können. Die Austauschprozesse werden auf der nächsten Ebene anhand von Effizienzkriterien bewertet und bei Abweichungen vom gesetzten Anspruchsniveau Sanktionen nach sich ziehen. In der *Vertikalen* werden die drei am Austausch- und Bewertungsprozeß beteiligten Systeme abgebildet (durch gestrichelte Linien abgegrenzt).

## 1. Aktionssystem I

Aktionssystem I steht stellvertretend für alle Besitzer/Eigentümer von Ressourcen, mit denen die Organisation interagiert. Zu den wichtigsten Aufgaben dieses Aktionssystems zählen Analyse der abgeschlossenen und laufenden Austauschprozesse; Durchführung und Analyse von Verhandlungsprozessen, die zur Aufstellung der Effizienzkriterien führen. Bei der Formulierung von Ansprüchen an die Organisation kann u. a. die Stakeholder-Analyse nutzbar gemacht werden (vgl. *Rhenman* 1968, 1973, *Bircher* 1976). Analyse der eigenen Machtposition gegenüber der Organisation und gegenüber anderen Interessengruppen; Auswahl und gegebenenfalls Einsatz geeigneter Sanktionen.

## 2. Bewertungssystem

Zu den wichtigsten Aufgaben des Bewertungssystems zählen die Diagnose der implizit oder explizit formulierten, subjektiv oder objektiv ermittelbaren Effizienzkriterien; Antizipation der Bewertung der eigenen durch andere Organisationen sowie die Analyse nicht nur möglicher, sondern auch tatsächlich realisierter Sanktionen der Interessengruppen gegenüber der Organisation.

Der expliziten Artikulation von Effizienzanforderungen gehen in der Regel Verhandlungsprozesse mit der Organisation und innerhalb der Interessengruppen selbst voraus, als deren Ergebnis z. B. konkrete Mindestrealisationsniveaus (Löhne, Zinsen, Produktqualität etc.) als situationsbezogene Effizienzkriterien formuliert werden. Allgemeine Ansätze, die z. B. organisatorische Anreize und Beiträge vergleichen oder die Koalitionspartner in einer Unternehmung und ihre typischen Ansprüche darstellen, reichen im konkreten Fall nicht aus, eine Organisation zu bewerten (*Pickle/Friedlander* 1967, S. 168ff.). Dazu bedarf es zusätzlich einer aus der spezifischen Situation der Organisation und seiner relevanten Umwelt entwickelten operationalen Formulierung von Effizienzkriterien.

Eine erste Vorstellung über denkbare **Sanktionen** kann mit Hilfe der Anreiz-Beitrags-Theorie entwickelt werden. Während die Anreize, die die Organisation den Interessengruppen zu bieten hat, auch als mögliche Dimensionen der Effizienz angesehen werden können, stellt der Entzug der Beiträge ein den Interessengruppen zur Verfügung stehendes Mittel dar, die Organisation zu sanktionieren (vgl. *Staehle* 1969b sowie Abb. 2.8.).

Das Bewertungssystem kann einmal Teil des Aktionssystems I und II sein oder aber auch eine eigene Institution darstellen. Als Teilsystem der Organisation begegnet uns das Bewertungssystem unter den Abteilungsbezeichnungen Rechnungswesen, Controlling, Volkswirtschaftliche oder Betriebswirtschaftliche Abteilung etc. Als eigenständige Institution ist zwischen interessenbezogenen und neutralen ‚Bewertern' zu unterscheiden. Zu den *interessenbezogenen* zählen etwa gewerkschaftliche oder arbeitgeberorientierte Forschungsstellen (Wirtschafts- und Sozialwissenschaftliches Institut des DGB, Institut der deutschen Wirtschaft), Banken als Anlageberater und Unternehmensberater; zu den *‚neutralen'* zählen Behörden, wie Bundeskartellamt, Bundesaufsichtsamt für das Kreditwesen, Bundesrechnungshof.

### 3. Aktionssystem II

Unter ‚Organisation' in Abb. 2.7 wird stellvertretend für die ganze Organisation das oberste Entscheidungszentrum, die Unternehmungsleitung, verstanden. Aufgaben des Top-Managements sind in diesem Zusammenhang: Analyse der laufenden Austauschprozesse; Durchführung und Analyse von Verhandlungsprozessen über Effizienzkriterien und -niveaus; Einschätzung der eigenen Machtposition gegenüber der Macht der Interessengruppen; die Überprüfung möglicher Kompensationsmittel; die Initiierung von organisationsgestaltenden Anpassungsmaßnahmen mit dem Ziel, die Effizienzkriterien zu erfüllen.

Erst nach der Bewältigung der Aufgaben innerhalb des Bewertungssystems können entsprechende Reaktionen der Entscheider (Manager) folgen, die sich z. B. in einer Reformulierung der Organisationsziele und Strategien niederschlagen und über Interaktionsprozesse mit und veränderten Beziehungen zu den gesellschaftlichen Gruppen (z. B. andere Produkte) eine modifizierte Bewertung der Organisation erwarten lassen.

Potentielle Reaktionsstrategien liegen auf einem Kontinuum möglicher Interaktionsprozesse, die von zwei Extrema begrenzt werden. *Im einen Extrem* wird die Organisation mit **ausschließlich passiver Anpassung** an die Umwelterfordernisse – der Erfüllung aller Effizienzkriterien – reagieren, eine Strategie, die sicher nur zeitweise möglich sein wird, da nicht unterstellt werden kann, daß die Interessengruppen immer nur „erfüllbare" Effizienzkriterien formulieren.

*Im anderen Extrem* – Dominanz der Organisation über ihre Umwelt (etwa der klassische Monopolist) – besteht die Möglichkeit aufgrund der Machtstellung eine Verschiebung der Anspruchsniveaus zu bewirken. Ähnlich wie im letzten Fall können kombinierte Interaktions- und Anpassungsprozesse sowohl eine Verschiebung der Anspruchsniveaus als auch eine Veränderung der Organisation selbst induzieren.

Unternehmensrechtlich ließe sich das Konzept dergestalt realisieren, daß ausgehend von einer dualistischen Führungsorganisation (etwa Aufsichtsrat und Vorstand) es dem Aufsichtsrat obliegt, die unterschiedlichen Ansprüche der Interessengruppen an die Unternehmung zu prüfen bzw. zu koordinieren (*Interessenkompetenz*) und dem Vorstand einen Handlungsrahmen vorzugeben, innerhalb dessen er die Unternehmung zweckrational führen kann (*Sachkompetenz*). Innerhalb dieses Spielraums können dann klassische Effizienzkonzepte, wie etwa der Ziel-Ansatz, wieder Anwendung finden (vgl. auch S. 123 ff. der Arbeit).

**Zusammenfassend** läßt sich festhalten, daß alle diese Konzepte zur Messung von Effizienz von und in Organisationen noch so unzureichend operationalisiert sind, daß es zum heutigen Zeitpunkt als unsinnig erscheint, etwa von optimal effizienten Organisations- und Führungssystemen zu sprechen, vor allem wenn der spezifische Kontext, in dem sich die Organisation befindet, unberücksichtigt bleibt. Der zuletzt geschilderte Ansatz eines umweltoffenen, situationsspezifischen Effizienz-Ansatzes erscheint beim heutigen Forschungsstand am vielversprechendsten.

*Abb. 2.8:* Beispiele für Anreize und Beiträge verschiedener Interessengruppen

| Interessengruppen → / Anreize, Beiträge ↓ | Kapitalgeber | Organisationsmitglieder | Lieferanten | Kunden | Staat | Gemeinde, Land | Bürgerinitiativen |
|---|---|---|---|---|---|---|---|
| Anreize (Ansätze für Effizienzkriterien) | Sicherheiten, Verzinsung des eingesetzten Kapitals | materielle und immaterielle Anreize, wie Einkommen, Selbstverwirklichung, Sicherheit, Prestige | Verkaufserlös der gelieferten Waren, Sicherheit der Abnahme und Bezahlung | Nutzen der Produkte und Dienstleistungen | Steuereinnahmen, Unterstützung der Politik der Regierung | Steuereinnahmen, Qualität des Lebens, Arbeitsplätze | Qualität des Lebens, „Allgemeinwohl" |
| Beiträge (Ansätze für Sanktionsmöglichkeiten) | risikobehaftete Kapitalüberlassung | Überlassung der Arbeitskraft, Identifikation, Einsatz | Überlassung von Vorleistungen, Betriebsmittel, Roh-, Hilfs- und Betriebsstoffe | Überlassung des Kaufpreises, Weiterempfehlungen der Ware | Bereitstellung von Infrastruktur, Investitionsanreize, Subventionen, Gesetze | Bereitstellung von Infrastruktur | Aufklärung, Kontrolle, Duldung, Wohlwollen |

*Quelle: Staehle* 1979a, S. 36

# Teil 3

# Verhalten von Individuen und Gruppen: Der Gegenstand des Managements

# A. Verhalten in Organisationen als Gegenstand verhaltenswissenschaftlicher Forschung

Erste Ansätze zu einer verhaltenswissenschaftlichen Forschung finden sich zwar schon in *Wundt's* Arbeiten in Leipzig (Gründung des ersten psychologischen Forschungslaboratoriums 1879; vgl. auch die Ausführungen zur Psychotechnik auf S. 21); jedoch handelte es sich hierbei zunächst um eine psychophysiologisch ansetzende **Psychophysik** und **Sinnesphysiologie** (*G. Th. Fechner, H. Helmholtz*), die zwar getreu dem naturwissenschaftlichen Vorbild laborexperimentell arbeitete, jedoch insofern eine Bewußtseinspsychologie war, als sie Erlebnisdaten, also Introspektion, zuließ. Im Gegensatz dazu entwickelten der angloamerikanische **Funktionalismus** (*W. James*), die russische **Reflexologie** (*I. Pawlow*) sowie der **Behaviorismus** (*J. B. Watson*) ein strikt verhaltenswissenschaftliches Programm, das im rigorosen methodischen Ansatz des Behaviorismus lediglich *beobachtbares* Verhalten als Datenbasis zuließ. Nach einem vielzitierten Ausspruch des Gedächtnispsychologen *H. Ebbinghaus* – einem Zeitgenossen *Wundt's* – hatte die Beschäftigung mit psychologischen Fragen ‚eine lange Vergangenheit, jedoch nur eine kurze Geschichte'. Damit wird zum Ausdruck gebracht, daß es schon immer Reflexionen und Spekulationen über das menschliche Verhalten im Zusammenhang theologischer und philosophischer Erörterungen gab. Erst seit der Mitte des letzten Jh. entwickelte sich eine eigenständige **Psychologie.** Aber schon um die Jahrhundertwende standen sich mehrere Schulen gegenüber, und zwar die klassiche Bewußtseinspsychologie, eine behavioristisch ansetzende Psychologie, die Ganzheitspsychologie (*F. Krueger*), eine Phänomenologie (*E. Husserl*), eine historisierende verstehende Psychologie (*W. Dilthey*) sowie die Tiefenpsychologie (*S. Freud*), so daß *K. Bühler* in einer berühmt gewordenen Schrift von 1927 bereits von der „Krise der Psychologie" sprach (vgl. auch *Pongratz* 1967, *Thomae/Feger* 1969, *Thomae* 1977). Diese Krisendiskussion ist bis in die Gegenwart hinein nicht abgerissen (vgl. *Seeger* 1977, *Mertens/Fuchs* 1978). Im Zuge solcher Krisen hat sich insbesondere der dominierende Behaviorismus zunehmend liberalisiert und sich gegenüber der **Gestaltpsychologie** (insbes. *K. Lewin*) im **Neobehaviorismus** (*E. C. Tolman*) geöffnet. So konnten sich allmählich breiter fundierte Ansätze durchsetzen. Seit den 30er Jahren dieses Jh. existiert z. B. eine **sozialpsychologische Forschung,** die gemäß der *Lewin*'schen Forderung nach Lebensnähe auch deutlich praxisbezogene, sozial-technologische Intentionen verfolgt. Der weite, die verschiedenen Strömungen integrierende Begriff ‚Behavioral Sciences' wurde jedoch erst um 1950 von der Ford Foundation populär gemacht, deren Forschungsprogramm ‚Individual Behavior and Human Relations' als ‚Behavioral Sciences Program' hohen Bekanntheitsgrad erzielte (vgl. *Luthans* 1973).

Aus der Projektformulierung wird deutlich, daß die neue Richtung der **Verhaltenswissenschaften (= Behavioral Scienes)**[1] als Reaktion auf die Human Relations Bewegung zu verstehen ist. Die meist normativen, sozialtechnologischen Aussagen der Human Relations Richtung genügten häufig nicht einmal bescheidensten wissenschaftstheoretischen Anforderungen und konnten – sofern Hypothesen formuliert waren – trotz unzureichender Operationalisierung in vielen Fällen falsifiziert werden. So kann z. B. die klassische Aussage der Human Relations Vertreter, daß zufriedene Arbeiter auch produktive Arbeiter seien, aufgrund gegenteiliger empirischer Befunde nicht mehr länger aufrecht erhalten werden. Dieser an sich überraschende Befund erklärt sich u. a. aus der hohen Taylorisierung der Arbeit, d. h. daß selbst bei zufriedenstellenden äußeren Arbeitsbedingungen die Arbeitsinhalte derart unattraktiv (entfremdet) sind, daß sich bei den Arbeitern eine Arbeitsunlust mit entsprechend niedriger Arbeitsproduktivität einstellt. Die Verhaltenswissenschaften, mit dem Ziel der wissenschaftlichen Erforschung (Beschreibung, Erklärung, Prognose) menschlichen Verhaltens,[2] müssen folglich großen Wert auf empirisch und methodologisch einwandfreies Arbeiten legen.

Die ‚Behavioral Sciences' (im Plural) stellen eine Teilmenge der Sozialwissenschaften dar. Folgende Klassifkation von *Berelson/Steiner* (1964, S. 11) hat sich allgemein durchgesetzt:

| | | |
|---|---|---|
| Sozialwissenschaften | Wirtschaftswissenschaften | |
| | Geschichtswissenschaften | |
| | Politikwissenschaften | |
| | Anthropologie | Verhaltenswissenschaften |
| | Psychologie | |
| | Soziologie | |

Im weiteren Sinne umfassen die Verhaltenswissenschaften alle Disziplinen, die sich vorzugsweise mit menschlichem Verhalten beschäftigen.

Innerhalb der Wirtschaftswissenschaften wurden in den USA schon bald

---

[1] ‚*Behavioral*' darf keinesfalls mit ‚*behavioristic*' verwechselt und folglich auch nicht mit ‚behavioristisch' übersetzt werden. Der Behaviorismus ist eine ältere Richtung in der Psychologie und hat mit dem ‚Behavioral Sciences' unmittelbar nichts gemeinsam.

[2] Im folgenden wird ein weiter Verhaltensbegriff zugrundegelegt, der auch Handeln als eine Form des zielgerichteten Verhaltens umfaßt. Der von *Steinmann* et al. (1976) aufgrund methodologischer Erwägungen vorgeschlagenen begrifflichen Trennung in Verhalten als bloße stimulierte Reaktion einerseits und Handeln als Mittel zur Erreichung von Zwecken andererseits wird hier nicht gefolgt. Andernfalls müßte man konsequenterweise auch die Bezeichnung ‚Verhaltenswissenschaften' aufgeben, denn diese gehen weit über die Erforschung stimulierter Reaktionen hinaus (vgl. auch *Schanz* 1978, S. 8).

nach dem Aufkommen der Behavioral Sciences deren Forschungsansätze und -ergebnisse in die Managementlehre (und in das Marketing) integriert (vgl. z. B. *Kolasa* 1969).

Dies im Gegensatz zur Entwicklung in Deutschland, wo die Betriebswirtschaftslehre lange Zeit ohne die Verhaltenswissenschaften auszukommen suchte (vgl. S. 58ff. der Arbeit). Hier ist jedoch in jüngster Zeit ein beachtlicher Wandel eingetreten. So stand die wissenschaftliche Tagung des Verbandes der Hochschullehrer für Betriebswirtschaft 1976 in Linz unter dem Thema ‚Personal- und Sozialorientierung der Betriebswirtschaftslehre'. *Kirsch* (1977) sieht die Betriebswirtschaftslehre auf dem Weg zu einer *verhaltenswissenschaftlich* fundierten angewandten Führungslehre, und *Schanz* (1977, 1978, 1979) versteht die *verhaltenstheoretische* Betriebswirtschaftslehre als eine *spezielle Sozialwissenschaft* mit der Aufgabe, die Realität von Betrieben mit Hilfe allgemeiner Theorien des Verhaltens von Individuen zu erklären (vgl. *Hoyos* et al. 1980, *Lattmann* 1981, *Gebert/Rosenstiel* 1981).

Werden die Behavioral Sciences auf einen bestimmten Realitätsausschnitt bezogen, und zwar in unserem Fall (einzelwirtschaftliche) Organisationen, wird bisweilen von ‚Behavioral Science' (im Singular) geredet, d. h. eine Interdisziplinlehre mit besonderer methodologischer Ausrichtung, die sich mit dem Verhalten von Individuen in Gruppen und Organisationen beschäftigt (z. B. *Petit* 1975). Geläufig sind inzwischen auch die Bezeichnungen ‚*Organizational Behavior*' (*DuBrin* 1974, *Nord* 1976, *Cummings* 1978) und ‚*Managerial Behavior*' (*Campbell* et al. 1970), wenn es um die Anwendung verhaltenswissenschaftlicher Konzepte auf Organisationen und ihr Management geht. Im einzelnen sind dies vor allem folgende Ansätze:

*Abb. 3.1:* Verhaltenswissenschaftliche Ansätze im Bereich ‚Organisation und Führung'

| Ansatz | Fokus | Aussagen über Organisation und Führung |
|---|---|---|
| Gestalt-Theorie | Wahrnehmung<br>Kognition<br>Problemlösen | Überzeugungen der Organisationsmitglieder; Realitätswahrnehmung; Problemlösen in Organisationen; Rationalität des Verwaltungshandeln |
| Feld-Theorie | Motivation<br>Konflikt | Intrapersonale und interpersonale Konflikte in Organisationen; Führungsstile; Anspruchsniveaus der Organisationsmitglieder; Strategien zum Attitüdenwandel |
| Behaviorismus | Lernen<br>Verhaltensänderung | Entwicklung von Lob-Tadel-Systemen in Organisationen; Wandel und Stabilisierung von Verhalten in Organisationen |
| Psychoanalyse | Persönlichkeit<br>Pathologisches Verhalten | Neurotisches Verhalten von Vorgesetzten und Untergebenen; Bedeutung der Persönlichkeit in der Entscheidungsfindung |

| Ansatz | Fokus | Aussagen über Organisation und Führung |
|---|---|---|
| Rollen-Theorie | Rollen<br>Verhaltens-<br>erwartungen | Konformes und abweichendes Verhalten in Organisationen; Rollenkonflikt und Rollenambiguität; Einfluß von Rollen auf die Persönlichkeit |

*Quelle: Khandwalla* 1977, S. 88

Die Vorgehensweise verhaltenswissenschaftlicher Organisationsanalyse ist überwiegend durch folgende Charakteristika gekennzeichnet (vgl. *Kirsch* 1977, *Cummings* 1978):

- interdisziplinäre Ausrichtung
- empirische Ausrichtung
- neopositivistische Ausrichtung (aber keine generellen All-Aussagen, sondern eher Theorien mittlerer Reichweite)
- auf Wandel ausgerichtet (Verhaltenswissenschaftler als Change Agents)
- situative Orientierung.[3]

Neben den unbestreitbaren Vorzügen einer gegenüber den Human Relations Arbeiten mehr wissenschaftlich fundierten Analyse von Verhalten in Organisationen wird an den Verhaltenswissenschaftlern der **methodologische Individualismus** kritisiert. Damit ist eine Vorgehensweise gemeint, die, um ein Verständnis für große soziale Systeme (Organisationen, Gesellschaft) zu gewinnen, vom Individuum ausgeht. Begriffe und Konzepte, mit denen individuelles Verhalten beschrieben und gedeutet wird, eignen sich danach auch zur Beschreibung von großen Personenmehrheiten. Eine dem entgegengesetzte Position nimmt der **Holismus** ein, indem er u. a. aufgrund makroökonomischer und makrosoziologischer Analysen zu einem ganzheitlichen Verständnis sozialer Systeme zu kommen versucht.

Der in diesem Zusammenhang häufig zitierte **Reduktionismus** geht einen Schritt weiter und behauptet, Aussagen soziologischer Theorien und von Gesellschaftstheorien ließen sich auf Gesetzesaussagen über menschliches Verhalten (vor allem psychologische Theorien) logisch zurückführen (reduzieren) (vgl. z. B. *Hummell/Opp* 1971, *Homans* 1972, *Bühl* 1974, *Erlenkämper* 1976, *Singer* 1976, *Eberlein/Kondratzkowitz* 1977 sowie *Reber* 1976).

In den folgenden Ausführungen schließe ich mich dieser Position nicht an, wenngleich sie in der verhaltenswissenschaftlich orientierten Managementlehre dominiert. M. E. verfügen soziale Gruppen und sozio-technische Systeme über Eigenheiten (properties), die nicht aus der Addition individuellen

[3] So unterscheidet z. B. *DuBrin* (1974, S. 17) folgende sieben Situationsvariablen: Organisatiorisches Verhalten = f (Individuelle Charakteristika, Organisationsstruktur, Technologie/Produkt, Einfluß von Arbeitskollegen, Führungsstil des Vorgesetzten, Organisationsklima, Gesellschaftliche Normen).

Verhaltens verständlich werden, sondern vielmehr eine soziologische Makroanalyse erforderlich machen; oder im Sinne der **Emergenzthese** formuliert: Beim Übergang von Individuen zu Gruppen und Großgruppen treten Eigenschaften und Gesetzmäßigkeiten hinzu, die für diese Analyseebene charakteristisch sind und die gesondert berücksichtigt werden müssen. Wenn hier verhaltenswissenschaftliche Erkenntnisse vorgestellt werden, gelten sie lediglich für die jeweilige Ebene der Analyse (Individuum, Gruppe, Organisation); darüber hinausgehende Generalisierungen werden vermieden; sie sollen gesellschaftlichen Makroanalysen vorbehalten bleiben.

Eine weitere Klarstellung wird erforderlich hinsichtlich der Abgrenzung zwischen **Theorien der Organisationsstruktur,** die im 5. Teil der Arbeit behandelt werden, und **Theorien des Verhaltens in Organisationen** bzw. des organisationalen Verhaltens. Erstere gelten meist als ‚*eigentliche*' Organisationstheorie, d.h. eine systematische Sammlung von Theorie-Konstrukten und empirisch bewährten Aussagen über Organisationen, sog. hard facts, und letztere als weniger ‚wissenschaftliche' Handlungsempfehlungen für den Umgang mit Menschen, sog. soft facts. Diese Beurteilung ist unzutreffend und irreführend. Genauso wie Theorien der Organisationsstrukturierung in ihrem technologischen Bereich Empfehlungen zur Organisationsgestaltung aussprechen, verfügen Theorien des Organisationsverhaltens über einen beträchtlichen theoretischen Unterbau, den es in den folgenden Kapiteln vorzustellen gilt.

Die wichtigsten Pfeiler dieses Unterbaus sind

a) die **Verhaltensgleichung** der *Lewin*schen Feldtheorie, die allgemeinste Formulierung der Entstehungsbedingungen menschlichen Verhaltens,
 V = f (P, U)
 V = Verhalten, P = Personen, U = psychologische Umwelt
b) das **S-O-R Paradigma**[4] der neobehavioristischen Psychologie

| S = Stimulus | O = Organisme | R = Response |
|---|---|---|
| (Reiz-Situation) | (Organismus) | (Reaktion) |

Zu a)

Person und Werk *Kurt Lewin's* (1890–1947) haben zweifellos die Verhaltenswissenschaften in ihrer heutigen Ausrichtung ganz entscheidend geprägt (vgl. z.B. die Biographie von *Marrow* 1977).

In einer bestimmten Situation (zeitlich gesehen) hängt das Verhalten eines Individuums von dem psychologischen Lebensraum ab, in dem es sich befindet (*Lewin* 1935, 1951, 1969). Dieser setzt sich, wie auch aus der Gleichung hervorgeht, aus der Person selbst und ihrer Umwelt (Mikro- und Makrosituation) zusammen. Dabei sind mit ‚P' der momentane Zustand einer Persönlichkeit, ihre aktuellen Stimmungen, Gefühle, Bedürfnislagen etc. als auch die relativ überdauernde, entwickelte Persönlichkeitsstruktur erfaßt. Für den Be-

[4] In den USA häufig auch S-O-B (Situation, Organisme, Behavior).

griff *‚Umwelt'*, der sich inzwischen in Theorien der Organisationsstruktur zur Bezeichnung einer Kontextvariablen eingebürgert hat, wird heute in Theorien des Verhaltens eher der Begriff *‚Situation'* verwandt. In ihn geht die physikalisch-gegenständliche Umwelt ebenso wie der soziale Kontext (social setting) ein, in dem das Individuum sich befindet.

Zu b)

Wendet man das generelle S-O-R Schema auf menschliches Verhalten an und unterstellt kausale Beziehungen, läßt es sich als Modell zur Erklärung von Verhalten uminterpretieren und zwar mit den Variablen **Situation-Person-Verhalten,** die denen von *Lewin* entsprechen.

*Abb. 3.2:* S-O-R Paradigma zur Analyse menschlichen Verhaltens

| **SITUATION** ←——→ | **MENSCHLICHER ORGANISMUS** ——→ | **VERHALTEN** |
|---|---|---|
| Reize | Physiologisches Wesen | Offene Reaktionen |
| Energie | Erbanlagen | Bewegung |
| Hitze | Nervensystem | Sprechen |
| Licht | Sinnesorgane | |
| Ton | Muskeln und Drüsen | |
| Physikalische Umwelt | Psychologisches Wesen | Verborgene Reaktionen |
| Klima | Wahrnehmung | Denken |
| Landschaft | Lernen | Hören |
| Ressourcen | Motivation | |
| Bevölkerung | Persönlichkeit | |
| Ökosystem | | |
| Soziokulturelle Umwelt | | |
| Kultur | | |
| Gruppen | | |
| Institutionen | | |
| Organisationen | | |
| Gesellschaft | | |

*Quelle: Luthans* 1973, S. 328

Der Doppelpfeil zwischen Situation und menschlichem Organismus (Person) in Abb. 3.2 macht deutlich, daß beide Variablen in Interaktion stehen, d. h. nicht die objektive Situation allein, sondern auch deren subjektive Interpretation durch das Individuum bestimmen dessen Verhalten. Wie ein solches Modell als Management-Technik verwendet werden kann, wird an folgender Handlungsanleitung deutlich: Tauchen unerwünschte Verhaltensweisen bei nur 5% der Mitarbeiter auf, ist es für das Management kostengünstiger, sich auf die Änderung der Variablen ‚Person' zu konzentrieren, treten sie bei etwa 90% der Mitarbeiter auf, sollte man eine Änderung der Situation herbeiführen (*Maier* 1965, S. 36).

Auch *Campbell* et al. (1970) richten die Aufmerksamkeit von Verhaltensmodellen auf die negativen und positiven Konsequenzen von Verhalten für die Organisation. Ihr Grundmodell (Abb. 3.3) stützt sich auf die zentralen Variablen Person, Prozeß und Produkt.

*Abb. 3.3:* Verhaltensmodell von *Campbell* et al. 1970, S. 11

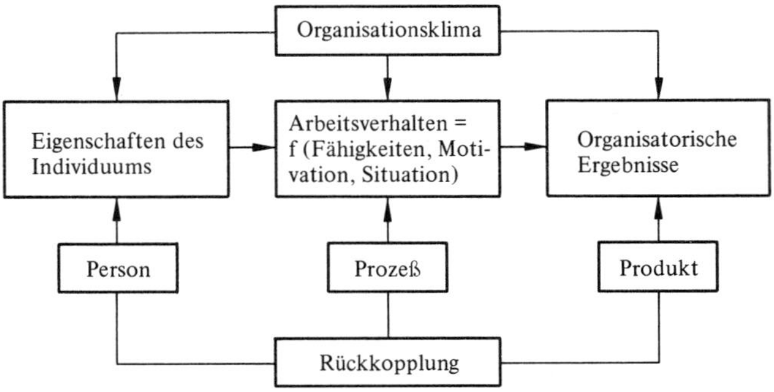


Die von *Bandura* (1968) in die wissenschaftliche Diskussion eingebrachte und von ihm (1977) und anderen (z. B. *Mischel* 1973, 1976) weiterentwickelte **soziale Lerntheorie** verknüpft die Verhaltensgleichung *Lewins* mit dem S-O-R Paradigma. In ihrem Kern stellt die soziale Lerntheorie *Banduras* eine kognitive Verhaltenstheorie dar, die die Interaktion von Person, Situation und Verhalten betont und deshalb zu den die Diskussion in der Psychologie zur Zeit beherrschenden interaktionistischen Ansätzen (vgl. *Endler/Magnusson* 1975, *Lantermann* 1980) gezählt werden kann. Die Interaktionskomponente der sozialen Lerntheorie entstammt der Feldtheorie *Lewins*. In Erweiterung seiner Verhaltensgleichung wird in der sozialen Lerntheorie neben der Interaktion von Person und Situation (bzw. Umwelt) die Interaktion von Person und Verhalten sowie von Situation und Verhalten einbezogen, wobei **Interaktion als „reziproke Determination"** verstanden wird (vgl. Abb. 3.4). Die Einbeziehung des Verhaltens nicht nur als Ergebnisvariable sondern als gleichberechtigte Interaktionskomponente bringt es mit sich, daß auch die (Mit-)Gestaltung der Situation durch die sich verhaltende Person und auch die Rückwirkung personalen Verhaltens auf die Person bzw. ihre kognitiven Prozesse vom Modell erfaßt wird. Mit der Einbeziehung der Rückwirkung des Verhaltens auf Kognitionen schließt sich der Kreis zu einer Lerntheorie. *Sozial* wird diese Lerntheorie genannt, weil sie Lernen nicht nur aus den durch die Person selbst erfahrenen Verhaltensfolgen erklärt sondern auch aus der Beobachtung des Verhaltens anderer (Modellernen; vgl. Abschnitt B II 2 d). *Lernen* wird im Gegensatz zu älteren Lerntheorien zunehmend als kognitiver Prozeß aufgefaßt, der den Menschen ein von der Umwelt bzw. Situation zwar beeinflußtes doch weitgehend selbstgesteuertes Verhalten möglich macht. Die soziale Lerntheorie *Banduras* wird uns genauso wie die Verhaltensgleichung *Lewins* oder das S-O-R Paradigma bei der Darstellung der für die Erklärung von Verhalten in und von Organisationen grundlegenden Wahrnehmungs-, Lern- und Motivationsprozessen wiederbegegnen.

*Abb. 3.4:* Grundmodell der sozialen Lerntheorie

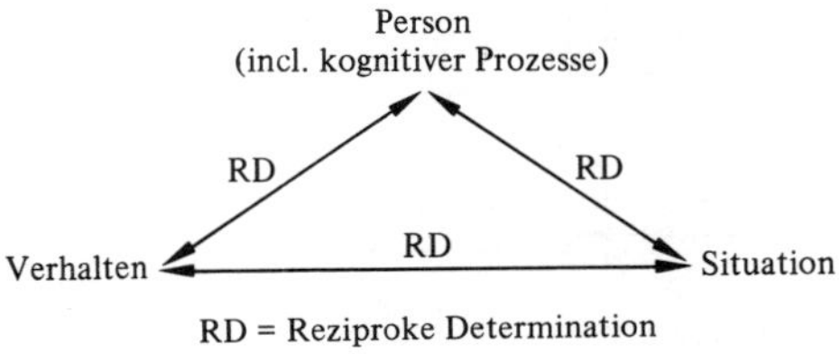


*Quelle: Davis/Luthans* 1980, S. 283

Die Anwendung der sozialen Lerntheorie auf traditionelle Kernbereiche des Managements befindet sich noch in den Anfängen. Erste Ansätze liegen m. W. erst zur Entwicklung eines Konzepts der Persönlichkeit in Arbeitsorganisationen (Selbstkonzept), zur Entwicklung einer interaktionistischen Führungstheorie und zur Entwicklung einer Theorie des Organisationsklimas vor. Obwohl diese Ansätze zum Teil noch sehr rudimentär sind und nur wenige empirisch überprüfte Hypothesen beinhalten, wird auf die kurze Darstellung dieser Ansätze in den folgenden Abschnitten nicht verzichtet, weil sich die soziale Lerntheorie vermutlich gerade wegen ihrer Allgemeinheit zu einer der wichtigsten theoretischen Grundlagen zur Erklärung von organisationalem Verhalten entwickeln wird.

Zur besseren Strukturierung verhaltenswissenschaftlicher Erkenntnisse und Forschungsansätze ist es hilfreich, verschiedene **Ebenen der Analyse organisatiorischen Verhaltens** zu unterscheiden (z. B. *DuBrin* 1974, *Petit* 1975, *Harlow/Hanke* 1975, *Porter/Lawler/Hackman* 1975, *Hellriegel/Slocum* 1976, *Tosi/Carroll* 1976, *Leavitt* 1978, *Nadler/Hackman/Lawler* 1979, *v. Rosenstiel* 1980, *Steinle* 1982 sowie Abb. 3.5):

- Individuelles Verhalten
- Verhalten in Gruppen
- Organisationsverhalten
- Organisation-Umwelt Beziehungen

Zwischen diesen Ebenen bestehen vielfältige Beziehungen, die in Abb. 3.5 systematisiert werden.

*Abb. 3.5:* Beziehungen zwischen den Analyseebenen

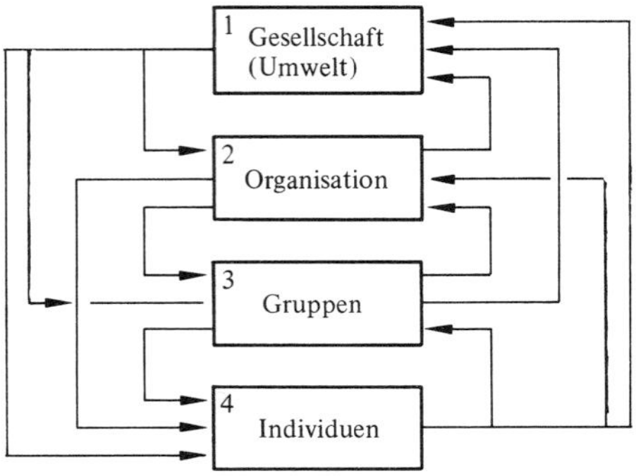


*Quelle: Behling* 1978, S. 198

| Beziehung | Beispiel |
|---|---|
| 1. Gesellschaft → Organisation | = Organisationsstrukturierung als Anpassung an die Organisationsumwelt (Kontingenztheorie) |
| Gesellschaft → Gruppe | = Gruppenverhalten spiegelt Verhalten in gesellschaftlichen Primärgruppen wider |
| Gesellschaft → Individuum | = Gesellschaftliche Herkunft und Normen beeinflussen individuelles Verhalten (z. B. unterschiedliche Reaktion auf job enrichment) |
| 2. Organisation → Gruppe | = Abteilungsbildung schreibt Gruppenzusammensetzung vor |
| Organisation → Individuum | = Organisatorische Einordnung (Position, Status) beeinflußt individuelles Verhalten |
| Organisation → Gesellschaft | = Mächtige Organisationen beeinflussen ihre Umweltsysteme (z. B. Werbung, Lobbyismus) |
| 3. Gruppe → Organisation | = Gruppenkonflikte provozieren organisatorische Eingriffe |
| Gruppe → Gesellschaft | = Teilautonome Arbeitsgruppen fördern Demokratisierung in Wirtschaft und Gesellschaft |
| Gruppe → Individuum | = Gruppenormen beeinflussen individuelles Verhalten |
| 4. Indiviuum → Gruppe | = Individuelles Verhalten beeinflußt Gruppenverhalten (z. B. opinion leader) |
| Individuum → Organisation | = Individuelles Verhalten beeinflußt Organisationsstrukturierung (Kontingenztheorie) |

| Beziehung | Beispiel |
|---|---|
| Individuum → Gesellschaft | = Individuelles Verhalten (z. B. Leistungsmotivation) beeinflußt gesellschaftliche Entwicklung (gesellschaftliche Produktivität) |

Analog zu den Verhaltensebenen lassen sich drei Ebenen unterscheiden, auf denen **Management** notwendig wird:

- Management von Individuen und Gruppen
- Management der Beziehungen zwischen Gruppen
- Management der Beziehungen zwischen Organisation und Umwelt

(= Strategisches Management).

# B. Verhalten von Individuen

Organisationen setzen sich aus Menschen zusammen; die Untersuchung ihres Verhaltens bildet folglich einen wichtigen Schlüssel zum Verständnis der Struktur und Dynamik von Organisationen.

## I. Elemente

Will man menschliches Verhalten in Organisationen beschreiben, erklären und vorhersagen, ist die Suche nach **Elementen** einer Theorie des Verhaltens notwendig. Dabei müssen beide Seiten des Individuum-Organisation-Bezuges konzeptionell gefaßt und miteinander verknüpft werden; denn Determinanten des Verhaltens und Erlebens liegen einerseits im Organismus oder der *Person* selber oder sind andererseits Stimuluskonfigurationen der *Situation.* Aus theoretischer Sicht werden personale Determinanten mit Begriffen wie Trieb, Wert, Bedürfnis, Instinkt, Erwartung, Druck, Streben etc. belegt. (*Madsen* 1974, *Weiner* 1976, 1980; *Heckhausen* 1980). Die Abgrenzung dieser Konzepte untereinander ist seit Jahrzehnten Gegenstand fachlicher Auseinandersetzungen vor allem in den Sozialwissenschaften (vgl. z. B. *Lindworsky* 1921, *Heckhausen* 1980) und keineswegs bis heute übereinstimmend gelöst. Da es sich um empirisch nicht direkt beobachtbare Größen handelt, sondern um solche, die mittels theoriegeleiteter Überlegungen aus Verhaltensweisen erschlossen werden müssen, spricht man auch von **hypothetischen Konstrukten** (*McCorquodale/Meehl* 1948).

Menschliches Verhalten ist auf Motive zurückführbar, und ist auf Ziele orientiert. Objektiv *gleiche* Umweltsituationen werden von verschiedenen Personen *unterschiedlich* verarbeitet und mit differierenden Verhaltensweisen beantwortet. Objektiv *ungleiche* Umweltsituationen können von verschiedenen Personen aber auch *gleich* verarbeitet werden und ohne erkennbare interpersonale Verhaltensunterschiede beantwortet werden. Diese im organisatorischen Alltag häufig zu beobachtenden Variabilitäten und Stabilitäten von Verhaltensweisen einer Person und zwischen Personen machen es notwendig, relativ überdauernde Aspekte von Personen näher zu betrachten. Es liegt nahe, nach den möglichen Bestimmungs- bzw. Einflußfaktoren individuellen Verhaltens zu forschen. Als solche **Einflußfaktoren** kommen in Frage (vgl. *Schneider/Schmalt* 1981):

- Situative Anreize, die die Organisation als Umwelt für das Individuum liefert,
- Organismische Bedingungsfaktoren oder biogene Motive als Verhaltens- und Wertungsdispositionen auf genetischer Basis, und
- Soziogene Faktoren, für die ein überzeugender Beleg ihrer eindeutig genetischen Basis nicht gegeben ist.

Die Suche nach solchen Einflußfaktoren kann einmal mehr *analytisch* (Erforschen von Teilaspekten des Menschen, Abschnitte 1–5) und zum anderen *ganzheitlich* (Erforschen der Gestalt bzw. Persönlichkeit, Abschnitt 6) erfolgen. Da dispositionale Merkmale als **Elemente** von Person oder Situation allein keine zureichenden Verhaltenserklärungen liefern können, muß eine solche statische Betrachtungsweise um prozessuale Aspekte (vgl. B II – **Prozesse**) erweitert werden.

Zur konzeptuellen Einordnung der Elemente (bei analytischer Vorgehensweise) lege ich das bekannte S-O-R Paradigma zugrunde:

*Abb. 3.6:* Teilaspekte zur Erklärung menschlichen Verhaltens

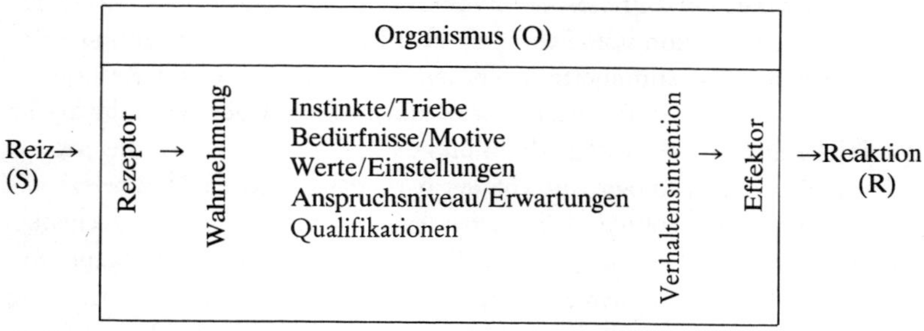


Reize aus der Umwelt, wie z. B. ökonomische Belohnungssysteme, Führungs- und Kontrollsysteme, Werbung, gesellschaftliche und Gruppennormen, Arbeitsaufgabe, erregen die Sinnesorgane (Augen, Ohren, Haut, Gehirn etc.) und werden über Rezeptoren (z. B. Netzhaut, Schnecke, Schleimhaut) wahrgenommen. Über eine Erregung des autonomen und motorischen Systems, durch aktivierte Motive, Erwartungen, Fähigkeiten etc. kommt es zu Verhaltensintentionen, die über Effektoren (z. B. Muskeln, Sehnen) zu beobachtbaren Reaktionen führen.

## 1. Instinkte/Triebe

Bis ins 19. Jahrhundert beherrschte die griechische Philosophie des Hedonismus (in ihrer radikalsten Form durch *Aristippos* formuliert), wonach das Ziel menschlichen Strebens im Erreichen von Gefühlen der Lust und im Vermeiden von Unlust besteht, das Denken in westlichen Zivilisationen. In

Verbindung mit dem Utilitarismus *(Bacon, Hobbes, Locke, J. St. Mill)* bildet er die wesentliche weltanschauliche Grundlage der Neuzeit. *J. Bentham* (1748–1832) sah das Glück, wie später die amerikanische Unabhängigkeitserklärung das ‚right on happiness', in der größtmöglichen Befriedigung aller vorliegenden Bedürfnisse und Interessen. Seine sozialutilitaristische Position (*Bentham*sches Prinzip), wonach das ‚Glück der größten Zahl' als oberstes Prinzip der Moralität zu gelten habe, bestimmte vor allem die angelsächsische Geistestradition. *McDougall* (1908), der Verfasser des ersten Buches, das den Begriff ‚Sozialpsychologie' im Titel trägt, entwickelte eine Instinkt-Theorie, in der 20 Instinkte vorkommen. Er sieht Verhalten durch angeborene Prädispositionen determiniert; diese ungelernten Instinkte steuern die Wahrnehmungs- und Verarbeitungsprozesse im menschlichen Organismus.

Mit der Arbeit von *Clark L. Hull* haben die Trieb- bzw. Antriebstheorien einen neuen Höhepunkt gefunden. Ebenso wie *McDougall* ist auch *Hull* stark von *Darwin* (1809–1882) beeinflußt, der bekanntlich keinen prinzipiellen Unterschied zwischen Mensch und Tier sieht. Angeborene Verhaltensweisen sind funktional für das Überleben des Individuums; ‚survival of the fittest', im Sinne der *Darwinschen* Evolutionstheorie. Nach *Hull* (1943) verfügt der Mensch schon von Geburt an über bestimmte Reiz-Reaktions-Mechanismen, die auf stimulierte Triebe hin eine Hierarchie von Reaktionen generieren, die den Bedürfniszustand beenden sollen. Dabei wird die Stärke der Triebe durch Entbehrung erhöht und durch Befriedigung verringert.

In der Tiefenpsychologie, die von der psychoanalytischen Theorie *Freud's* ausging, wird unbewußten Phänomenen größte Aufmerksamkeit geschenkt. So hat *S. Freud* (1856–1939) unbewußte Triebe weitgehend im Sinne von Instinkten behandelt, indem er zunächst von den Ur-Trieben Selbsterhaltung und Arterhaltung (Sexualtrieb, Libido) ausging. *Brenner* (1972) hat diesen Eindruck korrigiert und deutlich zwischen Instinkten und Trieben unterschieden. „Der Instinkt ist die angeborene Fähigkeit oder Notwendigkeit, auf eine bestimmte Gruppe von Reizen in stereotyper und gleichbleibender Weise zu reagieren ..." (S. 33). *Brenner* möchte diesen Begriff lediglich zur Erklärung des Verhaltens von Tieren verwandt wissen, obgleich gewisse Analogien zum Menschen nicht geleugnet werden. Beim Menschen ist das Ausmaß instinktiven Handelns eben bedeutend geringer als bei Tieren. In diesem Sinn stellt der Mensch ein ‚Mängelwesen' *(A. Gehlen)* dar, das lediglich wenige Instinkte und Instinktresiduen aufweist. Der Begriff **‚Instinkt'** erscheint zur Erklärung menschlichen Verhaltens wenig hilfreich, zumal man darunter im Sinne der Tierverhaltensforschung (Ethologie) heute ein genetisch programmiertes, starres Verhaltensmuster versteht, bei dem auf ein Appetenzverhalten bei Vorliegen bestimmter Schlüsselreize ein angeborener auslösender Verhaltensmechanismus erfolgt *(Tinbergen)*.

Als (An-) **Trieb** bezeichnet *Brenner* (S. 34) dagegen, „eine genbedingte, elementare und essentielle Komponente der Psyche, die – wenn sie wirksam wird – einen Zustand psychischer Erregung oder, wie wir oft sagen, der

Spannung hervorruft." Triebe sind zwar genbedingt, also ungelernt, können aber durch individuelle Erfahrung nachhaltig verändert werden. In seiner Theorie der Triebe behauptet *Freud* (1920) später die Existenz zweier Triebe, den Sexualtrieb und den Aggressionstrieb, wobei wichtig ist, daß beide Triebe nicht isoliert voneinander, sondern stets gemischt auftreten (vgl. a. *Ehlhardt* 1971).

Mit dem Aufkommen des **Behaviorismus** in den 20er Jahren dieses Jahrhunderts werden die Instinkt- und Triebtheorien heftig kritisiert. Diese durch den russischen Physiologen *I. Pawlow* (1849–1936) eingeleitete, stark experimentell orientierte Richtung der Psychologie verläßt sich ausschließlich auf beobachtbares Verhalten und muß folglich theoretische Konstrukte wie Instinkte und Triebe als Metaphysik ablehnen.

## 2. Bedürfnisse/Motive

Im Gegensatz zu den genbedingten, angeborenen Instinkten und Trieben sind Bedürfnisse und Motive zum großen Teil gelernt. Verglichen mit den ‚körpernahen' Verhaltenselementen Instinkt und Trieb unterliegen letztere einem stärker kulturellen Einfluß. Bedürfnisse und Motive sind vergesellschaftet, d. h. sozial ausgeformt und gestaltet (vgl. *Holzkamp-Osterkamp* 1975). Insofern spricht man auch von *‚primären'* Trieben (bzw. Bedürfnissen), die der genetischen Programmierung des Menschen entsprechen, sowie von gelernten *‚sekundären'* Bedürfnissen. Da der Mensch aufgrund seiner relativ geringen Determiniertheit durch Anlagefaktoren und seiner relativ langen Entwicklungszeit ein ‚weltoffenes', lernintensives Wesen darstellt, entsteht aufgrund von Lernprozessen eine sehr große Anzahl spezieller Bedürfnisse. Dabei wird im Zusammenhang mit der Befriedigung ‚primärer' Triebe häufig zunächst als Mittel zum Zweck eine bestimmte Verhaltensweise ausgeführt, die ihrerseits ein Bedürfnis begründet, also ‚funktional autonom' wird *(G. W. Allport)*. Z. B. mag die geistige Arbeit an einem bestimmten Thema für den Studenten nur instrumentellen Charakter zur Erlangung ‚extrinsischer' Belohnung, wie Studienabschluß, Berufsvorbereitung haben, kann sich dann aber als spezielles sekundäres Bedürfnis mit einem Eigenwert herausbilden. Da in der Literatur die Begriffe Bedürfnisse (needs) und Motive (motives) meist synonym verwandt werden, gehen m. E. einige sehr wesentliche theoretische Aspekte der Verhaltensdeutung verloren. Dies soll hier vermieden werden.[5]

**Bedürfnisse** sind den Motiven rangmäßig vorgeordnet; als physiologische Ungleichgewichte (Hunger, Durst etc.) bezeichnen sie ein generelles Mangel-

[5] Vgl. auch *Thomae* 1965, *Delhees* 1975, *Rosenstiel* 1975, *Lawler* 1977, *Todt* 1977, *Chung* 1977.

gefühl und fungieren als Person-interne Reize, die einen Menschen in allgemeine Handlungsbereitschaft versetzen. Bei **Motiven** handelt es sich um eine inhaltliche Klassifikation von angestrebten Zielzuständen, die sich in der Person vor allem im Laufe ihrer Sozialisation als relativ stabile „Wertungsdispositionen" (*Heckhausen* 1980, S. 24) herausgebildet haben. Unter gegebenen situativen Bedingungen wird dann ein Motiv aus der in einer Person vorhandenen und unterschiedlich intensiv ausgebildeten Motivmenge aktiviert und bis zur Zielerreichung oder zur Erreichung eines als befriedigend angesehenen Anspruchsniveaus beibehalten. Die Aktivierung von Motiven erfolgt durch Anreize, die aus der Person selber herrühren können (körperlich, symbolisch) oder durch Stimuli, die in Situationsgegebenheiten vorhanden sind, wie z. B. Geld, Arbeitsinhalt, Gruppenkontakte. Diese erhalten aber nur dann verhaltenswirksamen Aufforderungscharakter, wenn sie als solche wahrgenommen und kognitiv verarbeitet werden. Person und situative Gegebenheit stehen dabei im Verhältnis psychologischer Wechselseitigkeit. Diese Zusammenhänge lassen sich in folgendem einfachen Modell darstellen:

*Abb. 3.7:* Einfaches Motivationsmodell

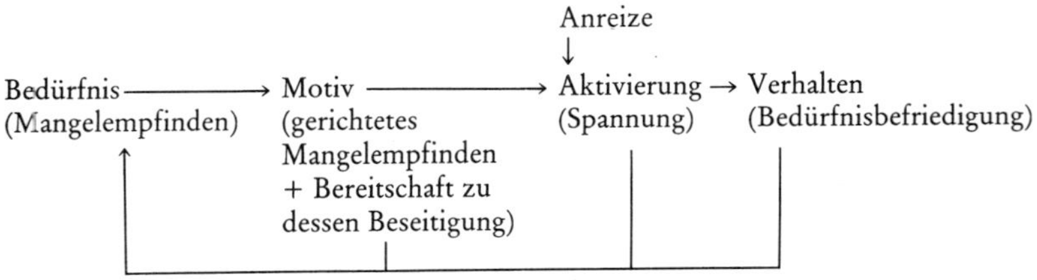


*a. Ansätze zur Klassifikation und Hierarchisierung*

Heute herrscht die Auffassung vor, daß menschliches Handeln und Verhalten nicht nur auf einige Grundtriebe zurückzuführen ist, wie etwa bei *Epikur* der Gewinn von Lust, bei *Freud* Libido und Aggressionsenergie, bei *Macchiavelli* der Wille zur Macht, bei *Adler* das Machtstreben und das Gemeinschaftsgefühl, sondern daß vielmehr eine Vielzahl von Bedürfnissen und Motiven angenommen werden muß.

Eine einheitliche **Klassifikation** von Bedürfnissen hat der großen Zahl unterschiedlicher Erwartungen und Zielzustände Rechnung zu tragen. Darüber hinaus ist zu berücksichtigen, daß sich Personen in der jeweiligen Ausprägung (Intensität, Dauer) eines bestimmten Motivs von anderen Personen unterscheiden. In der ökonomischen und verhaltenswissenschaftlichen Literatur hat es dennoch nicht an Versuchen gefehlt, menschliche Bedürfnisse zu klassifizieren und zu hierarchisieren. Die Suche nach Bedürfnisklassen hat allerdings nicht nur erkenntnistheoretische Ursachen, sondern auch ganz praxeologische, da die Kenntnis von unterschiedlichen Bedürfnissen und Motiven eine gezielte interessenbestimmte Aktivierung (z. B. durch Werbung oder Führung) erst möglich macht.

Im vorwissenschaftlichen Verständnis, vor dem Hintergrund eines materialistischen, hedonistischen, utilitaristischen Welt- und Menschenbildes erscheint es evident, daß der Mensch vollständig aus seiner vitalen Bedürfnislage verständlich wird. Insofern ist die Versuchung groß, beinahe jeder Verhaltensweise einen Trieb oder ein Bedürfnis zu unterstellen. *Bernard* (1926) wies bereits früh auf die Kurzschlüssigkeit dieses Ansatzes hin, indem er nach Durchsicht von ca. 400 Arbeiten 5684 unterschiedliche Instinkte, Triebe, Bedürfnisse aufzählen konnte. Übersehen wurde bei diesen Trieb- und Bedürfnistheorien zumeist, daß bis in die vitale Grundschicht hinein Wechselwirkungen mit der geistigen (kognitiven) Organisation des Menschen bestehen (z. B. Sexualität und Leistungsstreben). Auch Gefühle und Stimmungen – im allgemeinen als Korrelate von Bedürfnissen interpretiert – werden wesentlich kognitiv gesteuert (*Schachter* 1971). Deshalb ist man heute im Zuge der ‚kognitiven Wende' der Verhaltenswissenschaften sehr zurückhaltend in bezug auf die Vorstellung, man könne von einer konstanten Bedürfnismenge mit konsistenter Struktur ausgehen. Die unkritischen Bedürfniskonzepte scheitern zudem daran, „... daß die Begriffe einen Beschreibungsextrakt von beobachtbaren Verhaltensphänomenen mit einer Erklärung gleichsetzen und damit ‚zirkulär' werden" (*Heckhausen* 1980, S. 26). Dennoch erfreuen sich verschiedene **Bedürfnislisten** in der Praxis nach wie vor großer Beliebtheit. Die Spezialforschung konzentriert sich heute hingegen vor allem auf die Erfassung spezieller Bedürfnisse (Leistungsmotivation, Macht, Aggression) im Rahmen ihrer kognitiven und situativen Antezedentien und Konsequenzen (vgl. *Heckhausen* 1980).

Eine frühere Einteilung der Motive wirtschaftlichen Handelns findet sich bei *Wagner* (1892, S. 87 zitiert nach *D. Schneider* 1981 b, S. 209):

„A. *Egoistische Leitmotive.*

1. Streben nach dem eigenen wirthschaftlichen Vortheil und Furcht vor eigener wirthschaftlicher Noth.
2. Furcht vor Strafe und Hoffnung auf Anerkennung.
3. Ehrgefühl, Geltungsstreben und Furcht vor Schande und Missachtung.
4. Drang zur Bethätigung und Freude am Thätigsein, auch an der Arbeit als solcher, und an den Arbeitsergebnissen als solchen, sowie Furcht vor den Folgen der Unthätigkeit (Passivität).

B. *Unegoistisches Leitmotiv.*

5. Trieb des inneren Gebots zum sittlichen Handeln, Drang des Pflichtgefühls und Furcht vor dem eigenen inneren Tadel (vor Gewissensbissen)."

Als Beispiel für einen umfassenden Katalog universell nachweisbarer (sekundärer) Bedürfnisse kann die Zusammenstellung von *Henry A. Murray* (1938) dienen. In diesem Modell wird keine allgemeingültige Hierarchie von Bedürfnisklassen angenommen, sondern davon ausgegangen, daß jeder

Mensch eine individuelle Hierarchie nach der subjektiven Bedeutung der einzelnen Bedürfnisse ausbildet (deshalb die alphabetische Anordnung):

| | |
|---|---|
| Abasement (Unterwerfung) | Harm avoidance (Vermeiden von Schmerz) |
| Achievement (Leistungsstreben) | Infavoidance (Vermeiden von Mißerfolgen) |
| Affiliation (soziale Kontakte) | Nurturance (Helfen, Fürsorge) |
| Aggression (Aggression) | Order (Ordnung) |
| Autonomy (Autonomie) | Play (Spieltrieb) |
| Counteraction (Widerstand) | Rejection (Rückzug) |
| Defense (Verteidigung) | Sentience (Gefühlsbetonung) |
| Deference (Bewunderung) | Sex (Sexualität) |
| Dominance (Kontrolle) | Succorance (Bedürfnis nach Zuneigung) |
| Exhibition (Beeindrucken) | Understanding (Wißbegierde) |

Der Wunsch, in diese Vielzahl von Motiven eine Ordnung zu bringen, die letztlich das philosophisch-anthropologische Weltbild des Wissenschaftlers reproduziert, hat in der Folge das Bemühen ganzer Forschergenerationen gekennzeichnet. Auf allgemeiner Ebene hat als einer der ersten *Spranger* (1914) sechs Grundmotive in einer Stufenreihe angeordnet. Die Basis der **Wertpyramide** bilden die wirtschaftlichen Grundmotive. Theoretische, ästhetische, soziale und politische Motive bilden das Mittelfeld und die religiösen Motive (Seeligkeit des ganzen Daseins, geistige Erfüllung) sind auf der höchsten Ebene angesiedelt.

Gerade anhand der *Spranger*schen idealtypischen Konzeption sowie des darauf aufbauenden Testverfahrens (*Allport* et al. 1960 und *Roth* 1972: ‚Der Werteinstellungs-Test') wird die terminologische Unschärfe der Begriffe Bedürfnis, Motiv, Wert, Interesse etc. deutlich (vgl. *Kmieciak* 1976).

*Spranger* hat also lange Zeit vor *Maslow* die Entwicklung einer **Hierarchie von Motiven** diskutiert. 1928 erschien dann die englische Übersetzung von *Spranger's* Arbeit und fand unter dem Titel ‚Types of Men' eine breite Aufnahme vor allem in den USA (*Spranger* 1928).

Das verhaltenswissenschaftlich wohl bekannteste Modell der **Hierarchisierung** von Bedürfnissen/Motiven stammt von *A. H. Maslow* (1908–1970), dem Begründer der **‚Humanistischen Psychologie'**, die sich von behavioristischen und psychoanalytischen Konzepten distanziert und Fragen nach dem Lebenssinn und persönlichem Wachstum thematisiert. Damit steht sie in der Tradition der ‚verstehenden Psychologie' *Diltheys*, eines geisteswissenschaftlichen Ansatzes, dem auch *E. Spranger* verpflichtet ist. Die Vorstellung, daß der Mensch letzten Endes nach innerem Reichtum in der Selbsterfüllung seiner Möglichkeiten strebt, ist hier zentral und wird ebenso von *C. Rogers* (dem Begründer der Gesprächspsychotherapie), *Charlotte Bühler* und *F. Perls* (Begründer der Gestalttherapie) vertreten. Die Affinität dieses Ansatzes zu ‚postmaterialistischen' Wertentwicklungstrends in der Gegenwart liegt auf der Hand (vgl. *Inglehart* 1979). Die besondere Popularität der Bedürfnistheorie *Maslows* dürfte aber vor allem in ihrer Plausibilität und Praktikabilität begründet sein; sie konnte sich im Zusammenhang mit der Neo Human Relations-Bewegung (*McGregor, Likert, Argyris, Herzberg* u. a.) weitgehend durchsetzen (vgl. auch *Gebert/Rosenstiel* 1981, S. 38ff.).

*Maslow* (1943, 1954) entwickelte das Modell auf der Grundlage seiner klinisch-psychologischen Erfahrungen. Er integrierte funktionalistische Ansätze der Psychologie, gestaltpsychologisches Gedankengut und psychoanalytische Aspekte zu einer Bedürfnispyramide mit insgesamt fünf Hauptbedürfnisklassen.

*Abb. 3.8:* Die Bedürfnispyramide von *Maslow*

*Quelle: Maslow* 1954, S. 35ff.

Die Ebenen sind nach ihrer relativen Dringlichkeit arrangiert, wobei situativ *eine* Bedürfnisklasse Denken und Handeln des betreffenden Individuums dominieren kann; die anderen Bedürfnisse treten in einer solchen Situation dann zurück, können aber unter anderen situativen Bedingungen wieder aktiviert werden. Diese Pyramide der Bedürfnisse entsteht durch die Generalisierung der relativen Bedeutung von Bedürfnissen für das Individuum.

Die *physiologischen Grundbedürfnisse* (z.B. Hunger, Durst, Sexualität) sind Funktionserfordernisse individuellen und gattungsmäßigen (Über-)Lebens. Können die in dieser Bedürfnisklasse zusammengefaßten Motive als relativ gesättigt betrachtet werden, wird die nächsthöhere Ebene von Bedürfnissen, die *Sicherheitsbedürfnisse,* zunehmend dominant. Beispielhaft führt *Maslow* (1977, S. 79) Sicherheit, Stabilität, Geborgenheit, Schutz, Angstfreiheit, Bedürfnis nach Struktur, Ordnung, Gesetz und Grenzen an. Analog dazu werden die Inhalte der höherrangigen Bedürfnisklassen jeweils dann verhaltenswirksam, wenn die darunterliegenden Ebenen aus der Sicht des Individuums als relativ erfüllt betrachtet werden können. Die höchste Stufe der Hierarchie, die *Selbstverwirklichung,* bezieht sich auf ,,... die Tendenz, das zu aktualisieren, was man an Möglichkeiten besitzt. Diese Neigung kann als das Verlangen formuliert werden, immer mehr zu dem zu werden, was man ideosynkratisch ist, alles zu werden, was zu werden man fähig ist" (*Maslow* 1977, S. 89).

Zwei weitere Klassen von Bedürfnissen, die mit der Entwicklung der Bedürfnispyramide einhergehen, sind

- *intellektuelle* Bedürfnisse (Wunsch nach Wissen und Verstehen) und
- *ästhetische* Bedürfnisse (Wunsch nach Schönheit).

Damit aber überhaupt eine Entfaltung der Motivstruktur beginnen kann, müssen Faktoren, wie Meinungsfreiheit, Ausdrucksfreiheit, Gerechtigkeit, Fairness etc., als gesellschaftliche Randbedingungen vorhanden sein.

*Maslow's* Hierarchiekonstrukt ist z. T. starker **Kritik** unterzogen worden, da die empirischen Befunde zur Motivationsforschung kaum als Bestätigung des Konzepts interpretiert werden können (vgl. z. B. *Porter* 1961, *Hall/Nougaim* 1967, *Alderfer* 1969, *Huizinga* 1970, *Baumgarten* 1975, *Wahba/Bridwell* 1976, *Wanous/Zwany* 1977). Eine Kritik des Ansatzes aus theoretischer Perspektive (vgl. zusammenfassend *Wunderer/Grunwald* 1980, *Gebert/Rosenstiel* 1981, *Conrad* 1983) offenbart folgende Defizite:

- Mehrdeutigkeit und mangelnde Abgrenzbarkeit der von *Maslow* verwendeten zentralen Konzepte
- Geringe Operationalität der von ihm verwendeten Begriffe
- Trivialität von Grundannahmen
- Eine nur geringe Eignung des Konzeptes der Bedürfnispyramide für gültige Verhaltensvorhersagen von Individuen
- Kulturgebundenheit der Rangfolge der Bedürfnisebenen
- Mangelnde inhaltliche Logik des Ansatzes
- Ungeklärte theoretische Einordnung als Motivationstheorie oder Modell der Selbstkonzeptforschung.

Weitgehend Einigkeit besteht jedoch darüber, daß solange die Grundbedürfnisse (physiologische und z. T. Sicherheitsbedürfnisse) nicht befriedigt sind, Bedürfnisse höherer Ordnung nicht dominant werden. Die Forschungsergebnisse lassen es jedoch als unzulässig erscheinen, die Bedürfnisse höherer Ordnung in einer Rangskala zu bringen (wie es *Maslow* tut). Auch die These, daß befriedigten Bedürfnissen keine Motivationswirkung mehr zukomme, ist zu differenzieren. Gerade für Bedürfnisse höherer Ordnung gilt, daß erste Befriedigungserfolge das Bedürfnis in seiner Stärke wachsen lassen.

Nicht zuletzt aufgrund dieser Unsicherheiten hat *Alderfer* (1972) die fünf Bedürfnisse aus *Maslow's* Pyramide stärker zusammengefaßt und nur noch drei große Klassen unterschieden (**ERG-Theorie**):

1. **E***xistence needs* (Physiologische Bedürfnisse und der physisch, materielle Teil der Sicherheitsbedürfnisse)
2. **R***elatedness needs* (soziale Bedürfnisse und der interpersonelle Teil der Sicherheitsbedürfnisse)
3. **G***rowth needs* (Wertschätzung, Selbstverwirklichung, Wachstum; vgl. Abb. 3.9).

*Abb. 3.9:* Gegenüberstellung der Bedürfnisklassen
von *Maslow* und *Alderfer*

| Bedürfnisklassifizierung nach *Maslow* | Bedürfnisklassifizierung nach *Alderfer* |
|---|---|
| **Physiologische Bedürfnisse**<br>(Physiological needs)<br>Hunger, Durst, Sex,<br>Ruhe, Bewegung,<br>Schutz vor den Elementen,<br>Obdach | Existenzbedürfnisse<br>(Existence needs) |
| **Sicherheitsbedürfnisse**<br>(Safety needs)<br>Schutz vor Krankheit und Schmerz,<br>Versicherung gegen Alter und Arbeitslosigkeit,<br>Bedürfnis nach Wohnung, Heim, | |
| Schutz vor Bedrohung, Beraubung, Diskriminierung,<br>Beschimpfung und Wutausbrüchen anderer | |
| **Soziale Bedürfnisse**<br>(Belongingness and love needs)<br>Bedürfnis nach Gesellschaft, Kontakt<br>nach, Aufnahme bei seinesgleichen,<br>Bedürfnis nach Liebe, Freundschaft, Kameradschaft | Interpersonelle<br>Beziehungsbedürfnisse<br>(Relatedness needs) |
| **Geltungsbedürfnisse (Ichbezogene Bedürfnisse)**<br>(Esteem needs)<br>a) Anerkennung durch andere<br>Bedürfnis nach Status, Aufmerksamkeit,<br>Anerkennung | |
| b) Selbsteinschätzung<br>Bedürfnis nach Leistung, Können, Wissen,<br>Bedürfnis nach Selbständigkeit,<br>Bedürfnis nach Unabhängigkeit und Freiheit,<br>Bedürfnis nach Selbstvertrauen | Individuelle<br>Wachstumsbedürfnisse<br>(Growth needs) |
| **Selbstverwirklichungsbedürfnisse**<br>(Need for self-actualization)<br>Bedürfnis nach Entfaltung der Persönlichkeit | |

*Quelle: Baumgarten* 1975, S. 72

Noch einen Schritt weiter gehen *Lawler/Suttle* (1972), die aufgrund empirischer Überprüfungen des Hierarchiekonzeptes lediglich eine zweistufige Hierarchie (niedere und höhere Bedürfnisse) für gerechtfertigt halten. Für alle diese Bedürfnisklassifikationen gilt jedoch, daß sie Bedürfnisse als relativ unabhängig von der Situation auffassen, was *Heckhausen* (1980, S. 107) als „... in einem schlichten, ja naiven Sinne eigenschaftstheoretisch" kritisiert.

### *b. Unterschiedliche Beweggründe des Handelns*

Die eingangs getroffene Abgrenzung der Bedürfnisse und Motive von Instinkten hat auf die stärkere Umweltabhängigkeit von Motiven abgestellt. Entsprechend hat sich – in Abkehr von umfänglichen Bedürfnishierarchien – bei den Motiven eine Zweiteilung in primäre und sekundäre durchgesetzt, wobei **primäre** solche Grundbedürfnisse (wie z. B. Hunger, Durst, Schlaf, Sex) meinen, die überwiegend ungelernt, auf physiologischer Grundlage beruhen und von Geburt an vorhanden sind, und **sekundäre** oder abgeleitete Motive solche, die erst nach einem längeren Lernprozeß verhaltenswirksam werden.

Im Zuge der Entwicklung moderner Gesellschaften werden die primären, ursprünglichen Beweggründe des Handelns immer mehr von sekundären (vor allem Streben nach Einkommen) überlagert, so daß die Trennung in primäre und sekundäre Motive immer fragwürdiger wird. Durch die gezielte Förderung bzw. Unterdrückung bestimmter Bedürfnisse in Lern- und Sozialisationsprozessen entstehen sekundäre Motive (z. B. Streben nach Macht, Leistung, Geselligkeit, Status), die heute in ihrer Bedeutung für das Verhalten weit höher einzuschätzen sind als die primären Motive. Zudem können primäre und sekundäre Motive aufgrund der systematischen Verknüpfung mit weiteren Verhaltensweisen die Grundlage für eine unübersehbare große Anzahl weiterer Bedürfnisse werden (aufgrund von Prozessen des Assoziations- bzw. Konditionierungslernens, des Verstärkungslernens; s. S. 228 ff.). In der Werbung und politischen Propaganda bemüht man sich bekanntlich um eine gezielte Beeinflussung in diesem Sinne (vgl. *Kroeber-Riel/Meyer-Hentschel* 1982). *Kroeber-Riel* (1984) vertritt die Auffassung, daß der einzelne heute praktisch kaum eine Chance habe, sich gegen derartige **‚Manipulation'** zu immunisieren, da selbst das Bedürfnis, seine Entscheidungsfreiheit und Souveränität zu behaupten (das ‚Reaktanzbedürfnis', vgl. *Wicklund* 1974), werbestrategisch eingesetzt wird. Im übrigen sei Immunität gegenüber den ‚geheimen Verführern' *(V. Packard)* letztlich nur auf der Grundlage stabiler, tief verankerter Wertorientierungen möglich. Gerade diese Voraussetzung liegt gegenwärtig in einer Zeit der Orientierungsunsicherheit, bei tendenzieller Vorherrschaft hedonistischer, utilitaristischer und materialistischer Orientierungen, bei vielen Menschen in dieser Gesellschaft nicht vor.

*Tolman* (1951) unterscheidet **drei Motivklassen,** wobei die tertiären jedoch auch als eine Teilmenge der sekundären zu interpretieren sind:

*Primäre,* angeborene Bedürfnisse

- organbedingtes Verlangen z. B. nach Nahrung, Sex, Einhaltung der Körpertemperatur, Sauerstoff, Ruhe und Schlaf
- Furcht und Agressionsbedürfnis
- Erkundungsbedürfnis

*Sekundäre,* aber weitgehend noch angeborene, sozialbezogene Bedürfnisse

- Bedürfnis nach Geselligkeit

- Bedürfnis nach Zuneigung
- Bedürfnis nach Anerkennung
- Bedürfnis nach Einfluß
- Bedürfnis nach Unterwerfung

*Tertiär* erworbene Bedürfnisse, die auf kulturell vermittelte Ziele gerichtet sind, z. B. auf Reichtum und Erfolg.

In behavioristischer Tradition entsprechen den primären Motiven **primäre Verstärker,** die zu einer unmittelbaren Befriedigung primärer Bedürfnisse führen (z. B. Hunger → Essen). **Sekundäre Verstärker** entstehen aus einer vorgängigen, gelernten Assoziation mit dem primären Verstärker. So wird beispielsweise die Mutter, die ihr Kind mit Brei (primärer Verstärker) füttert, mit der Zeit als Person selbst zum sekundären Verstärker, der über Aufmerksamkeit, Belohnung, Zuneigung das Verhalten des Kindes beeinflußt.

Während die Unterscheidung primär-sekundär mehr auf die Genese der Motivwirkung abstellt, lenkt die Einteilung der Motive in extrinsische und intrinsische die Aufmerksamkeit mehr auf den Inhalt, die Ursache der Bedürfnisbefriedigung. **Intrinsisch** motiviert (oder verstärkt) ist ein Mitarbeiter, der aus der Tätigkeit selbst (z. B. erfolgreiche Bewältigung einer schwierigen Aufgabe) Befriedigung bezieht, während der **extrinsisch** Motivierte Befriedigung aus den Begleitumständen der Arbeit (z. B. Bezahlung, Anerkennung, Status) erhält. Intrinsische Motive sind also ‚äußerlich zweckfrei', sachbezogen, im Gegensatz zu den von äußeren Verstärkern (Belohnung und Bestrafung) abhängigen extrinsischen Motiven. Als intrinsische Motive werden insbesondere das Erkundungsbedürfnis oder Neugierstreben hervorgehoben, sowie das Bedürfnis nach Abwechslung, Komplexität und Neuigkeit, das Bedürfnis nach Stimulation an sich, nach persönlicher Wirksamkeit, wie sie im Spielverhalten deutlich wird (vgl. *Heckhausen* 1980, S. 607 ff.).

### *c. Frustration bei fehlender Bedürfnisbefriedigung*

Eingangs dieses Kapitels hatte ich festgestellt, daß Verhalten zielorientiert ist und im Verlauf von Handlungen Spannungen abgebaut werden. In den bisherigen Ausführungen wurde davon ausgegangen, daß das Individuum bei seinen Bemühungen um Bedürfnisbefriedigung erfolgreich ist. Dies ist jedoch keineswegs immer der Fall.

Das Nichterreichen angestrebter Ziele trotz motivierten Verhaltens hat **Konflikte** zur Folge, die sich u. a. in Frustration äußern.

**Frustration** bezeichnet einen Zustand der Enttäuschung über die Tatsache, daß ein vom Individuum angestrebtes Ziel (Bedürfnisbefriedigung) durch ein äußeres Hindernis, das außerhalb seiner Kontrolle errichtet wurde, ver- oder behindert wird (vgl. zu den folgenden Ausführungen *Reber* 1973, *Dessler* 1976, *Carlisle* 1976, *Tosi/Carroll* 1976). Frustration hat je nach der Konstellation der spezifischen Situation, in der sich der Mensch befindet, sehr unterschiedliche Verhaltenskonsequenzen. Einmal kann sie zu konstruktiven Suchen nach Wegen zum Überwinden des Hindernisses führen; verbreiteter aber sind mehr destruktive Formen der Konfliktbewältigung. In der Literatur werden meist folgende drei Reaktionsformen diskutiert:

- **Aggression**
  Die **Frustrations-Aggressions-Hypothese** behauptet, daß frustrierte Menschen gegen das Hindernis ihrer Bedürfnisbefriedigung Aggressionen entwickeln. Dies kann einmal ein physisches Objekt oder eine Person sein, die die Zielerreichung blockiert. Die Aggression kann sich aber auch – wenn die direkte Form des Angriffs entweder sozial inakzeptabel ist oder sich der Gefahr der Bestrafung aussetzt – indirekt gegen ein ungeschütztes, unbeteiligtes Objekt (z. B. mutwillige Zerstörung) oder einen neutralen, ohnmächtigen Dritten (z. B. Familienangehörige bei Streit im Betrieb) wenden.
- **Rückzug**
  Die **Frustrations-Regressions-Hypothese** behauptet, daß solche Menschen, die umfassende Bedürfnisse nicht erreichen, sich auf konkretere, subjektiv leichter zu erreichende zurückziehen. Bei häufigem Auftritt von Frustration ist darüber hinaus die Form der Aggression ‚zu anstrengend', was mehr resignative Verhaltensweisen zur Folge hat, wie etwa Desinteresse an der Arbeit (Zuspätkommen, häufiger Absentismus, Apathie während der Arbeit) und/oder Flucht/Rückzug in die sog. Freizeit.
- **Rechtfertigung**
  Um zumindest in den eigenen und den Augen der unmittelbaren Umwelt als erfolgreich gelten zu können, wird das Individuum versuchen, den Mißerfolg als Erfolg umzudeuten, d. h. Rationalisierungsmechanismen dergestalt einsetzen, daß einmal das ursprüngliche Ziel der Bemühungen uminterpretiert wird und/oder die wahren Gründe der Blockade durch sozial eher akzeptable substituiert werden.

*Carlisle* (1976, S. 274) hat folgenden, etwas differenzierteren Katalog von Frustrationsfolgen zusammengestellt, der sich aber mehr oder weniger auf die obengenannten drei Grundformen reduzieren läßt:

- Aggression (direkte Aggression)
- Rückzug (Vermeiden des Hindernisses oder von Situationen, in denen bekannte Hindernisse auftreten können)
- Übertragung (indirekte Aggression)
- Rationalisierung
- Unterdrückung (Verbannen von Erfahrungen und Gefühlen der Frustration aus dem Bewußtsein)
- Projektion (Übertragung der eigenen Gefühle auf einen anderen als Form der Verteidigung)
- Apathie.

### *d. Gleichgewicht und kognitive Dissonanz*

Sozialwissenschaftliche Theorien, die mit der ‚Denkfigur des Gleichgewichts' voraussetzen, daß die Führungsgröße des Verhaltens die Vermeidung von Ungleichgewicht sei, also Komplexität geradezu vermieden werden soll, werden als **Homöostase-Theorien** bezeichnet. Zu den Homöostase-Theorien innerhalb der Psychologie gehören die ‚Konsistenz-Theorien' und darunter als weitaus populärste, die **‚Theorie der kognitiven Dissonanz'** von *Leon Festinger,* die er 1957 formulierte (vgl. *Irle* 1975, *Wicklund/Brehm* 1976, *Festinger* 1978, *Frey* 1978). Diese Arbeiten gehen zurück auf Anregungen aus der **Gestaltpsychologie,** die von der Erforschung der Wahrnehmung ausgehend annahm, daß die geistige Organisation auf ein Höchstmaß an Ordnung und Einfachheit (‚Prägnanz') gerichtet sei. Die Vermeidung von Unstimmigkeit sowie Widersprüchlichkeit – und damit Unsicherheit und Angst – gehört nach Auffassung der Gestaltpsychologen zu den „tiefsten Triebanlagen des Menschen" (*Metzger* 1968, S. 230). Die vor allem in der Sozialpsychologie formulierten **‚Konsistenz-Theorien'** (*Festingers* ‚Dissonanz-Theorie', *Heiders* ‚Balance-Theorie', *Newcombs* ‚Theorie der interpersonalen Symmetrie', *Osgood/Tannenbaums* ‚Kongruitäts-Theorie', vgl. *Abelson* et al. 1968; *Kmieciak* 1974) postulieren ein derartiges kognitives Inbalance-, Komplexitäts-, Dissonanz-Reduktionsmotiv. Bevor *Festinger* in seinem Hauptwerk die verschiedenen kognitiven Unstimmigkeits-, bzw. Dissonanzzustände und daran anschließende Spannungsreduktionsmöglichkeiten darstellte, untersuchte er in einer Feldstudie die Reaktion von Weltuntergangs-Sektierern *nach* dem Zeitpunkt des von ihnen prophezeiten Weltuntergangs (*Festinger* et al. 1956). Es stellte sich heraus, daß eine Dissonanzreduktion, in diesem Fall der Dissonanz zwischen der Prophezeiung und dem Glauben der Sektenmitglieder einerseits sowie der Falsifikation der Vorhersage andererseits, durch verstärkte Missionierung zum Zwecke der sozialen Verstärkung des Glaubens erreicht werden konnte. Dieses Beispiel einer durch die ‚Realität' nicht zu beeinflussenden Glaubenstreue, sowie viele Erfahrungen der Realitätsverleugnung, -vereinfachung und -verzerrung, die wir mit vorurteilsbehafteten, dogmatischen Haltungen anderer Menschen machen, zeigen, daß das **Streben nach einer ‚guten Gestalt'** im Sinne einer konsistenten, stimmigen geistigen Ordnung in der Tat eine der wesentlichen kognitiven Organisationsprämissen des Individuums wie auch von Gruppen darstellt. Dementsprechend bilden die konsistenztheoretischen Ansätze die bedeutendste theoretische Strömung (neben den Lerntheorien) innerhalb der Sozialpsychologie, also bezogen auf die soziale Wahrnehmungsforschung, die Einstellungs- und Vorurteils-, sowie die Kleingruppenforschung. Wegen dieser hervorragenden Bedeutung dieses Konzepts soll die Dissonanztheorie genauer dargestellt werden.

Die Theorie der kognitiven Dissonanz geht von einem strukturellen und einem dynamischen Konstrukt aus: **‚Kognition'** ist ein Strukturelement des mentalen (geistigen) Systems des Menschen, ‚**Dissonanz**' bezieht sich auf den Zustand der Beziehung von Kognitionen des mentalen Systems zueinander, der auf Beseitigung drängt. *Festinger* (1957) nennt folgende vier Arten des Dissonanz:

1. Logische Inkonsistenz,
2. Inkonsistenz des eigenen Verhaltens mit kulturellen Normen,
3. Inkonsistenz zwischen einer Kognition und einer allgemeineren, umfassenderen Kognition,
4. Inkonsistenz zwischen vergangenen und neuen Erfahrungstatbeständen.

Derartige Dissonanzen stellen einen kognitiven Ungleichgewichtszustand dar, der zu einer Verhaltensenergetisierung und -dirigierung in Richtung auf Eliminierung dieses unangenehmen Zustandes, d.h. zur Herstellung von **Konsonanz** führt. Die **Dissonanzintensität** – und damit auch die Stärke des Dissonanzreduktionsbedürfnisses – ergibt sich aus:

$$\frac{\text{subjektive Bedeutsamkeit} \times \text{Anzahl dissonanter Kognitionen}}{\text{subjektive Bedeutsamkeit} \times \text{Anzahl konsonanter Kognitionen}}$$

Als heuristisch wertvoll gilt die Theorie der kongitiven Dissonanz vor allem, da *Festinger* und seine zahlreichen Schüler sowie auch viele engagierte Kritiker dieses Ansatzes die Grundpostulate auf sehr unterschiedlichen Verhaltensbereichen überprüft haben.

So wurde zunächst das **Verhalten nach Entscheidungen** untersucht. Hier besteht nach dissonanztheoretischer Auffassung Dissonanz zwischen dem Wissen um die getroffene Entscheidung einerseits sowie den Kognitionen, die mit den positiven Aspekten der verworfenen Alternativen einer Wahlmöglichkeit, und den Kognitionen, die mit den negativen Aspekten der gewählten Alternative verbunden sind, andererseits. Es wird nun angenommen, daß die Nachentscheidungs-Dissonanz als quasi-automatische Folge jeglicher Entscheidung um so größer ist, je persönlich bedeutsamer die Entscheidung war, je ähnlicher sich die Alternativen sind und je attraktiver die nichtgewählten Alternativen eingeschätzt wurden. Die experimentelle Dissonanzforschung ergab nun, daß nach wichtigen Entscheidungen häufig eine kurze Phase des Bedauerns (‚Regret-Effekt') und daraus hervorgehend eine Umbewertung der Alternativen in Richtung auf Erhöhung der Attraktivität der gewählten und Verminderung der Attraktivität der nichtgewählten Alternative erfolgt. Weiterhin besteht die Möglichkeit Nachentscheidungs-Dissonanz zu reduzieren, indem die Bedeutsamkeit der Entscheidung teilweise geleugnet wird sowie indem bestimmte wichtige Charakteristika der gewählten und der verworfenen Alternativen undifferenziert als identisch wahrgenommen werden. Jeder kann diese kognitiven Entlastungsstrategien bei sich selbst hinsichtlich der Berufswahl, Wahl des Ehepartners, des Wohnorts, des Automodells, des politischen Votums, der Investitionsentscheidung etc. überprüfen.

Ein weiteres wichtiges Gebiet der Dissonanzforschung betrifft den **Umgang mit neuen Informationen.** Hier stellt *Festinger* fest, daß ein Informations-Selektions-Prozeß stattfindet, bei dem dissonanzerregende Informationen vermieden und konsonate Elemente stützende Informationen aufgesucht werden. Würde *Festingers* Annahme in dieser allgemeinen Form zutreffen, wäre nur rigides, konservatives, dogmatisches Verhalten zu erwarten. Deshalb wurde an dieser Stelle eine wesentliche Präzisierung der Dissonanztheorie erforderlich, die die Situations- und Persönlichkeitsbedingungen klärt, unter denen die verschiedenen Informationsselektions-Strategien auftreten. Wichtig ist dabei, inwieweit man die Konsequenzen der Informationen für das eigene kognitive Gleichgewicht und die Bedeutung dieser Informationen für das **‚Selbstkonzept'**, also das Bild, das man von sich selbst entworfen hat, übersehen kann. Hält sich jemand auf einem bestimmten Gebiet für sehr kompetent, so ist er sicherlich stark motiviert, dieses Bild von sich selber aufrechtzuerhalten; die Gefährdung der Validität des Selbstkonzeptes ruft gravierende Dissonanz hervor (vgl. *Kmieciak* 1974, S. 173f.). Das **Selbstkonzept** stellt den zentralen Bezugspunkt der geistigen Organisation des einzelnen dar. Für das Mitglied einer Leistungselite werden Leistungswerte einen hohen persönlichen Stellenwert einnehmen müssen. Erheblich weniger werden Leistungsorientierungen persönlich ins Gewicht fallen, wenn jemandem im Falle der Dauerarbeitslosigkeit keine Selbstverwirklichungsmöglichkeiten im Sinne der Leistungsorientierung erreichbar erscheinen. Es wird also über einen Dissonanzreduktionsdruck eine Selbstkonzeptmodifikation letztlich aufgrund veränderter (der realen Lebenssituation angepaßter) Wertprioritätensetzung notwendig. So ließe sich etwa die vieldiskutierte **Motivationskrise** bzw. der Motivationsverlust vieler arbeitsloser Jugendlicher, vieler Studenten etc. erklären.

Ein weiterer Anwendungsbereich der Theorie der kognitiven Dissonanz zeigt, wie wichtig Wertorientierungen bei der geistigen Organisation des Menschen sind: Im Falle des sog. **Bumerang-Effektes** widersteht man nicht nur dem Versuch anderer, die eigene Überzeugung bzw. Einstellung zu beeinflussen, man ‚wehrt' sich dagegen, u.a. dadurch, daß man die eigene Einstellung festigt. *V. Cranach* et al. (vgl. *Irle* 1969) konnten in zwei Experimenten zeigen, daß im Falle starker Verankerung der Einstellung in einer allgemeineren Werthaltung ein Bumerang-Effekt, hingegen bei geringer Verankerung eine Annäherung an die konträre Einstellung erfolgt. So läßt sich also auch die ‚Immunisierung' *(McGuirre)* gegenüber Einflüssen anderer mit Rückgriff auf zugrunde liegende Wertorientierungen und deren persönliche Bedeutsamkeit erklären. Nicht nur in bezug auf die Weiterentwicklung der Dissonanztheorie sondern auch in vielen anderen Bereichen der Sozialwissenschaften wird gegenwärtig zunehmend die Bedeutung von Wertorientierungen erkannt, denen wir uns nunmehr zuwenden.

## 3. Werte/Einstellungen

Während Bedürfnisse/Motive sowohl angeboren als auch gelernt sein können, sind Werte/Einstellungen in jedem Fall erlernt und zwar durch formale Erziehung und Ausbildung sowie durch die Vielzahl menschlicher Kontakte innerhalb und außerhalb der Arbeitswelt. Das individuelle Wertsystem und die Einstellungen eines Menschen prägen ganz entscheidend die Wahrnehmung seiner Umwelt, von Handlungsalternativen und von Handlungsfolgen, und somit sein Entscheidungsverhalten. „Ein Wert ist eine Auffassung (explizit oder implizit), die ein Individuum oder eine Gruppe vom Wünschenswerten hegt, und die die Wahl möglicher Verhaltensweisen, Handlungsalternativen und -ziele beeinflußt" (*Kluckhohn* 1951, S. 395). Diese Definition prägte entscheidend das Wertbegriffsverständnis in den Sozialwissenschaften, obwohl an ihr oft Kritik geübt und viele alternative Begriffsbestimmungen vorgeschlagen wurden (vgl. *Scholl-Schaaf* 1975, *Stiksrud* 1976, *Kmieciak* 1976, *Klages/Kmieciak* 1979, *Hartfiel/Hillmann* 1982, S. 809f.). Konsens besteht in der Sozialpsychologie bezüglich des Verhältnisses von Werten und Einstellungen: Während **Werte** das umfassende, situationsübergreifende Konzept darstellen und lediglich als genereller Wegweiser von Verhalten angesehen werden können, sind **Einstellungen** ganz konkret auf bestimmte Objekte, Personen oder Situationen gerichtet. Werte sind also den Einstellungen und teilweise auch den Motiven gedanklich vorgelagert. Diese Fassung beider Konstrukte zeigt bereits, daß es sich hierbei um die grundlegensten Konzepte der Sozialwissenschaft handelt, auf die sich der größte Teil ihrer Forschungsaktivitäten richtet.

### *a. Werte/Einstellungen als grundlegende sozialwissenschaftliche Konzepte*

**Soziale Einstellungen** – auch im Sinne von Vorurteilen, Stereotypen und Überzeugungen – stellen für die Sozialpsychologie seit jeher einen unentbehrlichen „Stützpfeilerbegriff" *(G. W. Allport)* dar. In jüngster Zeit werden verstärkt auch **Werte** im Sinne von individuellen Wertorientierungen untersucht. Viele Sozialpsychologen setzen Werte als generelle Prädispositionen des Handelns voraus, wenn sie Einstellungen im wesentlichen als ‚erfahrungsbegründete wertende Stellungnahme' gegebenüber Gegegebenheiten der Außenwelt sowie Aspekten der eigenen Person auffassen. Da sich die sozialwissenschaftliche Forschung seit jeher vordringlich mit Bezug auf soziale Probleme konstituierte – so entstand etwa die sozialpsychologische Einstellungsforschung aus der Erforschung rassistischer und ethnischer Vorurteile in den U.S.A. –, liegt die Annahme nahe, daß das aktuelle Interesse an den allgemeineren Werten, die häufig als ‚Selbstverständlichkeiten' angesehen wurden, sehr tiefgreifende **Orientierungskrisen** in den westlichen Industriegesellschaften im Übergang zu *‚postmodernen'* (*A. Etzioni* 1975) oder *‚postindustriellen'* (*O. Bell* 1975) Gesellschaften reflektiert. Jedenfalls erscheint angesichts grundlegender beschleunigt ablaufender gesellschaftlicher Veränderungen sowie heutiger Herausforderungen und Gefährdungen die gezieltere Analyse der am tiefsten verwurzelten Orientierungsleitlinien und Handlungsmaßstäbe für den einzelnen Menschen als auch für Gruppen und Organisationen notwendig. So kann es kaum überraschen, daß Wertdiskussionen gegenwärtig in allen möglichen wissenschaftlichen Zusammennängen, auf allen Ebenen, Konjunktur haben; so z. B. in der politologischen, der ökonomischen, der soziologischen wie auch der psychologischen Forschung. Dabei erweisen sich häufig Unklarheiten bezüglich des Wertbegriffs als besondere Hypothek (vgl. *Kmieciak* 1976, S. 147ff.). Zudem erscheint der Wertbegriff wie kaum ein anderer aktueller wissenschaftlicher Terminus traditionsbelastet. Obwohl er erst im 18. und 19. Jahrhundert explizit in die nationalökonomische und die philosophische Literatur eingeführt wurde, verbinden sich mit ihm grundsätzliche Fragen nach den Ideen des Guten, des Wahren, des Schönen und des Gerechten, die weit in die antike Philosophie zurückreichen und im Laufe der Geistesgeschichte immer wieder erbitterte Kontroversen um wertabsolutistische und -relativistische Positionen heraufbeschworen haben. Verschiedene Aspekte dieses historischen Hintergrundes und damit auch unterschiedliche Auffassungen des Wertbegriffs klingen heute noch bei der Wertdiskussion an, so daß eine gründlichere Explikation des Wertbegriffs erforderlich erscheint. Aus „philosophisch-anthropologischer Sicht" hat *E. Oldemeyer* (1979, S. 597ff.) mehrere **Konstituierungsebenen von Werten** unterschieden: Auf einer *Primärebene* der Lebensäußerung liegen lediglich unreflektierte Zu- und Abneigungen, spontanes Vorziehen und Nachsetzen aufgrund vorgegebener vitaler Bedürfnisse vor. Hier kann von einer „notwendigen Vorstufe des Wertens" gesprochen werden.

Wenn – auf einer zweiten Stufe, der *Sekundärebene* – Qualitäten an den vor- und nachgesetzten Objekten gedanklich hervorgehoben, verbal umschrieben und wertend beurteilt werden, spricht man von „Güterwerten". Objektqualitäten begründen den Gebrauchs- und Tauschwert einer Sache; es handelt sich also um das (national-)*ökonomische* Verständnis des Wertbegriffs. Erst eine Stufe weiter fortschreitend – auf der *Tertiärebene* – kommt der sozialwissenschaftliche Wertbegriff ins Spiel, indem über die Werteigenschaft, die ein Gut für ein wertendes Subjekt besitzt (den Güterwert), hinaus auf die subjektiven Wertperspektiven des einzelnen oder Gruppen von Individuen hin reflektiert wird. „Wenn ich z. B. sage: „dies Haus ist schön", so muß ich bereits irgendeinen Vorbegriff von dem haben, was für mich in Bezug auf Häuser „Schönheit" bedeutet. Oft wird dieser Vorbegriff kaum bewußt sein. Spätestens aber, wenn es darum geht, Wertzuschreibungen zu rechtfertigen oder zu kritisieren, wird es nötig, eine dritte, eine Tertiärebene des Wertens heranzuziehen" (*Oldemeyer* 1979, S. 600). Auf dieser Ebene sind Ideale und Sollvorstellungen angesiedelt, die allen Wertungen als Orientierungsmuster unterliegen. Es geht hier nicht mehr nur um eine subjektive Präferenz angesichts konkreter Dinge, sondern auch um die Rangordnung verschiedener Werte; angesprochen ist nicht allein das, was einen Wert für den einzelnen ‚hat', sondern was selbst ein Wert ‚ist' (*Oldemeyer*, S. 600): „Freiheit, Gleichheit, Brüderlichkeit; Wahrheit, Schönheit, Güte; Gerechtigkeit, Sicherheit, – oder weniger umfassend: Privatheit des Eigentums, Chancengleichheit, Vollbeschäftigung, Naturschutz – alle derartigen Begriffe bezeichnen Orientierungswerte, wenn sie als allgemeine Leitideen gemeint sind. – Um solche Orientierungswerte geht es im wesentlichen in der heutigen Diskussion zur Umwertung der Werte" (*Oldemeyer*, S. 600). In der sozialwissenschaftlichen Forschung werden derartige ‚Orientierungswerte' in ihrer kulturellen, gesellschaftlichen und individuellen Funktion, Struktur und Genese sowie ihren Veränderungsmöglichkeiten untersucht. Werte haben für den einzelnen Orientierungsfunktion, garantieren aber auch auf überindividueller Ebene sinnvolle und zielgerichtete gemeinsame Verhaltensausrichtung.

Über die Tertiärebene des Wertens hinaus können noch auf einer *Quartärebene* optimale Rangordnungen von Orientierungswerten im Rahmen allgemeiner Wertprinzipien, wie der utilitaristischen *Bentham*schen Glücksformel oder der Ethik *Kants* diskutiert werden. Auf einer *Quintärebene*, schließlich, werden „nochmals Prinzipien der Rechtfertigung oder der Kritik zu Prinzipien der Quartärebene formuliert" (*Oldemeyer*, S. 600).

### *b. Wertsysteme und Wertwandel*

Aus der Einstellungsforschung heraus hat der seit seiner Studie über „The open and closed mind" (1960) weltweit bekannte Sozialpsychologe *Milton Rokeach* seit 1968 das wohl populärste Wertforschungsprogramm entwickelt. Für ihn sind Einstellungen ohne die ihnen vorgelagerten Werte undenkbar; beide stellen eine komplexe Systemhierarchie innerhalb der Persönlichkeit dar, wobei einer unüberschaubaren Fülle von Einstellungen relativ wenige Werte zugrunde liegen. Demzufolge stellen ‚human values' das ökonomischere Analysekonzept dar; sie sind für den Menschen von größerer Zentralität. Als sozialisationsgeschichtlich tief verwurzelte, ichzentrale generelle Orientierungsleitlinien und Ordnungsprinzipien des Individuums strukturieren und organisieren sie Einstellungen und determinieren auch Bedürfnisse. Aufgrund von ‚Konzeptionen des Wünschenswerten' *(Kluckholm)* wird die Selektion des konkret ‚Erwünschten' geleistet. *Rokeach* (1973) behauptet weiterhin, daß aufgrund von Werten eine bessere Verhaltensprognose möglich sei, als einzig auf der Grundlage von Einstellungserhebungen, d. h. durch den Rekurs auf größere und tieferreichende Einheiten des Überzeugungssystems einer Person werden zutreffendere Prognosen von Eigenschaften des personalen Systems auf dessen Verhalten möglich. Dabei können sich Vorhersagen des Verhaltens jedoch weniger auf spezifische einzelne Verhaltensdaten beziehen, als vielmehr auf generalisierbare, situationsübergreifende Verhaltensmuster.

Die Popularität des Ansatzes von *Rokeach* (vgl. *Hellriegel/Slocum* 1974, S. 22ff., 1976, S. 48ff.; *Feather* 1975; *Rokeach* 1979; *Klages/Kmieciak* 1979) beruht vor allem auch darauf, daß er ein relativ einfach durchzuführendes **Wert-Erfassungsinstrument** entwickelt hat, dessen Begründung er bereits in seiner Wertdefinition liefert, indem er davon ausgeht, daß von Werten einer Person zu reden bedeutet, auf relativ dauerhafte Überzeugungen über Idealzustände oder Zielprojektionen menschlicher Existenz (den ‚*terminalen* Werten') einerseits oder den Sollvorstellungen bzgl. des Verhaltens (den ‚*instrumentellen* Werten') andererseits, Bezug zu nehmen.

Zur Erfassung der Wertstruktur eines Menschen werden ihm zwei von *Rokeach* erstellte Wertlisten mit jeweils 18 Wertbegriffen (*terminale,* wie Gleichheit, Freiheit, Glück, Weisheit und *instrumentelle,* wie hilfreich, intelektuell, mutig, tolerant) mit der Bitte vorgelegt, sie in einer Rangreihe nach persönlicher Bedeutsamkeit zu bringen. Aufgrund seiner Einfachheit, ökonomischen Durchführbarkeit und dem Anspruch, die Werthierarchie einer Person insgesamt abzubilden, wurde dieses Verfahren inzwischen in allen möglichen Untersuchungen eingesetzt. Gerade im Hinblick auf den Umfang und die Differenziertheit des damit ermittelten Wertsystems aber auch im Hinblick auf die Validität (Gültigkeit) des direktiv auf der verbal-symbolischen Ebene ansetzenden Rangordnungsverfahrens, ergeben sich allerdings Zweifel, ob dieses Meßinstrument *allein* in der Lage ist, verläßliche Informationen über das Wertsystem einer Person zu vermitteln. Deshalb sollte auch auf weitere, ergänzende Erhebungstechniken und Wertoperationalisierungen im Zusammenhang empirischer Untersuchungen zurückgegriffen werden (vgl. *Scholl-Schaaf* 1975; *Klages/Kmieciak* 1979).

Forschungsdefizite in bezug auf Wertfragen bestehen speziell in den **Wirtschaftswissenschaften,** in denen traditionell in Kategorien der ‚objektiv' in Geld faßbaren ‚Güterwerten' gedacht wurde. Persönliche und gruppenspezifische Wertorientierungen, also die Struktur und Veränderungen der Werthierarchien wirtschaftender, investierender, konsumierender, organisierender, arbeitender Subjekte wurden vernachlässigt. Im folgenden soll deshalb auf einige den Wirtschaftsbereich speziell betreffende Wertansätze eingegangen werden.

*Bernthal* (1962) hat versucht, die terminalen Werte für einige Komponenten der US-amerikanischen Gesellschaft zusammenzustellen und in eine Hierarchie einzuordnen (vgl. Abb. 3.10). Dabei besteht zwischen den Werten Instrumentalität, d. h. die Unternehmungsziele sollen instrumental zu denen der Volkswirtschaft sein usw.; damit gelten die Werte der Subsysteme niederer Ordnung nur dann als gerechtfertigt, insoweit und solange sie zur Zielerreichung der Subsysteme höherer Ordnung beitragen.

In kleineren sozialen Systemen als der Gesellschaft, etwa in Organisatio-

*Abb. 3.10:* Werte-Hierarchie in der US-amerikanischen Gesellschaft

| Ebene | Werte über Ziele (Beispiele) | Wert-Hierarchie |
|---|---|---|
| Individuum → | Individuelle Wohlfahrt<br>– Freiheit<br>– Opportunität<br>– Selbstverwirklichung<br>– Menschenwürde | IV (höchste)<br>↑ |
| Gesellschaft → | Soziale Wohlfahrt<br>– Gerechtigkeit<br>– Ordnung<br>– Zivilisation<br>– Wohlstand | III<br>↑ |
| Wirtschaftssystem → | Konsumenten-Wohlfahrt<br>– Produktion und Verteilung von Gütern/Dienstleistungen<br>– Allokation von Ressourcen | II<br>↑ |
| Unternehmung → | Eigentümer-Wohlfahrt<br>– Gewinn<br>– Überleben<br>– Wachstum | I (niedrigste) |

*Quelle: Bernthal* 1962, S. 196

nen, herrscht in der Regel Einigkeit über die Oberziele, während die Wertvorstellungen hinsichtlich der Mittelwahl weit auseinandergehen können. Die Kenntnis gerade der Werte über Mittel ist deshalb so wichtig, da sie mittelbar organisatorisches Verhalten beeinflussen.

*Tannenbaum/Davis* (1969) haben mögliche Wertausprägungen der Organisationsmitglieder jeweils auf einem Kontinuum abgetragen und kommen durch die Verbindung der einzelnen Nennungen zu einem Profil, das das organisationsbezogene **Wertsystem** des einzelnen Mitarbeiters beschreibt.

Während sich diese Wertsystem (value systems, value clusters) in der Vergangenheit kaum oder nur sehr langfristig änderten – was gerade ein Charakteristikum von Werten ist –, läßt sich heute in entwickelten Industrienationen eine verstärkte Änderungsbereitschaft erkennen.

So berichten z. B. *Myers/Myers* (1974) von Äußerungen aus der amerikanischen Industrie, wonach die klassischen WASP (White, Anglo-Saxon, Protestant) Werte und das damit verbundene Arbeitsethos des amerikanischen Durchschnittsbürgers durch eine neue kritische Studentengeneration, durch Hippiekulturen und ein generelles Infragestellen tradierter Werte immer mehr abgelöst werden, und zwar von Werten an den rechten Enden der Kontinua in Abb. 3.11.

Eine ähnliche Entwicklung läßt sich auch in Westeuropa seit Ende der 60er

*Abb. 3.11:* Werte-Profil von Organisationsmitgliedern

| | **hoch** 3 2 1 **neutral** 0 1 2 3 **hoch** | |
|---|---|---|
| 1. Menschen sind schlecht | | Menschen sind gut |
| 2. Menschen sind statisch | | Menschen entwickeln sich |
| 3. Menschen sind Arbeiter | | Menschen als ganzheitliche Personen |
| 4. Widerstand gegen und Angst vor Unterschiede(n) | | Anerkennung von und Umgang mit Unterschieden |
| 5. Verschlossen gegenüber Gefühlen | | offen gegenüber Gefühlen |
| 6. Rollenspiel | | authentisches Verhalten |
| 7. Ich-orientiert | | Entwicklungs-orientiert |
| 8. Mißtrauisch | | Vertrauensvoll |
| 9. Wettbewerb | | Zusammenarbeit |

*Quelle:* In Anlehnung an *Tannenbaum/Davis* 1969, S. 69–80

Jahre feststellen; ausgelöst nicht zuletzt durch die Studentenunruhen und die spontanen Arbeitsniederlegungen in der damaligen Zeit.

Ein damit angedeuteter **Umbruch** des durch die ‚protestantische Ethik' *(M. Weber)* begründeten ‚bürgerlichen' Wertsystems, das als dominierendes neuzeitliches Wertmuster für die industriell-kapitalistische Kultur charakteristisch ist, würde zunächst insbesondere für die Angehörigen der gesellschaftlich tragenden Mittelschichten bedeuten, daß Arbeit als Garant der Sinnerfüllung des Lebens erheblich an Bedeutung einbüßt. Weitgehend gelockert wäre auch die traditionelle Verpflichtung des einzelnen auf Selbstkontrolle im Sinne ökonomisch-rationaler Lebensführung bei unermüdlichem Arbeitseinsatz und asketischer Haltung gegenüber dem Lebensgenuß. Auch hinsichtlich des sozial positiven Gehaltes dieses religiös fundierten Wertmusters, z. B. im Sinne der Orientierung am Gemeinwohl, wären ganz erhebliche Veränderungen zu erwarten. Es ist kaum verwunderlich, daß sich vor dem Hintergrund derartiger noch sehr globaler doch konsequenzenreicher Annahmen (vgl. z. B. den von *Bell* 1973 konstatierten Untergang der ‚bourgoise culture') ein immer stärker werdendes Forschungsinteresse auf Fragen des **Wertwandels** bzw. **Wertzerfalls** konzentriert. Dabei erkennt man heute sowohl die Bedeutung als auch die Faktizität dieses Phänomens im allgemeinen an, da eine Reihe sehr unterschiedlicher Studien vorliegen, die den Wertwandel in bezug auf verschiedene Lebensbereiche und aufgrund unterschiedlicher Beobachtungen sowie Wert-Operationalisierungen als umfassende Wandlungsbewegung belegen (vgl. *Kmieciak* 1976; *Klages/Kmieciak* 1979; *Inglehardt* 1977, 1980[6], *Raschke* 1980; *Udris* 1979; *Hillmann* 1981; *Noelle-Neumann/Strüm-*

[6] Am bekanntesten wurde hier die These des Politologen *Ronald Inglehart,* der aufgrund von demoskopischen Umfragen, die er in den U.S.A. und mehreren europäischen Ländern seit 1971 durchführte, die stärkere Verbreitung ‚post-materialistischer'

*pel/Klippstein* 1982; *Pross* 1982). Sehr kontrovers sind allerdings die Schlußfolgerungen, die aus diesen Befunden gezogen werden: Einige Autoren interpretieren diesen fundamentalen Bewußtseinswandel, mit dem sich auch die Menschen-, Wirtschafts- und Gesellschaftsbilder verändern, als fortschrittshaltiges Werttransformationsphänomen, mit dem sich meta-ökonomische, post-materialistische Auffassungen im Zuge eines notwendigen Anpassungsprozesses an veränderte Lebensbedingungen ankündigen, dagegen sehen andere Autoren darin vor allem eine bedrohliche Entwicklung des Zerfalls tragender Kulturelemente mit der Perspektive der Entwurzelung des Menschen und der gesellschaftlichen Entstabilisierung. Man wird diese Fragen beim gegenwärtigen Forschungsstand sicherlich noch nicht endgültig klären können. Sicher erscheint jedoch, daß wir uns gegenwärtig in einer konfliktreichen gesellschaftlichen Übergangsphase befinden, die für viele einzelne Menschen und einzelne Bevölkerungsgruppen ganz erhebliche Dissonanzen heraufbeschwört, ihre Lebensqualität aufgrund sehr starker persönlicher Verunsicherung reduziert. Das wird aufgrund theoretischer Einsichten deutlich, bedenkt man, wie massiv Wertveränderungen die psychische Stabilität des Individuums beeinträchtigen; denn nach *Rokeach* (1973, S. 25) unterliegen Werte als internalisierte Standards und Handlungsmaßstäbe dem Verhalten sowie auch den Einstellungen, Ideologien, den Selbstdarstellungen, Urteilen, Rechtfertigungen und schließlich auch den sozialen Vergleichen und den Beeinflussungsversuchen anderen gegenüber. Die zentrale Verunsicherung der Menschen heute, erbitterte soziale Konfrontation, sehr starke Isolationstendenzen usw. haben hier wahrscheinlich eine wesentliche Ursache. Im Zuge beschleunigter Veränderungen äußerer (ökonomischer, sozial-struktureller, technologischer) Lebensbedingungen kann diese Entwicklung nicht überraschen, denn Orientierungswerte stehen dazu in Wechselwirkung.

Im Bereich der **Organisation und Führung** lassen sich ebenfalls Wertwandlungstrends feststellen, wie der Bedeutungsverlust traditioneller Berufs- und Leistungsorientierung, der Rückgang von Karrierementalität und Statusorientierung, das Vordringen partnerschaftlicher und egalitärer Haltungen auch im Zusammenhang mit der Veränderung der Geschlechtsrollenbilder, die Bedeutungserhöhung der Umweltorientierung im Zusammenhang mit der hohen Gewichtung von Gesundheit, die Veränderung von Erziehungsmaximen und -zielen etc. (vgl. *Kmieciak* 1976; *Klages/Kmieciak* 1979; *v. Rosenstiel* 1983a, b). Die Fruchtbarkeit des Wertkonzepts wird hier bereits

---

Haltungen bei einer größeren Bevölkerungsminderheit gegenüber der ‚materialistischen' Mehrheit behauptet. Seiner Vorstellung zufolge rekrutieren sich die **Post-Materialisten** vor allem aus der jüngeren Generation mit höherem Bildungsstatus; diese haben die Kriegszeiten ökonomischer Verknappung nicht mitgemacht, sondern ihre (wert)‚formative' Phase in Zeiten der Prosperität erlebt. Außerdem nimmt er mit Rekurs auf *Maslow* an, daß die persönlichen Selbstverwirklichungswerte unter diesen Sozialisationsbedingungen an Bedeutung gewinnen. *Inglehart* sieht sich in jüngster Zeit zunehmender Kritik ausgesetzt, auch von Autoren, die den Wertwandel an sich nicht in Zweifel ziehen (vgl. z. B. *Klages* 1981, S. 74ff.; *Raschke* 1980, S. 41ff.).

erkannt, indem erste Wertoperationalisierungen von *England* 1975, *Gabele* et al. 1979 und *Rosenkind* 1981 eingesetzt wurden. *V. Rosenstiel* (1983b, S. 217ff.) führt jüngst eine Untersuchung über „ausgewählte Werthaltungen" bei **Führungskräften** der Wirtschaft sowie **Studenten**, die als potentieller Nachwuchs dieser Führungskräfte in Frage kommen, durch. Als Ergebnis dieser ‚Vorstudie' an insgesamt 900 Personen ergab sich, daß von dem Führungsnachwuchs lediglich 21% als Karriere-Orientierte klassifiziert werden konnten, für 31% war eine „freizeitorientierte Schonhaltung" charakteristisch und für 46% sogar eine skeptische Haltung. Die letzte Gruppe, die als „alternativ Engagierte" bezeichnet wurde, distanziert sich innerlich vom Leistungsprinzip, dem ökonomischen Wachstum und der Technik und betont in bezug auf ihr Arbeitsengagement die Frage nach den übergeordneten Zielen. Daß sich ein erheblicher Teil der jungen Generation systemdistanziert verhält, in einer passiven privatistisch orientierten Freizeit- und Konsumhaltung befangen ist, Motivationsverlust, Sinn- und Orientierungslosigkeit erleidet, und daß sich darin ganz wesentliche Aspekte des Wertwandels manifestieren, wurde bereits im Rahmen der Jugendforschung (z. B. *Hornstein* 1982) sowie auch bei der Analyse ‚neuer sozialer Bewegungen' (vgl. *Brand* 1982; *Brand* et al. 1983) konstatiert.

*Rosenkind* (1981) hat ausgehend von *England's* ‚Personal Values Questionnaire' (PVQ) ein Eindrucksdifferential zur Analyse von Wertsystemen entwickelt, mit dessen Hilfe er Wertsysteme von deutschen **Führungskräften** und **Arbeitnehmervertretern** erhoben hat. Die zentrale Hypothese, daß sich die Wertsysteme beider Gruppen unterscheiden, wurde voll bestätigt. Folgende Werte wurden, geordnet nach der Wichtigkeit, festgestellt (Auszug) (vgl. *Rosenkind* 1981, S. 439f.):

| Führungskräfte N = 196 | Arbeitnehmervertreter N = 164 |
|---|---|
| 1 Leistung | 1 Arbeitsplatzsicherheit |
| 2 Initiative | 2 Gleicher Lohn für gleiche Arbeit |
| 3 Erfolg | 3 Soziale Sicherheit |
| 4 Gewinn | 4 Wohl der Mitarbeiter |
| 5 Effizienz | 5 Demokratie |
| 6 Freies Unternehmertum | 6 Gleiche Bildungschancen |
| 7 Hohe Produktivität | 7 Mitbestimmung am Arbeitsplatz |
| 8 Eigentum | 8 Paritätische Mitbestimmung |
| 9 Rationalisierung | 9 Entscheidungsbeteiligung |
| 10 Autorität | 10 Selbstbewußtsein |
| 11 Weisungsrecht | 11 Machtkontrolle |
| 12 Hierarchie | 12 Streik |
| 13 Macht | |

### *c. Einstellungsbildung und Einstellungsänderung*

Einstellungen, meist synomym mit Attitüden (attitude) verwandt, unterscheiden sich von den Werten in quantitativer und qualitativer Hinsicht (vgl.

*Fishbein* 1967, *Carlisle* 1976, *Tosi/Carroll* 1976, *Harlow/Hanke* 1975, *Schmidt* et al. 1975, *Triandis* 1975, *Witte* 1977).

**Einstellungen** können als individuelles, in sich geschlossenes und relativ stabiles System von Gedanken, Gefühlen und Handlungsprädispositionen charakterisiert werden, das menschliches Verhalten gegenüber Sachen und Personen in bestimmten Situationen beeinflußt. Die Tatsache, daß Werte situationsübergreifend und objektunabhängig definiert werden, macht verständlich, warum ein Mensch zwar über relativ wenig Werte, aber über äußerst viele Einstellungen verfügt.

Aus obiger Definition von Einstellungen lassen sich drei wesentliche **Merkmale** dieses gedanklichen Konstrukts analysieren:

- **kognitive Komponente** (Gedanken)
  umfaßt das Wissen, das das Individuum vom Attitüdenobjekt hat, und zwar als Ergebnis bewußter Wahrnehmung der Gestalt oder von Details des Objekts, der Person oder Situation
- **affektive Komponente** (Gefühle)
  umfaßt die Emotionen (Haß, Liebe, Abscheu, Ärger etc.), die das Attitüdenobjekt im Individuum auslöst
- **Handlungskomponente** (Handlungsprädispositionen)
  umfaßt die Anreizwirkungen auf Handeln und Verhalten des Individuums, die bei Wahrnehmung des Attitüdenobjekts ausgelöst werden.

In der Terminologie des S-O-R Paradigmas bildet ‚Einstellung' ein hypothetisch vermittelndes Konstrukt zwischen beobachtbaren Reizen und individuellen Reaktionen (vgl. Abb. 3.12).

*Abb. 3.12:* Komponenten des Attitüden-Konzeptes

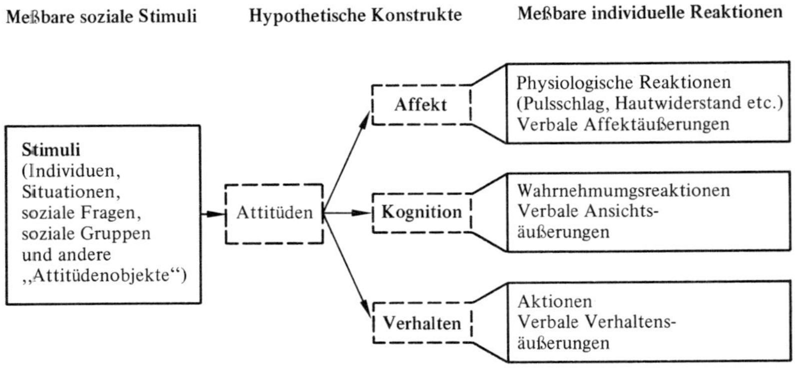


*Quelle: Kiessler-Hauschildt/Scholl* 1972, S. 57 nach *Rosenberg/Hovland* 1960

Die letzte Komponente ist aufgrund ihrer unmittelbaren Verhaltenswirksamkeit für die Analyse von Einstellungen der Organisationsmitglieder von besonderer Bedeutung. Von Einstellung kann aber nur dann gesprochen werden, wenn alle drei genannten Komponenten in einer systematischen, konsistenten Ordnung vorhanden sind. Fehlt z. B. die affektive Komponente, sprechen wir nicht mehr von einer Einstellung, sondern einer **Meinung** (opinion). Meinungen lassen sich leichter ändern als Einstellungen, da ihnen die affektive Dimension fehlt und folglich schon gezielte Informationen und Bereitstellen von neuen Fakten Meinungsänderungen herbeiführen können (vgl. *Secord/Backman* 1964). Aber auch bei Einstellungsänderungen ist die Bedeutung von Informationen nicht zu unterschätzen. Wichtige **Einflußfaktoren auf Stärke und Ausmaß des Wandels** sind (*Triandis* 1975, S. 252 ff.):

- Glaubwürdigkeit der Informationsquelle
- Attraktivität der Informationsquelle
- Macht der Informationsquelle
- Stil, Struktur und Inhalt der Information.

Da Einstellungen durch Lernprozesse des Konditionierungs-, Verstärkungs- und Modell-Lernens (vgl. *Bandura* 1979) im Zuge langjähriger Erfahrungen gebildet werden, wobei durch die personale Vermittlung stets affektive Elemente mit einfließen, wird bisweilen die Auffassung vertreten, daß nur durch ähnlich langwierige Prozesse, im Verlauf derer die Einstellung gebildet wurde, auch deren Löschung oder Veränderung erreicht werden könne.

Diese, was die Wandelbarkeit von Einstellungen anbetrifft, pessimistische Sichtweise kann allerdings lediglich Gültigkeit für ganz zentrale (ichnahe, selbstwerttangierende) Einstellungen beanspruchen, die auf existenzielle Werte und Bedürfnisse des Individuums in hohem Maße Bezug nehmen, und über deren Bedeutsamkeit der Betreffende seine Umwelt nie im Zweifel gelassen hat (hohes commitment). Das zeigt sich auch in Untersuchungen zum Einstellungswandel, die seitens der dissonanztheoretischen Forschung durchgeführt wurden: Starke Selbstverpflichtung (commitment) sowie das Bewußtsein eigener Entscheidungsfreiheit (volition) erwiesen sich als wichtige Bedingungen für das Entstehen von Dissonanz und damit auch der Tendenz, einem dissonanzerhöhenden Einstellungswechsel zu widerstehen.

Einstellungen gegenüber verwandten Klassen von Attitüdenobjekten (z. B. Einstellung zur Mitbestimmung in allen Lebensbereichen) lassen sich analog den Wertsystemen zu **Einstellungssystemen** (cluster) zusammenfassen. Beide, Wert- und Einstellungssysteme, müssen miteinander konsistent sein, um eine stabile Persönlichkeitsstruktur zu bilden. Dieses Stabilitäts- und Konsistenzbedürfnis erfordert weiterhin einstellungskonformes Verhalten (vgl. *Zimbardo/Ebbesen* 1970). Das bedeutet nicht nur, daß veränderte Einstellungen gegenüber einer Person auch zu verändertem Verhalten ihr gegenüber führt, sondern auch umgekehrt, daß verändertes Verhalten (etwa als Folge einer Beförderung) auch veränderte Einstellungen (etwa gegenüber dem Management) zur Folge haben. Letzteres ist u. a. dissonanztheoretisch zu erklären (vgl. S. 184); der Wunsch nach Konsonanz und Konsistenz erfordert die Rechtfertigung neuen Verhaltens (sich selbst und seiner Umwelt gegenüber) durch entsprechend geänderte Einstellungen.

Gerade für die Strukturierung von Organisationen, speziell Arbeitsorganisationen ist es bedeutsam, daß mit dem Erleben der Aufgabenstellung oder ihrer Bearbeitung Einstellungen gebildet oder verändert werden.

Durch die subjektive **Wahrnehmung der Aufgabe** und die sich daran anschließende Hypothesenbildung der Individuen über Zielerreichungsgrad, Belohnung und Bedürfnisbefriedigung wird die Aufgabe verhaltensrelevant (vgl. *Hackman* 1969). *Breer/Locke* (1965) gehen aufgrund von empirischen Befunden explizit davon aus, daß bestimmte, als instrumentell wahrgenommene Aufgabenergebnisse Verhaltensmuster verstärken, die somit gelernt und verfestigt werden. Die Einstellungen, die mit der Behandlung spezifischer Aufgabeneigenschaften gebildet werden, werden auf andere Aufgabensituationen (auf ähnliche Aufgaben = *lateral*) oder auf generelle Situationen (Arbeitsleben = *vertikal*) übertragen. Orientierungen werden also generalisiert.

*Gerl* (1975) hat am Beispiel der Einführung der EDV, also einer Veränderung der Arbeitsorganisation und damit der objektiven Aufgabe, eine Anzahl von Einstellungen erarbeiten und darstellen können (globale Attitüden, Attitüden gegenüber organisatorischen Änderungen, Attitüden aufgrund von Insuffizienz-Befürchtungen und Detail-Attitüden), die nach Charakter, typischen Ausprägungen der Attitüden und dem davon betroffenen Personenkreis bzw. ihren dominanten Dimensionen (emotional, kognitiv, handlungsorientiert) kategorisiert werden. Anhand dieser Klassifizierung gelang es ihm, eine Übersicht über situative, d.h. hier attitüdenadäquate Handhabungsmöglichkeiten (Informierung, Schulung, Personalveränderung, Verfahren der Organisationsentwicklung, Partizipation an Entscheidungen) zu entwickeln, die auf unterschiedlichen, in der Sozialpsychologie erforschten Mechanismen des Attitüdenwandels beruhen. Solche Typologien und darauf bezogene Eingriffsstrategien zur Attitüdenbildung bzw. -veränderung lassen sich für eine große Anzahl von Maßnahmen der Arbeitsstrukturierung bzw. der Gestaltung der Aufgabe und Arbeitssituation erstellen (vgl. auch *Böhnisch* 1979).

Arbeitsstrukturen und organisatorische Regelungen sind also an bestimmte Einstellungen und Überzeugungen geknüpft, die zu kennen Voraussetzung ist für einen erfolgreichen organisatorischen Wandel (vgl. Teil 7).

## 4. Anspruchsniveau/Erwartungen

Eingangs dieses Kapitels wurde festgestellt, daß menschliches Verhalten auf Ziele gerichtet ist. Das von einem Individuum angestrebte Zielausmaß, das von ihm als verbindlicher Anspruch an das eigene Handeln erlebt wird, bezeichnet man als **Anspruchsniveau** (vgl. z.B. *Heckhausen* 1965, *Hoppe* 1965, *Weiner* 1972, *Reber* 1973). Eine wesentliche Determinante des Anspruchsniveaus sind die Erwartungen, die ein Individuum über den Eintritt bestimmter Umweltzustände und über die Folgen seiner Handlungen hegt. So wird z. B. bei Erwartung einer Belohnung für erfolgreiches Handeln sein Anspruchsniveau höher festlegen als bei Fehlen einer solchen Verstärkung.

Mit dem Erreichen des selbstgesetzten Zielniveaus ist ein Erfolgserlebnis (Bedürfnisbefriedigung) verbunden, das i. d. R. auch ohne externe Verstärkung zu einer Erhöhung zukünftiger Anspruchsniveaufestlegungen führt. Diese Aussage gilt für den entgegengesetzten Fall der Nichterreichung des Zielniveaus nur mit einschränkenden Modifikationen. Während als lediglich vorübergehend beurteilte Mißerfolge sogar eine Anspruchserhöhung zur Folge haben können, führen wiederholte, andauernde Nichterreichungen des Anspruchsniveaus zu einer Senkung desselben.

Die Aussagen über den Zusammenhang zwischen Anspruchsniveauerreichung und Erfolgserlebnis gelten nur bei ‚realistischen' Zielfestlegungen. So bleiben z. B. Mißerfolgserlebnisse dann aus, wenn das Individuum ein Ziel nicht erreicht, das in Relation zu seinen Fähigkeiten viel zu hoch angesetzt war. Durch den Hinweis auf offensichtlich nicht realisierbare Leistungsziele entzieht man sich einer externen Kritik. Umgekehrt kann das verkündete Anspruchsniveau vom tatsächlich angestrebten abweichen (**Anspruchsniveau-Spaltung**). Liegt das verkündete Ziel niedriger als das angestrebte (Tiefstapelei), sind Leistungsergebnisse leichter als Erfolg zu buchen. Subjektiv können jedoch zu leicht erreichbare Anspruchsniveaus erfahrungsgemäß keine Erfolgserlebnisse vermitteln (*Heckhausen* 1974). In jedem Fall besteht zwischen der Beurteilung der eigenen Handlungen (Leistung) und einer Anspruchsniveauanpassung ein mehr oder weniger großer time lag und keine unmittelbare S-R-Verknüpfung.

Neben diesen intrapersonalen zeitlichen Schwankungen im Anspruchsniveau, die als Lernprozeß zu interpretieren sind, bestehen auch bei gleichen Umweltsituationen erhebliche interpersonelle Unterschiede in der **Festlegung individueller Zielniveaus.** Dies ist nicht nur eine Folge unterschiedlicher Persönlichkeitsmerkmale (Bedürfnisstruktur, Wertsystem, Einstellungen, Fähigkeiten), sondern auch sozial vermittelt das Ergebnis von Vergleichen, die das Individuum anstellt in Bezug auf Leistungsstandards (Normen) anderer Menschen und vor allem von Gruppen, in denen es arbeitet, und die für ihn Vorbildcharakter haben. Die Bedeutung solcher Referenz-Gruppen kann so übermächtig werden, daß sich das Individuum fremde Anspruchsniveaus zu eigen macht (vgl. hierzu auch *Nick* 1974). Eine solche Form der Entfremdung wird umso stärker sein, je mehr Macht die soziale Umwelt auf das Individuum ausübt und je eindeutiger die fremden Verhaltenserwartungen formuliert sind.

Solche Verhältnisse finden sich überwiegend in Arbeitssituationen, in denen die Leistung des Individuums als *ein* Handlungsergebnis häufig zur Bewertung der *gesamten* Persönlichkeit herangezogen wird. Wenn in Organisationen Anspruchsniveaus thematisiert werden, erfolgt dies lediglich im Zusammenhang mit Leistungsansprüchen (vgl. z. B. *Atkinson/Feather* 1966). Als **Leistung** wird allgemein der Output bezeichnet, den der Inhaber eines Arbeitsplatzes innerhalb einer bestimmten Zeitspanne erbringt. Eine daran anknüpfende Leistungsbewertung dient u. a. der Lohnfindung und damit mittelbar der Bedürfnisbefriedigung.

Das aufgrund individualpsychologischer Überlegungen entwickelte Konzept des Anspruchsniveaus ist von den Vertretern der Koalitions- und Anreiz-Beitrags-Theorie (vgl. *Cyert/March* 1963, *March/Simon* 1958, *Simon* 1957 und S. 118f. dieser Arbeit) auch auf organisatorisches Verhalten übertragen worden. Organisationsziele werden dort realitätsnäher nicht mehr als Maximalforderungen verstanden (z. B. Gewinnmaximierung), sondern als eine ein bestimmtes Anspruchsniveau (level of aspiration) der Organisationsteilnehmer befriedigende Verhaltenserwartung. Eine Interessenverfolgung findet dort ihre Grenze, wo das weitere Anwachsen der Bedürfnisbefriedigung *eines* Organisationsmitglieds nur auf Kosten derjenigen eines anderen möglich ist.

Die Höhe des Anspruchsniveaus und die Intensität der Anstrengungen, dieses zu erreichen, hängen in entscheidendem Maße von **Erwartungen** ab. Erwartungen geben an, mit welcher subjektiven Wahrscheinlichkeit ein Individuum

1. den Eintritt bestimmter Ergebnisse als Folge eigener Handlungen/Verhaltensweisen (**Erwartung I**) und
2. den Eintritt bestimmter Konsequenzen (z. B. Belohnung/Bestrafung) von Handlungsergebnissen (**Erwartung II**)

prognostiziert (vgl. das Locus of Control Konzept, S. 595ff.).

So stellt sich z. B. ein Organisationsmitglied vor der endgültigen Festlegung des Anspruchsniveaus mehr oder weniger bewußt die Frage, ob es mit einem bestimmten Aufwand ein Aufgabenziel erreichen kann (Erwartung I) und welche Folgen mit der Aufgabenerreichung verbunden sind (Erwartung II).

Empirische Untersuchungen (vgl. z. B. *Sims* et al. 1976, *Lawler* 1977) belegen die in der Literatur geäußerten Vermutungen, daß die **Handlungs-Ergebnis-Erwartungen (I)** überwiegend Ausfluß von Persönlichkeitsmerkmalen des Individuums selbst sind, während die **Ergebnis-Folge-Erwartungen (II)** überwiegend extern durch das Vorgesetztenverhalten und organisatorische Regelungen beeinflußt werden. Diese Befunde sind äußerst plausibel, insofern als die Prognosen zu I etwas über Ereignisse aussagen, die im Einflußbereich des Individuums liegen, während Prognosen zu II bedeutend schwieriger sind, da über die Folgen von Handlungsergebnissen in aller Regel Dritte entscheiden (z. B. Vorgesetzte, Richter, Lehrer). In der Arbeitswelt spielen intrinsische Motive deshalb nur eine geringe Rolle und extrinsische Verstärkungen sind deshalb so ausschlaggebend, weil vom Arbeitsergebnis und seiner Bewertung die Lohnhöhe abhängt, die über das Ausmaß der Befriedigung primärer Bedürfnisse entscheidet.

Was die **Ergebnis-Folge-Erwartungen** anbetrifft, so ist es u. a. *Atkinson* (*Atkinson/Raynor* 1974) und *McClelland* (1971) gelungen, Unterschiede in der Erwartungsstruktur Erfolgsmotivierter und Mißerfolgsmotivierter aufzudecken. **Erfolgsmotivierte** präferieren Situationen mit kalkulierbarem Risiko und persönlicher Verantwortungsübernahme, erwarten raschen feed-back über erbrachte Leistungen bei einer weit vorausplanenden Zukunftsorientierung. **Mißerfolgsmotivierte** unterscheiden sich von den Erfolgsmotivierten vor allem durch die Wahl des Anspruchsniveaus. Erstere wählen i. d. R. ein extrem hohes oder sehr niedriges Anspruchsniveau.

Erwartungen werden vom Individuum laufend (wenn auch nur implizit) an den Istwerten der Realität gemessen (Überprüfen der Eintrittswahrscheinlichkeiten). Eine höhe ‚Trefferquote' führt langfristig zu einer Erhöhung des Anspruchsnivaus, Mißerfolge bei der Schätzung von Eintrittswahrscheinlichkeiten führen zu Senkungen.

## 5. Qualifikationen

Als **Qualifikation** wird die Gesamtheit an individuellen Fähigkeiten, Fertigkeiten und Kenntnissen im Berufsleben bezeichnet, die zur Erledigung arbeitsplatzspezifischer Tätigkeiten befähigt.

Unter **Fähigkeiten** verstehe ich das gesamte relativ verfestigte Potential eines Individuums, seine Umwelt zu beherrschen, d. h. kompetent in allen Lebenssituationen zu handeln. In unserem Zusammenhang interessiert vor allem das technisch und sozial kompetente Handeln in Arbeitssituationen.

**Fertigkeiten** sind durch Übung entstandene Teile des Potentials, die automatisiert, aber nicht notwendigerweise durch Ausschaltung der bewußten Kontrolle gehandhabt werden. Sie können durch gezielte Trainingsmaßnahmen (z. B. berufliche Aus- und Weiterbildung) und durch Lernen am Arbeitsplatz (learning by doing) vervollkommnet werden.

**Kenntnisse** sind durch Schulungsmaßnahmen erworbenes kognitives Wissen über das Individuum und seine Umwelt sowie von Techniken zu ihrer Beherrschung.

### *a. Analyse von Qualifikationsanforderungen*

Qualifikationen können analytisch unter zwei Aspekten erfaßt werden, als funktionale und als extrafunktionale (vgl. *Dahrendorf* 1956, *Offe* 1970). Als **funktional** werden die spezifisch technisch-fachlichen Qualifikationen bezeichnet. **Extrafunktionale** Qualifikationen beziehen sich auf normative Orientierungen, wie etwa Verantwortungsbereitschaft, Arbeitsdisziplin, Anpassungsbereitschaft, Identifikation mit den jeweiligen Organisationszielen und der betrieblichen Herrschaftsordnung, die einen störungsfreien Arbeitsablauf gewährleisten. Sie können in aller Regel nicht in gleicher Weise wie funktionale Qualifikationen gelehrt und gelernt werden. Dies mag der Grund dafür sein, daß sie bei der Analyse von Qualifikationsanforderungen manchmal vernachlässigt werden, obwohl sie eine beachtliche ökonomische Bedeutung haben und in der Praxis bei der Selektion und Entwicklung von Personal große Beachtung finden (vgl. *Remer* 1982, S. 368ff.). Bislang galt dies allerdings in erster Linie für Führungskräfte. Einige Gründe sprechen jedoch dafür, daß in zunehmendem Maße auch die unteren Ebenen der Hierarchie davon betroffen sind. Zum einen, weil fachliche Qualifikationen in Zeiten herrschender Arbeitslosigkeit nicht mehr knapp sind. Zum anderen zeigen neuere empirische Untersuchungen (*Kern/Schumann* 1983), daß der Einsatz neuer Technologien erhöhte Anforderungen an Akzeptanzbereitschaft, an Flexibilität, Kooperation und Motivation zum „Mitdenken" stellen, Qualifikationen also, die mehr den extrafunktionalen als den funktionalen zuzuordnen sind.

Gleichwohl dominiert in der Praxis zur Kennzeichnung von Qualifikationsanforderungen immer noch das Schema der **Berufsqualifikationen,** das von der formalen bzw. fachlichen Berufsausbildung ausgeht. Jedoch wird dieses in dem Maße problematisch, in dem die Dynamik der technisch-organisatorischen Veränderungen die Tätigkeitsstrukturen ständig umwälzt und die im Schul- und Berufsausbildungssystem erworbenen Qualifikationen im Berufsleben ständig modifiziert werden. Angesichts empirisch nachweisbarer Dequalifizierungsprozesse, denen viele gelernte Berufstätige unterliegen (vgl. *Mickler* et al. 1977, *Wood* 1982), ist die Beschränkung auf die formalen Berufsbezeichnungen zur Kennzeichnung ihrer tätigkeitsbezogenen Fertigkeiten, Fähigkeiten und Kenntnisse unzureichend. Dies gilt umsomehr bei dem berufsfremden Einsatz von Arbeitskräften (z.B. wenn der Bäcker am Montageband arbeitet). Darüber hinaus sind sie auch für wissenschaftliche Analysen der sozialen Folgen, Begleiterscheinungen und Bedingungen des technisch organisatorischen Wandels ungeeignet (vgl. *Lutz* 1969). Eine Qualifikationsanalyse, die hinreichend differenziert die komplexen fachlichen, technischen und sozialen Komponenten des individuellen Arbeitsvermögens erfassen soll, muß auf zwei Ebenen ansetzen:

1. **Tätigkeitsorientierte Analyse** der objektiven Qualifikationsanforderungen der Arbeitssituation
2. **Personenorientierte Analyse** der subjektiven Qualifikation in Bezug auf die unmittelbare und mittelbare Arbeits- (bzw. Lebens-)Situation der betroffenen Arbeitskräfte

Die **tätigkeitsorientierte Analyse** dominiert in den traditionellen arbeitswissenschaftlichen Analyseverfahren wie auch in der Berufsbildungsforschung. Wird sie nicht um eine personenorientierte Analyse ergänzt, so ergibt sich die Gefahr, daß lediglich von objektiven Arbeitsergebnissen bzw. -bedingungen auf gedachte psychische und physiologische Leistungsvoraussetzungen geschlossen wird, die einfach durch den Vorsatz „Fähigkeit zu ..." in

Qualifikationsanforderungen umgemünzt werden und sich deshalb nur schwer in Lernziele umsetzen lassen (vgl. *Volpert* 1974, S. 72). Darüber hinaus wird in rein tätigkeitsorientierten Analysen der arbeitende Mensch oft genug nur zum Randproblem des technisch-organisatorischen Produktionszusammenhangs erklärt, in dem Qualifikationen nur den Zweck der Integration in bestehende Arbeitsstrukturen haben und nicht den der Persönlichkeitsentwicklung. Dies führt u. a. zu einer Unterforderung der Mitarbeiter, was nicht nur zu Unzufriedenheit sondern auch zu Leistungsrestriktionen Anlaß geben kann.

Die dysfunktionalen Konsequenzen der **Unterforderung** sind als solche erst in letzter Zeit deutlicher erkannt und Maßnahmen zu deren Abwendung sind ergriffen worden (vgl. Abschnitt 5 D II der Arbeit). Bereits die älteren Antriebstheorien (vgl. *Hull* 1943, *Cofer/Appley* 1964) haben darauf hingewiesen, daß Individuen nach einem optimalen Grad von Stimulanz oder Anregung streben. Diese, die S-R-Verbindung unterstellenden Theorien, wurden in der Folgezeit in umfassendere Motivationstheorien eingebracht und führten letztlich zu den bekannten Modellen der Motivationssteigerung. Diese wollen bei der Gestaltung der Arbeit solche Tätigkeitseigenschaften, wie Mannigfaltigkeit, Autonomie, Interaktionsmöglichkeiten, Verantwortlichkeit, Aufgabenumfang, Rückkopplung, stärker berücksichtigen und vor allem auch Wissen und Fertigkeiten erweitern (vgl. *Turner/Lawrence* 1965, *Hackman/Lawler* 1971, *Hackman/Oldham* 1974).

Allerdings konnten die intendierten Wirkungen (Leistungssteigerung und Zufriedenheit) der Aufgabenerweiterung, -bereicherung und der Arbeitsplatzrotation nur dann erreicht werden, wenn eine situationsadäquate Zuordnung von Wissen, Fertigkeiten und Aufgaben möglich war.

Ursachen für Überlastung und **Überforderung** sind nicht nur in mangelhafter Leistungsmotivation, sondern auch in Fähigkeitsdefiziten zu suchen. Dies macht die große Bedeutung der Weiterbildung im Zusammenhang mit den Humanisierungsmaßnahmen deutlich.

*Lawler* (1969) weist darauf hin, daß die Tätigkeit vom Individuum dahingehend wahrzunehmen sein muß, daß es bestimmte, von ihm positiv bewertete Fähigkeiten einsetzen kann. Dieser Einsatz muß es ermöglichen, die Tätigkeit erfolgreich zu beenden und intrinsische Belohnungen zu erreichen. Bestätigung und Selbstwertgefühl resultieren nur dann aus einer Leistung, wenn das Individuum wahrnehmen kann, daß seine besonderen Fähigkeiten für diese Tätigkeit erforderlich waren. *Lawler* führt einige Laboruntersuchungen an, die zeigen konnten, daß die Motivation dann anstieg, wenn den Individuen Aufgaben zugeordnet wurden, die den Einsatz der von ihnen geschätzten Fähigkeiten forderten. Das Wissen und die Fertigkeiten der Individuen sind folglich als wichtige Größen bei der Gestaltung der objektiven Aufgabe zu berücksichtigen, denn sie beeinflussen entscheidend die Wahrnehmung der Arbeitssituation.

Die **personenorientierte Analyse** wendet sich verstärkt der Frage zu, welche Qualifikationen eine persönlichkeitsförderliche Potenz haben (vgl. *Ulich/Frei* 1980). Sie stellt im Rahmen von Humanisierungsstrategien der Arbeit die Zusammenhänge zwischen Qualifikation, Tätigkeit und Arbeitsorganisation in den Vordergrund und will die Fähigkeiten des Individuums nicht nur bei der Aufgabenbearbeitung und beim Erreichen von Leistungszielen, sondern auch bei der Gestaltung der Aufgabenbearbeitungsstrategien berücksichtigen. So konnte beispielsweise *Fricke* (1975) anhand von empirischen Studien zeigen, daß die Mitarbeiter meist genügend Qualifikationen besitzen, um an der Gestaltung der Arbeitsbedingungen mitzuwirken. Aufgrund unzureichender Bedingungen der Arbeitsorganisation können sie jedoch die verfügbaren Qualifikationen nur unzureichend einsetzen. Die personenorientierte Analyse trägt darüber hinaus der Überlegung Rechnung, daß für eine persönlichkeitsförderliche **Sozialisation** nicht nur Elternhaus und Schule ausschlaggebend sind, sondern ebenso die kognitiven Potentiale in der Arbeit (*Grosskurth* 1979, *Ulich/Frei* 1980), als deren wichtigste Voraussetzung Handlungsspielräume gelten (*Ulich* 1972, *Osterloh* 1983).

Bezogen auf **Managementfähigkeiten** werden in der Literatur (vgl. *Stewart* 1982, S. 80ff.) vor allem folgende Anforderungen diskutiert:
- technische Fähigkeiten
- analytische Fähigkeiten (Problemlösung, Entscheidungsfindung)
- soziale Fähigkeiten
- emotionale Stabilität.

*Tenckhoff* (1983) schlägt ein Verfahren der analytischen Arbeitsbewertung (Stufen-Wertzahl-Verfahren) vor, um das Problem der Abgrenzung des Kreises der **leitenden Angestellten** zu lösen (vgl. S. 46). Unter Berücksichtigung der Kriterien, die in der bisherigen BAG-Rechtsprechung zu § 5 Abs. 3 BetrVG 76 genannt wurden, und der Gebote der Einfachheit und der Allgemeingültigkeit für alle Angestellten entwickelt *Tenckhoff* (1983, S. 115) einen Katalog von acht Anforderungsarten:

- *Bewertung der Fachanforderungen*
  - Fachkenntnisse
  - körperliche Anforderungen
  - Konzentrieren, Denken, Planen
  - Einfluß auf Ziele und Ergebnisse
  - Arbeitssicherheit
  - Kontakte

- *Bewertung der Führungsanforderungen*
  - Verhalten als Mitarbeiter
  - Verhalten als Vorgesetzter.

Bei Erreichen bzw. Überschreiten einer bestimmten Wertzahlgrenze ist nach diesem Verfahren ein Angestellter dann als leitend einzustufen. Aufgrund der vielen subjektiven Komponenten des Verfahrens, angefangen von der Gewichtung der einzelnen Anforderungsarten bis hin zur Einstufung der einzelnen Aufgaben, ist beim Umgang mit den Ergebnissen höchste Skepsis angebracht. Sie können lediglich als Orientierungsgrößen dienen.

### *b. Handlungstheoretische Neuorientierung*

Im deutschen Sprachraum hat sich in letzter Zeit als wichtigster Ansatz der personenbezogenen Analyse von Qualifikationsanforderungen der **handlungstheoretische Ansatz der Arbeitspsychologie** etabliert. Darin wird versucht, die herkömmlichen, sehr heterogenen Theorien der kognitiven Psychologie auf einer gemeinsamen anwendungsbezogenen theoretischen Grundlage zu integrieren. Dabei wird die Vermittlungsfunktion von Handlungen zwischen Umwelt (Objekt) und Individuum (Subjekt) besonders betont.

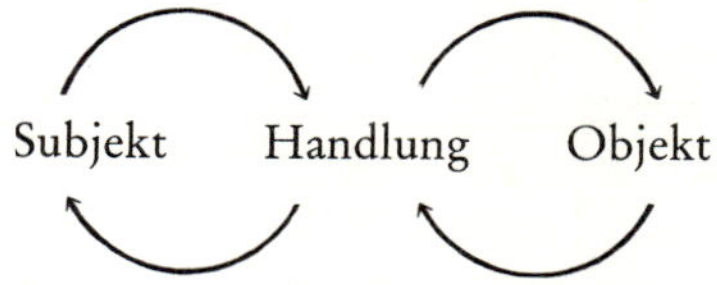


Dieser Ansatz wurde von den Arbeitspsychologen *Hacker* (1978) und *Volpert* (1974) am weitesten ausdifferenziert. Sie gehen davon aus, daß Individuen ihre Handlungen auf dem Hintergrund von „inneren Repräsentationen" oder „kognitiven Landkarten" der vorgefundenen Situation entwerfen. Werden solche Repräsentationen auf ein bewußtes Ziel konkreter Handlung bezogen, so stellen sie in Anlehnung an *Oschanin* ein operatives Abbildsystem (OAS) dar. Sie enthalten die Gesamtheit des Wissens einer Person über Zustände und Verläufe, Störungen und Eingriffsmöglichkeiten einer konkreten Handlung. Auf der Grundlage dieser operativen Abbildsysteme entwikkelt das Individuum einzelne **Handlungsprogramme.** Diese sind funktionelle Einheiten, die durch folgende Merkmale charakterisiert werden:

1) Sie sind zyklische Einheiten, die man in Form eines kybernetischen Regelkreises darstellen kann. In Abweichung von traditionellen behavioristischen Vorstellungen wird dabei nicht mehr das Reiz-Reaktions-Muster als Grundelement des Handelns angesehen, sondern die Rückkopplungseinheit, in der die Resultate einer Tätigkeit mit dem Ziel verglichen werden. *Hacker* (1978) greift dabei auf das **TOTE-Modell** von *Miller/Galanter/Pribram* (1960) zurück (TOTE = Test-Operate-Test-Exit) und formuliert es um in das **VVR-Modell** (VVR = Vergleichs-Veränderungs-Rückkopplungs-Einheit) (vgl. Abb. 3.13).
2) Die TOTE- oder VVR-Einheiten sind hierarchisch vermascht. Das bedeutet, daß Handeln sowohl bezüglich der Vergleichs- wie der Veränderungsvorgänge auf verschiedenen Niveaus organisiert sein kann (vgl. Abb. 3.14).

*Abb. 3.13* a) TOTE-Einheit nach *Miller/Galanter/Pribram*
b) VVR-Einheit nach *Hacker*

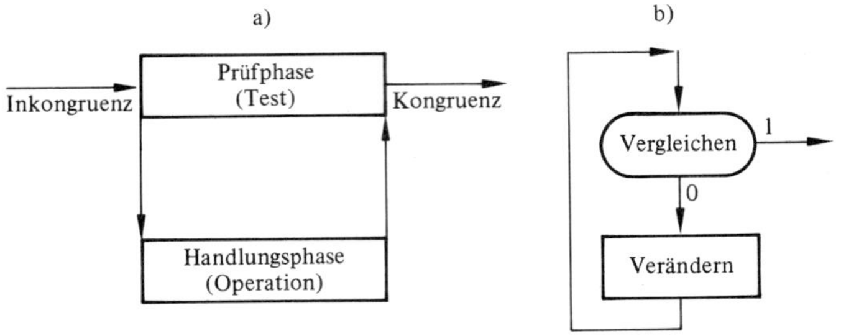


*Abb. 3.14:* Blockschaubild eines zweistufigen hierarchischen Regelkreises

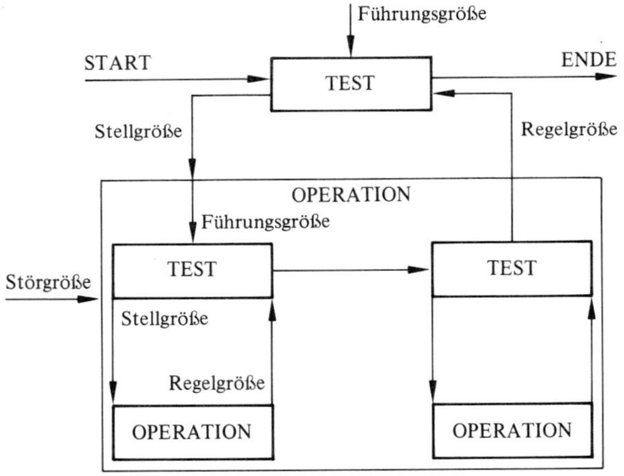


*Quelle:* in Anlehnung an *Osterloh* 1983, S. 172

*Hacker* (1978, S. 92) betont dabei besonders, daß die VVR-Einheit nicht nach außen hin abgeschlossen ist, sondern einen für Zielveränderungen und Umweltrückwirkungen offenen Kreisprozeß darstellt. Eine wichtige Folge dieser Betrachtungsweise ist, daß eine Trennung von Entscheidungs- und Durchführungsaufgaben unhaltbar wird, weil jede VVR-Einheit sowohl den Vorgang des Entscheidens (Test) wie auch als Bestandteil des übergeordneten Regelkreises den der Durchführung (Operation) enthält.

3) Das Handlungsprogramm ist nicht in allen Teilen im voraus detailliert geplant, vielmehr werden Teile der untergeordneten Programmschritte erst während des Handlungsverlaufs generiert. Dadurch kann flexibel auf veränderte Ziele und Umweltbedingungen reagiert werden.
4) Handlungsprogramme werden auf unterschiedlichen **Regulationsniveaus** ausgeführt, die *Hacker* kennzeichnet als

- **intellektuelle** Regulationsebene: Sie beinhaltet die Analyse und Synthese von taktischen und strategischen Plänen. Diese unterliegen stets dem Bewußtsein und sind sprachgebunden.
- **perzeptiv-begrifflich** Ebene: Sie betrifft die Verarbeitung nicht völlig vorhersehbarer Signale auf der Grundlage allgemeiner Handlungsschemata. Dabei werden bewußtseinsfähige, wenn auch nicht notwendig bewußte Abbilder der Situation aktualisiert.
- **sensumotorische** Ebene: Sie liegt an der Grenze zur rein physiologischen Reaktion. Dabei werden lediglich bewegungsorientierte Abbilder stereotyper Handlungsabfolgen aktualisiert. Diese sind nicht notwendigerweise bewußt und oftmals nicht bewußtseinsfähig.

Das Drei-Stufen-Modell wurde von mehreren Autoren weiter ausdifferenziert (*Mickler* et al. 1977; *Oesterreich* 1981; Projektgruppe VILA 1983), insbesondere auf der intellektuellen Regulationsebene.

Der skizzierte handlungstheoretische Ansatz in der Arbeitspsychologie hat der Arbeitswissenschaft, der Berufs- und Qualifikationsforschung wichtige Anstöße gegeben, die zu einer ,,kognitiven Wende“ dieser Disziplinen beigetragen haben. Fraglich bleibt allerdings der Anspruch, mit Hilfe der Handlungstheorie eine objektive Analyse kognitiver Potentiale von Arbeitstätigkeiten zu leisten (*Oesterreich* 1981) und zwar unabhängig von den subjektiven Perzeptionen der Arbeitenden, weil die jeweiligen Regulationsniveaus der individuellen Handlungsprogramme nicht durch die objektiven Bedingungen der Aufgabe determiniert sind, sondern beeinflußt sind von den verfügbaren Fähigkeiten und Fertigkeiten (vgl. *Hoff/Lappe/Lempert* 1983, *Osterloh* 1983).

In den vorangegangenen fünf Abschnitten wurden Teilaspekte des handelnden Menschen analysiert; im abschließenden sechsten Abschnitt werden typische Aufprägungen dieser Teilaspekte zu Persönlichkeitstypen und Menschenbildern zusammengefaßt.

## 6. Persönlichkeit/Menschenbild

### *a. Typologien der Person*

Unter den bislang beschriebenen verhaltenswissenschaftlichen Grundbegriffen nimmt das Konstrukt ‚*Persönlichkeit*‘ eine besonders umstrittene Stellung ein. Schon 1937 konnte *Gordon W. Allport* 50 unterschiedliche Persönlichkeitsdefinitionen identifizieren. Sein eigener Definitionsvorschlag, ,,Persönlichkeit stellt die dynamische Organisation der psychophysikalischen Systeme eines Individuums dar, die seine ihm eigene Anpassung an seine Umwelt festlegen" (*Allport* 1937, S. 48), konnte auch keine generelle Akzeptanz finden. Dies ist auch nicht verwunderlich, denn eine Vielzahl von unterschiedlichen Persönlichkeitstheorien (vgl. z. B. den Überblick bei *Brandstätter* et al. 1974 und *Ribeaux/Poppleton* 1978) haben jeweils unterschiedliche Definitionen zur Folge.

*Luthans* (1973, S. 430ff., s. auch *Lazarus* 1963) unterscheidet:

- **Historische Theorien** (Psychoanalyse, Strukturalismus, Funktionalismus, Behaviorismus, Gestalttheorie) z. B. *Freud, Jung*
- **Typologien** (Physiognomie, Endokrinologie, Verhaltensweisen) z. B. *Sheldon, Jung*
- **Eigenschafts-Theorien** (situationsübergreifende Persönlichkeitszüge) z. B. *Allport, Cattell*
- **Ich-Theorien** (Konzept von mir als Person und als sozialem Wesen) z. B. *Rogers, Argyris*

Bedauerlicherweise haben sich in der Organisationspraxis die anspruchsvolleren Theorien der Persönlichkeit, vor allem der psychoanalytische Ansatz auf der Basis von *Freud's* Strukturmodell des Psychischen (Es, Ich, Über-Ich) oder lerntheoretische Ansätze nicht durchgesetzt, dagegen erfreuen sich die leicht verständlichen Persönlichkeits-Typologien und einfachen Eigenschaftstheorien großer Beliebtheit.

Der Wunsch, in die Vielfalt und Unterschiedlichkeit der Menschen eine **idealtypische Ordnung** zu bringen, hat eine lange Tradition. So stammt die heute noch gebräuchliche Einteilung in

- Sanguiniker (lebhafter, temperamentvoller Mensch)
- Phlegmatiker (träger, wenig agiler Mensch)
- Choleriker (reizbarer, jähzorniger Mensch)
- Melancholiker (trübsinniger, schwermütiger Mensch)

von dem berühmten griechischen Arzt *Hippokrates.* Obgleich wir inzwischen alle wissen und immer wieder selbst erfahren, daß einundderselbe Mensch in verschiedenen Situationen alle genannten Eigenheiten mehr oder weniger zeigen kann, werden auch heute noch Menschen nach solchen **Stereotypen** klassifiziert mit der gefährlichen Folge, daß der so abgestempelte Mensch mit der Zeit die von Dritten erwarteten Verhaltensmerkmale immer mehr annimmt.

Auch die Einteilung von *Carl Jung* (1875–1961), einem Schüler von *Sigmund Freud,* in extrovertierte und introvertierte Orientierungen gehört heute zum Gemeingut des Laien-Psychologen. Obwohl *Jung* (1939) betont, daß **Extrovertiertheit** und **Introvertiertheit** den Charakter von Einstellungen haben, die in unterschiedlichem Maße Teile der Persönlichkeit eines jeden Menschen darstellen, und die sich im Laufe der Zeit auch verändern können, belegt der Volksmund einzelne Menschen insgesamt mit der Etikette extrovertiert oder introvertiert.

Die *Jung*'sche Persönlichkeitstheorie ist auch insofern differenzierter als über die extrovertiert-introvertiert Dichotomie hinaus vier psychologische

Funktionen unterschieden werden, die paarweise gegenübergestellt jeweils ein Kontinuum zur weiteren Typenbildung liefern (vgl. *Hellriegel/Slocum* 1976, S. 113ff.):
Entscheidungsorientierung: Denken – Fühlen
Wahrnehmungsorientierung: Erkennen – Intuition
So lassen sich dann vier weitere Idealtypen bilden:

- **Erkennen/Fühlen:** Menschen mit einer solchen Orientierung verlassen sich bei der Wahrnehmung nur auf das, was sie selbst mit ihren Sinnen erkennen können, zeigen dabei aber eine starke Personenorientierung, ein persönliches Engagement Personen und nicht Sachen gegenüber (der positivistische Technokrat mit Herz)
- **Intuition/Fühlen:** Menschen mit einer solchen Orientierung haben eine langfristige Zukunftsperspektive für eine menschenwürdige Organisation und lassen sich nicht von dem entgegenstehenden Fakten abbringen (der kreative Generalist mit Herz)
- **Erkennen/Denken:** Menschen mit einer solchen Orientierung entscheiden auf der Grundlage von Fakten, die analysiert und logisch verknüpft werden (der kühl rechnende Analytiker und Bürokrat)
- **Intuition/Denken:** Menschen mit einer solchen Orientierung entwerfen große Theorien, langfristige abstrakte Unternehmungsstrategien, bei denen der Mensch ausgeklammert bleibt (der abstrakt, konzeptuell denkende Theoretiker).

Der Idealtyp ‚**Intuition/Fühlen**' wird in der Denkpsychologie auch als *divergentes Denken* (ungeordnet,undiszipliniert, wenig systematisch) und der Typ ‚**Erkennen/Denken**' als *konvergentes Denken* (geordnet, diszipliniert, systematisch) bezeichnet. Dabei soll sich angeblich das divergente Denken in der rechten Gehirnhälfte und das konvergente Denken in der linken abspielen, sodaß die individuelle Bevorzugung eines bestimmten Denkstils ein Ergebnis der Entwicklung der beiden Gehirnhälften wäre.

Besonders beliebt bei psychologisierenden Laien, sog. Menschenkennern, ist die **Typologie** von *William Sheldon* in

- Endomorph (der Korpulente, (Pykniker)
- Mesomorph (der Muskulöse, Athlet)
- Ectomorph (der Schmalgebaute, Leptosom).

*Sheldon* (vgl. *Sheldon/Stevens* 1942) stellt einen direkten Zusammenhang zwischen der äußeren Gestalt eines Menschen und seiner Persönlichkeitsstruktur her, wie z. B. der Korpulente ist gutmütig, er liebt es, gut zu speisen. Die Frage ist hier, was ist Ursache und was Wirkung. Der Psychoanalytiker würde umgekehrt wie *Sheldon* die Korpulenz auf frühkindliche Erfahrungen und Probleme zurückführen.

*Sheldon* behauptet nun keineswegs, daß sich alle Menschen in solche Idealtypen pressen lassen, vielmehr stellt jedes Individuum einen Mischtyp dar, dergestalt, daß es über eine Kombination von Merkmalsausprägungen verfügt, wie z. B. 4–6–1. Dabei bedeutet 4 eine relativ starke endomorphe Ausprägung (auf einer 7-Punkte Skala), 6 eine sehr starke mesomorphe und 1 eine sehr schwache ectomorphe Ausprägung.

Die kurzen Ausführungen zu den in der Praxis bekanntesten Persönlichkeits-Typologien verfolgen *nicht* die Absicht, diesen zur weiteren Verbreitung zu verhelfen, sondern im Gegenteil vor ihrer Anwendung zu warnen. Der Schaden, der mit einer voreiligen, unreflektierten Etikettierung eines Menschen aufgrund vordergründiger, äußerlicher Merkmale angerichtet werden kann, ist so groß, daß man von einer Typenbildung grundsätzlich Abstand nehmen sollte.

### *b. Persönlichkeitstheorien*

Unter den verhaltenswissenschaftlichen Konzepten kommt dem Konstrukt **„Persönlichkeit“** aus der Sicht verschiedener Theorien unterschiedliche Bedeutung zu. *Allport* (1957) weist auf Schwerpunktsetzungen im Rahmen persönlichkeitstheoretischer Ansätze hin, die sich aus den zugrunde gelegten philosophischen Grundströmungen ergeben. Er unterscheidet nach *Herrmann* (1976, S. 27)

| Angelsächsische Theorien<br>legen besonderes Gewicht auf: | Kontinentale Theorien |
|---|---|
| äußeres Verhalten | innere Anlagen |
| Oberflächenmerkmale | konstitutionelle Bedingungen |
| motorische Komponenten des Verhaltens | strukturelle Festigkeit der Persönlichkeit |
| zwischenmenschliche Beziehungen | relative Unabhängigkeit von der Gesellschaft |
| Modifizierbarkeit der Persönlichkeit | relative Nichtmodifizierbarkeit der Persönlichkeit |

Angelsächsische Autoren betonen mehr die Offenheit und Gestaltbarkeit der Person, kontinentale Ansätze mehr die Unabhängigkeit der Person von der Gesellschaft und die Stabilität des Personensystems. Heute ist eine zunehmende wechselseitige Befruchtung beider Ansatzgruppen zu beobachten (vgl. *Herrmann* 1976; *Groeben/Scheele* 1977).

Dabei hat das *kontinentale Denken* eine eher geisteswissenschaftlich-hermeneutische Forschungsrichtung geprägt, welche die Wesenserkenntnis der Person in den Mittelpunkt ihrer Bemühungen stellt. Dieser Ansatz (**ideographische Persönlicheitspsychologie**) verwendet zur Erforschung seines Gegenstandes sogenannte ideographische Methoden. Hierbei handelt es sich um die Erstellung einer detaillierten Biographie, welche die qualitativen Unterschiede zwischen Personen hervorhebt, die die Einzigartigkeit und Unvergleichbarkeit von Persönlichkeiten verschiedener Menschen betont (*Allport* 1937, *Herrmann* 1976, *Amelang/Bartussek* 1981).

Das *angelsächsische Denken* favorisiert dagegen eine an der empirischen Erforschung und Konstruktion von Gesetzeswissen orientierte Forschungsrichtung.

Diese an der Aufdeckung empirischer Regelmäßigkeiten orientierte Persönlichkeitsforschung (**nomothetische Persönlichkeitspsychologie**) versucht, zu allgemeinen Gesetzen zu kommen, die für einzelne und Mengen von Individuen gelten. Dazu entwickelt sie geeignete empirische Beschreibungsdimensionen (deskriptive Konstrukte) und versucht Unterschiede in den Ausprägungen der Beschreibungsdimensionen mittels entsprechendem Gesetzeswissen (explikative Konstrukte) zu erklären. (*Herrmann* 1976, *Amelang/Bartussek* 1981, *Pervin* 1980, 1981, *Sader* 1980, *Brandstätter* et al. 1974, *Smith/Vetter* 1982, *Pawlik* 1982).

Die nomothetische Persönlichkeitsforschung stellt sich dem Problem der Einzigartigkeit des Menschen bei gleichzeitiger Vergleichbarkeit mit anderen Menschen in der Art, daß sie mit Hilfe von Beschreibungsdimensionen den untersuchten Individuen einen „Platz" zuweist. Das Einzelwesen kann dann über seine jeweilige Stellung auf den herangezogenen Dimensionen verortet werden.

Die in Teil B als Elemente gekennzeichneten Dimensionen können prinzipiell als Beschreibungsdimensionen für Mengen von Individuen herangezogen werden (z.B. Leistungsmotiv; intellektuelle Fähigkeiten, Intelligenz). Für Teile von ihnen liegen bereits zahlreiche Meßinstrumente und -verfahren vor (vgl. zusammenfassend *Herrmann* 1976, *Amelang/Bartussek* 1981).

Eine Mittelstellung zwischen den ideographischen und nomothetisch orientierten Ansätzen nimmt die **„Theorie personaler Konstrukte"** von *Kelly* (1955) ein. Dieser Ansatz geht davon aus, daß Individuen als Handelnde stets, wenngleich nicht notwendigerweise auf bewußtem Niveau, Hypothesen formulieren, diese in ihrem Alltags- und Berufshandeln überprüfen, bei Bewährung beibehalten, bei Nicht-Bewährung verändern oder verwerfen. Es wird also unterstellt, daß sich Handelnde prinzipiell ähnlich wie Forschende verhalten, wenn diese Hypothesen aufstellen und an der Realität scheitern lassen. Die von den Handelnden bei der Wahrnehmung, Handlungsplanung und Durchführung verwendeten begrifflichen und vorsprachlich-bildhaften symbolischen (kognitiven) Elemente sind aber sehr viel unschärfer und weniger klar umrissen als dies beispielsweise in einem Forschungsprozeß der Fall ist, wenn bestimmte Konstrukte operationalisiert werden. Die empirische Ermittlung solcher Konstrukte geschieht nicht dadurch, daß sie sozusagen „künstlich" den Individuen vorgegeben werden, sondern vielmehr werden diese personalen Konstrukte in einem Wechselprozeß von Forscher und Untersuchtem mit einer zunehmenden Perspektivenverschränkung herausgearbeitet.

In diesem **„Man as scientist"-Ansatz** (*Bannister/Fransella* 1981) wird davon ausgegangen, daß jedes Individuum über ein einzigartiges System von Konstrukten verfügt, mit dem es Wahrnehmungen Bedeutungen verleiht,

Handlungspläne entwirft und steuert. Verhalten erweist sich dann als abhängig von diesen personalen Konstrukten. Dieses Persönlichkeitsmodell bietet von daher Ansatzpunkte, die Trennung in ideographische und nomothetische Richtung der Persönlichkeitsforschung aufzuheben (vgl. *Gröben/Scheele* 1977).

Zwei inhaltliche Schwerpunkte haben im Verlauf der Entwicklung der Persönlichkeitspsychologie die wissenschaftliche Diskussion beherrscht. Zum einen ist dies die bis heute nicht befriedigend gelöste Auseinandersetzung um die Einflußstärke angeborener und erworbener (erlernter) Verhaltensmerkmale, also die Debatte um **„Anlage" oder „Umwelt"** als zentralen Determinanten des Verhaltens (*Anastasi* 1976, *Sader* 1980, *Pervin* 1981). Als Stand der heutigen Diskussion kann davon ausgegangen werden, daß menschliche Gene, Umgebung und jeweiliges individuelles Entwicklungsstadium stets zusammen betrachtet werden müssen, um Verhalten adäquat beschreiben zu können; eine Argumentation, die Anlagefaktoren gegen Umweltfaktoren auszuspielen versucht, ist demzufolge unfruchtbar (*Pervin* 1981). Zum andern handelt es sich um die Diskussion des Einflusses personaler (Eigenschaften der Person) und situationaler Variablen (Anreize der Umwelt) auf Überdauern und Stabilität des Verhaltens von Individuen.

Die **‚Person versus Situation'** Kontroverse kreist im Grunde um die Frage der relativen Bedeutung von der Person internaler oder externaler Verhalteinseinflüssen. Ausgehend von *Mischels* (1968) Kritik an der mangelnden Eignung eigenschaftstheoretischer Ansätze und Meßverfahren zur Vorhersage von Verhalten wird heute zunehmend die Auffassung vertreten, daß die Merkmale der Person und der Situationen zusammen den fortlaufenden Verhaltensprozeß konstituieren. In dieser interaktionsorientierten Sichtweise ist dann Persönlichkeit ein geordnetes Muster von Verhaltensweisen im Spiegel der jeweiligen Situation (*Pervin* 1981).

### *c. Funktion der Menschenbilder in Theorien*

In organisationswissenschaftlichen Studien wird weniger von der Persönlichkeit eines Organisationsmitglieds als vielmehr generell vom Menschenbild gesprochen. Bei Analyse und Beeinflussung von menschlichem Handeln und Verhalten in Organisationen bedienen sich Organisationstheoretiker wie -praktiker implizit oder explizit des Konstrukts *‚Menschenbild'*.

**Organisationstheoretische Aussagen** enthalten Annahmen über Eigenschaften, Bedürfnisse, Motive, Erwartungen und Einstellungen von Organisationsmitgliedern. Die Gesamtheit der Annahmen eines Aussagesystems über den Menschen in Organisationen wird als Menschenbild einer Organisationstheorie bezeichnet (vgl. *Staehle* 1980, *Werhahn* 1980). Das Abbild des handelnden Menschen erfüllt für die jeweilige Disziplin und die Theoriebildung in ihr unterschiedliche Funktionen. Überwiegend entstehen dabei künstliche, nur ausgedachte homunculi, die zur Entwicklung und Rechtfertigung von angeblich dem ‚Wesen' des Menschen am besten entsprechenden Aussagesystemen dienen, wie z. B.

- homo oeconomicus (*A. Smith* 1776)
- homo sociologicus (*Dahrendorf* 1959b)
- political man (*Downs* 1957)
- psychological man (*Rieff* 1960).

In der neueren **Methodologie** wird weniger mit Menschen- oder Handlungstypen als mit Modellen gearbeitet. In den Modellannahmen finden Menschenbilder in nur wenigen Fällen explizite Berücksichtigung; sie spielen aber vor und während der Modellbildung eine ganz wesentliche Rolle im Hinblick auf die Selektion der Variablen, Parameter und (bei Entscheidungsmodellen) Ziel- und Effizienzkriterien. Menschenbilder gewinnen somit den Status von metatheoretischen Wertsystemen mit der Funktion von Basiswerturteilen.

Diese Funktion von Menschenbildern wird jedoch häufig verkannt, vor allem wenn der Zugang zur Erklärung menschlichen Handelns mittels kausalanalytischen Schematisierungen organisatorischer Variablen gesucht wird, wobei menschliches Handeln auf regelmäßige Verhaltensweisen reduziert wird, die aufgrund sozial normierter Bedingungen entstanden sind. Das Menschenbild wird auf beobachtbare Erscheinungsformen beschränkt; auf Erklärungen, warum Individuen in Organisationen *so* handeln, wie sie handeln, wird verzichtet. In dem regelhaften Auftreten von Ereignissen und der beobachteten Verhaltenskonformität können lediglich „äußere Aspekte" menschlichen Verhaltens, d. h. Folgen einer Handlung erfaßt werden (*Stegmüller* 1975, *Wright* 1974).

Eine **dogmengeschichtliche Analyse** von Theorien der Organisation (*Staehle* 1971a, 1973b, 1975) macht darüber hinaus deutlich, daß Menschenbilder nicht nur hypothetische Verwendung in organisationstheoretischen Modellen finden, sondern in vielen Fällen im Gewande unabhängiger Variablen als jeweiliges philosophisch-anthropologisches Welt- und Menschenbild des Wissenschaftlers eingebracht werden, anhand dessen die Realität nicht nur beschrieben, sondern auch beurteilt wird. *Hartfiel* (1968, S. 10f.) stellt in diesem Zusammenhang die Frage, „ob es sich bei der Vorstellung solcher künstlicher „Menschen" nicht um Apologien bestimmter gesellschaftlicher Entwicklungsstufen oder Ordnungsprinzipien, oder mehr noch, um Apologien spezifischer sozialer Gruppeninteressen in einer bestimmten gesellschaftlichen Ordnung handelt".

Die normative Kraft von Menschenbildern wird nicht zuletzt dadurch verstärkt, daß die neuere Anthropologie sich nicht mit der Beschreibung von Eigenschaften des Menschen bescheidet (Deskription), sondern auch Wertlehre in pragmatischer Absicht ist (Präskription). Damit wird deutlich, daß die auf bestimmten Menschenbildern beruhenden Organisationstheorien im pragmatischen Bereich eine gewollte oder ungewollte normativ-reedukative Funktion erhalten, insofern als die Menschen, die in entsprechend gestalteten

Organisationen arbeiten, sich diesem Menschenbild annähern *sollen.* Andererseits besteht die Gefahr, daß die aus einer beschränkten Sicht der Realität gewonnenen Menschenbilder (z. B. Theorie X von *McGregor),* als Hypothesen formuliert, an einer so verkürzten Realität auch nicht falsifiziert werden können. In Technologien transformiert, produzieren sie dann im Sinne einer ‚self-fulfilling prophecy' eine Realität, die eben diese Organisationstheorie prognostiziert hat. Die Organisationspraxis zeigt, daß bei entsprechenden Technologien (organisatiorische Regelungen, Führungsmodelle) Organisationsmitglieder im Laufe der Zeit empirisch nachweisbar die in den Hypothesen vermuteten Eigenschaften und Verhaltensweisen annehmen.

*Abb. 3.15:* Dualistische Darstellung von Menschenbildern

**Pessimistische Menschenbilder**

*Machiavelli* (1469–1527)
Der Mensch ist undankbar, heuchlerisch, gewinnsüchtig; geht Gefahren aus dem Weg; es ist sicherer gehaßt, als geliebt zu werden.

*Hobbes (1588–1679)*
Der Mensch begehrt Prestige, Macht und materielle Güter; er fürchtet seine Nachbarn.

*A. Smith* (1723–1790)
Der Mensch ist selbstsüchtig; durch Verfolgen seiner egoistischen Interessen dient er sich und der Gesellschaft; Politik des laissez-faire.

*Darwin* (1809–1882)
*Spencer* (1820–1903)
In einem natürlichen Selektionsprozeß überleben die körperlich Tüchtigsten und geistig Beweglichsten; nur die Stärksten obsiegen im Kampf um Nahrung und einen Lebensgefährten.

*S. Freud* (1856–1939)
Der Mensch ist von Natur aus primitiv, wild und böse. Natürliche Triebe (Sex und Aggression) müssen unterdrückt werden.

*F. W. Taylor* (1856–1915)
Der Mensch ist wie ein Teil einer Maschine; er ist faul, egoistisch; er hat nur Interesse an materiellen Gütern, er muß kontrolliert und extern motiviert werden.

**Optimistische Menschenbilder**

*Locke* (1632–1704)
Der Mensch ist vernünftig, neigt zur Kooperation und gegenseitigen Unterstützung; kann sich selbst kontrollieren und bevorzugt demokratische Herrschaft.

Neo-Freudianer *(Sullivan, Fromm, Horney)*
Die Persönlichkeit wird primär von externen gesellschaftlichen Kräften beeinflußt und nicht durch biogenetische Triebe; der Mensch strebt nach Befriedigung von Bedürfnissen und zwar gemeinsam mit andern; situative Faktoren in der Persönlichkeitsentwicklung beeinflussen sein Potential für Wachstum und Entwicklung.

*Mayo* (1880–1949)
Der Mensch ist ein soziales Wesen; als Gruppenmitglied entwickelt er gemeinsames Verhalten gegenüber der Umwelt; das Individuum ist nur *eine* Variable zur Erklärung von Verhalten.

*Argyris, Bennis, Maslow* (1908–1970)
*McGregor* (1906–1964), *Likert* u. a.
Der Mensch verfügt über eine Hierarchie von Bedürfnissen; befriedigte Bedürfnisse motivieren nicht; werden geeignete Voraussetzungen geschaffen, bietet die Arbeit Gelegenheit für Wachstum, Entwicklung und Selbstverwirklichung; wird die Gelegenheit geboten, leistet er konstruktive Beiträge zur Erreichung der Organisationsziele.

*Quelle: Knowles/Saxberg* 1976, S. 23. ff.

### *d. Organisatorische Folgen unterschiedlicher Menschenbilder*

In der US-amerikanischen Organisationsliteratur wird Menschenbildern unter dem Stichwort ‚*models of man*‘ große Beachtung geschenkt. Die in der dortigen Literatur früher festzustellende Neigung, in Extremtypen zu denken (*Staehle* 1973), d. h. zwei idealtypische Modelle zur Beschreibung von Handeln und Verhalten von Organisationsmitgliedern zu entwickeln, ist u. a. auf eine **dualistische Diskussion von Menschenbildern** zurückzuführen, wie sie sich etwa bei *Knowles/Saxberg* (1967) (vgl. Abb. 3.15) findet.

Der prominenteste Vertreter dualistischer Ansätze ist zweifellos *McGregor* (1960), der mit dem Gegensatzpaar ‚theory X‘ und ‚theory Y‘ eine äußerst eingängige, weil stark simplifizierende Beschreibung der Konsequenzen zweier extrem unterschiedlicher Menschenbilder liefert. *McGregor* geht zunächst von der Annahme aus, daß jede Führungsentscheidung auf einer Reihe von Hypothesen über die menschliche Natur und menschliches Verhalten beruht. Auch die klassischen „text-book principles of organization“ stellen ein solches Bündel von Hypothesen dar, die, obwohl eine ganze Reihe von ihnen im Laufe der Zeit durch empirische Untersuchungen falsifiziert werden konnte, auch heute noch das Denken und Handeln einer Vielzahl von Managern und Organisatoren beherrschen. Die Annahmen der klassischen Organisations- und Managementtheorie faßt er unter dem Begriff „Theorie X“ zusammen und stellt ihnen als Idealtyp die Theory Y gegenüber. Eine Zusammenfassung der wichtigsten Annahmen beider Theorien ist in Abb. 3.16 wiedergegeben.

*Abb. 3.16:* Die wichtigsten Annahmen der Theorien X und Y

| Theorie X | Theorie Y |
|---|---|
| Der Mensch hat eine angeborene Abscheu vor der Arbeit und versucht, sie so weit wie möglich zu vermeiden. | Der Mensch hat keine angeborene Abneigung gegen Arbeit, im Gegenteil, Arbeit kann eine wichtige Quelle der Zufriedenheit sein. |
| Deshalb müssen die meisten Menschen kontrolliert, geführt und mit Strafandrohung gezwungen werden, einen produktiven Beitrag zur Erreichung der Organisationsziele zu leisten. | Wenn der Mensch sich mit den Zielen der Organisation identifiziert, sind externe Kontrollen unnötig; er wird Selbstkontrolle und eigene Initiative entwickeln. |
| Der Mensch möchte gerne geführt werden, er möchte Verantwortung vermeiden, hat wenig Ehrgeiz und wünscht vor allem Sicherheit. | Die wichtigsten Arbeitsanreize sind die Befriedigung von Ich-Bedürfnissen und das Streben nach Selbstverwirklichung. |
| | Der Mensch sucht bei entsprechender Anleitung eigene Verantwortung. Einfallsreichtum und Kreativität sind weitverbreitete Eigenschaften in der arbeitenden Bevölkerung; sie werden jedoch in industriellen Organisationen kaum aktiviert. |

*Quelle: McGregor 1960,* S. 33 ff. und 47 f.

*McGregor* übernimmt von *Maslow* (1954) die Hypothese, daß die menschlichen Bedürfnisse in einer Hierarchie angeordnet seien. *McGregor* wirft nun den Anwendern der Theorie X vor, sie seien unfähig, die Mitarbeiter zu motivieren, denn die benutzten Organisations- und Führungsprinzipien würden von ganz falschen Annahmen über die Bedürfnisstruktur der Organisationsmitglieder ausgehen. Nicht auf die Befriedigung materieller Bedürfnisse (Annahme Theorie X), sondern auf die sozialer und ideeller Bedürfnisse (Annahme Theorie Y) würde sich das Streben der Menschen in der heutigen Zeit richten. Diese Aussage ist in dieser allgemeinen, undifferenzierten Form nicht aufrechtzuerhalten. Leider versäumt es *McGregor,* konkret die Bedingungen zu nennen, unter denen die Annahmen der Theorie X und unter welchen diejenigen der Theorie Y Gültigkeit beanspruchen können.

Eine wesentliche Entwicklungsstufe zu einer **Überwindung des Dualismus** (gut-schlecht) und zu einer Verbindung mit organisationstheoretischen Ansätzen findet sich bei *March/Simon* (1958). Diese gehen von drei unterschiedlichen Grundannahmen über menschliches bzw. organisationales Verhalten aus und ordnen diesen Hypothesensets spezifische organisationstheoretische Problemstellungen zu. Diese Betrachtungsweise wurde inzwischen auch in der deutschsprachigen Organisationslehre rezipiert (vgl. Abb. 3.17 und 3.18). Die Menschenbilder I, II und III in Abb. 3.17 korrespondieren mit den Organisationsansätzen I, II und III in Abb. 3.18.

In jüngerer Zeit wird eine weitere Differenzierung von Menschenbildern vorgeschlagen und ihr jeweiliger Einfluß auf Motivations- und Organisationstheorien diskutiert (*Schein* 1970, *Lichtman/Hunt* 1971, *Luthans* 1973, *Fulmer* 1974). *Lichtman/Hunt* (1971, S. 271) gehen davon aus, „daß eine Organisationstheorie nicht besser sein kann, als die Annahmen, die sie über

*Abb. 3.17:* Drei Grundannahmen über Menschen in Organisationen

| | *March/Simon* 1958 | *Häusler* 1966 | *Hill/Fehlbaum/Ulrich* 1976 |
|---|---|---|---|
| I. | Organisationsmitglieder als passive Instrumente | Mensch als Aufgaben- und Leistungsträger (instrumentaler Aspekt) | Systemmitglieder als Werkzeuge (Mensch als Leistungsträger) |
| II. | Organisationsmitglieder mit eigenen Einstellungen, Werten und Zielen; müssen zur Teilnahme motiviert werden | Zur Leistung motivierter Mensch (Aspekt der Leistungsmotivation) | Systemmitglieder als Bedürfnisträger |
| III. | Organisationsmitglieder als Entscheidungsträger und Problemlöser | Mensch als Entscheidungsträger (rationaler und dezisionaler Aspekt) | Systemmitglieder als Problemlöser (Mensch als Entscheidungsträger) |

*Abb. 3.18:* Organisationstheoretische Ansätze in Abhängigkeit von Menschenbildern

| | *March/Simon* 1958 | *Häusler* 1966 | *Hill/Fehlbaum/Ulrich* 1976 |
|---|---|---|---|
| I. | Klassische Organisationstheorie (Scientific Management; Managementlehre) | Klassische Organisationstheorie<br>a) physiologische Variante<br>b) administrative Variante (formale Organisation) | Physiologischer Ansatz (Scientific Management); Bürokratisch-administrativer Ansatz |
| II. | Bürokratiemodelle; Teilnahmeentscheidungen; Konflikt in der Organisation | Motivationstheoretischer Ansatz | |
| III. | Entscheidungsfindung und Problemlösung; Planung und Innovation in Organisationen | Integrierte Organisationswissenschaft (Organisation als zielgerichtetes soziales System) | Entscheidungsorientierter Ansatz; Systemorientierter Ansatz (Systemtheorie und Organisation) |

den Menschen macht", und diskutieren auf der Basis dieser Annahme die neuere Literatur zu strukturalistischen und personalistischen Ansätzen der Organisation und Führung (vgl. Abb. 3.19).

*Abb. 3.19:* Organisatorische Konsequenzen unterschiedlicher Menschenbilder

| Menschenbild | Organisatorische Konsequenzen |
|---|---|
| 1. Traditionell strukturalistische Ansätze | |
| Mensch als Produkt der Gesellschaft *(Marx)*; Mensch als Funktion struktureller Charakteristika der Gesellschaft *(Durkheim)*; Mensch handelt rational und ökonomisch vernünftig. | Scientific Management *(Taylor)*; Administrative Management *(Gulick, Urwick)*; Bureaucracy *(Weber)*; weitgehende Arbeitsteilung, kleine Leitungsspanne, formelle Regeln, straffe Hierarchie. |
| 2. Moderne strukturalistische Ansätze | |
| Mensch strebt nach Selbstverwirklichung, Autonomie, Anerkennung *(Maslow, McGregor, Argyris).* | Entbürokratisierung, Machtausgleich, Aufgabenerweiterung, partizipative Führung, geringe Strukturierung, Theorie Y Management, System 4, 9.9 Theorie. |
| 3. Personalistische Ansätze | |
| Menschen verhalten sich unterschiedlich aufgrund von Wahrnehmungen der Umwelt; sie haben unterschiedliche Bedürfnisse, Motive, Wertvorstellungen. *(Lewin, Mayo, Coch/French, Vroom, Porter, Lawler).* | Organisatorischer Wandel (Organisationsänderung) durch persönlichen Wandel; Gruppendynamik, Sensitivity Training. |

| Menschenbild | Organisatorische Konsequenzen |
|---|---|
| 4. Integrierende Ansätze | |
| Integration struktureller und personaler Ansätze; Interaktion Individuum-Gruppe-Organisation-Umwelt; wechselseitige Bedingtheit personaler und organisatorischer Variabler (*Homans, Parsons, Katz/Kahn*, Tavistock-Gruppe). | Organisation in Abhängigkeit von situativen Faktoren, wie Größe, Aufgabenstruktur, Persönlichkeitsstruktur, Ziele, Technologie; es gibt nicht die richtige Organisation. |

*Quelle: Lichtman/Hunt* 1971, S. 272ff.

Während diese ausgezeichnete Analyse des Zusammenhangs von Individuum und Organisation bei uns keine Beachtung gefunden hat, ist *Schein's* Typologie von Menschenbildern in der deutschsprachigen Organisationsliteratur auf breiter Ebene rezipiert worden (*Rosenstiel/Molt/Rüttinger* 1973, *Staehle* 1971, 1973, *Kossbiel* 1976). *Schein* (1970) unterscheidet nach der historischen Entwicklung vier unterschiedliche Gruppen von Hypothesen, die sich zu bestimmten Menschenbildern verdichten lassen (Abb. 3.20):

*Abb. 3.20:* Organisatorische Konsequenzen unterschiedlicher Menschenbilder

| Menschenbild | Organisatorische Konsequenzen |
|---|---|
| 1. rational-economic man | |
| Ist in erster Linie durch monetäre Anreize motiviert; ist passiv und wird von der Organisation manipuliert, motiviert und kontrolliert; sein Handeln ist rational; Annahmen der Theorie X. | Klassische Management-Funktionen: Planen, Organisieren, Motivieren, Kontrollieren; Organisation und deren Effizienz stehen im Mittelpunkt; Organisation hat die Aufgabe, irrationales Verhalten zu neutralisieren und zu kontrollieren. |
| 2. social man | |
| Ist in erster Linie durch soziale Bedürfnisse motiviert; als Folge der Sinnentleerung der Arbeit wird in sozialen Beziehungen am Arbeitsplatz Ersatzbefriedigung gesucht; wird stärker durch soziale Normen seiner Arbeitsgruppe als durch Anreize und Kontrollen des Vorgesetzten gelenkt; Annahmen der Human-Relations-Bewegung. | Aufbau und Förderung von Gruppen; soziale Anerkennung der Mitarbeiter durch Manager und Gruppe; die Bedürfnisse nach Anerkennung, Zugehörigkeitsgefühl und Identität müssen befriedigt werden; Gruppenanreizsysteme treten an die Stelle von individuellen. |
| 3. self-actualizing man | |
| Menschliche Bedürfnisse lassen sich in einer Hierarchie anordnen; der Mensch strebt nach Autonomie und bevorzugt Selbst-Motivation und | Manager sind Unterstützer und Förderer (nicht Motivierer und Kontrolleure); Delegation von Entscheidungen; Übergang von Amts-Autorität zu Fach-Autorität; Über- |

| Menschenbild | Organisatorische Konsequenzen |
|---|---|
| Selbst-Kontrolle; es gibt keinen zwangsläufigen Konflikt zwischen Selbstverwirklichung und organisatorischer Zielerreichung; Annahmen der Theorie Y. | gang von extrinsischer Motivation zu intrinsischer Motivation; Mitbestimmung am Arbeitsplatz. |
| 4. complex man | |
| Ist äußerst wandlungsfähig; die Dringlichkeit der Bedürfnisse unterliegt Wandel; der Mensch ist lernfähig, erwirbt neue Motive; in unterschiedlichen Systemen werden unterschiedliche Motive bedeutsam; Annahmen der Situationstheorie. | Manager sind Diagnostiker von Situationen; sie müssen Unterschiede erkennen können und Verhalten situationsgemäß variieren können; es gibt keine generell richtige Organisation. |

*Quelle: Schein* 1970, S. 47ff.

Unterschiedliche Annahmen über die Bedürfnis- und Motivationsstruktur des Menschen determinieren nach *Schein* auch unterschiedliche Management- und Organisationsstrategien. Abb. 3.20 bringt eine Zusammenfassung der wichtigsten Merkmale der vier Menschenbilder sowie deren managerialen und organisatorischen Konsequenzen. Obwohl *Schein* im „*complex man*" die adäquate Charakterisierung des arbeitenden Menschen in der modernen Industriegesellschaft von heute sieht, schließt er keineswegs die Relevanz anderer Annahmen (1–3) in bestimmten Situationen und bei bestimmten Mitarbeitern aus.

Zu diesen differenzierten, situativen Analysen von Menschenbildern in den USA hat sicherlich neben der Gestalt- und der Feldtheorie in der Psychologie auch die Allgemeine Systemtheorie beigetragen (man as a system). Menschliches Verhalten wird in Abhängigkeit von Persönlichkeits- und Umweltvariablen analysiert. Die jüngsten organisationstheoretischen Ansätze gehen davon aus, daß es keine generell gültigen optimalen Handlungsalternativen und kein generell gültiges Bild vom Menschen gibt, sondern lediglich **Abbilder von in konkreten Situationen handelnden Menschen.** Organisationsmitglieder handeln und verhalten sich aufgrund individueller Prädispositionen und selektiv perzipierter Faktoren der objektiven Handlungssituationen.

Menschenbilder entstehen dabei in der Rekonstruktion von Handlungssituationen. Ihre explizite Erfassung wird dann notwendig, wenn nicht nur von Ereignissen und Bedingungen auf Handlungsergebnisse kausal geschlossen wird, sondern nach dem Motivationshindergrund geforscht wird, der Handlungen in einem gegebenen Kontext beeinflußt hat. Spezifische Ausprägungen organisatorischer Variablen sind danach Folgen von Handlungen, die im organisatorischen Kontext ziel- und interessengeleitet intervenieren. Stellt sich also der Forscher die Frage, wie es möglich war, daß beobachtbare organisatorische Zustände eingetreten sind, dann muß er versuchen, Handlungsintentionen zu erkennen und zu verstehen. Dieser „*praktische Schluß*" (*Wright* 1974), im Unterschied zu Schlüssen allein auf kausale Antezedenzien, vermittelt dem Forscher explizit ein Bild des handelnden Menschen innerhalb normierter Verhaltensdaten. In welchem Ausmaß Handlungsspielräume ausgefüllt oder Situationsänderungen durch Handlungen von Rolleninhabern vollzogen werden, erscheint in diesem Sinne nur mittels einer **verstehenden Analyse** des komplexen Zusammenspiels von „Gelegenheiten für Handlungen, Intentionen, Wünschen und Verpflichtungen" möglich (*Stegmüller* 1975).

## II. Prozesse

Bildung, Veränderung und Stabilisierung der in den vorangegangenen Abschnitten besprochenen Elemente bzw. Teilaspekte des Menschen erfolgen primär durch drei zentrale Prozesse: Wahrnehmung, Lernen und Motivation.

### 1. Wahrnehmung

#### *a. Stufen und Einflußfaktoren der Wahrnehmung*

Menschen handeln auf der Grundlage dessen, was und wie sie etwas wahrnehmen und nicht auf der Grundlage dessen, was ist. Insofern ist nicht die objektive Situation, sondern die **subjektiv wahrgenommene Situation** unmittelbar handlungsrelevant. Von einer **objektiven Situation** (Wirklichkeit, Realität) kann dann gesprochen werden, wenn sie von mehreren Personen unabhängig voneinander (also intersubjektiv) identisch beschrieben wird (consensual realitiy). Im S-O-R Schema auf S. 171 stehen zwischen Reizen und der Wahrnehmung sog. **Rezeptoren.** Führen bestimmte Reize aus externen oder internen Quellen über die Rezeptoren lediglich zu einer Stimulation der Sinnesorgane, ohne daß eine kognitive Verarbeitung folgt, spricht man in der Literatur (z. B. *Luthans* 1973, S. 337, *Hebb* 1968, S. 269) von **Empfindung** (sensation); erfolgt jedoch eine bewußte, gedankliche Verarbeitung, werden also kognitive Prozesse ausgelöst, spricht man von **Wahrnehmung** (perception).

Die Sinnesorgane werden permanent von einer Fülle von externen (z. B. Lichtwellen, Schallwellen, Wärme) und internen **Reizen** (z. B. chemische und energetische Umwandlungsprozesse) überflutet. Aus quantitativen und vor allem aus qualitativen Gründen können nicht alle Stimuli wahrgenommen werden. Die beschränkte Kapazität des Menschen zur Aufnahme und Verarbeitung von Reizen führt zwangsläufig zu einer zunächst quantitativen **Selektion.** Ein differenziertes System von Filtern erlaubt nur wenigen Reizen den Zugang zu Bewußtseinsebenen, auf denen sie eine Chance haben, handlungs- oder verhaltensrelevant zu werden.

Aus der Physiologie wissen wir, daß die menschlichen Sinnesorgane erst ab einer bestimmten **Schwelle** reagieren. Unter dieser absoluten Schwelle liegende Reize werden als unterschwellig bezeichnet (z. B. Reizschwelle beim Hören ab 16 Hz). Die Sinnesorgane nehmen also nur einen bestimmten Teil der Reize auf *(1. Filter)*; von diesen wird aber nur ein gewisser Teil empfunden (Empfindungsschwelle, beim Hören etwa ab 70 dB(A) – *2. Filter*). Von den empfundenen Reizen wird wiederum nur ein Teil wahrgenommen, d. h. kognitiv verarbeitet (Wahrnehmungsschwelle – *3. Filter).* Als obere Grenze der Wahrnehmung gilt die Schmerzschwelle, die beim Gehör etwa bei 120 dB (A) angesetzt wird (vgl. hierzu z. B. *Hajos* 1972). Mit der Bestimmung von Schwellen, vor allem von Unterschiedsschwellen (wann wird ein Unterschied zwischen gleichen Reizen wahrgenommen?), haben sich experimentell erstmals der Physiologe *Ernst Weber* (1795–1878) und der Physiker (Psychophysik) *Gustav Th. Fechner* (1801–1887) beschäftigt.

Bislang wurde davon ausgegangen, daß lediglich die bewußte Reizverarbeitung zu Verhalten führen könne, daß also nicht wahrgenommene Stimuli nie verhaltensrelevant werden könnten. Dieses Bild muß korrigiert werden. Vor allem aus der Werbepsychologie wissen wir, daß es auch eine **unterschwellige Wahrnehmung** von Reizen gibt, die Verhalten auslöst (vgl. hierzu die Belege bei *Kroeber-Riel* 1984).

Was nun den qualitativen Aspekt der Begrenzung von Reizverarbeitungsprozessen anbetrifft, so ist zunächst bedeutsam, daß die Wahrnehmung von den jeweiligen Werten, Wünschen und Bedürfnissen des Wahrnehmenden geleitet wird. Beispielsweise vermeinen wir, wenn wir auf einer Autofahrt sehr hungrig sind (primäres Bedürfnis), in jedem Schild einen Hinweis auf ein Restaurant zu erkennen. Die dominanten sekundären Bedürfnisse (z. B. Macht, Leistung, Geselligkeit) lassen uns Reize, die eine Befriedigung dieser Bedürfnisse signalisieren, stärker wahrnehmen. Die Art und Weise der Wahrnehmung hängt hier unmittelbar von unserer Persönlichkeit und den vorgängigen Sozialisationsprozessen ab.

Wahrnehmung ist aber keineswegs nur als einschränkender Selektionsprozeß zu sehen (Selektivität), sondern in aller Regel werden auch **fehlende Reize hinzugefügt** (Organisation, Gestaltung). Wir haben gelernt, in den Reizen eine Ordnung, ein Muster zu erkennen. Wir suchen stets nach einer Gestalt. Dies wissen wir spätestens seit den Arbeiten des Psychologen *Max Wertheimer* (1880–1943), der als Begründer der Gestaltpsychologie gilt. Wir nehmen eben nicht einfach schwarze Zeichen auf weißem Grund wahr, sondern assoziieren Worte und Sätze und lesen sogar ‚zwischen den Zeilen'.

Die Phänomene der Selektivität, Interpretation und Gestaltung lassen sich wie folgt veranschaulichen (Abb. 3.21):

*Abb. 3.21:* Der Prozeß der Wahrnehmung

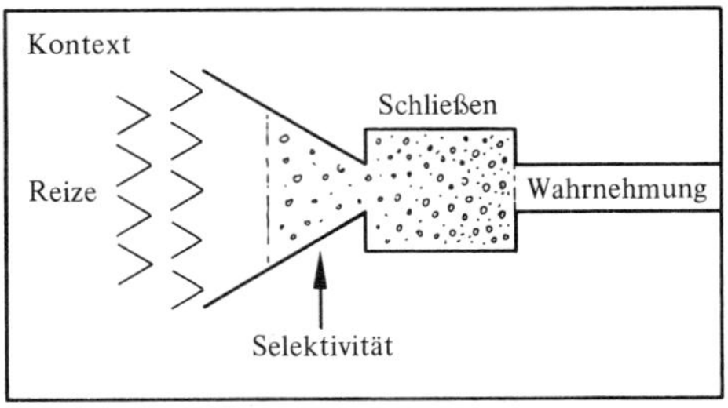


Im einzelnen lassen sich **externe** (Wahrnehmungsgegenstand), **interne** (wahrnehmende Person) und **situationsbezogene** Einflußfaktoren auf die Selektivität, Interpretation und Organisation der Wahrnehmung unterscheiden (vgl. Abb. 3.22).

*Abb. 3.22:* Einflußfaktoren des Wahrnehmungsprozesses

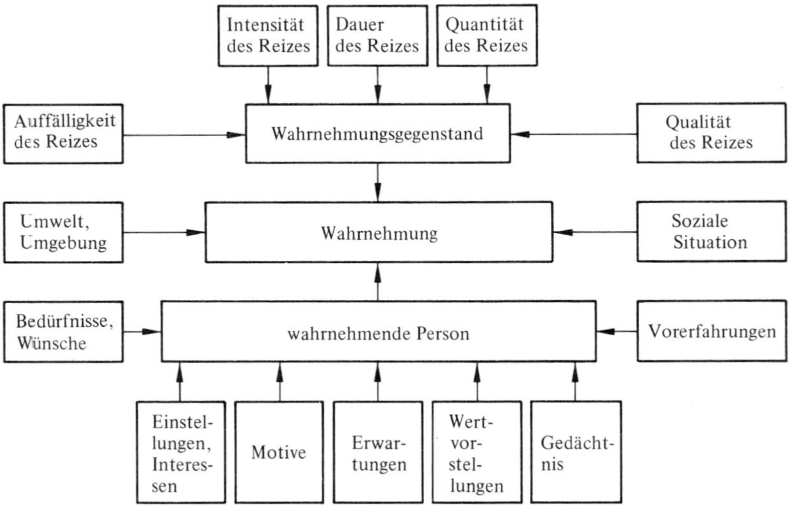


*Quelle: Sikora* 1976, S. 135

Zu den **externen Faktoren** zählen u. a. (vgl. hierzu *Luthans* 1973, S. 339 ff.):

**Intensität:** Mit zunehmender Intensität der Reize nimmt die Wahrscheinlichkeit zu, daß sie wahrgenommen werden (z. B. grelle Farben, Lautstärke).

**Größe:** Mit zunehmender Größe des Reizobjektes nimmt die Wahrscheinlichkeit zu, daß es wahrgenommen wird (z. B. ganzseitige Anzeige, Zeppelin).

**Kontrast:** Reize, die vor einem ruhigen Hintergrund präsentiert werden, haben große Chancen, wahrgenommen zu werden (z. B. Hinweisschilder).

**Wiederholung:** Öfter wiederholte Reize haben eine größere Chance, wahrgenommen zu werden, als einmalige (z. B. mehrfach wiederholte Anweisungen, Warnungen). Allerdings kann auch der umgekehrte Effekt eintreten, dann nämlich, wenn man kontinuierlich einunddemselben Reiz ausgesetzt ist und allmählich desensibilisiert wird (z.B. durch Lärm).

**Bewegung:** Reizobjekte in Bewegung erzielen höhere Aufmerksamkeit als stationäre (z. B. Film gegenüber Dia).

**Nähe:** Eine Gruppe von Reizen, die lokal oder zeitlich konzentriert auftreten, werden als Einheit wahrgenommen, obwohl dies in der Realität keineswegs der Fall sein muß. So werden z. B. solche Mitarbeiter einer Organisation als zusammengehörige Gruppe wahrgenommen, die im selben Stockwerk arbeiten.

**Ähnlichkeit:** Je ähnlicher die Reize, desto höher ist die Wahrscheinlichkeit, daß sie zu einer homogen Gruppe zusammengefaßt werden. Mitarbeiter im weißen Kittel werden als homogene Gruppe wahrgenommen, obwohl sie ganz unterschiedliche Funktionen ausüben können.

Zu den **internen Faktoren** zählen u. a.

**Bedürfnisse:** Nach Erkenntnissen der Gestaltspsychologie neigen Menschen dazu, ganzheitlich wahrzunehmen, d. h. bei fehlender Gestalt auch Reize wahrzunehmen, die gar nicht existieren; wir schließen einen Kreis, der in Wirklichkeit keiner ist. Der Wunsch nach Einheit, Ordnung, Problemlösung beeinflußt die wahrgenommene Gestalt. So neigen Moderatoren, aber auch Vorgesetzte dazu, einhellige Meinungen auch dort wahrzunehmen, wo in Realität Dissens besteht.

**Erwartungen:** Menschen nehmen häufig nicht das wahr, was ist, sondern was sie wahrzunehmen erwarten (erhoffen oder ersehnen). Wir verfügen aufgrund bestimmter Prädispositionen über eine Bereitschaft, solche Reize vornehmlich wahrzunehmen, auf die wir vorbereitet sind. So wurde z. B. eine Gruppe von Managern mit einer Fallstudie konfrontiert und um eine Fallösung gebeten. Der Verkäufer identifizierte ein Absatzproblem, der Ingenieur ein Produktionsproblem, der Personalleiter ein Qualifikationsproblem usw.

**Affektive Orientierung:** Reizobjekte, denen gegenüber wir positive Empfindungen hegen, werden eher wahrgenommen als neutrale oder negativ besetzte Reize (Akzentuierung). Damit steigt aber auch die Gefahr der verzerrten Wahrnehmung. So wird die Zeit, die wir mit einer interessanten Tätigkeit verbringen, in der Regel unterschätzt und diejenige, die wir mit monotoner Arbeit zubringen, meist überschätzt.

**Attribuierung:** Der Mensch beschränkt sich nicht allein auf die Wahrnehmung, sondern er zieht sofort Schlüsse, sucht nach Erklärungen, bildet einfache Ursache-Wirkungs-Ketten. *Kelley* (1973) konnte zeigen, daß dabei primitive, monokausale Deutungen komplexen vorgezogen werden. Darüber hinaus neigen wir dazu, unser eigenes Verhalten als situativ determiniert wahrzunehmen, während wir das Verhalten anderer auf deren Persönlichkeit zurückführen. (vgl. Abschnitt 6 C V).

**Kontinuität:** Menschen neigen dazu, in Reiz-Folgen Kontinuitäten wahrzunehmen, die in Wirklichkeit nicht existieren. Der Wunsch nach Stabilität und Sicherheit unserer Umwelt heute und in Zukunft beeinflußt den Wahrnehmungsprozeß dergestalt, daß unveränderte oder sich trendartig entwikkelnde Reize erkannt werden.

**Neuheit/Vertrautheit:** Neuartige Reize in einer vertrauten Situation oder vertraute Reize in einer neuartigen Situation werden mit hoher Wahrscheinlichkeit wahrgenommen (z. B. job rotation; Verschönerung des Arbeitsplatzes nach eigenen Wünschen). Generell werden vertraute Reize schneller wahrgenommen als neuartige (z. B. PS gegenüber kW, alte Francs gegenüber NF).

Die **Situation** oder der **Kontext des Wahrnehmungsprozesses** hat ebenfalls einen wesentlichen Einfluß auf das Wahrnehmungsergebnis. Forschungsergebnisse (z. B. *Asch* 1952) weisen darauf hin, daß es einen erheblichen Unterschied macht, ob das Individuum allein oder in einer Gruppe von anderen (Kollegen, Vorgesetzte, Untergebene) wahrnimmt. Gruppennormen, Rollenerwartungen und Statuszwänge führen zu gravierenden Verzerrungen der Wahrnehmung. Weitere situative Einflußfaktoren der Wahrnehmung in Organisationen sind Anreizsystem, Tätigkeit, Position, Kommunikation, Streß (vgl. z. B. *Litterer* 1965). Neben diesen mehr psychologischen Umweltfaktoren haben auch physikalische, wie Raumgestaltung (Farbe, Beleuchtung, Ausstattung), Belüftung, Beheizung, Geräuschpegel mit einen Einfluß auf den Wahrnehmungsprozeß.

### *b. Verzerrungen bei der Wahrnehmung*

Menschen streben nach Stabilität und Konsistenz ihrer Wahrnehmungen (Fixierung). Aus dissonanztheoretischen Arbeiten wissen wir, daß dissonante Informationen geringere Chancen haben, wahrgenommen zu werden als konsonante. Der Mensch entwickelt Abwehrmechanismen gegenüber Reizen, die bestehende Wert- und Einstellungssysteme bedrohen und zu einer Revision derselben führen könnten. Reize, die nicht in das bestehende Bild seiner selbst (Selbstwertkonzept) und das Bild seiner Umwelt (Weltbild, Vorurteile) passen, werden gefiltert, umgedeutet oder völlig abgelehnt. Dabei werden die Wahrnehmungsprobleme noch um ein Beträchtliches erhöht, wenn es sich bei dem Wahrnehmungsobjekt selbst um Menschen handelt, denn im Gegensatz zur toten Materie kann sich der Mensch im Prozeß der Wahrnehmung laufend ändern.

Als wichtigste Phänomene der Verzerrung von Wahrnehmungen sind zu nennen: Stereotypenbildung, Halo-Effekt, Primacy-Recency-Effekt, Projektion.[7]

**Stereotypenbildung:** Der Begriff Stereotyp(platte) stammt aus dem Druckereiwesen und meint einen beliebig wiederholbaren Druckvorgang mit einer feststehenden Druckplatte. Nach *Luthans* (1973, S. 357) hat ihn *Walter Lippmann* 1922 auf Wahrnehmungsprozesse übertragen. Hier bezeichnet er einen Wahrnehmungsirrtum, der darin besteht, daß man einen Menschen auf der Basis einzelner Merkmale (z. B. Geschlecht, Alter, Hautfarbe, Rasse, Beruf) einer danach gebildeten Kategorie zuordnet, über die man sich ein generelles (Vor-) Urteil gebildet hat. Der sonst schwierige Prozeß der ganzheitlichen Wahrnehmung einer Person wird durch diesen Mechanismus drastisch verkürzt auf die einfache Frage: Zu welcher Kategorie (über die ich mir schon ein Bild gemacht habe) gehört der Betreffende? (Frau am Steuer, Opel-Fahrer, Hippie, Homosexueller).

Äußerst unterschiedliche Menschen werden also bestimmten Kategorien zugeordnet und zwar in der Annahme, daß die Gleichheit in einem Merkmal Ähnlichkeit in allen anderen Persönlichkeitsmerkmalen zur Folge hat.

Auch **Wahrnehmungsprozesse in Organisationen** leiden ständig unter Stereotypenbildungen; solche Vorurteile werden z. B. gegenüber Planern, EDV-Abteilungen, Betriebsräten, Refa-Ingenieuren gebildet, mit der Folge, daß die Kommunikation zwischen unterschiedlichen Organisationsmitgliedern durch die bestehenden Stereotypen schwer belastet wird. Im Zuge einer experimentellen Untersuchung konnte *Haire* (1955) belegen, wie stark Sterotypen die Wahrnehmung verzerren können. Verschiedene Gruppen von Managern und Gewerkschaftlern wurden gebeten, den Eindruck zu schildern, den eine Person auf einem Photo auf sie macht. Dabei wurde die Person einmal als Mitglied des Managements und einmal als Mitglied einer Gewerkschaft bezeichnet. Managementangehörige beschrieben die gleiche Person bedeutend positiver (vertrauenswürdig, kompetent), wenn sie als Manager, und negativer, wenn sie als Gewerkschaftler bezeichnet wurde.

Stereotypen müssen jedoch keineswegs nur negative Eindrücke zusammenfassen, sondern können auch positive Vorurteile beinhalten, wie *Secord/Backman* (1964) meinen; entscheidend ist die komplexitäts-reduzierende und verhaltensstabilisierende Funktion der Stereotypenbildung. Aufgrund der festgeformten Erwartungsstrukturen führt die Wahrnehmung von dem Stereotyp nicht entsprechenden Verhaltensweisen eines Menschen keineswegs schon zu dessen Revision. Aus dissonanztheoretischen Forschungsergebnissen wissen wir, daß dissonante Informationen gerne vermieden oder durch Uminterpretation lediglich zur Rationalisierung benötigt werden.

**Halo[8]-Effekt:** Während im Fall der Stereotype ein Mensch auf der Grund-

---

[7] Vgl. hierzu *Luthans* 1973, *Hellriegel/Slocum* 1974, 1976, *Duncan* 1975, *Filley/House/Kerr* 1976.

[8] gr.-lat. Hof um eine Lichtquelle.

lage seiner Zugehörigkeit zu einer Kategorie wahrgenommen wird, bezeichnet der Halo-Effekt einen Wahrnehmungsvorgang, bei dem ein Mensch auf der Grundlage einer einzigen hervorstechenden Eigenschaft (Persönlichkeitsmerkmal) beurteilt wird, die alle anderen Merkmale überstrahlt. Von dem positiven oder negativen Eindruck, den *eine* Eigenschaft erweckt, schließt man auf positive bzw. negative Tendenzen bei *allen anderen* Eigenschaften, über die ein Mensch verfügt. Der als Halo-Effekt bezeichnete Wahrnehmungsfehler hat vor allem bei der Mitarbeiterbeurteilung große Bedeutung. Viele Fehlbeurteilungen von Organisationsmitgliedern beruhen darauf, daß z. B. von positiv wahrgenommenen Persönlichkeitsmerkmalen (z. B. Fleiß, Sauberkeit am Arbeitsplatz, Pünktlichkeit) auf positive Leistungsbereitschaft geschlossen wird oder umgekehrt von negativen Leistungsmerkmalen auf negative Persönlichkeitsmerkmale.

**Primacy-Recency-Effekt:** In einer Vielzahl von Untersuchungen konnte festgestellt werden, daß die Reihenfolge, in der die Reize wahrgenommen werden, einen Einfluß auf die Formung des Gesamtbildes einer Person hat. In Fällen, wo der erste Eindruck (die ersten Reize) mit ungleich größerem Gewicht in die Gesamtbeurteilung eingehen, spricht man von **Primacy-Effekt.** Die Erfahrung zeigt auch, daß in Fällen, wo Informationen aus dritter Hand über einen Menschen für uns erste Beschäftigung mit diesem darstellen, diese einen nachhaltigen Einfluß auf die eigene Wahrnehmung ausüben.

Es gibt jedoch auch Situationen, in denen die zuletzt wahrgenommenen Reize am höchsten bewertet und am besten behalten werden. Hier spricht man von einem **Recency-Effekt.** Beide Wahrnehmungs- bzw. Beurteilungsfehler können vermieden werden, wenn man den betreffenden Menschen in mehreren unterschiedlichen Situationen wahrnimmt und somit nicht in die Versuchung gerät, vorschnell vom ersten oder letzten Eindruck auf die Gesamtpersönlichkeit zu schließen.

**Projektion:** Eine häufig nur schwer zu durchschauende Form der verzerrten Realitätswahrnehmung stellt die Projektion dar. Werden durch eine Reihe von Informationen Gefühle des Versagens oder der Schuld beim Wahrnehmenden erzeugt, die für ihn nur schwer zu ertragen sind, vor allem wenn eine soziale Mißbilligung hinzukommt, neigen Menschen dazu, die eigenen (häufig unbewußten) Gefühle auf andere zu projizieren. So wird z. B. versucht, die (objektiven) Ursachen eines Fehlschlages (Nichtbeförderung) nicht in der eigenen Person – da inakzeptabel – zu suchen, sondern Dritten (ungerechter Vorgesetzter, unfaire Kollegen) zu attribuieren. Die Projektion, als Form der Wahrnehmungsverzerrung, begegnet uns häufig bei Tarifverhandlungen, wo die eine Seite der anderen die eigenen Fehler (Mißtrauen, Unzuverlässigkeit, Schlitzohrigkeit) unterstellt.

## 2. Lernen

Lernen setzt Wahrnehmung voraus. Was nicht wahrgenommen wird, kann auch nicht gelernt werden. Da ‚Lernen' nicht beobachtet werden kann, können wir lediglich aus dem Vergleich des Verhaltens eines Menschen vor und nach bestimmten Ereignissen (z. B. Übung, Erfahrung) darauf schließen, daß etwas im Menschen stattgefunden hat, was wir als Lernen bezeichnen. Entsprechend wird Lernen als ein relativ überdauernder **Wandel des (langfristigen) Verhaltens** definiert, der das Ergebnis von Übungen und Erfahrungen darstellt, die in aller Regel verstärkt wurden. Nicht jede Verhaltensänderung läßt aber auf einen Lernprozeß schließen. Vom Lernen sind folglich alle anderen Veränderungen abzugrenzen, wie etwa Reifungsprozesse (nach angeborenen Dispositionen), Ermüdungsprozesse (etwa nach Alkoholgenuß), Veränderungen nach mechanischen oder Drogeneinwirkungen (vgl. *Bergius* 1972). Lernprozesse setzen notwendigerweise ein **Gedächtnis** voraus, das es uns erlaubt, wahrgenommene Informationen zu behalten und auf Anforderungen wieder zu reproduzieren (vgl. hierzu Abb. 3.23).

*Abb. 3.23:* Schema für die Steuerung des Lernvorgangs in geschlossenen Systemen (Regelkreisen)

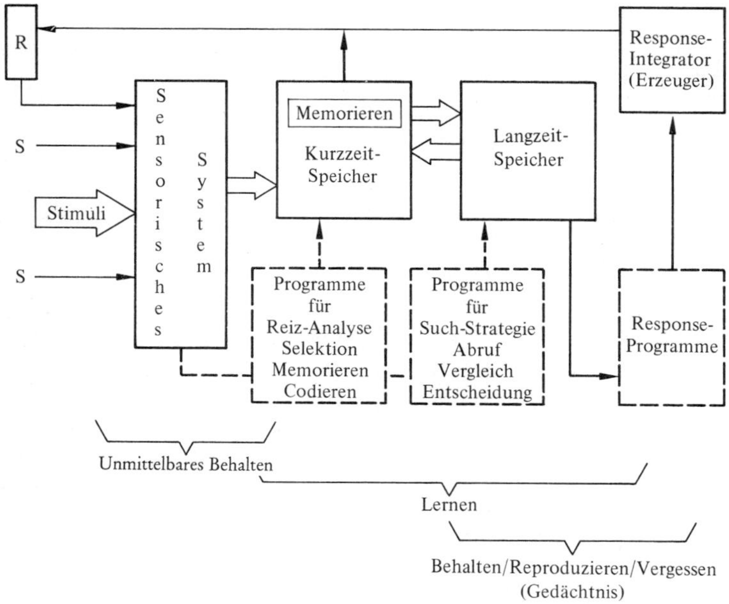


*Quelle: Bergius* 1972, S. 47

Hierzu ist ein **Langzeit-Speicher** erforderlich, der in seiner Behaltenskapazität weit über die reine Merkfähigkeit des **Kurzzeit-Speichers** hinausgeht. Wird nicht unmittelbar memoriert, wird das Material innerhalb kürzester Zeit wieder vergessen. Es muß also ein besonderes Interesse, eine bestimmte Motivation vorhanden sein, damit der Mensch sich überhaupt der Mühe unterzieht, den Langzeit-Speicher zu benutzen, eben zu lernen. Obwohl auch das Phänomen des inzidentellen Lernens, also des Lernens ohne Lernabsicht, bekannt ist, besteht in der Lernpsychologie Einhelligkeit darüber, daß Lernen einer Aktivierung (meist Verstärkung) bedarf.

Entsprechend den unterschiedlichen Auffassungen über Zweck und Ziel menschlichen Lernens (z. B. naturwissenschaftliche, psychoanalytische, humanistische Positionen) bestehen auch unterschiedliche **Lerntheorien.** Dies sind vor allem die behavioristischen Stimulus-Response-Theorien (S-R-Theorien) und die kognitiven Lerntheorien.[9]

### *a. Stimulus-Response-Theorien*

Im klassischen Behaviorismus wird versucht, den Lernprozeß unter der impliziten Verwendung der Black-Box-Methode als **Reiz-Reaktions-Modell** abzubilden. Der Mensch, als schwarzer Kasten gesehen, erhält Reize, verarbeitet sie irgendwie und antwortet mit bestimmten Reaktionen. Ändern sich die Verhaltensweisen als Reaktion auf bestimmte Reizsituationen, kann Lernen angenommen werden. Innerhalb der S-R-Theorien werden zwei unterschiedliche Erklärungsansätze für Lernen angeboten:

(1) **Lernen nach dem Kontiguitätsprinzip,** d. h. Lernen als Folge des räumlich-zeitlichen Zusammentreffens zweier Reize,

(2) **Lernen nach dem Verstärkungsprinzip,** d. h. Lernen aufgrund der Konsequenzen (positive, negative) bestimmter Verhaltensweisen.

Zu (1)

Das Kontiguitätsprinzip läßt sich am besten an den Lernvorgängen zeigen, die als **klassisches Konditionieren** bezeichnet werden. Diese wurden erstmals im Zuge der berühmten Tierexperimente (Speicheldrüsen des Hundes) des russischen Physiologen *Pawlow* (1927) nachgewiesen. *Pawlow* hatte beobachtet und gemessen, daß ein Hund bei der Darbietung von Fleischpulver (unbedingter, ursprünglicher Reiz) Speichel absondert (angeborene, unbedingte Reaktion). Ertönt nun wiederholt unmittelbar vor der Darbietung von Fleischpulver ein Glockenton (neutraler Reiz), sondert der Hund nach einiger Zeit bereits beim Ertönen der Glocke Speichel ab (bedingte, konditionierte Reaktion). Der Hund hat dann gelernt, auf einen neutralen und nicht nur

---

[9] Vgl. zu den folgenden Ausführungen *Bergius* 1972, *Luthans* 1973, S. 361 ff., *Brandstätter* et al. 1974, S. 123 ff., *Hellriegel/Slocum* 1976, S. 87 ff., *Filley/House/Kerr* 1976, S. 72 ff., *Todt* 1977, *Ribeaux/Poppleton* 1978.

auf den ursprünglichen Reiz zu reagieren. Der Glockenton ist zum konditionierten, bedingten Reiz für das Verhalten (Speichelsekretion) geworden. Er löst stellvertretend für den ursprünglichen Reiz das Reflexverhalten aus. Dieser Lerneffekt wird über eine gewisse Zeit auch dann erhalten bleiben, wenn der unbedingte Reiz (Fleischpulver) nicht mehr im Anschluß an den Glockenton dargeboten wird. Erst allmählich tritt die Löschung (Extinktion) der Konditionierung ein.

**Löschung** (Vergessen) tritt also dann ein, wenn ein konditionierter Reiz nicht auf Dauer von einem unkonditionierten gefolgt (verstärkt) wird. Bei Ausbleiben des unkonditionierten Reizes wird sich das konditionierte Verhalten abschwächen und schließlich ganz ausbleiben. Der konditionierte Reiz wird wieder zu einem neutralen. Therapeutisch genutzt kann der Prinzip des Löschens dazu veranlassen, einen Menschen, der aufgrund negativer Erfahrungen in bestimmten Situationen Angst zeigt, bewußt der angstauslösenden Situation auszusetzen, ohne daß sich die befürchteten negativen Konsequenzen zeigen.

Lernen im Sinne des Konditionierens wäre nun äußerst aufwendig und mühsam, wenn bedingte Reaktionen nur durch ein und denselben Reiz ausgelöst werden könnten. Das Prinzip der **Reizgeneralisierung** beschreibt ein Phänomen, wonach nicht nur der bedingte Reiz die konditionierte Reaktion auslöst, sondern auch andere ähnliche Reize. Dabei gilt, daß je ähnlicher der neue Reiz dem bekannten konditionierten ist, desto höher ist die Wahrscheinlichkeit, daß der neue Reiz das gleiche konditionierte Verhalten produziert. Das Prinzip der Generalisierung erlaubt es uns, in neuen Situationen (etwa neuer Arbeitsplatz) auf vergangene gelernte Reiz-Reaktions-Muster zurückzugreifen, und erleichtert uns so das Zurechtfinden bei wechselnden Umweltbedingungen.

Generalisierung hat jedoch auch negative Aspekte, dann nämlich, wenn sehr kurzfristig gebildete Reiz-Reaktions-Muster zu früh (ohne ausreichenden Realitätstest) generalisiert werden, wie es etwa im Falle der Stereotypenbildung oder des Halo-Effekts bei der Wahrnehmung der Fall ist.

Das notwendige Korrektiv zur Generalisierung ist die **Diskrimination** (Differenzierungslernen), die Fähigkeit, trotz Ähnlichkeit der Reize signifikante Unterschiede zu erkennen. So weist *Lundin* (1961) zu Recht darauf hin, daß wir ohne Diskrimination laufend Leute mit den falschen Namen ansprechen würden und gesunde (z. B. Steinpilze) nicht von gesundheitsgefährdender Nahrung (z. B. Giftpilze) unterscheiden könnten. Gerade in der Mitarbeiterbeurteilung ist es unerläßlich, möglichst exakt zwischen vermeintlich ähnlichen Verhaltensweisen zu differenzieren, damit man der Individualität des Beurteilten gerecht wird.

Zusammenfassend läßt sich festhalten, daß beim klassischen Konditionieren ein vorgängig neutraler Reiz durch wiederholte Kopplung (Kontiguität) mit einem unkonditionierten Reiz selbst reaktionsauslösende Funktion erhält. Dabei bleibt der Organismus **passiv**, er wirkt nicht selbst auf die Umwelt ein, sondern reagiert lediglich auf Umweltreize. Damit wird deutlich, daß mit dem Kontiguitätsprinzip und dem klassischen Konditionieren nur eine kleine Klasse von in der Realität auftretenden Lernprozessen erklärt werden kann. So kann z. B. mit diesem Ansatz das Lernen neuer, nicht auf angeborenen Verhaltensmustern beruhender Handlungsweisen nicht erklärt werden.

Die große Bedeutung dieses Ansatzes liegt auch weniger in seiner Erklärungskraft als in dem Aufdecken der fundamentalen Zusammenhänge des Reiz-Reaktions-Lernens.

Zu (2)

Das Verstärkungsprinzip, d. h. Lernen aus Konsequenzen von Verhalten, liegt den Erklärungsansätzen des **instrumentellen und operanten Konditionierens** zugrunde. Die Hinwendung des Forschungsinteresses weg von den Reizen hin zu den Reaktionen, dem ‚Erfolg' von Handlungen, ist auf die Arbeiten des amerikanischen Psychologen *Edward L. Thorndike* zurückzuführen. *Thorndike* (1911) ließ Versuchstiere (hungrige Katzen) in einem Problemkäfig den Ausgang finden. Nach anfänglichem planlosen ‚Trial and Error' Verhalten entdeckten einige Katzen zufällig den Öffnungsmechanismus der Käfigtür (Schnur, Hebel). Die mit Futter belohnten Katzen fanden nach wenigen Versuchen immer häufiger die Lösung. Die in den Experimenten gemachten Erfahrungen faßte er zu dem bekannten **‚Law of Effect'** (Effektgesetz) zusammen, das besagt, daß bei Reiz-Reaktions-Verbindungen, die von einem befriedigenden Zustand begleitet oder gefolgt werden, die Stärke dieser Verbindung zunimmt. Umgekehrt nimmt die Stärke der Verbindung (Reiz → Reaktion) ab, wenn sie von einem unbefriedigenden Zustand begleitet oder gefolgt wird (*Thorndike* 1913). Was beim klassischen Konditionieren der unkonditionierte Reiz bewirkt, übernimmt im Erklärungsschema des instrumentellen Konditionierens die Reaktion der Umwelt auf die Handlung. Die Reaktion ist *instrumental* zur Erreichung der Reaktion (z. B. Belohnung durch Futter). Der Erfolg tritt aber nicht automatisch ein, sondern erfordert – im Gegensatz zum klassischen Konditionieren –, daß das Individuum **aktiv** wird, es muß alternative Lösungen ausprobieren und erhält die Verstärkung erst *nach* einer gezeigten Reaktion.

In der S-R-Theorie werden positive und negative Verstärker unterschieden. Eine Reaktion ist **positiv verstärkt,** wenn die Wahrscheinlichkeit, daß eine bestimmte Reaktion auf einen bestimmten Reiz folgt, gestiegen ist. Eine Reaktion ist **negativ verstärkt,** wenn diese Wahrscheinlichkeit gesunken ist. Wichtig ist, daß Verstärker (z. B. Belohnung/Bestrafung) nur als solche wirken, wenn ein Zusammenhang zwischen Reaktion und Verstärker erkannt ist (Instrumentalität). Darüber hinaus ist für den ‚Erfolg' der Verhaltensänderung (Lernen) ausschlaggebend, daß die Verstärkung zeitlich unmittelbar auf die erwünschte Reaktion folgt.

An früherer Stelle (S. 181) wurde schon zwischen primären Verstärkern, die zur Befriedigung primärer Bedürfnisse führen (Hunger, Durst, Sex), und sekundären Verstärkern, wie Lob, Lohnerhöhung, Beförderung, unterschieden.

Während die Konsequenzen positiver primärer und sekundärer Verstärker für den Lernvorgang (langfristige Verhaltensänderung) recht eindeutig sind, lassen sich über die **Wirkungen der Bestrafung** nur vage Aussagen treffen. Bestrafung führt zwar unmittelbar bzw. kurzfristig zu einem Ausbleiben der unerwünschten Verhaltensweisen, verhindert aber nicht, daß nach Beendigung der Bestrafungsphase das alte Verhalten in der vorherigen Häufigkeit und Intensität wieder auflebt.

Neben *Thorndike* ist *J. B. Watson* (1978–1958) zu nennen, dessen lerntheoretischer Ansatz als Behaviorismus bezeichnet wird. *Watson* (1930) ist davon überzeugt, daß **Verhaltensänderung** nur durch Training via Konditionierung erfolgreich sein kann. Dabei umfaßt das Training die Phasen ‚*untraining*' des alten Verhaltens und ‚*retraining*' des neuen Verhaltens. Von zentraler Bedeutung in *Watson's* Lerntheorie sind die Prinzipien ‚*frequency*' und ‚*recency*', d. h. je häufiger wir in einer bestimmten Weise auf denselben Reiz reagieren, desto eher sind wir in der Lage auf diesen Reiz auch das nächste Mal zu reagieren, vorausgesetzt die Reaktionen wurden verstärkt (Frequency); und je jünger die letzte Reaktion auf einen Reiz ist, desto eher sind wir geneigt, diese Reaktion wieder zu zeigen, vorausgesetzt das Ergebnis war positiv (Recency) (vgl. *Harlow/Hanke* 1975, S. 49).

Den höchsten Bekanntheitsgrad unter den Lerntheorien nach dem Verstärkungsprinzip hat zweifellos der Erklärungsansatz des **operanten Konditionierens** nach *B. F. Skinner* erlangt. *Skinner* (1938, 1948, 1971) unterscheidet zwischen ‚*respondent*' und ‚*operant behavior*'. Ersteres bezeichnet passives, reaktives Verhalten auf bestimmte Umweltreize und entspricht dem Prinzip des klassischen Konditionierens. Letzteres erfordert dagegen aktive Eingriffe in die Umwelt, um bestimmte Erfolge zu erzielen (Lernen am Erfolg). Da es sich nach *Skinner* hier um die Konditionierung von Tätigkeiten (operants) handelt, spricht er von operantem Konditionieren. Zum experimentellen Testen seiner Annahmen hat *Skinner* einen Versuchskasten (Skinnerbox) konstruiert, der es erlaubt, daß alle Reaktionen der Versuchstiere, die zum Aufbau des gewünschten Verhaltens führen, durch Verstärker (z. B. Futter) bekräftigt werden. Verhaltensaufbau und -stabilisierung können extern durch eine elektronische Steuerung des Ablaufs der Verhaltensbekräftigung (schedule of reinforcement) kontrolliert werden. Somit kann aus der Fülle der zufällig gezeigten Reaktionen durch selektive Verstärkung lediglich der erwünschten Reaktionen Verhalten geformt werden (shaping of behavior). Die Versuche zeigen, daß die **kontinuierliche Belohnung** (jede erwünschte Reaktion wird belohnt) im Hinblick auf die Stabilisierung von Verhalten der unterbrochenen (intermittierenden) Belohnung unterlegen ist und sich lediglich zum erstmaligen Verhaltensaufbau eignet. Bei der **unterbrochenen Verstärkung** wird unterschieden zwischen *fixen* und *variablen Zeitintervallen*

(Intervallbekräftigung, z. B. wird die erwünschte Reaktion nur dann belohnt, wenn eine gewisse Zeit verstrichen ist) und *fixen* bzw. *variablen Reaktionsquoten* (Quotenbekräftigung, z. B. wird die erwünschte Reaktion nur dann belohnt, nachdem eine bestimmte Anzahl von Reaktionen erfolgt ist). Intermittierende Belohnung hat zwar eine Verlangsamung des Lernens zur Folge, erleichtert aber das Ausblenden der Belohnung (fading out) und verhindert eine vorzeitige Löschung der erwünschten Reiz-Reaktions-Verbindung.[10]

*Skinner's* operante Konditionierung hat die neuere **Lerntechnologie** (programmiertes Lernen) und die **Verhaltenstherapie** stark beeinflußt. In Organisationen sind fast alle bekannten Anreizsysteme auf *Skinner's* Lern-Prinzipien rückführbar. Vor allem die verschiedenen Lohnsysteme (vgl. Intervall- und Quotenbekräftigung) beruhen auf dem Prinzip des Lernens aus Konsequenzen, die verstärkt wurden. Aber auch die immateriellen Anreizsysteme profitieren von den Erkenntnissen (neo-) behavioristischer Lernforschung. *Neuberger* (1970) beschreibt z. B. die unterschiedlichen Verhaltenskonsequenzen der Führungsmittel ‚Anerkennung und Kritik'. Empirische Forschungsergebnisse lassen erkennen, daß z. B. in einfach strukturierten Situationen neue Verhaltensweisen eher durch verstärkende Anerkennung gelernt werden als durch Kritik; dagegen erweist sich in komplexen Situationen eine begleitende Kritik als förderlicher für den Verhaltensaufbau.

Während die bislang besprochenen S-R-Theorien entweder auf reizabhängiger oder verhaltensabhängiger Verstärkung beruhen, beschäftigt sich der amerikanische Lerntheoretiker *Clark L. Hull* (1943, 1951) primär mit der **Verstärkung durch Reduktion von Triebspannungen.** Nach *Hull* wird eine Reiz-Reaktions-Verbindung dann verstärkt, wenn sie mit einer raschen Verringerung der Trieb- oder Bedürfnisspannung assoziiert ist. Diese als ‚Gesetz der primären Verstärkung' bezeichnete Annahme rekuriert auf existentielle Bedürfnisse nach Überleben in einer sich ständig wandelnden Umwelt. Danach werden vor allem diejenigen Reaktionen gelernt, die unmittelbare biologische Bedürfnisse reduzieren können. Da primäre Verstärkung allerdings nur einen Bruchteil menschlichen Lernens zu erklären vermag, hat sich *Hull* – beeinflußt von *Pawlow's* Experimenten – in späteren Arbeiten auch den Prinzipien der sekundären Verstärkung und Motivation zugewandt.

### *b. Kognitive Lerntheorien und Informationsverarbeitungsansatz*

Das Adjektiv *kognitiv* erhalten solche Lerntheorien, die zwischen Auftreten von Reiz und Reaktion vermittelnde Prozesse (z. B. Begriffsbildungs- und Kodierungsprozesse) annehmen.

Im Gegensatz zu den S-R-Theorien konzentrieren sich die kognitiven Lerntheorien entsprechend dem S-O-R-Paradigma auf das O (Organismus)

---

[10] Vgl. hierzu *Duncan* 1975, S. 131 f., *Filley/House/Kerr* 1976, S. 77 ff., *Hellriegel/Slocum* 1976, S. 93 ff., *Brandstätter* et al. 1974, S. 138 f.

als einem selbständigen System, das über Wahrnehmen, Erkennen und Nachdenken (Kognition) zu Einsichten kommt (**Lernen durch Einsicht**). Nach diesem Ansatz lernt der Mensch nicht durch zielloses Herumprobieren (trial and error), sondern er strukturiert Umweltwahrnehmungen entsprechend den von ihm gespeicherten Plänen über die Gestalt der Umwelt.

Hauptinitiator kognitiver Lernforschung ist *Edward C. Tolman*, der stark von gestalttheoretischen Überlegungen beeinflußt ist und in Ansätzen auch humanistische Lernauffassungen erkennen läßt. Dennoch ist auch *Tolman's* bevorzugtes Versuchsobjekt nicht der Mensch sondern die Ratte, was nicht zuletzt aus der damals noch dominierenden naturwissenschaftlich-behavioristischen Orientierung der Psychologie zu erklären ist. Nach *Tolman* (1932) bildet sich der Organismus zunächst eine vorläufige Karte (**cognitive map**) seiner Umwelt, mit deren Hilfe alle wahrgenommenen Reize (Zeichen) in eine zeitlich-räumliche Struktur gebracht werden, auf deren Grundlage gehandelt wird. Besteht in einer neuen Situation noch keine hinreichend strukturierte Karte (Gestalt), bildet der Organismus Erwartungen über die mögliche Problemstruktur (deshalb auch die Bezeichnung ‚Erwartungstheorie' für *Tolman's* kognitive Lerntheorie). Das Individuum antizipiert damit die Ergebnisse von Handlungen. Treten die erwarteten Ergebnisse tatsächlich ein, sieht sich das Individuum in seinen Annahmen bestätigt und erfährt ein Erfolgserlebnis. Gelerntes Verhalten ist nach kognitiven Lerntheorien also nicht das Ergebnis von Triebreduktionen oder reiz- bzw. reaktionsabhängiger Verstärkung, sondern zielgerichtetes **Problemlösungsverhalten** auf der Grundlage von Erwartungen über Umweltzustände (Handlungskonsequenzen).

Kognitive Lerntheorien haben auch in die Praxis der Mitarbeiter-Schulung Eingang gefunden (vgl. *Odiorne* 1970). So wird vor allem in den 40er und 50er Jahren in den USA entsprechend den *Tolman*schen Erkenntnissen versucht, Verbindungen zwischen Umweltsignalen (z. B. Arbeitsanweisungen, Abteilungszielen) und Erwartungen der Mitarbeiter (z. B. Belohnung für besonders wirtschaftliche Problemlösungen) herzustellen.

Neben den S-R-Theorien und den kognitiven Lerntheorien wird in jüngerer Zeit noch ein dritter Erklärungsansatz angeboten, der sich einerseits als Synthese zwischen Neobehaviorismus und Kognitivismus und andererseits zwischen Experimentalpsychologie und Nachrichtentheorie, Kybernetik sowie Computertechnologie versteht. Es handelt sich um den **Informationsverarbeitungsansatz,** der den Menschen primär als offenes kybernetisches, informationsverarbeitendes System betrachtet (vgl. hierzu vor allem *Kirsch* 1971, *Reber* 1973, *Reber* 1976a und die dort angegebene Literatur). Das System besteht aus mehreren Gedächtnissen (Kurzzeitgedächtnis, Langzeitgedächtnis), in denen die aufgenommenen Informationen gespeichert werden (kognitive Persönlichkeit). Die Informationsverarbeitungsprozesse werden von Regeln (Befehlen) über die Verknüpfung der Informationen gesteuert (kognitives Programm). Das Individuum bildet sich nun ein **Modell der Situation** (ähnlich der ‚cognitive map' bei *Tolman),* ein subjektives, inneres Modell seiner Umwelt im Lichte seiner Wertvorstellungen (Entscheidungsprämissen). Wahrgenommene Informationen werden, falls sie nicht in Einklang mit dem Modell stehen, Programmbefehle zur Anpassung auslösen. Diese können Ablehnen der Information oder Veränderung des Modells beinhalten.

Da der Mensch als ‚black box' betrachtet wird, und lediglich Input und Output gemessen werden können, lassen sich zunächst lediglich Hypothesen über die Vorgänge im Inneren des Organismus formulieren. Experimentell geht man so vor, daß die Versuchsperson mit bestimmten Problemen (Testaufgaben) konfrontiert wird und dabei (oder anschließend) berichten soll, wie sie bei der Problemlösung vorgegangen ist. Dabei hat sich das Denke-laut-Verfahren bewährt, bei dem die Vp aufgefordert wird, alle Gedanken während des Lösungsprozesses auszusprechen, damit sie protokolliert werden können. Auf der Grundlage der Protokolle werden Programme geschrieben und im Computer gespeichert. Anschließend kann jedes Programm mit unterschiedlichen Situationen konfrontiert werden. Die Reaktionen lassen Aufschlüsse darüber zu, ob das Programm die gleichen Leistungen erbringt wie der Mensch (Hypothesenprüfung). Erfolgreiche Computersimulationen haben bisweilen dazu geführt, von ‚künstlicher Intelligenz' zu sprechen, m. E. eine Überzeichnung des Analogiedenkens zwischen Lernprozessen bei Menschen und elektronischen Datenverarbeitungsprozessen. Die ‚Hardware' des Menschen unterscheidet sich eben doch ganz erheblich von der des Computers. Intelligente Programme sind ohne intelligente Menschen nicht zu formulieren.

Ähnlich wie die zuvor besprochenen lerntheoretischen Ansätze vernachlässigt auch der Informationsverarbeitungsansatz die Umwelt, in der Lernen stattfindet, und die Tatsache, daß Lernen in aller Regel ein sozialer und nicht nur ein neurophysiologischer Prozeß ist.

### *c. Lerntypen*

Die in den vergangenen Abschnitten besprochenen verschiedenen Arten von Lernvorgängen werden von *Gagné* 1964 (siehe auch *Skowronek* 1971) zu vier Lerntypen unterschiedlicher Komplexität verdichtet (vgl. Abb. 3.24).

Lernen in Organisationen ist vor allem durch die letzten drei Lerntypen gekennzeichnet (vgl. *Staehle* 1977).

**Konzeptlernen/Begriffslernen:** Begriffe sind gedankliche Gebilde, in welche Erfahrung eingeordnet werden kann. Sie sind Abstraktionen von Objekten, Ereignissen oder Situationen. Begriffe entstehen dadurch, daß eine Anzahl von Sachverhalten aufgrund übereinstimmender Merkmale mit einem gemeinsamen Namen belegt werden.

Der in Begriffen symbolisierte Sinngehalt kann zwar den Kenntnissen und Erfahrungen des Adressaten entsprechen, diese lassen sich aber nicht aktualisieren, solange die interpersonelle Mitteilbarkeit fehlt. Der Erwerb von Be-

*Abb. 3.24:* Lerntypen unterschiedlicher Komplexität

| Lerntyp | Paradigma | Beschreibung |
|---|---|---|
| Reaktions-lernen | S-R | Herstellung einer bestimmten Stimulus-Reaktions-Beziehung |
| Konzept lernen | S, S, S → Konzept — | Klassifizierung von Stimuli durch das Lernen „vermittelnder Reaktionen“ |
| Zuordnungs-lernen | – Konzept, – Konzept → Regel — | Die Etablierung von Prozessen zur Verbindung verschiedener Konzepte durch logische Regeln (z.B. „wenn A wahr ist, dann ist auch B wahr“) |
| Problem-lösen | – Regel, – Regel → Regel höherer Ordnung — | Die Etablierung von Prozessen zur Kombination gelernter Regeln durch Regeln höherer Ordnung |

*Quelle: Kappler* 1972, S. 55 nach *Gagné* 1964, S. 312

griffen ist daher eine notwendige Voraussetzung für z. B. vertikale Versetzungen, und zwar immer dann, wenn mentale Komponenten von Lernprozessen (Erfahrung) vorhanden sind, deren Verwertung aber aufgrund der andersgearteten Sprache und Begriffswelt nicht stattfinden kann. Ein Großteil von Konflikten, z. B. zwischen Kaufleuten und Technikern, wird nicht zuletzt auf die unterschiedliche Sprache zurückzuführen sein. Bedeutung und Gebrauch von Begriffen werden daher zweckmäßigerweise innerhalb der sozialen Situation transferiert, in der sie entstanden sind und verwertet werden.

**Zuordnungslernen/Regellernen:** Regellernen beinhaltet logische oder wahrgenommene Verknüpfungen von Begriffen (Zuordnungen). Das Wissen eines Positionsinhabers ist daher nichts anderes als die Summe inhaltlicher Regeln, über die er verfügen kann. Subjektive Voraussetzung für Regellernen ist die Verfügbarkeit der in den Regeln implizierten Begriffe. Mechanisches Regellernen, das Erlernen von Techniken oder Prinzipien (d. h. Relationen von Begriffen), unterscheidet sich von einsichtigem Lernen insofern, als letzteres zudem Sinn, Funktion und Anwendungsbedingungen der Regeln umfaßt. Regellernen ist ein wesentlicher Bestandteil der Weiterbildung von Führungskräften, da die Regeln, die Gegenstand berufsbezogener Ausbildung sind, nicht mit dem in Führungspositionen verlangten Wissen identisch sind.

**Problemlösenlernen:** Lernen, das nicht auf bloßem Versuchs- und Irrtumsverhalten aufbaut oder lediglich vorausgegangene Erfahrung reproduziert, wurde als kognitives Lernen bezeichnet. Zu diesem zählt insbesondere das Problemlösenlernen. Problemlösen setzt zwar die Kenntnis von Regeln voraus, ist aber Ergebnis von Regeln höherer Ordnung. In vielen Fällen erfordert es in Abhängigkeit von der Komplexität der Aufgabensituation die Vernachlässigung bewährter Regeln zugunsten der Mobilisierung heuristischer Regeln des Denkens. Kennzeichen für einsichtige Problemlösungen sind Umstrukturierungen des Wahrnehmungsfeldes, Erkenntnisse über die Zusammenhänge von Mitteln und Zwecken durch Bewertungsänderungen und die Übertragung von Lösungsprinzipien auf neue, vergleichbare Handlungssituationen. Der dem Problemlösen zugrunde liegende Aspekt von Generalisierungsprozessen bei Auftreten neuer Situationen verweist bereits darauf, daß Problemlösenlernen in Lernsituationen ungeeignet ist, die durch vorgegebene Regeln bereits strukturiert sind und eher zur Reproduktion als zur Innovation anregen. Im Hinblick auf kognitives Lernen ist daher in Anbetracht der Umweltkomplexität und -dynamik, mit der Manager konfrontiert sind, eine generalisierende Lernsituation (off-the-job-training) zu empfehlen.

### *d. Modellernen und Sozialisation*

Menschliches Lernen allein mit den Prinzipien des klassischen und operanten Konditionierens oder auch durch kognitive Lerntheorien zu erklären, stößt auf erhebliche Schwierigkeiten. Man kann sich nur schwer vorstellen, daß die menschliche Sprache, moralische Urteile usw. nur durch Verstärkung und Verhaltensformung erworben werden. Der Mensch lebt nur in Ausnahmefällen allein, in der Regel spielt sich sein Leben und Lernen in Gruppen verschiedener Größe und Zusammensetzung ab. Warum sollte er dann nur durch selbst gemachte Erfahrungen und nicht auch durch Erfahrungen anderer lernen können? Dieses Phänomen wird in der Literatur als Imitation, Beobachtungslernen, soziales Lernen, Modellernen bezeichnet.

**Modellernen** meint einen Prozeß, bei dem Reizmaterial von Personen (= Modelle) einem Beobachter dargeboten wird, der durch die Beobachtung der Handlung eines anderen sein eigenes Verhalten verändert, wenn er mit einer ähnlichen Situation wie der des Modells konfrontiert wird (vgl. *Kaufer/Phillips* 1970).

Voraussetzung für das **‚soziale Lernen'** ist das Vorhandensein eines realen oder symbolischen, verbalen oder bildlichen Modells. Solche Modelle (Vorbilder) werden uns heute in Presse, Rundfunk, Fernsehen, Film zu Hauf präsentiert, und wir können allenthalben feststellen, daß ganze Bevölkerungsschichten ihr Verhalten daran ausrichten, ohne daß jemals ein entsprechendes Reiz-Reaktions-Lernen stattgefunden hätte.

Der wichtigste Vertreter dieser lerntheoretischen Richtung ist der Amerikaner *Albert Bandura* (1969, 1977, s. a. S. 166f. der Arbeit). Ihm gelang auch der experimentelle Nachweis der überragenden Bedeutung des Lernens durch Nachahmung und des untergeordneten Einflusses von Reiz-Reaktions-Lernen und Verhaltensformung. So konnte er gerade bei Kindern immer wieder zeigen, daß diese sich allein durch Imitation und Identifikation Verhaltensweisen angeeignet hatten, die nachweislich zuvor noch nicht Bestandteile ihres Verhaltensrepertoires waren.

Mit *Bandura's* Ansatz haben wir in dieser Arbeit gleichzeitig ein Grenzgebiet zwischen individuellem Verhalten und sozialem (Gruppen-) Verhalten betreten. Vor diesem Übergang vom individuellen zum sozialen Verhalten in Organisationen soll jedoch noch kurz das Konzept der **Sozialisation** behandelt werden. Die Prozesse, die wir bislang aus der Sicht des Lernenden behandelt haben, stellen sich aus der Sicht des Lehrenden (des beeinflussenden Systems) als Sozialisation dar. Heute bezeichnet Sozialisation nicht nur den Erziehungsvorgang bei Kindern, sondern generell alle Prozesse des Aufbaus und der Veränderung von Verhalten, die von einer Gesellschaft oder einer Institution (Familie, Schule, Betrieb) initiiert und gesteuert werden. ,,Unter Sozialisation versteht man den Prozeß, in dem ein Mensch in seiner sozialen Umwelt lernt, vorwiegend solche Verhaltensweisen zu zeigen, sowie die Einstellungen, Werte, Bedürfnisse usw. zu übernehmen, die den in dieser sozialen Umwelt anerkannten Wertvorstellungen und Normen entsprechen, bzw. solche Verhaltensweisen, Einstellungen usw. abzubauen, die damit im Widerspruch stehen“ (*Brandstätter* et al. 1974, S. 128).

Während des ganzen Lebens (von frühester Kindheit bis zum Tod) sind wir Werten, Normen, Einstellungen anderer Menschen und Gruppen ausgesetzt, die unser Anpassungsverhalten an die Umwelt, unsere Persönlichkeit, formen. Dabei spielen nach psychoanalytischer Auffassung die ersten drei Lebensjahre eine ganz entscheidende Rolle. Die Gesamtheit der Einflüsse auf die Persönlichkeitsentwicklung in dieser Lebensphase wird als **primäre Sozialisation** bezeichnet. Sie wird fast ausschließlich von der Kernfamilie beherrscht. Diesen Lebensabschnitt unterteilt *S. Freud* in die orale und die anale Phase der psychosexuellen Entwicklung. Daran (3. bis 5. Lebensjahr) schließt sich die phallische Phase an. Nach dem dritten Lebensjahr und mit weiter zunehmendem Lebensalter werden Außenkontakte (außerhalb der Familie) immer bedeutsamer für die Sozialisation (**sekundäre Sozialisation**). Spielkameraden, Freunde aus Kindergarten und Schule erleichtern die Loslösung von der stark emotionalen Bindung an die übermächtigen Eltern. Vor allem *Erik Erikson* (1965) betont gegenüber *Freud* die entscheidende Bedeutung der sozialen Umwelt (Vorbilder, Modelle) für die Persönlichkeitsentwicklung; er ist der Meinung, daß eine ‚gesunde‘ Persönlichkeitsentwicklung die sukzessive Lösung von Konflikten erfordert, die in bestimmten Lebensphasen auftreten (Stages of Personality Development) (vgl. Abb. 3.25).

In westlichen Industrienationen haben die **wirtschaftlichen Organisationen** (vor allem Industriebetriebe) einen ganz erheblichen direkten (Sozialisation durch Training, betriebliche Aus- und Weiterbildung) und indirekten Einfluß (Selektion, Personalwerbung, Konsum-Leitbilder) auf die Sozialisation der Arbeitnehmer (vgl. *Baethge* 1970).

Berufliche Sozialisation beginnt schon in der Phase der **Berufsfindung,** da restriktive Berufszugangsvoraussetzungen die Wahlalternativen beschränken und Bewerber mit niedrigen formalen Qualifikationen sich antizipativ auf die Anforderungen der mit geringeren Karrieremöglichkeiten ausgestatteten Jobs

*Abb. 3.25:* Lebenskrisen und Mitarbeiterverhalten

| Stadien-Abfolge | A<br>Psychosoziale Krisen = Lebenskrisen | B<br>Alter des ersten Auftretens | C<br>Verhaltensinventar, das besonders betriebsrelevant erscheint, u. a.: |
|---|---|---|---|
| I | Vertrauenskrise | Säuglingsalter | Risikobereitschaft, Delegationsfähigkeit, Vertrauen, Glaubensstärke – versus: Mißtrauen, Sicherheitsbedürfnis, Glaubensschwäche |
| II | Autonomie-Krise | Kleinkindalter | Eigentumssinn, Sparbereitschaft, Ordnungssinn, Systematik, Zwanghaftigkeit, Schamhaftigkeit und Zweifel, Konformität – versus: Unordnung, Verschwendungssucht, Großzügigkeit |
| III | Initiativ-Krise | Spielalter | Draufgängertum, Unternehmungsgeist, Aktivität, Konfliktvermögen, Rivalitätspotenz, Wißbegier, Zielstrebigkeit, Gewissenhaftigkeit – versus: Ängstlichkeit, Passivität, Energielosigkeit, Schuldgefühl |
| IV | Leistungskrise | Schulalter | Selbstwertgefühl, Leistungssinn, Pflichtgefühl, Leistungsbereitschaft, Aufgabenorientiertheit, Fleiß, Zähigkeit, Stolz, Durchhaltevermögen, Verantwortung – versus: Minderwertigkeitsgefühl, Resignation, Unzulänglichkeit |
| V | Identitätskrise | Adoleszenz | Identität, Zielklarheit, Entschiedenheit, Eindeutigkeit, Ich-Stärke, Beharrungsvermögen, Selbstvertrauen – versus: Ich-Schwäche, Ich-Verwirrung, Überidentifizierung |
| VI | Intimitätskrise | Frühes Erwachsenenalter | Freundschaftsvermögen, Wettstreitsfähigkeit, Loyalität, Liebesfähigkeit, Intimitätsbefähigung, Kooperationsfähigkeit – versus: Distanzierungsbedürfnis, Isolation, unkooperatives illoyales Verhalten, Intimitätsunfähigkeit |
| VII | Generativitätskrise | Erwachsenenalter | Lehrfähigkeit, wachstums- und aufbauorientiert, Elternschaft, Sorge für andere – versus: stagnativ, Stillstand und Verarmung in den Beziehungen, Lehrunwilligkeit, Unfähigkeit und Nicht-Bereitschaft, Wachstums- und Erhaltungsverantwortung zu übernehmen |

| Stadien-Abfolge | A<br>Psychosoziale Krisen = Lebenskrisen | B<br>Alter des ersten Auftretens | C<br>Verhaltensinventar, das besonders betriebsrelevant erscheint, u. a.: |
|---|---|---|---|
| VIII | Integritätskrise | Reifes Erwachsenenalter | Selbstakzeptanz, Annahme des Vergangenen, Sinn und Verantwortungsbereitschaft für die Allgemeinheit, Integrität, Bereitschaft, Führungsverantwortung auf sich zu nehmen – versus: Verzweiflung, Einsamkeit, Selbstverachtung, Menschheitsverachtung, Lebensüberdruß |

*Quelle: Hofmann* 1979, S. 174–175 nach *Erikson*

einstellen. In der **Berufsausbildung** (vor allem im dualen System) und der alltäglichen **beruflichen Erfahrung** am Arbeitsplatz sind weitere Phasen der Sozialisation durch Arbeit zu sehen.

*Baethge* (1970, S. 24f.) befürchtet, daß in vielen Fällen die Gesellschaft lediglich zu einem Appendix des Betriebes gemacht wird. Von der **Schule** wurde aus der Sicht der Wirtschaft erwartet, daß sie die zukünftigen Mitarbeiter auf die dort überwiegend vorfindlichen restriktiven Arbeitssituationen mit minimalen Handlungsspielräumen vorbereiten sollte, wozu u. a. ein gehorsames Reagieren auf Anordnungen der Vorgesetzten gehört. In dieser Form der Sozialisation (Zurichtung) wurde die Schule noch von der militärischen Ausbildung unterstützt bzw. übertroffen (Schule der Nation). Im Zuge der allmählichen Demokratisierung aller Lebensbereiche (unter weitgehender Ausklammerung der Privatwirtschaft) haben sich auch neue Sozialisationskonzepte durchgesetzt. In der Schule werden heute mehr demokratische Kooperationsformen eingeübt, und neben der Vermittlung technischer Kompetenz wird verstärkt Wert auf soziale Kompetenz, Kritikfähigkeit und Fähigkeit zur Selbst- und Mitbestimmung gelegt.

Diese positiven Entwicklungen dürfen jedoch nicht darüber hinwegtäuschen, daß durch die jüngste Verschlechterung der Wirtschaftslage sich der Konkurrenzkampf um immer weniger Arbeitsplätze (Jugendarbeitslosigkeit) und Studienplätze in den Schulen und Hochschulen (numerus clausus) verschärft hat und kooperativ-solidarisches Handeln immer seltener anzutreffen ist. Hier zeigt sich deutlich, wie die allgemeine konjunkturelle Lage (Funktionsbereich Wirtschaft) unmittelbar den Funktionsbereich Sozialisation beeinflußt.

Unabhängig von diesen zyklischen Veränderungen der Wirtschaft läßt sich dennoch in den letzten 30 Jahren eine Entwicklung zu mehr Demokratie im Ausbildungsbereich erkennen.

Diese Veränderungen in der Sozialisation von zukünftigen Arbeitskräften veranlaßt auch die arbeitgebenden Organisationen zu einer Revision ihres Menschenbildes und zu einer Reorganisation von Arbeitssituationen (vgl. das Kapitel Humanisierung der Arbeit durch Neue Formen der Arbeitsorganisation, 5 D II 2) und zwar dahingehend, daß Arbeit anspruchsvoller und abwechslungsreicher wird und eher die Möglichkeit zu sozialen Kontakten, zur Mitbestimmung und generell zum permanenten Lernen ermöglicht.

Eng verbunden mit dem Phänomen der Sozialisation ist das der **Internalisation** (vgl. auch S. 131f. der Arbeit). Dieser Begriff steht für den Zustand eines Lernenden, in dem er die Lernbedingungen und den Lernzusammenhang nicht mehr zu reproduzieren vermag, die Lerninhalte also nicht mehr einem bestimmten Lehrenden (Sozialisationsinstanz) zuordnen kann. In der betrieblichen Sozialisation wird als Endziel die völlige Internalisierung organisatorischer Ziele und Werte angestrebt. Handelt der Organisationsteilnehmer quasi automatisch nach diesen Zielen und vermeint sogar, es seien seine eigenen, hat er sich völlig mit der Organisation identifiziert. **Identifikation** hat also neben der kognitiven eine Handlungskomponente, dergestalt, daß der Mitarbeiter allmählich als Mitglied einer Gruppe handelt, mit der ursprünglich keinerlei Bindungen bestanden haben mußten. Er handelt wie jedes andere Gruppenmitglied.

### *e. Der psychologische Vertrag zwischen Individuum und Organisation*

Beim Eintritt eines neuen Mitgliedes in eine Organisation wird neben dem Arbeitsvertrag, der die rechtliche Seite des Arbeitsverhältnisses regelt, implizit ein sog. psychologischer Vertrag (psychological contract) zwischen Individuum und Organisation geschlossen (vgl. *Schein* 1970).

Im psychologischen Vertrag werden die gegenseitigen Erwartungen und Ansprüche der Mitglieder und der Organisation geregelt. Als Gegenleistung für finanzielle und psychologische Sicherheit erfüllt das Organisationsmitglied die Erwartungen der Organisation (Abgabe einer Leistung, Gehorsam, Einhaltung von Normen). Der psychologische Vertrag ist nun keineswegs statisch, sondern unterliegt im Zuge der organisatorischen Sozialisationsbemühungen und der individuellen Persönlichkeitsentwicklung vielseitigen Veränderungen. Das zu Beginn des Vertrags ausgeglichene Anreiz-Beitrags-Gleichgewicht kann gestört werden. Übersteigen z. B. die Beiträge des Individuums längerfristig die gebotenen Anreize, so wird das Organisationsmitglied seine Beitragsentscheidung in Frage stellen (vgl. hierzu S. 118ff. der Arbeit).

Eine besondere Problematik ergibt sich an den **Vertragsgrenzen** zwischen dem Bereich akzeptabler Verhaltensanforderungen und den subjektiv als unzumutbar definierten Erwartungen der Organisation. *Barnard* (1938) nennt den akzeptablen Bereich zutreffend ‚zone of indifference'. *Tosi/Carroll* (1976, S. 210) unterscheiden differenzierter zwischen zwei Grenzen, der *offi-*

*ziellen* und der *realen.* Abb. 3.26 zeigt den typischen Fall, in dem die reale Grenze vom Individuum weitergehend gezogen wird als die offizielle. Sie wird jedoch als Bereich freiwilliger, zusätzlicher Leistungen gesehen, die – wenn sie offiziell gefordert werden – auch die Forderung nach zusätzlichen Gegenleistungen nachsichziehen.

*Abb. 3.26:* Hypothetischer psychologischer Vertrag eines Verkäufers

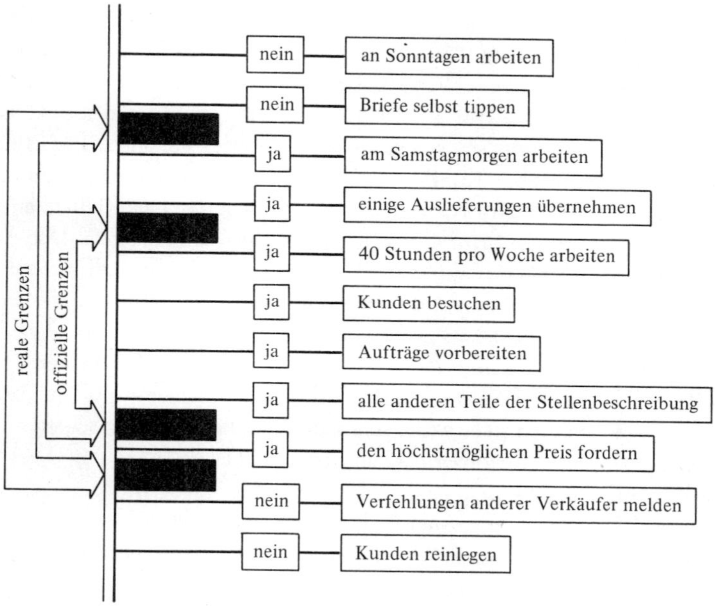


*Quelle: Tosi/Carroll* 1976, S. 210

In der Literatur fehlt es nicht an Versuchen, die Orientierungen von Individuen gegenüber Organisationen zu klassifizieren. Die wohl bekannteste **Typologie der Anpassung** von Menschen an bürokratische Organisationen stammt von *Robert Presthus* (1966).

- **Der Aufsteigende** (upward mobile orientation)
  Er erfüllt die Erwartungen und Anforderungen der Organisation voll und ganz. Er ist der autoritäre, extrovertierte, pragmatische Manager, der nach Anerkennung, Beförderung und Prestige strebt. Dafür bietet er Loyalität und Konformität. Er verbindet eine starkes Bedürfnis zu herrschen mit einem ebensolchen Ziel, sich unterzuordnen. Er ist der ‚ideale' Vorgesetzte mit großem Geschick im Manipulieren menschlicher Beziehungen.
- **Der Indifferente** (indifferent orientation)
  Er ist im Gegensatz zum Aufsteiger nicht angepaßt. Er strebt nach Bedürfnissen, deren Befriedigung ihm große Organisationen nicht bieten können.

Deshalb arbeitet er lediglich, um seinen Lebensunterhalt zu verdienen, und weicht sonst in die Freizeit aus. Ihn plagt kein Ehrgeiz, kein Streben nach Status und Autorität. Die in der Organisation erlebte Frustration führt bei ihm nicht zur Auflehnung (Aggression), sondern zur Resignation (Indifferenz). Der Indifferente sucht den Sinn seines Lebens außerhalb der Arbeit; es erfolgt eine Interessenverschiebung von der Produktion (Tun) zum Konsum (Genießen).

- **Der Ambivalente** (ambivalent orientation)
  Er repräsentiert das Gegenteil zum Aufsteiger; er ist der introvertierte, idealistische Erfindertyp, der nur Expertenwissen und Leistung und nicht Autorität anerkennt. Sein ungeschicktes Verhalten Mitarbeitern gegenüber prädestiniert ihn nicht für Führungspositionen. Wir finden ihn deshalb eher als Spezialisten in Stabstellen, als Berater oder Forscher. Er befindet sich in einem ständigen Konflikt zwischen seinem Wissenschafts- und Berufsethos und den Organisationszielen, zwischen seinem Unabhängigkeitsstreben und den Erfordernis bürokratischer Organisation. Der Ausweg in die Indifferenz ist ihm versperrt, da er nicht wie der Indifferente aus der Unterschicht stammt, sondern aus oberen sozialen Schichten, in denen Ehrgeiz kultiviert wird.

Die Typologie von *Presthus* ist vielfach kritisiert worden. Zum einen sei sie unvollständig (*Mayntz* 1966) – z. B. fehle der in Deutschland typische ‚brave Beamte' – zum anderen stelle sie zu sehr auf Persönlichkeitseigenschaften und zu wenig auf situative Erfordernisse ab (*Rosenstiel* et al. 1972).

*Tosi/Carroll* (1976, S. 82ff.) haben die Typologie aufgegriffen und genereller anwendbar zu machen versucht. Sie unterscheiden den

- **Organizationalist** mit hoher Identifikation mit der arbeitgebenden Organisation (entspricht dem Aufsteiger).
- **Externally-oriented,** für den Arbeit ein notwendiges Übel ist und der nur deshalb in der Organisation anzutreffen ist (entspricht dem Indifferenten).
- **Professional,** der sich zwar mit der Organisation identifiziert, aber gleichstarke Bindungen an Wissenschafts- und Berufsstandards hat (entspricht dem Ambivalenten).

## 3. Motivation

### *a. Motivation als wissenschaftliches Erkenntnisobjekt*

Aus Abb. 3.7 auf S. 174 geht hervor, welche zentrale Stelle Motive im Verhaltensmodell einnehmen. Motivation ist Voraussetzung für zielorientiertes Verhalten und deshalb aus Managementperspektive Hauptansatzpunkt für leistungssteigernde Beeinflussungsstrategien. Motivation geht auf das lateinische *movere* (= bewegen) zurück und gibt Aufschluß über die Beweggründe des Handelns und Verhaltens eines Menschen.

*aa. Motivation in erkenntnistheoretischer und pragmatischer Absicht*

Motivation wird mit zweierlei Bedeutungsinhalt verwendet:

- **in erkenntnistheoretischer Absicht:**
  Beschreibung und Erklärung des Aufbaus, der Aufrechterhaltung und des Abbaus von Verhalten sowie dessen Richtung, Intensität und Dauerhaftigkeit.
  Beispielhaft für diese Sicht von Motivation sind etwa die Definitionen von *Berelson/Steiner* (1964, S. 240: Motivation beschreibt den inneren Zustand, der einen Menschen antreibt, bewegt, – deshalb Motivation – und sein Verhalten an Zielen ausrichtet) oder *Thomae* (1965b, S. 43: Motivation ist jener sinnvolle Ausschnitt aus dem menschlichen Aktivitäts- und Erlebniskontinuum, der sich auf Richtung, Qualität und Intensität des Verhaltens bezieht).
- **in pragmatischer Absicht:**
  Entscheidungshilfen zur wirksamen Beeinflussung der Verhaltensweisen von Menschen im Hinblick auf vorgegebene (Organisations-)-Ziele (Motivationsaktivierung).
  Spezifische Verhaltensweisen von Menschen in Organisationen werden als Störfaktoren bei der Realisierung sach-rationaler Planziele wahrgenommen (z.B. Desinteresse an der Arbeit, Kritik an Vorgesetzten, geringes Verantwortungsgefühl, passiver Widerstand), denen mit sog. Management-Techniken der Motivation begegnet werden kann (vgl. z. B. *Bleicher/Meyer* 1976, S. 68ff.).

Obwohl die Trennung in deskriptive Motivationstheorien und präskriptive Motivationsmodelle nur schwer durchzuhalten ist, empfinde ich es als sinnvoll, die Motivation in erkenntnistheoretischer Absicht im Abschnitt b. (Motivationstheoretische Ansätze) und die Motivation in pragmatischer Absicht im Abschnitt c (Motivationsaktivierung) getrennt abzuhandeln, wenngleich die in Abschnitt b. beschriebenen ‚Motivationstheorien' alle, mehr oder weniger technokratisch interpretiert, als Managementtechniken Verwendung finden.

Die große Aufmerksamkeit, die die Managementpraxis in den letzten Jahrzehnten dem Phänomen der Motivation widmet, hat verschiedene Ursachen. Durch die Tendenz zur weitgehenden Automatisierung von repetitiven Routinetätigkeiten (u.a. durch Industrieroboter) und zur Reintegration vormals hocharbeitsteiliger Arbeitsprozesse entstehen z.T. größere Handlungsspielräume für den arbeitenden Menschen. Darüber hinaus erfordern die neuen Technologien in aller Regel mehr Eigeninitiative und Selbstverantwortung des Personals. Das Ausmaß an formalen Regelungen und Vorschriften und damit auch die Bedeutung der Organisationsstruktur insgesamt treten zurück. Damit wird für die organisatorische Effizienz das selbstbestimmte Verhalten am Arbeitsplatz immer wichtiger. Die Entscheidung darüber, wie der Mitarbeiter seine Zeit und Energie einteilt, bleibt ihm immer mehr selbst überlassen. In dieser Situation sind Versuche, positiv auf die Leistungsmotivation der Mitarbeiter einzuwirken, naheliegend. Daneben hat sich auch das Wertsystem der heutigen Mitarbeitergeneration gegenüber demjenigen der Väter und Großväter erheblich gewandelt. Folgende **Erwartungen** werden verstärkt geäußert (vgl. S. 643 der Arbeit):

- Wunsch nach Arbeit in Gruppen, nach kollegialer Kooperation
- Wunsch nach anregender, zufriedenstellender Arbeit
- Wunsch nach Selbst- und Mitbestimmung bei der Arbeit.

Diesen Wünschen ist nur mit weniger Strukturierung und Steuerung zu begegnen. Das Vakuum an Managementkontrolle soll dann aber wieder über Motivation geschlossen werden.

Bis hin zu den 60er Jahren können die Ansichten und das Wissen der Manager über Motivation als äußerst einfach und undifferenziert bezeichnet werden. Mitarbeiter sind – so die **klassische Annahme** – primär durch ökonomische Anreize motiviert und in zweiter Linie durch einen sicheren Arbeitsplatz und gute Arbeitsbedingungen. Diese Sichtweise beruht auf den Arbeiten *Taylor's*, der empfahl, einen möglichst engen Zusammenhang zwischen Lohn und individueller Leistung herzustellen. Durch systematische Arbeitsanalysen sollte die beste Methode der Aufgabenerledigung gefunden und dem Arbeiter vorgeschrieben werden. Er war davon überzeugt, daß es eine beste Methode (one best way) für alle Mitarbeiter in allen Arbeitssituationen gäbe. Seine Empfehlungen zur Mitarbeiter-Motivation lassen sich als ‚carrot and stick'-Ansatz (Zuckerbrot, z. B. Lohnerhöhung, und Peitsche, z. B. Disziplinarstrafe) kennzeichnen, der auch in der Personalpolitik seinen Niederschlag fand (hire and fire).

Im Zuge der **Human Relations Bewegung** wurde erkannt, daß es neben den ökonomischen noch andere Bedürfnisse gibt, die das Leistungsverhalten beeinflussen, wie z. B. informelle Normen und Führerschaft, Gruppenbeziehungen. Die zentrale Annahme lautete, hohe Zufriedenheit führt auch zu hoher Leistung.

Das **Human Resources Modell** unterstellt ein nach Selbstverwirklichung strebendes Individuum. Dabei wird inhaltsreicher Arbeit besondere motivationale Wirkung zugesprochen.

Einen Überblick über die traditionellen Management-Ansätze zum Verständnis der Motivation findet sich in Abb. 3.27.

### *ab. Messung der Motivation*

Motivation ist wie Lernen und Wahrnehmen ein theoretisches Konstrukt, eine intervenierende Variable, die sich nicht unmittelbar messen läßt. Nur der Input und der Output des Verhaltens ist unmittelbar beobachtbar und damit empirisch erhebbar. Bevor die einzelnen Motivationsansätze vorgestellt wer-

*Abb. 3.27:* Das Bild vom Mitarbeiter in traditionellen Management-Ansätzen

| Traditionelles Modell | Human Relations Modell | Human Resources Modell |
|---|---|---|
| **Annahmen** | | |
| 1. Die meisten Menschen empfinden Abscheu vor der Arbeit | Menschen wollen sich als bedeutend und nützlich empfinden | Menschen wollen zu sinnvollen Zielen beitragen, bei deren Formulierung sie mitgewirkt haben |
| 2. Lohn ist wichtiger als die Arbeit selbst | Menschen benötigen Zuneigung und Anerkennung. Dies ist im Rahmen der Arbeitsmotivation wichtiger als Geld | Die meisten Menschen könnten viel kreativere und verantwortungsvollere Aufgaben übernehmen, als es die gegenwärtige Arbeit verlangt. |
| 3. Nur wenige können oder wollen Aufgaben übernehmen, die Kreativität, Selbstbestimmung und Selbstkontrolle erfordern | | |
| **Empfehlungen** | | |
| 1. Der Manager hat seine Untergebenen eng zu überwachen und zu kontrollieren | Der Manager sollte jedem Arbeiter ein Gefühl der Nützlichkeit und Wichtigkeit geben | Der Manager sollte verborgene Anlagen und Qualitäten der Mitarbeiter nutzen |
| 2. Er soll Aufgaben in einfache, repetitive, einfach zu lernende Schritte aufteilen | Er soll seine Mitarbeiter gut informieren, auf ihre Einwände hören | Er soll eine Atmosphäre schaffen, in der die Mitarbeiter sich voll entfalten können |
| 3. Es soll detaillierte Arbeitsanweisungen entwickeln und durchsetzen | Er soll den Mitarbeitern Gelegenheit zur Selbstkontrolle bieten | Er soll Mitbestimmung praktizieren und dabei die Fähigkeit zur Selbstbestimmung und Selbstkontrolle entwickeln |
| **Erwartungen** | | |
| 1. Menschen ertragen die Arbeit, wenn der Lohn stimmt und der Vorgesetzte fair ist | Informationen und Mitsprache befriedigen die Bedürfnisse nach Anerkennung und Wertschätzung | Mitbestimmung, Selbstbestimmung und Selbstkontrolle führen zu Produktivitätssteigerungen |
| 2. Wenn die Aufgaben einfach genug sind und die Arbeiter eng kontrolliert werden, erreichen sie das Soll | Die Befriedigung dieser Bedürfnisse führt zur Zufriedenheit und baut Widerstände gegen die formale Autorität ab | Als Nebenprodukt kann auch die Zufriedenheit steigen, da die Mitarbeiter all ihre Fähigkeiten nutzen können |

*Quelle: Steers/Porter* 1975, S. 17

den, soll hier kurz auf die Probleme der Messung der Motivation bzw. der relevanten Variablen eingegangen werden.

Die **empirische Überprüfung** der Theorieansätze hängt ganz entscheidend von einer vorgängigen Operationalisierung der Modellvariablen ab, ein Problem, das in den wenigsten Modellen befriedigend gelöst wurde. Deshalb ist es nicht verwunderlich, daß vor allem die Managementpraxis bei der großen Uneinigkeit der Wissenschaftler über den empirischen Bestätigungsgrad einzelner Theorien auf dieses Gütekriterium einer Theorie völlig verzichten und nur das aus der Fülle der Motivationsansätze praktizieren, was ihnen plausibel und mit dem gesunden Menschenverstand vereinbar erscheint. Daß das nicht immer (meist nie) die unter wissenschaftlichen Aspekten ‚richtigen' Modelle sind, ist gerade im Bereich der Motivationstheorien besonders auffällig. Typisch für diese Einstellung ist etwa die Auffassung von *Bleicher/ Meyer* (1976, S. 162) zu *Maslow's* Bedürfnispyramide, die besonders große Akzeptanz in Praktikerkreisen gefunden hat: „Wenn auch die Theorie von A. H. Maslow häufig angegriffen und teilweise variiert worden ist, kann sie doch als ein Ansatz verstanden werden, der in verständlicher Weise in der Lage ist, im Führungsprozeß die Aufmerksamkeit auf als Motive gezielt ansprechbare Bedürfnisse zu richten."

*Rosenstiel* (1975, S. 80ff.) unterscheidet vier Ansätze zur **Messung der Motivation:**

(1) Introspektion (Selbstbeobachtung)
(2) Verhaltensbeobachtung (Fremdbeobachtung)
(3) Analyse der Verhaltensergebnisse
(4) Physiologische Methoden.

Zu (1)

Hierzu zählen die auf die Bewegungsgründe des eigenen Verhaltens gerichtete Selbstbeobachtung und deren schriftliche Fixierung ebenso wie die Befragung (schriftlich oder mündlich) durch Dritte über eigene Erlebnisphänomene. Diese Methode wurde u. a. von *Herzberg* zur Erfassung von Motivationsfaktoren benutzt. Die mangelnde Objektivität und intersubjektive Überprüfbarkeit (nur *ein* Beobachter) dieser Methode hat zur verstärkten Verwendung von (2) geführt.

Zu (2)

Hier wird das mehreren Beobachtern zugängliche Verhalten einer Person erfaßt. Problematisch ist der Schluß von beobachtbarem Verhalten auf die (nicht beobachtbare) zugrundeliegende Motivationsstruktur. Außerdem wird die notwendige Interpretation dadurch erschwert, daß ein und dasselbe Motiv unterschiedliche Verhaltensweisen zur Folge haben kann.

Zu (3)

Hier ist nicht das Verhalten selbst, sondern das konkrete Verhaltensergebnis (z. B. Leistung, Handschrift, Arbeits-, Testergebnis) Gegenstand der Analyse. Besondere Bedeutung haben hier sog. projektive Testverfahren erlangt, bei denen man aus Verhaltensergebnissen (hier: Phantasiegebilde als Ergebnis der Beschreibung von verschwommenen Bildern – Rorschach-Test oder Photographien – thematischer Apperzeptionstest) auf zugrundeliegende Motive schließen will. Der von *Murray* (1938) entwickelte thematische Auffassungstest (TAT) spielt bei der Identifikation der Leistungsmotivation *(McClelland/Atkinson)* eine zentrale Rolle. Den Vpn werden in kurzen Abständen Bilder gezeigt, zu denen sie eigene Geschichten erfinden sollen, und zwar nach dem Schema: Was geschieht?, Wer sind die Personen?, Was denken die Personen?, Was wünschen sie?, Was wird geschehen?, Wie werden sich die Personen verhalten? Nun wird angenommen, daß die Vpn ihre Gedanken – und damit Motive – unbewußt in die Phantasiegeschichten projizieren, die dadurch geschulten Psychologen zugänglich werden.

Zu (4)

Hier wird versucht, aus physiologischen Daten (z. B. Blutdruck, Herzfrequenz, Atemfrequenz, Oberflächenspannung, Pupillengröße) auf die Motivation zu schließen. Allerdings kommen hier eher primäre Motive und weniger sekundäre in Frage.

### *b. Motivationstheoretische Ansätze*

Im Anschluß an die Ausführungen von *Campbell* et al. (1970, S. 340ff.) über ‚Managerial Motivation' ist es in der Literatur üblich, zwischen substantiellen oder Inhaltstheorien und mechanistischen oder Prozeßtheorien der Motivation zu unterscheiden.[11]

- **Inhaltstheorien** versuchen zu erklären, *was* im Individuum oder seiner Umwelt Verhalten erzeugt und aufrechterhält. Hierzu zählen z. B. die Ansätze von *Maslow, Herzberg, McClelland.*
- **Prozeßtheorien** versuchen zu erklären, *wie* ein bestimmtes Verhalten hervorgebracht, gelenkt, erhalten und abgebrochen wird. Hierzu zählen z. B. die Ansätze von *Hull, Vroom, Porter/Lawler.*

Alle hier erwähnten Theorieansätze bemühen sich mehr oder weniger erfolgreich darum, die inhaltsleere Grundannahme des Hedonismus, wonach jegliches menschliches Verhalten auf das Erreichen von Gefühlen der Lust und das Vermeiden von Unlust gerichtet ist, mit empirischem und theoretischem Gehalt anzureichern und damit vor dem Vorwurf der Trivialität zu bewahren.

#### *ba. Inhaltstheorien*

##### *(1) Maslow/McGregor*

*Maslow's* (1943, 1954) Bedürfnispyramide (vgl. S. 177) war von ihm keineswegs als Theorie der Arbeitsmotivation in Organisationen gedacht. Deshalb

[11] Vgl. auch *Weiner* 1972; *Luthans* 1973; *Haynes/Massie/Wallace* 1975, *Steers/Porter* 1975; *Campbell/Pritchard* 1976; *Ribeaux/Poppleton* 1978.

wird sie in ihren Grundannahmen auch nicht hier, sondern in Kapitel 3 B I 2 unter den Grundlagen des individuellen Verhaltens behandelt. Seine ursprüngliche Intention war die Entwicklung einer ‚neuen' Psychologie, die sich um die Wachstumsmöglichkeiten des Individuums und seiner Gestaltungsmöglichkeiten bemüht. Besonders tritt dieser Anspruch in der Schilderung von **‚Selbstverwirklichern'** hervor, die als eine neue Elite von Menschen gekennzeichnet werden, für die traditionelle psychologische Ansätze nicht erklärungsrelevant sein können (*Maslow* 1977). Diese Betonung des Eliteaspektes mag dazu beigetragen haben, daß *McGregors* (1960) Popularisierung der Ideen von *Maslow* vor allem bei Führungskräften so rasche aber auch unkritische Aufnahme finden konnte. *Maslow* (1965) hat selbst zu einer allzu frühzeitigen und unkritischen Übernahme seiner an einer speziellen Gruppe von Individuen gewonnenen Erkenntnissen Stellung genommen und auf die unzureichende empirische Fundierung der Annahmen an Populationen aus dem Arbeitnehmer- und Managerbereich hingewiesen.

Nach *Maslow* ist der Mensch ein ‚wanting animal'; er ist motivierbar durch bestimmte Bedürfnisse, die sich in einer Hierarchie anordnen lassen (vgl. Abb. 3.8 auf S. 177). Sobald ein Organisationsmitglied seine Basisbedürfnisse (Mindesteinkommen etc.) befriedigt sieht, wird es nach *Maslow* höher in der Hierarchie nach neuen Bedürfnissen suchen. **Befriedigte Bedürfnisse** dienen dem Menschen nicht mehr als Motivation für verstärkte Leistungsbemühungen. **Unbefriedigte Bedürfnisse** erzeugen dagegen einen Spannungszustand, den es durch Bedürfnisbefriedigung abzubauen gilt. Sieht der Mitarbeiter nach einer gewissen Zeit, daß die Befriedigung ichbezogener Bedürfnisse – ganz zu schweigen von der Selbsterfüllung – in seiner beruflichen Tätigkeit ausbleibt, wird er unzufrieden oder er senkt sein Anspruchsniveau, resigniert also und ist dabei relativ zufrieden. Zufriedenheit muß folglich nicht immer Ausdruck einer positiven Einstellung zur Arbeit oder einer hohen Leistungsmotivation sein, sondern kann auch umgekehrt Ausdruck von Desinteresse sein. Andererseits kann Unzufriedenheit – wie wir eben gesehen haben – ein Streben nach Verbesserung der Verhältnisse und nach Aufstieg in der Bedürfnisskala motivieren und somit Ausdruck einer sehr positiven Einstellung sein.

*Maslow's* Bedürfnistheorie ist eine *dynamische*; diese Beurteilung ist dadurch gerechtfertigt, daß Annahmen dahingehend gemacht werden, daß für Menschen im Laufe ihrer psychologischen Entwicklung in unterschiedlichen Phasen auch unterschiedliche Bedürfnisse dominant werden (vgl. Abb. 3.28). Dabei gewinnen die in der Hierarchie höher angeordneten Bedürfnisse auch dann schon motivationale Kraft, wenn die derzeit dominante Bedürfnisstufe noch nicht vollständig befriedigt ist. Umgekehrt verlieren niedere Bedürfnisstufen nie völlig ihre Verhaltenswirksamkeit.

Problematisch am Ansatz *Maslow's* – im Hinblick auf die empirische Überprüfbarkeit – ist die Tatsache, daß die theoretischen Aussagen nicht aufgrund empirischer Arbeiten formuliert worden sind, sondern ähnlich wie bei *Mur-*

*Abb. 3.28:* Die Rangfolge der Bedürfnisse (nach *Maslow*)

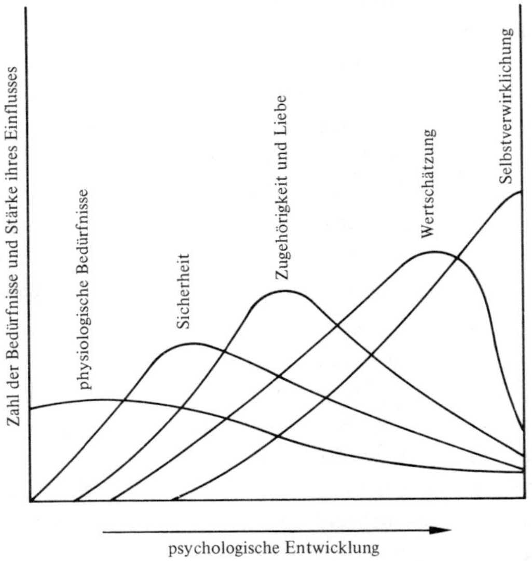


*Quelle: Krech* et al. 1962, S. 77

*ray* als Ergebnis philosophischer Studien und klinischer Erfahrungen. D.h. das Aussagensystem ist nicht operational genug, um es ohne weitere Annahmen und Hilfskonstrukte einem empirischen Text zu unterwerfen (wann ist z.B. ein Bedürfnis befriedigt?).[12]

Die Ergebnisse lassen vermuten, daß es in der Tat eine Hierarchie zu geben scheint, aber keineswegs nur mit den von *Maslow* angegebenen Inhalten und in der von ihm angegebenen Reihenfolge.

Hier macht sich die bürgerliche Herkunft und akademische Sozialisation *Maslow's* bemerkbar. Seine Überlegungen treffen eher auf den Manager mit Mittelschicht-Werten als auf den Arbeiter zu. Einmal wirkt die abstrakt-idealistisch formulierte Spitze der Pyramide für diesen nicht so sehr als Motiv, da er ganz anders sozialisiert ist und Selbstverwirklichung in seiner Arbeit kaum erfahren kann. Andererseits kann man nicht einfach sagen, daß Arbeiter diese ‚höheren' Bedürfnisse nicht hätten, vielmehr haben sie erkannt, daß nur einige wenige Priviligierte, die einer vollbefriedigenden Arbeit nachgehen, Selbstverwirklichung erreichen können; sie selbst hingegen sind schon lange frustiert in ihren höheren Bedürfnissen, denn ihre Arbeitssituation bietet keine Chance zu deren Verwirklichung; deshalb weichen sie aus auf Wünsche nach höherem Lohn und mehr Freizeit, was ihnen als Desinteresse an

[12] Vgl. zu den Überprüfungsversuchen z.B. *Rosenstiel* 1975, *Wunderer/Grunwald* 1980, *Rosenstiel/Gebert* 1981, *Conrad* 1983, sowie S. 178 der Arbeit.

‚höheren' Bedürfnissen vorgehalten wird. Diese mehr instrumentelle Einstellung zur Arbeit läßt sich mit den Prozeßtheorien bedeutend besser erklären als mit Inhaltstheorien.

Dennoch hat *Maslow's* Pyramide auch einige organisationspolitische Anregungen geben können (ebenso *Alderfer* 1972 sowie S. 250 der Arbeit). Klassischerweise sind nämlich Organisationen recht versiert in der Befriedigung von physiologischen und Sicherheitsbedürfnissen (z. B. Löhne, Sozialleistungen, Pensionszusagen, Gewinnbeteiligung, Versicherungen), aber es fehlen auf breiter Ebene Organisationen, die Konzepte zur Aktivierung und Befriedigung höherrangiger Bedürfnisse (z. B. job enrichment, Mitbestimmung, Selbstkontrolle) organisationsweit anwenden. An praktikablen Modellen fehlt es nicht, denn es gibt bedeutend mehr Mittel und Wege, höherrangige Bedürfnisse zu befriedigen als niedere.

Wie eingangs angedeutet, hat vor allem *McGregor* (1960) *Maslow's* Bedürfnistheorie popularisiert. Die Art und Weise, wie Manager über Mitarbeiter denken, welches Menschenbild sie haben, vor allem ihre Annahmen darüber, was Mitarbeiter motiviert, beeinflußt ganz entscheidend ihr Führungsverhalten. Entsprechend lassen sich die von ihm kreierten ‚Theorien' X und Y als Motivationstheorien interpretieren (vgl. S. 213 der Arbeit). **Theorie X** (Führung durch Kontrolle) entspricht einer negativen Motivation – sie bezieht sich lediglich auf schon befriedigte Bedürfnisse und frustrierte höhere – **Theorie Y** (Führung durch Motivation) entspricht einer positiven Motivation – sie bezieht sich auf unbefriedigte höhere Bedürfnisse und ist darüber hinaus noch ‚billiger', da Selbstkontrolle und engagierte Mitarbeit den Kontrollaufwand minimieren.

*(2) Herzberg*

Im Gegensatz zu *Maslow's* Ansatz ist die sog. Zwei-Faktoren Theorie von *Herzberg* et al. (1959, 1966, 1968) aufgrund empirischer Erhebungen entstanden. Kritisch anzumerken ist die vermutete Methodengebundenheit (critical incident method) der Ergebnisse, die sich in dieser Form nur unter Anwendung der ursprünglich gewählten Forschungsmethode replizieren lassen (vgl. *Wunderer/Grunwald* 1980, *Gebert/Rosenstiel* 1981, *Greif* 1983). *Herzberg* und Mitarbeiter (1959) haben ca. 200 Buchhalter und Ingenieure mit Hilfe eines teilstrukturierten Interviewleitfadens über angenehme und unangenehme Arbeitssituationen befragt (Können sie möglichst exakt eine Situation schildern, in der sie ihre Arbeit außergewöhnlich gut/schlecht fanden?). Die Tatsache, daß nur ganz selten dieselben Ursachen (Faktoren) im Zusammenhang mit guten *und* schlechten Arbeitserlebnissen genannt wurden, führte *Herzberg* zu der Vermutung, daß es offenbar zweierlei Klassen von Faktoren gibt (vgl. Abb. 3.29):

- Faktoren, die Unzufriedenheit verhindern, aber keine Zufriedenheit herstellen, = **Hygiene-Faktoren** (Dissatisfiers), wie Unternehmenspolitik, Personalführung, Entlohnung, Arbeitsbedingungen

*Abb. 3.29:* Einflußfaktoren auf Arbeitseinstellungen
(Ergebnis von 12 Untersuchungen)

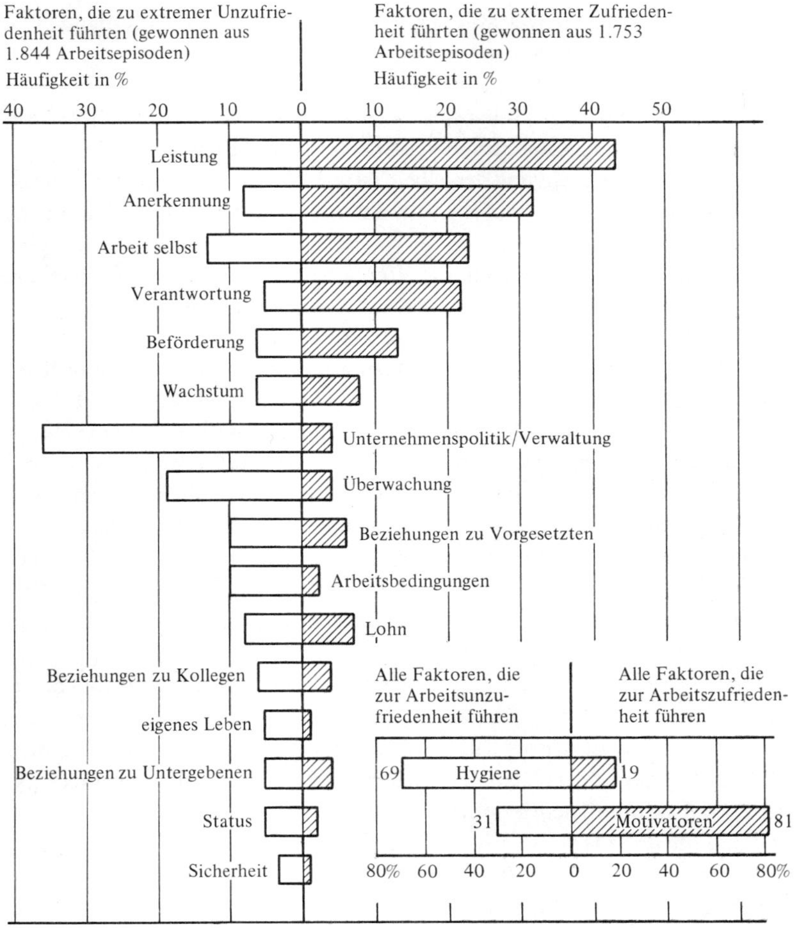


*Quelle: Herzberg* 1968, S. 57

- Faktoren, die Zufriedenheit herstellen können, = **Motivatoren** (Satisfiers), wie Leistung, Anerkennung, interessante Arbeitsinhalte, Verantwortung, Aufstieg.

Die Erkenntnis *Herzberg's*, daß positive Einstellungen von Mitarbeitern zur Arbeit andere Ursachen haben als negative, hat ihn dazu veranlaßt, das klassische Zufriedenheitskonzept, das von einem Kontinuum von ‚zufrieden' bis ‚unzufrieden' ausgeht, abzulehnen: Das Gegenteil von Unzufriedenheit sei nicht Zufriedenheit, sondern Fehlen von Unzufriedenheit (analog: Keimfreies Wasser verhindert Krankheiten, macht aber nicht gesund). Diese zunächst recht sophistisch anmutende **Neufassung des Zufriedenheitskonzepts** hat ganz erheblich pragmatische, organisationsgestalterische Konsequenzen gehabt und dient heute weltweit zur ‚wissenschaftlichen' Rechtfertigung von job enrichment-Programmen.

In einer Vielzahl von Replikationen konnten die von *Herzberg* berichteten Befunde jedoch nur in den seltensten Fällen bestätigt werden (vgl. z. B. *House/Widgor* 1967 und die Literaturhinweise bei *Rosenstiel* 1975). So tritt entgegen *Herzberg's* ‚Theorie' ein und derselbe Faktor einmal als Satisfier und zugleich auch als Dissatisfier auf, vor allem wenn sich die befragte Population nach Alter und Beruf unterscheidet.

Insgesamt läßt sich festhalten, daß *Herzberg's* Aussagen zwar nicht valide, aber sehr erfolgreich in der plausiblen Erklärung des Erfolgs von job enrichment-Programmen sind. *Herzberg* eröffnet neue Perspektiven in der Mitarbeiter-Motivation, insofern als er das Hauptinteresse der Manager vom Kontext der Arbeit weg (Hygiene-Faktoren) auf die Arbeit selbst, den Arbeitsinhalt (job content), lenkt. Seine **Gestaltungsempfehlung** lautet, die leicht zu identifizierenden negativen Aspekte in den Hygiene-Faktoren zu eliminieren und sich voll auf die Motivatoren zu konzentrieren (vor allem Arbeitsstrukturierungsmaßnahmen; siehe hierzu Abschnitt 5 D II 2 der Arbeit). Dies bedeutete eine Abkehr von der klassischen Managementauffassung, nach der es zur Zufriedenstellung von Arbeitern genüge, physiologische Grundbedürfnisse zu befriedigen, während Motivatoren lediglich für höhere Ränge in der Unternehmung von Bedeutung seien.

*Myers* (1964) hat das *Herzberg*-Konzept bei Texas Instruments (Stichprobe: 282 Mitarbeiter aller Ebenen) empirisch getestet und kommt zu dem Ergebnis, daß die Erklärung dafür, was einen Menschen motiviert, weniger in der Situation als in der Person zu suchen ist. Er unterscheidet entsprechend der Zwei-Faktoren Theorie *‚growth seekers'*, die auf Motivatoren ansprechen, und *‚maintenance seekers'*, die Hygiene-Faktoren für wichtiger halten.

Bei einem Vergleich des Ansatzes von *Maslow* mit dem von *Herzberg* fällt unmittelbar auf, daß die Bedürfnispyramide – wenn zweigeteilt in Wachstumsbedürfnisse und Defizitbedürfnisse – der Zweiteilung von *Herzberg* in Motivations- und Hygiene-Faktoren sehr nahe kommt (vgl. Abb. 3.30).

### *(3) McClelland/Atkinson*

Ebenfalls stark von *Murray* beeinflußt ist der Ansatz von *McClelland* (1953, 1961, 1971), der aus dessen umfänglichen Katalog von Bedürfnissen (siehe S. 176 der Arbeit) drei für besonders bedeutsam zur Erklärung menschlicher Motivation bezeichnet:

- **Leistungsstreben** (need for achievement)
- **soziales Streben** (need for affiliation)
- **Machtstreben** (need for power).

Diese drei Grundmotive sind seiner Meinung nach im Grenzgebiet zwischen Bewußtsein und Unterbewußtsein angesiedelt und durch frühe Sozialisation, Arbeits- und Berufserfahrung sowie die gegenwärtige Arbeitssituation geprägt.

Sie lassen sich mit Hilfe des ebenfalls von *Murray* entwickelten thematischen Apperzeptionstest (TAT) erschließen (vgl. S. 245).

*Abb. 3.30:* Gegenüberstellung der Bedürfnisklassen von *Maslow* und *Herzberg*

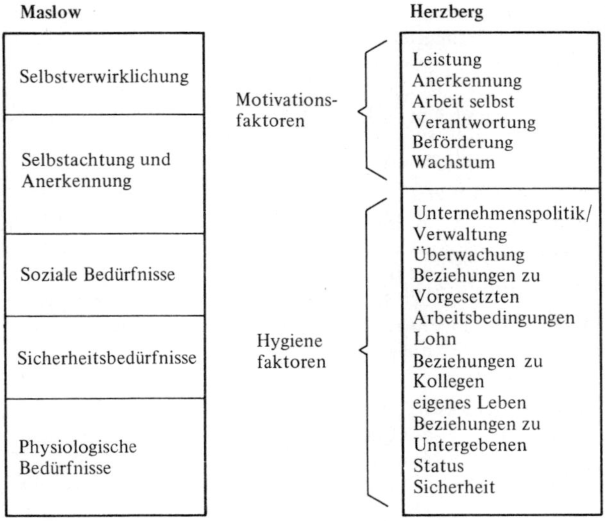


Nach *Atkinson* (vgl. *Atkinson/Raynor* 1974) ist die **aktivierte Motivation** eine Funktion der

- Stärke des Grundmotivs (M)
- Erwartungen hinsichtlich der Zielrichtung (E)
- Stärke der Anreizwirkung des Ziels (I)

Aktivierte Motivation = M · E · I

Von den drei genannten Grundbedürfnissen haben sich *McClelland* und *Atkinson* (siehe auch *Atkinson/Feather* 1966, *Heckhausen* 1965, *Gellermann* 1963) vor allem mit dem **Leistungsstreben** auseinandergesetzt und darauf eine Theorie der Leistungsmotivation aufgebaut. Während über das **Machtstreben** als dem Streben nach Überlegenheit und Macht über andere (zurückgehend auf *Alfred Adler*) nur wenige Untersuchungen vorliegen, ist das **Streben nach sozialen Kontakten** vor allem von *Schachter* (1959) in einer Serie von experimentellen Untersuchungen erforscht worden. Als wesentliche Ergebnisse lassen sich festhalten, daß Menschen in Angst- und Krisensituationen lieber gemeinsam mit anderen sind als allein, auch wenn keine Möglichkeit der verbalen Kommunikation besteht. Allein die Anwesenheit anderer Menschen wirkt angstreduzierend. Desweiteren ziehen Menschen, deren Selbstwertgefühl stark von der Anerkennung Dritter abhängt, und die weniger leistungsmotiviert sind, die Gesellschaft anderer Menschen vor, auch bei der Wahl ihres Arbeitsplatzes (vgl. Abb. 3.31).

*Abb. 3.31:* Der Zusammenhang zwischen Grundmotiv und geeignetem Betätigungsfeld

| menschliche Grundmotive | geeignetes Betätigungsfeld | motivationale Voraussetzungen |
|---|---|---|
| Leistungsstreben | Leistungsorientiertes Klima (z. B. Verkauf, Ingenieurabteilung) | Betonung persönlicher Verantwortung, kalkuliertes Risiko und Innovationsmöglichkeiten, Anerkennung und Belohnung guter Leistung (rascher feed-back)<br>Mitgliedschaft in einem erfolgreichen Team<br>schwache Strukturierung und Formalisierung |
| soziales Streben | Interaktionsorientiertes Klima (z. B. Beratungsberufe, Koordinations- und Forschungsabteilung) | Entwicklungsmöglichkeiten für enge und vertraute zwischenmenschliche Beziehungen, Unterstützung und Förderung des einzelnen, von allen akzeptierte Mitgliedschaft in einer Gruppe vom Typ ‚Familie'<br>fast keine Strukturierung und Formalisierung |
| Machtstreben | Machtorientiertes Klima (z. B. Militär, Produktion) | starke Strukturierung und Formalisierung, klare Hierarchie von Status, Autorität und Verantwortung<br>Möglichkeit, Problem- und Konfliktsituationen mittels formaler Autorität zu lösen |

*Quelle: Staehle* 1973, S. 107 nach *Litwin/Stringer* 1968

Für das Management einer Organisation ist jedoch das **Leistungsstreben** mit Abstand am bedeutendsten. Hierunter ist eine relativ stabile Disposition zu verstehen, nach Leistung und Erfolg zu streben. Bei *Maslow* taucht dieses Bedürfnis zwar nicht explizit auf, ist aber eindeutig den höherrangigen Bedürfnisebenen, wenn nicht der Selbstverwirklichung zuzurechnen. *McClelland* fragt sich nun, wie es kommt, daß unter den Menschen, die ja alle mehr oder weniger ausgeprägt über die drei Grundbedürfnisse verfügen, manche eine bedeutend höhere Leistungsmotivation zeigen als andere; was sind die Ursachen hierfür, und unter welchen Bedingungen läßt sich die Leistungsmotivation steigern?

Um diese Frage beantworten zu können, hat *McClelland* eine Vielzahl hoch Leistungsmotivierter (high achievers) auf typische Verhaltensweisen und Persönlichkeitszüge hin untersucht. Danach zeichnen sich hoch **Leistungsmotivierte** durch folgende Charakteristika aus:

- gehen gut kalkuliertes, überschaubares Risiko ein
- bevorzugen mittelschwere Aufgaben, die aber einen gewissen Neuigkeitsgehalt aufweisen und persönliche Initiative und Kreativität verlangen
- konzentrieren sich auf Arbeit/Aufgabe selbst und weniger auf Mitarbeiter; vertragen keine Arbeitsunterbrechung
- bevorzugen Arbeitssituationen, in denen sie selbständig und eigenverantwortlich arbeiten und entscheiden können
- benötigen unmittelbaren Feedback, häufige eigene und fremde Beurteilung der Arbeitsergebnisse
- beziehen hohe Befriedigung durch die Arbeit selbst (intrinsisch motiviert); Geld ist nur als Indikator für Leistung von Bedeutung.

Leistungsmotivation ist für *McClelland* die Voraussetzung für einen erfolgreichen Manager. In der Tat fand er, daß Manager – auch im internationalen Vergleich – eine signifikant höhere Leistungsmotivation aufweisen als Berufsgruppen mit vergleichbarer Ausbildung, und daß erfolgreiche Manager eine signifikant höhere Leistungsmotivation zeigen als weniger erfolgreiche.

*McClelland* (1961) geht sogar noch einen Schritt weiter und erklärt das **Leistungsmotiv** zum entscheidenden **Motor gesamtwirtschaftlicher Entwicklung.** Er fand in internationalen Vergleichen, daß das Niveau der Leistungsmotivation einer Bevölkerung positiv mit dem Niveau der wirtschaftlichen Entwicklung eines Landes korreliert; allerdings mit einem time lag von etwa 50 Jahren. Entwicklungsländern und benachteiligten Arbeitnehmergruppen im eigenen Land empfiehlt er einen ‚achievement development course' (vgl. *McClelland* 1965, *McClelland/Winter* 1969), in dem folgende Arbeitsschritte vorgesehen sind:

- Lerne, wie ein hoch Leistungsmotivierter denkt, redet und handelt
- Lerne, höhere, aber dennoch realistische Arbeitsziele für die nächsten zwei Jahre zu formulieren
- Selbsterkenntnis
- Entwicklung eines Gruppen-Esprit de Corps.

Fairerweise muß man einräumen, daß *McClelland* trotz aller Begeisterung für die Leistungsmotivation, im ‚high achiever' keineswegs einen idealen Persönlichkeitstyp propagiert, sondern das Leistungsstreben mehr instrumentell als wesentliche Voraussetzung für Wachstum und Prosperität von Organisationen und ganzen Volkswirtschaften ansieht.

Zusammenfassend läßt sich zu den **Inhaltstheorien** festhalten, daß sie zwar Denkanstöße dahingehend liefern können, *was,* genauer welches Motiv möglicherweise für ein bestimmtes Verhalten ursächlich ist; daß sie aber andererseits nicht erklären können, *wie* ein bestimmtes Verhalten zustandekommt, welche kognitiven Prozesse im Individuum ablaufen, die als Motivation bezeichnet werden. Da es sich hier um eine ungleich schwierigere Fragestellung handelt, sind die hierzu entwickelten Modelle i. d. R. auch bedeutend komplexer als die Inhaltstheorien und entsprechend gering ist die Resonanz, die sie in der Managementpraxis gefunden haben. Dennoch liegt die Zukunft in den Prozeßtheorien, und auch Manager müssen sich notgedrungen zumindest mit den grundlegenden motivationstheoretischen Ansätzen dieser Richtung auseinandersetzen.

### *bb. Prozeßtheorien*

Historisch am Anfang der Prozeßtheorien stehen einfache **Triebtheorien,** wie etwa diejenige von *Clark Hull* (1943). Triebe (drives) übernehmen hier die Funktion von Motiven. Die multiplikative Verknüpfung der Triebe mit bestimmten Gewohnheiten (habit) führt zur Wahl bestimmter Verhaltensreaktionen (effort):

Verhalten = Triebstärke × Gewohnheitsstärke
(Effort = Drive × Habit)

**Gewohnheiten** sind teils angeborene, teils gelernte Reiz-Reaktions-Verknüpfungen. Über deren Bildung gibt u. a. das Effekt-Gesetz von *Thorndike* Auskunft (vgl. S. 228 der Arbeit). Hat z. B. ein Arbeiter gelernt, daß auf ein bestimmtes Arbeitsverhalten seinerseits eine besondere Belobigung durch den Vorgesetzten folgt (S-R-Verknüpfung = Gewohnheit), und verspürt der Arbeiter den Wunsch nach dieser Belobigung (Trieb), wird er diese Verhaltensweise häufiger zeigen.

In Fortführung der behavioristischen Denkweise hat *B. F. Skinner* (1938, 1948, 1971) auf die große Bedeutung von positiven und negativen **Verstärkern** für Aufbau und Stabilisierung erwünschten Verhaltens hingewiesen und experimentell belegt. Eine motivationspraktische Anwendung dieser behavioristischen Richtung findet sich heute noch in Lohnanreizsystemen, Beteiligungssystemen, Managementtechniken, wie MbO (Belohnung für Zielerreichung), und Trainingsprogrammen.

Während in den behavioristischen Motivationsansätzen das Individuum weitgehend als passiv auf Triebe und/oder Umweltreize reagierend angenommen wird und Verhalten vergangenheitsorientiert aus S-R-Verknüpfungen erklärt wird, setzen die **kognitiven Ansätze** ein aktives zukunftsorientiertes Individuum voraus, das aufgrund von Erwartungen über Anstrengungs-Ergebnis Verknüpfungen bewußt Entscheidungen trifft.

Die heute in den modernen Prozeßtheorien verwandten Grundbegriffe *Valence* (Wertigkeit) und *Force* (Kraft) gehen auf die Arbeiten von *Lewin* (1935) zurück. Er war es auch vor allem, der später in seiner Feldtheorie (1951) die Aufmerksamkeit stärker auf die Umwelt, den Lebensraum (life space), als Verhaltensdeterminante lenkte. **Verhalten** erklärt sich aus der psychologischen Kraft (force), die innerhalb des Lebensraums auf eine Person (P) in Richtung auf ein Ziel (Z) wirkt (vgl. *Todt* 1977 sowie S. 255).

Dabei ist die Kraft eine Funktion der *Qualität* und der *Entfernung* der Valenz (valence). Ziele sind nämlich mit positiven und negativen Valenzen ausgestattet, die vom Individuum unterschiedlich wahrgenommen werden

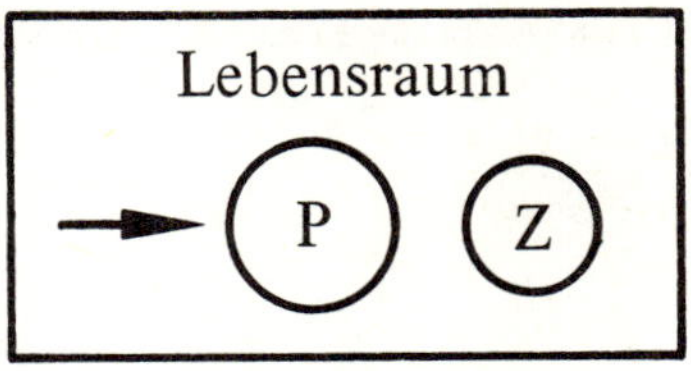


(Qualität); sie werden auch als unterschiedlich nah oder fern (Entfernung) und damit unterschiedlich schwer erreichbar wahrgenommen.

Der für die modernen Erwartungstheorien zentrale Begriff **Erwartung** (expectancy) stammt dagegen von *Tolman* (1932), der damit zugleich die heute dominierende Zukunftsperspektive in die Motivationstheorien eingebracht hat.

*(1) Vroom*

Die **Erwartungstheorie** von *Vroom* (1964) kann als das Grundmodell aller neueren Prozeßtheorien der Motivation angesehen werden (vgl. auch *Greif* 1983, S. 228ff.). *Vroom*'s Modell beruht auf dem **Weg-Ziel Ansatz** (vgl. *Georgopoulos/Mahoney/Jones* 1957) und stellt letztlich eine psychologisch orientierte Entscheidungstheorie dar (vgl. *Edwards* 1954), die davon ausgeht, daß Menschen solche Alternativen wählen, die den subjektiv erwarteten Nutzen maximieren. Der Weg-Ziel Gedanke beruht auf empirischen Beobachtungen, wonach z.B. Leistung (Weg) von Arbeitern nur dann als erstrebenswert wahrgenommen wird, wenn damit ein erwünschtes Ziel erreicht werden kann.

Ob ein Individuum Leistungsmotivation zeigt, ist also im Gegensatz zu den Annahmen der Inhaltstheoretiker nicht nur eine Frage der Prädisposition, Anlage oder Sozialisation, sondern auch situativ abhängig von der Wahrnehmung des relativen Nutzens der Leistung für diese individuelle Zielerreichung. Dieses Mittel-Zweck Denken wird in den Prozeßtheorien als **Instrumentalität** thematisiert.

Entsprechend diesen Grundüberlegungen stehen drei Begriffe im Mittelpunkt der Erwartungstheorie (Abb. 3.32): Valenzen, Instrumentalität, Erwartungen.

**Valenz** (Wertigkeit) meint die affektive Orientierung eines Menschen gegenüber den Ergebnissen einer Handlung (outcome). Gemessen wird das Ausmaß der Attraktivität eines Ergebnisses für ein Individuum. Ein Ergebnis kann eine positive Valenz (Streben nach diesem Ergebnis), eine negative Valenz (Wunsch, dieses Ergebnis zu vermeiden) oder eine Valenz von Null haben (Indifferenz gegenüber dem Ergebnis).

Bei den Ergebnissen werden zwei Ebenen unterschieden: *Ergebnisse der 1. Ebene* sind z.B. Belohnungen für ein bestimmtes Leistungsverhalten (etwa Bezahlung), die als Anreize dienen. *Ergebnisse der 2. Ebene* sind bestimmte Bedürfnisse oder Ziele, die das Individuum anstrebt (etwa Ferienreise).

*Abb. 3.32:* Das Konzept der Erwartungstheorie von *Vroom*

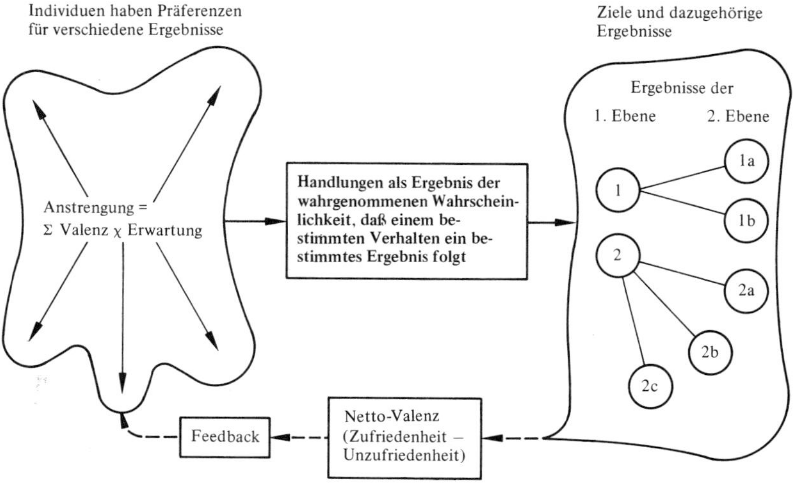


*Quelle: Dunnette* 1967, S. 178 nach *Vroom* 1964

**Instrumentalität** steht für die Erwartung, daß das Ergebnis I eines bestimmten Verhaltens zur Erreichung der erwünschten Ziele (Ergebnis II) führt. Ergebnisse der 1. Ebene sind – entgegen den Annahmen vieler Inhaltstheoretiker – kein Selbstzweck, sondern gewinnen ihren Wert (Nutzen) für das Individuum erst durch ihre Eigenschaft, positiv bewertete Ergebnisse der 2. Ebene (Bedürfnisse) zu befriedigen. Die Valenz von Ergebnissen der 1. Ebene hängt also ab von der Valenz der Ergebnisse der 2. Ebene und der wahrgenommenen Instrumentalität von 1 für 2.

Die Instrumentalität kann Werte zwischen – 1 (Ergebnis 2 läßt sich sicher ohne Ergebnis 1 erreichen; mit Ergebnis 1 ist es unmöglich Ergebnis 2 zu erreichen) und + 1 (Ergebnis 1 ist Voraussetzung, um Ergebnis 2 mit Sicherheit zu erreichen) annehmen.

*Annahme I:* „Die Valenz eines Ergebnisses für eine Person ist eine monoton steigende Funktion der algebraischen Summe der Produkte der Valenzen aller anderen Ergebnisse und seinen Vorstellungen über deren Instrumentalität für das Erreichen dieser anderen Ergebnisse" (*Vroom* 1964, S. 17).

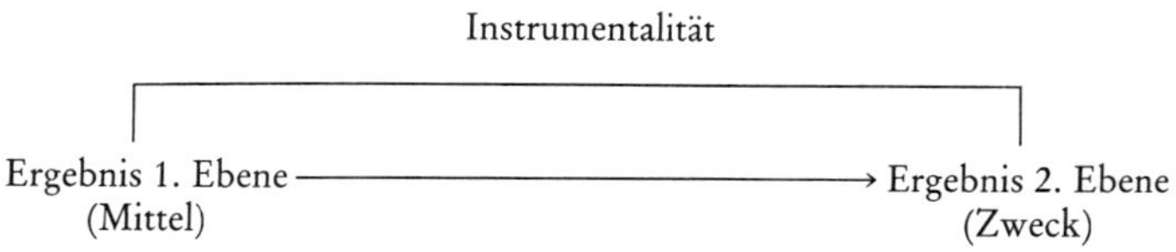

**Erwartungen** hegen Menschen über die Wahrscheinlichkeit, daß auf eine bestimmte Handlung ein bestimmtes Ergebnis folgen wird. Gemessen wird die subjektive Wahrscheinlichkeit, daß mit einer bestimmten Anstrengung ein bestimmtes Ergebnis (Aufgabenziel) erreicht wird (Erwartung I), und daß die mit dem Erreichen des Aufgabenziels verknüpfte (versprochene ) Belohnung (Ergebnis 1) auch erzielt wird (Erwartung II). Wird z. B. einem Mitarbeiter für eine besondere Leistung eine Beförderung versprochen, gilt es zwei Erwartungen zu präzisieren. Einmal die Wahrscheinlichkeit, ob mit einer bestimmten Anstrengung die besondere Leistung erbracht werden kann, und zum anderen die Wahrscheinlichkeit, ob mit der erbrachten Leistung die versprochene Belohnung auch eintreten wird. Die Erwartungen nehmen Werte an zwischen 0 (es liegt subjektive Wahrscheinlichkeit vor, daß der Handlung kein Ergebnis folgen wird) und 1 (es liegt subjektive Gewißheit vor, daß der Handlung ein Ergebnis folgen wird).

Aus den beschriebenen Elementen des Modells läßt sich nun die **Anstrengung** (force) ermitteln, die ein Individuum bei einer bestimmten (empirisch ermittelbaren) Konstellation der Modellvariablen unternehmen wird (= motivationale Stärke).

*Annahme II:* „Die Anstrengung einer Person, eine Handlung zu erbringen, ist eine monoton steigende Funktion der algebraischen Summe der Produkte der Valenzen aller Ergebnisse und der Stärke seiner Erwartungen darüber, daß der Handlung die Erreichung dieser Ergebnisse folgen wird" (*Vroom* 1965, S. 18), oder einfacher

Anstrengung = Valenz der Ergebnisse × Erwartungen.

Dieses Grundmodell ist mit einigen Modifikationen (etwa durch *Graen* 1969) bei *Campbell* et al. (1970) abgebildet (Abb. 3.33 auf S. 258).

Eine besonders wichtige Rolle im sog. **Hybrid-Modell der Arbeitsmotivation** spielt das Aufgabenziel, ein Begriff den *Campbell* et al. (1970) der Bezeichnung ‚Arbeitsrolle' von *Graen* (1969) vorziehen. Es handelt sich dabei einerseits um externe, durch die Organisation vorgegebene Aufgabenziele, die auf das Arbeitsverhalten bezogen sind, andererseits um interne Aufgabenziele, d. h. die von Individuen/Gruppen aufgrund bestimmter Wertvorstellungen, Attitüden bzw. Erfahrungen und daraus abgeleiteter Erwartungen umformulierten Aufgabenziele. Hier besteht eine Verwandtschaft mit dem Konzept der redefinierten Aufgabe von *Hackman* (1969), der zwischen objektiver Aufgabe und wahrgenommener Arbeitssituation unterscheidet (vgl. S. 403 ff. der Arbeit).

Anhand dieses Konzeptes wird verständlich, daß die intendierten **Folgen einer Aufgabenänderung** nur dann erreicht werden, wenn die entsprechenden Voraussetzungen für die Wahrnehmung einer Aufgaben- bzw. Arbeitssituation berücksichtigt sind. Maßnahmen, die sich auf die objektive Aufgabenstruktur beziehen, sind allein nicht erfolgversprechend; es sind die Erwartun-

*Abb. 3.33:* Das Hybrid-Erwartungsmodell nach *Campbell* et al. 1970

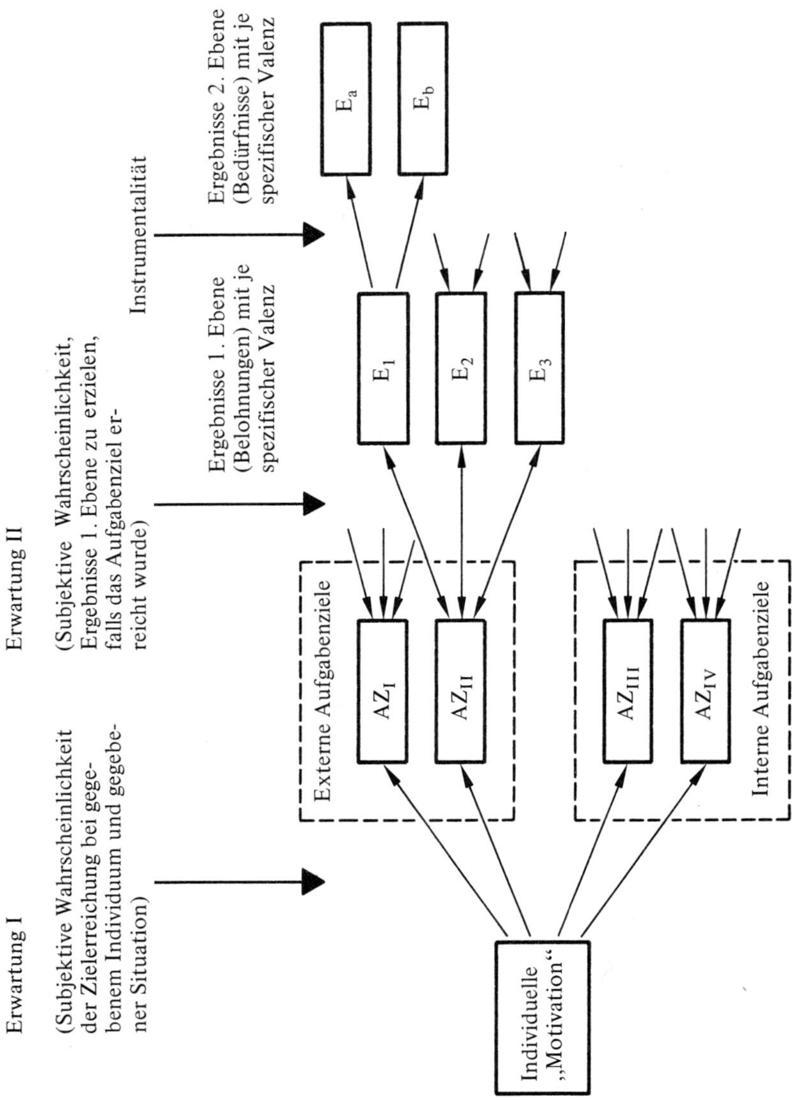


*Quelle: Hoyos* 1974, S. 194

gen bzw. Valenzen und die Instrumentalität für bestimmte externe und interne Ergebnisse bei der Konzeptualisierung objektiver Aufgabenvariationen zu berücksichtigen. Positive Reaktionen auf sog. Humanisierungsmaßnahmen sind nur dann zu erwarten, wenn erstens entsprechende Bedürfnisse vorhanden sind und zweitens diese Maßnahmen auch instrumentellen Charakter für die Bedürfnisbefriedigung haben. Dieser Zusammenhang, der wesentlich von Motiven, Attitüden und Fähigkeiten der Aufgabenträger abhängt, muß von dem Individuum bzw. Gruppenmitglied wahrgenommen werden können, da sonst eine negative Valenz aus diesen Maßnahmen resultiert und unerwartete Konsequenzen eintreten. *Lawler* (1969) betont, daß mit der Aufgabe verbundene Anreize zwar bestimmte Motive hervorbringen können, sie aber nur dann eine Verhaltensänderung (etwa leistungssteigernde Handlungen) eintreten lassen, wenn das Individuum erkennt, daß es damit gleichzeitig eigene Ziele erreichen kann.

Je nach Situation, d. h. Art der Aufgabeninhalte und Stärke der Handlungstendenz, muß die Tätigkeit bzw. Aufgabe so strukturiert werden, daß den Individuen oder Gruppenmitgliedern die Wahrnehmung

- einer zumindest subjektiven Wahrscheinlichkeit des Eintretens bestimmter Ergebnisse (Erwartungen) und
- einer Instrumentalität der Ergebnisse zur Befriedigung bestimmter Bedürfnisse ermöglicht wird.

Sinkt die Wahrscheinlichkeit für die Erreichung bestimmter Ergebnisse und die wahrnehmbare Instrumentalität, so steigt die Chance, daß das Individuum die Aufgabe für seine Zwecke formuliert (redefiniert), um damit der Befriedigung *seiner* Bedürfnisse näherkommen zu können.

**Zusammenfassend** lassen sich die Annahmen, die *Vroom's* Erwartungstheorie zugrundeliegen, wie folgt zusammenfassen (vgl. *Lawler* 1973, S. 49):

- Individuen haben unterschiedliche Präferenzen für unterschiedliche Ergebnisse (Ziele)
- Individuen haben Erwartungen über die Wahrscheinlichkeit, daß eigene Handlungen zu einem erwünschten Verhalten führen
- Individuen haben Erwartungen über die Wahrscheinlichkeit, daß einem bestimmten Verhalten ein bestimmtes Ergebnis folgen wird (Instrumentalität)
- In jeder Situation werden die von einem Individuum gewählten Handlungen von seinen momentanen Erwartungen und Präferenzen bestimmt.

*Vroom*'s Modell ist mit unterschiedlichen Ergebnissen empirisch getestet worden (s. etwa *Heneman/Schwab* 1972, *Reinhardt/Wahba* 1975); vor allem wirft die Erfassung von Valenzen und Erwartungen erhebliche meßtheoretische Probleme auf. Die praktische Anwendung des Modells auf der Ebene ausführender Tätigkeiten ist stark eingeschränkt, insofern als dem Arbeiter kaum Alternativen offenstehen, zwischen denen er aufgrund von Valenzen und Erwartungen entscheiden könnte. In den meisten Arbeitssituationen sind die Verhaltensmöglichkeiten so reduziert, daß das differenzierte Modell von

*Vroom,* das ja Wahlmöglichkeiten voraussetzt, hier kaum seine volle prognostische Kraft entfalten kann. Wichtig für das Verständnis des Arbeitsverhaltens ist jedoch zweifellos das Konzept der Instrumentalität, das in Inhaltstheorien völlig vernachlässig wird.

*(2) Porter/Lawler*

vgl. auch S. 198

Auf die für Manager hoch interessante Frage, wie Motivation, Leistung und Zufriedenheit zusammenhängen, versuchen *Porter/Lawler* (1968 und *Lawler* 1971) in ihrem Motivationsmodell eine Antwort zu geben. Sie bauen dabei auf der Erwartungstheorie auf. Die zentralen Variablen des Modells lauten (s. Abb. 3.34):

**Anstrengung** (effort), **Leistung** (performance),
**Belohnung** (rewards) und **Zufriedenheit** (satisfaction).

**Anstrengung** (3) bezeichnet das Ausmaß an Energie, die von einem Mitarbeiter zur Erfüllung einer Aufgabe aufgewendet wird. Es hängt ab von der Wertigkeit der Belohnung (1) und der wahrgenommenen Wahrscheinlichkeit, daß auf eine bestimmte Anstrengung auch eine bestimmte Belohnung folgt (2). Wenn z. B. ein Arbeiter eine bestimmte Belohnungsart hoch bewertet und eine hohe Wahrscheinlichkeit wahrnimmt, daß seine Anstrengung die erwünschte Belohnung zur Folge hat, wird er große Anstrengungen unternehmen.

*Abb. 3.34:* Die Motivationstheorie von *Porter/Lawler*

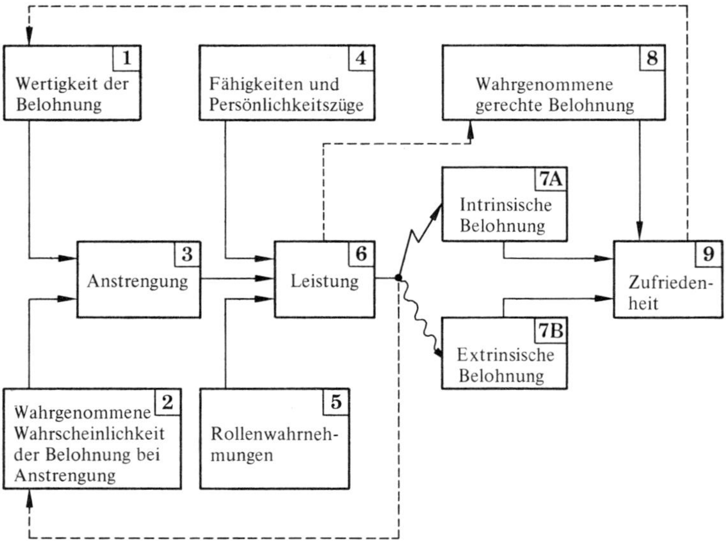


*Quelle: Porter/Lawler* 1968, S. 165

**Leistung** (6) ist der von der Organisation meßbare Output einer Handlung, der keineswegs mit der Anstrengung identisch sein muß. Das Ergebnis der Anstrengung hängt ab von den Fähigkeiten, Fertigkeiten und Persönlichkeitszügen (4) sowie der Art und Weise, wie er seine Rolle in bestimmten Arbeitssituationen wahrnimmt (5).

So kann z. B. ein Arbeiter trotz hoher Anstrengung als Folge geringer arbeitsanforderungsspezifischer Kenntnisse und ungenauer Rollenwahrnehmung eine ungenügende Leistung erbringen.

**Belohnungen** (7) sind die Folge von Leistungsverhalten und zwar entweder (a) intrinsischer Art (z. B. Erfolgserlebnis) oder (b) extrinsischer (z. B. Bezahlung). Besonders wichtig für das Ausmaß an empfundener Zufriedenheit ist die wahrgenommene gerechte Belohnung (8), d. h. die Vorstellung des Mitarbeiters darüber, was ihm in bezug auf die erbrachte Leistung als angemessene Belohnung erscheint.

**Zufriedenheit** (9) tritt ein, wenn die effektiven Belohnungen den als angemessen erlebten entsprechen oder sie übersteigen; Unzufriedenheit ist zu erwarten, wenn diese unter den Erwartungen liegen. Hier wird deutlich mit der klassischen Annahme gebrochen, daß die Leistung vom Ausmaß der Zufriedenheit abhängt.

Das Modell von *Porter/Lawler* ist durch eigene Studien der Autoren (1968) sowie durch solche von Dritten (vgl. z. B. *Kuhn/Slocum/Chase* 1971, *Schuster/Clark/Rogers* 1971) weitgehend in den Grundannahmen bestätigt worden. Es integriert auch auf sinnvolle Weise bewährte Annahmen der Erwartungs- und der Gleichheitstheorie (equity theory).

### *(3) Smith/Cranny*

Gegenüber dem komplexen *Porter/Lawler*-Modell stellt das *Smith/Cranny*-Modell (1968) ein relativ einfaches Konzept dar, das aber die aufgrund des heutigen Wissensstandes wesentlichen Variablen und die vermuteten Beziehungen zwischen ihnen abbildet. Wie *Porter/Lawler* nehmen sie an, daß der Anstrengung (eine Leistung zu erbringen) zentrale Bedeutung zukommt. Sie allein beeinflußt das Leistungsergebnis *direkt* (vgl. den Pfeil in Abb. 3.35).

Die Variablen Anstrengung, Belohnung, Zufriedenheit stehen dagegen in *wechselseitigen* Beziehungen zueinander (wechselseitig gerichtete Pfeile). Belohnung und Zufriedenheit können zwar zu höheren Anstrengungen führen, aber nicht notwendigerweise zu höherer Leistung. Zur Messung der Variablen ‚Zufriedenheit' haben *Patricia Smith* und Mitarbeiter einen weithin bekannten Fragebogen (Job Descriptive Index = JDI) entwickelt, der wegen seiner Kürze und Einfachheit in der Praxis sehr beliebt ist (vgl. *Smith* et al. 1969 sowie *Neuberger* 1974).

Zu den Prozeßtheorien zählen neben den erwartungstheoretischen Ansätzen auch die auf dem Prinzip des Ausgleichs bzw. der Konsonanz basierenden **Dissonanz-**, **Diskrepanz-** oder **Ausgleichstheorien,** für die ein zentrales

*Abb. 3.35:* Der Erklärungsansatz von *Smith/Cranny*

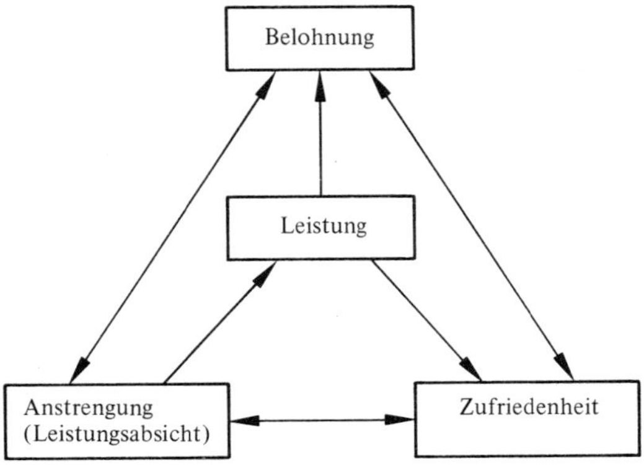


*Quelle: Smith/Cranny* 1968, S. 469

menschliches Bedürfnis bzw. Motiv im Erreichen eines Gleichgewichtszustandes besteht, der dann Zufriedenheit zur Folge hat. Die Wahrnehmung von Dissonanzen (z. B. in der Theorie der kognitiven Dissonanz *Festinger*'s) oder Ungleichheiten (z. B. in der Gleichheitstheorie *Adam*'s[13]) setzt motivationales Potential frei, das auf die Reduzierung der Abweichungen gerichtet ist (vgl. auch *March/Simon* 1958, *Cofer/Appley* 1964, *Lawler* 1977 sowie S. 183ff.).

Alle diese theoretischen Ansätze gehen von der Annahme aus, daß das Individuum nach Harmonie strebt und Dissonanzen und Diskrepanzen abzubauen versucht. Die Größe der Abweichung vom subjektiv idealen Gleichgewichtszustand sagt dann etwas aus über die Stärke der Motivation. Dabei werden nicht nur innere Zustände verglichen, sondern auch intersubjektive soziale Vergleiche angestellt. So erzeugen nach der Gleichgewichtstheorie ungleiche Quotienten in den Input/Output Relationen Spannungen, die zu Handlungen motivieren, um diese Ungleichheiten abzubauen.

Movitation *allein* aus wahrgenommenen Dissonanzen oder Ungleichheiten zu erklären, kann nicht befriedigen. Eine Integration dieser sehr wesentlichen Komponente der Motivation in komplexere Erwartungstheorien erscheint jedoch angezeigt.

### *c. Motivationsaktivierung (Motivation als Managementfunktion)*

Nachdem im vorangegangenen Abschnitt die wichtigsten motivationstheoretischen Ansätze vorgestellt worden sind, werden im folgenden einige perso-

[13] Die Equity Theory von *Adams* wird auch als ‚Gerechtigkeitstheorie' bezeichnet (vgl. *Greif* 1983, S. 212ff., sowie S. 298 der Arbeit).

nalpolitische Instrumente und deren motivationstheoretische Annahmen diskutiert.

### *ca. Motivationspolitische Ansatzpunkte*

Befaßt man sich mit Motivation in pragmatischer Absicht, gewinnen für das Management einer Organisation folgende beiden Fragen zentrale Bedeutung (vgl. *March/Simon* 1958):

- Was motiviert einen Menschen, in eine bestimmte Organisation einzutreten und dort zu bleiben (**Teilnahmeentscheidung**)?
- Was motiviert ein Organisationsmitglied, einen produktiven Beitrag zur Erreichung der Organisationsziele zu leisten (**Leistungsentscheidung**)?

Zur Beantwortung dieser Fragen ziehen die Manager heute überwiegend noch Aussagen der **Inhaltstheorien** heran. Sie haben erkannt, wie wichtig es ist, mehr sowohl über die gegenwärtige Bedürfnis- und Motivationsstruktur von Organisationsmitgliedern als auch über deren Entwicklung in den letzten Jahren zu wissen. Kenntnisse hierüber stellen ihrer Meinung nach die Voraussetzung dar für eine gezielte, d. h. der individuellen Situation des Mitarbeiters angepaßten Leistungsmotivation durch das Management. *Esser* (1977, S. 72) verdeutlicht das Managementinteresse: ,,Es ist daher Aufgabe des direkten Vorgesetzten, sich über die aktuellen Bedürfnisse zu informieren, um so die Voraussetzungen für eine erfolgreiche, auf eine Leistungserhöhung abzielende Motivierung schaffen zu können."

Dieser *individuellen* und situativ angepaßten Motivationsaktivierung steht jedoch die traditionelle Personalpolitik entgegen, die sich auf *generelle,* meist für die gesamte Organisation gültige Instrumente verläßt. Dies sind vor allem (vgl. *Lawler* 1977, *Esser* 1977, *Eckardstein/Schnellinger* 1978):

- Entgeltpolitik (Lohn, Erfolgsbeteiligung)
- Sozialleistungspolitik
- Politik der Aufgabenverteilung (Stellenbeschreibung, Arbeitsstrukturierung)
- Gestaltung der Arbeitsbedingungen
- Informationspolitik
- Führungsverhalten (Anerkennung und Kritik)
- Bildungspolitik (Personalentwicklung).

Aus diesem Katalog sind die beiden ersten Positionen eher als Belohnung für die Teilnahme an der Organisation zu interpretieren denn als Motive für Leistungsverhalten. Dabei ist die Funktion, die das **Arbeitsentgelt** im Rahmen der Motivation spielt, nach wie vor umstritten. Dies zeigen auch die *Herzberg*'schen Untersuchungen, wonach Lohn sowohl als Hygiene- als auch als Motivations-Faktor wirken kann. Arbeitnehmerbefragungen zur individuellen Einschätzung des Lohns als Arbeitsanreiz liegen zwar zur Genüge vor, bieten aber ein äußerst widersprüchliches Bild. Ohne Kenntnis der konkreten Arbeitsituation sind generelle Aussagen über die motivationale Stärke einzelner Anreize wenig sinnvoll. Hier zeigt sich eine deutliche Schwäche der Inhaltstheorien im Vergleich zu den Prozeßtheorien, die von der jeweiligen Person und Situation ausgehen. Erinnern wir uns an die fundamentale Verhaltensgleichung von *Lewin* (S. 164 der Arbeit)

Verhalten = f (Person, Umwelt)

und nehmen einige weitere Präzisierungen der Variablen vor (vgl. *Heider* 1958 sowie S. 595ff. der Arbeit),

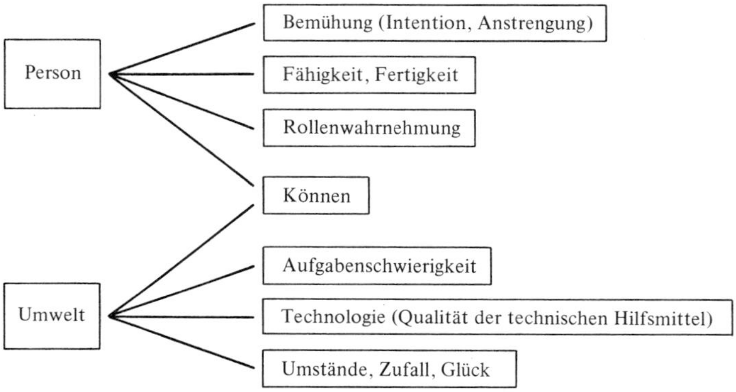


ergeben sich wichtige Ansatzpunkte für die **Beeinflussung des Leistungsverhaltens.**

*Tosi/Carroll* (1976) haben versucht, diese in ein pragmatisches Motivationsmodell einzubringen (Abb. 3.36).

Populärer, aber viel zu verkürzt, ist die einfache multiplikative Verknüpfung der Variablen ‚**Fähigkeit**' und **Motivation**' (siehe auch *Vroom* 1964, S. 203ff., *Schanz* 1978, S. 82ff.):

Leistung = f (Fähigkeit × Motivation)

Vorausgesetzt, die Variablen ließen sich quantifizieren, ergibt sich das Leistungsniveau als Fläche der Rechtecke in Abb. 3.37.

Das gleiche Leistungsniveau wird bei *Person I* durch eine sehr hohe Motivation bei mittleren Fähigkeiten und bei *Person II* durch sehr hohe Fähigkeiten bei mittlerer Motivation erreicht.

Die für das Management daraus abzuleitenden Gestaltungsempfehlungen liegen auf der Hand. Bei *Person II* bringt eine weitere Verbesserung der Fähigkeiten (etwa durch eine Schulungsmaßnahme) nur marginale Leistungszuwächse, während eine verstärkte Motivation (etwa durch job enrichment) bedeutend höheren Leistungsgewinn verspricht (vgl. gestrichelte Linien in Abb. 3.37). Bei *Person I* bietet sich eine umgekehrte Strategie an.

*Abb. 3.36:* Ein einfaches Motivationsmodell für die Praxis

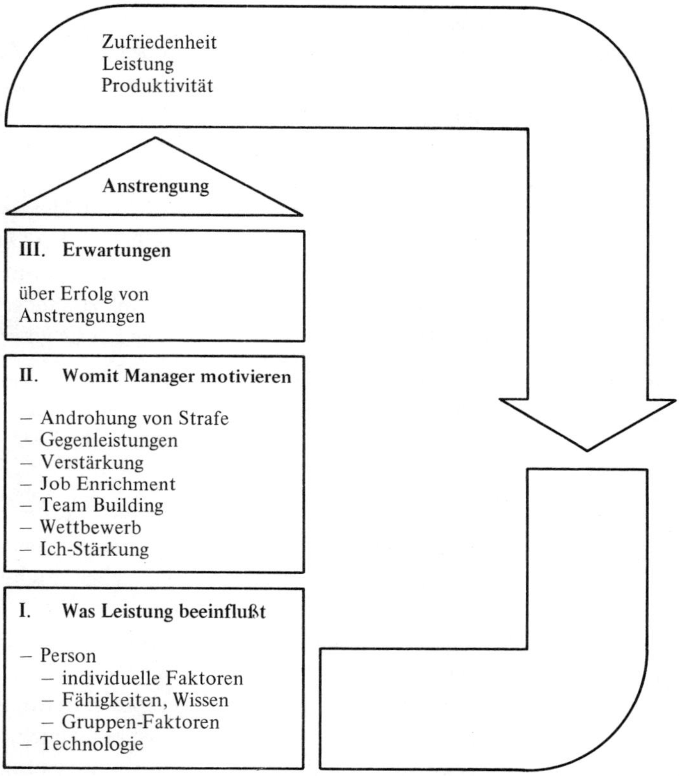


*Quelle: Tosi/Carrol* 1976, S. 128

*Abb. 3.37:* Leistung in Abhängigkeit von Motivation und Fähigkeiten

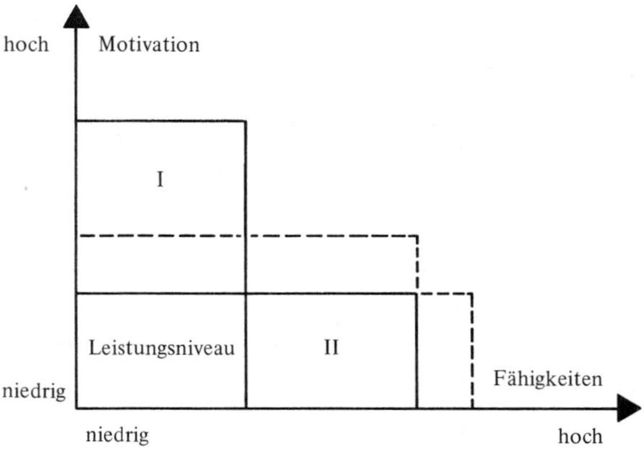

### cb. Zusammenhänge zwischen Leistung und Zufriedenheit

Verständlicherweise interessiert sich das Management einer Wirtschaftsorganisation bei der Suche nach Einflußfaktoren der Leistung für den Zusammenhang zwischen Zufriedenheit und Leistung. Wie erinnerlich behauptet die Human Relations Bewegung eine enge positive Korrelation zwischen Zufriedenheit und Leistung, woraus die Empfehlung abgeleitet wird, hohe Zufriedenheit bei den Mitarbeitern zu schaffen, um hohe Leistung als Antwort erwarten zu können. Ist diese eindeutige Aussage im Lichte der neueren Motivationsforschung noch aufrecht zu erhalten? Sicherlich nicht. Die Zusammenhänge sind bedeutend komplexer, als es diese einfache Formel vermuten läßt. Im Anschluß an *Schwab/Cummings* 1970 sind zumindest drei Zusammenhänge denkbar, für die es auch z. T. empirische Belege gibt:[14]

(1) **Zufriedenheit führt zu Leistung** (Z→L)
(2) **Leistung führt zu Zufriedenheit** (L→Z)
(3) **Zufriedenheit und Leistung hängen von dritten Faktoren ab** (Z←?→L)

Zu (1)
Dies ist die Grundannahme der **Human Relations Schule** und findet sich auch in einigen Inhaltstheorien wieder. *Maslow* und *Herzberg* deuten beide an, daß die Befriedigung bestimmter Bedürfnisse (Zufriedenheit) zu höheren Anstrengungen und Leistungen führt. Umgekehrt sehen *March/Simon* (1958), die hier als Anhänger einer Gleichheitstheorie (Homöostase) gelten können, eher in der Unzufriedenheit einen wesentlichen Motivationsfaktor. Sie vertreten die Auffassung, daß das Individuum im erhöhten Leistungseinsatz *eine* Möglichkeit sieht, die eigene Unzufriedenheit zu reduzieren.

Trotz dieser z. T. widersprüchlichen Annahmen kann als gesichert gelten, daß Zufriedenheit langfristig eine Voraussetzung für eine positive Einstellung zur Arbeit darstellt. Auf eine kausale Beziehung zwischen Zufriedenheit und Leistung kann daraus nicht geschlossen werden.

Zu (2)
Diese Auffassung wird vor allem in den neueren **Prozeßtheorien** vertreten *(Porter/Lawler);* danach führt eine erbrachte Leistung, wenn ihr eine intrinsische Belohnung folgt, unmittelbar zur Zufriedenheit. Bei extrinsischer Belohnung muß diese zunächst der als angemessen erlebten entsprechen, um Zufriedenheit zu erzeugen. Auch bei *Smith/Cranny* beeinflußt nur die Anstrengung unmittelbar die Leistung, und die Leistung erhöht selbst oder über die Belohnung die Zufriedenheit (vgl. Abb. 3.35 auf S. 262).

Zu (3)
Autoren, die diese Position vertreten, sind einmal unsicher, ob überhaupt ein Zusammenhang zwischen Zufriedenheit und Leistung besteht, und verweisen auf die notwendige **Existenz intervenierender Variablen** hin.

---

[14] Vgl. auch *Vroom* 1964, *Neuberger* 1974, *Rosenstiel* 1975.

*Triandis* (1959) sieht z. B. im Leistungsdruck eine solche dritte Variable, von der sowohl Leistung als auch Zufriedenheit abhängen.

*Korman* (1970) ist die Auffassung, daß zur Deutung der Zusammenhänge die Persönlichkeitszüge des Betroffenen, vor allem seine Selbsteinschätzung, bekannt sein müßten.

**Zusammenfassend** läßt sich festhalten, daß generelle Aussagen über den Zusammenhang zwischen Leistung und Zufriedenheit ziemlich unsinnig sind, und erst die nähere Kenntnis von Person und Situation fundierte Prognosen erlaubt. Der wenig befriedigende Forschungsstand schlägt sich auch in der vorsichtigen Formulierung von *Lawler* (1970) nieder. In Beantwortung der eingangs gestellten Schlüsselfragen sieht er als ziemlich gesichert an,

- daß Zufriedenheit u. a. die Motivation, zur Arbeit zu kommen (Teilnahmeentscheidung), erklären kann (Zufriedenheit führt zu geringeren Fehlzeiten und Fluktuationsraten)
- daß Zufriedenheit die Motivation zur Leistung (Leistungsentscheidung) wenn überhaupt nur indirekt beeinflußt
- daß Leistung die Zufriedenheit direkt beeinflussen kann (insb. bei intrinsischer Motivation).

In einem breit angelegten Forschungsprojekt im Auftrag der **National Science Foundation** (Washington, D. C.) kommen die Autoren (*Srivastva* et al. 1975, S. XVI) auf der Basis einer Auswertung von etwa 550 empirischen Korrelations-Studien über die **Zusammenhänge zwischen Zufriedenheit, Leistung, Absentismus und Fluktuation** zu folgenden Ergebnissen:

- intrinsisch motivierende Arbeitsinhalte korrelieren positiv mit Zufriedenheit und negativ mit Absentismus und Fluktuation
- Autonomie korreliert positiv mit Zufriedenheit und Leistung
- demokratischer Führungsstil korreliert positiv mit Zufriedenheit, aber entweder positiv oder negativ mit Leistung
- ein Organisationsklima, das durch Unterstützung, offene Kommunikation und Autonomie gekennzeichnet ist, korreliert positiv mit Zufriedenheit und in den meisten Fällen auch mit Leistung.

# C. Verhalten in Gruppen

Mit dem Konzept des sozialen Lernens und den u. a. darauf aufbauenden Theorien der Sozialisation wird eine neue Ebene der Analyse menschlichen Verhaltens in den Mittelpunkt der Betrachtungen gerückt. Während bislang vom Individuum, seinen Bedürfnissen, Motiven, Einstellungen, Fähigkeiten usw. ausgegangen wurde, geht es im folgenden darum, wie Menschen den Anforderungen der Gesellschaft, der Organisation und der Arbeitsgruppe, in denen sie tätig sind, gerecht werden. Als besonders leistungsfähiger Ansatz zur Erklärung der gegenseitigen Anpassungsprozesse *Individuum – Gesellschaft* hat sich die **soziologische Rollentheorie** bewährt.

*Abb. 3.38:* Das zugrundegelegte Rollenkonzept

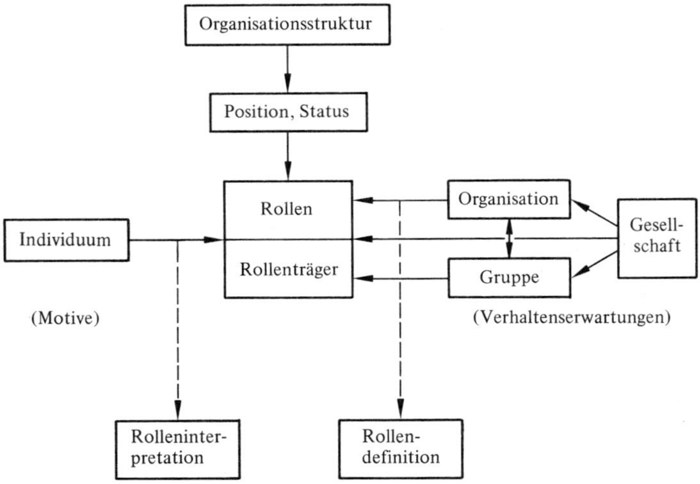


## I. Elemente

### 1. Positionen und Rollen

#### *a. Zum Status von Stellen in der Organisation*

**Stelle** definiere ich als einen versachlichten Komplex von Aufgaben; sie wird unabhängig vom Stelleninhaber gebildet. Ist der Stelle innerhalb einer

Organisation ein bestimmter Platz zugewiesen, spricht man von **Position.** Horizontale und vertikale Differenzierung sozialer Systeme ergeben Positionen, die wie Stellen unabhängig von dem (potentiellen) Inhaber geschaffen werden. Jede Position ist mit einem bestimmten **Status** versehen, der angibt, welche Wertschätzung die Mitglieder eines sozialen Systems den in ihm bestehenden Positionen zuweisen.

Obwohl alle Menschen gleich geboren werden, sind manche gleicher als andere. Dies ist das Ergebnis einer sozialen Stratifikation (Schichtung) der Gesellschaft und kleinerer sozialer Systeme, wie Organisationen, nach dem Status, der ihnen qua Geburt (z. B. Nepotismus) zugeschrieben ist *(ascribed status),* oder den sie sich, vor allem durch entsprechende Ausbildung, erworben haben *(achieved status).* Die Entwicklung moderner Industriegesellschaften läßt sich u. a. dadurch kennzeichnen, daß die erstgenannte Status-Quelle (Status qua Geburt: Erbe, Adel, Vermögen) immer mehr gegenüber der zweiten Quelle von Status (Status qua eigener Leistung, Autorität) zurücktritt. Qualität, Zugang und Durchlässigkeit des bestehenden Bildungssystems sind wesentliche Voraussetzungen für einen Abbau tradierter Status-Vorteile (Privilegien). Als weitere Quellen von Status kommen in Betracht: persönliche Merkmale, wie Alter, Geschlecht, Schönheit; Zugehörigkeit zu bestimmten Klassen bzw. Schichten einer Gesellschaft oder einer Organisation; Ausbildung, Wissen, Beruf (vgl. z. B. *Parsons* 1949).

Für die Zwecke dieser Arbeit bietet es sich an, zwischen sozialem und organisatorischem Status zu unterscheiden. **Sozialer Status** als Ergebnis von Bewertungsprozessen außerhalb der Organisation (z. B. durch Verwandte, Freunde, Nachbarn) wird hier gegenüber den organisationalen Wertschätzungen einer Person bzw. Position vernachlässigt. **Organisatorischer Status** ergibt sich einmal aus der vertikalen Arbeitsteilung (Position in der Hierarchie) und/oder aus der funktionalen (ausgeübte Funktion als Quelle für Status, z. B. Expertentum, Stabsstelle).

*Hollander* (1958) definiert den innerhalb einer Gruppe erworbenen Status sehr plastisch als **Idiosynkrasie-Kredit** (idiosyncrasy credit), der das Ausmaß bezeichnet, bis zu dem ein Individuum von den Erwartungen der Gruppe abweichen darf, ohne Sanktionen befürchten zu müssen. Die Höhe des durch die Gruppe gewährten Kredits für eigenes idiosynkratisches Verhalten sagt dann etwas über die Höhe des Status innerhalb der Gruppe aus.

Während die Sinnhaftigkeit von Status-Differenzierungen für die Zwecke der Organisation umstritten ist – hier wird primär eine Leistungsmotivation als Folge von differenzierten Statussymbol-Zuweisungen vermutet –, gilt es als gesichert, daß das Organisationsmitglied durch die Abgrenzung gegenüber anderen Mitgliedern Selbstwertgefühle verstärken und Bedürfnisse nach Fremdwertschätzung befriedigen kann. Deshalb wird in der verhaltensorientierten Managementliteratur den Phänomenen der **Statussymbole** z. T. beträchtliche Aufmerksamkeit geschenkt (vgl. z. B. *Kast/Rosenzweig* 1974). Als solche kommen z. B. in Betracht:

- Arbeitsplatz
- Raumausstattung
- Dienstwagen
- reservierter Parkplatz
- eigene Sekretärin
- Titel
- Kasino-Essen.

Das am feinsten abgestufte System von Status-Zuweisungen ist zweifellos beim Militär mit seinen äußerst differenzierten Dienstgraden anzutreffen.

### *b. Rollenbeschreibung und Rollenzuweisung*

Während der Status das mehr oder weniger stabile, überdauernde Ansehen einer Position beschreibt, dient das Konzept der **Rolle** dazu, das Handeln und Verhalten des Positionsinhabers konkret vorzuschreiben. Die Rolle bezeichnete ursprünglich die Pergamentrolle, auf der der Text für den Schauspieler stand, und wird heute umgangssprachlich noch mit dieser Wurzel in Zusammenhang gebracht, wenn man von einem Mitmenschen sagt, er habe seine Rolle als ... schlecht gespielt. Rollen stellen *Verhaltenserwartungen* dar, die die Organisation (Management) und die Organisationsmitglieder gegenüber dem Inhaber einer bestimmten Position in der Organisation hegen und die von diesem erlebt werden (vgl. *Mayntz* 1963, *Joas* 1980).

**Inhalt** und **Ausgestaltung** organisatorischer Rollen werden also bestimmt:

- vom Management (z. B. Stellenbeschreibung, Positionsbeschreibung)
- von den Erwartungen der Kollegen, Untergebenen und anderen Personen, die mit dem Positionsinhaber in Kontakt stehen
- von der Wahrnehmung der Erwartungen durch den Positionsinhaber, die wiederum von seinen Bedürfnissen, Werten, Einstellungen etc. abhängt.

Zur **Beschreibung** einer Rolle können folgende Fragen an die Organisation gestellt werden (*Mayntz* 1963, S. 82f.):

- Was wird von einem bestimmten Organisationsmitglied verlangt?
  (Erwartungen beziehen sich nicht nur auf Handeln und Verhalten – was muß, soll, kann er tun, oder was soll er nicht tun – sondern auch auf Einstellungen und Werthaltungen)
- Von wem gehen die Erwartungen aus?
  (Vorgesetzte, Kollegen, Untergebene, Geschäftspartner, wie Kunden, Lieferanten etc.)
- Wer überwacht die Einhaltung der Erwartungen?
  (diejenigen, die die Erwartungen aussprechen oder andere?)
- Von wem werden Verstöße bestraft?

An dieser Stelle erscheint es wichtig, nochmals festzuhalten, daß eine organisatorische Rolle unabhängig von der Person des möglichen Inhabers definiert wird, und daß sich die damit verbundenen Verhaltenserwartungen auf eine ebenso personenunabhängig gebildete Position bzw. Stelle beziehen. Die Verhaltenserwartungen richten sich z. B. an den Betriebsmeister und nicht an Herrn Mayer, der zufällig Inhaber dieser Position ist.

Damit wird das Verhalten unabhängig von den Eigenheiten des jeweiligen Positionsinhabers standardisiert und für die Zwecke einer geregelten, ungestörten Aufgabenerfüllung prognostizierbar. Dies erleichtert auch das Lernen von Rollen unabhängig von der konkreten Situation in Schulen, Hochschulen und Weiterbildungsinstituten (Rollentraining z. B. durch Rollenspiele).

*Abb. 3.39:* Verhaltensbereiche und Rollen eines Individuums

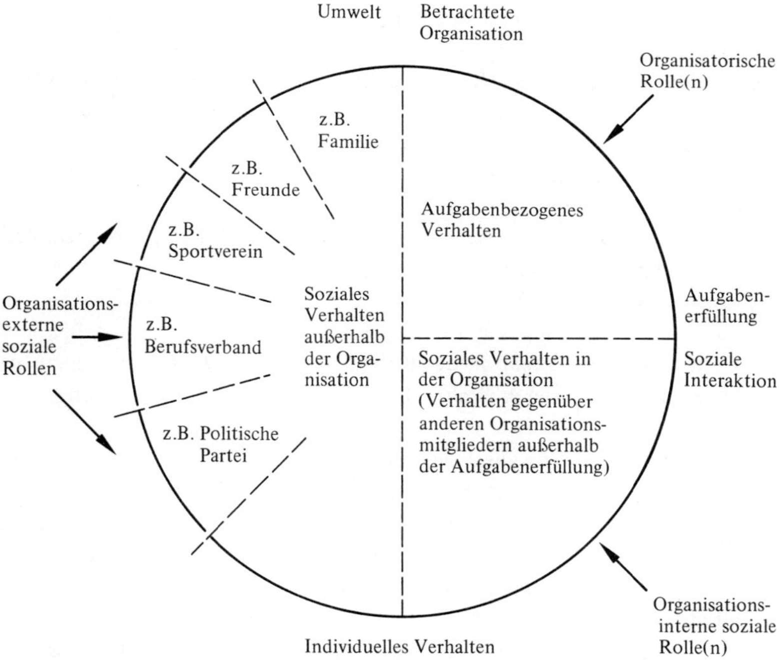


*Quelle: Kieser/Kubicek* 1976, S. 319

Jede Position ist allerdings i. d. R. nicht nur mit *einer* Rolle verbunden, sondern mit mehreren, die einen sog. ‚role-set' bilden. Das **Rollen-Set** beschreibt die Vielzahl der Orientierungen gegenüber denjenigen Organisationsmitgliedern und -teilnehmern, auf deren Zusammenarbeit der Positionsinhaber angewiesen ist.

Vom Rollen-Set zu unterscheiden ist die Tatsache, daß jedes Organisationsmitglied innerhalb und außerhalb der Organisation eine Vielzahl von Rollen (Multiple Roles) übernehmen muß bzw. kann, die aber nicht zwangsläufig mit seiner Position im Zusammenhang stehen (wie im Falle des Rollen-

Set). So ist der erwähnte Betriebsmeister z.B. noch Mitglied der IG Metall, Mitglied des Betriebsrats, Ehemann, Familienvater, Mitglied der SPD, Mitglied eines Fußballvereins, Autofahrer.

Abb. 3.39 gibt einen Eindruck von der Vielfalt der Verhaltensbereiche und Rollen ein und desselben Individuums.

Rollen übernehmen und spielen ist ohne **Interaktion** mit anderen Menschen nicht möglich. Das Rollenkonzept wird als zentrales Bindeglied zwischen dem Einzelnen und der Gruppe bzw. der Gesellschaft angesehen und von manchen Soziologen als wesentlicher Baustein sozialer Systeme begriffen (vgl. z.B. *Dahrendorf* 1959b, *Katz/Kahn* 1966, *Joas* 1980).

Neben den Beziehungen zwischen Rollen interessiert uns das konkrete Verhalten von Rollenträgern im Interaktionsprozeß. Dieser Prozeß der gegenseitigen **Rollenzuweisung** (Senden und Empfangen von Rollen) ist sehr anschaulich – wenn auch stark vereinfacht – von *Katz/Kahn* (1966, S. 182ff.) im Konzept der Rollen-Episode beschrieben worden (vgl. Abb. 3.40).

Das Konzept beruht auf vier Elementen

I. **Rollenerwartungen:** Wahrnehmung des Verhaltens des Rollenempfängers, Bewertungen
II. **Gesendete Rolle:** Kommunikation auf der Grundlage von I mit dem Ziel der Beeinflussung des Rollenempfängers
III. **Empfangene Rolle:** Wahrnehmung der Rolle und der Rollensendung durch den Rollenempfänger
IV. **Rollenverhalten:** Reaktion des Rollenempfängers auf die erhaltenen Informationen und deren Wahrnehmung (z.B. Verhaltensanpassung, Widerstand).

In Abb. 3.40 wird ein kausal-sequentieller Ablauf der Phasen I, II, III und IV unterstellt. *Pfeil 1* beschreibt den Prozeß der Rollensendung und *Pfeil 2* stellt die Rückkopplung zum Sender her und leitet die nächste Rollensendung ein. Der oben beschriebene Prozeß findet in einem Kontext A-C statt. Dies sind in sozialen Systemen vom Typ ‚Organisation' vor allem **organisatorische Einflußgrößen** (A) wie Technologie, Struktur, formale Regeln, Unternehmungspolitik, Anreizsysteme, die – wie *Pfeil 3* andeutet – die Rollenerwartungen des Senders beeinflussen. So läßt sich z.B. zwischen Organisationsgröße und Anzahl von Rollenkonflikten ein positiver Zusammenhang feststellen. *Hickson* (1966) berichtet in diesem Zusammenhang über unterschiedliche Folgen hoher (→ reduziert Unsicherheit) und niedriger Spezifizierung von Rollenvorschriften (→motiviert stärker, fördert Innovationen, steigert Unsicherheit, führt zu Machtkonflikten).

**Persönlichkeitsfaktoren** (B), wie Motive, Werte, Einstellungen gegenüber bestimmten Verhaltenserwartungen, beeinflussen einmal den Rollensender *(Pfeil 4)* und – als intervenierende Variablen – die Wahrnehmung des Rollenempfängers *(Pfeil 5)*, andererseits werden – so die Hypothese von *Katz/Kahn* (1966) – die Persönlichkeitsfaktoren durch das Verhalten des Rollenempfängers verändert *(Pfeil 8)*.

*Abb. 3.40:* Die Rollensendung

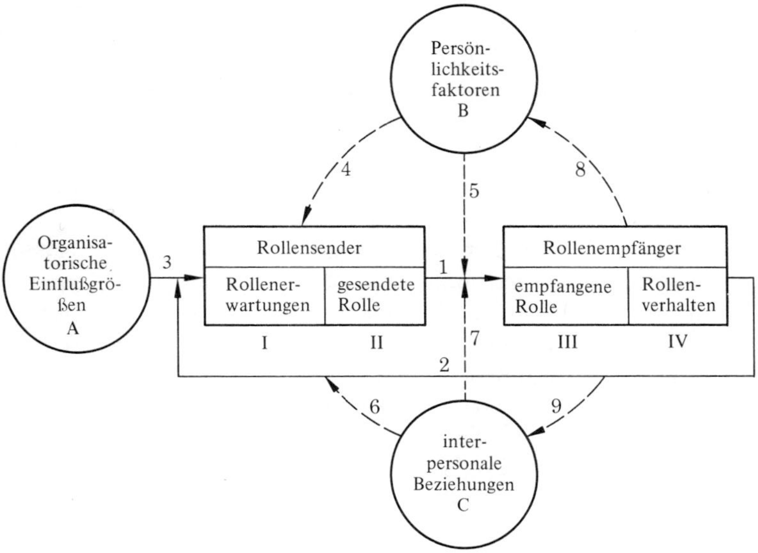


*Quelle: Katz/Kahn* 1966, S. 187

Letzlich hat die Qualität der **interpersonalen Beziehungen** (C) zwischen Rollensender und -empfänger einen wesentlichen Einfluß auf die Art und Weise, wie der Sender die Rolle formuliert *(Pfeil 6),* und wie der Empfänger die Information wahrnimmt *(Pfeil 7).* Verständlicherweise haben die Verhaltensweisen des Empfängers je nach dem Ausmaß seiner Anpassung (compliance) positive oder negative Effekte auf die zwischenmenschlichen Beziehungen *(Pfeil 9).*

Mögen diese vielfältigen Beziehungen schon äußerst komplex anmuten, so bieten sie dennoch nur ein stark vereinfachtes Bild der Realität. Hier haben wir es mit mehreren Personen zu tun (nicht nur zwei), mit einem umfassenden Rollen-Set und mit simultanen und nicht sequentiellen Prozeßbedingungen. Dennoch gibt das Konzept der Rollen-Episode einen guten Eindruck von den Einflußfaktoren und deren Interdependenz im Prozeß der Rollenzuweisung und des Rollenverhaltens.

### c. *Rollenkonflikt*

Rollen-Episoden verlaufen nicht immer konfliktfrei. Der Rollenkonflikt ist ein alltägliches Phänomen in sozialen Prozessen.

In der Sprache des Rollen-Episoden-Konzepts entsteht ein Rollenkonflikt, wenn zwei oder mehr Rollensendungen nicht miteinander vereinbare Anforderungen an einen Rollenträger stellen oder aus subjektiver Sicht zu stellen scheinen, und wenn die Rollensendung unvereinbar mit den Werten, Motiven und Einstellungen des Rollenträgers ist. *Katz/Kahn* (1966, S. 184f.) – ebenso *Kahn* et al. 1964 – unterscheiden vier Arten des Rollenkonflikts:

- **Intra-Sender-Konflikt:** Von ein und demselben Rollensender gehen konfligierende Erwartungen bzw. Anforderungen aus, z. B. der Meister erwartet vom Arbeiter hohe Schnelligkeit und hohe Sorgfalt (kein Ausschuß), oder er betraut ihn mit einer Aufgabe und kurze Zeit später mit einer anderen, die die rechtzeitige Erfüllung der ersten unmöglich macht.
- **Inter-Sender-Konflikt:** Von verschiedenen Rollensendern ausgehende Erwartungen sind nicht miteinander vereinbar, z. B. der Meister erwartet von einem Arbeiter eine bedeutend höhere Leistung als es der Gruppennorm (Erwartungen der Kollegen) entspricht; die Position des Meisters selbst gilt als Prototyp für einen Rollenkonflikt, denn er sieht sich einmal Erwartungen des Managements und zum anderen Erwartungen der Arbeiter und Vorarbeiter ausgesetzt, eine Gruppe, aus der er selbst in aller Regel stammt; Inter-Sender-Konflikte treten auch bei Matrix-Organisationen auf, wenn vom Funktions-Manager und vom Projekt-Manager *konfligierende* Anforderungen gestellt werden. Eine schwächere Form des Inter- und Intra-Sender-Konflikts ist die *Mehrdeutigkeit* von Verhaltenserwartungen (Role Ambiguity), wie sie bei unzureichenden Informationen, unklarer Aufgabenstellung und mehrdeutigen Organisationsregeln auftreten kann.
- **Inter-Rollen-Konflikt:** Das gleichzeitige Erfüllen verschiedener Rollen, die Mitgliedschaft in verschiedenen sozialen Systemen führt zu Konflikten, z. B. steht die Forderung des Meisters nach Überstunden im Konflikt mit den Erwartungen von Frau und Kindern nach gemeinsamer Freizeitgestaltung, oder aus der Tatsache, daß der Arbeitsdirektor gleichzeitig Vorstandsmitglied und Mitglied einer Gewerkschaft ist, können sich konfligierende Erwartungen ergeben.
- **Person-Rollen-Konflikt:** Die Rollensendung ist unvereinbar mit den Werten, Motiven, Einstellungen des Rollenträgers, z. B. wenn ein Personalleiter oder externer Berater beauftragt wird, ein Kostensenkungsprogramm durch Personalabbau zu realisieren, Entlassungen aber nicht mit den Wertvorstellungen des Beauftragten vereinbar sind. Person-Rollen Konflikte tauchen typischerweise bei Wissenschaftlern im Dienst privatwirtschaftlicher Organisationen auf (vgl. den Ambivalenten bei *Presthus* 1966 – beschrieben auf S. 240 der Arbeit – sowie die empirische Untersuchung von *Pettigrew* 1968). Eine Sonderform des Person-Rollen-Konflikts stellt die *Rollenüberlastung* (role overload) dar, d.h. die Erwartungen sind zwar untereinander und mit dem eigenen Wertsystem kompatibel, aber rein quantitativ überfordernd, wenn z. B. von einem Produkt-Manager erwartet wird, daß er in den Bereichen Entwicklung, Produktion, Marketing und Kostenrechnung in gleicher Weise Experte ist. Solche Rollenüberforde-

rung (wie auch Rollenunterforderung) führt in aller Regel zu Stress (vgl. *Kahn* et al. 1964), der u. a. dadurch vermieden werden kann, daß es dem Rollenträger gelingt, akzeptable Prioritäten zu setzen.

Stress, Unzufriedenheit und Verschlechterung des Organisationsklimas als Folge von Rollenkonflikten (*Tosi* 1971) haben eine Reihe von Handhabungsmechanismen auf Seiten des Rollenempfängers zur Folge, wie Rückzug, Vermeidung weiterer Kontakte mit dem Sender, Rationalisierung, Projektion oder Aggression gegenüber dem Sender, Reaktionen, wie wir sie im Zusammenhang mit den Folgen von Frustration kennengelernt haben (vgl. S. 181f. der Arbeit).

## 2. Gruppe

Die kleinste soziale Einheit, in der Individuen zusammenkommen, Rollen übernehmen und spielen, ist die **Kleingruppe,** im Extrem die Zweiergruppe (Dyade).

### *a. Gruppen als Gegenstand der Forschung*

Das Forschungsinteresse der Verhaltenswissenschaften an kleinen Gruppen, vor allem die Analyse ihres Einflusses auf Produktivität und Zufriedenheit, ist primär im Zuge der Hawthorne-Experimente entstanden (vgl. *Roethlisberger/Dickson* 1939, sowie S. 29 der Arbeit). Bis zu diesen Untersuchungen dominierte die Analyse des Individuums sowie seiner physischen Arbeitsumwelt und nicht seiner Beziehungen in und zu Gruppen. Die sich daran anschließende stark soziologisch orientierte intensive Erforschung von Gruppenphänomenen hat eine Vielzahl neuer Teildisziplinen hervorgebracht, wie z. B. Soziometrie, experimentelle Kleingruppenforschung, Gruppendynamik, und hat auch in der Praxis des Managements zu einer Abkehr von stark individualistischen Motivations- und Führungskonzepten hin zu einer stärkeren Beachtung bestehender Gruppenbeziehungen geführt. *Whyte* (1956) trifft die veränderte Realität in Organisationen sehr genau, wenn er den **,Organization Man'** nicht mehr als *Individuum,* sondern als *Gruppenmitglied* beschreibt. Der Glaube an die Überlegenheit von Gruppen geht heute soweit, daß das Management im **Team** und der Teamarbeit bisweilen das Allheilmittel für ihre Probleme sieht (vgl. z. B. *Scharmann* 1972, *Forster* 1978, *Trebesch* 1980).

Der Begriff **,Gruppendynamik'** stammt von *K. Lewin*; er hat ihn erstmals 1939 für einen Forschungsbereich verwandt, der sich mit dem Studium der Entstehung, Entwicklung und Funktion kleiner Gruppen beschäftigt. Nach *Cartwright/Zander* (1968) wird der Begriff heute zumindest mit drei unterschiedlichen Bedeutungen verwandt:

1. **Gruppendynamik als Forschungsgebiet**
Wissenschaftliche Erforschung der Prozesse, die sich innerhalb und zwischen Gruppen abspielen; der Bildung, Entwicklung und Krise von Gruppen; der Struktur, Normen, Leistung und Führung von Gruppen. Für diesen Bereich hat sich mehr der Begriff Kleingruppenforschung durchgesetzt, nicht zuletzt um sich von den als z. T. weniger seriösen Bemühungen unter 2 und 3 abzugrenzen.
2. **Gruppendynamik als Lehr- und Lernmethode**
Sammelbezeichnung für eine Fülle von Trainingsmethoden zur Verbesserung des zwischenmenschlichen Verhaltens. Ziele sind u. a. Selbsterfahrung der Gruppenmitglieder, Sensitivität, soziale Kreativität, Gefühl für gruppendynamische Phänomene. Die ersten gruppendynamischen Seminare wurden 1947 in Form von Sensitivity-Trainings vom NTL (National Training Laboratories) in Bethel (USA) durchgeführt (vgl. S. 683 ff.).
3. **Gruppendynamik als gesellschaftliches Programm**
Sammelbezeichnung für Programme die die Gruppe als zentrales Bindeglied zwischen Individuum und Gesellschaft ansehen und über demokratisch-partizipativ gestaltete Gruppen eine gesamtgesellschaftliche Strukturveränderung anstreben.

*Sader* (1972) kritisiert die mangelnde gegenseitige Befruchtung zwischen 1 und 2 sowie die mangelnde wissenschaftliche Fundierung der Arbeit gruppendynamischer Pragmatiker. Häufig aufgrund fehlender Ausbildung und unzureichender Kenntnis der jüngeren Ergebnisse der Kleingruppenforschung tendiert die Gruppendynamik als Methode mehr nach 3 als zu 1.

*Schneider* (1975, S. 263 f.) schildert die Situation wie folgt: „Ärzte und Lehrer sind ebenso oft vertreten wie Psychologen oder Soziologen. Zudem überdeckt die naive Freude über Aha-Erlebnisse in der Gruppe die Bereitschaft zur kontrollierten Erforschung der in der therapeutischen Gruppe ablaufenden Ereignisse, wie auch den Zwang zur Weiterbildung hinsichtlich neuer gruppenpsychologischer Daten."

Wenn in dieser Arbeit über Forschungsergebnisse aus dem Bereich kleiner Gruppen berichtet wird, spreche ich von Kleingruppenforschung; gruppendynamische Methoden werden im Teil 7 (Organisationsentwicklung) besprochen.

### *b. Begriff und Arten von Gruppen*

Während eine **Abgrenzung von Gruppen**[15] gegenüber einem Individuum ziemlich leicht fällt, ergeben sich Probleme, wenn zu begründen ist, welche Personenmehrheit mit der Bezeichnung Gruppe oder Team belegt werden

---

[15] Im folgenden wird unter Gruppe stets eine ‚soziale Gruppe' verstanden und nicht etwa eine (statistische) Zusammenfassung merkmalsgleicher Tatbestände (z. B. Gruppe der Manager mit einem Einkommen über DM 100000).

soll. Sicherlich ist nicht jede zufällig zusammenkommende Mehrzahl von Menschen eine Gruppe (z. B. Fahrgäste in einem Aufzug), und sicherlich ist eine große Organisation, wie z. B. die Siemens AG, keine Gruppe. Folgende **Merkmale** wurden im Zuge der Gruppenforschung herausgearbeitet und zu einer sinnvollen Abgrenzung von Gruppen herangezogen (vgl. z. B. *Cartwright/Zander* 1968, *Napier/Gershenfeld* 1973, *Schneider* 1975, *Forster* 1978):

- direkte Interaktion zwischen Mitgliedern (face-to-face)
- physische Nähe
- Mitglieder nehmen sich als Gruppe wahr (Wir-Gefühl, Wahrnehmung einer Gestalt)
- gemeinsame Ziele, Werte und Normen
- Rollendifferenzierung, Statusverteilung
- eigenes Handeln und Verhalten wird durch andere beeinflußt
- relativ langfristiges Überdauern des Zusammenseins.

In der Literatur vorfindliche Definitionen der Gruppe stellen Kombinationen einzelner oder mehrerer Merkmale dar, je nachdem welche Eigenschaften der Gruppe im Mittelpunkt des jeweiligen Forschungsinteresses stehen; so betont z. B. *Homans* (1950, S. 1) die Interaktion, wenn er Gruppe definiert als „eine Anzahl von Menschen, die über einen bestimmten Zeitraum häufig miteinander in Verbindung treten, und zwar von Angesicht zu Angesicht und nicht über Dritte." Eine sehr umfassende Definition findet sich bei *Burghardt* (1972, S. 217): „Eine Gruppe stellt sich als eine begrenzte Anzahl von Personen (Gruppenmitglieder) dar, die als Folge gemeinsamer Interessen (Gruppeninteressen) und eines damit verbundenen ausgeprägten Wir-Gefühls hinsichtlich bestimmter Gegenstände und Probleme längere Zeit annähernd gleiche Ziele (Gruppenziele) durch gemeinsame Interaktionen (Gruppenhandeln) verfolgen. Zum Zweck eines koordinierten Gruppenhandelns werden den einzelnen Gruppenmitgliedern spezifische Rollen zugewiesen, die miteinander verknüpft sind."

Je nachdem welcher Aspekt der Gruppe als primäres Definitionsmerkmal gewählt wurde, werden unterschiedliche **Arten von Gruppen** unterschieden:

- **nach der Gruppengröße: Kleingruppe-Großgruppe**

Ob die kleinste Form der Gruppe, die **Dyade** oder das **Paar,** schon als Gruppe bezeichnet werden kann, ist strittig, denn schon der Austritt eines ‚Gruppen'mitglieds führt zu ihrem Zerfall. In aller Regel werden für Kleingruppen in der Literatur 3 bis 5 Mitglieder angegeben bei einer kritischen Größe von 20 bis 25. Genaue Zahlenangaben sind hier genauso unsinnig wie bei der Festlegung der optimalen Kontrollspanne, denn die ‚*ideale*'Gruppengröße ist von situativen Merkmalen, wie Aufgabenstellung, zur Verfügung stehende Zeit, Arbeitsbedingungen, soziale Qualifikation der Mitglieder, abhängig. Die Obergrenze für eine arbeitsfähige Kleingruppe läßt sich folglich nicht generell festlegen, sondern ist anhand von Indikatoren zu beurteilen; danach ist eine *kritische Größe* erreicht, wenn z. B.

- face-to-face Kontakte nicht mehr für alle möglich sind,
- sich allmählich Untergruppen (Cliquen) bilden.

Alles was oberhalb dieser unscharfen Kleingruppengrenze an sozialen Gebilden anzutreffen ist, könnte theoretisch als **Großgruppe** bezeichnet werden. Hierfür haben sich jedoch in Organisationen andere Begriffe eingebürgert, wie Abteilung, Sparte, Division, so daß unter ‚Gruppe' heute fast ausschließlich die Kleingruppe verstanden wird.

- **nach der Intimität der Interaktionen: Primärgruppen – Sekundärgruppen**

Der Begriff **‚Primärgruppe'** geht auf *Ch. H. Cooley* (1864–1929) zurück, der darunter eine stabile, überdauernde Kleingruppe versteht, die emotional begründete, intime, direkte Kontakte erlaubt (z. B. Familie). *Cooley* (1909) legt den Schwerpunkt seiner Definition von Primärgruppen auf die Funktion der (frühkindlichen) Sozialisation in und durch die Gruppe, während in späteren Verwendungen des Begriffs dieser Aspekt mehr und mehr vernachlässigt wurde und lediglich die Intimität der face-to-face Kontakte als Definitionskriterium für Primärgruppen diente (also auch Kleingruppen mit starken emotionalen Bindungen beim Militär oder in der Industrie).

Während Primärgruppen als mehr oder weniger organisch gewachsen anzusehen sind, stellen **Sekundärgruppen** bewußt geplante, rational organisierte Gruppen mit spezieller Aufgabenstellung dar. Die Arbeitsgruppe mit formaler Struktur und klaren Regeln ist eine typische Sekundärgruppe.

Der in fast allen Industriegesellschaften festzustellende soziale Wandel läßt sich u. a. aus einer Verstärkung der Bedeutung (auch für die Sozialisation) der Sekundärgruppen gegenüber den Primärgruppen deuten; und die Entwicklung von informellen Gruppen als Folge der Bürokratisierung und Entpersonalisierung der Sekundärgruppen.

- **nach den Bedürfnissen und Entstehungsgründen der Gruppe: formelle-informelle Gruppen**

Rational organisierte, bewußt geplant und eingesetzte Gruppen werden als formell oder formal bezeichnet. Die Verhaltensweisen der Gruppenmitglieder sind extern vorgegeben und normiert. **Formelle Gruppen** innerhalb einer Organisation sind alle diejenigen, die im Organisationsplan vorgesehen sind. Formelle Gruppen können über längere Zeitabschnitte eingesetzt werden (z. B. Abteilungen, Stäbe) aber auch zeitlich befristet sein (z. B. Projekt-Gruppen, Task Forces). Ein und dieselbe Person kann Mitglied mehrerer Gruppen sein, eine Regelung, die bei *Likert's* ‚linking pin' Modell explizit vorgesehen ist (vgl. S. 465ff. der Arbeit).

Entstehen innerhalb oder neben den formellen Gruppen spontane, ungeplante längerfristige Kontakte, spricht man von **informellen Gruppen.** Das Phänomen der informellen Beziehungen wurde erstmals im Rahmen der Hawthorne-Experimente nachgewiesen, wo es sich zeigte, daß neben den offiziell vorgesehenen Arbeitsgruppen informelle Gruppen existieren, die von den formalen abweichende Ziele, Normen, Rollen- und Statusdifferenzierungen aufweisen. Informelle Gruppen sind ex definitione nicht im Organisationsplan vorgesehen und folglich nicht unmittelbar als solche zu identifizieren. Gruppentypische Integrationssymbole, eigene Sprachweise und spezielle Kommunikationskanäle erleichtern jedoch das Auffinden, wenn man nicht auf soziometrische Tests zurückgreifen möchte. Während bei den formellen Gruppen Effizienzüberlegungen der Organisation im Vordergrund stehen, begründen bei informellen Gruppen die Bedürfnisse der Mitglieder (nach sozialen Kontakten, Nähe, Geborgenheit, Freundschaft, Sicherheit, Anerkennung, Prestige) den Wunsch nach Gruppenbildung. Konkrete Anlässe für Kontakte, die zu informellen Gruppen führen können, bieten einmal inner-organisatorische Gelegenheiten (wie gemeinsame Pausengestaltung, Kantinenbesuche) und zum anderen außerdienstliche Gemeinsamkeiten (wie gemeinsame Interessen, Hobbys; Fahr- und Einkaufsgemeinschaften).

Lange Zeit galten informelle Gruppen und ihre **Auswirkungen auf die Organisation** als schädlich und folglich als auszumerzende Störfaktoren. Heute wissen wir, daß den unbestreitbar dysfunktionalen Konsequenzen von informellen Beziehungen (z. B. den Organisationszielen entgegengesetzte Gruppenziele, Förderung von Gerüchten über informelle Kanäle, Isolierung unbeliebter Mitarbeiter, persönliche Konflikte werden zu sachlichen) auch äußerst positive Folgen gegenüberstehen. So schließen die informellen Gruppen Lücken, die selbst bei sorgfältigster Planung der Arbeitsabläufe unvermeidbar sind. Schnelle, unbürokratische Kommunikation innerhalb und zwischen Abteilungen, Befriedigung von Bedürfnissen, die formale Gruppen nicht gewähren können, besseres Verständnis für Probleme der Kollegen sind weitere positive Begleiterscheinungen informeller Gruppen.

*Sayles* (1958) hat die formellen und informellen Gruppen noch tiefer gegliedert und zwar die formellen in ‚Command Groups' (hierarchisch aufgebaute Kleingruppen) und ‚Task Groups' (Zusammenfassung von Mitarbeitern, die an einer gemeinsamen Aufgabe arbeiten) und die informellen in ‚Interest Groups' (Kollegen mit gemeinsamen Interessen in der Organisation) und ‚Friendship Groups' (freundschaftliche Beziehungen, die auch außerbetriebliche Kontakte einschließen).

Als **Team** wird eine formelle Arbeitsgruppe dann bezeichnet, wenn sie besondere **Merkmale** aufweist. *Forster* (1978, S. 17) nennt als solche:

- „kleine, funktionsgegliederte Arbeitsgruppe
- gemeinsame Zielsetzung
- relativ intensive wechselseitige Beziehungen
- spezifische Arbeitsform (teamwork)
- ausgeprägter Gemeinschaftsgeist (teamspirit)
- relativ starke Gruppenkohäsion."

Die weitverbreitete Dichotomisierung in formelle und informelle Gruppen, vor allem ihre Ausweitung auf die gesamte Organisation (formale-informale Organisation) ist nicht unwidersprochen geblieben (vgl. z. B. *Irle* 1963).

Eine eindeutige Klassifikation von Gruppen als formell oder informell ist in der Tat unmöglich, denn *jede* reale Gruppe vereint in mehr oder weniger starkem Ausmaß formale und informale Aspekte in sich.

Entsprechend sieht *Atteslander* (1959) – ähnlich auch *Mayntz* (1958) – die soziale Wirklichkeit (**Ist-Organisation**) als eine Mischung formaler (**Soll-Organisation**) und informaler Aspekte (**Will-Organisation**) (vgl. Abb. 3.41).

*Rosenstiel* (1978) schlägt vor, ganz auf die (nicht praktizierbare) Unterscheidung ‚formal-informal' zu verzichten, und stattdessen bei festgestellten Abweichungen vom Organisationsplan etwa in Form der Bildung von Untergruppen, von **Cliquen** zu sprechen, die im obigen Sinne ausgeprägt informelle Aspekte aufweisen. *Dalton* (1959) unterscheidet zwischen

*Abb. 3.41:* System der sozialen Organisation eines Betriebes

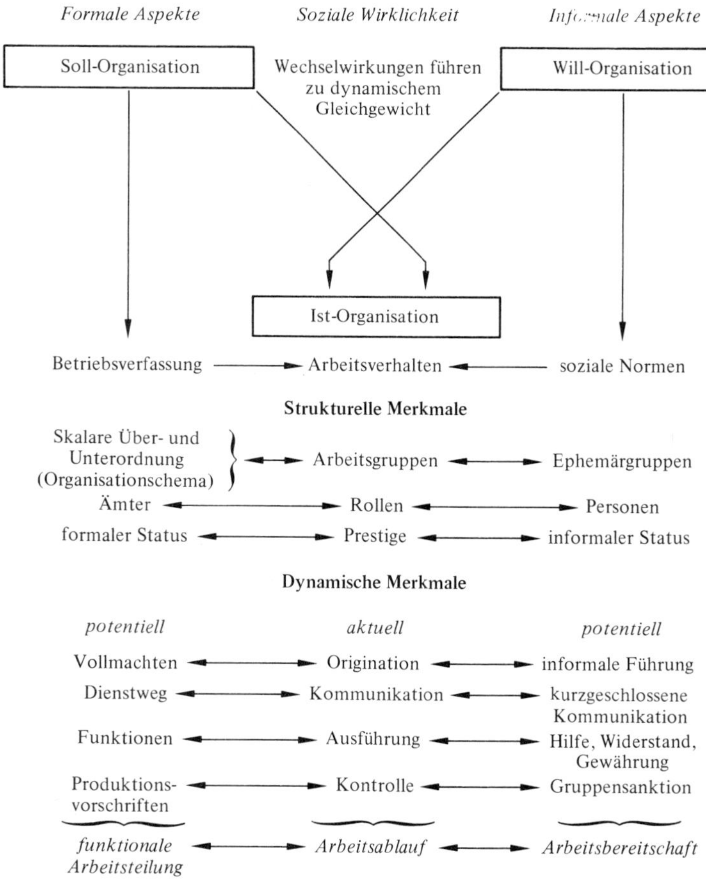


*Quelle: Atteslander* 1959, S. 65

- horizontalen Cliquen (Mitglieder stammen von derselben Hierarchieebene und aus demselben Organisationsbereich)
- vertikalen Cliquen (Mitglieder stammen aus unterschiedlichen Hierarchieebenen)
- gemischten Cliquen (Mitglieder stammen aus unterschiedlichen Hierarchieebenen, Abteilungen, Orten).

### *c. Einflußfaktoren der Gruppenleistung*

Unterschiedliche Arten von Gruppen befriedigen unterschiedliche Bedürfnisse. Es stellt sich die Frage nach den Ursachen, den Gründen für das Entstehen und den Erfolg von Gruppen. Aus soziologischer Sicht verbindet die Gruppe den Einzelnen mit der Gesellschaft oder – auf der Ebene darunter – mit einer sozialen Institution (Organisation). An dieser Nahtstelle sind heutzutage die wichtigsten Sozialisationsprogramme festgemacht (in der Primärgruppe ‚Familie' und in den Sekundärgruppen von Schule, Militär und Betrieb).

Aus psychologischer und sozialpsychologischer Sicht erfüllt die Gruppe eine Fülle von zentralen **Bedürfnissen,** wie Bedürnis nach sozialen Kontakten, Nähe, Geborgenheit, Sicherheit, Anerkennung (Verstärkung durch Gruppenmitglieder) und Prestige (Mitgliedschaft in einer Gruppe mit hoher Reputation). Die Gruppe bietet Schutz nach außen (etwa gegenüber Vorgesetzten), verstärkt die Machtposition (Einigkeit macht stark), bewahrt vor Anonymität und verbessert die Realitätswahrnehmung (Rückkopplung von Gruppenmitgliedern).

Aus **ökonomischer Sicht** führt die Tatsache, daß bestimmte Aufgaben von einem einzelnen Menschen nicht (oder nur höchst unwirtschaftlich) allein bewältigt werden können, zum Zusammenschluß von mehreren in Gruppen und zu einer planmäßigen, geordneten (evtl. rotierenden) Arbeitsteilung zwischen ihnen.

Abb. 3.42 gibt einen Überblick über die Einflußfaktoren auf Gruppenverhalten und -leistung.

Worin bestehen nun die spezifischen **Leistungsvorteile der Gruppe?**[16]

Erste Anhaltspunkte bietet die Klassifikation der Leistungsvorteile von *Hofstätter* (1965) in solche bei Tätigkeiten vom Typus des

- Tragens und Hebens
- Suchens und Findens
- Bestimmens und Normierens.

Dabei ergeben sich erhebliche Unterschiede in der Produktivitätsentwicklung bei Gruppen, die *körperliche* Arbeit leisten, und solchen, die *geistige*

---

[16] Vgl. hierzu *March/Simon* 1958, *Scharmann* 1972, *Türk* 1973, *Schneider* 1975, *Stirn* 1970, *Thibaut/Kelley* 1959, *Napier/Gershenfeld* 1973, *Crott* 1979, *Laux* 1979, *Redel* 1982.

*Abb. 3.42:* Einflußfaktoren auf Gruppenverhalten und -leistung

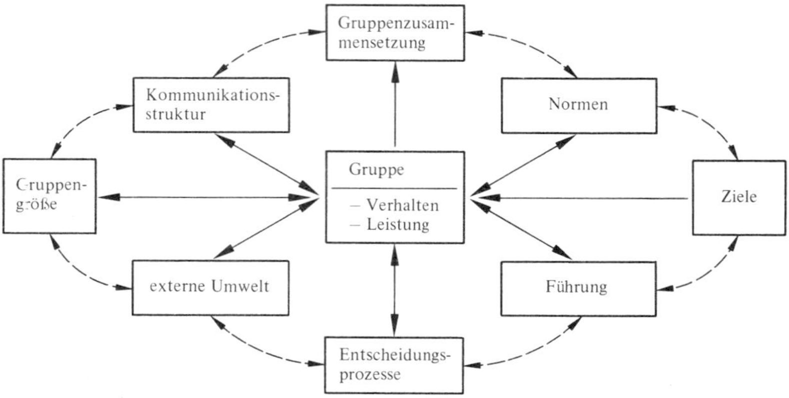


*Quelle: Hellriegel/Slocum* 1976, S. 165

Arbeit leisten. Durch die Addition der Kräfte ergeben sich bei körperlicher Arbeit eindrucksvolle Leistungsvorteile, die jedoch im Zuge der Mechanisierung und Automatisierung anderweitig bedeutend rationeller erreicht werden können. Wenn deshalb heute bei körperlicher Arbeit von Einzelarbeitsplätzen auf Arbeit in Gruppen übergegangen wird, hat das nichts mit Kräfteaddition zu tun, sondern erfolgt u. a. zum Zweck des Abbaus von Monotonie über Erweiterung und Bereicherung der Arbeitsinhalte.

Bei geistiger Arbeit führt auch nicht jede Hinzunahme eines weiteren Problemlösers zu einer entsprechenden Leistungssteigerung. *Schlicksupp* (1976) vermutet abnehmende Leistungszuwächse analog dem Ertragsgesetz. „Dabei kann selbstverständlich eine Gruppe nicht beliebig vergrößert werden, da ähnlich dem Ertragsgesetz der Leistungszuwachs der Gruppe nach einer bestimmten Gruppengröße mit jedem weiteren Gruppenmitglied progressiv abzunehmen scheint" (S. 173). Den oberen Wendepunkt der Kurve konnte er in realen Situationen schon bei 12 bis 14 Gruppenmitgliedern feststellen. Gelingt es auch, die Kosten der Gruppenarbeit zu erheben, läßt sich eine optimale **Gruppengröße** bestimmen, die für unterschiedliche Problemtypen unterschiedliche Werte annimmt (vgl. hierzu *Redel* 1982, S. 281 ff.).

Auch wenn es einige Gruppen-Ideologen nicht wahrhaben wollen, gehört heute zum gesicherten Wissen, daß Gruppen nicht für jede Problemart in gleicher Weise geeignet sind (vgl. Abb. 3.43 sowie S. 283).

In der Kleingruppenforschung nimmt neben der Frage nach den Wirkungen der Gruppengröße die Untersuchung des Einflusses der Konstellation von Persönlichkeitseigenschaften und aufgabenrelevanten Merkmalen auf die Gruppenleistung einen breiten Raum ein. *Tuckmann* (1967) konnte in einer empirischen Studie zeigen, daß die Gruppenleistung von der Wechselwirkung zwischen **Gruppenzusammensetzung** und Aufgabenanforderung abhängt, wobei die Gruppenstruktur als intervenierende Variable wirkte. Für *unstrukturierte* Aufgaben scheint zu gelten (obwohl es viele widersprüchliche Befunde gibt), daß eine homogene Gruppenzusammensetzung (Mitglieder mit ähnlichen Einstellungen und Persönlichkeitsmerkmalen) einer *heterogenen* Gruppe leistungsmäßig unterlegen ist, was einmal mit den sog. Fehlerausgleichsmechanismen in den Interaktionsprozessen begründet wird und zum anderen mit dem Leistungsvorteil aufgrund der Nutzung unterschiedlichen aufgabenspezifischen Wissens. Die Gruppenzusammensetzung kann in ihrer Wirkung aber nicht isoliert betrachtet werden, sondern muß in Beziehung zu den **Aufgabenanforderungen** (*Steiner* 1972) und den sozialen Bedingungen gesehen werden.

*Abb. 3.43:* Vor- und Nachteile der Gruppe bei der Bearbeitung von Elementarproblemen

| Problemart | Vorteile der Gruppe | Nachteile der Gruppe |
|---|---|---|
| Analyseprobleme | • Großes „Entdeckungspotential"<br>• Breites Wissensspektrum | • Gefahr von Auffassungsunterschieden<br>• Schwierigkeit des koordinierten Vorgehens<br>• Weitgehende Zielidentität der Mitglieder erforderlich |
| Suchprobleme | • Großer Erfahrungsinhalt<br>• Stimulierung der individuellen Assoziationen | • keine erkennbaren Nachteile |
| Konstellationsprobleme | • Größeres Angebot an Denkinhalten für jeden Einzelnen<br>• Originellere Lösungen als beim individuellen Problemlösen | • keine erkennbaren Nachteile, solange das kognitive Klima angemessen ist |
| Konsequenzprobleme | • Größeres Wissen über Algorithmen | • Störung der Individuen beim Vollzug diskursiver Denkschritte<br>• Setzt lückenlose Informationsübermittlung zwischen den Mitgliedern voraus |
| Auswahlprobleme | • Tendenz zu objektiv richtigeren Entscheidungen<br>• Weniger Widerstand bei der Durchsetzung ausgewählter Alternativen | • Konflikte bei unterschiedlichen Zielvorstellungen der Mitglieder<br>• Gefahr von Dissens und Fehlinterpretationen<br>• Langwierig<br>• Gefahr für risikoreichere Entscheidungen |

*Quelle: Schlicksupp* 1976, S. 165

So hatten schon *Trist* et al. (1963) die besondere Leistungsfähigkeit weitgehend autonomer Gruppen im Bergbau u. a. mit der gegenseitigen Kompatibilität hinsichtlich der tätigkeitsspezifischen Fähigkeiten begründet. In der klassischen Untersuchung über die Folgen unterschiedlicher Gruppenbildung beim Abbau von Kohle in Großbritannien konnten *Trist* und *Bamforth* (1951) empirisch nachweisen, daß ‚integrated task teams' im Sinne der heute vieldiskutierten **teilautonomen Arbeitsgruppen** den hochspezialisierten Arbeitsgruppen in jeder Beziehung überlegen sind. Nach dem 1. Weltkrieg war im britischen Kohlebergbau ein neues Abbauverfahren (Longwall System) eingeführt worden, das auf dem Prinzip weitgehender Spezialisierung aufbaute. Danach hatte z. B. die 1. Schicht die Aufgabe, die Sprengungen vorzubereiten und die Fördereinrichtungen am abgeräumten Flöz abzubauen, die 2. Schicht montierte die Förderbänder am neuen Arbeitsplatz und verschalte die Wände, die 3. Schicht schließlich baute die Kohle ab und beförderte sie nach oben. In einem Bergwerk wurde nun mit Begleitforschung von *Trist* und *Bamforth* ein neues ‚sozio-technisches System' das sog. ‚Composite Longwall System' erprobt, das aus integrierten Arbeitsteams bestand, die sich jeweils aus den Spezialisten der drei Schichten zusammensetzten, so daß jede Gruppe die gesamte Arbeit erledigen konnte. Die Gruppe durfte ihre Arbeit selbst einteilen, und als weiterer Anreiz wurde ein Gruppenprämiensystem entworfen. Dabei wurde der Erkenntnis Rechnung getragen, daß sowohl der Einzelne (*Zeigarnik* 1927) als auch Gruppen (*Horwitz* 1954) frustriert sind, wenn sie daran gehindert werden, ihre einmal begonnene Arbeit auch vollständig zu beenden.

Die **Leistungsvorteile** gegenüber dem klassischen, hochspezialisierten System waren beeindruckend. Der Anteil der Nacharbeit (Zeit, die dafür aufgewandt werden mußte, um die Mängel in der Arbeit der vorangegangenen Schicht zu beheben) ging von 25% auf 5% zurück, der Absentismus ging von 20% auf 8,2% zurück und die Produktivität (als %-Satz einer theoretischen Ideal-Produktivität von 100%) stieg von 78% auf 95%. Ähnliche Ergebnisse brachte eine Untersuchung in der Textilindustrie in Ahmedabad, Indien, anläßlich der Einführung automatischer Webstühle (vgl. *Rice* 1958).

Die hier nur kurz skizzierten Forschungsarbeiten bilden einen wichtigen Ausgangspunkt für den sozio-technischen Systemansatz, der vor allem am Londoner **Tavistock Institute of Human Relations** gepflegt wird und auch die skandinavischen Experimente mit teilautonomen Arbeitsgruppen entscheidend beeinflußt. Die **skandinavischen Versuche** lassen sich darüber hinaus insofern von einem Demokratisierungsgedanken leiten, als man den Mitarbeitern ein Recht auf eigenständige Entscheidungen bzw. Partizipation am Arbeitsplatz, also auf einer der niedersten Ebenen der demokratischen Willensbildung, zugestehen will.

Die Wahl teilautonomer Gruppen als Organisationsform wird weiterhin begünstigt durch die Tatsache, daß sich die Befriedigung der Bedürfnisse nach Geselligkeit, Anerkennung und Sicherheit damit am besten verwirklichen läßt (*Cartwright/Zander* 1968, S. 72), und man sich davon neben der Leistungssteigerung eine höhere Zufriedenheit der Mitarbeiter verspricht.

In engem Zusammenhang mit der Bildung integrierter, mehr oder weniger selbständiger Arbeitsgruppen stehen Fragen des Einflusses einer Beteiligung der Gruppenmitglieder an den sie betreffenden Entscheidungen auf die Gruppenleistung (**Parizipation**). In den an anderen Stellen beschriebenen klassischen Experimenten von *Lewin/Lippitt/White* (1939), *Coch/French* (1948), *Morse/Reimer* (1956) und *Marrow* et al. (1967) konnten eindeutig positive Effekte der Partizipation an für die Gruppe relevanten Entscheidungen auf das Leistungsniveau festgestellt werden. Damit eine Erhöhung (zunächst) der Arbeitsmotivation als Folge der Partizipation der Gruppenmitglieder eintritt, ist es allerdings erforderlich, daß der Gruppe **echte Entscheidungsbefugnisse** übertragen werden. Positive Effekte treten nur dann auf, wenn bestimmte Persönlichkeitsmerkmale vorliegen und die Partizipation in teilautonomen Gruppen einen Wert für die Gruppenmitglieder hat. Es kommt also darauf an, wie die Person „die Entscheidungsbeteiligung wahrnimmt, d. h. ob es eine Instrumentalität zwischen der Entscheidungsbeteiligung, ihren Konsequenzen und seiner Bedürfnisbefriedigung empfindet" (*Nieder* 1975, S. 213).

Bei einem **Vorteilsvergleich Individuum-Gruppe** wird häufig der Gruppe *ein* einzelner Problemlöser gegenübergestellt, was dazu führt, daß unter ökonomischen Gesichtspunkten (bedeutend höhere Kosten bei nur unterproportional gestiegenem Nutzen) die Gruppe abgelehnt wird. Aussagefähige Vergleiche müssen deshalb einer kooperativ arbeitenden Gruppe eine gleich große Anzahl individuell arbeitender Problemlöser gegenüberstellen. Bei einem solchen Vergleich schneiden Gruppen in aller Regel besser ab, wenngleich abnehmende Grenznutzen bei wachsender Gruppengröße unübersehbar sind. Experimentelle Untersuchungen wie auch Alltagserfahrungen belegen, daß allein schon die **Anwesenheit anderer Menschen** bei der Arbeit die Einzelleistung positiv beeinflussen kann, wohingegen Isolation zu Stress und damit zu einer Leistungsminderung führen kann (*Altmann/Haythorn* 1967). *Zajonc* (1965) – ebenso *Cottrell* (1972) – präzisieren dahingehend, daß nicht die bloße Anwesenheit anderer Personen das Antriebsniveau ansteigen läßt, sondern nur die Präsenz solcher Personen, die als Bezugspersonen für soziale Bewertungsprozesse akzeptiert werden oder notwendig sind. Außerdem zeigt sich der unterstützende Effekt als soziale Erleichterung (social facilitation) nur dann, wenn es sich um gelernte, gut beherrschte und/oder unkomplizierte Arbeiten handelt, dagegen werden neue Verhaltensweisen (Tätigkeiten) lieber allein gelernt (geübt). Hier könnte die Anwesenheit Dritter eher hinderlich wirken. In Anlehnung an *Barnlund* (1959) und *Stirn* (1970) läßt sich der Leistungsvorteil kooperativ arbeitender Gruppen aus folgenden **Ursachen** erklären

- Gruppenmitgliedschaft steigert die individuelle Motivation, die Aufgabe erfolgreich zu lösen

- Gruppenmitgliedschaft steigert die Selbstkritik der Teilnehmer; nur ‚vernünftige' Lösungsvorschläge werden zur Diskussion gestellt (anders: Brainstorming-Sitzungen)
- Quantitative und qualitative Problemlösungskapazität der Gruppe übersteigt die des Individuums (Koordination verschiedener Fähigkeiten und Erfahrungen; breitere Urteilsbasis; Irrtumsausgleichsmechanismus)
- Fehler werden in der Gruppe eher entdeckt und beseitigt (Zieleinhaltungskontrolle)
- Größere Kontaktintensität und damit verbesserte Informationsübermittlung (unmittelbarer Feedback).

Was hier als Ursachen für Leistungsvorteile aufgeführt wurde, ist jedoch keineswegs eindeutig empirisch belegbar. Eine Reihe von Untersuchungen lassen geradezu gegenläufige Effekte erkennen. So sehen z. B. *Collins/Guetzkow* (1964, S. 58) in **Gruppen-Interaktionsprozessen** via „assembly effect bonuses" wesentliche Vorteile, während *Steiner* (1972) von Prozeßverlusten bei der Aufgabenerfüllung in Gruppen spricht. Ohne Kenntnis der spezifischen Aufgabenstellung und Angaben über die Struktur der Gruppe lassen sich eben keine Aussagen über wahrscheinlich positive oder negative Effekte von einzelnen Einflußfaktoren, wie hier Interaktionsprozessen, machen.

Interaktionsformen in Gruppen sowie die Art der Kooperation (Häufigkeit, Anordnung) werden von den in der objektiven Aufgabe enthaltenen Anweisungen determiniert, oder daraus abgeleitet (vgl. z. B. *R. Wild* 1975).

Nun ist es aber durchaus plausibel und in der Praxis häufig der Fall, daß Gruppen bestehende, eingeübte Interaktionsmuster entgegen den Anforderungen der Aufgabe erhalten wollen, wenn den Mitgliedern dadurch ein Gefühl der Sicherheit vermittelt wird oder wenn gesellige Aktivitäten der Aufgabenlösung vorgezogen werden (vgl. *Thibaut/Kelley* 1959 und *Krech* et al. 1962). Die Produktivität der Gruppe und in diesem Fall auch die Zufriedenheit der Gruppenmitglieder kann aber auch dadurch vermindert werden, daß organisatorische Regelungen vorhanden sind, die sich nicht mit den objektiven Anforderungen der Aufgabenbearbeitung decken.

Weitere mögliche **Nachteile** der Arbeit in Gruppen ergeben sich aus einem Gruppendruck (Konformitätszwang), der abweichende (intelligente) Lösungsvorschläge unterdrückt, oder einen übertriebenen Teamgeist, der in Gruppenbefangenheit (group think) umschlägt und u. a. zu stark getrübten Realitätswahrnehmungen führt (vgl. zu den Nachteilen der Teamarbeit z. B. *Trebesch* 1980).

Einen umfassenden Überblick über die sich im Zuge empirischer Erhebungen als bedeutsam herausgestellten Determinanten der Effektivität von Gruppen gibt Abb. 3.44.

Da Gruppenarbeit andere Fähigkeiten erfordert als Einzelarbeit, muß bei der **Gruppenbildung** auf Dinge wie soziale Interaktionsfähigkeit besonders geachtet werden. Auch die Art der Entscheidung über die Mitgliedschaft hat erheblichen Einfluß auf Erfolg oder Mißerfolg der Gruppe. Folgende Aufnahmemodi sind denkbar:

- Ernennung von außen
- Auswahl durch die Gruppe selbst
- Freiwillige Teilnahme
- Zwangsläufige Mitgliedschaft durch Vertrag oder Aufgabenbeschreibung.

*Abb. 3.44:* Determinanten der Gruppeneffektivität

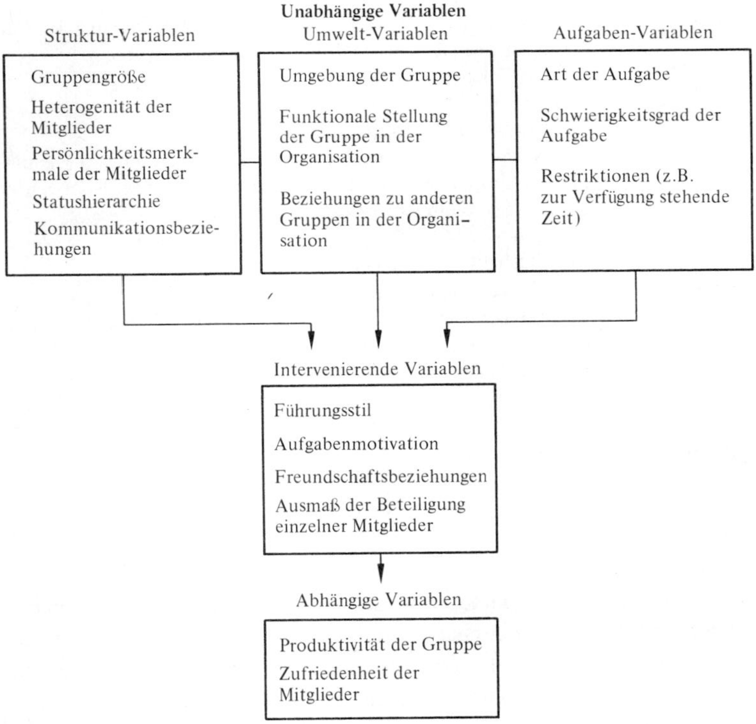


*Quelle: Krech/Crutchfield/Ballachey* 1962, S. 457

In Abhängigkeit von der Aufgabenstellung und den (potentiellen) Gruppenmitgliedern können unterschiedliche Aufnahmeverfahren angebracht sein.

Empirisch ist die Bildung und **Entwicklung von Gruppen** meist in psychotherapeutischen und T-Gruppen[17] untersucht worden. *Tuckman* (1965) hat auf der Grundlage einer umfangreichen Auswertung der vorliegenden Studien vier Phasen der Gruppenentwicklung identifiziert (vgl. Abb. 3.45).

[17] T für Training.

Die Realität zeigt, daß einige Gruppen niemals die Phasen 1 und 2 überwinden und sich folglich wieder auflösen oder höchst ineffizient arbeiten.

*Abb. 3.45:* Phasen der Gruppenentwicklung

| Phase | Gruppenstruktur | Aufgabenverhalten |
|---|---|---|
| (1) Forming | Unsicherheit; Abhängigkeit von einem Führer; Ausprobieren, welches Verhalten in der Situation akzeptabel ist | Mitglieder definieren die Aufgaben, die Regeln, die geeigneten Methoden |
| (2) Storming | Konflikte zwischen Unter-Gruppen, Aufstand gegen den Führer, Polarisierung der Meinungen, Ablehnung einer Kontrolle durch die Gruppen | emotionale Ablehnung der Aufgabenanforderungen |
| (3) Norming | Entwicklung von Gruppenkohäsion, Gruppennormen und gegenseitiger Unterstützung, Widerstand und Konflikte werden abgebaut bzw. bereinigt | offener Austausch von Meinungen und Gefühlen, Kooperation entsteht |
| (4) Performing | Interpersonelle Probleme gelöst, Gruppenstruktur ist funktional zur Aufgabenerfüllung, Rollenverhalten ist flexibel und funktional | Problemlösungen tauchen auf, konstruktive Aufgabenbearbeitung, Energie wird ganz der Aufgabe gewidmet (Hauptarbeitsphase) |

*Quelle: Tuckman* 1965, S. 396

### *d. Gruppenkohäsion und Konformität mit Gruppennormen*

Alle Gruppen – formelle und informelle, kleine und große – verfügen über ein Mindestmaß an Gemeinschaftsgefühl, an Solidarität und ‚commitment'. Dies ist eine wichtige Voraussetzung für das Bestehen einer Gruppe; es wird als **Kohäsion** bezeichnet. Kohäsion ist ein Maß für die Stabilität einer Gruppe sowie für die Attraktivität, die sie auf alte und neue Mitglieder ausübt. Existenz oder Fehlen von Kohäsion wird besonders dann deutlich, wenn in der Gruppe interne Probleme auftauchen. Auf diesen Aspekt weist vor allem *Stogdill* (1959) hin, wenn er mit Kohäsion die Fähigkeit einer Gruppe bezeichnet, auch dann ihre Existenz zu bewahren, wenn sie Druck und Stress ausgesetzt ist.

In Anlehnung an *Cartwright/Zander* (1968) lassen sich folgende Gründe für die **Attraktivität einer Gruppe** nennen:

- Ziele, Aufgaben der Gruppe
- charismatischer Führer
- Reputation für erfolgreiche Aufgabenerfüllung (hohes Prestige der Gruppe)

- geringe Gruppengröße
- hilfreiches, entgegenkommendes Verhalten.

Dabei ist wichtig daran zu erinnern, daß die erwartete Attraktivität und Kohäsion nur dann realisiert wird, wenn eine entsprechend wahrgenommene Instrumentalität gegeben ist, d. h. das (potentielle) Mitglied muß die Gruppe als Mittel zur Erreichung individueller Bedürfnisse sehen können.

Aus der Fülle der empirischen Forschungsarbeiten über Bedingungen und Folgen von Gruppenkohäsion möchte ich nur die allerwichtigsten referieren (vgl. hierzu *Rosenstiel* 1978, *Dessler* 1976, *Hellriegel/Slocum* 1976):

- Kleinere Gruppen weisen tendenziell höhere Kohäsion auf als größere. *Seashore* (1954) stellte bei Gruppengrößen bis 20 Mitglieder steigende und danach fallende Kohäsionsmaße fest
- Erfolgreiche Gruppen weisen tendenziell höhere Kohäsion auf als weniger erfolgreiche (z. B. Fußballmannschaft an der Tabellenspitze)
- Homogene Gruppen (Ausbildung, Einstellungen) weisen tendenziell höhere Kohäsion auf als heterogene
- Gruppen, die eine Vielzahl von Möglichkeiten für soziale Kontakte erlauben (z. B. face-to-face Gruppe, Vollstruktur), weisen tendenziell höhere Kohäsion auf als solche mit interaktionsbehindernden Arbeitsbedingungen (z. B. Fließband, Lärm, mangelnder Sichtkontakt)
- Gruppen mit starkem Intragruppen-Wettbewerb weisen kohäsionsmindernde Tendenzen auf; Gruppen im Intergruppen-Wettbewerb und solche, die Angriffen von außen ausgesetzt sind, weisen kohäsionssteigernde Tendenzen auf. (Vgl. z. B. *Sherif's* Untersuchung zur Kohäsionssteigerung von Wettbewerb mit Fremdgruppen in einem Ferienlager, *Sherif* 1966)
- Gruppen, in denen Einigkeit über die Gruppenziele herrscht, weisen tendenziell höhere Kohäsion auf als solche, bei denen dies nicht der Fall ist.

In Wirtschaftsorganisationen interessiert verständlicherweise primär die Beziehung zwischen **Kohäsion und Gruppenleistung** (Produktivität). Die im Zuge der Human Relations Bewegung verbreitete Ansicht, Kohäsion und Gruppenleistung korreliere positiv miteinander, ist nicht aufrechtzuerhalten. Sicher ist heute lediglich, daß die Gruppenkohäsion die **Leistungsstreuung** innerhalb einer Gruppe beeinflußt und zwar negativ, d. h. mit zunehmender Kohäsion nimmt die Streuung der Einzelleistungen um einen Gruppendurchschnitt deutlich ab, die Konformität im Leistungsverhalten nimmt zu (vgl. *Seashore* 1954). Kohäsion wirkt sich auf die Leistung überhaupt nur dann positiv aus, wenn sich die kohärente Gruppe mit den Organisationszielen identifiziert. Hochkohärente Gruppen, die dies nicht tun, also in ihren Gruppennormen von den organisatorischen abweichen, sind eine Bedrohung für jede Organisation.

*Schachter* et al. (1951) haben aus einer experimentellen Untersuchung folgende Ergebnisse berichtet:

- Gruppen mit hoher Kohäsion und einer Hinwendung zu positiven Normen[18] erbrachten hohe Produktivitätszuwächse
- Gruppen mit hoher Kohäsion und einer Hinwendung zu negativen Normen erbrachten starke Produktivitätsabnahmen
- Gruppen mit geringer Kohäsion und einer Hinwendung zu positiven Normen erbrachten ziemlich hohe Produktivitätszuwächse
- Gruppen mit geringer Kohäsion und einer Hinwendung zu negativen Normen erbrachten schwache Produktivitätsabnahmen.

Kohäsion hat jedoch nicht nur Konsequenzen für das Leistungsverhalten, sondern auch für die **psychische Befindlichkeit der Gruppenmitglieder.** So konnte *Seashore* (1954) feststellen, daß hohe Kohäsion zu einer Abnahme von Angst und Anspannung führt und andererseits die Widerstandskraft des Einzelnen gegenüber Beschwerden und Bedrohungen durch das Management steigert. Allerdings hat es der Abweichler und Nonkonformist in stark kohärenten Gruppen bedeutend schwerer, sich zu artikulieren, als in schwach kohärenten.

Das **Partizipationsmodell** (linking pin Modell) von *Likert* (vgl. S. 465f. der Arbeit) versucht, die positiven Aspekte kleiner Gruppen mit hoher Kohäsion für die Organisation und das Individuum nutzbar zu machen. Intragruppenkonflikte sollen vermieden und eine hohe Identifikation mit den Zielen der Organisation erreicht werden; im Konzept der ‚überlappenden Gruppen' wird dies durch weitgehende Selbständigkeit der Gruppen und eine Intergruppenvermaschung durch ‚linking pins' zu erreichen versucht.

Weiter oben habe ich festgestellt, daß eine Person eine Gruppe nur dann attraktiv finden wird, wenn die Mitgliedschaft für sie belohnend ist. Gruppenmitgliedschaft erfordert andererseits aber, daß man sich konform zu bestimmten **Normen** verhält. Normen sind Erwartungen der Gruppe hinsichtlich der Art und Weise, wie in bestimmten Situationen zu handeln ist. Das erwartete Verhalten wird von den Gruppenmitgliedern als gerecht, angemessen oder ideal akzeptiert (vgl. z. B. *Homans* 1950). Normen unterscheiden sich von **organisatorischen Regeln** insofern, als letztere i. d. R. schriftlich fixiert und somit explizit und offiziell gemacht sind, während Gruppen-Normen als implizite, informelle Verhaltensstandards häufig nur unbewußt befolgt werden. Normen haben die Funktion, Verhalten zu standardisieren. Das bringt für die Organisation den Vorteil erhöhter Prognostizierbarkeit von Gruppenverhalten; aber auch im zwischenmenschlichen Bereich vermitteln stabile Verhaltenserwartungen Sicherheit. Die Erwartung von gleichförmigem, routinisiertem Verhalten kollidiert allerdings bisweilen mit individuellen Stimmungs- und Leistungsschwankungen, was zu Konflikten führen kann.

---

18 D. h. einer positiven Einstellung gegenüber den Leistungsvorgaben des Managements.

Unter **Effizienzgesichtspunkten** entwickeln Gruppen soziale Normen für die ,,Routinisierung sozialer Beziehungen", um sich von unnötigen Interaktionen entlasten zu können (vgl. *Irle* 1975, S. 444). Sie müssen so für häufig wiederkehrende Entscheidungen über Kooperationsformen und Handlungsstrategien nicht immer wieder einen Konsensus herbeiführen. Soziale Normen können sich als Verhaltenserwartungen an die Rolleninhaber, als Leistungsstandards (Produktionsnormen) oder als Strategien der Aufgabenbearbeitung konkretisieren.

Es ist aus einer Vielzahl klassischer Untersuchungen bekannt, daß Arbeitsgruppen ihre geplante Leistungsabgabe auf einem Niveau fixieren, das i. d. R. unterhalb den von der Organisation erwarteten Standards liegt (vgl. z. B. *Roethlisberger/Dickson* 1939, *Coch/French* 1948). Dieses Verhalten ist vor allem bei Lohnarbeitern anzutreffen, die im Akkord bezahlt werden. Als negative Folgen erhöhter Leistungsabgaben wird nämlich hier eine Verkürzung der Vorgabezeiten und/oder eine neue Leistungsgradschätzung befürchtet.

Auch *Hackman/Morris* (1975) bezeichnen die von den Gruppenmitgliedern geteilten Erwartungen über die angemessenen Bearbeitungsstrategien als Normen, zu denen sich die Mitglieder konform verhalten müssen. In diesem Sinne kann eine Redefinition der Aufgabe von der Gruppe dahingehend vorgenommen werden, daß eine objektive Aufgabenstellung den vorhandenen Bearbeitungsnormen angepaßt, die Mitglieder also zu einer bestimmten Wahrnehmung der Arbeitssituation verpflichtet werden. Gruppen entwickeln auch Leistungsnormen, an denen sich die Mitglieder orientieren bzw. zu denen sie sich konform verhalten müssen. Das kann einmal eine Leistungsrestriktion *(,,Akkordbremsen")* andererseits aber auch eine Leistungssteigerung bedeuten, wenn die Gruppe im Vergleich zu isoliert arbeitenden Individuen ein höheres Anspruchsniveau und eine daraus resultierende höhere Leistung entwickelt (vgl. *Zander* 1971).

Ob ein Gruppenmitglied **Normenkonformität** zeigt, d. h. ob sich sein tatsächliches Verhalten mit dem erwarteten Verhalten deckt, hängt von einer Vielzahl von Faktoren ab:

- Erwartete Sanktionen bei Normenerfüllung/Normenverletzung (Belohnung/Bestrafung). Die Durchsetzung und Überwachung der Einhaltung von Normen kann durch bestimmte Personen mit Autorität oder durch die Gruppenmitglieder selbst erfolgen
- Gruppenkohäsion. Kohärente Gruppen neigen zu höherer Konformität, u. a. als Folge des Gruppendrucks
- Internalisierung der Normen. Konformismus ist u. a. eine Funktion von Persönlichkeitsfaktoren (wie Bildungsniveau, Berufsethos, Selbstsicherheit). Wissenschaftler in Organisationen identifizieren sich eher mit den Normen der ,Scientivic Community' als mit Normen der Organisation (vgl. den Typ des Ambivalenten bei *Presthus)*
- Legitimität der Normen. Die Anerkennung der Legitimationsbasis der

Norm erleichtert ein normenkonformes Verhalten, auch bei abweichender individueller Orientierung

- Instrumentalität der Norm zur individuellen Bedürfnisbefriedigung
- Konsistenz und Widerspruchsfreiheit des Normensystems erleichtert normenkonformes Verhalten, da kein Konfliktpotential besteht.

Nach *Kiesler/Kiesler* (1969) kann das Gruppenmitglied in zweierlei Weise Konformität mit Gruppennormen zeigen.

**Konformität durch Einwilligen** (compliance) kennzeichnet eine Situation, in der die individuellen Wertvorstellungen nicht oder nur zum Teil mit den Gruppennormen übereinstimmen. Das Individuum verhält sich dennoch normenkonform, und zwar 1. als Folge realen oder vermeintlichen Gruppendrucks, 2. weil es Anerkennung der Gruppe sucht und/oder 3. weil Widerstand gegenüber Konformität mit zu hohen ‚Kosten' verbunden ist

**Konformität durch Anerkennung** (personal acceptance) beschreibt die Situation, in der sich die Normen mit den persönlichen Wertvorstellungen decken.

Es ist unmittelbar einsichtig, daß die letzte Form der Konformität eine höhere Stabilität und Zuverlässigkeit der Verhaltenserwartungen impliziert. Deshalb auch das große Bemühen der Organisation, die Gruppenmitglieder zu einer Identifikation mit den Zielen und Werten der Organisation zu bringen. Potentielle Organisationsteilnehmer (in Wirtschaftsorganisation), von denen man ein normenkonformes Verhalten nicht zu erwarten glaubt (z. B. Langhaarige, Linke), haben als Folge einer selektiven Rekrutierung der Organisationsmitglieder keine Chance, Normenabweichungen zu praktizieren.

### e. *Risikobereitschaft von Gruppen*

Weder als Vor- noch als Nachteil von Gruppenarbeit ist ohne Kenntnis des organisatorischen Wertsystems das Phänomen erhöhter Risikobereitschaft von Gruppen gegenüber Individuen (Risky-Shift-Phänomen) zu beurteilen.[19]

Das Phänomen stellt seit den 60er Jahren in der Sozialpsychologie ein beliebtes Forschungsobjekt dar und hat zu einer Fülle von Interpretationsversuchen geführt. Die **Standardversuchsanordnung** wird bei *Schneider* 1975 (S. 228f.) in Anlehnung an *Wallach/Kogan* (1965) wie folgt beschrieben: „Die Mitglieder von gleichgeschlechtlichen Fünfpersonengruppen erhielten in der ersten Versuchsphase einen Fragebogen mit 12 Situationen vorgelegt, in denen eine Person sich zwischen einer attraktiven, aber risikoreichen, und einer weniger attraktiven, aber sicheren Wahl entscheiden muß. Die Versuchsperson wird gefragt, bei welcher Eintretenswahrscheinlichkeit sie der betroffenen Person zu der attraktiven Alternative raten würde ... Nach der individuellen Beantwortung überreichte der Versuchsleiter jedem Probanden

---

19 Vgl. die ausführlichen Literatur-Hinweise bei *Irle* 1972, *Schneider* 1975, *Crott* 1979 und *Elschen* 1982.

ein neues Exemplar desselben Fragebogens und bat die Gruppe, jeden Fall zu diskutieren und zu einer einstimmigen Entscheidung zu gelangen. In der folgenden dritten Phase gingen die Versuchspersonen den Fragebogen ein drittes Mal, nun aber wieder individuell, durch und markierten ihre persönliche Entscheidung, die mit dem Gruppenvotum übereinstimmen konnte oder nicht."

In Abb. 3.46 sind die mittleren Differenzen zwischen den Entscheidungswerten der Versuchspersonen (getrennt für Männer und Frauen) in unterschiedlichen Befragungsphasen angegeben. Der Entscheidungswert einer Vp ergibt sich aus der Addition der 12 angekreuzten Wahrscheinlichkeiten aus den 12 vorgegebenen Situationen.

*Abb. 3.46:* Die Verschiebung der Risikobereitschaft nach Gruppendiskussionen für männliche und weibliche Versuchspersonen

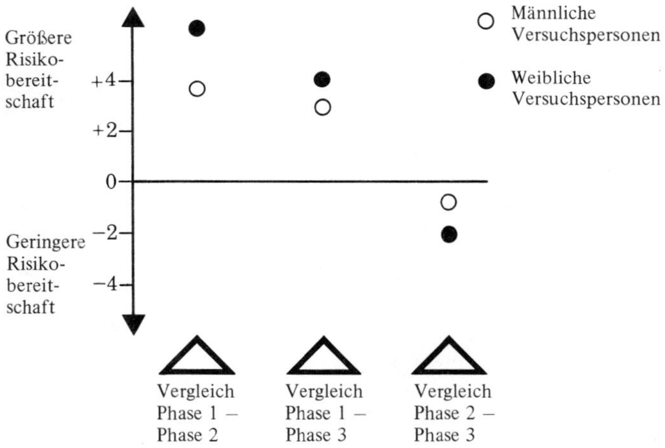


*Quelle: Schneider* 1975, S. 230 nach *Wallach/Kogan* 1965

Beispiel:
Phase 1: Einzelentschluß, Entscheidungswert 30
Phase 2: Gruppenentschluß, Entscheidungswert 34
Phase 3: Einzelentschluß, Entscheidungswert 32
Differenz Phase 1–2: +4
Differenz Phase 1–3: +2
Differenz Phase 2–3: –2

Die Gruppe entscheidet also – so ergeben die meisten Experimente – *risikoreicher* als der Durchschnitt der einzelnen Gruppenmitglieder. Diese höhere Risikobereitschaft zeigt sich i. d. R. auch noch in der sich anschließenden Einzelbefragung (Phase 3).

Folgende **Erklärungsansätze** für das Risikoschub-Phänomen werden in der Literatur geboten (vgl. *Schneider* 1975, S. 230ff., *Irle* 1971, S. 174ff.):

- **Verteilung von Verantwortung**
  (Ein höheres Risiko wird deshalb akzeptiert, weil sich die Verantwortung für einen Fehlschlag auf alle Gruppenmitglieder verteilt).
- **Höheres Informationsniveau**
  (Die Diskussion in der Gruppe führt zu einer besseren Vertrautheit mit dem Problem, was Unsicherheit reduziert und Risikoneigung erhöht).
- **Risikobereiter Gruppenführer**
  (Ein besonders risikobereites Gruppenmitglied beeinflußt als informeller Führer die restliche Gruppe).
- **Risikofreudigkeit als kultureller Wert**
  (Wenn Risikofreudigkeit ein sozialer Wert ist – in einer Schicht oder Gesellschaft –, möchte man vor anderen auch bei konservativer Haltung diesem Ideal nahe kommen).

Jede der vorgestellten Hypothesen kann neben einer gewissen Plausibilität auch einige bestätigende empirische Befunde aufweisen, jedoch lassen sich auch erfolgreiche Falsifikationsversuche anführen. Einiges spricht dafür, daß keiner Hypothese alleinige Erklärungskraft zukommt, sondern daß vielmehr alle mehr oder weniger zum Verständnis des Phänomens beitragen. *Cartwright* (1971) und neuerdings sehr dezidiert *Elschen* (1982) warnen darüber hinaus eindringlich vor einer unzulässigen Verallgemeinerung des überwiegend in Laborgruppen nachgewiesenen Risikoschub-Phänomens. Natürliche Gruppen (z. B. Entscheidungsgremien in Organisationen) verfügen i. d. R. über eine lange Geschichte gemeinsamen Entscheidungshandelns, das durch Erfolge und Mißerfolge geprägt wird. Darüber hinaus bleibt die jeweils unterschiedliche Entscheidungssituation, der die reale Gruppe ausgesetzt ist, bei der ad hoc gebildeten Experimentalgruppe unberücksichtigt. Insofern lassen sich auch konservativere – als es der individuellen Risikoneigung des einzelnen Managers entspricht – Entschlüsse von Management-Teams nicht als Falsifikationen heranziehen, denn sie stellen eine unterschiedliche Art von Gruppe dar.

*Elschen* (1982) hat am Beispiel des Risikoverhaltens bei Gruppenentscheidungen auf die generellen Probleme bei der Übernahme empirisch gestützter verhaltenswissenschaftlicher Forschungsergebnisse in die Betriebswirtschaftslehre aufmerksam gemacht. Um der von ihm beschworenen Gefahr einer unkritischen Übernahmepraxis zu begegnen, derzufolge Verhaltenshypothesen angeblich ohne theoretisches Hintergrundwissen und ohne Beachtung von Anwendungsbedingungen in eine Führungslehre eingebracht werden, formuliert *Elschen* **Übernahmekriterien** als normative Auswahlkriterien für den betriebswirtschaftlichen Forscher. Da die Formulierung von Auswahlkriterien sinnvollerweise nicht losgelöst von den Forschungszielen der Betriebswirtschaftslehre erfolgen kann, diese aber von *Elschen* in Anlehnung an *D. Schneider* (1981 b) sehr restriktiv gefaßt werden (Einkommenserzielung und Einkommensverwendung), wird die Übernahme verhaltenswissenschaftlicher Forschungsergebnisse für eine so verstandene Betriebswirtschaftslehre ohnehin kaum relevant.

## II. Prozesse

### 1. Interaktion

Arbeit in Gruppen setzt Interaktion voraus. Unter Interaktion als dem grundlegenden Phänomen gegenseitigen Verhaltens zwischen Menschen versteht man zweckgerichtete wechselseitige soziale Beziehungen zwischen mindestens zwei Interaktionspartnern.

#### *a. Theoretische und empirische Basis der Aussagen über Folgen der Interaktion*

In seinen frühen Arbeiten untersucht *George Homans* (1950) Interaktionen speziell in kleinen Gruppen und belegt seine Hypothesen u. a. an Hand des vorliegenden empirischen Materials aus den Hawthorne-Studien. Einige der **zentralen Hypothesen** lauten:

- Je häufiger Personen miteinander interagieren, desto stärker werden ihre Freundschaftsgefühle füreinander (S. 111 und S. 133). Diese zentrale These *Homans'*, daß nämlich die Sympathie zwischen Personen positiv korreliere mit der Interaktionshäufigkeit, konnte in dieser allgemeinen Form nicht aufrechterhalten werden. Er modifizierte seine Hypothese später dahingehend, daß diese Aussage nur dann Gültigkeit beanspruchen könne, wenn die Interaktion für beide Seiten eine Belohnung (Gratifikation) darstellt.
- Personen, die häufig miteinander interagieren, werden in ihren Aktivitäten ähnlicher als solche, die das nicht tun (S. 135).
- Je höher die Position, die eine Person in einer Gruppe einnimmt, desto eher werden seine Aktivitäten mit den Gruppennormen konform gehen (S. 141).
- Von einer Person mit hohem sozialen Status gehen mehr Interaktionen aus als von einer mit niederem (S. 145).
- Je mehr eine Person oder Clique in allen ihren Aktivitäten den Gruppennormen entspricht, desto höher wird ihr sozialer Status sein (S. 180f.).

Aus diesen wenigen Aussagen läßt sich schon das Grundkonzept *Homans'* zur Analyse sozialen Verhaltens in Gruppen erkennen. Es beruht primär auf den Konstrukten

- **Aktivität** (activity)
  Alle Handlungen, Tätigkeiten einer Person, wie Laufen, Sprechen, Maschinenbedienen.
  Es wird zwischen *extern* geforderten Aktivitäten (external, required behavior), wie organisatorische Regeln, Vorschriften, Anweisungen von Vorgesetzten, und *intern* sich entwickelnden Aktivitäten (internal, emergent behavior), wie Leistungsrestriktionen, Redefinition der Arbeitsaufgabe, informelle Kontakte, unterschieden.
- **Interaktion** (interaction)
  Jede Form der erfolgreichen Kommunikation oder Kontaktaufnahme zwischen zwei Personen.
  Erfolgreich heißt, daß Kommunikation stattgefunden hat und nicht nur intendiert war; daß eine Reaktion feststellbar ist. Hierzu gehören auch alle Formen der nichtverbalen Kommunikation. Auch im Bereich der Interaktionen wird zwischen erforderlichen, geplanten und ad hoc entstehenden unterschieden. Im Modell von *Homans* haben die Häufigkeit der Interaktionen und die Quelle, von der die Interaktion ausgeht (dem Initiator), eine besondere Bedeutung.
- **Empfindungen** (sentiments)
  Alle Ideen, Gefühle, Annahmen über die Aufgaben, Tätigkeiten einer Gruppe sowie über die Gruppenmitglieder; alle Motive des Handelns.
  Empfindungen können im Gegensatz zu Aktivitäten und Interaktionen nicht beobachtet werden, was deren empirische Erhebung bedeutend erschwert. Auch hier kann zwischen geforderten Empfindungen, wie vom Management vorgeschriebene Einstellungen zur Arbeit, und eigenen Empfindungen, die jede Person mit in die Gruppe einbringt (Werte) und die sie am Arbeitsplatz gemeinsam mit anderen entwickelt (Gruppennormen), unterschieden werden.

Aktivitäten und Interaktionen führen zu Empfindungen, die wiederum Aktivitäten und Interaktionen beeinflussen. Die Variablen beeinflussen sich gegenseitig, was *Homans* (1950, S. 90) dazu veranlaßt, von einem System zu sprechen. Ein **soziales System,** wie z. B. eine Gruppe, setzt sich aus einem externen und einem internen System zusammen. Das **externe System,** extern weil durch die Umwelt bestimmt, beschreibt den Zustand der drei Elemente Aktivität, Interaktion, Empfindung, der es der Gruppe erlaubt, in einer bestimmten Umwelt zu überleben. Das **interne System** wird nicht direkt von der Umwelt beeinflußt, sondern entwickelt sich aus den Interaktionen zwischen Individuen mit eigenen Werten, Einstellungen und Bedürfnissen. Das Ergebnis sind selbst entwickelte Gruppennormen und Verhaltensweisen.

Die Analogie zu formellen und informellen Aspekten der Organisation ist naheliegend; diese Begriffe werden von Homans aber nicht erwähnt.

Grundlage und Ausgangspunkt einer Verhaltenstheorie über zwischenmenschliche Beziehungen (speziell in Gruppen) ist die **Interaktionstheorie** von *Homans* (1961). *Homans'* Interaktionstheorie versucht, Aussagen der

Verhaltenstheorie (speziell *Skinner's* Lerntheorie) und der Ökonomie (speziell Preistheorie) zur Beschreibung und Erklärung der Interaktionsprozesse in Gruppen nutzbar zu machen. Von *Skinner* beeinflußt, sieht er menschliches Verhalten als Funktion seines **‚payoff'**, d. h. die eigene Verhaltensweise wird davon abhängig gemacht, ob und wie sie von dem Interaktionspartner belohnt oder bestraft wird. Das *ökonomische* Element der Theorie wird deutlich, wenn *Homans* bestimmte Verhaltenskonsequenzen als Kosten ansieht, und zwar in Gestalt von Verzicht auf Belohnung. Ein solcher Verzicht wird erwogen, wenn alternative Verhaltensweisen mit noch höheren Kosten verbunden oder zukünftige Erträge (rewards) die Kosten überkompensieren (profit = reward-cost). Einen ähnlichen Ansatz verfolgen *Thibaut/Kelley* (1959), die unter Verwendung von **Auszahlungsmatrizen** (ähnlich den in der Spieltheorie verwandten) das Verhalten von Interaktionspartnern darstellen. Das Verhalten kann kompetitiv, kooperativ, teilweise kompetitiv und teilweise kooperativ sein. Wie sich am berühmten Beispiel des ‚prisoners's dilemma' zeigen läßt, verlieren beide Interaktionspartner (Spieler), wenn sie beide ihre Auszahlungen (payoffs) maximieren wollen; nur durch Kooperation können beide etwas gewinnen.[20]

*Malewski* (1967, S. 124ff.) kommt in einer scharfsinnigen Analyse der Interaktionstheorie von *Homans* zu dem Ergebnis, daß die ökonomischen Elemente der Theorie logisch überflüssig seien, denn sie würden letztlich nur mit anderem Begriffsapparat die zuvor gemachten verhaltenstheoretischen Aussagen wiederholen.

Vor allem *Ekeh* (1974) hat immer wieder darauf hingewiesen, daß *Homans'* **individualistisch** orientierte Interaktionstheorie lediglich *eine* Tradition in der Soziologie darstellt, und daß es daneben einen älteren auf *Lévi-Strauss* (1949) fußenden, mehr **kollektivistischen** Ansatz zur Austauschtheorie gibt. Danach entstehen Normen und Werte nicht erst in der Interaktionsbeziehung, sondern die Individuen reproduzieren gesellschaftliche Wertmuster.

*Homans's* Interaktionstheorie ist letztlich eine individualistische **Austauschtheorie,** die Interaktionen in Gruppen als Austauschprozesse interpretiert (*Homans* 1958). Zwischenmenschliches Verhalten baut sich aus einem ständigen Geben und Nehmen auf, wobei keiner mehr Kosten als der andere tragen und möglichst mit Gewinn aus der ‚give-and-take'-Situation herauskommen möchte.

---

[20] Gefangenen-Dilemma: Zwei Verdächtige werden von der Polizei aufgegriffen und getrennt voneinander eingesperrt. Es besteht der Verdacht, daß sie gemeinsam ein schweres Verbrechen begangen haben, aber die Beweise dazu können nicht beigebracht werden. Wenn sie beide leugnen, können sie nur zu einer kurzen Strafe wegen Landstreicherei bzw. illegalen Waffenbesitzes verurteilt werden. Der Vernehmungsrichter macht daher beiden den Vorschlag, sie als Kronzeuge einzusetzen. In diesem Falle würde derjenige, der gesteht, eine noch geringere Strafe zu erwarten haben, während der andere, der nicht gesteht, mit einer langen Haftstrafe rechnen muß. Wenn aber beide gestehen, dann braucht der Vernehmungsrichter keine Kronzeugen mehr und er kann beide verurteilen.

Diese Grundgedanken einer Austauschtheorie wurden von *Adams* (1963, 1965 – vgl. auch *Pritchard* 1969 und *Walster* et al. 1973 sowie *Greif* 1983, S. 212ff.) zur Formulierung einer **Gleichheitstheorie** (equity theory) herangezogen. Diese geht davon aus, daß Menschen in sozialen Beziehungen ihre Erträge (outcomes) in Relation zu einem bestimmten Aufwand (inputs) möglichst groß gestalten wollen. In den meisten Gesellschaftssystemen existieren Normen, die eine Maximierung der individuellen Erträge bestraft und das Befolgen des Gleichheitsprinzips belohnt. Das **Gleichheitsprinzip** besagt, daß eine Beziehung zwischen zwei Partnern A und B dann gerecht und ausgeglichen (equitable) ist, wenn folgende Gleichung gilt:

$$\frac{\text{Aufwand von A}}{\text{Erträge von A}} = \frac{\text{Aufwand von B}}{\text{Erträge von B}}$$

Ungleichheit besteht dann, wenn A subjektiv wahrnimmt, daß seine Ertrag/Aufwand-Relation von der des B positiv oder negativ abweicht. Basis der Gleichgewichts- oder Ungleichgewichtsdefinition sind also keine objektiven Tauschvorgänge sondern *subjektive* Einschätzungen. Neben einem Vergleich direkter Austauschbeziehungen A mit B können auch gemeinsame Austauschbeziehungen mit einer dritten Partei (z. B. Organisation als Arbeitgeber von A und B) Gegenstand des Vergleichs sein, also A mit O und B mit O. Empfindet A, daß er im Vergleich zu B mehr/weniger verdient als er z. B. an Lohn erhält, stellt sich ein Zustand der inneren Bedrängnis (distress) ein. Aus obiger Gleichung lassen sich mehrere Ansatzpunkte zur Reduzierung dieser **Spannungen** entwickeln. So kann z. B. A bei negativen Abweichungen seinen Aufwand reduzieren und/oder mehr Ertrag fordern und bei positiven Abweichungen seinen Aufwand steigern und/oder auf Teile seiner Erträge verzichten, ein Fall, dem allerdings i. d. R. nur theoretische Bedeutung zukommt. Gelingt es dem Einzelnen nicht, auf die eine oder andere Weise ein reales Gleichgewicht herzustellen, bleibt noch der Ausweg, wenigstens ein psychologisches Gleichgewicht zu erreichen (*Walster* et al. 1973). Hier kommen dann Mechanismen der Verdrängung, Projektion, Rationalisierung zum Zuge, wie wir sie als Folgen von Frustration kennengelernt haben.

Die Gleichheitstheorie von *Adams* ist verschiedentlich experimentell überprüft worden (*Goodman/Friedman* 1968, 1971, *Andrews* 1967, *Adams/Rosenbaum* 1962).

So wurden z. B. in vier künstlich geschaffenen **Situationen des Ungleichgewichts** experimentell die Folgen unterschiedlicher Zustände studiert:

*Situation 1:* Überbezahlung bei Zeitlohn

Die Hypothese, daß in diesem Fall die ‚Bevorteilten' durch Leistungssteigerung versuchen, Schuldgefühle abzubauen, wurde tendenziell bestätigt.

*Situation 2:* Überbezahlung bei Stücklohn

Die Hypothese, daß in dieser Situation eine höhere Qualität (Sorgfalt) bei gleicher Quantität die Folge ist, wurde bestätigt.

*Situation 3:* Unterbezahlung bei Zeitlohn

Die Hypothese, daß in diesem Fall die ‚Benachteiligten' aus Unzufriedenheit ihren Input reduzieren, wurde bislang nur unzureichend geprüft.

*Situation 4:* Unterbezahlung bei Stücklohn

Die Hypothese, daß in dieser Situation die Leistung quantitativ gesteigert wird und zwar bei geringer Qualität, wurde bestätigt.

*Rosenstiel* (1975) hat die nach der Theorie von *Adams* zu erwartenden Folgen subjektiv zu hoher, angemessener und zu niedriger Entlohnung gegenübergestellt (vgl. Abb. 3.47).

*Abb. 3.47:* Nach der Theorie von *Adams* zu erwartende quantitative und qualitative Leistungen bei subjektiv zu hoher, angemessener und zu niedriger Entlohnung in den Formen des Zeit- und des Stücklohns

| | | Zeitlohn | | | Stücklohn |
|---|---|---|---|---|---|
| Über bezahlung | Leistung | Quantität:<br>Qualität: | hoch<br>mittel | Leistung | Quantität:<br>Qualität: |
| angemessene Bezahlung | Leistung | Quantität:<br>Qualität: | mittel<br>mittel | Leistung | Quantität:<br>Qualität: |
| Unterbezahlung | Leistung | Quantität:<br>Qualität: | gering<br>mittel | Leistung | Quantität:<br>Qualität: |

*Quelle: Rosenstiel* 1975, S. 254

Die Lektüre dieser Studien macht deutlich, daß auch die Ideen des psychologischen Vertrags (S. 238 der Arbeit) und des Anreiz-Beitrags-Gleichgewichts (S. 118 der Arbeit) letztlich auf den Überlegungen der Austausch- und Gleichheitstheorie basieren.

Bei der Gestaltung von Interaktionsbeziehungen fällt auf, daß die meisten Individuen danach trachten, Ungleichgewicht als Folge inkonsistenter Kognitionen zu vermeiden bzw. zu reduzieren. Theoretische Ansätze, die dieses Phänomen zu erklären versuchen, werden als **Konsistenztheorien** bezeichnet (vgl. *Crott* 1979, S. 36ff.). Neben der Theorie der kognitiven Dissonanz, die mehr auf intraindividuelle Dissonanzen abstellt (vgl. S. 183 der Arbeit), geht es bei den beiden folgenden Ansätzen mehr um interindividuelle Ungleichgewichte.

- **P – O – X Theorie** von *Heider* (1958)

Menschen streben ein balanciertes System von Beziehungen zwischen sich selbst (Person = P), einer anderen Person (Other = O) und einem Objekt, einer weiteren Person oder Personengruppe (X) an. Unbalancierte Zustände setzen Mechanismen der Spannungsreduktion in Kraft (wie Aufnahme neuer Beziehungen, Differenzierung).

- **A – B – X Theorie** von *Newcomb* (1961)
Diese stellt eine Weiterentwicklung von *Heider* insofern dar, als Kommunikationsprozesse zwischen den Beteiligten eingeführt werden. *Newcomb* unterscheidet vier Komponenten eines interpersonalen Systems:
- A's Einstellung (attitude) zu X
- A's Anziehung (attraction) gegenüber B
- B's Einstellung zu X
- B's Anziehung gegenüber A

Auch hier wird eine Neigung zur Koorientierung unterstellt, was zu symmetrischen Situationen führt.

Unbalancierte Zustände führen zu Spannungen, balancierte zu weitgehend spannungsfreien Zuständen; dies sind auch weitgehend empirisch belegbare Aussagen der Konsistenztheorie (vgl. *Crott* 1979, S. 47ff.).

*b. Methoden zur Analyse von Interaktionen*

Nachdem im vorangegangenen Abschnitt die theoretischen Grundlagen der Interaktion in Gruppen gelegt worden sind, werden anschließend noch einige pragmatische Konzepte zur Analyse von Interaktionen vorgestellt.

*(1) Interaktions-Prozeß-Analyse*

Eine der bekanntesten und vielfältig eingesetzten Methoden zur Beschreibung und Klassifikation sozialer Interaktionen in kleinen Gruppen ist die von *Bales* (1950) entwickelte Interaktions-Prozeß-Analyse (IPA) (vgl. hierzu vor allem *Mc Leish* et al. 1975, S. 57ff. sowie *Merkens/Seiler* 1978). Nach verbreiteter Auffassung stellt die IPA-Methode heute das am besten zu handhabende Instrument dar zum Verständnis nicht nur des interpersonellen Verhaltens in Gruppen – wofür sie ursprünglich entwickelt wurde –, sondern neuerdings auch zum Verständnis der intrapersonellen Zustände. So ist *Bales* (1970) der Ansicht, daß sich Gruppenverhalten in Analogie zu den Vorgängen innerhalb eines Individuums deuten läßt, und daß sich im Gruppenverhalten das individuelle Verhalten widerspiegelt.

Praktisch wird so vorgegangen, daß ein geschulter Beobachter das Interaktionsverhalten (auch nichtverbale Kommunikation) jedes Gruppenmitglieds unter Verwendung von Zahlen registriert und in ein Kategoriensystem mit zwölf Items einordnet (vgl. Abb. 3.48).

Die Kategorien sind einmal in vier Bereiche (Triaden) eingeteilt, A bis D, je nachdem ob es sich um positive oder negative Reaktionen, Fragen oder Antworten handelt, um zum anderen durch paarweise Kombination (von innen nach außen) zu sechs Problembereichen zusammengefaßt. Ein Kategorienpaar ist Indikator für jeweils ein Gruppenproblem. Die Situation einer Gruppe läßt sich dann in einer Reihe tabellarischer Übersichten darstellen, aus

*Abb. 3.48:* Beobachtungsbereiche der Interaktions-Prozeß-Analyse

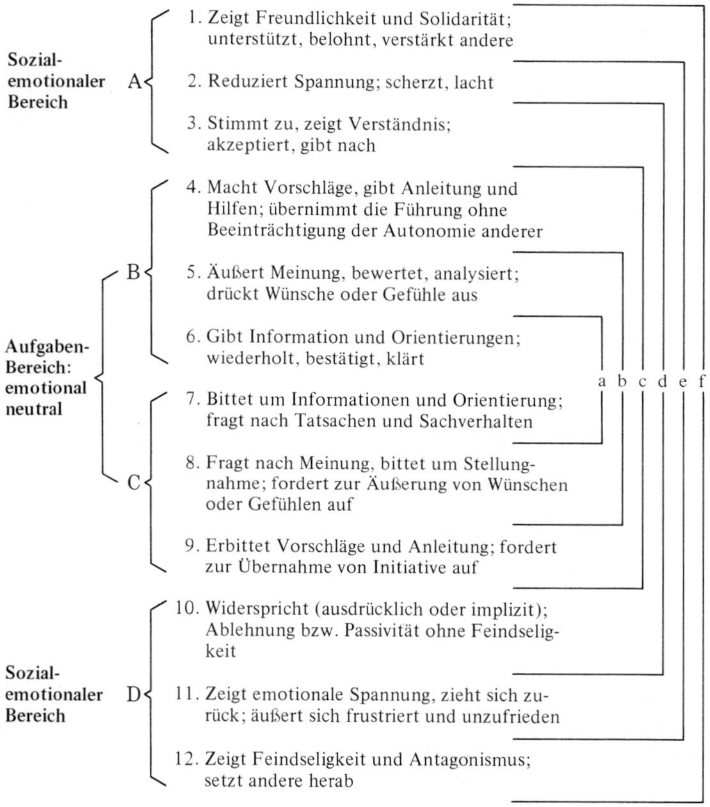


**Triaden**
A positive Reaktionen
B Bemühung um Antwort
C Fragen
D negative Reaktionen

**Problembereiche**
a Orientierung/Kommunikation
b Bewertung (Evaluation)
c Kontrolle
d Entscheidung
e Spannungsbewältigung
f Integration bzw. Reintegration

*Quelle: McLeish* 1975, S. 59 nach *Bales* 1950

denen neben der Gesamtzahl der einzelnen Verhaltensakte hervorgeht, wer wem gegenüber wie häufig welche Verhaltensweisen gezeigt hat.

*Bales* hat u. a. die interessante Hypothese von der **Phasenverknüpfung** (nesting) formuliert, wonach Gruppen typischerweise ganz bestimmte Problembereiche durchlaufen, und zwar beginnend mit hohen Besetzungshäufigkeiten in a (6, 7) und niedrigen in f (1, 12) zu Beginn eines Gruppenprozesses und einer Umkehrung dieser Besetzung zu Ende des Prozesses. Diese Annahme ist plausibel, wenn man sich vergegenwärtigt, daß zu Beginn der

Gruppe ein Problem zur Lösung übertragen wird (Aufgabenstellung), was zunächst einmal rege Kommunikationsaktivitäten mit sachlichem Inhalt auslöst. Anschließend werden sich verstärkt Verhaltensakte der Kategorien 5 und 8 (Bewertung) zeigen usw.. Allmählich verläßt die Gruppe den emotional neutralen, mehr kognitiven Aufgabenbereich (B, C) und gerät immer stärker in die affektiven Bereiche mit sozio-emotionalen Kategorien (A, D).

Mit Hilfe der IPA-Methode läßt sich auch immer wieder zeigen, daß das Interaktionsverhalten mit wachsender Gruppengröße rein quantitativ relativ zurückgeht. Der Anteil aktiver Gruppenmitglieder sinkt. Unabhängig von der Größe läßt sich in den meisten Gruppen eine Tendenz zur Monopolisierung von Interaktionsaktivitäten durch einige wenige Gruppenmitglieder feststellen. Dies sind in hierarchischen Gruppen in aller Regel die hierarchisch Höherstehenden, die auch eher die Gruppe als ganze ansprechen als umgekehrt der hierarchisch Tieferstehende, der sich bevorzugt an die einzelne Person richtet.

Kenntnisse über gruppendynamische Phänomene, die man mit Hilfe der IPA gewinnen kann, sind sinnvoll im Training von Gruppenmoderatoren und -führern anzuwenden. Darüber hinaus erlaubt eine Aufzeichnung des Interaktionsgeschehens vergangener Sitzungen einer Gruppe Prognosen über zukünftig zu erwartende Verhaltensweisen.

*(2) Johari-Fenster*

Ein bedeutend einfacheres Instrument – im Vergleich zur IPA – zur Beschreibung der Interaktionsbeziehungen zwischen zwei Personen in Gruppen stellt das Johari-Fenster dar. Johari steht für die Abkürzung der beiden Vornamen (*Joseph Luft* und *Harry Ingham*) der Autoren dieses Konzepts (vgl. *Luft/Ingham* 1955, *Luft* 1961, *Glaser/Strauss* 1964, *Schein* 1969, S. 22ff., *Hellriegel/Slocum* 1974, S. 292ff.).

Die vier Quadranten des Fensters bilden jeweils unterschiedliche **Bewußtseinsebenen** eines Interaktionspartners ab (vgl. Abb. 3.49).

*Ebene 1:* Dieser Quadrant steht für die Teile des Verhaltens eines Menschen (Gedanken, Gefühle, Werte, Einstellungen), die ihm bewußt sind und die er auch anderen mitteilen möchte.

*Ebene 2:* Dieser Quadrant beschreibt den Teil des bewußten Selbst, den man vor anderen auf jeden Fall verbergen möchte. Dieser Teil ist zu Beginn eines Interaktionsprozesses und in der Aufbauphase von Gruppen besonders umfangreich.

*Ebene 3:* Dieser Quadrant kennzeichnet einen Zustand, in dem eine Person Dinge unbewußt aus dem Bewußtsein verdrängt, diese aber unbewußt anderen (meist nichtverbal) kommuniziert, etwa durch Gesten, Klang der Stimme, Kleidung, Auftreten. Er ist blind gegenüber diesem Teil seines Verhaltens.

*Ebene 4:* Dieser Quadrant steht für den Teil einer Person, der weder ihm noch anderen bekannt oder bewußt ist. Hierunter fallen etwa stark unterdrückte (kontrollierte) Bedürfnisse, verborgene Talente, ungenützte Begabungen.

*Abb. 3.49:* Die vier Quadranten des Johari-Fensters

| | anderen unbekannt | anderen bekannt |
|---|---|---|
| mir bewußt | 2 verborgen | 1 offen |
| mir unbewußt | 4 unbekannt | 3 unbewußt |

Die Interaktionen zwischen zwei Personen lassen sich nun sehr anschaulich anhand folgender Abbildung klassifizieren:

*Abb. 3.50:* Interaktionen zwischen zwei Personen

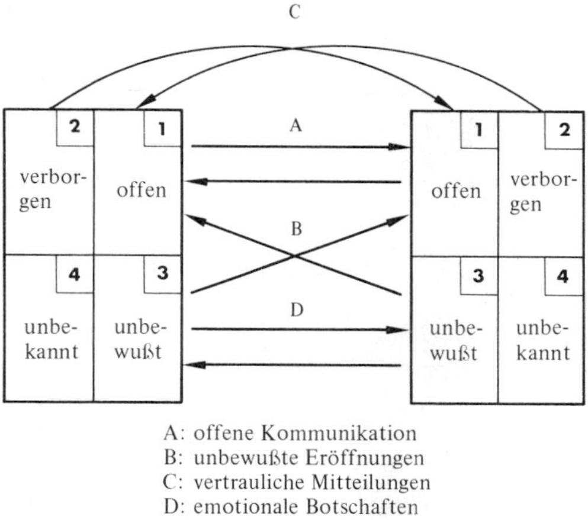


*Quelle: Schein* 1969, S. 24

Der größte Teil der Interaktion spielt sich auf der Ebene 1 ab (*Pfeile A*). *Pfeile B* beschreiben Interaktionen zwischen den Ebenen 1 und 3, d.h. es wird teilweise unbewußt kommuniziert. Wenn Interaktionen auf den Ebenen 1 und 2 (*Pfeile C*) stattfinden, hat ein Partner dem anderen etwas im Vertrauen mitgeteilt (z.B. ein Geheimnis anvertraut), was ein besonderes Klima der Sicherheit voraussetzt. Der letzte, weniger bedeutsame Fall der Interaktion auf der Ebene 3 (*Pfeile D*) beschreibt den Fall, wo zwei Menschen gegenseitig Emotionen austauschen, ohne die Quelle der Gefühle zu kennen.

Eingangs habe ich darauf hingewiesen, daß das Johari-Fenster auch zur **Analyse von Gruppenprozessen** verwendet werden kann. Dies setzt voraus, daß mit einem Instrument der Interaktionsanalyse Inhalt und Häufigkeit der

Interaktionen dokumentiert worden sind. Die Größe der Flächen der einzelnen Quadranten des Johari-Fensters sagen dann etwas über die Quantität der Interaktionen auf den einzelnen Ebenen aus. Abb. 3.51 zeigt hypothetisch die Struktur der Interaktionen in einem frühen Stadium und Abb. 3.52 die in einem späten Stadium im Leben einer Gruppe.

*Abb. 3.51:* Frühes Entwicklungsstadium einer Gruppe

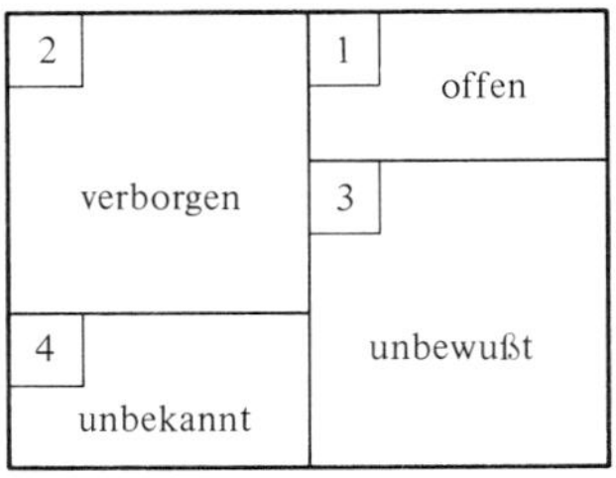


*Abb. 3.52:* Spätes Entwicklungsstadium einer Gruppe

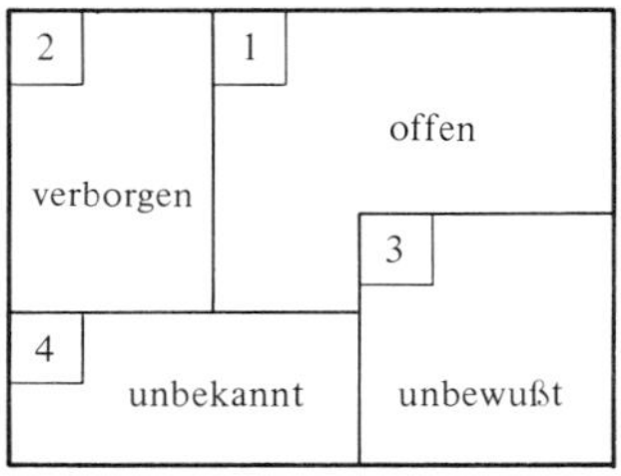


Die Darstellung geht von einem äußerst positiven Verlauf der Gruppenentwicklung aus, bei dem der Anteil der offenen Interaktion drastisch zunimmt, und zwar als Folge eines Klimas des gegenseitigen Vertrauens und der psychischen Sicherheit. Dagegen nehmen die Anteile des verborgenen und unbewußten Verhaltens bis auf einen mehr oder weniger tabuisierten Bereich der Intimsphäre entsprechend ab.

### *(3) Soziometrischer Test*

Ein weiteres, äußerst verbreitetes Instrument zur Messung von Interaktionen, speziell affektiver Beziehungen (Sympathieverhältnisse) in Gruppen, bildet der soziometrische Test. Er wurde von *Moreno* (1934) entwickelt und von ihm als wichtiges Diagnoseinstrument im Rahmen der von ihm begründeten Disziplin ‚**Soziometrie**' vielfältig verwandt. Die Soziometrie ist stark experimentell orientiert; sie versucht mit Hilfe von soziometrischen Tests psychosoziale Charaktere in Gruppen und der ganzen Gesellschaft zu identifizieren und soziale Strukturen durch Messung von Anziehungen und Abstoßungen (soziale Wahlen) quantitativ darzustellen.

Der soziometrische Test wird wie folgt durchgeführt:

*Abb. 3.53:* Beispiele von Indices zur Analyse soziometrischer Daten

$$\text{Wahlstatus einer Person} = \frac{\text{Zahl der erhaltenen Wahlen}}{(N-1)}$$

$$\text{Zurückweisungsstatus einer Person} = \frac{\text{Zahl der erhaltenen Zurückweisungen}}{(N-1)}$$

$$\text{Gruppenintegration} = \frac{1}{\text{Zahl der Isolierten}}$$

*Quelle: Schneider* 1975, S. 198, siehe auch *Crott* 1979, S. 236

Die Mitglieder einer Gruppe werden aufgefordert, in Bezug auf ein bestimmtes Kriterium (z. B. Zusammenarbeit bei der Lösung einer Aufgabe, Zusammensitzen bei einem Betriebsausflug) eine vorgegebene Anzahl anderer Gruppenmitglieder zu wählen. Die Wahl kann im positiven Sinne (Anziehung) oder negativen Sinne (Abstoßung) erfolgen. *Moreno* unterscheidet zwischen einer **Tüchtigkeitsrangordnung** (Mit wem würden Sie am liebsten in einem Team zusammenarbeiten? → soziotele Struktur) und einer **Beliebtheitsrangordnung** (Neben wem möchten Sie am liebsten bei einem Betriebsausflug sitzen? → psychotele Struktur). Die Anzahl der Wahlen bzw. Ablehnungen (je nach der Fragestellung), die ein Gruppenmitglied auf sich vereinigt, gibt einen ersten Einblick in die soziale Struktur einer Gruppe (z. B. *Star* = große Anzahl an Wahlen, hoher Wahlstatus = soziometrischer Führer; *Abgelehnter* = große Anzahl an negativen Wahlen, Abstoßungen; *Paar* = zwei Gruppenmitglieder haben sich gegenseitig gewählt; *Clique* = drei und mehr Gruppenmitglieder haben sich gegenseitig gewählt). Neben der Feststellung des sozialen Wahlstatus einer Person lassen sich noch eine ganze Reihe von soziometrischen Daten in Form von Kennzahlen ermitteln (vgl. Abb. 3.53); neben dieser mehr quantitativen Auswertung können soziometrische Tests auch die Grundlage für eine mehr qualitative Analyse der Hintergründe der Wahlen (Motivforschung) bilden und Ausgangspunkt für sozialpädagogische und gruppentherapeutische Eingriffe bieten. Zur Darstellung der erhobenen Daten bieten sich das **Soziogramm** (Abb. 3.54 und 3.55) und die **soziometrische Matrix** (Abb. 3.56) an.

Die Darstellung in Matrixform eignet sich vor allem dann, wenn Großgruppen (z. B. ganze Organisationen) Gegenstand der Analyse sind, ein Fall, bei dem das Soziogramm als Darstellungsmittel völlig überfordert ist.

In der Praxis des Managements wird der soziometrische Test vor allem zur Identifikation und Sichtbarmachung von *informellen Führern* und *informellen Gruppenbeziehungen* herangezogen und zwar häufig in der ungerechtfer-

*Abb. 3.54:* Nachweis einer Clique im Soziogramm

Jeder Teilnehmer hatte zwei gleichberechtigte Wahlen. A, B und C bilden eine Clique, die von der übrigen Gruppe isoliert ist. G und H haben einander gewählt. Sie haben als Paar die informelle Führung der Gruppe inne.

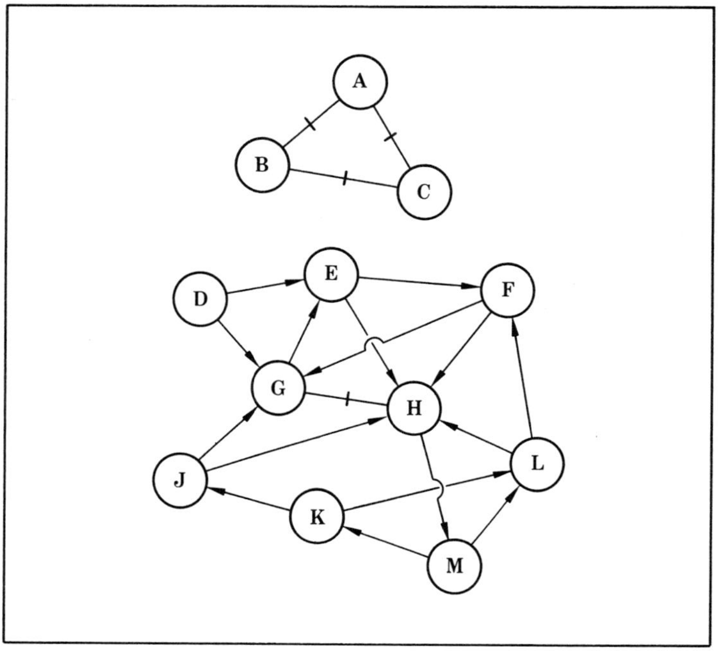


*Quelle: Helle/Schliemann* 1968, S. 74

tigten Annahme (vgl. S. 278f. der Arbeit), daß diese störend auf den Organisationsablauf wirken würden. Typisch für diese traditionelle Sichtweise ist der Katalog von vermeintlichen Vorteilen der Anwendung der Soziometrie im Betrieb, wie er bei *Helle/Schliemann* (1968, S. 81) nachzulesen ist:

„a) **Informeller Führer**

Um auf das Leistungsvermögen einer Gruppe einwirken zu können und um die Bereitschaft zur Anpassung an **organisatorische Neuerungen** zu steigern, sollte die Unternehmungsleitung den Weg über den informellen Führer wählen. Dieses kostensparende Verfahren setzt offensichtlich voraus, daß er bekannt ist.

b) **Divergenz zwischen formaler und informeller Organisation**

Die Feststellung, daß formale und informelle Struktur in einem Betrieb stark auseinanderklaffen, ist ein Hinweis auf eine **geringe Leistungsorientierung** der Mitarbeiter.

c) **Divergenz zwischen geplanter und effektiver Kontaktstruktur**

Bei der Planung einer Organisationsstruktur wird von bestimmten Kommunikationswegen ausgegangen. Wenn sich bei einer Erhebung der effektiven

*Abb. 3.55:* Stellung eines isolierten soziometrischen Führers

Jeder Teilnehmer hatte fünf Wahlen. Das Soziogramm stellt nur die jeweils ersten Wahlen dar. A und B haben einander gewählt. Dadurch wird A zu einem unsichtbaren Führer aller übrigen, ihm potentiell zuneigenden Individuen.

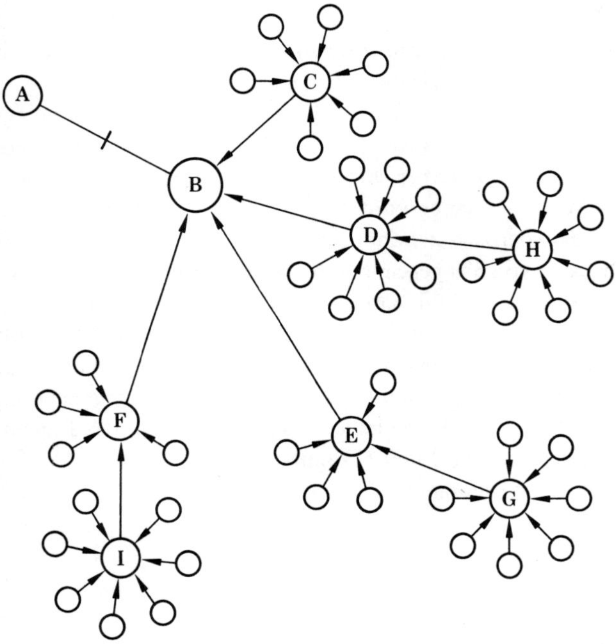


Legende zu den Abb. 3.54 und 3.55: D → E einseitige Wahl (D wählt E) G – H gegenseitige Wahl (G und H haben sich gegenseitig gewählt)

*Quelle: Helle/Schliemann* 1968, S. 72, nach *Moreno* 1974, S. 176

*Abb. 3.56:* Soziometrische Matrix (identisch mit Soziogramm in Abb. 3.54)

| | A | B | C | D | E | F | G | H | J | K | L | M | Σ |
|---|---|---|---|---|---|---|---|---|---|---|---|---|---|
| A | 0 | 1 | 1 | 0 | 0 | 0 | 0 | 0 | 0 | 0 | 0 | 0 | 2 |
| B | 1 | 0 | 1 | 0 | 0 | 0 | 0 | 0 | 0 | 0 | 0 | 0 | 2 |
| C | 1 | 1 | 0 | 0 | 0 | 0 | 0 | 0 | 0 | 0 | 0 | 0 | 2 |
| D | 0 | 0 | 0 | 0 | 1 | 0 | 1 | 0 | 0 | 0 | 0 | 0 | 2 |
| E | 0 | 0 | 0 | 0 | 0 | 1 | 0 | 1 | 0 | 0 | 0 | 0 | 2 |
| F | 0 | 0 | 0 | 0 | 0 | 0 | 1 | 1 | 0 | 0 | 0 | 0 | 2 |
| G | 0 | 0 | 0 | 0 | 1 | 0 | 0 | 1 | 0 | 0 | 0 | 0 | 2 |
| H | 0 | 0 | 0 | 0 | 0 | 0 | 1 | 0 | 0 | 0 | 0 | 1 | 2 |
| J | 0 | 0 | 0 | 0 | 0 | 0 | 1 | 1 | 0 | 0 | 0 | 0 | 2 |
| K | 0 | 0 | 0 | 0 | 0 | 0 | 0 | 0 | 1 | 0 | 1 | 0 | 2 |
| L | 0 | 0 | 0 | 0 | 0 | 1 | 0 | 1 | 0 | 0 | 0 | 0 | 2 |
| M | 0 | 0 | 0 | 0 | 0 | 0 | 0 | 0 | 0 | 1 | 1 | 0 | 2 |
| Σ | 2 | 2 | 2 | 0 | 2 | 2 | 4 | 5 | 1 | 1 | 2 | 1 | 24 |

Kontaktstruktur eine erhebliche Abweichung von der Planungskonzeption ergibt, so ist das ein Hinweis auf die Notwendigkeit einer **Anpassung der Organisationsstruktur.**
d) **Leistungssteigerung**
Wie verschiedene Untersuchungen gezeigt haben, steigert eine bewußte **Berücksichtigung der Gruppenstruktur** die Leistung und senkt den Krankenstand, die Fluktuation sowie die Unfallfrequenz."

Annahme b) ist aufgrund neuerer Forschungsergebnisse als unzutreffend zu bezeichnen. Annahme d) beruht u. a. auf der viel zitierten Untersuchung von *van Zelst* (1952). *Zelst* berichtet von einer Studie, wonach 38 Zimmerleuten und 36 Maurern erlaubt wurde, sich ihre Arbeitskollegen selbst auszusuchen. Die soziometrisch zusammengesetzte Gruppe erzielte eine Verringerung der Kosten von 5% gegenüber der vom Management zusammengesetzten. Außerdem sank die Fluktuation, und die Zufriedenheit der Gruppe stieg.

Soziometrische Tests werden in jüngerer Zeit auch verstärkt von Organisationsberatern und Spezialisten der Organisationsentwicklung angewandt. Der unsachgemäße Umgang mit diesem Instrument kann hier allerdings mehr Schaden als Nutzen zur Folge haben, dann etwa, wenn das Ergebnis allgemein publik gemacht wird und soziometrisch Isolierte oder Abgelehnte für lange Zeit als solche gebrandmarkt sind.

## 2. Kommunikation

Worin unterscheidet sich Kommunikation von Interaktion? Abgesehen von einigen wenigen Autoren, die beide Begriffe synonym verwenden, wird die Auffassung vertreten, daß Interaktion einerseits eine spezielle Art der Kommunikation darstellt (Interaktion = erfolgreich zustandegekommene verbale und nichtverbale Kommunikation), andererseits Interaktion über den rein technischen Aspekt der Informations- bzw. Nachrichtenübermittlung hinausgeht, insofern als Interaktion soziale Nähe, meist face-to-face, erfordert. Kommunikation ist aber *die* Voraussetzung für Interaktion (siehe z. B. *Phillips* 1966).

### a. Verbale und nichtverbale Kommunikation

*Homans* (1950, S. 37) betont, daß Interaktion vor allem auch die **nichtverbale Kommunikation** einschließt. Die Bedeutung dieser Form der Kommunikation zeigt sich u. a. daran, daß sich in den letzten 20 Jahren eine eigenständige ‚Wissenschaft' von der nichtverbalen Kommunikation (**Kinesik**) entwickelt hat. Der Mensch verfügt neben der stets dominierenden Sprache über eine Vielzahl wenig entwickelter (trainierter) Ausdrucksformen, wie Mimik, Gestik, Körperhaltung (Körpersprache), Plazierung im Raum, Düfte, Kleidung (vgl. auch *Crott* 1979, S. 30ff.). Besondere Aufmerksamkeit wird auch dem Blickkontakt geschenkt; so soll die Häufigkeit z. B. auf Interesse und die Länge z. B. auf Offenheit oder Überlegenheit des Partners schließen lassen.

Folgende Zusammenstellung gibt einen Eindruck von der Vielzahl von Medien, über die ein Mensch mit einem oder mehreren anderen nichtverbal kommunizieren kann:

- **die Zeit als Medium**
  - Einstellung zur Pünktlichkeit (Einhalten von Terminen, Verabredungen, zu früh – zu spät kommen, jemanden warten lassen; sagt etwas aus über Status, Macht, Autorität des Partners)
  - Zeit als knapper Faktor (wie und mit wem Zeit verbracht wird, sagt viel über die Beziehungen zum Partner aus)
- **der Raum als Medium**
  - mehr ist besser als weniger (Büroraum, Haus, Garten)
  - privat ist besser als öffentlich (Club, Park, Schwimmbad)
  - höher ist besser als niedrig (Haus auf Anhöhe, Büro im Hochhaus – analog zur Unternehmungshierarchie)
  - nah ist besser als fern (bei positiven Empfindungen, sonst umgekehrt; z. B. Lage der Mitarbeiterbüros zum Chefbüro, Sitzordnung bei Tagungen, Banketts etc.)
  - ‚in' ist besser als ‚out' (Insider – Outsider in Gruppen)
- **Gegenstände als Medien**
  - größer ist besser als kleiner (Auto)
  - mehr ist besser als weniger (zwei Autos)
  - sauber ist besser als schmutzig (Kleidung)
  - ordentlich ist besser als unordentlich (Schreibtisch)
  - teuer ist besser als billig (Pelzmantel)
  - selten ist besser als alltäglich (Kunstgegenstände)
  - schön ist besser als häßlich (Haus)
  - ganz alt oder ganz neu ist besser als einige Jahre alt (Möbel)
  - eigen ist besser als fremd (Transportmittel)
- **der menschliche Körper als Medium**
  Jeder Mensch ist ein lebendiges Aushängeschild dessen, was er ist und was er gerne sein möchte; er kommuniziert das (meistens unbewußt) mittels Haltung, Kleidung, Frisur, Ausdruck, Bewegungen des Mundes, der Augen, der Hände, der Füße.

Während bei der nichtverbalen Kommunikation zu Recht die mangelnde Eindeutigkeit und intersubjektive Überprüfbarkeit der Signale beklagt wird, macht man sich bei der **Verwendung der Sprache** viel zu wenig Gedanken über die Vielzahl an Mehrdeutigkeiten, Unschärfen und Verständigungsbarrieren, die der Umgang mit diesem Medium mit sich bringt. Lange Zeit waren diese Probleme lediglich Erkenntnisobjekte von Sprachforschern, die sich für **Semantik** (Lehre von den Zeichen und ihrer Bedeutung) interessierten. Mit der bahnbrechenden Arbeit des Polen *Alfred Korzybski* (1879–1950) über

'Science and Sanity: An Introduction to Non-Aristotelian Systems and General Semantics' (1933) wurde die Allgemeine Semantik als Wissenschaft von der Bedeutung von Sprache und Symbolen begründet, die sich dem Studium des menschlichen Zusammenlebens mittels sprachlicher und nicht-sprachli-

*Abb. 3.57:* Kommunikations-Diagramm (Kreis-Form)
Kommunikations-Zeit (einschl. Konferenzen) in h/Monat

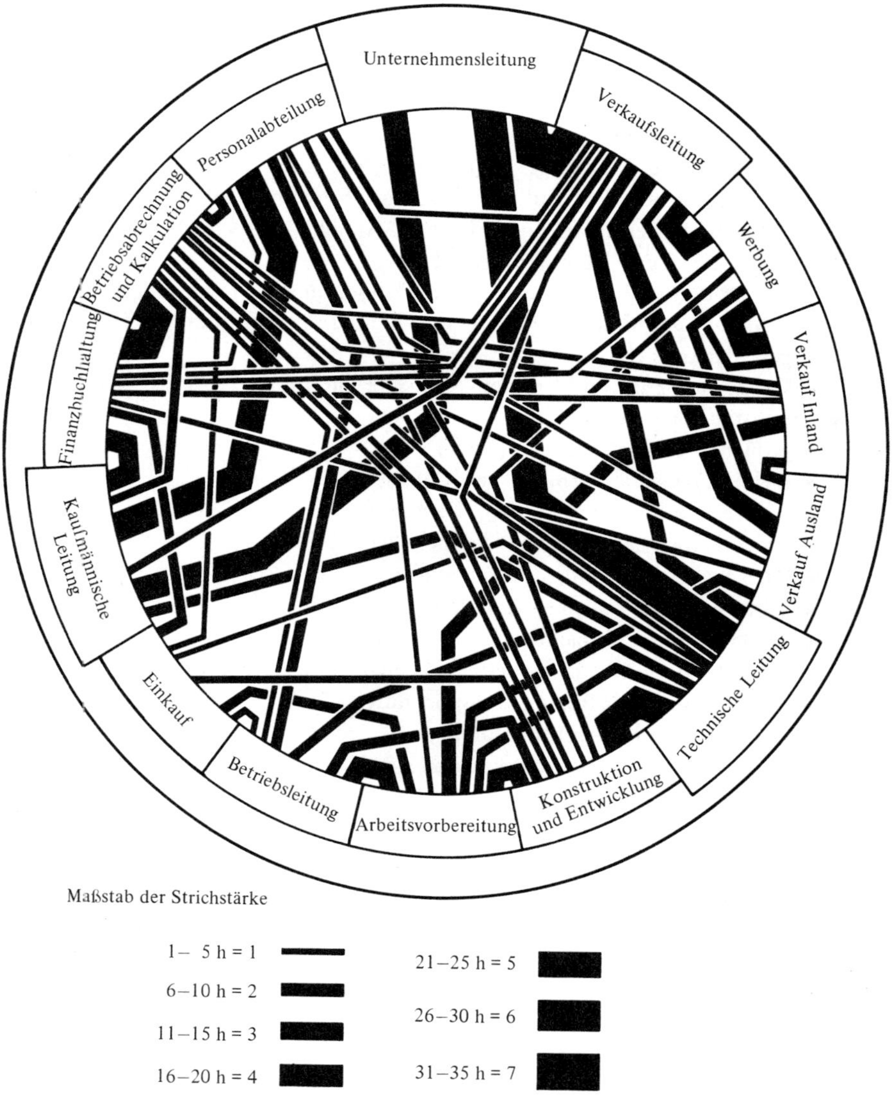


*Quelle: Acker* 1975, S. 60–62

cher Zeichen widmet (vgl. hierzu etwa *Hayakawa* 1968, *Schwarz* 1968). Danach ist Sprache nicht nur ein Hilfsmittel des Denkens und der Kommunikation, sondern impliziert eine Theorie der Welt, Hypothesen über die Realität und den Menschen. Die Struktur der Sprache ist eben nicht mit der Struktur der Wirklichkeit identisch, das Wort ist nicht die Sprache, das Symbol nicht die symbolisierte Sache, die Landkarte nicht das Gelände. Selbst wenn die gewählten Symbole oder die benutzte Sprache sehr nahe an die Realität kommen und technisch einwandfrei kommuniziert werden, ergeben sich Probleme beim Empfänger. Eine Hauptursache für solche Störungen und Verzerrungen ist die Tatsache, daß Menschen dazu neigen, die Äußerungen anderer Personen oder Gruppen zu beurteilen und zu bewerten und sie nicht ‚wertfrei' aufzunehmen. Z. B. wird die Äußerung eines Betriebsratsmitglieds von Seiten des Managements sofort einer Bewertung aufgrund einer impliziten Theorie über ‚Äußerungen von Betriebsratsmitgliedern' unterzogen. (vgl. Stereotypenbildung, S. 223).

Sprache bildet die Brücke von der Kommunikation zur Interaktion. Wir reden nicht nur, um zu informieren (soviel Informationen gibt es überhaupt nicht), sondern auch um Schweigen zu verhindern und menschlichen Kontakt herzustellen bzw. aufrechtzuerhalten. *Hayakawa* (1968, S. 87) drückt das sehr prononciert aus: ,,Der Zweck des Redens ist nicht die Kommunikation von Informationen, wie die dabei gebrauchten Symbole nahezulegen

*Abb. 3.58:* Kommunikations-Diagramm (Dreieck-Form)
Kommunikations-Zeit (einschl. Konferenzen) in h/Monat

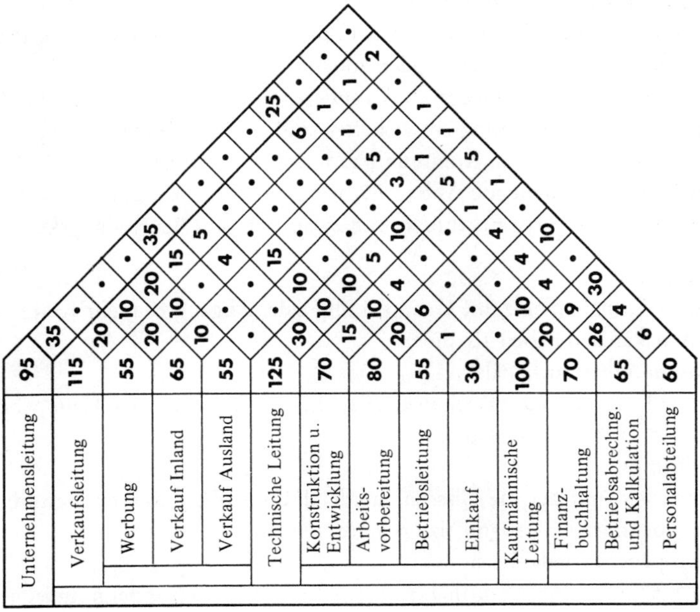

scheinen ..., sondern die Herstellung von Gemeinsamkeit." In diesem Zusammenhang unterscheiden *Watzlawick* et al. (1974) bei der menschlichen Kommunikation zwischen einem **Inhalts-** und einem **Beziehungsaspekt.** Während der erstere auf den kommunizierten Inhalt, die Daten, abhebt, weist der Beziehungsaspekt an, wie die Daten zu verstehen sind.

Die Kenntnis des **Kommunikationsverhaltens von Gruppen,** ganz gleich über welches Medium, ist für *Schein* (1969, S.15ff.) ein wichtiger Schlüssel zum Verständnis (als Voraussetzung zur Prozeßberatung) des Verhaltens in und von Gruppen. Folgende Fragen stellt er in der Analysephase:

- Wie häufig und wie lange wird kommuniziert?
- Wer kommuniziert mit wem?
- Wer kommuniziert nach wem?
- Wie wird kommuniziert (Medium, Stil)?

Häufigkeit, Dauer und Form der Kommunikation lassen sich durch Selbstaufschreibungen (Eintragen von Sender, Medium und Zeit in einem Erfassungsbogen) der in die Analyse einbezogenen Personen/Abteilungen dokumentieren und in Form von Kommunikationsdiagrammen visualisieren (vgl. Abb. 3.57 auf S. 310 und 3.58 auf S. 311).

### *b. Kommunikationssysteme und Kommunikationsbarrieren*

Ein besonders großer Einfluß auf Position, Status und Rollen von Mitgliedern einer kleinen Gruppe geht von der Art des bestehenden **Kommunikationsnetzwerks** aus. *Hellriegel/Slocum* (1976, S. 176) definieren ‚communication network' als „den Fluß verbaler, nichtverbaler (Gestik, Gesichtsausdruck, Haltung), schriftlicher oder anderer Signale (Daten) zwischen zwei oder mehr Gruppenmitgliedern." An anderer Stelle werden noch die im Zuge der Kleingruppenforschung entwickelten und unter Laborbedingungen studierten unterschiedlichen Kommunikationssysteme vorgestellt (vgl. S. 413ff. der Arbeit). Nachstehende Abb. 3.59 bringt vorab eine knappe Zusammenfassung der wichtigsten Ergebnisse und zwar nach fünf Beurteilungskriterien:

1. Zentralisation:
   Ausmaß, in dem einzelne Gruppenmitglieder Zugang zu mehr Kommunikationskanälen haben als andere
2. Kommunikationskanäle:
   Anzahl der Kommunikationskanäle, die der Mehrheit der Gruppenmitglieder zur Verfügung steht
3. Führung:
   Sicherheit, mit der die Übernahme der Führerrolle durch ein bestimmtes Gruppenmitglied prognostiziert werden kann
4. Gruppen-Zufriedenheit:
   Ausmaß der durchschnittlichen Zufriedenheit aller Gruppenmitglieder

*Abb. 3.59:* Arten von Kommunikationsnetzwerken

| | Stern | Y | Kette | Kreis | Voll-Struktur |
|---|---|---|---|---|---|
| Beurteilungs-kriterium |  |  |   | 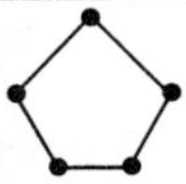 | 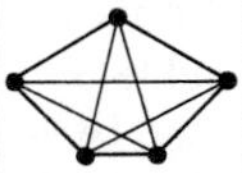 |
| Zentralisation | sehr hoch | hoch | mittel | niedrig | sehr niedrig |
| Kommunikationskanäle | sehr wenige | sehr wenige | mittel | viele | sehr viele |
| Führung | sehr hoch | hoch | mittel | niedrig | sehr niedrig |
| Gruppenzufriedenheit | niedrig | niedrig | mittel | mittel | hoch |
| individuelle Zufriedenheit | hoch | hoch | mittel | niedrig | sehr niedrig |

*Quelle: Hellriegel/Slocum* 1976, S. 169

5. individuelle Zufriedenheit:
   Abstände zwischen den einzelnen Zufriedenheitsäußerungen der Gruppenmitglieder.

Im Mittelpunkt der neueren sozialpsychologisch orientierten Managementliteratur über Kommunikation stehen pragmatische Ansätze zur Überwindung von **Kommunikationsbarrieren,** wie (*DuBrin* 1974, S. 281ff. *Gibson* et al. 1976, S. 322ff.)

- vorgefaßte Meinungen
- dissonante Informationen
- semantische Unterschiede (z.B. Fachterminologie)
- fehlende Motivation, Interesselosigkeit
- Unzuverlässigkeit der Informationsquelle
- mangelnde Kommunikationsfähigkeit
- schlechtes Organisationsklima (z.B. Mißtrauen)
- Vielzahl von Zwischenstationen.

Solche Barrieren haben die unangenehme Konsequenz, daß bei formaler Kommunikation Informationen ausgelassen (Filtern, Selektieren) oder verändert (Übertreibung, Unterbewertung) werden oder Gerüchte in informale Kanäle geleitet werden (Problem des ‚grapevine'). Als einfache, aber wirksame Abhilfe empfiehlt sich hier die Aufforderung an den Empfänger, den Kommunikationsinhalt zu bestätigen und/oder an den Sender, die Nachricht auf demselben oder – besser noch – einem anderen Kanal zu wiederholen (vgl. auch *Zeidler* 1974, S. 73ff.). In jüngeren, situativ orientierten Arbeiten steht die Identifikation von Variablen, die den **Erfolg von Kommunikationsprozessen** bestimmen, im Vordergrund.

Als solche analysiert z.B. *Carlisle* (1976, S. 526ff.):

- Kommunikationsfähigkeiten (Sprechen, Schreiben, Lesen, Hören, Wahrnehmen)

- Deutlichkeit des semantischen Bezugsrahmens (Sinn, welcher der Nachricht beigelegt wird)
- Anerkennung von Bedürfnissen beim Empfänger
- Vergleichbare[21] Persönlichkeitsvariablen (Einstellungen, Vorurteile, Gefühle)
- Vergleichbare[21] Position und Status
- Vergleichbare[21] Annahmen über den Kommunikationspartner
- Art der zwischenmenschlichen Beziehungen zwischen Sender und Empfänger (z. B. Angst, Vertrauen).

Im Anschluß daran entwickelt *Carlisle* ein **Kontingenzmodell der Kommunikation** mit
den Situationsvariablen:

- Entfernung
- Zeit
- Störungen (noice)
- Informationssystem
- Informationstechnologie
- Aufgabe

und den Organisationsvariablen:

- Organisationsstruktur (Größe, Standort, Differenzierung, Hierarchisierung)
- Organisationsklima (Offenheit, Vertrauensbasis)
- Intergruppen-Beziehungen (Wettbewerb, Feindschaft).

Unabhängig von der speziellen Situation sieht *Carlisle* (1976) (ähnlich auch *Thayer* 1968, *DuBrin* 1974) sieben Ansatzpunkte zur **Verbesserung der Kommunikation:**

1. Verbesserung der Kommunikationsfähigkeiten
2. Anpassung der Kommunikation (Wissen, Terminologie) an das Niveau des Empfängers
3. Schaffen eines angstfreien Klimas (Ort, Zeit, Verhalten)
4. Erhöhung der Objektivität der Kommunikation (Benutzung von Primärquellen, Einschaltung eines neutralen Dritten, Vorinformation mit Bitte um Kommentierung)
5. Berücksichtigung informeller Informationen
6. Benutzerfreundliche Informationssysteme (Informationsüberladung vermeiden)
7. Unterstützung des Kommunikationssystems durch ein entsprechendes Organisations- und Führungssystem.

---

[21] Jeweils zwischen Sender und Empfänger.

### 3. Intergruppen-Beziehungen

Während bislang soziale Beziehungen innerhalb *einer* Gruppe diskutiert wurden, wird in diesem Abschnitt ein Überblick über Probleme der Interaktion *zwischen* Gruppen gegeben. *Hellriegel/Slocum* (1976, S. 202ff.) haben sechs **situative Einflußfaktoren** auf die Art der Beziehungen zwischen zwei und mehr Gruppen in Organisationen identifiziert:

- **Ziele:** Das Ausmaß, in dem zwei Gruppen ihre Ziele als vereinbar oder unvereinbar wahrnehmen, beeinflußt die Qualität der Gruppenbeziehungen. Problemsituationen ergeben sich, wenn eine Gruppe zur Erreichung ihrer Ziele die Unterstützung (Kooperation) anderer benötigt, oder wenn die Zielerreichung der einen (z. B. Kostenminimierung in der Produktion) die Zielerreichung einer anderen Gruppe beeinträchtigt (z. B. hoher Qualitätsstandard des Verkaufs).
- **Unsicherheitsreduktion:** Wenn einzelne Gruppen für andere oder mehr als andere Unsicherheit und Komplexität reduzieren, d. h. für andere entscheiden, Normen setzen, so beeinflußt das die Qualität der Beziehungen, vor allem als Folge einer unterschiedlichen Machtposition.
- **Substitutionalität:** Das Ausmaß, in dem die Leistungen einer Gruppe durch die einer anderen (internen oder externen) substituiert werden können, beeinflußt die Qualität der Beziehungen zwischen Nachfrager und Anbieter (Beispiele: Muß der Verkauf die Dienste einer zentralen Werbeabteilung in Anspruch nehmen oder kann er eine externe Agentur beauftragen?; kann eine Division extern beschaffen oder ist sie gezwungen, von der Nachbardivision zu beziehen?).
- **Aufgabenbeziehungen:** Im Hinblick auf die Aufgabenstellungen können zwei Gruppen sein
  - *unabhängig* (die Dienste einer internen Beratungsgruppe können, müssen aber nicht in Anspruch genommen werden)
  - *abhängig* (die Dienste etwa des zentralen Einkaufs müssen in Anspruch genommen werden)
  - *interdependent* (gemeinsame Verantwortung für die Erfüllung einer Aufgabe = Zusammenarbeit; Arbeitsergebnisse jeder Gruppe addieren sich zu einem gemeinsamen Ergebnis = Koordination).
- **Ressourcen Pool:** Die Abhängigkeit von gemeinsamen Ressourcen, z. B. zentrales Schreibbüro, EDV-Rechenzeit, Reparaturkolonne, führt bei Knappheit zu Warteschlangen und Konflikten über Prioritäten.
- **Einstellungen:** Die Art und Weise, wie eine Gruppe die andere sieht, was sie für ein organisationsinternes Image hat, wie ihre Leistungsfähigkeit, Hilfsbereitschaft, Fortschrittlichkeit, Offenheit etc. eingeschätzt werden, beeinflußt die Qualität der Beziehungen. In aller Regel haben Gruppen von sich eine bessere Meinung als von anderen und begegnen deshalb Fremdgruppen mit Skepsis.

Eine der häufigsten Erscheinungen in Organisationen ist die Tatsache, daß aufgrund einer oder mehrerer der oben angeführten Ursachen Gruppen in Wettbewerb zueinander treten. In Anlehnung an die Arbeiten von *Blake/Mouton* (1961) und *Sherif* (1966) diskutiert *Schein* (1969, S. 72ff., 1970, S. 80ff.) mögliche **Konsequenzen von Wettbewerbsbeziehungen** zwischen Gruppen:

- Was passiert in den konkurrierenden Gruppen?
  - Kohäsion, Konformität und Gruppenloyalität steigen
  - verstärkte Arbeits- und Aufgabenorientierung
  - zunehmend direktiver Führungsstil
  - höhere Strukturierung der Gruppe
- Was passiert zwischen den konkurrierenden Gruppen?
  - andere Gruppe wird negativ bewertet (Feindbild)
  - selektive Wahrnehmung (eigene Gruppe ist gut, andere schlecht), Stereotypenbildung
  - Interaktion und Kommunikation zwischen den Gruppen nehmen ab
  - Äußerungen von Abgeordneten der jeweils anderen Gruppe werden negativ verzerrt wahrgenommen.

Unterstellt man eine Gewinn-Verlust-Situation, ergeben sich für die Gewinner und Verlierer sehr unterschiedliche Folgesituationen:

- Was passiert in der siegreichen Gruppe?
  - hohe Kohäsion bleibt erhalten, wird evtl. noch gesteigert
  - entspannte Atmosphäre, geringe Arbeitsmotivation
  - hohe Personenorientierung, geringe Aufgabenorientierung
  - hoher Selbstbestätigungseffekt, Vorurteile und Stereotypen werden bekräftigt
- Was passiert in der unterlegenen Gruppe?
  - Verdrängung der Fakten, Projektion auf Dritte, Rationalisierung der Niederlage
  - latente Konflikte brechen auf, Suche nach dem Schuldigen
  - angespannte Atmosphäre, hohe Aufgabenorientierung
  - geringe Kooperation, geringe Personenorientierung
  - Wahrnehmungsprozesse werden überprüft, Selbstkritik leitet Lernprozesse ein.

Die in der Literatur (z. B. *Schein* 1970, *Schneider* 1975) diskutierten Strategien zur Vermeidung bzw. Reduktion der Probleme zwischen Gruppen setzen konsequent an den Ursachen an.

Als wichtigste **Quelle von Intergruppen-Konflikten** werden konfligierende Ziele genannt. Entsprechend wird gefordert, übergeordnete Ziele zu definieren, zu deren Erreichung alle betroffenen Gruppen gemeinsam beitragen können. Die Formulierung gemeinsamer Aufgaben mit dem Erfordernis gemeinsamer Aktivitäten ist ein beliebtes Instrument, Intergruppenkonflikten zu begegnen.

*Manheim* (1960) fand die Hypothese bestätigt, daß Gruppen umso feindseliger miteinander umgehen, desto unähnlicher (im Hinblick auf Intelligenz und Führung) sie sind. Daraus wird die Konsequenz gezogen, Differenzen zu reduzieren, oder wenn dies nicht möglich ist, Gemeinsamkeiten zu betonen. Letztere Strategie begegnet uns alltäglich in Betrieben, wenn das Management nicht müde wird zu betonen, daß alle Gruppen in einem Boot sitzen würden und letztlich alle an einer Gewinnerzielung interessiert sein müßten.

Als wichtigstes Indiz für Intergruppen-Probleme kann der Rückgang von Interaktionen und gegenseitiger Kommunikation mit allen bekannten negativen Konsequenzen bezeichnet werden. Ein Schwerpunkt der Bemühungen zu Verbesserung der Beziehungen muß folglich im Wiederaufbau der sozialen Kontakte liegen, und zwar eingedenk der These von *Homans* (1950), daß Personen, die häufig miteinander interagieren, dazu tendieren, sich zu mögen. Bei größeren Gruppen bietet es sich dabei an, zunächst kleine Verhandlungsdelegationen zu bilden, und zwar aus Mitgliedern mit hohem Status und entsprechend großem Rückhalt in ihrer jeweiligen Gruppe. Bei dieser Strategie ist jedoch das Phänomen zu berücksichtigen, daß i. d. R. die Loyalität der Verhandlungsführer ihrer eigenen Gruppe gegenüber so hoch ist, daß sie auch objektiv überlegene Lösungen der anderen nicht akzeptieren.

Etwas aufwendiger, was Zeit und Kosten anbetrifft, ist der Vorschlag, beide Gruppen (oder einzelne Mitglieder) zu gemeinsamen Fortbildungskursen oder rein gruppendynamischen Veranstaltungen zu schicken. So berichten z. B. *Blake/Mouton/Sloma* (1965) von positiven Ergebnissen eines gemeinsamen Seminars von neun Managern und neun Gewerkschaftsvertretern hinsichtlich der gegenseitigen Wahrnehmung, Einstellungen und zukünftigen Gruppenbeziehungen (vgl. die Technik der Intergruppen-Intervention auf S. 682f.).

## 4. Konflikt

Neben den an früherer Stelle besprochenen Rollenkonflikten (inter- und intrapersonale Konflikte) treten in sozialen Prozessen eine Vielzahl konfliktträchtiger Situationen auf. Nach einer Studie der American Management Association haben die dort befragten Manager etwa 20% ihrer Arbeitszeit mit der Handhabung von Konflikten zugebracht (vgl. *Thomas/Schmidt* 1976). Neben den interpersonalen Konflikten interessieren hier vor allem Konflikte innerhalb (intra) und zwischen (inter) Gruppen bzw. Abteilungen. Aufgrund der Unterschiedlichkeit von Konfliktursachen, -parteien, -gegenständen und -verläufen erscheint es wenig sinnvoll, eine Definition von ‚Konflikt' zu versuchen, dagegen aber hilfreich, eine **Situation** zu beschreiben, die gemeinhin als konfliktär bezeichnet wird (vgl. *Filley* 1975, S. 25ff.):

- Zumindest zwei Personen oder Gruppen interagieren miteinander
- Es existieren sich gegenseitig ausschließende Ziele oder Mittel
- Interaktionen sind häufig darauf gerichtet, die jeweils andere Person/

Gruppe zu beeinflussen, zu unterdrücken oder gar zu besiegen, um die eigenen Interessen besser durchsetzen zu können.
- Die von den Personen/Gruppen initiierten Aktionen (Reaktionen) stehen teilweise in Widerspruch zueinander.

An eine solche Situationsbeschreibung lassen sich unter Hervorheben eines oder mehrerer Aspekte eine Vielzahl von unterschiedlichen Konfliktformen-Schemata knüpfen, denen aber nur klassifikatorischer Wert zukommt (vgl. z. B. *Atteslander* 1959, *Bidlingmaier* 1968, *Krüger* 1972, *Esser* 1975, *Rüttinger* 1977, *Dorow* 1978).

### *a. Ursachen und Folgen von Konflikten*

Die Tatsache, daß die Unternehmung einen Herrschaftsverband darstellt, ist Ursache für eine Vielzahl von hierarchischen Konflikten und Verteilungskämpfen (vgl. z. B. *Dahrendorf* 1959); die Tatsache, daß Unternehmungen auf Arbeitsteilung und Spezialisierung beruhen, ist Ursache für funktionale Konflikte (Kooperation und Koordination), und schließlich führt die Tatsache, daß in Unternehmungen Menschen mit eigenen Zielen und Bedürfnissen arbeiten, zu Konflikten zwischen sog. informellen und formalen Erscheinungsformen einer Organisation. Folgende Zusammenstellung gibt einen Eindruck von der Vielfalt möglicher **Konfliktursachen** (vgl. *DuBrin* 1974, *Duncan* 1975, *Dessler* 1976, *Dorow* 1978):

- Zwei Gruppen hängen von den gleichen Ressourcen ab (z. B. Finanzen, Informationen, Wartungspersonal, EDV-Zeit)
- abnehmende Unabhängigkeit einer Gruppe
- Ungleichgewicht zwischen Gruppen in Bezug auf die gegenseitige Abhängigkeit (A hängt mehr von B ab als B von A)
- eine Gruppe dominiert (z. B. Verkauf)
- statusniedere Gruppe gibt statushöheren Anweisungen
- konkurrierende Ziele, Interessen, Einstellungen (z. B. Management – Betriebsrat)
- Unterschiede in der Wahrnehmung (z. B. Stab – Linie)
- geteilte Verantwortung (eine Gruppe ist nur für einen Aspekt eines Prozesses zuständig)
- benachbarte Gruppe arbeitet nach abweichenden Regeln (z. B. unterschiedliche Arbeitszeit, Kontrolle in Forschung und Produktion)
- Anreizsystem fördert Gruppenegoismus anstatt Gesamtorganisationsinteresse (z. B. ROI-Konzept)
- Organisation mit unklaren, mehrdeutigen Verantwortungen, Kompetenzen, Aufgabenbereichen (built-in conflict, z. B. Matrix-Organisation)
- geplanter organisatorischer Wandel (z. B. Fusion, Rationalisierung, Organisationsentwicklung).

Zusammenfassend läßt sich festhalten, daß Konflikte in der Organisationsstruktur und/oder dem personalen und interpersonalen Verhalten der Organisationsmitglieder ihre Ursache haben.

In der Betriebswirtschaftslehre wird dem Konfliktphänomen – im Gegensatz zur Managementlehre und Soziologie – erst in jüngerer Zeit Aufmerksamkeit geschenkt und auch dann überwiegend nur unter dem Aspekt der **Störung des Betriebsablaufs** (vgl. *Oechsler* 1979). Auch die klassischen Management- und Human Relations-Autoren sahen in der reibungslosen, gut koordinierten und geführten Organisation ihr Ideal von Harmonie, Konsensus und Kooperation verwirklicht. Konflikt wurde als störend, als dysfunktional für den effizienten Organisationsablauf angesehen und sollte folglich unterdrückt oder vermieden werden. Dabei ging man von der irrigen Annahme aus, Konflikte seien vermeidbar und primär in persönlichen Unzulänglichkeiten der Organisationsmitglieder begründet (vgl. *Kelly* 1970, *Carlisle* 1976, *Hellriegel/Slocum* 1974). Vor allem *Coser* (1956) hat mit dieser ausschließlich negativen Sicht des Konfliktphänomens gebrochen und auf die für die Entwicklung von Personen und ganzen Gesellschaften **positiven Aspekte von Konflikten** aufmerksam gemacht. Konflikt ist eine Form der Sozialisation in Gruppen. Gruppen benötigen für ihre produktive Entwicklung sowohl Phasen der Harmonie als auch solche des Konflikts. Organisatorischer Wandel setzt geradezu Konflikte voraus. Auch *Dahrendorf* (1972) teilt diese Einschätzung, wenn er im Konflikt die treibende Kraft für positive gesellschaftliche Veränderungen und eine Chance für freiheitliche Problemlösungsprozesse sieht.

Sicherlich ist weder eine ausschließlich positive noch negative Sicht des Konfliktphänomens auf der Ebene der Organisation, speziell von Gruppen, die angemessene, sondern eine Vielzahl von Forschungsergebnissen weist darauf hin, daß mit Konflikt sowohl funktionale als auch dysfunktionale Konsequenzen für Organisation und Individuum verbunden sind (vgl. *Walton* 1969, *Deutsch* 1973, *DuBrin* 1974, *Hellriegel/Slocum* 1974, *Robbins* 1974, *Carlisle* 1976, *Glasl* 1980, *Grunwald/Lilge* 1982).

Folgende **positive Folgen von Konflikten** lassen sich identifizieren:

- führt zur Entwicklung neuer Energien und Aktivitäten (vor allem in Wettbewerbssituationen)
- stimuliert neue Ideen, weckt Interesse (als Voraussetzung für Kreativität und Innovation)
- erhöht Gruppenkohäsion (was allerdings keineswegs immer positiv beurteilt werden muß)
- führt zur besseren Selbstwahrnehmung von Individuen und Gruppen (Zwang zum Überdenken der eigenen Situation und Position)
- führt zum Abbau von Spannungen, schafft klare Verhältnisse (wenn latente Konflikte zu manifesten werden, evtl. Institutionalisierung von Konflikten)
- stellt Voraussetzung für organisatorischem Wandel dar (Unzufriedenheit mit status quo führt zu Konflikten mit den herrschenden Normen).

Diesen positiven Konsequenzen stehen eine Reihe unbestreitbar **negativer Folgen** gegenüber. Die z. T. offensichtlichen Widersprüche zu den oben gemachten Angaben erklären sich aus der Vernachlässigung der Zeit-Dimension, der Abstraktion von konkreten betrieblichen Situationen und der z. T. unterschiedlichen Interessenlage (Was funktional für die Organisation ist, kann dysfunktional für das Individuum sein). So können Konflikte u. a. führen, zu

- Instabilität und Verwirrung aus der Sicht der Organisation
- Stress und Unzufriedenheit beim Individuum
- Funktionsstörungen im Organisationsablauf, Störungen der Kommunikation und Kooperation, Vergeudung von Ressourcen
- Wahrnehmungsverzerrungen und Stereotypenbildungen als Folge rückläufiger Interaktionen
- Abnahme an Rationalität und Aufbau von Emotionalität.

### *b. Ziele und Formen der Konflikthandhabung*

Bei so unterschiedlichen Folgen von Konflikten liegt es (vor allem unter ökonomischen Aspekten) nahe, nach einem ‚optimalen' Konfliktzustand zu suchen, der die positiven Konsequenzen fördert und die negativen zu vermeiden trachtet (vgl. z. B. *Krüger* 1972, *Oechsler* 1979, *Glasl* 1980). Dieses recht naiv anmutende Ansinnen unterschätzt die Komplexität und Eigendynamik sozialer und psychologischer Phänomene ganz erheblich und überschätzt andererseits die Möglichkeiten eines **Konfliktmanagements.** Nichtsdestoweniger findet sich auf dem Gebiet der Konflikthandhabung eine kaum noch zu überschauende Flut von Veröffentlichungen mit mehr oder weniger empirisch fundierten Gestaltungsempfehlungen.[22] Folgt man dem interaktionistischen Ansatz von *Robbins* (1974), umfaßt Konfliktmanagement eben nicht nur Konfliktlösung, sondern auch Konfliktstimulierung, d. h. die bewußte Anhebung des Konfliktniveaus in einer Gruppe oder ganzen Organisation. Bevor die in der Literatur gängigen Systematisierungskonzepte vorgestellt werden, möchte ich exemplarisch einige Empfehlungen zur Förderung sowie zur Handhabung von Konflikten referieren:

**Konflikte schafft:**

- Förderung von Wettbewerb
- Förderung eines offenen, angstfreien Klimas, das zu Meinungsäußerungen auffordert
- Spezialisierung, Differenzierung von Macht, Rollen, Status
- Ankündigung von Veränderungen

---

[22] Vgl. z. B. *Kast/Rosenzweig* 1974, *DuBrin* 1974, *Hellriegel/Slocum* 1974, 1976, *Filley/House/Kerr* 1976, *Carlisle* 1976, die Spezialzeitschrift ‚The Journal of Conflict Resolution' und den Themenschwerpunkt ‚Conflict and the Collaborative Ethic' in No. 2 (Winter) der ‚California Management Review' 1978.

- Management, das selektiv informiert, Gruppen gegeneinander ausspielt, Unsicherheit verbreitet

**Konflikte mindert:**

- Konfliktursache beseitigen (z. B. Spezialisierung, Lohnsystem, Stellenbeschreibung ändern)
- Verniedlichung des Konflikts (smoothing over)
- gemeinsamer Feind
- gemeinsames Oberziel (superordinate goals)
- Kooptation (Aufnahme des Kritikers bis Fusion ganzer Gruppen)
- Verhandlungen (Bargaining)
- Konfrontation (Zwang zur Auseinandersetzung)
- Drittparteienurteil (Richter, Schiedsrichter, Schlichter, Ombudsmann, Berater, Vorgesetzter).

*Schein* (1970) empfiehlt, es erst gar nicht zu Konflikten kommen zu lassen, sondern **Präventivmaßnahmen** zu ergreifen, wie z. B.

- Belohnung für Handlungen, welche die gesamtorganisatorische Effizienz steigern und nicht nur die Gruppeneffizienz
- Förderung von Kommunikation und Interaktion zwischen Gruppen
- häufige Rotation der Mitglieder zwischen Gruppen
- Vermeiden von Gewinn-Verlust-Situationen.

*Whyte* (1949) zeigt in der berühmten Restaurant-Studie, daß auch ganz einfache **technische Vorkehrungen** wie ein Spieker, auf den die schriftlichen Essensbestellungen gespießt werden müssen, als Puffer zwischen konfligierenden Gruppen dienen können. Zwischen der Gruppe der männlichen Köche mit hohem Status und der Gruppe der weiblichen Bedienungen mit niedrigem Status war es zuvor permanent zu Konflikten gekommen, da die Köche sich nicht von den Kellnerinnen Aufträge erteilen lassen wollten.

Vertrauter ist uns, daß **Personen** die Funktion des Puffers oder ‚go-between' übernehmen. Diese dürfen aber keine Bedrohung für eine der konfligierenden Parteien darstellen, sonst sind die Chancen für eine erfolgreiche Konflikthandhabung gering (vgl. S. 682f.).

Generell lassen sich alle im Kapitel 5 C besprochenen Koordinationskonzepte (wie Vorgesetzter, Komitees, Regeln) als Konfliktverhinderungsmechanismen interpretieren.

Nachstehend finden sich die m. E. wichtigsten Beiträge zur **Klassifikation von Konflikthandhabungsformen**[23]**:**

(1) *March/Simon* (1958) ordnen spezifischen Konflikttypen eigene Konflikthandhabungsformen zu
Intrapersonaler Konflikt → Suchverhalten, Anspruchsanpassung
Interpersonaler Konflikt → Problemlösen, Überzeugen
Intergruppen-Konflikt → Verhandlung, politischer Prozeß

---

[23] *Krüger* (1972, S. 92–106) gibt einen zusammenfassenden Überblick über die hier angesprochenen Konflikthandhabungsformen; s. a. *Dorow* 1978, S. 202f.

(2) *Dahrendorf* (1962) unterscheidet zwischen
- Unterdrückung von Konflikten
- Lösung von Konflikten
- Regelung von Konflikten durch
  - Verhandlung
  - Vermittlung
  - Schlichtung
  - Zwangsschlichtung

(3) Besondere Akzeptanz in der deutschsprachigen Konflikt-Forschung hat die Typologie von *Blake* et al. (1964) gefunden (Abb. 3.60):

*Abb. 3.60:* Klassifikation von Konflikthandhabungsformen

| | Konflikt unumgehbar, Interessenausgleich unmöglich | Konflikt umgehbar, Interessenausgleich unmöglich | Konflikt unumgehbar, Interessenausgleich möglich | |
|---|---|---|---|---|
| Aktiv ↑ | Gewinn-Verlust Machtkämpfe | Rückzug | Problemlösen | ↑ Hohe Einsätze |
| | Drittparteienurteil | Isolation | Teilen des Streitwertes | Mittlere Einsätze |
| Passiv ↓ | Zufallsurteil | Indifferenz bzw. Ignoranz | Friedliche Koexistenz | Niedrige Einsätze ↓ |

*Quelle: Blake/Shepard/Mouton* 1964, S. 13

(4) Sieht man die oben angesprochenen Dimensionen als Kontinua (Wunsch nach Befriedigung eigener Interessen: hoch – niedrig; Wunsch nach Befriedigung fremder Interessen: hoch – niedrig) und kombiniert diese Verhaltensweisen miteinander, kommt man zu den von *Thomas* (1976) vorgeschlagenen Konflikthandhabungsstilen. Diese sind in Anlehnung an das Grid-Schema von *Blake/Mouton* (1964) in Abb. 3.61 angeordnet.

**Empirische Evidenz** für die Vorziehenswürdigkeit bestimmter Methoden zur Konflikthandhabung findet sich in der Studie von *Burke* (1970). Er berichtet von einer Befragung von 74 Managern hinsichtlich der Art und Weise, wie sie und ihre unmittelbaren Vorgesetzten ihre Konflikte untereinander lösen. Fünf Methoden (Rückzug, Verdrängung, Kompromiß, Zwang, Konfrontation) konnten identifiziert und mit einem Maß für konstruktives Verhalten korreliert werden. Rückzug und Zwang waren negativ, Verdrängen und Konfrontation positiv mit konstruktivem Verhalten korreliert (für Kompromiß ergab sich kein signifikantes Ergebnis). Auch in anderen empirischen Studien zeigt sich eine tendenziell geringere Effizienz der Gewinn-Verlust-Strategien (vgl. *Filley/House/Kerr* 1976). Ohne Kenntnis der spezifischen Konfliktsituation sind allerdings solche generalisierenden Aussagen wenig zuverlässig. Deshalb wird in jüngerer Zeit die Notwendigkeit eines situativen

*Abb. 3.61:* Konflikthandhabungsstile nach *Thomas*

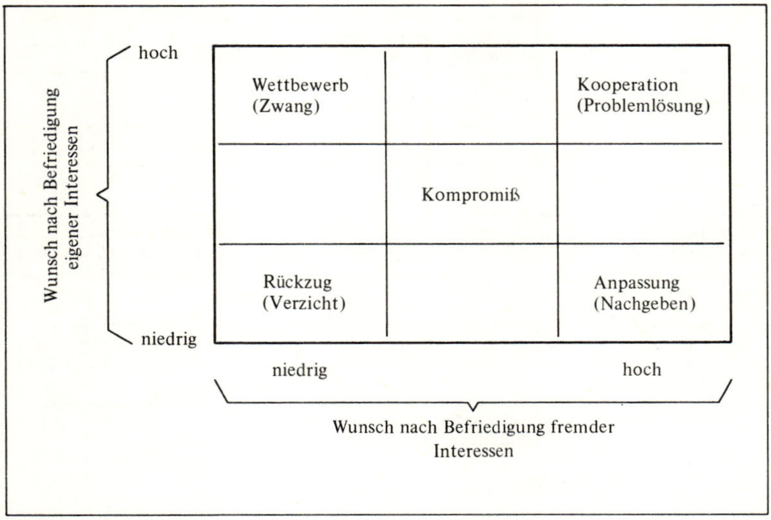


*Quelle: Thomas* 1976, S. 900

Konfliktmanagements betont, das davon ausgeht, daß unterschiedliche Konfliktursachen auch unterschiedliche Konflikthandhabungsformen erfordern (vgl. *Robbins* 1974).

Konflikte treten nicht plötzlich auf und verschwinden nicht ebenso schnell, sondern konfliktäre Situationen entwickeln sich allmählich, haben Hochs und Tiefs und können in unterschiedlichen Phasen ablaufen. *Rosenstiel* et al. (1972, S. 96f.) unterscheiden drei **Phasen des Konfliktverlaufs:**

1. Phase des latenten Konflikts
2. Phase der Diskussion
3. Phase der offenen Auseinandersetzung.

Bedeutend differenzierter ist das Modell von *Pondy* (1967), der fünf Stufen einer **Konflikt-Episode** unterscheidet (vgl. Abb. 3.62):

1. Folgen vorangegangener Konflikt-Episoden
   und neue Konfliktursachen führen zu latentem Konflikt
2. Konflikt-Wahrnehmung
   Wahrnehmung des Konfliktzustandes und der möglichen Lösungsalternativen durch die Konfliktparteien
3. Konflikt-Empfindung
   Neben kognitiven Aspekten kommen in dieser Phase affektive, emotionale Bewertungen der Situation hinzu (in dieser Phase ist noch eine Konfliktvermeidung möglich)
4. Konflikt-Manifestierung
   Die betroffenen Parteien zeigen ein Verhalten, das als konfliktär zu bezeichnen ist; Konflikthandhabungsmechanismen werden eingesetzt

*Abb. 3.62:* Verlauf einer Konflikt-Episode

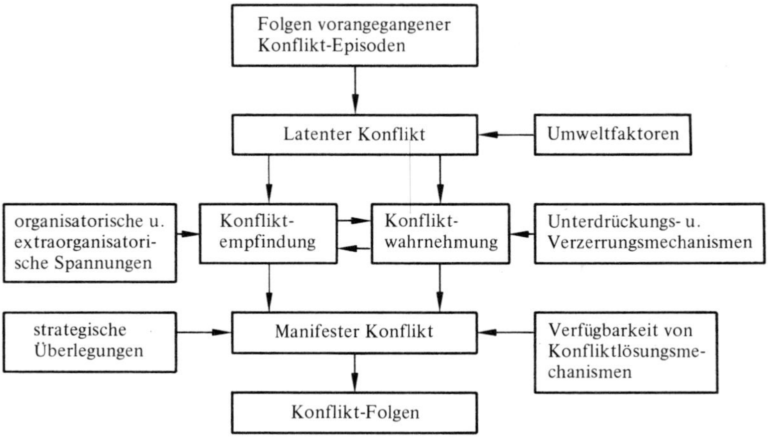


*Quelle: Pondy* 1967, S. 306

5. Konflikt-Folgen
   Je nachdem welche Handhabungsform angewandt wurde, kann die weitere Zusammenarbeit der Parteien positiv (z. B. bei Problemlösung) oder stark belastet sein (z. B. nach Gewinn-Verlust-Kämpfen).

## 5. Macht

Unter **Macht** wird eine Form sozialen Einflusses bzw. sozialer Kontrolle verstanden. Eine Person A (Machthaber) hat aufgrund bestimmter Umstände (Machtgrundlage) Macht über eine Person B (Machtunterworfener) in dem Umfang (Machtbereich), daß er B zu etwas veranlassen kann (Machtmittel), das B sonst nicht tun würde (vgl. *Dahl* 1957). Voraussetzung für die erfolgreiche Machtausübung des A ist, daß dieser über etwas verfügt bzw. etwas kontrolliert (z. B. Geld, Ansehen, Informationen), das z. Zt. von B geschätzt wird.

**Autorität** wird generell als legitime Macht bezeichnet, d. h. als Macht, die sich rechtfertigt; und **Einfluß** (z. B. in Form von Führung) als eine abgeschwächte Form der Verhaltensbeeinflussung ohne Kontrolle.[24]

Messen und graphisch darstellen läßt sich Macht, wie sie sich in der Autoritätsstruktur einer Organisation niederschlägt, mit Hilfe von Kontrollkurven, einer Technik, die vor allem von *Tannenbaum* (1968) entwickelt wurde. Dazu werden Organisationsmitglieder unterschiedlicher hierarchischer Ebe-

[24] Zur Begriffsabgrenzung vgl. z. B. *Wagner* 1978.

nen befragt, wieviel Einfluß sie und ihre Vorgesetzten auf bestimmte Entscheidungen haben. In Abb. 3.63 zeigt die Gerade A eine autoritäre und Gerade B eine demokratische Struktur.

*Abb. 3.63:* Hypothetische Verteilung von Kontrolle in Organisationen

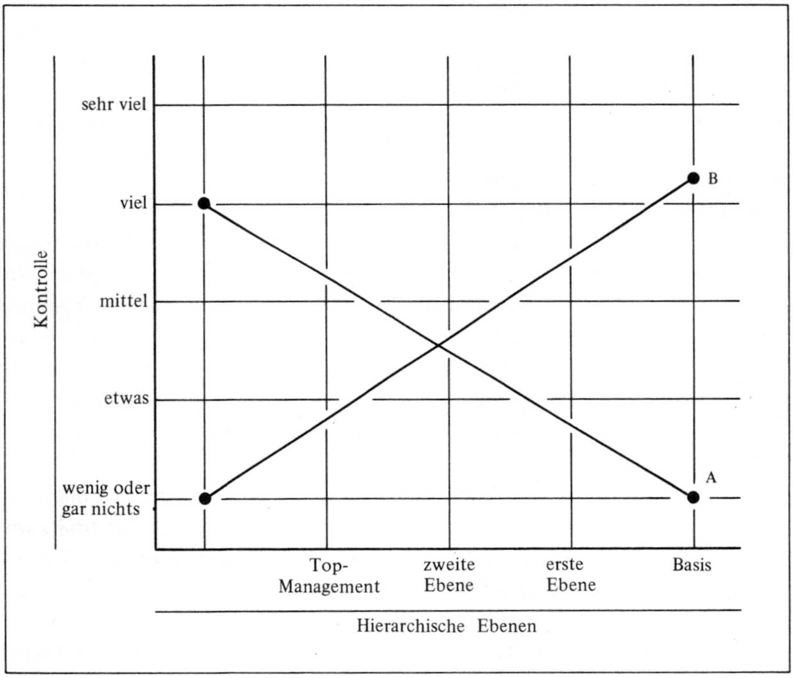


*Quelle: Tannenbaum* 1968, S. 178

Vor allem *M. Weber* (1972), der **Herrschaft** als Chance definiert, „für einen Befehl bestimmten Inhalts bei angebbaren Personen Gehorsam zu finden" (S. 28), hat sich als einer der ersten mit der Frage befaßt, wie die Herrschenden ihren Anspruch auf Gehorsam rechtfertigen.

Hierzu hat er drei Typen von Herrschaft (oder Autorität) unterschieden (*Weber* 1972):

- **legale (rationale) Herrschaft;** beruft sich auf eine legal zustandegekommene Ordnung (z. B. Unternehmungsverfassung)
- **traditionale Herrschaft;** beruft sich auf die geltende Tradition (z. B. Monarchie)
- **charismatische Herrschaft;** beruft sich auf außergewöhnliche persönliche Qualitäten eines Führers.

Die wohl bekannteste Typologie der Machtgrundlagen (Machtbasen) wurde im Zuge der Forschungsarbeiten von *Cartwright* (1959) am Institut[e] for

Social Research (Ann Arbor) von zwei seiner Mitarbeiter *French* und *Raven* (1959) entwickelt (s. auch *Rogers* 1975, *Krüger* 1976, *Dorow* 1978, *Schanz* 1978):

- **Macht durch Bestrafung** (coercive power)
  A hat die Möglichkeit der Bestrafung von B
- **Macht durch Belohnung** (reward power)
  A hat die Möglichkeit der Belohnung von B
- **legitime Macht** (legitimate power)
  B akzeptiert die Machtquelle A als legitime
- **Vorbild-Macht** (referent power)
  B identifiziert sich mit A und gehorcht, weil er so sein will wie A
- **Expertenmacht** (expert power)
  B akzeptiert das überlegene Expertentum von A.

Später haben *Raven/Kruglansky* (1970) noch eine sechste Machtgrundlage, die **Informationsmacht,** hinzugefügt, der im Zusammenhang mit Macht in Organisationen (wie oben ausgeführt) ganz besondere Bedeutung zukommt.

Gerade Experten- und Informationsmacht haben beträchtlich dazu beigetragen, daß Sanktions- und legitime Macht als Machtbasen immer mehr an Einfluß verlieren. *Irle* (1971) hat sehr anschaulich dargelegt, wie die legitime Macht der Linieninstanz durch die informationelle Abhängigkeit von Stabsstellen geschmälert werden kann.

Die Klassifikation von *French/Raven* ist recht willkürlich und inkonsistent; einmal wird Macht aus der Sicht des Machthabers analysiert und zum anderen die Akzeptanz durch den Machtunterworfenen thematisiert. Außerdem bestehen beträchtliche Überschneidungen als Folge des Wechsels im Gliederungskriterium. Die Macht zu sanktionieren (coercive power, reward power) kann auf formalen Machtgrundlagen beruhen (legitimate power) oder auf personalen.

Zur Ausübung von Macht stehen den Machthabern eine Reihe von **Machtmitteln** zur Verfügung, wie

- physischer Zwang
- ökologischer Einfluß (Gestaltung der Umwelt, wie Trennwände, Zäune, Fließband)
- Überzeugung (Absichten des Einflußnehmenden liegen offen)
- Manipulation (Absichten des Einflußnehmenden bleiben verborgen)
- selektive Kommunikation von Informationen
- Kontrolle von Ressourcen (Gratifikationen).

*Steinle* (1978) hat empirische Forschungsergebnisse auf Aussagen hinsichtlich der Leistungs- und Zufriedenheitswirkung unterschiedlicher Machtbasen und -mittel untersucht. Er fand folgende Hypothesen weitgehend bestätigt:

- Der Einsatz von Sanktionen und legitimer Macht führt zu niedriger Leistung und geringer Zufriedenheit, dagegen der Einsatz von Informationsmacht zu hoher Leistung und Zufriedenheit
- Unter den Machtmitteln dominiert die Überzeugung.

Ohne Kenntnis der spezifischen Situation sind solche generellen Aussagen jedoch ohne großen Informationsgehalt und verweisen eher auf einen wünschenswerten Zustand, als daß sie über die Realität informieren.

Wird die Freiheit einer Person durch die Anwendung eines oder mehrerer der genannten Machtmittel eingeschränkt, so reagiert diese nach der Theorie der psychologischen **Reaktanz** (*Brehm* 1966) mit dem Streben nach Wiederherstellung der verlorenen oder bedrohten Freiheit. Dieser motivationale Zustand einer Person wird als Reaktanz bezeichnet. Reaktanz setzt voraus, daß Wahlmöglichkeiten existieren, die von anderen bedroht oder eingeschränkt werden. Die Stärke der Reaktanz hängt u. a. ab von der Wichtigkeit der Freiheit einer Person, bestimmte Verhaltensweisen auszuführen, sowie von dem Umfang und der Stärke der Freiheitsbeschränkung. Reaktanz manifestiert sich z. B. in *offenem Verhalten,* d. h. einer direkten Wiederherstellung von Freiheit, in dem genau das unterdrückte Verhalten realisiert wird, in *Aggressivität* gegenüber der einengenden Person oder in *indirekten Reaktionen,* wenn etwa die bedrohte Freiheit kognitiv eine Aufwertung erfährt.

Sind die Freiheitsräume gering und scheitern Reaktanz-Bemühungen, so neigt die Person zu Passivität und Resignation (Theorie der erlernten Hilflosigkeit, *Seligman* 1975).

## 6. Problemlösen und Entscheiden

### *a. Problemlösen als multipersonaler Prozeß*

Probleme ergeben sich, wenn bestimmte Ziele angestrebt werden, die Wege zum Erreichen der Ziele aber unbekannt oder durch Barrieren blockiert sind. Das Problem[24a] besteht darin, Mittel und Wege zu finden, um eine gegebene, als unerwünscht erachtete Situation ($S_o$) in eine erwünchste Situation ($S_1$) zu überführen.

Nach *Dörner* (1979, S. 10) ist ein Problem durch folgende drei Komponenten gekennzeichnet

1. ein unerwünschter Ausgangszustand $S_o$
2. ein erwünschter Endzustand $S_1$
3. Barrieren, die die Transformation von $S_o$ in $S_1$ im Moment verhindern.

Je nach Art der Barrieren lassen sich unterschiedliche **Problemtypen** unterscheiden:

- **Interpolationsproblem** (z. B. Schachspiel gewinnen)
- **Syntheseproblem** (z. B. Denksportaufgabe lösen)
- **dialektisches Problem** (z. B. Qualität des Arbeitslebens verbessern).

---

[24a] Zur Abgrenzung von Problem und Aufgabe vgl. S. 400.

„Wenn man in einer Problemsituation weiß, was man will und auch die Mittel kennt, mit denen der angestrebte Zielzustand erreichbar ist, dann liegt das Problem in der richtigen Kombination der Mittel. Man hat eine Interpolationsbarriere vor sich. Weiß man was man will, kennt aber die Mittel nicht, so hat man eine Synthesebarriere, und weiß man gar nicht, was man eigentlich genau will, so hat man eine dialektische Barriere." (*Dörner* 1979, S. 14).

Solche Problemtypen sind nicht ‚objektiv' zu definieren, sondern nur in Abhängigkeit vom jeweiligen Problemlöser. Was für den einen ein Syntheseproblem ist, mag für den anderen lediglich ein Interpolationsproblem sein.

Problemlösen besteht also darin, die Kluft zwischen der bestehenden und der erstrebten Situation zu überbrücken (vgl. z. B. *Franke* 1975, *Pfohl* 1977, *Rühli* 1978, *Gaitanides* 1983).

Sind als Problemlösung bestimmte Aktivitäten ausgewählt und durchgeführt worden, und stellt es sich heraus, daß dabei ($S_1$) nicht erreicht wurde, sondern z. B. ($S_2$), so treten neue Probleme auf. Bei der Lösung dieser Probleme, die durch Soll-Ist-Vergleiche festgestellt werden, richten sich die Aktivitäten darauf, die Abweichung zu beseitigen.

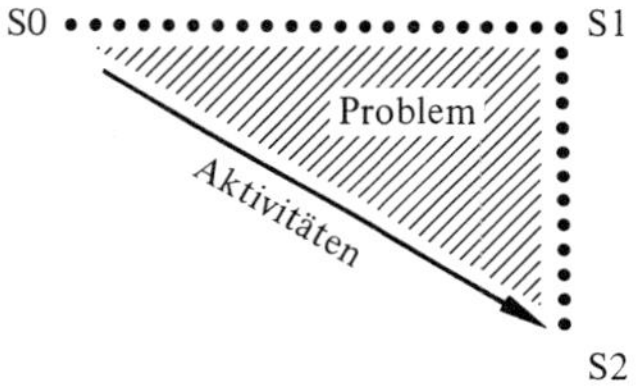


Allen Problemen sind gewisse Merkmale gemeinsam. Ein Aspekt von Problemen, der sich als Unsicherheitsfaktor äußert, ist die Zeitdimension. Problemsituationen weisen einen Vergangenheits- (z. B. Ursachen), Gegenwarts- (z. B. Wahrnehmung einer Störung) und Zukunftsbezug (z. B. Prognose der Auswirkungen) auf, wobei sowohl Analyse- als auch Prognose-Unsicherheiten auftreten. Ferner sind Probleme durch ihre Mehrdimensionalität gekennzeichnet. Bei Problemen spielen zum Beispiel soziale, psychologische, technische oder politische Dimensionen als Komponenten der Problemsituation eine Rolle. Folglich sollten bei Problemlösungsaktivitäten Erkenntnisse all jener wissenschaftlichen Disziplinen herangezogen werden, die sich mit der jeweiligen Dimension befassen.

Die Tatsache, daß sich fast alle realen Probleme in mehr oder weniger kleine Teilprobleme bis hin zu Elementarproblemen aufspalten lassen, hat zur Formulierung einer Vielzahl von Phasengliederungen des Problemlösungsprozesses geführt.

Unter einem **Problemlösungsprozeß** wird die Abwicklung sämtlicher Aktivitäten verstanden, die vom Entstehen eines Problems bis zu dessen Lösung durchgeführt werden. In analytischer Betrachtungsweise werden die einzelnen Aktivitäten des Problemlösungsprozesses inhaltlich wie folgt beschrieben[25] (vgl. Abb. 3.64).

Alle Aktivitäten des Problemlösungsprozesses haben gemeinsam, daß sie einen Vorgang darstellen, der aus dem Verarbeiten von Informationen besteht. Jede Problemlösungsaktivität bedeutet Finden und Auswerten von Informationen.

Von den beteiligten Personen hängt es ab, ob sie Problemorientierung zeigen, dadurch Probleme wahrnehmen und einen Lösungsprozeß einleiten. Diese Aktivität enthält als wesentliche kognitive Komponente das Bewußtwerden eines Problems.

*Abb. 3.64:* Darstellung des Problemlösungsprozesses

| Mikro-Prozesse | Makro-Prozeß |
|---|---|
| Tätigkeiten in allen Problemlösungsphasen: Sammeln und Auswerten von Informationen, Bewerten, Entscheiden über weitere Vorgehensweisen | → Problemerkenntnis<br>↓<br>Problemdefinition: was? wo? wann? Umfang, Ursachen und Wirkungen? Problemanlaß?<br>Bildung von Alternativen<br>↓<br>Bewertung aller und Wahl einer Alternative<br>↓<br>Durchführung und Kontrolle<br>Problem gelöst ←<br>Problem nicht gelöst (→ zurück zu Problemerkenntnis) |

Bei der **Problemdefinition** werden Inhalt und Umfang des Problems genau abgegrenzt; dabei werden Fragen beantwortet, nach dem Inhalt des Problems, wo es auftrat und wann es festgestellt wurde. Daneben werden auch eventuelle Begleitprobleme erfaßt und in eine Rangordnung gebracht. Ferner wird versucht, aus der Problemstruktur die Ursachen- und Wirkungszusammenhänge aufzudecken und erste Lösungsansätze zu identifizieren (problemistic search).

Nach *Schein* (1969) ist die Phase der Problemformulierung die schwierigste Phase im gesamten Prozeß; vor allem deshalb, weil häufig die Symptome mit

[25] Einen guten Überblick über die gängigen Problemlösungsmodelle geben *Lang/Dittrich/White* 1978 sowie *Nutt* 1976.

den Problemen verwechselt werden. Das Ergebnis des Problemlösungsprozesses hängt ganz entscheidend von der Interpretation der Ausgangssituation, der Problemerkenntnis, ab. Eine neuartige Problemsicht kann zu einer völlig anderen Problemlösung führen (vgl. *Kepner/Tregoe* 1965). *Irle* (1971) weist darauf hin, daß Probleme in der Praxis nicht systematisch ermittelt und vorurteilsfrei analysiert werden, sondern häufig rein zufällig erkannt werden; ein Vorgang, bei dem Stäbe eine ganz dominierende Rolle spielen.

Die Erkenntnis, daß eine rechtzeitige Identifikation von Problemen und die Generierung neuer Ideen wesentliche Voraussetzungen für das Überleben einer Organisation darstellen, hat in Wissenschaft und Praxis zur Entwicklung einer Fülle sog. **Methoden der Ideenfindung** geführt (vgl. für viele andere *Kramer/Appelt* 1974, *Stein* 1975, *Sikora* 1976, *Schlicksupp* 1976).

Die Phase der Problemdefinition bzw. Ideenproduktion eignet sich dabei ganz besonders für Gruppenarbeit (vgl. hierzu die Ausführungen über ‚Leistungsvorteile von Gruppen', S. 281 ff.).

Auch bei der **Bildung von Alternativen** sind einzelne Methoden der Ideenfindung in Gruppen besonders hilfreich, denn das Aufstellen von Lösungsalternativen sollte zunächst darauf gerichtet sein, möglichst viele differenzierte Lösungsmöglichkeiten zu sammeln und sie erst danach zu bewerten. *Tosi/Carroll* (1976, S. 254 ff.) nennen vier Wege zur Gewinnung von Informationen über Alternativen:

- Erfahrung (wie haben andere ein ähnliches Problem zu lösen versucht?)
- Modellbildung (Definition aller Entscheidungsvariablen und Konstruktion eines Modells, mit dessen Hilfe alternative Konstellationen durchgespielt werden können – Simulation)
- Forschung (empirische Erhebungen zur Gewinnung von Wissen über Funktion und Folgen alternativer Lösungen)
- Kreativität (zur Entwicklung völlig neuer Alternativen, die empirisch noch nicht vorfindbar sind).

Im Gegensatz zu dem auf Differenzierung angelegten Sammeln von Lösungsalternativen sind die folgenden Aktivitäten der **Bewertung** auf Integration angelegt, d. h. die Lösungsmöglichkeiten werden daraufhin bewertet, ob sie Beschränkungen (z. B. Begrenzungsfaktoren des Handlungsspielraums wie Zeit und Mittel) integrativ berücksichtigen. Nach dieser Bewertung wird eine Lösungsmöglichkeit selektiert. Die **Realisierung** der ausgewählten Lösungsmöglichkeit und die **Kontrolle** der Durchführung sollen sicherstellen, daß das Problem tatsächlich gelöst wird, bzw. einen erneuten Problemlösungsprozeß auslösen, sofern das Problem durch die ergriffenen Maßnahmen nicht gelöst werden konnte.

Der idealtypische Ablauf eines Problemlösungsprozesses, wie er hier kurz geschildert wurde, kann als Makro-Prozeß verstanden werden, der in der Realität von einer Vielzahl von Rückkopplungen und Einzelproblemlösungen überlagert wird (vgl. Abb. 3.65 auf S. 331).

*Redel* (1982, S. 131 ff.) diskutiert auf der Basis der vorliegenden Literatur

*Abb. 3.65:* Der Makro-Prozeß der Problemlösung als Sequenzfolge von Elementarproblemen

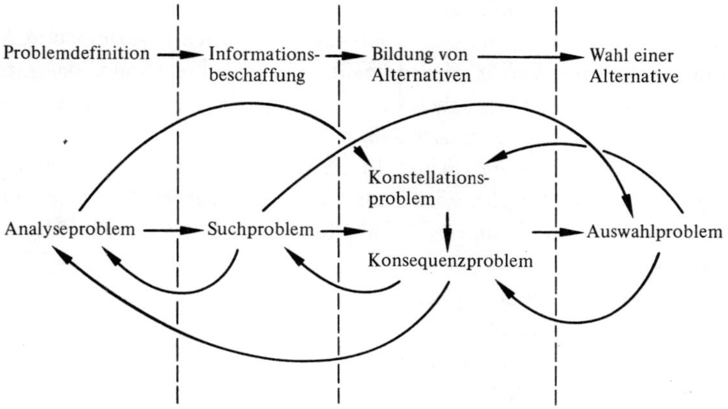


*Quelle: Schlicksupp* 1976, S. 64

*Abb. 3.66:* Problemlösungsprozeß als Zweikreismodell

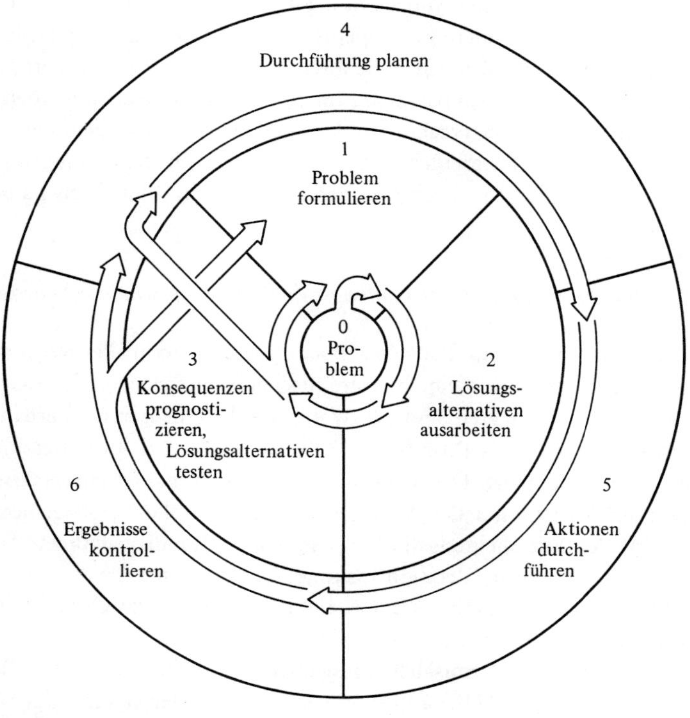


*Quelle: Schein* 1969, S. 47

die besondere Eignung von Kollegien bzw. Gruppen zur Lösung der in den einzelnen Phasen des Problemlösungsprozesses anfallenden Aufgaben (vgl. hierzu auch Abb. 3.43 auf S. 283).

*Schein* (1969, S. 46ff.) hat den **Problemlösungsprozeß in Gruppen** in Anlehnung an *Richard Wallen* sehr anschaulich als Zweikreismodell dargestellt (vgl. Abb. 3.66 auf S. 331); dabei bezeichnet der Übergang vom Innen- zum Außenkreis die eigentliche *Entscheidung*. Bis zu diesem Zeitpunkt wird das Problem im Innenkreis bearbeitet. In Phase 6 festgestellte Abweichungen zwischen Soll und Ist stellen wiederum ein Problem dar, das zu einer erneuten Beschäftigung im Innenkreis Anlaß gibt (vgl. Abb. 3.66 auf S. 331).

*I. Innenkreis*

0. Wahrnehmung eines Problems
1. Problem formulieren
2. Lösungsvorschläge ausarbeiten
3. Konsequenzen prognostizieren

Übergang von Innen- zu Außenkreis = *Entscheidung*

*II. Außenkreis*

4. Durchführung planen
5. Aktionen durchführen
6. Ergebnisse kontrollieren.

In aller Regel werden die Aufgaben, die im Außenkreis zu lösen sind, von einer (oder mehreren) anderen Gruppe(n) wahrgenommen als derjenigen, die mit der Lösung der Probleme im Innenkreis betraut ist. *Schein* plädiert dafür, daß zwischen den Gruppen frühzeitig Interaktionen vorgesehen werden, damit eine möglichst plangerechte Implementation der Entscheidungen gewährleistet ist. Seine Empfehlung lautet, diejenigen, die die Lösungen realisieren sollen, möglichst frühzeitig an den Prozessen im Innenkreis zu beteiligen.

### *b. Entscheidungsobjekt, Entscheidungssubjekt und Entscheidungsprozeß*

In der Management- und Betriebswirtschaftslehre wird in aller Regel weniger von Problemlösen als vielmehr von Entscheiden gesprochen. **Entscheiden** wird dann nicht im engeren Sinne als Wahl zwischen mehreren Alternativen, sondern umfassender als Prozeß der Willensbildung und -durchsetzung in Organisationen definiert. Das ‚decision-making' steht in der amerikanischen Literatur im Mittelpunkt des Managements. In fast allen Managementbüchern wird der Entscheidungsfindung ein breiter Raum gewidmet. *Simon* (1960) geht sogar soweit, ‚decision-making' mit Management gleichzusetzen. Im Mittelpunkt der Analyse des Entscheidungsphänomens in Organisationen stehen Entscheidungsobjekt, -subjekt, und -prozeß.

Was das individuelle **Entscheidungssubjekt** anbetrifft, so haben *Filley/House/Kerr* (1976, S. 112ff.) aufgrund des Studiums der einschlägigen Forschungsergebnisse folgende Hypothesen weitgehend bestätigt gefunden:

- Wahlhandlungen werden auf der Grundlage eines vereinfachten Modells der Realität getroffen (bounded rationality)
- Entscheidungen werden im Rahmen des individuellen Wahrnehmungshorizonts (psychological set) des Entscheiders getroffen
- Suchverhalten ist lediglich auf die Identifikation befriedigender Alternativen gerichtet; nur in Ausnahmefällen gilt es dem Auffinden eines Optimums
- Wiederholte Mißerfolge, befriedigende Lösungen zu erzielen, führen zur Senkung des Anspruchsniveaus, und umgekehrt Erfolge zu einer Heraufsetzung.

Hat man Entscheidungsprozesse in Wirtschaftsorganisationen vor Augen, ist es realistisch, an eine Gemeinschaftsleistung (composite decision making) zu denken. Diese Prozesse laufen nämlich multipersonal ab und zwar unter intensiver Beteiligung von Gruppen. Der Grund hierfür ist nicht nur in der herrschenden Unternehmens- und Betriebsverfassung (Mitbestimmung) zu suchen, sondern vor allem in der Komplexität der Entscheidungen in großen Organisationen, die die Problemlösungsfähigkeiten eines Einzelnen völlig überfordern.

Die Vielzahl möglicher **Entscheidungsgegenstände** hat zu einer fast ebensogroßen Anzahl von Klassifikationsvorschlägen geführt. So unterscheidet z. B. *Gutenberg* (1951, 1962) zwischen dispositiven und sachbezogenen Entscheidungen. *Dispositive* Entscheidungen beziehen sich auf die einzelnen Phasen des Managementprozesses, wie Planen, Organisieren, Kontrollieren etc.; *sachbezogene* Entscheidungen betreffen die operative Präzisierung der auf der Grundlage und im Rahmen der dispositiven Entscheidungen beschlossenen Maßnahmen. Dies können sowohl Ziel- als auch Mittelentscheidungen, wohlstrukturierte oder schlecht strukturierte Entscheidungsprobleme sein, was wiedrum Konsequenzen für die Wahl der Problemlösungs- bzw. Entscheidungsmethoden hat (z. B. OR, heuristische Methoden). Um der großen Bedeutung des menschlichen Faktors im Managementprozeß gerecht zu werden, wird häufig noch zwischen Personal- und Sachentscheidungen unterschieden. Dabei betreffen Personalentscheidungen solche hinsichtlich Einstellung, Beförderung, Versetzung, Entlassung etc. in allen Funktionsbereichen.

Ein weiteres Einteilungskriterium stellen der Umfang und die Bedeutung der Entscheidung im Hinblick auf die gesamte Unternehmung dar. *Gutenberg* (1962) spricht in diesem Zusammenhang von Führungsentscheidung und Ressortentscheidung. **Führungsentscheidungen** sind durch folgende drei Merkmale gekennzeichnet:

- Sie sind von besonderer Bedeutung für die Vermögens- und Ertragslage der Unternehmung
- Sie können nur aus dem Ganzen der Unternehmung heraus getroffen werden
- Sie sind nicht delegierbar.

Diese drei Merkmale erfüllen nach *Gutenberg* (1962, S. 61, sowie 1969) folgende fünf Entscheidungen, die damit zu echten Führungsentscheidungen werden:

1. „Festlegung der Unternehmenspolitik auf weite Sicht,
2. Koordinierung der großen betrieblichen Teilbereiche,
3. Beseitigung von Störungen im laufenden Betriebsprozeß,
4. Geschäftliche Maßnahmen von außergewöhnlicher betrieblicher Bedeutsamkeit,
5. Besetzung der Führungsstellen im Unternehmen."

Vergleicht man diese Idealtypologie mit der von *Hauschildt* et al. (1983) aus der Empirie entwickelten Realtypologie (Auswertung der Protokolle der Geschäftsleitungssitzungen einer großen Familienunternehmung), so ergeben sich große Ähnlichkeiten. Die so gewonnene **Typologie von Führungsentscheidungen** umfaßt (S. 101):

1. Unternehmenspolitische Richtlinien-Entscheidungen
2. Entscheidungen im außergewöhnlichen Fall (fallweise Entscheidungen – Päzedenz-Entscheidungen)
3. Entscheidungen unter Streß (Entscheidungen über eilige Plankorrekturen – Entscheidungen über Störungen oder Okkasionen)
4. Entscheidungen zur laufenden Betriebsabstimmung.

Eines der am häufigsten anzutreffenden Einteilungskriterien ist der **Grad der Sicherheit,** mit dem die Konsequenzen von alternativen Entscheidungen vom Entscheidungssubjekt vorausgesehen werden können.

Entsprechend wird unterschieden zwischen

- Entscheidung unter Sicherheit
- Entscheidung unter Risiko
- Entscheidung unter Unsicherheit.

Von **Entscheidung unter Sicherheit** spricht man, wenn das Ergebnis der Entscheidung eindeutig und dem Entscheidungssubjekt auch bekannt ist, was dessen vollkommene Information voraussetzt.

**Entscheidungen unter Risiko** liegen dann vor, wenn der Entscheidung mehrere Ergebnisse zugeordnet werden können, deren Eintritt zwar wahrscheinlich, jedoch nicht mit Sicherheit vorauszusehen ist. Liegen über den Eintritt eines Ergebnisses weder statistische noch auf Erfahrungen beruhende Informationen vor, muß die **Entscheidung unter Unsicherheit** getroffen werden.

In der Realität vorkommende Entscheidungen lassen sich auf einem Konti-

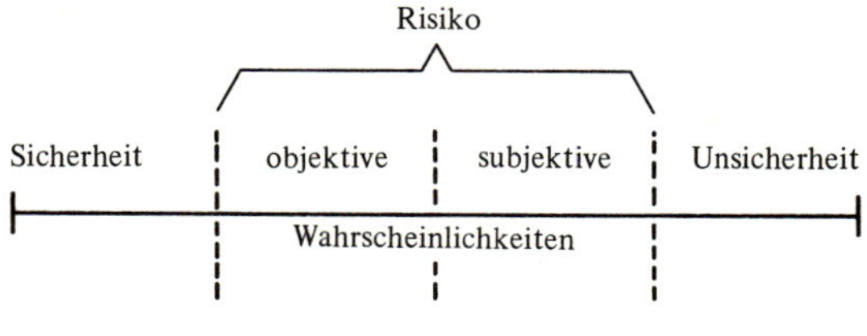

nuum zwischen den Extrempunkten ‚vollständige Sicherheit' und ‚völlige Unsicherheit' einordnen.

Die Entscheidung wird in der Managementlehre nicht als eine Handlung zu einem Zeitpunkt, sondern als **Prozeß** im Zeitraum behandelt. In der Literatur (vgl. z. B. *Budäus* 1975, *Joost* 1978) wird eine Vielzahl von unterschiedlichen **Phasenschemata** vorgeschlagen, die alle mehr oder weniger den weiter vorn beschriebenen Phasen des Problemlösungsprozesses gleichen. Abb. 3.67 stellt ein Beispiel für ein solches Phasenschema dar.

*Abb. 3.67:* Phasenschema des Entscheidungsprozesses

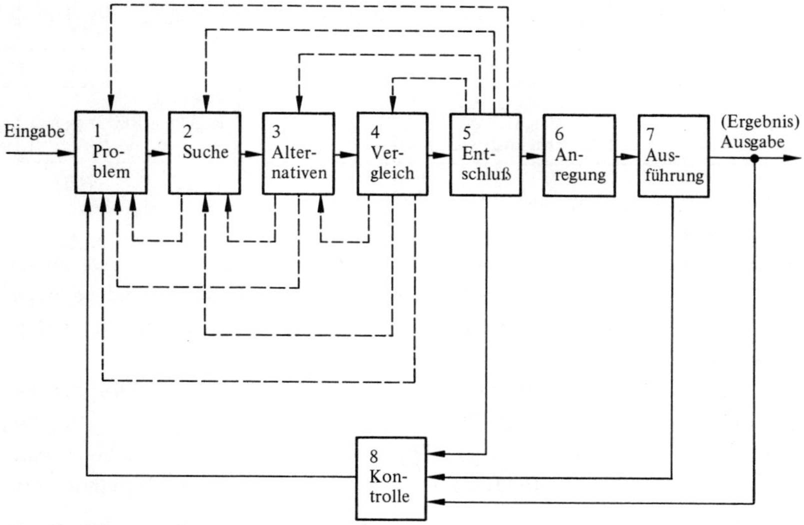


*Quelle: Irle* 1971, S. 48

Abb. 3.68 zeigt, wie die einzelnen Phasen des Entscheidungsprozesses auch als Phasen eines Führungsprozesses interpretiert werden können, denen dann einzelne **Managementtätigkeiten** zugeordnet werden.

*Witte* (1968) konnte auf der Basis umfänglicher empirischer Erhebungen das klassische Phasen-Theorem als eine präskriptive Verhaltensvorschrift enttarnen, deren Befolgung keineswegs einen optimalen Problemlösungsprozeß verspricht (vgl. auch die Kritik von *Irle* 1971).

Als bewährt aufgrund der empirischen Befunde gelten dagegen folgende Aussagen (*Witte* 1968, S. 644):

- Ein komplexer Entscheidungsprozeß läuft multioperativ, -temporal und -personal ab
- Er führt nicht nur am Ende (Nr. 5 in Abb. 3.67) zu einem Entscheidungsakt, sondern besteht aus einer Menge von Vor- und Teilentscheidungen, die ihr Maximum temporal zum Ende des Prozesses haben

*Abb. 3.68:* Phasenschema des Führungsprozesses

| | | | | |
|---|---|---|---|---|
| Willensbildung | 1. Problemphase | Zielsetzung<br>Zielfixierung | **Ziele setzen** | Planungs- oder Entscheidungsprozeß (Planung i.w.S.) |
| | 2. Suchphase | Entscheidungs-vorbereitung | **Planen (i.e.S.)** | |
| | 3. Beurteilungsphase (Bewertungsphase) | Planaufstellung | | |
| | 4. Entscheidungsphase | Planverabschiedung<br>Entscheidungsfällung | **Entscheiden** | |
| Willensdurchsetzung | 5. Realisationsphase | Voraussetzungen schaffen<br>Veranlassen | **Realisieren** | Steuerung — **Durchführung** |
| | 6. Kontrollphase | Feststellen der Durchführungsresultate und Vergleich mit Entscheidungsresultaten | **Kontrollieren** | Kontrolle<br>Regelung/Rückkopplung |

*Quelle:* In Anlehnung an *Hahn* 1971, S. 163

- Operationen der Informationsgewinnung (Nr. 1, 2), Alternativensuche (Nr. 3) und -bewertung (Nr. 4, 5) treten unregelmäßig während des ganzen Entscheidungsprozesses auf und kumulieren nicht temporal in abgrenzbaren Phasen.

Handelt es sich um Entscheidungen, die ausschließlich in Gruppen zu treffen sind, ergeben sich zusätzliche Probleme, die ihre Ursache in gruppendynamischen Phänomenen haben. *Schein* (1969, S. 53ff., siehe auch *Antons* 1973, *Deppe* 1973, *Laux* 1979) diskutiert folgende **Entscheidungsmethoden in Gruppen:**

1. **Entscheidung durch Nichtbehandlung** (Decision by Lack of Response)
   Der Vorschlag eines Gruppenmitglieds wird einfach überhört, nicht wahrgenommen und nicht diskutiert. Die implizite Entscheidung lautet, diese Idee nicht zu unterstützen.
2. **Entscheidung durch Autorität** (Decision by Authority Rule)
   Die Gruppe diskutiert ein Problem; die Entscheidung wird (nicht zwangsläufig) auf der Grundlage der Diskussion *allein* durch den hierarchisch am höchsten Stehenden getroffen (z. B. durch Gruppenführer, Vorsitzenden). Nachteilig macht sich hier vor allem bei der Implementation die mangelnde Identifikation mit der Lösung bemerkbar.
3. **Minoritätsentscheid** (Decision by Minority Rule)
   Eine kleine Zahl an Gruppenmitgliedern bestimmt den Gruppenentscheid entweder durch vorherige Absprachen oder durch ad hoc Koalitionsbildungen in der Sitzung. Durch rhetorische Tricks, wie ‚wir sind doch alle der Meinung von Mayer', oder ‚Schweigen bedeutet doch Zustimmung', wird die Gruppenmehrheit überfahren.

4. **Majoritätsentscheid** (Decision by Majority Rule)
   Hier werden nach ausführlicher Diskussion die vorgeschlagenen Alternativen formell zur Abstimmung gestellt (evtl. nach vorherigen Probeabstimmungen). Trotz hoher demokratischer Legitimation weist diese Methode erhebliche Schwächen bei der Implementation auf. Minoritäten empfinden, daß sie nicht ausreichend Gelegenheit erhalten haben, ihren Standpunkt zu verdeutlichen; sie fühlen sich nicht dem Abstimmungsergebnis verpflichtet. Darüber hinaus spaltet die Entscheidung per Abstimmung die Gruppe in mindestens zwei Lager, die Gewinner und die Verlierer, mit allen negativen Konsequenzen der Gewinn-Verlust-Spielsituation.
5. **Entscheidung durch Konsens** (Decision by Consensus)
   Dies ist der Idealfall (vor allem bei Einstimmigkeit) eines Gruppenentscheidungsprozesses. Da diese Entscheidungsmethode äußerst zeitaufwendig ist, kommt sie leider nur in wenigen Situationen zur Anwendung, und zwar dann, wenn wenig kontroverse, konsensfähige Entscheidungen anstehen, bei denen keiner etwas zu verlieren hat.

Übrigens sollte die Wahl der Entscheidungsmethode selbst Gegenstand eines Entscheidungsprozesses in Gruppen sein und sich auf den jeweiligen Mikro-Prozeß (Abb. 3.64 und 3.65 auf S. 329 bzw. 331) beziehen!

# Teil 4

# Planung und Kontrolle als Managementfunktionen: Die Strategien der Organisation

Für alle Organisationen, vor allem Unternehmungen in einer Wettbewerbsgesellschaft, stellt sich das Problem der langfristigen Sicherung des Zugangs zu Ressourcen. Damit ist das *strategische* Verhalten von Organisationen angesprochen, d. h. die systemerhaltenden Interaktionen zwischen Organisation und Umwelt. Das *operative* Verhalten wird im Anschluß daran untersucht.

Strategisches Management setzt sich nicht nur mit externem Wandel auseinander, sondern ist zugleich Voraussetzung für internen Wandel (vgl. Teil 7). Strategische Planungsprozesse stellen somit Lernprozesse der Organisation dar (vgl. z. B. *Kappler* 1972).

Eine Abgrenzung zwischen Strategie und Planung nehme ich wie folgt vor: **Strategie** ist immer umweltbezogen und mehr politisch, **Planung** hingegen mehr organisationsbezogen und technologisch orientiert. Nach dem Prozeßansatz der Managementlehre (vgl. S. 42 der Arbeit) werden zeitlich nacheinander ablaufende Tätigkeiten, wie Planung, Organisation, Führung und Kontrolle unterschieden. Obwohl in der Tat zwischen Zielformulierung (Planung), -realisierung und -kontrolle zeitliche Differenzen bestehen, erweist es sich als sinnvoller, die Funktionen **Planung und Kontrolle** nicht nach Phasen getrennt sondern aufgrund ihrer sachlogischen Nähe gemeinsam zu behandeln. Diese Auffassung wird auch von der Managementpraxis geteilt, denn empirisch nachweisbar werden Planungs- und Kontrollaufgaben heute i. d. R. in einer Abteilung (**Controlling**) zusammengefaßt.

## A. Strategien zur Verknüpfung von Organisation und Umwelt

Der aus dem Griechischen stammende Begriff der **Strategie** (Kunst der Heerführung) wurde im 19. Jh. von dem preußischen General *Carl v. Clausewitz* aktualisiert. Für ihn ist die Strategie ,,der Gebrauch des Gefechts zum Zwekke des Krieges“ (*Clausewitz* 1980, S. 178). Elemente der Strategie sind seiner Auffassung nach moralische, physische, mathematische, geographische und statistische, die er weiter in Kühnheit, Beharrlichkeit, Überlegenheit der Zahl, Überraschung, List, Sammlung der Kräfte im Raum, Vereinigung der Kräfte in der Zeit, strategische Reserve sowie Spannung und Ruhe präzisiert (S. 191–209).

Sicher erkennt der Leser der folgenden Abschnitte nicht nur in der Terminologie sondern auch dem Sinn nach *Clausewitz*'sche Gedanken wieder. Deshalb sei hier auf die Gefahr eines unreflektierten allegorischen und metaphorischen Denkens hingewiesen. Es ist leider alltäglich geworden, Begriffe des Krieges und der Kriegsführung in die betriebliche und betriebswirtschaftliche Sprache, in das Denken und Handeln des Managements zu übernehmen (z. B. Eroberung von Marktanteilen, Brechen des Marktwiderstandes).

## I. Das klassische Konzept der Unternehmungsstrategie

Das auch heute noch in Wissenschaft und Praxis dominierende Konzept einer Unternehmungsstrategie wurde Anfang der 60er Jahre an der **Harvard Business School** entwickelt, und zwar ausgehend von dem dort konzipierten ‚Business Policy' Ansatz (vgl. *Learned* et al. 1965, *Andrews 1971, Uyterhoeven* et al. 1973). *Unternehmungsstrategie* (corporate strategy) umfaßt danach die Festlegung der langfristigen Ziele einer Unternehmung, der Politiken und Richtlinien sowie die Mittel und Wege zur Erreichung der Ziele. Eine so formulierte Unternehmungsstrategie läßt erkennen, welche Aktivitäten die Organisation betreibt oder betreiben soll, und welche Art von Unternehmungen sie ist oder sein soll (*Andrews* 1971, S. 28). Damit erfährt der ursprünglich aus dem militärischen Bereich stammende Strategiebegriff – Mittelwahl zur Erreichung vorgegebener Ziele – eine erhebliche Ausweitung. Strategie in diesem weiten Sinn umfaßt eben auch die Zielplanung und die Festlegung der Politik. Dieses Konzept wurde zwischenzeitlich von *Porter* (1980), ebenfalls von der Harvard Business School, zur ‚competitive strategy' (**Wettbewerbsstrategie**) weiterentwickelt.

Im einzelnen sieht das **Harvard-Konzept** folgende Schritte vor (vgl. *Uyterhoeven* et al. 1973):

1. Identifikation des ‚Strategischen Profils'
   a. Wie ist das Tätigkeitsfeld definiert?
   b. Wie ist die Wettbewerbsposition?
   c. Wie ist das Selbstbild (Mentalität, Wertsystem)?
2. Identifikation relevanter Umweltausschnitte
   a. Internationale und nationale Wirtschaftspolitik
   b. Rechtliche Bestimmungen
   c. Jüngste politische und soziale Entwicklungen
   d. Ökonomische Entwicklungen
   e. Absatzmarkt (Nachfrage, Bedürfnisse)
   f. Rohstoffe, Produkte, Technologie
   g. Konkurrenz
3. Strategische Prognosen
   Aussagen über die wahrscheinliche Entwicklung der unter 2. analysierten Umweltzustände
4. Identifikation der Stärken und Schwächen der Unternehmung
   a. Operativer Bereich
   b. Finanzbereich
   c. Management
5. Entwicklung strategischer Alternativen
   a. Nichts tun
   b. Liquidation

c. Spezialisierung
d. Vertikale Integration (z. B. Übernahme von Vorlieferanten)
e. Diversifikation
f. Internationalisierung

6. Konsistenztest
Erlaubt die Strategie eine optimale Verbindung der Stärken und Schwächen der Unternehmung mit den sich in der Umwelt bietenden Chancen und Risiken?

7. Strategische Wahl
a. Abwägen zwischen Maximierung der Chancen und Minimierung der Risiken
b. Exaktes Timing der strategischen Schritte in Abstimmung mit den erwarteten Entwicklungen
c. Antizipation der denkbaren Gegenmaßnahmen der Konkurrenten
d. Offenlegen der persönlichen Präferenzen der Entscheider
e. Beachtung der gesellschaftlichen Verantwortung der Unternehmung.

Abb. 4.1 gibt einen schematischen Überblick über den Prozeß der Strategieentwicklung.

*Abb. 4.1:* Harvard-Konzept der Strategieentwicklung

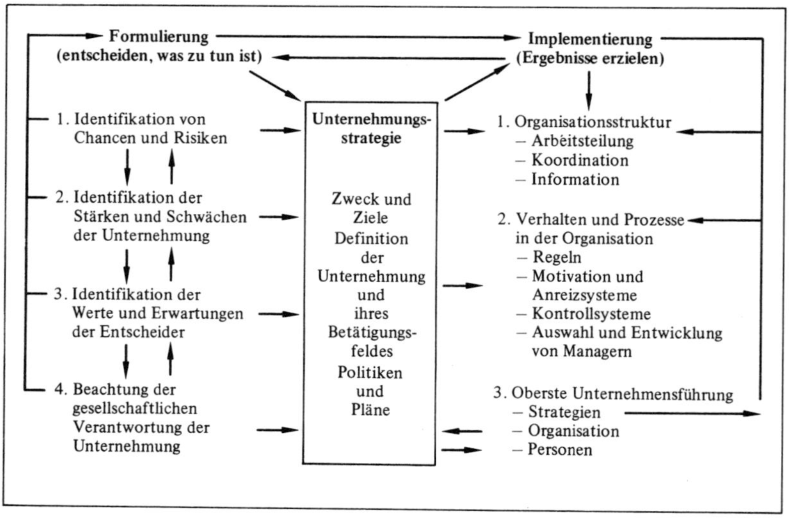


*Quelle: Andrews* 1971, S. 41

Das hier geschilderte Strategiekonzept ist im Laufe der Jahre des öfteren variiert und modifiziert worden, in der Grundstruktur jedoch gleichgeblieben. So hat z. B. *Carlisle* (1976, S. 215) einen situativen Ansatz zur Strategieformulierung entwickelt (s. auch *Mockler* 1971, *Hofer* 1975, *Miller/Friesen* 1978 sowie Abschnitt C, S. 384 ff.):

*Stufe 1:* Situationsbewertung durch Umweltanalyse
*Stufe 2:* Entwurf der Strategien
*Stufe 3:* Bewertung der Strategien im Lichte von situativen Variablen
*Stufe 4:* Auswahl geeigneter Strategien zur Implementation
*Stufe 5:* Interne Vorbereitung zur Ausführung der gewählten Strategien.

Im deutschen Sprachraum haben vor allem *Bircher* (1976) und *Hinterhuber* (1983) das Konzept aufgegriffen. *Hinterhuber* hat ein **Fünf-Phasen Modell** entwickelt, das den neuen Ansatz des Portfolio-Managements in das klassische Konzept der Unternehmungsstrategie integriert (S. 34ff.):

*1. Phase:* Analyse der Ausgangsposition und des Ausblicks
- a. Ausgangsposition (gegenwärtige Produkt/Marktkombinationen, eingesetzte Mittel und Verfahren der Produktion, Finanzierung, Organisation etc.)
- b. Umweltanalyse und -prognose (politische, gesellschaftliche, wirtschaftliche und technische Entwicklung, Branchenanalyse, Stellung der Unternehmung innerhalb der Branche)
- c. Unternehmungsanalyse und -prognose (Analyse der Stärken und Schwächen der Unternehmung)
- d. Kulturelle Maßstäbe und Ideale der Unternehmungsleitung (persönliche Motive, Ideale und Werte der Manager)
- e. Verpflichtungen der Unternehmung gegenüber der Gesellschaft (z. B. Umweltschutz, Recycling, Humanisierung der Arbeit, Weiterbildung, Übernahme sozialer Aufgaben)
- f. Bestimmung des strategischen Ausblicks (Bestimmung von Produkt/Markt-Kombinationen, Auswahl von Mitteln und Verfahren, Zuteilung von Ressourcen, Festlegung der Hauptschritte und Kriterien und Standards der Erfolgsmessung)

*2. Phase:* Formulierung der Strategien
- a. Strategieentwicklung auf der Ebene der strategischen Geschäftseinheiten
- b. Methodik für die Strategieformulierung auf Unternehmungsebene
- c. Konzeption der Unternehmungsstrategien mit Hilfe der Portfolio-Methode
- d. Strategieentwicklung auf Unternehmungsebene
- e. Prozeß der Strategieformulierung in der multidivisionalen Unternehmung

*3. Phase:* Ausarbeitung der funktionalen Politiken
- a. Politiken und Aktionsprogramme für die funktionalen Bereiche (z. B. Personalpolitik, Marketingpolitik, F+E-Politik, Finanzpolitik)
- b. Überprüfung und Revision des strategischen Plans der Unternehmung

*4. Phase:* Gestaltung der Organisation
- a. Anpassung der Organisationsstruktur an die Strategie
- b. Einrichtung strategischer Geschäftseinheiten
- c. Auswahl der Führungskräfte für die strategischen Geschäftseinheiten
- d. Führungskräfteplanung und -entwicklung

   e. Strategie- und mitarbeiterorientierte Personal- und Organisationsentwicklung

5. *Phase:* Durchführung der Strategien
   a. Kurz-, mittel- und langfristige Durchführungsplanung
   b. Motivation
   c. Überwachung und Revision
   d. Unterstützung durch die Unternehmungsleitung.

## II. Grundschema strategischer Vorgehensweise

Aus all diesen Phasenschemata läßt sich folgende Grundstruktur extrahieren (s. auch *Schreyögg* 1984, S. 80ff.):

*Abb. 4.2:* Grundschema strategischer Vorgehensweise

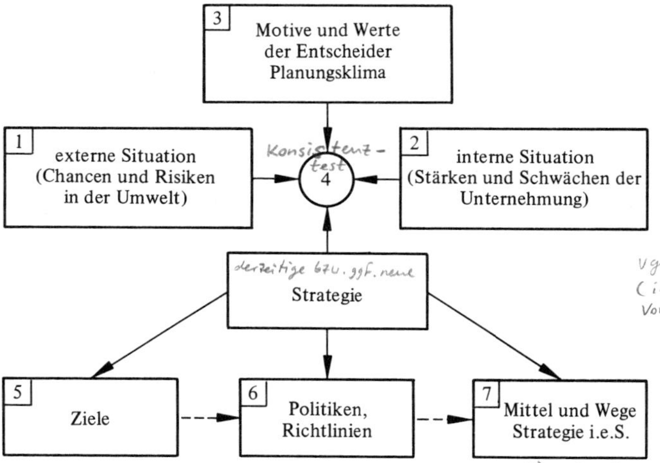


Zu 1) Externe Situation

Bei der **Analyse der Umwelt** empfiehlt es sich, zwischen mittelbaren und ummittelbaren Umwelteinflüssen auf die Organisation zu unterscheiden (zu einer ausführlichen Diskussion der Umweltfaktoren vgl. Abschnitt 7 B I).

Während klassischerweise nur die Interaktionen zwischen der Organisation und den sie unmittelbar umgebenden Märkten Gegenstand von Umweltanalysen waren, sind im Zuge der zunehmenden Verflechtung der Märkte untereinander sowie mit weiteren gesamtgesellschaftlichen Entwicklungen auch die Umwelten der Märkte in die Situations- und Entwicklungsanalyse mit einbezogen worden (vgl. Abb. 4.3). *Porter* (1983, S. 25ff.) hat speziell zur

Bestimmung der **Wettbewerbsintensität** einer Branche unter Rückgriff auf die Umweltsysteme in Abb. 4.3. fünf strukturelle Determinanten analysiert:

- Rivalität unter den bestehenden Wettbewerbern
- Bedrohung durch neue Konkurrenten
- Bedrohung durch Ersatzprodukte (Substitution)
- Verhandlungsstärke der Lieferanten
- Verhandlungsstärke der Abnehmer.

Die jeweilige Ausprägung dieser Wettbewerbskräfte bestimmt die Wettbewerbsintensität und Rentabilität einer Branche. Sie erfordert je unterschiedliche strategische Antworten.

Zu 2) Interne Situation

Bei der **internen Analyse** der Stärken und Schwächen einer Unternehmung können folgende Punkte in Form einer Check-Liste überprüft werden:

- historische Entwicklung der Unternehmung
  (internes Wachstum, Fusionen, Produkte, Führungskräfte)
- Struktur der Unternehmung
  juristische Struktur (Rechtsform)
  geographische Struktur (Standort)
  Finanzstruktur (Verschuldungsgrad, Liquiditätslage)
  Organisationsstruktur (funktional, divisional)
  Personalstruktur (Altersaufbau, Qualifikation)

*Abb. 4.3:* Umweltsysteme der Unternehmung

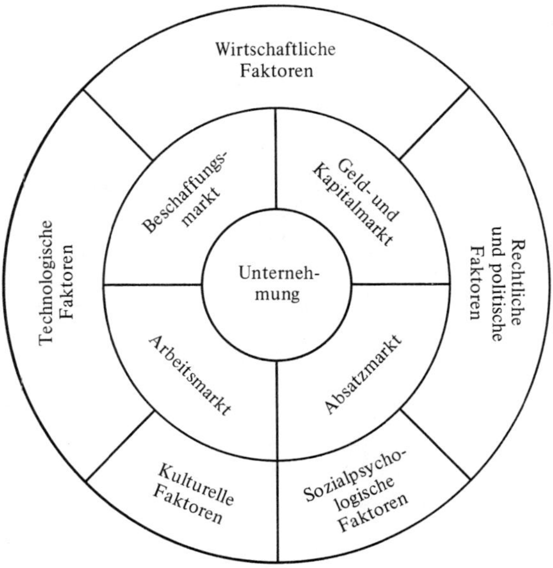

- Geschäftsbereiche
  Forschung und Entwicklung (Patente, Neuentwicklungen)
  Produktion (Verfahren, Mechanisierungsgrad, Lohnformen)
  Materialwirtschaft (Einkauf, Lagerhaltung, Transport)
  Absatz (Sortiment, Marketing-Instrumente)
  Controlling (Planungs- und Kontrollsysteme).

  Abb. 4.4 zeigt beispielhaft, wie die Ergebnisse einer Stärken/Schwächen-Analyse graphisch dargestellt werden können.

Zur Früherkennung von Entwicklungen in der Umwelt und der Unternehmung werden neben den klassischen ‚scanning'-Techniken (vgl. vor allem *Aguilar* 1967 und *Kefalas* 1971 sowie Abb. 4.5 auf S. 348) neuerdings verstärkt sogenannte Frühwarnsysteme eingesetzt (vgl. *Rieser* 1978, *Albach* et al. 1979, *Hahn/Krystek* 1979, *Kirsch/Trux* 1979, *Müller* 1981, *Krystek* 1981, sowie S. 356 der Arbeit). Da hier nicht nur negative, sondern vor allem auch

*Abb. 4.4:* Stärken/Schwächen-Profil einer Geschäftseinheit

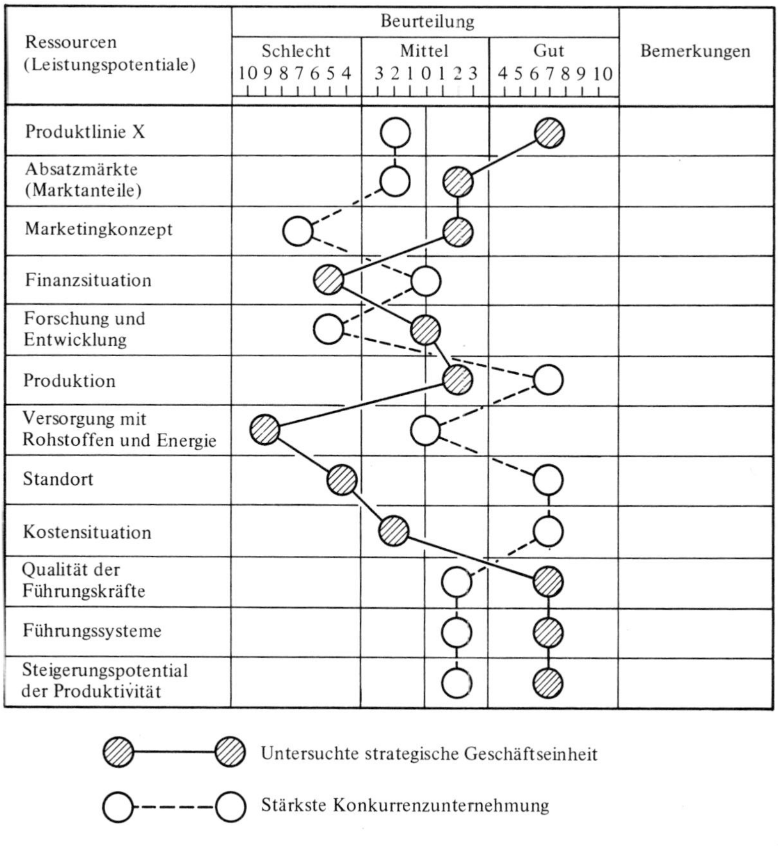


*Quelle: Hinterhuber* 1977, S. 47

für die Organisation positive Signale (Chancen) aufgenommen werden sollen, ist der Begriff ungeeignet und sollte durch **‚Früherkennungssysteme'** ersetzt werden.

In Anlehnung an *Rieser* (1978, S. 57ff.) lassen sich folgende Frühindikatoren unterscheiden.

**Externe Frühindikatoren:**
- ökonomische Indikatoren
  (z. B. ökonometrische Modelle, Konjunkturindikatoren)
- Indikatoren der Marktentwicklung
  (z. B. Expertenbefragung, Marktforschung)
- technologische Indikatoren
  (z. B. Patente, Messen, Ausstellungen, Forschungsförderung)
- soziale Indikatoren
  (z. B. Fruchtbarkeit, Sterblichkeit, Migration, Einstellungen, Werthaltungen)
- politische Indikatoren
  (z. B. Gesetzgebung, Parteiprogramme).

**Interne Frühindikatoren:**
- finanzwirtschaftliche Kennzahlen (z. B. Rentabilität)
- produktionswirtschaftliche Kennzahlen (z. B. Ausschußrate)
- absatzwirtschaftliche Kennzahlen (z. B. Reklamationsrate)
- personalwirtschaftliche Kennzahlen (z. B. Fluktuation, Absentismus).

Zu 3) Motive und Werte

Neben dem angestrebten *‚fit'* zwischen externen Chancen und Risiken und den internen Stärken und Schwächen soll die zu entwickelnde Strategie mit den **Motiven und Werten** des Top Managements vereinbar sein. Hier sind Fragen der Managementphilosophie im allgemeinen und des Planungsklimas im besonderen angesprochen, die Beweggründe dafür, daß eine Unternehmung gegründet und betrieben und die Art und Weise wie sie geplant und geführt wird. Erfolg und Mißerfolg eines jeden formalen Planungssystems hängen von dem jeweiligen **Planungsklima** ab, das in der Organisation vorherrscht (vgl. auch das Kontrollklima S. 374 der Arbeit). Das Planungsklima, die Summe aller Wahrnehmungen von Werten, Motiven und Einstellungen der am Planungsprozeß Beteiligten hinsichtlich des Planungssystems, wird in der neueren Literatur verstärkt problematisiert (z. B. *Nurmi* 1976, *Zahn* 1981, *Higgins* 1981). Beklagt wird u. a. ein dem strategischen Denken entgegengesetztes kurzfristiges Profitdenken, was sich gerade in Krisenzeiten im „Geschäftemachen" und einem fehlenden Unternehmertum offenbart. Gewarnt wird auch vor einem Überschätzen formaler Systeme: „Ohne ein angemessenes Planungsklima produzieren selbst die ausgefeiltesten Planungsmethoden nur Berge von Papier, die keinerlei Einfluß darauf haben, wie die Verhältnisse sein werden oder sein sollten" (*Nurmi* 1976, S. 48); „Effektive strategische Planung setzt eine planungsfreundliche Atmosphäre voraus, und diese ist

*Abb. 4.5:* Quellen strategischer Informationen

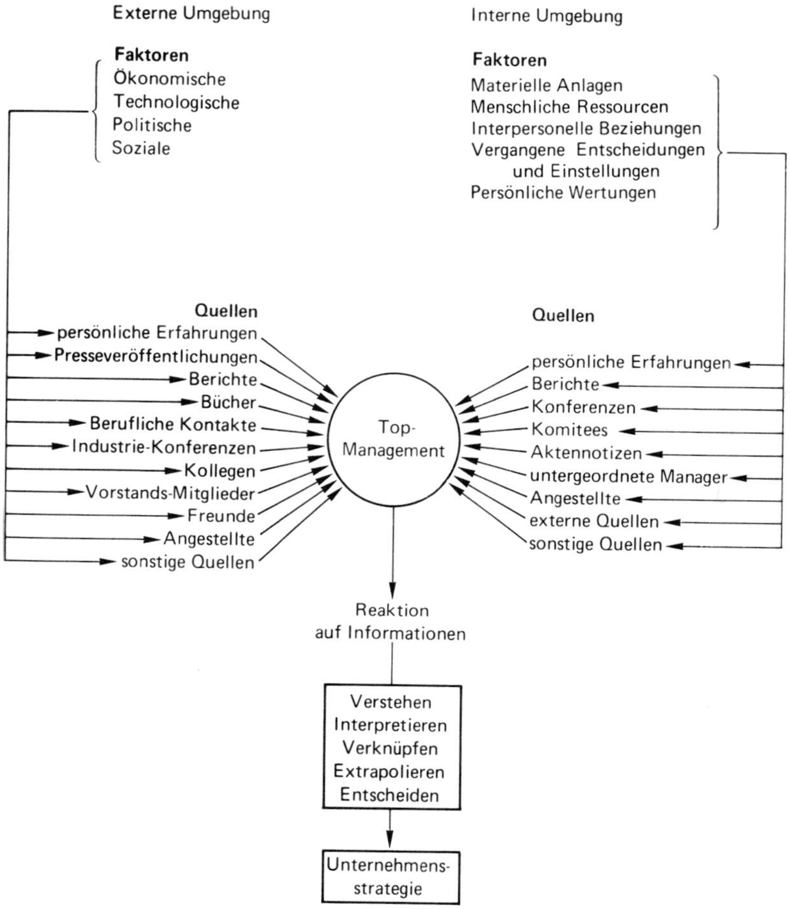


*Quelle: Aguilar* 1967, S. 11

sogar höher einzuschätzen als ein formales Planungssystem“ (*Zahn* 1981, S. 163).

Unter dem Einfluß veränderter ethischer, religiöser, rechtlicher und sozialer Normen sowie unter dem Druck externer Interessengruppen, wie Gewerkschaften, Verbraucher, Staat, haben sich auch die Wertsysteme der verantwortlichen Entscheidungsträger in Unternehmungen geändert und zu einer verstärkten Anerkennung sozialer und gesellschaftlicher Verantwortung bei der Strategieformulierung geführt (vgl. hierzu ausführlich Abschnitt V).

Zu 4) Konsistenztest

Hier wird untersucht, ob die gegenwärtige Strategie eine optimale Verknüpfung zwischen 1, 2 und 3 darstellt (**Konsistenztest**). Im einzelnen sind folgende Fragen zu beantworten (*Andrews* 1971, S. 48ff. sowie *Porter* 1983, S. 19f.):

- Ist eine Strategie erkennbar, und ist deren Existenz verbal oder durch Handlungen bewußt gemacht worden?
- Berücksichtigt die Strategie alle Möglichkeiten, die der inländische und internationale Markt heute und in der Zukunft bietet?
- Ist die Strategie konsistent mit den gegenwärtigen und zukünftigen Ressourcen der Unternehmung?
- Sind die einzelnen Teilstrategien und Politiken untereinander konsistent?
- Ist der gewählte Risikograd vereinbar mit den ökonomischen und personellen Gegebenheiten?
- Entspricht die Strategie dem Wertsystem der Top Manager?
- Entspricht die Strategie dem Grad an Verantwortung, den man der Gesellschaft gegenüber empfindet?
- Stellt die Strategie einen deutlich erkennbaren Anreiz zur engagierten Mitarbeit aller dar?
- Gibt es Frühindikatoren aus der Umwelt über den Erfolg der Strategie?

Nachdem der Konsistenztest abgeschlossen ist, gilt es zu prüfen, ob und inwieweit die neue Strategie mit den bereits bestehenden Strategien sowie der historischen Entwicklung der Organisation kompatibel ist (vgl. *Mintzberg* 1978, S. 937). Dabei bezieht man sich in erster Linie auf unternehmungspolitische Grundsätze und Richtlinien (s. Punkt 6).

Zu 5) Ziele

Unter einem **Ziel** versteht man den zukünftigen Zustand einer Unternehmung, der von den Eigentümern bzw. vom Management als erstrebenswert angesehen wird. Damit Ziele für das Bereichs- und operative Management handhabbar und letztlich handlungsrelevant werden können, werden folgende **Anforderungen an Ziele** bzw. Zielsysteme gestellt:

- Quantifizierung
- Operationalität
- Konsistenz und Kompatibilität
- Autorisierung, schriftliche Formulierung und organisationsweite Bekanntmachung (vgl. S. 124f. der Arbeit).

Zu 6) Politiken/Richtlinien

Während Ziele einen erwünschten, angestrebten Zustand der Unternehmung in der Zukunft beschreiben, beziehen sich unternehmungspolitische **Grundsätze und Richtlinien** nicht auf einen Zeitpunkt, sondern gründen auf langfristig gültigen Normen und Verhaltensvorschriften, an die sich alle Organisationsmitglieder gebunden fühlen. Solche Grundsätze, die häufig in einem ‚Policy Book' festgehalten werden, umfassen etwa:

- Produktpolitik (z. B. Häufigkeit des Designwechsels)
- Preispolitik (z. B. Grundsätze über Preisnachlässe)
- Marketingpolitik (z. B. Grundsätze über Werbung)

- Produktions- und Einkaufspolitik (z. B. Wartungs- und Ersatzpolitik, Eigenfertigung vs. Fremdbezug)
- Finanzpolitik (z. B. Finanzierungsregeln)
- Personalpolitik (z. B. Grundsätze der Beförderung, Führungsrichtlinien).

Zu 7) Mittel und Wege

Im Rahmen der Strategie im engeren Sinn (Mittelwahl zur Erreichung vorgegebener Ziele) sind die konkreten, zeitlich abgestimmten **Aktionen** zu planen und Entscheidungen über den Einsatz von Ressourcen (Kapital, Material, Informationen, Menschen) hinsichtlich Quantität, Qualität, Zeit, Ort und Intensität zu treffen, um die Unternehmungsziele unter Beachtung obiger Grundsätze und Richtlinien zu erreichen.

Im einzelnen geht es um folgende Entscheidungen:

1. Bestimmung der Produkt/Markt-Kombinationen
2. Auswahl der Mittel und Verfahren (z. B. F+E-Methoden, Produktions- und Vertriebsstruktur)
3. Zuteilung von Ressourcen
4. Festlegung der Hauptaktionsschritte (operative Planung)
5. Festlegung von Kriterien und Standards zur Bewertung der Schritte.

## III. Arten von Strategien

Je nach der Ebene, für die die Strategie Gültigkeit haben soll, unterscheidet man

- **Unternehmungsstrategien** (integrierte Gesamtstrategien), wie z. B.
  - Überlebens- bzw. Defensivstrategien (am status quo orientiert)
  - Wachstums- bzw. Aggressionsstrategien (am potentiellen Marktwachstum orientiert)
- **Geschäftsbereichsstrategien**
- **Funktionalstrategien,** wie z. B.
  - Marketingstrategien
  - Finanzstrategien
  - Produktionsstrategien

Eine Analyse einzelner Funktionalstrategien würde hier zu weit führen (vgl. *Meier* 1983). Ich verweise in diesem Zusammenhang auf die einschlägige Literatur zu den Funktionsbereichslehren der Betriebswirtschaftslehre. Globale Pläne für die gesamte Unternehmung finden sich heute meist nur noch in Unternehmungen, die nach dem Verrichtungsprinzip (Funktionalorganisation) gegliedert sind. In den heutigen mehr oder weniger stark diversifizierten Unternehmungen finden wir eine Geschäftsbereichs- oder Spartenorganisation vor (vgl. zu diesen Organisationsformen Abschnitt 5 B IV), die es aufgrund der unterschiedlichen Produkt/Markt-Felder, auf denen diese Unternehmungen agieren, erforderlich macht, daß Strategien auf Geschäftsbereichsebene entwickelt werden. Neuere Strategiekonzepte, wie der Portfolio-Ansatz (vgl. S. 380ff.), machen es geradezu zwingend erforderlich, **strategische Geschäftseinheiten** zu bilden. Die Schaffung solcher Geschäftseinheiten erweist sich als vorteilhaft, wenn folgende Voraussetzungen gegeben sind:

- eigenständige Marktaufgabe
- ausreichendes Marktpotential
- identifizierbare(r) Konkurrent(en)
- relative Autonomie der organisatorischen Einheit (kaum Überschneidungen mit anderen Geschäftsbereichen)
- effizientes Management, das eigenverantwortlich eine Geschäftsbereichsstrategie formulieren und realisieren kann.

Die folgenden Ausführungen beziehen sich auf Unternehmungsstrategien, bei Vorliegen einer Funktionalorganisation, und auf Geschäftsbereichsstrategien, bei Vorliegen einer Spartenorganisation.

Während bis Ende der 70er Jahre Wachstumsstrategien eindeutig im Vordergrund standen, gewinnen in einer wirtschaftlichen Situation, die gekennzeichnet ist durch

- sinkende Wachstumsraten, Marktsättigung, Unterauslastung der Kapazitäten
- Strukturprobleme (z. B. Kohle, Stahl, Werften)
- Massenarbeitslosigkeit
- Unternehmenszusammenbrüche

**Überlebensstrategien** immer mehr an Bedeutung. *Scholz* (1984) spricht in diesem Zusammenhang von strategischem Rezessionsmanagement. D. h. jedoch nicht, daß etwa in Wachstumsbranchen (z. B. Mikroelektronik) Wachstumsstrategien nicht nach wie vor aktuell wären.

Für die Situation einer **schrumpfenden Branche** empfiehlt *Porter* (1983, S. 334ff.) folgende strategische Alternativen:

- Marktbeherrschung (Schaffen bzw. Verteidigen einer marktbeherrschenden Position mit dem Ziel, letzlich als einziger Anbieter im Restmarkt zu verbleiben)
- Nische (Schaffen bzw. Verteidigen einer dominierenden Position zumindest in einem Marktsegment)
- Abschöpfung (systematische Desinvestition in Form eines geordneten Rückzugs aus dem Markt)
- Schnelle Liquidation (sofortiger Verkauf in der Frühphase des Niedergangs).

Zur Darstellung der strategischen Alternativen bei (potentiell) **wachsenden Branchen** hat sich folgende Matrix bewährt (Abb. 4.6 auf S. 352).

Bei der **Marktdurchdringung** geht es um eine intensivere Bearbeitung des bestehenden Marktes und zwar sowohl durch eine Steigerung der Absatzmenge je Abnehmer als auch eine Erhöhung der Abnehmerzahl.

*Abb. 4.6:* Produkt/Markt-Strategien

| Produkt \ Markt | gegenwärtig | neu |
|---|---|---|
| gegenwärtig | Konservation, Marktdurchdringung | Expansion, Marktentwicklung |
| neu | Innovation, Produktentwicklung | Diversifikation |

*Quelle:* In Anlehnung an *Ansoff* 1966, S. 132.

Die **Marktentwicklung** zielt auf eine Erschließung neuer regionaler Märkte (z. B. Exportmärkte) und/oder neuer Branchen durch Entwicklung neuer Anwendungsmöglichkeiten für die bestehenden Produkte.

Diese ersten beiden Strategien zielen vor allem auf die Ausnutzung des Erfahrungskurveneffektes (vgl. S. 378), wonach die Stückkosten bei steigenden Produktionsmengen abnehmen. Daneben kann durch Produktdifferenzierung und Konzentration auf Marktnischen versucht werden, so etwas wie Einzigartigkeit des Produktes zu erreichen, wodurch die Markteintrittsbarrieren für neue Anbieter erhöht werden.

Unter **Produktentwicklung** versteht man das Angebot von neuen Produkten auf bereits vorhandenen, dem Anbieter vertrauten Märkten.
Ansatzpunkte für die **Entwicklung neuer Produkte** können sein:
- Produktorientierung: von vorhandenen Produkten ausgehen
- Rohstofforientierung: von bekannten Rohstoffen (z. B. Glas, Holz) ausgehen
- Technologieorientierung: von bekannten Verfahren (z. B. Gießen, Kleben) ausgehen
- Problemorientierung: von verwandten Problemen (z. B. alles, was man verpacken kann) ausgehen
- Kundenorientierung: von bekannten Kunden und deren (neuen) Bedürfnissen ausgehen.

Was die marktliche Verwertung technologischer Innovationen anbetrifft, unterscheiden *Ansoff/Stewart* (1981) vier auf empirisch-induktive Weise gewonnene Typen von **Markteintrittsstrategien:**
- Pionier
- Nachahmer
- Marktnischeneroberer
- billiger Massenproduzent.

Als anspruchsvollste Wachstumsstrategie gilt nach wie vor die **Diversifikation,** da die Unternehmung sich hier am weitesten von ihr vertrauten Produkt/Markt-Kombinationen entfernt. Je nach dem Grad der gewählten Ferne zum bestehenden Produkt/Markt-Feld unterscheidet man zwischen horizontaler, vertikaler und lateraler Diversifikation.

*Horizontale* Diversifikation heißt die Entwicklung neuer Produkte für neue Märkte, wobei die Produkte noch im sachlichen Zusammenhang zu den bisher verwandten Rohstoffen, Produktionsverfahren oder Vertriebswegen stehen (z. B. Milch und Wein).

*Vertikale* Diversifikation heißt die Aufnahme der Herstellung von Vorprodukten (input) für den eigentlichen Produktionsprozeß (Rückwärtsintegration) und/oder die Übernahme nachgelagerter (output) Produktions- oder Handelsstufen (Vorwärtsintegration), z. B. Kohle-Stahl-Draht-Nägel.

*Laterale* Diversifikation bedeutet idealtypisch die Aufgabe jeglichen Bezugs zu den vertrauten Produkten und Märkten. Hier spielt vor allem das Argument der Risikostreuung eine Rolle, d. h. das gesamte investierte Kapital soll sich auf möglichst voneinander unabhängige Produkt/Markt-Felder verteilen (z. B. Fernsehapparate und Autovermietung).

Die vor allem in den USA der 60er Jahre anzutreffende Euphorie hinsichtlich der Stärken einer lateralen Diversifikation, die zur Bildung von großen internationalen Mischkonzernen (conglomerates) geführt hat, ist inzwischen einer nüchternen, realistischeren Einschätzung dieser Strategie (vor allem ihrer Schwächen) gewichen. Es hat sich nämlich herausgestellt, daß der **Synergieeffekt**[1] hier, wenn überhaupt, nur im Managementbereich zu erzielen ist. Dieser geht davon aus, daß ein hochqualifiziertes General Management zusammen mit einem Stab von Spezialisten im Bereich Finanzen, Kostenrechnung und Marketing jedem Produkt auf jedem Markt zum Erfolg verhelfen könne.

Kostenrelevante **Synergieeffekte** ergeben sich aber erfahrungsgemäß vor allem im

- **Produktionsbereich** (bessere Auslastung bestehender Fertigungskapazitäten, Kostendegression)
- **Absatzbereich** (bessere Auslastung des bestehenden Vertriebssystems gemeinsame Lagerhaltung und Werbung)
- **Beschaffungsbereich** (bessere Auslastung der bestehenden Einkaufsorganisation; große Einkaufsmengen stärken die Verhandlungsposition, was zu günstigeren Preisen und Konditionen führt).

Zur **Realisierung neuer Produkt/Markt-Strategien** bieten sich folgende Möglichkeiten an (vgl. z. B. *Zahn* 1971, *Küting* 1980):

- Eigenentwicklung (eigene Entwicklung, Herstellung und Vertrieb neuer Produkte)
- Lizenznahme (eigene Herstellung und Vertrieb, keine Entwicklung)
- Entwicklungsauftrag an Dritte (fremde Entwicklung, eigene Herstellung und Vertrieb)

---

[1] Synergie: Die Addition verschiedener Ertragspotentiale ergibt einen die Summe übersteigenden Mehrertrag, 2 + 2 = 5 – Effekt.

- Aufnahme von Handelsware (Vertrieb über eigene Absatzorganisation)
- Kooperation mit anderen Unternehmungen (Arbeitsteilung in Entwicklung und Produktion)
- Beteiligungserwerb (Kauf von Teilen oder ganzen Unternehmungen mit entsprechendem know how).

## IV. Die Entwicklung zum strategischen Management

Die vielfältigen Entwicklungen in den Umwelten der Unternehmungen (vgl. hierzu Abschnitt 7 BI der Arbeit) haben diese dazu veranlaßt bzw. gezwungen, ihr strategisches Verhalten entsprechend zu modifizieren. Es ist vor allem den Arbeiten von *Igor Ansoff* (1965, 1976, 1978, 1979) zu danken, daß wir heute über ein profundes Wissen über die Interdependenzen zwischen Umweltentwicklungen und dem strukturellen und personalen Wandel in Organisationen verfügen. Abb. 4.7 gibt einen Überblick über diese Entwicklungen.

Bei relativ stabilen internen und externen Verhältnissen lag die Betonung auf der Vergangenheit und auf Kontrolle. Die bevorzugten Management-Systeme waren:

- **Richtlinien und Vorschriften** (Routinisierung und Standardisierung der Anpassung an stabile Verhältnisse; hier kann noch nicht von Planung gesprochen werden, sondern allenfalls von Richtlinienformulierung)
- **Finanzkontrolle** (Ex post-Analyse der Ursachen von Veränderungen in ökonomischen Größen, und Einleiten von Korrekturmaßnahmen).

In Europa kann die Kameralistik mit ihrem Denken in Etats und Sollanweisungen mit anschließender Kontrolle als Vorläufer einer betriebswirtschaftlichen Planung angesehen werden (*Schneider* 1981b, S. 197, *Klausmann* 1983, S. 45). In der frühen betriebswirtschaftlichen (zu jener Zeit: handelswissenschaftlichen) Literatur wurde der Planung keinerlei Bedeutung beigemessen. Erst mit dem Entstehen einer ‚neueren' Betriebswirtschaftslehre ab 1918 entwickelte sich im Zuge einer Renaissance kameralistischen Etatdenkens und einer Zunahme wirtschaftspolitischer Dirigismen das Planungsdenken in Deutschland und zwar in folgenden Bereichen (*Klausmann* 1983, S. 53):

- Kostenrechnung
- Rechnungslegung
- zielorientierte Unternehmungspolitik.

Mit zunehmender Instabilität der Märkte erfolgte eine Abkehr von der Vergangenheitsanalyse und die Hinwendung zu extrapolierten Zukunftsentwicklungen. Die bevorzugten Management-Systeme waren:

*Abb. 4.7:* Entwicklung von Management-Systemen

| Zeit | 1900 | 1930 | 1950 | 1980 |
|---|---|---|---|---|
| Umwelteinflüsse / Strategische Informationen hinsichtlich | Befriedigung der Grundbedürfnisse, Wachstumsanstieg | Eingehen auf Kundenwünsche, Wachstumsabschwächung | Internationalisierung, Technologieausweitung, Wachstumsstillstand | weltweiter Wettbewerb, Stagflation, soziopolitischer Druck, Grenzen des Wachstums |

| Zeithorizont | Wandel | Management-System | Ausprägungen |
|---|---|---|---|
| Vergangenheit | stabil | **Kontrolle** | Organisationshandbuch Regeln/Vorschriften; Finanzkontrolle |
| Vergangenheit | inkremental | **Kontrolle** | |
| Zukunft | vertraute Diskontinuitäten | **Planung** | Budgetierung; Management by Objectives; Langfristplanung; Strategische Planung |
| Zukunft | neuartige Diskontinuitäten | **Systemdenken** | Strategisches Management |
| Zukunft | schwache Signale | **Flexibilität** | Issue Management |
| Zukunft | unvorhersehbare Überraschungen | **Flexibilität** | Krisenmanagement |

*Quelle: Ansoff* 1978, S. 8

- **Budgetierung** (Vorgabe von Soll-Werten für eine zukünftige Planungsperiode)
- **Management by Objectives** (Vereinbarung von Zielen auf der Grundlage von Extrapolationen aus der Vergangenheit)
- **Langfristplanung** (Ausgehend von langfristig extrapolierten Zielen werden Aktionsprogramme und Budgets entwickelt)
- **Strategische Planung** (hier erfolgt erstmals eine Abkehr von der internen Analyse und der Extrapolation hin zu einer Umweltanalyse, der Identifikation von Chancen und Risiken in der Umwelt. Umweltinformationen über Chancen/Risiken werden in interne Pläne, Programme und Budgets umgewandelt).

Ab 1970 lassen sich keine extrapolierfähigen Trends mehr erkennen, sondern Diskontinuitäten[2] sind typisch für fast alle Umweltentwicklungen (z. B. neuartige Regierungs-, Gewerkschafts-, Konsumentenaktionen). Von stabilen Umwelten kann nicht mehr die Rede sein. Marktsättigung, politische und gesellschaftliche Veränderungen erschweren die Unternehmungsplanung. Schwer vorhersehbare Ereignisse, plötzlich auftauchende Bedrohungen, aber auch Chancen sorgen für ständige Überraschungen in den Organisationen (vgl. z. B. Ölkrise, Mikroprozessoren, ökologische Probleme). Diese Entwicklungen sind mit den klassischen ‚scanning'-Techniken, die die Umwelt und interne Organisation nach starken Signalen absuchen, nicht rechtzeitig auszumachen. Aus diesen Gründen muß frühzeitig nach **schwachen Signalen** (weak signals) geforscht werden, um Probleme bereits im Entstehungsstadium aufgreifen zu können (*Ansoff* 1976, *Picot* 1981, S. 566ff.; zur Kritik vgl. *Arnold* 1981). *Ansoff* (1976) unterscheidet dabei fünf Stufen der Unsicherheit (States of Ignorance):

1. Gefühl der Bedrohung/Chance vorhanden
2. Quelle für Bedrohung/Chance bekannt
3. konkrete Angaben über Bedrohung/Chance bekannt
4. Reaktionsmöglichkeiten bekannt
5. Konsequenzen von Reaktionen bekannt,

denen er unterschiedliche Reaktionsstrategien zuordnet (direkte Aktion, interne Bereitschaft, Herstellung von Flexibilität – intern und extern, Herstellung von Wachsamkeit – intern und extern). Die Antizipation von Problemen/Chancen aufgrund schwacher Signale wird in der deutschsprachigen Literatur in letzter Zeit verstärkt unter dem Begriff ‚Früherkennungssysteme' diskutiert (vgl. S. 346 und die dort angegebene Literatur).

Die bevorzugten Management-Systeme in dieser Entwicklungsphase sind:

- **Strategisches Management** (Die externe Analyse der strategischen Planung wird ergänzt durch eine interne Anapssungsstrategie von Organisation und Management) (Systemdenken)

---

[2] Der Begriff ‚discontinuity' i. S. von Unstetigkeit, Zusammenhangslosigkeit stammt von *P. Drucker* (1969).

- **Problemmanagement** (Analyse strategisch wichtiger Sachverhalte neben rein ökonomischen Daten; vor allem sozialpsychologische, politische und gesellschaftliche Daten)
- **Krisenmanagement** (Wenn die Zeit, die verbleibt, um strategisch zu antworten, kürzer ist, als diejenige, die das zur Zeit bestehende Management-System zur Reaktion benötigt, wird Krisen-Management erforderlich).

Die gravierendste Schwerpunktverschiebung in der gesamten Entwicklung von Management-Systemen ist m. E. diejenige von der strategischen Planung zum strategischen Management (siehe auch *Ansoff* et al. 1976). Sie basiert nach *Ansoff* auf dem Grundgedanken der geplanten Evolution, wonach sich die Evolution in einer Folge überschaubarer, kleiner Schritte vollzieht (vgl. auch das Konzept der fortschrittsfähigen Organisation in *Kirsch/Esser/Gabele* 1979 sowie *Kirsch* 1981 b). Genauso wie Marketing nicht einen Funktionsbereich in der Unternehmung darstellt, wie z. B. Finanzierung und Produktion, sondern ein die gesamte Organisation durchdringendes unternehmungspolitisches Konzept, ist **strategisches Management** eben nicht eine neue Variante der Unternehmungsplanung, sondern ein Konzept, das externe strategische Planung und interne Organisationsstrukturierung (Organisationsentwicklung) als gleichberechtigte und interdependente Bereiche integriert. Dieser Paradigmawechsel signalisiert auch eine Abkehr von der einseitigen Auffassung von *Chandler* (1962) – Struktur folgt der Strategie –, und läßt auch den umgekehrten Zusammenhang – Strategie folgt der Struktur – sinnvoll erscheinen (vgl. S. 427f. der Arbeit). *Ansoff* (1976) belegt diese neue Entwicklung mit Beispielen (General Electric, Sears) und sieht darin eine Bestätigung der Eigenständigkeit der internen Struktur gegenüber extern-orientierter Planung. Die Sequenz

**strategische Planung → interne Anpassung → Handlung**

läßt sich auch umkehren

**interne Bereitschaft → strategische Planung → Handlung**

(siehe auch *Gabele* 1979, 1981).

Damit rückt nach einer Zeit der Überbetonung externer Umweltorientierung wieder die interne Kompetenz der Organisation sowie das dialektische Spannungsverhältnis von externer Orientierung und interner Kompetenz aus evolutionstheoretischer Sicht in den Mittelpunkt der Analyse (*Jantsch* 1975, *Sprüngli* 1981, *Müller* 1981). *Ansoff* (1978) hat hierfür ein ‚corporate capability'-Konzept entwickelt, das dazu dienen soll, die Leistungsfähigkeit der internen Struktur zu analysieren bzw. zu verbessern, um die nach außen gerichteten strategischen Aktionen zu unterstützen. ‚Corporate capability', speziell die **Management-Kompetenz,** läßt sich anhand von zehn Komponenten (z. B. Problemlösungs- und Führungsfähigkeiten, Organisationsstruktur und Informationssystem) erfassen und auf ihre situative Eignung (preparedness) für externe Anforderungen hin überprüfen.

Ein solches Konzept eignet sich nach *Ansoff* (1978)

- zur Diagnose des Ist-Zustandes, speziell des ‚fit' zwischen externen Anforderungen und interner Management-Kompetenz, und
- zur Beantwortung der Frage, ob ein internes Gleichgewicht besteht, d. h. ob die Lösungen, die die Organisation für ihre Problembereiche gefunden hat, untereinander konsistent sind.

## V. Beachtung der gesellschaftlichen Verantwortung der Unternehmung bei der Strategieentwicklung

In der klassisch liberalen und neoliberalen Staats- und Wirtschaftsordnung konnte sich der Privatunternehmer lange Zeit als relativ autonom handelndes Wirtschaftssubjekt begreifen. Auch der von ihm angestellte Manager sah seine einzige Verantwortung dem Eigentümer (Aktionär) gegenüber, und das bedeutete, nachhaltige Gewinne zu erwirtschaften. Diese Haltung spiegelt sich in häufig zitierten Aussagen wider, wie „the business of business is profits", oder dem klassischen Ausspuch des ehemaligen Präsidenten von General Motors, *Wilson:* „What is good für General Motors is good for the Country". Sie wird heute noch von *Friedman* (1971) als Antwort auf die Forderung nach gesellschaftlicher Verantwortung der Geschäftswelt vertreten. Er ist der Auffassung, daß die Ausübung sozialer Verantwortung des Managements zu einer Vernachlässigung seiner eigentlichen markt- und gewinnbezogenen Aufgaben verleiten könnte. Für *Eells* (1960) stellt diese Auffassung (**Traditional Corporation**) das eine Ende eines Kontinuums möglicher Haltungen gegenüber der sozialen Verantwortung (social responsibility) dar. Das andere Ende bildet die **‚Metro Corporation'**, eine sozial verantwortungsvolle Unternehmung, deren Manager die legitimen Ansprüche der verschiedenen Interessengruppen zum Ausgleich bringen. Das klassische Konzept von *Eells* ist u. a. von *Walton* (1967) weiter ausdifferenziert worden und gilt zusammen mit dieser Arbeit auch heute noch als Standardwerk über ‚Corporate Social Responsibility' (vgl. *Zenisek* 1979).

### 1. Gesellschaftliche Ansprüche und Forderungen

In den letzten Jahrzehnten hat sich das gesellschaftliche Umfeld, in der die moderne Großunternehmung agiert, erheblich gewandelt. Die Tatsache, daß die großen Wirtschaftsorganisationen für die meisten (wenn nicht alle) Fehlentwicklungen und Probleme in den westlichen Industrienationen verantwortlich gemacht werden, führt dazu, daß im Sinne des Verursacherprinzips eine Fülle von Auflagen, neuen Anforderungen und Ansprüchen an sie herangetragen werden (vgl. z. B. *Sethi* 1971, 1979, *Steiner* 1971, *Gavin/Maynard* 1975, *McNulty* 1975, *Schröder* 1978, *Picot* 1977, *Böhm* 1979). Dieses sind neben der ‚klassischen' Verantwortung gegenüber Eigentümern und Gläubigern u. a.:

- **Verantwortung gegenüber dem Verbraucher**
  (bessere Aufklärung und Beratung; verbesserte Garantieleistungen; keine schädlichen Produktauswirkungen)
- **Verantwortung gegenüber den Arbeitnehmern**
  (Ausbildung, Umschulung, Beschäftigung von Arbeitslosen, Jugendlichen, Behinderten, keine Benachteiligung von Frauen, Gastarbeitern, Vorbestraften)
- **Verantwortung gegenüber der Region**
  (Bereitstellung von Transportmöglichkeiten; Neubau und Sanierung von Stadtteilen; Bereitstellung von Erholungsgebieten)
- **Verantwortung gegenüber der Gesellschaft**
  (umweltfreundliche Beschaffungs-, Produktions- und Vertriebssysteme, Vermeidung von Luft- und Wasserverschmutzung sowie von Lärmbelästigung, Recycling von Abfallprodukten, Verantwortung für neue Technologien und deren Folgen, bessere und rechtzeitige Information der Öffentlichkeit über die Unternehmung).

Der Einsatz von Kapital und Arbeit in Unternehmungen zum Zwecke der Leistungserstellung und -verwertung wird nicht mehr als die Privatangelegenheit einiger weniger Kapitaleigner und Manager angesehen, sondern aufgrund der dabei ausgeübten wirtschaftlichen, sozialen und politischen Macht als ein quasiöffentlicher Vorgang (vgl. z. B. *Steinmann* 1969, *Weihe* 1976, *P. Ulrich* 1977, *Schröder* 1978, *Weitzig* 1979). Da unternehmerische Macht primär eine Funktion der Organisationsgröße ist, konzentrieren sich die Vorschläge zur Institutionalisierung gesellschaftlicher Verantwortung primär auf die **Großunternehmung,** die über die Macht verfügt, weitgehend autonom zu handeln. Empirische Erhebungen belegen auch, daß die Anerkennung der Existenz einer gesellschaftlichen Verantwortung durch die Unternehmung mit wachsender Organisationsgröße zunimmt (vgl. *Böhm* 1977, 1979).

Obwohl in amerikanischen Business Schools (vor allem Harvard Business School) schon frühzeitig auf diese Entwicklungen hingewiesen wurde, und in Business Policy-Kursen die Studenten zur Berücksichtigung gesellschaftlicher Ansprüche bei der Formulierung der Unternehmungsstrategie angehalten werden (vgl. S. 342), zeigte sich die **Management-Praxis** von den neuen Anforderungen überrascht. Daher wird verständlich, daß alle von den Unternehmungen selbst entwickelten Konzepte der gesellschaftlichen Verantwortung (corporate social responsibility) *reaktiv* aus einer Verteidigungsposition heraus entstanden sind, einmal um externe Kritik abzuwehren und zum anderen, um weitergehenden staatlichen Eingriffen in den unternehmerischen Entscheidungsspielraum zuvorzukommen. Das verstärkte gesellschaftspolitische Engagement der Großunternehmungen läßt sich auch mit Hilfe des **‚iron**

**law of responsibility**' erklären, das in seiner allgemeinen Fassung behauptet, daß jede Institution im Laufe der Zeit diejenige Macht verliert, die sie nicht verantwortungsvoll einsetzt (vgl. *Davis/Blomstrom* 1971, S. 95). Auf die hier diskutierte Problematik bezogen heißt das: Wenn die Unternehmungen nicht die von ihr erwartete soziale Verantwortung übernehmen, wird es eine andere Institution (hier: der Staat) tun.

Auf welchen Ebenen Unternehmungen soziale Verantwortung zeigen können, ist in dem mehrstufigen Konzept von *P. Ulrich* (1977) anschaulich dargestellt (vgl. Abb. 4.8).

*Abb. 4.8:* Mehrstufige Konzeption der „sozialen Verantwortung der Unternehmung"

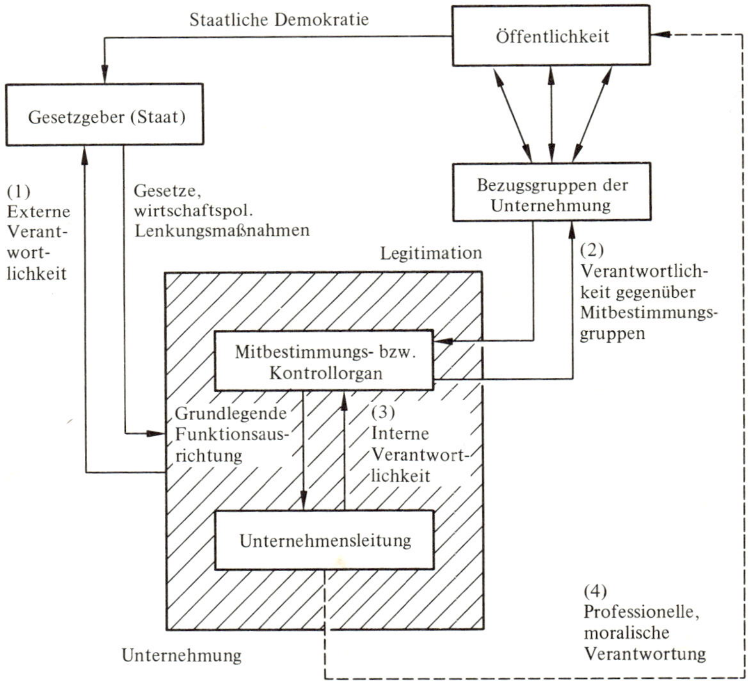


*Quelle: P. Ulrich* 1977, S. 224

*1. Stufe:* Externe Verantwortlichkeit gegenüber dem Staat (Einhaltung von Gesetzen, Geboten, Vorschriften)

*2. Stufe:* Externe Verantwortlichkeit gegenüber den Mitbestimmungsgruppen (Kapitalvertreter, Arbeitnehmervertreter, Öffentlichkeitsvertreter)

*3. Stufe:* Interne Verantwortlichkeit gegenüber dem Mitbestimmungsorgan (= Verwaltungsrat bzw. Aufsichtsrat, Betriebsrat)

*4. Stufe:* Moralische Verantwortung der Unternehmensleitung gegenüber Öffentlichkeit und Staat (einschließlich Berufsethos).

## 2. Ansatzpunkte zur Berücksichtigung gesellschaftlicher Verantwortung

Die in Theorie und Praxis diskutierten Konzepte zur Berücksichtigung gesellschaftlicher Verantwortung lassen sich in zwei große Gruppen gliedern:
a) Formulierung von Verhaltensnormen und freiwillige Selbstkontrolle der Unternehmungen
b) Institutionalisierung der Interessenberücksichtigung und Kontrolle durch Dritte.

### *a. Verhaltenskodices*

Hiermit ist die Formulierung rechtlich unverbindlicher ethischer und moralischer Standards gesellschaftlich-sozialen Wohlverhaltens gemeint, deren Beachtung zu einer Selbstbeschränkung des Managements bei der Ausübung wirtschaftlicher Macht führt. Typisch für einen solchen Verhaltenskodex ist das **‚Davoser Manifest'**, das am Schlußtag des Dritten Europäischen Management-Symposiums in Davos verabschiedet wurde (Februar 1973) (vgl. Abb. 4.9).

Zur Einschränkung bzw. Kontrolle der wirtschaftlichen Macht speziell internationaler Unternehmungen sind von drei überstaatlichen Organisationen Verhaltenskodices aufgestellt worden (vgl. *Staehle* 1983b):

- **OECD-Leitsätze**
  Der Ministerrat der Organisation für wirtschaftliche Zusammenarbeit und Entwicklung hat 1976 recht vage Verhaltensregeln für multinationale Unternehmungen formuliert. Fehlverhalten und Verstöße gegen die Leitsätze können (rechtlich konsequenzlos) von den Gewerkschaften und Mitgliedsstaaten der OECD gemeldet werden.
- **Dreier-Erklärung der ILO**
  Der Verwaltungsrat der Internationalen Arbeitsorganisation hat 1977 eine dreigliedrige Grundsatzerklärung (Arbeitgeber, Arbeitnehmer, Staat) über multinationale Unternehmungen und Sozialpolitik angenommen. Regierungen, welche die Grundsatzerklärung ratifiziert haben, verpflichten sich, alle zwei Jahre nach Konsultation mit den nationalen Arbeitgeberverbänden und Gewerkschaften einen Bericht über die Einhaltung der Erklärung abzugeben.
- **Verhaltenskodex der UN**
  Der Wirtschafts- und Sozialrat der Vereinten Nationen hat 1977 eine Kommission für transnationale Unternehmungen eingesetzt, die einen Verhaltenskodex für internationale Unternehmungen entwickeln soll. Dieser ist bis heute (1985) noch nicht verabschiedet.

*Abb. 4.9:* Das Davoser Manifest

A. Berufliche Aufgabe der Unternehmensführung ist es, Kunden, Mitarbeitern, Geldgebern und der Gesellschaft zu dienen und deren widerstreitende Interessen zum Ausgleich zu bringen.

B. 1. Die Unternehmensführung muß den Kunden dienen. Sie muß die Bedürfnisse der Kunden bestmöglich befriedigen. Fairer Wettbewerb zwischen den Unternehmen, der größte Preiswürdigkeit, Qualität und Vielfalt der Produkte sichert, ist anzustreben.
Die Unternehmensführung muß versuchen, neue Ideen und technologischen Fortschritt in marktfähige Produkte und Dienstleistungen umzusetzen.

2. Die Unternehmensführung muß den Mitarbeitern dienen, denn Führung wird von den Mitarbeitern in einer freien Gesellschaft nur dann akzeptiert, wenn gleichzeitig ihre Interessen wahrgenommen werden. Die Unternehmensführung muß darauf abzielen, die Arbeitsplätze zu sichern, das Realeinkommen zu steigern und zu einer Humanisierung der Arbeit beizutragen.

3. Die Unternehmensführung muß den Geldgebern dienen. Sie muß ihnen eine Verzinsung des eingesetzten Kapitals sichern, die höher ist als der Zinssatz auf Staatsanleihen. Diese höhere Verzinsung ist notwendig, weil eine Prämie für das höhere Risiko eingeschlossen werden muß. Die Unternehmensführung ist Treuhänder der Geldgeber.

4. Die Unternehmensführung muß der Gesellschaft dienen.
Die Unternehmsführung muß für die zukünftigen Generationen eine lebenswerte Umwelt sichern.
Die Unternehmensführung muß das Wissen und die Mittel, die ihr anvertraut sind, zum Besten der Gesellschaft ausnutzen.
Sie muß der wissenschaftlichen Unternehmensführung neue Erkenntnisse erschließen und den technischen Fortschritt fördern. Sie muß sicherstellen, daß das Unternehmen durch seine Steuerkraft dem Gemeinwesen ermöglicht, seine Aufgabe zu erfüllen. Das Management soll sein Wissen und seine Erfahrungen in den Dienst der Gesellschaft stellen.

C. Die Dienstleistung der Unternehmensführung gegenüber Kunden, Mitarbeitern, Geldgebern und der Gesellschaft ist nur möglich, wenn die Existenz des Unternehmens langfristig gesichert ist. Hierzu sind ausreichende Unternehmensgewinne erforderlich. Der Unternehmensgewinn ist daher notwendiges Mittel, nicht aber Endziel der Unternehmensführung.

*Quelle: European Management Forum* 1973, S. 9f.

*Steinmann* (1973), – ebenso *Böhm* (1977), *Picot* (1977) – sehen in der Befolgung hoher ethischer Standards durch die Unternehmungsführung zwar eine notwendige, aber keine hinreichende Bedingung zur Ordnung der Machtausübung in der Wirtschaft. Solange die **Kontrolle** unternehmerischer Verantwortung nicht gewährleistet sei, werde die Idee der gesellschaftlichen Verantwortung, die *Steinmann* übrigens als eine ‚pseudo-normative Leerformel' qualifiziert, lediglich als Ideologie (Rechtfertigung, Verschleierung) Bedeutung gewinnen. Die oben vorgestellten Verhaltenskodizes haben mangels einer Rechtsverbindlichkeit lediglich den **Charakter ethischer und moralischer**

**Appelle** an ein Wohlverhalten, das sich in einer Selbstbeschränkung des Managements bei der Ausübung wirtschaftlicher Macht niederschlagen soll. Eine Einhaltung der Verhaltensregeln steht nur solange zu erwarten, solange deren Beachtung nicht elementare ökonomische Interessen gefährdet. Da außer dem öffentlichen Anprangern von Verstößen gegen die Grundsätze ‚guten unternehmerischen Verhaltens' kaum mit Sanktionen zu rechnen ist, fällt die Würdigung solcher Kodizes durch Vertreter des Managements auch recht positiv aus.

Zum Aufbau neuer Einstellungen, Werte und Verhaltensweisen beim Management ist eine entsprechende Neuorientierung der Schul-, Hochschul- und Weiterbildungscurricula erforderlich. All diese neuen Sozialisationsversuche werden jedoch nicht verhaltensrelevant, wenn entsprechende Verstärker ausbleiben. Konkret heißt das, wenn die traditionellen Selektions- und Belohnungskriterien für Manager unverändert bleiben, sind diese nicht motiviert, ein gesellschaftlich verantwortungsbewußtes Verhalten zu zeigen. *Ansoff* (1979b) hat diese Nebenbedingungen erkannt und in seinen Katalog neuer **Anforderungen an den gesellschaftlich engagierten Manager** aufgenommen (societal response capability):

- ideologische Neuorientierung, Akzeptanz von anderen Interessengruppen außer Kapitalgebern
- verbreitertes Informations- und Kommunikationssystem zur Aufnahme und Verarbeitung von Informationen aus Politik und Gesellschaft
- Verständnis für politische Prozesse und Fähigkeiten im politischen Handeln (z.B. Lobbyismus, Bargaining, Koalitionsbildung)
- Aufbau einer Infrastruktur für politisches Handeln
- Änderung des Lob-Tadel-Systems hin zu einer verstärkten Berücksichtigung gesellschaftlicher Probleme
- Änderung der Organisationsstruktur im Hinblick auf eine verstärkte Berücksichtigung gesellschaftlicher Probleme.

### *b. Institutionalisierte Verantwortung*

Verantwortung im institutionellen Sinn erfordert die Einhaltung rechtlich verbindlicher Normen; diese werden von neutralen Dritten kontrolliert und deren Nichtbefolgung sanktioniert. Ansätze zur Institutionalisierung gesellschaftlicher Verantwortung greifen unterschiedlich tief in den Handlungsspielraum der Unternehmung ein. Zur Zeit werden vor allem folgende Konzepte diskutiert (vgl. *Weihe* 1976, *Weitzig* 1979):

#### Technology Assessment

Technology Assessment beinhaltet die Analyse sekundärer und tertiärer Effekte (also nicht nur technischer und ökonomischer) von neuen Technologien und technologischen Entwicklungen auf alle Bereiche der Gesellschaft. Damit soll zur Umwelt- und Gesellschaftsfreundlichkeit von Verfahren und Produkten beigetragen und zu einer kritischen Einstellung gegenüber technischem ‚Fortschritt' überhaupt aufgerufen werden. Nicht jede Neuentwicklung ist ein ‚Fortschritt' unter dem Aspekt der Lebensqualität einer Bevölkerung. Eine Institutionalisierung dieser Forderungen nach verstärkter Berücksichtigung gesellschaftlicher Aspekte bei einzelwirtschaftlichen F+E- sowie Investitionsentscheidungen kann durch die Schaffung eines Amtes für ‚Technology Assessment' erfolgen, wie es in den USA schon geschehen ist (vgl. *Dickey* et al. 1973, *Hinterhuber/Kritzler* 1979).

### Gesellschaftsbezogene Rechnungslegung

Die Forderung, neben ökonomischen Entscheidungskriterien auch nichtökonomische Daten (gewonnen aus Ansprüchen der relevanten Interessengruppen der Organisation) zur Entscheidungsfindung und anschließenden Rechnungslegung heranzuziehen, hat in den USA zum Konzept des ‚corporate social accounting' und darauf aufbauend bei uns zur Erstellung von **‚Sozialbilanzen'** geführt. Eine Sozialbilanz wurde bei uns erstmals von der STEAG 1973 aufgestellt. Hierbei handelt es sich um ein ‚social audit', das in Analogie zum ‚financial audit' Daten über gesellschaftliche Auswirkungen der Geschäftstätigkeit einer Unternehmung erhebt, aufbereitet und nach innen und außen kommuniziert (vgl. Abb. 4.10 sowie *Davis/Blomstrom* 1971, *Dierkes* 1974, *Eichhorn* 1974, *Heymann* 1980, *Wysocki* 1981, *Schmidt* 1982).

Massive gewerkschaftliche Kritik an dieser Art der Rechnungslegung entzündete sich vor allem an der BASF-Sozialbilanz (1978), die zu den sozialen Folgen der im Berichtsjahr erfolgten Rationalisierungsmaßnahmen, Umgruppierungen und Entlassungen überhaupt nicht Stellung nahm. Entsprechend wurde sie vom BASF-Betriebsrat und der IG Chemie als Propagandaschrift abgetan. Aber auch die meisten anderen Sozialbilanzen haben primär den Charakter von PR-Maßnahmen, indem sie beabsichtigen, die Unternehmung gegenüber einer kritisch eingestellten Öffentlichkeit positiv darzustellen.

Ein Blick über die Grenzen der Bundesrepublik zeigt jedoch, daß bei Existenz einer eindeutigen rechtlichen Regelung eine Sozialbilanz wertvolle Informationen für Außenstehende geben kann. Seit 1978 besteht in Frankreich eine gesetzliche Verpflichtung für alle Unternehmungen ab einer bestimmten Größe, eine Sozialbilanz aufzustellen. Die französische Sozialbilanz richtet sich allerdings ausschließlich an die Arbeitnehmer und ihre betrieblichen Repräsentanten.

### Investitionslenkung

Aufgrund der Tatsache, daß einzelwirtschaftliche Investitionsentscheidungen in einer kapitalistischen Wirtschaftsordnung primär aufgrund privatwirtschaftlicher Rentabilitätsüberlegungen erfolgen und soziale Kosten externali-

*Abb. 4.10:* Managementsystem und gesellschaftlicher Kontrollmechanismus bei mehrdimensionaler Zielfunktion

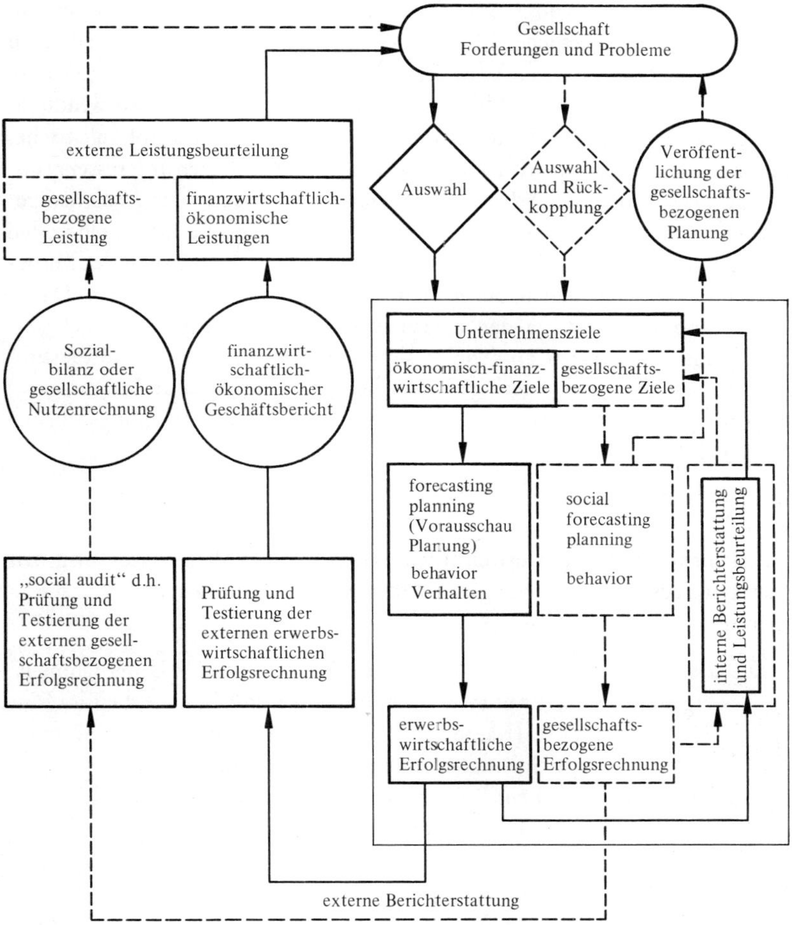


——— vorhanden

- - - - - als neue Elemente zu entwickeln

*Quelle: Dierkes/Kopman* 1974, S. 310

siert werden, ergeben sich Effekte, die unter gesamtwirtschaftlichen vor allem aber gesamtgesellschaftlichen Aspekten unerwünscht sind. Investitionslenkung soll zu einer Berücksichtigung übergeordneter Stabilitäts-, Struktur- und gesellschaftspolitischer Ziele neben den einzelwirtschaftlichen Zielen führen. Eine Institutionalisierung dieser Forderung kann durch die Schaffung einer staatlichen Stelle erfolgen, bei der Investititionsvorhaben angemeldet und nach Prüfung genehmigt werden (vgl. *Meissner* 1974).

### Mitbestimmung

Ein weiterer Ansatzpunkt zur Durchsetzung der Forderung nach Berücksichtigung gesellschaftlicher Belange bei unternehmerischen Entscheidungen wird in der Nutzung bzw. Ausweitung bestehender Mitbestimmungsgesetze gesehen. In der Bundesrepublik Deutschland haben wir eine **interessendualistische Verfassung** der Unternehmung und keine interessenpluralistische, und aus diesem Grund wird von anderen gesellschaftlichen Interessengruppen an die Gruppe der Arbeitnehmer bzw. ihre Vertreter das Ansinnen gerichtet, auch andere als unmittelbar arbeitnehmerbezogene Interessen in den Mitbestimmungsorganen zu vertreten. Dies soll auf allen Ebenen der Mitbestimmung (überbetrieblich, betrieblich, arbeitsplatzbezogen) erfolgen. Da die Mitbestimmungsrechte in den entscheidenden wirtschaftlichen Angelegenheiten am schwächsten ausgeprägt sind, ergeben sich aus der Mitbestimmungsgesetzgebung nur geringe Einwirkungsmöglichkeiten in Richtung auf eine mehr gesamtgesellschaftlich verantwortliche Unternehmungsführung (vgl. *Wächter* 1983).

## 3. Pluralistische Unternehmensverfassung als Voraussetzung für eine gesellschaftsbezogene Strategieentwicklung

Die oben angesprochene Einengung der z. Zt. bestehenden Unternehmensverfassung auf lediglich zwei Interessengruppen (Kapital und Arbeit im MitbestG 1976) bzw. auf drei (Kapital, Arbeit, öffentliches Interesse im Montan-MitbestG 1951) bei gleichzeitigem Interessenpluralismus in modernen Industriegesellschaften hat zu einer Vielzahl von **Reformvorschlägen** in Richtung auf eine pluralistische Verfassung geführt.

Die Notwendigkeit der Entwicklung dualistischer bzw. pluralistischer Verfassungsmodelle ergab sich aus der Weiterentwicklung des Allgemeinen Deutschen Handelsgesetzbuches, das noch stark im französischen Code de Commerce verwurzelt war, zum Handelsgesetzbuch (HGB) in den Jahre 1897 bis 1900. Das HGB trennt erstmals den Begriff des Unternehmens vom Kaufmannsbegriff und löst das Unternehmen aus dem Freiheitsbereich des Kaufmanns (vgl. *Raiser* 1969, S. 1). *Rathenau* (1918, S. 147ff.) entwickelt den Begriff des **‚Unternehmens an sich'**, dessen Binnenverfassung sich nicht mehr ausschließlich an den Interessen der Eigentümer orientiert. Diese zumindest interessendualistische Auffassung des Unternehmens fand ihren Niederschlag im Betriebsrätegesetz von 1920, das den Betriebsräten ein Informationsrecht im Aufsichtsrat und Mitwirkungsrechte auf Betriebsebene zusprach. Das **Interesse der Öffentlichkeit** floß erstmals mit der Novellierung des Aktiengesetzes im Jahre 1937 in die Unternehmensverfassung ein. Der § 70 AktG 1937 fordert, daß der Vorstand die Gesellschaft so zu leiten habe, „wie das Wohl des Betriebes und seiner Gefolgschaft und der gemeine Nutzen von Volk und Reich es fordern." Dieser Passus wurde nicht in die Neufassung des AktG 1965 übernommen, und seine Fortgeltung ist umstritten. Unumstritten ist jedoch, daß das Unternehmen als juristische Person der verfassungsrechtlichen Gemeinwohlbindung der Art. 2, 12, 14 und 20 GG unterliegt.

Im Jahre 1953 wurde die Forderung nach einer interessenpluralistischen Unternehmensverfassung, die sich vom interessenmonistischen Gesellschaftsrecht lösen sollte, vom Deutschen Juristentag erhoben (Bericht 1955). Die daraufhin vorgelegten Reformvorschläge des Juristentages wurden vom Gesetzgeber jedoch nicht aufgenommen. *Köhler* (1955, S. 721), der das Unternehmen als „interessenpluralistisch orientierte Wertschöpfungsveranstaltung mit volkswirtschaftlicher Leistungseinheit" charakterisiert, fordert eine Unternehmensverfassung, die sich an den Interessen der

- Gläubiger
- Lieferanten
- Öffentlichkeit
- Kapitalgeber
- Arbeitnehmer

orientieren soll. *Steinmann* (1969) legt ein Modell des interessenpluralistischen Unternehmens vor, das die Interessen der

- Kapitaleigner
- Arbeitnehmer
- Konsumenten
- Allgemeinheit

in einem Unternehmensrat berücksichtigen soll.

Ausgehend von einer Darstellung und Kritik bekannter Ansätze zur Beschreibung und Erklärung unternehmerischen Verhaltens gegenüber der Gesellschaft, wie

- Marktmodell (z. B. Theorie der ‚Countervailing Power' von *Galbraith* 1952),
- Treuhändermodell (z. B. ‚Human Concept' von *Dawson* 1969)
- Partnerschaftsmodell (z. B. ‚partnerschaftliche Mitbestimmung' der AGP[3])
- Koalitionsmodell (z. B. Interessenpluralistisches Investitionsmodell von *Sieben/Goetzke* 1976)
- Gesellschaftsbezogene Rechnungslegung (z. B. Sozialbilanz)
- Arbeitsorientierte Einzelwirtschaftslehre (z. B. Investitionslenkung)

schlägt auch *Weitzig* (1979) eine Reform der Unternehmensverfassung vor. Aufbauend auf umfangreichen Vorarbeiten für eine interessenpluralistische Unternehmensverfassung plädiert er für ein Modell, das für Größtunternehmen (über 5000 Beschäftigte) folgende Mitbestimmungsinteressen im Unternehmensrat (Mitbestimmungsorgan) vertreten sieht:

---

[3] Arbeitsgemeinschaft zur Förderung der Partnerschaft in der Wirtschaft.

- Kapitaleigner
- Arbeitnehmer
- Gemeinde, Land, Bund
- Konsumenten
- Lieferanten
- Bürgerinteressen

Im Jahre 1980 veröffentlicht die **Unternehmensrechtskommission** (Kommission 1980) eine Fülle von Vorschlägen, wie das Gesellschaftsrecht in Richtung eines umfassenden Unternehmensrechts fortentwickelt werden kann, und nennt als Interessengruppen die

- Eigenkapitalgeber
- Arbeitnehmer
- Gläubiger
- Allgemeinheit bzw. Öffentlichkeit und davon losgelöst das
- Interesse des Unternehmens.

Aufgrund der heterogenen Zusammensetzung der Kommission kam es jedoch zu keiner einheitlichen Empfehlung an den Gesetzgeber, sondern nur zu einer Auflistung von Rechtspositionen (vgl. *Kübler* 1981, S. 383, *Raiser* 1981, S. 39).

In einer Studie zum Unternehmensrecht fordert das **WSI** des DGB im Jahre 1981, daß lediglich die Interessen der

- Kapitalgeber und
- Arbeitnehmer

in der Unternehmensverfassung berücksichtigt werden sollten. Die Studie wendet sich dezidiert gegen die Einbeziehung der Interessen der Öffentlichkeit (Studie 1981).

Alle hier diskutierten Ansätze und Konzepte einer institutionalisierten gesellschaftlichen Verantwortung der Unternehmung haben in absehbarer Zeit keine Chance, realisiert zu werden. Dies liegt abgesehen von der gegenwärtigen politischen Situation u. a. daran, daß es der Rechtswissenschaft noch nicht gelungen ist, das interessenmonistische Gesellschaftsrecht mit dem interessendualisitschen Mitbestimmungsrecht zu verknüpfen bzw. das Gesellschaftsrecht durch ein Unternehmensrecht zu ersetzen (vgl. *Ballerstedt* 1977, *Kunze* 1977, *Kübler* 1981, *Clemens* 1983).

Auch in der jüngeren **Planungsliteratur** finden sich vermehrt Forderungen nach einer Einbeziehung weiterer Interessengruppen neben den Anteilseignern. So unterscheidet *Kreikebaum* (1981, S. 140ff.) in Anlehnung an die vom Stanford Research Institute vorgenommene Analyse von **Interessenten an der Unternehmungsplanung** folgende Interessenträger

- Eigentümer und Kapitalgeber
- Kunden
- Mitarbeiter
- Lieferanten
- Kommune und Gesellschaft.

Nach *Kreikebaum* (1981, S. 147) äußert sich gesellschaftlich verantwortliches Managementhandeln vor allem in der **Beachtung ökologischer Anforderungen** hinsichtlich einer

- sparsamen Verwendung begrenzter Ressourcen und
- Vermeidung von Umweltverschmutzung.

Folgt man diesen Forderungen, so wird zwangsläufig ein Übergang von der bislang vorherrschenden Ausrichtung am quantitativen hin zu einem solchen am qualitativen Wachstum notwendig. Eine derartige Neuorientierung muß auch Konsequenzen für die Inhalte strategischer Planung haben. Diese sieht *Kreikebaum* (S. 153ff.) in

- der Entkopplung von Wachstum und Energieverbrauch (z. B. Einsatz energiesparender neuer Technologien, Erschließung neuer Energiequellen)
- der Strategie des Recycling (Wiedergewinnung bzw. Weiterverwertung von Rohstoffen)
- dem Ersatz umweltschädigender durch -freundliche Technologien
- dem passiven Umweltschutz durch umweltfreundliche Produktpolitik (z. B. Langzeitauto, Verzicht auf Kunststoffverpackung)
- dem aktiven Umweltschutz durch Verhinderung, Beseitigung und Verminderung von Umweltschäden (z. B. Luft- und Wasserreinhaltung).

Leider bleibt bei *Kreikebaum* die Frage unbeantwortet, was das Management einer Unternehmung in einer kapitalistischen Wirtschaftsordnung veranlassen könnte, ökologische Forderungen bei der Formulierung der Unternehmungsstrategie zu berücksichtigen. Gibt man die Hoffnung auf die Selbstheilungskräfte des Marktes, auf die freiwillige Selbstbeschränkung des Mangements und auf Gegenmachtbildung mächtiger Interessengruppen auf, bleibt nur noch die Änderung des bestehenden Rechts. Da, wie oben ausgeführt, einschneidende Veränderungen unwahrscheinlich sind, gilt es neben Schutzgesetzen nach vergleichsweise bescheidenen aber wirksamen Neuerungen zu suchen.

Gehen wir davon aus, daß die Großunternehmung, die den meisten Autoren bei ihrem Plädoyer für eine gesellschaftliche Verantwortungsübernahme vor Augen steht, in der Rechtsform einer Kapitalgesellschaft geführt wird, stellt sich die Frage, in welchem gesellschaftsrechtlichen Organ die Interessenartikulation und -abwägung erfolgen soll. Für das deutsche Gesellschaftsrecht bietet sich der **Aufsichtsrat** unmittelbar an. Nach deutschem Aktiengesetz (von 1965) hat der Vorstand unter eigener Verantwortung die Gesellschaft zu leiten (§ 76 Abs. 1). Er muß dem Aufsichtsrat über die beabsichtigte Geschäftspolitik und andere grundsätzliche Fragen der künftigen Geschäftsführung berichten (§ 90 Abs. 1). Hiermit sind Fragen der Unternehmungsplanung, speziell der strategischen Planung angesprochen. Entsprechend fordern *Steinmann/Gerum* (1981), den Vorstand zur Erstellung eines **Unternehmungsplans** zu verpflichten, aus dem seine strategischen Absichten deutlich werden. Eine weitere Änderung hätte im § 111 Abs. 4 (zustimmungspflichtige Geschäfte) zu erfolgen, der noch von Einzelfallentscheidungen (wie

Grundstückskauf) ausgeht. *Steinmann/Gerum* (1980) fordern einen *gesetzlichen* **Mindestpflichtenkatalog von Geschäften,** denen der Aufsichtsrat vor ihrer Realisierung zustimmen muß. Dieser Katalog knüpft an der Unternehmungsplanung an und präzisiert ausgehend von grundlegenden Änderungen des Produkt/Markt-Konzepts die wichtigsten unternehmungspolitischen Maßnahmen (S. 10):

- Aufnahme und Aufgabe von Produktions- bzw. Geschäftszweigen
- Maßnahmen der Forschung und Entwicklung neuer Produkte und Produktionsverfahren (mit Wertgrenze)
- Maßnahmen der Neugründung, des Auf- und Verkaufs, der Stillegung und Verlegung von Unternehmen oder großen Betriebsteilen
- Beteiligung an anderen Unternehmen sowie Interessen- und Kooperationsverträge
- Errichtung und Auflösung von Produktions- und Verkaufsstätten im Ausland
- Maßnahmen der Investition und Desinvestition (mit Wertgrenze)
- Finanzierungsmaßnahmen (mit Wertgrenze)
- Oberste Organisations- und Führungsgrundsätze
- Verabschiedung der quantitativen und qualitativen Personalplanung
- Erteilung und Widerruf von Generalvollmacht und Prokura
- Sozialmaßnahmen (mit Wertgrenze)

Der Aufsichtsrat hätte dann, „die geplanten Vorstandsmaßnahmen daraufhin zu beurteilen, inwieweit sie von ihren Wirkungen her den eigenen Interessenlagen (von Kapitaleignern und Arbeitnehmern) entsprechen" (*Steinmann/Gerum* 1981, S. 457). Damit wäre ein Weg gefunden, ohne große Veränderung der bestehenden Unternehmensverfassung eine Berücksichtigung von Interessen zumindest von Kapitalgebern und Arbeitnehmern in der Unternehmungsstrategie sicherzustellen.

# B. Controlling als interne Planung und Kontrolle

## I. Controlling als Managementfunktion

Unter **Controlling** verstehe ich ein mehr nach innen gerichtetes operatives Verhalten, die operative Umsetzung von Strategien in Plandaten sowie deren laufende Konfrontation mit Istdaten; also kein ‚strategisches' Controlling (*Mann* 1978).

*Horváth* (1979) unterscheidet im Rahmen der Controlling-Funktion eine Planungs-, Kontroll-, Koordinations- und Informationsaufgabe. Dabei kommt der **Koordinationsaufgabe**[4] seiner Meinung nach eine überragende Bedeutung zu. Es gilt nämlich das

- Planungs- und Kontrollsystem
- Informationsversorgungssystem und
- Datenverarbeitungssystem

einer Unternehmung zu koordinieren. Der internen **Revision** fällt in diesem Zusammenhang die Aufgabe zu, die Erfüllung dieser Aufgaben zu überwachen, jedoch nicht im Sinne einer lückenlosen Prüfung sondern nach dem Prinzip des Management by Exception (vgl. *Bittel* 1964 sowie S. 374 der Arbeit).

Nach dieser kurzen Funktionsbeschreibung des Controlling stellt sich die Frage, was das US-amerikanische Controlling von in deutschen Unternehmungen verwandten Planungs- und Kontrollrechnungen unterscheidet (vgl. etwa *Hahn* 1974, *Steinmann* 1981). Der Controllinggedanke geht auf die Zeit der industriellen Revolution in den USA zurück, als im Zuge zunehmender Kapitalkonzentration und Fixkostenbelastung (ab 1880) einem ‚Comptroller' die finanzwirtschaftliche Überwachung der Unternehmung übertragen wurde (zur geschichtlichen Entwicklung vgl. *Serfling* 1983, S. 18ff.). Die Kennzahlenanalyse (ratio analysis) als auch heute noch zentrales Instrument des Controlling wurde ab der Jahrhundertwende in den USA zur Investitions- und Finanzanalyse und später zur Kontrolle der Betriebsgebarung entwickelt (*Staehle* 1969a, S. 44ff.). Im Zuge des Unternehmungswachstums wurde die Finanzwirtschaft der Unternehmung (Financial Management) in die Bereiche ‚**Treasurership**' (Finanzierung, Investition) und ‚**Controllership**' (Planungs- und Rechnungswesen) aufgeteilt. Die zunehmende Professionalisierung dieses neuen Berufsstandes fand 1931 in der Gründung des ‚Controller's Institute of America' (1962 in ‚Financial Executive Institute' umbenannt) ihren

---

[4] Vgl. *Horváth* 1979, S. 127ff.

Niederschlag. Nach der letzten offiziellen Definition dieses Instituts (1962) umfaßt das Controllership folgenden **Aufgabenkatalog**:

- Planung
- Berichterstattung über Soll-Ist-Abweichungen
- Beratung aller von der Planung betroffenen Stellen
- Steuerangelegenheiten
- Berichterstattung an staatliche Stellen
- Interne Kontrolle und Revision, Versicherungsangelegenheiten
- Analyse der wirtschaftlichen, sozialen und gesellschaftlichen Entwicklung.

*Horváth/Gaydoul* (1978) haben aufbauend auf diesem Katalog sog. Controlling-Bausteine formuliert (Organisation, Rechnungswesen, Planung, Berichtwesen, EDV, Interne Revision, Steuerangelegenheiten, Existenz einer Abteilung für Controlling) und nach deren Verbreitung in deutschen Unternehmungen geforscht. Dabei ergab sich, daß die zentralen Bausteine, Rechnungswesen, Planung und Berichtwesen, in über 80% der befragten Unternehmungen angetroffen wurden.

Dies zeigt, daß nicht die genannten Aufgaben neu für deutsche Manager waren, sondern ihre konzeptionelle Zusammenfassung unter dem Begriff ‚Controllership' und ihre organisatorische Zentralisation in einer Abteilung ‚Controlling' (vgl. hierzu auch die Kritik von *Buchner* 1981).

## II. Grundschema des Controllingprozesses

Das Controlling, als innerbetriebliches Planungs- und Kontrollsystem, bildet die Nahtstelle zwischen der extern orientierten strategischen Planung und der intern orientierten operativen Planung und Kontrolle.

Im Rahmen des **Controlling** fallen folgende Aufgaben an:[5]

Planung
1. Aufstellen von Teilplänen (pro Produktbereich, Funktionsbereich, Region)
2. Abstimmen der Teilpläne
3. Umwandlung der Plandaten in numerische Ausdrücke und deren Bewertung (Marktpreise, innerbetriebliche Verrechnungspreise)
4. Vorgabe von wertmäßigen Plandaten (Budget)
5. Bereitstellen von Vergleichsmaßstäben (Daten aus früheren Planperioden, Daten aus vergleichbaren Organisationen)

Kontrolle
6. laufende Ist-Daten Erfassung
7. Abweichungsanalyse
8. Information und Einleiten von Korrekturmaßnahmen.

[5] Vgl. hierzu *Frese* 1968, *Mockler* 1972, *Siegwart/Menzl* 1978, *Horváth* 1979, *Pfohl* 1981, *Serfling* 1983.

**‚Managerial Control‘** besteht also in der laufenden Überwachung und Anpassung aller organisatorischer Aktivitäten im Hinblick auf vorgegeben Pläne und Standards. Insofern handelt es sich um einen kontinuierlichen Prozeß, der den Charakter eines Lernprozesses hat (vgl. *Wolff* 1982, *Dieterle* 1982, sowie Abb. 4.11).

*Abb. 4.11:* Controlling als Prozeß

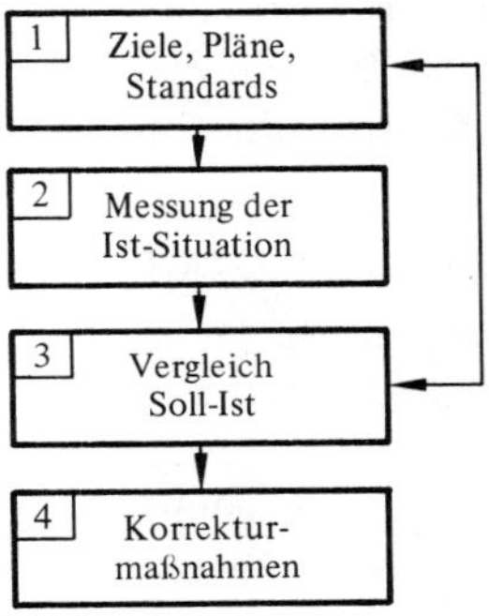


Zu 1) Zielformulierung

Voraussetzung einer Kontrolle ist das Vorhandensein von Zielen und Plänen, die darüber Auskunft geben, wie und in welchem Ausmaß diese Ziele erreicht werden sollen. Aufgabe der Planung ist es u. a., Maßstäbe zu setzen, an denen das Kontrollergebnis gemessen werden kann. In den Standards schlagen sich die Unternehmungsziele nieder; Standards können hinsichtlich der Quantität, der Qualität, des Zeitaufwandes, der Kosten und des Ertrags betrieblicher Aktivitäten aufgestellt werden.

Zu 2) Ist-Daten-Erfassung

Hier sind Entscheidungen zu treffen hinsichtlich der Kontrollmethode (Total-Kontrolle, Stichprobe oder Schwachstellenanalyse), Kontrollzeitpunkt (laufend – sporadisch), Kontrollträger (Fremd- oder Selbstkontrolle) und Kontrollobjekt (Ziel- oder Prozeßkontrolle).

Zu 3) Abweichungsanalyse

Den wichtigsten Teil der Kontrolle stellt die **Abweichungsanalyse** dar. Nachdem festgestellt worden ist, wo Abweichungen aufgetreten sind und ob diese negativ oder positiv im Hinblick auf die Vorgabewerte sind, muß nach den möglichen Ursachen der Abweichungen geforscht werden. Diese sind grundsätzlich in einer falschen Sollvorgabe und/oder einer ungenügenden Leistung zu suchen. Die Ursachen können darüber hinaus in innerbetriebliche und außerbetriebliche, beeinflußbare und nichtbeeinflußbare gegliedert werden.

Wichtig ist, daß die Kontrollergebnisse mit den Verantwortlichen durchgesprochen werden und mit ihnen Möglichkeiten der Abhilfe oder Verbesserung erörtert werden. Der Erfolg dieser Bemühungen hängt in erheblichem Maße von dem in der Unternehmung herrschenden **Kontrollklima** ab (vgl. auch das Planungsklima, S. 347, sowie *Höller* 1978, *Siegwart/Menzl* 1978, *Pfohl* 1981). Die Art der Einstellung gegenüber dem Kontrollsystem (positiv/negativ) hängt u. a. von folgenden Faktoren ab

- Richtigkeit und Rechtzeitigkeit der Kontrollinformationen
- Legitimation der Kontrolleure
- Art der Kommentierung von Abweichungen
- wahrgenommene Enge des Zusammenhangs zwischen dem Verhalten des Kontrollierten und der Kontrollinformation.

Zu 4) Korrekturmaßnahmen

Sind die Ursachen der Abweichungen bekannt, so müssen Entscheidungen zur Verbesserung getroffen werden. Durch das System der Rückkopplung (Feedback), d. h. der auf Grund der Abweichungsanalyse notwendigen Korrekturmaßnahmen an der Ausgangssituation, wird somit sofort wieder eine Beziehung zum Beginn des Managementprozesses, zur Planung, hergestellt. In diesem Sinne wird die formale Organisation als ein ‚feedback control system' bezeichnet.

In der Praxis ist es nicht erforderlich, jegliche, also auch die geringste Abweichung des Soll vom Ist dem Entscheidungszentrum zu melden. Man spricht hier in der amerikanischen Literatur von *Reporting by Exception.* Dieser Ansatz geht davon aus, daß nur außergewöhnliche Ereignisse (gute oder schlechte) die Aufmerksamkeit des Managers in Anspruch nehmen sollten, um ihn von Routineinformationen über ‚normale', d. h. statistisch im Durchschnittsbereich liegende, Ergebnisse zu entlasten (vgl. *Richards/Greenlaw* 1972, S. 384). Dieses nur ausnahmsweise Eingreifen von übergeordneten Führungskräften bei außergewöhnlichen Abweichungen der Ist-Daten von den vorgegebenen Standards ist auch in der europäischen Literatur unter dem Ausdruck Management by Exception bekanntgeworden (vgl. *Häusler* 1966, S. 117f.).

Ein System des **Management by Exception** hat mit vier zentralen Problemkreisen zu tun (vgl. *Bittel* 1964, S. 99ff.):

(1) Es müssen Standardkennzahlen vorgegeben und die jeweiligen noch tolerierten positiven und negativen Abweichungen festgelegt werden (degree of variation). Kennzahlen, die außerhalb dieser Bandbreite liegen, werden zu ‚exception indicators'.

(2) Es muß festgelegt werden, ob eine solche außergewöhnliche Abweichung sofort gemeldet werden soll oder erst wenn die Abweichung wiederholt in einem bestimmten Zeitraum auftritt (duration of variation).

(3) Es muß geklärt werden, welche verantwortliche Stelle bei welcher Art von Abweichungen informiert werden muß. Je stärker und länger die Abweichung ist, desto höher muß die Ebene sein, auf der Korrekturentscheidungen getroffen werden.

(4) Soweit wie möglich muß im voraus festgelegt werden, welche alternativen Entscheidungen zur Abhilfe getroffen werden müssen, wenn ein ‚exception indicator' auftaucht.

Nun ist das Prinzip des Management by Exception keineswegs eine amerikanische Erfindung. So fordert z. B. auch *Bender* (1951) im Rahmen seines dezentralen Führungssystems, der Pretialen Betriebslenkung, daß bedeutsame Soll-Über- oder -Unterschreitungen der Unternehmungsleitung zu melden seien, während unbedeutende Planabweichungen bei schnell notwendigem Handeln in den Bereich der Abteilungsleiter fallen würden. Diese Fürungsmethode wird bei all jenen Unternehmungen zur unabdingbaren Notwendigkeit, die weitgehend dezentralisiert sind und sich somit zu einer weitgehenden Delegation von Führungsaufgaben entschlossen haben.

Die hier dargestellte klassische **Feedback-Kontrolle** leidet darunter, daß Fehlentwicklungen immer erst ex post erkannt werden können. Aus diesem Grund wird in jüngerer Zeit verstärkt auf ex ante oder **Feedforward-Kontrollen** Wert gelegt (vgl. *Duncan* 1975, S. 408, *Hellriegel/Slocum* 1974, S. 261 ff., sowie Abb. 4.12).

*Abb. 4.12:* Ansatzpunkte für Feedforward- und Feedback-Kontrolle

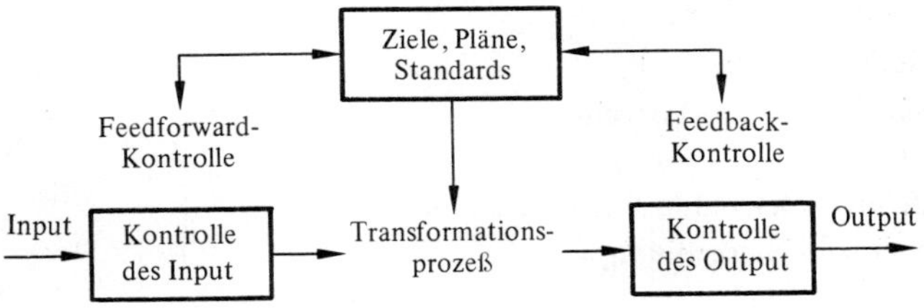


Beispiele für solche präventive Kontrollverfahren sind etwa im Bereich der Materialwirtschaft Eingangskontrollen, optimale Bestellmengen, Investitionsrechnungen, präventive Wartungs- und Instandhaltungsarbeiten, und im Personalbereich Einstellungstests und Weiterbildungsmaßnahmen. Konsequenterweise könnte Feedforward-Kontrolle zu einem Zeitreihen-Datensystem (mit beliebig vielen Meßzeitpunkten) und weiter zu einem Monitorsystem ausgebaut werden.

## III. Methoden und Techniken der Planung und Kontrolle

Im Gegensatz zu den Managementgebieten Organisation und Führung kann im Bereich der Planung und Kontrolle kaum auf allgemein anerkannte Theorien zurückgegriffen werden (vgl. hierzu Abschnitt C).

Dagegen stehen dem Manager zahllose Methoden und Techniken zur Verfügung. So hat *Bechmann* (1981, S. 132ff.) 110 Instrumente typologisiert (in Methoden und Verfahren), ihre Basiseigenschaften benannt (z. B. Prognose, Zielformulierung, Optimierung) sowie sie unterschiedlichen Problembereichen zugeordnet (z. B. Informationsbeschaffung, Bewertung, Entscheidung). In fast jedem Lehrbuch zu diesem Gebiet (vgl. z. B. *Kreikebaum* 1981, *Pfohl* 1981, *Serfling* 1983) finden sich unterschiedlich lange Kataloge von **Techniken der Planung und/oder Kontrolle.** So werden unterschieden:

- **analytische Methoden,** z. B.
  Stärken/Schwächen Analyse
  Früherkennungssysteme
  Potential- und Lückenanalyse
  Kennzahlensysteme und Budgetierung
- **prognostische Methoden,** z. B.
  Trendextrapolation
  Indikatorprognosen
  Lage- und Wirkungsprognosen
- **heuristische Methoden,** z. B.
  Brainstrorming
  Synektik
  Morphologischer Kasten
- **bewertende Methoden,** z. B.
  Verfahren der Investitionsrechnung
  Nutzwertanalyse
- **messende und schätzende Methoden,** z. B.
  Wahrscheinlichkeitsrechnung
  Parameterschätzung
  Korrelationsanalyse
  Clusteranalyse.

Während es sich bei den meisten der hier aufgeführten Methoden um generell einsetzbare Verfahren der Ideenfindung, Informationsverarbeitung und Problemlösung handelt, die an anderer Stelle (S. 327ff.) diskutiert werden, haben vor allem einige **analytische Verfahren** in der Planungspraxis besondere Bedeutung erlangt. Es handelt sich hierbei im wesentlichen um folgende Ansätze:

- Planungslücke
- Produktlebenszyklus
- Erfahrungskurve
- PIMS-Programm
- Portfoliomethode

## 1. Planungslücke

Die Lückenanalyse stellt ein rudimentäres Verfahren zur Darstellung und Interpretation von Abweichungen dar und zwar zwischen der prognostizierten Entwicklung des Basisgeschäfts und der potentiellen Entwicklungslinie bei Ausnutzung der Chancen der Umwelt und aller Stärken (Potentiale) der Unternehmung (vgl. Abb. 4.13).

*Abb. 4.13:* Planungslücke

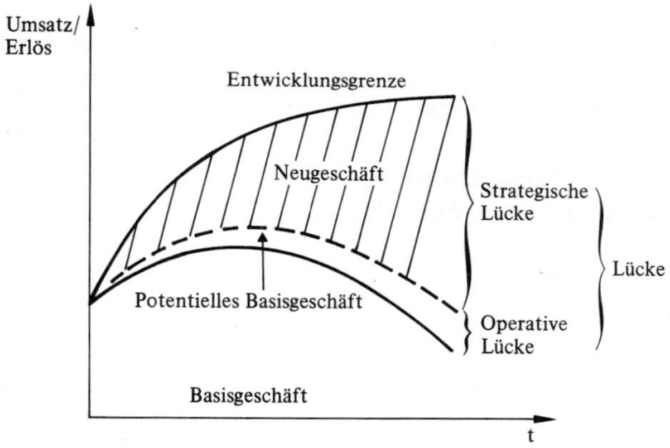


*Quelle: Kreikebaum* 1981, S. 58

Der Abstand zwischen beiden Linien ist umso geringer, je intensiver das Mangement die gebotenen Chancen wahrgenommen und die eigenen Stärken genutzt hat. Aufgabe der Unternehmungsplanung ist es, Vorschläge zur Schließung der Lücke zu entwickeln. Hierbei kann zwischen einer *operativen* und einer *strategischen* Lücke unterschieden werden (*Kreikebaum* 1981, S. 61). Während sich bei operativen Lücken eine weitere Marktdurchdringung (in bestehenden Produkt/Markt-Feldern) anbietet, müssen zur Schließung der strategischen Lücke weitergehende Produkt/Markt-Strategien entwickelt werden (Marktentwicklung, Produktentwicklung, Diversifikation) (vgl. Abb. 4.6 auf S. 352).

## 2. Produktlebenszyklus

Eine wesentliche Voraussetzung für die Schließung von Planungslücken ist die Kenntnis der Umsatzentwicklung eines jeden Produktes über die Zeit (vgl. den oberen Teil der Abb. 4.14 auf S. 382 sowie *Pfeiffer/Bischof* 1981). Der in dieser Abbildung skizzierte Verlauf der Umsatzentwicklung ist zwar empirisch nachweisbar, folgt aber keiner Gesetzmäßigkeit; ebenso willkürlich ist die Einteilung in vier, fünf oder noch mehr Phasen. Der Kurvenverlauf ist zu einem großen Teil das Ergebnis des Einsatzes absatzpolitischer Instrumente und somit abhängige Variable und nicht Datum für das Management. Zur Prognose eignet sich das Lebenszykluskonzept kaum, da man ex ante nie genau weiß, in welcher Phase der Umsatzentwicklung sich das Produkt befindet und wie lange es noch vermarktbar ist. Dennoch ist das Instrument nicht völlig nutzlos. Sein Wert besteht m. E. darin, daß es den Manager anleitet, in unterschiedlichen Entwicklungsphasen eines Produktes bzw. Marktes auch ein unterschiedliches Mix an Marketinginstrumenten (Produkt-, Distributions-, Kommunikations- und Konditionspolitik) einzusetzen. Weiterhin macht das Lebenszykluskonzept dem Management sehr anschaulich klar, daß bei unverändertem Produktionsprogramm der Gesamtumsatz der Unternehmung langfristig gegen Null tendiert, und folglich neue Produkt/Markt-Felder entwickelt bzw. erschlossen werden müssen, sofern die Unternehmung ihr Umsatzniveau halten oder ausbauen möchte.

### 3. Erfahrungskurve

Bei der Erfahrungskurve geht es nicht um die Entwicklung des Umsatzes sondern um die der Kosten und zwar in Abhängigkeit von der produzierten Menge. In dem Maße, in dem immer mehr von einem bestimmten Produkt gefertigt wird, gewinnt man Erfahrungen, die zu einer Verringerung der Stückkosten genutzt werden können. Das Erfahrungskurven-Konzept wurde 1966 von der amerikanischen Unternehmungsberatungsgesellschaft Boston Consulting Group in die Diskussion eingebracht (*Henderson* 1974). Es besagt, daß mit jeder Verdoppelung der kumulierten Menge eines Produktes die Stückkosten potentiell um 20 bis 30% zurückgehen.

Der hier beschriebene Effekt ist keineswegs neu. Schon 1925 wurden von *Wright* (1936) bei der Fertigung von Flugzeugen sinkende Montagekosten pro Flugzeug bei steigendem Produktionsvolumen festgestellt. Dieses Phänomen einer steigenden Ausbringung pro Zeiteinheit bei rückläufiger Fehlerquote wurde vor allem auf das Lernen der Arbeiter durch häufige Übung zurückgeführt und wird heute unter dem Begriff ‚Lernkurve' diskutiert (*Baetge* 1979). Wichtig ist, daß diese empirisch beobachtbaren **Kostendegressionseffekte** keiner Gesetzmäßigkeit folgen, sondern zum großen Teil das Ergebnis von Managementmaßnahmen sind, die durch das größere Produktvolumen technisch möglich und ökonomisch sinnvoll wurden. Hierzu gehören etwa folgende Maßnahmen:

- Auslastung der bestehenden und Aufbau neuer Kapazitäten (Größen- bzw. Kostendegression)

- Rationalisierung (Substitution von Arbeit durch Automaten, EDV-gestützte Fertigungssteuerung, Verbesserung der Arbeitsorganisation, Erhöhung der Arbeitsteilung)
- Materialverbesserung (Verringerung der Toleranzen, Reduzierung von Ausschuß, Qualitätssteigerung).

Ebenso wie bei der Produktlebenszykluskurve liegt der Wert der Erfahrungskurve vor allem in ihrer Signalwirkung für den Manager. Sie weist auf das Kostensenkungspotential bei hohen Stückzahlen hin, das meist nur in der Massen- und Serienfertigung erreicht werden kann, und macht deutlich, warum das Streben nach einem hohen Marktanteil mit entsprechend großem Umsatzvolumen eine ökonomisch sinnvolle Strategie sein kann.

## 4. PIMS-Programm

Die überragende Bedeutung des Marktanteils für den Erfolg einer Geschäftseinheit konnte anfang der 70er Jahre auch empirisch nachgewiesen werden. General Electric beauftragte damals *S. Schoeffler*, die gesamten Controlling-Daten des Konzerns korrelationsstatistisch auszuwerten, um mögliche Einflußfaktoren auf den Gewinn (ROI) und Cash flow eines Geschäftsbereichs zu identifizieren und darüber hinaus generelle Marktgesetze (laws of the market place) zu finden. So entstand das PIMS-Projekt (Profit Impact of Market Strategy), das ab 1972 neben GE auch Daten von weiteren Unternehmungen (selbstverständlich verschlüsselt) in die Datenbank aufnahm. 1975 schlossen sich die Mitgliedsfirmen, denen inzwischen auch europäische Unternehmungen angehörten, zum Strategic Planning Institute (SPI) mit Sitz in Cambridge, Mass. zusammen (vgl. zu dem Programm *Schoeffler* et al. 1974, *SPI* 1977). Im PIMS-Modell stellt der ROI (Gewinn der Geschäftseinheit vor Steuern zu durchschnittlich investiertem Kapital) die abhängige Variable dar, deren Bestimmungsfaktoren (unabhängige Variablen) eher zufällig auf induktivem Wege (also nicht theoriegeleitet) korrelationsstatistisch aus dem riesigen Datenberg analysiert werden sollen.[6] So liegen pro Geschäftseinheit über 200 quantifizierbare Daten zur Auswertung vor. Das SPI konnte 37 Faktoren, die insgesamt 80% der ROI-Varianz erklären, identifizieren, welche nochmals auf sechs **Haupteinflußgrößen** verdichtet wurden:

- Attraktivität des Marktes (z. B. Marktwachstum)
- Stärke der Wettbewerbsposition (z. B. Marktanteil)
- Investitionsintensität (z. B. Kapazitätsausnutzung)
- Produktivität (Wertschöpfung je Mitarbeiter)

[6] Daß auf diese Weise keine ‚Marktgesetze' entdeckt werden können, ist unmittelbar einsichtig (vgl. zur Kritik an korrelationsstatistischen Verfahren S. 139f. sowie *Meier* 1983).

- Produktqualität (aus der Sicht der Kunden)
- Vertikale Integration (Wertschöpfung zu Umsatz).

Nach den Befunden des SPI sind der Marktanteil (und damit die Unternehmungsgröße), das Marktwachstum, die Produktqualität und die Produktivität positiv korreliert mit dem ROI. Aus diesen zu einem bestimmten Zeitpunkt (Querschnittsanalyse) gewonnenen Befunden etwa die strategische Empfehlung abzuleiten, steigere den Marktanteil, dann steigt auch dein ROI, wäre völlig verfehlt. Gerade kleinere und mittlere Unternehmungen haben ihren ROI dadurch steigern können, daß sie sich auf einen kleinen Marktausschnitt (Nische) spezialisiert haben.

Den PIMS-Mitgliedsfirmen werden als Gegenleistung für die Zurverfügungstellung von Daten und die Mitgliedsgebühr regelmäßig folgende **Berichte** geliefert:

- Par-ROI/Cash flow Report
  Welcher ROI/Cash flow ist normal (par) für eine bestimmte Art von Geschäftseinheit, definiert als der Mittelwert aller über diesen Typ gespeicherter Daten? Der Teilnehmer kann hier erkennen, welcher ROI für diese Geschäftseinheit realistischerweise erwartet werden kann.
- Strategy Analysis Report
  Welche Konsequenzen haben alternative, mit dem Computer simulierte Strategien für den ROI einer bestimmten Geschäftseinheit?
- Optimum Strategy Report
  Welche Kombination von strategischen Maßnahmen ist optimal hinsichtlich eines angestrebten ROI-Ziels?

Abgesehen von den weiter oben angesprochenen methodologischen (Theorielosigkeit) und methodischen Schwächen des Ansatzes (die unabhängigen Variablen korrelieren hoch untereinander; es werden nur Durchschnittswerte gebildet) ist am PIMS-Programm vor allem die einseitige Ausrichtung am Gewinn bzw. Cash flow zu kritisieren (vgl. zur Kritik auch S. 431 d. Arbeit). Dennoch sind zentrale Variablen des Modells (Marktwachstum, Marktanteil) in das Portfoliokonzept übernommen worden.

## 5. Portfoliomethode

Die neuere Entwicklung in der Praxis der strategischen Unternehmungsführung wird zweifellos von dem Konzept des Portfolio Management geprägt (vgl. vor allem *Roventa* 1979, *Hinterhuber* 1980, *Dunst* 1982). Entwickelt von der Boston Consulting Group, einer der Harvard Business School nahestehenden Beratungsgesellschaft, hat es sich schnell in den USA ausgebreitet[7] und wird auch in Deutschland von Unternehmungsberatern stark

[7] Als erster Großkonzern hat 1972 die General Electric Comp. das neue System eingeführt.

propagiert. Der Ansatz geht auf *H. Markowitz* (1959), den Begründer der Portfolio Selection Theory, zurück, der sich mit der optimalen Zusammensetzung eines Wertpapier-Portefeuilles für individuelle Investoren oder Investmentgesellschaften beschäftigte. Aber erst die Untersuchungen von *Henderson* (1974) über Erfahrungskurven und die Integration des Produkt-Lebenszyklus-Konzepts erbrachten die Übertragung auf Probleme der strategischen Planung in Multiprodukt-Unternehmungen, konkret die Zusammenstellung eines Produkt-Markt-Portfolios.

Die meisten Portfolio-Darstellungen beruhen auf einer Kombination der beiden strategischen Erfolgsfaktoren

- **relativer Marktanteil** (in Bezug auf den stärksten Konkurrenten)
- **zukünftiges Marktwachstum.**

Der Marktanteil spielt insofern eine große Rolle, als nach den Aussagen der Erfahrungskurve mit jeder Verdoppelung der kumulierten Produktionsmenge eines Produkts dessen Stückkosten (inflationsbereinigt) potentiell um 20% bis 30% zurückgehen. Das Wort ‚potentiell' weist darauf hin, daß hier keineswegs ein ‚Naturgesetz' vorliegt, sondern daß sich aufgrund von Degressionseffekten in Produktion, F+E, Vertrieb, Verwaltung, aufgrund von Rationalisierungschancen und technischer Innovation Kostensenkungspotentiale in der genannten Größenordnung ergeben.

Durch die Kombination der beiden dichotom skalierten Dimensionen **‚Marktwachstum'** (MW) und **‚relativer Marktanteil'** (RMA) ergeben sich vier Felder mit folgenden Besetzungen (vgl. Abb. 4.14 auf S. 382):

| Kombination | Bezeichnung | Normstrategie |
|---|---|---|
| MW und RMA hoch | Star-Produkte | MA halten, leicht ausbauen |
| MW und RMA niedrig | Problem-Produkte | MA stark senken, verkaufen |
| MW niedrig, RMA hoch | Cash-Kühe | MA halten, leicht senken |
| MW hoch, RMA niedrig | Nachwuchs-Produkte | MA deutlich steigern |

Ziel der strategischen Bemühungen ist es, ein ausgewogenes Portfolio pro strategische Geschäftseinheit aufzustellen. Ausgewogen heißt, daß ausreichend Cash-Kühe vorhanden sind, um die Nachwuchs-Produkte mitzufinanzieren, daß Star-Produkte – die sich selbst finanzieren – zur Marktanteilsausweitung aufgebaut werden, und daß Problem-Produkte, solange sie im Produktprogramm erforderlich sind und/oder von anderen Geschäftseinheiten nachgefragt werden, erhalten bleiben.

In der Praxis spielt neben der hier beschriebenen Vier-Felder-Matrix noch eine von dem Unternehmensberater *McKinsey* entwickelte **Neun-Felder-Matrix** eine Rolle. Hier werden die beiden Dimensionen ‚Branchenattraktivität' und ‚Geschäftsfeldstärke' in einzelne Bewertungskriterien aufgeschlüsselt und mit einem Gewichtungsfaktor versehen. So kommt im Rahmen der Branchenattraktivität dem Kriterium ‚Marktwachstum' mit einem Faktor 2,5 (von 11) das höchste Gewicht zu. Andere Kriterien sind etwa Marktgröße,

Konkurrenzsituation und Investititionsattraktivität. Im Rahmen der Geschäftsfeldstärke erhält das Kriterium ‚relativer Marktanteil' mit dem Faktor 2,5 (von 8) das höchste Gewicht. Weitere Kriterien sind hier Produktqualität, Fertigung und Marketing.

Durch eine Dreiteilung der Dimensionen in niedrig, mittel und hoch ergeben sich neun Felder. Bei niedrigen und mittleren Ausprägungen der Dimensionen lautet die Empfehlung ‚*Ernten*' (Liquidationsstrategie) oder ‚*Selektieren*' (weitere Analysen abwarten), bei hoher Ausprägung lautet sie ‚*Wachsen*' (Investitionsstrategie).

Eine Voraussetzung zur Anwendung dieser Methoden ist die Bildung und Abgrenzung von Marktsegmenten, d. h. die Aufteilung eines heterogenen Marktes in relativ homogene Untergruppen (z. B. nach Kunden, Produkten, Produktgruppen). Kriterien für eine **Marktsegmentierung** sind z. B.

*Abb. 4.14:* Ableitung der Marktanteils-Wachstums-Matrix

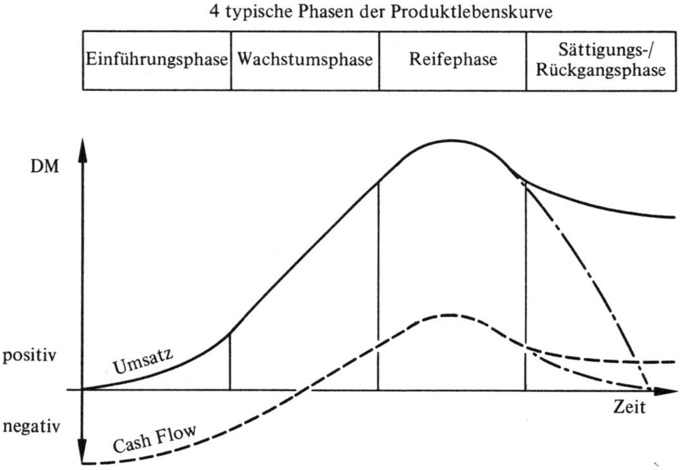


**Marktwachstum**

| | | Hoch | Niedrig |
|---|---|---|---|
| RMA | Hoch | Stars<br>Einnahmen : + +<br>Ausgaben : - -<br>Cash Flow : 0 | Cash-Kühe<br>Einnahmen : + + +<br>Ausgaben : -<br>Cash Flow : + + |
| | Niedrig | Nachwuchs<br>Einnahmen : +<br>Ausgaben : - -<br>Cash Flow : - | Probleme<br>Einnahmen : +<br>Ausgaben : -<br>Cash Flow : 0 |

*Quelle: Dunst* 1979, S. 96

- geographische (Stadt, Landkreis, Klima, Bevölkerungsdichte)
- psychologische und soziologische (Lebensstil, Selbständigkeit, Einstellungen, Verhaltensweisen)
- sozio-demographische (Alter, Geschlecht, Einkommen, Beruf).

Ziel der Marktsegmentierung ist u. a., eine Kombination der Segmente mit Produkten (Produktgruppen) zu erreichen, also eine Produkt/Markt-Kombination. Hieran schließt sich dann die Erstellung des Ist-Portfolios an.

Die Einführung einer Portfolio-Management-Strategie erfordert auch strukturelle Veränderungen in der Organisation. So sind im Zuge der Abgrenzung von Produkt/Markt-Kombinationen relativ autonome **strategische Geschäftseinheiten** (Strategic Business Units) zu bilden, die sich zwar mit den schon bestehenden Geschäftsbereichen decken können, dies i. d. R. aber nicht tun. D. h., es entsteht eine Sekundär-Organisation unter strategischen Gesichtspunkten.

Allein die sachkundige Anwendung der Portfoliomethode, wie auch jeder anderen Planungsmethode, ist noch keine Garantie für den Erfolg der darauf gründenden strategischen Entscheidungen. Diese Binsenweisheit wird am Beispiel der Elektrokonzerne General Electric und AEG augenfällig. Beide haben die Portfoliomethode eingesetzt; der eine prosperiert, der andere mußte Vergleich anmelden. Als *Cipa* 1975 zum Vorstandvorsitzenden der AEG ernannt wurde, führte er die Portfoliomethode ein und schuf eine Stelle für Controlling. Das Ergebnis des ersten Ist-Portfolios war erschütternd; 81% des Umsatzes wurde zu jener Zeit (1975) mit Problem-Produkten getätigt. Die sich hieran anschließende strategische Empfehlung, Ernten bzw. Liquidieren, haben er und sein Nachfolger *Dürr* konsequent befolgt.

# C. Situative Planung und Kontrolle

Im Gegensatz zur Organisations- und Planungsforschung haben situative Ansätze in den Bereich der Planung und Kontrolle erst relativ spät Eingang gefunden. Dies ist u. a. darauf zurückzuführen, daß empirische Arbeiten auf diesem Gebiet noch keine lange Tradition haben.

## I. Ergebnisse kontingenztheoretischer Forschung

Nach einer Zeit mehr kasuistisch-induktiver Auseinandersetzung mit praktischen Fragen der Unternehmungsplanung, die in der Entwicklung des Konzepts der Unternehmungsstrategie (Corporate Strategy) durch *Ansoff* (1965) zunächst einmal ihren Höhepunkt fand, fehlte lange Zeit eine systematisch angelegte, theoriegeleitete empirische Planungsforschung. Zwar haben *McCaskey* (1974) und *Hofer* (1975) in vielbeachteten Artikeln explizit auf die Situationsabhängigkeit der Planung hingewiesen und auch konzeptionelle Vorschläge unterbreitet, diese selbst aber nicht empirisch getestet.

Aufgrund einer Analyse von Theorie und Praxis der Unternehmungsplanung kommt *McCaskey* (1974) zu der Überzeugung, daß es Situationen gibt, in denen Planung *ohne* Ziele bedeutend angemessener ist als diejenige *mit* Zielen, und daß erstere bisweilen sogar die einzig mögliche sei. Während Planung mit Zielen davon ausgeht, daß Ziele formuliert, operationalisiert und gemessen werden können, beschränkt sich Planung ohne Ziele (Directional Planning) auf die Angabe einer generellen Richtung des Handelns. Nach *McCaskey* stellen die beiden Verfahren jedoch keine sich ausschließenden Alternativen dar, sondern Endpunkte auf einem Kontinuum möglicher Vorgehensweisen. Im folgenden beschreibt er Situationen, in denen eine Planung mit und solche, in denen eine Planung ohne Ziele angemessen erscheint.

**Planung mit Zielen** eignet sich für Situationen,

- in denen Menschen wohldefinierte Aufgaben vorziehen
- mit relativ stabilen Aufgaben und Umweltzuständen
- mit mechanistischen Organisationsstrukturen
- und in späten Phasen eines Projekts.

**Planung ohne Ziele** eignet sich für Situationen,

- in denen Menschen Abwechslung und Vielseitigkeit vorziehen
- mit dynamischen Aufgaben und Umweltzuständen

- mit organischen Organisationsstrukturen
- und in frühen Phasen eines Projektes.

*Hofer* (1975) hält es aufgrund der zur damaligen Zeit vorliegenden Forschungsergebnisse für selbstverständlich, daß jegliche Theorie über strategische Planung eine Kontingenztheorie der Planung sein müsse. Er sieht geradezu in der Tatsache, daß die Strategieformulierung zwangsläufig von sehr vielen Situationsfaktoren abhängt, eine Ursache für den geringen Entwicklungsstand einer allgemeinen Planungstheorie. Auf der Grundlage einer Auswertung der bislang vorliegenden Untersuchungen zur strategischen Planung formuliert er selbst einen Katalog von Arbeitshypothesen, wobei er einen zentralen Einflußfaktor auf die Unternehmungsstrategie in der jeweiligen Phase des Produktlebenszyklus sieht. Wie weiter oben angedeutet, haben aber *McCaskey* und *Hofer* keine eigenen empirischen Erhebungen zur Überprüfung der behaupteten Situationsabhängigkeit der Planung durchgeführt.

Ein erster experimenteller Test eines etwas anspruchsvolleren Kontingenzansatzes der Planung, der mehr als nur ein einfaches Beziehungsmuster, wie Zusammenhang zwischen Umweltdynamik und Planungshorizont, unterstellt, findet sich in der Studie von *Wheelwright* (1973). Die zentrale Frage, die er sich hierbei stellt, lautet: Welche Unterschiede ergeben sich in den strategischen Plänen, wenn unterschiedliche Planungsverfahren angewandt werden?

Diese Fragestellung erklärt sich aus der damaligen Diskussion um die behauptete prinzipielle Überlegenheit einer *inkrementalen*, schrittweisen gegenüber einer *synoptischen*, holistischen Vorgehensweise in Entscheidungsprozessen. Während synoptische Planung – analog der Planung mit Zielen – von explizit formulierten Zielen ausgeht, werden beim inkrementalen Vorgehen aktuelle Problembereiche identifiziert und schrittweise einer Lösung zugeführt.

Bei der **synoptischen Vorgehensweise** verläuft der Planungsprozeß in folgenden Phasen:

1. Wahl der Ziele und Werte, die die Planer bei der Strategieformulierung zugrunde legen
2. Suche nach alternativen Strategien zur Erreichung der Ziele
3. Bewertung der alternativen Strategien im Hinblick auf ihren Beitrag zur Zielerreichung
4. Wahl der optimalen Strategie

Bei der **inkrementalen Vorgehensweise** werden folgende Phasen durchlaufen:

1. Identifikation der gegenwärtigen Strategie
2. Bestimmung der gegenwärtigen Stärken und Schwächen der Unternehmung
3. Bestimmung der Chancen und Risiken in der Umwelt
4. Modifikation der bislang bestehenden Strategie im Hinblick auf eine bessere Übereinstimmung von 2. und 3.

Bei dieser Vorgehensweise sind nicht übergeordnete Ziele Beurteilungsmaßstab, sondern Planungs- und Entscheidungsverhalten gleichen in Anlehnung an *Ch. E. Lindblom* (1959, 1968) einem Durchwursteln (muddling through), und Bewertungsprozesse sind politische Verhandlungsprozesse. In einer Laborsituation (Datenbasis: 55 Studenten der Stanford Graduate School of Business) entwickelten Versuchspersonen anhand von drei Fallstudien Strategien nach den beiden Methoden. Die Auswertung brachte folgende **Ergebnisse:**

- inkrementale Planung ist der synoptischen generell überlegen
- inkrementale Planung führt zu höherer Übereinstimmung unter den Planern über Ziele und Strategien
- synoptische Planung führt zu einer größeren Anzahl von Alternativen und zu kreativeren Lösungen.

*Picot/Lange* (1979) haben eine leicht modifizierte Replikation der Studie von *Wheelwright* durchgeführt und dabei ähnliche Ergebnisse gefunden.

*Miller/Friesen* (1978), ähnlich schon *Paine/Anderson* (1977), favorisieren einen Kontingenzansatz, wonach Stimuli aus der **Umwelt** vermittelt über eine bestimmte **Organisationsstruktur** bestimmte **Strategieformulierungen** als Reaktionen zur Folge haben. Dabei soll die Struktur eine Harmonisierung von Umwelt und Strategie ermöglichen. Die zentrale Annahme lautet, daß unterschiedliche Verknüpfungsketten von Umwelt-Struktur-Strategie auch mit unterschiedlichem Erfolg verbunden sind (gemessen an selbstgesetzten Zielen = Zielerreichungsgrad). (Datenbasis: 81 bereits veröffentlichte Längsschnitt-Fallstudien).

Als wichtigstes Ergebnis dieser Untersuchung läßt sich festhalten, daß die Umwelt keineswegs das strategische Verhalten diktiert, wie ein naiver situativer Determinismus dies vermuten lassen würde. Es zeigte sich hingegen, daß selbst bei weitgehend identischen Umwelten (was Umwelt-Dynamik, -Heterogenität und -Feindlichkeit anbetrifft), unterschiedliche Strukturen und Strategien erfolgreich waren. Diese Befunde stützen die Hypothese, daß auch in sehr ähnlichen Situationen funktional äquivalente Handlungsalternativen existieren, die in gleicher Weise erfolgreich sind.

Zur Abrundung des Überblicks über US-amerikanische Studien zur Kontingenztheorie der Planung sei noch eine Felduntersuchung vorgestellt, die sich speziell mit dem Zusammenhang zwischen der **Organisationsumwelt** und dem **Planungsausmaß** (completeness of the long-range planning process) auseinandersetzt. (Datenbasis: 198 verwertbare Fragebögen von US-amerikanischen und kanadischen Unternehmungen verschiedener Branchen und Größen).

*Lindsay/Rue* (1980) unterteilen die Umwelt in eine **externe** (Aufgabenumwelt nach *Dill* (1958): Kunden, Lieferanten, Konkurrenten, Verwaltungen/Behörden) und eine *interne* (organisatorischer Kontext, in dem die Planung abläuft), die jeweils nach zwei Dimensionen (einfach-komplex Kontinuum; stabil-instabil Kontinuum) skaliert werden.

Die zentrale Hypothese, wonach mit zunehmender Komplexität und Dynamik der externen Umwelt das Planungsausmaß zunimmt, wurde bestätigt; die Manager vor allem von großen Unternehmungen versuchen den Prozeß ihrer Langfristplanung an die wahrgenommenen Umweltbedingungen anzupassen.

Die interne Planungsumwelt hatte dagegen keinen Einfluß auf das Planungsausmaß. Zwei Gründe mögen hierfür verantwortlich sein:

1. interne Zustände werden bei der Langfristplanung eher ignoriert,
2. Zugang und Verfügbarkeit von Informationen über die interne Umwelt gelten als leicht und werden deshalb in ihrer Bedeutung für die Strategie unterschätzt.

Im Gegensatz zu dem weiter oben konstatierten Nachholbedarf der empirischen Forschung im Bereich der Organisation und Führung ist ein solcher im Bereich der situativen Planungsforschung im deutschen Sprachraum nicht festzustellen. Man kann hier sogar von einer eigenständigen, stark empirisch orientierten kontingenztheoretischen Forschung sprechen.

Ausgangspunkt stellen die Arbeiten von *Keppler* (1975) sowie *Keppler/Bamberger/Gabele* (1975) dar. Im Rahmen eines größeren Projektes zur empirischen Entscheidungsforschung entwickeln *Keppler* et al. (1975) einen ersten einfachen Bezugsrahmen für eine situative **Theorie der Planungsorganisation** (vgl. Abb. 4.15).

*Abb. 4.15* Forschungsprobleme einer Theorie der Planungsorganisation

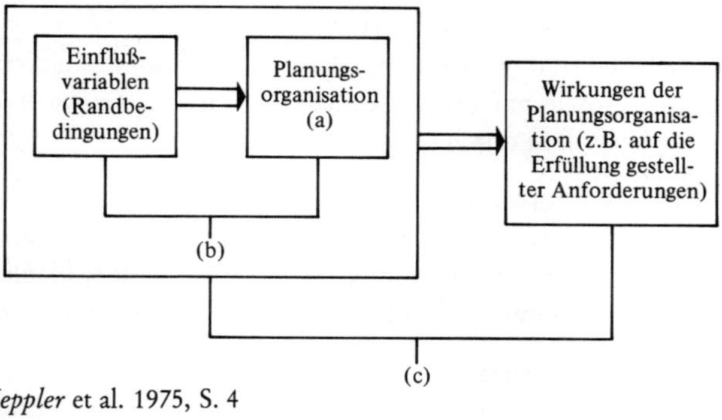


*Quelle: Keppler* et al. 1975, S. 4

Als Aufgaben einer solchen Theorie sehen sie ähnlich wie *Wild* (1974, S. 29) folgende Bereiche:

„(a) die Beschreibung realer Planungsorganisationen,
(b) die Erklärung und Prognose von Planungsorganisationen anhand von Randbedingungen und
(c) die Erklärung und Prognose der Wirkungen von Planungsorganisationen, wobei die jeweiligen Randbedingungen mit zu berücksichtigen wären." (S. 4)

Die Autoren erkennen zu recht, daß den Praktiker Punkt (c) vorrangig interessiert; er erwartet eine Antwort auf die Frage, welche **Planungsorganisation** er in welcher Situation zur Lösung seiner Probleme einsetzen soll. In diesem Punkt vermag jedoch die von *Keppler* et al. vorgelegte, erklärtermaßen explorative Studie nichts beizutragen. Dies ist in diesem frühen Stadium unseres Wissens über die Zusammenhänge zwischen Situation, Struktur, Verhalten und Wirkung auch nicht zu erwarten gewesen.

Im Zusammenhang mit einer zu entwickelnden Kontingenztheorie der Planung interessieren hier vor allem Aussagen zu Punkt (b) über mögliche Einflußfaktoren auf institutionelle Merkmale des Planungssystems (Planungsorganisation). (Datenbasis: 181 auswertbare Fragebögen aus Unternehmungen mit 1000 und mehr Beschäftigten).

Die Auswertung ergab, daß bei Existenz einer Geschäftsbereichsorganisation eher langfristig geplant wird und eher zentrale Planungsabteilungen gebildet werden als bei Vorliegen einer anderen Organisationsform. Zunehmende Unternehmungsgröße und Kapitalintensität wirken sich positiv darauf aus, daß langfristig geplant wird; die Unvorhersehbarkeit von Umweltveränderungen wirkt sich dagegen negativ aus (S. 83).

*Hadaschik* (1979, 1982) knüpft mit einer eigenen empirischen Untersuchung am Ansatz von *Keppler* an, kritisiert aber dessen ausschließlich quantitative Erfassung der zentralen Variable ‚Planungsausmaß‘. (Datenbasis: Interviews in 28 Unternehmungen verschiedener Branchen und Größen).

Ihn interessiert vor allem, inwiefern sich die Planungsintensität der Unternehmungen als Folge unterschiedlicher bzw. unterschiedlich wahrgenommener Kontext-Anforderungen verändert.

Die **Planungsintensität** (gemessen am Ausmaß der Planungsdifferenzierung und -integration sowie am Prognosegrad der Planung) findet er in seiner Untersuchung beeinflußt durch

- **externe Umweltfaktoren,** z. B.
  Industrieunternehmungen weisen eine höhere Planungsintensität auf als Handels- und Dienstleistungsunternehmungen. Unterschiedliche Absatzmärkte erfordern unterschiedliche Planungssysteme und -prozesse.

- **interne Kontextfaktoren,** z. B.
  Die Unternehmungsgröße hat einen deutlich erkennbaren Einfluß auf die Planungsintensität, ebenso die Organisationsstruktur: divisionalisierte Unternehmungen weisen höhere Planungsintensität auf als funktional organisierte.

Der vergleichsweise hohe Standard, den die Forschung auf dem Gebiet der Kontingenztheorie der Planung inzwischen bei uns erreicht hat, läßt sich gut mit den Arbeiten von *Poensgen/Hort* (1981) und *Köhler/Uebele* (1981) dokumentieren.

*Poensgen/Hort* (1981) nehmen explizit auf den situativen Ansatz in der Organisationsforschung Bezug, den sie auch für die Planungswissenschaft fruchtbar machen wollen. Ausgangspunkt ihres Forschungsprojektes sind die beiden Fragen:

- Wie weit ist Planung situationsabhängig?
- Welcher Preis wird für ein Abweichen vom Optimum bezahlt?

**Ergebnisse** werden nur zur ersten Frage vorgelegt, da eine Abhängigkeit des Erfolgs (Rendite) der Unternehmung vom gewählten Planungsverfahren nicht festgestellt werden konnte. (Datenbasis: Interviews mit Managern aus 88 Unternehmungen unterschiedlicher Branchen sowie in anderem Zusammenhang angelegte Bilanz-, Kapitalbesitzverhältnis- und Vorstandsdateien).

- Als wichtigster Einflußfaktor auf die Planung (vor allem Detaillierung und Formalisierung) stellte sich die Unternehmungsgröße heraus.
- Ein bedeutender positiver Einfluß auf das Planungsausmaß ist auch der Komplexität der Technik sowie der Absatzmärkte zuzuschreiben.
- Variabilität, Dynamik, Marktstruktur und absatzpolitisches Instrumentarium beeinflussen vor allem die Breite und Tiefe der kurzfristigen Planung (Budgetierung), während technische Variablen vor allem die mittelfristige Planung tangieren.
- Finanzielle Engpässe zwingen zu verstärkter Planung.

*Köhler* (1981) hat sich ausführlich mit den Grundlagen des kontingenztheoretischen Ansatzes auseinandergesetzt und darauf aufbauend einen eigenen situativen Bezugsrahmen entwickelt (vgl. zum folgenden auch *Köhler/Uebele* 1981. (Datenbasis: 334 ausauswertbare Fragebogen von Industriebetrieben in der BRD mit mehr als 1000 Beschäftigten).

Im Forschungsprogramm der Autoren wird davon ausgegangen, daß **Umweltmerkmale** (Dynamik, Komplexität, Abhängigkeit) sowie **unternehmensinterne Merkmale** (z.B. Unternehmungsgröße) Merkmale der allgemeinen **Organisationsgestaltung** beeinflussen (Wahl einer Funktions- oder Spartenorganisation; Ausmaß an Aufgabenformalisierung); diese beeinflussen ihrerseits das **Planungsverhalten** (Verwendung von Prognoseverfahren, mathematische Entscheidungshilfen, Marktforschungsinformationen; Zeithorizont und Formalisierung der Planung) und dieses wiederum die Zufriedenheit mit der Informationsversorgung.

Der eindeutige Nachweis einer verbesserten **Effizienz** (Umsatzzuwachs in einem Dreijahreszeitraum) für bestimmte ‚Kontext-Organisation-Planungsverhalten'-Muster ist nicht gelungen; auch über die Zufriedenheit der Organisationsmitglieder konnten keine signifikanten Unterschiede ermittelt werden.

Im Gegensatz zur empirischen Planungsforschung liegen zum Bereich **Kontrolle** nur vereinzelt Studien zur Entwicklung einer Kontingenztheorie vor (vgl. auch die Beiträge zu einem situativen ‚Management Accounting' in *Livingstone* 1975).

Nach situativer Sichtweise gibt es nicht *das* Kontrollsystem, sondern unterschiedliche Organisationen werden sich auch unterschiedlicher Kontrollsysteme bedienen. *Amigoni* (1978) sieht die Ursache für die Wahl unterschiedlicher Kontrollsysteme in der Existenz verschiedenartiger **Kontexfaktoren** (unabhängige Variablen). Als solche analysiert er (vgl. Abb. 4.16):

*Abb. 4.16:* Die Wahl des Kontrollsystems in Abhängigkeit von der Situation

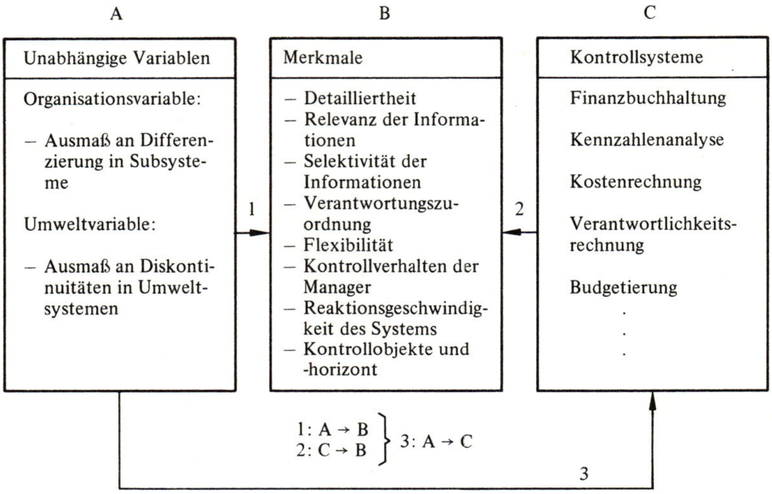


*Quelle: Amigoni* 1978, S. 280

- das **Ausmaß an Differenzierung in Subsysteme** (Structural Complexity), gemessen an
  - Anzahl an und Grad der Interdependenz zwischen Geschäftsbereichen einer Organisation
  - Anzahl und Art der Abteilungen
- das **Ausmaß an Diskontinuitäten in Umweltsystemen** (Turbulence), gemessen an
- Änderungsrate der Umwelt
- Prognostizierbarkeit der Umweltentwicklung.

*Sathe* (1978) (Datenbasis: 129 US-Großunternehmungen mit divisionaler Struktur) analysiert folgende **Kontextfaktoren,** die einen Einfluß auf die Rollenanforderungen des Controllers haben:

**Einflüsse von der Konzernspitze** (Corporate Considerations)

- Top-Managementphilosophie (straffe oder lockere Überwachung der Geschäftsbereiche)
- Führungsstil
- Organisationsstruktur
- Geschäftslage

**Einflüsse des speziellen Geschäftsbereichs** (Divisional Considerations)

- Autonomie des Geschäftsbereichs
- Produktionsprogramm
- Marktsituation

Eine erfolgreiche Wahrnehmung der Controller-Funktion ist nach *Sathe* dann zu erwarten, wenn eine möglichst weitgehende Übereinstimmung (fit) zwischen Rollenanforderung und Aufgabenerfüllung gegeben ist. Als Erfolgsmaßstäbe dienen dabei die wenig operationalen Kriterien

- Qualität der Informationen für das Management
- Qualität der Interaktionen mit dem Management
- Ausmaß an Unterstützung des Managements

Im deutschen Sprachraum liegen vor allem von *Horváth* (1979), *Horváth/Gaydoul* (1978) und *Gaydoul* (1980) Versuche zu einer situativen Analyse der Controlling-Funktion vor. Die Autoren sehen einen deterministischen Zusammenhang zwischen Kontextfaktoren, Strukturmerkmalen und Gestaltungsdimensionen der Controlling-Funktion. Als Controlling relevante **Kontextfaktoren** werden von *Gaydoul* (1980) angesehen

- Umweltdynamik- und -komplexität
- Unternehmensgröße
- Rechtsform
- Fertigungstechnologie
- Branche
- Konzernabhängigkeit

Die Arbeiten haben vor allem wegen ihrer deterministischen Interpretation des situativen Ansatzes keine grundsätzlich neuen Erkenntnisse gebracht (zur Kritik vgl. *Buchner* 1981, S. 149ff.).

Symptomatisch für den geringen Entwicklungsstand einer Kontingenztheorie des Controlling sind idealtypische Typologien, wie die von *Zünd* (1979). *Zünd* analysiert in Abhängigkeit von unterschiedlichen Umweltsituationen drei **Controllertypen:**

- **Registrator** (vergangenheits- und buchhaltungsorientiert) in einer relativ statischen Umwelt
- **Navigator** (planungs- und kontrollorientiert) in einer begrenzt dynamischen Umwelt
- **Innovator** (strategieorientiert) in einer extrem dynamischen Umwelt.

## II. Zur Anwendung kontingenztheoretischer Forschungsergebnisse

Ein zentraler Anspruch kontingenztheoretischer Arbeiten, die Erklärung und Prognose der Wirkungen (Effizienz) unterschiedlicher Planungs- und Kontrollverfahren, konnte bislang, abgesehen von einigen bescheidenen Ansätzen, nicht eingelöst werden. (Zu einer Zusammenfassung der Ergebnisse vgl. auch *Bresser/Bishop* 1983). Über die **Einsatzbedingungen** bzw. -voraussetzungen für bestimmte Verfahren liegen jedoch hinreichend bestätigte Erkenntnisse vor:

1. Zum Zusammenhang zwischen **Umwelt** sowie Planung und Kontrolle:
   - Mit zunehmender Komplexität und Dynamik der ökonomischen Umwelt nimmt das Planungsausmaß zu.
   - Mit zunehmender Komplexität und Dynamik der benutzten Technik bzw. Technologie nimmt das Planungsausmaß zu.
   - Mit zunehmender Umweltkomplexität und -dynamik steigt die Bedeutung des Controlling.
2. Zum Zusammenhang zwischen **Organisation** sowie Planung und Kontrolle:
   - Mit zunehmendem Planungsausmaß werden verstärkt zentrale Planungsstellen gebildet, die Geschäftsleitung beteiligt sich verstärkt an Planung.
   - Mit zunehmender Unternehmungsgröße nimmt das Planungsausmaß zu, und desto eher wird ein Controller beschäftigt.
   - Divisionalisierte Unternehmungen (mit Geschäftsbereichsorganisation) weisen ein höheres Planungsausmaß auf als solche mit Funktionalorganisation.

Einen weiteren für den Praktiker interessanten Anwendungsbereich der Kontingenztheorie liefert die **typologische Methode.** Die Suche nach einer Klassifikation von vergleichbarem Planungsverhalten ist einmal ein praktisches Erfordernis der Planungstechnologie zum anderen eine logische Konsequenz aus der Ablehnung allgemeingültiger Gestaltungsaussagen zur Planung. In diese Richtung weisen vor allem die Arbeiten von *Szyperski* und *Müller-Böling* (1980). Ausgehend vom situativen Ansatz in der Organisationstheorie entwickeln sie einen Bezugsrahmen zur Planungsorganisation (PLORGA). (Datenbasis: empirische Erfassung von 360 Planungsorganisationen von Unternehmungen verschiedener Branchen und Größe). Mit Hilfe einer Clusteranalyse werden acht Typen der Planungsorganisation gebildet und zwar als Ergebnis von typischen Ausprägungskombinationen der Planungsorganisation.

Aufgrund der untersuchten Praxis-Fälle können nun Angaben darüber gemacht werden, in welcher Situation welche Strukturalternativen häufiger/seltener anzutreffen sind. Auch wenn keine direkten Effizienzaussagen gemacht werden können, so liegt doch die Vermutung nahe, daß Unternehmungen in bestimmten Situationen nicht ohne Grund überdurchschnittlich eine bestimmte Planungsorganisation wählen, was wiederum die Autoren ermutigt, situative Gestaltungsempfehlungen für die Wahl bestimmter Planungsorganisationen abzugeben.

Was soll nun ein Manager tun, wenn er feststellt, daß sich seine Planungsorganisation in einem dysfunktionalen Verhältnis (misfit) zu bestimmten Kontextfaktoren befindet? Diese Frage hatten sich schon *Poensgen/Hort* gestellt, ohne sie jedoch beantworten zu können. Es gilt letztlich, die Kosten einer Fehlanpassung an die Situation mit den Kosten einer organisatorischen Anpassung zu vergleichen. Denn nicht jede Abweichung läßt unter Wirtschaftlichkeitserwägungen einen sofortigen organisatorischen Wandel geraten erscheinen.

*Miller* (1982) empfiehlt ein **situatives Anpassungsmanagement,** wobei er Situationen unterscheidet, in denen *revolutionäre* Strategien, und solche, in denen *evolutionäre* Strategien angemessen sind. Zur Beschreibung der Entscheidungssituation benutzt er zwei dichotom skalierte Dimensionen:

- **Umweltzustand** (exklusiv oder inklusiv)
- **Umweltunsicherheit** (voraussehbar oder nicht voraussehbar).

*Exklusiv* heißt ein Umweltzustand, der nur eine bestimmte Struktur als ,optimal' erlaubt, was ceteris paribus eine revolutionäre Anpassung favorisiert,
*inklusiv* heißt ein Umweltzustand, der mehrere ähnliche oder leicht modifizierte Strukturen erlaubt, was ceteris paribus eine evolutionäre oder inkrementale Anpassung favorisiert,
*voraussehbare* Umweltzustände favorisieren eine unmittelbare Anpassung,
*nicht* oder nur *schlecht voraussehbare* Umweltzustände favorisieren eine verzögerte Anpassung (d. h. warten bis ein deutlicher Trend erkennbar ist).

Damit ergibt sich eine Matrix mit vier möglichen Anpassungsstrategien an eine Auseinanderentwicklung von Umwelt und Organisationstruktur.

| Umwelt-zustand \ Umwelt-unsicherheit | voraussehbar | nicht voraussehbar |
|---|---|---|
| exklusiv | unmittelbarer revolutionärer Wandel | verzögerter revolutionärer Wandel |
| inklusiv | unmittelbarer evolutionärer Wandel | verzögerter evolutionärer Wandel |

Der Manager erkennt, daß nicht in jedem Fall eine sofortige Anpassung an wahrgenommene Fehlentwicklungen notwendig ist.

# Teil 5

# Organisation als Managementfunktion: Die Gestaltung von Strukturen und Prozessen

# A. Organisation als Funktion

In diesem Teil wird unter Organisation nicht ein soziales Gebilde (vgl. Teil 2 der Arbeit), sondern die (Management-)Tätigkeit, der Vorgang des Entwurfs und der Realisierung einer Organisationsstruktur verstanden. Mehr soziologisch orientierte Autoren sprechen in diesem Zusammenhang von der zielgerichteten Institutionalisierung von generellen, formalisierten Verhaltenserwartungen. Praktiker sind der Auffassung, daß Verhalten in Organisationen überwiegend durch formale Strukturcharakteristika gesteuert und kontrolliert wird, wie Stellenbeschreibungen, Dienstwege, Unterstellungsverhältnisse, Arbeitsanweisungen, Titel, Statussymbole. Diese und ähnliche Vorschriften und Regeln sind mit **Organisationsstruktur** im weitesten Sinne gemeint.

Der relativ seltene Fall einer erstmaligen Strukturierung einer Organisation (Neugründung, vgl. hierzu *Rieckmann* 1982) wird hier vernachlässigt, und zwar zugunsten des Regelfalles einer strukturellen Veränderung und Anpassung, d. h. Reorganisation. In Wirklichkeit sind fast alle Organisationsmaßnahmen solche der **Reorganisation,** denn die Annahme eines organisatorischen tabula rasa ist irreal. Selbst bei der Gründung z. B. einer Unternehmung bestehen in der Regel schon strukturkonstituierende informelle Beziehungsmuster.

Der Planungs- und Entscheidungsspielraum, der dem mit der Organisationsaufgabe betrauten Personenkreis offensteht, wird als **Organisationsspielraum** bezeichnet. Nach *Szyperski* (1969, Sp. 1230) umfaßt er

1. die alternativ zulässigen Strukturen und
2. die alternativ zulässigen organisatorischen Verfahren.

Den strukturellen Spielraum sieht er begrenzt durch

a) den schon strukturierten Bereich
b) den nicht zu strukturierenden Bereich
c) die Freiheitsgrade des verbleibenden zu strukturierenden Bereichs.

Welche Faktoren konkret den Organisationsspielraum begrenzen, hat u. a. *Khandwalla* (1977) zusammengestellt (Abb. 5.1). (Vgl. hierzu auch das Konzept der begrenzten Wahl von Begrenzungen von *Kubicek* auf S. 103 ff.).

Der Erfolg organisatorischer Maßnahmen hängt weitgehend davon ab, inwieweit es den Organisatoren gelingt, die Grenzen zwischen den in a) und b) für die Reorganisation tabuisierten Bereichen aufzulockern und in c) einen möglichst großen Aktionsspielraum zu erlangen. Damit sind Fragen sozialer **Macht** angesprochen: Welcher Einfluß steht hinter den innovativen, auf Neuerung und Wandel dringenden Kräften, und welcher hinter den stabilisierenden, den organisatorischen status quo konservierenden Kräften?

*Abb. 5.1:* Grenzen des Organisationsspielraums

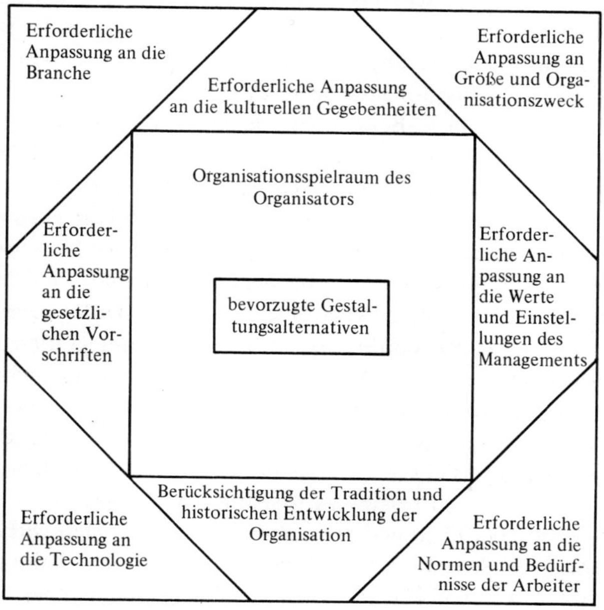


*Quelle: Khandwalla* 1977, S. 266

Der Vorgang des Organisierens stellt ein permanentes Analyse-, Entscheidungs- und Durchsetzungsproblem dar, und bildet damit eine der wichtigsten Managementfunktionen.

Rein formal versteht *Szyperski* (1969, Sp. 1230) unter **Struktur** „die Menge im Zeitablauf invarianter Relationen zwischen bestimmten Größen (Teilen, Gruppen oder Relationen) eines Systems". *Arnold* (1967, S. 15) füllt diese Definition mit Inhalt, wenn er zwischen Strukturträgern (Teile/Gruppen), Beziehungsmustern (Relationen) und institutionellem Rahmen (System) unterscheidet:

- **Strukturträger** (z. B. Organisationsmitglieder, Maschinen)
- **Beziehungen zwischen den Strukturträgern**
  - Beziehungen zwischen persönlichen Strukturträgern (nach *Grochla:* **Mensch-Systeme** als soziale Integration von Menschen),
  - Beziehungen zwischen persönlichen und sachlichen Strukturträgern (nach *Grochla:* **Mensch-Maschine-System** als Integration von Menschen und Maschinen),
  - Beziehungen zwischen sachlichen Strukturträgern (nach *Grochla:* **Maschinen-Systeme** als realtechnische Integration von Maschinen).
- Institutioneller Bezugsrahmen (Organisationstypen wie Unternehmungen, Verbände, Kirche, Militär, Schulen).

Die hier eingeblendete Systemklassifikation von *Grochla* (1972, S. 16) findet sich sinngemäß auch schon bei *Mayer* (1951, S. 81): „Innerhalb der Gesamtstruktur des industriellen Großbetriebes besteht neben der technisch-ökonomisch-menschlichen Organisation (den Objekt-Subjekt-Beziehungen des technisch-ökonomisch-menschlichen Prozesses) eine rein soziale Organisation (die Subjekt-Subjekt-Beziehungen des sozialen Prozesses)".

**Organisieren** heißt dann, innerhalb eines institutionellen Rahmens die Strukturträger zu bestimmen und deren Beziehungen untereinander dauerhaft (z. B. Linieninstanzen) oder auf Zeit (z. B. Projekt-Teams) zu regeln.

Die zentrale Aufgabe der Organisation im *funktionalen* Sinn besteht nun darin, die Organisationselemente **Aufgaben, Informationen** und **Macht** auf die Strukturträger Mensch und Maschine zu verteilen (**Differenzierung**) und deren zielentsprechende Koordination sicherzustellen (**Integration**).

So sind auch *Kieser/Kubicek* (1976, S. 102 f.), die insgesamt fünf Strukturdimensionen zur Erfassung formaler Organisationsstrukturen unterscheiden, letztlich der Meinung, daß ‚Spezialisierung' und ‚Koordination' die beiden Hauptprinzipien formaler Organisation darstellen; eine Auffassung, die auch schon in der klassischen betriebswirtschaftlichen Organisationslehre (z. B. *Kosiol* 1962, *Grochla* 1972) und der frühen Managementlehre vorherrschte.[1] Die von mir gewählten Begriffe, Differenzierung und Integration, entsprechen in etwa dem *Kosiol*'schen Begriffspaar **Analyse** und **Synthese.** Analyse- und Syntheseprobleme ergeben sich sowohl bei der Strukturierung von Systemen (**Aufbauorganisation**) als auch von Prozessen (**Ablauforganisation**) (vgl. Abb. 5.2). „Der Aufbau stellt den statischen Teil der Organisation dar, wogegen bei der Ablauforganisation Raum und insbesondere die Zeit eine Rolle spielen, so daß sich diese als dynamischer Anteil bezeichnen läßt" (*Gaitanides* 1983, S. 2).

*Abb. 5.2:* Der Ansatz der klassischen Organisationslehre

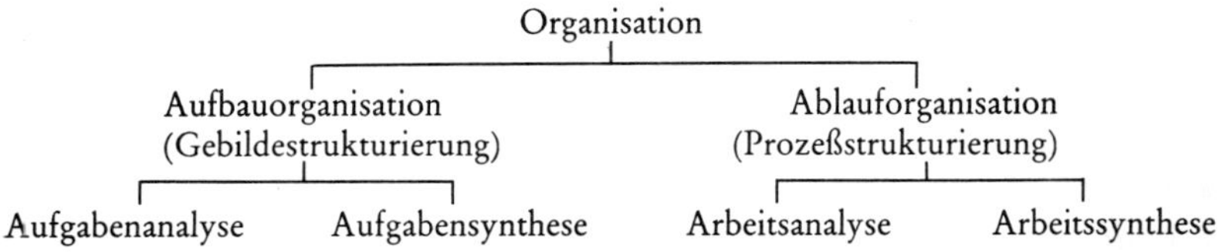


*Quelle:* in Anlehnungen an *Kosiol* 1962, S. 240.

Die klassische Trennung in Aufbau- und Ablauforganisation ist dahingehend kritisiert worden, daß sie lediglich gedanklich zu leisten und somit für die praktische Organisationsarbeit wenig nützlich sei (vgl. auch S. 133). *Berg* (1981, S. 68 ff.) schlägt als neuen Ansatz der Organisationsgestaltung das

[1] Auch *Menzl* (1977, S. 26) reduziert die Vielfalt der Beschreibungsmerkmale auf die zwei grundlegenden Variablen ‚Aufteilen' und ‚Zusammenfassen'.

Konzept der **Aufgabendekomposition** vor. Danach wird beim Dekompositionsprozeß immer schon die notwendige Integration mitbedacht, d. h. die Aufspaltung von Aufgaben in Teilaufgaben erfolgt nach aufgabensynthetischen Überlegungen.

Im folgenden behandle ich die Aufgaben- und Arbeitsanalyse im Abschnitt *B. Differenzierung* und die Aufgaben- und Arbeitssynthese im Abschnitt *C. Integration.* Obwohl Entscheidungen zur Differenzierung und Integration idealerweise simultan getroffen werden sollten, dominiert in der Praxis eine sukzessive Problemlösung, wobei die Integration allerdings schon bei der Analyse mitgedacht wird. Wie die Darstellung bei *Carlisle* (1976, S. 334) exemplarisch veranschaulicht, wird üblicherweise von einem top down Ansatz ausgegangen, d. h. zunächst werden aus übergeordneten Organisationszielen Aufgaben abgeleitet, Abteilungen gebildet, diese in einer Hierarchie von oben, unten und neben positioniert und erst zum Schluß wird der einzelne Mitarbeiter in die so geschaffene Organisationsstruktur ‚eingepaßt‘:

- **Horizontale Differenzierung** (Spezialisierung)
  Aufgabengliederung
  Abteilungsbildung
- **Vertikale Differenzierung** (Hierarchisierung)
  Kontrollspanne, Breite und Tiefe der Hierarchie,
  Einheit der Auftragserteilung, Dienstweg
- **Horizontale Integration**
  Komittees, Budgets, Pläne, Organisationsregeln
- **Integration des Einzelnen in die Organisation**
  Arbeitsplatzbeschreibung, Arbeitseinsatzplan,
  Arbeitsablaufplan.

Das Interesse der Organisations- und Managementlehre hat sich nicht immer gleichmäßig auf diese beiden zentralen Problembereiche (Differenzierung und Integration) verteilt. **Klassische Ansätze** befaßten sich schwerpunktartig mit Fragen der Arbeitszerlegung und plädierten dabei für eine möglichst weitgehende horizontale und vor allem vertikale Differenzierung, machten aber zur Integration abgesehen von dem Hinweis auf einige formale Mechanismen kaum Aussagen. Umgekehrt konzentrierten sich **neoklassische Ansätze** auf Fragen der personalen Integration, während den Problemen der Differenzierung kaum Beachtung geschenkt wurde, wenn man von dem globalen Rat absieht, diese möglichst gering zu halten. Erst im Zuge der **modernen Ansätze** (vor allem System- und situative Ansätze) wurden beide Aspekte des Organisationsproblems als zusammengehöriger Komplex gesehen, der integrativ und simultan gelöst werden sollte.

Aus Darstellungs- und didaktischen Gründen sehe ich mich jedoch gezwungen, sukzessiv vorzugehen, und dabei bietet es sich aus logisch-analytischen Gründen an, mit der Differenzierung zu beginnen.

# B. Differenzierung

In diesem Kapitel werden drei **Formen der Differenzierung** behandelt:

- die Verteilung von Aufgaben über Spezialisierung; Ergebnis: **Aufgabenstruktur** (Abschnitt I)
- die Verteilung von Informationen über die ganze Organisation; Ergebnis: **Kommunikationsstruktur** (Abschnitt II)
- die Verteilung von Macht über Hierarchisierung; Ergebnis: **Autoritätsstruktur** (Abschnitt III)

Die **Abteilungsbildung** (Abschnitt IV) erfolgt sowohl nach dem Konzept der Differenzierung als auch der Koordination; insofern bilden Abteilungen die Nahtstellen zwischen diesen beiden grundlegenden Organisationskonzepten.

## I. Verteilung von Aufgaben (Aufgabenstruktur)

### 1. Spezialisierung

**Aufgaben** sind nach *Kosiol* (1962, S. 43) „Zielsetzungen für zweckbezogene menschliche Handlungen". Ein vorgegebenes oder selbstgesetztes Soll gilt es durch zweckbezogene Aktivitäten zu verwirklichen. *Berg* (1981, S. 27) geht davon aus, daß Aufgaben sowohl durch das Soll als auch durch die Aktivitäten zu seiner Verwirklichung beschrieben werden können. Entsprechend unterscheidet er zwischen einer *intentionalen* Aufgabendefinition (nicht näher spezifiziertes Soll, z. B. Herstellung von Schuhen) und einer *extensionalen* Aufgabendefinition (Beschreibung der Aktivitäten zur Verwirklichung des Solls, z. B. exakte Angabe der Einzelschritte des Prozesses der Schuhfabrikation).[2] Folgt man dieser definitorischen Abgrenzung, dann entsteht für den Aufgabenträger immer dann ein **Problem,** wenn er der intentionalen Aufgabendefinition keine extensionale zuordnen bzw. aus ihr ableiten kann (vgl. zum Problemlösen S. 327ff.).

Logisch nimmt der Prozeß der Aufgabengliederung seinen Ausgang von

[2] Vgl. hierzu die Unterscheidung von *Hax* (1965, S. 74) in implizite und explizite Verhaltensnormen und die von *Luhmann* (1968) in Zweck- und Konditionalprogramm sowie die Kritik von *Osterloh* (1983, S. 225ff.) an diesen dualistischen Aufgabenklassifikationen.

organisatorischen Zwecken (genauer: Outputzielen nach *Perrow*); diese zunächst global formulierte Gesamtaufgabe (etwa: Herstellung von Schuhen) wird anschließend in Teilaufgaben zerlegt, die bestimmten, hierzu qualifizierten Mitarbeitern gegebenenfalls unter Hinzuziehung technischer Hilfsmittel (Werkzeuge, Maschinen) zur Ausführung übertragen werden. Die Auflösung der Gesamtaufgabe in Teilaufgaben kann einmal unter *quantitativen* und zum anderen unter *qualitativen* Aspekten gesehen werden. Entsprechend spricht man von **Mengenteilung** (segmentierende Differenzierung), wenn jedem Mitarbeiter/Subsystem die Ausführung aller Teilaufgaben der Gesamtaufgabe übertragen wird (jeder Mitarbeiter fertigt einen ganzen Schuh), und von **Artenteilung** (funktionale Differenzierung), wenn Teilaufgaben so gebildet werden, daß Aufgaben unterschiedlicher Art (Schwierigkeit, Zeitdauer etc.) entstehen, die jeweils darauf spezialisierten Mitarbeitern zur Ausführung zugewiesen werden. Diese zweite Form der Arbeitsteilung wird üblicherweise als **Spezialisierung** bezeichnet.

Auf die Spezialisierung haben sich die Bemühungen der Organisationsfachleute seit eh und je konzentriert, denn sie versprach Produktivitäts- und Wirtschaftlichkeitsgewinne (vgl. S. 16f. der Arbeit). Solche **ökonomischen Vorteile** ergeben sich vor allem aus den mit Spezialisierung verbundenen

- geringen Qualifikationserfordernissen (d. h. billige Arbeitskräfte)
- geringen Einarbeitungs- und Anlernzeiten
- geringen Aufgabeninhalten und Handlungsspielräumen
- hohen Lern- und Trainingseffekten (d. h. Übungsgewinne)
- leichten Überwachungs- und Kontrollaufgaben.

In der einschlägigen Organisationsliteratur werden aber diese Konsequenzen extremer Artenteilung nicht nur unter dem Aspekt der Vorteilhaftigkeit für den Unternehmer und Manager diskutiert, sondern häufig wird eine Rechtfertigung dieser Praxis der Arbeitsteilung dergestalt versucht, daß auf bestimmte, den Managemententscheidungen entzogene Zwänge, sog. **Verursachungsgesetze der Artenteilung,** verwiesen wird (z. B. *Böhrs* 1963). Artenteilung sei, so wird argumentiert, deshalb vorzunehmen, weil der Mensch über unterschiedliche Veranlagungsschwerpunkte verfüge (Spezialisierung), unterschiedliche Neigungen verfolge (z. B. Frauenarbeit) und ganz allgemein durch eine recht begrenzte Aufnahmefähigkeit des Gedächtnisses gekennzeichnet sei (deshalb nur kurzzyklische Arbeitsgänge). Diese ideologische Interpretation verkennt die historische Entwicklung der Arbeitsteilung, die sich primär unter *ökonomischen* Einflüssen vollzog. So ist in der vorindustriellen Zeit der umfassend ausgebildete Handwerker (craftsmanship) durchaus in der Lage gewesen, ganzheitliche Arbeitsaufgaben zu erfüllen; eine Produktionsweise, die aber im Zuge wachsender Mengennachfrage zunehmend ineffizient wurde. Dagegen behauptet *Mills* (1978, S. 150), daß die Ursache für die extreme Arbeitsteilung in den USA in dem schlecht ausgebildeten Einwanderer zu suchen sei, für den die Komplexität der Massenproduktion in kleine, einfache, monotone Arbeitsschritte zerlegt werden mußte.

Daß die während der industriellen Revolution immer stärker vorangetriebene Arbeitsteilung nicht dem ‚Wesen' des Menschen entspricht, läßt sich aus dessen Reaktionen (z. B. Fluktuation, Absentismus, Krankheiten, Unzufriedenheitsäußerungen) erkennen, die – wie empirische Untersuchungen belegen – auf mangelnde Akzeptanz enger Aufgabendefinition, einseitiger Belastungen (von Muskeln und Psyche), von Unterforderung und Dequalifizierung (Verlernen von Fähigkeiten und Fertigkeiten) zurückzuführen sind. Diese Verhaltensweisen lassen sich stark vereinfacht anhand folgender vermuteter Zusammenhänge erklären (vgl. *Hulin/Blood* 1968):

| Stimulusbedingungen | Wahrnehmung | affektive Reaktion | Verhalten |
|---|---|---|---|
| einfache Aufgaben mit geringen Anforderungen, kurze Taktzeiten → | Monotonie → | Langeweile, Unzufriedenheit mit der Arbeit → | Absentismus, Fluktuation, Leistungsrestriktion |

Die mit diesen Verhaltensweisen verbundenen hohen **Folgekosten** veranlaßten das Management anfang der 70er Jahre sich intensiver mit Neuen Formen der Arbeitsorganisation (NFA) zu beschäftigen (vgl. hierzu ausführlich Abschnitt D II 2). Entsprechend wurden solche arbeitsorganisatorischen Lösungen favorisiert, die einmal abwesenheitsbedingte Störungen der Ablauforganisation beseitigen sowie eine kurzfristige Anpassung an schwankende Auftragslagen erlauben und andererseits zu einer Erhöhung der Arbeitsbereitschaft und -zufriedenheit führen.

Nun heißt die Alternative zur Artenteilung (Spezialisierung) nicht Mengenteilung, sondern Spezialisierung ist ein Merkmal aller Organisationen, das jedoch (auf einem Kontinuum) unterschiedlich ausgeprägt ist. Gemessen wird Spezialisierung mit Maßen, wie etwa

- Anzahl der spezialisierten Stellen
- Anzahl unterschiedlicher Stellenbezeichnungen
- Anzahl der von einer Organisation zur Ausführung ein und derselben Aufgabe gebildeten Stellen
- Länge der Bearbeitungszeit pro Stelle
- Anzahl unterschiedlicher Verrichtungen pro Stelle.

## 2. Kriterien der Aufgabengliederung

Vorrangig finden bei der Gliederung der Gesamtaufgabe in Teilaufgaben folgende Kriterien Verwendung (*Kosiol* 1962, *Grochla* 1972, *Hill/Fehlbaum/Ulrich* 1976, *Menzl* 1977, *Jakob* 1980):

- **Verrichtung** (z. B. Input, Transformation, Output; Schweißen, Beschaffen, Verkaufen)

- **Objekt** (z. B. Produkt, Kreditarten)
- **Arbeits- oder Hilfsmittel** (z. B. manuell, maschinell, automatisch)
- **Rang** (z. B. Entscheidungsaufgaben, Ausführungsaufgaben)
- **Phase/Zeit** (z. B. Planung, Realisation, Kontrolle)
- **Ort** (z. B. Verkaufen in Deutschland, Europa, USA)

Neben diesen Aufgabenanalysekriterien werden in der jüngeren Literatur Klassifikationen präferiert, die auf unterschiedliche organisationsstrukturelle Anforderungen unterschiedlicher Aufgaben abstellen. So unterscheiden *Van de Ven/Delbecq* (1974) zwischen

- **Aufgabenschwierigkeit** (ist die Aufgabe in Komponenten zerlegbar und sind Verfahren zur Lösung einzelner Aufgabenbestandteile bekannt?)
- **Aufgabenvariabilität** (wie groß ist die Anzahl der Ausnahmefälle, für die unterschiedliche Verfahren und Methoden erforderlich sind?)
- **Aufgabeninterdependenz** (wie groß ist die Abhängigkeit der auszuführenden Stelle von vor- und nachgelagerten?).

Im Zuge des Vordringens situativer Ansätze stieg das Interesse an den Zusammenhängen zwischen Aufgabenarten und Entscheidungsstrategien bzw. Entscheidungsorganisation (vgl. *Pfohl* 1977). Zu diesem Zweck klassifizieren etwa *Beach/Mitchell* (1978) Entscheidungsprobleme nach den Kriterien

- **Unfamiliarity** (wie neuartig ist die Aufgabe für den Entscheider)
- **Ambiguity** (wie unklar ist die Aufgabe für den Entscheider)
- **Complexity** (wie komplex ist die Aufgabe: Zahl der Aufgabenelemente, Zahl der alternativen Lösungen, Zahl der Entscheidungskriterien)
- **Instability** (wie häufig ändern sich Ziele, Entscheidungskriterien, Nebenbedingungen im Zeitablauf).

Vor allem Aufgabenkomplexität und -interdependenz sind **Quellen von Unsicherheit,** die gemessen werden kann an der Differenz zwischen vorhandenen und noch benötigten Informationen, um eine Aufgabe zu erfüllen. Je größer diese Differenz, desto größer die Unsicherheit (vgl. *Downey/Slocum* 1975, *Downey/Hellriegel/Slocum* 1975). Aufgabenunsicherheit ist jedoch kein objektiver Tatbestand, sondern abhängig von der Qualifikation und Perzeption der Aufgabenträger.

In diese Richtung weisen auch jüngere **arbeitspsychologische** Arbeiten zur Beschreibung von Aufgaben sowie deren Wahrnehmung durch den Ausführenden; denn nicht die objektive Aufgabe, sondern die *subjektiv wahrgenommene* ist letztlich handlungsrelevant.[3] *Hackman* (1969) betrachtet die Aufgabe nicht nur unter dem Gesichtspunkt der Eignungsvoraussetzung (Definition der Aufgabe nach erforderlichen Eignungsmerkmalen) bzw. Verhaltensbeschreibung (Beschreibung des tatsächlichen Verhaltens bei der Bearbeitung einer Aufgabe), sondern geht von der Aufgabe als einer **Verhaltensanforderung** aus. Unter Verwendung des S-O-R-Paradigmas kommt er zu folgender

[3] Vgl. *Hackman* 1969, 1970, *Hoyos* 1974 a, b, *Nieder* 1977.

Aufgabendefinition: „Eine Aufgabe kann einer Person (oder einer Gruppe) durch einen Außenstehenden übertragen werden oder sich selbst gestellt sein. Eine Aufgabe besteht aus einem Reiz-Komplex und einer Reihe von Anweisungen, die spezifizieren, was gegenüber den Reizen zu tun ist. Die Instruktionen geben an, welche Operationen durch den (oder die) Handelnden im Hinblick auf die Reize durchgeführt werden müssen und/ oder welche Ziele zu erreichen sind" (*Hackman* 1970, S. 210). Mit **Reizmaterial** wird das materielle oder soziale Objekt verstanden, mit dem eine oder mehrere Personen konfrontiert werden (Maschine, Problem, Konflikt usw.). Dimensionen dieses Reizmaterials sind beispielsweise (vgl. *Hackman* 1969, S. 115):

- Bekanntheitsgrad des Aufgabenobjektes
- Art/Klarheit/Deutlichkeit/Intensität der Reize
- Komplexität, zeitliche Dauer und Überraschungseffekt der Reize.

Die Aufforderung „Denke" oder die Konfrontation mit einer Maschine ist noch keine Aufgabe im definitorischen, d. h. hier verhaltensrelevantem Sinn, da nicht gesagt wird, worüber nachgedacht bzw. was mit der Maschine getan (bedient, zerlegt, gesäubert etc.) werden soll. Erst diese **Anweisungen** präzisieren den Aufgabeninhalt. Dimensionen dieser Handlungsanweisungen sind beispielsweise (vgl. *Hackman* 1969, S. 116ff.):

- Regeln der Bearbeitung
- Kooperationshinweise
- Entscheidungsfindungs- oder kreative Aufgabe
- Arten der Informationsverarbeitung.

Darüber hinaus müssen die **Aufgabenziele** erfaßt werden. Dimensionen sind beispielsweise:

- Zielart der Aufgabe
- Anzahl der Lösungsmöglichkeiten
- Zielklarheit
- Leistungsvorgaben.

Jede Aufgabenstellung löst ein bestimmtes Verhalten bei den Aufgabenträgern aus; es gilt dann zu untersuchen, ob die Aufgabeneigenschaften und/ oder die Persönlichkeits- bzw. Gruppenfaktoren dafür ursächlich sind. Man nimmt an, daß die objektiv gestellte Aufgabe in irgendeiner Weise vom Individuum oder der Gruppe entsprechend den Werten, Einstellungen, Bedürfnissen, Erfahrungen, Fähigkeiten, Gruppennormen, etc. umformuliert bzw. *redefiniert* wird. Für *Hackman* (1969) und *Hackman/Lawler* (1971) ist dieser Redefinitionsprozeß der erste Schritt des Bearbeitungsprozesses einer Aufgabe. Die wahrgenommene Aufgabe als ein Element der Arbeitssituation kann sich also (und das ist die Regel) von der objektiven Aufgabenstellung unterscheiden, sofern nicht durch Androhung erheblicher Sanktionen, durch eine extrem detaillierte Arbeitsanweisung oder technologisch bedingte Zwänge den Individuen keine Wahrnehmungsspielräume ermöglicht werden. Der **Wahrnehmungsprozeß** wird nach *Hackman* (1969, S. 119) von vier Faktoren beeinflußt:

- dem Verständnis der Aufgabe durch den Bearbeiter,
- dem Ausmaß der Akzeptierung der Aufgabe und der Bereitschaft, sich ihren Anforderungen zu stellen,
- den Bedürfnissen und Werten, die von dem Bearbeiter in die Arbeitssituation eingebracht werden, und
- der Bedeutung früherer Erfahrungen mit ähnlichen Aufgaben.

## 3. Stellenbildung

Ist die Gesamtaufgabe einer Organisation nach einem oder in aller Regel einer Kombination von Kriterien aufgegliedert worden, werden die so gewonnenen Teilaufgaben bestimmte Stellen zugeordnet. Eine **Stelle** ist ein versachlichter Komplex von Aufgaben, der zunächst unabhängig vom Stelleninhaber (Ausführenden) gebildet wird. Eine Zusammenfassung mehrerer Stellen unter einheitlicher Leitung wird als **Abteilung** bezeichnet. Die Bildung von Stellen und Abteilungen kann einmal *auf Dauer* oder lediglich *auf Zeit* erfolgen. Organisationsformen auf Dauer lassen sich weiter in *segmentierende* (z. B. Linieninstanz) und *traversierende* (z. B. Zentralabteilung) unterteilen (*Bleicher* 1981, S. 38 ff.). Im ersten Fall wird eine betriebliche Hauptfunktion nach abteilungsbezogenen Zielen erfüllt (z. B. Produktion); im zweiten Fall wird eine betriebliche Haupt- oder Nebenfunktion (z. B. Revision) nach abteilungsübergreifenden Zielen erledigt.

Organisationsformen auf Dauer werden überwiegend im Abschnitt *III. Koordination durch Hierarchie* und Organisationsformen auf Zeit überwiegend im Abschnitt *V. Koordination durch Selbstabstimmung* behandelt.

Bei der Bildung von Stellen bzw. Abteilungen, d. h. bei der Zuordnung von Teilaufgaben auf Aufgabenträger kann nach den alternativen Strukturierungsprinzipien Zentralisation oder Dezentralisation vorgegangen werden.

**Zentralisation** heißt Zusammenfassung von Teilaufgaben, die hinsichtlich eines bestimmten Merkmals gleich sind, in einer Stelle/Abteilung.

**Dezentralisation** heißt umgekehrt die Trennung gleichartiger Aufgaben und Zuordnung auf mehrere Stellen/Abteilungen in der Organisation.

Als Aufgaben-Merkmale dienen die bereits weiter oben genannten Kriterien der Aufgabengliederung, was zu folgenden **Zentralisationsarten** führt:

- **Verrichtungszentralisation:** gleichartige Verrichtungen (z. B. Drehen, Stanzen, Verkaufen) werden in Stellen/Abteilungen zusammengefaßt (z. B. Dreherei, Verkaufsabteilung)
- **Objektzentralisation:** unterschiedliche Verrichtungen (z. B. Schweißen, Lackieren, Transportieren) werden am gleichen Objekt (z. B. Produkt) zusammengefaßt.

Verrichtungszentralisation entspricht somit der Objektdezentralisation und Objektzentralisation der Verrichtungsdezentralisation.

- **Entscheidungszentralisation:** alle Entscheidungsaufgaben werden in einer Stelle/Abteilung zusammengefaßt (z. B. Unternehmungsleitung).
  Diese Situation ist in der Realität kaum gegeben, sondern in aller Regel werden unterschiedliche Grade der Entscheidungsdezentralisation angetroffen. Entscheidungsdezentralisation, d. h. die Zuordnung von Entscheidungskompetenz auf eine/mehrere Stellen/Abteilungen wird auch als **Delegation** bezeichnet. Auch die Frage ‚Delegation: ja oder nein' ist in der heutigen Unternehmungsrealität eine unsinnige; sie kann sich nur mit Blick auf deren situative Ausgestaltung hinsichtlich Delegationsbereich, -umfang und -dauer stellen.
- **lokale Zentralisation:** Verrichtungen, Objekte, Entscheidungen werden an einem Ort konzentriert.

Dem Entscheidungsproblem Zentralisation/Dezentralisation wird in der deutsch- und englischsprachigen Organisations- und Managementliteratur breiter Raum geschenkt. Dabei überwiegen noch globale Gegenüberstellungen von Vor- und Nachteilen alternativer Strukturentscheidungen, z. B. Vorteile/Nachteile der Entscheidungsdezentralisation (Delegation):

| Vorteile | Nachteile |
|---|---|
| entlastet obere Führungskräfte | gefährdet Konformität/Koordination |
| motiviert mittlere Führungskräfte | gefährdet einheitliche Willensbildung |
| fördert Managemententwicklung | führt zur Suboptimierung |
| fördert Wettbewerb zwischen Parallelabteilungen | führt zu Doppelarbeit |
| aktionsnahe Informationen | erschwert Kontrolle |

Daneben finden sich generelle Hypothesen wie

- Zentralisation ist empfehlenswert, wenn einheitliche (z. B. Werbung), oder neutrale (z. B. Innenrevision) oder ökonomisch vorteilhafte (z. B. Einkauf) Wahrnehmungen von Aufgaben erwünscht ist
- Dezentralisation ist empfehlenswert, wenn Aufgaben nach Inhalt und/oder Verfahren derart komplex sind, daß eine Stelle/Abteilung überfordert wäre, und wenn die zur Aufgabenführung notwendigen Informationen dezentral leichter zugänglich sind.

Die Diskussion über das rechte Maß an Zentralisation bzw. Dezentralisation von Entscheidungen erhielt im Zuge der Human Relations Bewegung (vgl. S. 29ff. der Arbeit) eine weitere, ideologische Komponente (vgl. z. B. *Luthans* 1973). Zentralisation wurde als traditionell, autoritär und undemokratisch qualifiziert, während man von Konzepten der Dezentralisation (Delegation) die Verwirklichung humaner, demokratischer Zustände in Großorganisationen erhoffte. Nach vielen – für den nüchternen Beobachter der Praxis in industriellen Großorganisationen gar nicht überraschenden – Enttäuschungen begann in den 70er Jahren ein **Prozeß der Rezentralisation.** Auch bei General Motors, das nach *Sloan's* Reorganisation als Musterbeispiel der Dezentralisation galt, setzte um 1971 eine Phase der Rezentralisation ein, nicht zuletzt unterstützt durch das Vordringen computergestützter Informationssysteme. Diese letzte These ist jedoch äußerst umstritten (vgl. *Kubicek* 1975b). Der verstärkte Einsatz von Datensichtgeräten am Arbeitsplatz fördert heute wiederum eine erneute Dezentralisation.

Strukturentscheidungen werden heute immer weniger aufgrund von Glaubensbekenntnissen und Hoffnungen als aufgrund intensiver **Situationsanalysen** getroffen. *Newmann/Summer/Warren* (1967, S. 72ff.) weisen auf die Situationsabhängigkeit von Dezentralisationsentscheidungen hin, wenn sie u. a. die Beantwortung folgender Fragen dringen:

- wo finden sich die entscheidungsrelevanten Informationen?
- wo finden sich die hierzu befähigten Entscheider?
- sind Entscheidungen unter Zeitdruck zu fällen?
- wie bedeutend sind die Entscheidungen für die Gesamtorganisation?

Im Zuge des weiteren Vordringens situativer Ansätze werden vermehrt empirisch belegte Aussagen über Tendenzen zur Zentralisation/Dezentralisation in Abhängigkeit bestimmter Situationsmerkmale gemacht (vgl. z. B. *Carlisle* 1976, S. 397ff., *Dessler* 1976, S. 112, *Gebert* 1979):

| Situationsmerkmal | Tendenz zur Zentralisation | Tendenz zur Dezentralisation |
|---|---|---|
| Organisationsziel | Herstellung eines homogenen Produktprogramms | Herstellung einer Vielzahl unterschiedlicher Produkte |
| Organisationsgröße | klein | groß |
| Standort | einer | viele |
| Umweltzustand | stabil | turbulent |
| Abhängigkeit von externen Organisationsteilnehmern (z. B. Rohstoffe, Energie) | groß | gering |
| Marktdifferenzierung | gering | hoch |
| technische Komplexität | gering | hoch |
| Qualifikation der Mitarbeiter | gering | hoch |
| erwünschtes Maß an Konformität und Koordination | hoch | gering |
| Entwicklungsstand des Planungs- und Kontrollsystems | gering | hoch |

Die Verteilung von Aufgaben erfolgt also im Anschluß an umfassende Situationsanalysen und unter Berücksichtigung von Organisationszielen.

## II. Verteilung von Informationen (Kommunikationsstruktur)

### 1. Funktion von Information und Kommunikation

Nachdem im Zuge der Aufgabenverteilung Teilaufgaben bestimmten Stellen zugewiesen worden sind, benötigen diese zur Aufgabenerfüllung Informationen über den Aufgabeninhalt sowie Handlungsanweisungen und -ziele. Dabei bestimmt der Aufgabeninhalt Quantität und Qualität der Informationen (vgl. z. B. *Ziegler* 1968, *Poole* 1978). Die Qualität der Aufgabenerfüllung (vor allem bei Entscheidungsaufgaben) ist maßgeblich von der Qualität der verarbeiteten Informationen abhängig. *Witte* (1972) konnte anhand einer empirischen Untersuchung belegen, daß es für die Effizienz wirtschaftlicher Entscheidungen weniger auf die Informationsversorgung, als auf die Informationsnachfrage ankommt.

Ein **Kommunikationssystem** wird benötigt, um Informationen zur rechten Zeit am rechten Ort und in der notwendigen und nachgefragten Quantität und Qualität zur Verfügung zu stellen. Dabei wird die Relation zwischen den an einer Stelle tatsächlich vorhandenen Informationen und den aufgrund der Aufgabenstellung notwendigen Informationen als **Informationsgrad** bezeichnet. Dessen Maximierung findet eine Begrenzung im Wirtschaftlichkeitsprinzip, dem auch die Informationsgewinnung unterliegt, d. h. der durch die Gewinnung einer weiteren Information zusätzlich erzielte Ertrag muß die Kosten der Informationsgewinnung übersteigen. Das Ziel einer Verbesserung des Informationsgrades kann zum einen durch eine möglichst wirtschaftliche Informationsgewinnung und zum anderen durch eine schnelle, möglichst störungsfreie Kommunikation zwischen Informationsquelle und -benutzer erreicht werden (vgl. *Thayer* 1968).

Die bei der Bestimmung des Informationsgrades unterstellte Prämisse von der Existenz einer *objektiv notwendigen* Informationsmenge ist unrealistisch. Der Begriff der Objektivität führt in diesem Zusammenhang zu falschen Annahmen. Die Vorstellung, daß die zur Lösung eines komplexen Problems in Abstraktion von den beteiligten Personen benötigte Gesamtheit *aller* denkbaren Informationen auch nur annähernd erreicht wird, ist rein theoretischer Natur und bleibt daher gerade im praktisch-betrieblichen Zusammenhang Fiktion. Sie reduziert sich letztlich auf den vagen Begriff der *sachlich notwendigen* Informationen.

Im folgenden verstehe ich unter **Information** „zweckorientiertes Wissen, also solches Wissen, das zur Erreichung eines Zweckes, nämlich einer möglichst vollkommenen Disposition eingesetzt wird" (*Wittmann* 1959, S. 14). Dieses Wissen erhält der bislang Nichtwissende durch den Empfang einer Nachricht. Die **Nachricht** stellt die Kombination einer bestimmten Art von

Signalen dar. **Signale** sind physikalisch wahrnehmbare Tatbestände (z. B. Lichtwellen, Schallwellen, Stromstöße), die zur Übertragung und Speicherung von Nachrichten dienen (vgl. *Kramer* 1965, *Steinbuch* 1965). Eine Nachricht setzt sich aus verschiedenen Zeichen (Buchstaben, Ziffern etc.) zusammen, die, nur wenn sie in eine gewisse Ordnung gebracht worden sind, zu einer sinnvollen Nachricht werden (vgl. Abb. 5.3).

*Abb. 5.3:* Kommunikationsprozeß

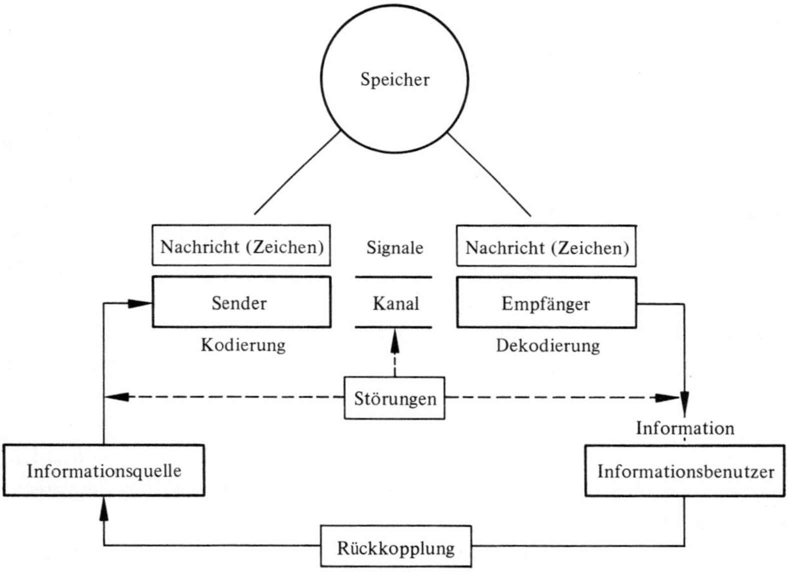


Bei der Definition des Begriffes **Kommunikation** muß zwischen einem soziologischen (vgl. Abschnitt 3C II2) und einem nachrichtentechnischen Aspekt unterschieden werden.

Im *soziologischen Sinne* versteht man unter Kommunikation die Fähigkeit eines Menschen, seine Gefühle und Gedanken einem anderen bzw. mehreren mitzuteilen, sowie die Fähigkeit, in Gruppen soziale Beziehungen zu unterhalten. Unter Kommunikation im *technischen Sinne* soll dagegen die Übermittlung von Nachrichten oder Informationen verstanden werden, einschließlich aller damit zusammenhängender Funktionen, wie etwa Kodieren, Senden, Empfangen, Dekodieren usw.[4] Aufgabe der Informations- und Kommunikationstheorie ist es, die Probleme der Information und Informationsübermittlung quantitativ zu erfassen und strukturell darzustellen. Ein Ergebnis ist u. a. die Aufstellung von Informations- und Kommunikationssy-

[4] Das Grundmodell der Kommunikation stammt von *Shannon/Weaver* 1949.

stemen, wobei ein Informationen übermittelndes System ein Spezialfall des Kommunikationssystems ist.

In diesem Bereich hat der Einsatz automatisierter **Datenverarbeitungssysteme** mit immer größeren Kapazitäten bezüglich der Erfassung und Speicherung von Daten sowie immer höheren Verarbeitungsgeschwindigkeiten, die Anwendung neuer mathematischer und statistischer Verfahren sowie der Einsatz von Spezialisten (wie Systemanalytiker oder Programmierer) zu beachtlichen Veränderungen in Struktur und Verhalten von Organisationen geführt. *Leavitt/Whisler* (1958), die den Begriff **Informationstechnologie** eingeführt haben, prognostizierten für die 80er Jahre eine Polarisierung des Mittelmanagements, d. h. ihrer Meinung nach werden wenige in höhere Positionen aufsteigen, aber die Mehrzahl wird mit wenig anspruchsvollen Routineaufgaben konfrontiert werden (S. 45). Nach Auffassung dieser Autoren ist der Grund hierfür darin zu suchen, daß sich die Grenze zwischen Planung und Ausführung weiter nach oben verlagern wird, d. h. viele Aufgaben des Mittelmanagements werden stärker strukturiert und somit leichter programmierbar werden (Taylorisierung der Büroarbeit).[5] Die Tatsache, daß die Prognosen nicht im erwarteten Umfang eingetreten sind, ist u. a. auf die Entwicklung in der Mikroelektronik, Computer- und Kommunikationstechnologie zurückzuführen, die es ermöglicht, daß der Computer über Datensichtgeräte zum Mitarbeiter kommt und zwar auf allen hierarchischen Ebenen.

*Kieser/Kubicek* (1983, S. 291 ff.) zeigen in ihrem Überblick über empirische Studien zum Einfluß von Informationstechnologien auf Strukturvariablen, daß deren Effekte noch weniger voraussagbar sind als die der Fertigungstechnologien (vgl. hierzu Abschnitt D III).

Nach einer starken Betonung des **nachrichtentechnischen Aspektes** der Kommunikation vor allem im Zuge der Rezeption kybernetischer Denkmodelle in den 60er Jahren (vgl. z. B. *Langen* 1964, *Nürck* 1965, *Steinbuch* 1965, *Flechtner* 1966), die zu einer Betrachtung der ganzen Unternehmung als informationellem System sowie seiner Subsysteme als Regelkreise (ver)führte, hat sich unter dem Einfluß der neueren Managementliteratur (vgl. z. B. *DuBrin* 1974, *Carlisle* 1976, *Gannon* 1977, *Evans* 1978) die Anlayse der **sozialen Kommunikation** als für Managementprobleme bedeutend relevanter durchgesetzt. Dieser Trend findet nicht zuletzt seine Berechtigung darin, daß Manager ihre Zeit überwiegend (weit über 50%) mit mündlicher Kommunikation zubringen (vgl. *Stewart* 1967, *Zeidler* 1972, S. 161 ff., *Mintzberg* 1973).

Die Mißachtung dieser empirisch belegten Verhaltensweisen von Managern hat nicht zuletzt zu einem Scheitern sog. **Management Informations-Systeme** geführt, deren Konzeption zu sehr auf den ‚rationalen' nachrichtentechnischen Aspekt der Kommunikation abstellte (vgl. z. B. *Kirsch/Klein* 1977).

Auch in betriebswirtschaftlichen Abhandlungen des Kommunikationsphä-

[5] Zur Kritik der Neotaylorismusthese vgl. *Gaitanides/Staehle/Trebesch* 1978.

nomens dominiert eine formale, klassifikatorische Behandlung der Kommunikation (vgl. *Kramer* 1965, *Coenenberg* 1966, *Bössmann* 1967, *Blohm* 1970, *Grochla* 1972). So wird z. B. unterschieden zwischen

- einseitigem und zweiseitigem Informationsfluß (je nachdem, ob die Informationsquelle nur sendet oder sendet und empfängt)
- einstufigem und mehrstufigem Informationsfluß (je nachdem, ob zwischen Informationsquelle und -empfänger keine oder weitere Stationen zwischengeschaltet sind)
- horizontalem, vertikalem und diagonalem Informationsfluß (je nachdem, welche hierarchischen Ebenen miteinander kommunizieren, vgl. Abb. 5.4)
- schriftlicher, mündlicher, akustischer, optischer, nicht-verbaler Kommunikation (je nachdem, welche Kommunikationsform gewählt wird)
- motivierenden, informierenden, instruierenden Informationen (je nachdem, welche Wirkung beim Informationsbenutzer angestrebt ist)
- ständige und nichtständige Kommunikationssysteme (je nachdem, ob ständige Kommunikationsbeziehungen zwischen Stellen vorgesehen sind oder nur zeitlich begrenzte Zusammenkünfte – wie Sitzungen, Ausschüsse, Konferenzen)
- ungebundenem (freien, offenen) und gebundenem (geschlossenem) Kommunikationssystem (je nachdem, ob unbeschränkter oder gerichteter Informationsaustausch zwischen den Stellen besteht).

In einem gebundenem Kommunikationssystem gilt der Informationsfluß durch folgende vier Kriterien als hinreichend definiert:

1. **Informationsrichtung**
   (z. B. A soll B informieren)
2. **Informationsinhalt**
   (z. B. A soll B über die Umsätze in Produkt X informieren)
3. **Informationszeit**
   (z. B. A soll B an jedem 1. eines Monats über die Umsätze in Produkt X informieren)
4. **Informationsform**
   (z. B. A soll B an jedem 1. eines Monats schriftlich über die Umsätze in Produkt X informieren).

Bei den Ausführungen über die Informationsrichtung (bisweilen auch als Informationsschichtung bezeichnet) wird in der Literatur von einer quasinatürlichen und damit zwangsläufigen Ordnung des Kommunikationssystems in Analogie zum ebenso unproblematisiert unterstellten **hierarchischen Aufbau** der organisatorischen Stellen ausgegangen. Hier wird eine unzulässige Vermengung von Aufgaben-, Informations- und Machtverteilung vorgenommen. Weder Aufgaben- noch Informationsverteilung führen *zwangsläufig* zu einem hierarchischen Aufbau der Organisation. Erst eine bestimmte Form der Machtverteilung läßt die bekannte pyramidenförmige Organisationsstruktur entstehen. Wir können allenthalben feststellen, daß die Kommunikationswege keineswegs nur den Befehlswegen der Hierarchie der Ent-

*Abb. 5.4:* Kommunikationsrichtungen

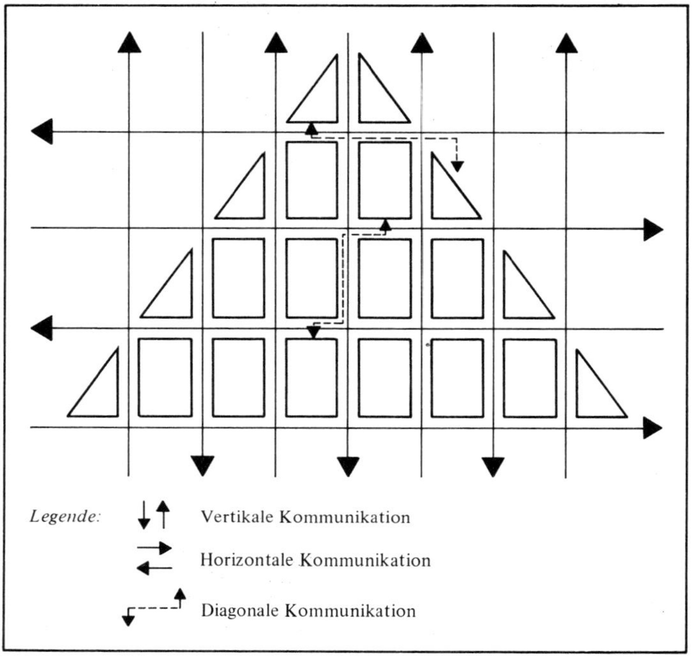


scheider folgen (siehe schon *Bahrdt* 1958). Für das Kommunikationssystem ist deshalb eine Darstellung in Form einer Pyramide verfehlt. Realitätsnäher ist die Vorstellung von einer Vielzahl von interdependenten kommunikativen Beziehungen zwischen allen Systemelementen. Hier ist nicht von einer Pyramide auszugehen, sondern von einem **Netz.**

In der neueren deutschen Organisationsliteratur wurde dieser Gedanke erstmals von *Häusler* (1966, S. 69) deutlich herausgearbeitet. „Heute erscheint uns der Betrieb nicht mehr in erster Linie als Kompetenz- und Anordnungsgefüge, sondern als ein großes Kommunikations- und Informationssystem ... Das ideale Abbild der betrieblichen Organisation ist nicht mehr die Pyramide, sondern ein Netzwerk vertikaler und horizontaler Informationsbeziehungen."

Diese mehr intuitive Beschreibung moderner Organisationen konnte *Wikkesberg* (1968) in den USA empirisch belegen. Eine Selbstaufschreibung des Kommunikationsverhaltens von 91 Mitarbeitern aus 35 Unternehmungen in einem Zeitraum von 5 Wochen ergab u. a. nahezu eine Gleichverteilung der benutzten Informationsrichtungen: horizontal (30,2%), vertikal (32,8%), diagonal (36,9%).

## 2. Folgen unterschiedlicher Kommunikationsstrukturen

Eine besondere, auf Grund der Ferne zu realen Problemsituationen in Organisationen höchst unangemessen große Beachtung im Bereich der Kommunikation haben die Ergebnisse der **experimentellen Kleingruppenforschung** gefunden. 1950 fragte sich *Alex Bavelas* – ganz im Sinne situativen Denkens –, ob es einen besten Weg der Kommunikation in kleinen Gruppen (3–5 Personen) gäbe. Die Fülle der sich dieser Fragestellung widmenden Labor-Experimente weisen i. d. R. folgendes Design auf:[6]

| | | |
|---|---|---|
| **Kommunikationsstruktur** | ⟶ | **Leistung und Zufriedenheit** |
| z. B. Vollstruktur, Kreis, Kette, Stern | | |
| (unabhängige Variable) | | (abhängige Variable) |

Variiert werden: die Aufgabe, die Arbeitsbedingungen und die persönlichen Charakteristika der Gruppenmitglieder.

Die bei den Experimenten verwandten Kommunikationsnetze lassen sich auf drei Grundstrukturen reduzieren:

*Typ I:* **Zentrales Kommunikationssystem** (wheel)
*Typ II:* **kreisförmiges Kommunikationssystem** (closed chain, circle)
*Typ III:* **ungebundenes Kommunikationssystem** (each-to-all network).

Die Aufgaben, die zur Gruppenlösung vorgegeben wurden, variierten von sehr einfachen, leicht routinisierbaren Augaben bis zu sehr komplexen Problemlösungen unter Unsicherheit. Die **Effizienz** der Gruppenarbeit wurde einmal an ökonomischen Kriterien, wie Schnelligkeit der Problemlösung, Fehlerhäufigkeit, Genauigkeit, Papierverbrauch etc. und zum anderen an sozialpsychologischen Kriterien, wie Zufriedenheit der Gruppenmitglieder, Kreativität, Innovation, Flexibilität bei der Behandlung neuartiger Probleme etc. gemessen (s. auch S. 312f. der Arbeit). Das führte zu dem von *Leavitt* (1962) beschriebenen Dilemma, daß nämlich bei Verwendung ökonomischer Effizienzkriterien die Klassiker (Taylorianer) Recht haben, was aber zu inhumanen Arbeitsbedingungen führt, und bei Verwendung von Kriterien wie Kreativität und Zufriedenheit die Neoklassiker (Human Relations Anhänger). Die Lösung sieht *Leavitt* in der Wahl unterschiedlicher Kommunikationsnetze für unterschiedliche Aufgaben und unterschiedliche Zielsetzungen (s. Abb. 5.5), was allerdings zu einer Zementierung des status quo führt. Auch *Coenenberg* (1966, S. 110) kommt zu dem Ergebnis: „Soweit Entscheidungsprozesse programmierbar sind, ermöglicht ein gebundenes Kommunikationssystem daher am besten den erforderlichen Informationsfluß. Für die Lösung neuartiger Entscheidungsprobleme, die sich aufgrund ihrer Einmalig-

---

[6] Vgl. *Bavelas* 1950, *Bössmann* 1967, *Glanzer/Glaser* 1961, *Guetzkow/Simon* 1966, *Leavitt* 1962, *Ziegler* 1968.

*Abb. 5.5:* Kommunikationsstruktur in Abhängigkeit von der Problemsituation

| Problemsituation | Kommunikationsstruktur |
|---|---|
| einfache, determinierte Aufgaben<br>Erfordernis: Schnelligkeit, klare Struktur, klare Aufgabenbeschreibung<br>Existenz eines Führers, ungleiche Machtverteilung | Typ I: zentral 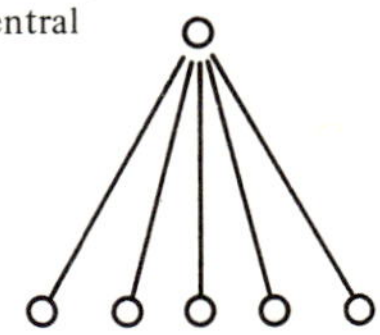 |
| komplexe Aufgaben<br>Erfordernis: rasche Anpassung an Aufgabenänderung, dennoch Strukturierung, gleiche Machtverteilung | Typ II: kreisförmig 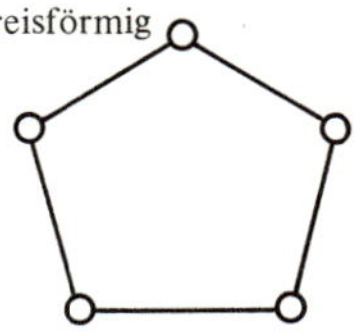 |
| sehr komplexe Aufgaben<br>Erfordernis: innovative, kreative Lösungen, viel Zeit, unstrukturiert, gleiche Machtverteilung | Typ III: ungebunden 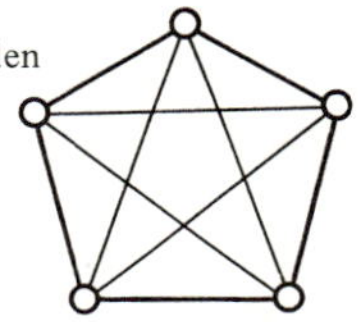 |

keit und Variabilität der Möglichkeit genereller Regelungen verschließen, sind gebundene Kommunikationssysteme nicht zweckmäßig, da sie die Organisation daran hindern, sich strukturell schnell den Wechselfällen der Umwelt anzupassen und so ihre optimale Leistungsfähigkeit zu erreichen. Nicht programmierbare Entscheidungsprozesse erfordern daher ein ungebundenes Kommunikationssystem."

*Baumgarten* (1976) hat die vorliegenden Forschungsergebnisse vor allem auf Aussagen hinsichtlich der Effizienz verschiedener Führungsstile in Abhängigkeit von unterschiedlicher Kommunikationsstrukturen hin untersucht. Folgende **Hypothesen** fand er weitgehend bestätigt:

- Ein stark aufgabenbezogener, kontrollierender Führungsstil bewirkt bei zentralem Kommunikationssystem (Stern) und bei einfachen Routineaufgaben die beste Leistung, aber keine hohe Zufriedenheit.
- Ein stark mitwirkungsorientierter Führungsstil bewirkt bei ungebundenem Kommunikationssystem (Vollstruktur) und bei komplexen Entscheidungsaufgaben sowohl die beste Leistung als auch die höchste Zufriedenheit.

Was das **Zufriedenheitsniveau** der Gruppenmitglieder anbetrifft, kommen die meisten hier zitierten Untersuchungen zu dem Ergebnis, daß die Zufriedenheit des einzelnen primär von der Zentralität seiner Stellung im Kommunikationsnetz und die Zufriedenheit der Gruppe von dem Freiheitsgrad hinsichtlich der Kommunikationsmöglichkeiten determiniert wird.

Einer Verallgemeinerung der in diesen Experimenten gefundenen Ergebnisse stehen zwei schwerwiegende Hindernisse entgegen. Einmal handelt es sich um Laborsituationen und zum anderen um kleine Gruppen, so daß eine einfache Übertragung auf reale Entscheidungsprobleme in großen Organisationen unzulässig ist. Andererseits ist die Vorstellung von einem für die Gesamtorganisation einheitlichen Kommunikationssystem unrealistisch, denn jede Organisation verfügt über eine Vielzahl von Mikrostrukturen, die aufgrund unterschiedlicher Aufgabenstellung auch unterschiedliche Kommunikationstechniken und -strukturen verwenden.

Neben diesen empirischen Labor-Untersuchungen wurden auch rein formallogische Analysen von Kommunikationsstrukturen angestrebt. Dabei bedient man sich vor allem der **Graphentheorie** (*Cartwright,* in: *Haire* 1959). Die Darstellung von Kommunikationssystemen als Graphen (s. Abb. 5.5) macht deutlich, daß es aus Kostenüberlegungen (auch Zeitkosten) sinnvoll erscheint, einen Kompromiß zu finden zwischen einem vollständig verbundenen Graphen (größtmögliche Zahl von direkten Verbindungen und keine Schnittpunkte)[7] und einem Kettenmuster (kleinstmögliche Zahl von direkten Verbindungen und viele Schnittpunkte); d. h. zeitaufwendige, aber vollständige, direkte Kommunikation versus zentrale, schnelle, aber störungsanfällige.

## III. Verteilung von Macht (Autoritätsstruktur)

### 1. Machtgrundlagen

Eine symmetrische Verteilung von **Entscheidungsbefugnissen** über alle arbeitsteilig gebildeten Stellen und die Wahl von Entscheidungsregeln nach dem Motto, alle können über alles entscheiden, stehen einer im Sinne der Unternehmungsziele zweckrationalen Organisation und einer Sicherung und Stabilisierung von Herrschaft der Produktionsmitteleigentümer und ihrer Manager entgegen. Folglich müssen Entscheidungsbefugnisse *ungleich* verteilt werden. Entscheidungskriterien sind hier einmal die Bedeutung der Aufgabe (z. B. Planung) bzw. des Funktionsbereichs (z. B. Marketing) für die Erreichung der Unternehmungsziele.

Arbeitsteilige Aufgabenerfüllung erfordert also eine *unterschiedliche* Ausstattung der Stellen mit Informationen. Der Besitz von Informationen ist in

[7] *Schnittpunkt* ist als Punkt definiert, bei dessen Fortfall ein verbundenes Muster in Teile zerfällt.

vielen Fällen gleichbedeutend mit dem Besitz von Macht. Stellen, die selbst Informationen beschaffen und/oder „know how“ generieren, gewinnen einen höheren Grad an Unabhängigkeit als solche, an die sie Informationen weitergeben; sie erwerben damit eine Machtposition gegenüber den nachfragenden Stellen. Die **Macht einer Stelle** bzw. Abteilung (und damit ihre Zentralität) ist abhängig von dem Ausmaß, in dem es ihr gelingt, diese Unabhängigkeit (und damit gleichzeitig Unersetzlichkeit) zu bewahren, d.h. andere Stellen/Abteilungen von sich abhängig zu halten. Je mehr Ressourcen eine Stelle kontrolliert und je weniger Alternativen andere Stellen haben, um an die gewünschten Ressourcen zu kommen, desto größer ist die Macht der Stelle und die Abhängigkeit der Nachfrager (vgl. *Duncan* 1975, S. 203).

Solche Machtverhältnise entstehen nicht zufällig, sondern sind primär die Folge von ungleichartiger Aufgaben- und Informationsverteilung. Die für das Überleben einer Organisation besonders kritischen Funktionsbereiche sind die Quellen größter organisatorischer Unsicherheit. Die Abteilungen, die zur Bewältigung dieser Aufgaben gebildet worden sind und kompetent genug sind, diese Probleme zu lösen, werden zu den mächtigsten Stellen in Organisationen (vgl. *Crozier* 1964, *Thompson* 1967, *Perrow* 1970). Konsequenterweise folgern *Pfeffer/Salancik* (1978), daß die Umwelt von Organisationen deren interne Machtverteilung entscheidend beeinflußt. Wenn trotzdem in der organisatorischen Realität Stellen/Abteilungen mit Machtpositionen angetroffen werden, deren Ausmaß nicht durch Umweltnotwendigkeiten gerechtfertigt ist, kann dies auf eine verzerrte Wahrnehmung der aktuellen Umweltanforderungen und/oder eine verzögerte Anpassung der internen Machtverteilung an gewandelte Ansprüche zurückgeführt werden. Macht ist somit die Fähigkeit, situationsunabhängig handeln zu können.

Zudem werden solche Personen mit Macht ausgestattet, die aufgrund ihrer Sozialisation und Qualifikation am stärksten den Zielen der Eigentümer und ihrer Manager zuneigen; umgekehrt werden die mit ausführenden Aufgaben betrauten Mitarbeiter, die sich diesen Zielen gegenüber aus ihrer eigenen Interessenlage heraus distanziert verhalten, von der Entscheidungsteilhabe ausgeschlossen (außer über die gesetzlich vorgeschriebene Mitbestimmung).

Ruft man sich die *Weber*'sche Typologie von Herrschaft in Erinnerung zurück (vgl. S. 325), so zählt die **Autoritätsstruktur in Organisationen** zweifellos zum Typ der **legalen Herrschaft.** In Unternehmungen legitimiert sich z.B. die Regelung von Machtbeziehungen durch die Unternehmensverfassung, das Gesellschafts- und Arbeitsrecht sowie das Betriebsverfassungs- und Mitbestimmungsgesetz. Es ist jedoch zu beachten, daß neben dieser legalen Amtsautorität stets auch persönliche Autorität existieren kann, die traditionaler oder charismatischer Natur ist. Im Anschluß daran wird in der Literatur (vgl. z.B. *Krüger* 1976) zwischen

- **formalen Machtgrundlagen** (position-based influence)
  und
- **personalen Machtgrundlagen** (person-based influence) unterschieden.

Im *ersten* Fall ist die Befehlsgewalt an die **Position** und nicht an die Person gebunden (Amtsautorität), d.h. wenn der Stelleninhaber die Organisation verläßt, verliert er auch diese Machtgrundlage. Die Machtfülle einer Stelle ist in Organisationen nicht nur von der Höhe der Position im hierarchischen Gefüge abhängig, sondern auch von ihrer Bedeutung (Funktion) im Rahmen der organisatorischen Aufgabenerfüllung (z.B. Verkauf > Einkauf).

Im *zweiten* Fall (personale Macht) geben bestimmte **persönliche Eigenschaften** (Fähigkeiten, Fertigkeiten, Charisma) die Chance, auf andere Einfluß auszuüben, und zwar unabhängig von der Position, die man inne hat.

**Stellen** sind mit unterschiedlichen **Kompetenzen** ausgestattet; das sind Rechte bzw. Befugnisse, die zu einer sinnvollen Aufgabenerfüllung notwendig sind, wie Informations- und Mitspracherechte, Entscheidungs- und Anordnungsbefugnisse. Letztere unterscheiden sich je nachdem ob es sich um eine Leitungsstelle (Linie) oder eine Stabsstelle handelt. Entsprechend unterschiedlich sind die Anordnungsbefugnisse:

- **Linienautorität** (line authority) = direkte Befehlsgewalt des Vorgesetzten gegenüber dem Untergebenen (positionale Autorität) und
- **Stabsautorität** (staff authority) = fachliche Unterstützung der Linie und anderer Stellen (funktionale Autorität)

Ein wichtiges klassisches Management-Prinzip besagt (z.B. *Terry* 1977), daß Kompetenz sich mit Verantwortung decken müsse und umgekehrt. Aufgabenzuweisung und Ausstattung mit Kompetenzen begründen die **Verantwortung** des Stelleninhabers für die

- Aufgabenerfüllung (Handlungsverantwortung)
- Mitarbeiter (Führungsverantwortung)
- Zielerreichung (Ergebnisverantwortung)[8].

Voraussetzung für die Delegation von Kompetenz und Verantwortung war das gedankliche Kabinettstück, daß beides, obwohl rechtlich (Eigentum an Produktionsmitteln) in einer Hand konzentriert (etwa in der Person des Eigentümers), dennoch teilbar sei (Kuchenmodell). Das Ergebnis ist eine **Hierarchie von Stellen,** die in ein System der Über-, Unter- und Nebenordnung gebracht werden. Die rangmäßige Position einer Stelle in der Pyramide ergibt sich primär aus der Art der Aufgabe, wobei solche mit überwiegend Entscheidungsaufgaben mit Anweisungsrecht ausgestattet werden (Linieninstanz) und eine Position im oberen und mittleren Bereich der Pyramide erhalten und solche mit überwiegend Ausführungsaufgaben (ausführende Stellen) an der Basis angesiedelt werden. Diese hierarchische Eingliederung ist – auch im Lichte der Ausführungen über die Informationsverteilung – nicht naturgegeben, sondern spiegelt u.a. eine in der gesamten Gesellschaft anzutreffende Überbewertung von Kopf- und Unterbewertung von Handarbeit wider.

---

[8] Vgl. hierzu *Bleicher* (1981, S. 229ff.), der die Gestaltungsmöglichkeiten der Ergebnisverantwortung bei einzelnen Organisationsformen diskutiert.

## 2. Leitungsgliederung (Konfiguration)

In der klassischen Organisationsliteratur (neuerdings wieder bei *Seidel* 1978, S. 127ff.) finden sich äußerst formale, inhaltsleere Abhandlungen über Breite und Tiefe solcher Leitungsgliederungen (Konfiguration). Dabei wird die **Breite der Leitungsgliederung** mit der Kennzahl **Kontrollspanne** oder Leitungsspanne (span of control, span of authority, span of supervision) gemessen, die angibt, wieviel Untergebene einem Vorgesetzten direkt unterstellt sind. Die Vorschläge der Organisationsberater schwanken hier zwischen 3 und 30. Diese formale Analyse des Problems geht auf *Graicunas* (1937) zurück, der als erster deutlich machte, daß jeder zusätzliche Untergebene die Vorgesetztentätigkeit überproportional erschwert, da die (zu kontrollierenden) Vorgesetzten- und Mitarbeiterbeziehungen auch um ein Vielfaches zunehmen. *Graicunas* berechnet die Summe möglicher Kontakte (C) mit folgender Formel:

$$C = N(2^n/2 + N-1)$$

N bedeutet die Zahl der Untergebenen, die einem Vorgesetzten unterstellt sind. Bei z.B. N = 5 Untergebenen errechnet sich danach eine Gesamtzahl an Beziehungen von C = 100 und wenn nur ein weiterer Untergebener hinzukommt, steigt zwar sein Delegationspotential um 20%, jedoch die Zahl der Beziehungen erhöht sich auf C = 222 (+ 122%).

Am Beispiel der ‚optimalen' Kontrollspanne wird besonders einsichtig, wie unbrauchbar generelle Organisationsprinzipien sind und wie notwendig deren situative Relativierung ist. So ist die Größe der Kontrollspanne u.a. abhängig von

- der Qualifikation des Vorgesetzten
- der Qualifikation der Untergebenen
- der Komplexität, Interdependenz und Gleichartigkeit der Aufgaben der Untergebenen
- der Technologie (Mechanisierung, Automatisierung)
- dem Kommunikationssystem
- dem Führungssystem (vgl. *House/Miner* 1969, sowie *Hill/Fehlbaum/Ulrich* 1974, S. 221ff.).

Die **Tiefe der Leitungsgliederung** wird meist an der Zahl der Leitungsebenen (Managementebenen, vertikalen Spanne) gemessen. Dabei ist die Tiefe der Leitungsgliederung bei formaler Betrachtung eine Funktion der Breite und umgekehrt, denn bei unveränderter Mitarbeiterzahl führt eine Reduzierung der Kontrollspanne zu einer Vertiefung der Pyramide und umgekehrt.

Wie schon weiter oben ausgeführt, ist gegenüber dieser klassischen Leitungsgliederung, als Verteilung von Autorität von der Spitze der Pyramide über Delegation in immer kleineren Stückchen (Kuchenmodell) auf die gesamte Organisation (chain of command), eine Zuordnung von Autorität nach der **Bedeutsamkeit der Aufgabe** für das Überleben der Organisation eher zu rechtfertigen. Entsprechend möchte *Owen* (1978) Macht nicht Personen, sondern Aufgaben zugeordnet wissen, wobei die wichtigsten Aufgaben (primary task) mit der höchsten Macht ausgestattet werden. Er kommt somit zu einer Neudefinition der Aufgabe des Managers[9] (vgl. Abb. 5.6). Ähnliche Folgen hätte eine Legitimation von Herrschaft in Organisationen durch Fachwissen (funktionale Autorität) (vgl. *Hartmann* 1964, *Popitz* et al. 1964, *Bahrdt* 1972).

Während der klassische Manager in der Leitungshierarchie formal für die Umsetzung von Macht an der Spitze in Aktionen an der Basis verantwortlich ist, muß der ‚neue' Manager die Fähigkeiten und Stärken der Organisation mit den Anforderungen der Umwelt und den Ansprüchen der Organisationsteilnehmer in Einklang bringen.

Diese Denkweise wird gefördert durch die Anerkennung der Tatsache, daß es in Organisationen i. d. R. mehrere **Zentren der Willensbildung** gibt, so z. B. in Unternehmungen neben den Eigentümern das Management und die Arbeitnehmervertreter. In einer Erweiterung dieses Ansatzes werden auch organisationsexterne Einflußgruppen (wie Kunden, Lieferanten, Kreditgeber, Kommune) als Machtzentren aufgefaßt und mit ihren Ansprüchen bei der Machtverteilung berücksichtigt (z. B. *Hicks/Gullet* 1975, *Pfeffer/Salancik* 1978). Als Quelle der Macht allein das Eigentum an Produktionsmitteln anzusehen, ist realitätsfern. Unabhängig davon macht schon *Burnham* (1941) deutlich, daß es nicht so sehr auf das *Eigentum an,* sondern auf die *Kontrolle über* den Zugang zu den Produktionsmitteln ankommt, und über die verfügt das Top Management. Macht ist auch kein Besitz, auf den man durch einseitige Willensklärung (Delegation) partiell verzichten kann, sondern ist wirklichkeitsnäher als Interaktionsprozeß zwischen mehreren Personen aufzufassen (Austauschtheorie, **Akzeptanztheorie**). In der Literatur finden sich für diese gegenläufigen Anschauungen die Begriffe ‚top down theory' (downward authority) und ‚consent theory' (upward authority). Im zweiten Fall entsteht Autorität erst dann, wenn die Untergebenen die Autorität anerkennen (acceptance theory); wenn sie das nicht tun, besteht keine Autorität.

Auf der Basis dieser letzten ‚Theorie' sind in der Praxis eine Reihe von Modellen der Legitimation von Vorgesetzten durch die Untergebenen entstanden, von denen das **Hauni-Modell** in der Bundesrepublik Deutschland besonders bekannt geworden ist. Bei den Hauni-Werken Körber & Co KG, Hamburg-Bergedorf, Hersteller von tabakverarbeitenden Maschinen, werden seit 1969 die von der Geschäftsleitung vorgeschlagenen Vorgesetzten nach Ablauf der Probezeit durch die direkt unterstellten Mitarbeiter in geheimer Wahl abgelehnt oder bestätigt. An jeder Wahl nehmen der Betriebsrats-

---

[9] Vgl. auch die mehr journalistische Abhandlung ‚Vor dem Ende der Hierarchie' von *Lauterburg* (1978).

*Abb. 5.6:* Alternative zur klassischen Leitungsgliederung

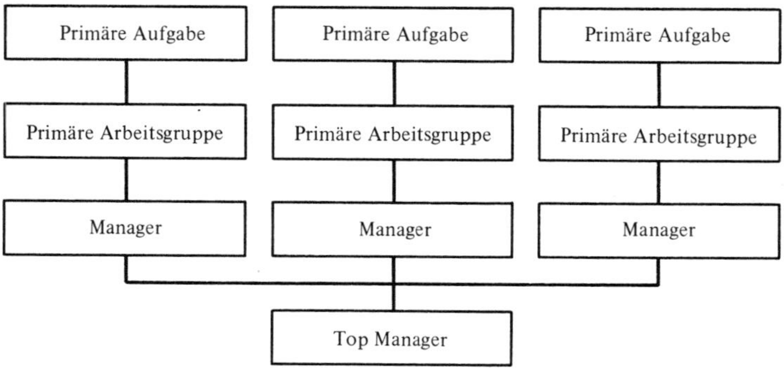


*Quelle: Owen* 1978, S. 23

vorsitzende und sein Stellvertreter mitwählend teil, so daß von vornherein der Betriebsrat mit zwei Stimmen einbezogen ist. Es handelt sich hier um ein Modell der Stufenselektion, d. h. jede hierarchische Ebene wählt die Mitglieder der nächst höheren. Dabei ist der Begriff *Wahl* etwas mißverständlich, denn es geht letztlich nur darum, einen von der Geschäftsleitung vorgeschlagenen Kandidaten zu bestätigen. Insgesamt fielen auch nur 6% bei diesen ‚Wahlen' durch (vgl. *Tepper* 1983). Die Tatsache, daß die Vorgesetzten auf die Zustimmung (Akzeptanz) der Untergebenen angewiesen sind, hat nach Aussagen der Geschäftsleitung u. a. die positive Konsequenz, daß sich die Vorgesetzten mehr Gedanken über ihr Führungsverhalten und die Einbeziehung der Mitarbeiter in den Entscheidungsprozeß machen.

Ein wesentlicher Nachteil klassischer hierarchischer Positionierung von Organisationsmitgliedern ist, daß den mehr **wissenschaftlich tätigen Mitarbeitern** keine mit den Linienmanagern vergleichbaren Aufstiegsmöglichkeiten geboten werden können. Wer sich finanziell entscheidend verbessern will, muß in eine Linienposition mit entsprechender Führungsverantwortung überwechseln. Da dies nur in wenigen Fällen der Mentalität von Wissenschaftlern entspricht (vgl. den ‚Ambivalenten' bei *Presthus* 1966), führt diese Situation zu Unzufriedenheit, Frustration und hohen Fluktuationsraten. Zur Vermeidung solcher Konfliktursachen haben in neuerer Zeit große, forschungsintensive Unternehmungen eine **zweite Hierarchie** (Dual Hierarchy, Dual Ladder) eingeführt, die den Aufstieg nicht an der Zahl der unterstellten Mitarbeiter mißt, sondern ein abgestuftes System von Titeln vorsieht, die mit unterschiedlichen Gehalts- und Autonomiestufen korrelieren (vgl. *Filley/House/Kerr* 1976, S. 402f., *Mintzberg* 1979, S. 360).

Diese **‚professionelle Hierarchie'** stellt jedoch, wie die Erfahrungen in der Praxis belegen, in den Augen der Betroffenen keine echte Alternative zu der ‚klassischen Hierarchie' dar. Unterschiede ergeben sich vor allem aus folgenden Umständen:

- Mangel an Macht: Wissenschaftler verfügen nicht über die gleichen Machtbasen (vor allem Kontrolle des Zugangs zu Ressourcen) wie Linien-Manager
- Indiz für Mißerfolg: Das Verbleiben in der professionellen Hierarchie kann als Eingeständnis des Mangels an Führungsfähigkeiten ausgelegt werden
- Disproportionen zwischen den beiden Hierarchien: Die klassische Leitungshierarchie ist differenzierter in ihren Abstufungen und bietet auf vergleichbaren Stufen bedeutend höhere finanzielle Anreize
- Unzureichende Erfolgskriterien: Die Leistungsbeurteilung im wissenschaftlichen Bereich ist bedeutend schwieriger, weniger operationalisierbar und damit weniger transparent.

## IV. Abteilungsbildung

Abteilungen bilden die Nahtstelle zwischen den grundlegenden Konzepten *Differenzierung* und *Koordination*. Einerseits sind Abteilungen das Ergebnis von Innendifferenzierung, andererseits wird durch die Art ihrer Bildung eine Vorentscheidung für das zu verwendende Koordinationsinstrument getroffen. So bietet sich z. B. bei einer nach verschiedenen Verrichtungen (wie Einkaufen, Produzieren, Verkaufen) aufgegliederten Organisation die Hierarchie unmittelbar als Koordinationsinstrument an.

Abteilungen lassen sich aufgrund von Art und Inhalt der zugeteilten Aufgaben, des zugewiesenen Machtumfangs und der Art der Einbindung in das organisatorische Informations- und Kommunikationssystem definieren. Die Bildung von Abteilungen impliziert also Entscheidungen über Aufgaben-, Informations- und Machtzuteilungen.

### 1. Darstellung der Grundmodelle

Die gängigen Strukturbezeichnungen richten sich allein nach dem Kriterium **Aufgabenverteilung,** so daß auf die entsprechenden Gliederungskriterien aus Kapitel 5 B I 2 zurückgegriffen werden kann; dies führt zur Unterscheidung folgender Grundmodelle:

a) **Verrichtungsmodell** (Funktionalorganisation)
b) **Objektmodell** (Geschäftsbereich- oder Spartenorganisation nach Produkten, Projekten, Kunden)
c) **Regionalmodell.**

Ausschlaggebend für die Qualifizierung einer Organisation etwa als nach dem Verrichtungsmodell organisiert ist dasjenige Kriterium, nach dem Abteilungen auf der zweiten hierarchischen Ebene (also auf der Ebene unmittelbar unter dem obersten Führungsorgan, etwa Vorstand) gebildet worden sind (Zwei-Ebenen Modell).

### a. Verrichtungsmodell

Im Verrichtungsmodell werden Stellen nach dem Prinzip der **Verrichtungszentralisation** gebildet. Typischerweise werden Abteilungen auf der zweiten Ebene nach betrieblichen Funktionen, wie Beschaffung, Produktion, Absatz, Rechnungswesen, geschaffen, und auf der dritten Ebene nach Produkten (vgl. Abb. 5.7).

*Abb. 5.7:* Verrichtungsmodell

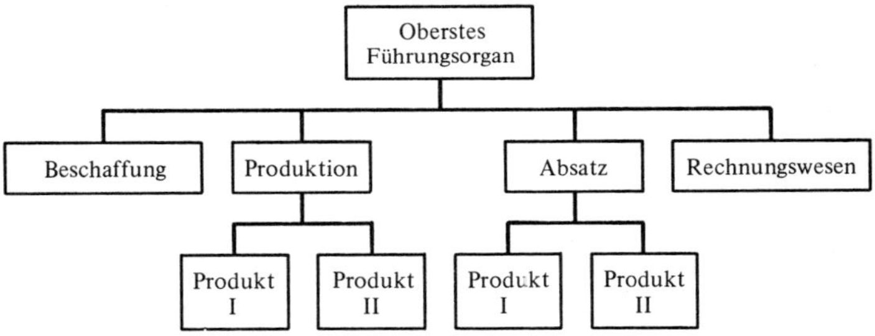


Das Verrichtungsmodell findet typischerweise in mittleren und kleinen Unternehmungen mit einem homogenen Produktionsprogramm und relativ stabiler Umwelt Anwendung, wo durch funktionale Spezialisierung hohe Wirtschaftlichkeit der Leistungserstellung und -verwertung angestrebt wird. Konfliktträchtig sind dabei vor allem die Beziehungen zwischen den Abteilungen, die vom Prozeßablauf her zur Kooperation gezwungen sind, dazu aber nicht motiviert werden. So sind die **Funktionsmanager** (z. B. Produktion) lediglich auf die Erreichung der eigenen Abteilungsziele (z. B. Kostenminimierung, optimale Losgrößen) orientiert und haben nicht das Gesamtinteresse der Organisation im Auge. Dies macht aufwendige Koordinationsmaßnahmen von Seiten des obersten Führungsorganes notwendig, die sich am Prinzip der **Traversierung** (S. 405) orientieren. Durch die Einrichtung traversierend wirkender Zentralabteilungen oder Dauerkollegien kann den im Verrichtungsmodell angelegten Verselbständigungstendenzen von Funktionsbereichen entgegengewirkt werden.

### *b. Objektmodell*

Im Objektmodell werden Stellen nach dem Prinzip der **Objektzentralisation** gebildet. Typischerweise werden Abteilungen auf der zweiten Ebene nach Produkten bzw. einheitlichen Produktgruppen, Projekten oder vor allem in Dienstleistungsunternehmungen nach Kunden bzw. Kundengruppen geschaffen, und auf der dritten Ebene nach Verrichtungen bzw. Funktionen gebildet (vgl. Abb. 5.8).

*Abb. 5.8:* Objektmodell

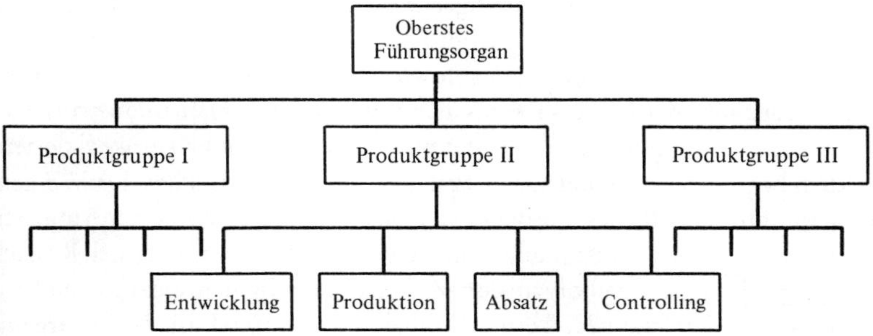


Obiger Organisationsplan ist typisch für große Unternehmungen der Investitionsgüterindustrie mit heterogenem Produktionsprogramm, und zwar als Folge einer Strategie der Diversifikation (z. B. Siemens, Hoechst). Die Abteilungen werden als quasi-autonomene Divisionen gebildet, die produktspezifisch administrative und auch strategische Aufgaben übernehmen, und damit das oberste Führungsorgan entlasten. Diese Subunternehmungen verfügen über alle zur unmittelbaren Aufgabenerfüllung notwendigen Funktionen. *Zentral* werden in der Regel nur noch die Funktionen Einkauf (aus Wirtschaftlichkeitsüberlegungen), Finanzierung (aus rechtlichen Gründen) und Grundlagenforschung ausgeübt. Daneben existieren einige Koordinationsabteilungen mit Rahmenrichtlinienkompetenz.

Im Konsumgüterbereich, vor allem in der Markenartikelindustrie, hat sich, in Weiterentwicklung des 1928 von Procter & Gamble in den USA eingeführten Brand-Manager-Systems, weitgehend die **Produkt-Manager-Organisation** durchgesetzt (vgl. *Wild 1972, Grüneberg 1973, Scheuing 1974, Diller 1975, Kreuz 1975, Rösner 1978*). In Europa wurde das Konzept im Zuge der Gründung amerikanischer Tochtergesellschaften bekannt und nach und nach auch von der einheimischen Industrie übernommen. Es wird angenommen, daß heute über die Hälfte der Konsumgüterindustrie in Deutschland mit Produktmanagern arbeiten. So hat z. B. Henkel 1969 im Zuge einer umfassenden Reorganisation Divisionen (Sparten) mit Produkt-Managern gebildet (z. B. Vollwaschmittel, Spezialwaschmittel, Reinigungsmittel), wobei diese begrenzte Entscheidungs- und Anordnungsbefugnis für alle produktbezogenen Aufgaben, wie Entwicklung, Produktion, Marketing, erhielten.

Die hierarchische Einordnung von Produkt-Managern erfolgt überwiegend durch Bildung einer Stabsstelle oder einer Linieninstanz unter dem Marketingleiter. Die sich unmittelbar anbietende Konzeption als Matrix-Organisation ist noch äußerst selten verwirklicht (vgl. S. 446ff. der Arbeit).

Während die bislang besprochene Abteilungsbildung nach Objekten (hier: *Produkte*) erfolgte, die eine längerfristige, kontinuierliche Daueraufgabe der Organisation darstellen (Produktlebenszyklus von mehreren Jahren), bieten sich für kurzlebige Objekte (z. B. *Projekte*) andere Organisationsformen an (**Projektorganisation**). Daß sich bestimmte Organisationen auf die Erledigung mehr oder weniger kurzfristiger Projekte konzentrieren, ist nicht neu (z. B. Architektur- oder Ingenieurbüros); besondere objektspezifische organisatorische Gestaltungsüberlegungen wurden jedoch erst im Zuge des enormen Wachstums der US-amerikanischen Luft- und Raumfahrtindustrie angestellt, eben einer Industrie, die es überwiegend mit terminlich exakt fixierten, zeitlich begrenzten Aufgabenstellungen (= Projekte) zu tun hat. Da in einem Projekt unterschiedliches Spezialwissen zur Erfüllung terminierter Aufgaben zusammengeführt werden muß, stellt sich das Problem, in einer i. d. R. nach dem Verrichtungsmodell organisierten Unternehmung den spezifischen Projektbelangen (Projektziele: Termin-Einhaltung, Budget-Einhaltung) organisatorisch Rechnung zu tragen. Wie schon beim Produkt-Manager bieten sich auch hier drei Alternativen an, je nachdem welchen Einfluß man dem Projekt-Manager übertragen möchte:[10]

1. **Einfluß-Projekt-Management** (Stab)
2. **Matrix-Projekt-Management** (Matrix)
3. **Reines Projekt-Management** (Linie).

| organisatorische Einbindung | Projekt-Manager | Funktions-Manager |
|---|---|---|
| Stab | Information/Beratung | Entscheidung |
| Matrix | Projektverantwortung | disziplinarische Weisungsbefugnis |
| Linie | Entscheidung | Information/Beratung |

Ein besonderes Problem bei der Objektzentralisation ergibt sich dann, wenn die dabei gebildeten Produktgruppen nicht oder nur sehr unvollkommen mit den entsprechenden Kundengruppen harmonieren. Das verstärkte Eindringen von Marketingüberlegungen in die strategischen Überlegungen der Unternehmungen hat auch seinen Niederschlag in der Gliederung von

[10] Vgl. *Schröder* 1970, *Cleland/King* 1975, *Hill/Fehlbaum/Ulrich* 1976, S. 203ff., *Menzl* 1977, S. 142ff.

Abteilungen nach **Kundengruppen** geführt. Während bei der Produkt-Manager-Organisation die Angebotsleistung im Vordergrund steht, bildet bei der **Kunden-Manager-Organisation** der Abnehmer den Mittelpunkt. Hierzu wird der gesamte Abnehmerkreis einer Unternehmung in verschiedene in sich homogene Kundengruppen (unter besonderer Berücksichtigung von Großkunden) oder Abnehmergruppen (z. B. Groß-, Einzel- und Versandhandel) aufgeteilt, und es werden hierfür eigenständige Geschäftsbereiche gebildet. Das bringt den Vorteil mit sich, daß die jeweilige Kundensparte das gesamte relevante Leistungsprogramm der Unternehmung anbieten kann und durch ein einheitliches Auftreten ihre Verhandlungsposition nach außen und die kundenspezifische Koordination der Leistungserstellung nach innen stärken kann. Beim kundenorientierten Objektmodell ist der Kunden-Manager für alle seine Kunden-/Abnehmergruppen betreffenden Entscheidungen je nach Wahl des Einflußsystems (Linie, Stab, Matrix) unterschiedlich stark verantwortlich.

Will man nicht so weit gehen, bieten sich als Kompromiß zwischen reiner Produkt- oder Kundenorientierung Koordinationsstellen an der Grenze Unternehmung /Absatzmarkt an (vgl. Abb. 5.9), die bisweilen als Verkaufskontor oder Zweigniederlassung bezeichnet werden.

*Abb. 5.9:* Das formalisierte Modell einer integrierten absatzorientierten Unternehmungsorganisation

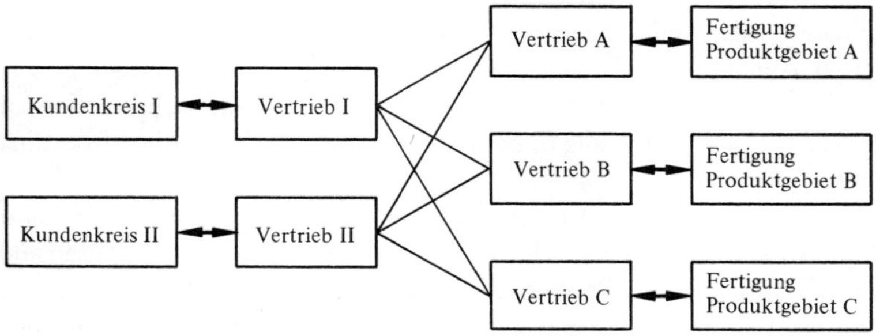


*Quelle: Bendixen* 1970, S. 38

### c. Regionalmodell

Im Regionalmodell werden Stellen nach dem Prinzip der **lokalen Dezentralisation** gebildet. Typischerweise werden Abteilungen auf der zweiten Ebene nach Absatzgebieten und auf der dritten Ebene nach Produktgruppen (Produktionsstätten) geschaffen (vgl. Abb. 5.10).

Das Regionalmodell findet sich in großen internationalen Unternehmungen, die als Folge einer Strategie der räumlichen Expansion auf dem Weltmarkt tätig sind. In einer solchen Situation erleichtert das Regionalmodell eine gebietsspezifische Anpassung an die jeweiligen Kundenwünsche sowie

*Abb. 5.10:* Regionalmodell

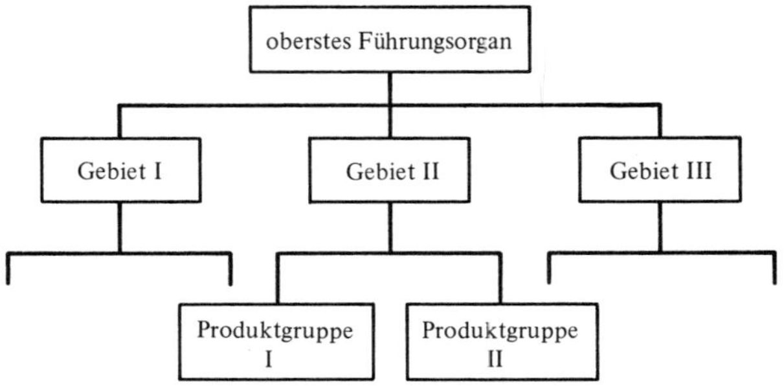


die Entwicklung länderspezifischer Produktstrategien (Produkt-, Preisdifferenzierung, unterschiedliche Lebenszyklen).

## 2. Internationale Entwicklungslinien der Unternehmungsorganisation

In der amerikanischen Literatur über Abteilungsbildung (departmentation, departmentalization) findet sich neben der klassischen Dreiteilung eine Zweiteilung in zweckorientierte und funktionsorientierte Strukturierung.[11]

**Prozeß- oder funktionsorientierte Strukturierung** führt zu hoch spezialisierten Abteilungen, die aufgrund technologischer (Prozeßfertigung) oder Wirtschaftslichkeitsüberlegungen eine starke Verrichtungszentralisation anstreben. Sie gelten als wenig flexibel und verursachen einen hohen Koordinationsaufwand.

Das Ergebnis **zweck- oder zielorientierter Strukturierung** sind relativ autonome Abteilungen, die mit allen notwendigen Ressourcen ausgestattet sind, um sich auf bestimmte Produkte, Projekte, Kunden oder Regionen zu konzentrieren. Sie gelten als anpassungsfähige Einheiten, die keinen hohen Koordinationsaufwand erfordern.

Die stärkste Ausprägung der Verrichtungsdezentralisation findet sich im System der **föderativen Dezentralisation** (federal decentralization), in dem die einzelnen Abteilungen (Divisionen) autonome Einheiten mit einer bestimmten Produktgruppe, eigenem Ein- und Verkaufsmarkt sowie eigener Erfolgsrechnung darstellen. Diese selbständigen Subsysteme der Organisation werden dann treffend als **Profit Centers** bezeichnet. An der Spitze eines jeden Profit Center steht ein Manager oder ein Team von Managern, der bzw. das die Subunternehmung weitgehend eigenverantwortlich leitet, weshalb häufig auch die Bezeichnung Responsibility Center verwendet wird.

---

[11] Nach *March/Simon* 1958, S. 24ff.: purpose departmentalization, process departmentalization. Vgl. auch *Dessler,* 1976, S. 84ff., *Filley/House/Kerr* 1976, S. 360ff.

Wie die Bezeichnung Profit Center erkennen läßt, wird als primäres Ziel der Managementtätigkeit eines Centers die Erzielung eines Gewinns oder Deckungsbeitrags angesehen. Bei der Konzeption von Profit Center Systemen wird jedoch i. d. R. davon ausgegangen, daß nicht die Maximierung des Gewinns, als einer absoluten Größe, oberstes Ziel der Organisation sowie aller Subsysteme ist, sondern die Maximierung einer relativen Größe, des **Return on Investment (ROI)**, d. h. Verhältnis von Gewinn zu investiertem Kapital. Der ROI wird dann als die entscheidende Kennzahl zur Beurteilung der gesamten Organisation sowie ihrer dezentralisierten Teilbereiche angesehen.

Der Manager einer Division kann aber nur dann für die Rentabilität seines Profit Center verantwortlich gemacht werden, wenn er fremde Leistungen von anderen Abteilungen bzw. Unternehmungen beziehen und eigene Erzeugnisse an andere verkaufen darf, und zwar zu Preisen, die das Ergebnis einer selbständigen Kalkulation seiner Subunternehmung sind und somit auch seine eigene Leistung als Manager widerspiegeln. Der Manager kann darüber hinaus – vor allem was den Nenner der ROI-Kennzahl (total investment) betrifft – nur für die von ihm beeinflußbaren Faktoren verantwortlich gemacht werden (vgl. *Staehle* 1969a, 1970, *Welge* 1975).

Trotz der oben angesprochenen Probleme fand in den **USA**[12] und seit Ende der 60er Jahre auch in Europa das System der föderativen Dezentralisation in fast allen Großunternehmungen in mehr oder weniger extensiver Form Anwendung. *Dearden* (1962, S. 140ff.) nennt u. a. folgende Gründe für den Siegeszug dieser Organisationsform in den USA:

- Die Delegation von Entscheidungen und Verantwortung entlastet die Führungsspitze und gibt den Abteilungsleitern die Position von weitgehend selbständigen Managern, was deren Arbeitseifer beflügelt.
- Die einzelnen Subunternehmungen können alle Vorteile von kleinen, überschaubaren Organisationseinheiten (Anpassungsfähigkeit, Schlagkraft etc.) genießen.

*Chandler* (1962) fand aufgrund umfangreicher historischer Studien der Entwicklung amerikanischer Industrieunternehmungen (mit Intensivstudien von DuPont, General Motors, Standard Oil of New Jersey und Sears Roebuck) die Hypothese bestätigt, daß unterschiedliche Organisationsstrukturen das Ergebnis unterschiedlicher Wachstumsstrategien waren (**Structure follows Strategy**).[13] Die Komplexität der Organisationsstruktur stieg mit der

---

[12] In den USA war DuPont die erste Unternehmung, die ein solch dezentrales Organisationssystem mit großem Erfolg eingeführt hat. Die weitere Entwicklung hat *Chandler* (1962) an Hand von Fallstudien nachgezeichnet (vgl. auch *Poensgen* 1973, *Kirsch* et al. 1978).

[13] Anfang der 70er Jahre, als Umstrukturierungen von Organisationen in Mode kamen, nicht zuletzt bedingt durch die Tätigkeit von Unternehmensberatern, wurde der Ausspruch populär, ‚Structure follows Fashion' (*Rumelt* 1974).

Komplexität der Expansionsstrategie (von Umsatzsteigerung in einem Produkt bis zur Diversifikation). Die Hypothese, die Strategie bestimmt die Struktur, ist in dieser Einseitigkeit sicherlich nicht aufrechtzuerhalten (vgl. *Gabele* 1981). Weder die Struktur noch die Strategie sollten unabhängig voneinander optimiert werden; das Verhältnis von Strategie und Struktur ist ein interaktives.

Voraussetzung für eine Expansionsstrategie ist das Vorhandensein und das Erkennen von Marktchancen, ,,Strategisches Wachstum war das Ergebnis der Wahrnehmung von Chancen und Bedürfnissen – als Folge von Änderungen der Bevölkerung, der Einkommen und der Technologie –, vorhandene und neue Ressourcen erfolgreicher zu nutzen. Eine neue Strategie erfordert eine neue oder zumindest modernisierte Struktur, um das Unternehmen effizient führen zu können" (*Chandler* 1962, S. 15). Entsprechend sieht *Chandler* eine Hauptaufgabe der Organisationsstrukturierung darin, die Arbeit der einzelnen Abteilungen auf die Anforderungen und Bedürfnisse ihrer jeweiligen Umwelt abzustimmen.

Seit den Jahren nach dem zweiten Weltkrieg hat eine Fülle von Veränderungen *innerhalb* (z. B. wachsende Größe, verbesserte Planungs- und Kontrollsysteme, veränderte Produktstruktur, höheres Qualifikationsniveau) und *außerhalb* (z. B. technologische Veränderungen, vermehrte Konjunktur- und Marktschwankungen) von Organisationen stattgefunden, die wesentlichen Einfluß auf die Wahl neuer Organisationsstrukturen hatten.

*Scott* (1971) (vgl. auch *Ansoff/Brandenburg* 1971) hat diese Entwicklungslinien (Stages of Corporate Development) in einem Modell mit drei typischen **Stufen organisatorischer Entwicklung** abgebildet (vgl. Abb. 5.11):

I. **Einprodukt-Unternehmung** mit keiner oder geringer funktionaler Spezialisierung
II. Nach dem **Verrichtungsmodell** in Abteilungen differenzierte Unternehmungen
III. Nach dem **Objektmodell** in weitgehend autonome Geschäftsbereiche differenzierte Unternehmungen.

*Wrighley* (1970) konnte in einer empirischen Erhebung zeigen, daß 1967 von den 500 größten US-amerikanischen Unternehmungen schon 86% die Entwicklungsstufe III erreicht hatten. In allen Fällen hat die Veränderung der Produktstruktur als Folge einer Strategie der Diversifikation eine ausschlaggebende Rolle gespielt. *Rumelt* (1974) hat in einer empirischen Erhebung die Veränderung der Produktstruktur der 500 größten amerikanischen Industriebetriebe zwischen 1949 und 1969 untersucht. Seine Ergebnisse (S. 51) zeigen eine deutliche **Entwicklung von der Einprodukt- zur Multiprodukt-Unternehmung:**

- Der Anteil der Unternehmungen mit nur einer Produktgruppe sank im untersuchten Zeitraum von 35% auf 6%
- Der Anteil der Unternehmungen, in denen eine Produktgruppe dominiert (Umsatzanteil 70–95%), sank von 35% auf 29%

*Abb. 5.11:* Die *Scott*schen Organisationsformen

| Charakteristika | Organisationsform I | Organisationsform II | Organisationsform III |
|---|---|---|---|
| 1. Produkte | ein Produkt oder eine Produktfamilie | eine Produktfamilie | viele Produktgruppen |
| 2. Absatz | ein Absatzkanal oder eine Gruppe verwandter Kanäle | eine Gruppe verwandter Absatzkanäle | viele Absatzkanäle |
| 3. Organisationsstruktur | wenig oder nicht formalisierte Struktur (one man show) | Spezialisierung nach Funktionen | Spezialisierung nach Produkt-Marktbeziehung |
| 4. Produktions- oder Dienstleistungsablauf | | integriert<br>□→□→□ Markt | nicht integriert<br>[A] ↓ Markt [B] ↓ Markt [C] ↓ Markt |
| 5. Forschung und Entwicklung | nicht institutionalisiert, Orientierung durch den Unternehmer | zunehmende institutionalisierte Suche nach Produkt- oder Prozeßverbesserungen | institutionalisierte Suche nach *neuen* Produkten wie auch Verbesserungen |
| 6. Leistungsmessung | durch persönlichen Kontakt und nach subjektiven Kriterien | zunehmend unpersönlich nach technischen oder kostenorientierten Maßstäben | zunehmend unpersönlich nach marktorientierten Kriterien (Rendite und Marktanteil) |
| 7. Be- und Entlohnung | unsystematisch und oft paternalistisch | zunehmend systematisch ohne große Schwankungen und dienstzeitabhängig | zunehmend systematisch und mit der Leistung veränderlich |
| 8. Kontrollsystem | persönliche Kontrolle sowohl der strategischen wie der laufenden Entscheidungen | persönliche Kontrolle der strategischen Entscheidungen mit zunehmender Delegation der Entscheidungen zum laufenden Betrieb auf der Basis der Kontrolle durch Entscheidungsregeln (Richtlinien) | Delegation von Produkt-Marktentscheidungen innerhalb eines bestehenden Betätigungsfeldes mit indirekter Kontrolle basierend auf Ergebnisanalyse |
| 9. Strategische Alternativen | Bedürfnisse des Eigentümers vs. Bedürfnisse der Firma | Integrationsgrad, erstrebter Marktanteil, Sortimentsbreite | Eintritt und Verlassen von Wirtschaftszweigen, Zuteilung von Ressourcen nach Wirtschaftszweigen, Wachstumsrate |

*Quelle: Poensgen* 1973, S. 64.

- Der Anteil der Unternehmungen mit mehreren, miteinander verwandten Produktgruppen stieg beträchtlich, und zwar von 27% auf 45%
- Der Anteil der hoch diversifizierten Unternehmungen stieg von 3% auf 19%.

*Rumelt* (1974) konnte mit seiner empirischen Untersuchung auch belegen, daß parallel zu den oben skizzierten Veränderungen der Produktstruktur Veränderungen der Organisationsstruktur auftraten. Dabei unterschied er folgende **Strukturmodelle:**

1. **Functional:** Gliederung nach Abteilungen, wie Entwicklung, Produktion, Vertrieb und Verwaltung *(Verrichtungsmodell)*
2. **Functional with subsidiaries:** wie 1., aber mit einigen produktbezogenen Abteilungen
3. **Product Division:** Gliederung nach produktbezogenen Geschäftsbereichen *(Objektmodell)*
4. **Geographic Division:** Gliederung nach geographisch abgrenzbaren Geschäftsbereichen *(Regionalmodell)*
5. **Holding Company:** Gliederung in unabhängige Geschäftsbereiche mit lediglich finanzieller Bindung an die Muttergesellschaft.

| Organisationsform | 1949 | | 1959 | | 1969 | |
|---|---|---|---|---|---|---|
| 1. Functional | 62,7 | 76,1 | 36,3 | 48,9 | 11,2 | 20,6 |
| 2. Functional with Subsidiaries | 13,4 | | 12,6 | | 9,4 | |
| 3. Product Division | 19,8 | | 47,6 | | 75,5 | |
| 4. Geographic Division | 0,4 | | 2.1 | | 1,5 | |
| 5. Holding Companies | 3,7 | | 1,4 | | 2,4 | |
| Gesamt | 100,0% | | 100,0% | | 100,0% | |

Die Ergebnisse (S. 65) zeigen einen außergewöhnlichen Zuwachs solcher Unternehmungen unter den 500 größten mit einer Organisationsstruktur nach dem Objektmodell (von 19,8%, 1941, auf 75,5%, 1969), der einhergeht mit einem ebenso großen Rückgang bei den Unternehmungen mit einer Struktur nach dem Verrichtungsmodell.

1970 wurde von der Harvard Business School unter Leitung von *B. Scott* ein Forschungsprojekt initiiert, und zwar mit der Fragestellung, ob sich die in den USA festgestellten Entwicklungslinien auch in **Europa** (England, Frankreich, Deutschland, Italien) nachweisen lassen. Im großen und ganzen wurde die Hypothese von der wachsenden Bedeutung der Entwicklungsstufe III (nach *Scott*) bestätigt (vgl. Abb. 5.12 sowie *Franko* 1974; zur Kritik dieser Studien vgl. *Frese* 1984, S. 103ff.).

*Abb. 5.12:* Die Zunahme der Diversifikation in verschiedenen Ländern 1949–1970

| Land | Jahr | Anteil diversif. Unternehmungen | Anteil divis. Unternehmungen | Größe der Stichprobe | Quelle |
|---|---|---|---|---|---|
| USA | 1949 | 32% | 20% | 189 | *Rumelt* |
| | 1959 | 44% | 50% | 207 | (1974) |
| | 1969 | 57% | 77% | 183 | |
| GB | 1950 | 25% | 13% | 92 | *Channon* |
| | 1960 | 45% | 34% | 92 | (1973) |
| | 1970 | 60% | 72% | 96 | |
| BRD | 1950 | 39% | 5% | 99 | *Thanheiser* |
| | 1960 | 50% | 15% | 99 | (1972) |
| | 1970 | 56% | 50% | 100 | |
| F | 1950 | 37% | 6% | 100 | *Dyas* |
| | 1960 | 45% | 21% | 100 | (1972) |
| | 1970 | 52% | 54% | 100 | |
| I | 1950 | 46% | 6% | 94 | *Pavan* |
| | 1960 | 57% | 17% | 94 | (1972) |
| | 1970 | 60% | 48% | 100 | |

*Quelle: Kieser/Kubicek* 1983, S. 256

Der *Scott*'sche Typ III mit den nach Produkt/Markt-Beziehungen organisierten autonomen Divisionen in Verbindung mit dem Profit Center Konzept galt lange Zeit als ideale Lösung der Strukturprobleme industrieller Großunternehmungen. Im Laufe der Anwendung zeigte sich jedoch eine ganze Reihe gravierender **Mängel,** wie

- unzureichende organisationsweite Koordination (unerwünschte Suboptimierung)
- kurzfristige Gewinnorientierung (verhindert anfänglich kostenintensive Produkt- und Verfahrensinnovationen)
- einseitige Ausrichtung auf eine Steuerungsgröße (Gewinn bzw. ROI).

Mit der Entwicklung der **Portfolio Management-Konzeption** sollen diese Nachteile überwunden werden, ohne auf die Vorteile der dezentralen Unternehmungsorganisation verzichten zu müssen (vgl. S. 380ff. der Arbeit).

# C. Integration

## I. Grundkonzepte der Integration

Differenzierung und Abteilungsbildung unterbrechen Zusammenhänge, schaffen Grenzen und Diskontinuitäten. Starke Differenzierung und hohe Interdependenz zwischen den Stellen/Abteilungen verlangen eine entsprechend starke Integration,[14] d. h. eine Koordination[14] der arbeitsteiligen Prozesse und deren Ausrichtung auf die Ziele der Organisation. Wir begegnen hier dem Dilemma, daß mit wachsender Differenzierung die Integration immer schwieriger, aber auch immer notwendiger wird und entsprechende Koordinationsmechanismen erfordert. Mit der Abteilungsbildung sind implizit schon Koordinationsprobleme angesprochen worden. Wie wir schon bei der Diskussion der Informations- und Machtverteilung gesehen haben, wird auch hier primär von einer Koordination durch die Hierarchie ausgegangen, d. h. stellen- bzw. abteilungsübergreifende Probleme werden der nächst höheren Hierarchieebene zur Lösung vorgelegt. Ein Blick in Literatur und Empirie belehrt uns jedoch, daß die Koordination über die Leitungshierarchie nur einen von mehreren möglichen Koordinationsmechanismen darstellt. Auch entspricht es nicht der Realität, wenn angenommen wird, Differenzierung führe ausschließlich zur Desintegration und nur durch massive Integrationsbemühungen sei ein Auseinanderfallen der Organisation zu verhindern.

*Katz* und *Kahn* (1966, S. 38) sehen z. B. die Integration sozialer Systeme vor allem durch drei **auf Koordination drängende Kräfte** gefördert:

1. Funktionale Interdependenz der arbeitsteiligen Rollen
2. Gemeinsames Normensystem hinsichtlich der Arbeitsaufgabe
3. Gemeinsames Wertsystem hinsichtlich der Systemziele.

Je nachdem um welchen Typ von sozialem System es sich handelt, werden einzelne Integrationskräfte stärker oder schwächer zur Wirkung kommen; so z. B. im Industriebetrieb primär die Rolleninterdependenz, im Forschungsin-

---

[14] Die Begriffe ‚*Integration*' und ‚*Koordination*' werden, der Tradition der Managementliteratur folgend, synonym verwandt, obgleich im Sprachgebrauch unter Integration die Einbindung eines Elements in eine schon bestehende Gesamtheit und unter Koordination die Abstimmung mehrerer Elemente untereinander auf ein übergeordnetes Ziel hin verstanden wird. *Bleicher* (1979, S. 47) versteht dagegen unter Integration ein präsituatives (planerisches) Gestalten von Systemen und unter Koordination ein situatives ad hoc Gestalten.

stitut das gemeinsame Normensystem und in einer politischen Partei das gemeinsame Wertsystem.

Dennoch bleibt unbestritten, daß in Organisationen, in denen den Stellen – wie wir gesehen haben – lediglich Teilaufgaben zur Erfüllung übertragen werden, zur Erreichung der Gesamtaufgabe eine Zusammenfassung von Teilaufgaben nach personellen, zeitlichen und räumlichen Kriterien erfolgen muß.

Von den Autoren des klassischen ‚Contingency-Model' hat sich vor allem *Lorsch* (1965, S. 150ff.) mit dem Problem der **Integration arbeitsteiliger Subsysteme** auseinandergesetzt. Zwei seiner Hypothesen konnten in einer von ihm durchgeführten Untersuchung bestätigt werden:

- Je größer die Differenzierung zwischen zwei Subsystemen einer Organisation im Verhältnis zur notwendigen Integration, desto größer die Schwierigkeiten zur Erreichung effizienter Integration zwischen beiden.
- Solche Integrationsmechanismen sind besonders effizient, die in ihrem Strukturierungsgrad ein Mittelmaß zwischen Struktur und Aufgabenorientierung der zu koordinierenden Subsysteme treffen.

*Lorsch* (1965, S. 7ff.) wählte zwei Unternehmungen der Kunststoffindustrie mit ungefähr gleicher Größe und gleichen Umweltbedingungen, aber unterschiedlicher Organisationsstruktur und Managementorientierung. Der Grad der Differenzierung zwischen einzelnen Subsystemen wurde mit Hilfe von Fragebogen und Interviews anhand von vier Kriterien gemessen:

1. Grad an Strukturierung und Formalisierung
2. Aufgabenorientierung
3. Zeitorientierung
4. Personenorientierung.

Die **Wirksamkeit der Integration** (effectiveness of integration) wurde aufgrund von Befragungen der Organisationsmitglieder von jeweils zwei interagierenden Subsystemen ermittelt (perceived integration score). *Lorsch* fand, wie in den Hypothesen vermutet, daß mit steigender Differenzierung zwischen zwei Subsystemen das bestehende Integrationsbedürfnis immer schwieriger zu befriedigen ist, und daß die Wirksamkeit einer Integrationsstelle davon abhängt, inwieweit es gelingt, in ihrer Struktur, Aufgaben-, Zeit- und Personenorientierung ein Mittelmaß zwischen den beiden zu integrierenden Subsystemen zu finden.

Die von *Lorsch* entwickelten Hypothesen bezüglich der Integration zweier Subsysteme lassen sich analog auch auf den zwischenbetrieblichen Bereich, etwa auf das Problem der Fusion zweier Unternehmungen, übertragen. Die Fusionspraxis zeigt, daß Unternehmungszusammenschlüsse um so reibungsloser durchgeführt werden, je ähnlicher die Struktur, Aufgaben-, Zeit- und Personenorientierung der von dem Zusammenschluß betroffener Teilsysteme ist.

Auch *James Thompson* (1967) ist der Auffassung, daß die Organisation eines soziotechnischen Systems nicht nur die technologie- und umweltgerechte Differenzierung in relativ homogene Subsysteme mit einem abgegrenzten Aufgabenbereich gewährleisten soll, sondern daß sie auch koordinierte Aktivitäten zusammengehöriger Abteilungen erleichtern muß.

*Thompson* unterscheidet drei Formen der Interdependenz in Organisationen (vgl. Abb. 5.13):

*Abb. 5.13:* Drei Formen der Interdependenz nach *Thompson* (1967)

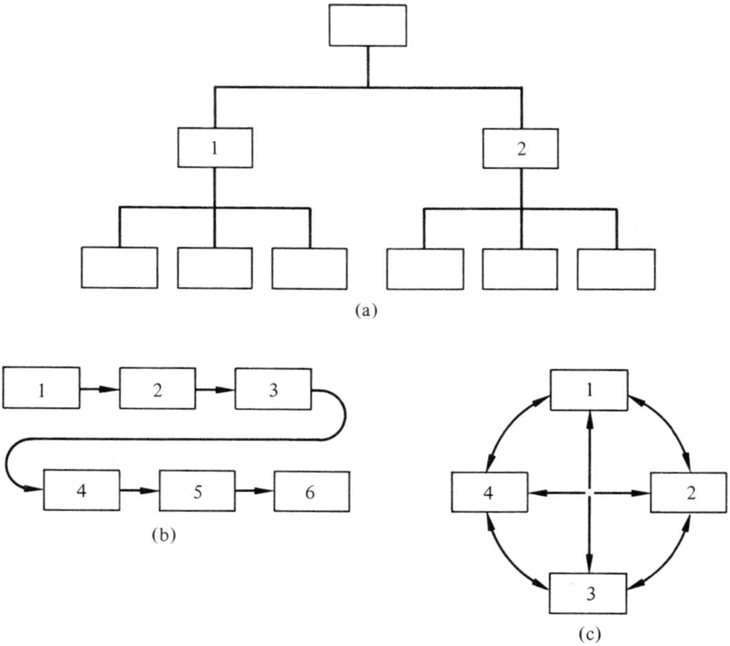


a) **pooled interdependence** (jedes Subsystem leistet einen Beitrag zum Gesamtsystem und wird von ihm unterstützt, z. B. Geschäftsbereich)
b) **sequential interdependence** (die Leistung von Subsystem 1 ist Voraussetzung für das Tätigwerden von Subsystem 2 etc., z. B. Fließband)
c) **reciprocal interdependence** (der Output eines jeden Subsystems wird zum Input der anderen und umgekehrt, z. B. Teamarbeit).

Unterschiedliche Formen der Interdependenz erfordern auch unterschiedliche Techniken der Koordination: ‚pooled interdepence' eine Koordination durch standardisierte Entscheidungsregeln, ‚sequential' eine Koordination durch Pläne und Programme und ‚reciprocal' eine Koordination durch ständige Interaktion und Anpassung der beteiligten Subsysteme.

Wie alle drei Formen der Interdependenz gleichzeitig in einer divisionalisierten Unternehmung vorkommen könnten, illustriert Abb. 5.14:

*Abb. 5.14:* Formen der Interdependenz in einem Industriebetrieb

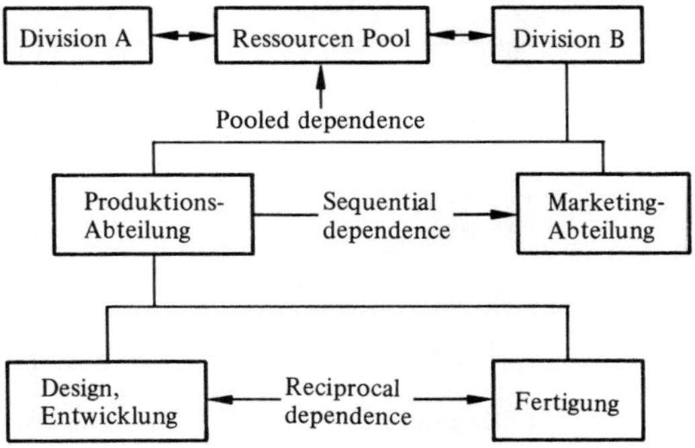


*Quelle: Khandwalla* 1977, S. 245

Koordination ist kosten- und zeitaufwendig[15], und folglich gilt es, solche Techniken zu suchen, die diesen Aufwand minimieren. Folgt man dieser Zielfunktion, wird man zuerst solche Stellen zusammenfassen, die in reziproken Beziehungen stehen, etwa in einem Projektteam. Anschließend gilt es, diejenigen in Abteilungen zu integrieren, die in sequentiellen Abhängigkeiten stehen, und letztlich wird man Abteilungen mit ähnlichen Aufgaben (z.B. Produktion und Absatz einer bestimmten Produktgruppe) zu Geschäftsbereichen (Divisions) zusammenfassen (poolen) (vgl. auch *Hicks/Gullett* 1975, S. 97ff.).

*March* und *Simon* (1958, S. 159f.) sind der Auffassung, daß die Wahl der geeigneten Koordinationstechnik von dem Ausmaß bestimmt wird, in dem die bestehende Situation standardisiert ist. Entsprechend unterscheiden sie zwei nach der Komplexität der Situation abgestufte Koordinationstechniken:

- **Coordination by plan** (Vorgabe von Plänen und Programmen)
- **Coordination by feedback** (ständige Interaktion zwischen Vertretern der betroffenen Subsysteme).

Coordination by plan stellt bezogen auf den Koordinationszeitpunkt eine **ex ante-Koordination** und coordination by feedback eine **ex post-Koordination** dar. Von den vier nachfolgend besprochenen Koordinationsmechanismen zählen ‚Regeln und Programme' sowie ‚Planung' zur ex ante-Koordination während ‚Hierarchie' und ‚Selbstabstimmung' sowohl zur ex ante als auch ex post-Koordination geeignet sind.

Nach den Kriterien Komplexität, Aufwand und Informationsverarbeitung lassen sich die bislang diskutierten **Koordinationsmechanismen** wie folgt einteilen:[16]

---

[15] Zu den Kosten der Koordination vgl. *Berg* 1981, S. 84ff.

[16] Vgl. *Galbraith* 1973, 1977, *Tushman/Nadler* 1978, *Mintzberg* 1979 und für die deutsche Literatur z.B. *Hax* 1965, *Grochla* 1972, *Frese* 1972, *Hill/Fehlbaum/Ulrich* 1976, *Häusler* 1977, *Kieser/Kubicek* 1976, *Jakob* 1980, *Gaitanides* 1983.

| Koordinationsmechanismen | Komplexitätserfassung | Informationsverarbeitung | Aufwand der Anwendung | Aufwand der Erstellung |
|---|---|---|---|---|
| • Regeln und Programme | gering | niedrig | gering | hoch |
| • Hierarchie | | | | |
| • Planung | ↓ | ↓ | ↓ | ↓ |
| • Selbstabstimmung | hoch | hoch | hoch | gering |

Eine ähnliche Einteilung findet sich bei *Hellriegel/Slocum* (1976, S. 222):

| | **Kontinuum** | **Koordinationsmechanismen** |
|---|---|---|
| | Hoch | ←Matrix-Organisation |
| | ↑ | (+) |
| Ausmaß an Unsicherheit, Differenzierung und angestrebter Intergration | │ | ←Koordinationsabteilung |
| | │ | (+) |
| | │ | ←Projekt-Team |
| | │ | (+) |
| | │ | ←Koordinatoren |
| | │ | (+) |
| | │ | ←Pläne |
| | ↓ | (+) |
| | Niedrig | ←Hierarchie |

In der Literatur[17] wird von Forschungsergebnissen berichtet, die belegen, daß Abteilungen mit hoher Interdependenz zu anderen Organisationsbereichen komplexere Koordinationsmechanismen benutzen als solche mit nur niedriger Interdependenz. Konkret zeigt sich bei steigender Spezialisierung eine Tendenz weg von direkter, persönlicher Koordination und hin zu mehr bürokratischen Koordinationsmechanismen (vgl. *Wollnik/Kubicek* 1976 und die dort angegebene Literatur).

In jedem Fall gilt es zu beachten, daß mit zunehmender Komplexität und Informationsverarbeitungskapazität der Instrumente der Aufwand an Zeit und anderen Ressourcen wächst (*Tushman/Nadler* 1978).

## II. Koordination durch Regeln und Programme

Geht man davon aus, daß auch der Einsatz von Integrationsmechanismen Wirtschaftlichkeitsüberlegungen unterliegt, so bieten sich bei stabilen und damit prognostizierbaren Umweltverhältnissen und einfachen Aufgabenstel-

[17] Vgl. z. B. *Aiken/Hage* 1968, *Lawrence/Lorsch* 1969, *Khandwalla* 1974, *Keller* 1978, *Van de Ven/Delbecq/Koenig* 1976.

lungen generelle Handlungsvorschriften in Form von Entscheidungsregeln und -programmen an. Deren Anwendung setzt eine Standardisierung, Formalisierung und Typisierung von Entscheidungs- und Koordinationsproblemen voraus, so daß Handlungsanweisungen nach dem Wenn-Dann-Schema (**Konditionalprogramme;** *Luhmann* 1964) möglich werden. Die Klassifikation von *Simon* (1960; siehe auch *March/Simon* 1958) in wohl-definierte und schlecht-definierte Aufgaben und daran anschließend diejenige in *programmierte* und *nicht programmierte* Entscheidungen liefert hier erste Ansatzpunkte. *Simon* (S. 6) versteht unter einem **Programm** (program) eine detaillierte Vorschrift, die die Reihenfolge der Schritte festlegt, mit denen ein System auf eine komplexe Aufgabenumwelt reagiert.

**Programmierte Entscheidung:** repetitive, routinemäßige Entscheidung, zu dessen Lösung spezielle Verfahren existieren.

**Nicht programmierte Entscheidung:** seltene, komplizierte und/oder neuartige Entscheidung, zu dessen Lösung generelle Problemlösungsverfahren existieren.

Die Unterscheidung von zwei polaren Entscheidungsarten findet ihre Rechtfertigung in der Hypothese von *Simon,* daß unterschiedliche Entscheidungsarten auch unterschiedliche Entscheidungstechniken erfordern, z. B.: *Wenn* programmierte Entscheidungen, *dann* (bei modernen Entscheidungstechniken) Unternehmensforschung und EDV als Entscheidungstechniken. *Wenn* nicht programmierte Entscheidungen, *dann* heuristische Problemlösungsverfahren als Entscheidungstechniken. *Simon* ist sich durchaus des idealtypischen Dichotomiecharakters seiner Einteilung bewußt und betont ausdrücklich, daß es sich um Extrema auf einem Kontinuum handelt.

Nun ist die Klassifikation von Entscheidungssituationen in wohl- und schlecht-definierte nicht aufgrund objektiver Tatbestände möglich, sondern selbst ein Entscheidungsproblem. Die Substitution der objektiven Situation durch eine subjektive stellt eine weitverbreitete Strategie der **Reduktion von Umweltkomplexität** dar. Diese führt noch nicht zu einer Problemlösung, sondern stellt eine Umdefinition des Problems dar, die erst die Anwendung systeminterner Techniken und Programme ermöglicht (vgl. *Luhmann* 1968). Je nachdem, ob die subjektive Definition der Situation vollständig oder unvollständig ist, spricht man von *wohldefinierten* (well-defined) oder *schlecht-definierten* (ill-defined) Entscheidungssituationen. *Kirsch* hat in Anlehnung an *Gore* (1964) unterschiedlichen Problemdefinitionen unterschiedliche Ausführungsprogramme zugeordnet (vgl. Abb. 5.15).

Es ist unmittelbar einsichtig, daß eine Koordination durch Regeln und Programme nur bei wohl-definierten Entscheidungssituationen sinnvoll anwendbar ist. Konditionalprogramme nach dem Wenn-Dann-Schema erfordern also eine möglichst operationale Beschreibung der Ausgangssituation, definiert durch die Konstellation bestimmter Situationsvariablen, so daß das Organisationsmitglied in die Lage versetzt wird, den zur Entscheidung anstehenden Fall (das Problem) als eine bestimmte Wenn-Komponente zu identifi-

*Abb. 5.15:* Definition der Situation und Arten von Entscheidungen

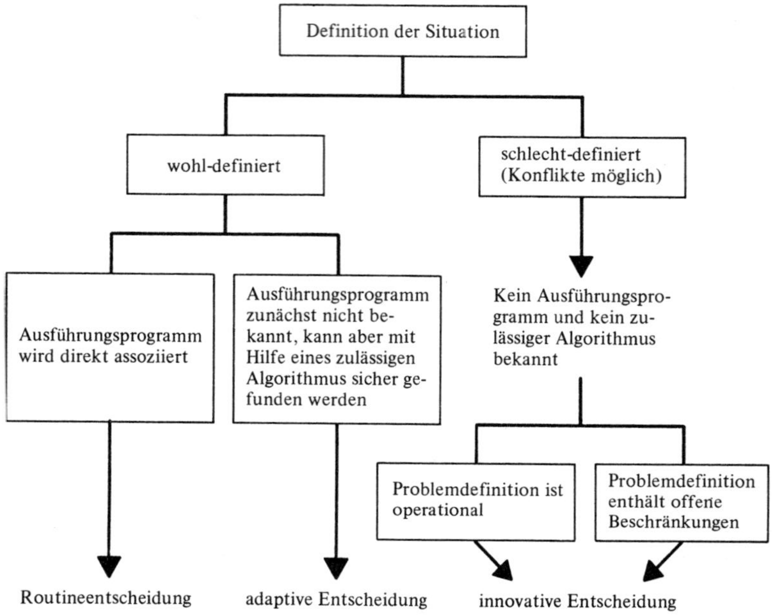


*Quelle: Kirsch* II/1971, S. 142

zieren. Dies ist die eigentliche Leistung des Handelnden, denn die in dieser Situation einzuschlagende Aktion oder anzuwendende Regel (Dann-Komponente) ergibt sich zwangsläufig aus dem Programm. Es besteht also kein Handlungsspielraum. **Regeln** als generelle Verfahrensrichtlinien werden somit in Programmen auf Situationen bezogen und entsprechend nach Subklassen von Entscheidungsproblemen relativiert.

Regeln und Programme sind *auf Dauer* angelegt; die Managementliteratur spricht entsprechend von ‚standing plans' (*Duncan* 1975, *Dessler* 1976, *Carlisle* 1976); sie werden unabhängig von dem Stelleninhaber schriftlich fixiert und erfordern keinerlei persönliche Kommunikation.

Die amerikanische Managementliteratur differenziert weiter nach dem **Ausmaß des Handlungsspielraums,** den eine generelle Vorschrift noch offenläßt, in:

- **Policies** (Grundsätze, Richtlinien), wie
  Produktpolitik (Häufigkeit des Design-Wechsels)
  Einkaufspolitik (Eigenfertigung oder Fremdbezug)
  Personalpolitik (Beförderung oder Einstellung von außen)
  Finanzpolitik (Finanzstruktur)
- **Procedures** (für einen Teilbereich präzisierte Richtlinien)

Procedures geben detailliert nach chronologischen Schritten an, in welcher Weise und Reihenfolge eine bestimmte Handlung erfolgen soll, z. B. Auftragsabwicklung, Lohnermittlung, Arbeitsvorbereitung, einfache Bestellvorgänge

- **Rules** (einfachste Handlungsanweisungen in Form von ‚erlaubt-nicht erlaubt', die keine Handlungsschritte vorschreiben), wie z. B. Pfennigbeträge werden zu vollen Zehnerbeträgen aufgerundet; nach Bankenschluß eingehende Bargeldbeträge werden im eigenen Safe verschlossen (vgl. Abb. 5.16).

*Abb. 5.16:* Handlungsspielraum des Managers in Abhängigkeit von organisatorischen Regelungen

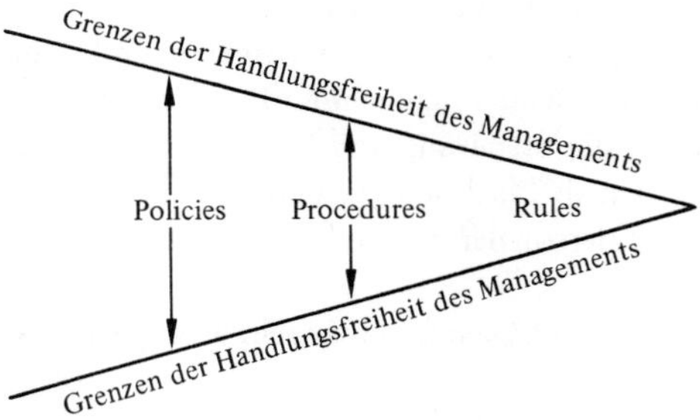


*Quelle: Duncan* 1975, S. 253

Unter den genannten generellen Handlungsanweisungen kommt im Zusammenhang mit der Koordination den **‚organizational procedures'** zentrale Bedeutung zu. Darunter sind alle zur formalen Organisation gehörigen, auf Dauer angelegten schriftlich fixierten organisatorischen Regelungen zu verstehen, die häufig in sog. Organisationshandbüchern (organizational manuals) zusammengefaßt werden und damit ein weitgehend formalisiertes System der organisatorischen Integration abbilden.

Im Mittelpunkt steht hier das Instrument der **Stellenbeschreibung** (position description) (vgl. z. B. *Schwarz* 1968, *Wunderer* 1969, *Schmidt* 1975, *Carlisle* 1976). Die Stellenbeschreibung in privatwirtschaftlichen Organisationen stellt eine Weiterentwicklung der im preußischen Staatsdienst eingeführten Dienstanweisung dar. Die Stellenbeschreibung präzisiert unabhängig von der Person des Stelleninhabers

- die Aufgaben der Stelle
- die notwendigen Leistungsstandards
- die hierarchische Einordnung der Stelle
- die Einbindung der Stelle in das Informations- und Kommunikationssystem.

Die Stellenbeschreibung gilt stellvertretend für andere formalorganisatorische Regelungen wie Organigramme, Funktionsdiagramme, Arbeitsablaufkarten als Inbegriff von Formalisierung und Bürokratisierung. Den beabsichtigten **Vorteilen** solch formalisierter Regelungen:

- Stabilisierung der Verhaltenserwartungen durch formalisierte Rollenvorgaben
- Objektivierung von Handlungen und Reduzierung des individuellen Handlungsrisikos
- Reduzierung der direkten persönlichen Eingriffe des Vorgesetzten auf Ausnahmesituationen (Exception principle); damit größere Autonomie des Stelleninhabers und Abbau der Willkür personaler Anweisungen
- Erleichterung der Einstellung, Versetzung, Nachfolge, Aus- und Weiterbildung, Personalbeurteilung

stehen schwerwiegende **Mängel** gegenüber:

- Rückzug auf formale Handlungsanweisungen und Monotonieerlebnisse führen zu Desinteresse und mangelnder Eigeninitiative
- Unpersönlichkeit der Steuerung und Fremdkontrolle von vorgabekonformen Handeln wird als Machtlosigkeit erlebt
- Behinderung der personalen und organisatorischen Entwicklung (vor allem Wachstum)
- Tendenz zur Schwerfälligkeit und mangelnde Anpassungsfähigkeit an neue Aufgabenstellungen.

An anderer Stelle (vgl. S. 20) habe ich Regeln und Programme als wesentliches **Merkmal bürokratischer Organisationen** gekennzeichnet und vor allem auch auf nicht intendierte dysfunktionale Konsequenzen hingewiesen. Im Zusammenhang mit dem technokratischen Integrationsmechanismus ‚Regeln und Programme' besteht vor allem die Gefahr, daß diese formalen Verfahrensvorschriften ihren Mittelcharakter verlieren und zum Selbstzweck werden, und daß die Entscheidungsfindung zu einem unreflektierten Prozeß der Anwendung starrer Regeln wird. Daneben gewinnt das *Gresham*'sche Gesetz der Planung an Bedeutung, wonach ein Stellinhaber bei Konfrontation mit programmierten und nicht-programmierten Entscheidungsproblemen, ersteren den Vorzug gibt (vgl. z. B. *Gouldner* 1954, *Merton* 1957).

Fragwürdig ist auch die Behauptung, daß Regeln und Programme bei stabilen Umweltbedingungen das geeignetste Integrationsinstrument seien (*March/Simon* 1958, *Thompson* 1967, *Perrow* 1970); sicher ist nur, daß sie das billigste sind, sofern sie erst einmal formuliert und institutionalisiert sind. Billig vor allem auch deshalb, weil bei dieser Form der Koordination Mitarbeiter mit geringer Qualifikation eingesetzt werden können. Teuer wird das Instrument, wenn ein hoher Änderungsdienst erforderlich wird, und dies ist bei stabilen Umweltverhältnissen eben ex definitione nicht der Fall. Daß die Praxis nach solchen Überlegungen handelt und in solchen Situationen stark routinisiert und formalisiert, konnte in verschiedenen empirischen Untersuchungen gezeigt werden, so z. B.

- für den Bereich hoher technischer Spezifität bei *Harvey* (1968)
- für sichere Umweltbedingungen bei *Lawrence/Lorsch* (1969)
- für Routineaufgaben bei *Hall* (1962) und *Hall* et al. (1967).

Die an anderer Stelle (vgl. S. 99ff. und 485) geäußerten Vorbehalte gegenüber diesen Forschungsergebnissen bleiben unberührt.

Während ‚Regeln und Programme' als ein *unpersönliches*, technokratisches Koordinationsinstrument charakterisiert werden kann, baut das jetzt zu besprechende Instrument ‚Hierarchie' auf Koordination durch *persönliche*, vertikale Kommunikation.

## III. Koordination durch Hierarchie

Arbeitsteilig gebildete Stellen lassen sich durch **Linien** miteinander verbinden, wobei die in einer Hierarchie von oben nach unten laufenden Linien als Befehlslinien bezeichnet werden (Instanzenweg) und die von unten nach oben laufenden Linien für Meldungen, Mitteilungen oder Beschwerden vorgesehen sind (Dienstweg). Ist eine hierarchisch niedrigere Stelle nur durch *eine* Linie mit jeweils einer hierarchisch höheren Stelle verbunden, spricht man von einem Einliniensystem.

### 1. Einliniensystem

Das Einliniensystem folgt dem klassischen Prinzip der **Einheit der Auftragserteilung** (*Fayol* 1916), d.h. jeder Untergebene hat nur einen einzigen Vorgesetzten, ein Vorgesetzter hat jedoch mehrere Untergebene (vgl. Abb. 5.17).

Die Kommunikationswege verlaufen mit Ausnahme der von *Fayol* in Sonderfällen zugelassenen direkten horizontalen Kommunikation (*Fayolsche* Brücke) *vertikal*. Das führt zu einer ständigen Überlastung der Instanzen mit Kommunikations- und Kontrollaufgaben. Von oben werden Ziele und Aufgaben vorgegeben, von unten wird Vollzug gemeldet. So entsteht das klassische Bild der **Pyramide** mit einem dünnen Entscheidungszentrum an der Spitze und einer breiten Basis untergeordneter Mitarbeiter. Damit das Einliniensystem funktionieren kann, muß die Gesamtaufgabe in so kleine Teilaufgaben aufgespalten werden, die dann von einzelnen Organisationsmitgliedern erledigt werden können. Die Koordination der einzelnen Arbeitsprozesse erfolgt durch die **Hierarchie,** d.h. ein Heer von Vorgesetzten auf unterschiedlichen Rängen, denen gerade soviel Autorität delegiert wird, daß sie eine überschaubare Anzahl von Untergebenen kontrollieren können (möglichst

*Abb. 5.17:* Einliniensystem

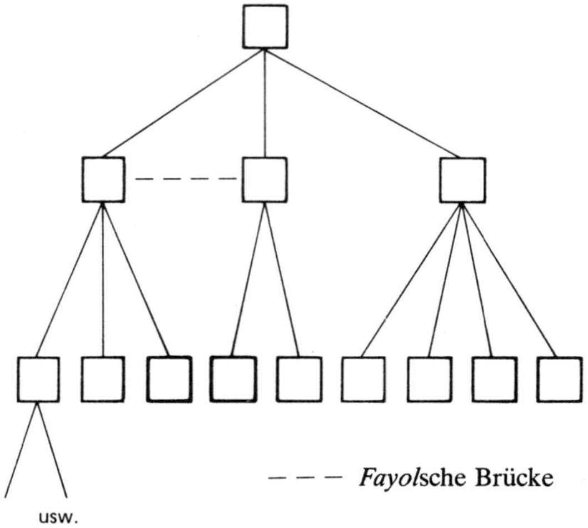


kleine Kontrollspanne). Dem Ausmaß an delegierter Autorität, dessen Festlegung nur dem Top Management zusteht – zu diesem Zweck wird Autorität in kleinen Portionen an untergeordnete Vorgesetzte zwecks besserer Ausübung ihrer Kontrollfunktion verliehen – entspricht die Bürde der Verantwortung für eine erfolgreiche Ausführung der Teilaufgabe.

Eine wichtige Annahme hierarchischer Koordination besteht nun darin, daß einer hohen Position in der Hierarchie mit umfassender formeller Autorität auch ein hohes Maß an entscheidungsrelevantem Wissen und Führungsqualität entspricht. Mit zunehmender Entfernung von der Spitze der Pyramide nimmt das Ausmaß an Autorität, an Verantwortung und an Wissen ab. Somit fehlt den höheren Instanzen das für die Entscheidungsfindung notwendige Fachwissen, was zeitaufwendige Rückfragen bei hierarchisch niederen Stellen erforderlich macht. **Konflikte** können bei diesem Modell, zumindest nach Ansicht seiner Befürworter, kaum auftreten; sollte dies dennoch der Fall sein, wird das Problem innerhalb der Pyramide bis zu der hierarchischen Ebene weitergereicht, auf der sich der gemeinsame Vorgesetzte der betroffenen Parteien befindet. Dieser muß ex definitione über mehr Autorität und überlegenes Wissen verfügen, so daß er den Konflikt durch entsprechende Anweisungen „lösen" kann.

## 2. Mehrliniensystem

Im Mehrliniensystem ist eine hierarchisch niedrigere Stelle durch *mehrere* Linien mit mehreren hierarchisch höheren Stellen verbunden (Mehrfachunterstellung) (Abb. 5.18). Dies bedeutet eine Abkehr vom Prinzip der Einheit der Auftragserteilung und eine Koordination von Mitarbeitern nach dem **Funktionsprinzip,** d. h. der auf eine bestimmte Funktion spezialisierte Vorgesetzte erteilt nur für diesen Bereich Weisungen. Wenn die Aufgabenerfüllung mehrere Funktionsbereiche tangiert, erhält der Ausführende auch von mehreren Vorgesetzten Anweisungen.

*Abb. 5.18:* Mehrliniensystem

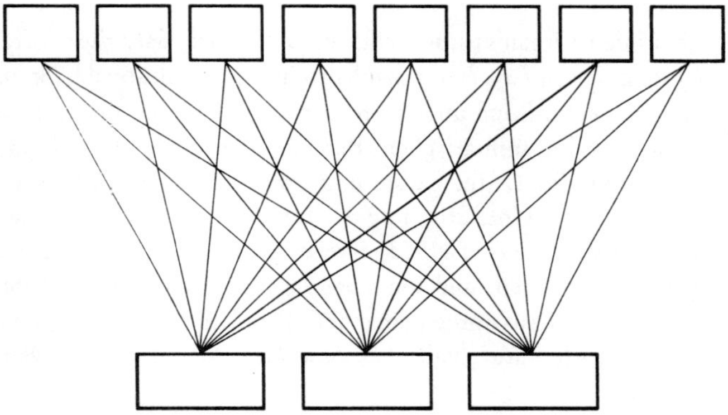

Dieses Mehrliniensystem geht auf das **Funktionsmeistersystem** von *Taylor* (1911) zurück, der als Folge der Entmischung der Funktionen des klassischen Universalmeisters zu acht Funktionsmeisterstellen kam, und zwar zu

vier Meistern des Arbeitsbüros:
- Arbeitsverteiler
- Unterweisungsbeamter
- Zeit- und Kostenbeamter
- Aufsichtsbeamter

vier Ausführungsmeistern:
- Verrichtungsmeister
- Geschwindigkeitsmeister
- Prüfmeister
- Instandhaltungsmeister

Die am Funktionsmeistersystem geübte **Kritik,** ein Arbeiter könne nicht zugleich acht Vorgesetzten gehorchen, ist zwar aufgrund der Angst der Kritiker vor einer Aushöhlung von Disziplin und Ordnung verständlich, mißversteht aber das Anliegen *Taylor's,* der seine für die damalige Zeit richtungsweisenden Vorstellungen von einer sachgerechten, kompetenten Führung wie folgt präzisiert: Einer kann zwar nicht acht Herren *dienen,* aber acht können einem *helfen. Taylor's* Funktionsmeistersystem konnte sich zwar auf der Ausführungsebene nicht durchsetzen, aber auf den oberen Führungsebenen wird seinem Vorschlag der funktionalen Spezialisierung weitgehend gefolgt; allerdings ohne sein Prinzip der Mehrfachunterstellung mitzuübernehmen. Aus disziplinarischen Überlegungen heraus wird weiterhin die Überzeugung vertreten: Je höher die Position, desto überlegener das Wissen. Vor allem diese letzte Annahme konnte empirischen Untersuchungen nicht standhalten und mußte als unrealistisch fallengelassen werden. Um dem Mangel an Wissen in der Linieninstanz abzuhelfen, ohne jedoch das gesamte klassische Modell in Frage stellen oder sogar aufgeben zu müssen, wurde der Stab als Wissensträger ohne formelle Autorität in das Modell eingeführt.

## 3. Stab-Linien-Organisation

Die Stab-Linien-Organisation stellt einen Versuch dar, die Vorteile des Einliniensystems (nach *Fayol*) mit den Vorteilen der funktionalen Spezialisierung (nach *Taylor*) zu kombinieren. Seinen Ursprung hat dieser Koordinationsmechanismus im militärischen Bereich. Schon *Gustav Adolph* von Schweden benutzte im 17. Jh. Stäbe, und im preußischen Generalstab fand die Idee der fachlichen Unterstützung der Linie ihre Blütezeit. Der amerikanische Ingenieur *H. Emerson* (1913) übertrug die Stabsidee auf privatwirtschaftliche Organisationen, und seit jener Zeit spielt die ‚line-staff'-Struktur mit der Vielzahl damit zusammenhängender Probleme eine bedeutsame Rolle in der Managementliteratur (vgl. z. B. *Staerkle* 1961, *Altfelder* 1965, *Jaggi* 1969).

Die Idee, die von Routinearbeiten überlastete und für strategische und taktische Entscheidungen nur unzureichend vorbereitete Linieninstanz durch ein ständiges Hilfsorgan, eben den Stab, zu unterstützen, ist einleuchtend; aber vor allem die Tatsache, daß der Stab selbst **keine Weisungsbefugnis** besitzt (lediglich funktionale Autorität), obwohl er i. d. R. über überlegenes Wissen verfügt, führt zu erheblichen Friktionen.

Um das klassische Prinzip der Einheit der Auftragserteilung zu retten, wurde die Stabsstelle nicht mit Weisungsbefugnis ausgestattet, und zwar u. a. mit der unsinnigen Begründung, eine Stabsstelle sei eine Hilfsstelle ohne eigene (originäre) Aufgabe und könne folglich auch keine eigene Anweisungsbefugnis gegenüber Linienstellen besitzen. Allein bei Sonderaufträgen könne der Stabsstelle ein zeitlich begrenztes Weisungsrecht (**funktionales Weisungsrecht**) eingeräumt werden. Die organisatorische Trennung zwischen Stab und Linie wird i. d. R. aufgrund folgender Aufgabenteilung für notwendig erachtet:

| Linie | Stab |
|---|---|
| Verantwortung für die Realisierung der Unternehmungsziele | Unterstützung der Linie bei der Zielerreichung |
| Routineaufgaben | Spezialaufgaben |
| Kompetenz der Anordnung | Kompetenz der Ideen |
| Entscheiden | Beraten |
| Realisieren | Planen |
| Initiative ergreifen | Analysieren |

Die **Eingliederung** von Stäben in die Hierarchie kann einmal nach dem **Prinzip der Delegation,** d. h. zum Zweck der Entlastung der Instanz (Bilder 1 und 2) und zum anderen nach dem **Prinzip der Zentralisation** erfolgen, d. h. zum Zweck der Zusammenfassung gleichartiger Stabsaufgaben aus mehreren Instanzen (Bild 3) (Abb. 5.19).

Während die Kompetenzabgrenzung zwischen Linieninstanz und ausführenden Stellen eindeutig ist, ergeben sich in der Praxis zwischen Stabsstelle und Linieninstanz laufend **Konflikte.**

| Stabsstelle | Linieninstanz | ausführende Stelle |
|---|---|---|
| Entscheidungsvorbereitung (funktionale Autorität) | Entscheidung (Amtsautorität) | Ausführung |
| | informelle Machtbeziehungen | formelle Machtbeziehungen |

Empirische Untersuchungen haben gezeigt, daß die in der Theorie geforderte klare Trennung der Aufgaben von Stab und Linie in der Realität fast nie anzutreffen ist (höchstens in Stellenbeschreibungen). In vielen Fällen beraten die Stabsmitglieder (Zentralabteilungen) nicht nur, sondern sie üben beträchtlichen informellen Einfluß auf die Entscheidung aus; meistens liegt dann bei ihnen ‚de facto' die Entscheidungsmacht (vgl. *Irle* 1971). Andererseits gibt es Fälle, wo umgekehrt die Stabsstelle überhaupt keine Einflußmöglichkeiten sieht und von der Linie nur als Alibifunktion für ‚wissenschaftlich fundierte' Entscheidungen mißbraucht wird.

*Abb. 5.19:* Formen der Eingliederung von Stäben in die Hierarchie

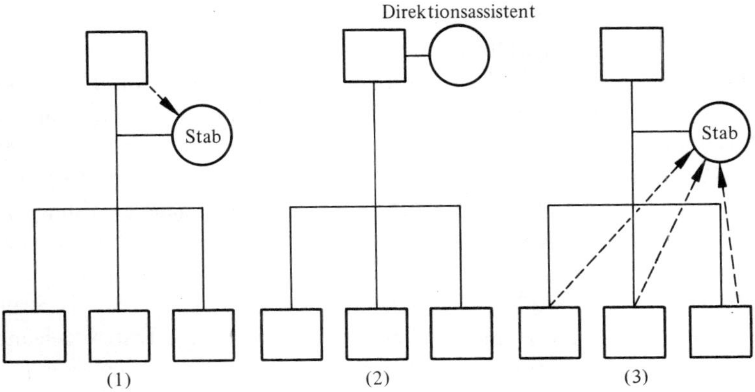


Daraus ergeben sich folgende **Nachteile** dieses Koordinationsinstruments:

- die dem Stab-Linien-System zugrundeliegenden Aufgabenteilung ist künstlich und führt zu einer *Trennung* von Arbeits*zusammenhängen.*

Kontinuierliche Arbeitsprozesse werden durch Zuweisung an unterschiedliche Stellen und Personen zerrissen
- unklare Abgrenzung der Kompetenzen zwischen Stab und Linie führt zu Kompetenzstreitigkeiten
- der Stabsstelle fehlen i. d. R. die Machtmittel, um eine wirksame Einflußnahme auf die Linie zu erreichen
- die Wirksamkeit der Stabsstelle hängt i. d. R. vom guten Willen der Linie zur Zusammenarbeit ab und weniger von der Qualität der Stabsarbeit oder sachlichen Notwendigkeiten (Führungsstil)
- die Wahrnehmung gleicher Aufgabeninhalte in zentralen Stabsstellen und Linieninstanzen führt zu Doppelarbeit
- unterschiedliche berufliche Sozialisation und Orientierung sowie unterschiedlicher Zeithorizont und Sachverstand der ‚*Professionals*' (Stab) und ‚*Bürokraten*' (Linie) führen zu permanenten Konflikten.

## 4. Matrix-Organisation

Linien- und Stab-Linien-Organisation sind Koordinationskonzepte, die das Problem der Integration *stufenweise* lösen, d. h. auf verschiedenen hierarchischen Ebenen werden Probleme mit unterschiedlichem Komplexitätsgrad einerseits und unterschiedlicher Bedeutsamkeit für die Gesamtorganisation andererseits behandelt. So wird z. B. der schwierigste Teil eines Problembereiches an der Spitze der Hierarchie bearbeitet und der (vermeintlich) einfachste an der Basis. Die Koordination erfolgt über das Einliniensystem. In der Matrix-Organisation wird in Anknüpfung an *Taylor's* Mehrliniensystem *simultan* zwei Aspekten eines Problembereiches Aufmerksamkeit geschenkt (z. B. Verrichtung und Objekt) und bei der Tensor-Organisation sogar drei Aspekten (Verrichtung, Objekt, Region)[18] (vgl. Abb. 5.20).

Da es erklärtes Ziel der Matrix-Organisation ist, Macht- und Hierarchiestrukturen zugunsten mehr teamartiger Kooperation abzubauen, mag es überraschen, die Matrix-Organisation unter den hierarchischen Koordinationskonzepten behandelt zu finden. Die Ausprägung der Matrix-Organisation in der Realität rechtfertigt jedoch diese Zuordnung, denn hier findet sich das Konzept einmal meist nur in organisatorischen Teilbereichen und zum anderen stellt es letztlich eine **Kombination zweier Hierarchiesysteme** dar.

*Mintzberg* (1979, S. 171 f.) unterscheidet zwischen *ständigen* Matrix-Strukturen (permanent form) und *rotierenden* (shifting form). Erstere zeichnen sich durch eine längerfristige Stabilität der Strukturen, Stellen und Personen aus, wie sie in Markenartikel-Unternehmungen typischerweise Verwendung finden (Produkt-Matrix-Organisation). Rotierende Matrix-Strukturen sind

---

[18] vgl. *Cleland/King* 1968, *Bleicher* 1971, *Galbraith* 1973, *Hill/Fehlbaum/Ulrich* 1976, *Davis/Lawrence* 1977, *Leumann* 1979, *Redel* 1982.

*Abb. 5.20:* Die Stellung der zweidimensionalen Matrix-Organisation zwischen eindimensionaler Produkt- und eindimensionaler Verrichtungsorganisation

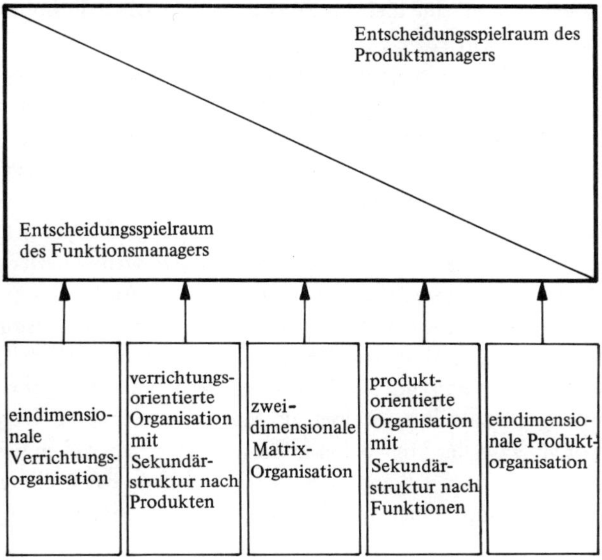


*Quelle:* In Anlehnung an *Galbraith* 1973, S. 114 und *Mintzberg* 1979, S. 176

überwiegend bei Unternehmungen zu finden, die befristete Projekte abwickeln und folglich einen häufigen Wechsel von Stellen und Personen bewältigen müssen (Projekt-Matrix-Organisation) (zu Produkt- und Projekt-Management vgl. auch Abschnitt 5 B IV 1 b).

Ihre erste Anwendung fand die Matrix-Organisation bei Auftragnehmern der Weltraumforschung und im Industrieanlagenbau; hier wurde die traditionelle nach Funktionen gegliederte Organisationsstruktur (vertikale Linien) von einer projekt- oder produktorientierten Struktur (horizontale Linien) überlagert (vgl. Abb. 5.21). Damit kreuzen sich auch zwei Kompetenzsysteme, so daß man von einem kombinierten Zweiliniensystem sprechen kann. Im Schnittpunkt beider Linien befinden sich eine oder mehrere Stellen, die von einem ‚part time' Mitarbeiter bis hin zu einer Gruppe mehrerer Mitarbeiter besetzt werden kann. Zwischen dem Produkt- bzw. Projekt-Manager und dem Funktions-Manager als den Instanzen werden Weisungskompetenz und Verantwortung so geteilt, daß der erstere für Planung, Koordination und Kontrolle der Projektarbeit zuständig ist, wobei er höchste Priorität für *sein* Projekt anstrebt, und letzterer für die Ressourcenbereitstellung, wobei dieser *alle* Projekte im Auge behält und auf Kapazitätsauslastung achtet.

In der Literatur (*S. Schneider* 1975, *Brings* 1976, *Schwarz* 1976, *Wagner* 1979) wird immer wieder auf die gewollte **Kompetenzüberschneidung** und damit den eingeplanten Konflikt dieses Koordinationsmechanismus hingewiesen. Dieser habe keineswegs destruktive, sondern eher innovative Folgen. Der argumentativen Auseinandersetzung mit ein und demselben Problem aus der Sicht zweier unterschiedlich motivierter Stellen wird ein hohes Integrationspotential zugeschrieben.

Empirische Untersuchungen belegen, daß zumindest in Deutschland noch eine große Lücke zwischen dem Anspruch von Unternehmungen, über eine Matrix-Organisation zu verfügen, und dessen realer Ausformung eine große Diskrepanz besteht (vgl. *Blohm/Seppeler* 1976, *Brings* 1976, *Voßbein* 1978). So läßt sich die in der Literatur überwiegend zu findende Auffassung, die Matrix-Organisation sei ein Koordinationskonzept für die *ganze* Organisation, nicht bestätigen. Echte Matrix-Konzepte finden, wenn überhaupt, überwiegend in solchen Teilbereichen einer Organisation Anwendung, in denen es besonders um die simultane Berücksichtigung zweier Dimensionen geht. Die restlichen Bereiche sind nach klassischen Stab-Linien Modellen strukturiert. Nach *Davis/Lawrence* (1977, S. 136) waren in den 70er Jahren je nach Unternehmungsgröße selbst in einer als Matrix bezeichneten Organisation nach wie vor 90–95% der Mitarbeiter in Linien- oder Stabsstellen beschäftigt. Es gilt also festzuhalten, daß zwischen der literarischen Behandlung der Matrix-Organisation und seiner realen Anwendung noch eine große Lücke klafft.

*Abb. 5.21:* Matrix-Organisation

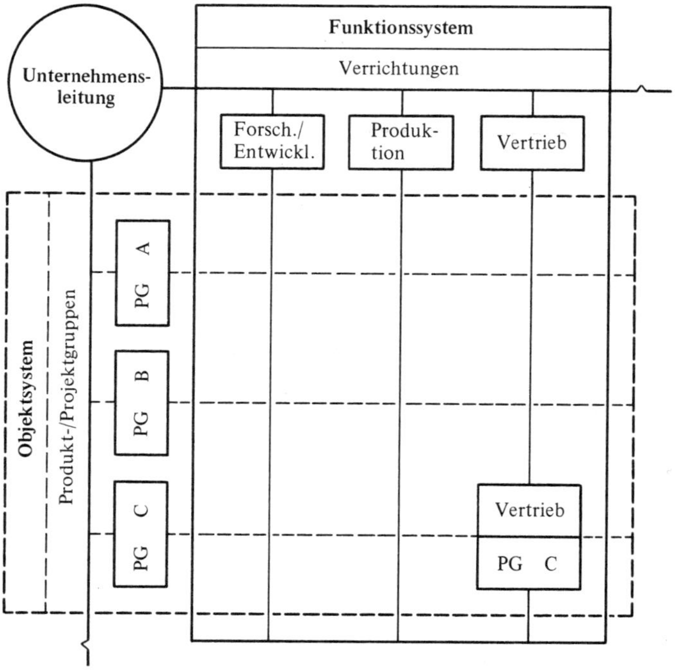


*Quelle: Brings* 1976, S. 73

*Abb. 5.22:* Vergleichende Gegenüberstellung hierarchischer Koordinationsmechanismen

| | Linienorganisation | Stab-Linien-Organisation | Funktionale Organisation | Matrix-Organisation |
|---|---|---|---|---|
| Grundsätze | – Einheit der Leitung<br>– Einheit des Auftragsempfangs | – Einheit der Leitung<br>– Spezialisierung von Stäben auf Leitungshilfsfunktionen ohne Kompetenzen gegenüber der Linie | – Spezialisierung der Leitung<br>– direkter Weg<br>– Mehrfachunterstellung | – Spezialisierung der Leitung nach Dimensionen<br>– Gleichberechtigung der verschiedenen Dimensionen |
| | 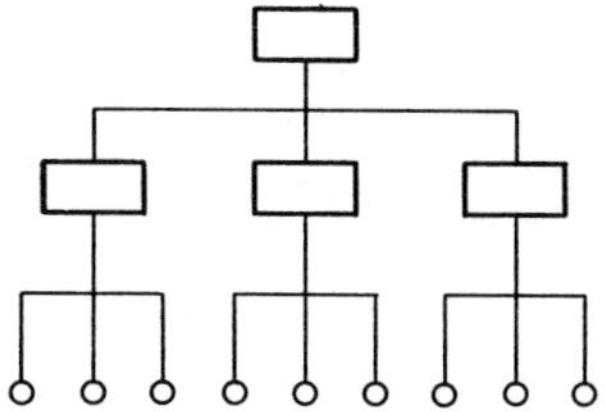 | 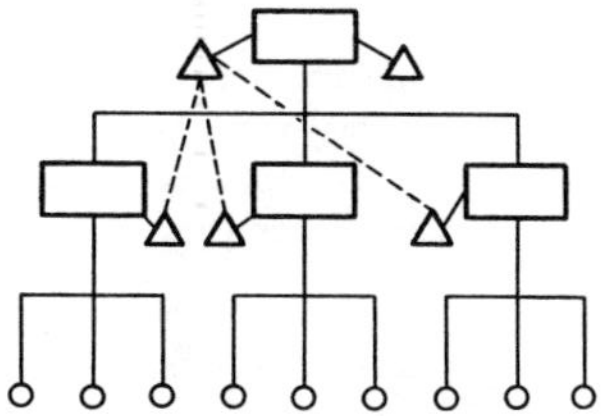 | 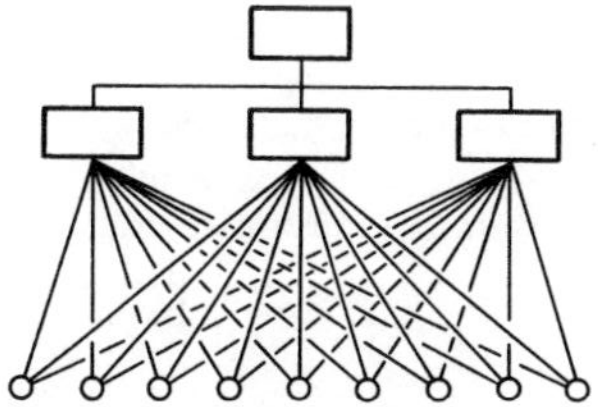 | 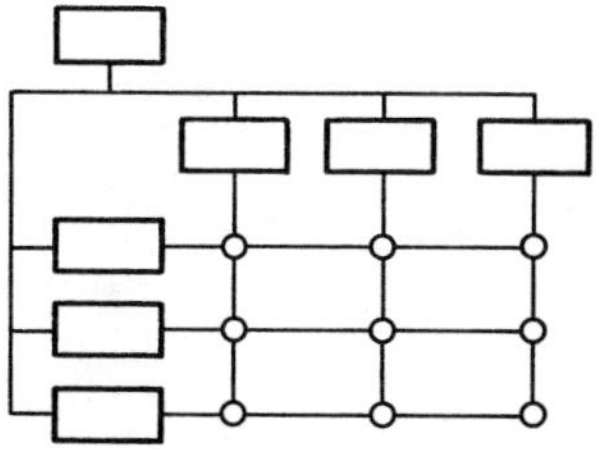 |
| Eigenarten | – Linie = Dienstweg für Anordnung, Anrufung, Beschwerde, Information<br>– Linie = Delegationsweg<br>– hierarchisches Denken<br>– keine Spezialisierung bei der Leitungsfunktion | – Funktionsaufteilung der Leitung nach Phasen des Willensbildungsprozesses<br>– Entscheidungskompetenz von Fachkompetenz getrennt | – Job-Spezialisierung der Leitungskräfte<br>– Übereinstimmung von Fachkompetenz und Entscheidungskompetenz | – keine hierarchische Differenzierung zwischen verschiedenen Dimensionen<br>– systematische Regelung der Kompetenzkreuzungen<br>– Teamarbeit der Dimensionsleiter |

| | Linienorganisation | Stab-Linien-Organisation | Funktionale Organisation | Matrix-Organisation |
|---|---|---|---|---|
| | In der Praxis:<br>– Tendenz zur Bildung von „Passarellen“ (Querverbindungen)<br>– Tendenz zur Angliederung von Stäben<br>– Tendenz zur Angliederung von Komitees | In der Praxis:<br>– Tendenz zur Bildung einer eigenen funktionalen Stabshierarchie<br>– Tendenz zur Erweiterung der Stäbe zu zentralen Dienststellen (unechte Funktionalisierung)<br>– Tendenz zur Angliederung von Komitees | In der Praxis:<br>– Tendenz zur unechten Funktionalisierung<br>– fließender Übergang zur Matrix-Organisation | In der Praxis:<br>– Tendenz zur Gewichtung eines der Dimensionsleiter als „Primus inter pares“<br>– Tendenz zur Unterordnung der Matrix unter eine „klassische“ Leitungsspitze mit Stab-Linien-Struktur |
| Kapazitätsaspekt | Vorteile:<br>– Einheit der Auftragserteilung reduziert Kommunikations- und Entscheidungsprozesse | Vorteile:<br>– Entlastung der Linieninstanzen<br>– erhöhte Kapazität für sorgfältige Entscheidungsvorbereitung | Vorteile:<br>– Entlastung der Leitungsspitze<br>– Verkürzung der Kommunikationswege<br>– keine Belastung von Zwischeninstanzen | Vorteile:<br>– Entlastung der Leitungsspitze<br>– direkte Wege<br>– keine Belastung von Zwischeninstanzen |
| | Nachteile:<br>– Überlastung der Leitungsspitze<br>– unterdimensioniertes Kommunikationssystem<br>– lange Kommunikationswege, Zeitverlust<br>– unnötige Belastung von Zwischeninstanzen | Nachteile:<br>– Gefahr der Entwicklung einer überdimensionierten „wasserkopfartigen“ Stabsstruktur<br>– Gefahr der Vernachlässigung der Leitungsorganisation (Stab als Vorwand für mangelhafte Delegation) | Nachteile:<br>– großer Bedarf an Leitungskräften<br>– großer Kommunikationsbedarf | Nachteile:<br>– großer Bedarf an Leitungskräften<br>– großer Kommunikationsbedarf |

| | | | | |
|---|---|---|---|---|
| Koordinationsaspekt | Vorteile:<br>– klare Kompetenzabgrenzung<br>– klare Anordnungen<br>– klare Kommunikationswege<br>– leichte Kontrolle | Vorteile:<br>– erhöhte Koordinationsfähigkeit gegenüber Linienorganisation | Vorteile:<br>– potentiell große Koordinationsfähigkeit<br>– direkte, schnelle Kommunikation | Vorteile:<br>– mehrdimensionale Koordination<br>– übersichtliche, klare Leitungsorganisation<br>– Möglichkeit, Projekte als eigene Dimension zu integrieren |
| | Nachteile:<br>– keine direkte Koordination zwischen hierarchisch gleichrangigen Instanzen und Stellen<br>– Gefahr der Überorganisation (Verbürokratisierung) | Nachteile:<br>– Fülle von Konfliktmöglichkeiten zwischen Linie und Stab<br>– Transparenz der Entscheidungsprozesse geht verloren | Nachteile:<br>– Kompetenzkonflikte kaum vermeidbar<br>– keine klaren Kriterien der Kompetenzabgrenzung<br>– in großen Systemen Koordination kaum zu bewältigen, da zu komplizierte Struktur | Nachteile:<br>– Zwang zur Regelung sämtlicher Kompetenzkreuzungen zwischen den Dimensionen<br>– lückenlose Mitsprache schafft anspruchsvolle und kaum nachvollziehbare Entscheidungsprozesse<br>– Konfliktmöglichkeiten wegen unterschiedlicher Denkweise der Dimensionsleiter |
| Aspekt der Entscheidungsqualität | Vorteile:<br>– Alleinentscheid ergibt einheitliche, zielorientierte Entscheide, kein Kompromißdenken (Einheit der Leitung)<br>– Alleinverantwortung bedeutet eindeutige Anerkennung persönlicher Beiträge, was die Einsatzbereitschaft fördert | Vorteile:<br>– sinnvoller Ausgleich zwischen Spezialistendenken des Stabes und Überblick der Linie (Teamarbeit)<br>– fachkundige Entscheidungsvorbereitung unter Einsatz moderner Methoden möglich | Vorteile:<br>– Job-Spezialisierung des Vorgesetzten<br>– Berücksichtigung spezifischer Eignungen<br>– rascher Erwerb von Wissen und Erfahrung<br>– Fachkompetenz wichtiger als hierarchische Stellung | Vorteile:<br>– Spezialisierung der Leitung nach Problemdimensionen<br>– gleichwertige Berücksichtigung mehrerer Dimensionen<br>– permanente Teamarbeit der Leitung |

| | Linienorganisation | Stab-Linien-Organisation | Funktionale Organisation | Matrix-Organisation |
|---|---|---|---|---|
| | Nachteile:<br>– Unvereinbarkeit mit dem Grundsatz der Spezialisierung<br>– Gefahr der Vernachlässigung einer systematischen Entscheidungsvorbereitung<br>– Gefahr der Informationsfilterung durch Zwischeninstanzen<br>– starre, langsame Willensbildung | Nachteile:<br>– Gefahr, daß Stabsarbeit von Linieninstanz nicht ausgewertet wird<br>– Stab als „Graue Eminenz": Gefahr, daß Stabsmitarbeiter den Linienvorgesetzten dank seiner fachlichen Überlegenheit manipulieren kann (Entscheidung ohne Verantwortung) | Nachteile:<br>– keine Einheit der Leitung<br>– fehlender Blick des Vorgesetzten für das Ganze (Ressort-Denken)<br>– Gefahr eines Konkurrenzverhältnisses zwischen den Fachbereichen anstatt Kooperation<br>– Gefahr zu vieler Kompromisse<br>– Gefahr großer Zeitverluste bis ein Gesamtentscheid zustande kommt | Nachteile:<br>– keine Einheit der Leitung<br>– Gefahr zu vieler Kompromisse<br>– Gefahr des Zeitverlustes bis Gesamtentscheid zustande kommt |
| Personenbezogener Aspekt | Vorteile:<br>– Tüchtige Linienchefs werden als solche erkannt und gefördert<br>– einfache Kommunikations- und Kompetenzstruktur fördern das Sicherheitsgefühl<br>– großer Entfaltungsraum der oberen Linienvorgesetzten | Vorteile:<br>– Stabsstelle und Linienstelle sprechen unterschiedliche Individuen an und erlauben geeignetere Auswahl | Vorteile:<br>– geringere Willkürgefahr als bei Linienorganisation<br>– psychologischer Vorteil der funktionalen Autorität: geringere hierarchische Distanz, Vorgesetzte mehr als Berater empfunden | Vorteile:<br>– kein hierarchisches „Pyramiden-Denken", funktionale Autorität<br>– Ausgleich zwischen unterschiedlichen Dimensionsleitern, keine Willkürgefahr<br>– Teamentscheidung gibt Sicherheit und fördert die persönliche Entfaltung |

| | | | |
|---|---|---|---|
| Nachteile:<br>– Betonung der vertikalen Beziehungen unvereinbar mit den heutigen menschlichen Anforderungen: Überbetonung der positionsspezifischen Autorität | Nachteile:<br>– Betonung der vertikalen Beziehungen unvereinbar mit den heutigen menschlichen Anforderungen<br>– psychologischer Nachteil der Stabsstelle, daß ihre Entscheidungskompetenz und ihr Status nicht der meist hohen Fachkompetenz des Inhabers entsprechen | Nachteile:<br>– Unsicherheit von Vorgesetzten und Untergebenen bei lückenhaften oder widersprüchlichen Anweisungen | Nachteile:<br>– ev. Gefühl der zu geringen Alleinverantwortung beim einzelnen Dimensionsleiter |

*Quelle: Hill/Fehlbaum/Ulrich* 1974, S. 213–217

Eine knappe, übersichtliche Zusammenstellung der Vor- und Nachteile hierarchischer Koordinationsmechanismen findet sich bei *Hill/Fehlbaum/Ulrich* 1976 (siehe auch *Ansoff/Brandenburg* 1971) (vgl. Abb. 5.22).

Eine wesentliche Funktion der Hierarchisierung von Arbeitsplätzen nach Handlungsspielräumen, Einkommen und Statussymbolen besteht darin, die Belegschaft insgesamt zu differenzieren, um sie besser steuern und manipulieren zu können und um Solidarität zu behindern. Dies erfolgt analog der Idee der **Segmentierung des Arbeitsmarktes** in einzelne Gruppen, wie Primärmarkt (Arbeitsplätze mit guten Aufstiegschancen, hoher Arbeitsplatzsicherheit, langfristigen Verträgen) und Sekundärmarkt (Arbeitsplätze mit geringen Qualifikationsvoraussetzungen und geringer Arbeitsplatzsicherheit), die selbstverständlich noch tiefer untergliedert werden können (vgl. *Sengenberger* 1978).

## IV. Koordination durch Planung

Während ,Regeln und Programme' und ,Hierarchie' darauf angelegt sind, personales sowie organisatorisches Verhalten auf längere Zeit festzulegen, sind Pläne als Koordinationsmechanismen bedeutend flexibler, da sie nur für einen bestimmten Zeitraum gelten. Eine Verwandtschaft mit ,Regeln und Programmen' besteht insofern, als es sich auch bei der Planung um ein formalisiertes System der Vorgabe von Aktionszielen an Stelleninhaber/Abteilungen handelt, bei dem im Gegensatz zur Hierarchie persönliche Kommunikation überflüssig ist; abgesehen von der Planerstellung, die sich in aller Regel kooperativ vollzieht. Die Wahl der Mittel erfolgt jedoch innerhalb bestimmter Grenzen durch den Handelnden selbst, was – im Gegensatz zu Konditionalprogrammen – bedeutend höhere Anforderungen und damit eine höhere Qualifikation beim Stelleninhaber erfordert.

Gegenstände der Koordination innerhalb der Planung sind einmal der Planungsinhalt (einschließlich Ziele) und zum anderen plankonformes Handeln. Während die ,Planung der Pläne' hohen Kommunikationsaufwand zwischen Planentwerfen, Planträgern und Planausführenden erfordert, ist die Koordination arbeitsteiliger Stellen durch die Pläne selbst gewährleistet, d.h. ohne personale Interventionen möglich. Auch die in bestimmten Abständen vorgesehenen Kontrollen bleiben bei Selbst- und Fremdkontrollen (Soll-Ist-Vergleiche) unpersönlich-technokratisch.

Da Planung vor allem aufgrund des aufwendigen Prozesses der Planerstellung und -revision ein sehr teures, zeitaufwendiges Integrationsinstrument ist, wird es in privatwirtschaftlichen Organisationen unter Wirtschaftlichkeitsgesichtspunkten lediglich bei dynamischen Umweltbedingungen, komplexer Aufgabenumwelt und erst ab einer bestimmten Größe Anwendung finden. In Regierung und Verwaltung stehen einer Zielplanung bzw. Zweckprogrammierung mit der Absicht der Vorauskoordination die strenge Zuständigkeitsteilung und das bürokratische Verantwortungsprinzip des Vorgesetzten entgegen (vgl. *Mayntz/Scharpf* 1973).

Nicht zuletzt aus Geld- und Qualifikationsmangel verzichten deshalb die meisten Klein- und Mittelbetriebe in der Bundesrepublik Deutschland auf Planung, während Großbetriebe (über 1000 Beschäftigte) zu über 90% Pläne mit einer Laufzeit von mindestens einem Jahr aufstellen; langfristige Pläne

*Abb. 5.23:* Modell der Unsicherheitsreduktion von *Khandwalla*

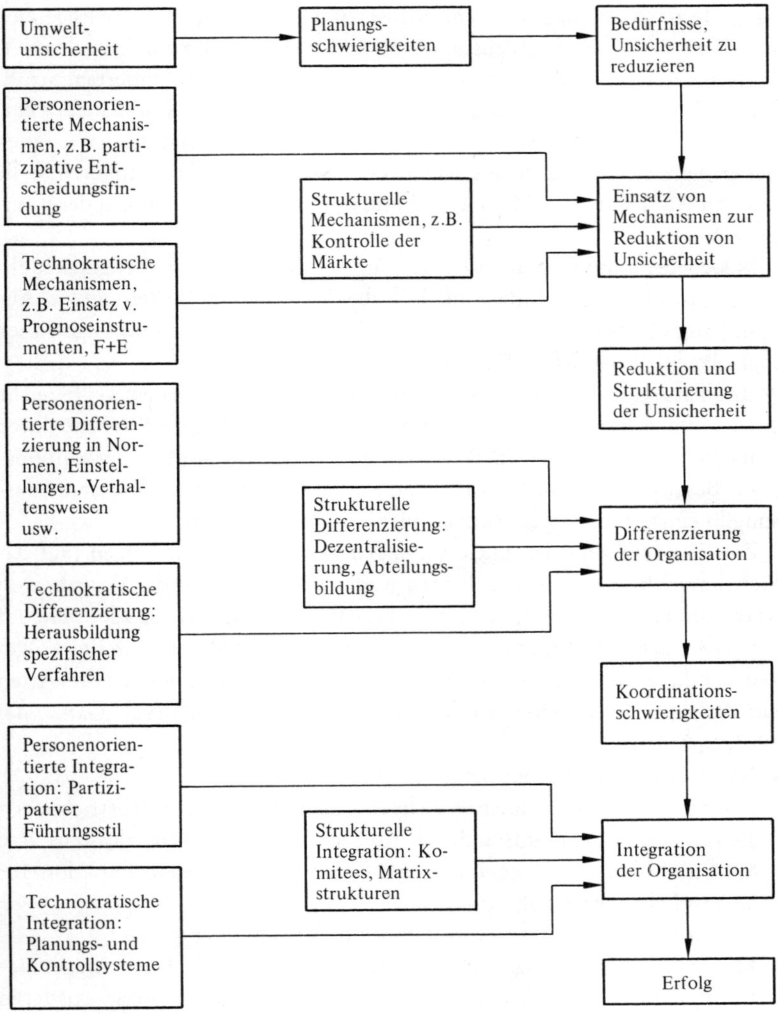


*Quelle: Khandwalla* 1975, S. 144

(ab 5 Jahren) werden dagegen nur von etwas über ⅓ der Unternehmungen formuliert (vgl. *Töpfer* 1976, *Kirsch* et al. 1975).

Hohe Umwelt- und Aufgabenkomplexität und -dynamik führen zu **Unsicherheit,** die es durch Planung zu reduzieren gilt. *Khandwalla* (1975) hat in Anlehnung an *Lawrence/Lorsch* (1969) ein Modell der Unsicherheitsreduktion entwickelt und mit Daten aus 79 amerikanischen Fertigungsbetrieben getestet (Abb. 5.23).

Umweltunsicherheit führt zu Planungsschwierigkeiten und erfordert den Einsatz spezieller Mechanismen zur Reduktion von Unsicherheit. Strukturierte und segmentierte Umweltunsicherheit legt eine entsprechende organisatorische Differenzierung nahe. Je größer die organisatorische Differenzierung, desto mehr Integrationsmechanismen werden eingesetzt. Im folgenden unterscheidet *Khandwalla* auf allen drei Stufen (Reduktion von Unsicherheit, Differenzierung, Integration) jeweils zwischen personenorientierten, strukturellen und technokratischen Mechanismen (Abb. 5.23). *Khandwalla's* empirische Befunde ergaben, daß die Planungs- und Organisationsmaßnahmen der erfolgreichen Unternehmungen in der Stichprobe in einem höheren Maße mit den Annahmen des Modells in Einklang standen als diejenigen der weniger erfolgreichen.

Neben der Funktion der Reduzierung von Unsicherheit (Prognosefunktion) wird Planung vor allem die Aufgabe der Lenkung, Steuerung und Abstimmung organisatorischen Handelns (**Koordinationsfunktion**) zugewiesen (vgl. *Argenti* 1974, *Ries* 1975, *Rühli* 1978).

In *horizontaler* Hinsicht müssen die einzelnen funktionalen Teilbereiche einer Organisation auf Unternehmungs- oder Geschäftsbereichsebene durch Vorgabe von Teilplänen (z. B. Absatzplan, Produktionsplan, Investitionsplan, Beschaffungsplan, Personalplan, Finanzplan) und deren Zusammenfassung in einem Gesamtplan (master plan) integriert werden.

Zur Koordination der Entscheidungen dezentraler Abteilungen (auf das Gewinnziel hin) wird neben Plänen in der Literatur auch die Vorgabe von **Verrechnungspreisen** vorgeschlagen (Pretiale Lenkung). Diese Idee geht auf *Schmalenbach* (1947/48) zurück (s. a. *Bender* 1951) und wurde in der Folgezeit ständig weiterentwickelt (z. B. *Liermann* 1982). Heute werden drei Arten der Abstimmung durch Verrechnungspreise unterschieden (vgl. *Gaitanides* 1983, S. 235 ff.):

- **Inputorientierte (kostenorientierte) Abstimmung**
  Diese Form der Koordination sieht eine Bewertung der innerbetrieblichen Leistungen mit den entstandenen Kosten (Voll- bzw. Grenzkosten) vor. Sie bietet sich an, wenn diese Leistungen unterstützende Funktion für andere Leistungserstellungen haben.
- **Outputorientierte (marktpreisorientierte) Abstimmung**
  Hier wird die leistungerstellende Abteilung selbst als Kostenträger betrachtet, für deren Dienstleistungen vergleichbare Marktpreise existieren (z. B. Werbeabteilung, interne Revision, Rechenzentrum).

- **Knappheitsorientierte (gewinnorientierte) Abstimmung**
  Diese Art der Abstimmung bietet sich dann an, wenn geprüft werden soll, ob unter der Prämisse knapper Mittel die Leistung oder Teile davon überhaupt notwendig sind, ob sie die angefallenen Kosten rechtfertigt und/oder ob nicht kostengünstigere externe Leistungen angefordert werden können. In Zeiten der Rezession sind gerade zu diesem Problembereich neue Bewertungsverfahren, wie Gemeinkosten-Wertanalyse, Zero Base Budgeting und Administrative Wertanalyse entwickelt worden (vgl. hierzu *Jehle* 1982, *Roever* 1982).

In *vertikaler* Hinsicht gilt es bei hierarchisch strukturierten Organisationen die einzelnen Managementebenen koordinativ zu verbinden. Zur vertikalen Abstimmung von Plänen werden in der Literatur (z. B. *Kreikebaum* 1981, S. 99ff., *Pfohl* 1981, S. 139ff.) folgende drei Verfahren diskutiert:

- **Top-Down** (retrograde) **Planung**
  Hier verläuft der Planungsprozeß von oben nach unten, d. h. aus den strategischen Absichten der Unternehmungsleitung werden Ziele sukzessive in konkrete Maßnahmen für die untergeordneten Managementebenen abgeleitet. Dem Vorteil eines einheitlichen, in sich widerspruchsfreien Planungswerkes mit hohem Konkretisierungsgrad (Planung aus einem Guß) stehen schwerwiegende Nachteile gegenüber. So führt die fehlende Beteiligung nachgeordneter Stellen an der Planung zu Informationszurückhaltung, unrealistischen Planvorgaben und Demotivation der Verplanten.
- **Bottom-Up** (progressive) **Planung**
  Hier verläuft der Planungsprozeß von unten nach oben, d. h. die Planerstellung beginnt auf der untersten Planungsebene und verdichtet sich nach oben zu letzten strategischen Zielen. Zweifellos wird hierdurch eine hohe Identifikation der am Planungsprozeß Beteiligten mit den dann auch als realistisch erachteten Plänen zu erzielen sein; allerdings verleitet diese Vorgehensweise zur Formulierung konservativer Pläne (Extrapolation von Vergangenheitswerten) und vernachlässigt das Problem der Divergenzen und Konflikte zwischen Teilplänen auf den einzelnen Planungsebenen als Folge fehlender Rahmenrichtlinien.
- **Down-Up Planung** (**Gegenstromverfahren**)
  Hierbei handelt es sich um eine Synthese beider Verfahren, wobei die einzelnen Schritte des Top-Down Vorlaufs und des Bottom-Up Rücklaufs von einem Planungsstab koordiniert werden.

Bei der Planaufstellung (vor allem Zielplanung) hat sich in der Praxis überwiegend das iterative Gegenstromverfahren durchgesetzt, d. h. Ziele und Pläne werden nicht von oben nach unten entwickelt oder umgekehrt, sondern in mindestens einem Vor- und Rücklauf durch die Hierarchie werden ausgehend von globalen Rahmenplänen, durch schrittweise Präzisierung und Modifikation die endgültigen Soll-Vorgaben entwickelt (vgl. z. B. das System der Zielvereinbarung der Siemens AG; *Günther* 1975, *Pesl/Lüttge* 1975).

In *zeitlicher* Hinsicht muß eine Koordination von Plänen unterschiedlicher Fristigkeit erfolgen, d. h. die Integration kurz-, mittel- und langfristiger Planung, z. B. in einem System der ‚rollenden Planung' mit laufender Aktualisierung der Planwerte. Eine solche Koordination von Plänen kann erfolgen durch

- **Reihung:** Aneinanderfügen von isolierten zeitlichen Stufen
- **Staffelung:** Zeitliche Überlappung der Stufen
- **Schachtelung:** Integration der Stufen in einen Langfristplan

Neben der Verkettung besteht auch die Möglichkeit einer systematischen Fortschreibung bzw. Konkretisierung eines an sich starren Jahresplans durch eine monatliche Aktualisierung der Planvorgaben für die jeweils nächsten 12 Monate (rollende oder gleitende Planung). Pläne und vor allem präzise Sollvorgaben werden erst dann handlungsrelevant, wenn sie von der Organisationsspitze autorisiert und von den Handelnden als solche akzeptiert worden sind. Letzteres wird vor allem durch eine breite Beteiligung der Planbetroffenen an der Planaufstellung zu erreichen versucht.

Aufgrund der zu Beginn dieses Abschnitts angedeuteten Nähe zwischen den Koordinationsmechanismen ‚Planung' und ‚Regeln und Programme' werden die dem letzteren zugeschriebenen **Nachteile** (ungerechtfertigterweise) häufig auch auf das Instrument ‚Planung' übertragen. Vor allem in kapitalistischen Staaten wird Planung (vor allem staatliche Planung) als Schreckgespenst inkompetenter, (unternehmerische) Freiheit einschränkender, bürokratischer Wirtschaftssteuerung karikiert. Diese Vorurteile prägen auch z. T. noch die Einstellung von Managern gegenüber einzelwirtschaftlicher Planung, vor allem langfristiger Art. Zwar wird die Rigidität klassischer Planung heute durch neuere Planungstechniken, wie ‚contingency planning' und Plänen mit ‚built-in flexibility', überwunden; die Ungewißheit zukünftiger Entwicklungen kann in einer Reihe alternativer Scenarios eingefangen und mit Frühaufklärungssystemen laufend beobachtet werden, jedoch besteht immer noch die Gefahr, daß Pläne zu sehr Handlungsspielräume einengen und mehr als enges Korsett denn als Entscheidungshilfe aufgefaßt werden (vgl. hierzu Teil 4).

In der Literatur (vor allem *Edwards* 1981, S. 124ff.) wird bisweilen von **Koordination durch Technologie** bzw. technischer Kontrolle gesprochen, womit der Tatbestand gemeint wird, daß maschinelle Einrichtungen (wie Fließband, DV-gestützte Fertigungssteuerung) ohne personale Eingriffe das Verhalten der Mitarbeiter steuern. Hier handelt es sich zwar ebenfalls um einen unpersönlichen Koordinationsmechanismus, aber keineswegs um einen ‚technologischen Sachzwang'. Die Vorgabe von Arbeitsablauf und Arbeitstempo durch Maschinen oder Programme ist das Ergebnis arbeitsorganisatorischer Planung. Der Koordinations- und Kontrollaufwand der Hierarchie (vor allem Meister) wird ersetzt durch denjenigen der programmierten Maschine (vgl. Fordismus auf S. 17f.).

## V. Koordination durch Selbstabstimmung (Team-Organisation)

Während bei der hierarchischen Koordination einzelne Stellen/Personen mit Entscheidungsbefugnis ausgestattet sind (Singularinstanz), werden bei Organisationskonzepten, die auf Koordination durch Selbstabstimmung beruhen, bestimmte Aufgaben (meist innovative und koordinierende) und entsprechende Entscheidungsbefugnisse auf *Gruppen* oder *Teams* übertragen. Dabei verstehe ich unter Team eine weitgehend autonome, leistungsorientierte Gruppe, der von außen Aufgaben gestellt werden. Eine völlig freie, ungebundene Aufgabenverteilung und Kommunikation zwischen den Teams (free-form organization) ist in der Realität nicht anzutreffen; insofern wird ab einer bestimmten Organisationsgröße auch Koordination durch Selbstabstimmung ohne formale Strukturierungshilfen nicht auskommen (= teamorientierte Struktur).

Die in der Literatur für diese Form der Koordination übliche Bezeichnung *Selbstabstimmung* (mutual adjustment) ist mißverständlich. Sie suggeriert eine Autonomie der sich selbst Koordinierenden und eine Beliebigkeit der Koordinationsziele, die in der Realität nicht gegeben ist. Der Einsatz dieses relativ herrschaftsfrei erscheinenden Koordinationsmechanismus setzt voraus, daß die Beteiligten die Organisationsziele und -werte voll internalisiert haben, sodaß formale Zwänge von Regeln, Programmen oder Hierarchie überflüssig sind; diese würden lediglich die notwendige Kreativität und Eigeninitiative behindern. Daneben erfordert dieser Koordinationsmechanismus aber die Fähigkeit und Bereitschaft zur Kooperation, was bei einem durch Hierarchie, Regeln und Programmen sozialisierten Mitarbeiter nicht als selbstverständlich vorausgesetzt werden kann.

Gemeinsam ist allen nachfolgend besprochenen Koordinationskonzepten, daß sie von einer Überlegenheit der Gruppenintegration (Teamarbeit) gegenüber Linienverknüpfungen zwischen einzelnen Stellen ausgehen. *Toffler* (1970, S. 101–122) sieht in der Entwicklung sog. Wegwerf-Teams für zeitlich begrenzte Aufgaben und ganz generell in dem Aufkommen temporärer Organisationen ein der Bürokratie entgegengesetztes Organisationskonzept, nämlich die **Adhocratie.** In der Adhocratie bleiben zwar die klassisch strukturierten Funktionsbereiche bestehen, werden aber durch temporäre Projektgruppen, Ausschüsse und andere Teams überlagert, was einen bislang noch nicht gekannten hohen Wechsel der Arbeitsplätze und -bereiche zur Folge hat.

Die Idee der strukturellen **Integration durch Gruppen** ist nicht neu. Schon *Fayol* (1916) schlug eine wöchentliche Konferenz der Abteilungsleiter zur Koordination vor. *Barnard* (1938) war der Auffassung, Arbeitsgruppen sollten nicht mehr als zehn Mitglieder haben und die Gruppenleiter sollten in einem Koordinationsgremium (executive unit) alle gruppenübergreifenden Aktivitäten koordinieren (vgl. Abb. 5.24). Damit war der Gruppenleiter zugleich Mitglied zweier Teams, der Arbeitsgruppe und der ‚executive unit'. *Likert* (1961) hat diesen Ansatz zu einem System überlappender Gruppen weiterentwickelt (vgl. S. 466). Auch die Praxis schätzt die hohe integrative Kraft von Gruppen. So ist man z. B. bei der Siemens AG der Meinung: „Die Zusammensetzung des Vorstands, in dem 12 von 19 Mitgliedern Vertreter der Unternehmensbereiche sind, ist die wirksamste Koordinationsmethode" (*Peisl/Lüttge* 1975, S. 362).

*Abb. 5.24:* Intergruppenabstimmung durch Koordinationsgremium

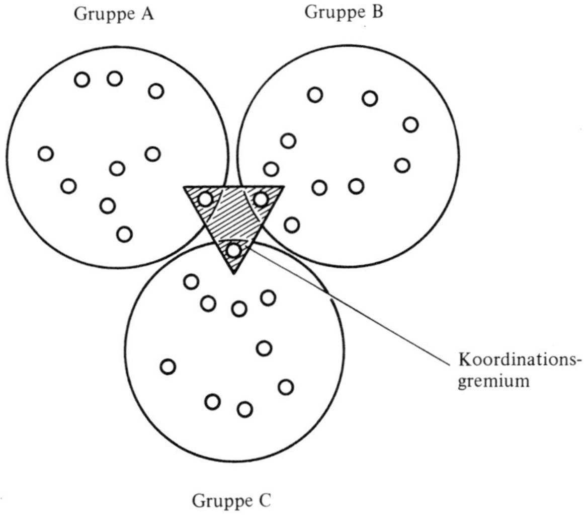


*Quelle:* in Anlehnung an *Barnard* (1938)

Neben der unbestritten hohen integrativen Kraft von Teams, in denen Organisationsmitglieder aus verschiedenen Bereichen arbeiten, wird generell behauptet (*Luthans* 1973, S. 450ff., *DuBrin* 1974, S. 196ff., *Forster* 1978), durch Teamarbeit könne die Qualität der Willensbildung und Effizienz der Willensdurchsetzung erhöht werden; dies vor allem durch

- die bessere Nutzung des im Team vereinten Expertentums (Spezialwissen)
- die bessere Nutzung der breiteren Informations- und Erfahrungsgrundlage und Pluralität der Willensbildung
- die Minimierung von Konflikten durch unmittelbare persönliche Kommunikation (Verkürzung der Informationswege)
- die hohe Motivation (und Zufriedenheit) durch Partizipation

- die Flexibilität und Anpassungsfähigkeit bei Umwelt- und Aufgabenveränderung.

Dem wird entgegengehalten, Teams seien

- teuer und zeitaufwendig
- durch geteilte Verantwortung nur schwer zur Rechenschaft zu ziehen
- bereit, Kompromisse nach dem kleinsten gemeinsamen Nenner zu schließen,
- in Gefahr, Individualmeinungen zu unterdrücken.

Die folgenden Gruppenkonzepte nach dem Prinzip der Selbstabstimmung sind nach der Nähe zu dem klassischen Koordinationsinstrument ‚Hierarchie' geordnet, d. h. zunächst werden solche Konzepte behandelt, die eine hierarchische Struktur voraussetzen, deren Fehler aber kompensieren wollen.

## 1. Gremien-Organisation (Committee Organization)

**Gremien** (Komitee, Kommission) sind Personenmehrheiten, denen bestimmte Aufgaben zur Lösung übertragen werden. Handelt es sich um Daueraufgaben, wird ein *ständiges* Gremium (Standing Committee) eingerichtet, das in regelmäßigen Abständen tagt (z. B. Wirtschaftsausschuß, Aufsichtsrat, Finanzausschuß); geht es um die Lösung einer zeitlich begrenzten Aufgabe, kann ein *ad hoc* Gremium (ad hoc Committee) eingesetzt werden. In beiden Fällen sind die Gremienmitglieder nur für die Zeit der Gremienarbeit von ihrer hauptamtlichen Tätigkeit in der Organisation befreit (Teilzeit-Mitgliedschaft); dies im Gegensatz zum nachfolgend zu besprechenden Task Force-Konzept, bei dem die Gruppenmitglieder hauptamtlich im Team arbeiten (Vollzeit-Mitgliedschaft).

Je nachdem, aus welchen Positionen der Hierarchie sich die Gremienmitglieder zusammensetzen, kann man Pluralinstanzen (Zusammenfassung gleichrangiger Instanzen) und Gremien aus hierarchisch verbundenen (Mitglieder einer Abteilung) oder unverbundenen Stellen (Mitglieder aus unterschiedlichen Abteilungen) unterscheiden. Fällt die vom Gremium zu leistende Arbeit schwerpunktartig in eine bestimmte Phase des Entscheidungsprozesses einer Abteilung/Organisation, wird das Gremium entsprechend bezeichnet als

- **Informationsgremium** Gewinnung und Austausch von Informationen zur Entscheidungsvorbereitung
- **Beratungsgremium** Entscheidungsreife Bearbeitung eines Problems
- **Entscheidungsgremium** Alternativendiskussion und Entscheidung
- **Ausführungsgremium** Einleitung und Überwachung der Durchführung beschlossener Maßnahmen.

Nach *DuBrin* (1974, S. 196ff.) lassen sich die Vor- und Nachteile der Gremienarbeit wie folgt gegenüberstellen:

| Vorteile | Nachteile |
|---|---|
| Poolen intellektueller Ressourcen<br>Verteilung von Verantwortung<br>Repräsentative Vertretung unterschiedlicher Interessen<br>Koordination von Plänen und Strategien<br>Effiziente Information und Kommunikation<br>Motivation durch Partizipation<br>Vermeidung voreiligen Handelns<br>Befriedigung sozialer Bedürfnisse<br>Mitarbeiterentwicklung | Vergeudung von Arbeitszeit<br>Entscheidungsunfähigkeit<br>Kompromisse auf der Basis des kleinsten gemeinsamen Nenners<br>unklare Verantwortlichkeiten<br>Scheindemokratie |

## 2. Projekt-Team (Task Force)

Ebenso wie bei der Gremien-Organisation geht man bei der Einrichtung von Projekt-Teams von einer bestehenden Hierarchie aus, von der man annimmt, daß sie zur Lösung von repetitiven Routineaufgaben gut geeignet sei. Dagegen erfordere die Lösung innovativer, komplexer, zeitlich terminierter Aufgaben eine andere Koordinationsform. Hierfür werden Projekt-Teams vorgeschlagen, die sich großer Beliebtheit erfreuen, da sie das traditionelle Hierarchiekonzept nicht in Frage stellen, seine Mängel aber partiell beheben. In Deutschland arbeitet z. B. die Siemens AG mit Projekt-Teams, wobei sie das ursprüngliche Teamkonzept von *Schnelle* (1966) modifiziert und weiterentwickelt hat (vgl. *Siemens* 1974, *Musiol* 1974).

**Projekt-Teams** sind temporäre Arbeitsgruppen mit begrenzter Weisungsbefugnis zur Lösung zeitlich begrenzter Aufgaben. Die Teammitglieder rekrutieren sich aus allen für das Problem bedeutsamen Bereichen der Organisation, arbeiten hauptamtlich im Team und kehren nach Erfüllung der Aufgabe in ihre ursprüngliche (oder eine neue) Position in der Hierarchie zurück. Somit repräsentieren die Teammitglieder unterschiedliche hierarchische Ebenen, unterschiedliches Wissen (von der Ausbildung und der Erfahrung her) und unterschiedliche Abteilungen (vgl. *Redel* 1982, S. 233ff.).

*DuBrin* (1974, S. 203, ebenso *Gannon* 1977, S. 68) sieht vor allem zwei wesentliche Unterschiede zum auf den ersten Blick ähnlichen ‚temporary committee'. Einmal arbeiten die Teammitglieder im Gegensatz zu den Gremienmitgliedern ‚full time' und zum anderen verfügt ein Projekt-Team in aller Regel über mehr Macht, die auf den Grundlagen ‚Information' und ‚Expertentum' beruht. Darüber hinaus profitiert es dadurch, daß es i. d. R. von der höchsten hierarchischen Ebene eingesetzt wird.

Vor allem **Unternehmensberater** haben das Konzept des Projekt-Teams aufgegriffen. So wird z. B. unter der Bezeichnung Planungsteam pro Auftrag ein Team aus Unternehmensberatern und Mitarbeitern aus der Organisation des Auftraggebers gebildet. Wenn man die Vorteile des internen mit denen des externen Beraters in vorteilhafter Weise verknüpfen möchte, bietet sich ein Team aus Systeminternen und erfahrenen Qutsidern (Unternehmensberater) als besonders geeignete Organisationsform für Planungsaufgaben an. *Steinthal* (1969, S. 64) nennt einige charakteristische **Eigenschaften eines** solchen **Teams:**

1. Aufgabenorientiert
   Allgemeine Formulierung des Arbeitsgebietes ohne Vorgabe spezieller Ziele
2. Zeitlich begrenzt
   Zusammenarbeit nur so lange, bis das Team die Aufgabe als gelöst betrachtet; i. d. R. nicht länger als ein Jahr
3. Interdisziplinär
   Die einzelnen Teammitglieder – 6–12 Personen – sollten über möglichst unterschiedliches Fachwissen und Können verfügen und sowohl Generalisten als auch Spezialisten einschließen
4. Flexibel
   Das Team muß in der Wahl seiner Arbeitsmethode frei sein
5. Wagemutig
   Das Team sollte kreativ und risikofreudig sein und jede denkbare Möglichkeit durchspielen
6. Unter Aufsicht
   Das Team berichtet in bestimmten Abständen über Zwischenergebnisse; es muß ein Ausgleich angestrebt werden zwischen Flexibilität und Freiheit einerseits und Planung und Kontrolle andererseits.

In Deutschland haben vor allem die Gebrüder *Schnelle* (Gesellschafter des Quickborner Teams, heute Metaplan) das **Konzept miteinander vermaschter Planungsteams** bekannt gemacht (*Schnelle* 1966). Das Planungs- und Koordinationskonzept von *Schnelle* stellt eine Kombination von Projekt-Team und Gremien-Organisation dar. Neben dem eigentlichen **Projekt-Team** (tagt täglich, 2–6 Mitglieder) – im Sinne obiger Beschreibung – sieht *Schnelle* noch ein Entscheidungsgremium, einen Planungsausschuß (Beratungsausschuß) und mehrere Informationsgruppen vor (vgl. die Abb. 5.25 und 5.26 von *Bendixen/Kemmler* 1971, zwei ehemaligen Mitarbeitern des Quickborner Teams).

Das **Entscheidungsgremium** setzt sich aus zwei bis drei Personen aus dem obersten Management (z. B. Vorstand) zusammen, tagt etwa zweimal pro Jahr und sichert als Auftraggeber der Planungsgruppe den Planungsspielraum des Teams.

*Hauptaufgabe:* Organisatorisches Abschirmen der aus bislang klar abgegrenzten Arbeitsgebieten herausgenommenen und jetzt im hierarchiefreien Team arbeitenden internen Teammitglieder gegenüber der Hierarchie.

*Abb. 5.25:* Schema der Beziehungen bei integrierter Projektträgerschaft

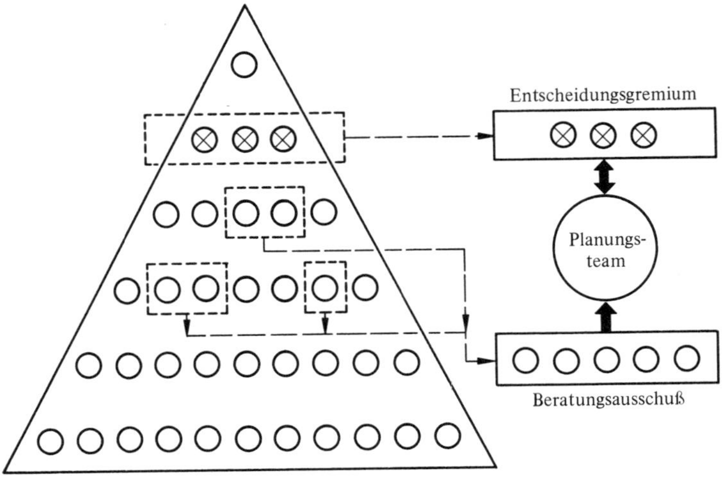


*Quelle: Bendixen/Kemmler* 1971, S. 78

Der **Planungsausschuß** setzt sich aus zwei bis sieben Managern aus den von der Planung (Projekt) betroffenen Organisationsbereichen zusammen, tagt etwa einmal pro Monat, liefert zusätzliches Fachwissen sowie Problembewußtsein und schätzt zugleich die Realisationschancen der bislang erarbeiteten Lösungsansätze ab.

*Hauptaufgabe:* Vermittlungen von Aspekten und Impulsen aus der Sicht des Managements; Wegbereitung für einzelne Planungsschritte; Herstellung von Kontakten zu wichtigen internen Wissensträgern.

Die **Informationsgruppen** schließlich (jeweils 6–12 meinungsbildende Mitarbeiter (opinion leader) aus betroffenen Organisationsbereichen) werden vom Planungsteam laufend über den Fortgang der Arbeiten unterrichtet, um eine frühzeitige Akzeptanz der sich anbahnenden Veränderungen zu erreichen.

*Hauptaufgabe:* Information der Betroffenen über den Fortschritt der Planungsarbeit und Überwachung der Auswirkungen der Planungsergebnisse auf die Gesamtorganisation.

Wie jede Mischung zweier Koordinationsmechanismen (Hierarchie/Selbstabstimmung), so bringt auch das Projekt-Team eine ganze Reihe von **Schwierigkeiten** mit sich. *Vernon/Luke* (1970, S. 22ff.) nennen folgende:

- Die Wahl von Teammitgliedern nach dem Kriterium ‚Sachwissen' und nicht nach Seniorität kann zu Mißstimmungen in der Hierarchie führen
- Durch die längere Abwesenheit vom normalen Arbeitsplatz ergeben sich große Probleme der Reintegration der Teammitglieder
(Lösung bei Siemens durch 1 Tag pro Woche am normalen Arbeitsplatz)

*Abb. 5.26:* Schema der integrativen Verknüpfung der Planungsorgane

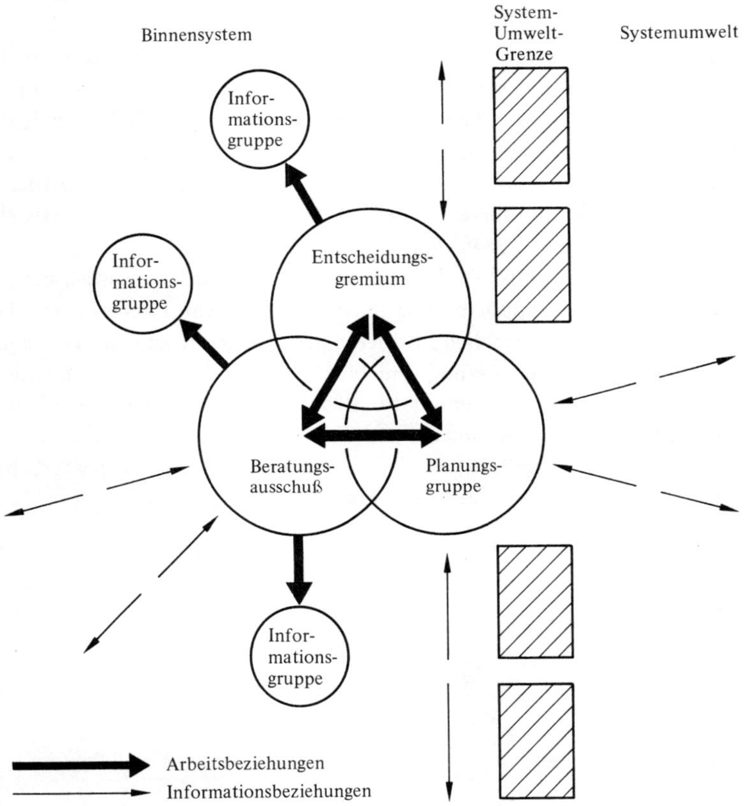


*Quelle: Bendixen/Kemmler* 1971, S. 116

- Hohe technische Kompetenz der Teammitglieder ist nur selten mit hoher interpersonaler Kommunikationsfähigkeit verbunden, was zu Problemen in der Gruppenarbeit führt
- Ohne Top Management-Unterstützung scheitert das Projekt-Team
- Ohne rechtzeitige und breite Information ist die Implementation der Ergebnisse gefährdet.

## 3. Partizipationsmodell (Linking Pin Model)

*Likert* (1961), ehemaliger Direktor am Institute for Social Research (Ann Arbor), hat versucht, seine Vorstellungen von der direkten (eigene Gruppe) und indirekten (über linking pins) Partizipation aller Organisationsmitglieder an den Entscheidungen der Organisation institutionell durch ein System überlappender Gruppen zu realisieren. Dabei geht er aus von *Mc Gregor's* (1960, S. 49) **Prinzip der Integration,** das die aktive, verantwortliche Partizipation des Einzelnen am Entscheidungsprozeß fordert, damit sowohl die Ziele der Organisation als auch die individuellen Bedürfnisse der Organisationsmitglieder in gleicher Weise Berücksichtigung finden. Nach partizipativen Vorstellungen geht das Organisationsmitglied mit der Organisation einen **psychologischen Kontrakt** ein, der ihm als Gegenleistung für seine Arbeitskraft wirtschaftliche und soziale Sicherheit, Selbstachtung und Selbstverwirklichung anbietet (vgl. S. 238ff. der Arbeit).

Die Interaktionen zwischen den Organisationsmitgliedern werden bei *Likert* vom **Prinzip der ‚supportive relationships'** beherrscht. Dieses besagt, daß fruchtbare zwischenmenschliche Beziehungen auf gegenseitigem Vertrauen und gegenseitiger Unterstützung und Hilfe beruhen und in den Organisationsmitgliedern stets das Gefühl für den Wert des einzelnen Menschen wachhalten. Diese Interaktionen finden im partizipativen Modell nicht in einer straffen Hierarchie statt, sondern in einem Netz vermaschter Arbeitsgruppen, die das Rückgrat der Organisation bilden (vgl. Abb. 5.27).

*Abb. 5.27:* Organisationsstruktur im partizipativen Modell

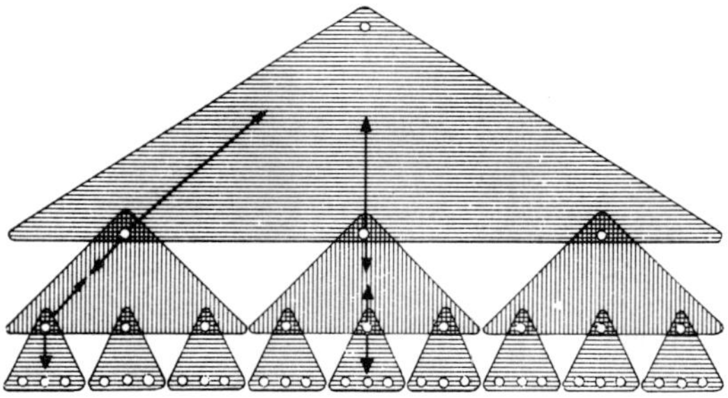

(Die Pfeile zeigen die „linking pin"-Funktion)

*Quelle: Likert* 1967, S. 50

Den Arbeitsgruppen, die nach Fachwissen zusammengesetzt sind und idealerweise einen hohen Grad an Gruppenkohäsion aufweisen, wird die Lösung jeweils einer aufgrund von Arbeitsteilung und Spezialisierung gewonnenen Teilaufgabe zugewiesen. Die Koordination der einzelnen Gruppen erfolgt mittels eines Gruppenkoordinators (**linking pin**), der als Mitglied zweier Arbeitsgruppen für den notwendigen Informationsaustausch sorgt. Diese Koordinatoren lösen den traditionellen Vorgesetzten des klassischen Modells ab und bilden damit die Schlüsselfiguren des neuen Systems; mit ihnen steht und fällt die gesamte Organisationsstruktur nach dem partizipativen Modell. Während die Koordination in der Hierarchie abwärts gerichtet ist, soll das

Linking Pin Modell eine Aufwärts-Integration gewährleisten. In einer späteren Arbeit hat *Likert* (1967) noch horizontale (laterale) Kommunikationswege zusätzlich in sein Modell aufgenommen.

Entscheidungen werden nach diesem Modell in der Gruppe gefällt (**Prinzip des ‚group decision making'**); der Führungsstil ist partizipativ und nicht autoritär wie im klassischen Modell. Dennoch kann der Gruppenleiter nach der Gruppendiskussion auch gegen die Gruppenmeinung entscheiden; dafür ist er auch der allein Verantwortliche. Durch die Teilnahme möglichst vieler Organisationsmitglieder am Entscheidungsprozeß wird primär darauf abgestellt, daß diese sich auch für eine erfolgreiche Implementation der gemeinsam getroffenen Entscheidung einsetzen.

Alle eventuell auftauchenden Konflikte sollen innerhalb der eigenen Gruppe und nicht durch die Hierarchie gelöst werden. Voraussetzung für ein erfolgreiches Praktizieren dieses Modells ist es jedoch, daß die Organisationsmitglieder – vor allem die Koordinatoren – zum Kooperieren und nicht zum Konkurrieren motiviert sind.

**Kritisch** wird zum partizipativen Modell der überlappenden Gruppe ausgeführt, daß es in formeller Hinsicht lediglich die Auflösung der straffen klassischen Hierarchie in ein Geflecht untereinander vermaschter Teams, die jedoch nach wie vor in hierarchischen Beziehungen zueinander stehen, anbietet.

*Abb. 5.28:* Organisationsform der Hierarchie und eines Teamsystems

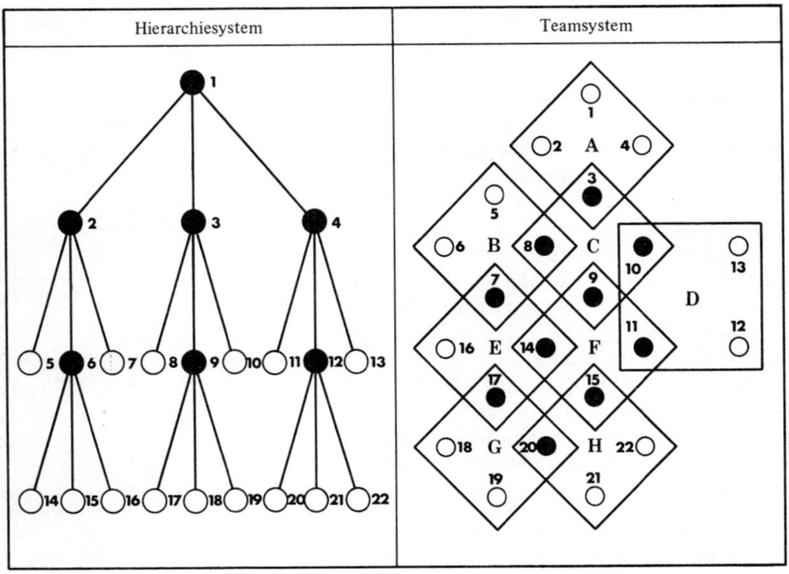


*Quelle: Baumgarten* 1976, S. 44

Der aus der Sicht der Organisationspraxis wohl anfälligste Punkt im gesamten partizipativen Modell ist der Gruppenkoordinator (linking pin). Stellt man sich an diesen entscheidenden strategischen Punkten autoritäre Vorgesetzte im klassischen Stil vor, die den Informationsaustausch zwischen den beiden Gruppen, in denen sie jeweils Mitglied sind, zu ihrem Vorteil filtern, färben oder gar stoppen, um dadurch eigene Machtpositionen auf- und auszubauen, so ist kaum noch ein Unterschied zum klassischen Modell festzustellen. Diese Gefahr hat auch *Likert* gesehen und als Korrektiv vorgeschlagen, daß jede Basisgruppe ein gewähltes Mitglied als Beobachter in die nächst höhere Gruppe delegiert. Durch diesen zusätzlichen Kommunikationsweg soll gewährleistet werden, daß der Gruppenkoordinator seine hervorgehobene Position nicht zum Nachteil der Gruppe mißbraucht.

Einen Schritt weiter (im Anspruch) geht *Baumgarten* (1976, S. 43ff.), wenn er das Modell der Teamvermaschung, wie es *Likert* als System hierarchischer Gruppen und *Schnelle* als die Hierarchie ergänzende Kooperationsform sieht, als generelles hierarchiefreies Organisationsprinzip für die *gesamte* Organisation auffaßt. *Baumgarten* stellt dem Hierarchiesystem ein **hypothetisches Teamsystem** gegenüber; hypothetisch deshalb, weil ein solches in reiner Form in der Realität (noch) nicht anzutreffen ist (vgl. Abb. 5.28 auf S. 467). Schwarze Punkte bedeuten im Hierarchiesystem Vorgesetzte und im Teamsystem Teamsprecher. Über sie erfolgt eine Koordination mit allen anderen betroffenen Teams der Organisation (laterale Kommunikation).

*Abb. 5.29:* Vergleich des Hierarchiesystems mit dem System der Teamvermaschung

| Kriterium | Hierarchiesystem | Teamsystem |
|---|---|---|
| Zeitaufwand zum Treffen von Entscheidungen | ++ | |
| Versorgung der Teilnehmer mit Informationen | | ++ |
| Abstimmung von Entscheidungen mit Entscheidungen außerhalb des eigenen Bereichs | | + |
| Entscheidungsqualität bei | | |
| progressiven Aufgaben | | ++ |
| einfachen Routineaufgaben | ○ | ○ |
| Klare Verantwortungsregelungen | ++ | |
| Kontinuität der Organisationsziele und der Aufgabenerfüllung | + | |
| Flexibilität der Organisation | | ++ |
| Möglichkeit zur Austragung von Konflikten | | ++ |
| Schutz vor Abwahl aus festen Positionen (wichtig bei „unpopulären“ Entscheidungen) | ++ | |
| Vermeidung der Gefahr konformen Verhaltens | | + |
| Gruppenkohäsion | | + |

++ = deutlicher Vorteil für das entsprechende System
\+ = leichter Vorteil für das entsprechende System
○ = kein Vorteil für das eine oder andere System
*Quelle: Baumgarten* 1976, S. 47

Bei allen bislang beschriebenen Integrationskonzepten stellt die Person des **Koordinators** einen neuralgischen Punkt dar. In der Literatur (vgl. *Mintzberg* 1979, S. 162ff.) werden für ihn Bezeichnungen wie Integrator, Koordinator, Kommunikationsingenieur, linking pin gewählt. *Litwak* (1961) spricht sehr plastisch von ‚transferral occupations', denn es geht in der Tat darum, eine Übersetzer- oder Mittlerrolle zwischen unterschiedlichen Abteilungen (Fach- und Berufsorientierung), unterschiedlichen Organisationsformen (Hierarchie–Team) und unterschiedlichen Handlungsorientierungen (Planung–Entscheidung) zu spielen. Absolventen von Universitäten mit einem Doppelstudium (wie z. B. der Wirtschaftsingenieur) scheinen für solche Stellen besonders geeignet.

## 4. Kollegialmodell (Colleague Model)

Die schwerwiegenden Probleme, die die Stab-Linien-Organisation als Integrationskonzept mit sich bringt (vgl. Kapitel III 3), haben *Golembiewski* (1967 a, b) dazu veranlaßt, nach einem neuen Koordinationssystem zu suchen, das diese Nachteile überwinden soll. Er sieht die Lösung in der **Reintegration von Stabs- und Linienfunktionen** und deren Zuweisung an ein Team, gebildet aus ehemaligen Linien-, Stabs- und ausführenden Stellen (Colleague Group). Bei *Golembiewski* wird folglich die klassische Stab-Linien-Organi-

*Abb. 5.30:* Kollegialmodell

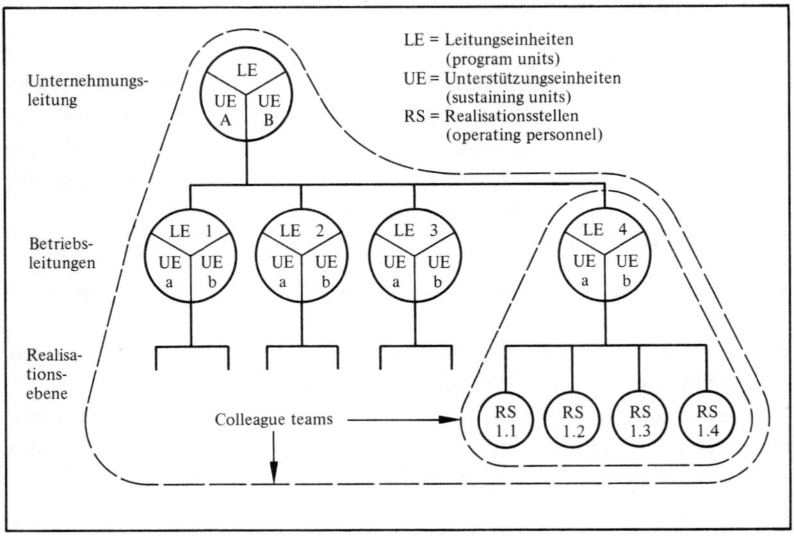


*Quelle: J. Forster* 1978, S. 99 nach *Golembiewski* 1967

sation von einer Hierarchie von Gruppen abgelöst; dabei bildet eine übergeordnete zusammen mit allen direkt untergeordneten Gruppen ein **‚Colleague Team'** (vgl. Abb. 5.30).

Inhaltlich zusammengehörige Aufgabenkomplexe werden einer Gruppe zur Ausführung übertragen, wobei alle zur Aufgabenlösung notwendigen Spezialisten integriert werden. *Golembiewski* unterscheidet zwischen **‚program units'** (Leitungseinheit → Ausrichtung auf die Organisationsziele) und **‚sustaining units'** (Unterstützungseinheit → Bereitstellung aller Ressourcen zur Aufgabenerfüllung). Gegenstand von Gruppenentscheidungen sind ‚substantive matters', d. h. Probleme, für die es keine generelle Lösung gibt und die von Fall zu Fall aus der Problemsicht der ganzen Gruppe gelöst werden müssen. Dagegen sollen im Kollegialmodell ‚functional' oder ‚technical matters' von dem Gruppenmitglied, das Mitglied des nächsthöheren Managementteams ist, in alleiniger Verantwortung entschieden werden.

*Golembiewski* sieht vor allem folgende **Vorteile** seines Kollegialmodells gegenüber dem klassischen Stab-Linien-Konzept (1967b, S. 312f.):

- Strukturelle Voraussetzung für ein hohes Maß an Dezentralisation und Delegation
- Partizipation der Gruppenmitglieder an laufender Entscheidungsfindung in ihrem Bereich
- Möglichkeit des job rotation für alle Gruppenmitglieder
- Möglichkeit der Weiterqualifikation.

## 5. Teilautonome Arbeitsgruppen

Wird das Kollegialmodell im Bereich der Leistungserstellung bei überwiegend ausführender Tätigkeit realisiert, ergeben sich sog. teilautonome Arbeitsgruppen, die heute als Maßnahme arbeitsorganisatorischer Veränderung im Zuge der Reintegration hoher arbeitsteiliger Fertigung besondere Beachtung finden. Teilautonomen Arbeitsgruppen (*Lattmann* 1972, *Davis/Taylor* 1972, *Bihl* 1973, *Susman* 1976, *Fotilas* 1980) wird in der Praxis übertragen

- die selbständige Vorbereitung, Einteilung und Verteilung der Arbeitsaufgaben
- die selbständige Einrichtung, Wartung, teilweise Reparatur der Maschinen
- die selbständige Kontrolle des Arbeitsergebnisses.

In Anlehnung an *Gulowsen* (in: *Davis/Taylor* 1972) läßt sich der **Autonomiegrad einer Gruppe** mit Hilfe folgender Kriterien bestimmen (dabei nimmt der Autonomiegrad von unten nach oben kumulativ zu):

| Entscheidungsobjekt | Autonomiegrad |
|---|---|
| Die Gruppe hat Einfluß auf die qualitativen Ziele | hoch ↑ |
| Die Gruppe hat Einfluß auf die quantitativen Ziele | |
| Die Gruppe entscheidet mit über externe Führungsfragen | |
| Die Gruppe entscheidet über die Übernahme zusätzlicher Aufgaben | |
| Die Gruppe entscheidet, wann sie arbeitet | |
| Die Gruppe entscheidet über die Produktionsmethode | |
| Die Gruppe regelt die interne Aufgabenverteilung | |
| Die Gruppe entscheidet darüber, wer Mitglied wird | |
| Die Gruppe entscheidet über interne Führungsfragen | |
| Die Gruppenmitglieder entscheiden selbst über ihre individuelle Aufgabenbewältigung | niedrig |

Koordination durch Selbstabstimmung in (teil-)autonomen Arbeitsgruppen entlastet den klassischen Linienvorgesetzten von Anweisungs- und Kontrollaufgaben und den Stab von Informations- und Planungsaufgaben. Alle zur Aufgabenerfüllung notwendigen Ressourcen (Raum, Zeit, Geld, Mitarbeiter) werden der Arbeitsgruppe zur eigenen Verwaltung übertragen.

*Rieckmann* (1982, S. 70ff.) hat folgende **Funktionsvorteile teilautonomer Gruppen** zusammengestellt:

- Steigerung von Produktivität durch Selbstregulation und von Flexibilität durch Gruppenarbeit
- Senkung von Personalkosten durch Senkung der Abwesenheits- und Fluktuationsrate sowie durch Einsparung von Stabs- und Vorgesetztenstellen
- Leistungswirksame Motivationseffekte als Folge von NFA (z. B. Job Enrichment)
- Befriedigung psycho-sozialer und basisdemokratischer Beteiligungsbedürfnisse

Ein inzwischen klassisches Beispiel stellt die Veränderung der Arbeitsorganisation in dem neuen Werk Kalmar (1974) des schwedischen Automobilkonzerns **Volvo** dar. Dort wurden aus etwa 600 überwiegend klassischen Einzelarbeitsplätzen Arbeitsteams mit 15 bis 25 Mitgliedern geschaffen, denen jeweils die Erledigung eines in sich geschlossenen Aufgabenbereiches (z. B. elektrische Anlage, Räder und Bremsen) übertragen wurde. Autonomie wird vor allem in folgenden Bereichen gewährleistet:

- eigene Arbeits-, Pausen- und Waschräume mit separatem Eingang
- Entkoppelung vom Taktzwang durch bewegte Lager, d. h. die Karosserien sind auf Elektrokarren montiert und die Zwischenräume zwischen den Teams werden als Lager (Puffer) benutzt
- eigene Arbeits- und Aufgabenverteilung innerhalb der Gruppe mit der Möglichkeit des job rotation.

Neben unbestreitbaren *positiven* Effekten dieses Integrationskonzepts (höhere Qualität, geringere Fluktuation und Absentismus, höhere Gruppenkohäsion und Zufriedenheit) tauchen verstärkt *negative* auf, die sich überwiegend aus dem Abbau hierarchischer Koordinations- und Kontrollmechanismen ergeben. Selbstkontrolle und selbstgesetzte Gruppennormen können anspruchsvoller sein als die des Managements und zur Diskriminierung von leistungsschwächeren und weniger beliebten Mitarbeitern führen. Zu diesem Ergebnis kommen auch *Altmann* et al. (1982, S. 144), wenn sie feststellen, daß mit ‚Selbststeuerung' der Gruppen eine ‚Selbstreinigung' erreicht werden soll. Dieser Hinweis auf unterschiedliche Folgen von Konzepten der Selbstabstimmung in der Arbeitsorganisation macht deutlich, daß eine Deutung dieser Folgen ohne vorgängige Analyse der Arbeitssituation unmöglich ist.

Aufgrund des Fehlens eines solchen situativen Ansatzes sind eine Reihe von ‚*Legenden*' entstanden, wie „zum Beispiel, daß die Lösung immer eine autonome oder halb-autonome Gruppe sein muß; daß irgendeine Gruppe besser ist als gar keine; daß Arbeitsgruppen durch das Zusammenbringen von Mitarbeitern gebildet werden, ohne ihre Arbeitsrollen und Interdependenzen zu berücksichtigen; daß autonome Gruppen klein sein müssen usw." (*Klein* 1975, S. 75).

Inzwischen setzt sich jedoch die Überzeugung durch, daß die **Analyse der Arbeitssituation** eine notwendige Voraussetzung für Gestaltungsempfehlungen hinsichtlich geeigneter Integrationsmechanismen darstellt. „Ehe an die Bildung selbstgesteuerter Arbeitsgruppen herangetreten werden kann, ist eine sehr gründliche Untersuchung aller Gegebenheiten in der Unternehmung erforderlich, welche einen Einfluß auf den Gestaltungsraum einer solchen Gruppe ausüben" (*Lattman* 1972, S. 46). Ähnlich äußert sich auch *Bihl:* „Eine grundsätzliche Aussage ist jedoch nicht möglich. In jedem einzelnen Fall sind die situativen Gegebenheiten des zu verändernden Betriebs zu analysieren, und erst auf der Grundlage der dabei gewonnenen Erkenntnisse kann eine sinnvolle Entscheidung über die Einführung von selbststeuernden Gruppen getroffen werden" (*Bihl* 1973, S. 78). *Bihl* analysiert eine Reihe von unabhängigen Variablen, wie Art und Inhalt der Arbeit, zwischenmenschliche Beziehungen, technische und organisatorische Bedingungen, die über intervenierende Variablen (Einstellungen, Anspruchsniveau und subjektives Erleben der Situation) mittelbar die abhängigen Variablen Zufriedenheit und Leistung beeinflussen.

Die Ausführungen zu den hier unterschiedenen vier (idealtypischen) Integrationsmechanismen

- **Regeln und Programme**
- **Hierarchie**
- **Planung**
- **Selbstabstimmung**

haben deutlich werden lassen, daß Organisationen in der Realität sich keinesfalls nur auf eines dieser Instrumente allein verlassen, sondern eine für ihre Situation angemessene Kombination wählen, wobei Schwerpunkte gesetzt werden. Als Rückgrat der Koordination wird trotz aller Mängel nach wie vor der **Hierarchie** der Vorzug gegeben. Regeln und Programme finden Anwendung, wenn es gelingt, Routinetätigkeiten zu identifizieren und/oder generelle Richtlinien zu entwerfen und längerfristig festzuschreiben; Planung gewinnt dann an Bedeutung, wenn ersteres nicht gelingt. Koordination durch Selbstabstimmung wird einmal als notwendige *Ergänzung* (Komplement) der hierarchischen Mechanismen benutzt, zum anderen als *Alternative* (Substitut) zur Hierarchie. Letzteres ist z. Zt. noch (reale) Utopie, wenngleich mit dem Konzept vermaschter Teams schon ein Weg in diese Richtung eingeschlagen ist.

# D. Situative Arbeits- und Organisationsstrukturierung

Im folgenden verstehe ich unter **Arbeitsstrukturierung** die Gestaltung der Mikro-Struktur der Organisation auf der Ebene eines Arbeitssystems (= Teilsystem eines Betriebes, in dem bestimmte eindeutig abgrenzbare Teilaufgaben erledigt werden) und unter **Organisationsstrukturierung** die Gestaltung der Makro-Struktur der Organisation auf Gesamtunternehmungsebene.

Die in den vorausgegangenen Kapiteln deutlich zu erkennende Dominanz des Organisationszwecks bzw. der daraus abgeleiteten Aufgaben bei der Strukturierung von Organisationen ist vor allem im Zuge des Vordringens systemtheoretischer (Betonung der Umwelt), speziell sozio-technischer (Betonung der Technologie) Organisationsanalysen sowie der stärkeren Betonung der Bedürfnisse der Organisationsmitglieder relativiert worden. ‚Organizational Design' wird (ab 1960) mehr und mehr unter Beachtung einer Reihe von **Kontextfaktoren der Organisation** geplant und realisiert.[19] Dabei herrschen zunächst **dualistische Ansätze** vor, d. h. zwei alternative Idealtypen der Organisationsstruktur werden in Abhängigkeit *eines* Kontextfaktors (meist Umwelt oder Technologie) analysiert (vgl. S. 93 der Arbeit).

*Gouldner* (1959) hat als einer der ersten auf Möglichkeiten und Konsequenzen einer dualistischen Betrachtungsweise organisatorischer Probleme hingewiesen. In seinem Beitrag „Organizational Analysis" unterscheidet er zwei Hauptmethoden zur Analyse organisatorischen Verhaltens. Der einen liegt das **‚rational model'** (rationales Modell der Organisation), der anderen das **‚natural-system model'** (Organisation als natürliches System) zugrunde. Die wichtigsten Merkmale der beiden Modelle sind in Abb. 5.31 zusammengefaßt.

Für *Gouldner* ist es selbstverständlich, daß diese beiden Modelle Idealtypen sind und daß jedes der Modelle einzelne Aspekte der organisatorischen Realität stärker, andere jedoch weniger betont. So lenkt z. B. das ‚rational model' die Aufmerksamkeit auf den Bürokratiecharakter moderner Organisationen und deren Streben nach Rationalität, während das ‚natural-system model' den spontanen, ungeplanten Interaktionen der Organisationsmitglieder besonderes Interesse widmet.

---

[19] Vgl. den Überblick bei *Porter/Lawler/Hackman* 1975, *Filley/House/Kerr* 1976, *Dessler* 1976, *Carlisle* 1976, *Staehle* 1973, *Schanz* 1982, S. 263ff. sowie *Frese* 1984, S. 317ff.

*Abb. 5.31:* Zwei Modelle zur Analyse organisatorischen Verhaltens

| rational model | natural-system model |
|---|---|
| Organisation = rational gestaltetes Instrument zur Erreichung der Systemziele<br>Entscheidungen werden auf der Grundlage rationaler Analyse der Situation und unter Beachtung von Vorschriften und Prinzipien getroffen<br>die formale Organisationsstruktur steht im Vordergrund (mechanistisches Modell)<br>die Elemente der Organisation sind im Hinblick auf die Ziele der Organisation beliebig plan- und manipulierbar | Organisation = natürliches System<br>die Zielerreichung ist nur eines von vielen Bedürfnissen einer Organisation<br>die Organisation versucht als Institution zu überleben; sie wird Selbstzweck; sie entwickelt Eigengesetzlichkeiten, die der ursprünglichen Zielsetzung entgegenstehen können<br>die informelle Organisation steht im Vordergrund (organisches Modell)<br>Organisationsstrukturen sind das Ergebnis kumulativer, ungeplanter Anpassungsprozesse zur Abwehr von das Systemgleichgewicht bedrohenden Kräften |

*Quelle: Staehle* 1973, S. 38

## I. Kontextfaktor ‚Umwelt'

### 1. Umwelt- und Organisationsstruktur

*Burns* und *Stalker* (1961) gehen mit der Entwicklung zweier polarer Struktur- und Managementsysteme beträchtlich über die reinen Deskriptionsmodelle *Gouldner's* hinaus. *Burns* und *Stalker* haben aufgrund langjähriger empirischer Untersuchungen in 20 britischen Industriebetrieben (überwiegend ‚electronics industry') die generelle Hypothese formuliert: „Sobald Neuartigkeit und Unvertrautheit sowohl im Markt als auch in der Technologie zur Regel geworden sind, wird ein anderes Managementsystem erforderlich, das sich völlig von dem unterscheidet, das bei einer relativ stabilen ökonomischen und technologischen Umwelt paßt" (S. VII).

*Burns* und *Stalker* sehen das **Managementsystem** (abhängige Variable) in Abhängigkeit von der Rate der Umweltveränderung (unabhängige Variable). Unter **Umwelt** verstehen sie dabei vor allem die Marktsituation und die technologischen Grundlagen der Produktion. Wandel in diesen beiden Haupteinflußgrößen macht Veränderungen im System der Organisation und Führung notwendig. *Burns* und *Stalker* haben für die Endpunkte des Kontinuums möglicher Struktur- und Managementsysteme die Begriffe **‚mechanistic systems'** und **‚organic systems'** gewählt.

*Holt* (1970, S. 24) hat die wichtigsten Merkmale der beiden Modelle sehr anschaulich gegenübergestellt, und zwar gegliedert nach den drei Dimensionen Organisation, Führung sowie Planung und Kontrolle (vgl. Abb. 5.32).

*Abb. 5.32:* Gegenüberstellung der wichtigsten Merkmale mechanistischer und organischer Systeme

| | mechanistic systems | organic systems |
|---|---|---|
| **1. Organisation** | | |
| Struktur | funktionsorientiert | aufgabenorientiert |
| Spezialisierung | stark | schwach |
| Arbeitsteilung | starr | flexibel |
| Hierarchie | spitz, rigide | flach, lose |
| Kontrollspanne | klein | groß |
| Führungsebenen | viele | wenige |
| Vorschriften | stark formalisiert | schwach formalisiert |
| Autorität | zentralisiert | dezentralisiert |
| – Position | hoch | niedrig |
| – Wissen | niedrig | hoch |
| Befehlswege | klar, vertikal | unklar, lateral |
| Entscheidungsfindung | meist an der Spitze | überall |
| Koordination | auf oberen Ebenen | auf niederen Ebenen |
| Interaktion zw. Abt. | gering | stark |
| Informelle Beziehungen | vernachlässigt | wichtig |
| **2. Führung** | | |
| Stil | autoritär | partizipativ |
| zwischenmenschl. Beziehungen | befehlend | kooperativ |
| Formalisierung | stark | schwach |
| Besprechungen | formell | informell |
| Motivation | Angst, Bedrohung, Bestrafung, monetäre Anreize | Engagement, Befriedigung psychologischer Bedürfnisse |
| Verhalten d. Untergeb. | Konformität | Initiative, Kreativität |
| Anweisungen | detailliert vorgeschrieben, | allgemein empfehlend, |
| Macht | Entscheidung u. Instruktion an der Spitze | Rat und Information überall |
| **3. Planung und Kontrolle** | | |
| Verantwortung f. Ziele | an der Spitze | überall |
| Zielfindung | Befehl von oben | Teamarbeit |
| Zielbeschreibung | stark | schwach |
| Schwergewicht | Quantität, Risiko | Qualität, Gelegenheit |
| Planung | durch Stäbe | alle sind beteiligt |
| Plandetaillierungen | viele | wenige |
| Art der Kontrolle | formal, schriftlich, häufig | informal, persönlich, selten |
| Ort der Kontrolle | Spitze, Vorgesetzte | alle Ebenen, Kollegen, Selbstkontrolle |
| Kommunikation | vertikal | lateral |

*Quelle: Staehle* 1973, S. 39

Der mechanistische Systemtyp zeigt in seiner Starrheit und mangelnden Anpassungsfähigkeit an Umweltveränderungen viel Ähnlichkeit mit dem Bürokratiemodell *Webers,* während die flexible, anpassungsfähige Form des organischen Systemtyps deutliche Verwandtschaft mit neueren Modellen hierarchiearmer Teamorganisationen aufweist.

*Burns* und *Stalker* fanden aufgrund ihres empirischen Materials die Hypothese bestätigt, daß ‚mechanistic systems' in einer relativ stabilen Umwelt mit entsprechend geringen Innovationsraten und ‚organic systems' bei dynamischen Umweltbedingungen mit entsprechend hohen Innovationsraten das angemessene Organisations- und Führungssystem darstellen.

Die Dichotomie mechanistisch/organisch findet sich nicht nur in der auf *Burns/Stalker* folgenden englischsprachigen Organisations- und Managementliteratur, sondern auch in der deutschsprachigen. So unterscheidet z. B. *Bosetzky* (1970) zwischen einer **bürokratischen** und einer **assoziativen Organisation** und nennt Bedingungen, unter denen eine eher bürokratische Organisationsform zweckmäßiger wäre als eine eher assoziative und umgekehrt. Abb. 5.33 zeigt die wichtigsten unabhängigen Variablen, die die Wahl der zweckmäßigsten Organisationsform determinieren und zwar geordnet nach

- dem offiziellen Systemzweck
- der Ausgestaltung der handlungsrelevanten Umweltsysteme.

Ähnlich unterscheiden *Ziegler* (1970) zwischen einem **bürokratischen** und einem **demokratischen Modell** und *Hill/Fehlbaum/Ulrich* (1976) zwischen **Typ A-** (mechanistisch) und **Typ B-Organisationen** (organisch).

Im Gegensatz zu den Untersuchungen von *Chandler* und *Burns/Stalker,* die sich auf organisatorische Unterschiede zwischen *Organisationen* insgesamt konzentrieren, interessiert sich *Hall* (1962) für strukturelle Unterschiede zwischen *Abteilungen* ein und derselben Organisation (interdepartmental differentiation). In zehn Organisationen konnte er seine Hypothesen weitgehend bestätigt finden:

- Abteilungen, die gleichförmige Aufgaben mit traditionellen Fertigkeiten bewältigen, zeigen eine stärkere bürokratische Strukturierung als solche, die zur Lösung stark wechselnder Aufgaben besondere soziale und kreative Fähigkeiten benötigen
- Hierarchische Ebenen mit Aufgabenbereichen nichtroutinemäßiger Natur zeigen einen signifikant schwächeren Bürokratisierungsgrad als solche hierarchische Ebenen, auf denen Routineaufgaben erledigt werden.

Auch *Thompson* (1967, S. 72) stellt eine Reihe von Prognosen über die **Strukturierung von Organisationen bei unterschiedlichen Umweltbedingungen** auf:

- Bei einer homogenen, stabilen Umwelt prognostiziert er eine einfache funktionale Abteilungsgliederung und standardisierte Vorschriften und generelle Regeln
- Bei einer heterogenen, stabilen Umwelt prognostiziert er eine Vielfalt funktionaler Untergliederungen mit individuellen Anpassungsregeln

*Abb. 5.33:* Bedingungen der zweckmäßigsten Organisationsform

| | bürokratische Organisation | assoziative Organisation |
|---|---|---|
| **Systemzweck** | präzise Zwecke | diffuse Zwecke |
| Aufgabe | Be- und Verarbeitung von mehr oder minder kontinuierlich anfallenden, planbaren und unproblematischen Objekten oder Informationen | Problemlösung und Innovation, Indoktrination von unbeständigen Werten und Normen, Vermittlung von ständig revolutioniertem Wissen |
| Entscheidungen | programmierbar | nicht programmierbar |
| erforderliche Kenntnisse und Fertigkeiten | Fachausbildung | professionelle Ausbildung |
| erforderliche soziale Fähigkeiten | gering | hohes Maß |
| erforderliche Arbeitsteilung | routinisierte Aufgabendifferenzierung | spezialisierte Aufgabendifferenzierung |
| notwendiges Dienstwissen | hohes Maß | geringes Maß |
| Arbeitsinhalt | Bearbeitung von Objekten | Beschäftigung mit Ideen |
| verfügbares Wissen | großer Fundus an unbestrittenem Wissen | geringer Fundus |
| Gleichförmigkeit der Arbeit | gleiche/sehr ähnliche Tätigkeiten | unterschiedliche Tätigkeiten |
| **Umweltsysteme** | schwache Umweltverflechtung | starke Umweltverflechtung |
| Fertigungsverfahren | Großserien-/Massenfertigung | Einzel-/Prozeßfertigung |
| Gleichförmigkeit der Ereignisse und Reaktionen in Umweltsystemen | gleichförmig | ungleichförmig |
| Formalisierungsgrad der Umwelt | stark formalisiert | schwach formalisiert |
| Einfluß der Umweltsysteme auf die Geschwindigkeit der Prozeßabläufe | gering | stark |

*Quelle: Staehle* 1973, S. 51

- Bei einer homogenen, dynamischen Umwelt prognostiziert er eine regionale Dezentralisation mit individuellem Planungsverfahren
- Bei einer heterogenen, dynamischen Umwelt pronostiziert er eine funktionale, stark dezentralisierte Organisationsstruktur mit dezentralen Informations- und Planungsstellen.

Aufbauend auf den Ideen vor allem von *Burns/Stalker* und *Hall* haben *Lawrence/Lorsch* (1967) von der Harvard Business School eine Reihe empirischer Untersuchungen gestartet, deren Ergebnisse zur Formulierung einer

**‚contingency theory of organization'** geführt haben.[20] Mit dem Begriff *‚contingency'* (Bedingtheit; Abhängigkeit von bestimmten Faktoren oder Situationen) wollen die Autoren zum Ausdruck bringen, daß die Unterschiede, die zwischen verschiedenen Arten von Organisationen bestehen, vor allem die Folge unterschiedlicher Umweltbedingungen seien (vgl. hierzu ausführlich Abschnitt 1 C V).

In zehn Unternehmungen (sechs aus der Kunststoff-, zwei aus der Nahrungsmittel- und zwei aus der Verpackungsindustrie) wurden jeweils 30–50 Mitglieder des oberen und mittleren Managements mit Hilfe von Fragebogen und in Interviews befragt. Der ganzen Untersuchung lag folgende **organisationstheoretische Modellbetrachtung** zugrunde (*Lawrence/Lorsch* 1969b):

Organisation ist die Koordination der zur Durchführung geplanter Transaktionen mit der Umwelt erforderlichen arbeitsteiligen Aktivitäten individueller Mitarbeiter. Die Organisation als Institution muß den Anforderungen der Umwelt und den Bedürfnissen der Mitarbeiter in gleicher Weise Rechnung tragen. Um die geplanten Transaktionen mit der Umwelt erfolgreich durchführen zu können, benötigt jede Organisation rechtzeitig möglichst exakte Informationen über ihre Umwelt und vor allem über Umweltveränderungen. Die Organisation dieser Informationsströme ist zweifellos von der Beschaffenheit der relevanten Umweltsysteme abhängig. Die Umwelt einer bestimmten Unternehmung läßt sich mit folgenden Gegensatzpaaren charakterisieren (*Lawrence/Lorsch* 1969a):
sicher – unsicher
gleichartig – verschiedenartig.

Die **Sicherheit** oder **Unsicherheit** einer Umwelt kann anhand dreier Kriterien gemessen werden:
- Bestimmtheit und Verläßlichkeit der Information (Umweltstabilität)
- Häufigkeit der Informationsänderung (Umweltveränderung)
- Dauer der Feedback-Zyklen (zwischen System und Umwelt).

Komplexe sozio-technische Systeme haben ihre Umwelt in einzelne, für sie besser überschaubare Subumwelten aufgespalten und entsprechende Subsysteme mit der Aufgabe gebildet, einen bestimmten Teilaspekt der Umwelt im Hinblick auf die Systemziele zu bearbeiten. Beispiele für eine Abgrenzung solcher **System-Umweltbeziehungen** sind etwa:

| Subumwelt | | zuständiges Subsystem |
|---|---|---|
| Wissenschaft und Technik | ←——→ | Forschung |
| Technologie | ←——→ | Produktion |
| Lieferanten | ←——→ | Einkauf |
| Kunden und Konkurrenz | ←——→ | Verkauf |
| Arbeitsmarkt | ←——→ | Personal |
| Geld- und Kapitalmarkt | ←——→ | Finanzierung |
| Presse, Verbände etc. | ←——→ | Public Relations |

[20] Vgl. die ausführliche Darstellung und Kritik bei *Schreyögg* 1978.

Werden die einzelnen Subumwelten nach Maßgabe obiger Kriterien in der Mehrzahl als sicher oder in der Mehrzahl als unsicher beurteilt, sprechen *Lawrence* und *Lorsch* von einer für das sozio-technische System **gleichartigen Umwelt.** Unterscheiden sich die einzelnen Subumwelten nach den Sicherheitskriterien erheblich, ist also beispielsweise eine Subumwelt sehr sicher und eine andere sehr unsicher, sprechen sie von einer **ungleichartigen Umwelt.**

In der Verpackungsindustrie erwiesen sich die einzelnen Subumwelten alle als überwiegend sicher, so daß die Gesamtumwelt als gleichartig angesehen werden kann. In der Kunststoffindustrie variierten dagegen die Subumwelten zwischen sehr sicher (Produktion) und sehr unsicher (Grundlagenforschung), so daß die Gesamtumwelt sehr ungleichartig ist. Die Nahrungsmittelindustrie nahm eine mittlere Position (verschiedenartig) ein.

Gleichartige Umweltverhältnisse erfordern weitgehend gleichartige Organisationsstrukturen und gleichartige Orientierung der Organisationsmitglieder. Ungleichartige Umweltbedingungen erfordern entsprechend unterschiedliche Strukturen und Orientierungen. Um diese Hypothesen anhand des Untersuchungsmaterials empirisch überprüfen zu können, haben *Lawrence* und *Lorsch* (1969 a, S. 9f.) folgende **meßbaren Merkmale** (abhängige Variablen) **einer Organisation** herausgearbeitet:

- Ausmaß und Intensität formaler Regelungen (stark formalisiert – völlig unstrukturiert)
- Arbeitsstil (aufgabenorientiert – personenorientiert)
- Zeitorientierung (kurz-mittel-lang)
- Zielorientierung (weitgestreut – straff ausgerichtet).

Die **Auswertung der empirischen Daten** ergab, daß Subsysteme, die es mit sehr unsicheren Subumwelten zu tun haben (z. B. Grundlagenforschung), einen äußerst niedrigen Grad an Strukturierung und Formalisierung und stark partizipative Elemente aufwiesen (und umgekehrt, z. B. Produktion). Die Zeitorientierung variierte in nahezu linearer Beziehung zur Sicherheit der Subumwelt (sehr unsichere Umwelt → langfristiger Zeithorizont, und umgekehrt). Unsichere Umweltbedingungen führen zu einer breiten Streuung möglicher Unterziele, sichere zu einer klaren Begrenzung. Bei sehr sicherer Umwelt (Produktion) und bei sehr unsicherer (Forschung) zeigten sich die Organisationsmitglieder überwiegend aufgabenorientiert, bei einer mittleren Umweltsicherheit (Verkauf) überwiegend personenorientiert (vgl Abb. 5.34).

Das zur Entscheidungsfindung notwendige Wissen findet sich, wie die Untersuchung ergab, in verschiedenartigen Subsystemen auf unterschiedlichen Ebenen (in der Forschung auf der unteren, im Verkauf auf der mittleren und in der Produktion auf der oberen Managementebene). Die Hypothese, daß mit wachsender Unsicherheit der Umwelt niedrigere Managementebenen an Bedeutung gewinnen, wurde bestätigt. Bei erfolgreichen Unternehmun-

*Abb. 5.34:* Organisatorische Anpassung an unterschiedliche Umweltbedingungen

| Subsystem | Umwelt-bedingungen | organisatorische und manageriale Ausrichtung | | | |
|---|---|---|---|---|---|
| | | Strukturierung und Formalisierung | Zeit | Ziele | Arbeitsstil |
| Produktion | sicher | stark | kurz/mittel | Kosten | stark aufgabenorientiert |
| Verkauf | unsicher | mittel | kurz | Kunden | stark personenorientiert |
| angew. Forschung | ziemlich sicher | schwach | mittel/lang | Technik | personenorientiert |
| Grundlagen-forschung | ziemlich unsicher | kaum | lang | Wissenschaft | aufgabenorientiert |

*Quelle: Staehle* 1973, S. 76

*Abb. 5.35:* Unterschiedliche Formen der Differenzierung und Integration unterschiedlicher Umweltbedingungen

| Industriezweig | Umweltbedin-gungen | Differenzie-rung | Integration primär durch | Anteil der mit Koordination Beschäftigten am Management | Verteilung von Macht und Auto-rität | Haupteinflußzentren |
|---|---|---|---|---|---|---|
| Kunststoff | sehr verschiedenartig | stark | Koordinationsabt. Teams, Komitees | 22% | gleichmäßig | Koordinations-abteilung |
| Nahrungsmittel | verschiedenartig | mäßig | Koordinationsabt. Teams | 17% | ziemlich gleichmäßig | Verkauf und Forschung |
| Verpackung | ziemlich gleichartig | schwach | Hierarchie Pläne und Vorschriften | 0% | Spitze: stark Basis: schwach | Verkauf |

*Quelle: Staehle* 1973, S. 76

gen[21] stimmte die Ebene des Entscheidungsträgers bzw. Koordinators mit derjenigen des Wissensträgers überein. Die Macht zur Einflußnahme auf Entscheidungen war an den Stellen innerhalb der Organisation konzentriert, an denen das für die Entscheidung notwendige Wissen vorhanden war.

Zusammenfassend läßt sich festhalten, daß Subsysteme in erfolgreichen Unternehmen eine bedeutend bessere Übereinstimmung (fit) mit den respektiven Umwelterfordernissen zeigten als weniger erfolgreiche. In Abb. 5.35 sind die unterschiedlichen Formen der Differenzierung und Integration als Folge unterschiedlicher Umweltbedingungen zusammengestellt.

## 2. Umwelttypologien und organisatorische Anpassung

Problematisch ist bei allen situativen System-Umwelt-Ansätzen die Frage, was unter Umwelt zu verstehen ist (vgl. S. 114 der Arbeit). Da schon aufgrund erhebungstechnischer Gesichtspunkte damit keineswegs ‚alles was nicht System ist' gemeint sein kann, muß eine Einschränkung erfolgen auf die organisationsrelevante Umwelt. Unter relevanten Umweltsegmenten verstehe ich solche Subsysteme der Umwelt, die über die Macht verfügen, Handlungen und Verhalten der Organisation in ihrem Sinne zu beeinflussen.

Üblicherweise beschränkt man sich in der Literatur auf die sog. **Aufgabenumwelt** (task environment). Dieses von *Dill* (1958) geprägte Umweltkonzept mit den vier großen Umweltsystemen

- Kunden (customers, clients)
- Lieferanten (suppliers)
- Konkurrenten (competitors)
- Verwaltung, Behörden (regulatory agencies)

findet sich mit mehr oder weniger starken Variationen in fast allen Umweltanalysen (vgl. z. B. *Negandhi/Reimann* 1973, *Thompson* 1967, *Osborn/Hunt* 1974, *Kubicek/Thom* 1976 sowie S. 345 und 644 der Arbeit).

Besondere Beachtung hat auch der Versuch von *Emery/Trist* (1965) gefunden, eine **Umwelttypologie** zu entwickeln.

*Emery* und *Trist* sind der Auffassung, daß ein umfassendes Verständnis organisatorischen Verhaltens die Kenntnis der Elemente folgender Beziehungsmuster voraussetzt:

$L_{11}$, $L_{12}$

$L_{21}$, $L_{22}$

---

[21] Gemessen wurde der wirtschaftliche Erfolg anhand folgender Größen: Gewinnentwicklung in den letzten fünf Jahren, Umsatzentwicklung in den letzten fünf Jahren, Anteil der in den letzten fünf Jahren eingeführten Produkte am Gesamtumsatz des letzten Jahres.

L = vermuteter Beziehungszusammenhang (potentially lawful connexion)
$_1$ = Organisation (als Institution)
$_2$ = Umwelt
$L_{11}$ = Prozesse innerhalb der Organisation
$L_{12}$, $L_{21}$ = Interaktionen zwischen Organisation und Umwelt
$L_{22}$ = Interaktionen zwischen einzelnen Umweltsystemen.

Eine Analyse von Organisationen mit Hilfe von ‚open-system'-Modellen führt zu der Erkenntnis, daß $L_{12}$ und $L_{21}$ eine Funktion von $L_{22}$ sind und $L_{12}$ und $L_{21}$ wiederum weitgehend $L_{11}$ determinieren. *Emery* und *Trist* isolieren vier idealtypische Umweltkonstellationen (ideal types of causal textures), die von I bis IV immer komplexere Umweltsituationen mit steigender Interdependenz der Umweltsysteme beschreiben (vgl. Abb. 5.36).

*Abb. 5.36:* Organisatorische Anpassung an unterschiedliche Umweltsituationen

| Umweltsituation ($L_{22}$) | Merkmale | organisatorische Anpassung ($L_{11}$) |
|---|---|---|
| I. placid, randomized environment | statisch, stabil, kaum Wandel, Vor- und Nachteile gleichmäßig verteilt, vollkommene Konkurrenz | keine Unterscheidung zwischen Taktik und Strategie notwendig, Organisationen können als kleine, unabhängige, anpassungsfähige Einheiten überleben |
| II. placid, clustered environment | statisch, Vor- und Nachteile sind ungleichmäßig verteilt, unvollkommene Konkurrenz | Strategie wird von Taktik unterschieden, Organisationen wachsen, werden hierarchisch gegliedert, zentrale Kontrolle und Koordination |
| III. disturbed-reactive environment | dynamisch, oligopolistisch, es bestehen mehrere gleichartige Organisationen mit gleichen Zielen, die sich untereinander bekämpfen | Strategie – Kampagne – Taktik, Dezentralisierung von Entscheidungen und Kontrolle, Notwendigkeit von Absprachen mit Konkurrenten |
| IV. turbulent fields | dynamisch, hohe Komplexität und Unsicherheit hinsichtlich zukünftiger Entwicklungen, hohe Interdependenz zwischen einzelnen Subumwelten induziert neue, eigengesetzliche Entwicklungen | Entwicklung von gemeinsamen Werten und Normen als informeller Kontrollmechanismus, Theory Y, wachsende Bedeutung von Forschung, Entwicklung und Planung, Matrix-Organisation |

*Quelle: Staehle* 1973, S. 80

Die jüngste **Entwicklung zu ‚turbulent fields'** (Typ IV) sehen die Autoren vor allem durch folgende Umstände gefördert:

- Zunehmende Größe der Organisationen (internes Wachstum, Fusionen, Beteiligungen) führt dazu, daß diese selbst wiederum eigenständige Prozesse in der Umwelt induzieren
- Zunehmende Interdependenz zwischen ökonomischen und allen anderen Bereichen der Gesellschaft führt dazu, daß die Organisation immer stärker von anderen Umweltbereichen (Gesetzgebung, Kultur, Politik etc.) betroffen wird
- Zunehmende Investitionen in Forschung und Entwicklung führen dazu, daß die Umwelt durch immer neue Impulse aus diesen Bereichen in ständigem Wandel gehalten wird. Eine solche dynamische Umwelt erfordert neue Formen der organisatorischen Strukturierung und Führung.

Turbulente Umweltbedingungen erfordern ihrer Meinung nach eine von den bekannten hierarchischen Strukturen völlig abweichende Organisationsform. Da die einzelnen organisatorischen Subsysteme infolge der Heterogenität der Umwelt äußerst unterschiedliche technologische, soziale und strukturelle Merkmale aufweisen, muß die Gesamtorganisation ein Höchstmaß an Kooperationsbereitschaft gewährleisten.

*Terreberry* (1968) geht einen Schritt weiter und interpretiert die vier Umweltsituationen als Stufen in einem historischen Entwicklungsprozeß.

*Victor Thompson* (1965) meint, daß eine bürokratische Organisation bei Umweltbedingungen, wie sie bei ‚turbulent fields' auftreten, denkbar unzweckmäßig sei. Solch **dynamische Umweltbedingungen** erfordern seiner Auffassung nach Kreativität und Innovation von seiten der Organisation. *Thompson* schlägt unter anderem folgende Änderungen der bürokratischen Organisation im Hinblick auf eine bessere Bewältigung der Umweltkomplexität und -dynamik vor: Stärkere Professionalisierung, schwächere Formalisierung und Strukturierung, Dezentralisierung, freiere Kommunikation, wenn möglich Projektorganisation, job rotation, Betonung von Gruppenprozessen, Änderung des Anreizsystems.

Gerade diese Ansicht, daß Unternehmungen in dynamischen Umwelten eine flexible nicht-bürokratisch orientierte Organisationsstruktur bevorzugen würden, ist äußerst umstritten. Eine Reihe von empirischen Erhebungen belegt, trotz z.T. widersprüchlicher Befunde, daß Organisationen auch in dynamischen Umwelten eher **mechanistisch-bürokratische Strukturen** aufweisen als organische (vgl. auch *Kieser/Kubicek* 1976, S. 302). Dieses Festhalten an bürokratischen Organisationsformen ist umso überraschender, als solche Strukturen auch bei stabiler Organisationsumwelt, die es heute übrigens überhaupt nicht mehr gibt[22], die gleichen Dysfunktionen zeigen wie bei dynamischen (vgl. S. 19f. und 141f. der Arbeit sowie *Gebert* 1979).

Auch die von vielen humanistisch orientierten Sozialwissenschaftlern pro-

---

[22] Vgl. die gegenteilige Auffassung bei *Perrow* 1972, S. 199.

gnostizierte zwangsläufige Entwicklung zu humaneren, flexibleren und mehr demokratisch geführten Organisationen läßt sich in der Realität nicht nachweisen. *Nord* (1978, S. 674–679) argumentiert hier überzeugend: Turbulente Umweltverhältnisse, die ja angeblich zu mehr flexiblen, partizipativen Strukturen in Organisationen führen sollen, tun das keineswegs. Zunächst einmal führen sie zu Machtkämpfen innerhalb der Organisation und veranlassen die Inhaber von Machtpositionen, sich eher auf eine verstärkte interne Routinisierung und Strukturierung zu stützen bei gleichzeitigem Abpuffern der Turbulenz als auf eine Entbürokratisierung und generelle Öffnung des Systems. Dabei spielt die ungleiche Machtverteilung in Organisationen eine besondere Rolle. *Nord* (1978) behauptet, daß diese geradezu enthumanisierende Effekte habe. Die Mächtigen entwickeln Instrumente zur Stabilisierung ihrer Position und halten die weniger Mächtigen in wenig humanen Abhängigkeitsverhältnissen. Nach *Nord* steigen die Chancen für eine organisationsweite Humanisierung erst, wenn relativ ausgeglichene Machtverhältnisse erreicht sind.[23]

Auch die vor allem von *Lawrence/Lorsch* propagierte **Kongruenz-Effizienz-Hypothese,** d. h. je besser die Übereinstimmung (fit) zwischen Subsystem und Subumwelt, desto effizienter die Gesamtorganisation, ist in Frage gestellt worden und hat entsprechende empirische Untersuchungen initiiert (vgl. z. B. *Mohr* 1971, *Osborn/Hunt* 1974, *Pennings* 1975, 1977/78). Heute weisen mehr empirische Befunde darauf hin, daß für die Effizienz einer Organisation weniger extern induzierte strukturelle Aspekte ausschlaggebend sind als vielmehr interne prozessuale (z. B. Führungsverhalten).

Als weitgehend gesichert gelten dagegen die Ergebnisse weiterer System-Umwelt-Forschungen (z. B. *Simpson/Gulley* 1962, *Aiken/Hage* 1968, *Hage/Aiken* 1969, *Khandwalla* 1974, *Child* 1974/75, *Duncan* 1972, 1973, *Miller* 1971, *Randall* 1973, *Douglas* 1976), die zeigen, daß Organisationen danach streben, ihre Umwelten zu kontrollieren. Sollte dies nicht möglich sein, passen sich Organisationen nur soweit an, wie es die Effizienzerwartungen der Organisationsteilnehmer erforderlich machen. Hierzu entwickeln sie spezielle Strukturen und Regeln, mit denen eine möglichst hohe Umweltsensitivität erzielt werden soll (vgl. *Filley/House/Kerr* 1976, S. 299 sowie Abschnitt 2 E).

## II. Kontextfaktor ‚Aufgabe'

Zu Beginn dieses Kapitels habe ich die Dominanz des Organisationszwecks bei Entscheidungen über die Organisationsstruktur betont und im Verlauf der Ausführungen festgestellt, daß dessen Bedeutung durch die Kontextfak-

---

[23] Vgl. auch die Annahmen der Macht-Ausgleichs-Theorie (*Strauss* 1963).

toren Umwelt (Marktorientierung) und Technologie erheblich relativiert wurde. Nach wie vor spielen aber die aus dem Organisationszweck abgeleiteten **Organisationsaufgaben** eine wichtige Rolle bei Strukturierungsentscheidungen (vgl. Kapitel B I). Man kann sogar sagen, daß in den letzten Jahren nicht zuletzt durch die Neuen Formen der Arbeitsorganisation (NFA) als Folge von Humanisierungs- und Rationalisierungsbestrebungen eine Konzentration auf menschengerechte Aufgaben als strukturbestimmender Faktor festzustellen ist. Die Aufgabe ist nicht mehr ausschließlich das Ergebnis technologischer Zwänge und entsprechender Strukturentscheidungen, sondern beeinflußt umgekehrt den Einsatz aufgabenangemessener Technologien und Strukturen (z. B. Übergang von Fließbandarbeit → Arbeit in teilautonomen Gruppen). Mit verantwortlich für diese wachsende Bedeutung der Aufgabe bei Strukturentscheidungen ist die Entwicklung des Aufgabenbegriffs von einem personenunabhängigen Konstrukt als Ergebnis zweckbezogener Arbeitsteilung hin zu einem Komplex von Verhaltensanforderungen, die an den arbeitenden Menschen in einer konkreten Arbeitssituation gestellt werden. Hinzu kamen empirische Befunde, wonach unterschiedliche Aufgabencharakteristika u. a. für unterschiedliche Ausprägungen der Organisationsstruktur verantwortlich gemacht werden können (vgl. z. B. *Hage/Aiken* 1969, *Hickson/Pugh/Pheysey* 1969, *Khandwalla* 1974).

## 1. Aufgabe und Organisationsstruktur

Klassischerweise werden Aufgaben in **routinisierbare** und **nicht routinisierbare** dichotomisiert.

Nach *Litwak* (1961) unterscheiden sich die einzelnen Abteilungen einer Organisation vor allem im Hinblick auf die Aufgabe (task), die sie zu erfüllen haben. Entsprechend bildet er zwei Gruppen von Subsystemen. Die erste Gruppe umfaßt solche Subsysteme, die es mit gleichförmigen, routinisierbaren Aufgaben *(type I tasks)* zu tun haben, und die zweite Gruppe solche, die ungleichförmige, nicht routinisierbare Aufgaben *(type II tasks)* zu bewältigen haben. Abb. 5.37 stellt die beiden gegensätzlichen Aufgabentypen gegenüber.

*Litwak* ist der Auffassung, daß zur Erklärung des Verhaltens der Menschen, die mit dem einen oder anderen Aufgabentyp konfrontiert sind, auch unterschiedliche Organisations- und Führungsmodelle herangezogen bzw. entwickelt werden müssen. Für Subsysteme mit Aufgaben vom *Typ I* sieht er als geeignetes Erklärungsmodell das **Webersche Bürokratiemodell** und für Subsysteme mit Aufgaben vom *Typ II* das **Human Relations Modell.** Für Subsysteme, die in gleicher Weise Aufgaben vom *Typ I* und *II* zu bewältigen haben, schlägt er ein drittes Modell, das **‚professional model'**, vor, das Elemente der beiden ersten Modelle in mehr oder weniger starker Ausprägung enthält.

*Abb. 5.37:* Zwei gegensätzliche Aufgabentypen

| | Type I Tasks | Type II Tasks |
|---|---|---|
| Charakteristika | Gleichförmige, routinisierbare Aufgaben, deren Bewältigung traditionelle Fähigkeiten erfordert | Ungleichförmige, nicht routinisierbare Aufgaben, deren Bewältigung soziale und kreative Fähigkeiten erfordert |
| Beispiele | Fließbandarbeit, standardisierte Verwaltungsarbeit, einfache Büroarbeit | Forschung, Werbung, Design, Aus- und Weiterbildung |
| Erklärungsmodell | *Webers* Bürokratie Modell | Human Relations Modell |

*Quelle: Staehle* 1973, S. 54.

Sehr verwandt mit der Einteilung *Litwaks* in Aufgaben vom Typ I und II ist die Klassifizierung *Simons* (1960) von Entscheidungen in zwei polare Entscheidungstypen, **programmierte** und **nicht programmierte** (vgl. hierzu S. 456). Nach dem Grad der Programmierbarkeit unterscheidet *Gore* (1964) zwischen **routinemäßigen** (Ausführungsprogramm direkt zuordenbar), **adaptiven** (Ausführungsprogramm mit Hilfe eines Algorithmus auffindbar) und **innovativen** Entscheidungen (weder Ausführungsprogramm noch Such-Algorithmus bekannt) (vgl. Abb. 5.15 auf S. 438).

Differenzierter ist der Ansatz von *Argyris* (1962, 1964). *Argyris* versteht unter Organisationsstruktur eine Strategie zur Erreichung bestimmter Ziele, wobei die Güte einer Strategie daran abzulesen ist, inwieweit es ihr gelingt, die organisatorischen Kernfunktionen (Zielerreichung, Selbsterhaltung, Umweltanpassung) zu erreichen. *Argyris* entwickelt vier idealtypische **Organisationsstrategien** und beschreibt die Bedingungen ihrer Anwendbarkeit (vgl. Abb. 5.38).

*Argyris* ist der Meinung, daß in ein und derselben Organisation alle vier Organisationsstrategien Verwendung finden (oder finden sollten) und zwar jeweils in Abhängigkeit von dem anstehenden Entscheidungsproblem. Allerdings schränkt die klassische formale Organisationsstruktur die Möglichkeiten zur Erreichung psychologischen Erfolgs unnötig ein. Psychologischer Erfolg wirkt sich nach *Argyris* positiv auf Selbstwertgefühl, Selbsterkenntnis, Kompetenz, Informationsaufnahme, psychische Energie und Gesundheit sowie Effektivität aus.

Alle diese Ansätze kommen letztlich zu der Empfehlung, die wir auch bei der Kontextvariablen ‚Umwelt' kennengelernt haben, bei routinisierbaren Aufgaben eine mehr bürokratische, mechanistische und bei nicht routinisierbaren, innovativen Aufgabenstellungen eine mehr flexible, wenig formalisierte Struktur anzuwenden; ein entsprechender *‚fit'* würde zu höherer Effizienz führen, eine These, die – wie schon an anderer Stelle belegt – keineswegs empirisch bestätigt ist und deren Verwirklichung zu einer Festschreibung von

*Abb. 5.38:* Organisatorische Anpassung an unterschiedliche Entscheidungssituationen

| Entscheidungssituation | Organisations-strategie | wesentliche Merkmale |
|---|---|---|
| Erreichen eines klar definierten, allgemein akzeptierten Ziels (Routineaufgabe), Entscheidung unter Zeitdruck, die notwendigen Informationen sind nur wenigen zugänglich und verständlich | Formale Organisationsstruktur | klassische Organisationsprinzipien, mechanistisches Modell |
| Entscheidung betrifft nicht Routineangelegenheiten, beeinflußt aber weder Machtverteilung noch Informations- und Kontrollbeziehungen, verfügbare Zeit reicht nicht, um alle Beteiligten einzubeziehen, sondern lediglich die Gruppenkoordinatoren, Entscheidung soll nicht delegiert werden, aber möglichst alle sollen an der Entscheidungsfindung mitwirken | Modifiziert formale Organisationsstruktur | straffe Hierarchie wird durch ein Netz vermaschter Arbeitsgruppen abgelöst; Koordination mittels eines Gruppenkoordinators, der Mitglied zweier Arbeitsgruppen ist (*Likert*-Modell) |
| komplexe, langfristige Entscheidungen, die den Einsatz von Projekt- und Planungsgruppen erfordern, Entscheidungen, die über die Grenzen einer Abteilung oder eines Wissensbereiches hinausgehen | Flexible Organisation auf der Basis funktionaler Machtverteilung | jede organisatorische Einheit ist berechtigt bzw. verpflichtet, eine eigene Organisation und Führung zu wählen; die Machtverteilung auf die Gruppenmitglieder entspricht ihrem funktionalen Beitrag zur Zielerreichung |
| alle Entscheidungen, die die soziale und wirtschaftliche Stellung des Einzelnen in der Organisation betreffen (Einstellung, Gehalt, Führungsstil, Ziele) | Flexible Organisation auf der Basis symmetrischer Machtverteilung | jedes Organisationsmitglied hat gleiche Macht und Verantwortung |

*Quelle: Staehle* 1973, S. 86

z. T. inhumanen Arbeitsstrukturen führen würde. Ganz abgesehen davon, daß eine ganze Reihe empirischer Querschnittsanalysen diese einfache Entsprechung nicht bestätigt haben (S. 485 der Arbeit), belegen **Längsschnittanalysen** einen Wechsel der Struktur im Zeitablauf. So konnten z. B. *Zaltman* et al. (1973) zeigen, daß organische Strukturen in frühen Projektphasen und mechanistische in den Phasen der Implementation präferiert werden (vgl. auch *Utterback* 1974).

## 2. Humanisierung der Arbeit durch Neue Formen der Arbeitsorganisation

Unter dem Begriff „Humanisierung der Arbeit" (HdA) oder „Qualität des Arbeitslebens" werden in den letzten zehn Jahren im Bereich der Wirtschafts-, Sozial- und Arbeitswissenschaften verstärkt sog. Neue Formen der Arbeitsorganisation (NFA) diskutiert, an die die Erwartung geknüpft wird, daß sie die im Zuge extremer **Arbeitsfeldverkleinerung** festgestellten Dysfunktionen korrigieren sollen.

Eine Inflation wissenschaftlicher Gestaltungsvorschläge zur Beseitigung dieser Fehlentwicklungen sowie mehr oder weniger ausführlich dokumentierte Fallstudien aus der Praxis vermitteln ein äußerst uneinheitliches, widersprüchliches Bild.[24]

Dies kann darauf zurückzuführen sein, daß zum einen die Arbeitssituationen, wie sie von den Betroffenen wahrgenommen wurden, völlig verschiedenartig waren, zum anderen Situationsanalyse (Problemstellung), Zielsetzung und Interventionstechniken der Reorganisation stark voneinander divergierten. Erschwert wird die Analyse noch dadurch, daß die normative Basis der Humanisierungsansätze unklar, ihre anthropologischen Konsequenzen unbefragt bleiben und eine Einbettung der Maßnahmen in eine umfassende sozialpolitische Theorie fehlt. Dies erfordert eine verstärkte Beschäftigung mit der Analyse der Einflußfaktoren industrieller Arbeitssituationen als Voraussetzung für eine situations- und zieladäquate Veränderung bestehender Arbeitsorganisationen.

In der US-amerikanischen Literatur werden die Probleme der (humanen) **Arbeitsgestaltung** vor allem unter dem Aspekt des ‚job/task design' und ‚job structuring' bzw. ‚redesign' und ‚restructuring' behandelt, d. h. man bevorzugt eine enge, auf den einzelnen isolierten Arbeitsplatz bezogene Analyse (vgl. z. B. *McCormick/Tiffin* 1975, *Miles* 1975), die allerdings später durch die Einbeziehung situativer Einflußfaktoren erweitert wurde (vgl. *Porter/Lawler* 1969, *Morse/Lorsch* 1970, *Reif/Monczka* 1974, *Van de Ven/Delbecq* 1974). Diese Arbeiten gewannen besondere Aktualität durch die 1972 erschienene Studie **‚Work in America'.** Dieser Regierungsbericht stellt das Ergebnis einer Gemeinschaftsarbeit von Wissenschaftlern dar, die im Auftrag des amerikanischen Gesundheits- und Erziehungsministers über die Qualität der Arbeit in den USA berichteten (deutsche Übersetzung in *Pieroth* 1974).

Ein umfassender Ansatz, der von der Analyse der Arbeitsorganisation (work organization) ausgeht, findet sich weniger in den USA als vielmehr in Großbritannien und Skandinavien, wo vor allem die Forschungsarbeiten des

[24] Vgl. z. B. *Burbidge* 1975, *Froemer* 1975, *Klein* 1975, *Lattman* 1972, 1974, *Pieroth* 1974, *Schlaffke/Rühl/Weil* 1974, *Ulich/Groskurth/Bruggemann* 1973, *Vetter* 1974, *Vilmar* 1973, 1975, *R. Wild* 1975, *Winterhager* 1975, *Gaugler* et al. 1976, *Fotilas* 1980.

Tavistock Instituts (socio-technical approach) sowie der ‚Industrial Democracy' Bewegung eine der Komplexität industrieller Arbeitsstrukturen angemessene situationsbezogene, integrative Betrachtungsweise von technisch-organisatorischen, menschlich-sozialen und gesamtgesellschaftlichen Bezügen gefördert haben (vgl. *R. Wild* 1975, *Hinterhuber* 1975, *Davis/Taylor* 1972, *Rhenman* 1968, *Emery/Thorsrud/Trist* 1969, *Susman* 1976, *Kelly* 1982, *Sydow* 1985).

Die **‚Industrial Democracy'** Bewegung nahm 1961 ihren Ausgang in Norwegen (vgl. *Emery/Thorsrud* 1975). Zu jener Zeit begannen dort der Gewerkschaftsbund und die Nationale Arbeitgebervereinigung sich intensiver mit Fragen der industriellen Demokratie zu beschäftigen. Beide beauftragten das Institut für Industrielle Sozialforschung in Trondheim, das sich seinerseits der wissenschaftlichen Mitarbeit des Tavistock Institute in London versicherte, in Feldversuchen die Leistungsfähigkeit alternativer Organisationsformen der Arbeit zu untersuchen (vgl. zur Darstellung der Ergebnisse *Emery/Thorsrud* 1982). Entsprechende Programme bzw. Arbeitsstrukturierungsprojekte finden sich ab 1970 in Schweden und ab 1974 in der Bundesrepublik Deutschland. Während ‚Industrial Democracy' sich auf die Veränderung einer ganzen Industriegesellschaft richtet, zielen **‚Work Democracy'** Ansätze auf der Basis soziotechnischer Systemforschung (Tavistock Institute) zunächst auf eine Humanisierung von Arbeitsplätzen bzw. Arbeitsorganisationen. Hierbei wird zwischen einem direkten *(participatory)* und einem indirekten *(representative)* Ansatz unterschieden (vgl. *IDE* 1981). Ersterer geht davon aus, daß politisch mündiges Verhalten in einer Gesellschaft u. a. die Folge von Arbeitsbedingungen und -strukturen ist, die ein ebensolches Verhalten (z. B. Mitbestimmung, Selbstbestimmung) am Arbeitsplatz ermöglichen. Dieser Ansatz prägt vor allem die HdA-Bemühungen in Norwegen.

In der Bundesrepublik Deutschland wird dagegen ein mehr indirekter Ansatz bevorzugt, der sich auf die bekannten institutionalisierten Mitbestimmungsorgane, wie z. B. Betriebsrat, Aufsichtsrat, Wirtschaftsausschuß, stützt. HdA-Ansätze, die eine direkte Mitbestimmung vorsehen, werden in der Tendenz von Arbeitgeberseite befürwortet, von Gewerkschaftsseite jedoch abgelehnt, da sie zu einer ‚Aushöhlung' bewährter repräsentativer Mitbestimmungsorgane führen könnten.

1974 wurde von der Bundesregierung ein Programm **‚Humanisierung des Arbeitslebens'** vorgelegt, im Rahmen dessen vor allem das BMFT für die hier diskutierten Fragen Forschungsmittel vergab. Im einzelnen handelte es sich um folgende Aktionsrichtungen:

- Verbesserung der Arbeitsinhalte und Arbeitsbeziehungen
- Abbau von Über- und Unterbeanspruchungen
- Erhöhung der Arbeitssicherheit
- Verminderung negativer Wechselbeziehungen zwischen Arbeitswelt und anderen Lebensbereichen
- Entwicklung übergreifender Strategien der Humanisierung.

Dabei sollten verstärkt solche Maßnahmen gefördert werden, welche die Erweiterung von Handlungs- und Dispositionsspielräumen u. a. mit dem Ziel der Höherqualifikation zum Gegenstand haben. Gefordert wurde vor allem die Bereitstellung von Umsetzungshilfen für die Praxis, damit die Forschungsergebnisse nicht nur in akademischen Kreisen diskutiert werden, sondern auch zu einer realen Verbesserung der Situation der Beschäftigten führen. Nach dem Regierungswechsel in Bonn 1983 ist das HdA-Programm weitgehend bedeutungslos geworden.

Konkret zielen HdA-**Maßnahmen** auf folgende Aspekte des Arbeitsvollzugs oder Kombinationen davon:

- Erweiterung des Tätigkeits- und Entscheidungsspielraums (Handlungsspielraum)
- Integration von Service- und Stabstätigkeiten
- Verlängerung der Zykluszeiten
- Schaffung von Zwischenlager (Puffer)
- Mitbestimmung am Arbeitsplatz
- räumliche Anordnung, die soziale Kontakte erlaubt
- Anlern- und Umschulungsprogramme, Mobilität
- gleitende Arbeitszeit.

In der HdA-Literatur wird zur theoretischen Begründung von NFA neben den Motivationstheorien von *Maslow* und *Herzberg* vor allem auf das **Job Characteristics Model** von *Hackman* (1977) zurückgegriffen. Mit Bezug auf das Konzept der Redefinition von Aufgaben (vgl. S. 403f.) unterstellt das Modell folgende Wirkungskette (Abb. 5.39):

*Abb. 5.39:* Job Characteristics Model

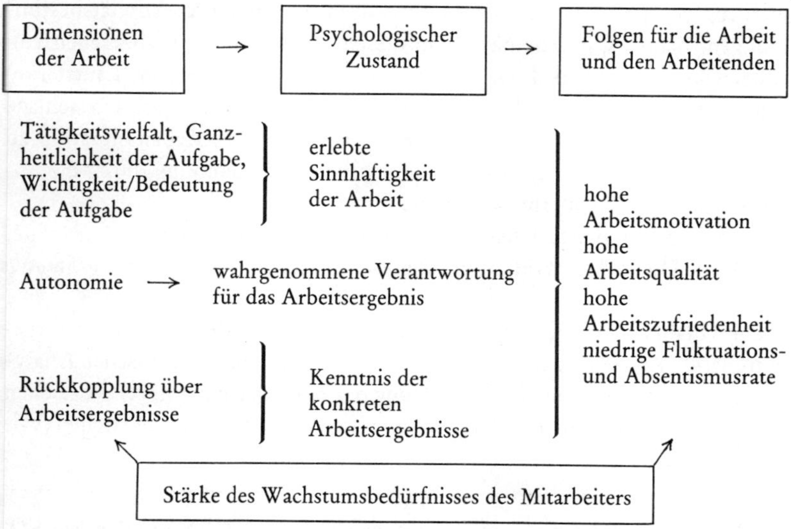


*Quelle: Hackman* 1977, S. 129.

Das Modell geht davon aus, daß eine bestimmte Ausprägung der fünf Dimensionen der Arbeit einen psychologischen Zustand hervorruft, der seinerseits vier Ergebnisvariablen beeinflußt. *Hackman* behauptet, daß es möglich sei, die fünf Dimensionen der Arbeit in einem einzigen Index (mit Werten von 0 bis 343, wobei jedes Element des MPS Werte zwischen 0 und 7 annehmen kann) zusammenzufassen, der dann als Ausdruck für das Potential eines Jobs dienen kann, einen Mitarbeiter zu motivieren.

Motivationspotential (MPS) =

$$= \left[\frac{\text{Vielfalt} + \text{Identität} + \text{Bedeutsamkeit}}{3} \times \text{Autonomie} \times \text{Rückkopplung}\right]$$

Mit Hilfe des Motivating Potential Score (MPS) und des Job Diagnostic Survey (JDS), von *Hackman/Oldham* (1975) zur Erfassung des wahrgenommenen Arbeitsinhalts entwickelt[25], können bestehende Arbeitsplätze vor einer Umstrukturierung untersucht und mögliche Wirkungen von Arbeitsstrukturierungsmaßnahmen abgeschätzt werden.

Problematisch ist an diesem und darauf aufbauenden Job Design-Modellen, daß es sich bei den unter „Dimensionen der Arbeit" (core job dimensions) genannten Items um perzipierte Aufgabenmerkmale handelt. Ein Versuch, Anforderungsmerkmale auch unabhängig von den betroffenen Mitarbeitern zu erheben, wird nicht unternommen (zur Kritik vgl. auch *Kolb* 1980). Entsprechend wird in der Literatur (z. B. *Gaitanides* 1975, *Euler* 1977) die Trennung in eine *objektive* Arbeitssituation und eine *subjektive* Wahrnehmung dieser Situation gefordert.

M. E. Kann jedoch nicht von einer objektiven Arbeitssituation gesprochen werden, sondern höchstens von interessengeleiteten Objektivitätsbestimmungen, denn „Objektivität" ist in diesem Zusammenhang abgesehen von einigen wenigen physikalisch meßbaren Daten (wie Temperatur, Lautstärke) subjektiv vermittelt und höchstens intersubjektiv normierbar. Ich schlage deshalb vor, von einer vom Management *vorgegebenen* Arbeitssituation zu sprechen, die unabhängig von der subjektiven Wahrnehmung durch die unmittelbar Betroffenen erhoben werden kann.

Aufbauend auf diesen Überlegungen haben *Elias/Gottschalk/Staehle* (1982, 1985) eine **Duale Arbeitssituationsanalyse** entwickelt (vgl. auch *Karg/Staehle* 1982).

Die Dualität von Erhebung der vorgegebenen und der subjektiv wahrgenommenen Arbeitssituation soll den Mangel personenunspezifischer Analysekonzepte beheben und die Verbindung mit Konzepten der psychologischen Arbeitsanalyse, die am arbeitenden Menschen orientiert sind, herstellen (vgl. *Frei/Ulich* 1981).

---

[25] Eine Beschreibung dieses Analyseinstruments findet sich bei *Karg/Staehle* 1982, S. 106f.; vgl. auch S. 675.

Die Duale Arbeitssituationsanalyse umfaßt somit zwei Ebenen, auf denen jeweils getrennt Erhebungen durchgeführt werden:
1. die vorgegebene Arbeitssituation
2. die subjektiv wahrgenommene Arbeitssituation.

Zu 1: *Vorgegebene Arbeitssituation* meint die konkrete betriebliche Ausprägung der Arbeitssituation, die technisch-organisatorische Ausgestaltung des Arbeitssystems, so wie sie vom Management geplant und dem Ausführenden „vorgegeben" ist.

Zu 2: Unter der *subjektiv wahrgenommenen Arbeitssituation* wird die Gesamtheit der von den Ausführenden wahrgenommenen und erlebten Arbeitsbedingungen verstanden.

Dabei stellen das subjektive Wahrnehmen und Handeln in der Arbeitssituation nicht bloß unmittelbare Reflexe der Individuen auf die vorgefundene Bedingungskonstellation dar; vielmehr wird der Einfluß dieser Faktoren auf das Bewußtsein und Verhalten durch die subjektiven Wahrnehmungs-, Verarbeitungs- und Bewertungsmuster der betroffenen Arbeitnehmer vermittelt, d. h. gefiltert, verstärkt und gebrochen.

Die subjektiv wahrgenommene Arbeitssituation ist somit das Ergebnis der Auseinandersetzung des Arbeitnehmers, seinen physischen und psychischen Qualifikationen, d. h. seiner Handlungskompetenz, mit den gegebenen Strukturen der vorgegebenen Arbeitssituation.

Im Zusammenhang mit der situativen Arbeitsstrukturierung interessieren vor allem solche Maßnahmen, die eine Veränderung des Arbeitsfeldes zum Gegenstand haben. Als **Arbeitsfeld** wird in der Arbeitswissenschaft der Aufgabenbereich einer Person oder kleinen Arbeitsgruppe bezeichnet. Bei der **Arbeitsfeldstrukturierung** (Abb. 5.40) geht es darum, das Arbeitsfeld und hier vor allem den Arbeitsinhalt einer Stelle sowohl nach ökonomischen als auch nach humanen Kriterien zu gestalten. Während bei der Arbeitsfeldverkleinerung in der Tradition *Taylors* überwiegend ökonomische Überlegungen dominieren (vgl. Babbage-Prinzip auf S. 17), zielen Arbeitsfeldvergrößerungen (im Zuge von HdA-Maßnahmen) zugleich auch auf die Schaffung von Arbeitsplätzen, die auf die Bedürfnisse des arbeitenden Menschen zugeschnitten sind.

Jedes Arbeitsfeld ist mit einem mehr oder weniger umfangreichen **Handlungsspielraum** verbunden (Abb. 5.41). Nach *Ulich* (1972; vgl. auch *Ulich/Groskurth/Bruggemann* 1973, *Osterloh* 1983) setzt sich der Handlungsspielraum aus der

- *horizontalen* Dimension des **Tätigkeitsspielraums** (quantitative Arbeitsfeldvergrößerung, wie Arbeitserweiterung und -wechsel in Abb. 5.40)

und der

- *vertikalen* Dimension des **Entscheidungs- und Kontrollspielraums** zusammen (quantitative Arbeitsfeldvergrößerung, zum Beispiel Arbeitsbereicherung).

*Abb. 5.40:* Grundformen der Arbeitsfeldstrukturierung

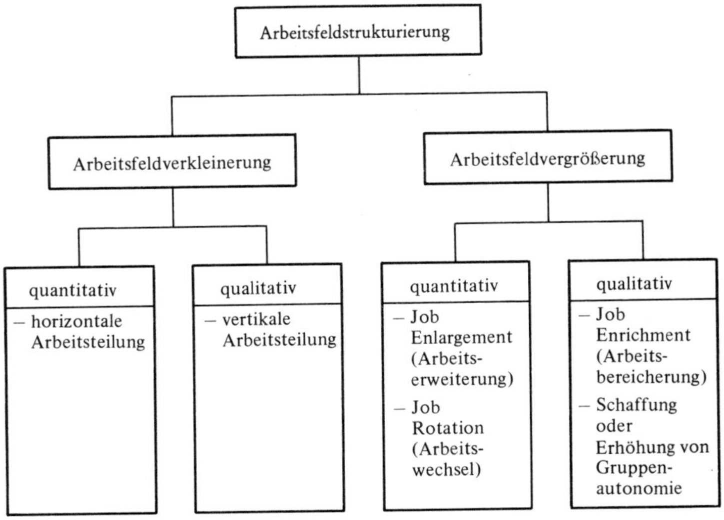


*Quelle: Hahn/Link* 1975, S. 68

An der Darstellung des Handlungsspielraums von *Ulich* ist kritisiert worden, daß das Konzept offen lasse,

- ob objektive oder subjektiv wahrgenommene Handlungsspielräume damit erfaßt werden sollen,

*Abb. 5.41:* Der Handlungsspielraum als Resultante von Tätigkeitsspielraum sowie Entscheidungs- und Kontrollspielraum

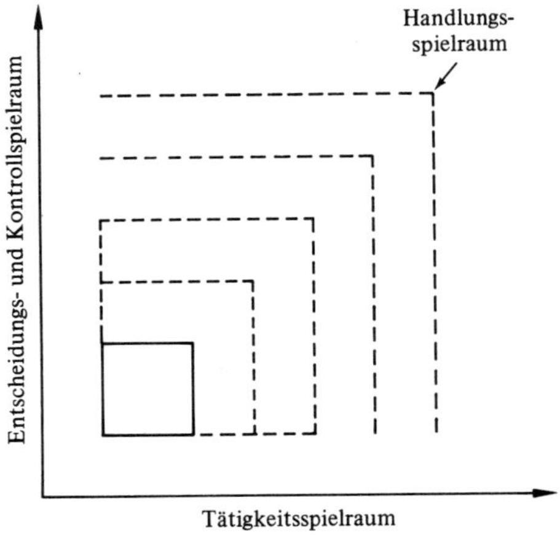


*Quelle: Ulich* 1972, S. 266.

- wie die Dimensionen des Handlungsspielraums gemessen werden sollen,
- ob Tätigkeitsspielraum einerseits und Entscheidungs- und Kontrollspielraum andererseits überhaupt voneinander unabhängige Dimensionen darstellen (zur Kritik vgl. auch *Türk* 1980).

Erste Ansätze zur quantitativen, horizontalen Arbeitsfeldvergrößerung (zusätzliche ‚same-level tasks') finden sich im Konzept des **‚Job Enlargement'**, das in der Praxis erstmals (1944) bei der Reorganisation der Teilefertigung im Endicott Werk der IBM (New York) Anwendung fand (vgl. zu den folgenden Ausführungen *Filley/House/Kerr* 1976, S. 339ff.; *Dessler* 1976, S. 79ff. sowie Abb. 5.40). Hier hat man vier verschiedene Tätigkeiten (Maschinenbedienung, Einrichten, Instandhaltung, Kontrollieren), die bislang von vier Personen (machine operator, setup man, tool sharpener, inspector) ausgeübt wurden, zu einer Einmann-Aufgabe zusammengefaßt. Geringeren Fertigungskosten, besserer Qualität und größerer Zufriedenheit standen zusätzliche Investitionen für Kontrollinstrumente und höhere Löhne gegenüber.

Ein weiteres sehr anschauliches Beispiel für Job Enlargement wird von der Maytag Comp. berichtet. Hier wurden vor der arbeitsorganisatorischen Veränderung Wasserpumpen für Waschmaschinen aus 27 Teilen von sechs Arbeitern am Fließband montiert. Am Ende eines stufenweisen Job Enlargement Programms wurde die gleiche Leistung an vier Einzelarbeitsplätzen erledigt, wobei jeder Arbeiter eine Pumpe komplett montierte. Trotz höheren Platzbedarfs und gestiegener Maschineninvestitionen konnten jährlich Einsparungen von $ 2000 erzielt werden.

**Job Rotation** gilt ebenfalls als eine horizontale Form der Reorganisation von Arbeit. Sie beinhaltet ein geplantes Rotieren zwischen Arbeitsplätzen mit unterschiedlichen Arbeitsinhalten. Die Häufigkeit des Wechsels und die Verweildauer auf einem Arbeitsplatz können je nach den Bedürfnissen der Arbeiter und des Managements unterschiedlich geregelt werden. Mit diesem Konzept sollen ein Abbau einseitiger Belastungen, mehr Abwechslung und damit die Arbeitszufriedenheit gesteigert werden. Sie soll über eine (bescheidene) Weiterqualifikation die Einsatzmöglichkeiten der Mitarbeiter und damit deren Flexibilität erhöhen. Werden die als monoton empfundenen Arbeitsplätze aber beibehalten, bedeutet dies für den Arbeiter lediglich einen Wechsel von einer langweiligen Arbeit zur anderen. Hinzu kommt, daß mit dem häufigen Arbeitsplatzwechsel das Bedürfnis nach stabilen sozialen Kontakten während der Arbeit nicht befriedigt werden kann. Insofern überrascht es nicht, daß in der Praxis dieses Arbeitsstrukturierungskonzept bei den Betroffenen auf wenig Gegenliebe stößt.

Einen Schritt weiter gehen die Ansätze zur qualitativen, vertikalen Arbeitsfeldvergrößerung (**Job Enrichment**), bei denen neben der Addition von Arbeiten vergleichbarer Schwierigkeiten Managementaufgaben wie Planung und Kontrolle reintegriert werden. Theoretische Basis dieses Konzepts ist *Herzberg's* Zwei-Faktoren Theorie (vgl. S. 248ff. der Arbeit), wonach Arbeitszufriedenheit u. a. durch die Arbeit selbst erreicht werden kann und zwar unter der Voraussetzung, daß sie stimulierend und sinnhaft ist und Gelegenheit zur Entwicklung, Anerkennung und Höherqualifikation bietet. Die weite Verbreitung dieses Konzeptes in der Praxis ist aber vor allem auf die Arbeit von zwei Praktikern zurückzuführen, *M. Scott Myers* (1964) und *Robert N. Ford* (1969). *Myers* hat während seiner Tätigkeit bei Texas Instruments versucht, *Herzberg's* Theorie dort empirisch zu testen und nach positiven Ergebnissen unternehmensweit einzuführen. Der Geschäftsbericht von 1968 berichtet von 10000 angereicherten Tätigkeiten; das waren zu jener Zeit 16% der gesamten Belegschaft (*Luthans* 1973, S. 514ff.). *Ford* (1969) hat innerhalb der American Telephone and Telegraph Comp. (speziell Bell System) 19 Job Enrichment Studien durchgeführt, von denen neun als außergewöhnlich erfolgreich, neun als erfolgreich und eine als Fehlschlag bezeichnet wurden.

## 3. Folgen von Arbeitsstrukturierungsmaßnahmen

Trotz dieser positiven Berichte über Job Enrichment Programme gilt in den USA dieses Konzept keineswegs als Allheilmittel zur Überwindung von Monotonie und Desinteresse am Arbeitsplatz. Darüber hinaus konnte die generelle Hypothese, daß starke Arbeitsteilung zu Langeweile und Unzufriedenheit führt, des öfteren falsifiziert werden. Im Gegenteil finden sich in empirischen Untersuchungen immer wieder Hinweise darauf, daß bestimmte Arbeiter repetitive, monotone Tätigkeiten vorziehen. Intervenierende Variablen wie Alter, Geschlecht, Betriebszugehörigkeit, soziale Herkunft scheinen eine entscheidende Rolle bei der Erklärung von Unzufriedenheitsäußerungen zu spielen (vgl. z. B. *Smith* 1959, *Turner/Miclette* 1962, *Kilbridge* 1961, *Hulin/Blood* 1968, *Turner/Lawrence* 1965, *Niederfeichtner* 1982).

So vermuten *Hulin/Blood* (1968), daß bei hoher Entfremdung von den Arbeitsnormen der Mittelschicht (Middle-Class Work Norms),[26] wie sie für Arbeiter in großstädtischen Regionen typisch ist, Job Enrichment mit *abnehmender* Arbeitszufriedenheit verbunden ist. Bei geringer Entfremdung (Arbeiter aus ländlichen Bezirken) führe Job Enrichment dagegen zu *zunehmender* Arbeitszufriedenheit. Folgende Deutung der Ergebnisse ist plausibel: In ländlichen Bezirken herrscht noch ein Arbeitsethos, das durch Loyalität gegenüber dem Arbeitgeber, Interesse an der Arbeit selbst und ein Gefühl von

[26] ‚*Middle-Class Work Norm*' wird definiert als „eine positive Einstellung zur beruflichen Leistung, ein Glaube an den intrinsischen Wert harter Arbeit, ein Streben nach verantwortungsvollen Positionen und ein Glaube an solche Normen der calvinistischen und protestantischen Ethik, die sich mit der Welt der Arbeit befassen" (*Hulin/Blood* 1968, S. 48).

Verantwortung für ein gutes Arbeitsergebnis gekennzeichnet ist. Maßnahmen, die den Arbeitsinhalt anreichern und somit interessanter gestalten, führen bei solchen Arbeitern zu erhöhter Zufriedenheit. Der Arbeiter aus großen Industriebezirken sieht in seiner Arbeit dagegen nur ein Mittel zum Zweck des Gelderwerbs; Befriedigung seiner Bedürfnisse sucht er außerhalb der Arbeitswelt. Für diese Arbeiter besteht eben das zentrale Lebensinteresse (central life interest) nicht in der Arbeitswelt, sondern in anderen Lebensbereichen (vgl. etwa *Dubin* et al. 1975). Arbeit ist instrumental für die Befriedigung dieser Bedürfnisse. Enrichment-Programme, die erhöhte Aufmerksamkeit und Verantwortung erfordern, werden von diesen als Belastung erfahren und, vor allem wenn keine Lohnerhöhung damit verbunden ist, als Verschlechterung der Arbeitssituation empfunden.

Zu ähnlichen Ergebnissen kommen *Turner/Lawrence* (1965), die zunächst annahmen, folgende sechs Eigenschaften der Arbeit (zusammengefaßt im ‚requisite task attribute index') seien positiv mit Arbeitszufriedenheit korreliert:
1. Abwechslungsreichtum
2. Autonomie
3. Arbeitsbedingte soziale Kontakte
4. Informale soziale Kontakte
5. Erforderliche Fähigkeiten und Fertigkeiten
6. Verantwortung.

Im Rahmen ihrer Untersuchung (470 Arbeiter aus 47 Berufen und 11 Organisationen) fanden sie positive Korrelationen allerdings nur bei Arbeitern aus *kleinstädtischen* Betrieben. Die im Anschluß an diese Studie häufig geäußerte Meinung, nur Arbeiter aus kleinstädtischem Milieu mit konservativem Arbeitsethos würden positiv auf komplexere Aufgabeninhalte reagieren, ist dennoch mit Skepsis zu begegnen. *Wanous* (1974) untersuchte z. B. den Einfluß folgender Variablen auf die Zufriedenheit mit bestimmten Arbeitsstrukturen:
a) städtische oder ländliche Herkunft
b) Ausmaß der Anerkennung des protestantischen Arbeitsethos
c) hohe Arbeitsmotivation (Wachstumsbedürfnisse)
und fand, daß c. im Zusammenhang mit b. die höchste Erklärungskraft beizumessen sei. Da aber alle drei Variablen stark interkorrelieren, ist auch dieser Befund strittig.

Aufgrund dieser Ergebnisse wird deutlich, daß zu einer sinnvollen Arbeitsplatzgestaltung nicht nur Kenntnisse über die Art der Arbeit und die der Stelle notwendig sind, sondern vor allem auch über die **Eigenschaften der potentiellen Stelleninhaber** (vgl. auch *Porter/Lawler/Hackman* 1975, S. 274–311 sowie *Morse* 1975).

In Abb. 5.42 werden denkbare Konsequenzen von alternativen Arbeitsstrukturierungen auf Arbeitnehmer mit unterschiedlichen Bedürfnissen und deren Leistung dargestellt.

Dabei werden drei Dimensionen miteinander kombiniert:

*Abb. 5.42:* Erwartete Reaktionen auf unterschiedliche Arbeitssituationen

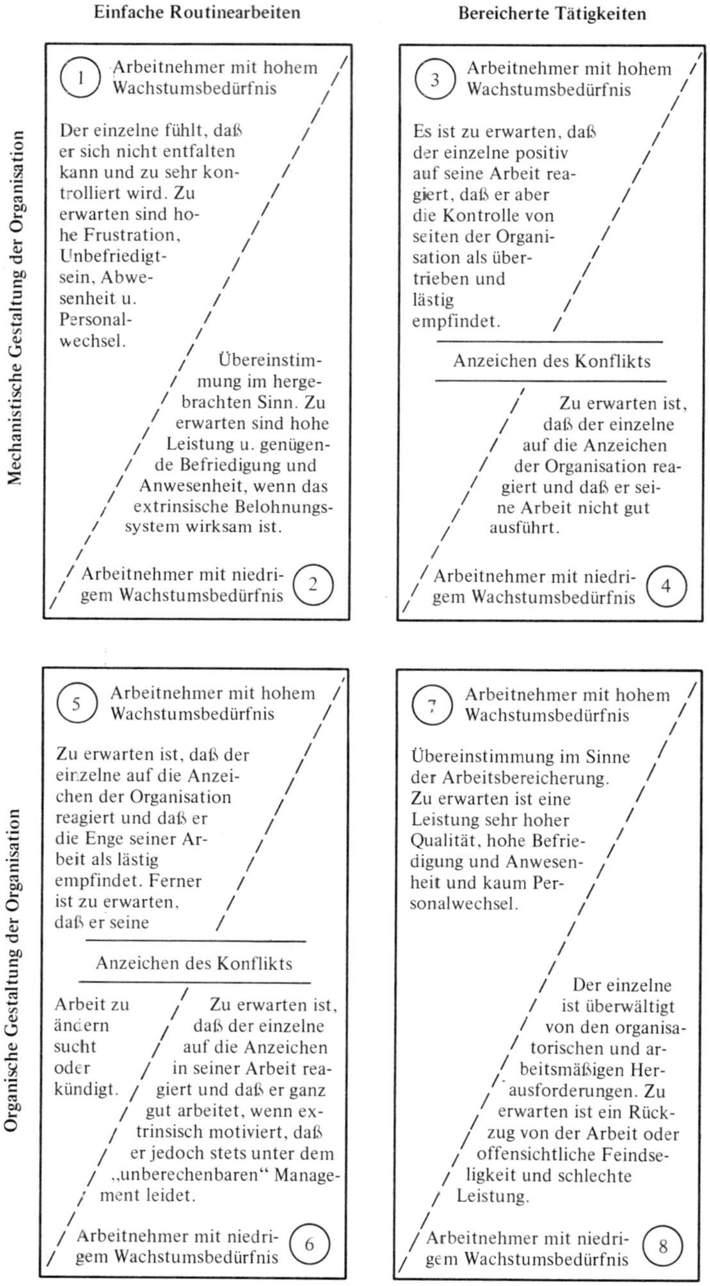


*Quelle: Porter/Lawler/Hackman* 1975, S. 309, deutsche Übersetzung in *Lawler* 1977, S. 230

**Organisation** (organizational design): organisch – mechanistisch
**Arbeitsstruktur** (job design): einfach – bereichert
**Arbeitnehmerbedürfnisse** (growth need satisfaction): hohes – niedriges Wachstumsbedürfnis.

Kombinationen ② und ⑦ gelten nach klassischen situationstheoretischen Annahmen als ideal passend (fit), was hohe Zufriedenheit und Leistung erwarten läßt. Kombinationen ① und ⑧ stellen extreme Situationen dar, in denen die Bedürfnisse der Mitarbeiter den organisatorischen Möglichkeiten diametral entgegenstehen. Kombinationen ③ bis ⑥ sind durch konfligierende Stimuli bzw. Erwartungen gekennzeichnet und sind potentiell konfliktträchtig.

In einer jüngeren Untersuchung haben *Pierce* et al. (1979) die Annahmen von *Porter* et al. (1975) über den Zusammenhang zwischen Organisation, Arbeitsstruktur, Arbeitnehmerbedürfnissen einerseits und Leistung und Zufriedenheit andererseits empirisch überprüft (398 Angestellte einer Versicherungsgesellschaft) und eine eigene Rangreihe[27] aufgestellt (vgl. Abb. 5.43). Die Ergebnisse erbrachten einen höheren Bestätigungsgrad für diese Rangreihe[27] gegenüber der von *Porter* et al. vermuteten. Die Ursache hierfür liegt vor allem darin, daß abweichend von den Annahmen von *Porter* et al. der unabhängigen Variablen ‚Arbeitsstruktur' eine bedeutend höhere Bedeutung aus der Sicht des Mitarbeiters zukommt als der Variablen ‚Organisation', d. h. z. B. daß anspruchsvolle Tätigkeiten in einer mechanistischen Organisation eindeutig einfachen Tätigkeiten in einer organischen Organisation vorgezogen werden.

Aufgrund eines umfänglichen Literaturstudiums konnte *Niederfeichtner* (1982) folgende drei Gruppen von Einflußfaktoren auf die Arbeitsorientierung analysieren:

- **Personale Faktoren,** z. B. Geschlecht, Alter, Religion, Schulbildung
- **Außerorganisationale Lebensumstände,** z. B. Urbanisierung, soziale Schicht
- **Berufliche und organisationale Faktoren,** z. B. Position in der Hierarchie, Betriebszugehörigkeitsdauer

Eine Auswertung der vorliegenden empirischen Untersuchungen zum Zusammenhang zwischen Kontext-Faktoren und Arbeitsorientierung veranlaßt *Niederfeichtner* (1982, S. 158 ff.) zu dem Schluß, daß den Variablen Schulbildung, soziale Schicht und Position in der beruflichen und organisationalen Hierarchie die größte Bedeutung zukommt. Diese Befunde legen es nahe, der Entwicklung von Arbeitsorientierungen durch Sozialisation (vor allem durch Arbeit) besonderes Augenmerk zu schenken. Die Betonung personaler Faktoren in den Studien zu Folgewirkungen von Arbeitsstrukturierungsmaßnahmen hat zu einer Abkehr von universellen und Hinwendung zu individuell-

---

[27] Die Rangreihe ordnet die Kombinationen ① bis ⑧ nach dem erwarteten Zufriedenheits- und Leistungsniveau in eine Reihe von dem höchsten (1) bis zum niedrigsten (8) Niveau an.

*Abb. 5.43:* Zuordnung von erwartetem Zufriedenheits- und Leistungsniveau zu unterschiedlichen Arbeitssituationen

| Bezeichnung der Kombinationen nach *Porter* et al. 1975 | Organisations-struktur | Arbeits-struktur | Wachstumsbedürfnis | Prognostiziertes Zufriedenheits- und Leistungsniveau | Prognostizierte Rangreihe von *Porter* et al. | Prognostizierte Rangreihe von *Pierce* et al. |
|---|---|---|---|---|---|---|
| 7 | organisch | bereichert | hoch | am höchsten | 1 | 1 |
| 2 | mechanistisch | einfach | niedrig | hoch | 2 | 7 |
| 5 | organisch | einfach | hoch | mittel | 4.5 | 5 |
| 3 | mechanistisch | bereichert | hoch | mittel | 4.5 | 2 |
| 6 | organisch | einfach | niedrig | mittel | 4.5 | 6 |
| 4 | mechanistisch | bereichert | niedrig | mittel | 4.5 | 4 |
| 8 | organisch | bereichert | niedrig | am niedrigsten | 7 | 3 |
| 1 | mechanistisch | einfach | hoch | am niedrigsten | 8 | 8 |

*Quelle: Pierce* et al. 1979, S. 224

differenzierenden Ansätzen geführt. Im deutschsprachigen Raum sind hier vor allem *Schanz* und *Ulich* zu nennen. Der **differentielle Ansatz** von *Schanz* (1978, 1982) fordert eine individualisierte Arbeitsorganisation, die es jedem Arbeitnehmer erlauben soll, aus einer Vielzahl verschiedenartiger Arbeitssituationen die ihm genehme frei zu wählen. Eine Verwirklichung dieser Idee ist unter dem herrschenden Wirtschaftssystem unrealistisch und zeugt von einem subjektivistischen Verständnis von Humanisierung, wonach ein Arbeitsplatz schon dann als ‚human' gilt, wenn er in seiner Ausstattung den individuellen Bedürfnissen des Inhabers nicht zuwiderläuft (vgl. zur Kritik *Steinmann/Schreyögg* 1980).

Mit der Frage der Individualisierung von Arbeitstätigkeiten hat sich vor allem *Ulich* auseinandergesetzt (vgl. seine Beiträge in *Hacker/Raum* 1980, und *Frei/Ulich* 1981). Im Zusammenhang mit der von ihm favorisierten persönlichkeitsförderlichen Arbeitsgestaltung werden drei Prinzipien unterschieden:

- **Prinzip der flexiblen Arbeitsgestaltung**
  Danach soll ein Arbeitssystem so flexibel gestaltet sein, daß interindividuell unterschiedliche Arbeitsweisen von den Arbeitenden realisiert werden können.
- **Prinzip der differentiellen Arbeitsgestaltung**
  Danach sollen verschiedene Arbeitssysteme angeboten werden, aus denen sich die Arbeitenden das ihnen genehme wählen können. Diesem Prinzip entsprechen die Vorstellungen von *Schanz.*

- **Prinzip der dynamischen Arbeitsgestaltung**
  Im Gegensatz zu den ersten beiden Prinzipien, die mehr oder weniger von gegebenen Qualifikationen ausgehen, also statisch sind, trägt die dynamische Arbeitsgestaltung der Forderung nach Persönlichkeitsentwicklung Rechnung. Dynamisch ist die Arbeitsgestaltung dann, wenn bestehende Arbeitssysteme den gewachsenen Ansprüchen der Arbeitenden entsprechend verändert oder ganz neue Arbeitssysteme geschaffen werden.

Werden diese Arbeitsgestaltungsprinzipien mit den oben erwähnten Humanisierungsmaßnahmen in Zusammenhang gebracht, meinen viele Praktiker, durch solche Einzelmaßnahmen könne die Arbeitswelt insgesamt humaner werden. Humanisierung der Arbeit kann m. E. nicht allein durch isolierte, punktuelle Eingriffe in die Arbeitsorganisation, wie z. B. Erhöhung der Arbeitssicherheit, Realisierung arbeitshygienischer Normen, Erweiterung des Handlungsspielraums, verwirklicht werden, sondern alle Bemühungen in dieser Richtung sollten aus einem sozialpolitischen Programm zu entwickeln sein, welches das gesamte gesellschaftliche Umfeld von Mensch und Arbeit mit einbezieht (vgl. auch *Tietze* 1974 und *Gohl* 1976).

,,Humanisierung" versteht sich dann nicht technisch-funktional als ‚soziale' Rationalisierung, sondern sozial-emanzipatorisch als Bemühungen, ,,die der Realiserung beruflicher Autonomie im Arbeitsprozeß, der autonomen Gestaltung der Arbeit, der Wiedergewinnung der Kontrolle (und Selbstbestimmung) der Arbeitenden über den Arbeitsprozeß dienen" (*Fricke* 1975, S. 219) – kurz **Autonomie und Partizipation** –. Setzt man sich für eine so verstandene Humanisierung ein, führt das dazu, daß weit umfangreichere und weitreichendere organisatorische und politische Veränderungen vorgesehen werden müssen, als dies bei der partiellen Veränderung von Arbeitsinhalten und -rollen (job design) der Fall ist.

Es gibt Anlaß zu vermuten, daß die Zielangabe ,,Humanisierung" in vielen Fällen Alibi-Funktion für primär technisch-ökonomisch determinierte Anpassungsstrategien industrieller Arbeit übernimmt. *Altmann* et al. (1982, S. 144) bemerken, ,,daß Betriebe mit neuen Arbeitsformen vielfach das Ziel verfolgen, betriebliche Herrschaftsbeziehungen verdeckt zu halten und auf die Kooperationsbeziehungen zwischen den Arbeitskräften ‚abzuwälzen'". (Zur Kritik am HdA-Programm vgl. *Spannhake* 1982, S. 79ff. sowie 130ff.).

Ich bin der Meinung, daß nur ein pluralistischer, interdisziplinärer, situativer Ansatz der Komplexität und Mehrdimensionalität industrieller Arbeitsorganisationen gerecht werden kann. Veränderungen der objektiven Aufgabe haben Konsequenzen u. a. für die Lohnfindung, Arbeitszeitregelung, Arbeitsbewertung, Führung, Weiterbildung, Mitbestimmung, Beurteilung, Kontrolle, Entscheidungsfindung. Solange von den Anforderungen der Maschine und technischen Sachzwängen gesprochen wird, anstatt den prinzipiell variablen Charakter von Technik und Technologie zu akzeptieren, müssen *„neue"* Formen der Arbeitsorganisation zwangsläufig Stückwerk bleiben. Organisatoren sollten sich von der Vorstellung lösen, zunächst das technische

Subsystem zu optimieren und anschließend das soziale Subsystem durch Anwendung entsprechender Sozialtechniken daran anzupassen; vielmehr gilt es, von der Arbeitsorganisation als ökonomisch, sozial und technisch determiniertem System auszugehen (**sozio-technischer Systemansatz**). Im Mittelpunkt sollte der arbeitende Mensch und nicht die Technik stehen. Technik und Technologien haben dem Menschen gegenüber dienenden Charakter und werden im situativen Modell als Variablen und nicht als Daten konzeptualisiert. Neue arbeitsorganisatorische Formen sollten geradezu neue technische Entwicklungen induzieren. Entsprechend interessiert hier nicht, wie Menschen an technisch-organisatorisch determinierte Aufgabeninhalte anzupassen sind, sondern vielmehr, welche Handlungs- und Verhaltenskonsequenzen bestimmte Aufgaben haben und daraus abgeleitet, mit welchen Stimuli Aufgaben ausgestattet werden müssen, um eine günstige Arbeitssituation zu schaffen (vgl. *Hackman* 1969 sowie das Konzept der Dualen Arbeitssituationsanalyse, S. 492f. der Arbeit).

## III. Kontextfaktor ‚Technologie'

Neben der Umwelt und der Aufgabe wird der **Produktionstechnologie** – oder genereller – der Transformationstechnologie ein erheblicher Einfluß auf die Arbeits- und Organisationsstruktur zugeschrieben.[28] Die empirische Untersuchung dieser Einflußbeziehung nahm ihren Ausgang von den im englischen Kohlebergbau durchgeführten Studien des Tavistock Instituts (vgl. *Trist/Bamforth* 1951, *Trist* et al. 1963). Seitdem haben sich zwei Richtungen entwickelt, von denen sich die eine dem Zusammenhang von Technologie und Struktur auf der **Makroebene** der Organisation, die andere diesem Zusammenhang auf der **Mikroebene** einzelner Subsysteme annimmt. Im Anschluß an diese Unterscheidung werden die im folgenden zu referierenden Studien zum Einfluß der Technologie auf Organisationsstrukturen bzw. Arbeitsstrukturen differenziert.

### 1. Technologie und Organisationsstruktur

Als Pionierarbeit zum Problem des Zusammenhangs von Technologie und Organisationsstruktur gilt die Untersuchung von *Woodward* (1958, 1965).[29]

---

[28] Allgemein zum Einfluß der Technologie auf die Struktur vgl. *Scott* 1981, S. 207ff.

[29] Vgl. die ausführliche Darstellung und Kritik bei *Schreyögg* 1978. Ein relativ umfassender Überblick über Studien zum Einfluß der Technologie auf die Organisationsstruktur findet sich bei *Kieser/Kubicek* 1983, S. 273ff.

*Woodward* hat in einer breit angelegten empirischen Erhebung in 100 Industrieunternehmungen mit über 100 Mitarbeitern in Südengland die Fragen untersucht, welche Faktoren für die Unterschiedlichkeit der Organisationsstruktur verantwortlich sind und ob es einen bestimmten Organisationstyp gibt (etwa einen nach den Prinzipien der klassischen Organisations- und Managementtheorie konzipierten), der effizienter ist als alle anderen. *Woodward* fand unterschiedliche Organisations- und Führungsmethoden nicht etwa bei Unternehmungen unterschiedlicher Industriezweige oder solchen mit unterschiedlichen Führungspersönlichkeiten, sondern lediglich bei Unternehmungen, die technologische Unterschiede im Produktionsprozeß aufwiesen. ,,Unterschiedliche Technologien stellten unterschiedliche Anforderungen an Individuen und Organisationen, und diesen Anforderungen mußte durch eine angemessene Struktur begegnet werden" (*Woodward* 1965, S. VI). *Woodward* hat daraufhin die untersuchten Organisationen nach den primär verwandten **Fertigungsverfahren** eingeteilt in Unternehmungen mit:

- **Einzel- und Kleinserienfertigung** (unit and small batch) mit 24 Betrieben
- **Großserien- und Massenfertigung** (large batch and mass) mit 31 Betrieben
- **Kontinuierliche oder Prozeßfertigung** (process) mit 25 Betrieben.

Diese drei Hauptklassen stellen die Zusammenfassung einer 11-stufigen Technologieklassifikation dar.

Um Aufschluß über die Frage nach der Effizienz alternativer Organisationsformen zu bekommen, hat sie drei **Erfolgskategorien** gebildet

- unterdurchschnittlich
- durchschnittlich
- überdurchschnittlich,

und zwar unter Verwendung von ökonomischen Maßstäben wie

- Entwicklung des Marktanteils
- Gewinnentwicklung in den letzten fünf Jahren
- Entwicklung der Erweiterungsinvestitionen
- Entwicklung des Börsenkurses.

Abb. 5.44 zeigt anhand von vier meßbaren organisatorischen Strukturmerkmalen, daß sich Unternehmungen mit unterschiedlichen Fertigungsverfahren in bezug auf die Organisationsstruktur erheblich unterscheiden. Auf den wirtschaftlichen Erfolg hin untersucht zeigt sich, daß die erfolgreichen Unternehmungen einer jeden Fertigungskategorie gruppenspezifische Organisations- und Managementverfahren verwandten, die sich innerhalb einer Kategorie verblüffend ähnelten, bei unterschiedlichen Fertigungsverfahren aber erhebliche Unterschiede aufwiesen. Interessant ist hier vor allem, daß die erfolgreichen Unternehmungen einer jeden Kategorie jeweils Strukturmerkmale aufwiesen, die weitgehend mit den in Abb. 5.44 angegebenen Mittelwerten zusammenfielen. Daraus könnte man die Hypothese ableiten, daß eine Unternehmung nur dann langfristig erfolgreich sein kann, wenn sie ihre Organisationsstruktur in der Mitte zwischen den in ihrer Branche möglichen Extremwerten einpendelt.

*Abb. 5.44:* Organisatorische Anpassung an unterschiedliche Fertigungsverfahren (Die angegebenen Zahlen stellen Medianswerte dar)

| organisatorische Strukturmerkmale | Einzel- und Kleinserienfertigung | Großserien- und Massenfertigung | Prozeßfertigung |
|---|---|---|---|
| Managementebenen | 3 | 4 | 6 |
| Relation Manager/ Ausführende | 1:23 | 1:16 | 1:8 |
| Relation indirekte/ direkte Arbeit | 1:9 | 1:4 | 1:1 |
| Kontrollspanne eines Werkmeisters | 23 | 49 | 13 |
| kritischer Funktionsbereich | Forschung und Entwicklung | Produktion | Marketing |
| Managementsystem | organisch, flexibel Delegation schwach partizipativ | mechanistisch, klare Aufgabenbeschreibung, autoritär | organisch, flexibel stark partizipativ |

*Quelle: Staehle* 1973, S. 90

*Woodwards* Arbeiten haben eine Fülle von **Folgeuntersuchungen** initiiert, von denen aber nur ganz wenige als echte Replikationen anzusprechen sind, da i. d. R. veränderte Technologiemaße verwandt wurden, die eine Vergleichbarkeit der Ergebnisse unmöglich machen. Abgesehen von der Replikation durch *Zwerman* (1970), der aufgrund seiner Untersuchung in 55 US-amerikanischen Unternehmungen zu Ergebnissen kam, die weitgehend mit den *Woodward*'schen übereinstimmen, ist an der These vom technologischen Imperativ sowohl ideologische als auch empirisch begründete Kritik geübt worden. Vor allem im eigenen Land wurde eine Fülle von Folgeuntersuchungen gestartet (z.B. Aston-Gruppe), unter denen diejenige von *Hickson* et al. (1969) eine bemerkenswerte Korrektur der *Woodward*-Hypothesen brachte. Diese Forscher fanden in ihrer Erhebung (46 Industriebetriebe in Birmingham) die These von der überragenden strukturbestimmenden Bedeutung der Fertigungsverfahren *nicht* bestätigt. Sie analysierten als entscheidende Variablen den Grad an Integration im Arbeitsfluß[30] und die Unternehmensgröße. Sie kamen zu dem Ergebnis, daß mit zunehmender **Organisationsgröße** der Einfluß von Technologie auf die Organisationsstrukturen abnimmt und lediglich auf die unmittelbar mit dem Arbeitsfluß verbundenen Aktivitäten beschränkt bleibt. Weiter vom Fertigungsbereich entfernte administrative Bereiche bleiben völlig von der Technologie unbeeinflußt.[31]

Da *Woodward* in ihrer Untersuchung überwiegend mittlere und kleine

[30] Work-flow integration = das Ausmaß an automatisierter, kontinuierlicher, abgetakteter Fertigung.

[31] Ähnliche Ergebnisse finden sich auch bei *Child/Mansfield* 1972 und *Kieser* 1974.

Unternehmungen analysiert hat, in denen der Produktionsprozeß der strukturbestimmende Faktor ist, verwundert es nicht, daß sie zu deutlichen Aussagen über einen engen Zusammenhang von Fertigungsverfahren und Organisationsstruktur kommen konnte. In großen Unternehmungen wird dagegen der Einfluß der Technologie auf solche Strukturmerkmale beschränkt bleiben, die in direktem Zusammenhang mit dem Transformationsprozeß stehen.

Auch *Pugh* et al. (1969) kamen bei ihrer Untersuchung von 46 Unternehmungen in Mittelengland zu dem Ergebnis, daß die **Unternehmungsgröße** über intervenierende Variablen, wie Häufigkeit von Entscheidungen und soziale Kontrolle, zumindest einen mittelbaren Einfluß auf die Organisationsstruktur ausübt. Ein ähnliches Ergebnis erzielte *Reimann* (1977), der in 19 Industrieunternehmungen stärkere Korrelationen zwischen Spezialisierung und Formalisierung und der Unternehmungsgröße ermittelte als zwischen diesen Strukturvariablen und der eingesetzten Technologie.

Ebenfalls von *Woodward* inspiriert ist die Untersuchung (in 43 Industriebetrieben) von *Harvey* (1968), der funktionale Zusammenhänge zwischen unterschiedlichen Technologien und bestimmten Strukturmerkmalen einer Organisation aufzudecken versuchte. Die Skala möglicher Technologien (unabhängige Variablen) ordnet er auf einem Kontinuum von **technischer Vielfalt** (technical defuseness: 72–145) bis **technische Spezifität** (technical specificity: 1–8), wobei als Maßeinheit die Zahl der Produktänderungen in den letzten zehn Jahren herangezogen wurde.

Als abhängige Variablen wählte *Harvey* folgende Strukturmerkmale:

- Zahl der Subsysteme (horizontale Differenzierung)
- Zahl der Führungsebenen (vertikale Differenzierung)
- Relation von Führungskräften zu Gesamtpersonal
- Grad der Formalisierung.

*Harvey* fand in allen 43 untersuchten Organisationen folgende Hypothesen bestätigt:

Mit zunehmender technischer Spezifität (abnehmende Zahl von Produktänderungen) nimmt

- die Zahl der Subsysteme zu
- die Zahl der Führungsebenen zu
- die Relation von Führungskräften zu Gesamtpersonal zu
- der Grad an Formalisierung zu.

Die Ergebnisse dieser Untersuchung erwecken den Eindruck, als ob hohe Instabilität im technologischen Bereich nur eine äußerst schwache organisatorische Strukturierung zulassen würde.

Den Einfluß der Technologie auf die Organisationsstruktur von Industriebetrieben untersuchten auch *Blau* et al. (1976), die einen mit dem Übergang von der Einzel- zur Massenfertigung zunehmenden **Standardisierungsgrad** (und ein Absinken der Qualifikationsanforderungen) nachweisen konnten. Beim Übergang von der Massen- zur Prozeßfertigung schlägt dieser Trend wieder um. Die Untersuchungsergebnisse von *Blau* et al. entsprechen damit der bekannten U-These *Blauners* (1964), die einen ähnlichen Zusammenhang für den Einfluß der Produktionstechnologie auf die Arbeitsstrukturen und damit auf die Entfremdung annimmt und empirisch zu belegen sucht. Im Gegensatz zu den Studien von *Pugh* et al. oder auch *Reimann* (1977) können *Blau* et al. keinen signifikanten Einfluß der Organisationsgröße auf die Beziehung von Technologie und Organisationsstruktur nachweisen. Die Tatsache, daß auch in anderen Untersuchungen (z. B. *Marsh/Mannari* 1981) keine konsistenten Einflüsse der Organisationsgröße auf diese Beziehung nachgewiesen werden konnte, veranlaßt zu der Einsicht, daß der im Anschluß an die Studie *Woodwards* aufgedeckte Einfluß der Organisationsgröße weitaus komplexer ist als zunächst angenommen.

Während die bislang besprochenen Arbeiten sich überwiegend auf industrielle Transformationsprozesse beschränkt haben, hat *James Thompson* (1967) eine Technologieklassifikation entwickelt, die alle Arten von Organisationen umfaßt. Er unterscheidet drei idealtypische Erscheinungsformen von Technologie, die auch unterschiedliche Organisations- und Führungsmaßnahmen erforderlich machen (S. 15ff.):

1. **long-linked technology**
2. **mediating technology**
3. **intensive technology.**

Zu 1.:

**,Long-linked technology'** ist dadurch charakterisiert, daß der Produktionsprozeß aus einer Vielzahl hochspezialisierter Arbeitsgänge besteht, die optimal aufeinander abgestimmt sind. *Beispiele* hierfür sind die Verfahren der Serien- und Massenfertigung zur Erstellung standardisierter Erzeugnisse. Diese Technologie war in erster Linie Forschungsgegenstand der ,Scientific Management Bewegung'. Die Organisation folgt hier der Logik des Produktionsprozesses.

Zu 2.:

**,Mediating technology'** ist eine Technologie, der sich Organisationen bedienen, wenn sie ihre Aufgabe in der Vermittlung von Geschäftsbeziehungen zwischen Interessenten sehen. *Beispiele* hierfür sind Banken, Versicherungen, Post ect. Das Streben nach Standardisierung der Leistung führt zur Anwendung bürokratischer Modelle. Die Organisation folgt hier den Bedürfnissen der Kunden bzw. Klienten.

Zu 3.:

**,Intensive technology'** wird dann angewandt, wenn es gilt, an einem bestimmten Objekt oder in einer bestimmten Person eine Veränderung zu erreichen. *Beispiel* hierfür sind Krankenhäuser, Hoch- und Tiefbau, Unternehmensberatung, Schulen und Universitäten. Diese Technologie ist Gegenstand der Team- und Kleingruppenforschung. Die Organisation folgt hier dem Erfordernis des individuellen Falles.

Die primär benutzte Technologie legt nach *Thompson* in der Regel auch die Richtung fest, in der eine Organisation ihre **,organizational domain'** auszudehnen versucht. Bei der ‚long-linked technology' ist es die vertikale Integration (forward and backward), bei der ‚mediating technology' die Ausweitung des Kundenkreises und bei der ‚intensive technology' die Integration des Arbeitsobjektes in die Organisation.

Auch *Perrow* (1970) hat ein Technologiemaß herangezogen, das für Organisationen Anwendung finden kann, die keine Maschinen i. e. S. in ihrem Transformationsprozeß benötigen. Das als **‚knowledge technology'** bezeichnete Maß (Anzahl der Ausnahmefälle und ihre Analysierbarkeit) ist jedoch so allgemein gehalten, daß eine Abgrenzung von anderen Konzepten (Aufgabe → Organisationsstruktur) schwerfällt. Hierin ist nicht grundsätzlich ein Nachteil zu sehen, jedoch dürfen die Ergebnisse solcher Studien nicht als Beleg für die Bestätigung der Hypothesen über den Einfluß der Technologie auf die Organisationsstruktur im Sinne *Woodwards* interpretiert werden. Überhaupt, und dies gilt für alle bisher referierten Untersuchungen, sind komparativ-statische Analysen ungeeignet, die kausale Wirkungsrichtung von Technologie- und Strukturvariablen zu ergründen. Die Entdeckung von Kausalitäten bedarf spezieller Untersuchungs-Designs (Längsschnittstudie, Experiment) und anspruchsvollerer statistischer Analyseverfahren, die zur Untersuchung dieses Variablenzusammenhangs bisher kaum Verwendung gefunden haben.

Eine Fülle weiterer empirischer Erhebungen, für die dieser Einwand im selben Maße gilt, bestätigt einen Zusammenhang von Technologie und Struktur lediglich auf der Mikroebene von Abteilungen, die einen unmittelbaren Kontakt mit dem Produktionsbereich haben.

## 2. Technologie und Arbeitsstruktur

Eine der ersten Untersuchungen, die zum Ziel hat, den Einfluß der angewandten Technologie auf die (Einstellung zur) Arbeitsstruktur zu ermitteln, ist von *Walker/Guest* (1952) durchgeführt worden. *Walker/Guest* untersuchten 1949 die Einstellungen von Fließbandarbeitern in einem amerikanischen Karosseriemontagewerk und ermittelten eine hohe Unzufriedenheit der befragten Arbeiter. Ihre Gestaltungsempfehlung, zur Reduzierung der Entfremdung das Arbeitsfeld zu erweitern (**Job Enlargement**), hat in der Folgezeit großen Zuspruch von Wissenschaftlern wie Praktikern erfahren.

Die schon erwähnte Studie von *Blauner* (1964) wird aufgrund ihrer plausiblen Ergebnisse ebenfalls häufig referiert. *Blauner* hat den Einfluß unterschiedlicher Technologie (Handwerkliche Techniken, Mechanisierung, Fließbandproduktion und Prozeßautomation) auf die **Entfremdung von Arbeitern** untersucht und die Beziehung mit einer U-Kurve dargestellt: Arbeit unter handwerklichen Produktionsbedingungen und Bedingungen der Prozeßtechnologie wurde als weit weniger entfremdet empfunden als bei einem mittleren Mechanisierungsgrad. Die Untersuchung *Blauners*, deren Ergebnisse in späteren Studien zumeist bestätigt wurden (z. B. *Faunce* 1965, *Shepard* 1971, *Kirsch/Lengermann* 1971), ist wegen ihres deterministischen Designs, der Psychologisierung des Entfremdungskonzepts und ihrer Methotik vielfach kritisiert worden. Heute wird überwiegend die These vertreten, daß die U-Kurve die Entwicklung der Arbeitsstrukturen in Abhängigkeit von der technologischen Entwicklung nur für einen kleinen Teil der Beschäftigten zutreffend beschreibt, während der überwiegende Teil auch im Falle einer weitgehenden Automation restriktive Arbeitsbedingungen zu ertragen hat (Polarisierungsthese von *Kern/Schumann* 1970).

*Mohr* (1971) untersucht den Einfluß der Technologie auf die Arbeitsstrukturen in 144 Abteilungen von 13 Organisationen. Sein Technologiemaß (task manageability) ist dem von *Perrow* vergleichbar und basiert auf der Einschätzung der Uniformität, der Komplexität und der Analysierbarkeit von Aufgaben durch die Mitglieder der Abteilung sowie durch unabhängige Experten. Unter *Mohrs* Untersuchungsergebnissen sticht eine signifikante und relativ starke Beziehung zwischen diesem Maß und der Strukturdimension ‚**Entscheidungszentralisierung**' hervor, die mit zunehmendem Routinecharakter der Tätigkeit zunimmt.

*Hrebiniak* (1974) erhebt den Einfluß der Technologie auf die Arbeitsstruktur in 36 Abteilungen eines Krankenhauses und erhält eine signifikante, wenn auch relativ schwache positive Korrelation der Technologie, die er mit einem dem Maß von *Mohr* vergleichbaren Instrument erhoben hat, mit dem Ausmaß, in dem sich die Mitglieder dieser Abteilungen an Regeln zu halten haben. Erst die Kontrolle des Führungsverhaltens erbrachte höhere Korrelationen. Dieses Resultat spricht ebenso wie der in anderen Untersuchungen belegte, moderierende Einfluß der Organisationsgröße für die vermehrte Verwendung multivariater Untersuchungs-Designs auch bei der Analyse des Zusammenhangs von Technik und Strukturvariablen.

*Van de Ven* et al. (1976) untersuchen in 197 Arbeitsgruppen einer großen Organisation den Einfluß der Technologie auf den Einsatz von Koordinationsinstrumenten. Technologie erfassen sie über die Einschätzung der Aufgabenunsicherheit und der Aufgabeninterdependenz. Sowohl eine steigende Aufgabeninterdependenz als auch eine größere Aufgabenunsicherheit haben tendenziell einen verstärkten **Einsatz von Koordinationsinstrumenten** zur Folge. Dabei zeichnen sich die Abteilungen, von denen eine hohe Aufgabenunsicherheit berichtet wird, dadurch aus, daß tendenziell unpersönliche durch persönliche Koordinationsinstrumente ersetzt werden.

Demselben Autor (*Van de Ven* 1977) gelingt es mit Hilfe einer Längsschnittstudie und unter Anwendung spezieller statistischer Analyseverfahren, die kausale Wirkungsrichtung des Zusammenhangs von Technik und Arbeitsstruktur in 125 Subsystemen einer großen Behörde zu belegen. Danach verursacht eine zunehmende Aufgabenunsicherheit eine **Dezentralisation von Entscheidungen,** die ihrerseits eine erhöhte Interdependenz der Organisationsmitglieder zur Folge hat. Eine Dimension des verwendeten Technologiemaßes (Aufgabenunsicherheit) erweist sich somit als unabhängige, die andere (Aufgabeninterdependenz) als von der Struktur abhängige Variable. Insgesamt sind diese Ergebnisse jedoch mit Vorsicht zu interpretieren, weil die verwendeten Maße nur z. T. als Technologiemaße i. e. S. aufgefaßt werden können. Anders als auf der Makroebene scheint auf der Ebene einzelner Subsysteme der Organisation der Einfluß der Technologie auf Strukturvariablen stärker zu sein als der Einfluß der Größe der Organisationseinheit (*Comstock/Scott* 1977).

Der Vollständigkeit halber sei darauf hingewiesen, daß der Einfluß der Technologie auf Arbeitsstrukturen seit nunmehr drei Jahrzehnten eines der zentralen Untersuchungsfelder der deutschen **Industriesoziologie** ist. In ähnlicher Form wie in der angelsächsischen Management- und Organisationstheorie ist auch die industriesoziologische Forschung zunächst von deterministischen Konzeptionen dieser Einflußbeziehungen ausgegangen (z. B. *Bahrdt* 1958, *Popitz* et al. 1976). Der *technologische* Determinismus dieser ersten Studien ist später einem *ökonomischen* Determinismus gewichen, der die Zwangsläufigkeit bestimmten Arbeitsstrukturen nicht auf die angewandte Technologie zurückführt, sondern von der ökonomischen Notwendigkeit ausgeht, unter den gegebenen arbeitsorganisatorischen Alternativen diejenige auswählen zu müssen, die sich als die effizienteste erweist (vgl. *Kern/Schumann* 1970, *Mickler* et al. 1976). Jüngste Ansätze hingegen gehen von der Existenz eines auch ökonomisch begründbaren **Spielraums bei der Arbeitsstrukturierung** aus und konzipieren sowohl die ‚Organisierung' als auch die ‚Technisierung' als strategische Variablen (*Altmann/Bechtle* 1971, *Bechtle* 1980), die dem Zugriff des Managements unterliegen, jedoch nur in dem durch die gesellschaftlich-ökonomischen Bedingungen des kapitalistischen Wirtschaftssystems abgesteckten Rahmen. Im Gegensatz zu den Ergebnissen der empirischen Organisationsforschung haben diese Überlegungen bisher kaum Eingang in die Managementliteratur gefunden.[32] Die Möglichkeiten und Grenzen einer strategischen Wahl sowohl beim Einsatz von Technologien als auch bei der Gestaltung der Organisations- und Arbeitsstrukturen werden jedoch auch in der **Managementlehre** im Anschluß an die Studie von *Child* (1972) in zunehmendem Maße diskutiert.[33]

Trotz methodologischer Bedenken gegen eine Verwertung der empirischen Erkenntnisse über den Zusammenhang von Technologie einerseits und Arbeits- bzw. Organisationsstrukturen andererseits für das praktische Management, haben einige Ergebnisse – trotz ihrer Widersprüchlichkeit – Eingang in die gestaltungsorientierte Managementliteratur gefunden. So ordnen z. B. *Tosi/Carroll* (1976, S. 179 ff.) unterschiedlichen Umwelt-Technologie-Ausprägungen unterschiedliche Organisationsformen zu:

---

[32] Einen Überblick über diese Studien geben z. B. *Lutz/Schmidt* 1977, *Herkommer/Bierbaum* 1979.

[33] Vgl. Abschnitt 1 C V vor allem S. 101 ff.

| Merkmale | | Organisationsform |
|---|---|---|
| Markt | Technologie | |
| stabil | stabil | hierarchisch, bürokratisch |
| stabil | turbulent | Technologie-orientierte Mischform |
| turbulent | stabil | Markt-orientierte Mischform |
| turbulent | turbulent | flexibel, dynamisch |

Vor einer unmittelbaren Ableitung von Gestaltungsempfehlungen für das Management ist jedoch zu warnen. *Schreyögg* (1978) stellt m. E. zu Recht fest, daß sich die empirischen Forschungsergebnisse zum Einfluß der Technologie auf die Organisationsstruktur zum Teil fundamental widersprechen, und daß nicht einmal ein annähernder Konsens über die grundsätzliche Bedeutung der Technologie als Einflußfaktor der Organisationsstruktur erzielt wurde. Diese Feststellung trifft, wenn auch nicht im gleichen Umfang, auch auf die empirische Untersuchung des Einflusses der Produktionstechnologie auf die Arbeitsstrukturen zu. Insgesamt scheinen mir diese Studien von ihrer Anlage auf der **Mikroebene** erfolgversprechender, da die einzelnen Subsysteme einer Organisation unterschiedliche Technologien anwenden oder die Anwendung von Technologien i. e. S. weitestgehend auf Produktionsabteilungen (und zunehmend Abteilungen mit routinisierbaren Verwaltungsaufgaben) beschränkt ist. Im ersten Fall ist zu erwarten, daß sich die Wirkungen der Technologien auf die Organisationsstruktur möglicherweise gegenseitig aufheben, im zweiten Fall ist ein solcher Einfluß nur auf die Arbeitsstrukturen der entsprechenden Abteilung zu erwarten.

In jedem Fall scheint es erforderlich zu sein, die Untersuchungseinheiten nicht miteinander zu vermischen (*Gerwin* 1976). Darin, daß Untersuchungseinheiten nicht präzise definiert und unterschieden werden, sieht *Fry* (1982) eines von insgesamt drei zentralen methodischen Problemen der empirischen Erforschung des Einflusses der Technologie auf Strukturvariablen. Ein zweites Problem sieht *Fry* in der oft unzweckmäßigen Konstruktoperationalisierung, die eine Überschneidung von Technologie-, Umwelt-, Aufgaben- und Struktur-Konzepten nicht ausschließt (vgl. auch *Stanfield* 1976). Das dritte zentrale Problem liegt schließlich in der Verwendung ‚objektiver' und subjektiver Technologie- und Strukturmaße (vgl. auch *Reimann/Inzerilli* 1981), die einerseits erhebliche Validierungsprobleme aufwerfen und andererseits den Verdacht der Redundanz mit anderen Konzepten, wie dem des Organisationsklimas, nahelegen (s. Abschnitt E.). *Frys* Analyse von fast 50 empirischen Untersuchungen zum Einfluß der Technologie auf Arbeits- und Organisationsstrukturen, von denen hier nur ein kleiner Teil referiert werden konnte, bestätigt die Vermutung, daß sowohl die Wahl der Untersuchungseinheit als auch die Konstruktoperationalisierung wesentlich zur Inkonsistenz der Ergebnisse beitragen, und auch *Reimann/Inzerilli* (1981) halten die Untersuchungseinheit in diesem Zusammenhang für sehr bedeutungsvoll, wenn sie der Meinung sind, daß die empirische Untersuchung des Zusammenhangs von Technologie und Struktur auf der Mikroebene zu weitaus konsistenteren Ergebnissen als auf der Makroebene geführt hat.

Die Tatsache, daß Produktionstechnologien in zunehmendem Maße Anwendungsformen **mikroelektronischer Basistechnologien** darstellen (CNC-Maschinen, CAD/CAM-Systeme, bzw. computergestützte Textverarbeitungs- und Telekommunikationstechnologien im Verwaltungsbereich), stellt die Gültigkeit der empirisch ermittelten Zusammenhänge zwischen Technik und Strukturvariablen einmal mehr in Frage. Die Erkenntnisse über den Einfluß dieser modernen Technologien auf die Arbeits- und Organisationsstrukturen sind noch als sehr vorläufig zu bezeichnen.[33a] Die technologische Entwicklung bringt es zudem mit sich, daß eine empirische Erfassung dieses Zusammenhangs methodisch immer fragwürdiger erscheint. Zeichnen sich schon die oben referierten empirischen Studien durch sehr heterogene und zum Teil unzweckmäßige Operationalisierungen des Technologiekonstrukts aus, erscheint eine methodische Differenzierung von technischen und organisatorischen Aspekten immer problematischer. Technologieanwendungen auf der Grundlage von Mikroelektronik zeichnen sich dadurch aus, daß sie programmgesteuert sind. Die **Programmierung** (hier: der Software) gilt ihrerseits als wichtiges Koordinationsinstrument und damit als Dimension der Organisationsstruktur. Aus diesem Grund scheint eine gemeinsame Erfassung von Technik- und Strukturvariablen mit Hilfe integrativer Konzepte angezeigt. Ein solches integratives Konzept ist zum Beispiel in dem schon vorgestellten Modell der Dualen Arbeitssituation zu sehen[34], mit dessen Hilfe die unterschiedliche Wahrnehmung verschiedener, vorgegebener Arbeitssituationen (z. B. Bildschirmarbeitsplätze) durch die betroffenen Arbeitnehmer nachgewiesen werden konnte (*Staehle* et al. 1980). Das Konzept basiert auf der Annahme, daß erstens neben der vorgegebenen Arbeitssituation die subjektiv wahrgenommene Arbeitssituation eine ebenso wichtige Zielvariable darstellt, und daß zweitens sowohl die Technik als auch die Arbeitsstrukturen als gestaltbar begriffen werden.

Neben Umwelt, Aufgaben und Technologie werden nicht zuletzt die **Organisationsmitglieder** selbst aufgrund ihrer Einstellungen und Bedürfnisse das Aussehen von Organisationsstrukturen beeinflussen. Wegen der großen Bedeutung des Menschen in Organisationen wurde diesen Einflußbeziehungen ein eigener Teil 3 gewidmet.

---

[33a] Vgl. z. B. *Shaiken* 1980, *Mickler* 1981, *Buchanan/Boddy* 1982.

[34] Vgl. Abschnitt D II sowie *Slocum/Sims* (1980), die Technologie und Strukturvariablen in ein Modell integrieren.

Zusammenfassend läßt sich der **Bezugsrahmen,** in den die oben beschriebenen Aussagen zur situativen Organisationsstrukturierung einzuordnen sind, wie folgt darstellen:

| Kontextfaktoren ⇄ | Strukturvariablen ⇄ | Verhaltenskonsequenzen |
|---|---|---|
| Umwelt | Spezialisierung | Leistung |
| Technologie | Zentralisation | Zufriedenheit |
| Zweck/Aufgaben | Konfiguration | Konflikt |
| Menschen | Standardisierung | ⋮ |
| ⋮ | Formalisierung | |
| | ⋮ | |

Ein Beispiel für eine idealtypische Klassifikation in fünf Strukturtypen, definiert durch die Konstellation bestimmter Kontingenzfaktoren und Strukturvariablen, bietet Abb. 5.45:

*Abb. 5.45:* Entwicklung von Strukturtypen in Abhängigkeit von situativen Variablen

**Strukturtypen**

| | einfache Struktur | Maschinen-Bürokratie | Professionelle Bürokratie | Divisionalisierte Struktur | Adhocratie[35] |
|---|---|---|---|---|---|
| **Kontingenzfaktoren** | | | | | |
| Alter | jung | alt | unterschiedlich | alt | jung |
| Größe | klein | groß | unterschiedlich | sehr groß | unterschiedlich |
| Technologie | einfach | mechanisiert | einfach | spezialisiert | komplex |
| Umwelt | einfach/dynamisch | einfach/stabil | komplex/stabil | relativ einfach u. stabil | komplex/dynamisch |
| Macht/Kontrolle | Eigentümer-Unternehmer | Kontrolle durch Technokraten u. Externe | Kontrolle durch Professionals | Divisions-Manager | Kontrolle durch Experten |
| **Strukturvariablen** | | | | | |
| Spezialisierung | gering | stark | stark | etwas | stark |
| Training | wenig | wenig | viel | etwas | viel |
| Formalisierung | gering/organisch | stark/bürokrat. | wenig/bürokrat. | stark/bürokratisch | wenig/organisch |
| Abteilungsbildung | Funktion | Funktion | Funktion/Markt | Markt | Funktion/Markt |
| Abteilungsgröße | groß | Basis: groß | Basis: groß | Spitze: groß | klein |
| Planungs- und Kontrollsystem | kaum vorhanden | operative Planung | kaum vorhanden | sehr ausgefeilt | geringe operative Planung |
| Koord.mechanismen | kaum vorhanden | kaum vorhanden | in Verwaltung | wenige | viele |
| Zentralisation | Zentralisation | wenig horizont. Dezentralisat. | horizontal u. vertikale Dezentralisation | geringe vertikale Dezentralisation | Dezentralisation |

*Quelle: Mintzberg* 1979, S. 466f.

[35] Dieser Begriff stammt von *Toffler* (1970).

# E. Organisationsklima

Zu Beginn dieses Teils der Arbeit über die Gestaltung von Strukturen und Prozessen habe ich darauf hingewiesen, daß das Verhalten von Organisationsmitgliedern überwiegend durch formale Strukturcharakteristika, das Ergebnis von Differenzierung und Integration, gesteuert und kontrolliert werde. Diese Aussage gilt es im folgenden zu relativieren. Nicht alle der bislang beschriebenen Organisationsmerkmale sind verhaltensrelevant. Bestimmte Ausprägungen werden überhaupt nicht wahrgenommen, andere stärker oder schwächer, als es ihrem objektiven, intendierten Stellenwert in der Organisation entspricht. Nicht (nur) die ‚objektive' Situation (Gegebenheiten der Organisation), sondern vor allem die Art und Weise, wie die Organisation durch ihre Mitglieder wahrgenommen wird, beeinflußt deren Motivation, Leistung und Zufriedenheit (vgl. z. B. *Langenheder* 1975).

## I. Konzeptionelle Überlegungen

Seit den 30er Jahren läßt sich in den USA eine *psychologisch* orientierte Organisationsklima-Forschung und in Deutschland eine *soziologisch* orientierte Betriebsklima-Forschung nachweisen, die in keiner Weise voneinander Kenntnis nahmen.

In Deutschland beschäftigte sich als erster *G. Briefs* (1934) unter dem Stichwort ‚Betriebsatmosphäre' mit dem **Betriebsklima.** Nach dem 2. Weltkrieg wandte sich die Industriesoziologie unter dem Einfluß der Human Relations Bewegung wieder verstärkt den sozialen Beziehungen im Betrieb zu. Am Frankfurter Institut für Sozialforschung leitete *v. Friedeburg* (1963) die wohl bedeutendste deutsche Untersuchung über Betriebsklima. In der betrieblichen Praxis wurde das Betriebsklima-Konzept eher als harmoniestiftende Human Relations Technik denn als Konzept der empirischen Organisationsforschung angesehen. Folglich sollten die Konzepte ‚Betriebsklima' und ‚Organisationsklima' strikt voneinander abgegrenzt werden.

**Organisationsklima** bezeichnet die Gesamtheit der von den Organisationsmitgliedern wahrgenommenen und damit verhaltensrelevanten Merkmale einer Organisation. Zwischen die objektiven, rational planbaren Aspekte der Organisation (Strukturvariablen) und das Verhalten von Organisationsmitgliedern (Verhaltenskonsequenzen) schiebt sich quasi als *Filter* das Konzept des Organisationsklimas. Darunter ist die gesamthafte, wahrnehmungsbezogene, kognitive Verarbeitung organisationaler (= situativer) Stimuli durch das betreffende Individuum zu verstehen. Wie die Organisationsmitglieder ihr Organisationsklima wahrnehmen und beschreiben ist demzufolge eine Funktion *situativer* und *personaler* Faktoren, die sich zu einem „persönlichen Bild" von der Organisation und ihren inneren und äußeren Gegebenheiten formen. Damit werden die Wahrnehmungs- und Kognitionsprozesse von Organisationsmitgliedern zum zentralen Teil des Organisationsklima-Konzeptes.

Drei **Entwicklungsabschnitte** kennzeichnen den bisherigen Verlauf der Organisationsklima-Forschung (vgl. *Weinert* 1981, S. 166ff., *Conrad/Sydow* 1984, *Sydow* 1983):

- Organisationsbezogene Eigenschaftsansätze
- Personbezogene Eigenschaftsansätze
- Interaktionistische Ansätze.

Die **organisationsbezogenen Eigenschaftsansätze** fassen als früheste Definitionsversuche des Organisationsklimas dieses Konzept als „... jene Menge von Charakteristika, die eine Organisation beschreiben und die a) die Organisation von anderen Organisationen unterscheiden, b) im Zeitablauf relativ überdauernd sind und c) das Verhalten der Menschen in der Organisation beeinflussen" (*Forehand/Gilmer* 1964, S. 362). Mittels einer solchen begrifflichen Fassung geht aber der subjektive Wahrnehmungscharakter des Konzeptes völlig verloren und es unterscheidet sich demnach nur unwesentlich vom Konzept der Organisationsbeschreibung, wie es der empirischen Organisationsforschung mit dem Aston-Konzept zur Verfügung steht. *Tagiuri/Litwin* (1968) kritisieren demzufolge zu Recht, daß hier der Eindruck erweckt wird, als sei Organisationsklima ein objektiv existierendes Phänomen und nicht ein gedankliches Konstrukt in den Köpfen der Organisationsmitglieder (oder Forscher). Die Studie von *Litwin* und *Stringer* (1968; zu deren Stellenwert vgl. auch *Sydow* 1983) und die Bezugnahme auf Konzeptualisierungen des Person-Umwelt-Bezuges im Sinne *Lewins* führen zur Ablösung des organisationsbezogenen Ansatzes.

Der **personbezogene Ansatz** kommt in der Definition von *Tagiuri* und *Litwin* zum Ausdruck: „Organisationsklima ist die relativ überdauernde Qualität der internen Umwelt einer Organisation, die a) durch ihre Mitglieder erlebt wird, b) ihr Verhalten beeinflußt und c) durch die Werte einer bestimmten Menge von Charakteristika (oder Attributen) der Organisation beschrieben werden kann" (*Tagiuri/Litwin* 1968, S. 27). In Verfeinerung des personenbezogenen Eigenschaftsansatzes führen *James* und *Jones* (1974) eine Aufspaltung des summarischen Konzeptes Organisationsklima ein und zwar in

- ein *auf die Organisation* bezogenes Organisationsklima und
- ein *auf die Person* bezogenes psychologisches Klima.

Das **psychologische Klima** stellt dabei explizit auf entscheidende, im Kopf des Organisationsmitgliedes ablaufende psychische Elemente und Verarbeitungsprozesse ab, die eine befriedigende theoretische Verknüpfung organisationaler Variablen (Situation) und Verhaltensvariablen (Reaktion) überhaupt erst ermöglichen (vgl. *Conrad/Sydow* 1984).

Neuere organisationstheoretische Diskussionen und empirische Untersuchungen greifen explizit auf die Interaktion personaler und situativer Aspekte bei der Entstehung, Aufrechterhaltung und Veränderung von Organisationsklimata zurück. **Interaktion**[36] als Beschreibungskonzept kann nach *Lantermann* (1980, 1982) in den drei Formen der

- statischen Interaktion
- kognitiv-dynamischen Interdependenz und
- als Transaktion

auftreten.

**Interaktion als statische Interaktion** meint eine einseitig gerichtete Interaktion, wobei mehrere unabhängige Variablen (Person- und Situationsaspekte) so verknüpft sind, daß sie gleichzeitig einen Beitrag zur Aufklärung der statistischen Varianz der als abhängig gekennzeichneten Variable „Verhalten" leisten.

**Interaktion als kognitiv-dynamische Interdependenz** stellt verstärkt auf die kognitiven Strukturierungs- und Anpassungsprozesse ab, die im Individuum ablaufen, wenn es situative Gegebenheiten wahrnimmt. Eine Trennung situativer und personaler Faktoren erscheint dann willkürlich, weil die intrapersonalen Verarbeitungsprozesse stets zur Verschmelzung der beiden Faktoren führen.

**Interaktion als Transaktion** zielt auf die wechselseitige Abhängigkeit des Variablensatzes „Person" und „Situation". Person und Situation wirken aufeinander; das Verhalten einer Person wirkt auf die Situation ein. Dieser Eingriff wird vom Individuum wahrgenommen und entsprechend seiner bereits vorhandenen Wissensbestände integriert. Person und Situation sind psychologisch aufeinander bezogen und über Aktivitäten, Veränderungen und Registrierung der Veränderung rückgekoppelt.

Die in neuerer Zeit vorgelegten Arbeiten zum Organisationsklima fußen auf interaktionistischen Grundüberlegungen (vgl. z. B. *Jones/James* 1979, *Schneider* 1983, *Naylor* et al. 1980). Aufgrund der Vielzahl zu berücksichtigender Variablen wurde dabei auf übergreifende theoretische Bezugsrahmen (vgl. z. B. *Indik* 1968, *James/Jones* 1976) zurückgegriffen, um die vielfältigen möglichen Einflußfaktoren mit dem bereits vorhandenen empirischen Wissen in Beziehung zu setzen und so weitere Anregungen für notwendige Untersuchungen zu liefern.

---

[36] Zur Interaktionsismus-Debatte im Rahmen der Psychologie und der psychologischen Handlungstheorie vgl. z. B. *Bowers* 1973, *Mischel* 1973, *Ekehammar* 1974, *Endler/Magnusson* 1976, *Olweus* 1976, *Lantermann* 1978.

Folgende Aspekte der bisherigen Forschungsbemühungen lassen sich auffinden:

- Wahrnehmung, Lernen und Kognition werden als empirisch miteinander eng verwobene Konzepte aufgefaßt.
- Psychologisches Klima als kognitive Systematisierung repräsentiert verallgemeinerte Überzeugungen, die Organisationsmitglieder über sich, andere Personen und Situationen aus Erfahrung gewonnen haben.
- Individuelle Unterschiede in der jeweiligen Wahrnehmung organisationaler (situativer) Aspekte müssen berücksichtigt werden.
- Faktisch läßt sich die Verschmelzung personaler und situativer Elemente des Klimas nur schwer empirisch aufbrechen.

*Schneider* (1983) notiert fünf **konzeptionelle** und vier **methodische Entwicklungsaspekte,** die den Verlauf der Forschungsbemühungen der letzten fünfzehn Jahre auf diesem Gebiet kennzeichnen:

- Die Etablierung des Organisationsklimakonzeptes als eigenständiges Forschungsgebiet gelingt zusehends.
- Der Klimaansatz stellt gegenüber motivationstheoretischen Überlegungen das grundlegendere Konzept dar, weil es auf Wahrnehmungs- und Kognitionsprozesse zentriert ist, die auch für motivationstheoretische Überlegungen grundlegend sind (vgl. z. B. *Heckhausen* 1980).
- Organisationsklima ist als ein Prozeß zu verstehen; statisch-objektive Erklärungsansätze (z. B. die alleinige Berücksichtigung struktureller Variablen) sind nicht geeignet, das Verständnis dieses Konzeptes zu fördern.
- Psychologisches Klima als ein Resultat der Aufspaltung des summarischen Konzeptes in Organisationsklima und psychologisches Klima ist als Ergebnis eines individuellen Wahrnehmungsprozesses zu interpretieren; Organisationsklima kann als gemeinsam geteilte Wahrnehmung interpretiert werden.
- Psychologisches Klima als molare Systematisierungsleistung basiert auf symbolischen Prozessen und ist demzufolge im „Kopf" des Individuums aufzufinden.

Die methodischen Fortschritte betreffen

- eine verstärkte Berücksichtigung der wahrnehmungsbezogenen Messung des Konzeptes
- eine konzeptionelle Trennung von Organisationsklima und Arbeitszufriedenheit
- ein Abgehen von Gesamtmaßen zugunsten spezialisierter Erhebungsinstrumente bezogen auf bestimmte Zwecke
- die Probleme des Auseinanderklaffens von Untersuchungseinheit (Organisation) und Erhebungseinheit (Individuum) werden theoretisch gesehen, und ein Umsetzen in entsprechende Instrumente wird zunehmend versucht.

Ein zentrales methodisches Problem der Forschung stellt die **Aggregation** der psychologischen Klimata zum Organisationsklima dar. Organisationsklima konstituiert sich über die (relative) Ähnlichkeit psychologischer Klimata der einzelnen Organisationsmitglieder. Anders als im Wahrnehmungs- und Kognitionsprozeß auf individueller Ebene, an dessen Anfang die Arbeitssituation und an dessem Ende das psychologische Klima steht, liegt in einem Prozeß, der von letzterem seinen Ausgang nimmt und in eine Bestimmung des Organisationsklimas einmünden soll, ein Wechsel der Untersuchungseinheit, der bis heute eines der zentralen methodologischen und methodischen Schwierigkeiten der Organisationsklima-Forschung darstellt. Es wird die Ebene des einzelnen Organisationsmitgliedes verlassen und die Gesamtheit der erhobenen psychologischen Klimata betrachtet. Situative und personale Charakteristika bedingen dabei unterschiedliche Grade an gemeinsam geteilter Wahrnehmung. Ähnlichkeiten psychologischer Klimata sind als weitgehend gleiche Ausprägungen auf vorhandenen, zu konstruierenden Beschreibungsvariablen oder faktoriell gewonnenen Beschreibungsdimensionen empirisch zu ermitteln. Dabei ist zumeist zu vermuten, daß strukturelle Ähnlichkeiten von Situationen, Personen und auch des Wahrnehmungs- und Kognitionsprozesses prinzipiell auf gesellschaftlich-ökonomische Bedingungen beziehbar sind, in denen sich Organisationen konstituieren, ihre Handlungsspielräume definieren und Handlungsträger sich sozialisieren. Weitere Erklärungsansätze für die zu erwartende – und in empirischen Untersuchungen vielfach belegte – **Ähnlichkeit von Klimawahrnehmungen** sind

- das **Selbst-Selektions-Theorem,** das eine gegenseitige Auswahl von Person und Organisation behauptet mit der Folge, daß sich die Mitglieder einer Organisation prinzipiell ähnlicher sind als diejenigen verschiedener Organisationen,
- der **symbolische Interaktions-Ansatz,** der die Bedeutung personaler Interaktion für die Herausbildung gemeinsamer Klima-Wahrnehmungen betont (vgl. *Schneider/Reichers* 1983).

In einigen Aspekten entspricht die neuere theoretische Durchdringung des Problemfeldes Organisationsklima und dessen analytische Aufspaltung dem Problemfeld der **Arbeitssituation,** wie es von mir (*Staehle* 1977; vgl. auch *Karg/Staehle* 1982) in Erweiterung des Redefinitionsmodells von *Hackman* (1969) diskutiert wird. In beiden – dem modifizierten Redefinitionsansatz und dem psychologischen Klima – wird dabei auf die Wahrnehmung organisationaler Elemente und Prozesse als Ausgangspunkt zur Beschreibung, Erklärung und Vorhersage individuellen Verhaltens in Organisationen eingegangen.

Differenzen herrschen in der Frage der **Forschungsmethoden,** die zur Erfassung des Organisationsklima-Konzeptes angewendet werden sollen. **Organisationsbezogene Eigenschaftsansätze** (z. B. *Forehand/Gilmer* 1964) versuchen eine objektive Beschreibung mittels Strukturvariablen und nutzen dabei eine Anzahl von Variablen, wie sie teilweise im differenzierten Aston-Konzept auftauchen. **Personbezogene Eigenschaftsansätze** erfassen subjektiv wahrgenommene Klimamerkmale (wie Wärme, Offenheit, individuelle Autonomie, Unterstützung, Vertrauen, Rücksichtnahme) und orientieren sich dabei, auch inhaltlich, an der Messung von Attitüden (Einstellungen). **Interaktionistische Modelle** erfassen sowohl personale als auch situative Aspekte und lösen das Problem der Interaktion der Variablen mittels statistischer Verfahren der Varianzanalyse (zur Problematik der Anwendung der Varianzanalyse zur Erfassung von Interaktionen vgl. z. B. *Olweus* 1976). Eindeutig ist für alle drei Ansatzgruppen dabei die Dominanz standardisierter und strukturierter Erfassungstechniken. Erst in neuerer Zeit (*Schneider/Reichers* 1983) deutet sich auch der Einsatz sogenannter qualitativer Verfahren zur Datenerfassung an (vgl. hierzu auch S. 139f. der Arbeit).

Bei der empirischen Erhebung des Organisationsklimas ist nicht nur auf die immer wieder genannten Merkmale ‚Struktur' und ‚Führung' zu achten, sondern zur Deutung können z. B. als weitere Einflußfaktoren des Klimas herangezogen werden (vgl. *DuBrin* 1974):

- die gegenwärtige wirtschaftliche Lage der Organisation
- das Wertsystem der Entscheider
- der Organisationszweck (gesellschaftlich akzeptabel?)
- das Lebensalter der Organisation (jugendlich, überaltert).

Wie eingangs angedeutet, eignet sich das Konstrukt ‚Organisationsklima' vor allem als **intervenierende Variable** zwischen objektiven Merkmalen der Organisation und Verhaltensausprägungen von Organisationsmitgliedern. In diesem Sinne benutzen etwa *Likert* (1961) und die Autoren einiger Folgestudien die vier idealtypischen Management- bzw. Organisationssysteme[37] als Input-Variablen, die über ein entsprechend animiertes Organisationsklima bestimmte Output-Variablen (wie Produktivität, Kosten, Zufriedenheit) beeinflussen. *System 1* (ausbeutend; Organisationsklima: fehlendes Vertrauen, Angst vor Bestrafung, straffe Hierarchie) und *System 4* (kooperativ; Organisationsklima: hohes Vertrauen, Delegation und Partizipation, Eigeninitiativen) stellen dabei die Extrema auf einem Kontinuum möglicher Managementsysteme dar; die Einordnung der eigenen Organisation erfolgt durch die Organisationsmitglieder selbst, und zwar durch Ausfüllen eines umfangreichen **Fragebogens** (mit *Likert*-Skalen) (vgl. Abb. 5.46). Die Tatsache, daß die Art der Fragestellung weniger objektive Ausprägungen der Organisationsstruktur als deren subjektive Wahrnehmung zum Ergebnis hat, veranlaßt viele Forscher, den *Likert*-Fragebogen unmittelbar als Klima-Fragebogen zu verwenden.

---

[37] System 1: ausbeutend<br>System 2: wohlwollend } autoritäre Systeme<br>System 3: unterstützend<br>System 4: kooperativ } partizipative Systeme vgl. Abb. 6.10 auf S. 567

*Abb. 5.46:* Profil einer Unternehmung (nach *Likert* 1967). – Das hier abgebildete Profil ist der Durchschnittswert des Ist-Zustandes einer deutschen metallverarbeitenden Unternehmung mit 4000 Beschäftigten. – Die Fragebogen wurden von 120 Führungskräften ausgefüllt – einschließlich Geschäftsleitung, Hauptabteilungs- und Abteilungsleitern

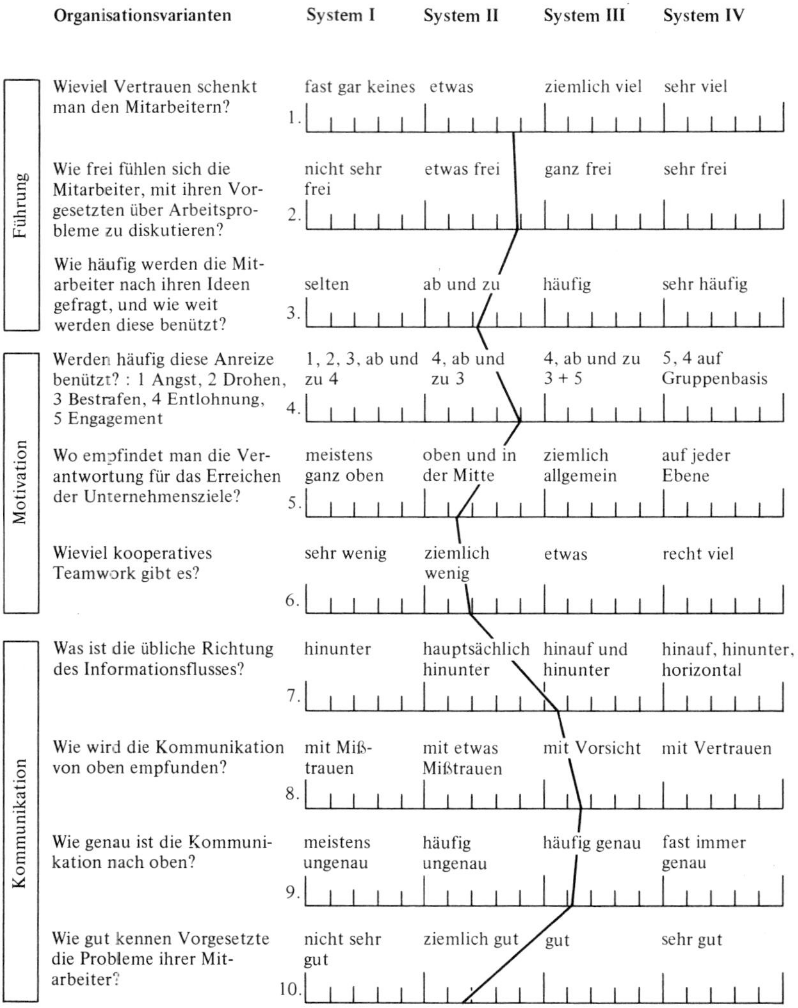

| | Nr. | Organisationsvarianten | System I | System II | System III | System IV |
|---|---|---|---|---|---|---|
| Entscheidungen | 11. | Auf welcher Ebene werden Entscheidungen getroffen? | hauptsächlich ganz oben | Politik oben, etwas Delegation | nur breite Politik oben, mehr Delegation | gut integriert auf allen Ebenen |
| | 12. | Können Mitarbeiter an Entscheidungen, die ihre Arbeit betreffen, teilnehmen? | fast nie | ab und zu befragt | allgemein befragt | nehmen fast immer teil |
| | 13. | Wie weit trägt der Entscheidungsprozeß zur Motivation bei? | nicht viel | ziemlich wenig | bescheidener Beitrag | großer Beitrag |
| Ziele | 14. | Wie werden organisatorische Ziele gesetzt? | Anweisungen werden benutzt | Anweisungen mit einigen Möglichkeiten zur Diskussion | nach Diskussion durch Anweisungen | Gruppenaktion (Ausnahme in Notfällen) |
| | 15. | Wieviel verborgenen Widerstand gibt es jetzt gegen Ziele? | starker Widerstand | etwas Widerstand | gelegentlich etwas Widerstand | wenig oder gar kein Widerstand |
| Kontrolle | 16. | Wo wird die Überwachung und Kontrollfunktion durchgeführt? | sehr hoch oben | ziemlich hoch oben | etwas nach unten delegiert | breit gestreut |
| | 17. | Gibt es eine informale Organisationsstruktur, die der formalen Widerstand leistet? | ja | etwas | selten | nein, Ziele sind dieselben wie im Formalen |
| | 18. | Zu welchem Zweck werden Kosten-, Produktivitäts- und andere Kontrollkennziffern benutzt? | Überwachung Bestrafung | Entlohnung Bestrafung | Entlohnung Selbststeuerung | Selbststeuerung, Problemlösung |

*Quelle: Brightford* 1974, S. 145

## II. Empirische Untersuchungen

Die wohl umfangreichste Klima-Forschung stammt von *Litwin/Stringer* (1968). Angeregt von den Untersuchungen von *Lawrence* und *Lorsch* (1967) versuchen *Litwin* und *Stringer* (ebenfalls von der Harvard Business School) mit ihrem Konzept des ‚organizational climate' eine Brücke zu schlagen zwischen Theorien der individuellen **Motivation** einerseits und Management- und Organisationstheorien andererseits; konkret entwickeln sie mit dem Organisationsklima eine intervenierende Variable, die zwischen den Anforderungen der Organisation und den Bedürfnissen und Motivationen der Mitarbeiter vermittelt. *Litwin* und *Stringer* gehen bei ihren Untersuchungen von folgender **Kausalkette** aus: Organisatorische Einflußfaktoren (organizational system inputs) schaffen ein bestimmtes Organisationsklima (induced organizational climate) was seinerseits bestimmte motivationale Tendenzen stimuliert (aroused or suppressed motivation), die in einem bestimmten Verhalten mit einem meßbaren Ergebnis (output) resultieren (vgl. Abb. 5.47).

*Abb. 5.47:* Der Zusammenhang zwischen organisatorischen Einflußgrößen, Organisationsklima, Motivation und Verhalten

| organisatorische Einflußfaktoren (input) → | Dimensionen des Organisations- → klimas (intervenierende Variablen) | induzierte Motivation → Leistung | soziale Beziehungen | Macht | Ergebnisse (output) |
|---|---|---|---|---|---|
| Technologie | Struktur | – | – | + | |
| Organisationsstruktur | Verantwortungsbereich | + | 0 | + | Produktivität |
| Sozialstruktur | Arbeitsklima | 0 | + | 0 | Zufriedenheit |
| Bedürfnisstruktur der Organisationsmitglieder | Unterstützung durch Kollegen und Vorgesetzte | + | + | 0 | Leistungsvorenthaltung |
| Führrungsstil | Lob-Tadel-System | + | + | 0 | Innovation Anpassungsfähigkeit |
| Managementannahmen und -praktiken | Konfliktlösung | + | – | + | |
| | Sollvorgaben | + | – | 0 | Ansehen (Image) |
| Entscheidungsprozesse | Zugehörigkeitsgefühl | + | + | 0 | |
| | Risikobereitschaft | + | – | – | |

\+ positiver Effekt
– negativer Effekt
0 kein Effekt

*Quelle: Staehle* 1973, S. 106

Die einzelnen Dimensionen des Organisationsklimas werden von *Litwin* und *Stringer* methodisch ähnlich wie bei *Likert* mit Hilfe von Fragebogen gemessen, die eine Skalierung der Einstellungen und Wahrnehmungen der Befragten hinsichtlich einzelner Einflußgrößen erlauben.

Bei der Einteilung in unterschiedliche **Grundbedürfnisse** übernehmen *Litwin* und *Stringer* die von *McClelland* und *Atkinson* entwickelte Dreiteilung in (vgl. S. 250f. der Arbeit):

- **Leistungsstreben** (need for achievement)
- **soziales Streben** (need for affiliation)
- **Machtstreben** (need for power).

Existenz und Stärke eines Motivs werden mit dem von *Murray* entwickelten projektiven thematischen Apperzeptionstest (TAT = thematic apperception test) gemessen (vgl. S. 245 der Arbeit).

In Abb. 5.47 sind die von *Litwin* und *Stringer* entwickelten Hypothesen über den Einfluß (positiv, negativ, neutral) einzelner Dimensionen des Organisationsklimas auf die Weckung oder Unterdrückung der drei Grundmotive dargestellt. Diese Hypothesen wurden von den Autoren durch Befragung von über 300 Mitgliedern aus äußerst unterschiedlichen wirtschaftlichen Organisationen getestet und, vorsichtig formuliert, vorläufig bestätigt. Allgemein kann man jedoch vermuten, daß unterschiedliche Organisationsklimata unterschiedliche Motivationen stimulieren, die wiederum zu verschiedenartigem Verhalten mit unterschiedlichen Ergebnissen (Leistung, Zufriedenheit etc.) führen.

*Litwin* und *Stringer* fanden im Verlauf ihrer empirischen Untersuchungen unterschiedliche Organisationsklimata in verschiedenen Unternehmungen desselben Industriezweiges und in verschiedenen Abteilungen derselben Unternehmung.[38] Grund für die Unterschiedlichkeit war die Verschiedenartigkeit der organisatorischen Einflußfaktoren, unter denen der **Führungsstil** interessanterweise der entscheidende war; und zwar stärker noch als Art und Struktur der Aufgaben.

Zur weiteren Erforschung dieser Variablen haben sie drei unterschiedliche Organisationsklimata künstlich geschaffen, indem sie in drei Spiel-Unternehmungen bei sonst gleichen Bedingungen unterschiedliche Führungsstile praktizieren ließen. Unter Laborbedingungen wurden drei Unternehmungen mit je 15 Mitarbeitern (Studenten) plus jeweils einem Präsidenten gebildet. Die Arbeit bestand darin, aus 30–50 Einzelteilen Miniatur-Modelle von Radar-Türmen u. ä. zu bauen. Die organisatorische Differenzierung unterhalb des Präsidenten erfolgte in die Abteilungen Produktentwicklung, Produktion und Controlling. Es wurde täglich sechs Stunden über einen Zeitraum von zwei Wochen gearbeitet.

---

[38] Es gilt also zu beachten, daß es in großen Organisationen aufgrund der hohen Differenzierung meist nicht nur *ein* Organisationsklima gibt, sondern eine ganze Reihe unterschiedlicher Klimata.

| Organisation | Führungsstil | Organisationsklima |
|---|---|---|
| A | straff-autoritär | machtorientiert |
| B | locker-informell | interaktionsorientiert |
| C | partizipativ-delegierend | leistungsorientiert |

Das Experiment ergab, daß die **Motivationsstruktur** von Mitarbeitern durch die Situation (hier vor allem: Führungsstil), in der er arbeitet, entscheidend beeinflußt wird. Nach Abschluß des Experiments fielen die Teilnehmer wieder in ihre ursprüngliche Motivationsstruktur zurück.

*Litwin* und *Stringer* (1968, S. 189ff.) stellen nun die Frage, wie man ein bestimmtes Organisationsklima schaffen könne, das besser als jedes andere zur Bewältigung bestimmter Aufgaben über entsprechende Motivationsstimuli geeignet ist. Abb. 5.48 zeigt den hypothetischen Zusammenhang zwischen dem Grundmotiv eines Organisationsmitgliedes und dem diesem Motiv am besten entsprechenden Organisationsklima.

*Litwin* und *Stringer* geben offen zu, daß man diese Hypothesen durchaus als Gestaltungsempfehlungen auffasen könne. Damit rückt die **Manipulation des Organisationsklimas** in den Mittelpunkt des *Litwin/Stringer*-Modells. Konkret spielt sie sich in fünf Phasen ab (S. 179ff.):

- Wahl des (bei gegebener Aufgabenstruktur und gegebener Bedürfnisstruktur der Organisationsmitglieder) angemessen oder idealen Organisationsklimas
- Feststellung des Ist-Organisationsklimas
- Analyse der Lücke zwischen Soll und Ist und Entwicklung eines Plans zur Erreichung des Soll-Organisationsklimas
- Durchführung der geplanten Verbesserungsmaßnahmen
- Erfolgskontrolle.

Der Nachteil bzw. Vorteil dieses Modells liegt darin, daß es einerseits zur Manipulation der ‚wahren‘ Bedürfnisse der Organisationsmitglieder mißbraucht werden kann, andererseits aber zur besseren Selbsterkenntnis hinsichtlich der eigenen Wünsche und Bedürfnisse der Organisationsmitglieder führen und diesen wertvolle Informationen über die Wahl des ‚richtigen‘ Tätigkeitsbereichs liefern kann.

Das Modell erlaubt es durchaus, daß man ähnlich wie bei *Fiedler* (1969) von den Grundbedürfnissen der Mitarbeiter ausgeht und dann die Aufgaben, das Organisationsklima und den Führungsstil entsprechend manipuliert. Ein Hauptgrund für die Unzufriedenheit vieler Organisationsmitglieder ist ganz sicherlich in einer Diskrepanz (person/environment mismatch) zwischen der Bedürfnisstruktur eines Menschen und dem Organisationsklima, in dem er tätig ist, zu suchen.

An diesem Punkt setzen die Arbeiten von *Morse* (1970, 1975) und *Lorsch/*

*Abb. 5.48:* Der Zusammenhang zwischen Grundmotiv und geeignetem Betätigungsfeld

| menschliche Grundmotive | geeignetes Betätigungsfeld | motivationale Voraussetzungen |
|---|---|---|
| Leistungsstreben | Leistungsorientiertes Klima (z. B. Verkauf, Ingenieurabteilung) | Betonung persönlicher Verantwortung<br>kalkuliertes Risiko und Innovationsmöglichkeiten<br>Anerkennung und Belohnung guter Leistung (rascher feed-back)<br>Mitgliedschaft in einem erfolgreichen Team<br>schwache Strukturierung und Formalisierung |
| soziales Streben | Interaktionsorientiertes Klima (z. B. Beratungsberufe, Koordinations- und Forschungsabteilung) | Entwicklungsmöglichkeiten für enge und vertraute zwischenmenschliche Beziehungen<br>Unterstützung und Förderung des Einzelnen<br>von allen akzeptierte Mitgliedschaft in einer Gruppe vom Typ ‚Familie'<br>fast keine Strukturierung und Formalisierung |
| Machtstreben | Machtorientiertes Klima (z. B. Militär, Produktion) | starke Strukturierung und Formalisierung<br>klare Hierarchie von Status, Autorität und Verantwortung<br>Möglichkeit, Problem- und Konfliktsituationen mittels formaler Autorität zu |

*Quelle: Staehle* 1973, S. 107

*Morse* (1974) an.[39] Sie postulieren ganz technokratisch einen *‚fit'* zwischen externer Umwelt, Aufgabe, Organisationsstruktur und Organisationsklima, um damit die Organisationseffizienz zu steigern. Um ihre These empirisch zu belegen, haben sie vier Abteilungen zum Untersuchungsobjekt erhoben, und zwar zwei Abteilungen in stabiler Umwelt mit Routineaufgaben (Fertigung standardisierter Container nach Fließprinzip) und zwei Abteilungen in unsicherer Umwelt mit kreativen Aufgaben (F + E Labors), wovon jeweils eine erfolgreich und eine weniger erfolgreich arbeitete (Insgesamt wurden 40 Manager befragt).

Die beiden anderen Abteilungen wiesen keinen solch guten *‚fit'* auf und erbrachten erwartungsgemäß schlechtere Ergebnisse. Entscheidend für den Erfolg arbeitsorganisatorischer Gestaltungsmaßnahmen ist demnach, ob sie den Individuen ein **subjektives Kompetenzerlebnis** vermitteln, d. h. das Ge-

[39] Ebenso *Downey/Hellriegel/Slocum* 1975 b.

| | Aufgabe→ | Struktur→ | Organisationsklima→ | Ergebnis |
|---|---|---|---|---|
| Organisation A | Routine, programmierbar | Hierarchie, autoritär | wahrgenommene hohe Strukturierung, strenge Kontrolle | positiv |
| Organisation B | kreativ, nicht programmierbar | Team, partizipativ | wahrgenommene schwache Strukturierung, Selbstkontrolle | positiv |

fühl, bestimmte Aufgaben in einer bestimmten Umwelt kompetent bewältigt zu haben. Ganz abgesehen von den grundsätzlichen Bedenken gegen diese Kongruenz-Effizienz-Hypothesen (vgl. S. 91 der Arbeit) ist am Konzept von *Lorsch* und *Morse* zu kritisieren, daß es die Persönlichkeitsmerkmale und Prädispositionen der Organisationsmitglieder, deren jeweilige Ausprägung die Chance, Kompetenz-Gefühle zu erleben, bestimmen, als konstant und unabhängig von der Arbeitssituation annimmt. Ein solch positivistisches Konzept, das Persönlichkeitsentwicklung negiert, erlaubt es dann, auch inhumane Arbeitssituationen zur Einführung zu empfehlen, da sie bei entsprechenden Prädispositionen der Arbeiter von diesen akzeptiert werden und somit einen effizienzsteigernden *‚fit'* erlauben (siehe dagegen *Morse* 1975).

*W. Forster* (1978) schlägt auf der Basis einer kritischen Analyse der wichtigsten konzeptuellen und empirischen Arbeiten auf dem Gebiet der Organisationsklimaforschung vor, das Konstrukt ‚Klima' in sinnvolle Teilbereiche aufzugliedern, vor allem auch deshalb, um bei der empirischen Erhebung zu abfragbaren Dimensionen des Klimas zu kommen (vgl. Abb. 5.49). Ein Test des auf der Grundlage dieser Dimensionen gebildeten Fragebogens in vier Organisationen (insg. 234 auswertbare Antworten) veranlaßt *Forster,* seine Dimensions-Struktur als besonders geeignet für eine erste **Schwachstellenanalyse** in Organisationen anzusehen. Abb. 5.50 zeigt beispielhaft für das von *Forster* entwickelte Instrumentarium das Profil des Organisationsklimas einer kleinen Handels- und Dienstleistungsunternehmung (etwa 100 Mitarbeiter).

*Lutz von Rosenstiel* et al. (1982) entwickelten für den deutschsprachigen Raum ein Instrument zur Erfassung des Organisationsklimas[40], das auf einer klaren, theoretisch begründeten Abgrenzung zu verwandten Konzepten beruht und vor allem an den Hauptgütekriterien sozialwissenschaftlicher Tests, wie Objektivität, Reliabilität und Validität orientiert ist. Inhaltlich wurde auf folgende vier **Fragenbereiche** besonderer Wert gelegt:

- Fragen zur betrieblichen Interessenvertretung
- Bedingungen innerbetrieblicher Information und Mitsprachemöglichkeiten der Beschäftigten

[40] Auch wenn der Forschungsbericht mit ‚Betriebsklima heute' überschrieben ist, so handelt es sich doch um Organisationsklima-Forschung im Sinne der hier vorgetragenen Auffassung von Organisationsklima.

*Abb. 5.49:* Dimensionen des Organisationsklimas nach *Forster* (1978)

| theoretisch abgeleitete Dimensionen | empirisch nach Faktorenanalyse gebildete Faktoren |
|---|---|
| 1. Ebene des Managements | |
| – Formalismus | – Bürokratie |
| – Innovations- und Risikobereitschaft | – Flexibilität im Kommunikationsfluß |
| – Zentralisierung | – Sachliche Partizipation |
| – Turbulenz | – Turbulenz |
| 2. Ebene der Vorgesetzten-Mitarbeiter-Beziehungen | |
| – Kontrolle | – Gewährung von Gestaltungsspielraum |
| – Partizipation | – Defensive Kommunikation |
| – Unterstützung | – Emotionale Distanz |
| – Kommunikationsstil | – Sachbezogen-distanzierter Umgang |
| – Psychologische Distanz | |
| 3. Ebene der Arbeitsgruppe | |
| – Konkurrenz vs. Kooperation | – Konkurrenz |
| – Kommunikationsstil | – Kooperation |
| – Kohäsion | – Kohäsion |
| 4. Ebene der individuellen Reaktionen | |
| – Adäquater Einsatz | – Autonomie |
| – Veränderungswünsche | – Veränderungswünsche |
| – Resignationssymptome | – Distanzmangel |
| – Leistungsdruck | – Leistungsdruck |
| – Rollensicherheit | – Unsicherheit |
| – Zielübereinstimmung | – Identifikation |
| – Integration | – Integrationsschwierigkeit |

- Vorgesetztenverhalten als Interaktion zwischen Vorgesetzten und Mitarbeitern
- Eignung des Erhebungsinstrumentariums als integraler Bestandteil von Organisationsentwicklungsprozessen.

Aus den 16 an der Untersuchung teilnehmenden Organisationen wurden von 7352 Fragebogen 2569 Fragebogen rückgesandt, was einer Rücklaufquote von rund 35% entspricht.

Die Organisationsklima-Fragen wurden analysiert in bezug auf

- **betriebsexterne Charakteristika**
  Betriebsnormen
  Branchenzugehörigkeit
  Betriebsgröße
  Region (Stadt, Land)

*Abb. 5.50:* Diagramm der Skalenwerte in Standardabweichungen vom Mittelwert der gesamten Stichprobe (Organisation B)

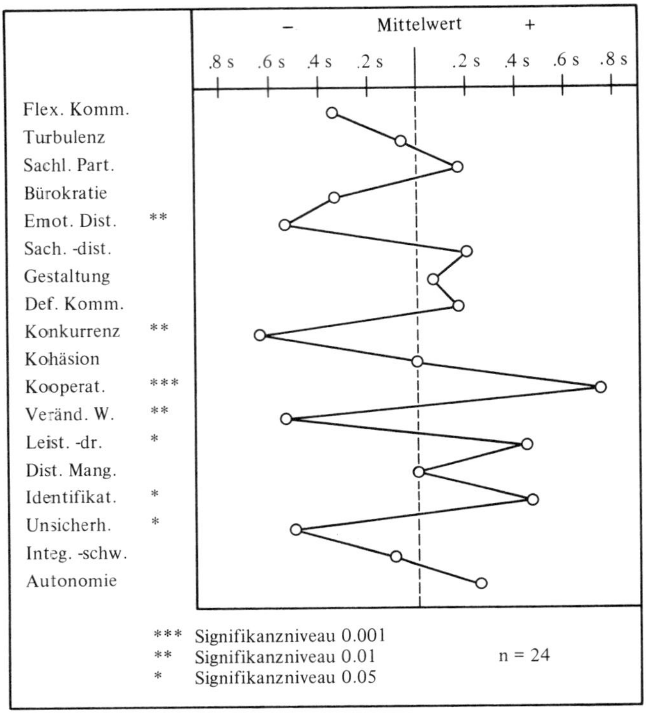


*Quelle: Forster* 1978, S. 143

- **betriebsinterne Charakteristika**
  Tätigkeitsbereich
  Raumgruppengröße
  Position
- **personenbezogene Charakteristika**
  Geschlecht
  Alter
  Schulausbildung
  Berufsausbildung

Insgesamt ergaben sich folgende **Befunde:**

- eine deutlich negative Wahrnehmung der Bereiche „Organisation“ und „betriebliche Leistungen“ im Vergleich zu „Kollegenbeziehungen“ oder „Interessenvertretung“
- ein besseres Organisationsklima in Kleinbetrieben
- ein besseres Organisationsklima in Betrieben städtischer Ballungsgebiete

- ein besonders schlechtes Klima im Bereich Fertigung, ein besonders gutes im Bereich Verkauf
- eine Verschlechterung des Klimas mit zunehmender Zahl der Kollegen
- eine Verbesserung des Klimas mit der hierarchischen Position
- keine geschlechtsspezifischen Klima-Wahrnehmungen
- eine positivere Wahrnehmung des Klimas durch jüngere und ältere Arbeitnehmer verglichen mit Arbeitnehmern mittlerer Jahrgänge.

Zusammenfassend ist festzuhalten, daß trotz der Gefahr einer (im negativen Sinne) normativen Technologisierung das Konzept des Organisationsklimas ein äußerst wertvolles **Hilfskonstrukt** zum Verständnis des Verhaltens von Menschen in Organisationen ist. Beschreibungen von Klimawahrnehmungen durch die Organisationsmitglieder selbst erlauben einen Zugang zur Erklärung der Wirkungsweise unterschiedlicher organisatorischer Strukturierungsmaßnahmen.

## III. Arbeitszufriedenheit und Organisationskultur als verwandte Konzepte

Neben dem Organisations- und Betriebsklima finden sich in der Organisationsliteratur noch zwei dem Klimakonzept verwandte Konstrukte, Arbeitszufriedenheit und Organisationskultur, die sich auf den ersten Blick wie folgt voneinander unterscheiden. Während die **Arbeitszufriedenheit** die individuelle Bewertung von Merkmalen des Arbeitsplatzes bzw. der Arbeitssituation durch den einzelnen Arbeitnehmer zu erfassen sucht, meint **Organisationskultur** die von den Organisationsmitgliedern gemeinsam geteilten Wert- und Glaubensvorstellungen (Philosophie) einer Organisation. Das Organisationsklima-Konzept bewegt sich also auf einer mittleren Abstraktions- und Aggregationsebene zwischen den Konzepten ‚Arbeitszufriedenheit' (auf den Arbeitsplatz bezogen) und ‚Organisationskultur' (auf die Gesamtorganisation bezogen).

### Arbeitszufriedenheit

Bei der Befragung von Organisationsmitgliedern nach wahrgenommenen Aspekten ihrer Organisation besteht grundsätzlich die Gefahr, daß Beschreibungs- und Bewertungsaspekte ineinanderfließen und so eine theoretisch notwendige und wünschenswerte Abgrenzung des Organisations- und psychologischen Klimas von der Erfassung von Einstellungen (Arbeitszufriedenheit) empirisch wieder aufgelöst wird. Das Problem der Abgrenzung von organisationaler **Beschreibung** mittels Organisationsklima und der **Bewertung** organisationaler Aspekte im Ansatz der Arbeitszufriedenheit als Einstellungskonzept läßt sich teilweise über eine geeignete Auswahl und Formulierung von Fragebogenitems ausgrenzen (vgl. z. B. *Neuberger* 1974). Eine konzeptionelle Unterscheidung der Konstrukte Organisationsklima und Arbeitszufriedenheit läßt sich theoretisch folgendermaßen rechtfertigen (vgl. *Schneider/Snyder* 1975, *Payne* et al. 1976, *Sydow/Conrad* 1982):

- Organisationsklima ist deskriptiv, Arbeitszufriedenheit evaluativ (bewertend).
- Untersuchungseinheit des Organisationsklimas ist die Organisation, Erhebungseinheit ist das Individuum; Untersuchungseinheit und Erhebungseinheit fallen bei der Erfassung von Arbeitszufriedenheit zusammen (Individuum).
- Organisationsklima abstrahiert von konkreten Elementen der Arbeitssituation, während Arbeitszufriedenheit auf die konkrete Arbeitssituation bezogen ist.
- In einem übergeordneten Bezugsrahmen zur Erklärung menschlichen Verhaltens in Organisationen bildet Organisationsklima immer eine zwischen Strukturen und Prozessen auf der einen Seite und individuellem Verhalten auf der anderen vermittelnde Variable, Arbeitszufriedenheit hingegen zumeist eine Ergebnis-Variable.

*Payne* et al. (1976) betrachten Organisationsklima und Arbeitszufriedenheit als Endpunkte eines bipolaren Kontinuums. Dabei wird eine Unterscheidung von Arbeitszufriedenheit, wahrgenommener Arbeitssituation, Zufriedenheit mit der Organisation, wahrgenommene Organisation, Rollenmoral, Rollenklima, Organisationsmoral und Organisationsklima anhand der Differenzierungsmerkmale Erhebungseinheit, Untersuchungseinheit und Eigenschaft des Maßes vorgenommen (vgl. Abb. 5.51).

### Organisationskultur

Das Konzept der Organisationskultur hat vor allem durch jüngere populärwissenschaftliche Veröffentlichungen (z. B. Business Week vom 27. Okt. 1980, *Ouchi* 1981, *Peters/Waterman* 1982 sowie Abschnitt 6C VI 2) über dessen angeblich ausschlaggebende Bedeutung bei der Erklärung von Erfolg oder Mißerfolg einer Organisation erhebliche Aufmerksamkeit errungen. Aber auch unter Organisationstheoretikern zeigt sich zunehmendes Interesse an diesem Konzept (vgl. das ASQ-Sonderheft, hrsg. von *Jelinek/Smircich/Hirsch* 1983, sowie *Deal/Kennedy* 1982, *Matenaar* 1983). Der aus der Anthropologie stammende **Kultur-Begriff** ist uns vor allem aus der international vergleichenden Organisationsforschung (cross cultural management) bekannt (vgl. S. 73ff. der Arbeit). Dieser umfassende Kultur-Begriff, der für die Denk- und Verhaltensmuster eines ganzen Volkes bzw. Kulturkreises steht, wird nun auf die Mikro-Ebene einer Organisation angewandt. Eine Organisationskultur entsteht im Laufe vieler Jahre und Jahrzehnte durch die allmähliche Verfestigung von bewährten Verhaltensweisen dominanter Organisa-

*Abb. 5.51:* Organisationsklima und Arbeitszufriedenheit als Endpunkte eines bipolaren Kontinuums

| Konzept | A | B | C | D | E | F | G | H |
|---|---|---|---|---|---|---|---|---|
| Erhebungs-einheit | Individuum | Individuum | Individuum | Individuum | Soziales Kollektiv (aggregiert) | Soziales Kollektiv (aggregiert) | Soziales Kollektiv (aggregiert) | Soziales Kollektiv (aggregiert) |
| Unter-suchungs-einheit | Arbeits-platz | Arbeits-platz | Organisation (o. Subsystem) | Organisation (o. Subsystem) | Arbeits-platz | Arbeits-platz | Organisation (o. Subsystem) | Organisation (o. Subsystem) |
| Eigenschaft des Masses | Affektiv | Deskriptiv | Affektiv | Deskriptiv | Affektiv | Deskriptiv | Affektiv | Deskriptiv |
| | Arbeits-zufriedenheit | Wahrgenommene Arbeitssituation (perceived job characteristics) | Zufriedenheit mit der Organisation | Wahrgenommene Organisation (perceived organiza-tional characteristics) | Rollenmoral (role moral) | Rollenklima (role climate) | Organisations-moral (organizational morale) | Organisations-klima |

*Quelle: Payne* et al. 1976, S. 55, in: *Sydow/Conrad* 1982, S. 220

tionsmitglieder (Gründer und Top Manager) und vermittelt sich neuen Organisationsmitgliedern durch folgende Äußerungsformen: Einheitliche Sprachregelung, organisationstypische Symbolsysteme, wie Geschichte, Sagen, Mythen, Legenden, Rituale, Zeremonien. Eine konzeptionelle Unterscheidung der Konstrukte Organisationsklima und Organisationskultur läßt sich wie folgt begründen (vgl. *Conrad/Sydow* 1984):

- Wissenschaftshistorisch ist das Konzept des Organisationsklimas in der Psychologie und das der Organisationskultur in der Kulturanthropologie beheimatet.
- Organisationsklima als deskriptives Konzept beschränkt sich auf die Beschreibung der organisationalen Realität; Organisationskultur ist eher evaluativ und beinhaltet Wertungen, Meinungen und Annahmen.
- Das Kulturkonzept ist stärker vergangenheitsorientiert und mehr interpretationsbedürftig als das eher ahistorisch, meßorientierte Klimakonzept.

Neben diesen Unterschieden bestehen aber auch viele Gemeinsamkeiten.

So beeinflussen beide das Verhalten in Organisationen ganz entscheidend. Die Organisationskultur ist in hohem Maße dafür verantwortlich, wie die Organisationsmitglieder die organisationale Realität wahrnehmen. Offen bleibt, ob die Organisationskultur durch das Management so manipulierbar ist, daß es das gewünschte (Leistungs-)Verhalten bei den Organisationsmitgliedern produziert, wie z. B. *Ouchi* (1981), Lernen von der ‚Kunst' des Japanischen Managements, oder *Peters* und *Waterman* (1982), Lernen von den bestgeführten US-Unternehmungen, annehmen. Eine eindeutig ablehnende Position hierzu vertritt *Schein* (1981).

# Teil 6

# Führung als Managementfunktion: Die Steuerung von Verhalten

Die im Teil 3 der Arbeit gelegten Grundlagen des Verhaltens in Organisationen ermöglichen uns nun einen Zugang zum Verständnis der aus verhaltenswissenschaftlicher Sicht zentralen Managementfunktion ‚Führung' (personenbezogene Komponente des Managements).

## A. Führung als wissenschaftliches Erkenntnisobjekt

### I. Wandel in den Auffassungen von Führung

Im ersten Teil der Arbeit wurde zwischen einer *sachbezogenen* und einer *personenbezogenen* Komponente des Managements unterschieden, wobei unter letzterer im allgemeinen ‚Menschenführung' verstanden wird. *Koontz/O'Donnell* (1976, S. 587) sind der Auffassung, daß mit dem Einsatz sachbezogener Managementaktivitäten (wie Planung, Organisation, Kontrolle) nur etwa 60% bis 65% der Leistungsbereitschaft eines Mitarbeiters aktiviert werden können, während auf den Einsatz personenbezogener Maßnahmen, wie Motivation und Führung, 40% zurückzuführen seien.

Des weiteren haben wir im ersten Teil erfahren, daß einige betriebswirtschaftliche Fachvertreter die Auffassung vertreten, der personale, verhaltenswissenschaftliche Teil der Managementlehre (eben die Führung) sei eine nicht lehr- und lernbare Kunst (siehe S. 61 der Arbeit). Diese Sichtweise basiert u. a. auf dem Glauben an die allein ausschlaggebende Bedeutung des Führers für den Führungserfolg. Eine Fundgrube für solche ideologisch geprägten Bekenntnisse ist die von REFA (o. J.) editierte Sammlung von Aufsätzen aus den vom Verband für Arbeitsstudien herausgegebenen Zeitschriften mit dem Titel ‚Über die Kunst der Führung' sowie die Ergebnisse einer 1970 durchgeführten Erhebung über die Einstellungen europäischer Führungskräfte der Wirtschaft zu ihren Aufgaben und Fähigkeiten (vgl. *Lakaschus* 1970).

Diese personalistischen Führungsauffassungen konstruieren einen Idealtyp von Führer, den sie als real existent unterstellen. Nach *sozialdarwinistischem Denkmuster*[1] wird behauptet, dieser Führer habe eine besondere, nicht weiter infrage zu stellende Begabung, die ihn ein für allemal dazu prädestiniere, anderen den richtigen Weg zu weisen und situationsunabhängig angemessene Entscheidungen zu treffen. Sowohl dem Elitedenken des Hochkapitals als

[1] Der Sozialdarwinismus ist eine auf *Ch. Darwin* zurückgehende soziologische Richtung, die davon ausgeht, daß im Kampf ums Dasein sich nur solche Gesellschaftsmitglieder durchsetzen, die in der Lage sind, sich durch vererbbare Variationen ihrer Anlagen an die sich wandelnden Umweltverhältnisse anzupassen (survival of the fittest). Die so Überlebenden, hier als Führer bezeichnet, werden als die biologisch Tauglichsten angesehen.

auch den militaristischen Idealen im Deutschland der zweiten Hälfte des 19. Jahrhunderts kamen solche **Elite-Konzepte** gelegen, um „einsame" Entscheidungen von militärischen und Wirtschaftsführern zu legitimieren.

Unter diesen Bedingungen ist es nur plausibel, daß die Vorstellung eines „großen Mannes", der die Zügel einer Unternehmung souverän in den Händen hält, auch im Bereich der Managementlehre Anhänger fand. Diese ging davon aus, daß solche Männer (nicht Frauen!) bevorzugt eine Unternehmung mit entsprechenden Mitarbeitern führen könnten, die über eine bestimmte, in der Kombination möglicherweise wechselnde Menge von Haupteigenschaften verfügten. Es ist evident, daß ein solches Elitedenken die Funktion hat, Machtpositionen und die daran geknüpften Herrschaftsinteressen zu sichern. Die Behauptung, daß nur ein geringer Prozentsatz von Menschen über die notwendigen intellektuellen, psychischen und sozialen Kompetenzen verfügt, die zum Führungsanspruch berechtigen, ist für eine gewisse Zeitspanne eines der geeignetsten Mittel, sich gegen partizipatives Denken oder gar demokratische Forderungen zu immunisieren.

Komplementär zur Selbstüberschätzung der Führer wurden die Geführten entsprechend der Theorie X von *McGregor* (vgl. S. 213) unterschätzt, also als belohnungsorientiert und wenig inhaltsmotiviert angesehen. Mit dieser Einschätzung gut vereinbar wurde das System der Arbeitsteilung von *Taylor* übernommen bzw. aufrechterhalten.

Sowohl soziale wie politische und technologische Veränderungen Ende der 50er Jahre in den USA und in den 60er bis 70er Jahren im Europa des 20. Jh. erzwangen ein Umdenken im Bereich der Organisations- und Führungslehre. Streiks in den USA und in Europa, die nicht nur Lohnsteigerungen sondern auch menschlichere Arbeitsbedingungen zum Ziel hatten, trugen zur Ablehnung alter „Eliten" in Politik und Wirtschaft bei und erzwangen auf breiter Ebene einen Demokratisierungs-Schub. Hinzu kamen gravierende ökonomische bzw. Marktveränderungen, Veränderungen im Ausbildungssystem (Bildungsökonomie-Debatte) mit der Folge von Erwartungsveränderungen u. a. in Richtung auf eine Höherbewertung befriedigender Sozialbeziehungen.

Die Führungsforschung ist inzwischen zu der Erkenntnis gekommen, daß der Erfolg von Führung nicht in dem Maße von den persönlichen Eigenschaften des Führers abhängt, wie das die Vertreter einer **Eigenschaftstheorie der Führung,** die das Phänomen ‚Führung' allein aus der Sicht des Führers und seiner Persönlichkeit zu begreifen sucht, annehmen. „Sozialwissenschaftliche – insbesondere psychologische – Theorien beinhalten Elemente einer wissenschaftlichen Konzeption des Führungswissens, die in der Lage ist, das Problem der Führung aus den Bereichen der Intuition, des Atmosphärischen und des Charismas herauszulösen" (*Stöber/Bindig/Derschka* 1974, S. 75).

Zum besseren Verständnis dieser Theorieansätze sind noch einige Ausführungen zu **Definition und Abgrenzung** des Begriffs ‚Führung' erforderlich.

An anderer Stelle (*Staehle* 1973, S. 15) habe ich **Führung** verstanden als Beeinflussung der Einstellungen und des Verhaltens von Einzelpersonen sowie der Interaktionen in und zwischen Gruppen, mit dem Zweck, gemeinsam bestimmte Ziele zu erreichen. Führung als Funktion ist eine Rolle, die von den Organisationsmitgliedern in unterschiedlichem Umfang und Ausmaß wahrgenommen wird.

Im Mittelpunkt jeglicher Führungsdefinition steht der Prozeß der zielbezogenen, interpersonellen Verhaltensbeeinflussung. Der Prozeß der *bewußten*[2] Einflußnahme eines Organisationsmitglieds auf ein anderes im Hinblick auf ein bestimmtes Ziel wird von manchen Autoren primär unter dem Aspekt der Ausübung von **Herrschaft** (vgl. z. B. *Stöber/Bindig/Derschka* 1974), von anderen mehr unter dem Aspekt der **Motivation** (in pragmatischer Absicht) analysiert (vgl. z. B. *Koontz/O'Donnell* 1976). Letztere gehen davon aus, daß Menschen denjenigen folgen, die am ehesten in der Lage sind, ihre Bedürfnisse zu befriedigen. Ein Führer ist demnach dann erfolgreich, wenn er die Motive seiner Mitarbeiter kennt und durch den Führungsprozeß deren Befriedigung erleichtert. Wie Motivation hat auch Herrschaft einen funktionalen, auf Koordination gerichteten Aspekt. Diesen gilt es analytisch von *repressiver* Herrschaft zu unterscheiden, die ausgeübt wird, um einmal besetzte Positionen gegen Übernahme durch andere abzusichern (vgl. z. B. *Vilmar/Kißler* 1982, S. 158ff.). Ausübung von Herrschaft und Motivation sind beides Formen der **sozialen Einflußnahme,** nur die Machtgrundlagen sind verschieden (vgl. Abschnitt 3 C II 5 der Arbeit). Entsprechend habe ich zwischen *formalen* Machtgrundlagen (z. B. Amtsautorität) und *personalen* Machtgrundlagen (z. B. Expertenautorität, Charisma) unterschieden. Führung und die damit verbundene Form der Einflußnahme (etwa autoritär oder partizipativ) kann also auf sehr unterschiedlichen Grundlagen beruhen.

Auf das Ergebnis von Führung hat neben der Wahl der Machtgrundlage und -mittel vor allem noch die Qualität der Interaktions- und Kommunikationsprozesse einen erheblichen Einfluß. Über Kommunikationsbarrieren und Ansätze zu ihrer Überwindung wurde in Abschnitt 3 C II 2 berichtet.

## II. Theorien der Führung

Von Führungstheorien sind Aussagen zu erwarten darüber, wie ein **Führer** in einer bestimmten **Situation Geführte** in Richtung auf die Erledigung bestimmter **Aufgaben** zu beeinflussen versucht.

*Stogdill* (1974, S. 17) unterscheidet zwischen

- **‚Great Man'-Theorien** (z. B. *Bernard/Tead*)
  Der Führer unterscheidet sich von den Geführten durch außergewöhnliche Fähigkeiten und Eigenschaften.

---

[2] ‚bewußt' deshalb, um Führung von anderen Formen spontan entstehender Beeinflussung zwischen Organisationsmitgliedern abzugrenzen (emergent leadership, informelle Führung).

- **Umwelt-Theorien** (z. B. *Mumford/Murphy*)
  Besondere Umweltbedingungen (Krieg, Krise) bieten bestimmten Personen Gelegenheit, Führer zu werden.
- **Person-Situation-Theorien** (z. B. *Cattell/Hollander*)
  Kombination der beiden ersten Theorieansätze: Der Führer muß über bestimmte Eigenschaften verfügen und auf die (Gruppen-)Situation eingehen.
- **Interaktion-Erwartungs-Theorien** (z. B. *Homans/House*)
  Führung löst Interaktionen aus und motiviert durch Wecken von Erwartungen auf Belohnungen.
- **Humanistische Theorien** (z. B. *Argyris/Likert/McGregor*)
  Führung soll neben der Erreichung organisatorischer Ziele Wachstum, Entwicklung und Selbstverwirklichung der Organisationsmitglieder ermöglichen.
- **Austausch-Theorien** (z. B. *March/Simon/Blau*)
  Der Input des Führers im Problemlösungsprozeß wird durch den Output der Geführten honoriert und umgekehrt.

In der allgemeinen Managementlieteratur[3] wird weniger tief differenziert und lediglich zwischen drei Ansätzen unterschieden:

1. **Eigenschafts-Ansatz** (Trait Approach)
2. **Verhaltens-Ansatz** (Behavioral Approach)
3. **Situations-Ansatz** (Situational/Contingency Approach)

Diese Unterscheidung ist zu ergänzen um den **Interaktions-Ansatz,** der in letzter Zeit verstärkt an Bedeutung gewonnen hat.

Zu 1. **Eigenschafts-Ansatz**

Unter dem Einfluß individualistischer Persönlichkeitstheorien und des Sozialdarwinismus[4] entstand als historisch ältester Erklärungsansatz der Führung die sog. Eigenschaftstheorie. Im Mittelpunkt des Forschungsinteresses steht die Frage, was unterscheidet einen erfolgreichen von einem erfolglosen Führer, oder was den Führer von den Geführten. Die Antwort lautet: Es gibt eine endliche Menge von meßbaren Persönlichkeitszügen (traits), die den Führer vor Nicht-Führern auszeichnet. Entwicklungsgeschichtlich waren dies zunächst *physische* Eigenschaften (wie Stärke, Größe, Gesundheit, Konstitution), später erbliche Führerschaft (Adel), dann *psychische* und *Persönlichkeits*-Eigenschaften (wie Intelligenz, Willensstärke, Fleiß, Leistungsmotivation, hohe Frustrationstoleranz). Die Vielzahl an eigenschaftstheoretischen Forschungsarbeiten ist von einigen Autoren systematisch ausgewertet und zusammengefaßt worden (*Stogdill* 1948, *Mann* 1959, *Gibb* 1969).

*Stogdill* (1948) z. B. hat über 100 Studien zur Identifizierung von Führereigenschaften ausgewertet und kommt zu dem Ergebnis, daß sich die im Zu-

---

[3] Siehe z. B. *Fulmer* 1974, *DuBrin* 1974, *Petit* 1975, *Dessler* 1976, *Hellriegel/Slocum* 1976, *Filley/House/Kerr* 1976.

[4] Vgl. hierzu Fußnote 1 auf S. 534.

sammenhang mit Führung bedeutsamen Faktoren auf folgende Eigenschaften reduzieren lassen:

- **Fähigkeiten** (Intelligenz, Vigilanz, Ausdrucksfähigkeit, Originalität, Urteilskraft)
- **Leistungen** (Schulerfolg, Wissen, sportliche Erfolge)
- **Verantwortung** (Zuverlässigkeit, Initiative, Kooperationsbereitschaft, Anpassungsfähigkeit, Humor)
- **Status** (sozio-ökonomische Position, Popularität)
- **Situation** (geistiges Niveau, Status, Fertigkeiten, Bedürfnisse und Interessen der Geführten, Aufgabenziele).

Direkte Zusammenhänge zwischen einzelnen Persönlichkeitszügen und Führungsposition waren jedoch in den Studien nur selten in konsistenten Mustern auffindbar, und es zeigte sich immer wieder der nicht zu unterschätzende Einfluß der Situation. *Stogdill* resümiert (1974, S. 62):

,,Die folgenden Schlußfolgerungen werden von 15 und mehr der ausgewerteten Studien durchgängig positiv bestätigt:

a. Die Durchschnittsperson, die eine Führungsposition inne hat, übertrifft das Durchschnittsmitglied seiner Gruppe in folgender Hinsicht: 1. Intelligenz, 2. Schulerfolg, 3. Zuverlässigkeit bei der Übernahme von Verantwortung, 4. Aktivität und soziale Integration, 5. sozioökonomischer Status.

b. Die Qualitäten, Eigenschaften und Fertigkeiten, die von einem Führer verlangt werden, sind in einem hohen Ausmaß durch die Anforderungen der Situation bestimmt, in der er als Führer agieren soll.“

In einer jüngeren Untersuchung fand *Ghiselli* (1963) aufgrund einer Befragung von 306 Managern aus 90 unterschiedlichen Unternehmungen signifikante Beziehungen zwischen bestimmten Eigenschaften einer Person, dessen Hierarchieebene und dessen Erfolgsbeurteilung durch seinen Vorgesetzten. Im einzelnen waren dies folgende Eigenschaften:

- **Intelligenz**
- **Vorgesetzten-Fähigkeiten**
- **Initiative** (Eigenständigkeit, Vigilanz)
- **Selbstsicherheit**
- **Gefühl der Zugehörigkeit** zu Personen mit hohem sozio-ökonomischen Status.

Eigenschaftstheoretische Erklärungsversuche sagen nichts über die Eigenschaften der Geführten, die Aufgabe und die notwendigen Interaktionen aus. Sie sind *statisch*, insofern, als sie nichts über die Entwicklung zum Führer und des Führers im Zeitablauf aussagen. Sie können höchstens Hinweise dafür geben, warum ein Individuum zu einem bestimmten Zeitpunkt eine Führungsposition inne hat, aber nicht darüber, warum er in dieser Position erfolgreich oder erfolglos wirkt. Die Praxis des Managements hat gezeigt, daß ein Führer mit sog. führungsrelevanten Eigenschaften, wie Intelligenz, Initiative, Gerechtigkeitssinn, Humor, etc. keineswegs universell einsetzbar und in jedem Fall erfolgreich sein muß, denn erfolgreiche Führer im Sinne der Eigenschaftstheorie versagen häufig bei neuartigen Führungssituationen oder ungewohntem Gruppenverhalten (der Geführten).

Trotz der mangelnden empirischen Evidenz für die Gültigkeit einer Eigenschaftstheorie wird sie in der Praxis der Unternehmungsführung nach wie vor sehr geschätzt, vor allem von denjenigen, die Führungspositionen innehaben.

Durch das Aufkommen von **Attributionstheorien** (vgl. Abschnitt V) erleben die eigenschaftstheoretischen Ansätze heute wieder eine gewisse Renaissance.

Die beiden nächsten Ansätze (Verhaltens-Ansatz, Situations-Ansatz) werden hier nur kurz skizziert, da sie in späteren Abschnitten noch ausführlicher behandelt werden.

Zu 2. **Verhaltensansatz**

Ende der 40er Jahre wendet sich das Interesse der Führungsforschung aufgrund der unbefriedigenden Ergebnisse immer mehr ab von der Suche nach typischen Führereigenschaften (wer ist Führer?) und hin zu dem Studium des Führungsverhaltens (was tut ein Führer?). Dieser Paradigmawechsel leitete eine Vielzahl typologisierender, experimenteller und empirischer Arbeiten ein, die im deutschsprachigen Raum vor allem unter dem Schlagwort **Führungsstilforschung** diskutiert werden. Hier sind vor allem zu nennen, die

- **Kontinuum-‚Theorie‘** *(Tannenbaum/Schmidt)*
- **Iowa Studien** *(Lewin/Lippit/White)*
- **Ohio State Studien** *(Stogdill/Coons)*
- **Michigan Studien** *(Katz/Kahn/Seashore/Likert)*

Kritisch ist zu den Verhaltens-Ansätzen zu sagen, daß sie zwar Führungs- und Gruppenverhalten zu deuten und prognostizieren versuchen, dabei aber die wesentlichen Einflußfaktoren ‚Aufgabe‘ und ‚Situation‘ vernachlässigen.

Zu 3. **Situations-Ansatz**

Der heute weithin akzeptierte Situationsansatz der Führung analysiert das Führungsverhalten in Abhängigkeit von der Gruppe (Geführte), der Aufgabe und der Führungssituation und kommt folgerichtig zu der Annahme, daß unterschiedliche Gruppen- und Führungssituationen auch unterschiedliche Führungsstile erfordern. Es gibt keinen ‚one best way‘ in der Führung und auch keinen ‚great man‘, der in allen Situationen und zu jeder Zeit erfolgreich ist. Erfolgreich ist der Führer, der über analytische Fähigkeiten verfügt (Analyse der Aufgabe, der Situation, der Gruppe) und sein Führungsverhalten den Umständen entsprechend modifizieren kann. Wie dies erfolgen kann, darüber existieren heute schon eine Reihe von Ansätzen, von denen vor allem zu nennen sind:

- **Kontingenztheorie** von *Fiedler*
- **Entscheidungsmodell** von *Vroom/Yetton*
- **Führungsdyaden-Modell** von *Graen*

- **Interaktionistische Führungstheorie** von *Luthans*
  und der mehr motivationstheoretisch orientierte
- **Weg-Ziel Ansatz** von *House* und *Evans.*

In der deutschsprachigen Führungsliteratur wird der ‚trait approach' als **Eigenschaftstheorie** bezeichnet, der ‚behavioral approach' als **Führungsstilforschung** und der ‚situational approach' als **Situationstheorie** der Führung.[5] Die interaktionistische Führungstheorie von *Luthans* geht über letztere hinaus, indem sie den Eigenschaften des Führers ebenso viel Aufmerksamkeit schenkt wie der Führungssituation, und Führungsverhalten als Funktion der Interaktion personaler und situativer Elemente begreift.

---

[5] Vgl. etwa *Lukasczyk* 1960, *Irle* 1970, *Klis* 1970, *Beyer* 1970, *Kunczik* 1972, *Hofstätter* 1973, *Nieder/Naase* 1977, *Wunderer/Grunwald* 1980, *Grunwald/Lilge* 1980, *Weinert* 1981.

## B. Ansätze und Ergebnisse der Führungsforschung

### I. Methoden

Ähnlich bedeutsam wie bei der Motivationsforschung sind in der Führungsforschung Probleme der Messung. **Meßprobleme** dominieren zu einem erheblichen Teil die gesamte Führungsliteratur. Plausible eindimensionale Dichotomisierungen von Führungsverhalten (z. B. autoritär – demokratisch) bis hin zu eingängigen Situationstheorien, wie die von *Fiedler*, sind nicht nur aufgrund theoretischer sondern auch aufgrund statistischer und meßtheoretischer Unzulänglichkeiten kritisiert bzw. verworfen worden. *Neuberger* (1977, S. 91ff.) unterscheidet vier Methoden der Führungsforschung:[6]

1. Fortlaufende Fremdbeobachtung
2. Stichprobenartige Fremdbeobachtung
3. Selbstbeobachtung
4. Verhaltensbeschreibung durch Mitarbeiter.

Zu 1.

Hier werden das Verhalten des Führers und der Geführten von Dritten über einen längeren Zeitraum fortlaufend aufgezeichnet, entweder durch einen anwesenden **Beobachter** oder unbemerkt durch Beobachter hinter einer Einwegscheibe. Diese Methode bietet sich vor allem zur Beobachtung von Gruppen in Laborsituationen an. Als beliebtes Instrument zur Beschreibung und Klassifikation des Gruppenverhaltens wird hier die IPA-Methode von *Bales* (1950) verwandt (vgl. S. 300ff. der Arbeit).

Zu 2.

Bei Feldstudien ist aus vielerlei Gründen (Kosten, Vertraulichkeit, Störungen) eine Anwendung von Methode 1 ausgeschlossen. Hier kann auf kürzere **stichprobenartige Verhaltensbeobachtungen** des Führungsprozesses mit Hilfe eines einfachen Ratingverfahrens zurückgegriffen werden.

Zu 3.

Selbstbeobachtung des Führungsverhaltens erfolgt einmal mit Hilfe von **Fragebogen.** Der bekannteste Fragebogen, dessen Ausfüllung Aufschluß über

---

[6] *Seidel* (1978, S. 319f.) teilt die vorliegenden wissenschaftlichen Untersuchungen von Führungsformen ein in

- Feldstudien
- Feldexperimente } Experimente
- Laborexperimente }

das eigene Führungsverhalten geben soll, ist der von *Fiedler* (1967) entwickelte LPC-Fragebogen (vgl. S. 578). Dieser fußt auf der Annahme, daß die Auskunft des Führers über seine Haltung gegenüber dem am wenigsten geschätzten Mitarbeiter (Least Prefered Coworker) seinen tatsächlichen Führungsstil offenlegt (vgl. auch *Fiedler/Chemers/Mahar* 1979).

Weniger objektiv und damit auch weniger zuverlässig ist die **Tagebuch-Methode,** bei der der Manager gebeten wird, über einen längeren Zeitraum nach einem vorgegebenen Kategoriensystem seinen Arbeitsalltag aufzuzeichnen. Richtungsweisend waren hier die Arbeiten von *Carlson* (1951), die an anderer Stelle ausführlicher besprochen werden (siehe S. 45 der Arbeit).

Zu 4.

Weder außenstehende Beobachter noch der Führer selbst, sondern die Bezugspersonen, die unmittelbar mit dem Führer zusammenarbeiten, beschreiben hier dessen Verhalten und zwar in aller Regel mit Hilfe eines umfassenden **Fragebogens.**[7] Der nach dem 2. Weltkrieg an der Ohio State Universität entwickelte ‚Leader Behavior Description Questionnaire (LBDQ)' gilt hier als Pionierleistung. Das häufig aufgetretene Phänomen, daß derselbe Führer von verschiedenen Mitarbeitern ganz unterschiedlich beurteilt/beschrieben wird, veranlaßt *Neuberger* (1977) zu dem Schluß, daß *das* Führungsverhalten mit dieser Methode sicherlich nicht zu erfassen ist – da der Führer offenbar sein Verhalten situativ wandelt –, und er plädiert für eine verstärkte Hinwendung der Forschung zur Analyse von dyadischen Führer-Geführten-Beziehungen (vgl. Abschnitt C IV 3). Den LBDQ gibt es auch in einer Variante (LBDQ-self), welche die Selbstbeschreibung des Führungsverhaltens durch den Führer ermöglicht. Bisweilen finden aus Gründen der Validierung beide Versionen Anwendung. Ein dem LBDQ entsprechender deutscher Fragebogen zur Vorgesetzten-Verhaltens-Beschreibung (FVVB) ist von *Fittgau-Garthe* und *Fittgau* (1971) entwickelt worden (vgl. kritisch hierzu *Nachreiner* 1978).

## II. Typologien (Führungsstile)

In der Tradition *Max Webers* (Bildung von Idealtypen) und seiner Typologie der Herrschaftsansprüche (legale, traditionale, charismatische)[8] werden in der deutschsprachigen Literatur in unterschiedlichen Variationen sog. traditionale Führungsstile diskutiert (vgl. z.B. *Witte* 1969, *Withauer* 1973, *Latt-*

[7] Das ‚Center for Creative Leadership' (Greensboro, North Carolina) hat insgesamt 24 solcher Fragebogen zusammengestellt und systematisch ausgewertet (vgl. *Karg/Staehle* 1982, S. 11).

[8] Siehe hierzu ausführlicher Abschnitt 3 C II 5 der Arbeit.

*mann* 1975, *Baumgarten* 1976, *Nieder/Naase* 1977). Die Bildung von **Idealtypen** als methodischer Ansatz verstehender Soziologie geht auf *Max Weber* (1921) zurück. Die deutende Erfassung reiner Typen (Idealtypen) – im Gegensatz zu empirisch gewonnenen bzw. überprüfbaren Realtypen – erfolgt nach *Weber* durch die Analyse bestimmter Aspekte einer Handlungssituation und deren Einordnung in ein widerspruchsfreies Gedankenbild.

Mit diesen Idealtypen wird dann die Realität verglichen, um aufgrund von Abweichungsmessungen in die Vielfalt der Situationen eine Ordnung zu bringen. *Weber* macht deutlich, daß ein Idealtyp keine Hypothese ist, sondern nur als Heuristik der Hypothesengenerierung betrachtet werden kann.

Bei Führungsstil-Typologien handelt es sich also nicht um Klassifikationen auf der Basis einer Auswertung empirischer Erhebungen, sondern um empirisch nicht überprüfbare, idealtypische Verhaltensmuster lediglich ausgedachter Führer. *Neuberger* (1977, S. 97) versteht unter **Führungsstil** „ein in wechselnden Situationen relativ konstantes, sinnvoll strukturiertes Verhaltensmuster, das als Konkretisierung einer verhaltensorganisierenden Einstellung oder Grundhaltung aufzufassen ist.“ Diese schon stärker empirisch orientierte Definition macht deutlich, daß der Führungsstil ein **situationsbeständiges Führungsverhalten** beschreibt, das durch eine persönliche Grundeinstellung (Philosophie, Ideologie) gegenüber den Mitarbeitern geprägt wird.

In aller Regel werden vier Führungsstile unterschieden:

- **Patriarchalischer Führungsstil**

  Die Autorität des Familienvaters (Patriarch) und dessen unbefragte Anerkennung durch die Familienmitglieder ist das Vorbild für diesen heute noch in kleinen Familienbetrieben anzutreffenden Führungsstil. Der Patriarch ist zur Treue und Fürsorge gegenüber den Geführten (die z.T. wie Kinder behandelt werden) verpflichtet und erwartet als Gegenleistung dafür Dankbarkeit, Loyalität, Treue und Gehorsam. Die Organisationsstruktur sieht lediglich eine Führungsinstanz vor und keinerlei Delegation von Entscheidungsbefugnis.

- **Charismatischer Führungsstil**

  Der charismatische Führer begründet seinen Herrschaftsanspruch auf besondere, einmalige Persönlichkeitszüge und kennt folglich keinen Vorgänger, Stellvertreter oder Nachfolger. Charismatische Führer sind besonders gefragt in Krisen- oder Notsituationen, in denen der Glaube an eine Rettung durch den Führer die Zuversicht zu rationalen Problemlösungsstrategien verdrängt hat. Charismatische Führer können auf eine Unterstützung durch strukturelle Maßnahmen verzichten, denn sie beziehen ihren Erfolg vor allem aus dem persönlichen Auftritt.

- **Autokratischer Führungsstil**

  Autokratische Führung ist eher in großen Organisationen (Staat, Heer, Großunternehmung) anzutreffen als in kleinen, in denen patriarchalische Führung vorherrscht. Der Autokrat bedient sich zur Herrschaftsausübung eines umfänglichen Führungsapparates (Hierarchie), wobei nachgeordnete Linieninstanzen die Entscheidungen des Autokraten durchsetzen. Es besteht also kein unmittelbarer persönlicher Kontakt zwischen Führer und Geführten wie beim patriarchalischen und charismatischen Führungsstil.

- **Bürokratischer Führungsstil**

  Im Zuge einer weiteren Entpersönlichung der Führung bildet der bürokratische Führungsstil die extreme Form der Strukturierung und Reglementierung organisatorischer Verhaltensweisen (Richtlinien, Stellenbeschreibungen, Dienstanordnungen). An Stelle der Willkür des Autokraten tritt die Sachkompetenz des Bürokraten, die als legale Herrschaft von den Geführten akzeptiert wird. Über mögliche Dysfunktionen bürokratischer Führung (Überorganisation, Entfremdung, Verkehrung von Mitteln in Ziele) habe ich an anderer Stelle ausführlicher berichtet (vgl. Abschnitt 2 D I der Arbeit).

Abb. 6.1 ordnet die besprochenen Führungsstile nach den beiden Dimensionen ‚*Ausmaß der Machtkonzentration*' und ‚*Präzision des Reglements*'.

*Abb. 6.1:* Die traditionalen Führungsstile unter den Gesichtspunkten der Präszision des Reglemants und des Ausmaßes der Machtkonzentration

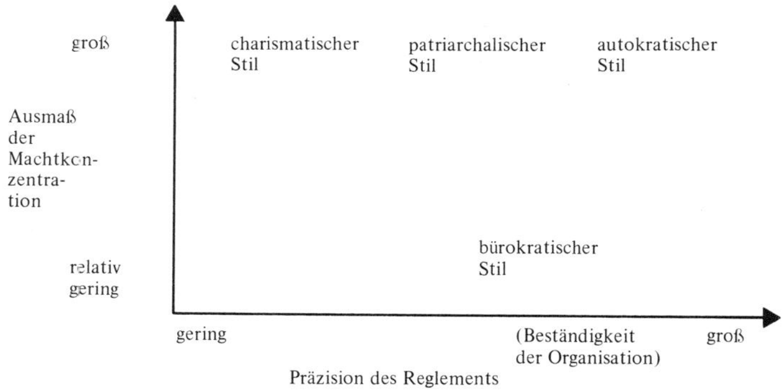


*Quelle: Engel/Riedmann* 1973, S. 85

Ein jüngerer Beitrag zur Typologie von Führungsstilen findet sich bei *Lattman* (1975), der mit Hilfe von elf Gliederungsmerkmalen[9] sechs Führungsprofile bildet, und zwar als Kombinationen unterschiedlicher Ausprägungen (A → E) der elf Beschreibungsmerkmale:

[9] Wertung des Mitarbeiters, Stellenwert der Interessen des Mitarbeiters, Legitimation des Führungsanspruchs, Gewichtung von Arbeitsunzufriedenheit und Betriebsklima, Beteiligung der Mitarbeiter bei der Zielsetzung, Anspruchsniveau der Arbeitsziele, Aufgabenvollzug, Kontrolle, Durchsetzung der Ziele, Behandlung informeller Gruppen, Beteiligung der Mitarbeiter bei der Festlegung des Unternehmenszwecks.

autoritäre Grundhaltung

- **despotischer Führungsstil**
  (Herr-im-Haus-Standpunkt, Eigentum an Produktionsmitteln legitimiert Ausbeutung der Mitarbeiter)
- **paternalistischer Führungsstil**
  (Despot mit sozialem Verantwortungsgefühl gegenüber Mitarbeitern, deren Interessen er am besten zu kennen glaubt)
- **pädagogischer Führungsstil**
  (Patriarch, der seine Mitarbeiter durch gezielte Förderung und Entwicklung zur größeren Selbständigkeit erziehen will)

demokratische Grundhaltung

- **partizipativer Führungsstil**
  (Anerkennung des Mitarbeiters als ‚Werte tragendes Subjekt', dessen Wissen, Können und Interessen im Entscheidungsprozeß mit einbezogen werden)
- **partnerschaftlicher Führungsstil**
  (Selbstbestimmung bei der Aufgabenerfüllung und partnerschaftliche Beteiligung des Mitarbeiters an der Setzung der Unternehmensziele)
- **Selbstverwaltung**
  (Arbeitnehmer (-räte) übernehmen die Rolle des Unternehmers, Kollektivinteressen prägen die Führungsrichtlinien).

In der amerikanischen Führungsliteratur hat unter den typologischen Ansätzen die sog. **Kontinuum-Theorie** von *Tannenbaum/Schmidt* (1958, 1973) besondere Verbreitung gefunden. *Tannenbaum* und *Schmidt* gehen von dem in der Realität zu beobachtenden Führungsverhalten aus und ordnen es nach dem Ausmaß der Anwendung von Autorität durch den Vorgesetzten und dem Ausmaß an Entscheidungsfreiheit der Mitarbeiter auf einem Kontinuum von extrem Vorgesetzten-zentrierten zu extrem Mitarbeiter-zentrierten Verhaltensmustern an (siehe Abb. 6.2).

In einem normativ-analytischen Teil versuchen sie dann die wichtigsten Faktoren zu bestimmen, die bei der Wahl des *richtigen* Führungsverhaltens zu berücksichtigen sind. Das Ergebnis sind folgende **Determinanten eines situationsgerechten Führungsstils:**

1. **Charakteristika des Vorgesetzten**
   - sein Wertsystem
   - sein Vertrauen in die Mitarbeiter
   - seine Führungsqualitäten
   - das Ausmaß an Sicherheit, das er in der bestimmten Situation empfindet
2. **Charakteristika der Mitarbeiter**
   - Ausmaß an Erfahrung in der Entscheidungsfindung
   - ihre fachliche Kompetenz
   - ihr Engagement an dem Problem
   - ihre Ansprüche hinsichtlich beruflicher und persönlicher Entwicklung

*Abb. 6.2:* Autoritärer und kooperativer Führungsstil

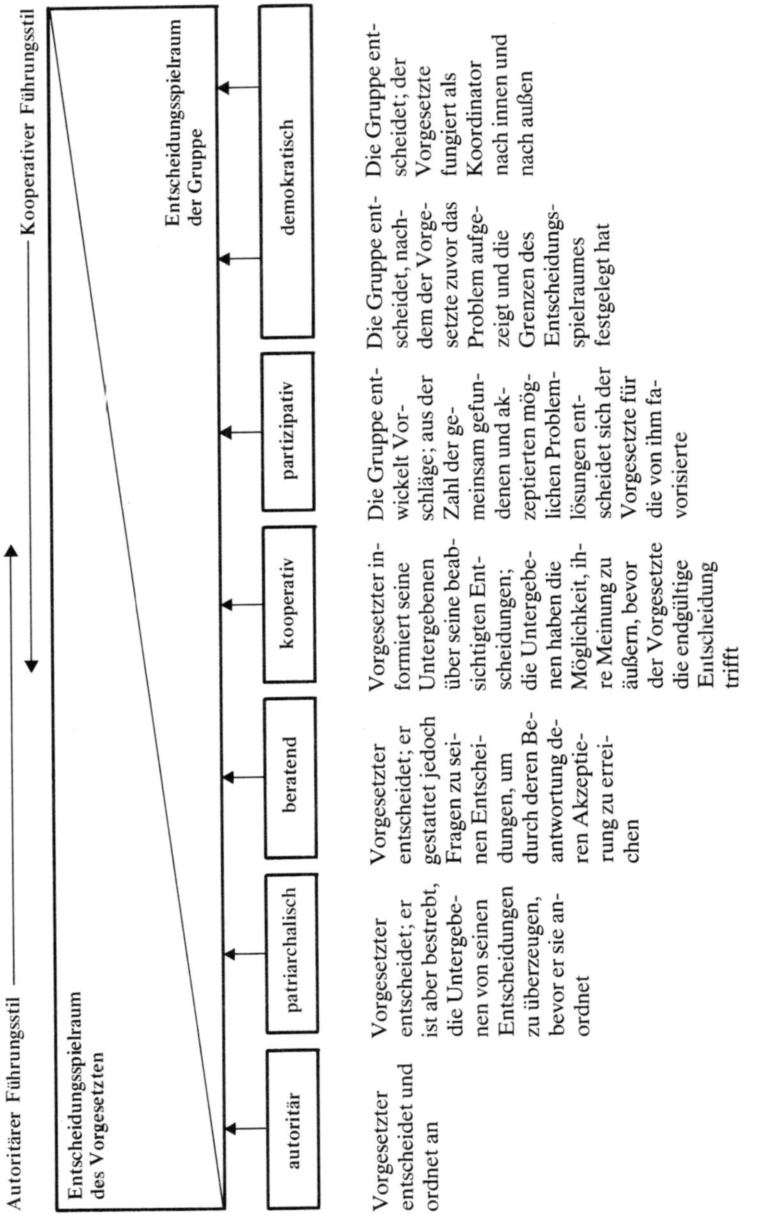


*Quelle: Tannenbaum/Schmidt* 1958, S. 96 in der Modifikation von *Zepf* 1972, S. 28

3. **Charakteristika der Situation**
   - Art der Organisation
   - Eigenschaften der Gruppe
   - Art des Problems
   - zeitlicher Abstand zur Handlung

Jede unterschiedliche Konstellation der Charakteristika innerhalb 1, 2 und 3 erfordert einen unterschiedlichen Führungsstil. Es kann keinen einzig richtigen Führungsstil für alle Situationen geben. Ein erfolgreicher Manager ist dann derjenige, dem es gelingt, die verschiedenen situativen Einflußfaktoren realistisch einzuschätzen und sich mit seinem Führungsverhalten entsprechend darauf einzustellen. Flexibilität des Führungsverhaltens ist der Schlüssel zum Erfolg.

## III. Experimente

Im Gegensatz zu der unter II. beschriebenen mehr ideographischen Vorgehensweise der Entwicklung einer Typologie von Führungsstilen konzentrierte sich die Führungsforschung in den USA von Anfang an auf den empirischen Test der Auswirkungen alternativen Führungsverhaltens.

- **Iowa-Studien**

In den Jahren 1938–40 wurden an der Child Welfare Research Station der Iowa University Elementary School von *Kurt Lewin* und Mitarbeitern eine Reihe von Experimenten mit zehn- bis elfjährigen Schülern durchgeführt mit dem Ziel, die Auswirkungen unterschiedlichen Führungsverhaltens auf individuelles und Gruppenverhalten zu beobachten (*Methode:* Fortlaufende Fremdbeobachtung) (Vgl. *Lewin/Lippitt/White* 1939, *Lippitt/White* 1943, *White/Lippitt* 1953, 1960). Anlaß und Intention der Untersuchungen werden deutlicher, wenn man die Biographie *Lewins* kennt (vgl. *Marrow* 1977). *Lewin,* Sohn jüdischer Eltern aus Posen, forschte und lehrte längere Zeit in Berlin. Als er 1933 endgültig emigrieren mußte, fand er zunächst an der Cornell University in Iowa eine neue Heimat. Es liegt nahe anzunehmen, daß *Lewin* davon ausging, daß nicht zuletzt ein *autoritäres* Erziehungssystem in Deutschland zur Hitler-Diktatur beigetragen hat, während eine *demokratische* Erziehung auch zu einer demokratischen Gesinnung führt, wie er sie im damaligen Amerika vorgefunden hat.

Im Zuge der Experimente trafen sich Schüler in Gruppen zu je fünf nach der Schule zur Freizeitgestaltung (Basteln von Theatermasken) und waren in einem bestimmten Rotationsverfahren einem autoritär oder einem demokratisch agierenden erwachsenen Gruppenleiter ausgesetzt. Im ursprünglichen Design war der ‚laissez faire' Führungsstil nicht vorgesehen, sondern entstand zufällig, da einer der demokratischen Führer die Kontrolle über seine

Gruppe verlor und anschließend den Auftrag erhielt, die Gruppe einfach laufen zu lassen. Der ‚laissez faire' Führungsstil wurde bei der späteren konzeptionellen Auswertung der Experimente nicht mehr berücksichtigt, da hier kein Beeinflussungsversuch im Sinne der Definition von Führung vorliegt.

Welches Führungsverhalten die Gruppenleiter im einzelnen zeigen sollten, wird in Abb. 6.3 beschrieben.

*Abb. 6.3:* Manipuliertes Führungsverhalten in den ersten Iowa-Studien

| autoritär | demokratisch | laissez faire |
|---|---|---|
| 1. Vorgabe der Ziele durch den Führer | 1. Ziele sind das Ergebnis einer Gruppenentscheidung bei Unterstützung durch den Führer | 1. Völlige Freiheit für Einzel- oder Gruppenentscheidungen, minimale Beteiligung des Führers |
| 2. Aktionsschritte werden nacheinander vom Führer vorgegeben, so daß die jeweils folgenden Schritte unklar bleiben | 2. Generelle Vorgehensweise in der Gruppe festgelegt. Wenn gewünscht, gibt der Führer Rat und schlägt alternative Aktionsschritte vor | 2. Führer stellt Arbeitsmaterial zur Verfügung und liefert auf Wunsch Informationen |
| 3. Führer verteilt die Arbeit und bildet Arbeitsgruppen | 3. Arbeitsverteilung und Gruppenwahl durch Mitglieder selbst | 3. Keine Intervention des Führers |
| 4. Führer lobt und tadelt einzelne Mitglieder persönlich, nimmt nicht am Arbeitsprozeß teil | 4. Führer sucht nach objektiven Maßstäben der Kritik, versucht am Gruppenprozeß teilzuhaben | 4. Einzelne spontane Kommentare, keine Steuerung und Beurteilung der Gruppenarbeit |

*Quelle:* In Anlehnung an *White/Lippitt* 1960, S. 26–27

Die **Verhaltensweisen** der Schüler und der gesamten Gruppe unterscheiden sich ganz auffällig in Abhängigkeit des gewählten Führungsstils:

| autoritär geführte Gruppe | demokratisch geführte Gruppe |
|---|---|
| hohe Spannung, Ausdruck von Feindseligkeiten | entspannte, freundschaftliche Atmosphäre |
| unterwürfiges, gehorsames Gruppenverhalten | höhere Kohäsion, geringere Austritte |
| | höheres Interesse an der Aufgabe |
| höhere Arbeitsintensität | hohe Originalität der Arbeitsergebnisse |
| Arbeitsunterbrechung bei Abwesenheit des Führers | Weiterarbeit auch bei Abwesenheit des Führers |

Die mit dem ‚laissez faire' Führer arbeitende Gruppe zeigte, was Aufgabeninteresse, Gruppenkohäsion und Zufriedenheit anbetraf, die schlechtesten Resultate.

Bisweilen werden in der Literatur (z. B. *Campbell* et al. 1970, *Lattmann* 1975) die Iowa-Studien fälschlicherweise als Untersuchungen über den Zusammenhang zwischen Führungs- und Leistungsverhalten interpretiert und daraus Schlüsse über die Überlegenheit des demokratischen Stils auch in Wirtschaftsorganisationen abgeleitet. Die Intention der Forscher war aber eindeutig eine andere, nämlich die Auswirkungen unterschiedlichen Führungsverhaltens auf aggressives und feindseliges Verhalten von Kindern zu studieren.

*Stogdill* (1974, S. 365–370) hat im Anschluß an die Experimente von *Lewin/Lippit/White,* die man als historischen Ausgangspunkt der gesamten empirischen Führungsforschung bezeichnen kann, eine Vielzahl von Folgestudien über die Konsequenzen autokratischer und demokratischer Führung analysiert und die **Ergebnisse** wie folgt zusammengefaßt: Weder der demokratische noch der autokratische Führungsstil kann als Mittel der Produktivitätssteigerung empfohlen werden; allerdings besteht ein positiver Zusammenhang zwischen demokratischer Führung und Zufriedenheit.

*Neuberger* (1972) hat insgesamt 30 experimentelle Führungsstil-Studien untersucht und kommt zu dem Ergebnis, daß in den Experimenten nicht nur die Entscheidungsmacht (autokratisch-demokratisch) variiert wird, sondern eine Vielzahl anderer **Dimensionen,** vor allem

- Partizipationsrate
  (Ausmaß der Beteiligung des Führers an Gruppenaktivitäten)
- Strukturierung
  (Ausmaß der Eingriffe des Führers in Gruppenaktivitäten)
- Kontrolle
  (Ausmaß der Kontrolle der Gruppenaktivitäten durch den Führer)
- Motivation
  (Art und Weise der Motivation der Gruppe durch den Führer).

Eine Auswertung der Studien nach den Kriterien

- Leistungsmaße (z. B. Produktivität/Qualität)
- Einstellungsmaße (z. B. Veränderung von Einstellungen)
- Verhaltensmaße (z. B. Veränderung von Verhaltensweisen)

bringt ähnliche Resultate wie die Auswertung von *Stogdill.* Kein Führungsstil ist aufgrund der Leistungsmaße vorzuziehen. Im Hinblick auf Einstellungsänderungen bringt dagegen der kooperative Führungsstil gewisse Vorteile.

**Den optimalen Führungsstil gibt es also nicht,** so die Erkenntnis nach Durchsicht der experimentellen Untersuchungen.

## IV. Feldstudien

Im Gegensatz zu Laborexperimenten versuchen Feldstudien, eine Vielzahl von Daten über das Führungsverhalten von Managern in den unterschiedlichsten Organisationen zu gewinnen (*Methode:* Verhaltensbeschreibung durch Mitarbeiter auf der Grundlage von Fragebogen), um anschließend mit Hilfe der Faktorenanalyse Dimensionen zu isolieren, mit denen sich Unterschiede im Führungsverhalten messen lassen.

## 1. Ohio State Studien

Seit 1945 beschäftigt sich ein interdisziplinäres Forscherteam (Bureau of Business Research) der Ohio State University mit der Entwicklung eines Instrumentariums zur **Beschreibung des Führungsverhaltens** (vgl. *Stogdill/ Coons* 1957). Erstes Ergebnis einer intensiven internen Diskussion war ein Katalog von neun Kategorien des Führungsverhaltens.[10] In jeder Kategorie wurde eine Anzahl von Statements verfaßt (z. B. ,,Er verlangt mehr, als wir zu leisten imstande sind"; ,,Er ist jederzeit zu sprechen"), insgesamt 150, die damit die erste Fassung des ‚Leader Behavior Description Questionnaire' (LBDQ) bildeten. *Hemphill/Coons* (1957) erreichten aufgrund von Faktorenanalysen eine Reduktion auf drei orthogonale Faktoren:

- Maintenance of membership character
  (Sozial integratives Verhalten)
- Objective attainement behavior
  (Aufgabenorientierung)
- Group interaction facilitation behavior
  (Erleichterung von Kommunikation, Verbesserung der Gruppenatmosphäre).

*Halpin/Winer* (1957) ermittelten mit einem leicht veränderten Fragebogen (130 Items) nach Faktorenanalysen vier orthogonale Faktoren:

- Consideration
  (freundschaftliches, vertrauensvolles, respektvolles und warmherziges Verhalten)
- Initiating Structure
  (Organisation und Definition von Beziehungen/Rollen, Schaffen einer Organisations-, Kommunikations- und Aufgabenstruktur)
- Production Emphasis
  (Aufgabenorientierung, Leistungsmotivation)
- Sensitivity (social awareness)
  (Sensibilität gegenüber sozialen Beziehungen und Gruppenproblemen).

Da die letzten beiden Faktoren nur einen ganz geringen Anteil an Varianz erklärten, verzichtete man auf sie und kam somit zu den beiden Hauptfaktoren, die in einer Studie über Flugkapitäne immerhin 83% der Varianz erklärten (*Halpin/Winer* 1957):

---

[10] Integration, Initiative, Mitgliedschaft, Repräsentation, Organisation, Domination, Kommunikation, Anerkennung, Leistungsbetonung.

- **Consideration** (Beziehungsorientierung)
- **Initiating Structure** (Aufgabenorientierung)

Diese Beschränkung auf zwei angeblich voneinander unabhängige Dimensionen hat dazu geführt, das Produkt der Ohio State Studien als ‚two-dimensional theory' zu bezeichnen.

Erhoben wird das Führungsverhalten neben dem schon erwähnten LBDQ, der auch in deutscher Übersetzung vorliegt (*Tscheulin/Rausche* 1970, *Fittkau-Garthe/Fittkau* 1971), mit dem ‚Leadership Opinion Questionnaire (LOQ)', der im Gegensatz zum LBDQ vom Vorgesetzten selbst ausgefüllt wird. Aufgrund der Gefahr einer starken subjektiven Verzerrung der Realität durch die Selbstbeurteilung wird in aller Regel der LBDQ bevorzugt. Typische Items sind etwa

| Consideration | Initiating Structure |
|---|---|
| Er ist freundlich, und man hat leicht Zugang zu ihm.<br>Er zeigt Anerkennung, wenn einer gute Arbeit leistet. | Er legt Wert darauf, daß die Termine genau eingehalten werden.<br>Er weist seinen unterstellten Mitarbeitern spezifische Arbeitsaufgaben zu. |

Im Gegensatz zu der traditionellen *eindimensionalen* Kontinuum-Annahme, wonach sich **Beziehungsorientierung** und **Aufgabenorientierung** wie bei autoritärer und demokratischer Führung gegenseitig ausschließen,

behaupten die Vertreter der Ohio-Schule die *Unabhängigkeit* der beiden Dimensionen.

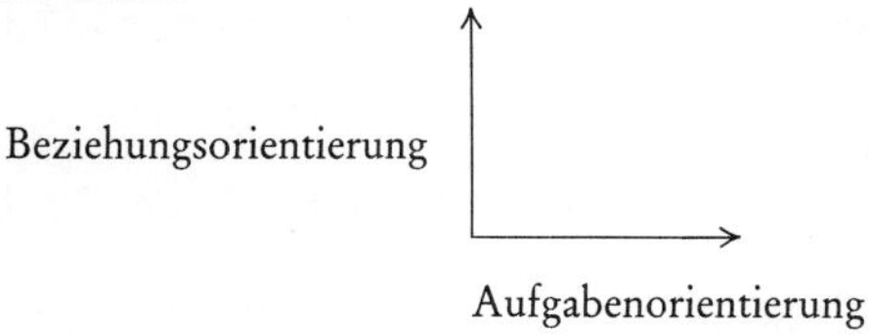


D.h. ein Führer kann sowohl hohe Rücksichtnahme als auch hohe Planungsinitiative und umgekehrt zeigen. Eine Zweiteilung der beiden Dimensionen in jeweils hohe und niedrige Ausprägungen der beiden Dimensionen ergibt dann die bekannten **‚Ohio State Leadership' Quadranten** (s. Abb. 6.4).

Die Ohio-Schule behauptet nun, daß der erfolgreiche Führer hohe Ausprägungen in beiden Dimensionen aufweist (rechter oberer Quadrant, entspricht 9.9 Führungsstil bei *Blake/Mouton* 1968) und daß Beziehungsorientierung zu hoher Zufriedenheit führt.

*Abb. 6.4:* Die Ohio State Leadership Quadranten

| (niedrig) → Beziehungsorientierung → (hoch) | | |
|---|---|---|
| | Hohe Beziehungsorientierung und niedrige Aufgabenorientierung | Hohe Beziehungsorientierung und hohe Aufgabenorientierung |
| | Niedrige Beziehungsorientierung und niedrige Aufgabenorientierung | Hohe Aufgabenorientierung und niedrige Beziehungsorientierung |

(niedrig) ——→ Aufgabenorientierung ——→ (hoch)

*Quelle: Hersey/Blanchard* 1977, S. 95

In Folgeuntersuchungen wurde deutlich, daß diese Aussagen in ihrer Allgemeinheit nicht aufrechterhalten werden können (siehe z. B. *Fleishman/Harris/Burtt* 1955, *House/Filley/Kerr* 1971). Führungserfolg hing hier keineswegs linear zusammen mit Beziehungsorientierung und/oder Aufgabenorientierung und wird wahrscheinlich moderiert durch intervenierende Variablen, wie etwa Organisationsklima. *Korman* (1966), *Weissenberg/Kavanagh* (1973) und *Kerr/Schriesheim* (1974) **kritisieren** vor allem

- mangelnde Orthogonalität der zwei Dimensionen, d. h. sie sind nicht so unabhängig voneinander, wie von der Ohio-Schule behauptet
- nicht signifikante Korrelationen zwischen Führungsverhalten und Führungserfolg, wie von der Ohio-Schule behauptet,
- keine Aussagen über Kausalitäten
- Vernachlässigung situativer Variablen und deren Einfluß auf das Führungsverhalten.

Diese letzte Kritik richtet sich insbesondere gegen die völlige Vernachlässigung des Einflusses der **Organisationsstruktur** auf Führungsprozesse, die historisch in der Orientierung der Ohio Studien (im Gegensatz zu den Michigan Studien) an der Kleingruppenforschung begründet ist (vgl. hierzu Abschnitt D).

Trotz dieser Kritik ist die Zwei-Dimensionen-Theorie der Ohio-Schule zur Grundlage einer Vielzahl praxisorientierter Führungskonzepte geworden, die im Abschnitt C I besprochen werden.

## 2. Michigan Studien

Seit 1947 beschäftigte sich eine Forschergruppe am Institute for Social Research (Survey Research Center) an der University of Michigan, Ann Arbor, mit der Analyse des Führungsverhaltens speziell unter Effizienzgesichtspunkten (Produktivität, Zufriedenheit, Fluktuation, Absentismus, Kosten, Ausschuß, Motivation). Bei der Suche nach Kategorien, die einmal positiv miteinander und mit bestimmten Effizienzmaßen korrelieren, konnten zwei Stile auf einem eindimensionalen Kontinuum von

- **employee orientation** (Mitarbeiterorientierung)
- **production orientation** (Leistungsorientierung)

identifiziert werden, das sog. **Michigan Stilkontinuum**
(vgl. *Katz/Maccoby/Morse* 1950).

**Mitarbeiterorientiert** heißt ein Führungsverhalten, bei dem die zwischenmenschlichen Beziehungen bei der Aufgabenerfüllung besonders betont werden. Der Mitarbeiter wird als Individuum mit eigenen Bedürfnissen und Zielen ernst genommen, und seine persönliche Entwicklung wird gefördert.

**Leistungsorientiert** heißt ein Führungsverhalten, bei dem die technischen und Leistungsaspekte der Aufgabe besonders betont werden. Der Mitarbeiter wird lediglich als Mittel zum Erreichen der Organisationsziele gesehen.

Die Verwandtschaft dieses Konzepts mit dem der Ohio-Schule ist unverkennbar; es besteht jedoch ein gravierender Unterschied in der Konzeptualisierung insofern, als die Michigan-Schule zunächst davon ausging, daß Mitarbeiter- und Leistungsorientierung die Extrempunkte ein und derselben Dimension seien (Stilkontinuum). D. h. je höher die Mitarbeiterorientierung eines Führers, desto geringer die Leistungsorientierung. In späteren Arbeiten der Michigan-Schule ist jedoch eine Abkehr von dieser Position zu erkennen, d. h. Mitarbeiter- und Leistungsorientierung werden wie bei der Ohio-Schule als unabhängige Dimensionen angesehen.

In einer Auswertung weiterer Verhaltensuntersuchungen in einer Vielzahl unterschiedlicher Organisationen analysierten *Katz/Kahn* (1951) vier **Dimensionen zur Beschreibung des Führungsverhaltens:**

- Differentiation of Supervisory Role
  (Planung und Vorgabe spezialisierter Aufgaben)
- Closeness of Supervision
  (Delegation von Verantwortung, Gewährung größerer Handlungsspielräume)
- Employee Orientation
  (entspricht Mitarbeiterorientierung)
- Group Relationships
  (Verbesserung der Gruppenatmosphäre, Kohäsion, Kommunikation und gegenseitigen Unterstützung).

Eine weitere Modifikation der vier Dimensionen wurde später von *Kahn* (1958) vorgeschlagen.

*Rensis Likert* (1961), damals einer der Direktoren des Institute for Social Research, beschreibt fünf Voraussetzungen für ein erfolgreiches Führungsverhalten:

- Principle of Supportive Relations (Prinzip der gegenseitigen Unterstützung)
- Group Methods of Supervision (Kontrolle durch Gruppen)
- High Performance Goals (hohe Leistungsziele)
- Technical Knowledge (technisches Wissen)
- Coordination, Scheduling, Planning (Koordination, Terminierung, Planung).

*Floyd Mann* (1965) operationalisiert auf der Grundlage früherer Michigan-Studien drei wesentliche Fertigkeiten (Skills), über die ein erfolgreicher Führer bzw. Manager verfügen muß:

- Human Relations Skills
- Administrative Skills.

Eine wesentliche Annahme der Michigan-Forscher war stets die humanistisch geprägte Erwartung, daß der mitarbeiterorientierte Führungsstil nicht nur zur höheren Zufriedenheit, sondern auch zu höherer Leistung führt (siehe vor allem *Likert* 1961, 1967). Die empirischen Befunde sprechen jedoch dagegen, daß dieser Stil der ‚one best way' der Führung ist.

*Bowers/Seashore* (1966) untersuchten in 40 Agenturen einer Lebensversicherungsgesellschaft den Zusammenhang von vier Dimensionen des Führungsverhaltens

- Support (Unterstützung)
- Interaction Facilitation (Erleichterung der Interaktionen)
- Goal Emphasis (Zielorientierung)
- Work Facilitation (Erleichterung der Arbeit)

mit der Effizienz, gemessen an sieben Indikatoren (wie z. B. Wachstum, Umsatz, Kosten, Fluktuation). Obwohl einige signifikante Korrelationen gefunden wurden, kamen sie zu dem Ergebnis, daß Führungsverhalten *allein* nicht die Effizienz oder Ineffizienz einer Organisation zu erklären vermag (S. 263). Weitere wichtige Einflußfaktoren sehen sie in den Machtgrundlagen des Führers und deren Akzeptanz, in den Aufgabenanforderungen und in persönlichkeitsspezifischen Eigenheiten der Mitarbeiter.

Auch die Michigan-Studien können über kausale Zusammenhänge zwischen den untersuchten Variablen keine Aussagen machen. Ist z. B. auf das mitarbeiterorientierte Führungsverhalten die Zufriedenheit und Leistung der Gruppe zurückzuführen, oder erlaubt es die hohe Leistung der Gruppe dem Führer, sich mitarbeiterorientiert zu verhalten? Auch eine Identifikation intervenierender situativer Faktoren fehlt bei den Michigan-Arbeiten, wenngleich deren Bedeutung nicht verkannt wird (vgl. *Bowers/Seashore* 1966).

### 3. Group Dynamics Studien

Auf der Basis einer Vielzahl von Forschungsarbeiten des Research Center for Group Dynamics analysieren *Cartwright/Zander* (1968) zwei wesentliche Führungsfunktionen, die einzelne Gruppenmitglieder übernehmen müssen, nämlich Erreichung eines oder mehrerer Gruppenziele und Aufrechterhaltung und Stärkung der Gruppe selbst. Diese beiden Gruppenfunktionen erfordern unterschiedliche Verhaltensweisen:

| Group Maintenance Functions | Goal Achievement Functions |
|---|---|
| Förderung guter zwischenmenschlicher Beziehungen<br>Konfliktlösung<br>Unterstützung<br>Schutz von Minoritäten<br>Förderung von Selbständigkeit und Kooperationsverhalten | Handlungsanweisung<br>operative Planung<br>Aufgabenstrukturierung<br>Beachtung der Zielerreichung |

Das Group Dynamics-Konzept ist im deutschsprachigen Raum vor allem durch die eingängigen Begriffe

- **Lokomotionsfunktion** (Goal Achievement) und
- **Kohäsionsfunktion** (Group Maintenance)

populär geworden (vgl. *Lukasczyk* 1960).

Ein synoptischer Überblick (vgl. Abb. 6.5)[11] über die bislang besprochenen Forschungsprogramme zeigt, daß die Unterschiede insgesamt doch recht gering sind und mehr im Begrifflichen als im Konzeptionellen zu suchen sind. Letztlich zieht sich die Dichotomie *‚autokratisch-demokratisch‘* (direktiv – kooperativ), *‚Beziehungsorientierung – Aufgabenorientierung‘* und *‚Lokomotionsfunktion – Kohäsionsfunktion‘* durch die gesamte Führungsliteratur und dient auch als Basis einer Vielzahl von praxisorientierten Führungskonzepten.

[11] Siehe zu einer ähnlichen Übersicht *Neuberger* 1972, S. 205/6 und *Baumgarten* 1976, S. 59.

*Abb. 6.5:* Überblick über die in Feldstudien entwickelten Dimensionen des Führungsverhaltens

| Ohio State Studien | | Michigan Studien | | | | | | Group Dynamics Studien |
|---|---|---|---|---|---|---|---|---|
| *Hemphill* and *Coons* (1957) | *Halpin* and *Winer* (1957) | *Katz* et al. (1950) | *Katz* and *Kahn* (1951) | *Kahn* (1958) | *Likert* (1961) | *Mann* (1965) | *Bowers* and *Seashore* (1966) | *Cartwright* and *Zander* (1960) |
| Maintenance of membership character | Consideration | Employee orientation | Employee orientation<br><br>Closeness of supervision | Providing direct need satisfaction | Principle of supportive relationships | Human Relations skills | Support | Group Maintenance functions |
| Group interaction facilitation behavior | Sensitivity | | Group relationships | | Group methods of supervision | | Interaction facilitation | |
| Objective attainment behavior | Production emphasis | Production orientation | | Structuring path to goal attainment<br>Modifying employee goals | High performance goals | Administrative skills | Goal emphasis | Goal Achievement functions |
| | Initiating Structure | | Differentiation of supervisory role<br><br>Closeness of supervision | Enabling goal achievement | Technical knowledge<br><br>Planning, scheduling, coordinating | Technical skills | Work facilitation | |

Quelle: In Anlehnung an *Bowers/Seashore* 1966, S. 248

# C. Führungskonzepte und -modelle

Nachdem im vorangegangenen Abschnitt die wichtigsten Ansätze der Führungsforschung vorgestellt worden sind, wird im folgenden deren pragmatische Verwertung und Anwendung in der Managementpraxis diskutiert. Im Kapitel über Motivation haben wir schon erfahren müssen, daß anspruchsvolle komplexere Theorieansätze keinerlei Chance haben, pragmatisch (technologisch) genutzt zu werden. Im Bereich der Führung ist die Situation ähnlich. Lediglich plausible, leicht verständliche und vermittelbare Konzepte haben eine Chance, von der Managementpraxis aufgenommen oder zumindest in Seminaren angehört zu werden.

## I. Führungskonzepte auf der Grundlage der Ohio State Forschung

Rückblickend läßt sich zweifelsfrei feststellen, daß die Ohio State Studien den stärksten Einfluß auf die Entwicklung praxisnaher und damit erfolgreich vermarktbarer Führungskonzepte gehabt hat. Ein eindeutiger Bezug auf diese Arbeiten findet sich bei den folgenden drei Konzepten:

- **Verhaltensgitter** (Managerial Grid, *Blake/Mouton* 1964)
- **3-D Programm** (3-D Management Style Theory, *Reddin* 1967, 1970)
- **Situative Führungstheorie** (Tri-Dimensional Leader Effectiveness Model, *Hersey/Blanchard* 1969).

### 1. Das Verhaltensgitter von Blake/Mouton

*Blake/Mouton* (1964) beziehen sich auf die beiden Hauptfaktoren der Ohio-Schule, **Consideration** (Beziehungsorientierung) und **Initiating Structure** (Aufgabenorientierung), und übernehmen ebenfalls die Annahme von der Unabhängigkeit der beiden Dimensionen. Ihrer Meinung nach beherrscht die Dichotomie, entweder personen- oder aufgabenorientiert, fälschlicherweise das Denken der Manager und sollte abgelöst werden von einer integrativen, additiven Betrachtungsweise der beiden Dimensionen (Mensch und Arbeit). Zu diesem Zweck haben sie auf der Basis der ‚Ohio State Leadership' Quadranten (vgl. Abb. 6.4 auf S. 552) ein ebenfalls zweidimensionales Verhaltensgitter (Managerial Grid) entwickelt und auf der Waagerechten in einer

9stufigen Skala den Grad der **Betonung der Produktion** (concern for production) und auf der Senkrechten ebenfalls in einer 9stufigen Skala den Grad der **Betonung des Menschen** (concern for people) eingetragen (s. Abb. 6.6).

*Abb. 6.6:* The Managerial Grid (Verhaltensgitter)

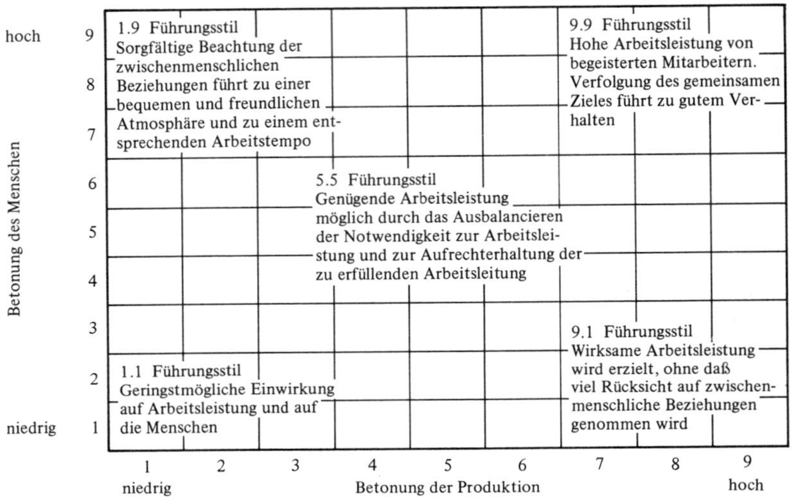


*Quelle: Blake/Mouton* 1968, S. 33

Theoretisch sind damit 81 unterschiedliche Kombinationen von Personen- und Leistungsorientierung und somit 81 unterschiedliche Führungsstile denkbar. *Blake* und *Mouton* füllen jedoch nur fünf Felder mit Inhalt. „Jede dieser fünf Theorien definiert ein genaues, aber differenziertes Bündel von Annahmen, wie sich Individuen tatsächlich in Situationen verhalten, bei denen es darauf ankommt, Produktionen durch Menschen zu erreichen" (1968, S. 23). Neben dieser deskriptiven Komponente enthält das Konzept jedoch einen dezidiert *normativen* Charakter. Darüber, was unter diesen fünf Alternativen die „beste Theorie" sei, lassen *Blake* und *Mouton* den Leser nicht im Zweifel. Nachdem die Führungsstile 9.1 als pessimistisch, 5.5 als unpraktisch, 1.9 als zu idealistisch und 1.1 als unmöglich abqualifiziert wurden, bleibt allein „Theorie" 9.9 als erstrebenswert übrig.

In einem jüngeren Beitrag betonen *Blake* und *Mouton* (1981), daß die beiden Dimensionen des Verhaltensgitters bisweilen fälschlicherweise für unabhängig voneinander gehalten, von ihnen aber als *interdependent* angesehen werden. Die Ausprägungen auf den beiden Dimensionen lassen sich also nicht einfach addieren, sondern auf jeder Ebene gewinnt die interaktive Verknüpfung der Dimensionen eine neue Qualität. Ihres Erachtens repräsentiert beispielsweise die 9 im 1.9 Stil etwas völlig anderes als die zweite 9 im erstrebenswerten 9.9 Stil. „Im 9.9 Stil steht die zweite 9 für das Erreichen einer

Leistung durch ein Führungsverhalten, das Teamarbeit fördert, welche sich durch Offenheit, Respekt, Engagement, Konfliktlösung durch Konfrontation ... auszeichnet" (*Blake/Mouton* 1981, S. 442f.).

In Grid-Seminaren, die heute nahezu weltweit angeboten werden, bieten die Grid-Vertreter Anleitungen darüber, wie ein Führer sich den 9.9-Führungsstil aneignen kann. Da diese Verhaltensänderungen nicht ohne begleitenden organisatorischen Wandel sinnvoll möglich sind, wird das Führungskonzept heute auch als Ansatz der Organisationsentwicklung verstanden (vgl. *Blake/Mouton* 1969, sowie Abschnitt 7 C III 2d der Arbeit).

Die eindeutige Bevorzugung einer Führungsalternative ist um so unverständlicher, als *Blake* und *Mouton* zu Beginn ihrer Untersuchung begrüßenswerte Ansätze zu einer mehr differenzierten Behandlung des Führungsproblems in unterschiedlichen Situationen machen. Mit Recht wird darauf hingewiesen, daß die Wahl des „richtigen" Führungsstils in einer gegebenen Situation für eine bestimmte Person die Funktion mehrerer Einflußfaktoren ist. Als solche **Einflußfaktoren** analysieren *Blake* und *Mouton* (1968, S. 26):

- Organisationsstruktur
- Führungssituation
- Wertvorstellungen des Führers und der Geführten
- Persönlichkeitsmerkmale des Führers
- Wissen über alternative Führungsstile.

Die fünf Führungstheorien sind dann als Bündel von Annahmen über mögliches Führungsverhalten zu verstehen, und sinnvolle Prognosen und Gestaltungsempfehlungen sind nur dann möglich, wenn die Annahmen mit der tatsächlichen Situation übereinstimmen. „Es wäre falsch, einen ‚ideologischen' Weg zu gehen, ohne die tatsächlichen Umstände zu berücksichtigen" (1968, S. 24). Genau dieser Versuchung unterliegen aber *Blake* und *Mouton,* wenn sie *einen* Führungsstil (in diesem Falle 9.9) für allgemeingültig deklarieren und als universell effizient anwendbar empfehlen. Ähnliche Bedenken müssen angemeldet werden, wenn *Blake* und *Mouton* etwa die Hierarchie, als Herrschaft von wenigen über viele, als ein unveränderliches grundsätzliches Charakteristikum aller Organisationen ansehen. Wer von einer solchen Ideologie ausgeht, muß sich dem Verdacht aussetzen, daß das stark propagierte Modell 9.9, das erfreulich humanistische Züge aufweist, letztlich doch nur ein Manipulationsinstrument in den Händen des oberen Management darstellt, das durch vorgebliches Eingehen auf die Wünsche und Bedürfnisse der Mitarbeiter lediglich zur Leistungssteigerung motivieren soll.

## 2. Das 3-D Programm von Reddin

Ebenso wie *Blake/Mouton* geht *Reddin* (1967, 1970) von den vier ‚Ohio State Leadership' Quadranten aus (siehe Abb. 6.4), benennt aber die Achsen etwas anders

- für ‚Consideration' → ‚Relationships Orientation'
  (**Beziehungsorientierung** = BO)
- für ‚Initiating Structure' → ‚Task Orientation'
  (**Aufgabenorientierung** = AO)

und fügt – und das ist der entscheidende Unterschied – als *dritte* Dimension die **Effektivität** des jeweiligen Führungsverhaltens hinzu (deshalb 3-D). Die vier Quadranten bilden dann folgende vier Grundstilformen ab (vgl. Abb. 6.7):

- **Verfahrensstil** (Separated – entspricht 1.1 im Grid)
- **Beziehungsstil** (Relationships – entspricht 1.9 im Grid)
- **Aufgabenstil** (Task – entspricht 9.1 im Grid)
- **Integrationsstil** (Integrated – entspricht 9.9 im Grid).

*Abb. 6.7:* Die drei Dimensionen des *Reddin*-Modells

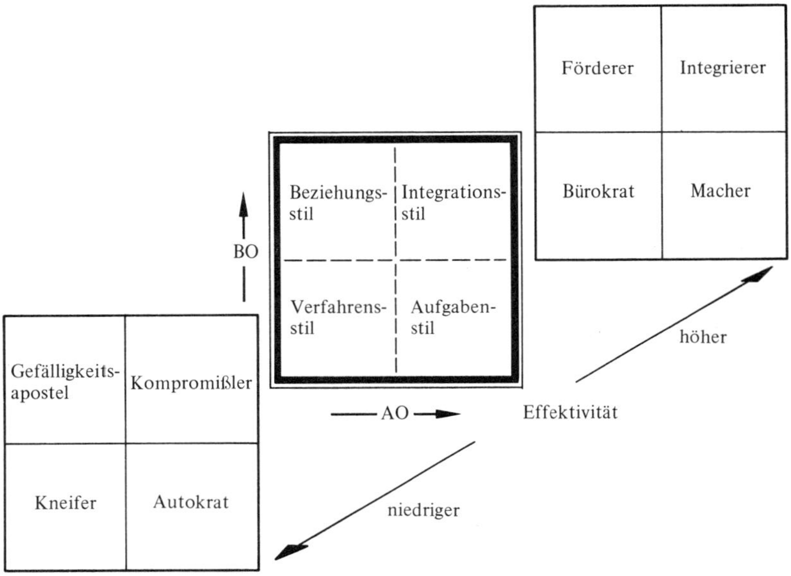


*Quelle: Reddin* 1977, S. 28

Im Gegensatz zu *McGregor* (Theory Y) und *Blake/Mouton* (Theorie 9.9) vertritt *Reddin* die nicht normative Auffassung, daß *alle* vier Stilarten effizient oder ineffizient sein können, und zwar in Abhängigkeit von der spezifischen Situation, in der sie angewandt werden. Die **Situation** wird beschrieben durch den Einfluß von

- Organisationsstruktur und Organisationsklima
- Arbeitsweise, Aufgabenanforderungen
- Vorgesetzten
- Kollegen
- Untergebenen.

Es gibt also nicht einen einzig richtigen Führungsstil, sondern in verschiedenartigen Situationen wird auch unterschiedliches Führungsverhalten erforderlich.

Die latent vorhandenen vier **Grundstilformen** erweisen sich nun als *effektiv* oder *ineffektiv*, je nachdem ob sie situationsentsprechend praktiziert werden oder nicht.

Der latent **verfahrensorientiert** führende Manager verläßt sich primär auf Verfahren, Methoden, Systeme und bevorzugt stabile Umweltsituationen. Als *Bürokrat* (Bureaucrat) beherrscht er Routineprozesse durch straffe Organisation und Regelbeachtung. Als *Kneifer* (Deserter) beharrt er auf Regeln und Vorschriften, wo die Situation flexible Anpassung erfordert.

Der latent **beziehungsorientiert** führende Manager betont gute zwischenmenschliche Beziehungen und berücksichtigt Mitarbeiterbedürfnisse. Als *Förderer* (Developer) delegiert er soviel und soweit es die Situation erlaubt und sieht in der Mitarbeiterentwicklung keinen Selbstzweck, sondern erwartet langfristig bessere Aufgabenerfüllung. Als *Gefälligkeitsapostel* (Missionary) glaubt er, daß zufriedene Mitarbeiter auch mehr leisten werden, und vernachlässigt die Aufgabenerreichung.

Der latent **aufgabenorientiert** führende Manager betont Leistungsergebnisse und denkt produktivitätsorientiert. Als *Macher* (Benevolent Autocrat) setzt er realistische, aber anspruchsvolle Ziele und überzeugt durch Expertenwissen. Als *Autokrat* (Autocrat) überfordert er die Mitarbeiter und pocht auf Amtsautorität.

Der latent **integrationsorientiert** führende Manager strebt nach einer gleichgewichtigen Beachtung von Mensch und Aufgabe. Als *Integrierer* (Executive) entscheidet und führt er kooperativ, motiviert und fördert seine Mitarbeiter zielorientiert. Als *Kompromißler* (Compromiser) meidet er Konfrontationen, zeigt Entscheidungsscheu und versucht, es allen recht zu machen.

| Grundstilformen (latent vorhanden) | effektiv genutzt | ineffektiv genutzt |
|---|---|---|
| Verfahrensstil | Bürokrat | Kneifer |
| Beziehungsstil | Förderer | Gefälligkeitsapostel |
| Aufgabenstil | Macher | Autokrat |
| Integrationsstil | Integrierer | Kompromißler |

Aus diesen Kurzbeschreibungen geht hervor, daß *Reddin* keinen einzelnen Führungsstil favorisiert, sondern die Effektivität in Abhängigkeit von der jeweiligen Situation sieht. Entsprechend sind seine Seminare, die inzwischen auch in Europa angeboten werden, primär darauf ausgerichtet, die Führungssituation zu analysieren und richtig einzuschätzen und nicht so sehr, wie bei *Blake/Mouton,* den richtigen Führungsstil einzuüben.

## 3. Die situative Führungstheorie von Hersey/Blanchard

*Hersey/Blanchard* (1977) knüpfen unmittelbar am Konzept von *Reddin* an. Die ‚Ohio State Leadership' Quadranten werden ebenfalls um eine *dritte* Dimension (Effectiveness Dimension/Environment) erweitert, deshalb die Bezeichnung Tri-Dimensional Effectiveness Model, so daß effektives und ineffektives Führungsverhalten unterschieden werden können. *Hersey/Blanchard* (S. 169) untersuchen im folgenden nur *effektive* Ausprägungen des Führungsverhaltens und bezeichnen die einzelnen Quadranten auch anders als *Reddin,* und zwar unterscheiden sie vier erfolgreiche Führungsstile:

**S 1: Unterweisung** (‚telling')
Vorgesetzter definiert die Rollen seiner Untergebenen und sagt ihnen, was, wie, wann und wo zu tun ist (Ein-Weg-Kommunikation).

**S 2: Verkaufen** (‚Selling')
Vorgesetzter versucht über Zwei-Weg-Kommunikation, rationale Argumentation und sozio-emotionale Unterstützung Untergebene zur Akzeptanz der Aufgabenstellung zu bringen.

**S 3: Beteiligung** (‚participating')
Führer und Geführte entscheiden gemeinsam; nur noch sozio-emotionale Unterstützung nötig.

**S 4: Delegation** (‚delegating')
Vorgesetzter delegiert und beschränkt sich auf gelegentliche Kontrolle.

Darüber, welchen Stil Manager in welcher Situation bevorzugen, gibt der von *Hersey/Blanchard* entwickelte ‚Leader Effectiveness and Adaptibility Description (LEAD)' Fragebogen Auskunft. Er kann entweder vom Manager selbst (LEAD-Self) oder seinen unmittelbaren Untergebenen (LEAD-Other) ausgefüllt werden (vgl. hierzu die Ohio-Fragebogen LBDQ und LOQ).

Effektivität des Führungsverhaltens hängt davon ab, ob der Führer den situationsadäquaten Führungsstil gewählt hat. Die **Situation** wird durch die gleichen fünf Variablen beschrieben wie bei *Reddin.* Das Interesse der Autoren konzentriert sich jedoch primär auf *eine* Situationsvariable, den Reifegrad der Untergebenen bzw. der Gruppe. **Reifegrad** wird dabei nicht absolut gesehen, sondern stets in Relation zur gestellten Aufgabe. Ein und dieselbe Person kann also zum gleichen Zeitpunkt geringe Reife im Hinblick auf eine Aufgabe und hohe Reife im Hinblick auf eine andere Aufgabe zeigen. Die Autoren (S. 162f.) unterscheiden drei **Komponenten** des aufgaben-relevanten Reifegrades:

- die Fähigkeit, hohe, aber erreichbare Ziele zu setzen
- die Fähigkeit und Bereitschaft, Verantwortung zu übernehmen
- die notwendige Ausbildung und Erfahrung.

Neben der ‚job maturity' wird noch eine ‚psychological maturity' unterschieden, worunter Selbstsicherheit und Zutrauen verstanden wird, und zwar primär als Folge der ‚job maturity'.

Der Reifegrad der Gruppe (maturity score) kann mit Hilfe eines Tests bestimmt werden, dessen Ergebnis eine Zuordnung in vier **Reife-Stadien** erlaubt:

**M 1 = geringe Reife** (Motivation, Wissen und Fähigkeiten fehlen)
**M 2 = geringe bis mäßige Reife** (Motivation, aber fehlende Fähigkeiten)
**M 3 = mäßige bis hohe Reife** (Fähigkeiten, aber fehlende Motivation)
**M 4 = hohe Reife** (Motivation, Wissen und Fähigkeiten vorhanden).

Im normativen Teil des Modells behaupten die Autoren nun einen Zusammenhang zwischen aufgaben-relevantem Reifegrad der Untergebenen, der Gruppe, dem Führungsverhalten des Vorgesetzten und der Effizienz (vgl. Abb. 6.8).

*Abb. 6.8:* Die situative Führungstheorie von *Hersey/Blanchard*

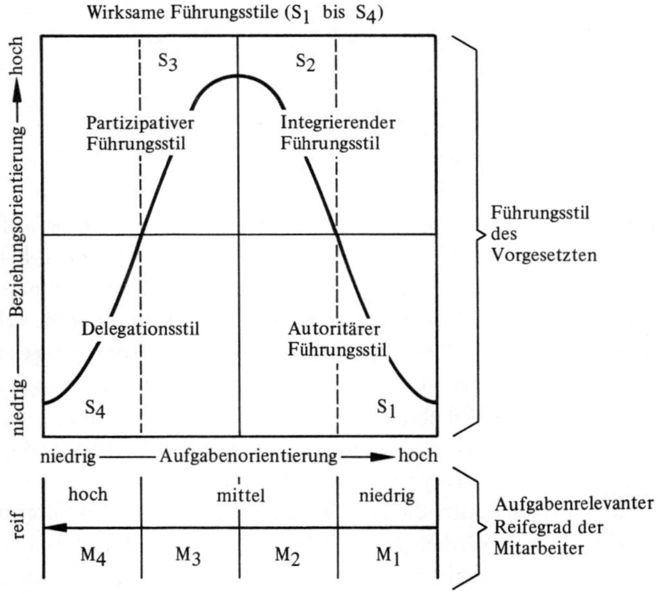


*Quelle: Hersey/Blanchard* 1977, S. 194

Mit steigendem Reifegrad soll der Vorgesetzte seine Aufgabenorientierung reduzieren und seine Beziehungsorientierung verstärken. Wenn der Reifegrad Werte über dem Durchschnitt annimmt, sollen sowohl Aufgaben- als auch Beziehungsorientierung zurückgenommen werden. Graphisch dargestellt ergibt sich eine Glockenkurve, die durch die jeweils effizienten Bereiche der Stil-Quadranten läuft. Mit Bezug auf diese Kurve sprachen *Hersey/Blanchard* (1969b) früher etwas mißverständlich von einer ‚Life Cycle Theory of Leadership'.

Nach Vorstellungen dieser ‚situativen Führungstheorie' soll sich der Manager jedoch keineswegs auf eine passive Anpassung seines Führungsverhaltens an die Entwicklung des Reifegrades seiner Mitarbeiter beschränken. Im Gegenteil, er soll aktiv an deren **Entwicklung und Förderung** mitwirken (z. B. von A nach C). Hierzu wird ein Zwei-Stufen-Prozeß vorgeschlagen (vgl. Abb. 6.9).

*Abb. 6.9:* Zwei-Stufen-Prozeß der Mitarbeiterentwicklung

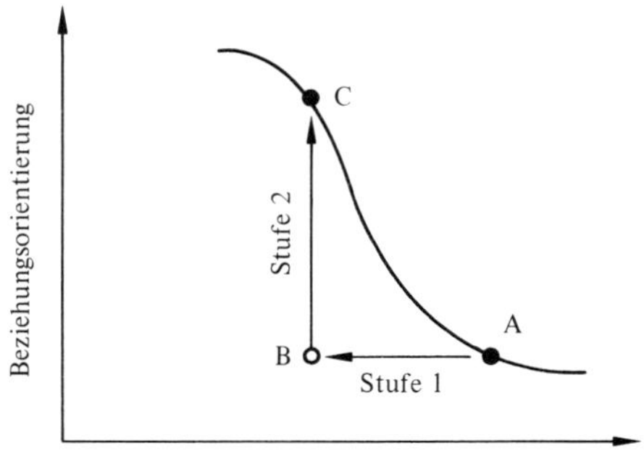


*Quelle: Hersey/Blanchard* 1977, S. 196

In *Stufe 1* delegiert der Vorgesetzte einen abgegrenzten Verantwortungsbereich (Reduzierung der Aufgabenorientierung A nach B), und – bei guten Resultaten – wird in *Stufe 2* das Mitarbeiterverhalten durch Belohnung, Anerkennung und weitere Förderung verstärkt (Verstärkung der Beziehungsorientierung B nach C). Dieser Prozeß der sukzessiven Approximation kann beliebig oft wiederholt werden, und zwar in beiden Richtungen als *‚development cycle'* bei M 1 → M 4 und als *‚regressive cycle'* bei M 4 → M 1, wenn der Reifegrad gegenüber früher abnehmen sollte und in höherem Maße strukturierende Eingriffe des Vorgesetzten erforderlich werden. Um die Fähigkeiten der Vorgesetzten hinsichtlich der Wahl eines angemessenen Führungsverhaltens zu verbessern, haben *Hersey/Keilty* (1980) ein Analyse- und Trainingsprogramm entwickelt, das auf einer Interaktions-Einfluß-Analyse der Kommunikationsprozesse zwischen Vorgesetzten und Mitarbeitern aufbaut.

Aufgrund des wachsenden Bekanntheitsgrades dieser situativen Führungstheorie sahen sich *Blake/Mouton* (1981) genötigt, ihr Modell eindeutig von dieser neuen Konkurrenz abzugrenzen. Die Reinterpretation des 9,9 Stils im **Managerial Grid** (vgl. S. 558) erfolgte also vor dem Hintergrund einer zunehmenden Akzeptanz situativer Führungstheorien im allgemeinen und der Situationstheorie von *Hersey/Blanchard* im besonderen. *Blake* und *Mouton,* die dem 9,9 Stil besondere, von den einzelnen Dimensionen der Aufgaben- und Beziehungsorientierung losgelöste Eigenschaften zuschreiben, sind der Ansicht, daß *Hersey* und *Blanchard* ihren integrierten Führungsstil (S 2) als 9

+ 9 Stil konzeptualisieren. Das ‚plus' (+) soll andeuten, daß *Hersey/Blanchard* von einem *additiven* Konzept ausgehen, d.h. hohe Aufgaben- und Beziehungsorientierung einfach miteinander kombinieren, ohne neue synergetische Effekte wie im 9,9 Stil zu beachten. Das Komma (,) soll andeuten, daß die Betonung des Menschen und der Produktion im Grid *interaktiv* verknüpft ist.

Um die Verschiedenartigkeit ihres 9,9 Stils von anderen Führungsstilen zu belegen, wurden 100 Manager gebeten, die vier Führungsstile der Situationstheorie (S 1 bis S 4) und den 9,9 Stil hinsichtlich ihrer Adäquanz für 12 Führungssituationen zu bewerten, die jeweils einem der vier Reifegrade (M1 bis M4) entsprachen. Die Tatsache, daß der 9,9 Stil in allen Situationen als der effizienteste bewertet wurde, sehen *Blake/Mouton* als Beleg für die Überlegenheit ihrer universalistischen Führungstheorie über die Situationstheorie von *Hersey/Blanchard* und als Beleg für die Eigenständigkeit des 9,9 Stils an. Dieses Ergebnis ist nicht überraschend, wenn Manager nach wie vor an die Überlegenheit *eines* Führungsstils glauben. Die Bevorzugung des 9,9 Stils ist aufgrund seiner hohen sozialen Erwünschtheit kaum verwunderlich.

*Hersey/Blanchard* (1982) fühlen sich zwar von der Tatsache, daß sich *Blake/Mouton* speziell mit ihrer Situationstheorie auseinandersetzen, geehrt, gehen aber leider auf deren Kritik selbst nicht ein. Stattdessen argumentieren sie, daß das Grid nur Einstellungen und Werte gegenüber bestimmten Führungsstilen klassifiziere, während ihre Situationstheorie Führungsverhalten beschreibe, und im übrigen sich beide Theorien einander ergänzen würden.

Auch *Graeff* (1983) zieht eine interaktive Verknüpfung einer additiven vor, allerdings nicht für die Dimensionen des Führungsverhaltens sondern für die Situationsdimensionen Fähigkeit und Motivation zur Bestimmung des Reifegrades der Geführten. Desweiteren weist *Graeff* auf einige konzeptionelle Inkosistenzen der Situationstheorie und einige Schwächen des LEAD-Fragebogens hin und sieht insgesamt in dem Modell von *Hersey/Blanchard* nur einen bescheidenen Beitrag zur Führungsforschung.

In der Tat haben *Hersey/Blanchard* zwar mit der Betonung des Reifegrades fraglos einen wesentlichen Einflußfaktor des Führungserfolges beschrieben, andererseits aber alle anderen Situationsvariablen vernachlässigt. Auch wird der recht positive Eindruck, den man aus den normativen Aussagen zum Führungsverhalten (Betonung der Förderung, Entwicklung und des Wachstums der Mitarbeiter) gewinnen könnte, dadurch getrübt, daß die Autoren die Führungsstile mit der Hierarchieebene in Verbindung bringen und Stile S1 und S2 der Basis und S3 und S4 dem Top Management zuordnen (S. 254ff.). Reife scheint also doch nicht nur aufgabenbezogen definiert zu sein, sondern Mitarbeiter von Top Managern werden für ‚reifer' gehalten als Arbeiter. Eine andere Deutung dieser Zuordnung wäre, daß Mitarbeiter auf unteren Hierarchieebenen mit solchen Aufgaben betraut werden, die nur einen geringen Reifegrad erfordern.

*Yukl* (1981) ist der Meinung, daß die von *Hersey/Blanchard* zur empirischen Stützung ihres Modells zitierten Untersuchungen der Führungsstilforschung kaum als Evidenz anerkannt werden können, da der Reifegrad der Geführten selten oder nie in dem von ihnen verstandenen Sinne in die Untersuchungen einbezogen worden ist.

## II. Führungskonzept auf der Grundlage der Michigan Forschung

Einige Ergebnisse der Michigan Studien sind vor allem durch die Arbeiten von *Rensis Likert* (1961, 1967) einem breiteren Leserkreis zugänglich gemacht worden.

- **System 1 – System 4** von *Likert*

*Likert* unterscheidet vier Management-bzw. Führungssysteme, die sich jedoch auf die zwei Grundtypen, **‚autoritäre Systeme'** (System 1 und 2) und **‚partizipative Systeme'** (System 4 sowie Teile von System 3) reduzieren lassen. System 1 (entspricht etwa Theorie X) und System 4 (entspricht etwa Theorie Y) stellen die Extrema auf einem Kontinuum möglicher Managementsysteme dar, wobei Systeme 2 und 3 nach *Likert* lediglich als Übergangslösungen auf dem Wege zum Idealtyp 4 zu verstehen sind. Die wichtigsten Merkmale der vier Managementsysteme sind in Abb. 6.10 zusammengestellt.

Das Führungssystem einer Organisation wird mit Hilfe eines Fragebogens bestimmt, in dem die Organisationsmitglieder zu 43 Items ihre Einschätzung der Ausprägung jedes der Merkmale geben sollen (vgl. eine verkürzte Version des Fragebogens auf S. 520f. der Arbeit). Die Antworten werden addiert, und es wird ohne Gewichtung ein Mittelwert gebildet. Je höher der Mittelwert, desto mehr tendiert die Organisation zu System 4.

*Likert* versucht in seinen beiden Hauptwerken ,,New Patterns of Management" (1961) und ,,The Human Organization" (1967) die Hypothesen, die er später unter System 4 zusammengefaßt hat, zu einer allgemeinen Theorie zu entwickeln und bezeichnet sein Idealsystem entsprechend auch als ‚science-based system of management' oder gar als ‚science-based theory of organization'.

Im **System 4** werden die Interaktionen zwischen den Organisationsmitgliedern vom Prinzip der ‚supportive relationships' beherrscht, das in der Tendenz dem Prinzip der Integration von *McGregor* verwandt ist. *Likert's* Prinzip fordert, daß fruchtbare zwischenmenschliche Beziehungen auf gegenseitigem Vertrauen und gegenseitiger Unterstützung und Hilfe beruhen und in den Organisationsmitgliedern stets das Gefühl für den Wert des einzelnen Menschen wachhalten. In struktureller Hinsicht postuliert System 4 die Auflösung der straffen klassischen Hierarchie in ein Geflecht untereinander vermaschter Teams (vgl. Abschnitt 5 C V 3 der Arbeit), die jedoch nach wie vor in hierarchischen Beziehungen zueinander stehen; im menschlichen Bereich bricht es jedoch völlig mit den z. T. wirklichkeitsfremden Annahmen des klassischen Modells. In der Welt des ,self-actualizing man' spielen monetäre Anreize nur eine untergeordnete Rolle; der Mensch, ein soziales, kooperatives Wesen, steht im Mittelpunkt des Modells. Überspitzt könnte man sogar behaupten, daß im System 4 die Organisation nur ein Mittel zum Zweck ist, nämlich dem Individuum als Betätigungsfeld für die Erringung von Selbstachtung und Selbstverwirklichung zu dienen.

*Likert* und seine Mitarbeiter haben sich viele Jahre darum bemüht, die in System 4 aufgestellten Hypothesen durch empirische Untersuchungen zu

*Abb. 6.10:* Merkmale und Erfolg der vier Managementsysteme von *Likert*

| | autoritäre Systeme | | partizipative Systeme | |
|---|---|---|---|---|
| | ausbeutend System 1 | wohlwollend System 2 | unterstützend System 3 | kooperativ System 4 |
| Motivation | wirtsch. Sicherheit | physiologische und ichbezogene Bedürfnisse | physiologische, ichbezogene u. a. Bedürfnisse | gesamte Skala menschlicher Bedürfnisse |
| Kommunikation | vertikal, abwärts | vertikal, überwiegend abwärts | vertikal | lateral |
| Interaktion | gering | gering | mäßig | intensiv |
| Entscheidungsfindung | Spitze der Hierarchie | Strategische Entscheidung an der Spitze, mäßige Delegation | Strategische Entscheidung an der Spitze, starke Delegation | auf allen Ebenen in überlappenden Teams |
| Zielvorgabe | Befehle | Befehle mit Möglichkeit der Diskussion | Zielvorgabe nach Diskussion mit Untergebenen | Zielvorgabe als Ergebnis von Gruppendiskussion |
| Kontrolle | zentralisiert an der Spitze, Widerstand d. inform. Organisation | überwiegend an der Spitze konzentriert, inform. Organisation z. T. im Gegensatz zur formalen | überwiegend an der Spitze konzentriert, inform. Organisation für oder gegen formale | dezentral, informale und formale Organisation identisch |
| Erfolg: | | | | |
| Produktivität | mittelmäßig | ziemlich hoch | hoch | sehr hoch |
| Kosten | hoch | ziemlich hoch | mäßig | niedrig |
| Abwesenheit/ Fluktuation | hoch | ziemlich hoch | mäßig | niedrig |
| Ausschuß/ Fehler | hoch | ziemlich hoch | mäßig | niedrig |

*Quelle: Staehle* 1973, S. 46

bestätigen. Vor allem versuchen sie auch, die **Effizienz alternativer Managementsysteme** zu messen.

Sie gehen dabei von unabhängigen Variablen (causal variables), wie Organisationsstruktur, Management-Politik, Führungsstil, aus, die vom Management variiert werden können, und wählen als Erfolgsmaßstab sog. ‚end-result variables', die bei *Likert* ausschließlich wirtschaftliche Output-Größen, wie Produktivität, Kosten, Gewinn, Abwesenheit, Fluktuation, Ausschuß, umfassen; eine Tatsache, die bei einem Wissenschaftler, der sich vor allem für die menschlichen und sozialen Aspekte des Produktionsprozesses engagiert, doch sehr verwundert.

Empirische Untersuchungen haben jedoch gezeigt, daß eine Änderung des Managementsystems in Richtung auf System 4 hin sich keineswegs sofort in einer Verbesserung ökonomischer Output-Größen niederschlägt, sondern mit einem mehr oder minder großen time lag. So wurde z. B. in einer von *Likert* zitierten Untersuchung (vgl. *Likert* 1967, S. 79) von *Katz, Kahn, Morse* und *Reimer* das Managementsystem zweier Abteilungen in Richtung auf System 1 und zweier anderer in Richtung auf System 4 geändert. *Beide* Programme führten innerhalb eines Jahres zu beträchtlichen Produktivitätssteigerungen und zwar 25% für das erste (System 1) und 20% für das zweite (System 4). *Likert* führt zur Erklärung dieses Ergebnisses eine dritte Gruppe von Variablen ein, die ‚intervening variables', wie Gruppenloyalität, Leistungsmotivation, Einstellungen zum Management, Kommunikationsverhalten etc. Diese ‚intervenierenden Variablen' zeigten im ersten Programm eine negative und im zweiten Programm eine positive Entwicklung, was nach *Likert* langfristig auch zu einer entsprechenden Tendenz in den ‚end-result variables' führen muß.

*Likert* ist trotz mangelnder empirischer Bestätigung davon überzeugt, daß System 4 ähnlich wie *McGregors* ‚Theory Y' die allein richtige Art der Organisation und Führung darstellt. Weiterhin ist er überzeugt, daß eine Organisation nur ein einheitliches Managementsystem haben dürfe, und daß organisatorischer Wandel ein Übergang von einem in sich völlig konsistenten Managementsystem zu einem anderen gleichermaßen in sich geschlossenen Managementsystem sein müsse. Mögen die Aufgabenbereiche und Umweltbedingungen einzelner Abteilungen noch so unterschiedlich sein, *Likert* postuliert, daß die *gesamte* Organisation ein System überlappender Gruppen und Gruppenentscheidungsprozesse einführen solle.

Auch die von *Likert* und seinen Mitarbeitern durchgeführten aufwendigen **empirischen Erhebungen** mit umfangreichen Fragebogen und Interviewaktionen können nicht die Fragwürdigkeit einer universell erfolgreichen Anwendbarkeit von System 4 beseitigen. Bedauerlicherweise wird bei den Untersuchungsberichten nie konkret angegeben, um wen es sich bei den Befragten handelt und unter welchen Umständen die Befragung durchgeführt wurde, so daß unter anderem keinerlei Aussagen über die Repräsentanz der Forschungsergebnisse möglich ist. Zu Beginn seiner Ausführungen konstatiert

*Likert* (1967, S. 1f.), daß die Führungsforschung heute auf einer soliden empirischen Basis aufbauen könne, die es erlaubt, auf Praktikerurteile zu verzichten. Gerade auf dieses ‚practitioner judgement' sind *Likert* und seine Mitarbeiter vom ‚Institute of Social Research' jedoch angewiesen, denn die umfangreichen Fragebogen (organizational and performance characteristics of different management systems) verlangen vom Ausfüllenden eine notwendigerweise subjektive Wertung bzw. Skalierung zwischen vier idealtypischen Managementsystemen aufgrund eigener Wahrnehmung und Erfahrung. Aus diesem Grund wird der *Likert*-Fragebogen heute eher zur Erhebung des Organisationsklimas denn zur objektiven Erfassung von Führungsverhalten herangezogen.

## III. Führungskonzepte auf motivationstheoretischer Grundlage

Einige praxisnahe Führungskonzepte beziehen sich weniger auf die empirische Führungsstil-Forschung, sondern basieren auf Inhalts- und Prozeßtheorien der Motivation. Ein äußerst populäres Führungskonzept auf der Basis inhaltstheoretischer Überlegungen ist das **‚Management by Objectives'**[12], auf prozeßtheoretischen Überlegungen beruht die **‚Path Goal Theory of Leader Effectiveness'**.

### 1. Die Führung durch Zielvereinbarung (MbO)

Das Führungskonzept MbO wurde erstmals von *Peter Drucker* (1954) vorgestellt und danach vor allem von *Odiorne* (1965) und *Humble* (1967) popularisiert (siehe vor allem auch *Carroll/Tosi* 1973). In den Ausführungen zum MbO wird nur implizit auf die Führungsforschung bezug genommen, insofern als gefordert wird, Aufgaben- und Beziehungsorientierung integrativ zu sehen und sowohl organisatorische als auch individuelle Ziele gemeinsam zu optimieren.

MbO ist ein Führungskonzept, bei dem Vorgesetzte und nachgeordnete Manager gemeinsam Ziele festlegen, ihren jeweiligen Verantwortungsbereich für bestimmte Ergebnisse abstecken und auf dieser Grundlage ihre Abteilung führen und die Leistungsbeiträge der einzelnen Mitarbeiter bewerten (*Odiorne* 1965).

[12] MbO wird in dieser Arbeit an drei Stellen behandelt. Im folgenden Abschnitt verstehe ich darunter ein motivationstheoretisch fundiertes Führungskonzept, das auch Personalentwicklung mit einbezieht. Wenn dagegen im MbO ein Verfahren zur Generierung operationaler, akzeptabler Ziele gesehen wird, stellt es lediglich eine Management-Technik dar. In Abschnitt 7 C III 2g schließlich wird mit MbO eine Technik der Organisationsentwicklung beschrieben.

Der **Prozeß der Zielvereinbarung** erfolgt in einem Kaskaden-Verfahren, bei dem Oberziele bis hin zu operationalen Abteilungszielen konkretisiert und akzeptiert werden (vgl. Abb. 6.11).

*Abb. 6.11:* Management by Objectives als Kreislaufschema

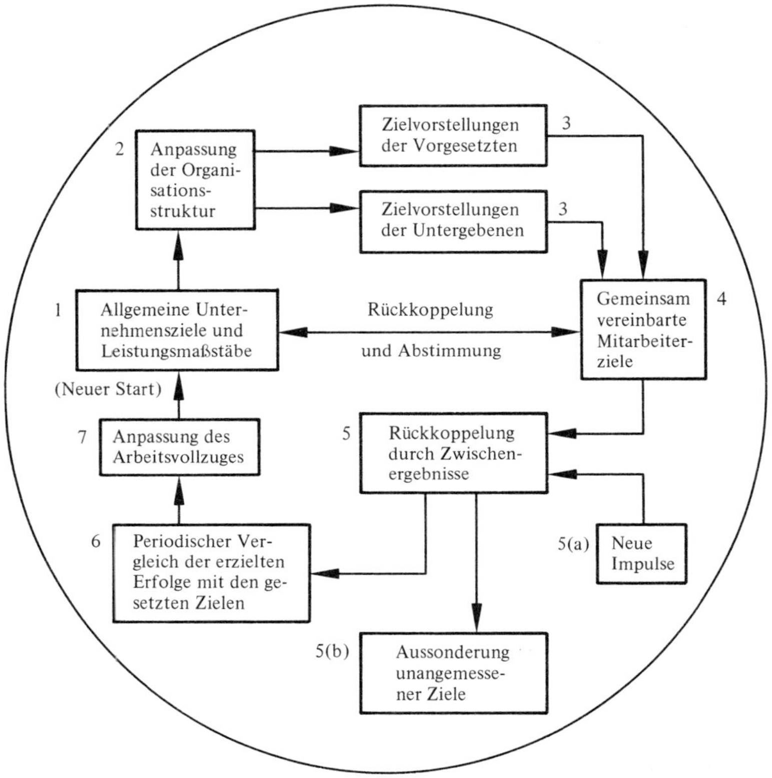


*Quelle: Odiorne* 1967, S. 102

Der hier abgebildete Prozeß wiederholt sich auf jeder Hierarchieebene und bei jeder neuen Führungsperiode. Während einer Periode werden in regelmäßigen Abständen Ist-Ergebnisse mit Soll-Vorgaben verglichen, um rechtzeitig Fehlentwicklungen entdecken und korrigieren zu können.

MbO ist primär ein individualistisches Führungskonzept, obwohl auch ganze Gruppen bei Zielvereinbarungen mitwirken können (vgl. *French/Hollman* 1975). Das zugrundeliegende Menschenbild ähnelt dem der Theorie Y von *McGregor* (1960) und beruht damit auf Annahmen des ‚Human Resources' Modells (*Miles* 1965). Mitarbeiter verfügen über nicht ausgenutzte, aber (durch Motivation) aktivierungsfähige Potentiale. Wenn Aufgabenziele an die individuellen Fähigkeiten und Anspruchsniveaus angepaßt werden, ist ein hohes motivationales Potential aktivierbar.

Damit wird unmittelbar an die **Bedürfnistheorie** von *Maslow* und die Theorie der **Leistungsmotivation** von *McClelland/Atkinson* angeknüpft. Sicherheitsbedürfnisse werden durch realistische Zielvereinbarungen und prozeßbegleitende Ergebniskontrollen befriedigt, Wertschätzungsbedürfnisse (Anerkennung/Status) werden durch individuell zurechenbare Leistungsergebnisse und Selbstverwirklichungsbedürfnisse (Wachstum/Entwicklung) durch die Einbeziehung persönlicher Entwicklungsziele in den Zielvereinbarungsprozeß berücksichtigt.

Hier liegen deutliche Parallelen zum Führungsprozeß von *Hersey/Blanchard* vor, wenn dort vom Führer erwartet wird, daß er den ‚Reifegrad' seiner Mitarbeiter fördern und weiterentwickeln soll.

Die Leistungsmotivation wird vor allem durch die Vereinbarung realistischer (also nicht überhöhter), aber anspruchsvoller Ziele, die Vorgabe mittelschwerer Aufgaben und häufigen Feedback gefördert, wobei ein ausgewogenes Verhältnis zwischen externer (Managementkontrolle) und interner Überwachung (Selbstkontrolle) angestrebt wird.

Das MbO-Konzept berücksichtigt darüber hinaus Forschungsergebnisse, wonach die **Partizipation** der von Entscheidungen des Managements Betroffenen zu einer bedeutend höheren Akzeptanz der Ziele führt als deren autoritäre Vorgabe ohne Diskussion (vgl. auch S. 284f. der Arbeit).

MbO favorisiert keinen spezifischen Führungsstil, sondern empfiehlt lediglich ein prozedurales Vorgehen zur Generierung operationaler, akzeptabler Ziele, weshalb MbO bisweilen auch als Führungstechnik bezeichnet wird. Mit *Baumgarten* (1976, S. 206ff.) bin ich der Auffassung, daß von allen Management-by-Formen allein MbO als geschlossenes, partizipatives Führungskonzept angesehen werden kann, das auch andere Führungstechniken wie

- Management by Exception (Führung durch Ausnahmeregelung)
- Management by Delegation (Führung durch Delegation)

einbezieht (vgl. Abschnitt VI).

## 2. Die Weg-Ziel Theorie der Führung von Evans und House

Ebenso wie beim MbO-Konzept stehen auch beim Weg-Ziel Ansatz (Path-Goal Theory of Leadership) die Ziele und Wege zu ihrer Erreichung im Mittelpunkt. Dabei tritt der Führer allerdings stark zurück, und das **Verhalten der Geführten** rückt ins Zentrum, ausgehend von der richtigen Erkenntnis, daß nicht das Verhalten des Führers, sondern das der Geführten unmittelbar leistungsrelevant ist. Die Weg-Ziel Theorie befaßt sich als erste in dieser Eindeutigkeit mit dem Verhalten der Geführten (followership), deren Vernachlässigung durch die meisten Führungstheorien beklagt wird (*Heller/*

*van Til* 1982; zur Darstellung und Kritik der Theorie vgl. auch *Greif* 1983, S. 247ff.). *Evans* (1970), auf den der Ansatz zurückgeht, hat klar erkannt, daß die Effizienz des Führungsverhaltens (und damit unterschiedlicher Führungsstile) davon abhängt, ob es in der Lage ist, Mitarbeiter zu motivieren; d.h. in der Sprache der **Erwartungstheorie** (s. S. 255ff. der Arbeit), die Erwartungen über Instrumentalitäten, Wertigkeiten von Zielen und Wegen sowie subjektive Wahrscheinlichkeiten des Eintritts von Belohnungen positiv zu beeinflussen. Der Bezug zu *Vroom's* Erwartungstheorie ist deutlich: Menschen verfolgen Ziele, die unterschiedliche Valenzen haben. Zur Zielerreichung sind Anstrengungen (Tätigkeiten, Wege) notwendig, die mit unterschiedlichen Erfolgsaussichten ausgestattet sind.

Nach *Evans* (1970) soll der Führer die Mitarbeiter in Abhängigkeit von der Zielerreichung belohnen und ihnen Mittel und Wege eröffnen, die zur Zielerreichung und damit Belohnung führen können (path clarification). Dieser rudimentäre Ansatz wurde von *House* (1971), *Heneman/Schwab* (1972), *House/Mitchell* (1974), *House/Dessler* (1974), *Campbell/Pritchard* (1976) sowie *Neuberger* (1976a) erweitert und modifiziert.

*House* (1971) hat unter Bezug auf *Vroom's* Ansatz (1964) eine **Motivationsgleichung** entwickelt, in die wesentliche Variablen der Erwartungstheorie eingegangen sind:

$$M = IV_b + P_1 \left[IV_a + \sum_{i=1}^{n} (P_{2i}\, EV_i)\right] \quad i = 1, \ldots, n$$

wobei:

$M$ = Arbeitsmotivation
$IV_b$ = intrinsische Valenz des zielorientierten Verhaltens (Tätigkeit)
$IV_a$ = intrinsische Valenz der Zielerreichung (Ergebnisse)
$EV_i$ = extrinsische Valenz der Zielerreichung (Ergebnisse)
$P_1$ = Weg-Instrumentalität des zielorientierten Verhaltens (Tätigkeit)
$P_{2i}$ = Weg-Instrumentalität des Ergebnisses für extrinsische Valenz.

Wenn z.B. die intrinsische Valenz der Tätigkeit ($IV_b$) und die wahrgenommene Instrumentalität der Tätigkeit ($P_1$) zur eigenen Bedürfnisbefriedigung gegen Null streben, strebt – nach dieser Gleichung – auch die Arbeitsmotivation der Geführten gegen Null.

Hiermit werden zugleich die Hauptansatzpunkte für ein **motivationsförderndes Führungsverhalten** deutlich:

- Wecken von Bedürfnissen nach positiven Ergebnissen (Belohnungen)
- Unterstützung des Mitarbeiters bei der Erwartungsbildung
- Gelegenheit für intrinsisch belohnende Tätigkeit schaffen
- Rollen-Mehrdeutigkeit (ambiguity) abbauen,
- Wege erleichtern durch Unterstützung, Hilfen, Anleitungen
- Hindernisse, Barrieren auf dem Weg beseitigen
- Zielerreichung belohnen.

*Attems* (1979) hat eine praxisnahe Checkliste mit Fragen zu den einzelnen Variablen der Gleichung zusammengestellt (vgl. Abb. 6.12).

*Abb. 6.12:* Checkliste für Fragestellungen zu den einzelnen Variablen

| $IV_b$ + Intrinsischer Wert, den der Mitarbeiter in Verbindung mit zielorientiertem Verhalten erlebt | $P_1 \times$ Instrumentalität des Verhaltens zur Erreichung des Arbeitszieles | $[IV_a$ + Intrinsischer Wert, den der Mitarbeiter in Verbindung mit Erreichung des Arbeitszieles erlebt | $(P_{2i} \times$ Instrumentalität des erreichten Arbeitszieles in bezug auf extrinsische Werte | $EV_i)]$ Extrinsischer Wert verbunden mit Erreichung des Arbeitszieles |
|---|---|---|---|---|
| Ist der Mitarbeiter seinen Fähigkeiten entsprechend eingesetzt? Wie groß ist das Ausmaß der von ihm subjektiv als unangenehm erlebten Aufgaben? Wie sicher ist er sich in seinen Fähigkeiten auf seinem Arbeitsplatz? Wo braucht er Ausbildung? Wo braucht er mehr Information zu selbständigem Handeln? Welche Aspekte machen ihm Spaß? Wo sind Ängste vor Mißerfolg? Welche Erwartungen hat er für die Entwicklung seines Arbeitsbereiches in der Zukunft? | Habe ich überhaupt klare Ziele mit Mitarbeitern vereinbart? Wie klar sind ihm die Zusammenhänge zwischen seiner täglichen Arbeit und der Erreichung seiner Arbeitsziele? Wie gut kann er wesentliche Aufgaben erkennen? Braucht er hierbei Unterstützung? Welche Hindernisse kann ich ihm als sein Vorgesetzter bei der Erreichung seiner Arbeitsziele aus dem Weg räumen helfen? | Welche persönlichen Bedürfnisse will der Mitarbeiter durch seine Arbeit hier erreichen? (Erfolgserlebnis, Fähigkeiten einsetzen, soziale Anerkennung, Einfluß ausüben, in einer Gruppe Vertrauen genießen usw.) Inwieweit erlebt er subjektiv die Befriedigung solcher Bedürfnisse bei erfolgreicher Arbeit? Soll in bestimmten Arbeitsbereichen nach Erfolg die Art der Delegation, der Kontrolle der Selbständigkeit verändert werden? | Wie gut bin ich über seine Leistungen, seinen tatsächlichen Arbeitseinsatz informiert? Hat er das Gefühl, daß ich seine Leistung beobachte und daraus Konsequenzen zu ziehen bereit bin? Hat er das Gefühl daß ich hinter ihm stehe, um ihn vor Ungerechtigkeit zu schützen? Hat er das Gefühl, daß ich bereit bin, mich aufgrund seiner Leistungen für ihn einzusetzen? | Welche extrinsischen Belohnungen, die der Personal- und Gehaltspolitik entsprechen, erwartet er nach erfolgreicher Zielerreichung? Fühlt er sich als fair und gerecht gegenüber anderen Mitarbeitern extrinsisch belohnt? Hat er Klarheit über unsere Personal- und Gehaltspolitik? |

*Quelle: Attems* 1979, S. 151

Empirische Untersuchungen haben gezeigt, daß die Vorgabe klarer Weg-Ziel Bedingungen nicht in jeder Situation eine empfehlenswerte Strategie darstellt. So wird bei Routinetätigkeiten, wo eh klare Weg-Ziel Verhältnisse herrschen, eine weitere Weg-Klärung durch den Vorgesetzten als unnötiger Eingriff wahrgenommen, der zu sinkender Arbeitszufriedenheit führt. Das Ausmaß der **Aufgabenstrukturiertheit** stellt somit eine wichtige, zwischen Führungsverhalten und Arbeitszufriedenheit intervenierende Variable im Weg-Ziel Ansatz dar. Die vermuteten und teilweise empirisch bestätigten Zusammenhänge werden in Abb. 6.13 dargestellt.

*Abb. 6.13:* Der Einfluß der Aufgabenstrukturiertheit im Weg-Ziel-Ansatz

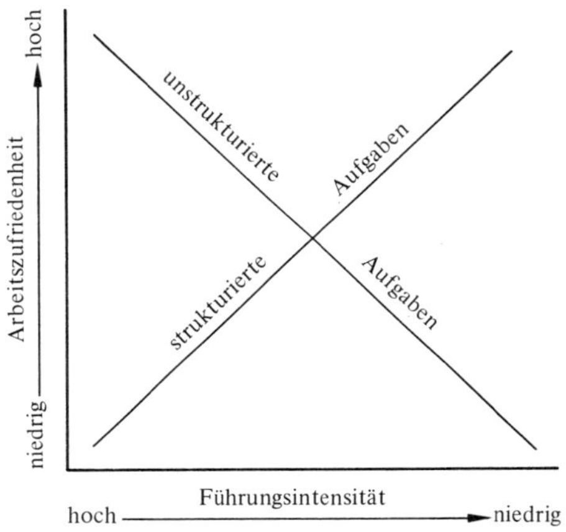


*Quelle: Hellriegel/Slocum* 1976, S. 312

In der jüngsten Fassung des Weg-Ziel-Ansatzes (*House/Mitchell* 1974 und *House/Dessler* 1974) werden zusätzlich zum Verhalten der Geführten verstärkt Führungsverhalten und intervenierende **situative Faktoren** unterschieden (vgl. Abb. 6.14).

**Führungsverhalten** kann in vier Ausprägungen auftreten:

- **directive (instrumental) leadership:**
  Planung, Organisation, Koordination und Kontrolle der Mitarbeitertätigkeiten.
  *Hypothese:*[13] Stark strukturierende Eingriffe werden bei mehrdeutigen Aufgaben positiv, bei klar definierten Aufgaben negativ aufgenommen.
- **supportive leadership:**
  Rücksichtnahme auf Bedürfnisse der Mitarbeiter, Schaffen einer angenehmen Arbeitsatmosphäre.

[13] Vgl. zu diesen und weitergehenden Hypothesen zum Weg-Ziel Ansatz auch *Griffin* 1979.

*Hypothese:* Unterstützendes Führungsverhalten wirkt sich positiv auf die Arbeitszufriedenheit aus bei Mitarbeitern mit Wachstumsbedürfnissen und bei streßerzeugenden, frustrierenden Aufgaben.

- **achievement-oriented leadership:**
  Setzen anspruchsvoller Ziele, hohe Leistungsorientierung, Vertrauen.
  *Hypothese:* Bei mehrdeutigen Aufgaben führt leistungsorientierte Führung zu hohen Instrumentalitäts-Erwartungen, bei Routineaufgaben zu geringen.
- **participative leadership:**
  Gemeinsame Beratung und Entscheidungsfindung.
  *Hypothese:* Partizipative Führung ist erfolgreich, wenn sie als instrumentell zur Reduzierung von Ambiguität wahrgenommen wird.

Bei **Verhalten/Einstellungen der Geführten** wird zwischen

- Arbeitszufriedenheit
- Führeraktzeptanz
- Motivation

und bei den **Kontingenz-Faktoren** zwischen

- Charakteristika der Untergebenen und
- Umwelt-Faktoren

unterschieden.

*Abb. 6.14:* Situative Relativierung des Weg-Ziel-Ansatzes

| Führungsverhalten | + Kontingenzfaktoren | | verursachen | Verhalten/Einstellungen bei Geführten |
|---|---|---|---|---|
| 1. Autoritär | 1. Charakteristika der Untergebenen<br>– Autoritätsverhältnis<br>– Ort der Kontrolle<br>– Fähigkeiten | beeinflußt | persönliche Wahrnehmung | 1. Arbeitszufriedenheit<br>Arbeit → Belohnung |
| 2. Unterstützend | | | | 2. Führerakzeptanz<br>Führer → Belohnung |
| 3. Leistungsorientiert | | | | 3. Motivation<br>Anstrengungen → Leistung<br>Leistung → Belohnung |
| 4. Partizipativ | 2. Umwelt-Faktoren<br>– Aufgabe<br>– Autoritätsstruktur<br>– Arbeitsgruppe | beeinflußt | Motive<br>Anreize<br>Beschränkungen<br>Belohnungen | |

*Quelle: Filley/House/Kerr* 1976, S. 257

*Griffin* (1979) bringt zwei situative Faktoren (Stärke des Wachstumsbedürfnisses der Geführten, Umfang der Aufgaben) in das Weg-Ziel Modell ein und ordnet jeder der vier Modellsituationen den vermutlich effizientesten Führungsstil zu (vgl. Abb. 6.15). Ein empirischer Test dieses durch die grundlegende Beziehung zwischen **Individuum** und **Aufgabe** situativ erweiterten Weg-Ziel Modells konnte die vermuteten Variablenzusammenhänge nur für die Zufriedenheit der Geführten und nicht für die Leistungsergebnisse bestätigen (*Griffin* 1980). Die Ergebnisse lassen vermuten, daß, wenn die Bedürfnisse des Individuums mit dem Aufgabenumfang kongruent sind (wie in Situation 1 und 4), der Führer kaum zur Erhöhung der Zufriedenheit beitragen kann.

*Abb. 6.15:* Zusammenhang zwischen Wachstumsbedürfnissen der Geführten, Aufgabenumfang und Führungsverhalten

niedrig → Aufgabenumfang → hoch

| | |
|---|---|
| Situation 1: achievement-oriented leadership | Situation 2: directive leadership |
| Situation 3: supportive leadership | Situation 4: maintenance leadership |

hoch → Wachstumsbedürfnisse → niedrig

*Quelle: Griffin* 1979, S. 221

Die neuere Weg-Ziel Forschung sucht somit nach Antworten dafür, welches Führungsverhalten bei bestimmten situativen Gegebenheiten zu welchem Mitarbeiterverhalten führt. Der Ansatz ist noch zu jung und zu wenig empirisch getestet, als daß man ein ausgewogenes Urteil über dessen Leistungsfähigkeit abgeben könnte. Erste empirische Ergebnisse erweisen sich zwar teilweise als recht widersprüchlich, jedoch mit der Weg-Ziel Theorie vereinbar (vgl. *Schriesheim/von Glinow* 1977, *Greene* 1979, *Schriesheim/DeNisi* 1981). Positiv erscheint mir vor allem die Hinwendung zu den Geführten und deren Befindlichkeit, denn sie sind es letztlich, die die Arbeitsergebnisse erbringen. Als zentrale Aufgabe des Führers wird die Ebnung des Weges (path clarification) zu gemeinsam vereinbarten Zielen deutlich gemacht.

Allerdings weist die Weg-Ziel Theorie auch einige **Schwächen** auf (vgl. *Yukl* 1981, S. 151 ff):

- Die Weg-Ziel Theorie weist die gleichen konzeptionellen Probleme auf wie die Erwartungstheorie (vgl. Abschnitt 3 B II 3 bb), auf deren Grundlage sie entwickelt wurde.

- Die in der Weg-Ziel Theorie verwandten Konstrukte sind z. T. ambivalent.
- Die Interaktion der verschiedenen Situationsvariablen bleibt unklar.
- Grundlegende Hypothesen der Theorie können nur für einige spezielle Fälle Gültigkeit beanspruchen.
- Die Theorie beschränkt sich auf die motivationalen Aspekte der Führung.

Dessen ungeachtet stellt die Weg-Ziel Theorie einen der erfolgversprechendsten Versuche dar, Führung theoretisch zu erfassen, was durch die prinzipielle Offenheit des Ansatzes erleichtert wird.

## IV. Situative Führungskonzepte

Während sich die Konzepte unter I. und II. schwerpunktartig mit dem Führerverhalten und die unter III. mit dem Geführtenverhalten befassen, rücken situative Ansätze die zwischen beiden Variablen intervenierenden situativen Faktoren in den Mittelpunkt (vgl. z.B. *Hunt/Larson* 1974). Zwar tauchen auch schon bei *Reddin, Hersey/Blanchard* und *House* situative Bezüge auf – insofern könnte man sie auch den situativen Ansätzen zurechnen –, aber es werden doch nur ganz wenige Aspekte der Situation angezogen. Situative Ansätze haben in der Management-Praxis besonderes Interesse gefunden, da sie nicht nur wolkig verkünden, bei der Wahl des Führungsverhaltens käme es auf die jeweilige Situation an, sondern konkret angeben, unter welchen Bedingungen welches Führungsverhalten erfolgversprechend sei. Befragungen von Managern und deren Untergebenen in den USA und Europa haben ergeben, daß in der Praxis ohnehin situativ geführt wird, d. h. das Führungsverhalten wird flexibel in Abhängigkeit von der Situation gewählt (vgl. *Heller* 1971, *Wilpert* 1977). Drei situative Führungskonzepte haben besondere Beachtung gefunden:

- **Kontingenzmodell** (Contingency Theory of Leadership Effectiveness, *Fiedler* 1967)
- **Normatives Entscheidungsmodell** (Normative Model of Leadership Styles, *Vroom/Yetton* 1973).
- **Führungsdyaden-Modell** (Vertical Dyad Linkage Model of Leadership, *Dansereau/Graen/Haga* 1975)

Ein weiteres situatives Führungskonzept wird mit der **interaktionistischen Führungstheorie** von *Luthans* (1979) vorgestellt. Dieses Modell hat noch keine große Beachtung gefunden, jedoch bezieht es als einziges personale, kognitive Merkmale (unter Einfluß von Lernprozessen) als Situationsfaktoren mit ein. Hinsichtlich seiner theoretischen Grundlagen kann auf die Darstellung der sozialen Lerntheorie in Abschnitt 3 A verwiesen werden.

## 1. Das Kontingenzmodell von Fiedler

Zwischen 1950 und 1965 untersuchten *Fiedler* und Mitarbeiter (University of Illinois und University of Washington) in einer Vielzahl von Organisationen den Zusammenhang zwischen Führungsverhalten und effizientem Gruppenverhalten. Zur Messung unterschiedlichen Führungsverhaltens entwickelten sie zwei **Wahrnehmungs-Maße**, die mit Hilfe eines Fragebogens mit 16 achtstufigen, bipolaren Adjektivpaaren (nach der Methode des semantischen Differentials) erhoben wurden:

- Assumed Similarity Between Opposites, **ASO,** mißt das Ausmaß, in dem der Führer den am meisten und den wenigsten geschätzten Mitarbeiter als ähnlich wahrnimmt.
  *Annahme:* Wahrnehmung hoher Ähnlichkeit besagt, daß der Führer keinen Mitarbeiter bevorzugt oder benachteiligt.
- Least Preferred Coworker, **LPC,** mißt das Ausmaß, in dem der Führer den am wenigsten geschätzten Mitarbeiter noch relativ wohlwollend beschreibt.
  *Annahme:* Wohlwollende Beschreibung auch wenig geschätzter Mitarbeiter besagt, daß der Führer rücksichtsvoll und beziehungsorientiert führt.

Beschreibt ein Führer seinen unbeliebtesten Kollegen noch günstig und sieht er geringe Unterschiede zwischen dem beliebtesten und dem unbeliebtesten Mitarbeiter, so wird in ihm ein personenorientierter, rücksichtsvoller, partizipativ eingestellter Führer vermutet. Im umgekehrten Fall (ungünstige Beurteilung, starke Unterschiede) vermutet man einen aufgabenorientierten, autoritären Führer. Die Tatsache, daß sich zwischen den ASO- und den LPC-Werten konsistent hohe Korrelationen ergaben, veranlaßte *Fiedler* dazu, nur noch den LPC-Wert zu ermitteln.

*Fiedler* (1967) geht in seinem Kontingenz-Modell von der zentralen Hypothese aus, daß die Leistung einer Gruppe eine Funktion der Beziehung zwischen dem Führungsstil und dem Ausmaß sei, in dem die Gruppensituation es dem Führer erlaubt, Einfluß auszuüben. Die wichtigsten Variablen sind somit der Führungsstil, der Grad der Günstigkeit der Führungssituation und die Effektivität der Gruppe.

*Fiedler* unterscheidet zwei **Führungsstile:**

1. einen **aufgabenorientierten** (task-oriented leadership style), der das Bedürfnis nach Aufgabenlösung und Zielerreichung befriedigt (Leistungsorientierung), und
2. einen **personenorientierten** (relationship-oriented leadership style), der das Bedürfnis nach guten menschlichen Beziehungen zwischen Führer und Geführten befriedigt (Interaktionsorientierung).

Der Führungsstil wird mit Hilfe der oben beschriebenen Wahrnehmungsmaße (ASO, LPC) ermittelt.

Zur Beschreibung der **Führungssituation,** der zweiten wichtigen Variablen, unterscheidet *Fiedler* folgende drei Dimensionen:

1. **Positionsmacht** (inwieweit die Position selbst es dem Führer ermöglicht, die Geführten in seinem Sinne zu führen)
2. **Strukturierung der Aufgabe** (inwieweit die zu lösende Aufgabe stark oder nur schwach strukturiert ist)
3. **Führer-Mitarbeiter-Beziehungen** (inwieweit die Beziehungen zwischen dem Führer und den Geführten zu Zufriedenheit oder Unzufriedenheit führen).

Während die Einflußgrößen 1 und 2 durch die Organisation festgelegt werden, ist die Größe 3 zum großen Teil von der Persönlichkeit des Führers abhängig. Durch die Kombination dieser drei Dimensionen, die jeweils nach zwei Ausprägungen dichotomisiert wurden (gut – schlecht, stark – schwach, strukturiert – unstrukturiert) ergeben sich acht unterschiedliche Führungssituationen (vgl. die Oktanten in Abb. 6.16).

*Abb. 6.16:* Die Klassifikation in acht Führungssituationen

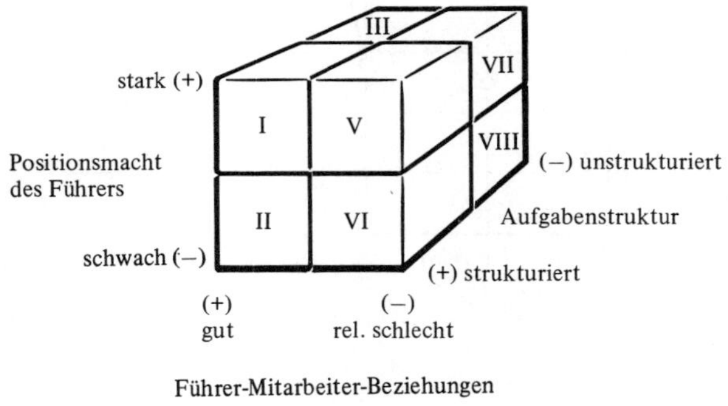


*Quelle: Fiedler* 1967, S. 185

Erfolg oder **Effektivität** eines Führers oder Führungsstils wird gemessen an:

1. der **Leistung** der Gruppe im Hinblick auf die Aufgabenstellung,
2. der **Zufriedenheit** der einzelnen Gruppenmitglieder.

Dabei liegt der Schwerpunkt auf Outputgrößen, wie Stückzahl, Fehlerquote, Zeitbedarf und weniger auf Zufriedenheitsäußerungen, die mehr den Charakter eines angenehmen Nebenproduktes haben.

Die ursprüngliche Hypothese von *Fiedler* lautete dahingehend, daß mit zunehmender Personenorientierung (hohe LPC-Werte) auch die Effektivität der Gruppe zunehmen würde. Die empirischen Ergebnisse bestätigen aber nicht einen so eindeutigen Zusammenhang. LPC-Werte und Leistungskriterien korrelierten von Situation zu Situation einmal positiv und einmal negativ.

Eine Einbeziehung der Variablen ‚situationale Günstigkeit' (Abszisse) und eine Zuordnung der aus den bislang durchgeführten Studien gefundenen Korrelationen zwischen Führungsstil und Effektivität (Ordinate) zu den Situations-Oktanten ergab folgenden Kurvenverlauf (vgl. Abb. 6.17):

*Abb. 6.17:* Median-Korrelationen zwischen dem LPC-Wert des Führers und der Gruppenleistung in bezug auf die acht Gruppen-Aufgaben-Situationen

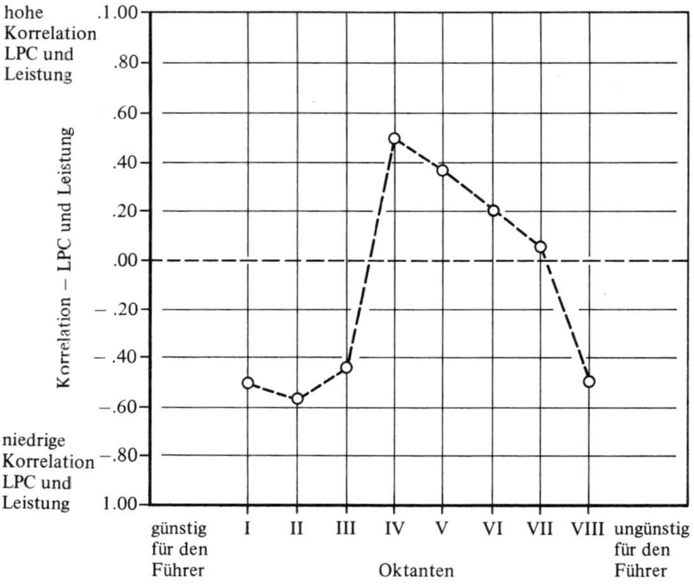


*Quelle: Fiedler* 1967, S. 146

Eine *positive* Korrelation zwischen den LPC-Werten und der Gruppenleistung bedeutet, daß der *personenorientierte* Führer am erfolgreichsten war (Oktanten IV, V, VI, VII); eine *negative* Korrelation zeigt, daß ein *aufgabenorientierter* Führer erfolgreicher war (Oktanten I, II, III, VIII). Ein daraus abgeleitetes Klassifikationssystem liefert Prognosen darüber, inwieweit eine bestimmte Führungssituation es einem Führer leicht oder schwer macht, sich durchzusetzen, und welcher Typ von Führer in welchen Situationen am erfolgreichsten sein wird (vgl. Abb. 6.18).

Z. B. *wenn* Konstellation I auftritt, definiert durch eine gute Führer-Mitarbeiter-Beziehung, eine starke Strukturierung der Aufgabe und eine große Machtfülle der Führungsposition, *dann* ist ein aufgabenorientierter Führer (oder Führungsstil) am besten geeignet.

*Fiedler* (1969) ist im Gegensatz zur herrschenden Praxis nicht der Auffassung, man solle durch entsprechende Selektion und/oder Trainings den Führer an die Situation anpassen, sondern er schlägt den umgekehrten Weg vor, zunächst den Führungsstil eines Managers zu bestimmen und dann die Situation an den Manager anzupassen (change the job to fit the man). Dies kann durch Manipulation der drei Dimensionen, Positionsmacht, Aufgabenstruktur und Führer-Mitarbeiter-Beziehungen, erfolgen. Nach *Fiedler* läßt sich nämlich Führungsverhalten, wenn überhaupt, nur sehr langfristig verändern, und deshalb erscheint es ihm sinnvoller, in Seminaren die diagnostischen Fähigkeiten der Manager zu schulen, damit sie besser in der Lage sind zu analysieren, inwieweit die Situation ihrem Führungsstil entgegenkommt oder nicht.

*Abb. 6.18:* Beschreibung der acht Führungssituationen

| Konstellation/Typ | Führer-Mitarbeiter-Beziehung | Strukturierung der Aufgabe | Positionsmacht | Beispiel | Führungsstil |
|---|---|---|---|---|---|
| I | gut | stark | viel | Kampfgruppe, Arbeitsgruppe i. d. Produktion | aufgabenorientiert |
| II | gut | stark | wenig | Basketball-Team | aufgabenorientiert |
| III | gut | schwach | viel | militärischer Planungsstab | aufgabenorientiert |
| IV | gut | schwach | wenig | Forschungsteam | personenorientiert |
| V | ziemlich schlecht | stark | viel | wie I | personenorientiert |
| VI | ziemlich schlecht | stark | wenige | wie II | personenorientiert |
| VII | ziemlich schlecht | schwach | viel | wie III | personen- oder aufgabenorientiert |
| VIII | ziemlich schlecht | schwach | wenig | wie IV | aufgabenorientiert |

*Quelle: Staehle* 1973, S. 99

**Kritisch** ist zum Kontingenzmodell zu sagen, daß die hohe Plausibilität der Annahmen in keiner Relation zu deren empirischer Bestätigung steht (vgl. z. B. *Graen* et al. 1970, *Graen* et al. 1971, *Ashour* 1973, *Fiedler* 1976, *Meleghy* 1980). Das Modell ist unter diesen Aspekten im deutschen Sprachraum vor allem von *Schreyögg* (1973, 1977) – ebenso *Baumgarten* (1976) – kritisiert worden, der zu dem Ergebnis kommt, „daß weder die theoretische Fundierung noch die empirische Basis ... ausreichen, um gültige Voraussagen für Führungssituationen treffen zu können" (*Schreyögg* 1977, S. 139).

Die Kritik kann an der Erfassung der Situation und des Führungsstils sowie an den von *Fiedler* gezogenen Schlußfolgerungen festgemacht werden:

- **Kritik an den Situationsvariablen**

  Die drei Situationsvariablen beschreiben die Führungssituation nur unvollständig; so werden zum Beispiel personale Merkmale des Geführten außer acht gelassen. Auch die Dichotomisierung der Situationsvariablen gibt die Realität zu stark vereinfacht wieder. Schließlich wird die Dominanz der Variable „Führer-Geführten-Beziehung" für die Günstigkeit der Situation konzeptionell nicht begründet; ihre Messung durch vom Führer auszufüllende Polaritätsprofile ist methodisch unzureichend.

- **Kritik an dem LPC-Wert**

  Der Führungsstil wird durch den LPC-Wert nur eindimensional auf einem Kontinuum von personenorientiert bis aufgabenorientiert beschrieben. Dies widerspricht jedoch der Erkenntnis, daß Führungsverhalten durch voneinander unabhängige Verhaltensdimensionen zu erfassen ist, da ein Führer beispielsweise gleichzeitig stark personen- und aufgabenorientiert sein kann. Der LPC-Wert als Ausdruck für die Einstellung des Führers gegenüber seinem am wenigsten geschätzten Mitarbeiter erfaßt m. E. zudem allein den Grad der Personenorientierung des Führers; sowohl die Strukturierungsdimension als auch die Partizipationsdimension werden nicht erfaßt. Selbst in der Neuinterpretation des LPC-Wertes durch *Fiedler,* in welcher der LPC-Wert als ein von der Situation abhängig variierendes Führungsverhalten gedeutet wird, bleibt sein Gehalt unklar. Der LPC scheint mehr eine Einstellungs- denn eine Verhaltensvariable abzubilden. Schon deshalb kann aus dem Kontingenzmodell keine Empfehlung für ein erfolgreiches Führungsverhalten abgeleitet werden (vgl. z. B. *Shiflett* 1981, *Meyer* 1982).

- **Kritik an den Schlußfolgerungen**

  Die von *Fiedler* aus der angenommenen Stabilität des LPC-Wertes des Führers gezogene Konsequenz, daß bei einer dem Führungserfolg entgegenstehenden Inkongruenz von gegebener Führungssituation und LPC-Wert die Situation an den Führer anzupassen ist, läuft u. U. emanzipatorischen Werthaltungen zuwider. Dies ist z. B. dann der Fall, wenn die Führer-Geführten-Beziehung bewußt verschlechtert wird, um die für den Führungserfolg notwendige Übereinstimmung der Günstigkeit der Situation und der Höhe des LPC-Wertes herbeizuführen.

Trotz aller vorgetragenen Kritik kommt *Fiedler* das Verdienst zu, zum ersten Mal situative Bedingungen in einem empirisch überprüfbaren Führungsmodell berücksichtigt zu haben. Das Kontingenzmodell ist mittlerweile zu einem „Selbsthilfeprogramm für Führungskräfte" (*Fiedler* et al. 1979, *Fiedler/Mahar* 1979) ausgearbeitet worden, dessen Studium den „Weg zum Führungserfolg" aufzeigen soll (vgl. auch *Wunderer* 1979, *Fiedler/Mai-Dalton* 1980).

## 2. Das normative Entscheidungsmodell von Vroom/Yetton

Ausgehend von der Erkenntnis, daß es keinen Führungsstil gibt, der in allen Situationen erfolgreich wäre, entwickeln *Vroom/Yetton* (1973) ein normatives Modell, das dem Manager vorschreibt, für welchen Führungsstil er sich in welcher Situation entscheiden muß, wenn er erfolgreich sein will. Der Gesamterfolg seiner Entscheidung wird dabei von drei Ergebnisklassen beeinflußt (siehe auch *Maier* 1963):

1. Qualität/Rationalität der Entscheidung
2. Akzeptanz der Entscheidung durch die Mitarbeiter und deren Engagement, diese effizient auszuführen
3. Zeitaufwand für die Entscheidungsfindung.

Besondere Beachtung wird jeweils den Möglichkeiten einer Beteiligung der Mitarbeiter an der Entscheidungsfindung geschenkt.

Zur Operationalisierung des Modells bilden die Autoren zunächst eine **Taxonomie von Entscheidungsmethoden** und zwar differenziert nach Methoden, die bei Gruppenproblemen und solchen, die bei Problemen mit einem einzelnen Mitarbeiter auftreten (*Vroom/Yetton* 1973, S. 13):

**A** = autoritär (autocratic)
**C** = beratend (consultative)
**G** = gruppenzentriert (group process)
**D** = delegierend (delegative).

Weiterhin muß die Situation so differenziert beschrieben werden, daß deren eindeutige Identifikation zum Zwecke der anschließenden Zuordnung einer Entscheidungsmethode möglich wird. Als Eigenschaften der Situation (des Problems) werden genannt (S. 21 ff.):[14]

**A.** Bedeutung der Entscheidungsqualität
*Frage:* Wenn die Entscheidung akzeptiert ist, wäre es von Bedeutung, welche Handlungsstrategie gewählt wird?

**B.** Ausmaß an Informationen/Sachkenntnis des Führers, um eine hochwertige Entscheidung allein treffen zu können
*Frage:* Habe ich genügend Informationen, um eine qualitativ hochwertige Entscheidung zu treffen?

**C.** Ausmaß an Informationen der Mitarbeiter, um eine hochwertige Entscheidung zu treffen.
*Frage:* Haben die Mitarbeiter genügend zusätzliche Informationen, um eine qualitativ hochwertige Entscheidung zu treffen?

**D.** Ausmaß an Problemstrukturierung
*Frage:* Weiß ich genau, welche Informationen benötigt werden, wer sie hat, und wie ich an sie herankomme?

---

[14] Dies stellt eine Weiterentwicklung der Klassifikation von *Maier* (1970) in vier Problemklassen dar.

*Abb. 6.19:* Entscheidungsmethoden bei Gruppen- und Individualproblemen

<table>
<tr><th colspan="2">Gruppenprobleme</th><th colspan="2">Individualprobleme</th></tr>
<tr><td>A I:</td><td colspan="3">Sie lösen das Problem selbst oder treffen selbst die Entscheidung; dabei nutzen Sie die Informationen, die Ihnen zur Zeit zur Verfügung stehen.</td></tr>
<tr><td>A II:</td><td colspan="3">Sie holen die notwendigen Informationen von Ihren Mitarbeitern (Ihrem Mitarbeiter) ein und entscheiden dann selbst über die Lösung des Problems. Bei der Einholung der Informationen können Sie den Mitarbeitern (dem Mitarbeiter) sagen oder auch nicht sagen, worum es geht. Seine (ihre) Rolle bei der Entscheidung ist, Ihnen notwendige Informationen zu geben, aber nicht, alternative Lösungen zu entwickeln oder zu bewerten.</td></tr>
<tr><td>C I:</td><td>Sie diskutieren das Problem mit einzelnen Mitarbeitern, holen Vorschläge und Ideen ein, ohne sie aber als Gruppe zusammenzuholen. Dann treffen sie die Entscheidung, die von den Mitarbeitern beeinflußt sein kann oder nicht.</td><td>C I:</td><td>Sie diskutieren das Problem mit dem Mitarbeiter, holen individuell seine Vorschläge und Ideen ein. Dann treffen Sie die Entscheidung, die von dem Mitarbeiter beeinflußt sein kann oder auch nicht.</td></tr>
<tr><td>C II:</td><td>Sie diskutieren das Problem mit den Mitarbeitern als Gruppe und holen ihre gemeinsamen Ideen und Vorschläge ein. Dann treffen Sie die Entscheidung, die vom Einfluß Ihrer Mitarbeiter geprägt sein kann oder auch nicht.</td><td>G I:</td><td>Sie diskutieren das Problem mit Ihrem Mitarbeiter und analysieren es zusammen mit ihm und gelangen zu einer Lösung, der Sie beide zustimmen können.</td></tr>
<tr><td>G II:</td><td>Sie diskutieren das Problem mit den Mitarbeitern als Gruppe. Zusammen entwickeln und bewerten sie Alternativen und versuchen, Konsens für eine Lösung zu erreichen. Ihre Rolle ähnelt der eines Diskussionsleiters. Sie versuchen nicht, die Gruppe zur Annahme „Ihrer“ Lösung zu beeinflussen und sind bereit, jede Lösung zu aktzeptieren und auszuführen, die die Zustimmung der gesamten Gruppe findet.</td><td>D I:</td><td>Sie delegieren das Problem Ihrem Mitarbeiter, geben ihm alle relevanten Informationen, die Sie besitzen und übertragen ihm die Verantwortung, das Problem selbst zu lösen. Sie können von ihm verlangen oder auch nicht, daß er Ihnen mitteilt, zu welcher Lösung er gekommen ist.</td></tr>
</table>

*Quelle: Vroom/Yetton* 1973, S. 13

**E.** Ausmaß an Akzeptanz und Engagement auf seiten der Mitarbeiter, um eine effiziente Entscheidungsdurchführung zu gewährleisten
*Frage:* Ist die Akzeptanz der Entscheidung durch die Mitarbeiter ausschlaggebend für deren effektive Implementation?

**F.** Wahrscheinlichkeit, daß eine autokratische Entscheidung des Führers von den Mitarbeitern akzeptiert wird
*Frage:* Wenn ich die Entscheidung selbst treffen würde, würde sie dann mit großer Wahrscheinlichkeit von den Mitarbeitern akzeptiert?

G. Ausmaß an Motivation auf seiten der Mitarbeiter, die in der Problemstellung angesprochenen Organisationsziele zu erreichen
*Frage:* Kann man sich darauf verlassen, daß die Mitarbeiter Problemlösungen an den Organisationszielen ausrichten?

H. Ausmaß an Konflikt über Lösungsalternativen
*Frage:* Ist es wahrscheinlich, daß die gewählten Lösungen zu Konflikten unter den Mitarbeitern führen?

Bei einem gegebenen Problem könnten a priori alle fünf Entscheidungsmethoden Anwendung finden (vgl. Abb. 6.19). Bei Beachtung der Effizienzkriterien müssen jedoch folgende **Entscheidungsregeln** angewendet werden:

1. **Informationsregel**
Wenn die Qualität der Entscheidung wichtig ist und der Führer nicht über genug Informationen (oder Sachkenntnis) zur Problemlösung verfügt, scheidet Führungsmethode **AI** aus.

2. **Vertrauensregel**
Wenn die Qualität der Entscheidung wichtig ist und den Mitarbeitern die Lösung nicht zugetraut werden kann, scheidet Führungsmethode **GII** aus.

3. **Strukturregel**
Wenn die Qualität der Entscheidung wichtig ist, der Führer nicht über genug Informationen (oder Sachkenntnis) verfügt und das Problem unstrukturiert ist, scheiden die Führungsmethoden **AI, AII, CI** aus.

4. **Akzeptanzregel**
Wenn die Akzeptanz der Entscheidung durch die Mitarbeiter für eine effektive Verwirklichung von Bedeutung ist und zweifelhaft ist, ob eine autoritäre Führungs-Entscheidung akzeptiert wird, scheiden die Methoden **AI** und **AII** aus.

5. **Konfliktregel**
Wenn die Akzeptanz der Entscheidung wichtig ist, eine autoritäre Entscheidung voraussichtlich nicht akzeptiert wird und ein Konflikt zwischen den Mitarbeitern über bevorzugte Lösungen entstehen könnte, scheiden die Führungsmethoden **AI, AII, CI** aus.

6. **Fairness-Regel**
Wenn die Qualität der Entscheidung unwichtig, die Akzeptanz der Entscheidung wichtig ist und eine autoritäre Entscheidung voraussichtlich nicht akzeptiert wird, scheiden die Führungsmethoden **AI, AII, CI, CII** aus.

7. **Priorität der Akzeptanz-Regel**
Wenn die Akzeptanz der Entscheidung wichtig ist, eine autoritäre Entscheidung voraussichtlich nicht akzeptiert wird und den Mitarbeitern vertraut werden kann, scheiden die Führungsmethoden **AI, AII, CI, CII** aus.

Zur Erleichterung der Situationsanalyse haben *Vroom/Yetton* einen **Entscheidungsbaum** konstruiert, der bei Beantwortung der acht Fragen zu den

Problemeigenschaften (**A–H**) die exakte Zuordnung zu einem von 14 Problemtypen erlaubt[15] (vgl. Abb. 6.20).

*Abb. 6.20:* Entscheidungsbaum zum Auffinden der ‚richtigen' Führungsmethode

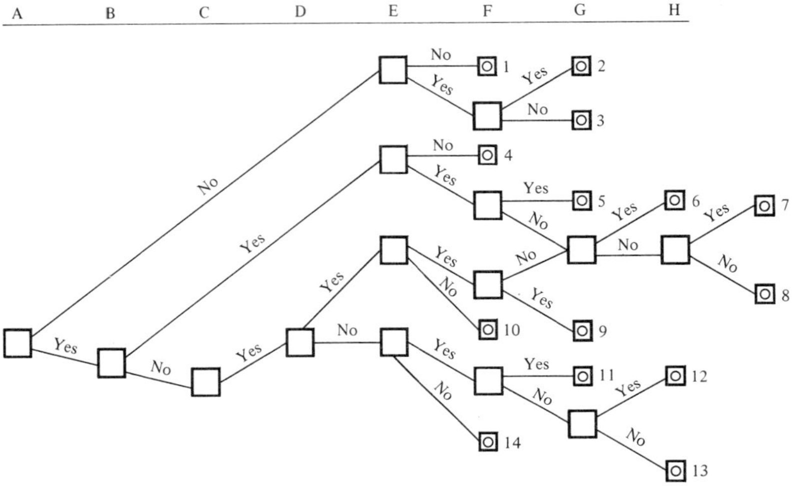


*Quelle: Vroom/Yetton* 1973, S. 36

In der nachstehenden Tabelle werden den Problemtypen unter Beachtung der Entscheidungsregeln zulässige Führungsmethoden zugeordnet. Sind mehrere Führungsmethoden zulässig, wie z. B. bei Problemtyp 1 und 2, sind sie nach dem Entscheidungskriterium ‚*Zeitaufwand*' (Zahl von Mann-Stunden für Problemlösung) angeordnet, d. h. **AI** benötigt weniger Zeit als **AII** usw.

Eine andere Reihenfolge ergäbe sich dann, wenn nach den Entscheidungskriterien ‚*Partizipation*' und ‚*Teamentwicklung* geordnet würde; hier wäre die Reihenfolge umgekehrt **GII** vor **CII** usw.

Das Modell ist also offen für unterschiedliche Prioritätsüberlegungen, z. B. Minimierung der Problemlösungszeit (short-term model) oder langfristige Teamentwicklung (long-term model).

*Vroom/Yetton* (1973) haben ihr Modell in verschiedenen Studien (s. auch *Vroom/Jago* 1978, *Vroom* 1981) mit unterschiedlichen Zielsetzungen durch Befragung von Managern (Selbstauskunft) über ihr Führungsverhalten in bestimmten Entscheidungssituationen überprüft. Folgende **Hypothesen** fanden sie bestätigt (S. 81 ff.):

[15] In einer neueren, erweiterten Fassung des Modells werden 23 Problemtypen unterschieden. Das Grundkonzept ist jedoch unverändert (vgl. *Vroom* 1976). Eine deutsche Fassung findet sich in etwas modifizierter Form bei *Hoepfner* 1974.

| Problemtyp | Zulässige Methoden |
|---|---|
| 1 | AI, AII, CI, CII, GII |
| 2 | AI, AII, CI, CII, GII |
| 3 | GII |
| 4 | AI, AII, CI, CII, GII* |
| 5 | AI, AII, CI, CII, GII* |
| 6 | GII |
| 7 | CII |
| 8 | CI, CII |
| 9 | AII, CI, CII, GII* |
| 10 | AII, CI, CII, GII* |
| 11 | CII, GII* |
| 12 | GII |
| 13 | CII |
| 14 | CII, GII* |

*zulässig nur, wenn G mit ja beantwortet wird.

- wenn Manager über ausreichende Informationen zur selbständigen Problemlösung verfügen, dann neigen sie zu mehr autoritären Entscheidungsmethoden
- wenn Manager ihren Mitarbeitern eigene Lösungen zutrauen, dann neigen sie zu mehr partizipativen Entscheidungsmethoden
- wenn Manager die Informationen und Ideen ihrer Mitarbeiter für wichtig erachten, dann neigen sie zu mehr partizipativen Entscheidungsmethoden.

Problematisch an den empirischen Daten von *Vroom/Yetton* ist, daß sie nicht objektiv von unabhängigen Dritten erhoben wurden, sondern auf der subjektiven Schilderung der Manager beruhen, und zwar, wie sie in vergangenen Situationen handelten und wie sie in hypothetischen Situationen handeln würden (zur Kritik vgl. vor allem *Field* 1979). Die auch empirisch bestätigte Vermutung liegt nahe, daß sich Manager in ihrem Verhalten rationaler und partizipativer einschätzen, als sie es in der Wirklichkeit sind (wie etwa aus Beschreibungen der Untergebenen hervorgeht). *Field* (1979) hält den Validierungsstudien desweiteren entgegen, daß die von *Vroom* und *Yetton* benutzten 30 Standard-Fallstudien weder repräsentativ sind noch alle im Rahmen des Modells denkbaren Situationskonstellationen abdecken.

In einer neueren Untersuchung findet *Field* (1982) die zentrale Hypothese des normativen Entscheidungsmodells, daß Führungsverhalten dann effizienter ist, wenn es den Modellempfehlungen folgt, auch bei Verwendung von Maßen bestätigt, die von der Selbstauskunft der Manager unabhängig sind.

*Sydow* (1981) faßt die konzeptionelle **Kritik** an dem normativen Entscheidungsansatz in fünf Punkten zusammen:

- Das *Vroom/Yetton*-Modell abstrahiert vom realen Beziehungsgeflecht von Situation der Organisation, Organisationsstruktur und Führung. Im Modell werden nur direkt führungsbezogene Situationsmerkmale, wie Bedeutung und Strukturierungsgrad der zu treffenden Entscheidung, berücksichtigt; andere Faktoren, die den Handlungs- und Verhaltensspielraum des Vorgesetzten erheblich begrenzen können, bleiben außer acht.

- Der normative Entscheidungsansatz isoliert, wie alle bisher referierten Führungstheorien, das (direkte) Führungsverhalten von anderen – komplementären und substitutiven – Möglichkeiten der Verhaltenssteuerung.
- Der Ansatz beschränkt sich innerhalb des Bereichs direkter Führung auf die Frage der Partizipation, obwohl Führungsverhalten nach herrschender Meinung vollständig nur unter (zusätzlicher) Hinzuziehung der Dimensionen ‚Beziehungsorientierung' und ‚Aufgabenorientierung' beschrieben werden kann. Das Modell von *Vroom* und *Yetton* stellt in der Tat eher einen Entscheidungsansatz denn eine Führungstheorie dar.
- Obwohl *Vroom* und *Yetton* neben der an kurzfristiger Führungseffizienz orientierten Modellvariante weitere Entscheidungskriterien bereit halten (Partizipation, Entwicklung und Qualifizierung der Geführten), propagieren sie eindeutig die erstgenannte Fassung, die, richtet man sich nach den Modellempfehlungen, zur Festschreibung autoritärer Führung beiträgt.
- Führungserfolg wird von *Vroom* und *Yetton* ausschließlich als Qualität und Akzeptanz der getroffenen Entscheidung operationalisiert. Humankriterien finden in diesem Ansatz, der vorgibt, einem paritizipativen Führungsstil zum (situativen) Durchbruch in der Führungspraxis zu verhelfen, weniger Beachtung.

Eine Berücksichtigung dieser konzeptionellen Kritikpunkte wäre im Rahmen einer Weiterentwicklung des normativen Entscheidungsansatzes von *Vroom* und *Yetton* nicht nur nötig sondern auch grundsätzlich möglich. Zweifellos würde eine solche Weiterentwicklung des Modells seinen Komplexitätsgrad weiter erhöhen, der für die breite praktische Anwendung des Modells bereits in seiner vorliegenden Fassung für zu hoch beurteilt wird (*Filley/House/Kerr* 1976, S. 252).

Entsprechend dem normativen Anspruch scheint es auch eher als **Ausbildungsmethode,** denn als Erklärungsmodell geeignet. Richtig, d. h. situationsgerecht entscheiden können Manager erst nach dem Besuch eines Trainingsprogramms, in dem die Diagnose des eigenen Führungsstils und der Situation sowie der Umgang mit dem normativen Entscheidungsmodell geübt werden.

Mit dem eingeschränkten Anspruch, eine Hilfe zur Ausbildung von Managern im situativen Denken und Führen zu sein, ist das Modell als äußerst brauchbar zu bezeichnen. Es berücksichtigt bedeutend mehr Situationsvariablen als das Kontingenzmodell und lehnt auch dessen pessimistische Position im Hinblick auf die Verhaltensflexibilität von Führungskräften ab. „Vergegenwärtigen sich Manager, Trainer und Theoretiker die Probleme des normativen Entscheidungsansatzes, bietet er eine interessante Alternative zu den mehr explikativ orientierten Weg-Ziel-Modellen; seine Verwendung für praktisches Führungstraining schärft zumindest das Bewußtsein für die Notwendigkeit, Führung im situativen Zusammenhang analysieren zu lernen, sowie für die Bedeutung von Partizipation als Dimension des Führungsverhaltens" (*Sydow* 1981, S. 14).

Trotz der Schwierigkeit, das soziale Phänomen ‚Führung' theoretisch angemessen zu erfassen, muß dem normativen Entscheidungsansatz dessen primär technologisches Interesse vorgehalten werden, das einer Entwicklung ‚besserer' Führungstheorien entgegensteht (*Türk* 1981, *Neuberger* 1983, *Niederfeichtner* 1983).

## 3. Das Führungsdyaden-Modell von Graen

*Graen* und seine Mitarbeiter (vgl. *Dansereau* et al. 1975, *Graen/Cashman* 1975, *Liden/Graen* 1980) erfassen anders als alle anderen Führungskonzepte Führungsverhalten nicht mit Hilfe eines dimensionalen Führungsstilkonzepts sondern als **Austauschbeziehung** zwischen Vorgesetzten und Untergebenen. Diese Austauschbeziehung steht bei den sog. Interaktions- oder Transaktionstheorien der Führung im Mittelpunkt (vgl. z. B. *Lukasczyk* 1960, *Gibb* 1969, *Hollander* 1978, *Macharzina* 1977).

Die **Interaktionstheorie** stellt dabei auf eine der wichtigsten Definitionsmerkmale der Führung ab, eben die Interaktionen aller am Führungsprozeß Beteiligten. Schon *Hofstätter* (1973) hatte in deutlicher Distanzierung zur klassischen Eigenschaftstheorie auf die Interdependenz (nicht Interaktion) der Eigenschaften von Führer und Geführten hingewiesen (vgl. Abb. 6.21).

*Abb. 6.21:* Die Interdependenz der „Führereigenschaften"

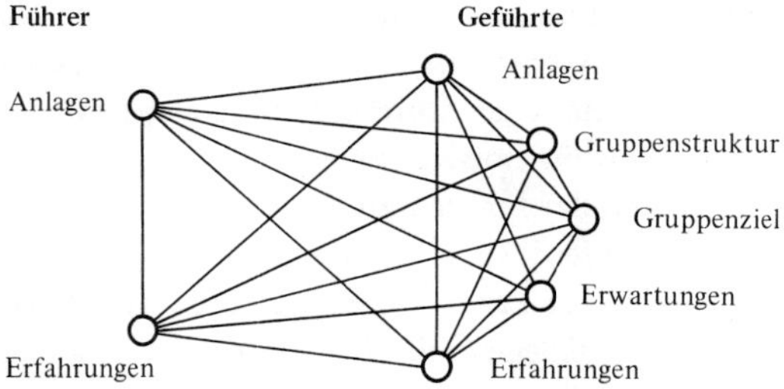


*Quelle: Hofstätter* 1973, S. 349

Bedeutend komplexer wird das Beziehungsgeflecht, wenn alle relevanten Einflußfaktoren des Interaktionsprozesses herangezogen werden. Nach *Lukasczyk* (1960, S. 186) sind dies mindestens folgende vier Variablen:

„a) die Persönlichkeitsstruktur des Führers mit Einschluß ihrer angeborenen Begabungen und Fähigkeiten als auch ihrer individuellen Erfahrungen;

b) die Persönlichkeiten der Geführten (Gruppenmitglieder) einschließlich deren individuellen Einstellungen, Erwartungen und Bedürfnissen in bezug auf den Führer als auch auf die Situation;

c) die Struktur und Funktion der Gruppe als Ganzes, d. h. als ein differenziertes und integriertes System von Status-Rollen-Beziehungen und von gemeinsamen Normen;

d) die spezifische Situation, in der sich die Gruppe befindet; hierzu gehören die Art der zu bewältigenden Aufgabe, das Gruppenziel und sonstige äußere Bedingungen."

Einen Schritt weiter gehen Ansätze, die Führung nicht personalisieren, sondern als **Rollen** verstehen, die unterschiedlich geeignete Gruppenmitglieder je nach den situativen Anforderungen alternierend übernehmen können.

**Interaktionstheorien** zählen zwar zu den theoretisch anspruchsvollsten Führungstheorien – sie beziehen alle von mir genannten konstitutiven Definitionsmerkmale von Führung ein –, scheitern aber bei der empirischen Prüfung und pragmatischen Verwendung letztlich an der Komplexität des Variablensystems, der mangelnden Operationalisierung und der fehlenden forschungsstrategischen Beherrschbarkeit der Beziehungsvielfalt. Die Management-Praxis hat sie deshalb bislang negiert.

Dies gilt auch für das Führungsdyaden-Modell, das ebenfalls die interaktiven Austauschbeziehungen zwischen Vorgesetzten und Untergebenen in den Mittelpunkt stellt.

Das Führungsdyaden-Modell geht von den Annahmen aus, daß sich eine Austauschbeziehung über die Zeit entwickelt und dabei zwei dichotome Formen annehmen kann: Führung (**leadership**) im Sinne einer Interaktion mit den Geführten, die deren Bedürfnisse berücksichtigt, und Führung (**supervision**) im Sinne von Kontrolle und Überwachung, die auf formaler Autorität beruht.

Im Gegensatz zu den Führungskonzepten, die von einer dimensionalen Beschreibung des Führungsstils ausgehen, unterstellt *Graen* nicht, daß sich ein Führer gegenüber jedem seiner Untergebenen gleich bzw. ähnlich verhält. Deswegen hält es *Graen* für notwendig, jede Vorgesetzten-Untergebenen-Beziehung (**vertikale Dyade**) für sich zu analysieren. Die Autoren sind der Ansicht, daß „die vertikale Dyade ... die geeignete Untersuchungseinheit (ist), um Führungsprozesse zu analysieren, weil die vertikale Dyade die Prozesse enthält, die Untergebene und Vorgesetzte miteinander verbinden" (*Dansereau* et al. 1975, S. 4).

Das Führungsdyaden-Modell versucht die Frage zu beantworten, unter welchen Bedingungen und in welcher Form es dazu kommt, daß der Führer sich in einigen Dyaden im Extremfall darauf beschränkt, die Einhaltung des Arbeitsvertrages zu überwachen (supervision), während in anderen Dyaden ein weit darüber hinausgehender intensiver sozialer Austausch stattfindet. Da zu erwarten ist, daß eine vertikale Dyade bereits unmittelbar nach ihrer Entstehung ausgeformt wird, untersuchen *Graen* und seine Mitarbeiter Dyaden kurz nach ihrer Entstehung aber auch zu späteren Zeitpunkten, um etwaige

Veränderungen und deren Folgen zu erfassen. Zum Zeitpunkt der Entstehung einer Dyade, so *Graen,* kommt es wesentlich darauf an, ob der Vorgesetzte es seinem Mitarbeiter ermöglicht, aufgabenbezogene Angelegenheiten mit ihm auszuhandeln. Je mehr **Verhandlungsspielraum** dem Geführten von Anfang an eingeräumt wird, desto größer ist die Wahrscheinlichkeit, daß der Vorgesetzte tatsächlich führt (i. S. von leadership) und nicht nur seine formale Autorität einsetzt.

In einer ersten empirischen Untersuchung von 60 Führungsdyaden werden im Abstand von etwa drei Monaten jeweils die Größe des eingeräumten Verhandlungsspielraumes, der Beitrag des Führers und des Geführten zu Ausgestaltung der Austauschbeziehung und verschiedene Reaktionen der Geführten erhoben und miteinander in Beziehung gesetzt (vgl. *Dansereau* et al. 1975). Die Geführten, denen vom Vorgesetzten ein vergleichsweise großer Spielraum eingeräumt worden war, hatten nach eigenen Angaben weniger Probleme mit ihrem Vorgesetzten et vice versa. Diese Untergebenen, die *Graen* als **Mitglieder des Vertrauenskaders** (trusted cadre, oder auch der ingroup) bezeichnet, sahen ihren Vorgesetzten als jemanden, der ihnen Aufmerksamkeit widmet, sie unterstützt und ihnen gegenüber sensitiv ist. Die Geführten des Vertrauenskaders zeigten ihrerseits eine höhere Leistungsbereitschaft, die auch von den jeweiligen Vorgesetzten bestätigt wurde. Die jeweiligen Vorgesetzten nahmen das Verhalten dieser Geführten als ihren Erwartungen entsprechend wahr und waren der Meinung, daß sie den ihnen eingeräumten Spielraum nicht mißbrauchten. Schließlich zeichneten sich die Mitglieder der Vertrauenskader durch eine höhere Zufriedenheit aus. Die anderern Untergebenen hatten häufiger Probleme mit ihrem Vorgesetzten, nahmen ihn als weniger sensitiv und unterstützend wahr und wiesen auch eine geringe Zufriedenheit auf. Diese Geführten, die *Graen* als **Mitglieder der äußeren Gruppe** (out-group, oder auch als ‚hired hands‘) bezeichnet, wurden ihrerseits von den Vorgesetzten nicht als ihren Erwartungen entsprechend wahrgenommen. Abb. 6.22 verdeutlich die Aufteilung einer Gruppe von Mitarbeitern samt Vorgesetzten in den Vertrauenskader und die einfachen Untergebenen.

Die Aufdeckung dieser unterschiedlichen Beziehungen zwischen Vorgesetztem und Untergebenen setzt eine Analyse jeder einzelnen Führungsdyade voraus.

*Abb. 6.22:* Herausbildung eines Vertrauenskaders

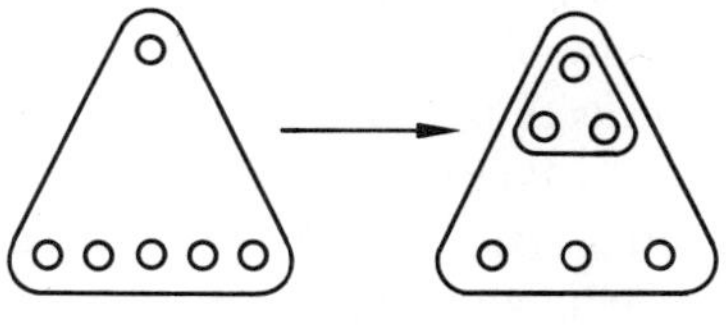

*Quelle: Dansereau* et al. 1975, S. 72

Die Differenzierung von Vertrauenskader und Nicht-Vertrauenskader erfolgt nach Meinung von *Graen* gleichsam zwangsläufig, da der Vorgesetzte nicht über die Kapazität verfügt, alle seine Mitarbeiter zu Kadermitgliedern zu entwickeln. Zur Leistungssteigerung ist es jedoch oft erforderlich, zusätzliche Mitarbeiter in den Kreis des Vertrauenskaders einzubeziehen. Dazu kann es erforderlich sein, daß die Vorgesetzten einem Training unterzogen werden müssen. Eine an den Ergebnissen des Führungsdyaden-Modells ausgerichtete Beförderungs- und Einstellungspolitik würde vor allem darauf abzielen, Menschen für Führungsaufgaben zu rekrutieren, die in der Lage sind, zu möglichst vielen Mitarbeitern intensive soziale Austauschbeziehungen zu entwickeln, und auf der anderen Seite nur mit möglichst wenigen Mitarbeitern Austauschbeziehungen auf formale Autorität zu gründen.

Eine Replikationsstudie, in der 107 Führungsdyaden von *Graen/Cashman* (1975) untersucht wurden, bestätigte diese Ergebnisse. Statt zwischen Vertrauenskader und Nicht-Vertrauenskader wurde jedoch zwischen drei Gruppen von Geführten unterschieden. Zusätzlich wurde eine Gruppe eingeführt, deren Mitglieder eine Position zwischen diesen beiden Gruppen einnahmen, also weder der einen noch der anderen zuverlässig zugeordnet werden konnten. Zwei weitere Validierungsstudien von *Graen/Schiemann* (1978) und *Liden/Graen* (1980) konnten ebenfalls die wesentlichsten, dem Führungsdyaden-Modell zugrunde liegenden Hypothesen bestätigen.

Die bisher umfangreichste Untersuchung von 433 Führungsdyaden, die von *Rosse/Kraut* (1983) durchgeführt wurde, bestätigt zwar den positiven Zusammenhang von anfänglich gewährtem Verhandlungsspielraum und Zufriedenheit sowie den negativen Zusammenhang mit den in den Dyaden wahrgenommenen Problemen. Der Umfang des Verhandlungsspielraumes und mit ihm die Zugehörigkeit der Geführten zu einer der unterschiedenen Gruppen stand allerdings in keiner Beziehung zur Arbeitsmotivation der Geführten und der Beurteilung ihrer Leistung durch die Vorgesetzten. Dieses für das Führungsdyaden-Modell wenig ermutigende Ergebnis führten *Rosse* und *Kraut* auf den Einfluß situativer, nicht kontrollierter Bedingungen (bzw.auf ein anderes Produktivitätsmaß) zurück.

Das Führungsdyaden-Modell, das mittlerweile um die Einbeziehung der Vorgesetzten des Führers, einen in der Führungstheorie lange nicht berücksichtigten Tatbestand (*Laurent* 1978), erweitert worden ist (*Cashman* et al. 1976), wird hier zu den situativen Führungskonzepten gezählt, da es durch seine primäre Untersuchungseinheit, die vertikale Dyade, relevante Situationsfaktoren (z. B. Rollenwahrnehmung, Beziehung zwischen Vorgesetzten und Untergebenen) berücksichtigt. Insgesamt ist diese Führungstheorie hinsichtlich ihrer Erfassung der Führungssituation allerdings ähnlich beschränkt wie das *Fiedler*sche Kontingenzmodell. Die Konzentration auf Führungsdyaden hat zudem zwangsläufig zur Folge, daß die Beziehung der Geführten untereinander – eine zweifellos wichtige situative Bedingung – ausgeblendet bleibt. Auch *Cummings* (1975) äußert sich in einigen Punkten **kritisch** gegenüber dem Führungsdyaden-Modell:

- Die Variablenbeziehungen des Modells sind nicht hinreichend definiert. Insbesondere bleibt der Charakter der vertikalen Austauschbeziehung zwischen Führer und Geführten unklar.
- Die verwendeten Konstrukte überlappen einander teilweise (z. B. vertikale Austauschbeziehung, eingeräumter Verhandlungsspielraum, Rollenwahrnehmung). Die Konstrukte werden durchweg als Wahrnehmungskonstrukte und nicht als Verhaltenskonstrukte operationalisiert.
- Die Aufteilung der Geführten in zwei bzw. drei Untergruppen bleibt unklar. Offen bleibt insbesondere, in welchem Verhältnis diese Differenzierung zu dem den Geführten eingeräumten Spielraum und zur Gestaltung der vertikalen Austauschbeziehung steht.

Bei einem Vergleich des Führungsdyaden-Modells mit anderen Führungskonzepten kommt *Cummings* zu dem Schluß, daß die anderen situativen Führungstheorien ebensowenig wie das Führungsdyaden-Modell von der Annahme ausgehen, daß sich Vorgesetzte gegenüber allen ihren Untergebenen gleich verhalten.

Ein wesentlicher Beitrag des von *Graen* entwickelten Führungsmodells liegt in der dynamischen Untersuchung der Entstehung und Aufrechterhaltung der Beziehungen zwischen Vorgesetzten und Untergebenen. Dieser Beitrag bleibt jedoch unvollständig, weil weder erklärt wird, warum bestimmten Mitarbeitern größere Spielräume eingeräumt werden als anderen, und weil nicht wirklich untersucht wird, wie sich diese Beziehungen im Zeitablauf entwickeln. Hier zeigt das Führungsdyaden-Modell konzeptionelle Defizite, die auch in den neueren Veröffentlichungen von *Graen* und seinen Mitarbeitern nicht überwunden worden sind. Dies mag dafür verantwortlich sein, daß das Führungsdyaden-Modell im Gegensatz zu dem Kontingenzmodell von *Fiedler* und dem normativen Entscheidungsansatz von *Vroom/Yetton* m. E. in der Führungspraxis (noch) nicht angewendet wird.

## 4. Die interaktionistische Führungstheorie von Luthans

Eine Führungstheorie, die mehr noch als das normative Entscheidungsmodell von *Vroom/Yetton* die Gleichberechtigung personaler und situationaler Bedingungen für die Erklärung von Führungsverhalten betont, wurde von *Luthans* (1979) auf der Grundlage von *Banduras* (1977) sozialer Lerntheorie formuliert (vgl. Abschnitt 3 A). Der hier als interaktionistische Führungstheorie bezeichnete Ansatz ist von den im vorangegangenen Abschnitt angesprochenen Interaktionstheorien der Führung zu unterscheiden. Die Interaktionstheorien stellen auf die für das Führungsverhalten bedeutungsvolle personale Interaktion des Vorgesetzten mit den am Führungsprozeß Beteiligten ab. Die interaktionistische Führungstheorie *Luthans'* hingegen knüpft an den umfassenderen Interaktionsbegriff *Banduras* an, der die kontinuierliche und reziproke Determination von Person-, Situations- und Verhaltensvariablen hervorhebt.

Die **soziale Lerntheorie** des Führungsverhaltens geht dementsprechend davon aus, daß sich der **Führer** (mit seinen kognitiven Prozessen), dessen **Führungsverhalten** und die **Führungssituation** (einschließlich der Geführten und der Organisationstruktur) gegenseitig beeinflussen (vgl. Abb. 6.23).

*Abb. 6.23:* Grundmodell der interaktionistischen Führungstheorie

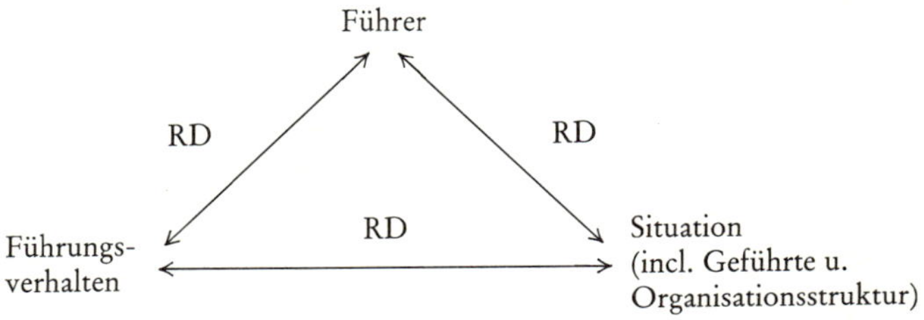


RD = Reziproke Determination

*Quelle: Luthans* 1979, S. 205

Beispielsweise bewirkt eine motivationale Orientierung des Vorgesetzten ein Führungsverhalten, das das Arbeitsverhalten eines Geführten verändert. Diese Verhaltensänderung ihrerseits hat Einfluß auf die motivationale Orientierung des Vorgesetzten, der bei nächster Gelegenheit die soeben beobachtete Reaktion des Geführten antizipativ berücksichtigen wird. D. h. Führer schaffen vor allem durch ihr eigenes Verhalten situative Bedingungen, die ihr Verhalten mitbeeinflussen (*Luthans* 1979). Das Verhalten des von ihm Geführten wird nicht direkt determiniert; der Führer variiert allein über sein Führungsverhalten die in der Arbeitssituation des Geführten präsenten Stimuli. Diese Stimuli werden vom Geführten aktiv selektiert, interpretiert, organisiert und u. U. sogar transformiert.

Die interaktionistische Führungstheorie weist sich gegenüber den bisher referierten Führungskonzepten durch die Berücksichtigung von **Lernprozessen** aus. Diese Tatsache ermöglicht es, die Theorie als Grundlage für die Gestaltung von Führungstrainings heranzuziehen. In der Tat ist die soziale Lerntheorie im Rahmen eines experimentell kontrollierten Führungstrainings zur Anwendung gekommen (vgl. *Latham/Saari* 1979). Eine empirische Überprüfung dieser Theorie in ihrer Anwendung auf Führungssituationen steht jedoch m. E. noch aus. Aufgrund ihrer auch kognitiven Orientierung ist die soziale Lerntheorie zur Entwicklung konzeptioneller Grundlagen der Selbstregulation oder des Selbst-Managements herangezogen worden (*Sims/Manz* 1980), das genau genommen kein Führungsproblem bezeichnet sondern ein Substitut der Führung darstellt (vgl. Abschnitt DI).

## V. Führungskonzepte auf attributionstheoretischer Grundlage

In jüngster Zeit haben theoretische Konzepte die Aufmerksamkeit von Management- und Organisationstheoretikern gewonnen, deren Ursprünge in die 30er Jahre zurückreichen und die neuerdings zur Erklärung von Führung in Organisationen Verwendung finden: die Attributionstheorien.

### 1. Grundlagen der Attributionstheorie

Historischer Ursprung der Attributionstheorien ist die naive (da alltagsweltlich orientierte) Verhaltenstheorie *Heiders* (1958)[16]. Die **naive Verhaltenstheorie** unterstellt dem Menschen ein Bedürfnis, Umweltereignisse dadurch erklären und kontrollieren zu wollen, daß er sie auf dispositionelle Eigenschaften von Personen oder Situationen ursächlich zurückführt. Menschen werden als aktive, Informationen suchende, selektierende und interpretierende Individuen aufgefaßt, deren alltagsweltlichen Erklärungsversuche darin bestehen, beobachtbaren Ereignissen subjektiv Ursachen zuzuschreiben. Die Attributionstheorie spricht deshalb von **Kausalattributionen,** d. h. subjektive Ursachenerklärungen (Ursachenzuschreibung) für wahrgenommenes Verhalten bzw. dessen Folgen. *Heider* befaßte sich vorwiegend mit dem Bereich interpersonaler Beziehungen und ging – der Feldtheorie *Lewins* (1963) vergleichbar – davon aus, daß die Ursachen menschlichen Verhaltens entweder in den **Personen** selbst oder in ihrer **Umwelt** liegen. Im Unterschied zu *Lewin* untersucht *Heider* jedoch nicht die ‚wirklichen' Ursachen menschlichen Verhaltens, sondern wahrgenommene Ursache-Wirkungs-Verknüpfungen. An diese grundsätzlichen Überlegungen *Heiders* knüpfen alle Attributionstheorien an. Obwohl Attributionstheorien keinen homogenen theoretischen Ansatz darstellen, existieren einige zentrale Konzepte, die ihnen gemeinsam sind. Dazu zählen neben *Heiders* Theorie das **Locus of Control** Konzept *Rotters* (1966) und die von *Kelley* (1967, 1972) entwickelten **kausalen Schemata.**

Attributionstheorien sind vor allem als Ansätze zur Erklärung von **Leistungsmotivation** entwickelt worden (vgl. *Heckhausen* 1977, *Weiner* 1980). „Zielsetzungen, z. B. in Leistungssituationen, können durch den Prozeß der Kausalattribuierung beeinflußt werden. Sie hängen davon ab, welchen Einflußfaktoren – personalen oder äußeren – zuvor erlebte Erfolge zugeschrie-

[16] Einen Überblick über Attributionstheorien geben z. B. *Shaver* 1977, *Krieger* 1977, S. 132ff., *Herkner* 1980, *Weiner* 1980, S. 275ff. und in ihrer Anwendung auf Führungsprozesse *Müller* 1980, S. 81ff. Die folgenden Ausführungen basieren insbesondere auf dem Lehrbuch *Weiners* über Motivationstheorien.

ben werden“ (*Krieger* 1977, S. 135). *Rotter* (1966) spricht in diesem Zusammenhang von interner bzw. externer Kontrolle der Verstärker und nennt sein Konzept **Locus of Control.** *Rotter* geht bei der Formulierung des Locus of Control Konzepts von der sich verhaltenden Person selbst aus und unterstellt dieser, daß sie über eine Selbsteinschätzung ihrer Leistungsfähigkeit verfügt, die sie auf der Grundlage früherer Erfahrungen entwickelt hat. *Rotter* bezeichnet Menschen als *intern kontrolliert,* die davon ausgehen, daß sie die Geschicke ihres Lebens weitgehend selbst bestimmen können; *extern kontrollierte* Menschen hingegen sind solche, die sich gegenüber Umweltbedingungen relativ ohnmächtig fühlen und dazu neigen, Erfolge bzw. Mißerfolge situativen Bedingungen zuzuschreiben (externe Attribution), statt sie auf ihre eigenen Fähigkeiten und Bemühungen (interne Attribution) zurückzuführen (vgl. hierzu *Mielke* 1982).

Im Mittelpunkt der Forschungen *Kelleys* (1967) steht die Frage, welche Faktoren Kausalattribuierungen beeinflussen. Als mögliche **Ursachen für ein Verhalten** kommen in Frage:

- der Handlungsgegenstand
- andere Personen
- die Zeit
- die Art der Interaktion mit dem Gegenstand.

*Kelley* geht davon aus, daß ein Mensch, der eine sich verhaltende Person beobachtet, durch die Analyse der **Kovariation**[17] dieser Faktoren mit dem beobachteten Verhalten Vermutungen über die vermeintlichen Verhaltensursachen anstellt. Verhält sich die beobachtete Person beispielsweise in der beobachteten Weise nur gegenüber einem bestimmten Gegenstand, dies über längere Zeit und in Übereinstimmung mit den Reaktionen andrer Personen, ist zu vermuten, daß die Verhaltensursache eher im Gegenstand als in der Person begründet liegt.

Häufig wird die aufwendige Analyse der Kovariation durch **kausale Schemata** (*Kelley* 1972) ersetzt, die eine vergleichsweise schnelle und ökonomische Attribution erlauben. Kausale Schemata sind allgemeine Regeln über Ursache-Wirkungs-Beziehungen, die ein Repertoire an kulturell und/oder individuell geformten Erfahrungen bilden. *Kelley* nennt u. a. das ‚multiple necessary causal schema‘ und das ‚multiple sufficient causal schema‘. Benutzt der beobachtende Mensch das erstere, geht er davon aus, daß das beobachtete Ergebnis eher mehrere Ursachen hat; benutzt er das zweite, so hält er eine monokausale Erklärung für hinreichend und stoppt die Suche, Selektion und Interpretation weiterer Informationen.

Insbesondere *Weiner* (1980) hat diese Elemente (in teilweise rekonzeptualisierter Form) in eine umfassende Attributionstheorie zur Erklärung der Leistungsmotivation integriert. Die Erklärungsfaktoren *Heiders* (Macht, inten-

---

[17] Attribution nach dem Prinzip der Kovariation (gemeinsame Veränderung) setzt voraus, daß Informationen aus mehreren Beobachtungen vorliegen.

tionales Versuchen, Umwelt), hat *Weiner* in **Fähigkeit, Anstrengung** (interne Attribution) und **Aufgabe** umbenannt und um den Faktor **Glück** oder Zufall (externe Attribution) ergänzt:

Verhalten = f (Fähigkeit, Anstrengung, Aufgabe, Glück)

Danach ist Verhalten davon abhängig, ob der Erfolg bzw. Mißerfolg, der mit früherem Verhalten verbunden war, auf die *internen Faktoren* Fähigkeit und/oder Anstrengung und/oder auf die *externen Faktoren* Aufgabe und/oder Zufall zurückgeführt wurde. Entsprechende Informationen über diese Faktoren können den folgenden Quellen entnommen werden (vgl. *Weiner* 1980, S. 332):

| Ursache | Informationsquellen |
|---|---|
| Fähigkeit | Anzahl der Erfolge, Verhältnis Erfolge/Mißerfolge, Erfolgsmuster, Maximalleistung, Schwierigkeit der Aufgabe |
| Anstrengung | Ergebnis, Leistungsmuster, wahrgenommene Muskelanspannung, Schwitzen, Ausdauer, Kovariation der Leistung mit dem Anreizwert des Leistungsziels |
| Aufgabe | objektive Aufgabenmerkmale, soziale Normen |
| Glück | objektive Aufgabenmerkmale, Unabhängigkeit der Ergebnisse, Zufälligkeit der Ergebnisse, Einzigartigkeit der Ereignisse |

Die internen und externen Attribuierungsmöglichkeiten sind mit den genannten vier Faktoren nicht vollständig aber hinreichend erfaßt. Unklar bleibt, ob Glück nicht auch als interne Attribution („glücklicher Mensch") wirksam werden kann. *Weiner* geht davon aus, daß die Faktoren ‚Fähigkeit' und ‚Aufgabe' zeitlich relativ *invariant* sind, während ‚Anstrengung' und ‚Glück' zeitlich *instabil* sind. Die Differenzierung führt zu einem zweidimensionalen, kausalen Schema (vgl. Abb. 6.24):

*Abb. 6.24:* Zweidimensionales Schema der wahrgenommenen Ursachen von Verhalten

| Stabilität \ Locus of Control | intern | extern |
|---|---|---|
| groß | Fähigkeit | Aufgabe |
| gering | Anstrengung | Glück |

*Quelle: Weiner* 1980, S. 346 (vereinfacht)

Spätestens in der Konzeption *Weiners* wird aus der zunächst auf das Problem sozialer Wahrnehmung bezogenen naiven Verhaltenstheorie eine **kognitive Verhaltenstheorie,** die Kausalattribution als einen wesentlichen Einflußfaktor der Erwartungsbildung begreift, deren Bedeutung ihrerseits von den

**Erwartungstheorien** der Motivation herausgearbeitet worden ist (vgl. Abschnitt B II 3bb im Teil 3). Attributionstheorien und Erwartungstheorien werden zu einer komplexen Theorie der Erklärung menschlichen Verhaltens integriert (vgl. auch *Heckhausen* 1977).

## 2. Attributionen in Führungsprozessen

In jüngster Zeit werden attributionstheoretische Konzepte zur Erklärung von Verhalten, speziell **Führungsverhalten,** in Organisationen herangezogen. Dabei bleibt die Anwendung von Attributionstheorien nicht auf den Bereich der **Leistungsmotivation** beschränkt (z. B. *Porac* et al. 1981, 1983, *Lord/Smith* 1983); vielmehr finden sich attributionstheoretische Erklärungsversuche der **Leistungsbeurteilung** (*Feldmann* 1981, *Fichman* 1982), der **Arbeitsmotivation** und anderer Aspekte menschlichen Verhaltens in Organisationen (*Heckhausen* 1977, *Lord/Smith* 1983).

Eingangs wurde festgestellt, daß Menschen versuchen, die Ursachen für Ereignisse in der Person oder in der Umwelt zu suchen. Bezogen auf Führungsprozesse in Organisationen gilt, daß Führer und Geführte nicht nur *Subjekt* der Attribution sind, indem sie ihrem eigenen Verhalten bzw. dessen Ergebnissen bestimmte Ursachen zuschreiben, sondern auch ihr *Objekt.* Der Führer ist Gegenstand der Attributionen des Geführten, der dessen Verhalten z. B. als Ausfluß bestimmter Eigenschaften sieht, denen er die Qualität von Führereigenschaften zuschreibt. Der Geführte seinerseits ist Objekt der Attributionen des Führers, der versucht, die Ursachen für das Verhalten seines Mitarbeiters zu ergründen, um daraus Schlußfolgerungen für sein eigenes Führungsverhalten abzuleiten. Insgesamt sind im Rahmen von Führungsprozessen demzufolge vier **Attributionsprozesse** relevant (vgl. Abb. 6.25).

*Abb. 6.25:* Attributionen in Führungsprozessen

| Subjekt der Attribution / Objekt der Attribution | Führer | Geführter |
|---|---|---|
| Führer | [1] Leistungsverhalten des Führers | [2] **Führung als attribuierte Eigenschaft** |
| Geführter | [3] **Führung als Attributionsreaktion** | [4] Leistungsverhalten des Geführten, Identitätsbildung |

Der *erste Quadrant* (Führer als Subjekt und Objekt der Attribution) beschreibt Führung als besondere Form des Leistungsverhaltens in Organisationen. Erkenntnisse der Leistungsmotivationsforschung können herangezogen werden, um ein bestimmtes Führungsverhalten des Vorgesetzten auf der Grundlage der von ihm gemachten Attributionen zu erklären. So interessiert z. B., ob ein Führer, der dazu neigt, die Folgen seines Handelns intern zu attribuieren, einen weniger direktiven Umgang mit seinen Untergebenen pflegt, als einer, der eher extern zu attribuieren pflegt. Eine der m. W. wenigen empirischen Untersuchungen, die sich attributionstheoretischen Fragestellungen dieser Art angenommen hat, ist von *Mitchel* et al. (1975) bei ca. 170 Managern mit ihren 900 Mitarbeitern durchgeführt worden. *Mitchell* et al. konnten folgende Hypothesen empirisch belegen:

- Ein intern kontrollierter Führer gründet seine Macht mehr auf Überzeugung und Belohnungen, wohingegen extern kontrollierte Führer mehr Zwangsmaßnahmen ergreifen.
- Intern kontrollierte Führer praktizieren einen eher beziehungsorientierten Führungsstil, extern kontrollierte hingegen einen mehr aufgabenbezogenen Führungsstil.

*Mitchell* et al. weisen jedoch darauf hin, daß das Persönlichkeitsmerkmal externe versus interne Kontrolle insgesamt nur wenig Einfluß auf das gewählte Führungsverhalten zu haben scheint, obwohl die Ergebnisse sehr konsistent sind. „Locus of Control wird als nur eine Komponente in der Interaktion von Persönlichkeit, Situation und Verhalten gesehen“ (*Mitchell* et al. 1975, S. 630).

Der *zweite Quadrant* (Geführter als Subjekt, Führer als Objekt der Attribution) beschreibt Führung als eine dem Führer vom Geführten attribuierte Eigenschaft.

Der *dritte Quadrant* (Führer als Subjekt, Geführter als Objekt der Attribution) kennzeichnet Führungsverhalten als eine Reaktion auf Attributionen, die der Führer gegenüber dem Verhalten des Geführten vornimmt.

Der *vierte Quadrant* (Geführter als Subjekt und Objekt der Attribution) stellt das Leistungsverhalten des Geführten in den Mittelpunkt der Analyse. Dahinter verbirgt sich die Annahme, daß es für den Führungsprozeß nicht gleichgültig ist, ob der Geführte beispielsweise dazu neigt, positive Ergebnisse seines Arbeitshandelns sich selbst oder der Situation (einschließlich des Führungsverhaltens) zuzuschreiben. In der erwähnten Studie von *Mitchell* et al. wird zum Beispiel die Hypothese bestätigt, daß ein intern kontrollierter Geführter mit einem partizipativen Führungsstil des Vorgesetzten zufriedener ist als ein extern kontrollierter.

In den vierten Quadranten läßt sich auch ein Theorieentwurf *Müllers* (1980) einordnen, der die **Identitätsbildung** von Individuen unter dem Einfluß von Führung zum Gegenstand hat und diese vor allem attributionstheoretisch untersucht. Ziel von Führung ist s. E. „die Emanzipation der Mitarbeiter, d. h. die Fähigkeit, informierte, freie und mit dem Selbstkonzept in Übereinstimmung stehende Entscheide zu fällen über das Eingehen (oder Auflösen) von Verpflichtungen und das Einlösen dieser Verpflichtungen durch qualifiziertes Handeln. Der Vorgesetzte ‚erleidet' dabei das Schicksal jedes identitätsorientierten Führers, Erziehers oder Organisationsberaters: die Abhängigkeit des Geführten wird durch eine Führung abgebaut und die aktuelle Bedeutung des Führers in der Beziehung reduziert. Der Führer bewirkt seine eigene Überflüssigkeit, indem er zum Partner wird. Dieser Ablösungsprozeß erfolgt jedoch nicht aufgrund von Reaktanz, sondern über die Einsicht des Führers, es von Anfang an mit selbstverantwortlichen und aktiven Individuen zu tun zu haben, die als Menschen aufgerufen sind, *ihre* Welt zu gestalten" (S. 154). Führung muß demnach vor allem darauf ausgerichtet sein, die Geführten Wirkungen erfahren zu lassen, die sie sich selber attribuieren können.

Dieser Ansatz ist einseitig individualistisch ausgerichtet, vernachlässigt Organisations- und Machtstrukturen und stellt letztlich eine ideale Utopie dar. Die Frage nach der Notwendigkeit von Führung, die sich bei *Müller* in letzter Konsequenz stellt, ist nicht originell; sie wird seit langem im Zusammenhang mit arbeitsorganisatorischen Konzepten wie teilautonomen Gruppen diskutiert (vgl. schon *Rice* 1958 und neuerdings wieder *Martin* 1983, sowie S. 471 f.). Allerdings wird dort anders als bei *Müller* Führung stärker in ihre betrieblichen und gesellschaftlichen Zwänge eingebettet gesehen, wenn z. B. *Rice* die Notwendigkeit der Regulation der System-Umwelt-Beziehung betont, um den teilautonomen Gruppen die Aufgabenerfüllung zu ermöglichen.

Die Attributionstheorien, die zur Erklärung der in den Quadranten 2 und 3 bezeichneten Aspekte von Führung entwickelt wurden und hier als eigenschaftsorientierte bzw. als verhaltensorientierte Attributionstheorien der Führung bezeichnet werden, stehen im Mittelpunkt der folgenden Darstellung.

## 3. Die eigenschaftsorientierte Attributionstheorie der Führung von Calder

Die eigenschaftsorientierte Attributionstheorie der Führung von *Calder* (1977) geht von der phänomenologischen Vorstellung aus, daß Führung eine Persönlichkeitsdisposition darstellt, die nicht unabhängig von den Geführten existiert, sondern nur in deren **Wahrnehmung.** „Führung existiert nur als Wahrnehmung" (S. 202). Die Geführten beobachten das Verhalten ihres Vorgesetzten direkt oder erschließen es über die Wirkungen, die es gehabt hat. Auf der Grundlage dieser Informationen attribuieren sie anderen Personen Führereigenschaften.

Die **Eigenschaftstheorien der Führung** (vgl. Abschnitt A II) versuchen die Eigenschaften, die Führer vor Geführten auszeichnen, objektiv zu erfassen. Die eigenschaftsorientierte Attributionstheorie *Calders* versucht hingegen die Frage zu beantworten, warum bestimmte Eigenschaften als Führereigenschaften wahrgenommen werden.

Die notwendigen Informationen, die die Grundlage für Attributionsleistungen des Geführten bilden können, erhält dieser durch Verhaltensbeobachtung oder indem er von den Verhaltenswirkungen auf das Verhalten des Führers schließt. Im letzten Fall werden Attributionen mit größerer Unsicherheit belastet sein. Die gesammelten Informationen werden vom Geführten (naiv) umgangssprachlich beschrieben und abgespeichert. Wesentliche Grundlage der dann erfolgenden Attribution sind die Erwartungen des Geführten an Führer, also ihre implizite Führungstheorie. Diese **implizite Führungstheorie** bildet sich im Rahmen vielschichtiger Sozialisationsprozesse heraus und ist nach Ansicht *Calders* insbesondere von der sozialen Klasse abhängig, der der Geführte angehört, und von den Beobachtungen des Führungsverhaltens anderer Vorgesetzter. Bei der Ermittlung führerrelevanter Eigenschaften bedient sich der Geführte der oben dargestellten Analyse der Kovarianz nach *Kelley* (1967). Angewendet auf die eigenschaftsorientierte Fragestellung, die *Calder* mit Hilfe seiner Führungstheorie aufzugreifen sucht, besagt die Kovarianzanalyse, daß ein Geführter Annahmen über die inneren Qualitäten seines Vorgesetzten aus dem von ihm beobachteten Verhalten ableitet; dabei nimmt er an, daß dieses Verhalten mit den vermeintlichen inneren Qualitäten kovariiert. Der Geführte prüft, ob das beobachtete (oder erschlossene) Verhalten für den Beobachteten typisch ist, ob es zeitlich invariant ist, ob es über Führungssituationen variiert und ob auch von anderen auf dieselben inneren Qualitäten geschlossen wird. Ist dies der Fall, dann attribuiert der Geführte das beobachtete bzw. erschlossene Verhalten des Führers diesem als Führereigenschaft (interne Attribution).

Der eigenschaftsorientierte **Attributionsprozeß** verläuft über insgesamt vier Stufen. In der *ersten Stufe* beobachtet der Geführte das Verhalten seines Gegenüber oder schließt von den Verhaltenswirkungen auf dieses. In der *zweiten Stufe* prüft der Geführte das beobachtete oder erschlossene Verhalten auf Charakteristika, die es von anderem, beobachteten bzw. erschlossenen Verhalten unterscheiden. Es folgt der Vergleich dieser Wahrnehmungsdaten mit den eigenen Erwartungen (implizite Führungstheorie). Bei dem sich anschließenden Konsistenztest wird auch die Ansicht Dritter berücksichtigt und die Frage geprüft, ob das Verhalten in verschiedenen Situationen und zu verschiedenen Zeitpunkten wahrgenommen worden ist (vgl. *Kelley* 1967). Parallel dazu erfolgt die Prüfung, ob das Beobachtete außergewöhnlich genug ist, um als Führereigenschaft bezeichnet werden zu können. Ferner ist zu prüfen, ob es nicht externen Faktoren wie sozialer Erwünschtheit oder Gruppendruck attribuiert werden kann. In diesen Fällen sollte das Beobachtete nicht als Führereigenschaft bezeichnet werden. In der *dritten Stufe* wird geprüft, ob die wahrgenommenen Informationen über das Verhalten des (potentiell) als Führer zu bezeichnenden nicht nur als Führereigenschaft akzeptiert werden kann (Stufe 2), sondern auch gehaltvoll genug sind. Dazu vergleicht der Geführte diese Informationen mit möglichen anderen Verhaltensalternativen des Beobachteten. In der *vierten Stufe* schließlich finden die möglichen Vorurteile des Geführten Berücksichtigung. Hierfür ist insbesondere der Vergleich der eigenen mit den Zielen des Beobachteten relevant. *Calder* nimmt an, daß das wahrgenommene oder erschlossene Verhalten dem Beobachteten um so eher als Führereigenschaft attribuiert wird, desto weniger die Ziele divergieren. Der Attributionsprozeß schließt mit der Attribution oder Nicht-Attribution von Führereigenschaften.

Die eigenschaftsorientierte Attributionstheorie der Führung von *Calder* weist gegenüber früheren Eigenschaftstheorien der Führung zwei entscheidende **Vorteile** auf: *Erstens* werden Führereigenschaften nicht zu generalisieren versucht, sondern explizit mit Hilfe des Attributionsprozesses auf die spezifische Führungssituation bezogen, wie sie von dem Geführten wahrgenommen wird. *Zweitens* verharrt die Theorie *Calders* nicht bei der Konstatierung von Führereigenschaften, sondern versucht ihr Zustandekommen (zumindest in der Wahrnehmung des Geführten) zu erklären. Damit gelingt es diesem Ansatz im Gegensatz zu anderen Führungstheorien, das **Entstehen von Führung in Gruppen** (emergent leadership) zu erklären. Wir lernen, daß es nicht ausreicht, Führern spezielle Führungsfähigkeiten zu vermitteln. Da es entscheidend auf die Wahrnehmung des Führungsverhaltens durch die Geführten ankommt, muß der Führer die bei den Geführten ablaufenden Attributionsprozesse verstehen lernen und dazu insbesondere alltagsweltliche Theorien vermittelt bekommen, die Geführte im allgemeinen ausgebildet haben und zur Prüfung des beobachteten Führungsverhaltens heranziehen. Die eigenschaftsorientierte Attributionstheorie *Calders* sagt allerdings nur etwas darüber aus, warum bestimmte Eigenschaften von Menschen als Führereigenschaften und warum deshalb diese Menschen als Führer wahrgenommen und akzeptiert werden. Die Theorie *Calders* trifft keine Aussagen darüber, wie sich ein Führer verhalten soll, wenn er seine Mitarbeiter wirksam beeinflussen will; sie stellt deshalb keine Alternative sondern eine Ergänzung zu verhaltensorientierten Führungstheorien dar.

## 4. Die verhaltensorientierte Attributionstheorie der Führung von Mitchell

Die Attributionstheorie hat nicht nur dem Eigenschaftskonzept in der Führungsforschung zu einer Renaissance verholfen, sondern liefert auch einen originellen Beitrag zur Erklärung von Führungsverhalten. Während traditionelle Verhaltenstheorien der Führung die Folgen bestimmten Führungsverhaltens für das Verhalten der Geführten untersuchen, geht die verhaltensorientierte Attributionstheorie der Führung, wie sie von *Mitchell* und seinen Mitarbeitern entwickelt wurde (vgl. insbesondere *Green/Mitchell* 1979) davon aus, daß das Führungsverhalten als Reaktion des Führers auf das wahrgenommene Verhalten des Geführten zu analysieren ist. Die von *Green* und

*Mitchell* (1979) auf der Grundlage der sozialpsychologischen Attributionsforschung abgeleiteten und auf das Erfahrungsobjekt „Führung in Organisationen" bezogenen Hypothesen lassen sich wie folgt entwickeln.

**Attributionen** repräsentieren Kognitionen, von denen angenommen wird, daß sie das Verhalten des Führers gegenüber seinen Mitarbeitern mitbestimmen. *Green* und *Mitchell* weisen explizit darauf hin, daß Attributionen nur eine von mehreren Determinanten des Führungsverhaltens sind, wenngleich eine sehr bedeutungsvolle.

Attributionen setzten immer Wahrnehmungen voraus. Für die eigenschaftsorientierte Führungstheorie *Calders* kam es auf die Wahrnehmung (bzw. Erschließung) des Verhaltens des **Vorgesetzten** an. Die verhaltensorientierte Attributionstheorie der Führung von *Mitchell* stellt die Wahrnehmung des Verhaltens des **Geführten** durch den Führer an den Ausgangspunkt ihrer Analyse. Der auf die Formation von Attributionen bezogene Wahrnehmungs- und Kognitionsprozeß wird als Attributionsprozeß bezeichnet. Die Formation von Attributionen allein stellt keine hinreichende Erklärung von Führungsverhalten dar; hinzutreten müssen theoretische Annahmen über die Wirkung von Attributionen auf das Führungsverhalten.

Damit werden Aussagen über folgende Teilbereiche der Theorie für die Führungsforschung relevant:
a) Attributionsprozeß
b) Verhaltenswirkung von Attributionen.

zu a) *Attributionsprozeß*

*Green* und *Mitchell* (1979) unterscheiden unter Bezugnahme auf die Arbeiten *Kelleys* drei **Ursachen,** auf die der Führer das Verhalten des Geführten zurückführen kann:

1. Die Ursachen für ein bestimmtes Verhalten des Geführten, das der Führer zu beeinflussen gedenkt, können in der **Person** des Geführten selbst liegen.
2. Die Ursachen für das Verhalten des Geführten können in der **Aufgabe**, ihrer Art und Schwierigkeit, liegen.
3. Die Ursachen können in den **situativen Bedingungen** liegen, unter denen der Geführte die Aufgabe zu erfüllen sucht.

Die Prüfung, welche dieser Ursachen ein bestimmtes Verhalten des Geführten zu erklären vermag, erfolgt nach der ebenfalls auf *Kelley* zurückgehenden Analyse der Kovarianz. Im Rahmen einer Kovarianzanalyse neigt der Führer dazu, das (veränderte) Verhalten des Geführten mit *der* Variable ursächlich in Beziehung zu setzen, die sich *parallel* verändert hat. Relevante Informationen versucht der Führer aus der Beantwortung folgender Fragen zu erhalten:

- Ist das Verhalten des Geführten an die gestellte Aufgabe gebunden oder trifft es auch in anderen Aufgabenzusammenhängen auf?
- Ist das gezeigte Verhalten des Geführten zeit- und situationsabhängig oder variiert es mit ihnen?

- Würden sich andere Mitarbeiter bei gleicher Aufgabenstellung und unter auch ansonsten vergleichbaren Bedingungen ähnlich oder anders verhalten?

Die Beantwortung dieser Fragen zur Kovariation läßt auf Seiten des Führers erste Kausalvermutungen entstehen. Grundsätzlich hat der Führer die Möglichkeit, das Verhalten des Geführten seiner Person oder der Situation zu attribuieren. Die Relevanz der durch die Beantwortung dieser Fragen zu erhaltenden Informationen konnten *Mitchell* und *Wood* (1980) in einer empirischen Untersuchung bestätigen.

Aus Interviews mit Krankenhaus-Direktoren entwickelten *Mitchell* und *Wood* sechs Fallstudien, die sie anschließend 23 Krankenschwestern zur Bearbeitung vorlegten. Die sechs Fälle, in denen das Versagen je einer Krankenschwester in unterschiedlichen Arbeitssituationen beschrieben war, unterschieden sich danach, ob über die Leistung der betroffenen Krankenschwester in früheren Arbeitssituationen positive, negative oder überhaupt keine Informationen gegeben wurden und ob ihr Versagen schlimme oder weniger schlimme Folgen hatte.

| Folgen / Leistung | schlimm | weniger schlimm |
|---|---|---|
| positiv | 1 | 2 |
| keine Informationen | 3 | 4 |
| negativ | 5 | 6 |

Die Fälle 1 bis 6 wurden von jeder der 23 Krankenschwestern bearbeitet, und das Versagen ihrer Kollegin wurde in dem beschriebenen Fall zu begründen versucht. Die Hypothese, daß Informationen über die frühere Leistung der Krankenschwestern einen Einfluß auf die Art der Attribution hat, konnte bestätigt werden. Die *negativen* Informationen über frühere Leistungen der Krankenschwestern veranlaßte die Versuchspersonen, das beschriebene Versagen der Person (intern) zu attribuieren. Lagen *positive* Informationen vor, so wurde das Versagen bedeutend seltener der Person selbst zugeschrieben. Bestätigt werden konnte auch die Hypothese, daß *schlimme* Folgen des Versagens zu internen Attributionen führen. Im Vergleich erwiesen sich jedoch die Informationen über die früheren Leistungen der Krankenschwestern als weitaus bedeutungsvoller für den Attributionsprozeß als die Informationen über die Schwere der Folgen des Versagens.

Die Gewißheit, mit der der Führer Attributionen über das Verhalten des Geführten formiert, hängt in hohem Maße von der Qualität der Informationen ab, die er über Person, Aufgabe und situative Bedingungen des Geführten aber auch über solche Mitarbeiter hat, die er zum Vergleich heranziehen kann. Unzulängliche Informationen über diese Faktoren kann letztlich Unsicherheit des Führers über die Wahl des adäquaten Führungsverhaltens nach sich ziehen (*Green/Mitchell* 1979).

Da die Formation von Attributionen auf der Grundlage derart gesammelter Informationen sehr zeitaufwendig ist, benutzt auch der Führer häufig **kausale Schemata.** Neben der Übernahme sozialer Normen kommt hier insbesondere das zweidimensionale Schema der wahrgenommenen Ursachen von Verhalten zur Anwendung, wie es von *Weiner* entwickelt worden ist (vgl. Abb. 6.24 auf S. 597).

*Green* und *Mitchell* (1979) formulieren auf der Grundlage dieser Überlegungen und unter Einbeziehung einiger, die Formation von Attributionen moderierenden Variablen (Erwartungen des Führers, Tendenz zur internen Attribution, psychologische Distanz zum Geführten, Komplexität des Ursachenzusammenhangs, Locus of Control des Führers und Geschlecht des Geführten) mehrere **Hypothesen,** die bisher zwar kaum in realen Führungssituationen empirisch überprüft worden sind, jedoch auf umfangreiche Evidenz aus der Attributionsforschung der Sozialpsychologie verweisen können.

- Führer neigen dazu, anders als bei sich selbst, Erfolge des Geführten extern, Mißerfolge intern zu attribuieren.
- Zur Beantwortung der Frage, ob das vom Geführten gezeigte Verhalten personenspezifisch oder auch für andere Mitarbeiter charakteristisch ist, bezieht sich der Führer nicht so sehr auf reale Beobachtungen des Verhaltens anderer, sondern auf Erwartungen darüber, wie sich andere Geführte bei ähnlichen Aufgaben verhalten würden.
- Führer zeichnen sich wie andere Menschen dadurch aus, ein Fehlverhalten des Geführten tendenziell eher der Person des Geführten statt der ihm gestellten Aufgabe oder den situativen Bedingungen zuzuschreiben. Diese grundsätzliche Tendenz liegt u. a. darin begründet, daß sich der Führer bei externen Attributionen eher eine Mitschuld an dem Fehlverhalten des Geführten geben müßte. Gibt die interne Attribution nicht die wahren Gründe des Verhaltens des Geführten wider, besteht die Gefahr, daß der Führer dysfunktional reagiert und sein Verhalten darüber hinaus seine Beziehung zum Geführten belasten kann. Eine geringe psychologische Distanz des Führers zu seinem Mitarbeiter kann dazu beitragen, daß Attributionen realitätsnäher erfolgen. Dies gilt auch für den Fall, wenn die Unsicherheit des Führers über die Wahl eines angemessenen Führungsverhaltens daraus resultiert, daß in Wirklichkeit mehrere Ursachen für das (Fehl-)Verhalten des Geführten ursächlich verantwortlich sind, die u. U. sogar miteinander verkettet sind. Hat der Führer zuwenig Informationen über die Aufgabe bzw. die Situation der Aufgabenerfüllung, neigt er dazu, derartige kausale Verkettungen zu übersehen und das beobachtete Verhalten im Übermaß der Person des Geführten zu attribuieren.
- Die Darlegung der attributionstheoretischen Grundlagen hat gezeigt, daß Attributionen nicht nur in Bezug auf das Verhalten anderer angestellt werden sondern auch über die Ursachen eigenen Verhaltens. Führer und Ge-

führte zeichnen sich wie andere Menschen auch durch die Tendenz aus, zunächst unabhängig von ihrem Locus of Control Erfolge sich selbst, Mißerfolge jedoch eher der Aufgabe oder Situation zuzuschreiben. Diese Tendenz moderiert die Formation von Attributionen des Führers über das Verhalten des Geführten.

- Der moderierende Einfluß auf den Attributionsprozeß ist auch für andere personale Merkmale von Führer und Geführten anzunehmen. In der Sozialpsychologie gilt es beispielsweise als eine relativ gesicherte Erkenntnis, daß Menschen (Frauen und Männer) ein Fehlverhalten eher Frauen als Männern intern attribuieren.
- Es ist davon auszugehen, daß gleiches Verhalten des Geführten vom Vorgesetzten unterschiedlich bewertet wird, je nachdem ob externe oder interne Ursachen dafür verantwortlich gemacht werden.

Die Wirkung verschiedener Moderatoren auf den Attributionsprozeß, die dem Führer nur zum Teil bewußt sein dürften, verkompliziert die zunächst durch die Verwendung kausaler Schemata vereinfachte Formation von Attributionen und damit die Bildung von Vorstellungen über ein situationsadäquates Verhalten des Führers.

zu b) *Verhaltenswirkung von Attributionen*

Die folgenden theoretischen Überlegungen zur Wirkung von Attributionen auf das Verhalten des Führers können sich ebenfalls auf nur wenige empirische Untersuchungen stützen. Die bislang unzureichende empirische Fundierung der Verhaltenswirkung von Attributionen führen *Green* und *Mitchell* u. a. darauf zurück, daß in der sozialpsychologischen Forschung allzugern vom Kontext abstrahiert wird, dessen Einbeziehung zur Erklärung von Verhalten aber unumgänglich ist. Statt den Kontext in die Untersuchung der Verhaltenswirkung von Attributionen einzubeziehen, wird bisweilen (fälschlicherweise) angenommen, die Beziehung zwischen Attributionen und Verhalten sei relativ direkt und unvermittelt. Solche monokausalen Erklärungen von Führungsverhalten aus Attributionen heraus sind jedoch unzureichend. So können z. B. vom Führer angestellte Attributionen über das Verhalten des Geführten für sein Führungsverhalten ohne Folgen sein, dann nämlich, wenn strukturelle Regelungen ihm ein bestimmtes Führungsverhalten verbindlich vorschreiben. Andererseits mag es erst gar nicht zu Attributionsprozessen kommen, weil der Führer ein bestimmtes Verhalten habitualisiert hat und sich deshalb auf bestimmte Stimuli hin ohne Zwischenschaltung umfänglicher kognitiver Prozesse (im behavioristischen Sinne des Wortes) verhält. Habitualisiertes Verhalten kann seinerseits allerdings auf früheren Attributionen beruhen. Diese Beispiele zeigen, daß der Erklärungswert einer rein kognitiven Theorie, wie es die Attributionstheorie ist, grundsätzlich beschränkt ist.

Ebenso wie für die Formation von Attributionen haben *Green* und *Mitchell* auch einige **Hypothesen** über die Verhaltenswirkung von Attributionen aufgestellt, die sie ebenfalls als durch eine Reihe von Faktoren (z. B. Schwere der Folgen des Geführten-Verhaltens, Verantwortlichkeit) moderiert betrachten:

- Das Verhalten, das der Führer gegenüber dem Geführten wählt, hängt erstens davon ab, wie dessen Verhalten wahrgenommen und vom Führer beurteilt wird (positiv/negativ). Zweitens ist von Bedeutung, welche Ursachen der Führer für das Verhalten des Geführten verantwortlich macht (intern/extern). Damit ergeben sich in einem einfachen Modell acht Führungssituationen, auf die der Führer zu reagieren hat (vgl. Abb. 6.26).

*Abb. 6.26:* Führungssituationen und Führungsverhalten

| Verhaltensbewertung / Ursachenzuschreibung | | positiv | negativ |
|---|---|---|---|
| intern | Fähigkeit | a) Belohnung<br>b) relativ sicher | a) evtl. Bestrafung<br>b) relativ sicher |
| | Anstrengung | a) stärkste Belohnung<br>b) unsicher | a) stärkste Bestrafung, besonders bei vorhandener Fähigkeit<br>b) unsicher |
| extern | Kontext | a) keine Belohnung<br>b) relativ sicher | b) Sympathie, stärkere Unterstützung<br>b) relativ sicher |
| | Glück | a) keine Belohnung<br>b) sehr unsicher | a) Sympathie<br>b) sehr unsicher |

a) = Belohnung/Bestrafung,
b) = Erwartungen für die Zukunft

Einige der in Abb. 6.26 enthaltenen Hypothesen über das zu erwartende Führungsverhalten konnten in empirischen Untersuchungen, die explizit auf Führungssituationen bezug nehmen, bestätigt werden. Die weiter oben beschriebene Untersuchung von *Mitchell* und *Wood* (1980), in der 23 Krankenschwestern gebeten worden waren, in Fallstudien beschriebene Fehlleistungen einer Kollegin zu attribuieren, wurden auch die Folgen untersucht, die diese Attributionen für das Verhalten der Krankenschwestern als Vorgesetzte gehabt hätten. Je negativer die Informationen über die frühere Arbeitsleistung der Krankenschwester waren, desto mehr wurden von 10 vorgegebenen Verhaltensalternativen diejenigen ausgewählt, die sich direkt an die Krankenschwester richteten (z. B. verbaler Verweis), und desto weniger wurden Verhaltensweisen gewählt, die sich auf die zu bewältigende Aufgabe bezogen. Überwiegend handelt es sich dabei um negative Verstärker, während positive Verstärker vermehrt eingesetzt wurden, wenn das Fehlverhalten nicht der Krankenschwester intern attribuiert wurde. In einer ähnlichen Untersuchung mit 23 Krankenschwestern eines anderen Krankenhauses konnten diese Ergebnisse bestätigt werden (*Mitchell* und *Wood* 1980).

Eine Untersuchung von *Knowlton* (1980) ermittelte die Attributionen von 40 Studenten, denen in einem Experiment gegenüber jeweils drei weiteren Studenten die Führungsrolle übertragen worden war. *Knowlton* testete die Hypothese, daß es im Falle interner Attribution nicht gleichgültig ist, ob der Führer das (Fehl-)Verhalten auf die Fähigkeit des Geführten oder auf seine (mangelnde) Anstrengung zurückführt. Die Ergebnisse der Untersuchung belegen, daß die ‚Führer' gleich schlechte Leistungen ihrer Geführten schlechter bewerten, wenn sie sie in der mangelnden Anstrengung begründet sehen, als wenn sie sie auf mangelnde Fähigkeiten der Geführten zurückführen. Die Ergebnisse bestätigen darüber hinaus die Vermutung, daß der Führer gleich gute Leistungen im ersten Fall (Anstrengung) besser bewertet.

Insgesamt ist folglich davon auszugehen, daß der Führer auf interne Attributionen mit einer Variation seines direkten, interpersonalen Führungsverhaltens reagiert, während er bei externen Attributionen eher strukturelle Veränderungen (z. B. der Aufgabe oder der Arbeitsorganisation) anstrebt (indirekte Führung.) Führer sind offensichtlich der Ansicht, auf Gründe, die in der Person des Geführten liegen (insbesondere mangelnde Anstrengung) besser direkt Einfluß nehmen zu können. Gründe, die in der Aufgabe, der Situation oder dem Zufall gesehen werden, liegen hingegen außerhalb ihres Einflußbereiches.

- Je größer die Unsicherheit des Führers hinsichtlich der Richtigkeit der vorgenommen Kausalattribution wird, desto weniger wird er mit extremen Formen des Führungsverhaltens reagieren.
- Interne Attributionen des (Fehl-)Verhaltens des Geführten lösen nicht gleiche Reaktionen des Führers aus. Vielmehr kommt es darauf an, daß der Geführte vom Führer für die in seiner Person liegenden Gründe auch verantwortlich gemacht wird. Dies ist beispielsweise dann nicht der Fall, wenn die mangelnde Anstrengung des Geführten daraus herrührt, daß er tags zuvor krank war.
- Schließlich stellen *Green* und *Mitchell* die Hypothese auf, daß auch die Schwere der Folgen, die ein bestimmtes (Fehl-) Verhalten des Geführten nach sich zieht, bei gleicher Kausalattribution für die Form der Reaktion des Führers von Bedeutung ist. Diese Hypothese konnte im Rahmen der von *Mitchell* und *Wood* (1980) durchgeführten Untersuchungen mit Krankenschwestern zweier Hospitäler bestätigt werden. Je schlimmer die in den Fallstudien geschilderten Folgen des Versagens der jeweiligen Kollegin war, desto mehr wurden von den 10 vorgegebenen Verhaltensalternativen diejenigen ausgewählt, die sich direkt an die Person der Krankenschwester richteten, und desto mehr wurden negative Verstärker eingesetzt. Die Au-

toren merken allerdings selbstkritisch an, daß in diesen Untersuchungen nicht reales Führungsverhalten sondern nur intendiertes Verhalten erfaßt wurde, und reale Führungssituationen hinsichtlich der zu erbringenden Attributionsleistung zumeist ambivalenter sind. Für reale Führungssituationen erwarten sie deshalb, daß Führer unsicherer über die Wahl des adäquaten Verhaltens gegenüber ihrem Untergebenen sind und deshalb dazu neigen, weniger rigide Maßnahmen zu ergreifen.

Die Komplexität der von *Green* und *Mitchell* entwickelten verhaltensorientierten Attributionstheorie der Führung überrascht zunächst. Sie erklärt sich aus dem mittlerweile sehr umfangreichen Fundus an attributionstheoretischer Forschung im Bereich der allgemeinen Sozialpsychologie und insbesondere im Bereich der Leistungsmotivation. Die Zahl empirischer Untersuchungen, die explizit auf Führungssituationen bezug nehmen, um die aus der Attributionstheorie abgeleiteten Hypothesen zu überprüfen, ist allerdings noch sehr gering. *Niederfeichtner* (1983, S. 614) weist zu Recht auf den beschränkten Aussagewert dieser überwiegend experimentellen Untersuchungen hin. *Brown* (1984) beklagt die unzureichende Berücksichtigung von Gruppenphänomenen in der attributionstheoretischen Führungsforschung, in der nach wie vor das **Individuum im Mittelpunkt** steht. Auch die praktischen Implikationen dieser Theorie sind noch weitgehend ungeklärt. Offensichtlich ist nur, daß Führungstraining auch eine Reflexion kognitiver Attributionsprozesse thematisieren sollte. In der (rein) kognitiven Ausrichtung und der Vernachlässigung betrieblicher und gesellschaftlicher Zwänge, denen Führungsprozesse unterworfen sind, liegen m. E. die wesentlichsten **Schwächen** der Attributionstheorie. *Mitchell* und Mitarbeiter weisen deshalb zu Recht darauf hin, daß Attributionen nur *eine* Ursache für Führungsverhalten sind. Die Attributionstheorien der Führung scheinen jedoch mit anderen Theorien der Führung durchaus kompatibel zu sein. Das Locus of Control-Konzept findet sich beispielsweise schon in der Weg-Ziel-Theorie von *Evans* und *House,* die überhaupt einer attributionstheoretischen Interpretation zugänglich zu sein scheint (vgl. S. 571 ff.).

Attributionstheorien vermögen des weiteren zu erklären, warum reales Führungsverhalten von den Empfehlungen normativer Führungskonzepte (z. B. des normativen Entscheidungsansatzes von *Vroom/Yetton)* abweicht und warum der Führer seinen Geführten anfänglich einen unterschiedlich großen Spielraum einräumt, wie das Führungsdyaden-Modell behauptet. Schließlich sind Attributionstheorien der Führung grundsätzlich dazu geeignet, auch das weitere Umfeld der Führung (z. B. Organisationsstrukturen, Technologie) einzubeziehen.

Die im folgenden zu behandelnden **Führungsmodelle** versuchen den technologischen Verwertungsinteressen der Praxis Rechnung zu tragen, indem sie wesentlich einfacher aufgebaut sind als die bisher behandelten komplexeren und dennoch jeweils nur einen Teil der Führungsproblematik erfassenden Theorien.

## VI. Führungsmodelle

In der deutschsprachigen Literatur[18] wird unter Führungsmodell ein normatives Konzept der Führung eines Gesamtsystems, etwa einer Unternehmung, verstanden. Nach *Wild* (1974, S. 164) stellen Führungsmodelle „Soll-Konzepte in Gestalt konditionaler normativer Denkmodelle dar, die etwas darüber aussagen, wie Führung in Unternehmungen vollzogen werden sollte." Dabei unterscheidet er vier **Aussagekategorien von Führungsmodellen** (S. 166):

(1) Aussagen über Ziele und Prämissen der Modellanwendung,
(2) Aussagen, die die Gestaltungs- oder Handlungsempfehlungen des Modells beinhalten,
(3) Aussagen über die Anwendungswirkungen des Modells und seine Zweckeignung,
(4) wissenschaftliche Begründung für den Zusammenhang von (2) und (3) bei Geltung von (1).

Eine Analyse der gängigen, überwiegend von Ausbildungsinstitutionen propagierten Modelle, wie

- Harzburger Modell,[19]
- SIB-Modell (Schweizerisches Institut für höhere kaufmännische Bildung),[20]
- DIB/MAM-Management-System (Deutsches Institut für Betriebswirtschaft; Management-Akademie München),[21]
- St. Galler Management-Modell,[22]

belegt, daß sie sich – vielleicht mit Ausnahme des letzten – überwiegend auf Aussagen vom Typ (2) beschränken. Aussagen über Ziele und zugrundeliegende Normen (z. B. Menschenbild) sowie über den Geltungs- und Anwendungsbereich fehlen in der Regel gänzlich, von einer wissenschaftlichen Begründung ganz zu schweigen. Dies ist auch kein Wunder, denn eine situative Relativierung des Anspruchsniveaus der Modelle würde deren undifferenzierte Vermarktung erheblich beeinträchtigen bzw. aufwendige Situationsanalysen erforderlich machen.

Obwohl ernstzunehmende Wissenschaftler (z. B. *Wild* 1974) und Praktiker (z. B. *Zander* et al. 1972) deutlich auf die Mängel und Gefahren solcher Führungsmodelle hingewiesen haben, werden sie auch in der jüngsten Literatur – wenn auch kritisch – immer wieder dargestellt (vgl. *Bleicher/Meyer*

---

[18] Vgl. z. B. *Wild* 1974, *Baugut/Krüger* 1976, *Bleicher/Meyer* 1976, *Albach/Gabelin* 1977, *Walter* 1977, *Steinle* 1978, *Schindel/Wenger* 1978, *Scharfenkamp* 1983.

[19] *Höhn/Böhme* 1977, *Guserl/Hofmann* 1976, *Steinle* 1975.

[20] *Hecking-Binder* 1974.

[21] *Deyhle* 1971.

[22] *Ulrich/Krieg* 1972.

1976, *Albach/Gabelin* 1977, *Walter* 1977, *Steinle* 1978, *Schindel/Wenger* 1978). Da sie letztlich auf dem weiter oben beschriebenen Führungskonzept **‚Management by Objectives‘** beruhen und ich nicht zu deren weiterer Verbreitung beitragen möchte, verzichte ich hier auf eine weitergehende Diskussion.

## 1. Führungsgrundsätze und Führungstechniken

**Führungsgrundsätze** sind schriftlich formulierte Richtlinien, die Führungskräfte bei ihrer Führungstätigkeit zugrundelegen sollen. Sie sind bewußt **situationsunabhängig** gefaßt und stellen deshalb i. d. R. lediglich abstrakte generelle Statements dar (vgl. z. B. *Lattmann* 1975, *Töpfer/Zander* 1982, *Wunderer* 1983, *Gabele/Kretschmer* 1983; vgl. kritisch dazu *Kubicek* 1984). In den weitaus meisten Führungsgrundsätzen wird eine Form partizipativen bzw. kooperativen Führungsverhaltens proklamiert. Da effizientes Führungsverhalten sich situativen Bedingungen anzupassen hat, liegt die Vermutung nahe, universalistische Führungsgrundsätze dienen nicht der wirklichen Förderung partizipativen Führungsverhaltens sondern stellen eher eine Maßnahme des Personalmarketing dar.

Eine Realisation partizipativen Führungsverhaltens setzt die Entwicklung der Führenden und Geführten aber auch den Abbau struktureller Hemmnisse voraus. Keine dieser Voraussetzungen wird mit der Proklamation von Führungsgrundsätzen geschaffen.

Darüber hinaus besteht der Verdacht, daß durch die in unverbindlichen Grundsätzen propagierte **Partizipation** an einzelnen Führungsaufgaben ein Substitut für echte **Mitbestimmung** bzw. Mitwirkung, als formal-rechtlich abgesicherte Teilhabe an Entscheidungsprozessen, entwickelt werden soll.

Wesentlich konkreter, aber ebensowenig in ihren Anwendungsbedingungen spezifiziert sind die sog. **Führungstechniken,** die im deutschen Sprachraum als Management by-Techniken weite Verbreitung und große Popularität gefunden haben. Dabei soll die Verwendung von Amerikanismen, wie Management by . . ., positive Assoziationen mit effizientem amerikanischen Management wecken. In der US-amerikanischen Literatur wird jedoch allenfalls das Management by Objectives behandelt (vgl. z. B. *Duncan* 1975, *Hicks/Gullett* 1975, *Tosi/Carroll* 1976). Der Begriff ‚Management Techniques‘ ist völlig ungebräuchlich. *Luthans* (1973) spricht lediglich von ‚Leadership Techniques‘ und meint damit die Kontinuum-Theorie von *Tannenbaum/Schmidt* (1958) und das System 4 Management von *Likert* (1967). Geläufig ist auch noch der Begriff ‚Planning Techniques‘, worunter Verfahren wie LP, Netzplantechnik, PERT, PPBS verstanden werden. Von Management by-Techniken ist mit Ausnahme des MbO und teilweise MbE an keiner Stelle in der amerikanischen Managementliteratur die Rede.

Führungstechniken stellen Führungshilfen für den Manager dar, die ihn bei der Ausübung seiner Führungstätigkeit unterstützen sollen (vgl. *Fuchs-Wegner* 1973). Nach *Häusler* (1977, S. 70) gehen solche Techniken davon aus, daß deren Anwendung zu einer Produktivitätssteigerung führt. Ruft man sich die Ausführungen über die Situationsabhängigkeit von Führung in Erinnerung, wird deutlich, wie unsinnig diese Annahme ist, und wie gefährlich es ist, dem Praktiker solche schlagwortartigen Rezepte zur erfolgreichen Führung zu empfehlen.

In der deutschsprachigen Literatur werden u. a. folgende Führungstechniken diskutiert (vgl. *Baugut/Krüger* 1976, *Buth* 1977, *Häusler* 1977, *Schindel/Wenger* 1978):

Management by Objectives
Management by Exception
Management by Systems
Management by Motivation
Management by Results
Management by Delegation
Management by Direction und Control
Management by Breakthrough
Management by Crisis.

Einen Überblick über die gängigen Management-Techniken bieten z. B. *Häusler* 1977, S. 59ff. sowie *Scharfenkamp* 1983.

*Neuberger* (1977, S. 63) hat die **Kritik** an solchen Organisationsprinzipien, wozu er eben auch Management-Techniken zählt, wie folgt zusammengefaßt:

„1. O-Prinzipien sind ‚unbescheiden', denn sie haben einen universalen Erklärungsanspruch.
2. O-Prinzipien sind ‚unwiderlegbar', denn sie nennen nicht die Bedingungen ihrer Anwendbarkeit und die Kriterien ihres Erfolgs.
3. O-Prinzipien beziehen sich allein auf die Strukturierung der Organisation: die Regelung der Abläufe wird ausgeklammert.
4. In den üblichen O-Prinzipien werden über wichtige Teilbereiche (Konsens, Partizipation, Selbstverwirklichung/Zufriedenheit, Loyalität ...) keine Aussagen gemacht.
5. O-Prinzipien gehen von der ‚Blaupause' der Organisation aus: Nach rationalen Gesichtspunkten erfolgt die Ableitung von Einzelaufgaben (und Stellen) aus der Gesamtaufgabe nach unpersönlichen, rein sachlichen Rücksichten.
6. O-Prinzipien gehen davon aus, daß ‚die' Organisation von ‚oben' oder ‚von außen' gesteuert und behandelt werden kann und somit bloßes Objekt der beliebigen Manipulation ist.
7. O-Prinzipien unterstellen bei allen Menschen die gleichen (selbstsüchtigen) Bedürfnisse und Ziele.
8. Als einziges globales Organisationsziel gilt die nicht weiter analysierte Effektivität (Produktivität).

9. O-Prinzipien haben eine Tendenz zu endgültigen, abschließenden Formulierungen (anstatt zu zeigen, wo Lücken und Verbesserungsmöglichkeiten bestehen).
10. Es ist nicht möglich, die Zahl der nötigen (oder möglichen) O-Prinzipien zu ermitteln.
11. O-Prinzipien sind vage und mehrdeutig formuliert (inkonsistent und unpräzise).
12. O-Prinzipien sind zuweilen lediglich definitorische (oder gar tautologische) Aussagen.
13. O-Prinzipien sind Technologien ohne Theorie."

Die Aufstellung solcher Organisationsprinzipien stand lange Zeit im Mittelpunkt der betriebswirtschaftlichen Organisationslehre; sie haben *Ziegler* (1970, S. 180) nicht ganz zu Unrecht dazu veranlaßt, die Organisationslehre als „eine aus einem System von Regeln (Prinzipien) bestehende Verfahrenslehre (Verfahrenstechnik) zur ökonomisch optimalen Gestaltung des formalorganisatorischen Aufbaus" zu bezeichnen.

## 2. Führungsmodelle als Antwort auf die japanische Herausforderung

Der wirtschaftliche Erfolg japanischer Unternehmungen auf dem Weltmarkt hat vor allem die US-amerikanischen Wissenschaftler und Praktiker angeregt, sich intensiver mit den Ursachen dieses Phänomens auseinanderzusetzen. Japan-Kenner sind sich darin einig, daß für diesen Erfolg zu einem beträchtlichen Teil die besondere **Organisationskultur** (vgl. Abschnitt 5 E III) japanischer Unternehmungen verantwortlich zu machen ist.

Nachfolgend werden zwei Führungsmodelle vorgestellt, die auch bei uns besondere Beachtung gefunden haben.

### *a. Die Theorie Z von Ouchi*

Die Theorie Z stellt ein normatives Führungsmodell dar, das von *Ouchi* (1981) auf der Grundlage intensiver Studien U.S.-amerikanischer und japanischer Managementmethoden entwickelt wurde. *Ouchi* ging von der Annahme aus, daß sich die nordamerikanische und japanische Gesellschaft und ihre Organisationen signifikant unterscheiden, obwohl sie im wesentlichen vergleichbare Aufgaben erfüllen. Die kulturelle Umwelt U.S.-amerikanischer Organisationen beschreibt *Ouchi* als heterogen, mobil und individualistisch orientiert, die japanische Gesellschaft hingegen als eher homogen, stabil und kollektivistisch. Die signifikanten Merkmalsunterschiede nordamerikanischer, bürokratischer Organisationen (**Typ A**) und japanischer Organisationen (**Typ J**) sind für *Ouchi:*

| Typ A | Typ J |
|---|---|
| kurzfristige Beschäftigung | lebenslange Beschäftigung |
| häufige Leistungsbewertung und schnelle Beförderung | seltene Leistungsbewertung und langsame Beförderung |
| spezialisierte Karrierewege, Professionalismus | breite Karrierewege, „wandering around" |
| explizite Kontrollmechanismen | implizite Kontrollmechanismen |
| individuelle Entscheidungsfindung und Verantwortung | kollektive Entscheidungsfindung und Verantwortung |
| segmentierte Mitarbeiterorientierung | ganzhafte Mitarbeiterorientierung |

Diese Merkmale ergänzen einander; z.B. setzt ein Verzicht auf Professionaliserung, der eine verstärkte persönliche Abhängigkeit von der Organisation zur Folge hat, die Garantie einer lebenslangen Beschäftigung voraus, wenn eine Identifikation mit den Organisationszielen nicht gefährdet werden soll. *Ouchi* legte amerikanischen Managern eine auf den Merkmalen des Typs J basierende Liste vor, ohne ihnen Informationen über die Herkunft dieser Merkmale zu geben. Die befragten Manager erkannten in dem ihnen vorgelegten Merkmalsprofil die weitaus erfolgreichsten U.S.-amerikanischen Unternehmungen, wie IBM, Procter & Gamble, Hewlett-Packard und Kodak, aber auch die U.S.-Armee wieder. Gleichzeitig bezeichneten die Manager Organisationen, die ein derartiges Profil aufweisen, als karrierepolitisch günstigen Berufseinstieg für Jung-Manager. Diese amerikanischen Organisationen mit japanischem Profil bezeichnet Ouchi als **Typ Z.** Z-Organisationen sind originär amerikanisch und haben niemals versucht, japanische Organisationen zu kopieren. Tatsächlich unterscheiden sich Organisationen vom Typ Z in einigen Merkmalen von Organisationen des Typs J:

- eine lebenslange Beschäftigung erfolgt i.d.R. zwar faktisch, ist jedoch nicht formal geregelt
- eine wegen der Bedingungen auf dem nordamerikanischen Arbeitsmarkt zwar häufige Leistungsbewertung und schnelle Beförderung, die sich jedoch vergleichsweise seltener bzw. langsamer vollzieht als in Organisationen vom Typ A
- Einsatz traditioneller Management-Techniken wie MbO, formale Planungs- und Informationssysteme, die aber als Hilfe begriffen werden und nicht menschliche Entscheidungen dominieren
- eine Balance von impliziten und expliziten Kontrollmechanismen
- eine geringere Homogenität der Belegschaft als in Organisationen des Typs J, in denen z.B. auf die Beschäftigung von Minoritäten teils ganz verzichtet wird.

Insgesamt zeichnen sich Organisationen vom Typ Z durch eine stark ausgeprägte, homogene **Organisationskultur** aus. Ouchi vergleicht die Form der sozialen Struktur von Z-Organisationen mit denen von Clans *(Durkheim)* und begreift sie als Alternative zu den tratitionellen Formen sozialer Kontrolle durch Markt und Hierarchie. Die Beeinflussung und Steuerung des Verhaltens von Organisationsmitgliedern erfolgt in diesen Organisationen nicht durch Ziele und formale Kontrollen, sondern durch eine Veränderung der gesamten Organisationskultur.

*Ouchi* schlägt ein 13-Stufen-Entwicklungsmodell vor, nach dem A-Organisationen in erfolgreichere Z-Organisationen umgewandelt werden sollten. Wesentlicher Bestandteil dieses Entwicklungsmodells ist die Implementation einer partizipativ-kooperativen Management-Philosphie als Voraussetzung der Entwicklung.

Insgesamt fällt es zunächst schwer, einerseits das Entwicklungsmodell *Ouchis* von vergleichbaren Programmen der Organisationsentwicklung (vgl. Teil 7) abzugrenzen, andererseits den Typ Z von Organisationen zu unterscheiden, die nach der Theorie *McGregors* gestaltet werden (vgl. S. 213). Die Affinität der Theorie Z mit der Theorie Y wird deutlich, wenn *Ouchi* fordert: „Was Theorie Z verlangt ist eine Umorientierung der Aufmerksamkeit auf die menschlichen Beziehungen (human relations) in der Unternehmung" (S. 196), oder wenn er die Kultur von Organisationen des Typs Z u.a. mit „Vertrauen, Freundschaft und Zusammenarbeit" beschreibt. Damit stellt sich die Frage, ob mit der Theorie Z nicht nur ein altes Konzept in neuen Buchstaben präsentiert wird, und von *McGregor* nicht nur die Alphabetisierung von Organisationstypen übernommen worden ist, sondern auch wesentliche, normative Inhalte seiner Theorie. Ein Unterschied besteht zumindest darin, daß nicht mehr die Kleingruppe als Hauptquelle für Leistungssteigerung angesehen wird, sondern der industrielle Clan, eine Art ‚Betriebsgemeinschaft' mit gemeinsamen Wertsystem (Organisationskultur). Theorie Y *(McGregor)* ist eher individuum- und gruppenorientiert, Theorie Z eher institutionsorientiert und organisationsweit ausgerichtet.

Aus einer vergleichenden Analyse des amerikanischen und japanischen Managements, deren empirische Ergebnisse in seinem Buch nur unzureichend dokumentiert werden, entwickelt *Ouchi* mit der Theorie Z ohne explizite Einführung von Werten ein normatives Führungsmodell, das zwar situative Bedingungen (insbes. kulturelle Umwelt) mitreflektiert, aber im Ergebnis eine generelle Ablösung bürokratischer Kontrollen durch eine soziale Kontrolle über gemeinsame Clan-Werte fordert (vgl. zu dieser Kritik auch *Schein* 1981 sowie *Sullivan* 1983).

### *b. Das 7-S Modell von McKinsey*

Neueren Ursprungs ist auch das 7-S Modell, das von der Unternehmungsberatungsgesellschaft *McKinsey* entwickelt wurde (*Pascale/Athos* 1981, *Peters/Waterman* 1982). Dieses Modell ist aus einer Auseinandersetzung mit japanischen Führungstechniken entstanden, und zwar mit dem Ziel, zur Bewältigung der vermeintlichen Krise des (nordamerikanischen) Managements beizutragen. Die sieben S werden in Form eines **„managerial molecule"** angeordnet (vgl. Abb. 6.27).

*Abb. 6.27:* Das 7-S Modell von *McKinsey*

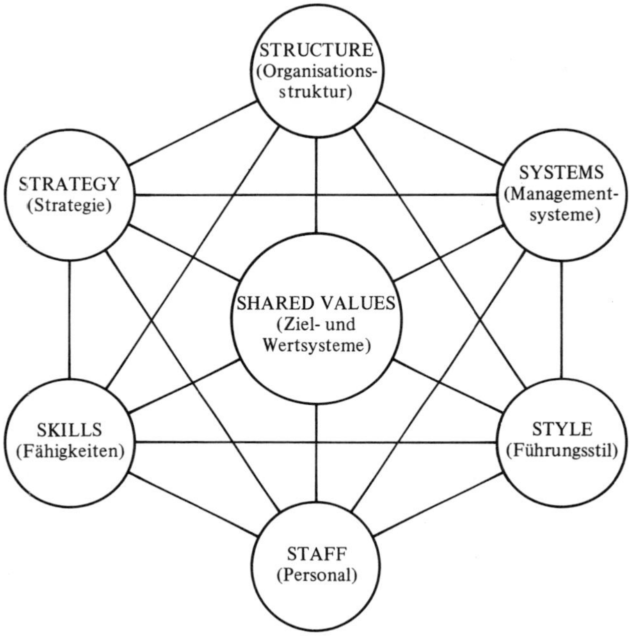


*Quelle: Peters/Waterman* 1982, S. 10

Das 7-S Modell weist vor allem auf die Notwendigkeit hin, erstens alle ‚S' zur Erreichung der Unternehmungsziele optimal zu nutzen und zweitens alle ‚S' aufeinander abzustimmen (‚fit'). Das Modell geht dabei jedoch **nicht** von der Annahme aus, daß es eine für alle Organisationen gleich optimale Lösung gibt. „Jedes Unternehmen hat seinen eigenen Weg herauszufinden, um in jedem ‚S' gut zu sein und sie zu einem ‚fit' zu bringen. ... Die Aufgabe ist dabei nicht, kosmetische Operationen vorzunehmen und andere zu imitieren, sondern sich selbst organisch zu entwickeln. Und jedes Unternehmen hat, wie jedes Individuum, seinen eigenen Lösungsweg zu entwickeln" (*Pascale/ Athos* 1981, S. 206). Sieht man von den obersten Unternehmungszielen ab, so können drei *‚harte'* ‚S' (Hardware der Organisation: Structure, Strategy, Systems) und drei *‚weiche'* ‚S' (Software der Organisation: Staff, Style, Skills) unterschieden werden. Ebenso wie bei der Theorie Z von *Ouchi* wird auch beim 7-S Modell der **Organisationskultur** (Shared Values) erfolgsentscheidende Bedeutung zuerkannt. Darüber hinaus tritt der Mitarbeiter (Staff, Skills) wieder verstärkt in den Blickpunkt der Managementtätigkeit (Style).

*Peters/Waterman* (1982, S. 235ff.) kennzeichnen diesen Trend mit dem aus der Human Relations Bewegung bekannten Schlagwort ‚productivity through people'. Insgesamt führen sie acht **Merkmale erfolgreicher Unternehmungen** an:

1. Primat des Handelns
2. Nähe zum Kunden
3. Freiraum für Unternehmertum
4. Produktivität durch Menschen
5. Sichtbar gelebtes Wertsystem
6. Bindung an das angestammte Geschäft
7. Einfacher, flexibler Aufbau
8. Straff-lockere Führung

Ein Vergleich der erfolgreichsten U.S. amerikanischen und japanischen Unternehmungen hat nach *Pascale/Athos* (1981) gezeigt, daß es diesen Unternehmungen gelungen ist, jedes ‚S' voll zu nutzen und einen guten ‚fit' zu erreichen. Der vermeintliche Unterschied zu U.S. amerikanischen Unternehmungen wird vor allem darin gesehen, daß japanische Unternehmungen besser mit den ‚weichen' S umzugehen wissen. Nur die besten der U.S. amerikanischen Unternehmungen können hier heranreichen.

Das 7-S Modell bleibt insgesamt sehr unverbindlich und schlicht. Die Erkenntnis, daß den Menschen in Organisationen (Staff) mit ihren Fähigkeiten (Skills) und auch der Art ihrer Behandlung (Style) größere Aufmerksamkeit geschenkt werden sollte, muß nicht von japanischen Managern übernommen werden, sondern gehört spätestens seit den Hawthorne Experimenten zum Allgemeinwissen von Management-Praktikern. Die jüngere Erkenntnis der Managementlehre, daß Management auch organisationsexternen Bedingungen Rechnung zu tragen hat, hat hingegen keinen Eingang in das 7-S Modell gefunden, das allein auf einen internen ‚fit' bedacht zu sein scheint. Die vermeintlichen Erfolge des 7-S Modells in der Praxis, so ist zu vermuten, liegen wohl denn auch eher darin begründet, daß systematisch die Schwachstellen einer Unternehmung aufgedeckt werden. Die Schwachstellenanalyse ist allerdings ebenfalls seit langem als Führungstechnik bekannt.

Folgendes Fazit läßt sich ziehen: Die Betriebswirtschaftslehre sollte sich davor hüten, dem Ruf der Praxis nach Regeln, Prinzipien und Rezepten, wie sie die Managementmodelle und -techniken darstellen, allzu willfährig nachzukommen, und wäre stattdessen gut beraten, dem komplexen, mehrdimensionalen Problembereich ‚Organisation und Führung' mit entsprechend differenzierten Analyse- und Erklärungsmodellen zu begegnen.

## D. Führung im organisationalen Kontext: Konzepte zur Verbindung von Führung und Organisation

Die referierten Führungstheorien zeichnen sich dadurch aus, daß sie entweder den Führer oder den Geführten oder beide am Führungsprozeß Beteiligten (Führungsdyade) in den Mittelpunkt ihrer Analyse stellen. Situative Führungstheorien einschließlich des Weg-Ziel-Modells und der Attributionstheorien beziehen darüber hinaus Merkmale der Führungssituation ein. Auch diese Führungstheorien vernachlässigen jedoch, daß *(direkte) Führung* als personenbezogene Komponente des Managements nur eines von mehreren Koordinationsinstrumenten der Organisation darstellt (vgl. insbesondere Abschnitt C im Teil 5). Führungstheorien vernachlässigen, daß Manager (im Wege *indirekter Führung*) auch über die sachbezogenenen Komponenten des Managements, wie Organisationsstrukturierung und Technologieeinsatz, entscheiden. Die Befugnis zu derartigen Entscheidungen hängt zwar in erheblichem Maße von der hierarchischen Ebene, der ein Führer zuzurechnen ist, und seinen konkreten Funktionen ab; diese Tatsache darf jedoch nicht darüber hinwegtäuschen, daß Führer in hohem Maße ihr aufgaben- und beziehungsorientiertes Führungsverhalten durch derartige Entscheidungen ergänzen, ersetzen oder neutralisieren können.

Mehrere Führungsforscher haben aus der Erkenntnis heraus, daß Führungsforschung i. d. R. den organisationalen Kontext vernachlässigt und sich dieses konzeptionelle Defizit in einem durchweg nur geringen Anteil an erklärter Varianz von Effizienzkriterien niederschlägt, Zweifel an der Sinnfälligkeit des Führungskonstrukts geäußert und stattdessen für globalere Konzepte wie soziale Kontrolle oder soziale Beeinflussung plädiert (z. B. *Hollander/Julian* 1969, *Miner* 1975, *Türk* 1981). Die **Vernachlässigung von organisationalen Kontexten** in der Führungsforschung erklärt sich historisch aus der Verankerung dieser Forschungsrichtung in der Kleingruppenforschung. Da die empirische Organisationsforschung eher soziologische Wurzeln hat, kann die Feststellung von *Kmetz* (1981) nicht verwundern, daß **Führungstheorien** organisationsstrukturelle Aspekte, sieht man von einigen wenigen empirischen Untersuchungen ab, weitgehend unberücksichtigt lassen und umgekehrt **Organisationstheorien** die Bedeutung von Führungsverhalten im großen und ganzen vernachlässigen. Die Tatsache, daß beide Theorien eng miteinander verbunden sind, zeigt sich an einer Vielzahl von Konstrukt-Überschneidungen in der empirischen Forschung:

| Dimensionen der Führung | Dimensionen der Organisationsstruktur |
|---|---|
| Aufgabenorientierung<br>Partizipation | Aufgabenstrukturierung<br>Grad der Entscheidungsdezentralisation |

Situative Führungstheorien beschränken sich auf einige wenige mikrostrukturelle Aspekte des organisationalen Kontextes (z. B. Strukturierungsgrad der Aufgabe, Qualität der Führer-Geführten-Beziehung, Reife der Geführten). Ein erster Versuch, *makrostrukturelle* Merkmale der Führungssituation konzeptionell in die Führungsforschung zu integrieren, findet sich in der **Theorie der Führungsdeterminanten** von *Osborn/Hunt* (1975). Die eng damit im Zusammenhang zu sehende Untersuchung der Beziehung von (direkter) Führung zum Einsatz anderer Koordinationsinstrumente erfolgt unter dem Begriff **‚Substitute der Führung'**.

## I. Substitute der Führung

Führung, so ist beklagt worden, wird aus der umfassenden Rolle des Managers herausgelöst, die darin besteht, Umwelt, Organisation und Organisationsmitglieder in effizienter Weise zu koordinieren. *Evans* (1979) stellt die in früheren Untersuchungen nachgewiesenen Aktivitäten von Managern zusammen (vgl. S. 45ff.) und kommt zu dem Schluß, daß das gegenwärtige Führungskonstrukt nur einen kleinen Ausschnitt dieser Tätigkeiten erfaßt. Die Einordnung von Führung in den Zusammenhang anderer organisationaler Maßnahmen zur Sicherstellung der beschriebenen Aufgabe des Managements (vgl. Abb. 6.28) zeigt, daß **direkte Führung** nur eine von vielen Möglichkeiten ist, dieses Ziel zu erreichen. Gleichzeitig stellt sich die Frage nach der **Gestaltbarkeit von Situationsmerkmalen** (z. B. *Niederfeichtner* 1983, S. 608f.), die von situativen Führungskonzepten zwar als relevant erachtet, aber zumeist als konstant unterstellt werden.

Ein **Beispiel** soll diesen Zusammenhang verdeutlichen. Ein Manager ist der Meinung, daß der Handlungsspielraum eines Arbeiters, den er als wenig qualifiziert einstuft, zu groß ist, mit der Folge, daß dessen Arbeitsqualität zu wünschen übrig läßt. Da der Arbeiter über keinen nennenswerten Entscheidungs- und Kontrollspielraum verfügt, beschließt der Manager, auch den Tätigkeitsspielraum des Arbeiters weiter einzuengen.[23] Diese Arbeitsstrukturierungsmaßnahme stellt nur eine von mehreren möglichen organisationalen Maßnahmen zur Bewältigung des aufgetretenen Problems (schlechte Arbeitsqualität) dar. Nahliegende alternative Maßnahmen sind zum Beispiel die

[23] Zu den Begriffen vgl. S. 493f.

*Abb. 6.28:* Führung im organisationalen Kontext

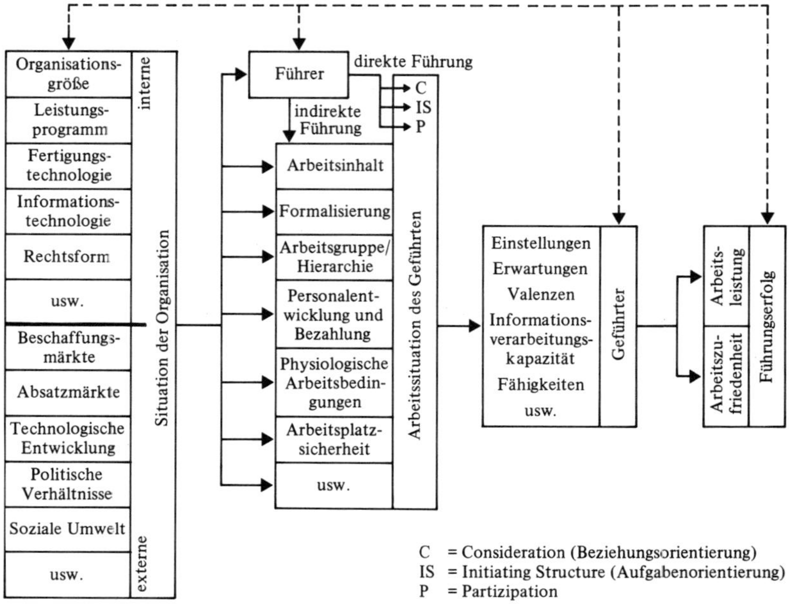


*Quelle: Opens/Sydow* (1980), S. 4 (in Anlehnung an *Neuberger* 1976)

Höherqualifizierung des Arbeiters im Rahmen von Weiterbildungsmaßnahmen oder der Ersatz des Arbeiters durch einen qualifizierteren. Diese Alternativen geraten einer Führungstheorie, die allein auf interpersonales Verhalten abstellt, aus dem Blick. Aber auch innerhalb der Maßnahme „Verringerung des Tätigkeitsspielraumes" bieten sich dem Manager verschiedene Handlungsalternativen. Er kann den Spezialisierungsgrad durch eine verstärkte Arbeitsteilung erhöhen oder den Strukturierungsgrad der Aufgabe durch den Einsatz einer neuen Technologie oder durch die Entwicklung detaillierterer Arbeitsprogramme vergrößern. Diese Möglichkeiten werden durch das herkömmliche Konstrukt „Führung" nur zum geringen Teil erfaßt. Führungstheorien blenden einen erheblichen Teil der zur Lösung des Problems „schlechte Arbeitsqualität" geeigneten Strategien von vornherein aus.

Das Verhältnis von (direkter) Führung und organisationsstrukturellen Maßnahmen wird nur vereinzelt in Führungstheorien thematisiert.[24] Ein Beispiel dafür ist die aus der **Weg-Ziel-Theorie der Führung** abzuleitende Erkenntnis, daß eine durch organisatorische Regelungen stark strukturierte

---

[24] Zu weiterführenden Überlegungen vgl. *Türk* (1981), der Führung explizit als „Residualfaktor" sozialer Kontrolle begreift und deshalb die Analyse des Personalführungsbedarfs in den Mittelpunkt seiner Arbeit stellt.

Aufgabe nicht durch einen ausgeprägten aufgabenorientierten Führungsstil überstrukturiert werden sollte. Denn Überstrukturierung trage zur Unzufriedenheit der Arbeiter bei. Ein weiteres Beispiel stellt der Hinweis der **verhaltensorientierten Attributionstheorie der Führung** dar, daß Attributionen in stark strukturierten Führungssituationen oft folgenlos bleiben. Das Verhältnis von Führung und ihren Substituten ist systematisch bisher einzig von *Kerr* und *Jermier* (1978) untersucht worden. Führungstheorien setzen voraus, daß Führung für die Erreichung der angestrebten Ziele wichtig ist. Die oft niedrigen Korrelationen von Führung mit irgendwelchen Effizienzindikatorren lassen Zweifel an dieser Vorannahme, die jede Führungstheorie trifft, berechtigt erscheinen. *Kerr* und *Jermier* (1978) untersuchen deshalb Fälle, in denen Führung *keinen* wesentlichen Beitrag zur Steigerung der Arbeitsleistung und/oder -zufriedenheit der Organisationsmitglieder leistete. Ihre Analyse zeigt, daß sowohl aufgaben- wie beziehungsorientiertes Führungsverhalten durch organisationsstrukturelle Regelungen, aber auch durch personale Merkmale der Geführten, neutralisiert oder substiuiert werden können. Abb. 6.29 faßt die Ergebnisse ihrer Analyse zusammen.

*Abb. 6.29:* Substitute der Führung

| | Beziehungs-orientierte Führung | Aufgaben-orientierte Führung |
|---|---|---|
| A. Personale Merkmale der Geführten | | |
| 1. Erfahrung, Fähigkeit, Training, Wissen | | X |
| 2. Unabhängigkeit | X | X |
| 3. Professionelle Orientierung | X | X |
| 4. Gleichgültigkeit gegenüber Belohnungen | X | X |
| B. Aufgabenmerkmale | | |
| 5. Eindeutigkeit und Routine-charakter | | X |
| 6. Vorgegebener Arbeitsrhythmus | | X |
| 7. Feedback ermöglichend | | X |
| 8. Intrinsisch belohnend | X | |
| C. Merkmale der Organisationsstruktur | | |
| 9. Formalisierung | | X |
| 10. Regeln und Programme | | X |
| 11. Aktive Stabsabteilungen mit genau spezifizierten Funktionen | | X |
| 12. Kohäsive Arbeitsgruppen | X | X |
| 13. Belohnungen außerhalb des Einflußbereichs des Führers | X | X |
| 14. Räumliche Distanz zwischen Führer und Geführten | X | X |

*Quelle: Kerr/Jermier* (1978), S. 378

*Kerr* und *Jermier* (1978) weisen darauf hin, daß einige der als **Substitute** (X) bezeichneten Merkmale ein aufgaben- bzw. beziehungsorientiertes Führungsverhalten unmöglich machen bzw. neutralisieren, während andere es nicht nur unmöglich sondern auch unnötig machen. So ist z. B. Unabhängigkeit des Geführten (A2) ein Substitut für beziehungsorientierte Führung und Formalisierung (C9) ein Substitut für aufgabenorientierte Führung.

In einer eigenen empirischen Untersuchung, deren Zweck es vor allem war, ein Erhebungsinstrument für Substitute der Führung zu entwickeln, ließen *Kerr* und *Jermier* (1978) Teilnehmer eines Management-Trainings einen Fragebogen ausfüllen, der die 14 potentiellen Substitute für Führungsverhalten (Abb. 6.29) in mehrere Items kleidete. Die Fragen wurden von den Trainingsteilnehmern aus ihrer imaginären Position als Geführte beantwortet. Die Antworten wurden dazu benutzt, die Unabhängigkeit der 14 Substitute und die interne Reliabilität des Fragebogens zu überprüfen. Der 55-Item-Fragebogen wurde im Anschluß an diese Überprüfung in zwei Felduntersuchungen eingesetzt, in denen u. a. auch das Engagement der Geführten und das Führungsverhalten der Vorgesetzten gemessen wurden. Wie in vielen anderen empirischen Untersuchungen erwies sich auch in dieser der durch Führungsverhalten erklärte Varianzanteil als gering. Von größerer Bedeutung waren folgende Substitute für Führung: der Feedback ermöglichende und intrinsisch belohnende Charakter der Aufgabe, der Routinecharakter der Aufgabe und der Formalisierungsgrad. Im Extremfall wird personale Führung *überflüssig* und ein etwaiges Führungstraining würde nur wenig Wirkung zeitigen.

In einer anderen empirischen Untersuchung zur Validierung des Substitut-Konzepts legen *Howell* und *Dorfman* (1981) 220 Beschäftigten eines Krankenhauses Fragebogen zur Messung folgender Variablen vor: aufgaben- und beziehungsorientiertes Führungsverhalten, potentielle Substitute für Führung, Rollenambiguität und -konflikte (Moderatoren), Engagement und Arbeitszufriedenheit (Ergebnisvariablen). Ziel der Untersuchung war es, über die Studie von *Kerr* und *Jermier* hinausgehend auch den Grad der Substituierbarkeit der Führung durch Personen-, Aufgaben- und Organisationsmerkmale zu bestimmen. Das gemessene Führungsverhalten korrelierte in dieser Untersuchung relativ stark mit den Ergebnisvariablen, so daß in der untersuchten Organisation Substitute für Führung keine große Rolle spielen. Der Formalisierungsgrad schälte sich als einziges bedeutendes Substitut für aufgabenorientiertes Führungsverhalten heraus. Schwache Substitute waren: intrinsisch belohnende Arbeit und Gruppenkohäsion für beziehungsorientiertes Führungsverhalten, Routinecharakter der Aufgabe für aufgabenorientiertes Führungsverhalten in Hinblick auf das Engagement der Arbeitenden und intrinsisch belohnende Arbeit, Feedback und Formalisierung in Hinblick auf die Zufriedenheit der Arbeitenden.

Eine neuere Untersuchung von *Sheridan* et al. (1984) konnte im Gegensatz zu dieser Studie die Ergebnisse von *Kerr* und *Jermier* bekräftigen. Zahlreiche Variablenzusammenhänge erwiesen sich jedoch als durch das Organisationsklima moderiert.

Die insgesamt geringen empirischen Belege für die Existenz von Substituten für Führung sind in sich widersprüchlich. Eine Ursache könnte darin liegen, daß sich die empirischen Untersuchungen zumeist nur auf eine Organisation erstreckt haben; die Wirkung und Funktion von Substituten für Führung scheint aber in starkem Maße mit der Organisation zu variieren. Eine Verfeinerung des Modells wird von seinen Autoren ebenfalls für erforderlich gehalten (*Kerr/Jermier* 1978). Insbesondere erscheint es ihnen notwendig, zwischen wirklichen Substituten für Führung und solchen Variablen zu differenzieren, die die Wirkung personaler Führung nur neutralisieren. Mir erscheint eine explizite Einbeziehung der **Technik** als potentielles Substitut für Führung notwendig und zweckmäßig (vgl. S. 458). Kontrolle als wesentliche Funktion personaler Führung wird in zunehmendem Maße von Technik übernommen mit der Folge, daß die steigende Komplexität technischer Systeme zunehmend personale Herrschaft ablöst. Diese Entwicklung ist vom Einsatz des Fließbandes durch *Ford* bis hin zur Computerisierung von Produktion und Verwaltung nachvollziehbar.

Ein weiteres Substitut für Führung, dem in der Literatur bereits verstärkt Aufmerksamkeit geschenkt wird, ist das Selbst-Management. **Selbst-Management** bezeichnet im Gegensatz zur Selbstabstimmung, die sich auf Gruppen bezieht (vgl. Abschnitt C V im Teil 5), die Fähigkeit von Individuen, ihr Verhalten weitgehend unabhängig von der Situation zu steuern bzw. ihre Arbeitssituation im wesentlichen selbst zu gestalten (*Manz/Sims* 1980, *Mills* 1983). Selbst-Management, wie auch andere zunächst als wirkliche Substitute erscheinende organisationale Variablen, ersetzen Führung jedoch nicht vollständig, sondern reduzieren ihre Funktion auf die der Unterstützung und der Verdeutlichung von Aufgabengrenzen. Selbst-Management ist insbesondere dann von Bedeutung, wenn Vorgesetzte wegen der Umweltunsicherheit weder im Wege direkter noch indirekter Führung genaue Aufträge erteilen können, der Geführte genügend qualifiziert ist und sich als intern kontrolliert begreift. Selbst-Management kann durch Arbeitsbereicherung, Partizipation und Delegation gefördert werden, wenn bestimmte Voraussetzungen (z. B. genügend Zeit, geringe Strukturiertheit der Aufgabe, Qualifikation) erfüllt sind (*Manz/Sims* 1980). Die empirische Untersuchung von *Howell* und *Dorfman* (1981) bestätigt jedoch die Bedeutung von personaler Führung auch bei weitgehend selbstregulierten Geführten und kann damit die Annahme nicht bestätigen, es handle sich dabei um ein Substitut der Führung.

## II. Theorie der Führungsdeterminanten

Anders als die Diskussion um Substitute für Führung konzentrieren sich Theorien der Führungsdeterminanten nicht auf das Verhalten der **Geführten,** das es (auch) durch alternative Instrumente zu beeinflussen gilt; im Mittelpunkt steht vielmehr das Verhalten des **Führers** in Abhängigkeit insbesondere von makrostrukturellen Bedingungen (*Olmstead* 1974, *Pfeffer* 1977, *House/Baetz* 1979, *Yukl* 1981). Lange Zeit haben Führungstheorien Führer und ihr Verhalten als Variablen konzipiert, die – sieht man von der pessimistischen Einschätzung *Fiedlers* ab – variiert und insbesondere durch Training auch grundsätzlich verändert werden können. „Aber der Führer ist eingebunden in ein soziales System, das Verhaltensmöglichkeiten einschränkt" (*Pfeffer* 1977, S. 107). Die Vernachlässigung makrostruktureller Bedingungen führt zu einer tendenziellen Überbewertung von Führung: Erfolge und Mißerfolge werden (auch in der Praxis) Führern auch dann zugeschrieben, wenn sie nicht dafür verantwortlich sind.

Die Theorie der Führungsdeterminanten von *Osborn* und *Hunt (1975) versucht dem* **Einfluß makrostruktureller Bedingungen** explizit Rechnung zu tragen. Unter makrostrukturellen Bedingungen der Führung fassen *Osborn* und *Hunt* die Bedingungen, die für alle Geführten gleich sind:

- Organisationsumwelt
- Organisationsstruktur
- Technologie.

*Osborn* und *Hunt* stellen die Hypothese auf, daß diese Bedingungen Führungsverhalten mehr beeinflussen als mikrostrukturelle Variablen, die mit großer Wahrscheinlichkeit von Geführtem zu Geführtem verschieden sind (z. B. Aufgaben, personale Merkmale). *Hunt* und *Osborn* (1982) erweitern dieses Modell, in dem sie Führer, denen aufgrund der makrostrukturellen Bedingungen ein großer Freiraum für eigenes Führungsverhalten verbleibt, von solchen unterscheiden, deren Verhalten durch die Makrostruktur determiniert wird. Der **Freiraum für Führungsverhalten** ist umso geringer, je

- komplexer und instabiler die Umweltbedingungen sind, die den Führer dazu zwingen, sich auf diese zu konzentrieren;
- höher der Grad der Entscheidungszentralisation ist, die ihm wesentliche Beeinflussungsmöglichkeiten entzieht,
- größer die Abhängigkeit der Organisation von anderen Organisationen ist,
- je größer die Anzahl der Geführten (Leitungsspanne) ist, die insbesondere die Möglichkeiten eines beziehungsorientierten Führungsverhaltens einschränkt.

**Kritisch** ist zu dieser Theorie der Führungsdeterminanten anzumerken, daß sie den Einfluß des Führers auf die makrostrukturellen Bedingungen der Führung systematisch ausblendet. *Hunt* und *Osborn* (1982) scheinen dieses

Problem selbst zu erkennen, wenn sie neuerdings ihre Konzeptualisierung der Beziehung von Makrostruktur und Führung als zu einfach erachten und reformulieren. Das reformulierte Modell dieser Beziehung geht davon aus, daß der Freiraum für Führungsverhalten durch makrostrukturelle Variablen bestimmt wird und daß diese zusammen mit dem von ihnen beeinflußten Führungsverhalten die Leistung und Zufriedenheit der Geführten bestimmen. In einer ersten empirischen Untersuchung konnten *Hunt* und *Osborn* (1982) die Hypothese, daß Führer diesen Freiraum entsprechend den sich aus der Umwelt, der Größe, der Technologie und der Struktur der Organisation ergebenden Anforderungen nutzen, nur für die Anforderungen der **Organisationsstruktur** bestätigen. Eine nur teilweise Bestätigung erfährt auch ihre Hypothese, daß Umwelt und Organisationsstruktur unmittelbar die Leistung und Zufriedenheit der Geführten beeinflussen, während ihre Hypothese, daß Führungsverhalten diese Ergebnisvariablen beeinflußt, deutlich bestätigt werden konnte. Dasselbe gilt schließlich auch für die Hypothese, daß bei zunehmender Komplexität von Umwelt, Größe, Technologie und Struktur der Organisation die Ergebnisvariablen vor allem dann beeinflußt werden, wenn der Führer die ihm gegebenen Verhaltensmöglichkeiten voll ausschöpft. Insgesamt zeigt diese Untersuchung, daß die Theorie der Führungsdeterminanten von *Osborn/Hunt* einen erheblichen Varianzanteil erklären kann. Dies ist aufgrund der Komplexität des Modells und der Vielzahl der einbezogenen Variablen allerdings auch nicht anders zu erwarten gewesen.

# E. Zusammenhänge zwischen Führung und Leistung

Eine der wesentlichen Erwartungen, die das Management einer Organisation mit Leistungszielen an einen Führungsstil oder ein Führungsmodell knüpft, ist, daß damit das Leistungsniveau quantitativ und qualitativ verbessert oder zumindest stabilisiert wird. Analog den Annahmen in Abschnitt 3 B II 3cb sind zumindest drei Zusammenhänge zwischen Führungsverhalten und Leistung denkbar, für die sich auch z. T. empirische Belege finden(vgl. *Neuberger* 1976a, *Nieder* 1976, *Nieder/Naase* 1977).

(1) **Führungsverhalten beeinflußt die Leistung** (F → L)

(2) **Leistung beeinflußt das Führungsverhalten** (L → F)

(3) **Leistung hängt neben dem Führungsverhalten von dritten Faktoren ab** (L ←?→ F).

Zu (1)

Die kühne Behauptung eines direkten Zusammenhangs zwischen Führung und Leistung wird aus dem Bemühen der ersten Führungsforscher heraus verständlich, die Aufmerksamkeit der Manager auf die Bedeutung alternativen Führungsverhaltens – hier besonders die Leistungsvorteile partizipativer Führung – zu lenken. Hier ist vor allem an die Veröffentlichungen im Zuge der **Ohio State Studien** zu denken, in denen zumindest von indirekten Zusammenhängen zwischen ‚Consideration' und Produktivität berichtet werden konnte (vgl. z. B. *Fleishman/Harris/Burtt* 1955 sowie *Dubin* 1972).

Im Rahmen der **Michigan Studien** hat sich vor allem *Likert* (1961) darum bemüht herauszufinden, was den Führer einer hochproduktiven Abteilung von dem einer wenig produktiven Abteilung unterscheidet. Er fand, daß die Vorgesetzten in produktiven Gruppen stärker mitarbeiterorientiert (employee-centered) führten, und diejenigen in wenig produktiven Gruppen stark aufgabenorientiert (job-centered) (vgl. Abb. 6.30).

Als weiteres Charakteristikum des Vorgesetzten in hochproduktiven Abteilungen fand er deren Neigung, klare Ziele und Anforderungen zu formulieren, dann aber den Mitarbeitern viel Freiheit zur Ausführung der Aufgabe zu gewähren (generelle Überwachung vs. enge Überwachung) (Abb. 6.31).

*Likert* propagiert u. a. aufgrund dieser Forschungsergebnisse mitarbeiterorientierte Führung bei genereller Überwachung der Mitarbeiter als den idealen Führungsstil, da dieser mit den höchsten Produktivitätsergebnissen verbunden sei.

Ganz abgesehen davon, daß diese Annahme durch die weiter oben beschriebene Führungsforschung als widerlegt zu betrachten ist, stützen *Likert's* ei-

*Abb. 6.30:* Unterschiede im Führungsverhalten in produktiven und wenig produktiven Abteilungen

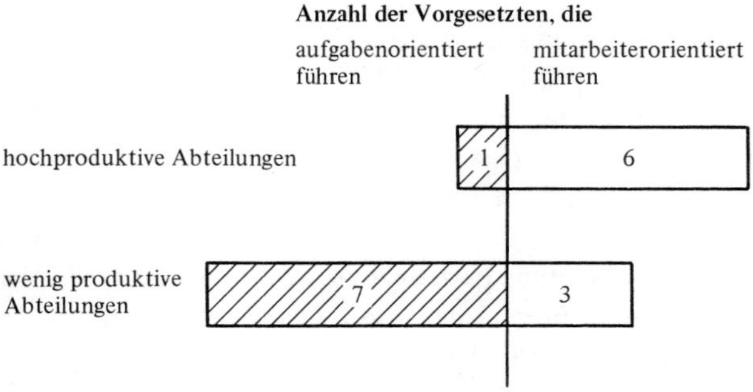


*Quelle: Likert* 1961, S. 7

*Abb. 6.31:* Unterschiede im Kontrollverhalten in produktiven und wenig produktiven Abteilungen

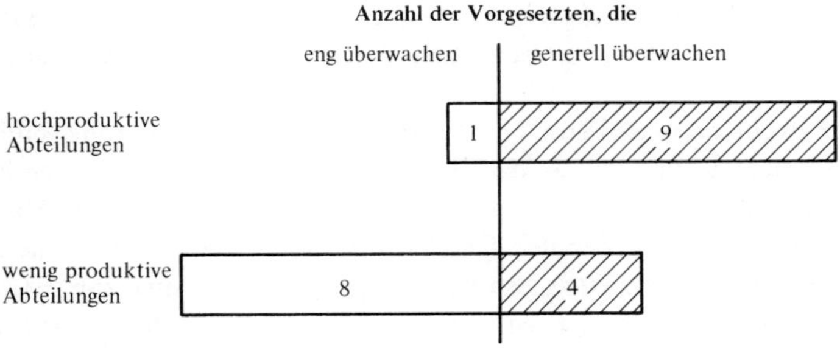


*Quelle: Likert* 1961, S. 9

gene Befunde seine Aussagen auch nur bedingt. So vermögen sie nicht zu erklären, warum immerhin einer der acht aufgabenorientierten Führer und einer der neun eng überwachenden mit diesem Führungsverhalten erfolgreich waren; und warum sogar drei der neun mitarbeiterorientierten Führer und vier der dreizehn generell überwachenden nicht erfolgreich waren.

Trotz Inkonsistenzen in den Befunden hat sich die Überzeugung von der Überlegenheit partizipativer Führung weiterhin in der Praxis verfestigt, wenngleich ohne ausreichende empirische, dafür aber mit eindeutiger normativer Basis. So auch das Resümee von *Neuberger* (1972, S. 216): ,,Kooperative Führung – ja, weil sie bestimmten Vorstellungen vom arbeitenden Menschen entgegenkommt und nicht, weil sie sich als besonders ‚effizient' erwiesen hätte".

*Seidel* (1978, S. 555) kommt dagegen auf der Grundlage einer Auswertung von 131 Untersuchungen über Führungsformen aus den Jahren 1927 bis 1969 in zehn Ländern zu dem Ergebnis, man dürfe der ,,These von der Effizienzüberlegenheit kooperativer betrieblicher Führungsform über direkte betriebliche Führungsform aufgrund des vorgelegten Materials einige Bestätigung zusprechen."

Aus forschungsmethodischer Sicht sei hier noch daran erinnert, daß in der experimentellen Führungsforschung Änderungen des Führungsverhaltens in all seinen Stil-Varianten (unabhängige Variable) *in allen Fällen* zu Leistungssteigerungen (abhängige Variable) geführt haben, was u. a. mit dem Hawthorne-Effekt zu erklären ist.

Mir scheinen in diesem Zusammenhang zwei Hinweise notwendig. Der erste betrifft die **Verbreitung partizipativer oder kooperativer Führung** in der Praxis, die gemeinhin überschätzt wird. Zwar ist festzustellen, daß immer mehr Organisationen partizipativ-kooperative Führungsformen in ihren Führungsgrundsätzen festschreiben (vgl. Abschnitt C IV 1); die Proklamation der Grundsätze scheint jedoch ihrer Umsetzung in reales Führungsverhalten weit vorauszueilen. Dies wird beispielsweise deutlich, wenn man ein völlig unzureichendes Informationsverhalten von Führungskräften bei bzw. vor der Einführung neuer Technologien und/oder neuer Arbeitsstrukturen feststellt (vgl. z. B. *Hattke/Sydow* 1982, *Elias/Gottschalk/Staehle* 1985). Information ist jedoch die unabdingbare Voraussetzung wirksamer Partizipation.

Der zweite Hinweis betrifft die **Qualität partizipativer Führung.** Führung verliert nicht allein dadurch, daß sie partizipativ gestaltet wird, ihren Herrschaftscharakter. Partizipation wird vielfach instrumentalisiert, um Managementinteressen gegenüber den Geführten leichter durchsetzen zu können. Partizipative Führung stellt also keineswegs eine Alternative zur gesetzlich geregelten Mitbestimmung dar. Partizipative Führung sollte deshalb auch nicht als demokratische Führung ausgegeben werden, die sich insbesondere dadurch auszeichnet, daß der Führer von den Geführten gewählt wird und folglich auch abgewählt werden kann. Darüber hinaus ist „demokratische Führung .. Führung im Interesse der Sache und im Auftrag der Betroffenen" (*Vilmar/Kißler* 1982, S. 236) und damit rechenschaftspflichtig.

Zu (2)

Auf die umgekehrte Wirkungsrichtung ‚Leistung → Führung' hat vor allem *Vroom* (1964) hingewiesen. Durch hohe bzw. zufriedenstellende Leistung wird der Manager und die Gruppe von Leistungsdruck entlastet, und der direkte Vorgesetzte kann es sich erlauben, mehr mitarbeiterorientiert zu führen. Ihm bleibt auch mehr Zeit, sich um das Wohlergehen und die Bedürfnisse seiner Mitarbeiter zu kümmern. In der gleichen Richtung argumentiert *Barrow* (1976), der im Leistungsverhalten der Mitarbeiter und der Aufgabenkomplexität die entscheidenden Bestimmungsgrößen für das Führungsverhalten erkennt. Damit ist der Schritt zur Anerkennung der **Situation** als wesentlicher intervenierender Variablen getan. Die Wahl des Führungsverhaltens ist eine Funktion der Situation, wozu u. a. eben auch das Leistungsverhalten der Gruppe zählt.

Zu (3)

Eine der ersten differenzierten Analysen der komplexen Zusammenhänge zwischen Führung und Leistung findet sich bei *Krech/Crutchfield/Ballachey* (1962), die u. a. ein System bedeutsamer Determinanten der Effektivität von Gruppen zusammengestellt haben (vgl. Abb. 3.44 auf S. 276). Ähnliche Systematisierungen der **Einflußfaktoren** auf die Effizienz von Gruppen bzw. Führung finden sich bei *Wild* (1973) und *Nieder/Naase* (1977) (vgl. Abb. 6.32 und 6.33).

*Abb. 6.32:* Einflußfaktoren auf die Effizienz der Führung

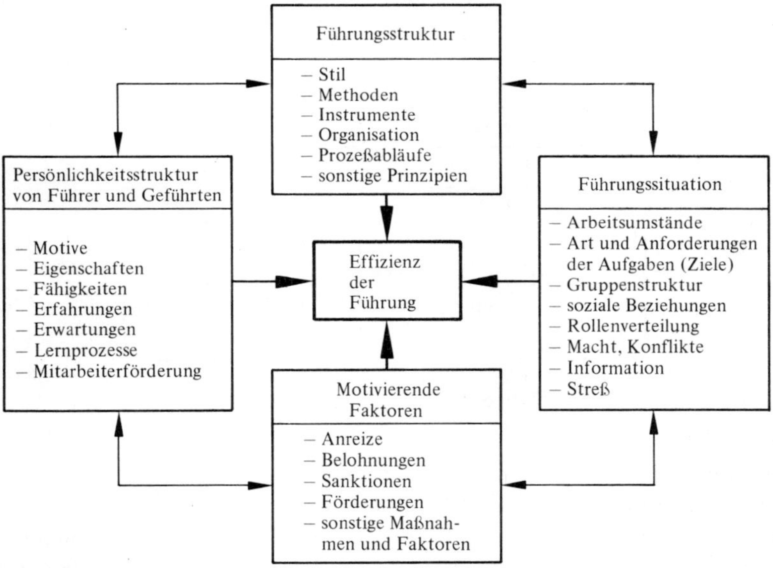


*Quelle: Wild* 1973, S. 48

Im Zuge situativer Relativierung des universellen Gültigkeitsanspruches einiger Führungsstile wurde zunächst nach den Bedingungen der Leistungswirksamkeit der beiden Extremformen ‚autoritär/direktiv' und ‚partizipativ/kooperativ' gesucht. *Wild* (1973, S. 51) nennt z. B. folgende Bedingungen der Leistungswirksamkeit **hierarchisch-autoritärer Führungssysteme:**

- stabile Umwelt
- repetitive, routinemäßige Aufgaben
- geringer Zeitabstand zwischen Entscheidung und Handlung (hoher Zeitdruck)

und als Bedingungen der Leistungswirksamkeit **partizipativ-demokratischer Führungssysteme:**

- hohe Umweltdynamik
- nicht standardisierte Aufgaben

*Abb. 6.33:* Determinanten der Gruppenleistung

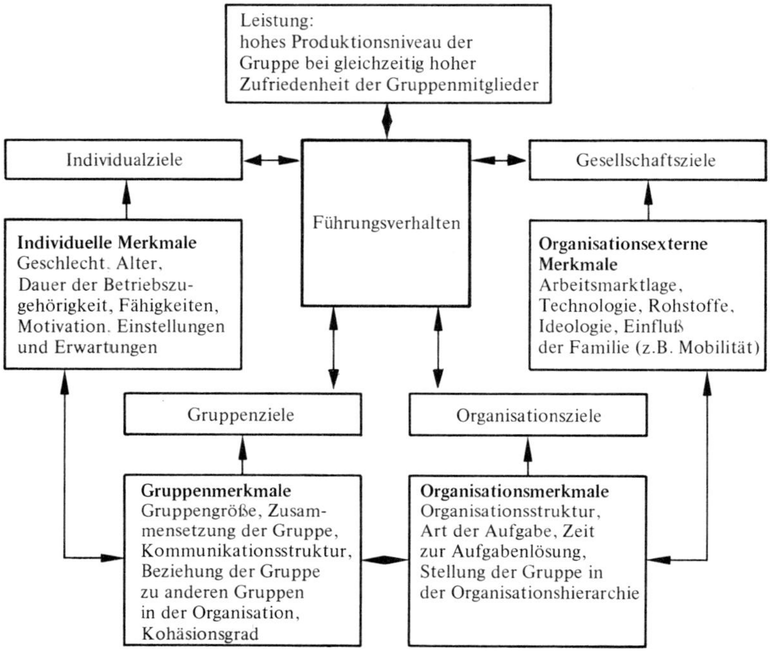


*Quelle: Nieder/Naase* 1977, S. 66

- komplexe Informationsverarbeitung
- großer Zeitabstand zwischen Entscheidung und Handlung.

*Seidel* (1978, S. 264) meint zu Recht, daß diese und ähnliche Bedingungsbeschreibungen inzwischen zu einem Gemeinplatz geworden seien, ohne daß sie einer logischen und empirischen Überprüfung standhalten könnten. Auf der Grundlage seiner Literaturauswertung konnte er die Annahme von der Überlegenheit der autoritären Führung bei Routine-Aufgaben nicht bestätigt finden. Gerade in Arbeitssituationen, in denen ein hoher Mechanisierungsgrad restriktive Arbeitsbedingungen schafft (z. B. Fließband), führt ein autoritärer Führungsstil zu Verärgerung und Leistungszurücknahmen (vgl. auch die damit vergleichbaren Annahmen der Weg-Ziel Theorie).

Bedeutsam an der jüngeren Führungsforschung erscheint vor allem die Verlagerung des Forschungsinteresses weg von der Untersuchung der Beziehungen zwischen Führungseigenschaften bzw. Führungsverhalten und Leistung hin zu der Beziehung **Geführte** (und deren Charakteristika) → **Leistung,** von *Neuberger* (1976, S. 18) als ‚kopernikanische' Wende der Führungsforschung bezeichnet. Letztlich ist nämlich nicht das Verhalten des Führers, sondern das der Geführten unmittelbar leistungsrelevant. Im Zuge dieser Erkenntnis gewinnt das Führungsverhalten den Stellenwert eines **Ver-**

**stärkers** im Sinne des instrumentellen und operanten Konditionierens (vgl. Abschnitt 3 B II 2a der Arbeit), d.h. positives Verhalten des Geführten bzw. der Gruppe wird vom Vorgesetzten verstärkt (etwa durch Belohnung).

Neben lerntheoretischen (Verstärkerprinzip) sind auch motivationstheoretische Erkenntnisse zum besseren Verständnis der neuen Rolle des Führers heranzuziehen. *Tosi/Caroll* (1976, S. 231f.) nennen drei Ansatzpunkte zur Beeinflussung der individuellen und Gruppen-**Motivation** durch den Manager:

- Er kann die Erwartungen seiner Mitarbeiter hinsichtlich des vermuteten Zusammenhangs zwischen Anstrengung und Leistung sowie zwischen Leistung und Belohnung beeinflussen (z.B. Erwartungstheorie)
- Er kann anspruchsvolle, aber erreichbare Ziele setzen (z.B. MbO)
- Er kann den Weg klären, der zur Zielerreichung und damit Belohnung führt (z.B. Weg-Ziel Ansatz).

Das Problem lautet bei einer solchen Sicht der Führungsaufgabe nicht mehr ‚autoritär/direktiv' oder ‚partizipativ/kooperativ' sondern ‚Verstärkung erkennbaren positiven Verhaltens der Geführten' und ‚Bereitstellen von Leistungsanreizen' (Motivation).

Abschließend sei darauf hingewiesen, daß die Leistung nur *eine*, wenn auch vielleicht die wichtigste Zielvariable der Führung ist. „Neben Zielerreichung hat Führung eine strukturerhaltende, integrative, identitätsstiftende, realitätsdefinierende und anpassende Funktion" (*Neuberger* 1983, S. 22). Das Führungsziel ‚Leistung' ist auf jeden Fall um das Ziel der Herrschaftssicherung zu ergänzen. Diese Doppelfunktion von Führung wird vor allem in der industriesoziologischen Literatur thematisiert (vgl. z.B. *Schumm-Garling* 1972 sowie *Staehle* 1983 und S. 53 der Arbeit).

# Teil 7

# Organisationsentwicklung: Der geplante organisatorische Wandel

# A. Anspruch und Ziele der Organisationsentwicklung

## I. Organisationsentwicklung: Eine Begriffsabgrenzung

Organisationen verändern sich permanent. Die Mehrzahl von Wandlungsprozessen ist *nicht intendiert,* zufällig und läuft oft sogar unbemerkt ab. Demgegenüber steht der geplante Wandel, der intendiert, mit mehr oder weniger intensiver Vorbereitung eingeleitet wird. Im folgenden wird lediglich diese Form des geplanten organisatorischen Wandels behandelt, und zwar in seiner spezifischen Ausprägung der Organisationsentwicklung (Organization Development).[1] Dabei wird unter **geplantem organisatorischem Wandel** die Absicht verstanden, die Funktionsweise einer Gesamtorganisation oder wesentlicher Teile davon mit dem Ziel der Effizienzverbesserung zu ändern. **Organisationsentwicklung** ist dann eine Form des geplanten Wandels, bei der unter Verwendung *verhaltenswissenschaftlicher Erkenntnisse* zunächst ein Klima der Offenheit für Wandel und ein Klima des Vertrauens zu den Agenten des Wandels geschaffen wird; damit ist die Voraussetzung gegeben, eine Veränderung aus der Organisation selbst heraus zu erreichen *(DuBrin* 1974, S. 397f., S. 414).

*Glueck* (1967) unterscheidet auf der Grundlage einer empirischen Erhebung in 58 Unternehmungen entsprechend einen

- **Organization Planning-Ansatz**
  (Organisatorischer Wandel durch Veränderung der Organisationsstruktur und der Arbeitsumwelt)
- **Organization Development-Ansatz**
  (Organisatorischer Wandel durch Veränderung der Organisationsstruktur *und* durch Beeinflussung der Organisationsmitglieder).

Im folgenden werde ich mich vor allem mit dem zweiten, weitergehenden Ansatz der Organisationsentwicklung (im folgenden kurz OE genannt) befassen, da Organisationsgestaltung ausführlich schon im Teil 5 behandelt wurde. Dabei bestehen in Wissenschaft und Praxis die unterschiedlichsten Vorstellungen über Inhalt und Reichweite dieses Konzeptes. Die folgende Auswahl an **Definitionen** gibt einen Eindruck von der Vielschichtigkeit dieses Ansatzes.[2] *Filley* et al. identifizieren aufgrund einer Literaturauswertung folgende Definitionsmerkmale von OE (*Filley/House/Kerr* 1976, S. 487ff.):

---

[1] Vgl. die Übersichtsartikel von *Friedlander/Brown* 1974 und *Alderfer* 1977 sowie das erstmals 1961 erschienene Standardwerk ‚The Planning of Change' (*Bennis/Benne/Chin* 1975).

[2] Vgl. auch den umfassenden Definitionsversuch von *Wohlgemuth* (1982, S. 54ff.).

1. geplanter Wandel (kein zufälliger Wandel)
2. umfassender Wandel (keine Detailänderung)
3. Schwerpunkt auf Wandel von Gruppen (weniger von Individuen)
4. langfristiger Wandel (kein kurzfristiges Krisenmanagement)
5. Einbeziehung eines Change Agent
6. Intervention durch erfahrungsgeleitetes Lernen und Aktionsforschung.

Andere Autoren identifizieren folgende Begriffsinhalte von OE:

- Der Begriff OE meint ein Konglomerat von Konzepten, Techniken und Instrumenten, um organisatorische Effizienz zu steigern (*Margulies/Raia* 1972, S. 2)
- OE zielt auf die Revitalisierung, Aktivierung und Erneuerung von Organisationen mit Hilfe technischer und personaler Unterstützung (*Argyris* 1971, S. IX)
- OE ist ein Prozeß mit dem Ziel, über die Abstimmung der Wünsche der Organisationsmitglieder nach Wachstum und Entwicklung mit den Zielen der Organisation deren Effizienz zu steigern (*Duncan* 1975, S. 446)
- OE ist eine komplexe Lernstrategie mit dem Ziel, die Annahmen, Einstellungen, Werte und Struktur einer Organisation so zu verändern, daß sie sich besser an neue Technologien, Märkte und den permanenten Wandel selbst anpassen kann (*Bennis* 1970, S. 2).

OE ist – und das geht aus allen Definitionen hervor – ein anwendungsbezogener Ansatz innerhalb der verhaltensorientierten Organisationsforschung.

OE zielt auf eine planmäßige mittel- bis langfristig wirksame Veränderung der

- Verhaltensmuster, Einstellungen und Fähigkeiten von Organisationsmitgliedern,
- Organisations- und Kommunikationsstrukturen sowie der strukturellen Regelungen im weitesten Sinne (wie Arbeitszeit, Lohnformen) ab.

Hierzu sollen bei der Organisation bzw. ihren Mitgliedern Lernprozesse eingeleitet und durch geeignete Methoden bzw. Instrumente der Veränderung unterstützt werden.

Die folgenden Ausführungen beziehen sich auf beabsichtigte organisatorische Veränderungen in Unternehmungen und Betrieben. Diesen Organisationstyp hat auch *Beckhard* (1972, S. 24f.) vor Augen, wenn er OE als ein Verfahren definiert, das

1. „planmäßig,
2. betriebsumfassend,
3. von der Führung gesteuert,
4. zum Zweck der Verbesserung von Wirksamkeit und Gesundheit der Organisation,
5. durch geplantes Eingreifen in den Organisations-‚Ablauf' mittels Erkenntnissen aus den Verhaltenswissenschaften angewandt wird".

Die Intention von OE-Programmen, die geplante Anpassung von Menschen und Strukturen an neue organisatorische Anforderungen als Folge veränderter Umwelt- speziell Marktbedingungen, wurde herkömmlicherweise mit Maßnahmen wie Personalselektion und betriebliche Aus- und Weiterbildung verfolgt (**Managementtraining**). Die mangelnde Effizienz dieser Maßnahmen im Bereich der organisatorischen Anpassung liegt überwiegend in der Ausrichtung auf *individuelle* organisatorische ‚Inputs' begründet. Die große Bedeutung von *Gruppenprozessen* und des Organisationsklimas auf den organisatorischen ‚Output' wurde lange Zeit vernachlässigt. Diese primär individualpsychologische Orientierung hat historische und kulturelle Ursachen.[3] Die historische Verwurzelung der OE in der Psychologie und Anthropologie hat in den Anfängen dieser Richtung (in den 50er Jahren) verständlicherweise zu einer Überbetonung des Menschen, seiner individuellen Bedürfnisse, Einstellungen und Verhaltensweisen sowie deren geplanter Veränderung geführt. Individualismus sowie Psychologie und Psychologen haben in den **USA** einen ganz anderen Stellenwert als in Europa. Sicherlich bieten die hohe berufliche, geographische und soziale Mobilität der Amerikaner mit den damit verbundenen Gefühlen der Heimatlosigkeit und Beziehungslosigkeit einen Erklärungsansatz für deren großes Bedürfnis nach interpersonalen Kontakten, was wiederum den großen Erfolg von z. B. T-Gruppen und Encounter-Gruppen verständlich macht.

Der Erfolg stark **personenorientierter Ansätze** in den USA ist nicht zuletzt aber auch damit zu erklären, daß diese Interventionen vom Management noch toleriert werden, da sie erfahrungsgemäß für die bestehenden Organisations- und Machtstrukturen konsequenzlos bleiben, d. h. es geht hier eher um ein reibungsloses Funktionieren des bestehenden Systems und nicht um dessen Veränderung bzw. Entwicklung.

In **Europa** mit seinen bedeutend stabileren sozialen Beziehungsnetzen haben solche gruppendynamischen Ansätze – von Anfangserfolgen und spezifischen therapeutischen Anwendungen abgesehen – bis heute keine derartige Resonanz gefunden. Hier stehen Probleme der Bürokratisierung, das Empfinden von Machtlosigkeit gegenüber stark institutionalisierten Strukturen, überkommenen Werten und Traditionen mehr im Mittelpunkt. Diese Werte verweisen permanent auf Grenzen von Handeln in Organisationen und nicht auf die Ausdehnung von Handlungsspielräumen, was u. a. eine Zielrichtung von OE darstellt.

Wenn hier von Europa gesprochen wird, ist sicherlich zu bedenken, daß es zwischen den einzelnen Ländern ganz erhebliche Unterschiede gibt. Dennoch wage ich die These, daß in Europa insgesamt eine stärkere **makrosoziologische** und **makro-ökonomische Betrachtungsweise** und ein anderes, weniger pragmatisch orientiertes Wissenschaftsverständnis vorherrschen als in den USA.

---

[3] Zur geschichtlichen Entwicklung der OE vgl. *French/Bell* 1977, *Sievers* 1977, *Hanák* 1982.

Der europäische Stand von Theorie und Praxis der OE wurde 1978 auf dem **1. Europäischen Forum über Organisationsentwicklung** in Aachen einem größeren Kreis von Interessenten vorgestellt (die Beiträge sind in *Trebesch* 1980 abgedruckt). Anläßlich dieser Tagung wurden erste Gespräche über den potentiellen Nutzen einer deutschen Gesellschaft für OE geführt. Im Juni 1980 kam es dann zur Gründung eines Vereins mit den Aufgaben, die auf dem Gebiet der OE tätigen Menschen und Institutionen im deutschsprachigen Raum zusammenzuführen, die Philosophie und Anwendung von OE zu verbreiten und das fachliche Qualifikationsniveau von OE in der Praxis zu heben. Die **Gesellschaft für Organisationsentwicklung** definiert OE als einen längerfristig angelegten, organisationsumfassenden Entwicklungs- und Veränderungsprozess von Organisationen und der in ihr tätigen Menschen. Der Prozess beruht auf Lernen aller Betroffenen durch direkte Mitwirkung und praktische Erfahrung. Sein Ziel besteht in einer gleichzeitigen Verbesserung der Leistungsfähigkeit der Organisation (Effektivität) und der Qualität des Arbeitslebens (Humanität).

Vom Konzept der OE ist die **Aktionsforschung** zu unterscheiden. Die Tat-Forschung (action research) geht wie OE auf *Kurt Lewin* zurück, berücksichtigt aber stärker die Forschungsinteressen des Wissenschaftlers als die Veränderungsinteressen des Klienten. Allerdings werden hier die Grenzen zwischen Forscher und Klient sowie zwischen Forschung und Veränderung weitgehend aufgehoben; die klassische Trennung von Subjekt und Objekt der Forschung wird hinfällig.

Vor allem in Deutschland ist mit diesem Konzept ein Anspruch auf Demokratisierung der Veränderungsprozesse, auf Mitbestimmung der von der Änderung Betroffenen sowie insgesamt auf mehr Transparenz von Forschungsprozessen verbunden worden (vgl. hierzu *Kappler* 1980). Konsequenterweise lehnen die Vertreter einer so verstandenen Aktionsforschung eine OE ab, die sie als einseitige Interventionstechnologie im Interesse des Managements bezeichnen.

## II. Annahmen und Ziele der Organisationsentwicklung

Obwohl OE ein äußerst wertbeladenes Konzept darstellt, gibt es überraschend wenig Versuche, diese Werte explizit und damit diskutier- und kritisierbar zu machen. Die Gefahr der Ideologisierung ist deshalb besonders groß.

Zu den wenigen Ausnahmen zählen die Arbeiten von *Tannenbaum/Davis* 1969, *Sherwood* 1971, *Porter/Lawler/Hackman* 1975.

Nach *Sherwood* (1971) liegen den OE-Konzepten folgende **Annahmen** zugrunde:

- Eine Arbeitsorganisation, die in gleicher Weise individuelle wie organisatorische Bedürfnisse befriedigt, führt tendenziell zu höchster Produktivität
- Die meisten Organisationsmitglieder werden stärker durch eine Arbeit motiviert, die anregend und verantwortungsvoll ist, als durch eine straff kontrollierte
- In den meisten Organisationen herrscht ein Klima, das offene Äußerungen von Gefühlen unterdrückt. Diese Berdrängung behindert die Persönlichkeitsentwicklung und verhindert eine Identifikation mit der Arbeit
- Gruppen, in denen offene, helfende und vertrauensvolle Beziehungen bestehen, können ihre Ressourcen bedeutend konstruktiver nutzen
- Wandel ist dann am erfolgreichsten, wenn die Betroffenen bei seiner Planung und Implementation aktiv beteiligt werden.

*Porter* et al. (1975, S. 486ff.) haben aufgrund einer Literaturauswertung folgende Annahmen herausgearbeitet:

- Menschen verfügen über die Fähigkeit sich weiterzuentwickeln; dieses Potential wird aber nur unzureichend genutzt
- Menschen streben danach zu wachsen, sich zu entwickeln und ihre Fähigkeiten zu nutzen
- Ziele der Individuen und der Organisation sind kompatibel
- offene Äußerung von Gefühlen und Empfindungen ist gut
- Zusammenarbeit ist besser als Wettbewerb in Organisationen
- Organisationen sind offene Systeme mit interdependenten Subsystemen
- Ausschlaggebend für den Erfolg des Wandels ist das Organisationsklima.

Eine Analyse der **Ziele von OE-Maßnahmen** macht deutlich, daß alle Bemühungen darauf gerichtet sind, die in den Annahmen formulierten Ideal-Zustände einer Organisation und ihrer Mitglieder zu erreichen. Die Ziele spiegeln also lediglich die in den Annahmen formulierten Erwartungen wider. Damit werden die Zielbeschreibungen gleichsam mit der Definition von OE identisch, wie z.B. die folgenden Zielformulierungen zeigen (*Dessler* 1976, S. 294):

- Gegenseitige Unterstützung und Vertrauen zwischen Organisationsmitgliedern verbessern und offenere, authentische Kommunikation anstreben
- Probleme der Organisation offen diskutieren, positionale Autorität durch Fachautorität fundieren
- Förderung von persönlichem Engagement und Selbst-Kontrolle.

In aller Regel werden die Ziele jedoch weiter ausdifferenziert und zwar in solche der Organisation und solche der Organisationsmitglieder:

| Ziele der Organisation[4] | Ziele für die Organisation[5] |
|---|---|
| – Steigerung der Effizienz<br>– verbessertes Problemlösungsverhalten<br>– verbesserte Anpassungsfähigkeit<br>– Einsatz neuer Management-Konzepte | a) *Erhaltungsziele*<br>– Entwicklung eines vertrauensvollen Klimas in der gesamten Organisation<br>– Entwicklung offener Kommunikation<br>– offene Konfliktaustragung<br>– Förderung von Kooperation und Teamarbeit<br>– Entwicklung der Fähigkeit zur organisatorischen Revitalisierung<br>b) *Erfolgsziele*<br>– Partizipative Formulierung klarer Organisationsziele<br>– Identifikation mit Organisationszielen<br>– Schaffung eines positiven Klimas für Problemlösungen<br>– Steigerung der Fähigkeit zur Innovation (nach außen und innen)<br>– Effiziente Nutzung aller Ressourcen der Organisation |
| **Ziele der Mitarbeiter[4]** | **Ziele für die Mitarbeiter[5]** |
| – Humanisierung der Arbeit<br>– Selbsterkenntnis und Bewußtmachen von gruppen-dynamischen Phänomenen<br>– Mitbestimmung<br>– Harmonisierung von individuellen und Organisationszielen | – Kompetenz im zwischenmenschlichen Bereich<br>– Selbstkontrolle und Selbstbestimmung<br>– Entfaltung der gesamten Persönlichkeit<br>– Offenheit gegenüber Wandel |

Ähnliche Kataloge von OE-Zielen finden sich auch in der deutschsprachigen Literatur (z.B. *Rehn* 1979, S. 136ff., *Goerke* 1981, S. 44ff.).

Nach Meinung von *Blake/Mouton* (1967) und *Hampton/Summer/Webber* (1973) zielt OE primär auf eine Veränderung der Werte und Einstellungen von Menschen und erst in zweiter Linie (wenn überhaupt) auf eine Veränderung der Organisationsstruktur und formaler Regelungen. Diese Auffassung hat sich erst in den letzten Jahren dahingehend gewandelt, daß den technologischen und strukturellen Veränderungen eine mindestens gleich große Aufmerksamkeit geschenkt wird.

*Bleicher* (1979) versteht z. B. unter OE lediglich die Veränderung von Organisationsstrukturen im Zeitablauf. Davon unterscheidet er die **Unternehmungsentwicklung,** d. h. Veränderung im Bestand der Potentiale der Unternehmung (Wachstum/Schrumpfung) als Folge von Umweltentwicklungen. OE hat in dieser Konzeption die Aufgabe der Anpassung von Strukturen an die Unternehmungsentwicklung. Von personaler oder Gruppenentwicklung ist überhaupt nicht die Rede.

[4] *Filley* et al. 1976, S. 489ff.; zur Unterscheidung dieser Zielarten vgl. S. 127f.
[5] *Porter* et al. 1975, S. 490ff.

## B. Anlässe für organisatorischen Wandel

Die Notwendigkeit für organisatorischen Wandel wird am ehesten aus einer systemtheoretischen, interaktionistischen Analyse der Organisation und ihrer Umwelt deutlich. Organisation und Umwelt stehen in einem symbiotischen Interaktionsverhältnis zueinander. Eine Organisation wird solange als effizient und lebensfähig definiert, wie sie von ihrer Umwelt aufgrund ihrer Anreize akzeptiert wird. Nach *Hicks/Gullett* (1975, S. 387ff.) bildet die Organisation zusammen mit ihrer Umwelt ein **Ökosystem,** wobei die Umwelt als Gegenleistung für die Outputs der Organisation die notwendigen Ressourcen bereitstellt (siehe Abb. 7.1. Die punktierten Linien deuten an, daß die Grenzen durchlässig sind). Die Umwelt bietet Chancen und Risiken und setzt gleichzeitig Daten (constraints) für organisatorisches Handeln.

*Abb. 7.1:* Organisation als Ökosystem

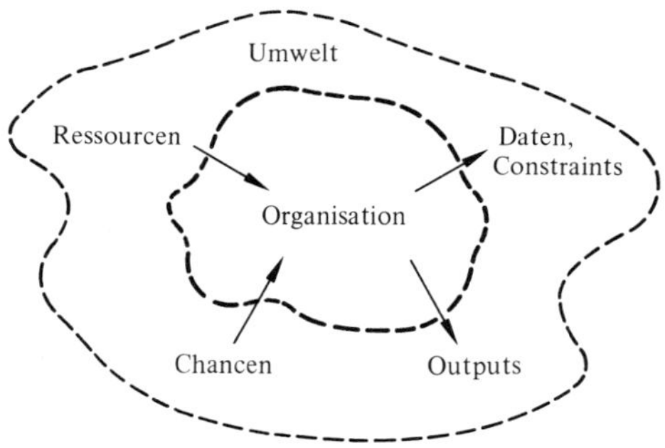


*Quelle: Hicks/Gullett* 1975, S. 388

Entsprechend wird in der Literatur (vgl. z. B. *Bleicher* 1971, *Hellriegel/Slocum* 1974, *Neuberger* 1977) i. d. R. von einem

- **extern induzierten** und einem
- **intern induzierten Wandel**

gesprochen; dabei ist zu beachten, daß auch die internen Anlässe mittelbar auf Änderungen in der Umwelt von Organisationen zurückzuführen sind.

## I. Externe Anlässe

Externe Anlässe ergeben sich aus einer wahrgenommenen Veränderung in einem oder mehreren für die Organisation relevanten Umweltsegmenten. Unter einem *relevanten* Umweltsegment verstehe ich dabei ein organisiertes Subsystem der Umwelt, das über die Macht verfügt, Handlungen und Verhaltensweisen der Organisation in ihrem Sinne zu beeinflussen.

Bei dem Versuch einer Klassifikation der dem Wandel unterliegenden Umweltfaktoren bietet sich eine Zweiteilung in mittelbare und unmittelbare Faktoren an.

### 1. Mittelbare Faktoren

In Anlehnung an *Farmer* und *Richman* (1965) können vier große Gruppen von Umweltfaktoren unterschieden werden:

a) **kulturelle Faktoren**
b) **sozialpsychologische Faktoren**
c) **rechtliche und politische Faktoren**
d) **wirtschaftliche und wirtschaftspolitische Faktoren.**

Zu a) zählen:

Die allgemeine Schulbildung; der Prozentsatz der Gesamtbevölkerung, der lesen, schreiben und rechnen kann; die durchschnittliche Anzahl der Schuljahre pro Kopf. Die spezielle Berufsausbildung und die allgemeine höhere Schulbildung; Umfang, Art und Qualität der Ausbildung. Die Ausbildung an Universitäten und Technischen Hochschulen. Umfang und Qualität der innerbetrieblichen Weiterbildung.

Die allgemeine Einstellung der Bevölkerung gegenüber einer Schul- oder Hochschulausbildung sowie gegenüber speziellen Lehrgebieten (z. B. Naturwissenschaften, Soziologie).

Zu b) zählen:

Die allgemeine oder dominierende Einstellung der Arbeitnehmer gegenüber dem Management; Bedeutung von Klassenkampf und Gewerkschaften.

Die Ausprägung und Bedeutung des Über- und Unterordnungsverhältnisses und des allgemeinen Autoritätsbewußtseins; vorherrschende Führungsstile.

Die Arbeitsauffassung und das Pflichtbewußtsein.

Das Ausmaß der vertikalen und horizontalen Mobilität innerhalb der Sozialstruktur eines Landes.

Die Haltung der Allgemeinheit gegenüber dem Besitz oder Erwerb materieller Güter (evtl. als Folge der Religion).

Die Einstellung gegenüber der Anwendung wissenschaftlicher Methoden bei der Lösung technischer, wirtschaftlicher und sozialer Probleme.

Der Grad und das Ausmaß der Bereitschaft zur Risikoübernahme.

Das Ausmaß der Bereitschaft zur Zusammenarbeit zwischen Individuen, Unternehmungen und Wirtschaftsorganisationen.

Zu c) zählen:

Die Ausgestaltung und Wirksamkeit der Rechtsstruktur, insbesondere des Handels- und Gesellschaftsrechts, des Arbeitsrechts, des Steuerrechts (vor allem Einkommen-, Körperschaft-, Umsatz- und Erbschaftsteuer) und weiterer für die Wirtschaft wesentlicher Gesetze.

Der Einfluß der Verteidigungspolitik auf die Wirtschaft eines Landes hinsichtlich der Handelsmöglichkeit mit potentiellen Feinden (Röhrenembargo – UdSSR) sowie der Entwicklung und Förderung strategisch wichtiger Industrien (Luftfahrt – Vietnamkrieg).

Der Einfluß der Außenpolitik auf die Unternehmung; Handelsrestriktionen, Kontingente, Zölle, Wechselkurse, Auslandshilfe etc.

Die innenpolitische Struktur und die allgemeine politische Stabilität.

Zu d) zählen:

Das vorherrschende Wirtschaftssystem (meist Mischform zwischen freier Marktwirtschaft und zentraler Planwirtschaft).

Die Ausgestaltung und die Arbeitsweise des Zentralbanksystems sowie deren Kontrollmöglichkeiten über die Geschäftsbanken; Geld- und Kapitalmarktpolitik. Die Fiscal Policy des Staates (fiskalische und monetäre Maßnahmen des Staates im Dienst der Konjunktur- und Beschäftigungspolitik).

Die wirtschaftliche Stabilität (Wachstum, Geldwertstabilität). Die Ausgestaltung und Leistungsfähigkeit des Geld- und Kapitalmarktes.

Die Größe der nationalen Absatzmärkte und das Ausmaß der wirtschaftlichen Integration mit Nachbarmärkten.

Die Infrastruktur; Verfügbarkeit und Qualität von Energieversorgung, Transport, Nachrichtenübermittlung etc.

Als fünfte Faktorengruppe ist noch der **technische Fortschritt** (Entwicklung neuer Techniken, Technologien, Materialien) anzuführen, der im Vergleich zu den anderen vier Gruppen mit am stärksten einem Wandel unterworfen ist, sodaß er heute zum wichtigsten Umweltfaktor avanciert ist.

Von den hier genannten fünf Faktorengruppen haben langfristige Veränderungen in den ersten beiden Gruppen anfang der 70er Jahre zu neuen **Erwartungen** geführt, die Mitglieder den Organisationen gegenüber hegen, nämlich (vgl. *Walton* 1972):

- höheres Bildungsniveau (bessere technische Qualifikationen u. verbesserte prozeßunabhängige Qualifikationen führen zu veränderten Anforderungen an die Qualität der Arbeit und des Arbeitsplatzes)
- gestiegener Wohlstand und Arbeitsplatzsicherheit (enges Netz sozialer Leistung gewährleistet weitgehende materielle Sicherheit)
- stärkere Betonung von Eigeninitiative, Autonomie und Selbstverwirkli-

chung (in der familiären, schulischen und kirchlichen Sozialisation wird immer weniger Gewicht auf Gehorsam, Obrigkeitsdenken und Autoritätsglauben gelegt)
- schwindende Leistungsmotivation (harte Arbeit, Leistungskonkurrenz und materielle Anreize verlieren an Attraktivität)
- Hinwendung vom Individualismus zu verstärktem sozialen Handeln und Denken (das Arbeiten, Wohnen und Leben in Gruppen gewinnt immer mehr an Bedeutung).

Diese veränderten Einstellungen und Erwartungen der Arbeit gegenüber stießen bei traditionellen Organisationsstrukturen auf diesen teils entgegengesetzte **Anforderungen,** was potentiell zu Frustration und Entfremdung führte (vgl. *Walton* 1972, S. 73):

| Erwartungen der Organisationsmitglieder | Traditionelle Organisation |
|---|---|
| Wunsch nach Arbeit in Gruppen, Gemeinsamkeit | Anreiz u. Kontrollsysteme betonen Wettbewerb u. individuelle Leistung |
| Wunsch nach emotionalen Ausdrucksformen neben rationalem Handeln | Emotionale Äußerungen sind unerwünscht |
| Wunsch nach zufriedenstellender Arbeit *jetzt* | Stellenhierarchie und überkommene Karrieremuster |
| Interesse an der Arbeit selbst und der gesellschaftlichen Akzeptanz der Produkte | Betonung materieller, extrinsischer Anreize |
| Wunsch nach kollegialer Kooperation, Teamarbeit | Betonung vertikaler Beziehungen in der Hierarchie, Statusdifferenzierung |
| Wunsch nach anregender Tätigkeit, die Wachstum erlaubt | Arbeitsteilung, Spezialisierung, Dequalifikation |

## 2. Unmittelbare Faktoren

Neben den Umweltfaktoren, auf deren Wandel die einzelne Unternehmung höchstens einen mittelbaren Einfluß nehmen kann, und die sie folglich überwiegend als Determinanten in ihr Kalkül einbeziehen muß, gibt es noch eine Klasse von Umweltfaktoren, auf welche die Unternehmung mehr oder weniger stark einwirken kann. Diese Umweltfaktoren lassen sich sinnvoll nach den für die Existenz der Unternehmung wichtigsten vier unmittelbaren Umweltsystemen einteilen, und zwar in Faktoren ihres
- **Beschaffungsmarktes**
- **Arbeitsmarktes**
- **Geld- und Kapitalmarktes**
- **Absatzmarktes.**

Diese Einteilung entspricht weitgehend dem Konzept der **Aufgabenumwelt** (task environment). Dieses von *Dill* (1958) geprägte Umweltkonzept umfaßt vier große Umweltsysteme:

- **Kunden** (Absatzmarkt)
- **Lieferanten** (Geld- und Kapitalmarkt, Beschaffungsmarkt, Arbeitsmarkt)
- **Konkurrenten**
- **Verwaltung, Behörden,**

in denen folgende Veränderungen anzutreffen sind:

*in 1. etwa:*

kürzere Produkt-Lebenszyklen, Marktsättigung, Geschmacks- und Modewandel, Differenzierung der Märkte, neue Märkte (Ausland)

*in 2. etwa:*

Energiekrise, Internationalisierung der Bezugsquellen (z. B. Eurodollarmarkt), Arbeitslosigkeit

*in 3. etwa:*

verstärkter Wettbewerb (Internationalisierung), Konzentration, Preisverfall, neu hinzutretende Wettbewerber

*in 4. etwa:*

Umweltschutzbestimmungen, Verbraucherschutz, Mitbestimmungsgesetzgebung.

Umfang und Intensität der Einflußnahme auf einzelne dieser Faktoren hängen von der vorherrschenden **Marktform**, der temporären **Marktsituation** und der **relativen Stellung** der Unternehmung in dem entsprechenden Markt ab. Die Bildung von Koalitionen zwischen einzelnen Marktteilnehmern (Verbände, Vereine, Gewerkschaften, Genossenschaften, Bürgerinitiativen etc.) kann hier zu einer erheblichen Stärkung der Marktposition führen und damit bessere Voraussetzungen für eine aktive Anpassungspolitik schaffen.

## II. Interne Anlässe

In Theorie und Praxis der Organisationsanalyse ist die Auffassung weit verbreitet, daß Organisationen in Analogie zu biologischen und anthropologischen, z. T. auch anthroposophischen (wie im Falle des NPI) Vorbildern gewisse **Lebensphasen** durchlaufen, in denen typische organisationsinterne Probleme bzw. Krisen auftreten. Diese Annahmen werden durch eine ganze Reihe historischer Analysen über Aufstieg und Untergang von Organisationen bestätigt. Aus der Fülle der in der Literatur diskutierten Phasenmodelle werde ich vier exemplarisch darstellen.

### 1. Entwicklungsphasen wirtschaftlicher Organisationen nach Lievegoed

*Lievegoed* (1974), einer der Gründer des Niederländischen Pädagogischen Instituts (NPI), einem führenden europäischen Institut für OE, unterscheidet drei typische Entwicklungsphasen im Leben einer Unternehmung:

a) **Pionierphase**
b) **Phase der Differenzierung**
c) **Phase der Integration.**

Zu a)

Der **Pionierbetrieb** ist eng mit der Persönlichkeit des Gründers, des Pioniers, verbunden. Er läßt sich durch folgende Charakteristika beschreiben (S. 44ff.):

- Die Führung ist autoritär (ohne Management)
- die Kommunikation ist direkt
- der Organisationsstil ist personenbezogen
- der Arbeitsstil ist durch Improvisation gekennzeichnet
- die Mitarbeiter bilden „eine große Familie"
- zu den Kunden bestehen enge Beziehungen (Auftragsfertigung).

**Probleme** am Ende der Pionierphase, wie

- Größenwachstum (Umsatz, Mitarbeiter)
- wachsende Komplexität der Technik
- wachsende Anonymität der Märkte
- Überforderung des Pioniers

leiten den Übergang zur nächsten Phase ein.

Zu b)

Kennzeichen dieser zweiten Entwicklungsphase ist das Phänomen der **Differenzierung.** Ansätze zur Aufgaben-, Funktions-, und Rollendifferenzierung gehen auf die Arbeiten von *Taylor* und *Fayol* zurück. Der Betrieb in der Phase der Differenzierung weist folgende Tendenzen auf:

- Mechanisierung: Substitution menschlicher Arbeit durch Maschinen
- Standardisierung: Vereinheitlichung von Produkten, Verfahren und Prozessen erleichtert Serien- und Massenfertigung
- Spezialisierung nach Funktionen: Einkauf, Produktion, Verkauf
  nach Führungsebenen: obere, mittlere, untere
  nach Phasen: Planung, Ausführung, Kontrolle
- Koordination: horizontale und vertikale Kommunikation, Stab-Linien-Organisation.

**Probleme** am Ende der Differenzierungsphase, wie

- Erstarrung (Formalisierung und Bürokratisierung)
- Kommunikationsbarrieren (interne und externe)
- Konflikte zwischen Stab und Linie
- mangelnde Motivation

- mangelnde Koordination von Aktionen
- Mißtrauen der Konsumenten

leiten den Übergang zur letzten Phase ein.

Zu c)

Nachdem in den ersten beiden Phasen der Entwicklung der Schwerpunkt der Organisationsbemühungen auf wirtschaftlichen und technischen Aspekten gelegen hat, wird nun das soziale Subsystem in den Mittelpunkt gerückt. Hierzu bedarf es einer neuen Organisationsform, der **Kleeblatt-Organisation** mit den vier ‚Blättern‘:

- Beziehungspflege nach außen: Marketing, Öffentlichkeitsarbeit
  nach innen: Mitarbeiterbeziehungen verbessern durch entsprechenden Führungsstil, Personalentwicklung
- Prozeßsteuerung: Zentrale Überwachung aller materiellen, finanziellen und informationellen Ströme, Entwicklung von integrierten sozio-technischen Systemen, Betonung auf horizontaler Kooperation
- Mittelverwaltung: Bereitstellung von materiellen und immateriellen Werten zur effizienten Beziehungspflege und Prozeßsteuerung
- Informationsverarbeitung: externe und interne Sammlung, Aufbereitung und Versorgung der Organisation mit allen benötigten Informationen.

Im Zentrum des Kleeblatts befindet sich die **Unternehmungsführung** (Management als Team), mit den Hauptaufgaben der langfristigen strategischen Planung und der Steuerung von Erneuerungs- und Entwicklungsprozessen. Die Führung von Einheiten unterhalb des Top Managements erfolgt in Managementgruppen, die sich aus jeweils drei Managern zusammensetzen (Beziehungs-, Prozeß- und Mittel-Manager).

Zusammenfassend läßt sich die 3. Phase wie folgt charakterisieren:

- Kollegiale Unternehmungsführung
- Konsequente Marketingorientierung (Kundenprobleme lösen)
- Beziehungspflege
  - nach innen: Entwicklung der Mitarbeiter
    flexible Organisation
  - nach außen: zu Konsumenten
    zu Behörden
    zu Gewerkschaften
    zu Aktionären
    zur Öffentlichkeit
- Assoziation mit anderen Unternehmungen
  als Zulieferer
  als Marktpartner
  als gemeinsame Abnehmer von Informationen.

Die dritte **Phase der Integration** kann auf dem Weg von organisatorischen Veränderungsprozessen erreicht werden. Das OE-Modell des NPI zeigt hierzu einen konkreten Weg (vgl. S. 673 sowie das Gegenstrommodell von *Rehn* 1979, S. 188ff.).

In Anlehnung an *Lievegoed* und *Glasl/Houssaye* (1975) unterscheidet *Goerke* (1981) vier Evolutionsstufen, die seiner Meinung nach unabhängig von der individuellen Ausprägung einer Organisation in allen Sozialgebilden zu beobachten sind:

- Gründungsphase
- Differenzierungsphase
- Spannungsphase
- Integrationsphase

Die gegenüber dem ursprünglichen Modell hinzugekommene **Spannungsphase** ist dadurch gekennzeichnet, daß aufgrund der starken Arbeitsteilung, Formalisierung und Bürokratisierung am Ende der Differenzierungsphase Konflikte zwischen den Abteilungen und ganz allgemein zwischen Individuum und Organisation auftreten.

## 2. Entwicklung von Organisationstypen nach Filley

*Filley* et al. (1976) unterscheiden drei Typen von Organisationen, und zwar nach der Art und Weise wie sie auf ihre Umwelt einwirken bzw. auf diese reagieren.

I. Organisation vom Typ ‚**Handwerksbetrieb**' (Craft Organization)
II. Organisation vom Typ ‚**dynamischer Unternehmer**' (Promotion Organization)
III. Organisation vom Typ ‚**bürokratische Verwaltung**' (Administrative Organization).

Eine Gegenüberstellung der wichtigsten Charakteristika der einzelnen Organisationstypen findet sich in Abb. 7.2 auf S. 648.

Nach *Filley/House/Kerr* (1976, S. 524ff.) gibt es zwar keine zwangsläufige Reihenfolge, in der die genannten Idealtypen auftreten, jedoch läßt sich generell festhalten, daß

- *Typ II*-Organisationen lediglich in Übergangsphasen anzutreffen sind, d.h. dieser Typ entwickelt sich über kurz oder lang in einen stabilen *Typ I* oder oder *III*,
- Organisationen vom *Typ I* und *II* bei Größenwachstum zu *Typ III*-Organisationen tendieren.

*Mintzberg* (1979) hat diese Klassifikation modifiziert und erweitert und kommt zu folgenden Entwicklungsstufen (S. 242ff.):

Stufe 1a: **Handwerks-Struktur**
Stufe 1b: **Unternehmer-Struktur**
Stufe 2: **Bürokratische Struktur**
Stufe 3: **Divisionalisierte Struktur**
Stufe 4: **Matrix-Struktur**

*Mintzberg* ist der Auffassung, daß Organisationen mit zunehmender Größe und zunehmendem Alter sich von Stufe 1a in Richtung Stufe 4 entwickeln.

*Abb. 7.2:* Organisationstypen nach *Filley*

| Wachstums-kontinuum | Handwerksbetrieb | dynamischer Unternehmer | bürokratische Verwaltung |
|---|---|---|---|
| 1. Ziele | angenehmes Leben, Überleben | persönlicher Erfolg | Anpassung an Märkte |
| 2. Politik | traditional | persönlich | rational |
| 3. Führung | Handwerker | Unternehmer | Manager |
| 4. Struktur | Hierarchie | Machtzentrum | rationale Hierarchie |
| 5. Mitarbeiter-beziehungen | persönlich | technisch-persönlich | technisch-koordinierend |
| 6. Funktions-teilung | keine | beginnend | voll entwickelt |
| 7. Arbeitszusam-menhang | klare Rollen | Interaktions-Erwartungen | homogen |
| 8. Innovation | keine Kreativität | hohe Innovation | konstante Entwick-lung |
| 9. Risiko/ Unsicherheit | kein Risiko | Unsicherheit | Risiko |
| 10. Erfolgsbasis | wohlwollende Umwelt | Vermarkten von Innovationen | geplante Anpassung an die Umwelt |
| 11. Wachstums-pfad | stabil | S-Kurve | linear |

*Quelle: Filley/House/Kerr* 1976, S. 519

## 3. Stufen organisatorischer Entwicklung nach Scott

*Scott* (1971) hat in einem häufig zitierten Modell (Stages of Corporate Development) drei typische Stufen organisatorischer Entwicklung abgebildet (vgl. Abb. 5.11 auf S. 429):

Stufe I: **Einprodukt-Unternehmung** mit keiner oder geringer funtionaler Spezialisierung.

Stufe II: Nach dem **Verrichtungsmodell** in Abteilungen differenzierte Unternehmung.

Stufe III: Nach dem **Objektmodell** in weitgehend autonome Geschäftsbereiche differenzierte Unternehmung.

*Wrighley* (1970) konnte in einer empirischen Erhebung zeigen, daß 1967 von den 500 größten US-amerikanischen Unternehmungen schon 86% die Entwicklungsstufe III erreicht hatten. In allen Fällen hat die Veränderung der Produktstruktur als Folge einer Strategie der Diversifikation eine ausschlaggebende Rolle gespielt.

*Child* (1977) hat die Typologie von *Scott* aktualisiert und um eine Stufe IV. ergänzt, die inzwischen von dem meisten **multinationalen Unternehmungen,** wie z. B. Unilever, erreicht worden ist. Diese Stufe ist gegenüber Stufe III gekennzeichnet durch eine breite geographische Streuung der Märkte, Matrix-Organisation, nicht integrierte Produkt- und Markt-Transaktionen, neben Rendite und Marktanteil Beachtung sozialer und gesellschaftlicher Effizienzanforderungen.

## 4. Kritische Phasen im Leben einer wachsenden Organisation nach Greiner

*Greiner* (1972) geht im Gegensatz zu *Scott* davon aus, daß die Entwicklung einer Organisation weniger aus externen als aus **internen Anlässen** zu erklären sei. Jede Unternehmung durchläuft mehr oder weniger deutlich zu identifizierende **Phasen der Evolution und Revolution,** wobei evolutionäre Perioden (alle 4–8 Jahre) durch das jeweilig dominierende *Management-Konzept* charakterisiert sind, während die relativ kurzen revolutionären Perioden durch das jeweils typische *Management-Problem* gekennzeichnet werden. *Greiner* unterscheidet insgesamt fünf Phasen, wobei jede Phase Folge der vorausgegangenen und Ursache für die nachfolgende ist. So ist z. B. Delegation die *Folge* der Forderung nach mehr Autonomie und *Ursache* für eine Kontroll-Krise, die aufgrund der Vernachlässigung von Koordinationsaspekten bei der Delegation entsteht.

In Abb. 7.3 findet sich eine kurze Charakterisierung der einzelnen Phasen.

*Abb. 7.3:* Entwicklungsphasen einer Organisation

| | Phase I | Phase II | Phase III | Phase IV | Phase V |
|---|---|---|---|---|---|
| Management Fokus | Produktion/ Verkauf | Produktivität | Marktexpansion | Konsolidierung der Organisation | Problemlösung/Innovation |
| Organisationsstruktur | informal | zentralisiert/ funktional | dezentralisiert/geographisch | Stab-Linie/ Produktgruppen | Teams in Matrixform |
| Führungsstil des Top Management | individualistisch/autoritär | direkt | delegierend | kontrollierend | partizipativ |
| Kontrollsystem | Markterfolg | Standards/ Cost Centers | Berichte/ Profit Centers | Pläne/Investment Centers | Zielvereinbarung |
| Belohnungssystem | Eigentum | Leistungslohn | Individuelles Bonussystem | Gewinnbeteiligung/ Belegschaftsaktien | Team-Bonussystem |

*Quelle: Greiner* 1972, S. 45

Abb. 7.4 zeigt die Abfolge der einzelnen Wachstumsphasen in Abhängigkeit von Alter und Größe der Organisation.

*Abb. 7.4:* Revolutionäre und evolutionäre Perioden im Leben einer Organisation

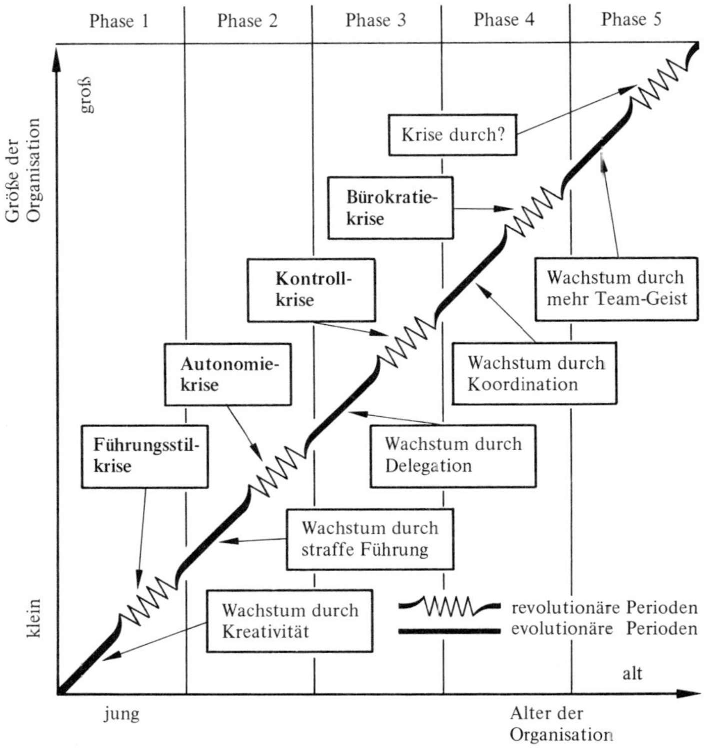


*Quelle: Greiner* 1972, S. 41

*Greiner* ist entschieden der Auffassung, daß der verantwortliche Manager selbst bei Kenntnis des Standes seiner Organisation in der Entwicklungslinie keineswegs versuchen sollte, eine Phase zu überspringen oder auch nur die revolutionären Perioden zu vermeiden. Denn in jeder Phase werden bestimmte Lernprozesse ablaufen, und in Krisen werden notwendige Entwicklungsschübe vorbereitet, was beides für die zukünftige ‚gesunde' Entwicklung einer Organisation unentbehrlich sei.

## 5. Empirische Untersuchungen

Während die bislang vorgestellten Typologien das Ergebnis von ex post – Analysen von Firmengeschichten, Fallstudien und historischen Entwicklungstrends darstellen, seien abschließend noch zwei empirische Arbeiten erwähnt.

*Hage/Aiken* (1970) analysieren folgende Determinanten des organisatorischen Wandels, operationalisiert als **Einflußfaktoren auf ‚program change'**, worunter sie die Hinzunahme neuer Produkte oder Dienstleistungen verstehen:

- Komplexität (Anzahl an unterschiedlichen Qualifikationen, die in einer Organisation benötigt werden)
- Zentralisation (Verteilung von Macht und Mitbestimmungsmöglichkeiten)
- Formalisierung (Ausmaß an Stellenbeschreibung, formalen Regeln und Anweisungen)
- Stratifikation (Ausmaß der Differenzierung von Status, Einkommen etc.)
- Produktion (mengenmäßiger Output)
- Effizienz (Wirtschaftlichkeit der Produktion)
- Zufriedenheit (Zufriedenheit mit der Arbeit und der Organisation).

*Hage/Aiken* kommen aufgrund empirischer Erhebungen in 16 Organisationen des Gesundheitsbereiches zu folgenden vorläufigen **Hypothesen:**

- je höher die Komplexität, desto höher die Rate des Wandels
- je höher die Zentralisation, desto niedriger die Rate des Wandels
- je höher die Formalisierung, desto niedriger die Rate des Wandels
- je ausgeprägter die Stratifikation, desto niedriger die Rate des Wandels
- je höher das Produktionsvolumen, desto niedriger die Rate des Wandels
- je stärker die Betonung der Effizienz, desto geringer die Rate des Wandels
- je höher die Zufriedenheit, desto höher die Rate des Wandels

Nach Auffassung der Autoren sind die sieben Variablen eng miteinander verbunden, d. h. die typische Konfiguration für eine Organisation mit *geringem* ‚program change' sieht wie folgt aus:

- hohes Ausmaß an Zentralisation, Formalisierung, Stratifikation, Produktions- und Effiziensdenken
- geringes Ausmaß an Komplexität und Zufriedenheit.

In einer jüngeren empirischen Erhebung in deutschen Großunternehmungen mit mehr als 1000 Beschäftigten wurde von *Kirsch* et al. (1978) u. a. auch nach den **Anlässen für Reorganisationsvorhaben** geforscht. In der Untersuchung wurde nach der Bedeutung von 32 externen und internen Anlässen für die Einleitung wichtiger Reorganisationsvorhaben (Einführung von Divisionalisierung, Planungssystemen, Informationssystemen) gefragt. Die Profile in Abb. 7.5 zeigen jeweils die durchschnittliche Bedeutung der abgefragten Anlässe. Aufgrund faktorenanalytischer Reduktionen kommen *Kirsch* et al. letztlich zu folgenden vier voneinander unabhängigen Initiierungsfaktoren, **Struktur, Umwelt, Wachstum, Führung,** die mit den in der Literatur gefundenen internen und externen Anlässen weitgehend identisch sind.

*Abb. 7.5:* Anlässe für geplanten organisatorischen Wandel

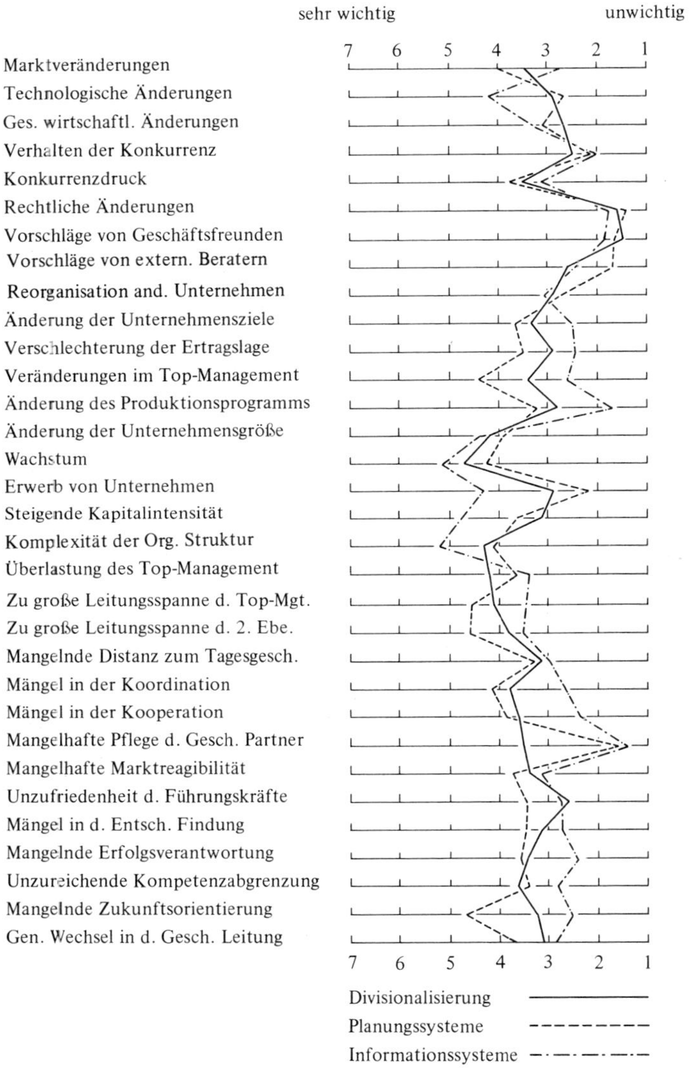


*Quelle: Kirsch/Esser/Gabele* 1978, S. 8

# C. Ansätze zur Beschreibung, Erklärung und Beeinflussung des Wandels

## I. Grundmodelle des Wandels

### 1. Das Gleichgewichtsmodell von Lewin und darauf aufbauende Konzepte

Die Feldtheorie *Kurt Lewin's* (vgl. S. 83f. der Arbeit) basiert stark auf naturwissenschaftlichen Analogien speziell aus dem Bereich der Physik. *Lewin* (1963) versucht geradezu eine **physikalische Psychologie** zu begründen, die menschliches Verhalten im Rahmen von psychologischen Kräftefeldern analysiert. Das psychologische Kräftefeld umfaßt alle Kräfte, die das Verhalten eines Menschen beeinflussen bzw. verändern können.

Übertragen auf Gruppen und soziale Organisationen hilft diese Sichtweise dabei, die Stabilität einer gegebenen sozialen Situation gegenüber Änderungsbemühungen zu analysieren. In der US-amerikanischen Literatur (vgl. z.B. *Kast/Rosenzweig* 1974, *Hellriegel/Slocum* 1976, *Hersey/Blanchard* 1977) findet dieser Ansatz *Lewin's* unter dem Begriff **‚Force Field Analysis'** (Kräftefeld-Analyse) als Diagnose- und Problemlösungstechnik weite Anwendung.

Nach *Lewin* (1947, 1958) existieren in jeder Situation Kräfte, die auf Wandel drängen (**driving forces**), und Kräfte, die Wandel behindern (**restraining forces**). Wenn die Summe der *akzelerierenden* Kräfte gleich der Summe der *retardierenden* ist, besteht ein **Gleichgewicht,** das den status quo beschreibt (vgl. auch *Bendixen/Schnelle/Staehle* 1968).

| akzelerierende Kräfte | Gleichgewicht | retardierende Kräfte |
|---|---|---|
| Wandel in der Umwelt (externe Anlässe) z.B. neue Technologie | → ← | Widerstände bei Individuen z.B. Gewohnheit, Angst, Sicherheitsstreben, Abhängigkeit |
| Wunsch nach Wandel in der Organisation (interne Anlässe) z.B. Humanisierung der Arbeit | → ← | Widerstände auf Organisationsebene z.B. Kurzzeitorientierung, fehlende Ressourcen, Angst vor Unruhe |

Jede Organisation muß, wenn sie auf Dauer überleben will, für ein Gleichgewicht zwischen den die bestehende Struktur stabilisierenden und den progressiven, akzelerierenden Kräften sorgen. Sind die retardierenden Kräfte im

Übergewicht, so ist der Widerstand gegenüber Wandlungsprozessen zu stark; notwendige Veränderungen der Organisation erfolgen nicht oder zu spät. Überwiegen dagegen die progressiven Kräfte und führen zu einem permanenten Prozeß des Wandels, so kommt die Organisation nicht zur Ruhe, die innere Unsicherheit verhindert eine notwendige Systemstabilität.

Soll ein gegebener Gleichgewichtszustand zugunsten eines neuen verändert werden, müssen die im status quo herrschenden Kräfte modifiziert werden, der gegebene Gleichgewichtszustand muß ‚*aufgefroren*' werden. Hierfür stehen grundsätzlich drei Strategien zur Verfügung:

1. **Verstärken der akzelerierenden Kräfte**
2. **Vermindern der retardierenden Kräfte**
3. **Umkehr der Richtung einer Kraft.**

Zu 1

Diese Strategie ist nur mit äußerster Vorsicht zu gebrauchen, da die Gefahr besteht, daß schwerwiegende retardierende Interessen übergangen werden und ein fruchtbarer Problemlösungsprozeß unmöglich wird

Zu 2

Dies ist der Hauptansatzpunkt für Wandlungsstrategien (vgl. das folgende Kapitel II)

Zu 3

Diese Vorgehensweise ist dadurch gekennzeichnet, daß aufgrund einer intensiven Analyse der retardierenden Kräfte versucht wird, Abwehrreaktionen als solche zu entlarven und das Engagement positiv in akzelerierende Kräfte zu wenden.

*Abb. 7.6:* Der Einfluß des Wandlungsprozesses auf das Leistungsverhalten einer Abteilung

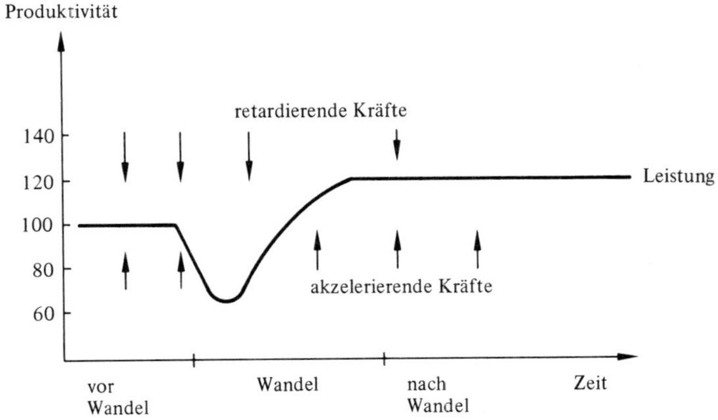


Abb. 7.6 zeigt beispielhaft den **Verlauf eines Wandlungsprozesses** als Übergang von einer Gleichgewichtssituation (Produktivität 100, vor Wandel)

zu einer neuen (Produktivität 120, nach Wandel). In aller Regel wird nach dem Auftauen der alten Gleichgewichtssituation aufgrund der Unruhe ein Leistungsabfall festzustellen sein. Erst wenn die akzelerierenden Kräfte sich positiv auswirken und der Wandel abgeschlossen ist, wird sich das System auf einem höheren Gleichgewichtszustand einpendeln, der dann auf diesem Niveau *,eingefroren'* werden soll.

Diese von *Lewin* entwickelte **,Force Field'-Analyse** wurde meines Wissens erstmals in einem Experiment in dem Hauptwerk der Harwood Manufacturing Corp. in Virginia angewandt. *Coch/French* (1948) berichten hier von Kräftefeld-Analysen zum besseren Verständnis von Widerständen gegen Wandel, speziell Versetzungen an neue Arbeitsplätze. Retardierende Kräfte konnten – so zeigten die Experimente – am besten durch rechtzeitige Information über Ursachen und Ziele des Wandels und durch eine Beteiligung der Betroffenen an der Planung des Wandels überwunden werden.[6]

Nach Auffassung von *Lewin* (1947, S. 34) umfaßt ein erfolgreicher Wandlungsprozeß drei Aspekte:

1. **Auftauen** des gegenwärtigen Gleichgewichts (unfreezing)
2. **Bewegen** zum neuen Gleichgewicht (moving)
3. **Einfrieren** des neuen Gleichgewichts (freezing)

*Schein* (1961) hat *Lewin's* Modell aufgegriffen und die drei Aspekte als Phasen in einem Beeinflussungsprozeß interpretiert:

1. **Auftauen** (Änderung der Kräfte, die menschliches Verhalten beeinflussen: Verstärken der akzelerierenden Kräfte und/oder Abbauen von Widerständen)
2. **Verändern** (Angabe der Richtung des Wandels und das Einüben neuer Verhaltensweisen)
3. **Einfrieren** (Integration des neuen Verhaltens in die bestehende Situation).

*Lippitt/Watson/Westley* (1958) haben das 3-Phasen Modell auf fünf Phasen erweitert, um der Komplexität von Wandlungsprozessen besser gerecht zu werden:

1. Entwicklung eines Bedürfnisses nach Wandel bei den Betroffenen (unfreezing)
2. Aufbau einer vertrauensvollen Beziehung zum Change Agent
3. Durchführung des Wandels (moving)
4. Generalisierung und Stabilisierung des Wandels (freezing)
5. Abbau der Beziehung zum Change Agent (Vermeidung von Abhängigkeiten).

Der Änderungsprozeß selbst (Phase 3) wird nochmals in drei Stufen untergliedert (Identifikation des System-Problems, Prüfen von alternativen Lösungen, Realisierung des Wandels), so daß letztlich ein 7-Phasen-Schema entsteht.

---

[6] Vgl. dagegen die dem entgegenstehenden Erfahrungen in einem norwegischen Experiment (*French/Israel/Ås* 1960).

Ganz ähnlich gehen auch *Donnelly/Gibson/Ivancevich* (1971) vor, die die Phasen in ein Flußdiagramm einbringen (vgl. Abb. 7.7).

*Abb. 7.7:* Phasen eines Wandlungsprozesses

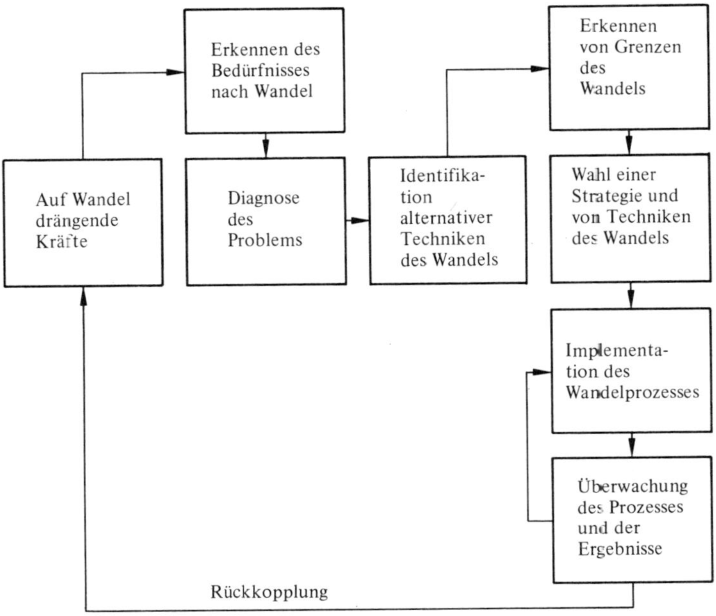


*Quelle: Donnelly/Gibson/Ivancevich* 1971, S. 231

## 2. Das Leavitt-Modell

*Leavitt* (1962, 1965) versteht unter Organisation ein komplexes System von Menschen und Sachen, das mittels einer bestimmten Struktur bestimmte Aufgaben zu erreichen sucht. Entsprechend läßt sich eine Organisation mit Hilfe von vier interdependenten Variablen beschreiben (s. Abb. 7.8):

1. **task** (Aufgaben, Ziele)
2. **people/actors** (Organisationsmitglieder)
3. **technology** (Technologie, Sachmittel)
4. **structure** (Kommunikationssystem, Rollensystem, Autoritätsstruktur).

Diese Variablen stellen gleichzeitig **Ansatzpunkte für organisatorischen Wandel** dar. Bei gegebener Organisationsaufgabe lassen sich dann drei Ansätze unterscheiden:

- **strukturelle Ansätze**
- **technologische Ansätze**
- **personale Ansätze**

*Abb. 7.8:* Die vier Systemvariablen nach *Leavitt*

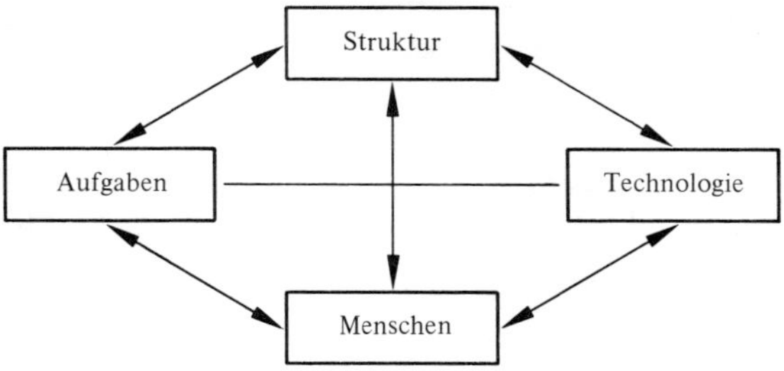


Aufgrund der hohen Interdependenz der vier Variablen untereinander (vgl. die Pfeile in Abb. 7.8) führen Veränderungen in einer Variablen zu gegenläufigen oder verstärkenden Änderungen in den beiden anderen.

Zur Zeit als *Leavitt* seinen Grundsatz-Artikel im Handbook of Organization über ‚Applied Organizational Change in Industry' schrieb, standen die **PE** (= **Power Equalization**)-**Modelle** im Mittelpunkt des Interesses und folglich standen auch personale Ansätze im Vordergrund. PE-Modelle (*Leavitt* 1965)

- stellen den Menschen (seine Empfindungen, Wünsche, Motive) in den Mittelpunkt
- ziehen den internen, selbstgenerierten Wandel von Individuen, Gruppen und Organisationen einem von außen induzierten, geplanten Wandel vor
- legen großen Wert sowohl auf die Entwicklung der Persönlichkeit und auf Selbstverwirklichung als auch auf Aufgabenerfüllung
- postulieren normativ, daß die Macht in Organisationen gleichmäßig zu verteilen sei.

Als zentrale **Schwächen** der PE-Ansätze sieht *Leavitt* die unzulässige Verallgemeinerung ihres Geltungsanspruches und die mangelnde empirische Bestätigung der versprochenen Verbesserungen. Schon 1965 sieht *Leavitt* deshalb die Notwendigkeit für die Ausarbeitung mehr technologischer und struktureller Änderungsansätze.

Die Dreiteilung der Ansätze zum organisatorischen Wandel (**Leavitt-Modell**) hat sich in der Literatur weitgehend durchgesetzt (vgl. z.B. *Hicks/Gullett* 1975, S. 394, *Hellriegel/Slocum* 1974, S. 435ff., 1976, S. 382ff., *Porter/Lawler/Hackman* 1975, S. 439ff.).

*Hellriegel/Slocum* (1974) sprechen sehr anschaulich einmal von **‚what approaches'** (systematische Ansätze), die mit dem *Leavitt*-Modell identisch sind (strukturelle, technologische, personale), und zum anderen von **‚how approaches'** (Prozeß-Ansätze). Letztere umfassen nach ihrer Auffassung Änderungstechniken wie Sensitivity Training und Managerial Grid und sind als Organisationsentwicklungs-Ansätze im engeren Sinn zu verstehen.

*Porter/Lawler/Hackman* (1975) unterscheiden ebenfalls drei Ansätze für organisatorischen Wandel

- Änderung der **Organisationsmitglieder**
- Änderung der **Organisationsstruktur**
- Änderung des **Organisationsklimas.**

Lediglich die letzte Änderungsstrategie bezeichnen sie als Organisationsentwicklung.

*Carlisle* (1976, S. 450) ordnet gemäß seinem situativen Vorgehen den oben genannten Kräften oder Variablen des Wandels spezifische **Methoden des Wandels** zu:

| Kräfte/Variablen | Methoden des Wandels |
|---|---|
| Zweck, Ziele | Redefinition des Zwecks<br>Modifikation von Zielen<br>MbO |
| Aufgaben | Änderung der Art der Aufgaben<br>Änderung der Aufgabensynthese<br>Aufgabenbereicherung |
| Technologie | Änderung der Methoden<br>Änderung der Maschinen<br>Automation |
| Menschen | On-the-job Training<br>Job Rotation<br>Sensitivity Training<br>Management Development |
| Struktur | Änderung der Arbeitsplatzbeschreibung<br>Änderung der Abteilungsbildung<br>Änderung von Autorität und Verantwortung<br>Organisationsentwicklung i. e. S. |
| Umwelt | Analyse der Umwelteinflüsse<br>Entwicklung von Abwehr- oder Kooperationsstrategien |

## II. Strategien des Wandels

### 1. Die Typologie von Bennis

*Bennis* (1966) entwickelt einen Katalog von acht Veränderungsstrategien

a) Veränderung durch planmäßigen Wandel (*planned change*): Change Agent und Klient verfügen über gemeinsame Macht und Zielsetzung

b) Veränderung durch Unterweisung (*indoctrinal change*): einseitige Machtverteilung, aber gemeinsame Zielsetzung

c) Veränderung durch Zwang (*coercive change*): einseitige Machtverteilung und Zielsetzung

d) Veränderung durch Interaktion *(interactional change):* gemeinsame Macht und Ziele
e) Technokratische Veränderung *(technocratic change):* gemeinsame Macht, aber einseitige Zielfestlegung
f) Veränderung durch Sozialisation *(socialisation change):* einseitige Macht und Zielfestlegung
g) Veränderung durch Nachahmung *(emulative change):* einseitige Macht ohne ausdrückliche Ziele
h) Natürliche Veränderung *(natural change):* gemeinsame Macht ohne ausdrückliche Ziele.

## 2. Die Typologie von Chin/Benne

In ihrem inzwischen klassischen Artikel „General Strategies for Effecting Changes in Human Systems" unterscheiden *Chin/Benne* (1975) drei Strategien zur Veränderung sozialer Systeme:

a) **empirisch-rationale Strategien**
(empirical-rational)
b) **normativ-reedukative Strategien**
(normativ-re-educative)
c) **Macht- und Zwangsstrategien**
(power-coercive).

Zu a)
Diese Strategie geht von der Annahme aus, daß Menschen **rational** handeln und ihrem Eigeninteresse folgen. Wandel wird *dann* von den Betroffenen akzeptiert, wenn sie über die Vorteilhaftigkeit der Änderung aufgeklärt worden sind und der Wandel sich rational rechtfertigen läßt. Die notwendige Aufklärung kann durch Grundlagenforschung, Verbreitung von neuen Erkenntnissen durch die Bildungseinrichtungen, Besetzung von Führungs- und Stabspositionen mit hochqualifizierten Technokraten, Entwurf realer Utopien und Verbesserung sozialer Kommunikation erreicht werden.

Zu b)
Diese Strategie geht davon aus, daß menschliches Handeln und Verhalten von sozio-kulturellen **Normen** und individuell empfundenen Verpflichtungen diesen gegenüber geprägt sind. Handeln und Verhalten läßt sich demnach nur dann ändern, wenn es gelingt, die die Einstellungen tragenden Normen und Werte der Menschen zu verändern. Veränderung ist hier nicht etwas von außen Herangetragenes, sondern ein von den Betroffenen (Klienten) aktiv zu vollziehender Lernprozeß. Dabei können durchaus Hilfen angeboten werden, um das Lernen des Lernens zu erleichtern.

Zu c)
Diese Strategie stützt sich zur Durchsetzung von Veränderung auf **Macht,** sei sie legitimiert (Autorität) oder nicht, die mittels ökonomischer, politischer

oder sozialer Sanktionen erwünschtes Verhalten erzwingt. Denkbare Ansätze dieser Art reichen von Strategien der Gewaltlosigkeit (z. B. *Gandhi*, *King*) über den Einsatz politischer Macht (Gesetzgebung) bis hin zum Austausch von Machteliten (Revolution).

*Chin/Benne* sind realistisch genug einzusehen, daß auch die Strategien vom Typ a und b zwangsläufig die reale Machtsituation berücksichtigen müssen, wenn sie nicht bloße Sozialromantik verkünden wollen; jedoch impliziere dies nicht zwangsläufig die Inanspruchnahme von Machtstrategien.

## 3. Die Typologie von Greiner

Besondere Beachtung in der Literatur hat die Einteilung von *Greiner* (1967) gefunden, der die vorfindlichen Strategien zur Initiierung von organisatorischem Wandel auf einem **Macht-Kontinuum** anordnet:

Macht-Kontinuum

| einseitige Machtausübung | gemeinsame Machtausübung | delegierte Macht |
|---|---|---|

a) Zu Strategien der **einseitigen Machtausübung** zählen
- der Anordnungsansatz *(by decree)*
  (von oben verordneter Wandel)
- der Ablösungsansatz *(by replacement)*
  (Wandel durch personelle Veränderung)
- der Strukturansatz *(by structure)*
  (Verhaltensänderung durch Strukturänderung).

b) Zu Strategien der **gemeinsamen Machtausübung** zählen
- der Gruppenentscheidungsansatz *(by group decision making)* (Beteiligung der Betroffenen an der Formulierung von Alternativen bei gegebenen Zielen)
- der Gruppenproblemlösungsansatz *(by group problem solving)* (Betroffene definieren und lösen gemeinsam die Probleme).

c) Zu Strategien der **delegierten Macht** zählen
- der Falldiskussion-Ansatz *(by case discussion)*
  (Betroffene erheben und analysieren selbst Daten aus der Organisation)
- der T-Gruppen-Ansatz *(by T-group sessions)*
  (Verhaltensänderung durch Selbsterkenntnis).

Eine empirische Analyse von 18 Fallstudien über organisatorischen Wandel ergab, daß die als erfolgreich beschriebenen Fälle Strategien der gemeinsamen Machtausübung verfolgten, während die weniger erfolgreichen Organisationen Strategien an den Endpunkten des Macht-Kontinuums gewählt hatten.

*Abb. 7.9:* Phasen eines ‚effizienten' Wandlungsprozesses

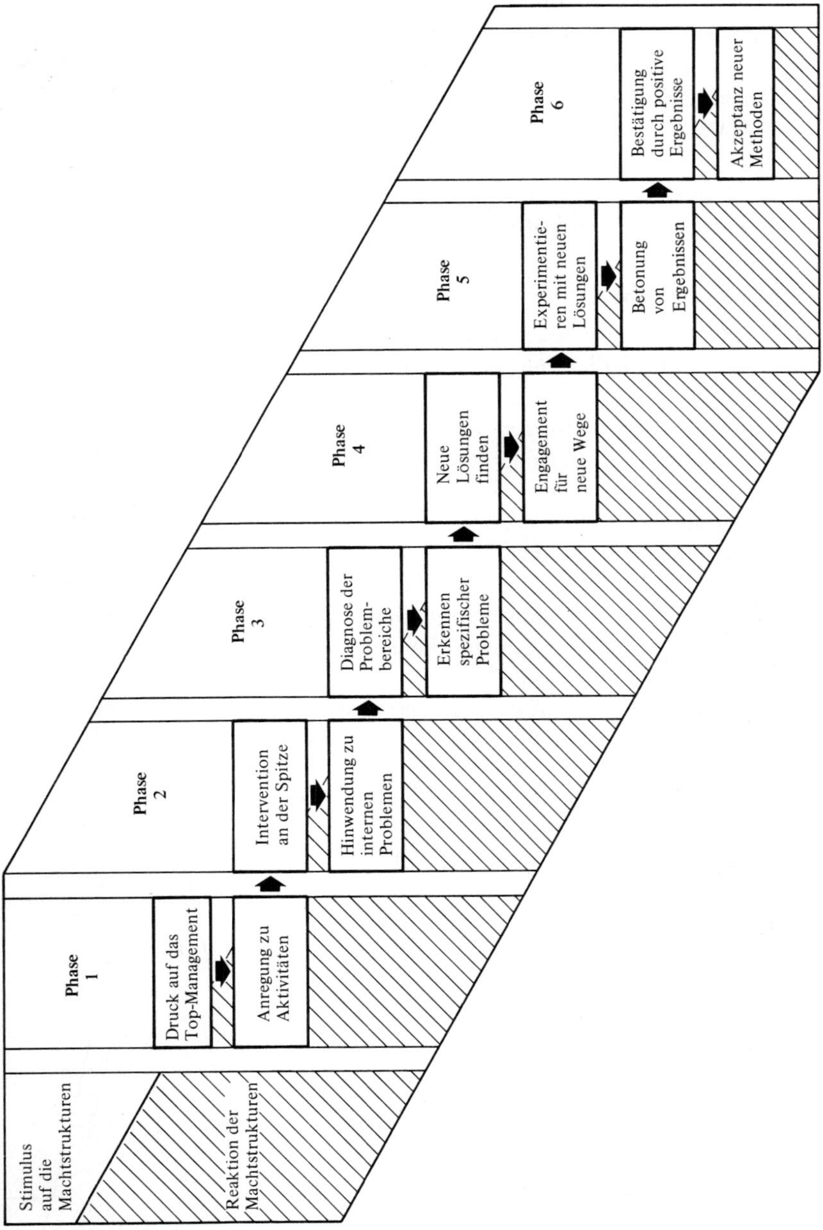


*Quelle: Greiner* 1967, S. 124

Auf der Grundlage dieser eingestandenermaßen schwachen empirischen Basis schlägt *Greiner* für effiziente Wandelprozesse vor

1. einen Machtausgleich in Richtung auf gemeinsame Machtausübung,
2. dies im Rahmen eines Prozesses mit sechs Phasen, die sich jeweils in einem dialektischen Verhältnis von Stimulus und Reaktion weiterentwickeln (vgl. Abb. 7.9).

## 4. Typologien von Porter/Lawler/Hackman

*Porter* et al. (1975, S. 473ff.) unterscheiden nach den Kriterien

- Interventionsebene in der Hierarchie
- Grad der Standardisierung der Interventionstechnik
- Intensität der Intervention

insgesamt sieben Arten von **Veränderungs-Strategien:**

a) Wandel-Strategien nach der **Interventionsebene** in der Hierarchie
   - **top down**
   - **bottom up**
   - **from middle both ways**

Nach herrschender Meinung der OE-Praxis ist der ‚top down‘ Ansatz in den meisten Fällen der richtige, da mit ihm am leichtesten und nachhaltigsten die notwendige Top Management-Unterstützung erreicht wird.

*Abb. 7.10:* Alternative Ausgangspunkte für organisatorischen Wandel

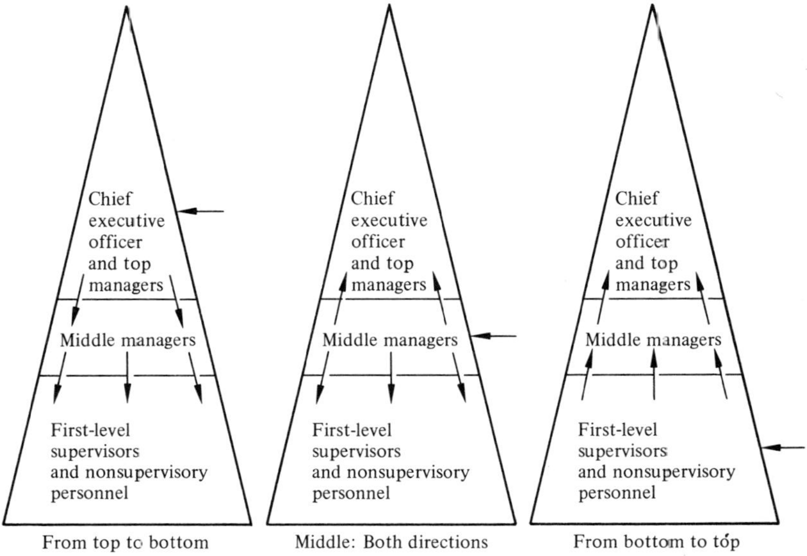


*Quelle: Porter/Lawler/Hackman* 1975, S. 474

Wird auf Breitenwirkung und hohe Akzeptanz Wert gelegt, kann der Wandel auch auf mittlerer oder unterer Ebene begonnen werden. Dabei ist jedoch die Top Management-Unterstützung und das Engagement der Middle Manager sicherzustellen.

b) Wandel-Strategien nach dem Grad der **Standardisierung** der Interventionstechnik
   - **Prepackaged change**
     Hier handelt es sich um mehr oder weniger vorgeplante, standardisierte Programme, wie Grid-OE oder MbO, die die Organisation von einem Berater-Team kauft; bei fehlendem persönlichen Engagement und großer Distanz zu den Ursachen des Wandels führen solche Ansätze kaum zu organisatorischer Entwicklung.
   - **Individualized change**
     Hier handelt es sich um *maßgeschneiderte* Programme, die von den konkreten Problemen der Organisation ausgehen. Diese werden zunächst mit Methoden der empirischen Sozialforschung erhoben und den Betroffenen rückgekoppelt (z. B. Survey-Feedback-Methode). Diese Vorgehensweise ist bedeutend aufwendiger, erfordert die aktive Teilnahme aller Organisationsteilnehmer, führt aber mit hoher Wahrscheinlichkeit zum gewünschten Wandel.

c) Wandel-Strategien nach der **Intensität** der Intervention
   - **Radical change**
     Radikale Eingriffe in die Organisation, wie Austausch von Führungskräften, revolutionäre strukturelle Veränderungen.
   - **Gradual change**
     Anpassung der Eingriffe an das Ausmaß, in dem die Organisation Wandel und Wertveränderungen verkraften kann.

## III. Techniken der Organisationsentwicklung

### 1. Typologien von Interventionstechniken

Seit den ersten ‚Sensitivity-Trainings', durchgeführt in den 1947 auf Initiative von *K. Lewin* gegründeten National Training Laboratories in Bethel, Maine, wurde zur Erreichung der Ziele der OE eine Vielzahl von Techniken (OD Interventions) entwickelt, die jeweils an unterschiedlichen organisatorischen Ebenen ansetzen und unterschiedliche individuelle Betroffenheit auslösen (vgl. Abb. 7.11).

Aufgrund der Unübersichtlichkeit der Ansätze bietet sich eine systematisierende **Typologie** an.

Zu den bekanntesten zählen

*Abb. 7.11:* Organisatorische Ansatzpunkte für geplante Interventionen

Strukturelle Ansätze ← → Personale Ansätze

| Ebene I | Ebene II | Ebene III | Ebene IV | Ebene V | Ebene VI | Ebene VII | Ebene VIII | Ebene IX | Ebene X |
|---|---|---|---|---|---|---|---|---|---|
| Organisationsstruktur | Geschäftspolitik | Personalpolitik | Leistungsbeurteilung, -anreize | Einstellungen und Fähigkeiten des Managements | Einstellungen und Fähigkeiten der Mitarbeiter | Intergruppenverhalten | Intragruppenverhalten | Individ. Verhalten | Individuum/ Gruppenverhalten |

Niedrig ← Ausmaß des beabsichtigten Wandels → Hoch

*Quelle: Selfridge/Sokolik* 1975, S. 49

- die Typologie von *Lawrence/Lorsch* (1969b), die nach Zielen des Wandels und dem jeweiligen Anteil kognitiver/emotionaler Aspekte differenzieren (vgl. Abb. 7.12),

*Abb. 7.12:* Ziele und Mittel organisatorischen Wandels

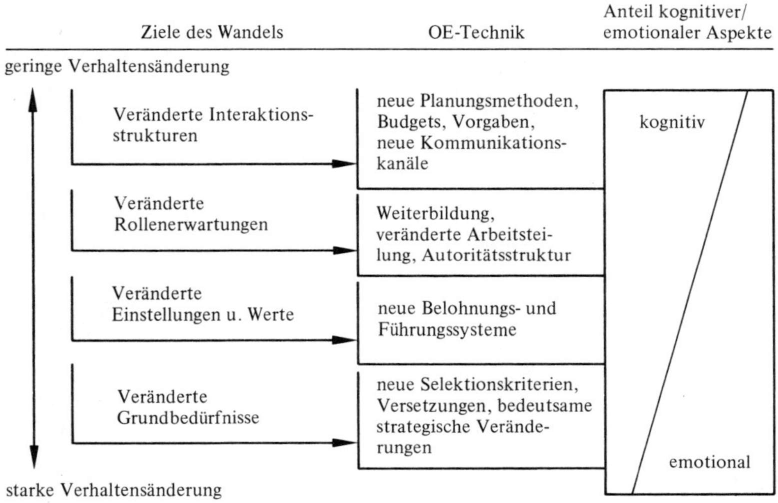


*Quelle: Lawrence/Lorsch* 1969b, S. 87

- die Typologie von *Harrison* (1970), der nach der Tiefe der Betroffenheit des Individuums vom Wandel einteilt in
  - gesamtorganisatorische Ansätze (Operations Analysis), z. B. Kontingenzansätze, Survey-Feedback
  - arbeitsorganisatorische Ansätze (Individual Performance and Appraisal), z. B. Arbeitsstrukturierung, Rollenanalyse
  - Arbeitsverhalten (Work Style), z. B. Prozeßberatung, Teamentwicklung
  - zwischenmenschliche Beziehungen (Interpersonal Relationships), z. B. Sensitivity Training, Transaktionsanalyse,
- die Typologie von *Hellriegel/Slocum* (1976), die in Anlehnung an das *Leavitt*-Modell in
  - personenorientierte Ansätze
  - aufgabenorientierte Ansätze
  - technologieorientierte Ansätze
  - strukturorientierte Ansätze unterscheiden (vgl. Abb. 7.13).

Im Unterschied zur klassischen empirischen Sozialforschung werden bei fast allen OE-Techniken die bekannten **Methoden der Datenerhebung**

- Interview
- Fragebogen

*Abb. 7.13:* Charakterisierung unterschiedlicher Ansätze des Wandels

| Ansätze des Wandels | Dimensionen | | | |
|---|---|---|---|---|
| | Typen von Change Agents | Kognitive Betonung | Affektive/ emotionale Betonung | Erfordernis eines Klimas des Vertrauens |
| **personenorientiert:** | | | | |
| Survey Feedback | OD | mittel | schwach bis mittel | mittel |
| Management by Objectives | PCT, OD | mittel bis stark | schwach bis mittel | schwach bis stark |
| Grid Organization Development | OD | stark | mittel bis stark | mittel bis stark |
| Transaktionsanalyse | OD | mittel bis stark | mittel bis stark | mittel bis stark |
| Sensitivity Training | OD | schwach bis mittel | stark | stark |
| **aufgabenorientiert:** | | | | |
| Autonome Gruppen | PCT, OD | stark | mittel | stark |
| **technologieorientiert:** | | | | |
| Computer Systeme | AFT, PCT | stark | schwach | schwach |
| **strukturorientiert:** | | | | |
| Rollenbeziehungen | AFT, PCT, OD | stark | schwach bis mittel | schwach bis mittel |

OD = OE-Berater[7] PCT = Sozialtechnologe[7] AFT = Top Management-Berater[7]

*Quelle: Hellriegel/Slocum* 1976, S. 408

[7] Diese Typen werden im Abschnitt IV 1 besprochen (S. 691 ff.).

- teilnehmende Beobachtung
- Gruppendiskussion

nicht nur zur *Erhebung der Realität* sondern zugleich zur *Veränderung* (organisatorischer Wandel) benutzt. Dabei können die Techniken einmal an der Struktur der Organisation (structural intervention) und/oder dem Verhalten in der Organisation (process intervention) ansetzen.

Im weiteren Verlauf dieses Abschnitts folge ich (ebenso *Huse* 1975) den Einteilungen von *Selfridge/Sokolik* (1975) und *Harrison* (1970).

## 2. Techniken auf der Ebene der Organisation

### *a. Kontingenzansatz*

Ansatz und empirische Basis der von *Lawrence/Lorsch* (1967) entwickelten Kontingenztheorie der Organisation wurden ausführlich in Kapitel 5 DI (S. 479ff. der Arbeit) besprochen. In einem späteren Werk *(Lawrence/Lorsch* 1969b) haben sie zur Eignung dieses Ansatzes als Konzept der Organisationsentwicklung genauer Stellung genommen.

*Lawrence/Lorsch* (1969b) sehen das Problem der OE als Übergang einer Organisation von einem gegebenen Zustand zu einem erwünschten besseren. Dabei folgen sie einem **‚outside-in' Ansatz,** der über drei Ebenen abläuft. Auf der *ersten Ebene* werden die Interaktionen zwischen Organisation und ihrer Umwelt analysiert (organization – environment interface) und ein *‚fit'* zwischen Anforderungen der Umwelt und Struktur der Organisation angestrebt. Auf der *zweiten Ebene* sind die Interaktionen zwischen organisatorischen Subsystemen (group-to-group interface) Gegenstand der Entwicklung. Hier soll eine effizientere Integration und Zusammenarbeit zur besseren Erreichung der Organisationsziele angestrebt werden. Letztlich auf der *dritten Ebene* Individuum/Organisation (individual-and-organization interface) gilt es, einen optimalen *‚fit'* zwischen den individuellen Bedürfnissen der Organisationsmitglieder und den organisatorischen Rollenerwartungen herzustellen.

Der OE-Prozeß nach dem Kontingenzansatz läuft gemäß den Vorstellungen der Autoren in vier eng miteinander verbundenen **Phasen** ab.

*1. Phase:* **Diagnose.** Hier werden die relevanten Umweltausschnitte und die Organisation analytisch durchleuchtet, und zwar mit Hilfe von Interviews und Fragebogen (allerdings ausschließlich für Manager). Das Ausmaß der Lücke zwischen Ist-Zustand und gewünschtem Soll-Zustand der Organisation bestimmt die Wahl der *gap*-adäquaten Interventionstechniken (vgl. Abb. 7.12).

*2. Phase:* **Aktions-Planung.** Wahl einer Veränderungsstrategie (z.B. Weiterbildungsprogramm, Strukturwandel, Produkt-Markt-Veränderung), die den Bedürfnissen der Organisation und des Managements entspricht (tailormade).

*3. Phase:* **Implementation.** Umsetzung der Strategie in die Realität und Einübung neuen organisatorischen Handelns.
*4. Phase:* **Evaluation.** Vergleich der Ergebnisse mit den Zielen, und Analyse der Abweichungen. Dies ist zugleich die 1. Phase eines neuen OE-Prozesses.

Da der Kontingenzansatz eine eher formal-strukturanalytische, statische ex post Orientierung aufweist, erhebt sich die Frage, ob er überhaupt als OE-Technik anzusehen ist. Die Stärke des Ansatzes liegt zweifellos im diagnostischen Bereich, und hier findet er auch verbreitet Anwendung. Zur Gestaltung neuer Organisationen und zur Veränderung bestehender erscheint er aufgrund der fehlenden verhaltenswissenschaftlichen, speziell gruppendynamischen Fundierung weniger geeignet.

Trotz dieser Mängel hat es nicht an weiteren Versuchen gefehlt, den situativen Ansatz der Organisationstheorie (vgl. S. 82ff.) für die OE fruchtbar zu machen (vgl. z. B. *Goldmann* 1982, *Wohlgemuth* 1982).

### *b. Survey Feedback*

Das Verfahren der **Datensammlung** (survey) innerhalb einer Organisation und deren ausgewerteten **Rückkopplung** (feedback) an die Organisationsmitglieder wurde in den 50er Jahren am Institute for Social Research der University of Michigan u. a. von *Floyd Mann, David Bowers* und *Rensis Likert* entwickelt. Ausgangspunkt der OE sind empirisch, mit Hilfe **standardisierter Fragebogen,** erhobene Daten (und nicht Glaubensbekenntnisse) über wesentliche Eigenschaften (properties) der Organisation, wie Führungsstil, Organisationsklima, Zufriedenheit. Nach ausführlicher Diskussion und mit Zustimmung des Top Managements werden die Fragebogen anonym i. d. R. von allen Organisationsmitgliedern ausgefüllt, anschließend nach Gruppen und Abteilungen ausgewertet, den Ausfüllenden rückgekoppelt und die Ergebnisse in einer Vielzahl von Gruppensitzungen diskutiert. Die Diskrepanzen zwischen eigener Einschätzung und den Gruppen- bzw. Abteilungsdurchschnittswerten sowie den idealen Sollvorstellungen (z. B. System 4 Management) geben Anlaß zur Entwicklung von Verbesserungs- bzw. Änderungsmaßnahmen, wobei die Auswertungs-Gruppen sich allmählich zu Problemlösungs-Gruppen umfunktionieren. Zur Sicherstellung der Vertraulichkeit und Wissenschaftlichkeit der empirischen Erhebung empfiehlt es sich, die Dienste eines externen Change Agents (Sozialwissenschaftler) in Anspruch zu nehmen. Auch bei den Feedback-Sitzungen kann ein Change Agent mit gruppendynamischen Kenntnissen eine wertvolle Unterstützung darstellen.

Das ‚Insitute for Social Research' hat im Laufe der Jahre äußerst valide und reliable Erhebungsinstrumente entwickelt, nicht zuletzt auf der Grundlage einer **Längsschnittanalyse** (Intercompany Longitudinal Study) in insgesamt 31 Organisationen (vgl. *Bowers/Seashore* 1966, *Taylor/Bowers* 1972, *Bowers/Franklin* 1972). Das breite und gut aufbereitet dokumentierte Datenmaterial des Instituts erlaubt einen Vergleich der individuellen Daten einer Organisation mit Durchschnittswerten vergleichbarer Organisationen.

Damit wird gleichzeitig eine **Schwäche des Survey Feedback** – ähnlich dem Kontingenzansatz – deutlich: Der OE-Prozeß geht von den bestehenden Verhältnissen aus, und die Konstatierung auch nur einigermaßen positiver Äußerungen über die Organisation können – mangels Alternativen – zu einer Verfestigung der bestehenden Strukturen führen. Das hohe Engagement und die hohe Motivation zur Veränderung können in Resignation umschlagen, wenn die von den einzelnen Gruppen vorgeschlagenen Änderungen vom Management nicht aufgegriffen, geschweige denn realisiert werden.[8] Survey Feedback sollte deshalb nur dann eingesetzt werden, wenn ein entsprechender Handlungsspielraum besteht, und das Top Management sich voll und ganz zur Durchsetzung beschlossener Änderungen bekennt. Unter Berücksichtigung dieser notwendigen Bedingungen stellt Survey Feedback eine solide Technik zur wenn auch nur marginalen Veränderung von Organisationen dar. So konnte *Bowers* (1973) in einer vergleichenden Studie über die Leistungsfähigkeit unterschiedlicher OE-Techniken für die Survey Feedback Methode die besten Ergebnisse berichten.

### *c. Konfrontationssitzung*

Eng verwandt mit dem Survey Feedback – was die möglichst breite Problemdiagnose anbetrifft – ist die Technik der Konfrontationssitzungen (vgl. *Beckhard* 1967, 1972, *Bennis* 1970). Sie ist allerdings bedeutend einfacher zu handhaben – lediglich **Gruppendiskussionen** ohne Fragebogenaktion – und beansprucht bedeutend weniger Zeit (4 bis 8 Stunden). Zur Moderation der Gruppensitzungen werden jedoch entsprechend ausgebildete und erfahrene Experten benötigt. Ziel ist die Mobilisierung und Motivation möglichst aller Organisationsmitglieder, Probleme und Unzuträglichkeiten zu diagnostizieren, diese in eine Rangordnung nach der Dringlichkeit und Bedeutsamkeit zu bringen und schließlich Lösungsvorschläge zu entwickeln. Hierzu schlägt *Beckhard* (1967, S. 154), der Hauptvertreter dieses Ansatzes, ein **Sieben-Phasen-Programm** vor.

*1. Phase:* **Einstimmung** (ca. 1 Stunde)
Der Top Manager, unterstützt von einem Change Agent, erläutert Ziel und Ablauf der Veranstaltung und betont die Notwendigkeit eines freien, offenen Meinungsaustausches (confrontation), bei dem niemand mit negativen Konsequenzen zu rechnen hätte.

*2. Phase:* **Informationssammlung** (ca. 1 Stunde)
Die Großgruppe teilt sich nun auf in heterogene (was Abteilungszugehörigkeit und hierarchische Stellung anbetrifft) Kleingruppen von 7 bis 8 Mitglie-

---

[8] Diese letzte Kritik trifft allerdings generell auf alle OE Maßnahmen zu.

dern und beginnt, über Probleme der Organisation (nicht einer Abteilung) zu diskutieren.

*3. Phase:* **Informationsaustausch** (ca. 1 Stunde)
Gewählte Gruppensprecher einer jeden Gruppe präsentieren der Großgruppe das Ergebnis, das gleichzeitig in Form einer Wandzeitung in dem Veranstaltungsraum festgehalten und für jeden kopiert wird.

*4. Phase:* **Prioritäten setzen und Aktionsplanung** (ca. 1 Stunde)
Die Großgruppe teilt sich in homogene Gruppen (Größe und Zusammensetzung entsprechend dem Organisationsplan) auf, diskutiert die Relevanz der Problemfelder für ihre jeweilige Abteilung, setzt Prioritäten und schlägt erste Lösungsansätze vor.

*5. Phase:* **Aktionsplanung für die Gesamtorganisation** (1 bis 2 Stunden)
Die Gruppensprecher berichten in der Großgruppe über die Prioritäten und Aktionspläne, woran sich eine generelle Diskussion über die organisationsweite Vorgehensweise anschließt.

*6. Phase:* **Follow-up durch das Top Management** (1 bis 3 Stunden)
Das Top Management trifft sich unmittelbar im Anschluß an die Konfrontationssitzung und beschließt erste Aktionsschritte.

*7. Phase:* **Diskussion erster Ergebnisse** (2 Stunden)
Das Top Management trifft sich vier bis sechs Wochen später und diskutiert den Fortschritt der OE-Bemühungen.

Obwohl die Konfrontationssitzung von *Beckhard* ursprünglich nur für Manager konzipiert war, läßt sich diese Technik für alle Ebenen und alle Mitglieder der Organisation anwenden. Die größere Zahl an Gruppen und der größere Raumbedarf ließe sich nach dem Vorbild der in Deutschland von der Beratergesellschaft ‚Metaplan' entwickelten Technik des **Informationsmarktes** gut bewältigen (vgl. *Schnelle* 1978).

Der große Vorteil der Konfrontationssitzung ist, daß innerhalb kürzester Zeit ein hohes Maß an konstruktivem Problembewußtsein in einer Organisation geschaffen und eine Vielzahl brauchbarer Verbesserungsvorschläge aufgedeckt werden kann. Dieser potentielle Nutzen kann aber – wie beim Survey Feedback – in großen Schaden umschlagen, wenn der Euphorie der ersten Stunden und dem großen Engagement in den Gruppen keine Aktionen des Managements folgen.

### *d. Grid Organisationsentwicklung*

Die Grid OE-Technik ist die umfassendste und weltweit am häufigsten eingesetzte Methode zur Entwicklung und Veränderung von Personen, Gruppen und gesamten Organisationen. Der OE-Ansatz beruht auf dem im Abschnitt 6 C I 1 beschriebenen **Managerial Grid** (Verhaltensgitter) von *Blake/Mouton* (1964) (s. Abb. 6.6 auf S. 558), nach dem eine gemeinsame Maximierung der Betonung des Menschen und zugleich der Produktion (Theorie 9.9) anzustreben ist. Die Grid OE-Technik integriert stufenweise eine Personal-, Team- und Organisationsentwicklung, um organisationsweit die 9.9 – Philosophie zu verwirklichen (vgl. *Blake/Mouton* 1967, 1969 sowie *Blake* et al. 1964b). Dazu wird ein Sechs-Phasen-Programm vorgeschlagen, das über zwei bis fünf Jahre laufen kann. Da das Grid-Programm – im Gegensatz zum Sensitivity Training – von organisationsinternen Trainern (Managern) durchgeführt werden soll, werden diese zunächst in einer *Vorphase* mit dem Grid-Ansatz vertraut gemacht.

*1. Phase:* **Grid Laboratorium-Seminar**
In dieser einwöchigen Veranstaltung vermitteln die in der Vorphase Grid-geschulten Manager etwa 12 bis 48 ihrer Manager-Kollegen das Grid-Programm und helfen beim Ermitteln des derzeitigen individuellen Führungsverhaltens. In verschiedenen Übungen werden Problemlösungsverhalten, Teamarbeit und der neue 9.9-Führungsstil geprobt.

*2. Phase:* **Teamentwicklung**
Einüben und Praktizieren des in Phase 1 erlernten neuen Verhaltens mit den Kollegen, Vorgesetzten und Mitarbeitern in den einzelnen Abteilungen. In Phase 2 wird von oben nach untern in der Hierarchie vorgegangen, d. h. jede hierarchisch tiefer stehende Gruppe lernt von der höheren die neuen Verhaltensweisen.

*3. Phase:* **Intergruppenentwicklung**
Im Mittelpunkt dieser Phase steht die Verbesserung der Beziehungen zwischen organisatorisch getrennten Gruppen, die aber zusammenarbeiten müssen. Hier sollen tradierte ‚Gewinn-Verlust' Strategien der Konflikthandhabung abgebaut und eine vertrauensvolle Kooperation eingeübt werden.

*4. Phase:* **Entwicklung eines strategischen Idealmodells**
In dieser Phase verlagert sich die Aufmerksamkeit der OE von der Ist-Organisation weg zu einem Idealmodell der Organisation hin, indem konkrete Aussagen gemacht werden sollen über finanzielle Ziele, organisatorische Ziele, Produkt-Markt-Strategien, Organisationsstruktur, Entscheidungsverhalten, Wachstumsstrategie (corporate excellence rubrics).

*5. Phase:* **Implementation des Idealmodells**
Einleiten und Durchführen von Problemlösungs- und Reorganisationsprozessen in nach Markterfordernissen gegliederten Organisationseinheiten (z. B. profit center, cost center) mit Hilfe von Planungsteams, deren Arbeit zentral koordiniert wird.

*6. Phase:* **Systematische Kritik**
Nachdem sich die Organisation nach dem Wandel einigermaßen stabilisiert hat, wird mit Hilfe einiger standardisierter Erhebungsinstrumente (im Mittelpunkt steht ein 100-Item Fragebogen) der Erfolg – als Differenz zwischen vorher und nachher – gemessen. Darüber hinaus sollen Fehlentwicklungen identifiziert und Vorschläge zu deren zukünftiger Vermeidung erarbeitet werden.

Als Beleg für die **Leistungsfähigkeit** ihres Ansatzes zitierten *Blake/Mouton* häufig das Grid OE-Programm in der Sigma Plant der Piedmont Corp., das von *Barnes* und *Greiner* als Begleitforscher analysiert wurde (vgl. *Blake* et al. 1964b). Hier sollen angeblich in den Jahren 1962 und 1963 erhebliche Produktivitäts- und Gewinnverbesserungen als Folge des Grid OE eingetreten sein, wobei allerdings zu berücksichtigen ist, daß die Belegschaft im gleichen Zeitraum um 600 Mitarbeiter reduziert worden war. Eindeutig den Grid-Bemühungen zuzurechnen ist dagegen der Anstieg an formellen Sitzungen (plus 31% im Vergleich vorher – nachher) und der Anstieg des Anteils, den Manager dem Problemlösen in Gruppen widmen (plus 12,4%).

*Huse* (1975), der noch über weitere Begleitforschungen berichtet, kommt zu dem Ergebnis, daß diese mit wenig validen Instrumenten arbeiten und darüber hinaus zu sehr unterschiedlichen Resultaten kommen, was den ‚zurechenbaren' Erfolg des Grid OE anbetrifft. Bislang gibt den Autoren und ihrer Methode vor allem der Verkaufserfolg recht. Alle sechs Phasen hat jedoch bislang kaum eine Organisation in der Realität durchlaufen.

### *e. System 4 Ansatz*

Als OE-Technik auf Organisationsebene lassen sich auch die Veränderungsbemühungen in Richtung auf System 4 bzeichnen (vgl. *Likert* 1967 sowie S. 566ff. der Arbeit). Der Einstieg in die Organisation erfolgt über **standardisierte Fragebogen,** deren Auswertung die Ist-Situation hinsichtlich Führung, Motivation, Kommunikation, Interaktion, Entscheidungsfindung, Zielsetzung, Kontrolle und Erfolg widerspiegelt und eine Einordnung der Organisation auf dem Kontinuum zwischen System 1 und System 4 erlaubt.

Anschließend werden umfangreiche **Trainingsprogramme** gestartet mit dem Ziel, die System 4-Prinzipien zu verwirklichen, wie

- zwischenmenschliche Beziehungen sollen auf gegenseitigem Vertrauen und gegenseitiger Unterstützung beruhen (**supportive relationships**)
- Aufbau eines Geflechts untereinander vermaschter Teams (**linking pin structure**).

Etwa vier Monate später wird der gleiche Fragebogen nochmals ausgegeben, und der Vergleich der Ergebnisse mit dem ersten ermöglicht eine Einschätzung des Fortschritts der Organisation in Richtung auf System 4.

Als Beleg für den Erfolg dieser OE-Technik gelten die Bemühungen in der Weldon Comp., diese in Richtung System 4 zu entwickeln, nachdem sie 1961 von der Harwood Manufacturing Comp. gekauft worden war (vgl. *Marrow* et al. 1967). Die Harwood Comp. ist ein klassisches Betätigungsfeld der empirischen Organisationspsychologie, seit *K. Lewin* 1939 vom Management zur Lösung einiger schwerwiegender Probleme gebeten wurde (z.B. Unfähigkeit der Mitarbeiter, den Leistungsanforderungen des Managements nachzukommen). Später führte *Alex Bavelas* (danach auch *J. R. French)* auf Initiative von *Lewin* Kleingruppenstudien durch, die eine Bestätigung der Hypothese von der leistungssteigernden Wirkung selbstgesetzter Produktionsniveaus brachten.

Im Weldon-Fall steigen alle von *Likert* genannten Erfolgs-Indikatoren (Abb. 6.10 auf S. 567), und das Organisations-Profil entwickelte sich von einem schwachen System 2-Management in 1962 fast zu einem System 4-Management in 1969.

### *f. NPI-Modell*

In Europa ist vor allem das 1954 gegründete **Niederländische Pädagogische Institut** in der OE-Beratung von Unternehmungen, Schulen, Krankenhäusern und Behörden mit einem eigenen, an sozialphilosophischen Grundannahmen der Anthroposophie orientierten Konzept hervorgetreten (zur Darstellung vgl. *Glasl/Houssaye* 1975, *Rehn* 1979). Gestaltungselemente sind das **Klientensystem,** der **Entwicklungshelfer** (Entwicklungsbegleiter) und die **Steuergruppe** (Projektteam). Gestaltungsziel ist die Annäherung an das Integrationsmodell von *Lievegoed* (vgl. S. 646). Der hierzu notwendige Veränderungsprozeß folgt idealerweise den nachstehend beschriebenen fünf Phasen:

1. **Phase der Orientierung**
   In dieser Phase gilt es die Wünsche nach Wandel zu konkretisieren, Problembewußtsein zu schaffen, ein Vertrauensverhältnis zwischen Entwicklungshelfer und Klient aufzubauen und eine Aufklärung über die möglichen Konsequenzen eines OE-Prozesses zu leisten.
2. **Phase der kognitiven Veränderung**
   Tätigkeiten in dieser Phase sind u. A. Situationsdiagnosen, eine Verhaltensschulung der Organisationsmitglieder und die Erarbeitung einer Zukunftskonzeption, die dann mit der Ist-Situation konfrontiert wird.
3. **Phase der expektativen Veränderung**
   Jetzt schließt sich eine Phase der detaillierten Datenerfassung und der Konkretisierung der Ziele an. Die Organisationsmitglieder werden verstärkt zur Selbstorganisation und -steuerung angeleitet.
4. **Phase der intentionalen Veränderung**
   Nun ist die Organisation in der Lage, konkrete Pläne der Veränderung aufzustellen. Die Arbeiten werden verstärkt durch eine Steuergruppe koordiniert, sodaß sich der Entwicklungshelfer auf seinen Rückzug aus der Organisation vorbereiten kann.
5. **Phase der Realisation**
   Die Durchführung der geplanten Veränderungen erfolgt in einer schrittweisen Reduzierung der Diskrepanzen zwischen Soll und Ist. Abweichungsanalysen leiten permanente Korrekturmaßnahmen ein.

Diese Phaseneinteilung sollte nicht den Eindruck einer hochstrukturierten Vorgehensweise erwecken. Im Gegenteil, das NPI-Modell ist ein offenes Verfahren, das weitaus weniger standardisiert und systematisiert zu handhaben ist als etwa das Grid-Modell.

### g. *Management by Objectives*

Das Konzept der Zielvereinbarung (MbO) wurde ausführlich in Abschnitt 6 C III 1 beschrieben. Da mit diesem Ansatz eine Integration der Ziele der Organisation mit individuellen Zielen über einen partizipativen Zielvereinbarungsprozeß angestrebt wird, sehen einige OE-Vertreter in der Implementation von MbO eine zwangsläufige Folge von OE-Bemühungen – und umgekehrt (vgl. *Beck/Hillmar* 1972). Wie erinnerlich setzen beim MbO Vorgesetzte und Untergebene gemeinsam die Ziele (möglichst quantifizierbare) für die nächste Periode und evaluieren in gewissen Abständen gemeinsam den Zielerreichungsgrad. Aus OE-Sicht ist an diesem **klassischen Ansatz** zu kritisieren (vgl. *Levinson* 1970, *Hellriegel/Slocum* 1976, S. 442):

- zu starke Betonung eines reinen Lob-Tadel Systems
- Tendenz zur Formalisierung und Bürokratisierung
- MbO wird von oben kontrolliert und eröffnet nur wenig echte Partizipationschancen
- MbO neigt zu einem Nullsummen-Spiel zwischen Vorgesetzten und Untergebenen
- quantifizierbare Aspekte der Aufgabe werden gegenüber qualitativen überbewertet
- individuelle Ziele und Leistungen werden auf Kosten von Teamarbeit überbewertet.

Ausgehend von dieser Kritik sind am MbO-Konzept einige **Modifikationen** erforderlich, damit es den Anforderungen an eine OE-Technik gerecht werden kann:

- Der Zielbildungsprozeß muß zugleich als Lernprozeß verstanden werden, in den auch persönliche Entwicklungsziele einbezogen werden (also nicht nur Belohnung oder Bestrafung).
- MbO muß als organisationsweiter, komplexer OE-Prozeß verstanden werden, der entsprechende Bildungsmaßnahmen voraussetzt. Ein solcher Prozeß kann vier bis fünf Jahre dauern (vgl. *Howell* 1970).
- Zur Vermeidung des Individualismus sollte der Zielvereinbarungsprozeß ganze Arbeitsgruppen bzw. Abteilungen umfassen (Team MbO Modell nach *French/Hollmann* 1975).

MbO führt empirischen Studien zufolge vor allem zu einer Reduktion der Rollenmehrdeutigkeit, zur verstärkten Planungsorientierung und verbesserten Kommunikation und Rückkopplung (vgl. *Carroll/Tosi* 1973,[9] *Raia* 1974). In einer jüngeren empirischen Erhebung berichtet *Ivancevich* (1974) von einem Industriebetrieb, der in zwei von drei vergleichbaren Fertigungsstätten MbO einführte; die dritte diente als Kontrollgruppe. Die Betriebe mit MbO zeigten dabei eine deutliche Leistungsverbesserung gegenüber dem dritten.

---

[9] Ihr Erfolgsbeleg ist die Firma Black und Decker, die MbO organisationsweit eingeführt hat.

## 3. Techniken auf der Ebene der Gruppe

### *a. Arbeitsstrukturierung*

Während sich MbO als OE-Technik primär auf die oberen Hierarchieebenen und auf den administrativen Bereich beschränkt, werden sog. Neue Formen der Arbeitsorganisation vor allem auf der Ebene ausführender Arbeit (Produktion und Verwaltung) als Mittel der OE eingesetzt. In jüngerer Zeit gelten die viel diskutierten Maßnahmen zur **‚Humanisierung der Arbeit‘** als wichtige Inhalte von OE-Prozessen. Im Mittelpunkt stehen hier Maßnahmen, die an anderer Stelle schon besprochen wurden, wie

- Job Enlargement } S. 494ff. der Arbeit
- Job Rotation }
- Job Enrichment }
- Teilautonome Arbeitsgruppen, S. 470ff. der Arbeit

Zur **Implementation von Job Enrichment-Programmen** hat *Ford* (1969) eine Vorgehensweise entwickelt, die vier verschiedene Phasen umfaßt:

*1. Phase:* **Auswahl eines Projektleiters**

Dies kann ein organisationsinterner Experte oder aber auch ein externer Berater sein.

*2. Phase:* **Auswahl einer organisationsinternen Kontaktperson**

Im Falle eines externen Change Agent sollte ein interner Verantwortlicher für das Projekt ernannt werden, der als Kontaktperson für den Externen dient.

*3. Phase:* **Auswahl der anzureichernden Tätigkeiten**

- Identifikation einer Gruppe innovationsfreudiger Manager
- Identifikation problematischer Jobs
- Festlegung von Effizienzkriterien
- Auswahl eines Jobs aus dem laufenden Produktionsprozeß
- Auswahl eines Jobs der organisationsweit bedeutsam ist

*4. Phase:* **Workshop für das Management**

In einem zweitägigen Workshop zusammen mit den Abteilungsleitern und Meistern (ohne Beteiligung der eigentlich betroffenen Arbeiter) wird nach einer theoretischen Einführung in die motivationalen Hintergründe des Programms eine Liste mit möglichen ‚Anreicherungen‘ der Jobs entwickelt.

Anschließend werden Soll-Arbeitsinhalte konzipiert und Strategien der Implementation diskutiert.

Abb. 7.14 auf S. 676 zeigt ein stärker formalisiertes, ausdifferenziertes Schema zur Gestaltung des Implementationsprozesses.

Das schwierige Problem der Selektion von Arbeitsplätzen, die sich für Enrichment-Programme eignen, ist durch die Entwicklung des **‚Job Diagnostic Survey‘** (JDS) durch *Hackman/Oldham* (1975) einen großen Schritt zu seiner Lösung vorangetrieben worden (vgl. S. 492 der Arbeit).

*Abb. 7.14:* Die Phasen des Implementationsprozesses

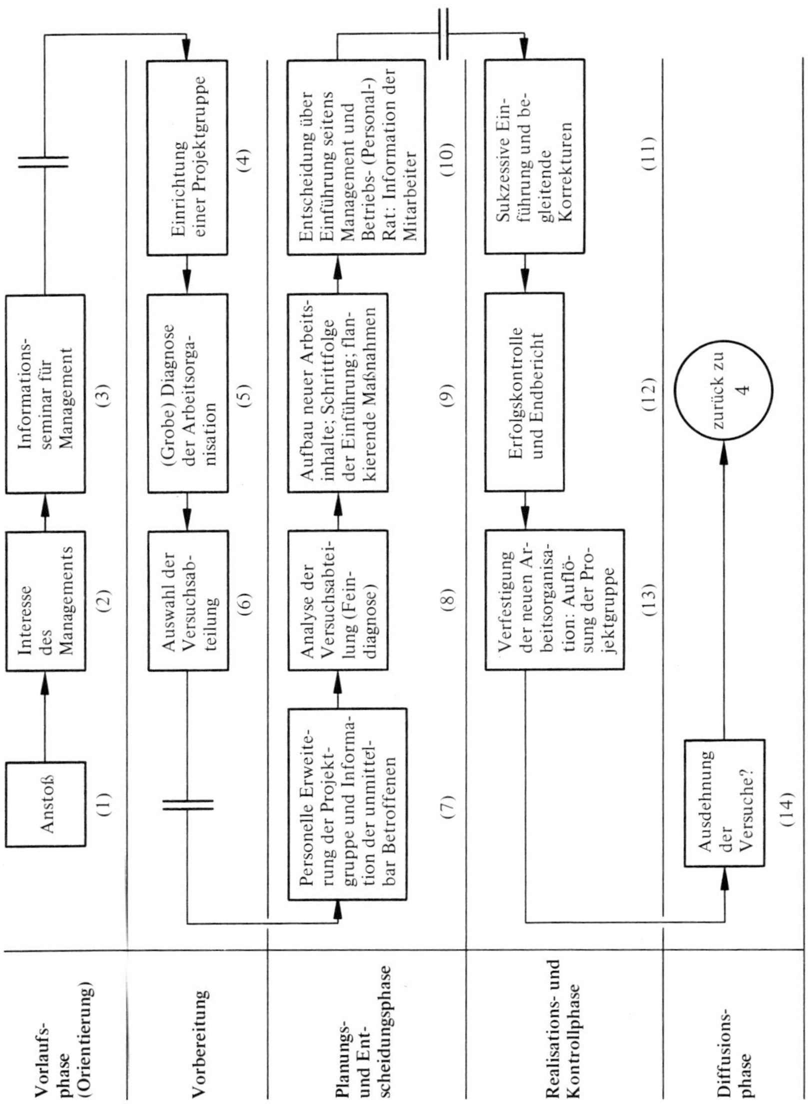


*Quelle Schreyögg* et al. 1978, S. 127

In Europa hat sich vor allem das **Tavistock Institut of Human Relations** (London) einen Namen auf dem Gebiet der Einführung neuer Arbeitsstrukturen (vor allem teilautonomer Arbeitsgruppen, vgl. S. 470ff.) gemacht. Aufbauend auf langjähriger Forschungs- und Beratertätigkeit in England und

Indien entwickelten die Tavistock-Forscher ein **Konzept sozio-technischer Arbeitsstrukturierung,** das soziale und technische Effizienzanforderungen in gleicher Weise berücksichtigt. Die folgende Darstellung ist aus *Karg/Staehle* 1982, S. 30ff. entnommen. *Hill* (1976) unterscheidet neun Stufen sozio-technischer Analyse:

*Stufe 1:* **Grobanalyse**

Beschreibung der wichtigsten Merkmale des Produktionssystems und seiner Umwelt, wie Fabrik-Layout, Organisationsstruktur, Input, Output, Transformationsprozesse, Ziele (ökonomische und soziale), Hauptprobleme.

*Stufe 2:* **Arbeitsablaufanalyse**

Beschreibung sämtlicher materieller Transformationsprozesse im Arbeitssystem nach Input, Transformation und Output (Eingang, Bearbeitung, Ausgang).

*Stufe 3:* **Schwachstellenanalyse**

Identifikation von Problemen, die ihre Ursache in der Beschaffenheit der Werkstoffe und der Art des Produktionsprozesses haben. Eine Liste der Probleme wird von den zuständigen Managern erstellt und von einer Projekt-Gruppe nach vier Kriterien ausgewertet:

a. Quantität der Produktion
b. Qualität der Produktion
c. Produktionskosten
d. soziale Kosten (Streß, Belastungen)

*Stufe 4:* **Analyse des sozialen Systems**

Folgende Schritte sollen hier durchlaufen werden

a. Analyse der Organisationsstruktur (Ebenen, Gruppen, Rollen)
b. Analyse von Schwachstellen im sozialen System nach Ort der Entstehung sowie der Art und Weise der Problembearbeitung
c Analyse von Hilfsfunktionen zur Aufrechterhaltung des Produktionsprozesses
d. Beschreibung der räumlichen Gegebenheiten, der Kommunikationsstrukturen und der Arbeitszeitordnung
e. Analyse der horizontalen Mobilität der Arbeitskräfte (job rotation Potential)
f. Analyse der Bedürfnisse der Mitarbeiter aus der Sicht des Managements
g. Identifikation von Stellen mit häufigen Fehlern und Suche nach möglichen Ursachen.

*Stufe 5:* **Rollenwahrnehmung der Mitarbeiter**

Diese Stufe ist zwar auch Teil der Analyse des sozialen Systems, wird aber wegen ihrer besonderen Bedeutung separat durchgeführt. In Einzel- und Gruppeninterviews mit den Betroffenen wird deren Wahrnehmung ihrer Arbeitsaufgaben und Rollen zu Beginn und zu Ende des Veränderungsprozesses erfragt.

Nach Abschluß der 5. Stufe werden die im Zuge der Arbeitsanalyse gewonnenen Hypothesen und Veränderungsvorschläge gesammelt und systematisiert. In den nächsten drei Stufen wird der Einfluß externer Systeme auf die bisherige Analysearbeit untersucht.

*Stufe 6:* **Erhaltungs-System**
Identifikation von Problemen, die ihre Ursache in der Organisation und Durchführung von Wartungs- und anderen Erhaltungsarbeiten haben.

*Stufe 7:* **Versorgungs- und Abnehmersystem**
Identifikation von Problemen, die ihre Ursache in der Organisation und Durchführung der Einkaufs- und Verkaufstätigkeiten haben.

*Stufe 8:* **Unternehmungspolitik und -planung**
Analyse der Auswirkungen von mittel- und langfristigen Unternehmungsplänen auf das untersuchte soziale und technische System. Analyse der Auswirkungen von unternehmungspolitischen Grundsätzen und Richtlinien (z. B. Einkaufspolitik, Finanzpolitik, Personalpolitik, Produktionspolitik).

*Stufe 9:* **Gestaltungsvorschläge**
In dieser letzten Stufe werden die bislang von der Projektgruppe entwickelten Veränderungsvorschläge daraufhin untersucht, welche Produktionsziele und sozialen Ziele sie enthalten, und anschließend in ein Aktionsprogramm eingearbeitet.

*Mumford* (1978), die ebenfalls den sozio-technischen Systemansatz benutzt, thematisiert vor allem das Problem der partizipativen Entwicklung und Implementation von Gestaltungsvorschlägen und knüpft somit unmittelbar an Stufe 9 an. In einem Reorganisationsprozeß müssen die Interessen sehr vieler Personen und Gruppen miteinander in Einklang gebracht werden, so daß das Setzen von Zielen und Entwickeln von Veränderungsmaßnahmen eher einen Verhandlungsprozeß zwischen unterschiedlichen Interessengruppen als einen einheitlichen Entscheidungsprozeß des Managements darstellt. *Mumford* empfiehlt die Bildung eines ,,design team" (*Hill* spricht von einer ,,action group"), bestehend aus Mitarbeitern der betroffenen Abteilung, dem Manager der Abteilung, einem Mitglied der Personalabteilung und der EDV-Abteilung sowie einem Sozialwissenschaftler als Berater. Dieses Team führt eigenständig und eigenverantwortlich in Form einer ,,self-managing group" die weiter oben beschriebenen Analysearbeiten aus und entwickelt darauf aufbauend konsensfähige Gestaltungsvorschläge.

*Rieckmann* (1982) berichtet sehr anschaulich von einer Werksneugründung in Deutschland, die ebenfalls auf den Grundprinzipien des sozio-technischen Systemansatzes beruht (vgl. auch *Sydow* 1985).

Im Gegensatz zur Arbeitsstrukturierung wenden sich die nachfolgend besprochenen Interventions-Techniken weder an die Gesamtorganisation noch an ganze Abteilungen sondern an Kleingruppen; sie vernachlässigen die Inhalte (was) der Arbeitsbeziehungen und setzen an den Interaktionen (wie) an.

*b. Prozeßberatung*

Nach *Schein* (1969)[10] beinhaltet Prozeßberatung (Process Consultation) solche Bemühungen auf Seiten eines Beraters, die darauf abzielen, Individuen und Gruppen zu helfen, Prozesse und Episoden in der Organisation bewußt wahrzunehmen, zu verstehen und entsprechend danach zu handeln (S. 9). Der Erfolg dieser Bemühungen hängt zu einem großen Teil von den Fähigkeiten und Erfahrungen des **Change Agent** ab, der nicht als Experte oder Fachmann für Organisationsberatung auftritt (nach dem Arzt – Patient – Modell), sondern als Entwicklungshelfer, der Prozesse und Episoden teilnehmend beobachtet und der Gruppe bei der Diagnose der Interaktionen hilft, diese aber nicht für sie durchführt. Gegenstand der **Beobachtung** und **Diagnose** sind etwa:

- Kommunikationsbeziehungen
- Rollen und Funktionen der Gruppenmitglieder
- Problemlösungs- und Entscheidungsprozesse
- Gruppennormen und -entwicklung
- Führungs- und Autoritätsbeziehungen
- Intergruppenprozesse.

Die Vorgehensweise bei der Prozeßberatung gliedert *Schein* (1969) in sieben eng miteinander verbundene **Phasen:**

1. Erster Kontakt mit der Organisation
2. Definition der Beziehung; formaler und psychologischer Vertrag
3. Wahl des Interventionsobjektes (Gruppe) und der Arbeitsmethode
4. Datensammlung und Diagnose
5. Intervention
6. Reduzierung des Engagements
7. Beendigung der Beziehung.

Bei der Analyse und Diagnose der Gruppenprozesse (Phase 4) kann der Berater die in Abschnitt 3 C II 1 b beschriebenen Instrumente, wie Interaktions-Prozeß-Analyse, Johari-Fenster oder soziometrische Tests heranziehen. Sein Beitrag besteht dabei lediglich darin, daß er die Gruppenphänomene offenlegt, selbst aber keine Alternativen oder gar Lösungen anbietet. Dies ist deshalb äußerst wichtig, weil der Change Agent nur für eine relativ kurze Zeit mit der Organisation arbeitet und kein Abhängigkeitsverhältnis aufkommen sollte (vgl. die sieben Phasen). Die Qualität des Prozeßberaters besteht gerade darin, nach gewisser Zeit sich selbst überflüssig zu machen.

*c. Drittparteien-Intervention*

Die Drittparteien-Intervention (Third-Party Consultation) ist primär eine Form der **Konflikthandhabung,** die interpersonale Konflikte als Ausgangs-

[10] Siehe auch *Argyris* 1970, *Huse* 1975, *Beer* 1976.

punkt für OE-Maßnahmen benutzt. Über Entstehung und Bearbeitung von Konflikten wurde ausführlich in Abschnitt 3 C II 4 berichtet, so daß ich mich hier auf den speziellen Ansatz der Drittparteien-Intervention als OE-Technik beschränken kann.

*Walton* (1969),[11] der Hauptvertreter dieses Ansatzes, sieht in interpersonalen Konflikten weder eine grundsätzlich negative noch positive Erscheinungsform in sozialen Organisationen. Nach unterschiedlichen Konfliktursachen unterscheidet er *‚substantive conflict‘* (sachliche Meinungsverschiedenheiten z. B. über organisatorische Strukturen, Strategien, Verfahren) und *‚emotional conflict‘* (persönliche Meinungsverschiedenheiten mit Folgen wie Angst, Ärger, Mißtrauen, Zurückweisung) (S. 2 und 73). Unterschiedliche Konfliktursachen erfordern auch unterschiedliche Vorgehensweisen, z. B. im ersten Fall mehr **kognitive Ansätze,** wie Bargaining oder Problemlösen, im zweiten Fall eher **affektive Ansätze,** wie Veränderung der Wahrnehmungs- und Einstellungs-Strukturen, Aufbau von Vertrauen und Offenheit.

Ähnlich wie bei der Prozeßberatung spielt auch hier der (interne oder externe) Berater eine ausschlaggebende Rolle für Erfolg oder Mißerfolg der Intervention bzw. Konfrontation. *Walton* (1969, S. 139) stellt an ihn folgende **Anforderungen:**

- profunde Kenntnisse über soziale Prozesse
- geringe Macht über das Schicksal der Beteiligten
- starker Einfluß auf Ort und Ablauf der Konfrontation
- ausreichendes Wissen über die Beteiligten, die Streitobjekte und die Hintergründe
- Neutralität (d. h. Nichtbetroffensein der eigenen Person) was die Ergebnisse der Konfliktlösung anbetrifft.

Neben diesen in der Person des Beraters begründeten Faktoren sind nach *Walton* folgende **Bedingungen** – die dem Einfluß des Beraters unterliegen – funktional für den Erfolg der Methode:

- die Konfliktparteien müssen ausreichend motiviert sein, den Konflikt zu bearbeiten
- die Machtpositionen (z. B. Status, Wissen, Unterstützung durch Dritte, Eloquenz) in der Situation der Konfrontation sollten ausgeglichen sein
- die Bemühungen um eine Konfliktbearbeitung sollten gut aufeinander abgestimmt werden (z. B. was Ort, Zeit, Wahrnehmung anbetrifft)
- die Dialog-Phasen der Differenzierung (was trennt uns?) und der Integration (was eint uns?) sollten ausgewogen sein (d. h. keine darf zu kurz kommen)
- der Dialog sollte durch ein Klima der Offenheit und des Vertrauens gekennzeichnet sein
- es muß sichergestellt sein, daß die Kommunikation störungsfrei abläuft (der Berater kann hier als Übersetzer fungieren, auf die Einhaltung von

[11] Siehe auch *Huse* 1975, *Beer* 1976

Regeln und die Benutzung einer gemeinsamen, verständlichen Sprache drängen)

- es sollte ein ‚optimaler' Spannungszustand (tension level) angestrebt werden, der ein Höchstmaß an offener Kommunikation und Konfrontation erlaubt.

### *d. Teamentwicklung*

Im Gegensatz zur Prozeßberatung und Drittparteien-Intervention ist Anlaß der Teamentwicklung (Team Development, Team Building) nicht ein akutes Problem, sondern der generelle Wunsch des Managements oder der Gruppe, Kohäsion und Effizienz einer neugegründeten oder schon bestehenden formellen Arbeitsgruppe zu steigern (vgl. *DuBrin* 1974, *Huse* 1975). Die Gruppe soll sich zu einem echten **Team** entwickeln (vgl. zu den Merkmalen, die ein Team als eine besondere Art von Gruppe auszeichnen, den Abschnitt 3 C I 2). Konkrete **Ziele der Teamentwicklung** können nach *Beer* (1976) sein:

- Entwickeln von Gruppenzielen (Goal-Setting Model)
- Entwickeln von gegenseitigem Vertrauen, Unterstützung, Sicherheit, offene Kommunikation (Interpersonal Model)
- Klärung der Rollen der einzelnen Gruppenmitglieder (Role Model)
- Entwicklung nach dem Grid Ansatz, wonach die Gruppe ein wichtiges Bindeglied im Veränderungsprozeß der Gesamtorganisation ist (Managerial Grid Model).

Daneben kann Gegenstand von **Gruppendiskussionen** sein

- Arbeitsweise, Vorgehensweise der Gruppe
- Zeiteinteilung, Planung der Aufgabenerledigung
- Problemlösungs- und Entscheidungsverhalten.

Ansatz zur Diskussion dieser Probleme ist die Diagnose der Gruppensituation im Rahmen eines eintägigen Treffens außerhalb der täglichen Routinearbeit. Dabei können ganz einfache Techniken verwandt werden, wie etwa die Aufforderung an jedes Gruppenmitglied, die fünf wichtigsten derzeitigen Probleme der Gruppe aufzuschreiben, oder auch anspruchsvolle Fragebogenaktionen oder Einzelinterviews durch einen Berater zur Vorbereitung der Sitzung. Auf der Grundlage dieser Informationen werden von der Gruppe Prioritäten gesetzt und ein Katalog denkbarer Maßnahmen zur Problemlösung aufgestellt. Eine gemeinsame Handlungsplanung und ein Aktivitätenprogramm schließen die Klausurtagung ab.

Der Erfolg dieser Interventions-Technik hängt hier weniger vom Berater ab als von der Unterstützung des Mangements und des direkten Vorgesetzten sowie von der Breite des Handlungsspielraumes, über den die Gruppe verfügen darf.

*e. Intergruppen-Intervention*

Intergruppen-Interventionen setzen im Gegensatz zur Teamentwicklung an den Schnittstellen zwischen bestehenden Arbeitsgruppen an. Über die Entstehung von Intergruppen-Beziehungen und die potentiellen Probleme darin wurde ausführlich in Abschnitt 3 C II 3 berichtet (vgl. hierzu vor allem *Schein* 1970).

Bei der Bewältigung von **Intergruppen-Problemen** lassen sich alle in diesem Abschnitt besprochenen OE-Techniken anwenden, eben nur mit dem Unterschied, daß die Klienten nicht Individuen, sondern ganze Gruppen sind. Mit dem Problem der Verbesserung der Intergruppen-Beziehungen haben sich vor allem *Blake* und Mitarbeiter beschäftigt (vgl. *Blake/Mouton* 1961, *Blake* et al. 1965). Sie beschreiben eine mögliche **Vorgehensweise der Intergruppen-Intervention** (vgl. *Blake* et al. 1964):

1. Ein neutraler Berater (Drittpartei) gewinnt die Zustimmung der beiden betroffenen Gruppen zu einer gemeinsamen Problembearbeitung.
2. Ein gemeinsames Treffen außerhalb der Alltagsroutine wird vereinbart.
3. Der Berater und der Manager der jeweiligen Gruppe beschreiben Ziel und Zweck der Veranstaltung – vor allem die Verbesserung der Intergruppen-Beziehungen. Danach soll jede Gruppe folgende oder ähnliche Fragen beantworten:
   - Welche Eigenschaften charakterisieren am besten unsere Gruppe?
   - Welche Eigenschaften charakterisieren am besten die andere Gruppe?
   - Wie glauben wir, beschreibt uns die andere Gruppe?
4. Die beiden Gruppen diskutieren und beantworten die Fragen in getrennten Räumen. Der Berater ermuntert sie zu möglichst offener, freizügiger Diskussion.
5. In der anschließenden gemeinsamen Sitzung trägt jeweils ein Gruppensprecher die Antworten vor. Es sind lediglich Informationsfragen erlaubt, keine Wertungen oder Rechtfertigungen.
6. Danach trennen sich die beiden Gruppen wieder.
7. Die aufgetretenen Beurteilungsunterschiede und Wahrnehmungsverzerrungen werden konstruktiv bearbeitet, d. h. sie werden nicht als falsch/richtig bewertet, sondern als Faktum hingenommen, und es wird nach den Ursachen für deren Entwicklung und nach Lösungen für die Probleme gesucht.
8. In der anschließenden gemeinsamen Sitzung werden die Unterschiede und Gemeinsamkeiten erörtert und die jeweiligen Lösungsstrategien diskutiert. Eine Liste der ungelösten Probleme wird erstellt.
9. Die beiden Gruppen beschließen nun über konkrete Aktionen und Vorgehensweisen zur Verbesserung der Intergruppen-Beziehungen.
10. Ein Termin für eine gemeinsame Evaluationssitzung wird vereinbart, auf der die bisherigen Bemühungen beurteilt und neue Maßnahmen eingeleitet werden.

Eine weitere Variation (vor allem für Phase 4 bis 7) der Intergruppen-Intervention, die weniger formal abläuft, dagegen aber stärker gruppendynamische Aspekte einbezieht, sieht vor, daß eine Gruppe im Innern eines Kreises sitzt und die andere Gruppe um diese herum Platz nimmt (**Fish Bowl**). Die äußere Gruppe diskutiert nun miteinander ihre Probleme, die sie mit der Gruppe im Innern des Kreises hat; diese darf lediglich zuhören, aber nicht kommentieren. Anschließend wird die Übung mit vertauschten Rollen wiederholt.

In einer abschließenden Würdigung dieser OE-Technik weist *Huse* (1975) zurecht darauf hin, daß Harmonie zwischen Gruppen keinesfalls ein generell anzustrebender Idealzustand sei (ähnlich wie Konfliktlosigkeit), sondern daß unterschiedliche Wahrnehmungen, Einstellungen und Interpretationen der Realität eine Folge unterschiedlicher Umwelten sein können, in denen die Gruppen arbeiten. Die Aufrechterhaltung der Unterschiedlichkeit kann in situativer Sicht durchaus funktional sein, und Kooperation kann in diesem Fall besser durch Integratoren oder andere ‚linking pins' geleistet werden, und zwar bei Beibehaltung der Differenzen.

## 4. Techniken auf der Ebene des Individuums

Techniken auf dieser Ebene befassen sich ausschließlich mit personalen und sozialen Problemen von Individuen und informellen Gruppen ohne (direkten) Bezug zu den Problemen der Organisation (back-home situation). Entscheidend sind die Probleme, Gefühle, Empfindungen *‚hier und jetzt'* (here and now).[12]

### *a. Sensitivity Training*

Die Entwicklung der Technik des Sensitivity Trainings (auch ‚Laboratory Training' genannt) geht auf die Bemühungen von *K. Lewin* zurück, einen gruppendynamischen Ansatz zu finden, der es ermöglicht, ‚hier und jetzt' Daten über Verhalten zu erheben, zu analysieren und den Gruppenteilnehmern sofort zurückzugeben (Rückkopplung). Im Auftrag der ‚Connecticut Interracial Commission' entwickelte er eine solche Labormethode am konkreten Beispiel des Abbaus rassischer und religiöser Vorurteile in Gemeinden.

Diese Aktivitäten führten zur Gründung der **‚National Training Laboratories' (NTL)** 1947 in Bethel/Maine, ein historisches Ereignis, das bisweilen als Geburtsstunde der Organisationsentwicklung angesehen wird.

*Schein/Bennis* (1965, S. 4)[13] verstehen unter der **Labormethode** (als Sam-

---

[12] Eine m. E. sehr zutreffende Kritik dieser Techniken findet sich bei *Kovel* (1976).

[13] Siehe auch *Argyris* 1962, *Staehle* 1971 b, *Gebert* 1972.

melbegriff für alle unter Laborbedingungen durchgeführten Verhaltenstrainings, wie Sensitivity Training und T[14]-Gruppen) eine Lernstrategie, die primär auf den Erfahrungen aus Gruppenkontakten beruht, die *die Lernenden selbst* gemacht haben. **Lernziele** sind u. a.

- Selbsterkenntnis
- Kennenlernen der Bedingungen, welche die Gruppenarbeit fördern oder hemmen
- Verständnis der zwischenmenschlichen Beziehungen in Gruppen
- Entwicklung von Fähigkeiten zur Diagnose des Verhaltens von Individuen, Gruppen und ganzen Organisationen.

Die **Vorgehensweise des Sensitivity Trainings** läßt sich als Modell eines Lernzyklus mit mehreren Lernschritten abbilden (vgl. *Schein/Bennis* 1965):

1. Verhaltensverunsicherung durch ungewohnte, unerwartete Informationen
2. Änderung des eigenen Lernverhaltens
3. Aneignung neuer Verhaltensweisen, die neue Informationsquellen eröffnen
4. Fortschreitende Selbsterkenntnis und erneute Verunsicherung
5. Änderung der Einstellungen (sich selbst und anderen gegenüber) und Verhaltensweisen
6. Einüben neuer Verhaltensmuster, dann wieder wie 1.

Zur Erklärung des fünften, schwierigsten Lernschritts ziehen die Autoren das klassische **Lewin-Modell** heran mit den drei Phasen:

1. unfreezing (altes Verhalten in Frage stellen)
2. moving (Verhalten ändern)
3. refreezing (neues Verhalten konsolidieren).

Die **Praxis** des Sensitivity Trainings hat gezeigt, daß der Erfolg eines Seminars steht und fällt mit dem erfolgreichen Abschluß der 1. Phase (unfreezing). Aus diesem Grund werden die Seminare meist in einem von der vertrauten Umwelt abgeschiedenen Ort durchgeführt, d. h. es wird eine künstliche Umwelt geschaffen, in der der Teilnehmer konfrontiert wird mit dem Verlust von

- gewohnten Quellen der Sicherheit, des Rückhalts und der Unterstützung (täglicher Feddback von Vorgesetzten, Kollegen, Freunden, Familie)
- Statussymbolen (Titel, Büro, Sekretärin usw.)
- bestimmten Privatsphären (es gibt i. d. R. keine Einzelzimmer)
- der Bestätigung oder Ablehnung von Rollen, wie sie „zu Hause" üblich sind
- hierarchischen Autoritätsbeziehungen und vertrauten Statusstrukturen zugunsten partizipativer Kollegialbeziehungen mit selbstgesetzten Normen (die Gruppe ist in keiner Weise strukturiert, es gibt keinen Gruppenleiter, keine Tagesordnung, kein Programm, die Teilnehmer bestimmen selbst, worüber sie diskutieren wollen).

Die Teilnehmerzahl schwankt zwischen 6 und 15 und die Dauer zwischen

---

[14] T für Training.

einem Wochenende und vier Wochen. Dabei kann das Training als eine zeitliche Einheit konzipiert (marathon lab) oder auf mehrere Wochenenden oder Tage verteilt werden.

Aufgabe des Trainers ist es, in der schwierigen *1. Phase des Auftauens* ein psychologisches Klima der Sicherheit und des gegenseitigen Vertrauens zu schaffen, damit die Teilnehmer ihre Scheu verlieren und über ihre Empfindungen und persönlichen Probleme sprechen. Dabei übernimmt der Trainer keinerlei Führerrolle, enthält sich auch jeglichen Rats oder strukturierender Eingriffe. Er hält lediglich der Gruppe einen Spiegel vor, indem er über seine eigenen Gefühle spricht und Rückkopplung gibt.

In der *2. Phase* (moving) ist der Teilnehmer (im Idealfall) bereit, seine Einstellungen und sein Verhalten zu ändern. Hier ist es wichtig, daß der Trainer und alle übrigen Teilnehmer sich gegenseitig helfen, neues Verhalten auszuprobieren.

Damit ist schon der Übergang zur *3. Phase* (refreezing) geschaffen, in der der Teilnehmer langsam wieder auf die nüchterne Realität seiner Alltagsumwelt vorbereitet wird, die ganz sicherlich den neuen Verhaltensweisen zunächst ratlos und unsicher gegenüberstehen wird. In dieser kritischen Phase der Reintegration zeigt sich der Erfolg oder Mißerfolg des Sensitivity Trainings; entweder der Teilnehmer kann sich mit seinen neu erworbenen Einstellungen und Verhaltensweisen erfolgreich behaupten oder er fällt ohne großen Widerstand in seine traditionellen Verhaltensmuster zurück.

Haben sich die Teilnehmer noch niemals zuvor gesehen und stammen sie aus unterschiedlichen Organisationen, sricht man von *‚stranger labs'*; kommen die Teilnehmer aus der gleichen Organisation, aber aus unterschiedlichen Abteilungen, nennt man die Gruppen *‚cousins labs'*, und als *‚family labs'* werden Trainings bezeichnet, bei denen die Gruppe mit einer organisatorischen Arbeitsgruppe identisch ist.

Bei der Verwendung des Sensitivity Trainings als OE-Technik ist ganz eindeutig ein Trend zu mehr gruppenproblemorientierten Trainings – wie Teamentwicklung – festzustellen.

Das Sensitivity Training hat heute in der Praxis der OE in den USA einen festen Platz errungen. Das ist nicht zuletzt auf das hohe Niveau der Trainer zurückzuführen, die eine lange akademische und praktische Ausbildung absolvieren müssen, bevor sie als Mitglied der NTL (National Training Laboratories) aufgenommen werden. NTL kann man heute als **Berufsorganisation** der Sensitivity Trainer bezeichnen, der es gelungen ist, für die Arbeit mit dieser Methode des Verhaltenstrainings ein Berufsbild zu schaffen, das sich in den USA einer beachtlichen Wertschätzung erfreut.

In der Bundesrepublik Deutschland übt der Deutsche Arbeitskreis für Gruppenpsychotherapie und Gruppendynamik (DAGG) eine ähnliche Funktion aus.

Der DAGG wurde 1967 gegründet mit dem Ziel

- wissenschaftlich fundierte Entwicklungen von Gruppenaktivitäten auf psychoanalytischer, tiefenpsychologischer und sozialpsychologischer Grundlage zu fördern

- die gewonnenen Erfahrungen und Forschungsergebnisse für Prävention, Diagnostik, Therapie, Rehabilitation und Organisationsentwicklung im Bereich der Gesundheit, Bildung, Arbeit und auf anderen Gebieten des privaten und öffentlichen Lebens zu vermitteln und nutzbar zu machen
- Ausbildung, Weiterbildung und Fortbildung in gruppenpsychotherapeutischen und gruppendynamischen Methoden zu vermitteln.

Dem Verein gehören heute über 500 Mitglieder (Ärzte, Psychologen, Psychotherapeuten, Sozialterapeuten u. a.) an.

Trotz der zunehmenden Professionalisierung sind kritische Stimmen zum Typ der kurzfristigen Verhaltensbeeinflussung nicht verstummt (siehe etwa *Back* 1972, *Horn* 1972); zumal überzeugende empirische Belege für die Leistungsfähigkeit dieser Methode noch ausstehen (vgl. hierzu vor allem *House* 1967, *Campbell/Dunnette* 1968, *Filley/House/Kerr* 1976).

Abb. 7.15 gibt einen Überblick über mögliche Folgen von Sensitivity Trainings und deren Konsequenzen für das Individuum.

Die **empirischen Befunde** belegen, daß Sensitivity Trainings beim einzelnen Individuum durchaus Veränderungen zur Folge haben, wie etwa eine Verbes-

*Abb. 7.15:* Mögliche Folgen von Sensitivity Trainings

| | Mögliche Konsequenzen für den Einzelnen | |
|---|---|---|
| Mögliche Gruppeneffekte | positive | negative |
| 1. Aufbau und Erhalt von Gruppenkohäsion | sich als Teil einer Gruppe fühlen, Zugehörigkeitsgefühl | Verlust an Eigenständigkeit und Autonomie zugunsten der Gruppe |
| 2. Konformität mit Gruppenformen | Teilnahme an der Bildung von Gruppennormen | Unterwerfung unter Gruppennormen |
| 3. Überprüfung der eigenen Wahrnehmung am Gruppenkonsens | Realitätstest und Korrektur von Wahrnehmungsverzerrungen | Übernahme der ebenfalls verzerrten Gruppenwahrnehmung |
| 4. Äußerung affektiver Gefühle | freie Gefühlsäußerungen | Erfolg nur beim Ausdruck von der Gruppe genehmigter Gefühle |
| 5. Gruppensicht der Probleme | neue Denkanstöße | Zwang zur Gruppenproblemsicht |
| 6. Gruppenstärke | sich einflußreich fühlen | sich manipuliert fühlen |
| 7. Rollendifferenzierung | Rollenflexibilität | Rollenstereotype |
| 8. Offenheit | Einsicht in bislang unbewußte Bereiche des Selbst | Verunsicherung des Selbstbewußtseins und der Selbstsicherheit |

*Quelle: Likin* 1972, S. 11

serung der Fähigkeit zuzuhören, hilfreichen Feedback zu geben, offen und ehrlich zu diskutieren, sowie sich selbst zu verstehen und zu akzeptieren.

Der ‚back-home' Effekt, d. h. die Anwendung der neu erworbenen Verhaltensweisen in der Organisation, wird allgemein äußerst gering eingeschätzt (deshalb ein Trend zu ‚family labs'). Die Hypothese, daß diejenigen, die in solchen Labortrainings am meisten lernen und das Gelernte auch effizient zu Hause anwenden, Menschen sind, die man auch vor dem Training schon als für neue Ideen und Verhaltensweisen aufgeschlossen, als empfindsam und kontaktfähig beschreiben würde, wird immer wieder bestätigt.

### *b. Encounter Gruppen*

Während Sensitivity Trainings und T-Gruppen individuelle und Gruppenprozesse zum Gegenstand haben, richten sich Encounter Gruppen ausschließlich auf **individuelles Wachstum und Persönlichkeitsentwicklung** (deshalb auch die Bezeichnung ‚personal-growth laboratories'). Gruppenziele oder gar Ziele der Organisation spielen keinerlei Rolle mehr. Insofern kann diese Methode der Begegnung mit sich selbst nur sehr bedingt als OE-Technik bezeichnet werden. Die relative Ferne zu Organisations- und Gruppenproblemen wird auch aus dem Katalog von **Encounter-Zielen** deutlich, den *Huse* (1975, S. 260f.) zusammengestellt hat:

1. Ich-Stärkung zur Verbesserung des Selbstbildes
2. Entwicklung von mehr Offenheit und Flexibilität
3. Ermöglichung größerer zwischenmenschlicher Intimität und größeren Vertrauens in Gruppen
4. Abbau von Verhaltenstereotypen und Eröffnung neuer Verhaltensalternativen
5. Steigerung der individuellen Kompetenz im sozio-emotionalen Lebensbereich.

Der **Ablauf von Encounter-Gruppen** gleicht dem in T-Gruppen; nur sind die verwandten Spiele bzw. Methoden, um die Alltagszwänge aufzubrechen und neues Verhalten auszuprobieren, radikaler, wie z. B. Schreien, Schlagen, Nacktsitzungen, Marathonsitzungen. Das, was bislang (gesellschaftlich) verboten war, wird erlaubt, und die Gruppe als neues Über-Ich legalisiert die neuen Verhaltensweisen. Damit wird deutlich, daß Encounter-Gruppen für OE-Maßnahmen kaum Anwendung finden dürften.

### *c. Transaktionsanalyse*

Transaktionsanalyse (transactional analysis) ist eine jüngere **gruppentherapeutische Methode,** die auch in Deutschland Anwendung (auch im Management) gefunden hat (die entscheidenden amerikanischen Beiträge liegen alle in deutscher Übersetzung vor). Ihr Begründer, *Eric Berne (Berne* 1961, 1964), ist stark von der Psychoanalyse *(Eric Erikson)* und der Gestalttherapie *Frederick Perls)* beeinflußt, nur möchte er schnellere Erfolge, als es eine langwierige psychoanalytische Behandlung zuläßt. Um dieses Ziel zu erreichen, tritt er ein für eine radikale Vereinfachung der wissenschaftlichen Konstrukte und eine möglichst weite Verbreitung in populärwissenschaftlicher Diktion. Dieses Ziel wurde u. a. mit den beiden Werken ‚Games People Play' (*Berne* 1964) und ‚I am OK – You're OK' (*Harris* 1967), die hohe Auflagen in verschiedenen Übersetzungen erlebten, erreicht.[15]

Im Mittelpunkt des Ansatzes steht die Analyse und stenogrammartige Aufzeichnung von verbaler und nicht-verbaler Kommunikation, d. h. von wechselseitigen **Transaktionen zwischen Menschen** (vgl. Abb. 7.16). Ziel der Gruppensitzungen, die meist einmal wöchentlich oder konzentriert an einem Wochenende stattfinden, ist es, den Ich-Zustand des reifen Erwachsenen von störenden Einflüssen des strengen, versagenden Eltern-Ichs und des egoistischen, rücksichtslosen Kindheits-Ichs zu befreien und eine Lebensanschauung des ‚Ich bin O. K. – Du bist O. K.' zu erreichen. Zu diesem Zweck werden vier Bereiche unterschieden:

1. **Strukturanalyse**
2. **Transaktionsanalyse**
3. **Skriptanalyse**
4. **Spielanalyse.**

*Abb. 7.16:* Beispiele für Paralleltransaktionen

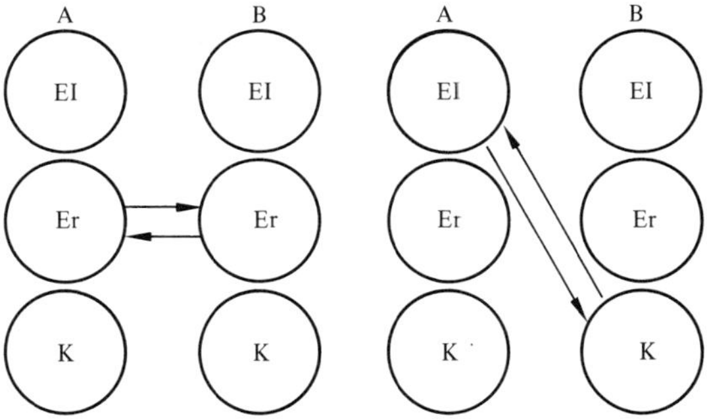


a) horizontale Paralleltransaktion b) diagonale Paralleltransaktion

*Quelle: Petzold/Paula* 1976, S. 43

Zu 1.

Hier werden drei Zustände des Ichs analysiert:

*Eltern-Ich* (El): Gefühle, Einstellungen, Reaktionen, die wir von unseren Eltern her kennen, wie Werte, Normen, Verbote, Gebote, Hilfen

[15] Vgl. auch *James/Jongeward* 1971, *Petzold/Paula* 1976.

*Erwachsenen-Ich* (Er): Der kognitive, rationale, unemotionale Bereich in uns. Er wird mit einem Computer verglichen: Datensammeln, Alternativen suchen, Bewerten, Entscheiden

*Kind-Ich* (K): Kindhaftes, emotionales Verhalten findet sich auch im Erwachsenenalter: Ängstlich, trotzig, lustbetont, abenteuerlich, vertrauensvoll, rebellierend.

Diese phänomenologischen Ich-Zustände gewinnen reale Gestalt in Interaktionen mit anderen, lassen sich beobachten und erfahren.

Zu 2.

Im Modell sind 72 **Transaktionen** zwischen zwei Individuen denkbar (vgl. Abb. 7.16). Dies können Paralleltransaktionen (horizontale und diagonale) gekreuzte oder Duplex-Transaktionen sein (vgl. *Harris* 1967, *James/Jongeward* 1976, *Petzold/Paula* 1976).

Beispiel für a)
Manager: Ein gutes Wartungsprogramm reduziert die Kosten beträchtlich.
Mitarbeiter: Ich finde, wir sollten den Wartungsvertrag verlängern.

Beispiel für b)
Manager: Ein gutes Wartungsprogramm reduziert die Kosten beträchtlich.
Mitarbeiter: Sie haben völlig recht!

Zu 3.

Hier werden vier Grundeinstellungen oder Lebensanschauungen unterschieden, die in der frühen Kindheit angelegt sind, und die unsere Lebensrolle (**Skript**) festschreiben.

1. Ich bin nicht O. K. – Du bist O. K.
   Typisch für die frühe Kindheit; die angsterfüllte Abhängigkeit des Kindes
2. Ich bin nicht O. K. – Du bist nicht O. K.
   Die Entwicklung zum Erwachsenen-Ich stagniert, Verzweiflung und Resignation nehmen überhand
3. Ich bin O. K. – Du bist nicht O. K.
   Typisch für mißhandelte Kinder, die sich in sich selbst zurückziehen
4. Ich bin O. K. – Du bist O. K.
   Die Grundeinstellung des zufriedenen erwachsenen Menschen.

Zu 4.

Im Umgang mit Menschen haben wir gewisse stereotype Transaktionsmuster herausgebildet, die als **‚Spiele'** (Games) bezeichnet werden können, wie etwa Verfolger, Retter oder Opfer sein, Schuldgefühle auslösen, Demütigen (vgl. *Berne* 1964).

Diese Spiele oder ‚Spielchen', die wir miteinander treiben, lassen sich mit Hilfe der Transaktionsanalyse als solche entlarven.

Der große Erfolg der Transaktionsanalyse vor allem auch in der Wirtschaft besteht u. a. darin, daß sie im Gegensatz zu T-Gruppen und Encounter-Gruppen den Menschen weniger verunsichert und ihm keine ideale alternative Lebensform nahebringt, sondern das **Ideal der Normalität** predigt. Das rationalistische, nüchterne Erwachsenen-Ich muß von allem Irrationalen,

Emotionalen, Selbstsüchtigen frei gehalten werden. „Um ‚OK' zu sein, braucht jeder von uns nur eines zu tun: wir müssen die ‚erwachsene' Definition der Realität akzeptieren, d. h. wir müssen die etablierte Ordnung akzeptieren" (*Kovel* 1977, S. 193).

## IV. Aktoren des Wandels

Eines der wichtigsten Bestandteile von Organisationsentwicklungskonzepten ist das Erfordernis eines in Verhaltenswissenschaften geschulten sog. **Agenten des Wandels** (Change Agent) (vgl. z. B. *Dienstbach* 1971).

### 1. Typologien von Change Agents

Je nachdem ob der OE-Berater Mitglied der betroffenen Organisation (Client System) ist oder nicht, spricht man von *internem* oder *externem* Berater. Fast in jeder Veröffentlichung über organisatorischen Wandel werden die Vor- und Nachteile des Arbeitens mit externen bzw. internen Beratern diskutiert.

Für *externe* spricht

- deren unbefangene, von Betriebsblindheit freie Problemsicht
- breiter Erfahrungsschatz durch Arbeit in verschiedenartigen Organisationen
- bessere Akzeptanz durch das Top Management, das in aller Regel Auftraggeber ist
- Mut zu einschneidenden Maßnahmen.

Für *interne* spricht

- bessere Vertrautheit mit der eigenen Organisation
- weitgehende Identität der Wertvorstellungen
- leichtere Anerkennung auf unteren Ebenen
- eher evolutionäres als revolutionäres Vorgehen.

Alle Argumente, die für einen externen sprechen, lassen sich als Nachteile des internen und umgekehrt anführen.

Große Organisationen (z. B. General Electric, Corning Glass Works, TRW Systems, Imperical Chemical Industries Ltd., Shell Oil Corp.) verfügen i. d. R. über Abteilungen mit angestellten Change Agents, die unter Bezeichnungen wie ‚OD Department' oder ‚Organization Improvement Department' fungieren. So hat z. B. General Motors eine OD Division mit 140 festangestellten OE-Fachleuten gebildet.

*Witte* (1973) bezeichnet die sich lediglich nebenberuflich um die Einleitung und Durchsetzung von Innovationen bemühenden (internen) Organisationsmitglieder sehr treffend als Promotoren. Je nachdem, ob es sich dabei primär um die Überwindung von Willens- oder Fähigkeitsbarrieren handelt, die dem Innovationserfolg in aller Regel entgegenstehen, unterscheidet er zwischen **Macht-** und **Fachpromotoren.** Während ersterer sich auf eine hohe hierarchische Position mit entsprechender Sanktionsgewalt berufen kann, stützt sich der zweite eher auf Expertenmacht. Als besonders effizient (gemessen an ‚Größe des Innovationsschritts' und ‚Problemlösungsumsicht') erwies sich im empirischen Feld eine als Gespannstruktur bezeichnete Art der Zusammenarbeit (Koalition) zwischen Macht- und Fachpromotor.

Die große, z. T. erfolgsentscheidende Bedeutung von OE-Beratern hat eine Vielzahl von empirischen und analytischen Forschungsarbeiten zur **Beschreibung und Typologisierung von Change Agents** angeregt. So unterscheiden z. B. *Kirsch* et al. (1978, S. 36, S. 356–370) nach dem sicherlich wichtigen Kriterium der Einbringung von Werturteilen und ungeprüften OE-Annahmen in den Beratungsprozeß zwischen **normativen** und **deskripitiven Aktoren** des Wandels. Dabei definieren sie als

- **normative Aktoren**
  Aktoren, die die Realität aufgrund bestimmter vorgefaßter Werte, Meinungen gestalten bzw. verändern (Change Agents, Change Catalysts, Prozeßberater, Interventionisten, Projektmanager)
- **deskriptive Aktoren**
  Aktoren, die den Wandlungsprozeß unter Hinweis auf die im konkreteren Fall vorfindliche Realität beeinflussen (Promotoren, Politiker, Technokraten, Initiatoren)

Die Zuordnung der in den Klammern genannten Aktoren erscheint willkürlich, wie überhaupt eine Trennung in ‚normativ' und ‚deskriptiv' nur analytisch vollziehbar ist; in der Realität wird jeder OE-Berater normative und deskriptive Elemente einbringen, nur in einem unterschiedlichen Ausmaß.

Eine weitaus differenziertere Charakterisierung von Change Agents hat *Tichy* (1974) im Anschluß an *Hornstein* et al. (1971) vorgenommen. Ausgangspunkt seiner Typologie von **‚Agents of Planned Social Change'** ist ein Beschreibungsmodell mit den fünf Komponenten

- persönliche Daten (z. B. Alter, Geschlecht, Ausbildung, Einkommen, Glaubensbekenntnis)
- Werthaltung (Weltanschauung, politische Orientierung, eigene Ziele in Wandlungsprozessen)
- theoretischer Bezugsrahmen (Annahmen über soziales Verhalten, bevorzugte Theorie des Wandels und der Veränderung)
- Interventionstechniken (bevorzugte Instrumente, wie Team Development, Sensitivity Training, um Ziele zu erreichen)
- tatsächliches Verhalten (was haben die Change Agents im Wandlungsprozeß tatsächlich getan).

Aufgrund einer Befragung von 91 erfahrenen Change Agents stellt *Tichy* (1974, 1975) signifikante Unterschiede in den Ausprägungen der fünf Komponenten fest, die ihn dazu veranlassen, vier **Typen von Aktoren** abzugrenzen:

1. **Bezugsgruppenanwalt** (outside pressure type)
*Beispiele:* Repräsentanten von Verbraucherverbänden, Bürgerinitiativen, Frauenverbänden
*Annahmen:* nur externer Druck auf die Organisation führt zu Wandel, die Machtverteilung in der Organisation muß verändert werden

2. **Top Management-Berater** (analysis for the top type)
*Beispiele:* beratende Wirtschaftswissenschaftler, OR-Spezialisten, Systemanalytiker
*Annahmen:* Wandel ist nur von oben erfolgreich; Wandel durch Änderung der Technologie (z. B. computergestützte Informationssysteme) und der Organisationsstruktur

3. **OE-Berater** (organization development type)
*Beispiele:* beratende Sozialwissenschaftler
*Annahmen:* Verbesserung der Problemlösungsfähigkeiten einer Organisation durch Initiierung von Lernprozessen in der Organisation, Veränderung von Menschen und Strukturen

4. **Sozialtechnologe** (people change technology type)
*Beispiele:* beratende Psychologen, Humanisierungsexperten
*Annahmen:* Organisatorischer Wandel durch Wandel der Personen; neue Einstellungen, Verbesserung der Motivation, der Arbeitssituation, und damit der Zufriedenheit

*Tichy* (1974, ebenso 1975) stellt aufgrund der empirischen Daten zu den fünf Komponenten seines Modells interessante **Inkongruenzen** fest, und zwar zwischen der erklärten Werthaltung und dem tatsächlichen Verhalten einerseits und dem angegebenen theoretischen Bezugsrahmen und dem tatsächlichen Handeln andererseits. Der **Bezugsgruppenanwalt** weist hierbei unter allen Change Agents die höchsten Kongruenzen auf, d. h. Werthaltung, Handlungsziel und ergriffene Maßnahmen sind voll miteinander vereinbar. Dagegen zeigt der **Sozialtechnologe** die größten Diskrepanzen zwischen Werthaltung, Konzept und Handlung auf. Der **OE-Berater** gibt Werte und Ziele, wie Demokratisierung, weitgehende Partizipation an, arbeitet tatsächlich aber an der Verbesserung der Leistung. Die **Top Management-Berater** schließlich weisen zwar hohe Kongruenz zwischen Werten und Handlungen auf, dagegen aber hohe Diskrepanzen zwischen theoretischem Modell und verwirklichtem Plan.

In einer späteren Arbeit haben *Tichy* und *Hornstein* (1976) das Modell verfeinert (Unterscheidung zwischen zwei Untertypen von Sozialtechnologen, einem Typ A: Verhaltensänderung, und einem Typ B: Austausch der Führungskräfte) und erneut bei 133 Change Agents empirisch überprüft. Das Ergebnis ist u. a. eine aufschlußreiche Zordnung von

- Vorgehensweise bei der Diagnose/Analyse
- verwandte Taktik bzw. Technik des Wandels
- Variablen des Wandels
- selbstgesetzte Erfolgskriterien

zu den vier unterschiedenen Typen von Aktoren.

### 2. Berufsethos der Aktoren

Die weiter oben angesprochenen Diskrepanzen und Inkongruenzen im Verhalten und Handeln der Change Agents hat z. T. zu erheblichen Verstimmungen und Mißverständnissen zwischen Change Agent und Client System geführt und ganz generell das Problem der **Moral und Ethik im Beratungsprozeß** aufgeworfen.

Die offenen, vertrauensvollen Beziehungen, die nach OE-Vorstellungen aufgebaut werden sollen, erfahren größte Belastungen und können ins Gegenteil verkehrt werden, wenn der Change Agent vertrauliche Informationen (etwa aus sog. anonymen Erhebungen) an Unbefugte weitergibt oder zum Nachteil der Befragten benutzt. Der Berater wird dann zum Spion des Managements. *Gannon* (1977, S. 180f.) berichtet von einem Fall, in dem ein OE-Berater einer Regierungsstelle aufgrund des für ihn frustrierend langsamen Fortschritts des Wandels vertrauliche Informationen an die Presse weitergab. Damit war das Vertrauensverhältnis untergraben.

An den Change Agent, wie an jeden anderen Aktionsforscher, werden höchste moralische Anforderungen gestellt. Er trägt mit die Verantwortung für die Handlungs- und Verhaltensspielräume einer Vielzahl von Menschen. Unter diesem Gesichtspunkt erscheinen manipulative OE-Techniken, die die Betroffenen über die wahren Ziele und Konsequenzen des Wandels bewußt im Unklaren lassen, als äußerst fragwürdig und mit den vielgepriesenen Wertvorstellungen der Offenheit und Authentizität von Beziehungen unvereinbar.

*Hellriegel/Slocum* (1976, S. 390ff.) – ebenso *Kelman* 1965, *Walton/Warwick* 1973 – reduzieren diese ethischen Probleme auf die zwei zentralen Kategorien **Macht** und **Freiheit.** Organisatorischer Wandel ist in aller Regel mit einer **Veränderung der Machtstrukturen** verbunden. Diese Veränderung geht aber in aller Regel von den Mächtigsten in der Organisation aus. Diese bestimmen letztlich Ziele und Ablauf des Wandels, der es der Organisation besser erlauben soll, *den* Problemen zu begegnen, die die Mächtigen selbst definiert haben. Bei dieser Sachlage stellt sich dem Change Agent die Gewissensfrage, ob er die Mächtigen durch das Einbringen seines Know-How noch mächtiger machen soll, oder auf einen Machtausgleich durch Unterstützung der Machtunterworfenen drängen sollte.

Es entspricht demokratisch-liberalen Vorstellungen von der Würde des Menschen, daß er frei zwischen Alternativen entscheiden kann, und wenn dies nicht möglich ist, Situationen zu schaffen, die einen solchen Handlungsspielraum erlauben. **Individuelle Entscheidungsfreiheit** in Wandlungsprozessen setzt Information über Ziele, Alternativen und die Konsequenzen der Alternativen voraus. Die Strategie des Bombenwurfs (vgl. S. 698ff.) steht diesem Ideal diametral entgegen. Auch die äußerst verbreiteten Gruppenansätze werden dem Ideal individueller Entscheidungsfreiheit nicht gerecht, denn der kollektive Gruppenzwang tritt hier nur an die Stelle individueller Machtausübung durch Vorgesetzte. Der Change Agent steht hier vor folgendem Dilemma: er kommt unter Beachtung des Ideals der persönlichen Freiheit mit Sicherheit nie zu einem Wandel der Organisation, denn, daß alle Organisationsmitglieder das gleiche wollen, ist Utopie; folglich muß er mit teils manipulativen Methoden, Informationsselektion, -filterung und -färbung Konsens anstreben, eine Strategie also, die mit den propagierten OE-Werten kaum vereinbar ist.

## V. Widerstände gegen Wandel

Wandel in sozialen Organisationen vollzieht sich nicht lautlos, unauffällig und problemlos, sondern ruft in aller Regel massive Widerstände hervor. Diese zeigen sich zum einen ganz *offen* (z. B. Streik, explizite Ablehnung der Innovation) oder mehr oder weniger *verdeckt* (z. B. erhöhter Absentismus, Leistuns- und Qualitätseinschränkungen, Wunsch nach Versetzung). Widerstände treten im Verlauf des Wandlungsprozesses mit unterschiedlicher Stärke und Intensität auf.

*Watson* (1975, S. 416f.) unterscheidet fünf **Phasen des Widerstandes:**

1. *Phase:* Pioniere sind eindeutig in der Minderzahl, Widerstand ist massiv und undifferenziert
2. *Phase:* Kräfte pro und contra werden identifizierbar
3. *Phase:* direkte Konfrontation und für den Erfolg des Wandels entscheidende Positionskämpfe
4. *Phase:* Widerstände nehmen ab, Einbindung der Opposition
5. *Phase:* entspricht Phase 1 mit umgekehrten Vorzeichen, Opponenten sind eindeutig in der Minderzahl.

### 1. Ursachen von Widerständen

Um die Widerstände gegen Wandel besser verstehen und ihnen gegebenenfalls angemessen begegnen zu können, empfiehlt es sich, diese näher zu analysieren und nach unterschiedlichen Kriterien zu differenzieren.

Hierzu liegt eine ganze Reihe sowohl empirischer als auch analytischer Ansätze vor (Vgl. z. B. *Coch/French* 1948, *Lawrence* 1954, *Böhnisch* 1979). So berichtet z. B. *Duncan* (1975, S. 438) von einer Studie über einen geplanten Wandel in einer amerikanischen Grundschule, wobei die betroffenen Lehrer Widerstände aufgrund unterschiedlicher **Ursachen** entwickelten:

1. Widerstand aus Unwissenheit, mangelnde Information über Alternativen
2. Widerstand aus Trägheit oder versäumten Gelegenheiten
3. Widerstand wegen Beharrens auf dem status quo
4. Widerstand aus sozialen Gründen, Angst vor fehlender sozialer Akzeptanz des Wandels
5. Widerstand aus interpersonalen Gründen, da Freunde und Kollegen den Wandel auch nicht akzeptieren
6. Widerstand durch Substitution; Ausweichen auf eine andere Strategie
7. Widerstand aus der Überzeugung heraus, daß man es selbst am besten weiß
8. Widerstand aufgrund von Erfahrung; beim Ausprobieren merkt man, daß man das Neue nicht mag
9. Widerstand aufgrund fehlerhafter Annahmen über den Wandel.

Auch die Erkenntnisse von *Watson* (1975) über individuelle und organisatorische Widerstände gegen Innovationen stützen sich überwiegend auf Erfahrungen im Organisationstyp ‚Schule‘. Er analysiert

a) **Widerstände auf der Ebene des Individiums**

- Gewohnheit (Bekanntes wird bevorzugt)
- Übergewicht der Primärerfahrung (wie man beim ersten Mal erfolgreich eine Situation bewältigt hat, prägt Verhalten)
- selektive Wahrnehmung (Informationen, die nicht in den akzeptierten Bezugsrahmen passen, werden verdrängt; dies führt zur Bildung von Vorurteilen, Stereotypen)
- Abhängigkeit (Wertvorstellungen, Einstellungen und Überzeugungen der wichtigsten Bezugspersonen werden internalisiert/einschl. der Kontroll-Instanz des Über-Ich)
- Selbstzweifel (wer den status quo akzeptiert, handelt gut, wer ihn verändern will, ist ein Rebell und böse)
- Unsicherheit und Regression (Sicherheit wird in der Vergangenheit, im ‚Bewährten und Wahren‘ gesucht).

b) **Widerstände auf Organisationsebene**

- Konformität mit Normen (Normen sind durch Einzelne kaum zu ändern, es müssen Mehrheitsentscheide herbeigeführt werden)
- Interdependenz von Subsystemen (Änderungen in Teilbreichen einer Organisation haben Konsequenzen in anderen; eine Fixierung allein auf den zu ändernden Teilbereich gefährdet den gesamten Wandel)
- Privilegien (sind durch Wandel Privilegien gefährdet, ist mit starkem Widerstand der Priviligierten zu rechnen)
- Tabus (werden vom Wandel auch tabuisierte Bereiche einer Organisation betroffen, ist mit stärkstem Widerstand zu rechnen)

- Widerstand gegen Externe (obwohl die meisten Innovationen von außen eingeleitet werden, besteht massive Ablehnung gegenüber fremden Ideen von Organisations-Externen).

In mehr systematisch-analytischen Arbeiten (*Fulmer* 1974, *Carlisle* 1976, *Hellriegel/Slocum* 1974, 1976) wird überwiegend zwischen ökonomischen und sozial-psychologischen Ursachen von Widerständen unterschieden.

Unter den **ökonomisch** bedingten Widerständen steht die Angst vor Arbeitsplatzverlust ganz an der Spitze; aber auch die Gefahr der Dequalifizierung mit den damit möglicherweise verbundenen Lohneinbußen bedroht die Befriedigung der Bedürfnisse nach Sicherheit und sozialer Anerkennung. Vor allem technologischer Wandel hat in aller Regel ökonomische Folgen, die primär von den betroffenen Arbeitnehmern zu tragen sind (vgl. z.B. die technischen Innovationen in der Druckindustrie für die Setzer).

Aber auch die **sozial-psychologischen** Faktoren sollten keineswegs unterschätzt werden. Jede Gefährdung der Sicherheit, die man im langjährigen Umgang mit einer Aufgabe an einem Arbeitsplatz und mit vertrauten Kollegen gewonnen hat, ist mit massiven Ängsten verbunden:

- Angst vor ungewissem Ausgang des Wandels
- Angst, der neuen Aufgabe nicht gewachsen zu sein
- Angst, mit den neuen Kollegen, der neuen Gruppe nicht zurechtzukommen
- Angst, geliebte Privilegien und Statussympole (ersatzlos) zu verlieren
- Angst, inzwischen gewonnene Autonomie am Arbeitsplatz wieder zu verlieren
- Angst vor einer grundsätzlichen Veränderung der gesamten (vertrauten) formalen und informalen Beziehungsmuster in der Organisation.

Empirische Untersuchungen belegen allerdings, daß Menschen mit unterschiedlichen Persönlichkeitsmerkmalen auch unterschiedlich auf geplanten Wandel reagieren. So zeigt eine Literaturanalyse (*Filley/House/Kerr* 1976), daß folgender Personenkreis tendenziell **besonders starken Widerstand** gegen jeglichen Wandel entgegenbringt:

**Personen**

- die sich primär auf eigene Erfahrung berufen
- die an Kontinuität und Stabilität der Bedingungen glauben
- die glauben, daß es einen einzigen richtigen Weg gibt
- die geringe Risikoneigung aufweisen
- die ihre Arbeit sehr ernst nehmen
- die weniger gebildet sind
- die eher älter sind
- die meist weiblichen Geschlechts sind.

**Gruppenwiderstand** ist nach *Miner* (1973, S. 268) vor allem dann zu erwarten, wenn die Gruppenmitglieder

- hohes Zusammengehörigkeitsgefühl aufweisen
- offenkundig machen, daß sie in der Gruppe bleiben wollen

- ihre Gruppe allen anderen überlegen empfinden
- der Führer der Gruppe selbst negativ gegenüber Wandel eingestellt ist.

Generell läßt sich festhalten, daß dann mit Widerstand gegen Wandel gerechnet werden muß, wenn die erwarteten Ergebnisse negativ von den Betroffenen bewertet werden, und daß auf Unterstützung zu zählen ist, wenn sich positive Ergebnisse erwarten lassen.

## 2. Umgang mit Widerständen

Bei technokratischen OE-Ansätzen wäre der nächste Schritt, den erkannten Widerstand zu überwinden. Ich habe an anderer Stelle (vgl. S. 653ff. der Arbeit) deutlich gemacht, daß Widerstand eine selbstverständliche Begleiterscheinung von Wandel ist und keineswegs nur störend und einfach abzubauen ist. Auch *Lawrence* (1954, S. 56) warnt davor, Widerstand als etwas zu betrachten, das sofort überwunden werden muß. Er sieht vielmehr im Widerstand ein Warnsignal analog dem Schmerz im menschlichen Organismus. Genau so wie es falsch ist, Schmerz einfach durch Betäubungsmittel zu bekämpfen, anstatt nach den Ursachen zu forschen, wäre es unangemessen, den Widerstand über disziplinarische Maßnahmen zu bekämpfen. In der Literatur über OE findet sich folglich eine Fülle von Empfehlungen zu subtileren **Formen der Überwindung von Widerstand:**

- Information über Ursachen und Ziele des Wandels
- Beteiligung der vom Wandel Betroffenen
- Schutz der Personen, die vom Wandel negativ betroffen werden (z. B. Zusage, daß keine Entlassungen erfolgen, Umschulungen)
- Unterstützer des Wandels belohnen
- Vermeiden revolutionärer Ansätze
- Wahl eines kompetenten Change Agent.

*Watson* (1975, S. 428f.) hat eine Reihe von Empfehlungen zum Umgang mit Widerständen zusammengestellt, die seiner Meinung nach immer wieder ihre Gültigkeit unter Beweis stellen konnten:

„A. Von wem geht die Änderung aus?

1. Wenn Verwaltung, Lehrer, Vorstandsmitglieder und führende Persönlichkeiten in der Gemeinde den Eindruck haben, daß das Projekt ihr eigenes ist – keines, das Außenstehende ersonnen haben und betreiben –, wird ihr Widerstand gering sein.

2. Der Widerstand wird gering sein, wenn das Projekt eindeutig die volle Unterstützung der Spitzenfunktionäre des Systems findet.

B. Welche Art von Änderung hat Erfolg?

3. Der Widerstand wird gering sein, wenn die Betroffenen den Eindruck haben, daß die Änderung ihre gegenwärtige Belastung eher reduziert als vermehrt.

4. Der Widerstand wird gering sein, wenn das Projekt mit den Werten und Idealen in Einklang steht, die die Beteiligten seit langem anerkennen.
5. Der Widerstand wird gering sein, wenn das Programm neue Erfahrungen vermittelt, die für die Beteiligten von Interesse sind.
6. Der Widerstand wird gering sein, wenn die Beteiligten das Gefühl haben, daß ihre Autonomie und ihre Sicherheit nicht bedroht sind.

C. Wie wird die Änderung am besten durchgeführt?

7. Der Widerstand wird gering sein, wenn die Betroffenen zu den diagnostischen Vorarbeiten hinzugezogen worden sind – mit dem Ergebnis, daß sie in der Definition des Grundproblems übereinstimmen und es für relevant halten.
8. Der Widerstand wird gering sein, wenn die Annahme des Projekts aufgrund übereinstimmender Ansichten in der Gruppe beschlossen wurde.
9. Der Widerstand wird sich verringern, wenn die Anhänger den Gegnern Verständnis entgegenzubringen vermögen, wenn sie stichhaltige Einwände anerkennen können und wenn sie etwas zum Abbau unnötiger Ängste unternehmen.
10. Der Widerstand wird sich verringern, wenn man in Rechnung stellt, daß Innovationen leicht mißverstanden und mißinterpretiert werden, und wenn man für ein Feedback der Beobachtungen des Projekts und für weitere Klärungen, falls sie erforderlich werden, sorgt.
11. Der Widerstand wird dadurch reduziert, daß die Beteiligten sich akzeptiert und unterstützt fühlen und in ihren gegenseitigen Beziehungen Vertrauen und Zuversicht erfahren.
12. Der Widerstand wird abgebaut, wenn man das Projekt für Revisionen und Überprüfungen offen hält, falls die Erfahrung zeigt, daß seine Änderung wünschenswert ist."

Die weithin in der Literatur vertretene These, daß erfolgreicher Wandel die **Partizipation** der Betroffenen bei Planung und Implementation des Wandels voraussetze, wird von *Kirsch* et al. (1978, S. 247ff., 394ff.) unter Hinweis auf eigene empirische Untersuchungen bestritten. Nach Auffassung der Autoren präferiert die deutsche Praxis eindeutig radikale Strategien vom Typ des **‚Bombenwurfs'** und vermeidet eine Beteiligung der Betroffenen so weit wie möglich. Diese Einschätzung der Praxis wird auch von der Mehrheit der Betriebsräte in deutschen Unternehmungen bestätigt, die die Erfahrung gemacht haben, daß je weniger konkret die Aussagen der Unternehmungsleitung bei anstehenden Veränderungen sind, mit desto schwerwiegenderen Folgen für die Arbeitnehmer gerechnet werden muß (Checkliste Rationalisierung der Abt. Automation und Technologie der IG Metall, 1979).

*Kirsch* et al. (1978, S. 395ff.) unterscheiden zunächst vier idealtypische **Formen der Partizipation,** je nachdem ob die Partizipation an Entscheidungen auf die Integration des Wissens und Könnens der Beteiligten und/oder ihrer Werte abzielt:

| Art der Partizipation | Einbeziehung von Werten | Einbeziehung von Wissen u. Können |
|---|---|---|
| Pseudo-Partizipation | nein | nein |
| Human-Resources-Strategie | nein | ja |
| Social-Values-Strategie | ja | nein |
| Authentische Partizipation | ja | ja |

*Kirsch* et al. sehen in jeglicher Form der Partizipation tendenziell mehr Gefahren als Nutzen für erfolgreichen organisatorischen Wandel, wobei ‚*erfolgreich*‘ nur meint, ob am Ende des Reorganisationsprozesses das erklärte Ziel der Veränderung erreicht worden ist. Die genannten Autoren favorisieren dagegen ein **‚Marketingkonzept‘**, wonach Partizipation der Betroffenen ausgeschlossen wird (um ungestört reorganisieren zu können) und deren Interessen über Bedürnisforschung (analog zur Marktforschung) indirekt erfaßt werden sollen. Durch positives ‚Verkaufen‘ der OE-Ziele sollen Widerstand abgebaut und Abwanderungsgefahr reduziert werden.

*Abb. 7.17:* Aktions-Reaktions-Profil des ,,erfolgreichen Bombenwurfs“

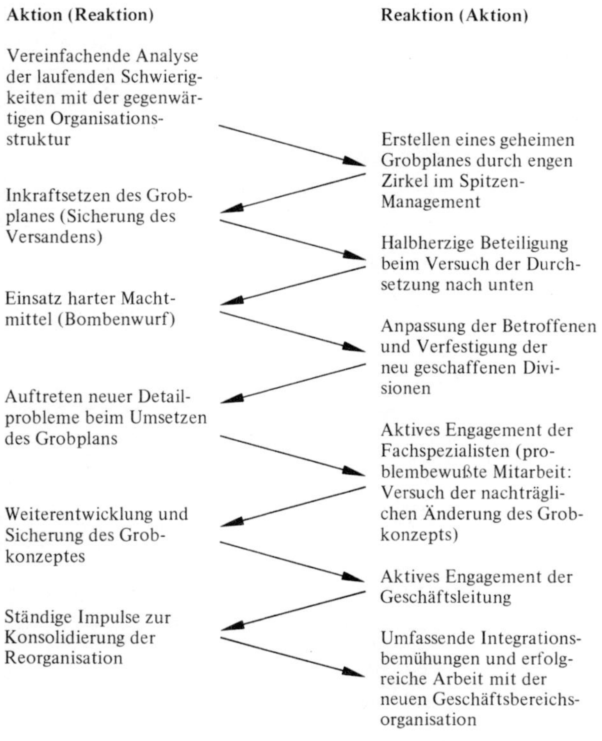


*Quelle: Kirsch/Esser/Gabele* 1978, S. 249

Ganz in diese Richtung paßt die empirisch nachgewiesene und literarisch propagierte Strategie des Bombenwurfs, dessen Kern darin besteht, daß die vom Top Management (evtl. mit externer Unterstützung) insgeheim konzipierte Groblösung wie eine Bombe in die unvorbereitete Organisation geworfen wird und damit aufgrund des Überraschungseffektes jeglichen massiven Widerstand lähmt. Diese Vorgehensweise schließt ex definitione eine Partizipation der Betroffenen aus. Die mit dieser Strategie verbundene Kette von Aktionen und Reaktionen ist in Abb. 7.17 dargestellt.

Ganz abgesehen davon, daß diese Art der radikalen Veränderung im Widerspruch zu fast allen OE-Vertretern geäußerten Wertvorstellungen steht, wird hier m. E. auch eindeutig gegen Rechtsvorschriften (z. B. § 90 BetrVG) und Prinzipien einer vertrauensvollen Zusammenarbeit zwischen allen Organisationsmitgliedern verstoßen.

# D. Interessen an der Organisation und ihrer Entwicklung

## I. Interessen an der Organisation

Organisationsmitglieder und -teilnehmer verbinden mit ihrer Mitgliedschaft bzw. Teilnahme in/an Organisationen unterschiedliche Interessen. Im Zuge von OE-Prozessen werden diese manifest. Da OE nicht alle Interessen in gleicher Weise berücksichtigen kann, sind Konflikte unausweichlich (vgl. hierzu vor allem *Staehle* 1979).

Organisationen, wie etwa Schulen oder Betriebe, werden gegründet, um bestimmte Ziele zu erreichen. **Ziele** beschreiben ganz allgemein einen erwünschten zukünftigen Zustand, den die Organisation zu erreichen versucht. Unterschiedliche Interessen *an* der Organisation schlagen sich in unterschiedlichen Zielen *für* die Organisation nieder. Hier stellt sich das heftig umstrittene Problem, ob Organisationen (in Analogie zu Individuen) überhaupt Ziele haben können oder nur Organisationsmitglieder (Reduktionismusproblem).

Dieses Problem wurde durch Aufspaltung in mehrere Teilziele zu lösen versucht (vgl. Abschnitt 2CII der Arbeit):

- Individualziele der Organisationsteilnehmer
- Ziele der Organisationsteilnehmer für die Organisation
- Ziele der Organisation.

**Ziele der Organisation** werden im Politik-Modell von *Easton* (1965) als die von den zur Zielformulierung autorisierten Individuen und Gruppen aufgestellten und von dem hierzu legitimierten Kernorgan beschlossenen Zielartikulationen definiert.

Ziele der Organisation sind nach dieser Auffassung das Ergebnis von Interaktionen zwischen allen am Zielbildungsprozeß partizipierenden Organisationsteilnehmern. Bei *Beckhard* (1972) soll OE der Verbesserung von Wirksamkeit (efficiency) und Gesundheit (health) der Organisation dienen. Die Tatsache, daß OE vom Top Management gesteuert werden soll, läßt die Vermutung aufkommen, daß OE primär der Durchsetzung der Ziele dieser Gruppe diene, eine Auffassung, die sich mit wenigen Ausnahmen in der gesamten OE-Literatur widerfindet. Eine Analyse dieser Literatur (z. B. *Gebert* 1974) läßt zwei große Zielbündel erkennen:[16]

1. **Humanisierung der Arbeitswelt** und
2. **Erhöhung der Leistungsfähigkeit der Organisation.**

---

[16] Zu einer differenzierteren Analyse der OE-Ziele vgl. S. 639 der Arbeit.

Mag an dieser Stelle noch der Eindruck entstehen, es würden eventuell konfligierende Ziele mindestens zweier Gruppen, nämlich Arbeitnehmer und Top Management bzw. Arbeitgeber, befriedigt, so zeigt eine weitergehende Analyse, daß die Ziele unter 1. lediglich Mittelcharakter für die Ziele unter 2. haben. *Seidel* (1978, S. 150) spricht sehr anschaulich von einer *Umwegproduktion,* die bei einer stärkeren Mitarbeiterorientierung der Führung (hier: Personalentwicklung) in Kauf zu nehmen ist, um die Sachaufgabenerfüllung zu verbessern.

Die Befriedigung von Bedürfnissen nach sinnvoller Arbeit, sozialer Anerkennung und Selbstverwirklichung werden als wesentliche Voraussetzung (Mittel) für eine Steigerung der Effizienz einer Organisation angesehen und nicht als eigenständige Ziele. OE-Praktiker behaupten nun, zwischen beiden Zielbündeln (Humanisierung und Effizienz) bestünde **Zielharmonie,** und OE-Maßnahmen beanspruchen für sich, beide Ziele gemeinsam erreichen zu können. Bisweilen wird sogar von Zielidentität gesprochen, denn das Ziel ‚Leistungsfähigkeit' beinhalte neben einer ökonomischen auch eine soziale Dimension.

Strukturen, die Effizienz und/oder Zufriedenheit ermöglichen, sind das Ergebnis von Entscheidungen einer hierzu legitimierten Gruppe von Organisationsmitgliedern, meist als Top Management bezeichnet. Dieses ist aufgrund seiner Machtposition in der Lage, geeignete Strukturen zu entwerfen, über die das Verhalten der Mitarbeiter gesteuert werden soll. Nun ist es unstreitig, daß zwischen Management-Interessen sowie denjenigen der restlichen Mitglieder einer Organisation mehr oder weniger tiefe **Konflikte** bestehen, seien sie nun latent oder manifest.

Unabhängig von diesen Zielkonflikten stellt sich bei der Realisierung von OE-Maßnahmen folgendes weiteres Problem: Um Ziele *der* Organisation zu handlungsrelevanten operativen Zielen werden zu lassen, müssen sie als solche von den Handlungsträgern akzeptiert werden, denn diese kommen mit eigenen persönlichen Zielvorstellungen (**Individualziele**), die sie über die Teilnahme an der Organisation erreichen wollen. Insofern müssen die Ziele der Organisation instrumental zur Erreichung der eigenen Ziele sein.

Im Zuge der Personal- und Organisationsentwicklung wird versucht, eine weitgehende Angleichung von Individual- und Organisationszielen zu erreichen.

Der Vorgang der organisatorischen Sozialisation, eines der impliziten Ziele der OE, wird aus der Sicht der Organisation dadurch erleichtert, daß diese Belohnungen in Form materieller und immaterieller Anreize (z. B. Gehalt, Karriere) bieten kann. Je höher ein Organisationsmitglied in der Hierarchie gestiegen ist, desto erfolgreicher ist der Identifikationsprozeß gelungen und umgekehrt.

Wie ist es aber dann zu erklären, daß trotz solcher organisatorischer Anreize viele Organisationsmitglieder (-gruppen) dem geplanten organisatorischen Wandel mit Skepsis oder gar ablehnend gegenüberstehen?

## II. Konflikte zwischen Individualinteressen

Unter den Individualinteressen werden diejenigen der von OE-Maßnahmen Betroffenen, diejenigen der Manager und der OE-Berater untersucht.

### 1. Betroffene

Die meisten **Organisationsmitglieder** reagieren auf Veränderungen einer vertrauten Umgebung mit Desorientierung und werden dadurch teilweise stark verunsichert.

Die Konfrontation mit neuen Anforderungen oder Bedingungen setzt selbst bei optimistischer Abschätzung individueller Innovationsbereitschaft Abwehrmechanismen in Gang. Diese bestehen zumeist darin, an dem Bestehenden festzuhalten, obgleich vorangegangene Kritik am Istzustand Veränderungswünsche deutlich gemacht hat.

Hinzu kommt, daß – wie in Abschnitt CI deutlich wurde – innerhalb von Organisationen gegeneinander wirkende Kräfte oder Interessen bestehen. Die OE-Praxis zeigt, daß Veränderungsmaßnahmen solche Interessengegensätze aktualisieren. Es werden Machtverlust, Benachteiligung oder Ungerechtigkeiten befürchtet; es kommt zu Konflikten und somit zu sogenannten Reibungsverlusten. Diese Konflikte sind umso stärker, je weniger die unterschiedlichen Interessengruppen an der Planung der Veränderungsmaßnahmen beteiligt werden; oder anders ausgedrückt: je stärker sie befürchten (müssen), daß ihre Interessen nicht berücksichtigt werden. Um eine bessere Identifikation der Beteiligten mit den Veränderungszielen und eine bessere Akzeptanz der OE-Maßnahmen zu erreichen, bietet sich eine partizipative Vorgehensweise unmittelbar an. Da die **Partizipation** aber weniger bei der Zielsetzung als bei der Implementation von OE-Maßnahmen vorgesehen ist, wird der Entscheidungsspielraum erheblich eingeschränkt.

Widerstände auf der Ebene des Individuums als Folge konfligierender Interessenlagen sollen vor allem durch die personalen Interventionsstrategien der OE überwunden werden. Dabei ist jedoch zu berücksichtigen, daß individuelle Verhaltensänderungen nicht zwangsläufig zu organisatorischen Veränderungen führen, sondern eher umgekehrt.

Unzulänglichkeiten der Organisation sind meistens nicht auf individuelles Fehlverhalten zurückzuführen, sondern als Konsequenz inadäquater struktureller Regelungen zu interpretieren.

Organisationen sind eben nicht nur soziale Systeme, sondern weisen vor allem auch technische, ökonomische und politische Aspekte auf. Entsprechend schließt mein Verständnis von OE auch Variablen wie Aufgaben, Interessen, Technologie und Struktur mit ein. Ein solch strukturell-politischer Ansatz muß dabei keineswegs individuelle Bedürfnisse vernachlässigen. Im Gegenteil halte ich es für wenig verantwortungsvoll, Menschen in Organisationen eine Verbesserung ihrer Situation zu versprechen, ohne die diese Situation beeinflussenden Faktoren in den OE-Prozeß miteinzubeziehen und zum Gegenstand von Veränderungsprozessen zu machen.

## 2. Manager

Je höher ein Organisationsmitglied in der Hierarchie gestiegen ist, über desto mehr Macht und Einfluß verfügt er und desto mehr muß er Machteinbußen durch organisatorische Veränderungen befürchten. Trotz hoher Identifikation mit der Organisation sind die Ziele des Managers[17] für die Organisation keineswegs mit seinen persönlichen identisch, d. h. er fördert und unterstützt nur solche OE-Prozesse, die ihm Vorteile bringen, und er verhindert alle Entwicklungen, seien sie noch so positiv für die ganze Organisation, die seine Position gefährden.

Macht man sich erst einmal deutlich, wie entscheidend solch innerbetriebliche Machtverhältnisse für Ziele und Inhalt von OE-Maßnahmen sind, wird unmittelbar einsichtig, daß die erklärte Absicht der OE, Humanisierungs- und Leistungsziele gemeinsam zu optimieren, letztlich zu **politischen Aushandlungsprozessen** führen wird.

Auch *Huse* (1980), der Autor des heutigen Standardwerkes über OE, sagt zu Recht von Organisationen, daß sie politischer Natur seien und plädiert für die Einbeziehung von Macht- und Konflikt-Konzepten.

Jetzt wird auch verständlich, warum die von überzeugten OE-Vertretern prognostizierte zwangsläufige Entwicklung zu humaneren, flexibleren und mehr demokratisch geführten Organisationen sich in der Realität nicht nachweisen läßt. *Nord* (1978) argumentiert hier überzeugend: Turbulente Umweltverhältnisse, die ja angeblich zu mehr flexiblen, partizipativen Strukturen in Organisationen führen sollen, tun das keineswegs. Zunächst einmal führen sie zu Machtkämpfen innerhalb der Organisation und veranlassen die Inhaber von Machtpositionen, sich eher auf eine verstärkte interne Routinisierung und Strukturierung zu stützen bei gleichzeitigem Abpuffern der Turbulenz, als auf eine Entbürokratisierung und generelle Öffnung des Systems. Dabei spielt die ungleiche Machtverteilung in Organisationen eine besondere Rolle. *Nord* (1978) behauptet, daß diese geradezu enthumanisierende Effekte habe. Die Mächtigen entwickeln Instrumente zur Stabilisierung ihrer Position und halten die weniger Mächtigen in wenig humanen Abhängigkeitsverhältnissen. Nach *Nord* steigen die Chancen für eine organisationsweite Humanisierung erst, wenn relativ ausgeglichene Machtverhältnisse erreicht sind.

---

[17] *Bosetzky* (1978) nennt ihn sehr anschaulich Mikropolitiker.

OE-Maßnahmen, die Machtverhältnisse unangetastet lassen, haben somit wenig Chancen, die postulierten Humanisierungsziele zu erreichen.

### 3. OE-Berater

Auch von demjenigen, der diese Änderungen initiieren und begleiten soll, dem sog. **Change Agent,** kann man aufgrund seiner Interessenlage und der Kurzfristigkeit seines Engagements keine einschneidende Veränderung der Situation erwarten.

Die klassische Beratungssituation, in der ein OE-Berater quasi als Arzt auf einem mehr oder weniger passiven, als krank definierten Patienten (das Client System = die Organisation) einwirkt und dabei auch sein Wertsystem und seine Zielvorstellungen unmittelbar mit einbringt, wurde in den letzten Jahren immer mehr abgelöst von einem System der **Prozeßberatung,** in dem der Change Agent klientenzentriert vorgeht und als Katalysator und Moderator von im Client System selbst initiierten und gesteuerten Veränderungsprozessen wirkt.

Entsprechend fordert das NPI (vgl. S. 673), daß der ‚Entwicklungshelfer' seine Methode den Werten und Normen des Klientensystems anpassen soll. Diese Entwicklung von mehr externer Steuerung zum stärkeren internen Engagement hat jedoch nicht nur ihre Ursache in gruppendynamischen und lernpsychologischen Einsichten, sondern ist eindeutig auch politisch zu verstehen. Und zwar insofern als der externe Change Agent in manchen Fällen als zu progressiv und mit den Interessen der abhängig Beschäftigten zu stark sympathisierend empfunden wurde, so daß er von internen, dem Top Management verpflichteten Agenten abgelöst wurde. Wir erkennen hier eine Tendenz, wie sie sich analog auch im Bereich des Management-Trainings abzeichnet, wo externe überbetriebliche Weiterbildungsseminare immer mehr zugunsten von hausinternen Bildungszentren, in denen Ziele und Inhalte der Sozialisationsprozesse besser kontrolliert werden können, an Bedeutung verlieren.

## III. Konflikte zwischen Interessengruppen

Interessen-Konflikte im Betrieb spiegeln umfassende Herrschaftskonflikte in der Gesellschaft wider. Aus der unterschiedlichen Verteilung von Herrschaftsbefugnissen, Eigentumstiteln und Informationsmöglichkeiten ergeben sich im betrieblichen Bereich Konflikte zwischen Arbeitgebern und Arbeitnehmern mit den bekannten Erscheinungsformen, wie Streiks, Aussperrungen, Entlassungen, Dienst nach Vorschrift, Materialverschwendung, Absentismus. Die Funktion von OE – so wie sie sich in der Literatur und Praxis darstellt – ist es nun, die so gestörte Ordnung oder antizipierte Störungen zu beheben, indem nach Möglichkeiten der friedlichen **Konfliktregelung,** der ‚Demokratisierung' und der Humanisierung der Arbeit gesucht wird, um die Organisation in ihrer herrschaftsstützenden Funktion zu erhalten. Wenn OE, wie oben gezeigt wurde, nur auf der Ebene des Individuums ansetzt und Strukturen unangetastet läßt, dient sie damit primär den Interessen *einer* Gruppe und muß folglich den Anspruch, im Interesse *aller* Organisationsteilnehmer zu stehen, aufgeben. OE-Ansätze, die hier von einer Harmonievorstellung ausgehen, erscheinen realitätsfern.

Die Abstinenz vieler amerikanischer OE-Vertreter von Fragen der Macht- und Konfliktaustragung ist von der Entwicklung her zwar verständlich, für eine realitätsnahe Analyse von Organisationen aber nicht modellhaft. Die starke Managementorientierung der OE-Praxis in den USA, die zu einer einseitigen top-down Strategie führt, verstellt nicht nur den Blick für andere Interessengruppen, sondern auch den auf weitere gesamtgesellschaftliche Bezüge. Nun wäre es aber ungerecht, der US-amerikanischen Literatur zum OE-Bereich, die auch für die Diskussion in Deutschland bestimmend ist, vorzuwerfen, sie würde diese Widersprüche übersehen. So wirft *Ross* (1971, S. 581) den OE-Praktikern vor, sie zeigten an den wahren Problemen ihrer Klienten kein Interesse. Und mit dem Hinweis auf den Mittelcharakter der *für* Arbeitnehmer formulierten Ziele hat er den klassischen Satz geprägt, dieses Eingehen auf die Ziele der Betroffenen sei nur eine Form des „making some people happier at the job of making others richer".

*Nord* (1974) wiest auf die großen Diskrepanzen zwischen den humanitären Zielen und Werten mancher OE-Theoretiker, wie *McGregor, Bennis, Likert,* und der harten Realität in amerikanischen Unternehungen hin. Seiner Meinung nach sind die Verhaltenswissenschaftler in der OE-Praxis zu konservativ und helfen damit den Unternehmungen, ihren status quo zu bewahren.

Die unreflektierte Rezeption amerikanischer OE-Techniken, die diese Kritik nicht berücksichtigen, muß deshalb gerade in Europa auf Schwierigkeiten stoßen. Die herkömmliche Vorgehensweise der Industriesoziologen in **Europa** erhebt nämlich den Anspruch, zunächst ein Verständnis von der realen Arbeitssituation an der Basis zu gewinnen und darauf aufbauend Veränderungsstrategien in enger Kooperation mit Arbeitnehmer-Vertretern zu entwickeln. Diese Vorgehensweise findet sich in Programmen der Industriellen Demokratie und der Humanisierung der Arbeit, wobei nicht verkannt wird, daß ohne Billigung der Führungsspitze kein OE-Prozeß erfolgreich ablaufen kann. Nur sieht die Führungsspitze als Folge der Mitbestimmungsgesetzgebung in Europa z. T. anders aus als in den USA.

Folgt man der Auffassung, daß die Ziele einer Organisation in **Verhandlungs-Prozessen** (Bargaining) zwischen den Organisationsteilnehmern bzw. -mitgliedern entwickelt werden, gilt es zu beachten, daß keine symmetrische

Berücksichtigung aller Teilnehmer (-gruppen) besteht, sondern daß bestimmte Gruppen (i. d. R. nur eine) zur Zielbildung formell legitimiert sind (Kerngruppe). Deren Entscheidungen können aber in Abhängigkeit von den bestehenden Machtverhältnissen von anderen Anspruchsgruppen beeinflußt werden (z. B. Mitbestimmung).

Konsequenterweise sehen *Schienstock/Müller* (1978) organisatorischen Wandel als politisches (**Industrial Relations**) Problem und Organisationsentwicklung als Verhandlungsprozeß, wobei Ziele und Inhalt von OE-Maßnahmen zum Verhandlungsgegenstand zwischen Arbeitnehmer- und Arbeitgeber-Vertretern werden (vgl. hierzu auch *Goldmann* 1982, S. 235 ff.). Ein solcher Ansatz könnte OE auch für die Gewerkschaften attraktiv machen. In europäischen Ländern ist noch eine erhebliche Zurückhaltung der **Gewerkschaften und Betriebsräte** gegenüber OE-Maßnahmen zu erkennen (*Kubicek* 1981 b). Dies mag aus einer prinzipiellen Skepsis gegenüber allen neuen Ansätzen und Methoden der Organisation und Führung herrühren, die das **Management** – ohne Einbeziehung der Arbeitnehmer-Vertreter – freudig aufgreift; im konkreten Fall von OE-Maßnahmen, so wie sie z. Zt. in Deutschland überwiegend praktiziert werden, sehen die Arbeitnehmervertreter und Gewerkschaften jedoch keinen Ansatz zur nachhaltigen Verbesserung der Situation ihrer Mitglieder. Diese Ablehnung ist nicht zuletzt darauf zurückzuführen, daß die OE-Berater sich fast ausschließlich als Agenten des Top-Managements verstehen.

Ein solcher Verhandlungsansatz verlagert auch die unergiebige Dikussion über die Prioritätsverteilung zwischen ökonomischen und sozialen Interessen aus der Organisation heraus auf das Feld der Interaktionsprozesse zwischen der Organisation und den relevanten Interessengruppen (= Analyse politischer Prozesse). Diese Vorgehensweise entspricht jedoch (noch) nicht der OE-Praxis, die eher dadurch gekennzeichnet ist, daß Beschlüsse über das ob und wie von OE-Prozessen im Top Management (vor-) entschieden werden. Die bislang entwickelten OE-Techniken erlauben es auch (noch) nicht, Hilfen bei der Einleitung politischer Verhandlungsprozesse zu geben.

Um die organisationsinterne Machtverteilung und die verschiedenen Interessenkonflikte besser zu verstehen, muß m. E. das **gesellschaftliche Umfeld der Organisation** mit in die OE-Betrachtung einbezogen werden.

Aufgrund der Unterschiedlichkeit von Ansprüchen an Organisationen lassen sich unterschiedliche Interessengruppen identifizeren, deren Verhalten für das Überleben einer Organisation von ausschlaggebender Bedeutung ist. **Interessengruppen** werden ‚relevant' für eine Organisation, wenn sie über die Macht verfügen, Handlungen und Verhalten der Organisation in ihrem Sinne zu beeinflussen (*Staehle/Grabatin* 1979, sowie S. 153 der Arbeit).

## IV. Konflikte zwischen Praxis und Theorie der Organisationsentwicklung

Wenn man den Bereich OE in das Lehr- und Forschungsprogramm der Wirtschaftswissenschaften speziell der Betriebswirtschaftslehre[18] aufnehmen möchte, wie das in letzter Zeit verstärkt gefordert wird, so gilt es u. a. zu prüfen, inwieweit sich die Ansiedlung eines primär verhaltenswissenschaftlichen Bereichs in einer primär ökonomischen Disziplin positiv oder negativ auf die OE-Praxis auswirkt. Als positiv würde ich solche Folgen auszeichnen, die Situationen schaffen, in denen die Interessen *aller* von OE-Maßnahmen Betroffenen gleichermaßen untersucht werden.

Während betriebswirtschaftliche Ansätze bis vor kurzem durch eine weitgehende Konflikt- und Interessenfreiheit gekennzeichnet waren, finden sich erst in jüngeren realitätsnäheren und damit komplexeren Ansätzen Versuche einer Erfassung von Machtbeziehungen, die Ursache und Ausfluß konfligierender Interessenlagen sind.

Diese machen deutlich, welche **Schwächen** den OE-Ansätzen US-amerikanischer Herkunft immanent sind (vgl. *Kubicek* 1981 b, *Goldmann* 1982):

- die Harmoniethese (gleichzeitige Erreichung der Ziele der Organisation und ihrer Mitglieder) erweist sich als unhaltbar
- OE-Ansätze vernachlässigen strukturell bedingte Machtungleichheiten und Verschleiern bestehende Herrschaftsverhältnisse
- OE-Ansätze führen zu Individualisierung und Kleingruppenbildung und behindern eine kollektive Interessendurchsetzung mit Unterstützung der Mitbestimmungsorgane (es fehlt i. d. R. eine rechtliche Absicherung der Arbeitnehmerinteressen in OE-Prozessen)
- in der OE-Praxis werden viele OE-Ansätze lediglich als Sozialtechnologien zur Überwindung von Widerständen und zur Erhöhung der Akzeptanz von Veränderungen genutzt.

Trotz dieser schwerwiegenden Vorwürfe verkennen die Kritiker von OE nicht, daß diese Ansätze auch **positive Elemente** aufweisen, wie z. B. die Einbeziehung der Betroffenen in Veränderungsprozesse, die Eröffnung von Chancen, neue Erfahrungen zu machen, zu lernen und sich weiterzuqualifizieren.

Den Interessenkonflikten, die sich innerhalb der Praxis der OE abspielen, stehen solche zwischen Praxis und Theorie der OE gegenüber. Als angewandte Verhaltenswissenschaft steht OE immer schon im Konfliktfeld zwischen praktischen Anwendungs- und Wissenschaftszielen. Das Erkenntnisinteresse der OE ist eben nicht auf die **Beschreibung und Erklärung** tatsächlich

---

[18] OE gehört in den USA schon lang zum festen Bestandteil des Lehr- und Forschungsprogramms der Managementlehre.

beobachtbaren Verhaltens gerichtet, sondern primär auf die **Veränderung** von Verhalten im Hinblick auf ein normativ vorgegebenes Menschenbild. Dies hat OE bisweilen den Vorwurf eingetragen, es sei lediglich eine präskriptive Sozialtechnologie. Erschwerend aus der Sicht der Wissenschaft kommt hinzu, daß im Falle der OE die Praxis einen beträchtlichen Vorlauf vor der Theorie hat. Empirische Forschung und Theoriebildung bleiben weit hinter den Erfahrungen der OE-Praxis zurück. *Kubicek/Leuck/Wächter* (1979) kritisieren an OE das Fehlen sowohl einer **Theorie des Veränderns** als auch einer Theorie der Veränderung. Erstere hätte Aussagen über die Wirksamkeit von OE-Maßnahmen unter verschiedenen Bedingungen zu machen. Solche Maßnahmen dürften sich jedoch nicht nur auf verhaltenswissenschaftliche Interventionstechniken beschränken, sondern müßten auch organisations- und planungstechnische sowie informations- und fertigungstechnologische Maßnahmen einbeziehen. Eine **Theorie der Veränderung** hätte dagegen eine Beschreibung der Zustände von Organisationen im Zeitablauf und eine Erklärung ihrer Veränderungen zum Gegenstand. Dabei müßte eine Beschreibung und historische Analyse von Organisationszuständen aus unterschiedlichen Interessenlagen erfolgen (und nicht nur aus der des Managements), und die Existenz von Veränderungsspielräumen bzw. von Restriktionen bei der Suche nach Alternativen müßte erforscht werden.

Bei der Diskussion des **Theoriebezugs von OE** muß man sich allerdings in Erinnerung rufen, daß es OE als *angewandter* Wissenschaft nicht um Theoriebildung, sondern um die Lösung praktischer Gestaltungsprobleme geht. Das letztere ist aber auf Dauer ohne Theorie nicht möglich.

Hier hat der häufig zitierte Ausspruch von *Kurt Lewin (Marrow* 1977, S. 145), daß nichts so praktisch sei wie eine gute Theorie, wirklich seine Berechtigung.

Aufgrund einer fehlenden Theorie des Wandels oder der Veränderung werden vorliegende wissenschaftliche Erkenntnisse aus unterschiedlichen Disziplinen selektiv rezipiert, d. h. nur insofern und insoweit als sie unmittelbar praktische Relevanz aufweisen. Nun sind einfache, eingängige, praxisnahe Konzepte nicht zugleich die am besten wissenschaftlich abgesicherten. Das Gegenteil kann häufig vermutet werden. Gerade diese einfachen, plausiblen Techniken führen dazu, daß von OE fälschlicherweise angenommen wird, es biete schnelle, schmerzlose Lösungen für alle Arten von Organisationsproblemen. Diese Art des OE-Marketing kommt der Mentalität vieler Praktiker entgegen, die weniger nach umfassenden Problemanalysen suchen als nach Rezepten, mit deren Befolgung sie ihre Interessen wahren.

M. E. ist es an der Zeit, den reichen Erfahrungsschatz, der bislang überwiegend in den Köpfen einiger weniger OE-Fachleute gespeichert ist, systematisch zu nutzen, OE-Ergebnisse kontrolliert zu evaluieren, um allmählich zu einem lehr- und lernbaren Wissensbereich ‚OE‘ zu kommen. Hierbei müssen die Hochschulen eine aktivere Rolle spielen. Die große Verbreitung von OE in den USA ist letztlich auf die Aktivitäten beratender Hochschullehrer zurückzuführen, eine Spezies, die bei uns in Europa – vor allem aber in Deutschland – noch ziemlich selten ist. Hierbei kann auch die **Aktionsforschung** (vgl. S. 637) als Vehikel zur Verringerung der Kluft zwischen Wissenschaft und Praxis nutzbar gemacht werden (vgl. *Sievers* 1978).

# Abkürzungsverzeichnis

| | |
|---|---|
| AMJ | Academy of Management Journal |
| AJS | American Journal of Sociology |
| AdMJ | Advanced Management Journal |
| AMR | Academy of Management Review |
| AP | American Psychologist |
| ARP | Annual Review of Psychology |
| ASQ | Administrative Science Quarterly |
| ASR | American Sociological Review |
| AuL | Arbeit und Leistung |
| BH | Business Horizons |
| BFuP | Betriebswirtschaftliche Forschung und Praxis |
| BS | Behavioral Science |
| CMR | California Management Review |
| DB | Der Betrieb |
| DBW | Die Betriebswirtschaft |
| DU | Die Unternehmung |
| FB/IE | Fortschrittliche Betriebsführung/Industrial Engineering |
| GD | Gruppendynamik |
| HB | Human Biology |
| HBR | Harvard Business Review |
| HdA | Humanisierung der Arbeit |
| HO | Human Organization |
| HR | Human Relations |
| HWO | Handwörterbuch der Organisation |
| HWProd | Handwörterbuch der Produktionswirtschaft |
| IO | Industrielle Organisation |
| IR | Industrial Relations |
| JABS | Journal of Applied Behavioral Science |
| JAP | Journal of Applied Psychology |
| JAPM | Journal of Applied Psychology Monograph |
| JASP | Journal of Abnormal and Social Psychology |
| JCB | Journal of Contemporary Business |
| JET | Journal of European Training |
| JfB | Journal für Betriebswirtschaft |
| JoMS | Journal of Management Studies |
| JP | Journal of Psychology |
| JPSP | Journal of Personality and Social Psychology |
| JSI | Journal of Social Issues |
| JSP | Journal of Social Psychology |
| KZSS | Kölner Zeitschrift für Soziologie und Sozialpsychologie |
| LRP | Long Range Planning |
| MIR | Management International Review |
| MS | Management Science |
| MSU | MSU Business Topics |
| NFA | Neue Formen der Arbeitsorganisation |
| OAS | Organization and Administrative Sciences |

| | |
|---|---|
| OBHP | Organizational Behavior and Human Performance |
| ODY | Organizational Dynamics |
| PA. | Personnel Administration |
| PAR | Public Administration Review |
| PB | Psychological Bulletin |
| PJ | Personnel Journal |
| PP | Personnel Psychology |
| PRS | Psychologische Rundschau |
| PuP | Psychologie und Praxis |
| SQ. | Sociological Quarterly |
| SW | Soziale Welt |
| TDJ | Training and Development Journal |
| Vp(n) | Versuchsperson(en) |
| WIST | Wirtschaftswissenschaftliches Studium |
| ZfA | Zeitschrift für Arbeitswissenschaft |
| ZfB | Zeitschrift für Betriebswirtschaft |
| ZfbF | Zeitschrift für betriebswirtschaftliche Forschung |
| ZfhF | Zeitschrift für handelswissenschaftliche Forschung |
| ZfO | Zeitschrift für Organisation |
| ZfS | Zeitschrift für Soziologie |

# Literaturverzeichnis


*Abelson, R. P., Aronson, E./Mc Guire, W.J./Newcomb, Th. M./Rosenberg, MJ./Tannenbaum, P.H.* (Hrsg.) (1968), Theories of cognitive consistency: A sourcebook, Chicago 1968

*Acker, H. B.* (1975), Organisationsanalyse, 8. Aufl. Baden-Baden 1975

*Adams, J. S.* (1963), Toward an understanding of inequity, in: JASP 1963, S. 422–436

*Adams, J. S.* (1965), Inequity in social exchange, in: *Berkowitz, L.* (Hrsg.), Advances in experimental social psychology, Vol. 2, New York 1965, S. 267–299

*Adams, J. S.* (1976), The structure and dynamics of behavior in organizational boundary roles, in: *Dunnette, M. D.* (Hrsg.), Handbook of industrial and organizational psychology, Chicago 1976, S. 1175–1199

*Adams, J. S./Rosenbaum, W. B.* (1962), The relationship of worker productivity to cognitive dissonance about wage inequities, in: JAP 1962, S. 161–164

*Aguilar, F. J.* (1967), Scanning the business environment, New York/London 1967

*Aiken, M./Hage, J.* (1968), Organizational interdependence and intra-organizational structure, in: ASR 33/1968, S. 219–230

*Albach, H.* (1981), Die internationale Unternehmung als Gegenstand betriebswirtschaftlicher Forschung, in: ZfB-Ergänzungsheft 1, 1981, S. 13–24

*Albach, H./Gabelin, Th.* (1977), Mitarbeiterführung – Text und Fälle, Wiesbaden 1977

*Albach, H./Hahn, D./Mertens, P.* (Hrsg.) (1979), Frühwarnsysteme in: ZfB-Sonderheft Okt./Nov. 1979

*Alderfer, C. P.* (1969), An empirical test of a new theory of human needs, in: OBHP 4/1969, S. 142–175

*Alderfer, C. P.* (1972), Existence, relatedness, and growth. Human needs in organizational settings, New York/London 1972

*Alderfer, C. P.* (1977), Organization development, in: ARP 1977, S. 197–223

*Aldrich, H. E.* (1972), Technology and organizational structure: A reexamination of the findings of the Aston Group, in: ASQ 1972, S. 26–43

*Aldrich, H. E./Herker, D.* (1977), Boundary spanning roles and organizational structure, in: AMR 1977, S. 217–230

*Aldrich, H. E./Mueller, S.* (1982) The evolution of organizational forms: Technology, coordination, and control, in: *Staw, B. M./Cummings, L. L.* (Hrsg.), Research in organizational behavior, Vol. 4, Greenwich/London 1982, S. 33–87

*Alewell, K./Hahn, D.* (1972), Mitbestimmung leitender Angestellter, in: ZfB Heft 12, 1972, S. 871–900

*Allport, G. W.* (1937), Personality, New York 1937; deutsch: Persönlichkeit. Struktur, Entwicklung und Erfassung der menschlichen Eigenart, 2. Aufl. Meisenheim am Glan 1959

*Allport, G. W.* (1957), European and American theories of personality, in: *David, H. P./v. Bracksen, H.* (Hrsg.), Perspectives in personality theory, New York 1957, S. 3–24

*Allport, G. W./Vernon, P./Lindzey, G.* (1960), Study of Values, 3. Aufl., Boston 1960

*Altfelder, K.* (1965), Stabsstellen und Zentralabteilungen als Form der Organisation und Führung, Berlin 1965

*Altman, I./Haythorn, W. W.* (1967), The effects of social isolation and group composition on perfomance, in: HR 20/1967, S. 313–340

*Altmann, N./Bechtle, G.* (1971), Betriebliche Herrschaftsstruktur und industrielle Gesellschaft, München 1971

*Altmann, N./Binkelmann, P./Düll, K./Stück, H.* (1982) Grenzen neuer Arbeitsformen – Betriebliche Arbeitsstrukturierung, Einschätzung durch Industriearbeiter, Beteiligung der Betriebsräte, Frankfurt/New York 1982

*Amelang, M./Bartussek, D.* (1981), Differentielle Psychologie und Persönlichkeitsforschung, Stuttgart/Berlin/Köln/Mainz 1981

*Amigoni, F.* (1978), Planning management control systems, in: Journal of Business Finance and Accounting 1978, S. 279–291

*Anastasi, A.* (1976), Differentielle Psychologie, Band 1 und 2, Weinheim/Basel 1976

*Andrews, I. R.* (1967), Wage inequites and job performance: An experimental study, in: JAP 1967, S. 39–51

*Andrews, K. R.* (1971), The concept of corporate strategy, Homewood, III. 1971

*Ansoff, H. I.* (1965/1966), Corporate strategy, New York etc. 1965; deutsch: Management Strategien, München 1966

*Ansoff, H. I.* (1976), Managing surprise and discontinuity – Strategic response to weak signals, in: ZfbF 1976, S. 129–152

*Ansoff, H. I.* (1978), Corporate capability for managing change, SRI-International-Business Intelligence Program Research-Report No. 610, Dec. 1978

*Ansoff, H.I.* (1979 a), Strategic management, London 1979

*Ansoff, H. I.* (1979 b), Social strategy for the business firm, Working Paper No. 79–24, European Institute for Advanced Studies in Management, Brüssel 1979

*Ansoff, H. I./Brandenburg, R. G.* (1971), A language for organization design, in: MS 12/1971, S. 705–731

*Ansoff, H.I./Declerck, R. P./Hayes, R. L.* (Hrsg.) (1976), From strategic planning to strategic management, London etc. 1976

*Ansoff, H. I./Stewart, M.* (1981), Strategies for a technology-based business, in: *Rothberg, R. R.* (Hrsg.), Corporate strategy and product innovation, New York/London 1981, S. 81–97

*Antons, K.* (1973), Praxis der Gruppendynamik, Übungen und Techniken, Göttingen 1973

Arbeitsgruppe Bielefelder Soziologen (Hrsg.) (1973), Alltagswissen, Interaktion und gesellschaftliche Wirklichkeit, Reinbek b. Hamburg 1973.

*Argenti, J.* (1974), Systematic corporate planning, London 1974

*Argyris, Ch.* (1957), Personality and organization, New York 1957

*Argyris, Ch.* (1962), Interpersonal competence and organizational effectiveness, Homewood, Ill. 1962

*Argyris, Ch.* (1964), Integrating the individual and the organization, New York 1964

*Argyris, Ch.* (1970), Intervention theory and method: A behavioral science view, Reading, Mass. 1970

*Argyris, Ch.* (1971), Management and organizational development, New York etc. 1971

*Argyris, Ch.* (1972), The applicability of organizational sociology, London 1972

*Arnold, G.* (1967), Organisation der Betriebsstruktur, Berlin/München 1967

*Arnold, K.-H.* (1981), Der Situationsbegriff in den Sozialwissenschaften, Weinheim/Basel 1981

*Arnold, V.* (1981), Strategische Unternehmensführung und das Konzept der ‚Schwachen Signale', in: WIST 6/1981, S. 290–293

*Asch, S. E.* (1952), Social psychology, New York 1952

*Aschauer, E.* (1970), Führung: Eine soziologische Analyse anhand kleiner Gruppen, Stuttgart 1970

*Ashour, A. S.* (1973), The contingency model of leadership effectiveness: An evaluation, in: OBHP 9/1973, S. 339–355

*Astley, W. G./Van de Ven, A. H.* (1983), Central perspectives and debates in organization theory, in: ASQ 28/1983, S. 245–273
*Atkinson, J. W./Feather, N. T.* (1966), A theory of achievement motivation, New York etc. 1966
*Atkinson, J. W./Raynor, J. O.* (Hrsg.) (1974), Motivation and achievement, New York 1974
*Attems, R.* (1979), Der Zusammenhang zwischen Motivation und Führungsstil, in: FB/IE 3/1979, S. 147–151
*Atteslander, P.* (1959), Konflikt und Kooperation im Industriebetrieb, Köln/Opladen 1959
*Azura, U./Mansfield, R.* (1981), Market conditions, centralization, and organizational effectiveness: Contingency theory reconsidered, in: HR 2/1981, S. 157–168
*Back, K. W.* (1972), Beyond Words. The story of sensitivity training and the encounter movement, New York 1972
*Baetge, J.* (1979), Lernprozesse in der Produktion, in: *Kern, W.* (Hrsg.), HWProd, Stuttgart 1979, Sp. 1125–1133
*Baethge, M.* (1970), Ausbildung und Herrschaft: Unternehmerinteressen in der Bildungspolitik, 2. Aufl. Frankfurt/M. 1970
*Bahrdt, H. P.* (1958), Industriebürokratie – Versuch einer Soziologie des industrialisierten Bürobetriebs und seiner Angestellten, 2. Aufl. Stuttgart 1972
*Bales, R. F.* (1950), Interaction process analysis; A method for the study of small groups, Cambridge, Mass. 1950
*Bales, R. F.* (1970), Personality and interpersonal behavior, New York 1970
*Ballerstedt, K.* (1977), Was ist Unternehmensrecht? In: *Pawlowski, H./Wiese, G./Wüst, G.* (Hrsg.), Festschrift für *Konrad Duden*, München 1977, S. 15ff.
*Bandura, A.* (1968), A social learning interpretation of psychological dysfunctions, in: *Longon, P./Rosenham, D.* (Hrsg.), Foundations of abnormal psychology, New York 1968, S. 293–344
*Bandura, A.* (1969), Principles of behavior modification, London/Sidney 1969
*Bandura, A.* (1977), Social learning theory, Englewood Cliffs, N.J. 1977; deutsch: Sozial-kognitive Lerntheorie, Stuttgart 1979
*Bannister, D./Fransella, F.* (1981), Der Mensch als Forscher (Inquiring Man) – Die Psychologie der persönlichen Kontrolle, Münster 1981
*Barnard, C. I.* (1938), The functions of the executive, Cambridge, Mass. 1938
*Barnlund, D. C.* (1959), A comparative study of individual, majority, and group judgement, in: JASP 58/1959, S. 55–60
*Barrow, I. C.* (1976), Worker performance and task complexity as causal determinants of leader behavior style and flexibility, in: JAP 1976, S. 433–440
*Bass, B. M.* (1960), Leadership, psychology, and organizational behavior, New York 1960
*Baugut, G./Krüger, S.* (1976), Unternehmensführung: Modelle – Strategien – Techniken, Opladen 1976
*Baumgarten, R.* (1975), Das Maslow-Konzept: Wunschbild oder Wirklichkeit? in: ZfO 2/1975, S. 72–78
*Baumgarten, R.* (1976), Führungsstile und Führungstechniken, Berlin/New York 1976
*Bavelas, A.* (1950), Communication pattern in task-oriented groups, in: Journal of the Acoustical Society 1950, S. 725–730
*Beach, L. R./Mitchell, T. R.* (1978), A contingency model for the selection of decision strategies, in: AMR 1978, S. 439–449
*Bechmann, A.* (1981), Grundlagen der Planungstheorie und Planungsmethodik, Bern/Stuttgart 1981
*Bechtle, G.* (1980), Betrieb als Strategie, Frankfurt 1980
*Beck, A. C./Hillmar, E. D.* (1972), OD to MBO or MBO to OD: Does it make a difference? in: PJ, Nov. 1972

*Becker, S. W./Neuhauser, D.* (1975), The efficient organization, New York etc. 1975
*Beckhard, R.* (1967), The confrontation meeting, in: HBR March/April 1967, S. 149–155
*Beckhard, R.* (1972), Organisationsentwicklung – Strategien und Modelle, Baden-Baden/Bad Homburg 1972
*Beer, M.* (1976), The technology of organization development, in: *Dunnette, M. D.* (Hrsg.), Handbook of industrial and organizational psychology, Chicago 1976, S. 937–993
*Behling, O.* (1978), Some problems in the philosophy of science of organizations, in: AMR April 1978, S. 193–201
*Bell, O.* (1975), Die nachindustrielle Gesellschaft, Frankfurt/New York 1975
*Bender, K.* (1951), Pretiale Betriebslenkung, Essen 1951
*Bender, K.* (1957), Die Führungsentscheidung im Betrieb, Stuttgart 1957
*Bendix R.* (1956), Work and authority in industry, New York 1956; deutsch: Herrschaft und Industriearbeit, Frankfurt/M. 1960
*Bendixen, P.* (1970), Divisionen sind nicht ideal, in: Plus 8/1970, S. 35–38
*Bendixen, P.* (1976), Kreativität und Unternehmensorganisation, Köln 1976
*Bendixen, P./Kemmler, H. W.* (1971), Planung, Organisation und Methodik innovativer Entscheidungsprozesse, Berlin/New York 1971
*Bendixen, P./Schnelle, E./Staehle, W. H.* (1968), Evolution des Management, Quickborn 1968
*Bennis, W. G.* (1966), Changing organizations, New York 1966
*Bennis, W. G.* (1969), Organizational developments and the fate of bureaucracy, in: *Cummings, L. L./Scott, W. E.* (Hrsg.), Readings in organizational behavior and human performance, Homewood, Ill. 1969
*Bennis, W. G.* (1970), Organization development: Its nature, origins, and prospects, Reading, Mass. 1970; deutsch: Organisationsentwicklung, Baden-Baden/Bad Homburg 1972
*Bennis, W. G./Benne, K.D./Chin, R.* (Hrsg.) (1975), Änderung des Sozialverhaltens, Stuttgart 1975
*Berelson, B./Steiner, G. A.* (1964), Human behavior: An inventory of scientific findings, New York 1964
*Berg, C. C.* (1981), Organisationsgestaltung, Stuttgart etc. 1981
Bericht (1955), Bericht der Studienkommission des Deutschen Juristentages: Untersuchung zur Reform des Unternehmensrechts, Teil I, Tübingen 1955
*Bergius, R.* (1972), Psychologie des Lernens, 2. Auflage Stuttgart etc. 1972
*Berle, A. A./Means, G. C.* (1932), The modern corporation and private property, New York 1932
*Bernard, L.L.* (1926), An introductions to social psychology, New York 1926
*Berne, E.* (1961), Transactional analysis in psychotherapy, New York 1961
*Berne, E.* (1964/1967), Games people play, New York 1964; deutsch: Spiele der Erwachsenen, Reinbek bei Hamburg 1967
*Bernthal, W. F.* (1962), Value perspectives in management decisions, in: AMJ 5/1962, S. 190–196
*Bertalanffy, L. v.* (1951), General systems theory: A new approach to the unity of science, in: HB 23/1951, S. 302–361
*Berthel, J.* (1973), Zielorientierte Unternehmungssteuerung. Die Formulierung operationaler Zielsysteme, Stuttgart 1973
*Berthel, J.* (1979), Personalmanagmenet: Grundzüge für Konzeptionen betrieblicher Personalarbeit, Stuttgart 1979
*Bessai, B.* (1974), Eine Analyse des Begriffs Management in der deutschsprachigen betriebswirtschaftlichen Literatur, in: ZfbF 1974, S. 353–362
*Beyer, H. T.* (1970), Die Lehre der Unternehmensführung, Berlin 1970

*Beyer, H. T.* (1972), Wissenschaftstheorie und Managementlehre, in: BFuP 1972, S. 336–353

*Bidlingmaier, J.* (1964/1973), Unternehmerziele und Unternehmerstrategien, Wiesbaden 1964, 2. Aufl. 1973

*Bidlingmaier, J.* (1968), Zielkonflikte und Zielkompromisse im unternehmerischen Entscheidungsprozeß, Wiesbaden 1968

*Bihl, G.* (1973), Von der Mitbestimmung zur Selbstbestimmung – Das skandinavische Modell der selbststeuernden Gruppen, München 1973

*Bircher, B.* (1976), Langfristige Unternehmensplanung, Bern/Stuttgart 1976

*Bittel, L. R.* (1964), Management by Exception, New York 1964

*Blake, R. R./Mouton, J. S.* (1961), Reactions to intergroup competition and win-lose conditions, in: MS 1961, S. 420–435

*Blake, R. R./Mouton, J. S.* (1967), Grid organization development, in: PA Jan/Feb. 1967

*Blake, R. R./Mouton, J. S.* (1964/1968), The managerial grid, Houston 1964; deutsch: Verhaltenspsychologie im Betrieb, Düsseldorf/Wien 1968

*Blake, R. R./Mouton, J. S.* (1969), Building a dynamic corporation through grid organization development, Reading, Mass. 1969

*Blake, R. R./Mouton, J. S.* (1981), Management by grid principles or situationalism, which?, in: Group and Organization Studies, 4/1981, S. 439–455

*Blake, R. R./Mouton, J. S./Sloma, R. L.* (1965), The union-management intergroup laboratory: Strategy for resolving intergroup conflict, in: JABS 1965, S. 25–57

*Blake, R. R./Shepard, H. A./Mouton, J. S.* (1964), Managing intergroup conflict in industry, Houston 1964

*Blake, R. R./Mouton, J. S./Barnes, L. B./Greiner, L. E.* (1964), Breakthrough in organizational development, in: HBR Nov./Dez. 1964, S. 135–155

*Blau, P. M.* (1956), Bureaucracy in modern society, New York 1956

*Blau, P. M./Falbe, C. M./McKinley, W./Tracy, P. K.* (1976), Technology and organization in manufacturing, in: ASQ 21/1976, S. 20–40.

*Blau, P. M./Schoenherr, F.* (1971), The structure of organizations, New York 1971

*Blau, P. M./Scott, W. R.* (1962), Formal organizations: A comparative analysis, San Francisco 1962

*Blauner, R.* (1964), Alienation and freedom, Chicago 1964

*Bleicher, K.* (1971), Perspektiven für Organisation und Führung von Unternehmungen, Baden-Baden/Bad Homburg 1971

*Bleicher, K.* (1979), Unternehmungsentwicklung und organisatorische Gestaltung, Stuttgart/New York 1979

*Bleicher, K.*, (1981) Organisation – Formen und Modelle, Wiesbaden 1981

*Bleicher, K./Meyer, E.* (1976), Führung in der Unternehmung: Formen und Modelle, Reinbek bei Hamburg 1976

*Blohm, H.* (1970), Die Gestaltung des betrieblichen Berichtswesens als Problem der Leitungsorganisation, Herne/Berlin 1970

*Blohm, H.* (1972), Grundbegriffe moderner Unternehmensführung: Ein Denkgerüst, in: WIST 1972, S. 41–47

*Blohm, H./Seppeler, W.* (1976), Neue Impulse durch Sparten- und Matrixorganisation, in: ZfO 2/1976, S. 72–80

*Bobbit, H. R. Jr./Ford, J. D.* (1980), Decision-maker choice as a determinant of organizational structure, in: AMR 1/1980, S. 13–23

*Böhm, H.* (1977), Unternehmensführung und gesellschaftliche Verantwortung, in: *Macharzina, K./Oechsler, W. A.* (Hrsg.), Personalmanagement Bd. I, Wiesbaden 1977, S. 261–289

*Böhm, H.* (1979), Gesellschaftlich verantwortliche Unternehmensführung, Weilheim/Teck 1979

*Böhrs, H.* (1963), Organisation des Industriebetriebs, Wiesbaden 1963

*Böhnisch, W.* (1979), Personale Widerstände bei der Durchsetzung von Innovationen, Stuttgart 1979
*Bössmann, E.* (1967), Die ökonomische Analyse von Kommunikationsbeziehungen in Organisationen, Berlin/Heidelberg/New York 1967
*Boetticher, K. W.* (1963), Unternehmer oder Manager: Grundprobleme industrieller Führerschaft, Köln und Berlin 1963
*Bosetzky, H.* (1970), Grundzüge einer Soziologie der Industrieverwaltung, Stuttgart 1970
*Bosetzky, H.* (1978), Interne Machtverteilung und Chancen von organisatorischen Veränderungen, in: ZfO 4/1978, S. 219–227
*Boulding, K.* (1961), Conflict management und organizations, Ann Arbor, Mich. 1961
*Bowers, D. G.* (1973), OD techniques and their results in 23 organizations – The Michigan ICL study, in: JABS 1973, S. 21–43
*Bowers, D. G./Franklin, J.* (1972), Survey-guided development: Using human resources measurement in organizational change, in: JCB 1972, S. 43–55
*Bowers, D. G./Seashore, S. E.* (1966), Predicting organizational effectiveness with a four-factor theory of leadership, in: ASQ 1966, S. 238–263
*Bowers, K. S.* (1973), Situationism in psychology: An analysis and critique, in: Psychological Review 1973, S. 307–335
*Brand, K.-W.* (1982), Neue soziale Bewegungen, Opladen 1982
*Brand, K.-W./Büsser, D./Rucht, D.* (1983), Aufbruch in eine andere Gesellschaft. Neue soziale Bewegungen in der Bundesrepublik, Frankfurt/New York 1983
*Brandstätter, H./Schuler, H./Stocker-Kreichgauer, G.* (1974/1978), Psychologie der Person, Stuttgart etc. 1974, 2. Aufl. 1978
*Braun, H. J./Grosse, H./Model, H./Puschmann, M./Rudolph, F.* (1973), Kritische Analyse der Theorie und Praxis des Managements, Berlin 1973
*Braun, W.* (1976), Das Transsubjektivitätsprinzip, in: WIST 11/1976, S. 526–528
*Braverman, H.* (1977), Die Arbeit im modernen Produktionsprozeß, Frankfurt/New York 1977
*Brech, E. F. L.* (1963), The principles and practice of management, 2. Aufl. London 1963
*Brech, E. F. L.* (1965), Organization – The framework of management, 2. Aufl. London 1965
*Breer, P. E./Locke, E. A.* (1965), Task experience as a source of attitudes, Homewood, Ill. 1965
*Breeze, J. D./Miner, F. C.* (1980), Henry Fayol: A new definition of „Administration", in: Proceedings Academy of Management, Detroit, Mich. 1980, S. 110–113
*Brehm, J. W.* (1966), A theory of psychological reactance, New York 1966
*Brenner, Ch.* (1972), Grundzüge der Psychoanalyse, 6. Aufl. Frankfurt/M. 1972
*Brenner, M./Strasser, H.* (Hrsg.) (1972), Die gesellschaftliche Konstruktion der Entfremdung, Frankfurt/M. 1977
*Bresser, R. K./Bishop, R. C.* (1983), Dysfunctional effects of formal planning: two theoretical explanations, in: AMR 4/1983, S. 588–599
*Briefs, G.* (1934), Betriebsführung und Betriebsleben in der Industrie, Stuttgart 1934
*Brightford, E. G.* (1974), Wie entwickeln wir einen eigenen Führungsstil?, in: IO 3/1974, S. 143–147
*Brings, K.* (1976), Erfahrungen mit der Matrixorganisation, in: ZfO 2/1976, S. 72–80
*Brook, M. Z./Remmers, H. L.* (1972/1978), The strategy of multinational enterprise, 1. Aufl. 1972, 2. Aufl. London 1978
*Brown, K. A.* (1984), Explaining group poor performance: An attributional analysis, in: AMR 1/1984, S. 54–63
*Bruns, J.* (1977), Kritische Analyse des Kontingenz-Ansatzes in der Organisationstheorie, in: DB 1977, S. 61–64, 100–103, 139–142
*Buchanan, D. A./Boddy, D.* (1982), Advanced technology and the quality of working

life: The effects of word processing on video typists, in: Journal of Occupational Psychologie, 55/1982, S. 1–11

*Buchner, M.* (1981), Controlling – ein Schlagwort?, Frankfurt a. M./Bern 1981

*Buck, V. E.* (1966), A model for viewing an organization as a system of constraints, in: *Thompson, J. D./Vroom, V. H.* (Hrsg.), Approaches to organizational design, Pittsburgh 1966

*Budäus, D.* (1975), Entscheidungsprozeß und Mitbestimmung, Wiesbaden 1975

*Budäus, D./Dobler, Ch.* (1977), Theoretische Konzepte und Kriterien zur Beurteilung der Effektivität von Organisationen, in: MIR 3/1977, S. 61–75

*Bühl, W. L.* (Hrsg.) (1982), Reduktionistische Soziologie. Soziologie als Naturwissenschaft?, München 1982

*Bühler, K.* (1927), Die Krise der Psychologie, Jena 1927

*Bühner, R.* (1977), Messung des Erfolges von Organisationen, in: MIR 3/1977, S. 51–59

*Büschges, G.* (1983), Einführung in die Organisationssoziologie, Stuttgart 1983

*Bütow, L./Dorow, W.* (1977), Zielsetzung und Zielsicherung als Kernfunktionen des Management, in: ZfB 1977, S. 289–312

*Burbidge, J. L.* (1975), Final report on a study of the effects of group production methods on the humanization of work, Turin 1975

*Burghardt, A.* (1972), Einführung in die allgemeine Soziologie, München 1972

*Burke, R. J.* (1970), Methods of resolving superior-subordinate conflict: The constructive use of subordinate differences and disagreements, in: OBHP 5/1970, S. 393–411

*Burnham, J.* (1941/1949), The managerial revolution, New York 1941; deutsch: Das Regime der Manager, Stuttgart 1949

*Burns, T./Stalker, G. M.* (1961), The management of innovation, London 1961

*Burrell, G./Morgan, G.* (1979), Sociological paradigms and organisational analysis, London 1979

*Burton, J. C.* (1971), Management auditing, in: *Porter, W. T. Jr./Burton, J. C.* (Hrsg.), Auditing: A conceptual approach, Belmont 1971

*Bust-Bartels, A.* (1980), Herrschaft und Widerstand in den DDR-Betrieben, Frankfurt/New York 1980

*Buth, W.* (1977), Unternehmensführung: Managementkonzepte und Entscheidungslehre, Stuttgart etc. 1977

*Calder, B. J.* (1977), An attribution theory of leadership, in: *Staw, B. M./Salancik, G. R.* (Hrsg.), New directions in organizational behavior, Chicago, Ill. 1977, S. 179–204

*Campbell, J. P./Dunnette, M. D.* (1968), Effectiveness of T-group experiences in managerial training and development, in: PB August 1968, S. 73–104

*Campbell, J. P./Dunnette, M. D./Lawler III, E. E./Weick Jr., K. E.* (1970), Managerial behavior, performance, and effectiveness, New York u. a. 1970

*Campbell, J. P./Pritchard, R. D.* (1976), Motivation theory in industrial and organizational psychology, in: *Dunnette, M. D.* (Hrsg.), Handbook of industrial and organizational psychology, Chicago 1976, S. 63–130

*Carlisle, H. M.* (1968), Measuring the situational nature of management, in: CMR 1968, S. 45–52

*Carlisle, H. M.* (1972), A contingency model of organization design, in: CMR 1972, S. 38–45

*Carlisle, H. M.* (1973), Situational management: A contingency approach to leadership, New York 1973

*Carlisle, H. M.* (1974), A contingency approach to decentralisation, in: AdMJ 3/1974, S. 9–18

*Carlisle, H. M.* (1976), Management: Concepts and situations, Chicago etc. 1976

*Carlson, S.* (1951), Executive behavior: A study of the work load and the working methods of managing directors, Stockholm 1951

*Carroll, S. J./Tosi, H. L.* (1973), Management by objectives: Applications and research, New York 1973

*Cartwright, D.* (1959), The potential contributions of graph theory to organization theory, in: *Haire, M.* (Hrsg.), Modern organization theory, New York/London 1959

*Cartwright, D.* (1971), Risk taking by individuals and groups: An assessment of research employing choice dilemmas, in: JPSP 20/1971, S. 361–738

*Cartwright, D./Zander, A.* (Hrsg.) (1953/1960/1968), Group dynamics: Research and theory, 1. Aufl. Evanston, Ill. 1953, 2. Aufl. New York 1960, 3. Aufl. New York 1968

*Cashman, J./Dansereau, F./Graen, G./Haga, W. J.* (1976), Organizational understructure and leadership: A longitudinal investigation of the managerial role-making process, in: OBHP, 15/1976, S. 278–296

*Castan, E.* (1963), Typologie der Betriebe, Stuttgart 1963

*Chandler, A. D.* (1962), Strategy and structure, Cambridge etc. 1962

*Chandler, A. D.* (1977), The visible hand – The managerial revolution in American business, Cambridge, Mass./London 1977

*Channon, D. F.* (1973), The strategy and structure of British enterprise, London/Basingstoke 1973

*Child, J.* (1970), More myths of management organization?, in: JoMS 1970, S. 377–390

*Child, J.* (1972), Organizational structure, environment, and performance: The role of strategic choice, in: Sociology, Vol. 6, 1972, S. 1–22

*Child, J.* (1974/1975), Managerial and organizational factors associated with company performance: A contingency analysis, in: JoMS, Part I: 1974, S. 175–189, Part II: 1975, S. 12–27

*Child, J.* (1977), Organization – A guide to problems and practice, London etc. 1977

*Child, J./Mansfield, R.* (1972), Technology, size, and organization structure, in: Sociology, Vol. 6, 1972, S. 369–396

*Chin, R.* (1969), The utility of system models and developmental models for practitioners, in: *Bennis, G./Benne, K. D./Chin. R.* (Hrsg.), The planning of change, 2. Aufl. New York etc. 1969

*Chin, R./Benne, K. D.* (1975), Strategien zur Veränderung sozialer Systeme, in: *Bennis, W. G./Benne, K. D./Chin, R.* (Hrsg.), Änderung des Sozialverhaltens, Stuttgart 1975, S. 43–78

*Chung, K. H.* (1977), Motivational theories and practices, Columbus, Ohio 1977

*Churchman, Ch. W./Ackoff, R. L./Arnoff, E. L.* (1957), Introduction to operations research, New York 1957

*Cicourel, A. V.* (1970), Methode und Messung in der Soziologie, Frankfurt/M. 1970

*Clausewitz, C. v.* (1980), Vom Kriege, hrsg. von *U. Marwedel,* Stuttgart 1980

*Cleland, D. I./King, W. R.* (1968/1975), System analysis and projects management, New York etc. 1968, 2. Aufl. New York etc. 1975

*Cleland, D. I./King, W. R.* (1972), Management: A system approach, New York etc. 1972

*Clemens, W.* (1984), Unternehmungsinteresse – Betriebswirtschaftliche Begründung einer juristischen Norm, Frankfurt/M. etc. 1984

*Coch, L./French Jr., J. R. P.* (1948), Overcoming resistance to change, in: HR Vol. 1, 1948, S. 512–532

*Coenenberg, A. G.* (1966), Die Kommunikation in der Unternehmung, Wiesbaden 1966

*Cofer, C. N./Appley, M. H.* (1964), Motivation: Theory and research, New York 1964

*Cohen, M. D./March, J. G./Olsen, J. P.* (1972), A garbage can model of organizational choice, in: ASQ 1972, S. 1–25

*Collins, B. E./Guetzkow, H.* (1964), A social psychology of group processes for decision making, New York 1964

*Comstock, D./Scott, W.* (1977), Technology and the structure of subunits, in: ASQ 1977, S. 177–202

*Conrad, P.* (1983), Maslow – Modell und Selbsttheorie – eine Kritik, in: DU 37/1983, S. 258–277

*Conrad, P./Sydow, J.* (1984), Organisationsklima, Berlin/New York 1984

*Cooley, Ch. H.* (1909), Social organization. A study of the larger mind, New York 1909

*Coser, L.* (1956), The functions of social conflict, New York 1956

*Cottrell, N. B.* (1972), Social facilitation, in: *McClintock, C. G.* (Hrsg.), Experimental social psychology, New York 1972, S. 185–236

*Crott, H.* (1979), Soziale Interaktion und Gruppenprozesse, Stuttgart etc. 1979

*Crozier, M.* (1964), The bureaucratic phenomenon, Chicago 1964

*Cummings, L. L.* (1978), Toward organizational behavior, in: AMR Jan. 1978, S. 90 bis 98

*Cummings, L. L.* (1975), Assessing the Graen/Cashman model and comparing it with other approaches, in: *Hunt, J. G./Larson, L. L.* (Hrsg.), Leadership frontiers, Kent, Ohio 1975, S. 181–185

*Cyert, R. M./March, J. G.* (1963), A behavioral theory of the firm, Englewood Cliffs, N.J. 1963

*Dahl, R. A.* (1957), The concept of power, in: BS 1957, S. 201–215

*Dahrendorf, R.* (1956), Industrielle Fertigkeiten und soziale Schichtung, in: KZSS 8/1956, S. 540–568

*Dahrendorf, R.* (1959a), Sozialstruktur des Betriebes – Betriebssoziologie, Wiesbaden 1959

*Dahrendorf, R.* (1959b), Homo Soziologicus, Ein Versuch zur Geschichte, Bedeutung und Kritik der Kategorie der sozialen Rolle, Köln/Opladen 1959

*Dahrendorf, R.* (1962), Elemente einer Theorie des sozialen Konflikts, in: Gesellschaft und Freiheit, München 1962, S. 197–235

*Dahrendorf, R.* (1972), Konflikt und Freiheit, München 1972

*Dalton, M.* (1959), Men who manage, New York 1959

*Dansereau, F./Graen, G./Haga, W.* (1975), A vertical dyad linkage approach to leadership within formal organizations, in: OBHP, 13 (1975), S. 46–78

*Davis, K.* (1957), Human relations in business, New York 1957

*Davis, K./Blomstrom, R. L.* (1971), Business, society, and environment, 2. Aufl. New York 1971

*Davis, L. E./Taylor, T. C.* (Hrsg.) (1972), Design of jobs, Harmondsworth 1972

*Davis, St. M./Lawrence, P. R.* (1977), Matrix, Reading, Mass. 1977

*Davis, T. R. V./Luthans, F.* (1980), A social learning approach to organizational behavior, in: AMR 1980, S. 281–290

*Dawson, H.* (1969), The human concept: New philosophy for business, in: BH Vol. 12, 1969, S. 29–38

*Deal, T. E./Kennedy, A. A.* (1982), Corporate culture, Reading, Mass. 1982

*Dearborn, D. C./Simon, H.* (1958), Selective perception: A note on departmental identification of executives, in: Sociometry, June 1958, S. 140–144

*Dearden, J.* (1962), Limits on decentralized profit responsibility, in: HBR Juli-August 1962, S. 81–89

*Delhees, K. M.* (1975), Motivation und Verhalten, München 1975

*Demmer, K. H./Deyhle, A./Falkenhausen, H. v.* (1971), Die neuen Managementtechniken, 6. Aufl. München 1971

*Deppe, W.* (1973), Vorgang, Arten und Einflußfaktoren der Willensbildung im betrieblichen Führungskollegium, Herne/Berlin 1973

*Derlien, H.-V.* (1977), Theoretische und methodische Probleme der Beurteilung organisatorischer Effizienz der öffentlichen Verwaltung, in: Die Verwaltung 1/1977, S. 1–22

*Dessler, G.* (1976), Organization and management: A contingency approach, Englewood Cliffs, N. J. 1976

*Deutsch, M.* (1973), The resolution of conflict. Constructive and destructive process, New Haven/London 1973

*Deyhle, A.* (1971), Die Konzeption des DIB/MAM-Management-Systems, in: IO 1971, S. 508–514

*Dickey, J. W./Glancy, D. M./Jennelle, E. M.* (1973), Technology assessment, Lexington, Mass. etc. 1973

*Dienstbach, H.* (1971), Dynamik der Unternehmungsorganisation, Wiesbaden 1971

*Dierkes, M.* (1974), Die Sozialbilanz. Ein gesellschaftsbezogenes Informations- und Rechnungssystem, Frankfurt/M. 1974

*Dierkes, M./Kopman, U.* (1974), Von der Sozialbilanz zur gesellschaftsbezogenen Unternehmungspolitik – Ansätze zu einem Management System for Social Goals, in: BFuP 1974, S. 295–321

*Dieterle, W. K. M.* (1982), Zentrale Ansätze der Organisationsänderung im Vergleich, in: DU 4/1982, S. 317–339

*Dill, W. R.* (1958), Enviroment as an influence on managerial autonomy, in: ASQ 1958, S. 409–443

*Diller, H.* (1975), Produkt-Management und Marketing-Informations-Systeme, Berlin 1975

*Dlugos, G.* (1970), Forschungsstand und Neuorientierung der betriebswirtschaftlichen Organisationslehre, ZfbF 1970, S. 597–599

*Dlugos, G.* (1974), Unternehmungspolitik als betriebswirtschaftlich-politische Teildisziplin, in: *Wild, H.* (Hrsg.), Unternehmungsführung, Berlin 1974, S. 43–73

*Dörner, D.* (1979), Problemlösen als Informationsverarbeitung, 2. Aufl. Stuttgart etc. 1979

*Donnelly, J. H./Gibson, J. L./Ivancevich, J. M.* (1971), Fundamentals of management: Functions, behavior, models, Austin, Tex. 1971

*Dorow, W.* (1978), Unternehmungskonflikte als Gegenstand unternehmungspolitischer Forschung, Berlin 1978

*Dorow, W.* (1982), Unternehmungspolitik, Stuttgart etc. 1982

*Douglas, M. E.* (1976), Organization environment interaction patterns and firm performance, in: MIR 1/1976, S. 79–87

*Downey, H. K./Hellriegel, D./Slocum, J. W.* (1975a), Environmental uncertainty: The construct and its application, in: ASQ 1975, S. 613–629

*Downey, H. K./Hellriegel, D./Slocum, J. W.* (1975b), Congruence between individual needs, organizational climate, job satisfaction and performance, in: AMJ 1975, S. 149–155

*Downey, H. K./Slocum, J. W.* (1975), Uncertainty: Measures, resarch and sources of variation, in: AMJ 3/1975, S. 526–578

*Downs, A.* (1957), An economic theory of democracy, New York 1957

*Drucker, P. F.* (1954/1956), The practice of management, New York 1954; deutsch: Die Praxis des Management, Düsseldorf 1956

*Drucker, P. F.* (1969), The age of discontinuity, New York 1969

*Dubin, R.* (1972), Supervision and productivity: Empirical findings and theoretical considerations, in: *Nord, W.* (Hrsg.), Concepts and controversy in organizational behavior, Pacific Palisades, Calif. 1972

*Dubin, R./Champoux, J. E./Porter, L. W.* (1975), Central life interests, in: ASQ 1975, S. 411–421

*Dubreuil, H.* (1935), L'expérience de Bata, Paris 1935

*DuBrin, A. J.* (1974), Fundamentals of organizational behavior – an applied perspective, New York etc. 1974

*Duncan, R. B.* (1972), Characteristics of organizational environments and perceived environmental uncertainty, in: ASQ 1972, S. 313–327

*Duncan, R. B.* (1973), Multiple decision-making structures in adapting to environmental uncertainty: The impact on organizational effectiveness, in: HR 1973, S. 273–291

*Duncan, W. J.* (1975), Essentials of management, Hinsdale, Ill. 1975

*Dunnette, M. D.* (1967), The motives of industrial managers, in: OBHP Mai 1967, S. 176–182

*Dunnette, M. D.* (Hrsg.) (1976), Handbook of industrial and organizational psychology, Chicago 1976

*Dunst, K. H.* (1979), Portfolio Management: Konzeption für die strategische Unternehmungsplanung, Berlin/New York 1979, 2. Aufl. 1982

*Dyas, G. P./Thanheiser, H. T.* (1976), The emerging European enterprise, London 1976

*Easton, D.* (1965), A systems analysis of political life, New York etc. 1965

*Eberlein, G./Kondratzkowitz, H. J.* (1977), Psychologie statt Soziologie? Zur Reduzierbarkeit sozialer Strukturen auf Verhalten, Frankfurt/New York 1977

*Ebbinghaus, A.* (1984), Arbeiter und Arbeitswissenschaft, Opladen 1984

*Eckardstein, D. v./Schnellinger, F.* (1978), Betriebliche Personalpolitik, 3. Aufl. München 1978

*Edwards, R.* (1981), Herrschaft im modernen Produktionsprozeß, Frankfurt/New York 1981

*Edwards, W.* (1954), The theory of decision making, in: PB 1954, S. 380–417

*Eells, R.* (1960), The meaning of modern business, New York 1960

*Ehlhardt, S.* (1971), Tiefenpsychologie. Eine Einführung, Stuttgart 1971, 3. Aufl. 1973

*Eichhorn, P.* (1974), Gesellschaftsbezogene Rechnungslegung, Göttingen 1974

*Eichner, H./Hennig, L.* (1979), Die sozialen Aspekte der Tätigkeit der Multinationalen Unternehmen, Berlin 1979

*Ekeh, P.* (1974), Social exchange theory – the two traditions, London 1974

*Ekehammar, B.* (1974), Interactionism in personality from a historical perspective, in: PB 1974, S. 1026–1048

*Elias, H. J./Gottschalk, B./Staehle, W. H.* (1982), Arbeitsstrukturierung auf der Grundlage der dualen Arbeitssituationsanalyse, in: ZfA 1/1982, S. 1–8

*Elias, H. J./Gottschalk, B./Staehle, W. H.* (1985), Gestaltung und Bewertung von Arbeitssystemen, Frankfurt/New York 1985

*Elschen, R.* (1982), Betriebswirtschaftslehre und Verhaltenswissenschaften. Probleme einer Erkenntnisübernahme am Beispiel des Risikoverhaltens bei Gruppenentscheidungen, Frankfurt/M. 1982

*Elschen, R.* (1983), Führungslehre als betriebswirtschaftliche Forschungskonzeption, in: *Fischer-Winkelmann, W. F.* (Hrsg.), Paradigmawechsel in der Betriebswirtschaftslehre?, Spardorf 1983, S. 238–263

*Emerson, H.* (1913), The twelve prinziples of efficiency, New York 1913

*Emery, F. E./Thorsrud, E.* (1975), Democracy at work – The report of the Norwegian industrial democracy program, Canberra 1975

*Emery, F. E./Thorsrud, E./Trist, E. L.* (1969), Form and content in industrial democracy, Assen/London 1969

*Emery, F. E./Trist, E. L.* (1965), The causal texture of organizational environments, in: HR 1965, S. 21–32

*Enderup, H.* (1980), Administrative leadership in organized anarchies, in: International Journal of Institutional Management in Higher Education, Nov. 1980, S. 235–253

*Endler, N. S./Magnusson, D.* (Hrsg.) (1975), Interactional psychology and personality, Washington, D. C. 1975

*Endler, N. S./Magnusson, D.* (1976), Toward an interactional psychology of personality, in: PB 1976, S. 956–974

*Endres, W.* (1980), Theorie und Technik des betriebswirtschaftlichen Vergleichs, Berlin etc. 1980

*Endruweit, G.* (1981), Organisationssoziologie, Berlin/New York 1981

*Engel, P./Riedmann, W.* (1973), Die neuen Managementtechniken in Fällen, Bd. II, München 1973

*England, G. W.* (1967), Personal value systems of American Managers, in: AMJ 1967, S. 53–68

*Epstein, S.* (1979), Entwurf einer integrativen Persönlichkeitstheorie, in: *Filipp, H. S.* (Hrsg.), Selbstkonzept-Forschung, Stuttgart 1979

*Erlenkämper, R.* (1976), Reduktives Erkennen, München/Basel 1976

*Erikson, E.* (1965), Kindheit und Gesellschaft, Stuttgart 1965

*Esser, E.* (1977), Führung und Motivation, in: *Timmermann, M.* (Hrsg.), Personalführung, Stuttgart etc. 1977, S. 63–107

*Esser, W.-M.* (1975), Individuelles Konfliktverhalten in Organisationen, Stuttgart etc. 1975

*Etzioni, A.* (1960), Two approaches to organizational analysis: A critique and a suggestion, in: ASQ 1960, S. 257–278

*Etzioni, A.* (1961/1975), A comparative analysis of complex organizations, New York 1961, 2. Aufl. 1975

*Etzioni, A.* (1964), Modern Organizations, Englewood Cliffs, N. J. 1964

*Etzioni, A.* (1975), Die aktive Gesellschaft, Opladen 1975

*Euler, H. P.* (1977), Das Konfliktpotential industrieller Arbeitsstrukturen. Analyse der technischen und sozialen Ursachen, Opladen 1977

*European Management Forum* (Hrsg.) (1973), European management symposium. Summary of plenary sessions, Davos 1973

*Evans, D. W.* (1978), People and communication, London 1978

*Evans, M. G.* (1970), The effects of supervisory behavior on the path-goal-relationship, in: OBHP 1970, S. 277–298

*Evans, M. G.* (1979), Leadership, in: *Kerr, St.* (Hrsg.), Organizational behavior, Columbus, Ohio 1979, S. 207–240

*Farmer, R. N./Richmann, B. M.* (1965), Comparative management and economic progress, Homewood, Ill. 1965

*Faunce, W. A.* (1965), Automation and the division of labour, in: Social Problems 13/1965; Wiederabdruck in: *Baker, F./McGwan, P. J. M./Sheldon, A.* (Hrsg.), Industrial organizations and health, London 1969, S. 423–439

*Fayerweather, J.* (1975), Internationale Unternehmensführung. Ein Begriffssystem, Berlin 1975

*Fayol, H.* (1916), Administration industrielle et générale, Paris 1916

*Feather, N. T.* (1975), Value in education and society, New York 1975

*Fechner, G. Th.* (1860), Elemente der Psychophysik, 2 Bde, Leipzig 1860

*Feldman, J. M.* (1981), Beyond attribution theory: Cognitive processes in performance appraisal, in: JAP 2/1981, S. 127–148

*Festinger, L.* et al. (1956), When prophecy fails, Minniapolis 1956

*Festinger, L.* (1957), A theory of cognitive dissonance, Evanston 1957

*Festinger, L.* (1978), Theorie der kognitiven Dissonanz, hrsg. von *Irle, M./Möntmann, V.*, Bern/Stuttgart 1978

*Fichman, M.* (1982), Attribution processes in the use of performance feedback in an organization, Michigan 1982

*Fiedler, F. E.* (1967), A theory of leadership effictiveness, New York etc. 1967

*Fiedler, F. E.* (1969), Engineer the job to fit the manager, in: *Cummings, L. L./Scott, W. E.* (Hrsg.), Readings in organizational behavior and human performance, Homewood, Ill. 1969, S. 643–651

*Fiedler, F. E.* (1976), Validation and extension of the contingency model of leadership effectiveness: A review of empirical findings, in: *Endler, N. S./Magnusson, D.* (Hrsg.), Interactional psychology and personality, New York 1976, S. 308–337

*Fiedler, F. E./Chemers, M. M./Mahar, L.* (1979), Der Weg zum Führungserfolg. Ein Selbsthilfeprogramm für Führungskräfte, Stuttgart 1979

*Fiedler, F. E./Mahar, L.* (1979), A field experiment validating contingency model leadership training, in: JAP 3/1979, S. 247–254
*Fiedler, F. E./Mai-Dalton, R.* (1980), Führungstraining mit Hilfe des Kontingenz-Modells, in: DBW 1/1980, S. 45–51
*Fiedler-Winter, R.* (1973), Die Management-Schulen, Düsseldorf/Wien 1973
*Field, R. H. G.* (1979), A critique of the Vroom-Yetton contingency model of leadership behavior, in: AMR 1979, S. 249–257
*Field, R. H. G.* (1982), A test of the Vroom-Yetton normative model of leadership, in: JAP 5/1982, S. 523–532
*Filley, A. C.* (1975), Interpersonal conflict resolution, Glenview, Ill. 1975
*Filley, A. C./House, R. J.* (1969), Managerial process and organizational behavior, Glenview, Ill. 1969
*Filley, A. C./House, R. J./Kerr, S.* (1969/1976), Managerial process and organizational behavior, Glenview, Ill. 1. Aufl. 1969, 2. Aufl. 1976
*Fischer, G.* (1961), Die Führung von Betrieben, Stuttgart 1961
*Fishbein, M.* (Hrsg.) (1967), Readings in attitude theory and measurement, New York etc. 1967
*Fittkau-Garthe, H./Fittkau, B.* (1971), Fragebogen zur Vorgesetzten-Verhaltens-Beschreibung, Göttingen 1971
*Flechtner, H.-J.* (1966), Grundbegriffe der Kybernetik, Stuttgart 1966
*Fleishman, E. A./Harris, E. F./Burtt, H. E.* (1955), Leadership and supervision in industry, Columbus 1955
*Follett, M. P.* (1918), The new state: Group organization: the solution of populare government, London 1918
*Ford, H.* (1923), Mein Leben und Werk, Leipzig 1923
*Ford, R. N.* (1969), Motivation througth the work itself, New York 1969
*Forehand, G. A./Gilmer, B. H.* (1964), Environmental variation in studies of organizational behavior, in: PB 1964, S. 361–382
*Forster, J.* (1978), Teams und Teamarbeit in der Unternehmung, Bern/Stuttgart 1978
*Forster, W.* (1978), Das Konzept und die Dimensionen des Organisationsklimas, Diss. Zürich 1978
*Fotilas, P.* (1980), Arbeitshumanisierung und teilautonome Arbeitsgruppen – Wirtschaftliche und technische Aspekte, Berlin 1980
*Franke, H.* (1975), Das Lösen von Problemen in Gruppen, München 1975
*Franko, L. G.* (1974), The move toward the multidivisional structure by European organizations, in: ASQ 1974, S. 493–506
*Frei, F./Ulich, E.* (Hrsg.) (1981), Beiträge zur psychologischen Arbeitsanalyse, Bern 1981
*French, Jr., J. R. P./Raven, B.* (1959), The bases of social power, in: *Cartwright, D.* (Hrsg.), Studies in social power, Ann Arbor, Mich. 1959, S. 150–167
*French Jr., J. R. P./Israel, J./Ås, D.* (1960), An experiment on participation in an Norwegian factory, in: HR 1960, S. 3–19
*French, W.L./Bell, C.H. jr.* (1973), Organization development, Englewood Cliffs, N. J. 1973; deutsch: Organisationsentwicklung, Bern/Stuttgart 1977, 2. Aufl. 1982
*French, W. L./Hollmann, R. W.* (1975), Management by objectives: The team approach, in: CMR 1975, S. 13–22
*Frese, E.* (1968), Kontrolle und Unternehmensführung, Wiesbaden 1968
*Frese, E.* (1972), Organisation und Koordination, in: ZfO 1972, S. 404–411
*Frese, E.* (1984), Grundlagen der Organisation – Die Organisationsstruktur der Unternehmung. 2. Aufl. Wiesbaden 1984
*Freud, S.* (1920), Jenseits des Lustprinzips. Gesammelte Werke, Bd. 13, 7. Aufl. London 1972
*Frey, D.* (Hrsg.) (1978), Kognitive Theorien der Sozialpsychologie, Bern/Stuttgart 1978

*Fricke, W.* (1975), Arbeitsorganisation und Qualifikation, Bonn/Bad Godesberg 1975

*Friedeburg, L. v.* (1963), Soziologie des Betriebsklimas, Frankfurt/M. 1963

*Friedlander, F./Brown, L. D.* (1974), Organization development, in: ARP 1974, S. 313–341

*Friedmann, G.* (1952), Problèmes humains du mechanisme industriel, Paris 1946; deutsch: Der Mensch in der mechanisierten Produktion, Köln 1952

*Friedman, M.* (1971), Die soziale Verantwortung der Geschäftswelt, in: *Schmölders, G.* (Hrsg.), Der Unternehmer im Ansehen der Welt, Bergisch-Gladbach 1971, S. 198–206

*Friedrichs, G.* (1974), Situation als soziologische Erhebungseinheit, in: ZfS 1/1974, S. 44–52

*Fröbel, F./Heinrichs, J./Kreye, O.* (1977), Die neue internationale Arbeitsteilung, Reinbek bei Hamburg 1977

*Froemer, F.* (1975), Arbeitshumanisierung, Opladen 1975

*Fry, L. W.* (1983), Technology-structure research: Three critical issues, in: AdMJ 25/1983, S. 532–552

*Fuchs-Wegner, G.* (1973), Management by ... Eine kritische Betrachtung moderner Managementprinzipien und -konzeptionen, in: BFuP 12/1973, S. 678–692

*Fürstenberg, F.* (1964), Grundfragen der Betriebssoziologie, Köln/Opladen 1964

*Fulmer, R. M.* (1974), The new management, New York/London 1974

*Gabele, E.* (1979), Unternehmungsstrategie und Organisationsstruktur, in: ZfO 1979, S. 181–190

*Gabele, E.* (1981), Die Einführung von Geschäftsbereichsorganisationen, Tübingen 1981

*Gabele, E./Kirsch, W./Treffert, J.* (1979), Die Messung von Werten in Unternehmen – Ein empirischer Versuch, in: *Klages, H./Kmieciak, P.* (Hrsg.)

*Gabele, E./Kretschmer, H.* (1983), Unternehmensgrundsätze als Instrument der Unternehmensführung, in: ZfbF 8/1983 S. 716–726

*Gäfgen, G.* (1968), Theorie der wirtschaftlichen Entscheidung, 2. Aufl. Tübingen 1968

*Gagné, R. M.* (1964), Problem solving, in: *Melton, A. W.* (Hrsg.), Categories of human learning, New York/London 1964

*Gaitanides, M.* (1975), Industrielle Arbeitsorganisation und technische Entwicklung, Berlin/New York 1975

*Gaitanides, M.* (1983), Prozeßorganisation, München 1983

*Gaitanides, M./Oechsler, E./Remer, A./Staehle, W. H.* (1975), Forschungsziele der systemorientierten Betriebswirtschaftslehre, in: *Jehle, E.* (Hrsg.), Systemforschung in der Betriebswirtschaftslehre, Stuttgart 1975, S. 107–132

*Gaitanides, M./Staehle, W. H./Trebesch, K.* (1978), Reorganisationsprobleme bei der Einführung formalisierter Informationsverarbeitungs- und Entscheidungssysteme – zur Neotaylorismuskritik, in: ZfO 2/1978, S. 61–73

*Galbraith, J.* (1973/1977), Designing complex organizations, Reading, Mass. 1973

*Galbraith, J. K.* (1952/1956), American capitalism, The concept of countervailling power, Boston 1952; deutsch: Der amerikanische Kapitalismus im Gleichgewicht der Wirtschaftskräfte, Stuttgart 1956

*Gannon, M. J.* (1977), Management: An organizational perspective, Boston/Toronto 1977

*Gasparini, G.* (1978), Organizational power, strategy and social classes: Toward a critique of the contingency theory of organizations, in: *Warner, M.* (Hrsg.), Organizational choise and constraint, Westmead 1978

*Gaugler, E./Kolb, M./Ling, B.* (1976), Humanisierung der Arbeitswelt und Produktivität, Mannheim 1976, 2. Aufl. Ludwigshafen 1977

*Gaul, D.* (1975), Der leitende Angestellte im Betriebsverfassungsrecht – Mit dem Grenzacher Modell, München 1975

*Gavin, J. F./Maynard, W. S.* (1975), Perceptions of corporate social responsibility, in: PP 3/1975, S. 377–387

*Gaydoul, P.* (1981), Controlling in der deutschen Unternehmenspraxis, Darmstadt 1981

*Gebert, D.* (1972), Gruppendynamik in der betrieblichen Führungsschulung, Berlin 1972

*Gebert, D.* (1974), Organisationsentwicklung, Stuttgart etc. 1974

*Gebert, D.* (1978), Organisation und Umwelt, Stuttgart etc. 1978

*Gebert, D.* (1979), Dezentralisierung und Entformalisierung aus kontingenztheoretischer Sicht, in: ZfO 1979, S. 97–104

*Gebert, D./Rosenstiel, L. v.* (1981), Organisationspsychologie – Person und Organisation, Stuttgart etc. 1981

*Gellermann, S. W.* (1963), Motivation and productivity, New York 1963

*George, C. S.* (1972), The history of management thought, 2. Aufl. Englewood Cliffs, N. J. 1972

*Georgopoulos, B./Mahoney, G./Jones, N.* (1957), A path-goal approach to productivity, in: JAP 1957, S. 345–353

*Gerl, K.* (1975), Analyse, Erfassung und Handhabung von Anpassungswiderständen beim organisatorischen Wandel, Diss. München 1975

*Gerwin, D.* (1979), Relationship between structure and technology at the organizational and job levels, in: JoMS 16/1979, S. 70/79

*Ghiselli, E. E.* (1963), The validity of management traits related to occupational level, in: PP 1963, S. 109–113

*Gibb, C. A.* (1969), Leadership, in: *Lindzey, G./Aronson, E.* (Hrsg.), The handbook of social psychology, Bd. 4, 2. Aufl. Reading, Mass. 1969

*Gibson, J. L./Ivancevich, J. M./Donnelly Jr., J. H.* (1976), Organizations: Behavior, structure, processes, 1. Aufl. Dallas 1973, 2. Aufl. 1976

*Glanzer, M./Glaser, R.* (1961), Techniques for the study of group structure and behavior: Empirical studies of the effectiveness of structure in small groups, in: PB 1961, S. 1–27

*Glaser, B. G./Strauss, A.* (1964), Awareness contexts and social interaction, in: ASR 1964, S. 669–679

*Glasl, F.* (1980), Konfliktmanagement – Diagnose und Behandlung von Konflikten in Organisationen, Bern/Stuttgart 1980

*Glasl, F./Houssaye, L. de la* (Hrsg.) (1975), Organisationsentwicklung, Bern/Stuttgart 1975

*Glueck, W. F.* (1967), Applied organization analysis, in: AMJ 3/1967, S. 223–234

*Goerke, W.* (1981), Organisationsentwicklung als ganzheitliche Innovationsstrategie, Berlin/New York 1981

*Gohl, J.* (1976), Zu Ansätzen der Humanisierungsdebatte, in: ZfA 1/1976, S. 1–8

*Goldmann, H.* (1982), Organisationsentwicklung und Organisationsstruktur, Diss. Zürich 1982

*Golembiewski, R. T.* (1967a), Organizing men and power: Patterns of behavior and line-staff models, Chicago 1967

*Golembiewski, R. T.* (1967b), A new ‚staff' model: A synthesis from behavioral research, in: *Golembiewski, R. T./Gibson, F.* (Hrsg.), Managerial behavior and organization demands, Chicago 1967, S. 296–315

*Goodman, P./Friedman, A.* (1968), An examination of the effect of wage inequity in the hourly condition, in: OBHP 1968, S. 310–352

*Goodman, P./Friedman, A.* (1971), An examination of Adam's theory of inequities, in: ASQ 1971, S. 271–286

*Gore, W. J.* (1964), Administrative decision-making, New York etc. 1964

*Gouldner, A. W.* (1954), Patterns of industrial bureaucracy, New York 1954

*Gouldner, A. W.* (1959), Organizational analysis, in: *Merton, R. K./Broom, L./Cot-*

*trell, L. S.* (Hrsg.), Sociology today: Problems and prospects, New York 1959, S. 400–428

*Grabatin, G.* (1981), Effizienz von Organisationen, Berlin/New York 1981

*Graeff, C. L.* (1983), The situational theory of leadership: A critical view, in: AMR, 2/1983, S. 285–291

*Graen, G.* (1969), Instrumentality theory of work motivation: Some experimental results and suggested modifications, in: JAPM 1969, S. 1–25

*Graen, G./Alvares, K./Orris, J. B./Martella, J. A.* (1970), Contingency model of leadership effectiveness: Antecedent and evidential results, in: PB 1970, S. 285–296

*Graen, G./Cashman, J. F.* (1975), A role making model of leadership in formal organizations: A developmental approach, in: *Hunt, J. G./Larson, L. L.* (Hrsg.), Leadership frontiers. Kent, Ohio 1975, S. 143–165

*Graen, G./Orris, J. B./Alvares, K.* (1971), Contingency model of leadership effectiveness: Some experimental results, in: JAP 1971, S. 196–201

*Graen, G./Schiemann, W.* (1978), Leader-member agreement: A vertical dyad linkage approach, in: JAP, 63/1978, S. 206–212

*Graicunas, V. A.* (1937), Relationship in organization, in: *Gulick, L./Urwick, L.* (Hrsg.), Papers on the science of administration, New York 1937, S. 181–188

*Graurock, W.* (1975), Betriebswirtschaftliche Vergleiche als wissenschaftliche Erkenntnismittel, Berlin 1975

*Green, St. G./Mitchell, T. R.* (1979), Attributional processes of leaders in leader-member interaction, in: OBHP, 23/1979, S. 429–458

*Greene, C. N.* (1979), Questions of causation in the pathgoal theory of leadership, in: AMJ, 22/1979, S. 22–41

*Greenwood, W. T.* (1974), Future management theory: A ‚comparative' evolution to general theory, in: AMJ 3/1974, S. 503–513

*Greif, S.* (1983), Konzepte der Organisationspsychologie, Bern etc. 1983

*Greiner, L. E.* (1967), Patterns of organization change, in: HBR May/June 1967, S. 119–130

*Greiner, L. E.* (1972), Evolution and revolution as organizations grow, in: HBR July/Aug. 1972, S. 37–46

*Greiner, L. E./Barnes, L.* (1970), Organization change and development, in: *Dalton, G./Lawrence, P./Greiner, L. E.* (Hrsg.), Organizational change and development, Homewood, Ill. 1970

*Gribbins, R. E./Hunt, S. D.* (1978), Is management a science? In: AMR 1978, S. 139–144

*Griepenkerl, H.* (1983), Führungsschulung und Persönlichkeitsformung, kritische Analyse der heutigen Managementsausbildung, München 1983

*Griffin, R. W.* (1979), Task design determinants of effective leader behavior, in: AMR 1979, S. 215–224

*Griffin, R. W.* (1980), Relationships among individual, task design and leadership variables, in: AMJ 4/1980, S. 665–683

*Grochla, E.* (1972), Unternehmungsorganisation, Reinbek bei Hamburg 1972, 9. Aufl. Opladen 1983

*Grochla, E.* (1976), Praxeologische Organisationstheorie durch sachliche und methodische Integration, in: ZfbF 1976, S. 617–637

*Groeben, N./Scheele, B.* (1977), Argumente für eine Psychologie des reflexiven Subjekts, Darmstadt 1977

*Groskurth, P.* (1979), Der Arbeitsplatz als Schule der Nation, in: Psychologie Heute, Dezember 1979, S. 44–51

*Gross, B. M.* (1968), Organizations and their managing, New York/London 1968

*Grosse-Oetringhaus, W. F.* (1974), Fertigungstypologie, Berlin 1974

*Grüneberg, N.* (1973), Das Produkt-Management: Seine Funktion im Marketing, Wiesbaden 1973

*Grunwald, W.* (1980), Das „Eherne Gesetz der Oligarchie“: Ein Grundproblem demokratischer Führung in Organisationen, in: *Grunwald, W./Lilge, H.-G.* (Hrsg.), Partizipative Führung, Bern/Stuttgart 1980, S. 245–285
*Grunwald, W./Lilge, H.-G.* (Hrsg.) (1980), Partizipative Führung: Betriebswirtschaftliche und sozialpsychologische Aspekte, Bern/Stuttgart 1980
*Grunwald, W./Lilge, H.-G.* (1982), Kooperation und Konkurrenz in Organisationen, Bern/Stuttgart 1982
*Günther, M.* (1975), Der Wandel der betriebswirtschaftlichen Probleme als Folge der Internationalisierung von Großunternehmen, in: ZfbF 1975, S. 220–239
*Guetzkow, H./Simon, H. A.* (1966), The impact of certain communication nets upon organizations and performance in task-oriented groups, in: MS 1966, S. 233–250
*Gulick, L.* (1965), Management is a science, in AMJ 1/1965, S. 7–13
*Gulick, L./Urwick, L.* (Hrsg.) (1937), Papers on the science of administration, New York 1937
*Gulowsen, J.* (1972), A measure of work-group autonomy, in: *Davis, L. E./Taylor, J.* (Hrsg.), Job design, Harmondsworth 1972, S. 374–390
*Guserl, R./Hofmann, M.* (1976), Das Harzburger Modell – Idee und Wirklichkeit und Alternative zum Harzburger Modell, 2. Aufl. Wiesbaden 1976
*Gutenberg, E.* (1962), Unternehmensführung: Organisation und Entscheidungen, Wiesbaden 1962
*Gutenberg, E.* (1969), Unternehmensführung, in: *Grochla, E.* (Hrsg.), HWO, Stuttgart 1969, Sp. 1674–1685
*Gutenberg, E.* (1951/1975), Grundlagen der Betriebswirtschaftslehre, 1. Bd.: Die Produktion, 21. Aufl. Berlin/Heidelberg/New York 1975, 1. Aufl. 1951
*Gvisiani, D. M.* (1974), Management: Eine Analyse bürgerlicher Theorien von Organisation und Leitung, 2. Aufl. Frankfurt/M. 1974
*Gzuk, R.* (1975), Messung der Effizienz von Entscheidungen, Tübingen 1975
*Habermas, J.* (1968), Technik und Wissenschaft als ‚Ideologie‘, Frankfurt/M. 1968
*Hacker, W.* (1978), Allgemeine Arbeits- und Ingenieurpsychologie, Bern etc. 1978
*Hacker, W./Raum, H.* (Hrsg.) (1980), Optimierung von kognitiven Arbeitsanforderungen, Berlin 1980
*Hackman, J. R.* (1969), Toward understanding the role of tasks in behavioral research, in: ACTA Psychologica 31/1969, S. 97–128
*Hackman, J. R.* (1970), Tasks and task performance in research on stress, in: *McGrath, J. E.* (Hrsg.), Social and psychological factors in stress, New York 1970, S. 202–237
*Hackman, J. R.* (1977), Work design, in: *Hackman, J. R./Suttle, J. L.* (Hrsg.), Improving life at work, Santa Monica 1977
*Hackman, J. R./Lawler, E. E.* (1971), Employee reactions to job characteristics, in: JAP 1971, S. 259–286
*Hackman, J. R./Morris, C. G.* (1975), Group tasks, proup interaction process, and group performance effictiveness: a review and proposed integration, in: *Berkowitz, L.* (Hrsg.), Advances in experimental social psychology, New York 1975
*Hackman, J. R./Oldham, G. R.* (1975), Development of the job diagnostic survey, in: JAP 60/1975, S. 159–170
*Hadaschik, M.* (1979), Die Einsatzbedingungen organisierter langfristiger Unternehmensplanung. Diss. FU Berlin 1979
*Hadaschik, M.* (1982), Einflußfaktoren, Organisation und Alternativen formaler Unternehmensplanung, in: DU 1982, S. 149–166
*Häusler, J.* (1966), Grundfragen der Betriebsführung, Wiesbaden 1966
*Häusler, J.* (1977), Führungssysteme und -modelle, Köln 1977
*Hage, J./Aiken, M.* (1969), Routine technology, social structure, and organization goals, in: ASQ 1969, S. 366–376
*Hage, J./Aiken, M.* (1970), Social change in complex organizations, New York 1970
*Hahn, D.* (1971), Führung des Systems Unternehmung, in: ZfO 4/1971, S. 161–169

*Hahn, D.* (1974), Planungs- und Kontrollrechnung, Wiesbaden 1974
*Hahn, D./Krystek, U.* (1979), Betriebliche und überbetriebliche Führungssysteme für die Industrie, in: ZfB 1979, S. 76–88
*Hahn, D./Link, J.* (1975), Motivationsfördernde Arbeitsfeldstruktur in der Industrie, in: ZfO 2/1975, S. 65–71
*Haire, M.* (1955), Role-perception in labor-management relations: An experimental approach, in: Industrial and Labor Relations Review Jan. 1955, S. 205–216
*Haire, M.* (Hrsg.) (1959), Modern organization theory, New York 1959
*Hajos, A.* (1972), Wahrnehmungspsychologie, Stuttgart etc. 1972
*Hall, R. H.* (1962), Intraorganizational structural variation. Application of the bureaucratic model, in: ASQ 1962, S. 295–308
*Hall, R. H.* (1963), The concept of bureaucracy: An empirical assessment, in: AJS 1963, S. 32–40
*Hall, R. H.* (1972), Organizations, Englewood Cliffs, N. J. 1972
*Hall, R. H./Haas, J. E./Johnson, N. J.* (1967), Organizational size, complexity, and formalization, in: ASR 1967, S. 903–912
*Hall, D. T./Nougaim, W. E.* (1967), An examination of Maslow's need hierarchy in an organizational setting, in: OBHP 1968, S. 12–35
*Halpin, A. W./Winer, B. J.* (1957), A factorial study of the leader behavior descriptions, in: *Stogdill, R. M./Coons, A. E.* (Hrsg.), Leader behavior: Its description and measurement, Columbus 1957, S. 39–51
*Hamel, W.* (1974), Zieländerungen im Entscheidungsprozeß, Tübingen 1974
*Hampton, D. R./Summer, C. E./Webber, R. A.* (1973), Organizational behavior and the practice of management, Glenview, Ill. 1973
*Hanák, St. C.* (1982), Neuere Tendenzen der Organisations-Entwicklung in den USA, Diessenhofen 1982
*Harlow, D. N./Hanke J. J.* (1975), Behavior in organizations, Boston/Toronto 1975
*Harris, Th. A.* (1967/1975), I'm o. k. – You're o. k.: A practical guide to transactional analysis, New York 1967; deutsch: Ich bin o. k. – Du bist o. k., Reinbek bei Hamburg 1975
*Harrison, R.* (1970), Choosing the depth of organizational intervention, in: JABS 1970, S. 181–202
*Hartfiel, G.* (1968), Wirtschaftliche und soziale Rationalität: Untersuchungen zum Menschenbild in Ökonomie und Soziologie, Stuttgart 1968
*Hartfiel, G./Hillmann, K.-H.* (1982), Wörterbuch der Soziologie, 3. Aufl. Stuttgart 1982
*Hartmann, H.* (1964), Funktionale Autorität, Stuttgart 1964
*Harvey, E.* (1968), Technology and the structure of organizations, in: ASR 1968, S. 248–259
*Hattke, W./Sydow, J.* (1982), Information und Partizipation bei technisch-organisatorischen Veränderungen der Arbeit, in: Office Management, 7/8 1982, S. 710–719
*Hauschildt, J.* (1977), Entscheidungsziele, Tübingen 1977
*Hauschildt, J./Gemünden, H. G./Grotz-Martin, S./Haidle, U.* (1983), Entscheidungen der Geschäftsführung, Tübingen 1983
*Hax, H.* (1965), Die Koordination von Entscheidungen, Köln etc. 1965
*Hayakawa, S. I.* (1964/1968), Semantik – Sprache im Denken und Handeln, 2. Aufl. Darmstadt 1968; englisch: Language in thought and action, New York 1964
*Haynes, W. W./Massie, J. L.* (1961), Management: Analysis, concepts and cases, Englewood Cliffs, N. J. 1961
*Haynes, W. W./Massie, J. L./Wallace, M. J.* (1975), Management: Analysis, concepts, and cases, 3. Aufl. London etc. 1975
*Hebb, D. O.* (1968), Einführung in die moderne Psychologie, Weinheim/Berlin 1968
*Heckhausen, H.* (1965 a), Leistungsmotivation, in: *Thomae, H.* (Hrsg.), Handbuch der Psychologie, Bd. II, Göttingen 1965, S. 602–704

*Heckhausen, H.* (1965b), Motivation der Anspruchsniveausetzung, in: *Thomae, H.* (Hrsg.), Die Motivation menschlichen Handelns, Köln 1965, S. 231–250
*Heckhausen, H.* (1974), Motivationsanalysen, Berlin etc. 1974
*Heckhausen, H.* (1977), Motivation: Kognitionspsychologische Aufspaltung eines summarischen Konstrukts, in: PRS 28/1977, S. 175–189
*Heckhausen, H.* (1980), Motivation und Handeln, Berlin/Heidelberg/New York 1980
*Hecking-Binder, E. E.* (1974), Führungsmodelle und Marketingorganisation, Wiesbaden 1974
*Hederer, G.* (1975), Die internationale Unternehmung, Meisenheim 1975
*Heider, F.* (1958), The psychology of interpersonal relations, New York 1958; deutsch: Psychologie der interpersonalen Beziehungen, Stuttgart 1977
*Heinen, E.* (1962), Die Zielfunktion der Unternehmung, in: *Koch, H.* (Hrsg.), Zur Theorie der Unternehmung, Wiesbaden 1962, S. 9–71
*Heinen, E.* (1966), Das Zielsystem der Unternehmung, Wiesbaden 1966, 3. Aufl. 1976
*Heinen, E.* (1966b), Betriebswirtschaftslehre heute. Die Bedeutung der Entscheidungstheorie für Forschung und Praxis, Wiesbaden 1966
*Heinen, E.* (1969), Zum Wissenschaftsprogramm der entscheidungsorientierten Betriebswirtschaftslehre, in: ZfB 1969, S. 207–220
*Heinen, E.* (1971), Der entscheidungsorientierte Ansatz der Betriebswirtschaftslehre, in: *Kortzfleisch, G. v.* (Hrsg.), Wissenschaftsprogramm und Ausbildungsziel der Betriebswirtschaftslehre, Berlin 1971, S. 21–37
*Heinen, E.* (Hrsg.) (1978), Betriebswirtschaftliche Führungslehre – ein entscheidungsorientierter Ansatz, Wiesbaden 1978, 2. Aufl. 1984
*Heinen, E./Dietel, B.* (1976), Zur ‚Wertfreiheit' in der Betriebswirtschaftslehre, in: ZfB 1976, S. 1–26
*Helle, H. J./Schliemann, E.* (1968), Soziometrie als Hilfsmittel des Organisators, in: *Jacob, H.* (Hrsg.), Schriften zur Unternehmensführung, Bd. 5 Rationelle Personalführung, Wiesbaden 1968, S. 69–81
*Heller, F. A.* (1971), Managerial decision-making: A study of leadership styles and power-sharing among senior managers, London/Assen 1971
*Heller, T./Van Til, J.* (1982), Leadership and followership: Some summary propositions, in: JAP 3/1982, S. 405–414
*Hellpach, W./Lang, R.* (1922), Gruppenfabrikation, Berlin 1922
*Hellriegel, D./Slocum, J. W.* (1973), Organizational design: A contingency approach, in: BH April 1973, S. 59–68
*Hellriegel, D./Slocum, J. W.* (1974a), Management: A contingency approach, Reading, Mass. etc. 1974, 3. Aufl. 1982
*Hellriegel, D./Slocum, J. W.* (1974b) Organizational climate: Measures, resarch, and contingencies, in: AMJ 2/1974, S. 255–280
*Hellriegel, D./Slocum, J. W.* (1975), Managerial problem-solving styles, in: BH 6/1975, S. 29–37
*Hellriegel, D./Slocum, J. W.* (1976), Organizational behavior – contingency views, St. Paul etc. 1976
*Hemphill, J. K./Coons, A. E.* (1957), Development of the leader behavior description questionnaire, in: *Stogdill, R. M./Coons, A. E.* (Hrsg.), S. 6–38
*Henderson, B. D.* (1974), Die Erfahrungskurve in der Unternehmensstrategie, Frankfurt/New York 1974
*Heneman, H./Schwab, D.* (1972), Evalution of research on expectancy-theory predictors of employee performance, in: PB 1972, S. 1–9
*Hentsch, B./Malik, F.* (1973), Systemorientiertes Management, Bern/Stuttgart 1973
*Hentze, J.* (1984), Die Stellung des Menschen in der sozialistischen Arbeitsökonomie, in: ZfB 1984, S. 63–77
*Herkner, W.* (Hrsg.) (1980), Attribution – Psychologie der Kausalität, Bern/Stuttgart/Wien 1980

*Herkommer, S./Bierbaum, H.* (1979), Industriesoziologie, Stuttgart 1979

*Herrmann, Th.* (1976), Lehrbuch der empirischen Persönlichkeitsforschung, 3. Aufl., Göttingen/Toronto/Zürich 1976

*Hersey, P./Blanchard, K. H.* (1969), Life cycle theory of leadership, in: TDJ May 1969

*Hersey, P./Blanchard, K. H.* (1969/1977), Management of organizational behavior, 3. Aufl. Englewood Cliffs, N. J. 1977, 1. Aufl. 1969

*Hersey, P./Blanchard, K. H.* (1982), Grid principles and situationalism: Both! A response to Blake and Mouton, in: Group and Organization Studies, 2/1982, S. 207–210

*Hersey, P./Keilty, J. W.* (1980), One on one OD communications skills, in: TDJ, 4/1980, S. 56–60

*Herzberg, F.* (1966), Work and the nature of man, Cleveland, Ohio 1966

*Herzberg, F.* (1968), One more time: How do you motivate employees?, in: HBR 1968, S. 53–62

*Herzberg, F./Mausner, B./Snyderman, B. B.* (1959), The motivation to work, 2. Aufl. New York etc. 1959

*Heydebrand, W. V.* (Hrsg.) (1973), Comparative organizations – the results of empirical research, Englewood Cliffs, N. J. 1973

*Heymann, H.-H.* (1980), Die Sozialbilanz als Instrument der Unternehmensführung, Frankfurt 1980

*Hicks, H. G./Gullett, C. R.* (1975), Organizations: Theory and behavior, New York etc. 1975

*Hickson, D. J.* (1966), A convergence in organization theory, in: ASQ 1966, S. 224–237

*Hickson, D. J./Pugh, D. S./Pheysey, D. C.* (1969), Operations technology and organization structure: An empirical reappraisal, in: ASQ 1969, S. 378–397

*Higgins, R. B.* (1981), Creating a climate conducive to planning, in: LRP 1/1981, S. 49–54

*Hill, P.* (1976), Towards a new philosophy of management, Westmead 1976

*Hill, W./Fehlbaum, R./Ulrich, P.* (1974/1976), Organisationslehre, Bd. 1 und 2, 1. Auflage Bern und Stuttgart 1974, 2. Aufl 1976, 3. Aufl. 1981

*Hillmann, K.-H.* (1981), Umweltkrise und Wertwandel. Die Umwertung der Werte als Strategie des Überlebens, Frankfurt/Bern 1981

*Hinterhuber, H. H.* (1975), Der Weg zu neuen Formen der Arbeitsorganisation, in: ZfO 8/1975, S. 425–432

*Hinterhuber, H. H.* (1977), Strategische Unternehmensführung. Berlin etc. 1977, 2. Aufl. 1980

*Hinterhuber, H. H./Kritzler, T.* (1979), Technologiewirkungsanalyse, in: *Kern, W.* (Hrsg.), HWProd, Stuttgart 1979, Sp. 1930–1938

*Hinrichs, P.* (1981), Um die Seele des Arbeiters, Arbeitspsychologie, Industrie- und Betriebssoziologie in Deutschland 1871 – 1945, Köln 1981

*Höhn, R./Böhme, G.* (1977), Führungsbrevier der Wirtschaft, 9. Aufl. Bad Harzburg 1977

*Höller, H.* (1978), Verhaltenswirkungen betrieblicher Planungs- und Kontrollsysteme, München 1978

*Hoepfner, F.* (1974), Die Anpassung des Führungsverhaltens an die Realität: Ein konstruktiver Ansatz, in: WIST 1974, S. 107–112

*Hofer, Ch. W.* (1975), Toward a contingency theory of business strategy, in: AMJ 4/1975, S. 784–810

*Hofmann, M.* (1979), Personalentwicklung und mittlere Lebenskrise von Mitarbeitern, in: *Wunderer, R.* (Hrsg.), Humane Personal- und Organisationsentwicklung, Berlin 1979, S. 171–187

*Hoff, E./Lappe, L./Lempert, W.* (1983), Probleme der Untersuchung von Arbeitsstrukturen als Sozialisationsmilieus, in: Zeitschrift für Sozialisationsforschung und Erziehungssoziologie, 2/1983, S. 295–300

*Hoffmann, F.* (1976), Entwicklung der Organisationsforschung, 2. Aufl. Wiesbaden 1976

*Hoffmann, F.* (1980), Führungsorganisation, Bd. 1: Stand der Forschung und Konzeption, Tübingen 1980

*Hoffmann, F.* (1984), Führungsorganisation, Bd. 2: Ergebnisse eines Forschungsprojektes, Tübingen 1984

*Hoffmann-Riem, Ch.* (1980), Die Sozialforschung einer interpretativen Soziologie – Der Datengewinn, in: KZSS 32/1980, S. 339–372

*Hofstätter, P. R.* (1965/1971), Gruppendynamik, Reinbek bei Hamburg 1965, 2. Aufl. 1971

*Hofstätter, P. R.* (1973), Einführung in die Sozialpsychologie, 5. Aufl. Stuttgart 1973

*Hollander, E. P.* (1958), Conformity, status, and idiosyncrasy credit, in: Psychological Review 1958, S. 117–127

*Hollander, E. P.* (1978), Leadership dynamics: A practical guide to effective relationships, NewYork 1978

*Hollander, E. P./Julian, J. W.* (1969), Contemporary trends in the analysis of leadership processes, in: PB, 71/1969, S. 387–297

*Holt, K.* (1970), Management of technological innovation, in: MIR 4–5/1970, S. 21–29

*Holzkamp-Osterkamp, U.* (1975), Grundlagen der psychologischen Motivationsforschung 1, Frankfurt/M./New York 1975

*Homans, G. C.* (1950/1960), The human group, New York etc. 1950; deutsch: Theorie der sozialen Gruppe, Köln/Opladen 1960

*Homans, G. C.* (1958), Social behavior as exchange, in: AJS 1958, S. 597–606

*Homans, G. C.* (1961/1968), Social behavior: Its elementary forms, New York 1961; deutsch: Elementarformen sozialen Verhaltens, Köln/Opladen 1968

*Homans, G. C.* (1972), Grundfragen soziologischer Theorie, Opladen 1972

*Hoppe, F.* (1965), Das Anspruchsniveau, in: *Thomae, H.* (Hrsg.), Die Motivation menschlichen Handelns, Köln 1965, S. 217–230

*Horn, K.* (Hrsg.) (1972), Gruppendynamik und der ‚subjektive Faktor‘. Repressive Entsublimierung oder politisierende Praxis, Frankfurt/M. 1972

*Hornstein, H./Benedict, B./Burke, W./Gindes, M./Lewicki, R.* (1971), Social intervention: A behavior science approach, New York 1971

*Hornstein, W.* (1982), Jugendprobleme, Jugendforschung und politisches Handeln, in: Aus Politik und Zeitgeschichte, 3/1982

*Horváth, P.* (1979), Controlling, München 1979

*Horváth, P./Gaydoul, P.* (1978), Bestandsaufnahme zur Controllingpraxis in deutschen Unternehmen, in: DB 42/1978, S. 1989–1999

*Horwitz, M.* (1954), The recall of interrupted group tasks: An experimental study of individual motivation in relation to group goals, in: HR 7/1954, S. 3–38

*House, R. J.* (1967), T-group education and leadership effectiveness: A review of the empirical literature and a critical evaluation, in: PP 1967, S. 1–32

*House, R. J.* (1971), A path-goal theory of leader effectiveness, in: ASQ 1971, S. 321–338

*House, R. J./Baetz, M. L.* (1979), Leadership: Some empirical generalizations and new research directions, in: *Staw, B. M.* (Hrsg.), Research in organizational behavior, Vol. 1, Greenwich, Conn. 1979, S. 341–423

*House, R. J./Dessler, G.* (1974), The path-goal theory of leadership: Some post hoc and a priori tests, in: *Hunt, J./Larson, L.* (Hrsg.), Contingency approaches to leadership, Carbondale 1974, S. 29–56

*House, R. J./Filley, A. C./Kerr, S. T.* (1971), Relation of leader consideration and initiating structure to R&D subordinates' satisfaction, in: ASQ 1971, S. 19–30

*House, R. J./Miner, J. B.* (1969), Merging management and behavioral theory: The interaction between span of control and group size, in: ASQ 1969, S. 451–464

*House, R. J./Mitchell, T. R.* (1974), Path-goal theory of leadership, in: JCB 1974, S. 81–98

*House, R. J./Widgor, L.* (1967), Herzberg's dual-factor theory of job satisfaction and motivation: A review of the empirical evidence and a criticism, in: PP 1967, S. 369–389

*Howell, J. P./Dorfman, P. E.* (1981), Substitutes for leadership: Test of a construct, in: AMJ 4/1981, S. 714–728

*Howell, R. A.* (1970), Managing by objectives: A three stage system, in: BH 1970, S. 41–45

*Hoyos, C.* (1974 a), Arbeitspsychologie, Stuttgart etc. 1974

*Hoyos, C.* (1974 b), Psychologisch orientierte Arbeitsanalyse, in: WIST 1974, S. 411–416

*Hoyos, C./Kroeber-Riel, W./Rosenstiel, L. v./Strümpel, B.* (Hrsg.) (1980), Grundbegriffe der Wirtschaftspsychologie, München 1980

*Hrebiniak, L. G.* (1974), Job technology, supervision, and work group structure, in: ASQ 1974, S. 395–410

*Hrebiniak, L. G.* (1978), Complex organizations, St. Paul etc. 1978

*Huizinga, G.* (1970), Maslow's need hierarchy in the work situation, Groningen 1970

*Hulin, C. L./Blood, M. R.* (1968), Job enlargement, individual differences, and worker responses, in: PB 1968, S. 41–55

*Hull, C. L.* (1943), Principles of behavior, New York 1943

*Hull, C. L.* (1951), Essentials of behavior, New Haven 1951

*Humble, J. W.* (1967), Management by objectives, London 1967

*Hummell, H. J./Opp, K.-D.* (1971), Die Reduzierbarkeit von Soziologie auf Psychologie, Braunschweig, 1971

*Hundt, S.* (1977), Zur Theoriegeschichte der Betriebswirtschaftslehre, Köln 1977

*Hunt, J. G./Osborn, R. N.* (1982), Toward a macro-oriented model of leadership: An odyssey, in: *Hunt, J. G./Sekaran, U./Schriesheim, C. A.* (Hrsg.), Leadership: Beyond established views, Carbondale, Ill. 1982, S. 196–221

*Hunt, J. G./Larson, L. L.* (Hrsg.) (1974), Contingency approaches to leadership, Carbondale etc. 1974

*Huse, E. F.* (1975), Organization development and change, St. Paul etc. 1975, 2. Aufl. 1980

*IDE Research Group* (Hrsg.) (1981), Industrial Democracy in Europe, Oxford 1981

*Illetschko, L. L.* (1955), Management und Betriebswirtschaft, Wien 1955

*Illetschko, L. L.* (1969), Management, in: *Grochla, E.* (Hrsg.), HWO, Stuttgart 1969, Sp. 951–956

*Indik, B. P.* (1968), The scope of the problem and some suggestions toward a solution, in: *Indik, B. P./Berrien, F. K.* (Hrsg.), People, groups, and organizations, New York 1968, S. 13–26

*Inglehart, R.* (1977), The silent revolution. Changing values and political styles among western publics, Princeton 1977

*Inglehart, R.* (1979), Wertwandel in den westlichen Gesellschaften: Politische Konsequenzen von materialistischen und postmaterialistischen Prioritäten, in: *Klages, H./Kmieciak, P.* (Hrsg.)

*Inglehart, R.* (1980), Sozioökonomische Werthaltungen, in: *Hoyos, D./Kroeber-Riel, W.* et al. (Hrsg.): Grundbegriffe der Wirtschaftspsychologie, München 1980

*Irle, M.* (1963), Soziale Systeme. Eine kritische Analyse der Theorie von formalen und informalen Organisationen, Göttingen 1963

*Irle, M.* (Hrsg.) (1969), Texte aus der experimentellen Sozialpsychologie, Neuwied 1969

*Irle, M.* (1970), Führungsverhalten in organisierten Gruppen, in: *Mayer, A./Herwig, B.* (Hrsg.), Handbuch der Psychologie, Bd. 9 Betriebspsychologie, Göttingen 1970, S. 520–551

*Irle, M.* (1971), Macht und Entscheidung in Organisationen: Studie gegen das Linie-Stab-Prinzip, Frankfurt/M. 1971

*Irle, M.* (1975), Lehrbuch der Sozialpsychologie, Göttingen 1975

*Israel, J.* (1972), Der Begriff Entfremdung, Hamburg 1972

*Ivancevich, J. M.* (1974), Changes in performance in a management-by-objectives program, in: ASQ 1974, S. 563–574

*Jakob, H.* (1980), Unternehmungsorganisation – Gestaltung und Entwicklung soziotechnischer Systeme, Stuttgart etc. 1980

*Jaggi, B. L.* (1969), Das Stabsproblem in der Unternehmung. Gestaltung der Stäbe und ihre Funktion in der Unternehmenspraxis, Berlin 1969

*James, L. R./Jones, A. P.* (1974), Organizational climate: A review of theory and research, in: BP 1974, S. 1096–1112

*James, M./Jongeward, D.* (1971/1974), Born to win: Transactional analysis with gestalt experiments, Reading, Mass. 1971; deutsch: Spontan leben: Übungen zur Selbstverwirklichung, Reinbek bei Hamburg 1974

*Jantsch, E.* (1975), Design for evolution – self-organization and planning in the life of human systems, New York 1975; deutsch: Die Selbstorganisation des Universums, München 1979

*Jehle, E.* (1982), Gemeinkosten-Management. Effizienzsteigerung im Gemeinkostenbereich von Unternehmen durch Overhead-Value-Analysis (OVA), Zero-Base-Budgeting (ZBB) und Administrative Wertanalyse (AWA), in: DU 1/1982, S. 59–76

*Jelinek, M./Smircich, L./Hirsch, P.* (Hrsg.) (1983), Organizational culture, Sonderheft des ASQ 4/28, 1983

*Joas, H.* (1980), Rollen- und Interaktionstheorien in der Sozialisationsforschung, in: *Hürrelmann, K./Ulich, D.* (Hrsg.), Handbuch der Sozialisationsforschung, Weinheim 1980, S. 147–160

*Johannesson, R. E.* (1973), Some problems in the measurement of organizational climate, in: OBHP 1973, S. 118–144

*Johnson, R. A./Kast, F. E./Rosenzweig, J. E.* (1963/1973), The theory and management of systems, 1. Aufl. New York 1963, 3. Aufl. New York 1973

*Jonas, F.* (1974), Sozialphilosophie der industriellen Arbeitswelt, 2. Aufl. Stuttgart 1974

*Jones, A. P./James, L. R.* (1979), Psychological climate: Dimensions and relationships of individual and aggregated work environment perceptions, in: OBHP 2/1979, S. 201–250

*Joost, N.* (1978), Die Phasen des Entscheidungsprozesses, in: WIST 1978, S. 428–431

*Junckerstorff, K./Gast, W. F.* (1960), Grundzüge des Management, Wiesbaden 1960

*Jung, C.* (1939), The integration of personality, New York 1939

*Kahn, R. L.* (1958), Human relations on the shop floor, in: *Hugh-Jons, E. M.* (Hrsg.), Human relations and modern management, Amsterdam 1958, S. 43–74

*Kahn, R. L./Wolfe, D. M./Quinn, R. P./Snoek, D. J.* (1964), Organizational stress: Studies in role conflict and ambiguity, New York etc. 1964

*Kappler, E.* (1972), Systementwicklung, Wiesbaden 1972

*Kappler, E.* (1980), Aktionsforschung, in: *Grochla, E.* (Hrsg.), HWO, 2. Aufl. Stuttgart 1980, Sp. 52–64

*Karg, P. W./Staehle, W. H.* (1982), Analyse der Arbeitssituation, Verfahren und Instrumente, Freiburg i. Br. 1982

*Kassem, S.* (1977), Organization theory: American and European styles, in: MIR 3/1977, S. 11–18

*Kast, F. E./Rosenzweig, J. E.* (1970/1974/1979), Organization and management, a systems approach, 1. Aufl. Tokyo etc. 1970, 2 Aufl. 1974, 3. Aufl. 1979

*Kast, F. E./Rosenzweig, J. E.* (Hrsg.) (1973), Contingency views of organization and management, Chicago etc. 1973

*Kaste, H.* (1981), Arbeitgeber und Humanisierung der Arbeit, Opladen 1981

*Katz, D./Kahn, R. L.* (1951), Human organization and worker motivation, in: *Tripp, C. R.* (Hrsg.), Industrial productivity, Madison, Wisc. 1951, S. 146–171
*Katz, D./Kahn, R. L.* (1966/1978), The social psychology of organizations, 1. Aufl. New York/London 1966, 2. Aufl. 1978
*Katz, D./Maccoby, N./Morse, N. C.* (1950), Productivity, supervision, and morale in an office situation, Detroit, Mich. 1950
*Kaufer, F. E./Phillips, J. S.* (1970/1975), Learning foundations of behavior therapy, New York 1970; deutsch: Lerntheoretische Grundlagen der Verhaltenstherapie, München 1975
*Kefalas, A. G.* (1971), Scanning the external business environment, Diss. Iowa, Ann Arbor 1971
*Keller, R. T.* (1978), Dimensions of management system and performance in continuous-process organization, in: HR 1/1978, S. 59–75
*Keller, R. T./Slocum, Jr., J. W./Susman, G. I.* (1974), Uncertainty and type of management system in continuous process organizations, in: AMJ 1974, S. 56–68
*Kelley, H. H.* (1967), Attribution theory in social psychology, in: *Levine, D.* (Hrsg.), Nebraska symposium on motivation, Lincoln 1967
*Kelley, H. H.* (1972), Causal schemata and the attribution process, in: *Jones, E. E.* (Hrsg.), Attribution: Perceiving the causes of behavior. Morristown, N. J. 1972, S. 151–174
*Kelley, H. H.* (1973), The process of causal attribution, in: AP 1973, S. 107–128
*Kelly, G. A.* (1955), The psychology of personal constructs, Vol. I: A theory of personality, Vol. II: Clinical diagnosis and psychotherapy, New York 1955
*Kelly, J.* (1964), The study of executive behavior by activity sampling, in: HR 17/1964, S. 277–287
*Kelly, J.* (1970), Make conflict work for you, in: HBR 1970, S. 103–113
*Kelly, J.* (1982), Scientific Management, job redesign and work performance, London etc. 1982
*Kelman, H.* (1961), Processes of opinion change, in: Public Opinion Quarterly, 25/1961, S. 57–78
*Kelman, H.* (1965), Manipulation of human behavior: An ethical dilemma for social scientists, in: JSI 1965, S. 31–46
*Kepner, C. H./Tregoe, B. B.* (1965), The rational manager: A systematic approach to problem solving and decision making, New York etc. 1965
*Keppler, W.* (1975), Institutionelle Aspekte einer politischen Planung in Organisationen. Theoretische Grundlegung und eine empirische Untersuchung zur Gestaltung langfristiger Planungssysteme. Diss. Mannheim 1975
*Keppler, W./Bamberger, I./Gabele, E.* (1977), Langfristige Planungssysteme, München 1975; wiederabgedruckt als ‚Organisation der Langfristplanung', Wiesbaden 1977
*Kerr, St./Jermier, J. M.* (1978), Substitutes for leadership: Their meaning and measurement, in: OBHP 3/1978, S. 375–403
*Kerr, St./Schriesheim, C. A.* (1974), Consideration, initiating structure, and organizational criteria – an update of Korman's 1966 review, in: PP 1974, S. 555–568
*Kern, H./Schumann, M.* (1983), Arbeit und Sozialcharakter: alte und neue Konturen, in: *Matthes, J.* (Hrsg.), Krise der Arbeitsgesellschaft, Frankfurt/New York 1983, S. 353–365
*Khandwalla, P. N.* (1975), Unsicherheit und die ‚optimale' Gestaltung von Organisationen, in: *Grochla, E.* (Hrsg.), Organisationstheorie, 1. Teilband, Stuttgart, 1975, S. 140–156
*Khandwalla, P. N.* (1976/77), Some top management styles – their context and performance, in: OAS 4/1976/77, S. 21–51
*Khandwalla, P. N.* (1977), The design of organizations, New York etc. 1977
*Kieser, A.* (1974a), Der Einfluß der Fertigungstechnologie auf die Organisationsstrukturen industrieller Unternehmungen, in: ZfbF 1974, S. 569–590

*Kieser, A.* (1974 b), Der Einfluß der Umwelt auf die Organisationsstruktur der Unternehmung, in: ZfO 1974, S. 302–314
*Kieser, A.* (Hrsg.) (1981), Organisationstheoretische Ansätze, München 1981
*Kieser, A./Kubicek, H.* (1976), Organisation, Berlin/New York 1976, 2. Aufl. 1983
*Kieser, A./Kubicek, H.* (1978), Organisationstheorien I & II, Stuttgart etc. 1978
*Kiesler, C./Kiesler, S.* (1969), Conformity, Reading, Mass. 1969
*Kiessler-Hauschildt, K./Scholl, W.* (1972), Einführung in die Erforschung politischer Attitüden, München 1972
*Kilbridge, M. D.* (1961), Turnover, absence and transfer rates as indicators of employee dissatisfaction with repetitive work, in: Industrial and Labor Relations Review 1961, S. 21–32
*Kilger, W.* (1961), Der Faktor Arbeit im System der Produktionsfaktoren, in: ZfB 1961, S. 597–611
*Kirsch, B. A./Lengermann, J. J.* (1971), An empirical test of Robert Blauner's ideas on alienation in work as applied to different type jobs in white-collar setting, in: Sociology and Social Research 56/1971, S. 180–194
*Kirsch, W.* (1969), Die Unternehmensziele in organisationstheoretischer Sicht, in: ZfbF 1969, S. 665–675
*Kirsch, W.* (1971), Entscheidungsprozesse, 3 Bände, Wiesbaden 1971
*Kirsch, W.* (1974 a), Betriebswirtschaftslehre, Sozioökonomie und psychologische Motivationstheorie, in: *Nick, F. R.*, Management durch Motivation, Stuttgart, etc. 1974, S. 9–17
*Kirsch, W.* (1974 b), Die verhaltenwissenschaftliche Fundierung der Betriebswirtschaftslehre, in: WIST 1974, S. 459–465
*Kirsch, W.* (1977), Die Betriebswirtschaftslehre als Führungslehre: Erkenntnisperspektiven, Aussagensysteme, wissenschaftlicher Standort, München 1977
*Kirsch, W.* (1981), Aspekte einer Lehre von der Führung, in: ZfB 1981, S. 656–671
*Kirsch, W.* (Hrsg.) (1981 b), Unternehmenspolitik: Von der Zielforschung zum strategischen Management, München 1981
*Kirsch, W.* (1983), Die Betriebswirtschaftslehre als Führungslehre – neu betrachtet, in: *Fischer-Winkelmann, W. F.* (Hrsg.), Paradigmawechsel in der Betriebswirtschaftslehre?, Spardorf 1983, S. 204–237
*Kirsch, W.* (1984), Wissenschaftliche Unternehmensführung oder Freiheit von der Wissenschaft? 2 Halbbände, München 1984
*Kirsch, W./Klein, H. K.* (1977), Management Informationssysteme, 2 Bände, Stuttgart 1977
*Kirsch, W./Meffert, H.* (1970), Organisationstheorien und Betriebswirtschaftslehre, Wiesbaden 1970
*Kirsch, W./Esser, W.-M./Gabele, E.* (1978), Reorganisation – theoretische Perspektive des geplanten organisatorischen Wandels, München 1978; wiederabgedruckt als ‚Das Management des geplanten Wandels von Organisationen', Stuttgart 1979
*Kirsch, W./Gabele, E./Bamberger, I./Börsig, C./Dumont du Voitel, R./Esser, W.-M./ Kappler, W./Knopf, R.* (1975), Planung und Organisation in Unternehmen, München 1975
*Kirsch, W./Trux, W.* (1979), Strategische Frühaufklärung und Portfolio-Analyse, ZfB 1979, Erg.-Heft 2, S. 47–69
*Klages, H.* (1977), Contingency Theory am Scheideweg, in: *Blaschke, D.* et al. (Hrsg.), Sozialwissenschaftliche Forschung: Entwicklungen und Praxisorientierungen, Nürnberg 1977, S. 61–95
*Klages, H.* (1981), Überlasteter Staat – verdrossene Bürger? Zu den Dissonanzen der Wohlfahrtsgesellschaft, Frankfurt/New York 1981
*Klages, H./Kmieciak, P.* (Hrsg.) (1979/1981), Wertwandel und gesellschaftlicher Wandel, Frankfurt/New York 1979, 2. Aufl. 1981
*Klausmann, W.* (1983), Entwicklung der Unternehmensplanung, Gießen 1983

*Klein, L.* (1975), Die Entwicklung neuer Formen der Arbeitsorganisation. Internationale Erfahrungen und heutige Problemstellungen, Göttingen 1975

*Klis, M.* (1970), Überzeugung und Manipulation: Grundlagen einer Theorie betriebswirtschaftlicher Führungsstile, Wiesbaden 1970

*Kluckhohn, C.* (1951), Values and value-orientations in the theory of action, in: *Parsons, T./Shils, E. A.* (Hrsg.), Towards a general theory of action, Cambridge, Mass. 1951

*Kmetz, J. L.* (1981), Leadership and organizational structure: A critique and an argument for synthesis, in: *England, G. W./Negandhi, A. R./Wilpert, B.* (Hrsg.), The functioning of compley organizations, Cambridge, Mass. 1981, S. 145–171

*Kmieciak, P.* (1974), Auf dem Wege zu einer generellen Theorie sozialen Verhaltens, Meisenheim/Glan 1974

*Kmieciak, P.* (1976), Wertstrukturen und Wertwandel in der Bundesrepublik Deutschland – Grundlagen einer interdisziplinären empirischen Wertforschung mit einer Sekundäranalyse von Umfragedaten, Göttingen 1976

*Knebel, H. J.* (1973), Metatheoretische Einführung in die Soziologie, München 1973

*Knopf, R./Börsig, C./Esser, W.-M./Kirsch, W.* (1976), Die Effizienz von Reorganisationsprozessen aus der Sicht der Praxis, München 1976

*Knowles, H. P./Saxberg, B. O.* (1967), Human relations and the nature of man, in: HBR 1967, S. 22–178

*Knowlton, W. A., Jr.* (1980), The effects of causal attribution on a supervisor's evaluation of subordinate performance, in: *Huseman, R. C.* (Hrsg.), Academy of Management proceedings Detroit 1980, S. 151–155

*Kocka, J.* (1969a), Industrielles Management: Konzeptionen und Modelle in Deutschland vor 1914, in: Vierteljahreszeitschrift für Sozial- und Wirtschaftsgeschichte, Bd. 56, 1969, S. 332–372

*Kocka, J.* (1969b), Unternehmensverwaltung und Angestelltenschaft am Beispiel Siemens 1847–1914, Stuttgart 1969

*Kocka, J.* (1975), Unternehmer in der deutschen Industrialisierung, Göttingen 1975

*Kocka, J.* (1983), Lohnarbeit und Klassenbildung, Berlin/Bonn 1983

*Köckeis-Stangl, E.* (1980), Methoden der Sozialisationsforschung, in: *Hurrelmann, K./Ulich, D.* (Hrsg.), Handbuch der Sozialisationsforschung, Weinheim/Basel 1980, S. 321–370

*Köhler, H.* (1955), ‚Betrieb' und ‚Unternehmen' in wirtschaftsverfassungsrechtlicher Sicht, in: Juristen-Zeitung 1955, S. 713ff.

*Köhler, R.* (1966), Theoretische Systeme der Betriebswirtschaftslehre im Lichte der neueren Wissenschaftslogik, Stuttgart 1966

*Köhler, R.* (1981), Unternehmenssituation, Organisationsstruktur und Planungsverhalten. Dargestellt am Beispiel des betrieblichen Absatzbereichs, in: *Bergner, H.* (Hrsg.), Planung und Rechnungswesen in der Betriebswirtschaftslehre, Berlin 1981, S. 243–281

*Köhler, R./Uebele, H.* (1981), Einsatzbedingungen von Planungs- und Entscheidungstechniken. Programmatik und praxeologische Konsequenzen einer empirischen Untersuchung, in: *Witte, E.* (Hrsg.), Der praktische Nutzen empirischer Forschung, Tübingen 1981, S. 115–158

*Kolasa, B. J.* (1969), Introduction to behavioral science for business, New York 1969

*Kolb, M.* (1980) Gestaltung von Arbeitsstrukturen, Ludwigshafen 1980

Kommission (1980), Bericht über die Verhandlungen der Unternehmensrechtskommission. Bundesministerium der Justiz (Hrsg.), Köln 1980

*Koontz, H.* (1961), The management theory jungle, in: Journal of the Academy of Management 3/1961, S. 174–188

*Koontz, H.* (1980), The management theory jungle revisited, in: AMR, 2/1980, S. 175–187

*Koontz, H./O'Donnell, C.* (1955/1976), Management: A systems and contingency analysis of managerial funcitons, 1. Aufl. New York etc. 1955, 6. Aufl. 1976

*Korman, A. K.* (1966), Consideration, initiating structure, and organizational criteria – a review, in: PP 1966, S. 349–361

*Korman, A. K.* (1970), Toward an hypothesis of work behavior, in: JAP 1970, S. 31–41

*Korman, A. K.* (1973), On the development of contingency theories of leadership: Some methodological considerations and a possible alternative, in: JAP 1973, S. 384–387

*Korman, A. K./Tanofsky, R.* (1975), Statistical problems of contingency models in organizational behavior, in: AMJ 1975, S. 393–397

*Korndörfer, W.* (1976), Unternehmensführungslehre: Lehrbuch der Unternehmensführung, Wiesbaden 1976

*Korzybski, A.* (1933), Science and sanity: An introduction to non-aristotelian systems and general semantics, Lancaster, PA. 1933

*Kosiol, E.* (1962/1976), Organisation der Unternehmung, Wiesbaden 1962, 2. Aufl. 1976

*Kossbiel, H.* (1976), Personalbereitstellung und Personalführung, in: *Jacob, H.* (Hrsg.), Allgemeine Betriebswirtschaftslehre in programmierter Form, 3. Aufl. Wiesbaden 1976

*Kotter, J. P.* (1982), The general managers, New York 1982

*Kovel, J.* (1976/1977), A complete guide to therapy. From psychoanalysis to behavior modification, New York 1976; deutsch: Kritischer Leitfaden der Psychotherapie, Frankfurt/M. 1977

*Kraepelin, E.* (1896), Zur Hygiene der Arbeit, Jena 1896

*Kramer, R.* (1965), Information und Kommunikation, Berlin 1965

*Kramer, F./Appelt, H. G.* (1974), Die neuen Techniken der Produktinnovation, München 1974

*Krech, D./Crutchfield, R. S./Ballachey, E. L.* (1962), Individual in society, Tokyo etc. 1962

*Kreikebaum, H.* (1981), Strategische Unternehmensplanung, Stuttgart etc. 1981

*Kreppner, K.* (1975), Zur Problematik des Messens in den Sozialwissenschaften, Stuttgart 1975

*Kreuz, A.* (1975), Der Produkt-Manager: Seine Rolle im Marketing-Prozeß, Essen 1975

*Krieger, R.* (1977), Kognitive Motivation, in: *Todt, E.* (Hrsg.), Motivation, Heidelberg 1977, S. 112–147

*Kroeber-Riel, W.* (1975), Konsumentenverhalten, München 1975, 3. Aufl. 1984

*Kroeber-Riel, W./Meyer-Hentschel, G.* (1982), Werbung, Würzburg/Wien 1982

*Krüger, W.* (1972), Grundlagen, Probleme und Instrumente der Konflikthandhabung in der Unternehmung, Berlin 1972

*Krüger, W.* (1976), Macht in der Unternehmung – Elemente und Strukturen, Stuttgart 1976

*Krüger, W.* (1977), Organisationsstruktur und Machtstruktur, in: ZfO 1977, S. 126–132

*Krystek, U.* (1981), Krisenbewältigungs-Management und Unternehmungsplanung, Wiesbaden 1981

*Kubicek, H.* (1975a), Empirische Organisationsforschung, Stuttgart 1975

*Kubicek, H.* (1975b), Informationstechnologie und organisatorische Regelungen, Berlin 1975

*Kubicek, H.* (1976), Ein Ansatz zur Operationalisierung der Organisationsphilosophie, Arbeitspapier Nr. 14/76 des Instituts für Unternehmungsführung der FU Berlin 1976

*Kubicek, H.* (1977), Heuristische Bezugsrahmen und heuristisch angelegte Forschungsdesigns als Elemente einer Konstruktionsstrategie empirischer Forschung, in: *Köh-*

*ler, R.* (Hrsg.), Empirische und handlungstheoretische Forschungskonzeption in der Betriebswirtschaftslehre, Stuttgart 1977, S. 3–36

*Kubicek, H.* (1980), Bestimmungsfaktoren der Organisationsstruktur, in: *Potthoff, E.* (Hrsg.), RKW-Handbuch Führungstechnik und Organisation. 6. Lfg. VIII 80, S. 1–62

*Kubicek, H.* (1981), Unternehmungsziele, Zielkonflikte und Zielbildungsprozesse, in: WIST 10/1981, S. 458–466

*Kubicek, H.* (1981b), Organisationsentwicklung im Interesse der Beschäftigten?, in: *Kohl, H./Küller, H.-D.* (Hrsg.), Betriebswirtschaftslehre und Gewerkschaften, Düsseldorf 1981, S. 48–88

*Kubicek, H.* (1984), Führungsgrundsätze als Organisationsmythen und die Notwendigkeit von Entmythologisierungsversuchen, in: ZfB 1/1984, S. 4–29

*Kubicek, H./Thom, N.* (1976), Umsystem, betriebliches, in: *Grochla, E./Wittmann, W.* (Hrsg.), Handwörterbuch der Betriebswirtschaft, Band I/3, 4. Aufl. Stuttgart 1976, Sp. 3977–4017

*Kubicek, H./Wollnik, M.* (1975), Zur Notwendigkeit empirischer Grundlagenforschung in der Organisationsforschung, in: ZfO 1975, S. 301–312

*Kubicek, H./Leuck, H. G./Wächter, H.* (1979), Organisationsentwicklung: entwicklungsbedürftig und entwicklungsfähig, in: GD 1979, S. 297–318

*Kübler, F.* (1981), Unternehmensorganisation zwischen Sachverstand und Interessenpolitik, in: Zeitschrift für Unternehmens- und Gesellschaftsrecht 1981, S. 377ff.

*Küting, K.* (1980), Unternehmerische Wachstumspolitik, Berlin 1980

*Kuhn, D. G./Slocum, J. W./Chase, R. B.* (1971), Does job performance effect employee satisfaction?, in: PJ 1971, S. 455–485

*Kunczik, M.* (1972), Der Stand der Forschung, in: Ders., Führung: Theorien und Ergebnisse, Düsseldorf/Wien 1972, S. 260–302

*Kunze, O.* (1977), Unternehmensverband und Unternehmensrecht, in: *Pawlowsky, H.-M./Wiese, G./Wüst, G.* (Hrsg.), Festschrift für Konrad Duden, München 1977

*Kurke, L. B./Aldrich, H. E.* (1983), Mintzberg was right!: A replication and extension of the nature of managerial work, in: MS 8/1983, S. 975–984

*Lachnit, L.* (1975), Grundgedanken zu einer vergleichenden Betriebswirtschaftslehre, in: ZfbF 1975, S. 9–29

*Lakaschus, C.* (1970), Einstellung europäischer Manager zu Managementaufgaben und Managementtraining, MCE, Brüssel 1970

*Lammers, C. J./Hickson, D. J.* (Hrsg.), (1979), Organizations alike and unalike: International and inter-institutional studies in the sociology of organizations, London etc. 1979

*Lang, J. R./Dittrich, J. E./White, S. E.* (1979), Managerial problem solving models: A review and a proposal, in: AMR 4/1978, S. 854–866

*Langen, H.* (1964), Der Betrieb als Regelkreis, in: *Grochla, E.* (Hrsg.), Organisation und Rechnungswesen, Berlin 1964, S. 81–100

*Langenheder, W.* (1975), Theorie menschlicher Entscheidungshandlungen, Stuttgart 1975

*Lantermann, E. D.* (1980), Interaktionen. Person, Situation und Handlung, München 1980

*Latham, G. P./Saari, L. M.* (1979), Application of social learning theory to training supervisors through behavioral modeling, in: JAP 3/1979, S. 239–246

*Lattmann, Ch.* (1972), Das Norwegische Modell der selbstgesteuerten Arbeitsgruppe – Ein Beitrag zur Verwirklichung der Mitbestimmung am Arbeitsplatz, Bern 1972

*Lattmann, Ch.* (1974), Die Humanisierung der Arbeit und die Demokratisierung der Unternehmung. Ziele, Wege und Grenzen, Bern/Stuttgart 1974

*Lattmann, Ch.* (1975), Führungsstil und Führungsrichtlinien, Bern/Stuttgart 1975

*Lattmann, Ch.* (1981), Die verhaltenswissenschaftlichen Grundlagen der Führung des Mitarbeiters, Bern/Stuttgart 1981

*Lauterburg, Ch.* (1978), Vor dem Ende der Hierarchie – Modelle für eine bessere Arbeitswelt, Düsseldorf 1978

*Lauken, U.* (1973), Naive Verhaltenstheorie, Stuttgart 1973

*Laurent, A.* (1978), Managerial subordinacy: A neglected aspect of organizational hierarchies, in: AMR 2/1978, S. 220–230

*Laux, H.* (1979), Der Einsatz von Entscheidungsgremien, Berlin/Heidelberg/New York 1979

*Lawler III, E. E.* (1969), Job design and employee motivation, in: PP 1969, S. 426–435

*Lawler III, E. E.* (1970), Job attitudes and employee motivation: Theory, research, and practice, in: PP 1970, S. 223–237

*Lawler III, E. E.* (1971), Pay and organizational effectiveness: A psychological view, New York 1971

*Lawler III, E. E.* (1973/1977), Motivation in work organizations, Belmont, Calif. 1973, deutsch: Motivierung in Organisationen, Bern/Stuttgart 1977

*Lawler III, E. E./Suttle, J. L.* (1972), A causal correlational test of the need hierarchy concept, in: OBHP 7/1972, S. 265–287

*Lawrence, P. R.* (1954), How to deal with resistance to change, in: HBR 1954, S. 49–57

*Lawrence, P. R./Lorsch, J. W.* (1967/1969), Organization and environment, Cambridge, Mass. 1967, Homewood, Ill. 1969

*Lawrence, P. R./Lorsch, J. W.* (1969), Developing organizations: Diagnosis and action, Reading, Mass. 1969

*Lazarus, R. S.* (1963), Personality and adjustment, Englewood Cliffs, N. J. 1963

*Learned, E. P./Christensen, C. R./Andrews, K. R./Guth, W. D.* (1965), Business policy: Tect and cases, Homewood, Ill. 1965

*Leavitt, H. J.* (1962), Unhuman organizations, in: HBR 1962, S. 90–98

*Leavitt, H. J.* (1965), Applied organizational change in industry: Structural, technological, and humanistic approaches, in: *March, J. D.* (Hrsg.), Handbook of organizations, Chicago 1965, S. 1144–1170

*Leavitt, H. J.* (1978/1979), Managerial psychology, 4. Aufl. Chicago/London 1978; deutsch: Grundlagen der Führungspsychologie, 2. Aufl. München 1979

*Leavitt, H. J./Whisler, T. L.* (1958), Management in the 1980's, in: HBR Nov./Dec. 1958, S. 41–50

*Leffingwell, W. H.* (1917), Scientific office management, Chicago 1917

*Leifer, R./Delbecq, A.* (1978), Organization and environmental interchange: A model of boundary-spanning acitivity, in: AMR 1978, S. 40–50

*Leitherer, E.* (1962), Zur neueren Entwicklung der Managementlehre, in: ZfhF 1962, S. 593–595

*Leitherer, E.* (1965), Die typologische Methode in der Betriebswirtschaftslehre: Versuch einer Übersicht, in: ZfbF 1965, S. 650–662

*Leumann, P.* (1979), Die Matrix-Organisation, Bern/Stuttgart 1979

*Lévi-Strauss, C. L.* (1949), Les structures élémentaires de la parenté, Paris 1949

*Levinson, H.* (1970), Management by whose objectives? In: HBR 1970, S. 125–134

*Lewin, K.* (1935), A dynamic theory of personality, New York 1935

*Lewin, K.* (1947), Frontiers in group dynamics, in: HR 1/1947, S. 5–41

*Lewin, K.* (1951/1963), Field theory and social science, New York 1951; deutsch: Feldtheorie in der Sozialwissenschaft, Bern/Stuttgart 1963

*Lewin, K.* (1958), Group decision and social change, in: *Maccoby, E. E./Newcomb, T. M./Hartley, E. L.* (Hrsg.), Readings in social psychology, 3. Aufl. New York 1958

*Lewin, K.* (1969), Grundzüge der topologischen Psychologie, Bern/Stuttgart 1969

*Lewin, K./Lippitt, R./White, R. K.* (1939), Patterns of aggressive behavior in experimentally created ‚social climates', in: JSP 10/1939, S. 271–299

*Lichtman, C. M./Hunt, R. G.* (1971), Personality and organization theory: A review of some conceptual literature, in: PB 1971, S. 271–294

*Liden, R. C./Graen, G.* (1980), Generalizability of the vertical dyad linkage model of leadership, in: AMJ 3/1980, S. 451–465
*Liebau, E.* (1979), Organisation und Entscheidung – Kritische Analyse der Theorie der Unternehmungsorganisation, Frankfurt/New York 1979
*Liermann, F.* (1982), Koordinationsentscheidungen bei Unsicherheit, Würzburg 1982
*Lievegoed, B. C. J.* (1974), Organisationen im Wandel, Bern/Stuttgart 1974
*Likert, R.* (1961), New patterns of management, New York etc. 1961; deutsch: Neue Ansätze der Unternehmungsführung, Bern/Stuttgart 1972
*Likert, R.* (1967), The human organization, New York etc. 1967
*Likin, M.* (1972), Experimental groups: The use of interpersonal encounter, psychotherapy groups, and sensitivity training, Morristown 1972
*Lindblom, Ch. E.* (1959), The science of ‚muddling through', in: PAR 1959, S. 79–88
*Lindblom, Ch. E.* (1968), The policy-making process, Englewood Cliffs, N. J. 1968
*Lindsay, W. M./Rue, L. W.* (1980), Impact of the organization environment on the long-range planning process: A contingency view, in: AMJ 1980, S. 385–404
*Lindworsky, I.* (1921), Der Wille, seine Erscheinung und seine Beherrschung, 2. Aufl. Leipzig 1921
*Lippitt, R./White, R. K.* (1943), The social climate of children's groups, in: *Baker, R. E./Kounin, J. S./Wright, H. F.* (Hrsg.), Child behavior and development, New York 1943
*Lippitt, R./Watson, J./Westley, B.* (1958), The dynamics of planned change, New York 1958
*Litterer, J. A.* (1965), The analysis of organizations, New York etc. 1965
*Litwak, E.* (1961), Models of bureaucracy which permit conflict, in: AJS 1961, S. 177–184
*Litwin, G. H./Stringer, R. A.* (1968), Motivation and organizational climate, Boston 1968
*Livingstone, J. L.* (Hrsg.) (1975), Managerial accounting: The behavioral foundations, Columbus, Ohio 1975
*Lofthouse, S./Vint, J.* (1976), Some early economic contributions to management literature, in: MIR 3/1976, S. 89–95
*Longenecker, J. G./Pringle, Ch. D.* (1978), The illusion of contingency theory as a general theory, in: AMR 1978, S. 679–683
*Loomba, N. P.* (1978), Management – a quantitative perspective, New York/London 1978
*Lord, R. G./Smith, J. E.* (1983), Theoretical, information processing, and situational factors affecting attribution theory models of organizational behavior, in: AMR, 1/1983, S. 50–60
*Lorsch, J. W.* (1965), Product innovation and organization, New York/London 1965
*Lorsch, J. W./Morse, J. J.* (1974), Organizations and their members: A contingency approach, New York etc. 1974
*Ludovici, C. G.* (1768/1932), Grundriß eines vollständigen Kaufmannssystems, Nachdruck der 2. Aufl. von 1768, Stuttgart 1932
*Ludz, P. C.* (1975), ‚Alienation' als Konzept der Sozialwissenschaften, in: KZSS 27/1975, S. 1–32
*Lück, W./Trommsdorff, V.* (Hrsg.) (1982), Internationalisierung der Unternehmung, Berlin 1982.
*Luft, J.* (1961), The Johari window, in: Human Relations Training News 1961, S. 6–7
*Luft, J./Ingham, H.* (1955), The Johari window, a graphic model of interpersonal awareness, in: Proceedings of the western training laboratory in group development, UCLA, Los Angeles 1955
*Luhmann, N.* (1964), Funktionen und Folgen formaler Organisation, Berlin 1964
*Luhmann, N.* (1968), Zweckbegriff und Systemrationalität, Tübingen 1968
*Lukasczyk, K.* (1960), Zur Theorie der Führerrolle, in: PRS 1960, S. 179–188

*Lukatis, J.* (1972), Organisationsstrukturen und Führungsstile in Wirtschaftsunternehmen, Frankfurt/M. 1972

*Lundin, R. W.* (1961), Personality: An experimental approach, New York 1961

*Luthans, F.* (1973 a), Organizational behavior, Tokio etc. 1973

*Luthans, F.* (1973 b), The contingency theory of management. A path out of the jungle, in: BH 1973, S. 67–72

*Luthans, F.* (1976), Introduction to management: A contingency approach, New York etc. 1976

*Luthans, F.* (1979), Leadership: A prosposal for a social learning theory base and observational and functional analysis techniques to measure leadership behavior, in: *Hunt, J. G./Larson, L. L.* (Hrsg.), Crosscurrents in leadership, Carbondale, Ill. 1979, S. 201–208

*Luthans, F./Stewart, T. I.* (1977), A general contingency theory of management, in: AMR 2/1977, S. 181–195

*Luthans, F./Stewart, T. I.* (1978), The reality of illusion of a general contingency theory of management: A response to the Longenecker and Pringle critique, in: AMR 1978, S. 683–687

*Lutz, B.* (1969), Produktionsprozeß und Berufsqualifikation, in: *Adorno, Th. W.* (Hrsg.), Spätkapitalismus oder Industriegesellschaft?, Stuttgart 1969, S. 227–250

*Lutz, B./Schmidt, G.* (1977), Industriesoziologie, in: *König, R.* (Hrsg.), Handbuch der empirischen Sozialforschung, Bd. 8, Stuttgart 1977, S. 101–262

*Maccoby, M.* (1976/1979), The gamesman. The new corporate leaders, New York 1976; deutsch: Die neuen Chefs, Reinbek bei Hamburg 1979

*MacCorquodale, K./Meehl, P. E.* (1948), On a distinction between hypothetical constructs and intervening variables, in: Psychological Review 55/1948, S. 95–107

*Macharzina, K.* (1977), Neuere Entwicklungen in der Führungsforschung, in: ZfO 1977, Teil 1: S. 7–16, Teil 2: S. 101–108

*Madsen, K. B.* (1974), Modern theories of motivation – a comparative metascientific study, Copenhagen 1974

*Mahoney, T. A.* (1968), Managerial perceptions of organizational effectiveness, in: MS 2/1968, B-76-B-91

*Maier, N. R. F.* (1963), Problem solving discussions and conferences: Leadership methods and skills, New York 1963

*Maier, N. R. F.* (1965), Psychology in industry, 3. Aufl. Boston 1965

*Maier, N. R. F.* (1970), Problem solving and creativity in individuals and groups, Belmont, Calif. 1970

*Malewski, A.* (1967), Verhalten und Interaktion, Tübingen 1967

*Man, H. d.* (1927), Der Kampf um die Arbeitsfreude, Jena 1927

*Manheim, H. L.* (1960), Intergroup interaction as related to status and leadership differences between groups, in: Sociometry 1960, S. 415–427

*Mann, R.* (1978), Vom operativen zum strategischen Controlling, in: Controller Magazin 3/1978, S. 1–4

*Mann, R. O.* (1959), A review of the relationships between personality and performance in small groups, in: PB 1959, S. 241–270

*Mann, F. C.* (1965), Toward an understanding of the leadership role in formal organization, in: *Dubin, R.* et al. (Hrsg.), Leadership and productivity, San Francisco 1965, S. 68–103

*Manz, C./Sims, H. P.* (1980), Self-management as a substitute for leadership: A social learning theory perspective, in: AMR 1980, S. 361–367

*March, J. G./Olsen, J. P.* (1979), Ambiguity and choice in organizations, 2. Aufl. Bergen etc. 1979

*March, J. G./Simon, H. A.* (1958/1976), Organizations, New York etc. 1958; deutsch: Organisation und Individuum, Wiesbaden 1976

*Marcuse, H.* (1968), Kultur und Gesellschaft 2, 7. Aufl. Frankfurt/M. 1968

*Margulies, N./Raia, A. P.* (1972), Organizational development: Values, process, and technology, New York etc. 1972

*Markowitz, H.* (1959), Portfolio selection: Efficient diversifications of investments, New York 1959

*Markowitz, J.* (1979), Die soziale Situation – Entwurf eines Modells zur Analyse des Verhältnisses zwischen personalen Systemen und ihrer Umwelt, Frankfurt/M. 1979

*Marrow, A. J.* (1977), Kurt Lewin – Leben und Werk, Stuttgart 1977

*Marrow, A. J./Bowers, D. G./Seashore, St. E.* (1967), Management by participation, New York 1967

*Marsh, R. M./Mannari, H.* (1981), Technology and size as determinants of the organizational structure of Japanese factories, in: ASQ 26/1981, S. 33–57.

*Martin, S.* (1983), Managing without managers – Alternative work arrangements in public organizations, Beverly Hills/London/New Delhi 1983

*Marx, K.* (1844/1970), Ökonomisch-philosophische Manuskripte (1844), Marx/Engels Gesamtausgabe 1. Abt., Bd. 3, Berlin/Glashütten 1970

*Maslow, A. H.* (1943), A theory of human motivation, in: Psychological Review 50/1943, S. 370–396

*Maslow, A. H.* (1954), Motivation and personality, New York etc. 1954; deutsch: Motivation und Persönlichkeit, Olten/Freiburg i. Br. 1977

*Maslow, A. H.* (1965), Eupsychian management, Homewood, Ill. 1965

*Massie, J. L.* (1965), Management theory, in: *March, J. P.* (Hrsg.), Handbook of organizations, Chicago 1965, S. 387–422

*Matenaar, D.* (1983), Organisationskultur und organisatorische Gestaltung, Berlin 1983

*Mayer, A.* (1951), Die soziale Rationalisierung des Industriebetriebes, München/Düsseldorf 1951

*Mayer, A.* (Hrsg.) (1978), Organisationspsychologie, Stuttgart 1978

*Mayntz, R.* (1958), Die soziale Organisation des Industriebetriebes, Stuttgart 1958

*Mayntz, R.* (1963), Soziologie der Organisation, Reinbek bei Hamburg 1963

*Mayntz, R.* (1966), Versuch eines Vergleichs, in: *Presthus* 1966, S. 295–330

*Mayntz, R.* (Hrsg.) (1968), Bürokratische Organisation, Köln/Berlin 1968

*Mayntz, R.* (1977), Struktur und Leistung von Beratungsgremien: Ein Beitrag zur Kontingenztheorie der Organisation, in: SW 1/2 1977, S. 1–15

*Mayntz, R./Scharpf, F.* (Hrsg.) (1973), Planungsorganisation, München 1973

*Mayntz, R./Ziegler, R.* (1977), Soziologie der Organisation, in: *König, R.* (Hrsg.), Handbuch der empirischen Sozialforschung, Bd. 9, 2. Aufl. Stuttgart 1977

*McCaskey, M. B.* (1974a), An introduction to organizational design, in: CMR 2/1974, S. 13–20

*McCaskey, M. B.* (1974b), A contingency approach to planning: Planning with goals and planning without goals, in: AMJ 1974, S. 281–291

*McClelland, D. C.* (1961), The achieving society, Princeton, N. J. 1961

*McClelland, D. C.* (1965), Achievement motivation can be developed, in HBR 1965, S. 6–24, 178

*McClelland, D. C.* (1971), Assessing human motivation, Morristown, N. J. 1971

*McClelland, D. C./Atkinson, J. W./Clark, R. A./Lowell, E. L.* (1953), The achievement motive, New York 1953

*McClelland, D. C./Winter, D. G.* (1969), Motivating economic achievement, New York 1969

*McCormick, E. J./Tiffin, G.* (1975), Industrial psychology, 6. Aufl. London 1975

*McDougall, W.* (1908), Introduction to social psychology, London 1908

*McGregor, D.* (1960), The human side of enterprise, New York 1960

*McKelvey, B.* (1975), Guidelines for the empirical classification of organizations, in: ASQ 1975, S. 509–525

*McKelvey, B.* (1978), Organizational systematics: Taxonomic lessons from biology, in: MS 1978, S. 1428–1440
*McLeish, J./Matheson, W./Park, J.* (1973/1975), Lernprozesse in Gruppen, Ulm 1975; englisch: The psychology of the learning group, London 1973
*McNulty, M. S.* (1975), A question of managerial legitimacy, in: AMJ 1975, S. 579–588
*Mealiea, L. W./Lee, D.* (1979), An alternative to macro-micro contingency theories: An integrative model, in: AMR 1979, S. 333–345
*Meffert, H.* (1975), Marketing und Konsumerismus, in: ZfB 1975, S. 69–90
*Meier, W.* (1983), Durchsetzung von Strategien – Verhaltensorientiertes Führungskonzept zum Aufbau strategischer Erfolgspositionen, Zürich 1983
*Meissner, W.* (1974), Investitionslenkung, Frankfurt/M. 1974
*Meleghy, T.* (1980), Die Kontingenztheorie effektiver Führung nach Fiedler, in: *Morel, J./Meleghy, T./Preglau, M.* (Hrsg.), Führungsforschung. Göttingen etc. 1980, S. 74–119
*Mellerowicz, K.* (1952), Eine neue Richtung in der Betriebswirtschaftslehre?, in ZfB 1952, S. 145–161
*Mellerowicz, K.* (1963), Unternehmenspolitik, Bd. 1, Freiburg 1963
*Menzl, A.* (1977), Die Gestaltung komplexer Unternehmensorganisationen, Stuttgart/Bern 1977
*Merkens, H./Seiler, H.* (1978), Interaktionsanalyse, Stuttgart, etc. 1978
*Merkle, J. A.* (1980), Management and ideology, Berkeley etc. 1980
*Mertens, W./Fuchs, G.* (1978), Krise der Sozialpsychologie?, München 1978
*Merton, R. K.* (1957), Social theory and social structure, 2. Aufl. Glencoe, Ill. 1957, 4. Aufl. 1968
*Merton, R. K.* (1968), Bürokratische Struktur und Persönlichkeit, in: *Mayntz, R.* (Hrsg.), Bürokratische Organisation, Köln/Berlin 1968
*Metcalf, H. C./Urwick, L.* (1942), Dynamic administration – The collected papers of Mary Follett, New York 1942
*Metzger, W.* (1968), Psychologie, 4. Aufl. Darmstadt 1968
*Meyer, H.* (1982), Noch einmal und zum letztenmal: Was mißt der LPC Fiedlers?, in: DBW 3/1982, S. 427–439
*Meyer, M.* (1979), Operations Research, Systemforschung, Systemtheorie: Ein historischer Abriß, in: WIST 1979, S. 461–468
*Michael, St. R.* (1976), The contingency manager, in: MR 1976, S. 20–31
*Michel, E.* (1953), Sozialgeschichte der industriellen Arbeitswelt, 3. Aufl. Frankfurt/M. 1953
*Michels, R.* (1925/1970), Zur Soziologie des Parteiwesens in der modernen Demokratie, 2. Aufl. Stuttgart 1925, Nachdruck 1970
*Mickler, O.* (1981), Facharbeit im Wandel, Frankfurt/New York 1981
*Mickler, O./Dittrich, E./Neumann, U.* (1976), Technik, Arbeitsorganisation und Arbeit, Frankfurt 1976
*Mickler, O./Mohr, W./Kadritzke, U.* (1977), Produktion und Qualifikation, Bericht über die Hauptstudie, Teil II, 2. Aufl. Göttingen 1977
*Mielke, R.* (Hrsg.), Interne/externe Kontrollüberzeugung, Theoretische und empirische Arbeiten zum Locus of Control-Konstrukt, Bern/Stuttgart/Wien 1982
*Miles, R. E.* (1965), Human relations or human resources?, in: HBR 4/1965, S. 148–163
*Miles, R. E.* (1975), Theories of management, New York etc. 1975
*Miles, R. E./Snow, Ch. C.* (1978), Organizational strategy, structure, and process, New York etc. 1978
*Millar, J. A.* (1978), Contingency theory, values, and change, in: HR 1978, S. 885–904
*Miller, R.* (1971), Innovations, organization, and environment, Sherbrooke, England 1971
*Miller, D.* (1981), Toward a new contingency approach: The search for organizational Gestalt, in: JoMS 1/1981, S. 1–26

*Miller, D.* (1982), Evolution and revolution: A quantum view of structural change in organizations, in: JoMS 1982, S. 131–151
*Miller, D./Friesen, P. H.* (1978), Archetypes of strategy formulation, in: MS 1978, S. 921–933
*Miller, E. J./Rice, A. K.* (1967), Systems of organization, London etc. 1967
*Miller, G. A./Galanter, E./Pribram, K. H.* (1960), Plans and the structure of behavior, London etc. 1960
*Mills, P. K.* (1983), Self-management: Its control and relationship to other organizational properties, in: AMR 3/1983, S. 445–453
*Mills, T.* (1978), Europe's industrial democracy: An American response, in: HBR 1978, S. 143–152
*Miner, J. B.* (1973), The management process: Theory, research, and pratice, New York etc. 1973
*Miner, J. B.* (1975), The uncertain future of the leadership concept: An overview, in: *Hunt, J. G./Larson, L. L.* (Hrsg.), Leadership frontiers, Kent, Ohio 1975, S. 197–208
*Miner, J. B.* (1984), The validity and usefulness of theories in an emerging organizational science, in: AMR 2/1984, S. 296–306
*Mintzberg, H.* (1973), The nature of managerial work, New York etc. 1973
*Mintzberg, H.* (1978), Patterns in strategy formation, in: MS 9/1978, S. 934–948
*Mintzberg, H.* (1979), The structuring of organizations, Englewood Cliffs, N. J. 1979
*Mischel, W.* (1968), Personality and assessment, New York 1968
*Mischel, W.* (1973), Toward a cognitive social learning reconceptualization of personality, in: Psychological Review 1980, S. 252–283
*Mischel, W.* (1976), Introduction to personality, New York 1976
*Mitchell, T. R./Smyser, C. M./Weed, S. E.* (1975), Locus of control: Supervision and work satisfaction, in: AMJ 3/1975, S. 623–631
*Mitchell, T. R./Wood, R. E.* (1980), Supervisor's responses to subordinate poor performance: A test of an attributional model, in: OBHP 1/1980, S. 123–138
*Moberg, D./Koch, J. L.* (1975), A critical appraisal of integrated treatments of contingency findings, in: AMJ 18/1975, S. 109–124
*Mockler, R. J.* (1971 a), Situational theory of management, in: HBR 1971, S. 55–65
*Mockler, R. J.* (1971 b), Business planning and policy formulation, New York 1971
*Mockler, R. J.* (1972), The management control process, New York 1972
*Möller, P.* (1904), Aus der amerikanischen Werkstattpraxis, Berlin 1904
*Mohr, L. B.* (1971), Organizational technology and organization structure, in: ASQ 16/1971, S. 444–459
*Montanari, J. R.* (1978), Managerial discretion: An expanded model of organization choice, in: AMR 1978, S. 231–241
*Mooney, J. D./Reiley, A. C.* (1931), Onward industry, New York 1931
*Mooney, J. D./Reiley, A. C.* (1939), The principles of organization, New York 1939
*Moreno, J. L.* (1934/1954/1974), Who shall survive? Washington, D. C. 1934; deutsch: Die Grundlagen der Soziometrie, Köln/Opladen 1954, 3. Aufl. 1974
*Morse, J. J.* (1970), Organizational characteristics and individual motivation, in: *Lorsch, J. W./Lawrence, P. R.* (Hrsg.), Studies in organizational design, Homewood, Ill. 1970, S. 84–100
*Morse, J. J.* (1975), Person-job congruence and individual adjustment and development, in: HR 1975, S. 841–861
*Morse, J. J./Lorsch, J. W.* (1970), Beyond theory Y, in: HBR 1970, S. 61–68
*Morse, J. J./Wagner, F. R.* (1978), Measuring the process of managerial effectiveness, in: AMJ 1/1978, S. 23–35
*Morse, N. C./Reimer, E.* (1956), The experimental change of a major organizational variable, in: JASP 1956, S. 120–129

*Mouzelis, N. P.* (1975), Organization and bureauracy, 2. Aufl. London 1975
*Müller, G.* (1981), Strategische Frühaufklärung, München 1981
*Müller, W.* (1973), Die Relativierung des bürokratischen Modells und die situative Organisation, in: KZSS 1973, S. 719–746
*Müller, W. R.* (1980), Führung und Identität. Bern/Stuttgart 1980
*Müller, W. R./Hill, W.* (1977), Die situative Führung, in: DBW 3/1977, S. 353/378
*Münsterberg, H.* (1912), Psychologie und Wirtschaftsleben, Leipzig 1912
*Münsterberg, H.* (1914), Grundzüge der Psychotechnik, Leipzig 1914
*Mumford, E.* (1978), A strategy for the redesign of work, in: *Legge, K./Mumford, E.* (Hrsg.), Designing organizations for satisfaction and efficiency, Westmead 1978
*Murray, H. A.* (1938), Explorations in personality, New York/Oxford 1938
*Musiol, A.* (1974), Organisation von Organisationsprojekten in der Industrie, in: ZfO 1974, S. 192–206, 277–286
*Myers, M. S.* (1964), Who are your motivated workers?, in: HBR 1964, S. 73–88
*Myers, M. S.* (1970), Every employee a manager – more meaningful work through job enrichment, New York etc. 1970
*Myers, M. S./Myers. S. S.* (1974), Toward understanding the changing work ethics, in: CMR 1974, S. 7–14
*Nachreiner, R.* (1978), Die Messung des Führungsverhaltens, Zur Validität von Fragebogen zur Beschreibung des Vorgesetztenverhaltens, Bern/Stuttgart/Wien 1978
*Nadler, D. A./Hackman, J. R./Lawler III, E. E.* (1979), Managing organizational behavior, Boston/Toronto 1979
*Napier, R. W./Gershenfeld, M. K.* (1973), Groups: Theory and experience, Boston 1973
*Naylor, J. C./Pritchard, R. D./Ilgen, D. R.* (1980), A theory of behavior in organizations, New York etc. 1980
*Negandhi, A. R.* (1974), Cross-cultural management studies: Too many conclusions, not enough conceptualization, in: MIR 6/1974, S. 59–72
*Negandhi, A. R.* (1975), Comparative management and organization theory: A marriage needed, in: AMJ 2/1975, S. 334–344
*Negandhi, A. R./Reimann, B. C.* (1973), Task environment, decentralization, and organizational effectiveness, in: HR 1973, S. 203–214
*Neilsen, E. H.* (1974), Contingency theory applied to small business organizations, in: HR 1974, S. 357–379
*Neuberger, O.* (1970), Anerkennung und Kritik als Führungsmittel, in: Problem und Entscheidung 3/1970, S. 12–68
*Neuberger, O.* (1972), Experimentelle Untersuchungen von Führungsstilen, in: GD 2/1972, S. 192–219
*Neuberger, O.* (1974), Messung der Arbeitszufriedenheit: Verfahren und Ergebnisse, Stuttgart etc. 1974
*Neuberger, O.* (1976a), Führungsverhalten und Führungserfolg, Berlin 1976
*Neuberger, O.* (1976b), Ergebnisse der Führungsstilforschung – Bestandsaufnahme und Neuorientierung, in: WIST 1976, S. 13–18
*Neuberger, O.* (1977), Organisation und Führung, Stuttgart etc. 1977
*Neuberger, O.* (1983), Führen als widersprüchliches Handeln, in: PuP 1/1983, S. 22–32
*Neuloh, O./Pardey, R./Bettinger, N./Graf von Schwerin, H.-A.* (1983), Sozialforschung aus gesellschaftlicher Verantwortung, Opladen 1983
*Newcomb, T. M.* (1961), The acquaintance process, New York 1961
*Newman, W. H./Summer Jr., Ch. E.* (1961), The process of management, Englewood Cliffs, N. J. 1961
*Newman, W. H./Summer, Ch. E/Warren, E. K.* (1967), The process of management, Englewood Cliffs, N. J. 1967
*Newstrom, J. W./Reif, W. E./Monczka, R. M.* (1975), A contingency approach to management: Readings, New York etc. 1975

*Nick, F. R.* (1974), Management durch Motivation, Stuttgart etc. 1974
*Nieder, P.* (1975), Einfluß von Gruppenmerkmalen auf die Arbeitsleistung, in: FB/IE 4/1975, S. 209–214
*Nieder, P.* (Hrsg.) (1976), Führungsverhalten im Unternehmen, München 1976
*Nieder, P.* (1977), Die Struktur der Aufgabe: Eine vernachlässigte Variable? Anmerkungen zum Stand der Führungsforschung, in: MIR 1/1977, S. 87–99
*Nieder, P./Naase, Ch.* (1977), Führungsverhalten und Leistung, Bern/Stuttgart 1977
*Niederfeichtner, F.* (1982), Arbeitsgestaltung und Arbeitsorientierung, Bern/Stuttgart 1982
*Niederfeichtner, F.* (1983), Führungsforschung und ihre betriebswirtschaftliche Rezeption: Defizite und Anstöße zur Weiterentwicklung, in: DBW 4/1983, S. 605–622
*Noelle-Neumann, E./Strümpel, B./Klippstein, M. v.* (1982), Projekt Arbeitspolitik und Öffentlichkeit. Auswertungen zum polpulären Wirtschaftsdenken. Forschungsstelle Sozialökonomie der Arbeit, Berlin 1982
*Nord, W. R.* (1974), The failure of current applied behavior science: A Marxian perspective, in: JAPS 10/1974, S. 557–578
*Nord, W. R.* (Hrsg.) (1976), Concepts and controversy in organizational behavior, 2. Aufl. Santa Monica 1976
*Nord, W. R.* (1978), Dreams of humanziation and the realities of power, in AMR 1978, S. 674–679
*Nürck, R.* (1965), Wirtschaftskybernetik – Ein Schlüssel zur Ganzheitsbetrachtung, in: ZfB 1965, S. 573–592
*Nurmi, R.* (1976), Developing a climate for planning, in: LRP 3/1976, S. 48–53
*Nutt, P. C.* (1976), Models for decision making in organizations and some contextual variables which stipulate use, in: AMR 1976, S. 84–98
*Odiorne, G. S.* (1965/1967), Management by objectives: A system of managerial leadership, New York 1965; deutsch: Management by Objectives, Führung durch Vorgabe von Zielen, München 1967
*Odiorne, G. S.* (1970), Training by objectives, New York 1970
*Oechsler, W. A.* (1979), Konfliktmanagement – Theorie und Praxis industrieller Arbeitskonflikte, Wiesbaden 1979
*Oesterreich, R.* (1981), Handlungsregulation und Kontrolle, München etc. 1981
*Offe, C.* (1970), Leistungsprinzip und industrielle Arbeit, Frankfurt/M. 1970
*Oldemeyer, E.* (1979), Zum Problem der Umwertung von Werten, in: *Klages, H./Kmieciak, P.* (Hrsg.)
*Olmstead, J. A.* (1974), Leader performance as organizational process: A study of organizational competence, in: *Hunt, J. G./Larson, L. L.* (Hrsg.), Contingency approaches to leadership, Carbondale, Ill. 1974
*Olweus, D.* (1976), Der ‚moderne' Interaktionismus von Person und Situation und seine varianzanalytische Sackgasse, in: Zeitschrift für Entwicklungspsychologie und pädagogische Psychologie 1976, S. 171–185
*Opens, M./Sydow, J.* (1980), Situative Führungstheorien: Ein Vergleich zweier erwartungsvalenz-theoretischer Konzepte. DBW-Depot 81–1–4. Stuttgart 1980
*Ortmann, G.* (1976), Unternehmungsziele als Ideologie, Köln 1976
*Osborn, R. N.* (1971), Organizational effectiveness: A model and a test, Diss. Kent State University 1971
*Osborn, R. N./Hunt, J. G.* (1974), Einvironment and organizational effectiveness, in: ASQ 2/1974, S. 231–246
*Osborn, R. N./Hunt, J. G.* (1975), An adaptive-reaktive theory of leadership: The role of macro variables in leadership research, in: *Hunt, J. G./Larson, L. L.* (Hrsg.), Leadership frontiers, Kent, Ohio 1975, S. 27–44
*Osterloh, M.* (1982), Plädoyer für eine breitere Anwendung qualitativer Interviews in der empirischen Organisationsforschung. Arbeitspapier Nr. 41/82 am Institut für Unternehmungsführung der Freien Universität Berlin 1982

*Osterloh, M.* (1983), Handlungsspielräume und Informationsverarbeitung, Bern etc. 1983

*Ouchi, W. G.* (1981), Theory Z, Reading, Mass. etc. 1981

*Owen, T.* (1978), Making organizations work, Nijhoff 1978

*Pack, L.* (1976), Lehre von der Unternehmensführung (Managementlehre), in: *Grochla, E./Wittmann, W.* (Hrsg.), Handwörterbuch der Betriebswirtschaft, Band I/3, 4. Aufl. Stuttgart 1976, Sp. 4079–4093

*Paine, F. T./Anderson, C. R.* (1977), Contingencies affecting strategy formulation and effectiveness, in: JoMS 1977, S. 147–158

*Parsons, T.* (1949), Essays in sociological theory: Pure and applied, New York 1949

*Parsons, T.* (1951), The social system, Glencoe, Ill. 1951

*Parsons, T.* (1960), Structure and process in modern society, New York 1960

*Pascale, R. T./Athos, A. G.* (1981), The art of Japanese management, Harmondsworth 1981

*Pasmore, W. A./Sherwood, J. J.* (Hrsg.) (1978), Sociotechnical systems: A sourcebook, LaJolla, Cal. 1978

*Pausenberger, E.* (Hrsg.) (1981), Internationales Management, Stuttgart 1981

*Pavan, P. J.* (1972), The strategy and structure of Italian enterprise, Diss. Harvard 1972

*Pawlik, K.* (Hrsg.) (1982), Multivariate Persönlichkeitsforschung, Bern/Stuttgart/Wien 1982

*Pawlow, I. P.* (1927/1972), Conditioned reflexes, London 1927; deutsch: Die bedingten Reflexe, München 1972

*Payne, R. L./Fineman, S./Wall, T. A.* (1976), Organizational climate and job satisfaction. A conceptual synthesis, in: OBHP 16/1976, S. 45–62

*Pechhold, E.* (1974), 50 Jahre REFA, Darmstadt 1974

*Peisl, A./Lüttge, B.* (1975), Konzeption und Organisation der Unternehmensplanung der Siemens AG, in: ZfbF 1975, S. 349–365

*Pennings, J. M.* (1975), The relevance of the structural-contingency model for organizational effectiveness, in: ASQ 1975, S. 393–410

*Pennings, J. M.* (1977/78), Organization environment, in: OAS 1977/78, S. 1–17

*Perridon, L.* (1967a), Ansätze und Methodik der Vergleichenden Betriebswirtschaftslehre, in: ZfB 1967, S. 677–686

*Perridon, L.* (1967b), Managementlehre – Neue Disziplin in Deutschland?, in: Der Volkswirt 37/1967, S. 2020–2022

*Perrow, Ch.* (1961), The analysis of goals in complex organizations, in: ASR 1961, S. 854–866

*Perrow, Ch.* (1970), Organizational analysis: A sociological view, London 1970

*Perrow, Ch.* (1972), Complex organizations. A critical essay, Glenview 1972

*Peters, Th. J./Waterman, R. H.* (1982), In search of excellence, New York 1982; deutsch: Auf der Suche nach Spitzenleistungen, München 1983

*Petit, T. A.* (1975), Fundamentals of management coordination, New York etc. 1975

*Pervin, L. A.* (1980), Personality: Theory, assessment, and research, 3. Aufl., New York etc. 1980

*Pervin, L. A.* (1981), Persönlichkeitspsychologie in Hetroversen, München/Wien/Baltimore 1981

*Pettigrew, A.* (1968), Inter-group conflict and role strain, in: JoMS 1968, S. 205–218

*Petzold, H./Paula, M.* (Hrsg.) (1976), Transaktionale Analyse und Skriptanalyse, Hamburg 1976

*Pfeffer, J./Salancik, G. R.* (1978), The external control of organizations, New York 1978

*Pfeffer, S.* (1977), The ambiguity of leadership, in: AMR 1/1977, S. 104–112

*Pfeiffer, W./Bischof, P.* (1981), Produktlebenszyklen – Instrumente jeder strategischen Produktplanung, in: *Steinmann, H.* (Hrsg.), Planung und Kontrolle, München 1981, S. 133–166

*Pfohl, H.-Chr.* (1977), Problemorientierte Entscheidungsfindung in Organisationen, Berlin/New York 1977

*Pfohl, H.-Chr.* (1981), Planung und Kontrolle, Stuttgart etc. 1981

*Phillips, G. M.* (1966), Communication and the small group, Indianapolis 1966

*Pickle, H./Friedlander, F.* (1967), Seven societal criteria of organization success, in: PP 1967, S. 165–178

*Picot, A.* (1977), Betriebswirtschaftliche Umweltbeziehungen und Umweltinformationen. Grundlagen einer erweiterten Erfolgsanalyse für Unternehmungen, Berlin 1977

*Picot, A.* (1981), Strukturwandel und Unternehmensstrategie, in: WiSt 11/1981, S. 527–532, 12/1981, S. 563–571

*Picot, A./Lange B.* (1979), Synoptische versus inkrementale Gestaltung des strategischen Planungsprozesses: Theoretische Grundlagen und Ergebnisse einer Laborstudie, in: ZfbF 1979, S. 569–596

*Pierce, J. L./Dunham, R. B./Blackburn, R. S.* (1979), Social system structure, job design, and growth need strength: A test of a congruency model, in: AMJ 2/1979, S. 223–240

*Pieroth, E.* (Hrsg.) (1974), Die 8 Stunden am Tag, München 1974

*Pinder, C. C./Moore, L. F.* (Hrsg.) (1980), Middle range theory and the study of organizations. Boston etc. 1980

*Poensgen, O.* (1973), Geschäftsbereichorganisation, Opladen 1973

*Poensgen, O. H./Hort, H.* (1981), Die situativen Einflüsse auf die unternehmerische Planung, in: ZfB 1981, S. 3–31

*Pongratz, L.* (1967), Problemgeschichte der Psychologie, Bern/München 1967

*Pondy, L. R.* (1967), Organizational conflict: Concepts and models, in: ASQ 1967, S. 296–320

*Poole, M. S.* (1978), An information-task approach to organizational communication, in: AMR 1978, S. 493–504

*Popitz, H./Bahrdt, H. P./Jüres, E./Kesting, H.* (1964), Technik und Industriearbeit, 2. Aufl. Tübingen 1964, 3. Aufl. 1976

*Porac, J. F./Ferris, G. R./Fedor, D. B.* (1983), Causal attributions, affect, and expectations for a day's work performance, in: AMJ 2/1983, S. 285–296

*Porac, J. F./Nottenburg, G./Eggert, J.* (1981), On extending Weiner's attributional model to organizational contexts, in: JAP 1/1981, S. 124–126

*Porter, L. W.* (1961), A study of perceived need satisfaction in bottom and middle management jobs, in: JAP 45/1961, S. 232–236

*Porter, L. W./Lawler III, E. E.* (1968), Managerial attitudes and performance, Homewood, Ill. 1968

*Porter, L. W./Lawler III, E. E.* (1969), Properties of organization structure in relation to job attitudes and job behavior, in: *Cummings, L. L./Scott, W. E.* (Hrsg.), Readings in organizational behavior and human performance, Homewood, Ill. 1969, S. 402–433

*Porter, L. W./Lawler III, E. E./Hackman, J. R.* (1975), Behavior in organizations, New York etc. 1975

*Porter, M. E.* (1980), Competitive Strategy. Techniques for analyzing industries and competitiors, New York/London 1980; deutsch: Wettbewerbsstrategie, Frankfurt 1983

*Presthus, R.* (1962/1966/1979), Individuum und Organisation: Typologie der Anpassung, Frankfurt/M. 1966; englisch: The organizational society, New York 1962, 2. Aufl. 1979

*Price, J. C.* (1972), The study of organizational effectiveness, in: SQ 1972, S. 3–15

*Pritchard, R. D.* (1969), Equity theory: A review and critique, in: OBHP 4/1969, S. 176–211

Projektgruppe VILA (1983), Entwicklung eines Verfahrens zur Identifizierung lernrelevanter Aspekte der Arbeitstätigkeit (VILA), in: *Dürholt, E.* et al. (Hrsg.), Qualitative Arbeitsanalyse – Neue Verfahren zur Beurteilung von Tätigkeiten, Frankfurt/New York 1983, S. 145–162

*Pross, H.* (1982), Was ist heute deutsch? Wertorientierungen in der Bundesrepublik, Reinbek 1982

*Pross, H./Boetticher, K. W.* (1971), Manager des Kapitalismus, 2. Aufl. Frankfurt/M. 1971

*Pugh, D. S./Hickson, D. J.* (Hrsg.) (1976), Organizational structure in its context. The Aston programme I, Westmead, Lexington 1976

*Pugh, D. S./Hinings, C. R.* (Hrsg.) (1976), Organizational structure. Extensions and replications. The Aston programme II, Westmead, Lexington 1976

*Pugh, D. S./Payne, R. L.* (Hrsg.) (1977), Organizational behavior in its context. The Aston programme III, Westmead/Farnborough 1977

*Pugh, D. S./Hickson, D. J./Hinings, C. R.* (1969), An empirical taxanomy of structures of work organizations, in: ASQ 1969, S. 115–126

*Pugh, D. S./Hickson, D. J./Hinings, C. R.* (1973), Writers on organization, Harmondsworth 1973

*Pugh, D. S./Hickson, D. J./Hinings, C. R./Turner, C.* (1968), Dimensions of organization structure, in: ASQ 1968, S. 65–105

*Pugh, D. S./Hickson, D. J./Hinings, C. R./Turner, C.* (1969), The conflict of organization structures, in: ASQ 1969, S. 91–114

*Pugh, D. S./Hickson, D. J./Hinings, C. R./McDonald, K. M./Turner, C./Lupton, T.* (1963), A conceptual scheme for organizational analysis, in: ASQ 1963, S. 289–315

*Raffée, H.* (1974), Grundprobleme der Betriebswirtschaftslehre, Göttingen 1974

*Raia, A. P.* (1974), Managing by objectives, Glenview, Ill. 1974

*Raiser, Th.* (1969), Unternehmen als Organisation, Berlin 1969

*Raiser, Th.* (1981), Der Bericht der Unternehmensrechtskommission und die Probleme der Unternehmensverfassung, in: *Bohr, K./Drukarczyk, J./Drumm, J./Scherer, G.* (Hrsg.), Unternehmungsverfassung als Problem der Betriebswirtschaftslehre, Berlin 1981, S. 35ff.

*Randall, R.* (1973), Influence of environmental support and policy space on organizational behavior, in: ASQ 1973, S. 236–248

*Raschke, J.* (1980), Politik und Wertwandel in den westlichen Demokratien, in: Aus Politik und Zeitgeschichte, 36/1980, S. 23–45

*Rathenau, W.* (1918), Vom Aktienwesen. Gesammelte Schriften, Bd. 5, Berlin 1918

*Raven, B. H./Kruglansky, A. W.* (1970), Conflict and power, in: *Swingle, P.* (Hrsg.), The structure of conflict, New York 1970

*Reber, G.* (1969a), Unternehmensführung – Versuch einer ganzheitlichen Begriffserklärung, in: ZfB 1969, S. 101–128

*Reber, G.* (1969b), Entwicklungslinien der Betriebswirtschaftslehre in Nordamerika, in: ZfbF 1969, S. 689–705

*Reber, G.* (1973), Personales Verhalten im Betrieb, Stuttgart 1973

*Reber, G.* (1976a), Zur Möglichkeit dysfunktionaler Folgen des Informationsverarbeitungsansatzes, in: WIST 1976, S. 112–118

*Reber, G.* (1976b), Implikationen der Anreiz-Beitrags-Theorie: Gibt es nur Verhalten in Organisationen oder auch ein Verhalten von Organisationen?, in: ZfB 1976, S. 357–368

*Reddin, W. J.* (1967), The 3-D management style theory, in: TDJ April 1967, S. 8–17

*Reddin, W. J.* (1970/1977), Managerial effectiveness, New York 1970; deutsch: Das 3-D Programm zur Leistungssteigerung des Managements, München 1977

*Redel, W.* (1982), Kollegienmanagement. Effiziensaussagen über Einsatz und interne Gestaltung betrieblicher Kollegien, Bern/Stuttgart 1982

*REFA* (Hrsg.) (o. J.), Über die Kunst der Führung, Darmstadt o. J.

*Rehn, G.* (1979), Modelle der Organisationsentwicklung, Bern/Stuttgart 1979

*Reichwald, R.* (1977), Arbeit als Produktionsfaktor, München/Basel 1977

*Reif, W. E./Monczka, R. M.* (1974), Job redesign: A contingency approach to implementation, in: Personnel 1974, S. 18–28

*Reimann, B. C.* (1975), Organizational effectiveness and management's public values: A canonical analysis, in: AMJ 1975, S. 224–241

*Reimann, B. C./Inzerilli, G.* (1981), Technology and organization: A review and synthesis of major research findings, in: *England, G. W./Negandhi, A. R./Wilpert, B.* (Hrsg.), The functioning of complex organizations, Königstein, Ts. 1981, S. 237–274

*Reinermann, H.* (1977), Erfolgskontrolle im öffentlichen Sektor, in: DBW 1977, S. 399–416

*Reinharth, L./Wahba, M. A.* (1975), Expectancy theory as a predictor of work motivation, effort expenditure, and job performance, in: AMJ 1975, S. 520–537

*Remer, A.* (1978), Personalmanagment: Mitarbeiterorientierte Organisation und Führung von Unternehmungen, Berlin/New York 1978

*Remer, A.* (1982), Instrumente unternehmenspolitischer Steuerung, Berlin/New York 1982

*Rhenman, E.* (1968), Industrial democracy and industrial management, Assen/London 1968

*Rhenman, E.* (1973), Organization theory for long-range planning, London etc. 1973

*Ribeaux, P./Poppleton, S. E.* (1978), Psychology and work: An introduction, London/Basingstoke 1978

*Rice, A. K.* (1958), Productivity and social organization: The Ahmedabad experiment, London 1958

*Rice, A. K.* (1963), The enterprise and its environment, London 1963

*Richards, M. D./Greenlaw, R. P. S.* (1966), Management decision making, Homewood, Ill. 1966

*Richards, M. D./Greenlaw, R. P. S.* (1972), Management: Decision and behavior Homewood, Ill. 1972

*Rieckmann, H.* (1982), Auf der grünen Wiese ... Organisationsentwicklung einer Werksneugründung – Soziotechnisches Design und Offene-System-Planung, – Bern/Stuttgart 1982

*Rieff, Ph.* (1960), Freud, the emergence of psychological man, New York 1960

*Ries, C.* (1975), Zur Koordination in der Unternehmensplanung, in: *Kortzfleisch, G./Bergner, H.* (Hrsg.), Betriebswirtschaftliche Unternehmensführung, Berlin 1975, S. 73–98

*Rieser, J.* (1978), Frühwarnsysteme, in: DU 1/1978, S. 51–68

*Robbins, S. P.* (1974), Managing organizational conflict: A nontraditional approach, Engelwood Cliffs, N. J. 1974

*Robock, St. H./Simmonds, K.* (1983), International business and multinational enterprises, 3. Aufl. Homewood, Ill. 1983

*Rösner, H. J.* (1978), Produkt-Manager: Konzepte, Integration und Einsatz-Kontrollverfahren, Berlin/New York 1978

*Roethlisberger, F./Dickson, W.* (1939), Management and the worker, Cambridge, Mass. 1939

*Roever, M.* (1982), Gemeinkosten-Wertanalyse, in: ZfO 5/6 1982, S. 249–253

*Rogers, R. E.* (1975), Organizational theory, Boston/London/Sydney 1975

*Rokeach, M.* (1960), The open and closed mind, New York 1960

*Rokeach, M.* (1973), The nature of human values, New York 1973

*Rokeach, M.* (Hrsg.) (1979), Understanding human values. Individual and societal, New York/London 1979

*Rosenberg, M. J./Hovland, C. I.* (1960), Cognitive, affective, and behavioral components of attitudes, in: *Rosenberg, M. J./Hovland, C. I.* (Hrsg.), Attitude organization and change, New Haven, Conn. 1960, S. 1–14

*Rosenkind, A. H.* (1981), Werte und Macht – Eine empirische Analyse der Wertsyste-

me von Führungskräften und Arbeitnehmervertretern im Einflußbereich der Mitbestimmung, München 1981
*Rosenstiel, L. v.* (1975), Die motivationalen Grundlagen des Verhaltens in Organisationen. Leistung und Zufriedenheit, Berlin 1975
*Rosenstiel, L. v.* (1978), Arbeitsgruppe, in: *Mayer, A.* (Hrsg.), Organisationspsychologie, Stuttgart 1978, S. 236–271
*Rosenstiel, L. v.* (1980), Grundlagen der Organisationspsychologie, Stuttgart 1980
*Rosenstiel, L. v.* (1983a), Wertwandel und Organisationsentwicklung, in: Organisationsentwicklung, 1/1983, S. 29–43
*Rosenstiel, L. v.* (1983b), Wertwandel und Führungsnachwuchs, in: Personalführung, 11/1983, S. 214–220
*Rosenstiel, L. v./Falkenberg, Th./Hehn, W./Henschel, E./Warns, I.* (1982), Betriebsklima heute, München 1982, 2. Aufl. Ludwigshafen 1983
*Rosenstiel, L. v./Molt, W./Rüttinger, B.* (1972), Organisationspsychologie, 3. Aufl. Stuttgart etc. 1972, 4. Aufl. 1979
*Rosenstock, E.* (1922), Werkstattaussiedlung, Berlin 1922
*Ross, M.* (1975), Industrial behavior: Theoretical development since Taylor, London 1975
*Ross, R.* (1971), OD for whom?, in: JABS Sept./Oct. 1971, S. 580–585
*Rosse, J. G./Kraut, A. I.* (1983), Reconsidering the vertical dyad linkage model of leadership, in: Journal of Occupational Psychology, 56/1983, S. 63–71
*Roth, E.* (1972), Der Werteinstellungs-Test, Bern/Stuttgart 1972
*Rotter, J. B.* (1966), Generalized expectancies for internal versus external control of reinforcement, in: Psychological Monographs, 80/1966, S. 1–28
*Roventa, P.* (1979), Portfolio-Analyse und Strategisches Management, München 1979
*Rühli, E.* (1973/1978), Unternehmensführung und Unternehmenspolitik, 1 + 2, Bern/Stuttgart, Bd. 1 1973, Bd. 2 1978
*Rühli, E.* (1977), Grundsätzliche Betrachtungen zu einem integrierten Führungsmodell, in: ZfbF 1977, S. 729–741
*Rühli, E.* (1978), Die Stellung des Arbeitnehmers in Betrieb und Unternehmung, in: ZfB 1978, S. 263–276
*Rüttinger, B.* (1977), Konflikt und Konfliktlösen, München 1977
*Rumelt, R.* (1974), Strategy, structure, and economic performance, Cambridge, Mass. 1974
*Ruppert, W.* (1983), Die Fabrik, Geschichte von Arbeit und Industrialisierung in Deutschland, München 1983
*Sader, M.* (1972), Psychologische Anmerkungen zur Theorie der Gruppendynamik, in: GD 1972, S. 111–122
*Sader, M.* (1980), Psychologie der Persönlichkeit, München 1980
*Sandig, C.* (1953), Die Führung des Betriebs, Betriebswirtschaftspolitik, 1. Aufl. Stuttgart 1953
*Sathe, V.* (1978), Controllership in divisionalized firms: Structure, evaluation and development, New York 1978
*Sayles, L. R.* (1958), Behavior of industrial work groups, New York 1958
*Sayles, L. R.* (1964), Managerial behavior: Administration in complex organizations, New York 1964
*Schachter, St.* (1971), Emotion, obesity and crime, New York 1971
*Schachter, St.* (1959), The psychology of affiliation, Standford, Calif. 1959
*Schachter, St./Ellertson, D./McBride, D./Gregory, D.* (1951), An experimental study of cohesiveness and productivity, in: HR 1951, S. 229–238
*Schanz, G.* (1977), Grundlagen der verhaltenstheoretischen Betriebswirtschaftslehre, Tübingen 1977
*Schanz, G.* (1978), Verhalten in Wirtschaftsorganisationen, München 1978
*Schanz, G.* (1982), Organisationsgestaltung, München 1982

*Scharfenkamp, N.* (1983), Management-by-Konzepte, Eine kritische Bestandsaufnahme, Arbeitspapier der Abteilung für Wirtschaftswissenschaft, Ruhr-Universität Bochum 1983

*Scharmann, Th.* (1972), Teamarbeit in der Unternehmung, Bern/Stuttgart 1972

*Scheibler, A.* (1975), Entscheidungsformen und Führungsstile, in: ZfB 1975, S. 765–792

*Schein, E. H.* (1961), Management development as a process of influence, in: IMR May 1961, S. 59–76

*Schein, E. H.* (1969), Process consultation: Its role in organization development, Reading, Mass. 1969

*Schein, E. H.* (1965/1970), Organizational psychology, Englewood Cliffs, N. J. 1965, 2. Aufl. 1970, 3. Aufl. 1980; deutsch: Organisationspsychologie, Wiesbaden 1980

*Schein, E. H.* (1981), Does Japanese management style have a message for American managers?, in: Sloan Management Review, Herbst 1981, S. 55–68

*Schein, E. H./Bennis, W. G.* (1965), Personal and organizational change through group methods: The laboratory approach, New York 1965

*Scheuing, E. E.* (1974), Praxis des Produkt- und Marken-Managements, Heidelberg 1974

*Schienstock, G./Müller, V.* (1978), Organisationsentwicklung als Verhandlungsprozeß, in: SW 4/1978, S. 375–393

*Schindel, V./Wenger, E.* (1978), Führungsmodelle, in: *Heinen, E.* (Hrsg.), Betriebswirtschaftliche Führungslehre, Wiesbaden 1978, S. 93–187

*Schlaffke, W./Rühl, G./Weil, R.* (1974), Qualität des Lebens am Arbeitsplatz, Köln 1974

*Schlicksupp, H.* (1976), Kreative Ideenfindung in der Unternehmung – Methoden und Modelle, Berlin/New York 1976

*Schmalenbach, E.* (1925), Grundlagen der Selbstkostenrechnung und Preispolitik, 2. Aufl. Leipzig 1925

*Schmalenbach, E.* (1947/48), Pretiale Wirtschaftslenkung, 2 Bände, Bremen-Horn 1947/48

*Schmidt, G.* (1975), Organisation – Methode und Technik, 2. Aufl. Gießen 1975, 5. Aufl. 1983

*Schmidt, H.* (Hrsg.) (1982), Humanvermögensrechnung – Instrumentarium zur Ergänzung der unternehmerischen Rechnungslegung – Konzepte und Erfahrungen, Berlin/New York 1982

*Schmidt, H. D./Brunner, E. J./Schmidt-Mummendey, A.* (1975), Soziale Einstellungen, München 1975

*Schmidt-Sudhoff, V.* (1967), Unternehmerziele und unternehmerisches Zielsystem, Wiesbaden 1967

*Schneider, B.* (1975), Organizational climates: An essay, in: PP 1975, S. 447–479

*Schneider, B.* (1983), Work climates: An interactionist perspective, in: *Feimer, N. R./Geller, E. S.* (Hrsg.), Environmental psychology: Directions and perspectives, New York 1983

*Schneider, B./Reichers, A. E.* (1983), Some relationships between job satisfaction and organizational climate, in: JAP 3/1983, S. 318–328

*Schneider, B./Snyder, R. A.* (1975), Some relationships between job satisfaction and organizational climate, in: JAP 3/1975, S. 318–328

*Schneider, D.* (1981), Vorläufer der Betriebswirtschaftslehre, in: ZfbF 1981, S. 117–139

*Schneider, D.* (1981 b), Geschichte betriebswirtschaftlicher Theorie. Allgemeine Betriebswirtschaftslehre für das Hauptstudium, München/Wien 1981

*Schneider, H.-D.* (1975), Kleingruppenforschung, Stuttgart 1975

*Schneider, K./Schmalt, H.-D.* (1981), Motivation, Stuttgart u. a. 1981

*Schneider, S.* (1975), Konflikte in einer Matrixorganisation, in: ZfO 6/1975, S. 321–330

*Schnelle, E.* (1966), Entscheidung im Management. Wege zur Lösung komplexer Aufgaben in großen Organisationen, Quickborn 1966

*Schnelle, E.* (Hrsg.) (1978), Neue Wege der Kommunikation, Königstein/Ts. 1978

*Schoeffler, S./Buzzel, R. D./Heany, D. F.* (1974), Impact of strategic planning on profit performance, in: HBR 1974 März–April, S. 137–145

*Schöllhammer, H.* (1969), The comparative management theory jungle, in: AMJ 1969, S. 81–97

*Schöllhammer, H.* (1975), Current research on international and comparative management issues, in: MIR 2–3/1975, S. 29–45

*Scholl-Schaaf, M.* (1975), Werthaltung und Wertsystem, Bonn 1975

*Scholz, Ch.* (1984), Strategisches Rezessionsmanagement, in: Harvard Manager 1/1984, S. 16–28

*Schoonhoven, C. B.* (1981), Problems with contingency theory: Testing assumptions hidden within the language of contingency „theory", in: ASQ 1981, S. 349–377

*Schreyögg, G.* (1973), Führungsstil, Führungssituation und Führungseffektivität, in: AuL 1973, S. 27, 29–36, 57–61

*Schreyögg, G.* (1976), Zur Transferierbarkeit von Management-Know-How, in: MIR 3/1976, S. 79–87

*Schreyögg, G.* (1977), Kritik situativer Führungstheorien am Beispiel des Fiedlerschen Kontingenzmodells, in: *Macharzina, K./Oechsler, W. A.* (Hrsg.), Personalmanagement I, Wiesbaden 1977, S. 109–144

*Schreyögg, G.* (1978), Umwelt, Technologie und Organisationsstruktur: Eine Analyse des kontingenztheoretischen Ansatzes, Bern/Stuttgart 1978

*Schreyögg, G.* (1981), Organisationsentwicklung im Zielkonflikt, Umweltanpassung versus Selbstverwirklichung, in: GD 1981, S. 315–322

*Schreyögg, G.* (1984), Unternehmensstrategie – Grundfragen einer Theorie strategischer Unternehmensführung, Berlin/New York 1984

*Schreyögg, G./Steinmann, H./Zanner, B.* (1978), Arbeitshumanisierung für Angestellte, Stuttgart etc. 1978

*Schriesheim, C. A./DeNisi, A. S.* (1981), Task dimensions as moderators of the effects of instrumental leadership: A two-sample replicated test of path-goal leadership theory, in: JAP 5/1981, S. 589–597

*Schriesheim, C. A./von Glinow, M. A.* (1977), The path-goal theory of leadership: A theoretical and empirical analysis, in: AMJ 20/1977, S. 398–405

*Schröder, H. J.* (1970), Projekt-Management. Eine Führungskonzeption für außergewöhnliche Vorhaben, Wiesbaden 1970

*Schröder, K. T.* (1978), Soziale Verantwortung in der Führung der Unternehmung, Berlin 1978

*Schumm-Garling, U.* (1972), Herrschaft in der industriellen Arbeitsorganisation, Frankfurt/M. 1972

*Schuster, J. R./Clark, B./Rogers, M.* (1971), Testing portions of the Porter and Lawler model regarding the motivational role of pay, in: JAP June 1971, S. 187–195

*Schwab, D. P./Cummings, L. L.* (1970), Theories of performance and satisfaction: A review, in: IR 9/1970, S. 408–43

*Schwantag, K.* (1971), Management, in: *Sellien, R./Sellien, H.* (Hrsg.), Dr. Gablers Wirtschaftslexikon, 8. Aufl. Wiesbaden 1971, Sp. 212–214

*Schwarz, G.* (Hrsg.) (1968), Wort und Wirklichkeit – Beiträge zur allgemeinen Semantik, Darmstadt 1968

*Schwarz, H.* (1968), Arbeitsplatzbeschreibung, Freiburg i. Br. 1968, 8. Aufl. 1981

*Schwarz, H.* (1976), Die kombinierte verrichtungs- und objektorientierte Arbeitsteilung innerhalb der Unternehmungsleitung als Erscheinungsform der Anwendung des Matrixprinzips, in: ZfO 8/1976, S. 443–446

*Scott, B. R.* (1971), The stages of corporate development, Business Policy Notes, Harvard University 1971

*Scott, W. G.* (1961), Organization theory: An overview and an appraisal, in: Journal of the Academy of Management 1961, S. 7–26

*Scott, W. G.* (1967), Organization theory: A behavioral analysis for management, Homewood, Ill. 1967
*Scott, W. R.* (1981), Organizations: rational, natural, and open systems, Englewood Cliffs, N. J. 1981
*Seashore, St. E.* (1954), Group cohesiveness in the industrial work group, Ann Arbor, Mich. 1954
*Secord, P. F./Backman, C. W.* (1964), Social psychology, New York etc. 1964
*Seeger, F.* (1977), Relevanz und Entwicklung der Psychologie, Darmstadt 1977
*Seeman, M.* (1967), On the personal consequences of alienation in work, in: ASR 1967, S. 273–285
*Seidel. E.* (1978), Betriebliche Führungsformen, Stuttgart 1978
*Seiler, J. A.* (1967), Systems analysis in organizational behavior, Homewood, Ill. 1967
*Selfridge, R. J./Sokolik, St. L.* (1975), A comprehensive view of organizational development, in: MSU 1975, S. 46–61
*Seligman, M. E. P.* (1975), Helplessness: On depression, development and death, San Francisco 1975; deutsch: Erlernte Hilflosigkeit, München 1979
*Sengenberger, W.* (Hrsg.) (1978), Der gespaltene Arbeitsmarkt. Probleme der Arbeitsmarktsegmentation, Frankfurt/M. 1978
*Serfling, K.* (1983), Controlling, Stuttgart etc. 1983
*Sethi, S. P.* (1971), Up against the corporate wall: Modern corporations and social issues of the seventies, Englewood Cliffs, N. J. 1971
*Sethi, S. P.* (1979), A conceptual framework for environmental analysis of social issues and evaluation of business response patterns, in: AMR 1979, S. 63–74
*Seyffert, R.* (1925), Über Begriff und Aufgaben der Betriebswirtschaftslehre, in: Zeitschrift für Handelswissenschaft und Handelspraxis 1925, S. 48–54
*Shaiken, H.*, (1980), Neue Technologien und Organisation der Arbeit, in: Leviathan 8/1980, S. 190–211
*Shannon, C. E./Weaver, W.* (1949), The mathematical theory of communication, Urbana, Ill. 1949
*Shaver, K. G.* (1975), An introduction to attribution process, Cambridge, Mass. 1975
*Sheldon, W. H./Stevens, S. S.* (1942), The varieties of temperament: A psychology of constitutional differences, New York 1942
*Shepard, J. M.* (1971), Automation and alienation: A study of office and factory workers, Cambridge, Mass. 1971
*Sheridan, J. E./Vredenburg, D. J./Abelson, M. A.* (1984), Contextual model of leadership influence in hospital units, in: AMJ 27/1984, S. 57–78
*Sherif, M.* (1966), Group conflict and cooperation, London 1966
*Sherman, H.* (1966), It all depends, Alabama 1966
*Sherwood, J. J.* (1971), An introduction to organization development, MS-No. 396–1, 11, Experimental Publication System, 1971
*Shetty, Y. K.* (1973), Is there a best way to organize a business enterprise?, in: AdMJ April 1973, S. 47–52
*Shetty, Y. K.* (1974), Contingency management: Current perspective for managing organizations, in: MIR 6/1974, S. 27–35
*Shetty, Y. K./Carlisle, H. M.* (1972), A contingency model of organization design, in: CMR 1/1972, S. 38–45
*Shiflett, S.* (1981), Is there a problem with the LPC score in leader match?, in: PP 4/1981, S. 765–769
*Sieben, G./Goetzke, W.* (1976), Investitionskalküle unter Berücksichtigung pluralistischer Interessen, in: BFuP 1976, S. 27–52
*Siegwart, H./Menzl, I.* (1978), Kontrolle als Führungsaufgabe, Bern/Stuttgart 1978
*Siemens* (Hrsg.) (1974), Organisationsplanung – Planung durch Kooperation, Berlin/München 1974

*Sievers, B.* (Hrsg.) (1977), Organisationsentwicklung als Problem, Stuttgart 1977
*Sievers, B.* (1978), Organisationsentwicklung als Aktionsforschung, in: ZfO 4/1978, S. 209–218
*Sikora, J.* (1976), Handbuch der Kreativmethoden, Heidelberg 1976
*Simon, H. A.* (1945/1957), Administrative behavior, New York 1945, 2. Aufl. 1957
*Simon, H. A.* (1960), The new science of management decision, New York 1960
*Simpson, R. L./Gulley, W. H.* (1962), Goals, environmental pressures, and organizational characteristics, in: ASR 1962, S. 344–351
*Sims, H. P./Szilagyi, A. D./McKemey, D. R.* (1976), Antecedents of work related expectancies, in: AMJ 4/1976, S. 547–559
*Singer, G.* (1976), Person, Kommunikation, soziales System, Wien/Köln/Graz 1976
*Six, B.* (1974), Dimensionen von Organisationen, Diss. Bonn 1974
*Skinner, B. F.* (1938), The behavior of organisms, New York 1938
*Skinner, B. F.* (1948), Walden two, New York 1948
*Skinner, B. F.* (1971/1973), Beyond freedom and dignity, New York 1971; deutsch: Jenseits von Freiheit und Würde, Reinbek bei Hamburg 1973
*Skowronek, H.* (1971), Lernen und Lernfähigkeit, 3. Aufl. München 1971
*Slocum, J. W./Sims, H. P., Jr.* (Hrsg.), A typology for integrating technology, organization, and job design, in: HR 33/1980, S. 193–212
*Smith, A.* (1776), An inquiry into the nature and cause of the wealth of nations, London 1776; deutsch: Untersuchung über das Wesen und die Ursachen des Volkswohlstandes, Berlin 1905
*Smith, B. D./Vetter, H. J.* (1982), Theoretical approaches to personality, Englewood Cliffs, N. J. 1982
*Smith, P. C.* (1959), The prediction of individual differences in susceptibility to industrial monotony, in: JAP 1959, S. 322–329
*Smith, P. C./Cranny, C. J.* (1968), Psychology of men at work, in: ARP 1968, S. 469–477
*Smith, P. C./Kendall, L. M./Hulin, C. L.* (1969), The measurement of satisfaction in work and retirement: A strategy for the study of attitudes, Chicago 1969
*Soldner, H.* (1981), Neuere Erklärungsansätze internationaler Unternehmensaktivitäten, in: *Wacker, W. H./Haussmann, H./Kumar, B.* (Hrsg.), Internationale Unternehmensführung, Berlin 1981, S. 71–94
*Spannhake, B.* (1982), Die Arbeitsbedingungen zwischen Humanisierung und Rationalisierung, Köln 1982
SPI (1977), PIMS, Profit impact of market strategy. A program of the strategic planning institute, Cambridge, Mass. 1977
*Spranger, E.* (1914/1928/1966), Lebensformen, Tübingen 1914, 9. Aufl. 1966; englisch: Types of men, Halle, Saale 1928
*Sprüngli, R. K.* (1981), Evolution und Management – Ansätze zu einer evolutionistischen Betrachtung sozialer Systeme, Bern/Stuttgart 1981
*Srivastva, S./Salipante Jr., P. F./Cummings, T. G./Notz, W. W./Bigelow, J. D./Watters, J. A.* (1975), Job satisfaction and productivity, Cleveland, Ohio 1975
*Staehle, W. H.* (1969 a), Kennzahlen und Kennzahlensysteme als Mittel der Organisation und Führung von Unternehmen, Wiesbaden 1969
*Staehle, W. H.* (1969 b), Die Anreiz-Beitrags-Theorie als Ausgangspunkt empirischer Untersuchungen über das Zufriedenheitsniveau von Organisationsteilnehmern, in: Kommunikation 1/1969, S. 1–24
*Staehle, W. H.* (1969 c), Die Unternehmung als Koalition und die Notwendigkeit der Werbung um Koalitionsteilnehmer, in: ZfB 1969, S. 337–390
*Staehle, W. H.* (1971 a), Über den Realitätsbezug organisationstheoretischer Modelle, in: ZfO 1971, S. 19–24, 80–85
*Staehle, W. H.* (1971 b), Verhaltensänderung durch Sensitivity Training, in: ZfB 1971, S. 414–417

*Staehle, W. H.* (1973 a), Plädoyer für die Einbeziehung normativer Aussagen in die Betriebswirtschaftslehre, in: ZfbF 1973, S. 184–197

*Staehle, W. H.* (1973 b), Organisation und Führung soziotechnischer Systeme – Grundlagen einer Situationstheorie, Stuttgart 1973

*Staehle, W. H.* (1975), Die Stellung des Menschen in neueren betriebswirtschaftlichen Theoriesystemen, in: ZfB 1975, S. 713–724

*Staehle, W. H.* (1976 a), Situational approach to management, in: MIR 3/1976, S. 59–69

*Staehle, W. H.* (1976 b), Der situative Ansatz in der Betriebswirtschaftslehre, in: *Ulrich, H.* (Hrsg.), Zum Praxisbezug der Betriebswirtschaftslehre in wissenschaftstheoretischer Sicht, Bern/Stuttgart 1976, S. 33–50

*Staehle, W. H.* (1977 a), Empirische Analyse von Handlungssituationen, in: *Köhler, R.* (Hrsg.), Empirische und handlungstheoretische Forschungskonzeptionen in der Betriebswirtschaftslehre, Stuttgart 1977, S. 103–116

*Staehle, W. H.* (1977 b), Der situative Ansatz in der Organisations- und Führungslehre, in: *Macharzina, K./Oechsler, W. A.* (Hrsg.), Personalmanagement, Bd. 1, Mitarbeiterführung und Führungsorganisation, Wiesbaden 1977, S. 79–107

*Staehle, W. H.* (1977 c), Die Arbeitssituation als Ausgangspunkt von Arbeitsgestaltungsempfehlungen, in: *Reber, G.* (Hrsg.), Personal- und Sozialorientierung der Betriebswirtschaftslehre, Bd. 1, Stuttgart 1977, S. 223–249

*Staehle, W. H.* (1977 d), Weiterbildung von Führungskräften in der Wirtschaft, in: *Reimann, H.* und *H.* (Hrsg.), Weiterbildung, München 1977, S. 163–178

*Staehle, W. H.* (1979 a), Interessenkonflikte in Organisationsentwicklungsprozessen, in: *Wunderer, R.* (Hrsg.), Humane Personal- und Organisationsentwicklung, Berlin 1979, S. 25–39

*Staehle, W. H.* (1979 b), Deutschsprachige situative Ansätze in der Managementlehre, in: WIST 5/1979, S. 218–222

*Staehle, W. H.* (1980), Menschenbilder in Organisationstheorien, in: *Grochla, E.* (Hrsg.), HWO, 2. Aufl. Stuttgart 1980, Sp. 1301–1313

*Staehle, W. H.* (1983), Funktionen des Managements. Eine Einführung in einzelwirtschaftliche und gesamtgesellschaftliche Probleme der Unternehmungsführung, Bern/Stuttgart 1983

*Staehle, W. H.* (1983 b), Reaktionen von überstaatlichen Organisationen auf die Internationalisierung der Unternehmen, in: WiSt 11/1983, S. 557–560

*Staehle, W. H./Grabatin, G.* (1979), Effizienz von Organisationen, in: DBW 1 B/1979, S. 89–102

*Staehle, W. H./Hattke, W./Sydow, J.* (1980), Die Arbeit an Datensichtgeräten aus der Sicht der Betroffenen, DBW-Depot 81-1-5, Berlin 1980

*Staerkle, R.* (1961), Stabsstellen in der industriellen Unternehmung, Bern 1961

*Stammer, O.* (1969), Bürokratie, in: *Bernsdorf, W.* (Hrsg.), Wörterbuch der Soziologie, Stuttgart 1969

*Stanfield, G. G.* (1976), Technology and organization structure as theoretical categories, in: ASQ 21/1976, S. 489–493

*Steers, R. M./Porter, L. W.* (Hrsg.) (1975), Motivation and work behavior, New York etc. 1975

*Stegmüller, W.* (1975), Hauptströmungen der Gegenwartsphilosophie, Bd. II, Stuttgart 1975

*Stein, M. I.* (1975), Stimulating creativity, Bd. 2: Group procedures, New York 1975

*Steinbuch, K.* (1965), Automat und Mensch, 3. Aufl. Berlin etc. 1965

*Steiner, G. A.* (1971), Business and society, New York 1971

*Steiner, I. D.* (1972), Group process and productivity, New York 1972

*Steinle, C.* (1975), Leistungsverhalten und Führung in der Unternehmung. Das Harzburger Führungsmodell im Vergleich mit einem motivationstheoretisch fundiertem Leistungsverhaltensmodell, Berlin 1975

*Steinle, C.* (1978), Führung: Grundlagen, Prozesse und Modelle der Führung in der Unternehmung, Stuttgart 1978

*Steinle, C.* (1982), Organisationsforschung und Mehr-Ebenen-Analyse (MEA), in: DBW 1/1982, S. 85–106

*Steinmann, H.* (1969), Das Großunternehmen im Interessenkonlfikt, Stuttgart 1969

*Steinmann, H.* (1973), Zur Lehre von der ‚gesellschaftlichen Verantwortung der Unternehmensführung'; zugleich eine Kritik des Davoser Manifests, in: WiSt 10/1973, S. 467–472

*Steinmann, H.* (Hrsg.) (1981), Planung und Kontrolle, Probleme der strategischen Unternehmensführung, München 1981

*Steinmann, H./Böhm, H./Braun, W./Gerum, E./Schreyögg, G.* (1976), Zu methodologischen Grundlagenproblemen der Betriebswirtschaftslehre, in: ZfB 1976, S. 821–831

*Steinmann, H./Gerum, E.* (1980), Unternehmenspolitik in der Mitbestimmten Unternehmung, in: Die Aktiengesellschaft 1/1980, S. 1–10

*Steinmann, H./Gerum, E.* (1981), Anmerkungen zum Bericht der Unternehmensrechtskommission, in: BFuP 5/1981, S. 450–461

*Steinmann, H./Schreyögg, G.* (1980), Arbeitsstrukturierung am Scheideweg – Differenzierende Arbeitsgestaltung als neuer, besserer Weg zur Arbeitshumanisierung?, in: ZfA 2/1980, S. 75–78.

*Steinthal, N.* (1969), Kleine Teams bewegen große Unternehmen, in: Plus 3/1969, S. 62–65

*Stelmaszyk, W.* (1981), Führungsansätze. Eine vergleichende Darstellung der Entwicklung von Theorie und Forschung im deutschen und im anglo-amerikanischen Sprachraum, Bad Honnef 1981

*Stern, W.* (1900), Die differentielle Psychologie, Leipzig 1900

*Stewart, R.* (1967), Managers and their jobs, London 1967

*Stewart, R.* (1982), Choices for the manager – A guide to managerial work and behavior, London etc. 1982

*Stiefel, R. T.* (1969), Die anglo-amerikanische Managementlehre, in: BFuP 1969, S. 626–637

*Stiksrud, H. A.* (1976), Diagnose und Bedeutung individueller Werthierarchien, Bern 1976

*Stirn, H.* (1970), Die Arbeitsgruppe, in: *Mayer, A./Harwig, B.* (Hrsg.), Handbuch der Psychologie, 9. Band: Betriebspsychologie, 2. Aufl. Göttingen 1970, S. 494–520

*Stöber, A. M./Bindig, R./Derschka, P.* (1974), Kritisches Führungswissen, Stuttgart etc. 1974

*Stogdill, R. M.* (1948), Personal factors assoiated with leadership: A survey of the literature, in: JP 1948, S. 35–71

*Stogdill, R. M.* (1959), Individual behavior and group achievement, New York 1959

*Stogdill, R. M.* (1974), Handbook of leadership: A survey of theory and research, New York/London 1974

*Stogdill, R. M./Coons, A. E.* (Hrsg.) (1957), Leader behavior: Its description and measurement, Columbus 1957

*Stoll, E.* (1983), Betriebswirtschaftslehre als Geführtenlehre? Anmerkungen zu W. Kirch: Die Betriebswirtschaftslehre als Führungslehre – neu betrachtet, in: *Fischer-Winkelmann, W. F.* (Hrsg.), Paradigmawechsel in der Betriebswirtschaftslehre?, Spardorf 1983, S. 264–286

*Stollberg, G.* (1981), Die Rationalisierungsdebatte 1908–1933, Frankfurt/New York 1981

*Stopford, J. M./Wells, L. T.* (1972), Managing the multinational enterprise, London 1972

*Strasser, H.* (1966), Zielbildung und Steuerung der Unternehmung, Wiesbaden 1966

*Strauss, G.* (1963), Some notes of power equalization, in: *Leavitt, H.* (Hrsg.), The social science of organization, Englewood Cliffs, N. J. 1963, S. 85–136

Studie (1981), Projektgruppe im WSI. Vorschläge zum Unternehmensrecht, Arbeitnehmerinteressen und Unternehmensorganisation, Köln 1981

*Sullivan, J. J.* (1983), A critique of Theory Z, in: AMR 1/1983, S. 132–142

*Susman, G. I.* (1976), Autonomy at work – a sociotechnical analysis of participative management, New York etc. 1976

*Sydow, J.* (1981), Der normative Entscheidungsansatz von Vroom/Vetton – Kritik einer situativen Führungstheorie, in: DU 1/1981, S. 1–17

*Sydow, J.* (1985), Der soziotechnische Ansatz der Arbeits- und Organisationsgestaltung, Frankfurt/New York 1985

*Sydow, J./Conrad, P.* (1982), Organisationsklima und Arbeitszufriedenheit, in: DU 1982, S. 203–228

*Szyperski, N.* (1969), Organisationsspielraum, in: *Grochla, E.* (Hrsg.), HWO Stuttgart 1969, Sp. 1229–1236

*Szyperski, N.* (1971), Das Setzen von Zielen – Primäre Aufgabe der Unternehmungsleitung, in: ZfB 1971, S. 639–670

*Szyperski, N./Müller-Böling, D.* (1980), Gestaltungsparameter der Planungsorganisation. Ein anwendungsorientiertes Konzept für die Gestaltung von Planungssystemen, in: DBW 1980, S. 357–373

*Taguiri, R./Litwin, G. H.* (Hrsg.) (1968), Organizational climate: Explorations of a concept, Boston 1968

*Tannenbaum, A. S.* (1968), Kontrolle in Organisationen, in: *Türk, K.* (Hrsg.), Organisationstheorie, Hamburg 1975, S. 175–192

*Tannenbaum, R./Davis, S. A.* (1969), Values, man, and organizations, in: IMR 2/1969, S. 67–86

*Tannenbaum, R./Schmidt, W. H.* (1958), How to choose a leadership pattern, in: HBR March/Apr. 1958, S. 95–101

*Tannenbaum, R./Schmidt, W. H.* (1973), Retrospective commentary to how to choose a leadership pattern, in: HBR May/June 1973, S. 162–180

*Taylor, F. W.* (1911/1917), The principles of scientific management, New York 1911; deutsch: Die Grundsätze der wissenschaftlichen Betriebsführung, Berlin/München 1917

*Taylor, J./Bowers, D. G.* (1972), Survey of organizations: A machine scored standardized questionnaire instrument, Ann Arbor, Mich. 1972

*Tenckhoff, Ph.* (1983), Leitende Angestellte. Methodische Abgrenzung im Führungsbereich, Stuttgart 1983

*Tepper, A.* (1983), Mitarbeiter wählen ihre Vorgesetzten, in: Personal 3/1983, S. 99–103

*Terreberry, Sh.* (1968), The evolution of organizational environments, in: ASQ 1968, S. 590–613

*Terry, G. R.* (1953/1977), Principles of management, 7. Aufl. Homewood, Ill. 1977, 1. Aufl. 1953

*Thayer, L.* (1968), Communication and communication systems, Homewood, Ill. 1968

*Thibaut, J./Kelley, H. H.* (1959), The social psychology of groups, New York 1959

*Thierauf, R. S./Klekamp, R. C./Geeding, D. W.* (1977), Management principles and practices; a contingency and questionnaire approach, Santa Barbara etc. 1977

*Thom, N.* (1976), Zur Effizienz betrieblicher Innovationsprozesse, Köln 1976, 2. Aufl. 1980

*Thomae, H.* (Hrsg.) (1965 a/1975), Die Motivation menschlichen Handlens, 1. Aufl. Köln 1965, 8. Aufl. 1975

*Thomae, H.* (1965 b), Die Bedeutung des Motivationsbegriffs, in: *Thomae H.* (Hrsg.), Handbook der Psychologie, Bd. II, Göttingen 1965, S. 3–44

*Thomae, H.* (1977), Psychologie in der modernen Gesellschaft, Hamburg 1977

*Thomae, H./Feger, H.* (1969), Hauptströmungen der neueren Psychologie, Bern/Stuttgart 1969

*Thomas, K. W.* (1976), Conflict and conflict management, in: *Dunnette, M. D.* (Hrsg.), Handbook of industrial and organizational psychology, Chicago 1976, S. 889–935

*Thomas, K. W./Schmidt, W. H.* (1976), A survey of managerial interst with respect to conflict, in: AMJ 1976, S. 315–318

*Thomas, W. I.* (1965), Person und Sozialverhalten, Neuwied/Berlin 1965

*Thompson, J. D.* (1967), Organizations in action, New York u. a. 1967

*Thompson, J. D./McEwen, W. J.* (1958), Organizational goals and environment: Goal-setting as an interaction process, in: ASR 1958, S. 23–31

*Thompson, V. A.* (1961), Hierarchy, specialization, and organizational conflict, in: ASQ 1961, S. 485–521

*Thompson, V. A.* (1965), Bureaucracy and innovation, in: ASQ 1965, S. 1–20

*Thorndike, E. L.* (1911), Animal intelligence, New York 1911

*Thorndike, E. L.* (1913), The psychology of learning, Vol. II, New York 1913

*Tichy, N. M.* (1974), Agents of planned social change: Congruence of values, cognitions and actions, in: ASQ 1974, S. 164–182

*Tichy, N. M.* (1975), How different types of change agents diagnose organizations, in: HR 1975, S. 771–799

*Tichy, N. M./Hornstein, H. A.* (1976), Stand when your number is called: An empirical attempt to classify types of social change agents, in: HR 1976, S. 945–967

*Tietz, B.* (1960), Bildung und Verwendung von Typen in der Betriebswirtschaftslehre, Köln/Opladen 1960

*Tietze, B.* (1974), Humanisierung der Arbeitswelt: Theoretisches Programm und politische Praxis, in: AuL 1974, S. 309–315

*Timmermann, M.* (Hrsg.) (1977), Personalführung: Führungsstil, Motivation, Mitbestimmung, Stuttgart etc. 1977

*Todt, E.* (1977), Motivation: Eine Einführung in Probleme, Ergebnisse und Anwendungen, Heidelberg 1977

*Töpfer, A.* (1975), Planungs- und Kontrollsysteme industrieller Unternehmungen, Berlin 1976

*Töpfer, A./Zander, E.* (Hrsg.) (1982), Führungsgrundsätze und Führungsinstrumente, Frankfurt/M. 1982

*Toffler, A.* (1970), Der Zukunftsschock, Bern etc. 1970; englisch: Future shock, New York 1970

*Tolman, E. C.* (1932), Purposive behavior in animals and men, New York 1932

*Tolman, E. C.* (1951), A psychological model, in: *Parsons, T./Shils, E. A.* (Hrsg.), Towards a general theory of action, Cambridge, Mass. 1951

*Torre, H. de La/Toyne, B.* (1978), Cross managerial interaction: A conceptual model, in: AMR 1978, S. 462–474

*Tosi, H. L.* (1971), Organization stress as a moderator of the relationship between influence and role response, in: AMJ 1971, S. 7–20

*Tosi, H. L./Carroll, S. J.* (1976), Management: Contingencies, structure, and process, Chicago 1976

*Tosi, H. L./Hammer, W. C.* (1974), Organizational behavior and management: A contingency approach, Chicago 1974

*Trebesch, K.* (1980), Teamarbeit, in: *Grochla, E.* (Hrsg.), HWO, 2. Aufl. Stuttgart 1980, Sp. 2217–2227

*Trebesch, K.* (Hrsg.) (1980), Organisationsentwicklung in Europa, Band 1 A: Konzeptionen, Bern/Stuttgart 1980

*Triandis, H. C.* (1959), A critique and an experimental design for the study of the relationship between productivity and job satisfaction, in: PB 1959, S. 309–312

*Triandis, H. C.* (1971/1975), Einstellungen und Einstellungsänderungen, Weinheim/Basel 1975; englische Originalausgabe 1971

*Trist, E. L./Bamforth, K. W.* (1951), Some social and psychological consequences of the long wall method of coal getting, in: HR 4/1951, S. 3–38

*Trist, E. L./Higgin, G. W./Murray, H./Pollock, A. B.* (1963), Organizational choice, London 1963

*Tscheulin, D./Rausche, A.* (1970), Beschreibung und Messung des Führungsverhaltens in der Industrie mit der deutschen Version des Ohio-Fragebogens, in: PuP 14/1970, S. 49–64

*Tuckman, B. W.* (1965), Developmental sequence in small groups, in: PB 1965, S. 384–369

*Tuckman, B. W.* (1967), Group composition and group performance of structured and unstructured tasks, in: Journal of Experimental and Social Psychology 3/1967, S. 25–40

*Türk, K.* (1973), Gruppenentscheidungen: Sozialpsychologische Aspekte der Organisation kollektiver Entscheidungsprozesse, in: ZfB 1973, S. 295–322

*Türk, K.* (1978), Soziologie der Organisation – Eine Einführung, Stuttgart 1978

*Türk, K.* (1980), Handlungsräume und Handlungsspielräume rechtsvollziehender Organisationen, in: Organisation und Recht. Jahrbuch für Rechtssoziologie und Rechtstheorie, Bd. 7, Opladen 1980, S. 153–168

*Türk, K.* (1981), Personalführung und soziale Kontrolle, Stuttgart 1981

*Turner, A. N./Lawrence, P. R.* (1965), Industrial jobs and the worker: An investigation of response to task attributes, Boston 1965

*Turner, A. N./Miclette, A. L.* (1962), Sources of satisfaction in repetitive work, in: Occupational Psychology 1962, S. 215–231

*Tushman, M. L./Nadler, D. A.* (1978), Information processing as an integrating concept in organizational design, in: AMR 1978, S. 613–624

*Udris, J.* (1979), Ist Arbeit noch länger zentrales Lebensinteresse?, in: Psychosozial, 2/1979, S. 100–120

*Udy, Jr., S. H.* (1959), Organization of work, New Haven 1959

*Ulich, E.* (1972), Arbeitswechsel und Aufgabenerweiterung, in: REFA-Nachrichten, Bd. 25, 1972, S. 265–278

*Ulich, E./Frei, F.* (1980), Persönlichkeitsförderliche Arbeitsgestaltung und Qualifizierungsprobleme, in: *Volpert, W.* (Hrsg.), Beiträge zur psychologischen Handlungstheorie, Bern etc. 1980, S. 71–86

*Ulich, E./Groskurth, P./Bruggemann, A.* (1973), Neue Formen der Arbeitsgestaltung – Möglichkeiten und Probleme einer Verbesserung der Qualität des Arbeitslebens, Frankfurt/M. 1973

*Ulrich, H.* (1968/1970), Die Unternehmung als produktives soziales System, Bern/Stuttgart 1968, 2. Aufl. 1970

*Ulrich, H.* (1971 a), Der systemorientierte Ansatz in der Betriebswirtschaftslehre, in: *Kortzfleisch, G. v.* (Hrsg.), Wissenschaftsprogramm und Ausbildungsziel der Betriebswirtschaftslehre, Berlin 1971, S. 43–60

*Ulrich, H.* (1971 b), Entwicklungstendenzen der Managementlehre, in: *Schurer, W./Schneider, U.* (Hrsg.), Entwicklungstendenzen des Management in Europa, Bern/Stuttgart 1971, S. 101–108

*Ulrich, H.* (1978), Unternehmungspolitik, Bern/Stuttgart 1978

*Ulrich, H./Krieg, W.* (1971), Das St. Galler Management Modell, Bern 1972

*Ulrich, P.* (1977), Die Großunternehmung als quasi-öffentliche Institution: Eine politische Theorie der Unternehmung, Stuttgart 1977

*Ulrich, P./Fluri, E.* (1975/1978), Management, Bern/Stuttgart 1975, 2. Aufl. 1978, 3. Aufl. 1983

*Urwick, L. F.* (1943), The elements of administration, New York 1943

*Utterback, J.* (1974), Innovation in industry and the diffusion of technology, in: Science 1974, S. 620–626

*Uyterhoeven, H. E. R./Ackermann, R. W./Rosenblum, J. W.* (1973), Strategy and organization: Text and cases in general management, Homewood, Ill. 1973

*Van de Ven, A. H.* (1977), A panel study of the effects of task uncertainty, interdependence, and size on unit decision making, in: OAS 8/1977, S. 237–253

*Van de Ven, A. H./Delbecq, A.* (1974), A task-contingent model of work unit structure, in: ASQ 1974, S. 183–197

*Van de Ven, A. H./Delbecq, A./Koenig Jr., R.* (1976), Determinants of coordination processes within organization, in: ASR 1976, S. 322–338

*Van de Ven, A. H./Joyce, W. F.* (1981), Perspectives on organization design and behavior, New York etc. 1981

*Van Zelst, R. H.* (1952), Sociometrically selected work teams increase productivity, in: PP 1952, S. 175–185

*Vernon, R.* (1972), The economic and political consequences of multinational enterprise, Cambridge, Mass. 1972

*Vernon, R. A./Luke Jr., R. A.* (1970), The temporary task force: Challenge to organization structure, in: Personnel May/June 1970, S. 16–23

*Vetter, H. O.* (Hrsg.) (1974), Humanisierung der Arbeit als gesellschaftspolitische und gewerkschaftliche Aufgabe, Frankfurt/M.Köln 1974

*Vilmar, F.* (Hrsg.) (1973/1975), Menschenwürde im Betrieb I: Modelle der Humanisierung und Demokratisierung der industriellen Arbeitswelt, Reinbek bei Hamburg 1973; Menschenwürde im Betrieb II: Industrielle Demokratie in Westeuropa, Reinbek bei Hamburg 1975

*Vilmar, F./Kißler, L.* (1982), Arbeitswelt: Grundriß einer kritischen Soziologie der Arbeit, Opladen 1982

*Volpert, W.* (1974), Handlungsstrukturanalyse als Beitrag zur Qualifikationsforschung, Köln 1974

*Voßbein, R.* (1978), Matrix-Organisation – Konzept ohne Bedeutung? in: DB 23/1978, S. 1093–1096

*Vroom, V. H.* (1964), Work and motivation, New York etc. 1964

*Vroom, V. H.* (1976), Can leaders learn to lead? in: ODY 3/1976, S. 17–28

*Vroom, V. H.* (1981), Führungsentscheidungen in Organisationen, in: DBW 2/1981, S. 183–193

*Vroom, V. H./Jago, A. G.* (1978), On the validity of the Vroom-Yetton model, in: JAP 1978, S. 151–162

*Vroom, V. H./Yetton, P. W.* (1973), Leadership and decision-making, Pittsburgh 1973

*Wächter, H.* (1969), Unternehmungs- und Unternehmerziele im sozioökonomischen Feld, Göttingen 1969

*Wächter, H.* (1979), Einführung in das Personalwesen, Herne/Berlin 1979

*Wächter, H.* (1983), Mitbestimmung – Politische Forderung und betriebliche Reaktion, München 1983

*Wagner, A.* (1892), Grundlegung der politischen Oeconomie, Erster Theil, 1. Halbband, 3. Aufl, Leipzig 1892

*Wagner, D.* (1979), Der institutionalisierte Konflikt in mehrdimensionalen Organisationsstrukturen, in: ZfO 1979, S. 421–428

*Wagner, U.* (1978), Autorität und Motivation im Industriebetrieb unter den Bedingungen des institutionellen Wandels, Berlin 1978

*Wahba, M. A./Bridwell, L. G.* (1976), Maslow reconsidered: A review of research on the need hierarchy theory, in: OBHP, 15/1976, S. 212–240

*Walker, Ch. R./Guest, R. H.* (1952), The man on the assembly line, in: HBR May/June 1952, S. 71–83

*Wallach, M. A./Kogan, N.* (1965), The roles of information, discussion, and consensus in group risk taking, in: Journal of Experimental Social Psychology 1/1965, S. 1–19

*Walster, E./Berscheid, E./Walster, G. W.* (1973), New directions in equity research, in: JPSP 1973, S. 151–176

*Walter, R.-H.* (1977), Führung und Organisation, in: *Timmermann, M.* (Hrsg.), Personalführung, Stuttgart etc. 1977, S. 19–62
*Walton, C.* (1967), Corporate social responsibilities, Belmont, Calif. 1967
*Walton, R. E.* (1969), Interpersonal peace-making: Confrontations and third-party consultation, Reading, Mass. 1969
*Walton, R. E.* (1972), How to counter alienation in the plant, in: HBR 6/1972, S. 70–81
*Walton, R. E./Warwick, D.* (1973), The ethics of organization development, in: JABS 1973, S. 681–689
*Wanous, J. P.* (1974), Individuall differences and reactions to job characteristics, in: JAP 1974, S. 616–622
*Wanous, J. P./Zwany, A.* (1977), Across sectional test of need hierarchy theory, in: OBHP 18/1977, S. 78–97
*Watson, G.* (1975), Widerstand gegen Veränderungen, in: *Bennis, W. G./Benne, K. D./Chin, R.* (Hrsg.), Änderung des Sozialverhaltens, Stuttgart 1975, S. 415–429
*Watson, J. B.* (1930), Behaviorism. Chicago 1930
*Watzlawick, P./Beavon, J. H./Jackson, D. D.* (1974), Menschliche Kommunikation. Formen, Störungen, Paradoxien. 4. Aufl. Bern etc. 1974, 6. Aufl. 1982
*Weber, M.* (1920), Die protestantische Ethik und der Geist des Kapitalismus, in: ders. (Hrsg.), Gesammelte Aufsätze zur Religionssoziologie, Tübingen 1920
*Weber, M.* (1921/1972), Wirtschaft und Gesellschaft, 5. Aufl. Tübingen 1972, 1. Aufl. 1921
*Weick, K. E.* (1969), The social psychology of organizing, Reading, Mass. 1969
*Weihe, H. J.* (1976), Unternehmungsplanung und Gesellschaft, Berlin/New York 1976
*Weinberg, P.* (1972), Betriebswirtschaftliche Logik, Düsseldorf 1972
*Weiner, B.* (1972), Theories of motivation: From mechanism to cognition, Chicago 1972; deutsch: Theorien der Motivation, Stuttgart 1976
*Weiner, B.* (1980), Human motivation, New York etc. 1980
*Weinert, A. B.* (1981), Lehrbuch der Organisationspsychologie, München/Wien/Baltimore 1981
*Weissenberg, P./Kavanagh, M. J.* (1973), The independence of initiating structure and consideration: A review of the evidence, in: PP 1973, S. 119–130
*Weitzig, J. K.* (1979), Gesellschaftsorientierte Unternehmenspolitik und Unternehmensverfassung, Berlin/New York 1979
*Welge, M. K.* (1975), Profit-Center Organisation, Wiesbaden 1975
*Wenko, D.* (1975), Wertung und Wissenschaft. Gedanken zum Gebrauch des Begriffes Entfremdung, in: KZSS 27/1975, S. 33–46
*Werhahn, P. H.* (1980), Menschenbild, Gesellschaftsbild und Wissenschaftsbegriff in der neueren Betriebswirtschaftslehre, Bern/Stuttgart 1980
*Wheelwright, St. C.* (1973), An experimental analysis of strategic planning procedures, in: Journal of Business Policy 1973, S. 61–74
*White, R. K./Lippitt, R.* (1953), Leader behavior and member reaction in three ‚social climates', in: *Cartwright, D./Zander, A.* (Hrsg.), Group dynamics, Evanston, Ill. 1953
*White, R. K./Lippitt, R.* (1960), Autocracy and democracy: An experimental inquiry, New York 1960
*Whyte, W. F.* (1949), The social structure of the restaurant, in: AJS 1949, S. 302–310
*Whyte, W. F.* (1956), The organization man, New York 1956
*Wickesberg, A.* (1968), Communications network in the business organization structure, in: AMJ 1968, S. 253–262
*Wicklund, R. A.* (1974), Freedom and reactance, New York 1974
*Wicklund, R. A./Brehm, J. W.* (1976), Perspectives on cognitive dissonance, New York 1976
*Wiedemann, H.* (1967), Die Rationalisierung aus der Sicht des Arbeiters, 2. Aufl. Köln/Opladen 1967

*Wiener, N.* (1948), Cybernetics. Or control and communication in the animal and the machine, New York 1948

*Wild, J.* (1972), Produkt-Management. Ziele, Kompetenzen und Arbeitstechniken des Produkt-Managements, München 1972

*Wild, J.* (1973), Organisation und Hierarchie, in: ZfO 1/1973, S. 45–54

*Wild, J.* (Hrsg.) (1974a), Unternehmensführung: Festschrift für Erich Kosiol, Berlin 1974

*Wild, J.* (1974b), Grundlagen der Unternehmungsplanung, Reinbek bei Hamburg 1974

*Wild, J.* (1974c), Betriebswirtschaftliche Führungslehre und Führungsmodelle, in: *Wild, J.* (Hrsg.), Unternehmensführung, Berlin 1974, S. 140–179

*Wild, R.* (1975), Work organization, London etc. 1975

*Wilpert, B.* (1977), Führung in deutschen Unternehmen, Berlin/New York 1977

*Winterhager, W. D.* (1975), Humanisierung der Arbeitswelt, Berlin/New York 1975

*Wirdenius, H.* (1958), Supervisors at work, Stockholm 1959

*Withauer, K. F.* (1973), Menschen führen, Stuttgart 1973

*Withauer, K. F.* (1974), Die Management-Funktionen, Stuttgart 1974

*Witte, E.* (1968), Die Organisation komplexer Entscheidungsverläufe – Ein Forschungsbericht, ZfbF 1968, S. 581–599, S. 625–647

*Witte, E.* (1969), Führungsstile, in: *Grochla, E.* (Hrsg.), HWO, Stuttgart 1969, Sp. 595–602

*Witte, E.* (1972), Das Informationsverhalten in Entscheidungsprozessen, Tübingen 1972

*Witte, E.* (1973), Organisation für Innovationsentscheidungen, Göttingen 1973

*Witte, E./Bronner, R.* (1974), Die leitenden Angestellten, München 1974

*Witte, E./Bronner, R.* (1975), Die leitenden Angestellten als dispositiver Faktor, in: JfB 1/1975, S. 17–28

*Wittmann, W.* (1959), Unternehmung und unvollkommene Information, Köln/Opladen 1959

*Wöhe, G.* (1984), Einführung in die Allgemeine Betriebswirtschafslehre, 15. Aufl. München 1984

*Wohlgemuth, A. C.* (1982), Das Beratungskonzept der Organisationsentwicklung, Bern/Stuttgart 1982

*Wolff, R.* (1982), Der Prozeß des Organisierens. Zu einer Theorie des organisationalen Lernens, Spardorf 1982

*Wollnik, M.* (1977), Die explorative Verwendung systematischen Erfahrungswissens – Plädoyer für einen aufgeklärten Empirismus in der Betriebswirtschaftslehre, in: *Köhler, R.* (Hrsg.), Empirische und handlungstheoretische Forschungskonzeptionen in der Betriebswirtschaftslehre, Stuttgart 1977, S. 37–64

*Wollnik, M./Kubicek, H.* (1976), Einflußfaktoren der Koordination in Unternehmungen. Eine Neuformulierung der empirischen Ergebnisse von Pugh et al. und Child, in: ZfbF 1976, S. 502–524

*Wood, St.* (Hrsg.) (1982), The degradation of work? Skill, deskilling, and the labour process, London etc. 1982

*Woodward, J.* (1958), Management and technology, London 1958

*Woodward, J.* (1965), Industrial organization: Theory and practice, London 1965

*Wooton, L. M.* (1977), The mixed blessings of contingency management, in: AMR 1977, S. 431–441

*Wortman Jr., M. S.* (1961), A philosophy for management, in: Advanced Management Oct. 1961, S. 11–15

*Wrege, Ch. D./Perroni, A. G.* (1974), Taylor's pig-tale: A historical analysis of Frederick W. Taylor's pig-iron experiments, in: AMJ 1974, S. 6–27

*Wrege, Ch. D./Stotka, A. M.* (1978), Cooke creates a classic: The story behind F. W. Taylor's principles of scientific management, in: AMR 1978, S. 736–749

*Wren, D. A.* (1972), The evolution of management thought, New York 1972

*Wrighley, L.* (1970), Divisional autonomy and diversification, Diss. Harvard Business School, Boston 1970

*Wright, G. H. v.* (1974), Erklären und Verstehen, Frankfurt/M. 1974

*Wright, T. P.* (1936), Factors affecting the cost of airplanes, in: Journal of the Aeronautical Sciences, 3/1936, S. 122–128

*Wulff, E.* (1969), Grundfragen transkultureller Psychiatrie, in: Das Argument 50/1969, S. 227–260

*Wunderer, R.* (1969), Arbeitsplatzbeschreibung (Stellenbeschreibung), in: Management-Enzyklopädie, Bd. 1, München 1969, S. 357–382

*Wunderer, R.* (1979), Das „Leader-Match-Concept" als Fred Fiedlers „Weg zum Führungserfolg", in: *Wunderer, R.* (Hrsg.), Humane Personal- und Organisationsentwicklung, Berlin 1979

*Wunderer, R.* (Hrsg.) (1983), Führungsgrundsätze in Wirtschaft und öffentlicher Verwaltung, Stuttgart 1983

*Wunderer, R./Grunwald, W.* (1980), Führungslehre, 2 Bände, Berlin/New York 1980

*Wundt, W.* (1874), Grundzüge der physiologischen Psychologie, Leipzig 1874

*Wysocki, K. v.* (1981), Sozialbilanzen, Stuttgart/New York 1981

*Yuchtman, E./Seashore, S. E.* (1967), A system resource approach to organizational effectiveness, in: ASR 1967, S. 891–903

*Yukl, G. A.* (1981), Leadership in organizations, Englewood Cliffs, N. J. 1981

*Zahn, E.* (1981), Entwicklungstendenzen und Problemfelder der strategischen Planung, in: *Bergner, H.* (Hrsg.), Planung und Rechnungswesen in der Betriebswirtschaftslehre, Berlin 1981, S. 145–190

*Zajonc, R. B.* (1965), Social facilitation, in: Science 149/1965, S. 269–274

*Zaltman, G./Duncan, R./Holbek, J.* (1973), Innovation and organizations, New York 1973

*Zander, A.* (1971), Motives and goals in groups, New York 1971

*Zander, E./Grabner, G./Knebel, H./Pillat, R.* (1972), Führungssysteme in der Praxis, Heidelberg 1972

*Zeidler, K.* (1972), Anforderungen an kaufmännische Führungskräfte, Ergebnisse einer Rollenanalyse, Frankfurt/M. 1972

*Zeidler, K.* (1974), Kommunikation in Organisationen, in: *Specht, K. G.* u. a. (Hrsg.), Soziologie im Blickpunkt der Unternehmensführung, Herne/Berlin 1974, S. 73–92

*Zeigarnik, B.* (1927), Das Behalten erledigter und unerledigter Handlungen, in: Psychologische Forschung 9/1927, S. 1–85

*Zenisek, T. J.* (1979), Corporate social responsibility: A conceptualization based on organizational literature, in: AMR 1979, S. 359–368

*Zepf, G.* (1972), Kooperativer Führungsstil und Organisation, Wiesbaden 1972

*Ziegler, H.* (1970), Strukturen und Prozesse der Autorität in der Unternehmung, Stuttgart 1970

*Ziegler, R.* (1968), Kommunikationsstruktur und Leistung sozialer Systeme, Meisenheim am Glan 1968

*Zimbardo, P./Ebbesen, E. B.* (1970), Influencing attitudes and changing behavior, Reading, Mass. 1970

*Zünd, A.* (1979), Zum Begriff des Controlling – ein umweltbezogener Erklärungsversuch, in: *Goetzke, W./Sieben, E.* (Hrsg.), Controlling – Integration von Planung und Kontrolle, GEBERA-Schrift Band 7, Köln 1979

*Zwerman, W. L.* (1970), New perspectives on organization theory. An empirical reconsideration of the Marxian and classical analyses, Westport, Conn. 1970

# Personenverzeichnis

# Stichwortverzeichnis